上海市级专志

上海汽车集团股份有限公司志

上 册

上海市地方志编纂委员会 编

上海社会科学院出版社

爱上汽车

畅行天下

SAIC MOTOR

2015 年：上海汽车集团股份有限公司

上海规模最大的企业集团

中国销量最多的汽车集团

全球销量第七的汽车公司

排名第 60 位的世界 500 强企业

> 1955 年 12 月，上海市内燃机配件制造公司成立，辖有宝锴、杨复兴、郑兴泰等汽车零配件工厂。

民国元年（1912 年）6 月，上海最早的民族汽车配件工厂宝锴号成立

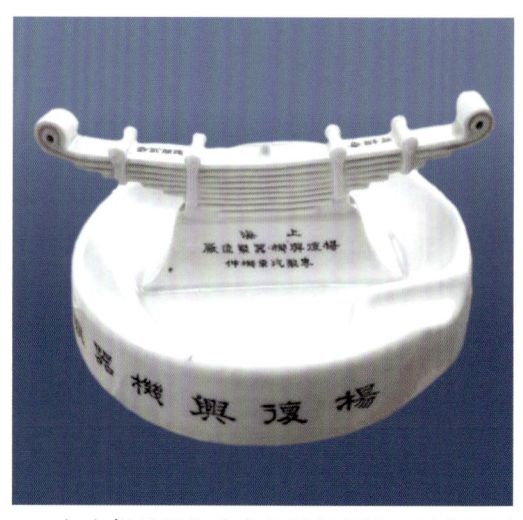

与宝锴号同年成立的杨复兴铁工厂在民国时期发放的带有汽车钢板弹簧形状的烟灰缸广告品

民国 14 年（1925 年），郑兴泰钢铁机器号成立

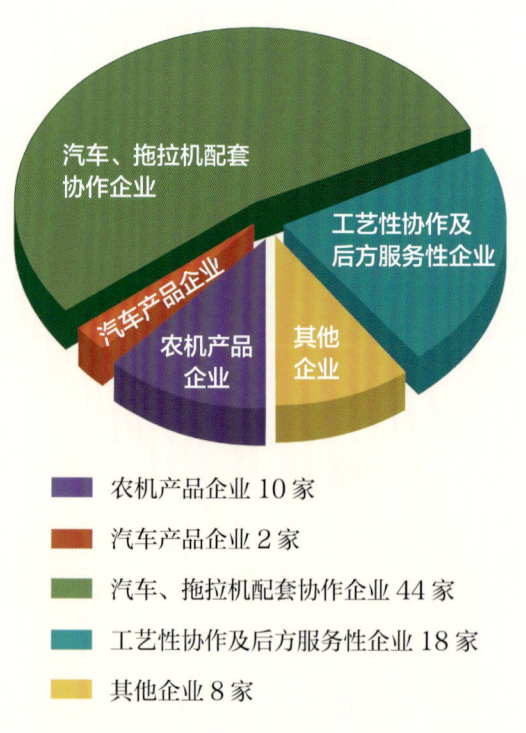

■ 农机产品企业 10 家

■ 汽车产品企业 2 家

■ 汽车、拖拉机配套协作企业 44 家

■ 工艺性协作及后方服务性企业 18 家

■ 其他企业 8 家

1958—1964 年，公司经过 4 次调整初步形成拖拉机汽车零配件生产体系

1957 年至 20 世纪 60 年代，多款汽车、拖拉机和
摩托车诞生，公司从汽车零配件生产转向整车整机制造。

1957 年 9 月，上海汽车
装修厂试制成功公司第一辆整
车——上海 -58 型越野车

1957 年 12 月，上海汽车装修厂
试制成功上海 -58 型三轮汽车

1958 年 5 月，上海货
车修理厂试制成功交通牌 4
吨载重汽车。1969 年 4 月，
该厂从上海交通运输管理局
划归上海市拖拉机汽车工业
公司

1958 年 9 月 28 日，上海汽车装配厂试制成功凤凰牌轿车，开创上海制造轿车的历史

1960 年 1 月，宝锠汽车材料厂试制成功丰收 -35 型拖拉机。1961 年和 1963 年，该机先后转由上海拖拉机制造厂和上海七一农业机械修配厂生产

1960 年 4 月，幸福250摩托车诞生。1964 年 4 月，上海摩托车制造厂开始生产幸福牌摩托车

1962 年 12 月，上海拖拉机制造厂试制成功工农 -7 型手扶拖拉机

1966 年，上海汽车制造厂试制成功 SH130 型 2 吨载重汽车

1969 年 9 月，上海汽车制造厂试制成功上海 32 吨矿用自卸载重汽车，该车到北京参加国庆 20 周年庆典

1969 年 9 月，上海货车制造厂试制成功 SH15 吨载重汽车

20世纪60—70年代，拖拉机、汽车、摩托车相继形成批量生产规模。

1966年，工农-7型手扶拖拉机改型升级为工农-11型手扶拖拉机。20世纪70年代初，该机年产达1万台。1973年，马里贵宾访问上海拖拉机制造厂观摩该机操作表演

1970年6月，上海拖拉机制造厂在接产丰收拖拉机厂丰收-45型拖拉机基础上，试制成功上海-45型轮式拖拉机。1975年，该机改型升级为上海-50型轮式拖拉机

20世纪70年代末，上海拖拉机制造厂上海-50型轮式拖拉机装配线。公司中型拖拉机年产超过万台，成为国家拖拉机制造重要基地

20世纪60年代中期，上海-58型三轮汽车年产超过2000辆，成为当时上海主要交通运输工具。图为该车试制成功后报喜场面

20世纪70年代中期，SH130型2吨载重汽车年产超过5000辆，成为继三轮汽车后上海主要交通运输工具

20世纪70年代中期，交通牌4吨载重汽车年产超过2000辆。图为该车试制成功后报喜场面

1960 年，上海汽车制造厂迁址安亭。1964 年，凤凰牌轿车更名为上海牌轿车

1975 年，上海牌轿车形成 5000 辆年产能力，上海成为中国轿车批量最大的制造基地

1970 年，上海摩托车制造厂试制成功东海 –750 三轮摩托车。20 世纪 70 年代中期，公司摩托车年产超过 5000 辆

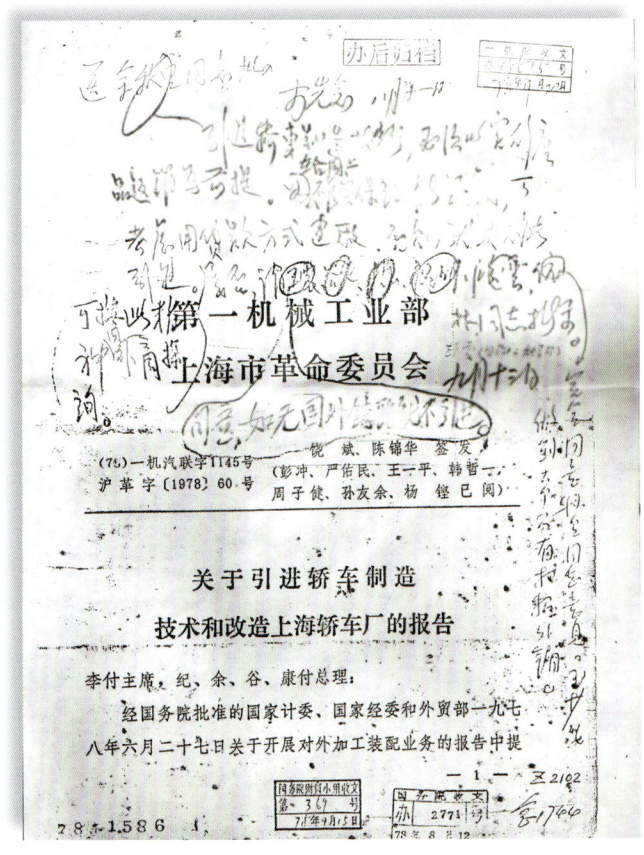

1978 年 7 月 15 日，国务院决定上海引进轿车装配线。8 月 9 日，第一机械工业部和上海市联合上报引进报告，中央领导作出批示

1978 年 11 月 9 日，中共中央副主席邓小平指示上海轿车项目可以合资，第一机械工业部汽车局当日向上海市第一机电工业局传达邓小平指示

1978—1984 年，上海市拖拉机汽车工业公司与联邦德国大众汽车公司的轿车合营项目谈判历经 6 年

1983 年 4 月 11 日，第一辆上海桑塔纳轿车组装成功

中华人民共和国国务院

0035

（84）国函字 141 号

国务院关于上海轿车合营项目
可行性研究审查报告的批复

国家计委、国家经委
司，上海市人民政府
国家计委《关于
报告》收悉，现批复
一、原则同意上
意上海拖拉机汽车公
营上海轿车项目，年
产纲领二万辆；发动
制的发动机主要件）

1984 年 9 月 22 日，国务院批准
上海汽车拖拉机工业联营公司等与
联邦德国大众汽车公司的轿车合营
项目

1984 年 10 月 10 日，上
海大众汽车有限公司合营合
同在北京人民大会堂签约

1984 年 10 月 12 日，上海大
众汽车有限公司奠基

1985 年 3 月 21 日，上海大
众汽车有限公司成立并成为中国
第一家轿车合资企业

20 世纪 80 年代，摩托车、载重车、拖拉机等其他整车整机也实行对外开放。

1985 年 1 月 1 日，中泰合资上海－易初摩托车有限公司成立，成为上汽首家中外合资企业

1985 年，上海－易初摩托车有限公司引进日本本田摩托车技术生产的幸福 125 型摩托车

1988 年，上海拖拉机厂引进意大利菲亚特拖拉机技术研制的上海 -654 型轮式拖拉机

20 世纪 80 年代后半期，上汽启动实施上海桑塔纳
轿车国产化战略，开始在上海和中国汽车工业崛起。

1988 年 7 月，以上海大众汽车有限公司为龙头、120 多家单位组成的上海桑塔纳轿车国产化共同体成立

1988 年 9 月，开始在上海桑塔纳轿车配套的车间班组推行"生产特区"建设

上海桑塔纳轿车国产化率从 2.7% 起步，其中包括 1987 年 9 月开始配套的上海交通电器厂 DL127 电喇叭

1989 年，上海桑塔纳轿车国产化率达到 30%，轿车五大总成中汽车变速器率先通过认可。1993 年，上海汽车齿轮厂庆祝当年该机年产 10 万台

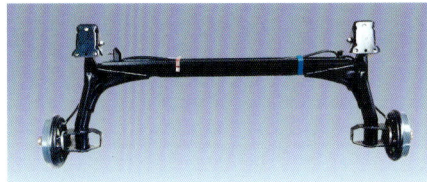

1992 年，上海汇众汽车制造公司生产的底盘通过认可配套，上海桑塔纳轿车五大总成全部实现国产化

承担轿车底盘和变速器国产化的上海汇众汽车制造公司和上海汽车齿轮总厂获奖

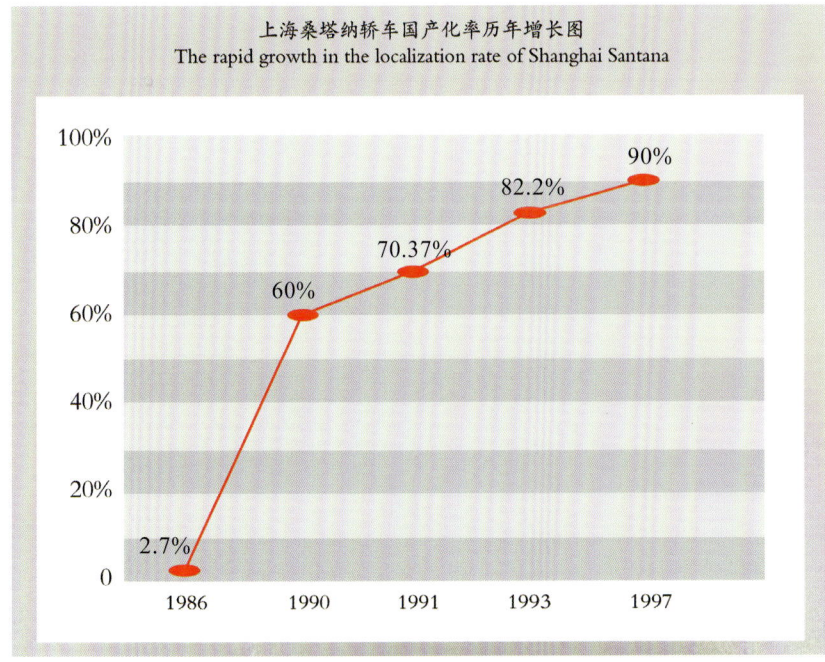

上海桑塔纳轿车国产化率历年增长图
The rapid growth in the localization rate of Shanghai Santana

1990 年和 1993 年，上海桑塔纳轿车国产化率先后达到 60% 和 82.2%，创造中国轿车引进消化成功经验

1995—2000年，上海汽车工业（集团）总公司深化对外合作，先后建成上海通用汽车有限公司和上海大众汽车有限公司汽车三厂两个面向新世纪的重点项目，形成"东西联动"轿车发展格局。

1995年7月，上海建设中高级轿车项目获国务院原则同意后立项，上海通用汽车项目开始合资谈判

1995年10月30日，上海汽车工业（集团）总公司和美国通用汽车公司签署车辆项目合资经营的基础协议

1997年3月25日，中美最大合作项目上海通用汽车有限公司和中国首家汽车研发合资企业泛亚汽车技术中心有限公司在北京人民大会堂签约，上汽对外合作进入中高级轿车制造和汽车研发领域

1997 年 6 月 12 日，上海通用汽车有限公司和泛亚汽车技术中心有限公司成立并奠基

1998年3月7日，被列为上海市一号工程的上海通用汽车项目举行誓师大会

1998 年 12 月 17 日，上海通用汽车项目建成并形成 10 万辆中高级轿车年产能力，首辆别克新世纪轿车下线

至20世纪90年代，上汽汽车零部件企业通过中外合资引进技术，建成中国最先进完整的汽车零部件制造体系。

1988年9月，中国首家汽车零部件合资企业中德合资上海纳铁福传动轴有限公司成立

1988年7月，沪港合资上海实业交通电器有限公司签约，并于同年11月开业

1988年12月，中日合资上海小糸车灯有限公司签约，并于1989年4月开业

1990年3月，中泰合资上海易初通用机器有限公司签约，并于同年7月开业

1994 年 7 月，中美合资上海汽车制动系统有限公司开业

1994 年 11 月，中美合资上海延锋汽车饰件有限公司开业

1995 年 2 月，中法合资上海法雷奥汽车电器系统有限公司一期工程开工

1995 年 2 月，中德合资上海采埃孚转向机有限公司开业

1996 年 5 月 11 日，中国汽车零部件投资规模最大的跨地区跨行业组建的中德合资联合汽车电子有限公司开业奠基

至 2005 年，上汽对外合作进一步进入汽车销售、汽车物流和汽车金融等领域。

2000 年 8 月，中国首家汽车销售合资企业中德合资上海上汽大众汽车销售有限公司成立

2002 年 5 月，中国首家汽车物流合资企业中荷合资安吉天地汽车物流有限公司签约

2003 年 12 月，中国首个汽车码头合资企业中日合资上海海通国际汽车码头有限公司开业

2004 年 8 月，中国首家汽车金融合资企业中美合资上汽通用汽车金融有限责任公司成立

20 世纪 90 年代初，上汽落实中共上海市委和上海市人民政府重大决策，开始向第一支柱产业进军。

1991 年 2 月 28 日和 1992 年 1 月 18 日，上海汽车工业总公司连续召开两次以建设上海第一支柱产业为目标的万人誓师大会

1990 年 4 月，上海大众汽车有限公司一期工程建成投产，形成 6 万辆轿车年产能力

1991 年 11 月 25 日，最后一辆上海牌轿车下线。1992 年 1 月，上海汽车厂并入上海大众汽车有限公司并成为该企业二期工程建设基地

为发展专业化大生产，上汽推进总厂制改革。1989年12月26日，第一家总厂型公司上海拖拉机内燃机公司成立

1992年1月11日，总厂型公司上海汇众汽车制造公司成立。至20世纪90年代中期，上汽将60多家企业组建为20多家总厂或总厂型公司

1995年和1997年，上海大众汽车有限公司先后获得中国汽车行业首张ISO9001质量体系认证和ISO14000环境管理体系认证证书

1993 年 12 月 29 日，上海桑塔纳轿车创造中国轿车工业首个 10 万辆年产纪录，取得国内轿车行业领先优势

1993 年 12 月，上海市人民政府宣布上海汽车工业已经建成上海第一支柱产业

1994 年 12 月 27 日，上海市工业一号工程上海大众汽车有限公司二期工程建成，形成 20 万辆轿车年产能力并成为中国最大的轿车制造基地

1999 年 12 月 15 日，上海大众汽车有限公司首辆帕萨特轿车下线

2000 年 3 月，上海大众汽车有限公司三期工程建成，形成 30 万辆轿车年产能力

2000 年 12 月 12 日，上海通用汽车有限公司别克赛欧轿车上市，该车成为中国轿车进入家庭的标志性车型

1988年3月，成立第一家桑塔纳轿车销售联营公司湖南申湘汽车股份有限公司

20世纪90年代，上海汽车工业销售总公司建成中国最大的轿车营销网络，并在国内汽车物流行业连创公路"零公里"运输、水路滚装船运输和铁路运输纪录。

1993年3月，首创公路"零公里"运输

1994年5月，"安达一号"汽车滚装船首航长江航线

1995年1月，汽车运输专用列车首发北京

2004 年起，上海通用汽车有限公司和上海大众汽车有限公司开始双品牌或多品牌运作。

2004 年 6 月，上海通用汽车有限公司引进美国通用汽车公司凯迪拉克品牌，开始双品牌运作

2005 年 1 月，上海通用汽车有限公司引进美国通用汽车公司雪佛兰品牌，开始多品牌运作

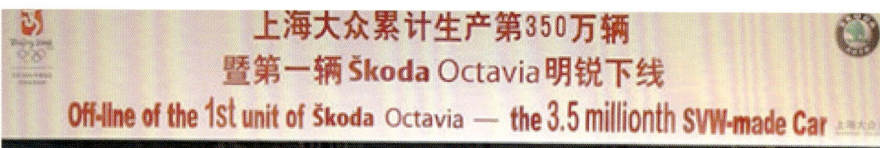

2005 年 4 月，上海大众汽车有限公司引进捷克斯柯达汽车公司斯柯达品牌，开启双品牌运作

上汽集团历年世界500强排位表

年份	合并销售收入（亿美元）	上汽集团排名	年份	合并销售收入（亿美元）	上汽集团排名
2004	117.55	461	2011	542.57	151
2006	143.66	475	2012	672.55	130
2007	180.10	402	2013	762.34	103
2008	226.07	373	2014	920.25	85
2009	248.82	359	2015	1022.49	60
2010	336.29	223			

2004年7月，上海汽车工业（集团）总公司在中国汽车行业和中国地方性企业中率先跻身世界500强。至2015年累计进入11次，排名从第461位升至第60位

2005年，上海汽车集团股份有限公司年产销汽车突破100万辆。2006年，汽车年销从中国轿车第一开始位居中国汽车第一

2009年，上汽通用五菱汽车股份有限公司成为中国首家年销100万辆的汽车企业

2010 年，上海通用汽车有限公司成为中国第 2 家年销 100 万辆的汽车企业和中国首家年销 100 万辆的轿车企业

2010 年，上海大众汽车有限公司成为中国首家累计销量 500 万辆的汽车企业和第 2 家年销 100 万辆的轿车企业

2013 年，上海大众汽车有限公司成为中国首家累计产销 1000 万辆的汽车企业。2015 年，成为中国首家年销 200 万辆的汽车企业

2006—2015 年，上海汽车集团股份有限公司汽车销量位居中国汽车集团之首。2009—2013 年，汽车年销连创 200 万辆、300 万辆、400 万辆和 500 万辆中国纪录。2011—2015 年，连年位居世界汽车公司汽车销量第 7 位

1999 年 1 月 20 日，上海汽车工业（集团）总公司重组成立上汽集团仪征汽车有限公司，整车布局开始走出上海并参与国内汽车行业战略重组

20 世纪末 21 世纪初，上汽开始推进立足上海和走向全国并举战略，积极参与国内汽车工业战略重组。

2002 年 1 月，延锋伟世通汽车饰件系统有限公司在重庆设立首家沪外企业。至 2015 年，其沪外企业达 60 家

2002 年 11 月 18 日，位于广西柳州的上汽通用五菱汽车股份有限公司挂牌，上汽进入微型车领域并首创中中外合作新模式

2002 年 12 月 20 日，上海通用汽车有限公司开始走出上海，在山东烟台合作组建上海通用东岳汽车有限公司

2004 年 3 月 7 日，上海通用汽车有限公司在辽宁沈阳合资组建上海通用北盛汽车有限公司

2004 年 6 月 8 日，上海汽车工业（集团）总公司重组中国汽车工业总公司后组建上海汽车集团（北京）有限公司

2005 年 6 月 2 日，上汽通用五菱汽车股份有限公司在山东青岛建立整车制造基地

2007 年 6 月 15 日，位于重庆的中意合资上汽依维柯红岩商用车有限公司成立，上汽对外合作进入重型汽车领域

2007年12月26日，上海汽车工业（集团）总公司和跃进汽车集团公司在北京人民大会堂签署全面合作协议，上南合作成为中国汽车工业战略重组的重要里程碑

上南合作签约之
日上汽集团和跃进集
团召开媒体见面会

2008年4月，上海大众
汽车南京分公司开业，其生
产布局开始走出上海

2012年1月，上海大众汽车宁波项目签约

2012年7月，上海大众汽车仪征分公司建成投产

2013年8月，上海大众汽车（新疆）有限公司开业，首辆轿车下线

2015 年 1 月，上汽通用武汉分公司一期项目竣工，至此上汽通用汽车有限公司沪外基地达到 3 个

2015 年 5 月，上汽大众长沙分公司建成投产，至此上汽大众汽车有限公司沪外基地达到 5 个

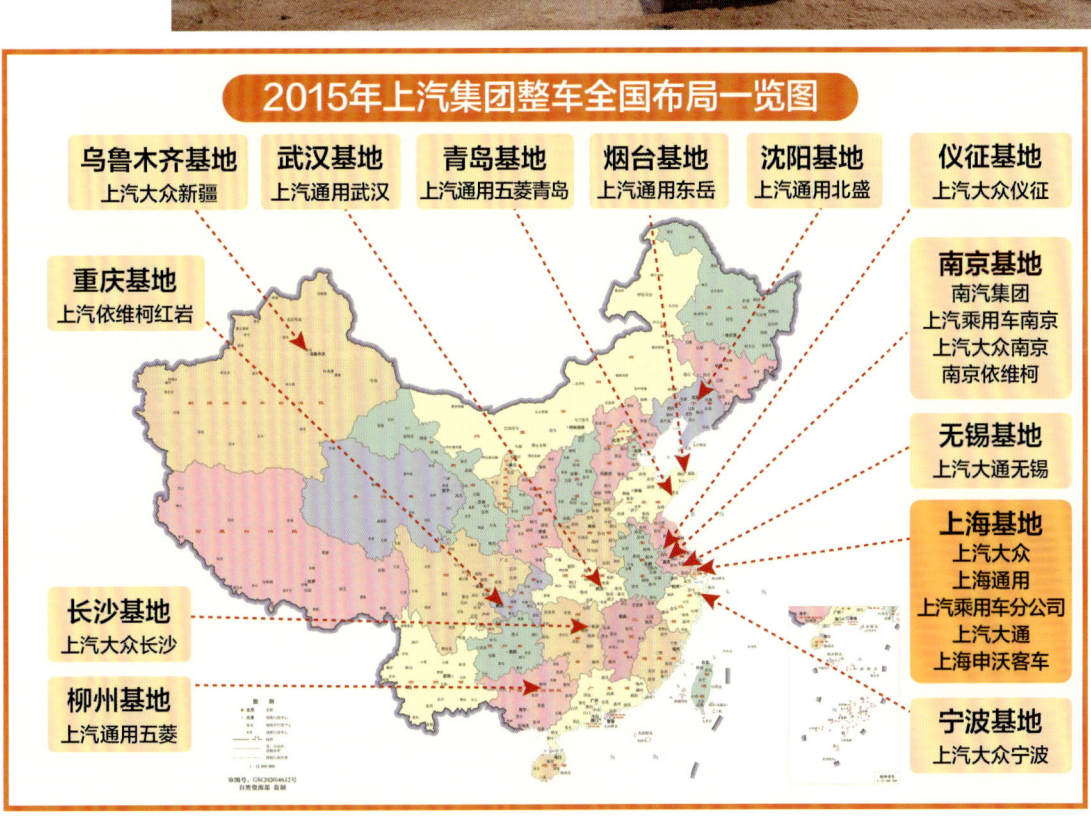

2015年上汽集团整车全国布局一览图

乌鲁木齐基地
上汽大众新疆

武汉基地
上汽通用武汉

青岛基地
上汽通用五菱青岛

烟台基地
上汽通用东岳

沈阳基地
上汽通用北盛

仪征基地
上汽大众仪征

重庆基地
上汽依维柯红岩

南京基地
南汽集团
上汽乘用车南京
上汽大众南京
南京依维柯

无锡基地
上汽大通无锡

上海基地
上汽大众
上海通用
上汽乘用车分公司
上汽大通
上海申沃客车

长沙基地
上汽大众长沙

柳州基地
上汽通用五菱

宁波基地
上汽大众宁波

进入21世纪，上汽启动推进国际经营战略。

2000年9月，上海汽车工业（集团）总公司召开全球经营工程大会

2001年，上海通用汽车有限公司向菲律宾出口5000辆别克GL8商务车，中国中高级轿车首次走出国门

2002年10月，上海汽车工业（集团）总公司参股通用大宇汽车公司，中国汽车资本首次走出国门

2012 年 12 月，上海汽车集团股份有限公司与泰国正大集团合资签约成立设在泰国的上汽正大汽车有限公司。2014 年 6 月 4 日，上汽正大首辆 MG6 轿车下线

2013 年 9 月，上海汽车国际商贸有限公司成为中国（上海）自由贸易试验区首批获得营业执照的企业

2015 年，上汽大通汽车有限公司大通牌轻型客车出口 4600 辆，进入欧洲、澳洲及新兴市场，实现中国轻型客车大批量进入欧盟的突破

2008年6月，包括上汽零部件出口在内的国家汽车及零部件出口基地上海安亭汽车零部件产业基地揭牌

1993—1997年，上海拖拉机内燃机公司生产的上海牌拖拉机累计出口7200多台，位居全国农机行业同类产品出口首位，产品销往65个国家和地区

2015年上汽集团境外公司机构一览图

20 世纪 90 年代以后，上汽连续实施推进科技进步、合资合作与自主创新并举、创新转型发展等创新战略。

1995 年 4 月，中国汽车企业首次参与国际联合开发的桑塔纳 2000 型轿车批量投产

1993 年 1 月，上海汽车工业总公司发起并出资成立国内首家企业捐助创办的教育基金会——上海汽车工业教育基金会

1996 年 2 月，上海汽车工业（集团）总公司发起并出资成立上海首家校企合作科技基金会——上海汽车工业科技发展基金会

1999 年 11 月，上海大众汽车有限公司技术中心扩建工程竣工

2002 年，上海汽车工业技术中心重组为上汽集团汽车工程研究院。2007 年，上海汽车集团股份有限公司技术中心承接该工程研究院资产

2003 年 6 月，泛亚汽车技术中心有限公司总部从浦东金桥（左图）迁至浦东王港（右图）

2013 年 6 月 19 日，泛亚汽车技术中心（金桥）基地与凯迪拉克专属工厂奠基

1999 年 3 月，上海离合器总厂自主开发的中国第一台液力变扭器为上海通用汽车有限公司别克轿车配套

2004 年，别克君威系列轿车获中国汽车工业科技进步一等奖

2008 年 6 月，上海大众汽车有限公司本土化开发的标志性车型朗逸轿车上市，该车连年成为中国轿车细分市场销量冠军

2013 年 1 月，中国首台真正意义上拥有完全自主知识产权、具有国际领先技术的双离合器自动变速器总成在上海汽车变速器有限公司下线并投产

2006 年，自主品牌建设成为上汽重大战略。

2006 年 2 月，上海汽车集团股份有限公司召开全面创新誓师大会

2006 年 2 月 24 日，主营自主品牌轿车的上汽汽车制造有限公司揭牌，并于 2007 年 1 月 31 日更名为上海汽车集团股份有限公司乘用车分公司。上图为该分公司总部，下图为上海临港基地外景

2006 年 10 月 24 日 和 28 日，上海汽车集团股份有限公司先后发布中高端自主品牌荣威和荣威首款车型 750 轿车

2007 年 5 月，上海汽车集团股份有限公司收购英国罗孚 2010 里卡多咨询有限公司，成立上汽海外研发基地上汽英国技术中心

2008 年 6 月发布的荣威 550 轿车于 2010 年获中国汽车工业科学技术奖特等奖，2011 年获国家科学技术进步奖二等奖并成为自主品牌乘用车整车获得的最高国家科技奖项

2008年9月19日，上海汽车集团股份有限公司乘用车分公司上海临港制造基地建成投产

2010年3月，上海汽车集团股份有限公司乘用车分公司南京浦口基地二期工程竣工，荣威350轿车投产，上汽形成上海、南京和英国长桥两国三地自主品牌制造体系

2015年3月，上海汽车集团股份有限公司乘用车分公司MG名爵GS轿车上市

2010 年 5 月，美国《福布斯》杂志封面刊登中国汽车市场单一车型最大销量的上汽通用五菱汽车股份有限公司五菱之光微型车，称其为"地球上最重要的一款车"

2010 年 7 月 18 日，上汽通用五菱汽车股份有限公司发布自主品牌宝骏并开始双品牌运作。同年 11 月 22 日，该品牌首款车型宝骏 630 轿车下线

2015 年 8 月 21 日，上汽通用五菱汽车股份有限公司宝骏二期整车工厂竣工并投产

2011 年 2 月 28 日，上海汽车集团股份有限公司发布首款商用车自主品牌 MAXUS 大通。同年 6 月 29 日，该品牌首款车型 V80 轻型客车下线

2011 年 4 月 8 日，主营商用车自主品牌的上海汽车商用车有限公司成立，并于 2015 年 11 月 20 日更名为上汽大通汽车有限公司

2011 年 5 月 25 日，上海汽车商用车有限公司无锡分公司建成

2009年开始，新能源汽车建设成为上汽重大战略。

2009年5月，上海汽车集团股份有限公司召开加快新能源汽车建设誓师大会

2002年12月，上海汽车工业（集团）总公司会同同济大学研制成功列入国家863计划的"超越1号"燃料电池轿车，启动新能源汽车建设

2008年7月，上海大众汽车有限公司为北京奥运会提供2133辆奥运官方用车

2010 年上海世博会期间，上汽 1125 辆新能源汽车安全运行 2900 万千米，累计载客 1.2 亿人次，创世界新能源汽车集中运行之最

　　上汽自主研发集光电转换、风电转换和二氧化碳吸附转换等自然能源转换技术于一身的"叶子"概念车在上海世博会首发表演

2013 年 1 月，中国首款量产纯电动汽车荣威 E50 挂牌上路，上汽新能源汽车建设实现产业化目标

2014 年 11 月，上海汽车集团股份有限公司新能源汽车获第 12 届世界必比登挑战赛纯电动组、混合动力组和燃料电池组第一，成为该挑战赛历史上首个包揽 3 个小组第一的企业

2015 年 12 月，上海汽车资产经营有限公司投资建设的 55 兆瓦 BIPV（光伏建筑一体化）项目一期工程竣工，项目获全球最大光伏建筑一体化电站吉尼斯世界纪录证书

"十一五"末，上汽开始向电动化、智能网联化、共享化和国际化的"新四化"方向转型。

2009 年 10 月，中国首家汽车安全服务合资企业上海安吉星信息服务有限公司成立，开启领先国内同行的车载信息服务业务

2014 年 7 月 23 日，上海汽车集团股份有限公司与阿里巴巴集团签署战略合作协议。2015 年 3 月 12 日，双方签署互联网汽车战略合资合作框架协议。同年 12 月，开始研制全球首款量产互联网汽车荣威 RX5 轿车

2014 年 11 月，上海大通汽车有限公司大通 EV80 纯电动宽体轻型客车上市

2015 年，上海汽车集团股份有限公司乘用车分公司研制的 MGiGS 智能驾驶汽车获中国工业博览会创新金奖

改革开放以后，上汽连续实现从行政性公司到企业性公司及股份化、集团化改制。

→1955 年 12 月，上海内燃机配件制造公司成立。1958 年，与上海市动力机械设备制造公司合并为上海市动力机械制造公司。1960 年，更名为上海市农业机械制造公司。1969 年 4 月，再次更名为上海市拖拉机汽车工业公司。图为 1955 年 12 月—1984 年 6 月公司总部所在地上海市黄浦区四川北路 110 号

←1984 年 7 月，上海市拖拉机汽车工业公司改制为企业性公司上海汽车拖拉机工业联营公司。上图为公司办公场所迁至上海市徐汇区武康路 390 号。下图为公司董事会会议

1988 年 3 月，上海汽车拖拉机工业联营公司召开第一次职工代表大会，建立健全职工民主管理制度

1990 年 1 月 26 日，上海汽车拖拉机工业联营公司更名为上海汽车工业总公司

1995 年 9 月 1 日，上海汽车工业（集团）总公司成立，中共上海市委和上海市人民政府要求上汽继续保持上海支柱产业地位

1997 年 11 月 25 日，上海汽车股份有限公司在上海证券交易所上市，上海汽车工业（集团）总公司开始进入证券市场

2001 年 7 月，上海汽车工业（集团）总公司总部迁至上海市静安区威海路 489 号上海汽车工业大厦

2004 年 11 月 28 日，上海汽车工业（集团）总公司发起设立的上海汽车集团股份有限公司召开第一届董事会第一次会议。2004年 12 月 30 日，上海汽车集团股份有限公司揭牌。2007 年 7 月 27 日，该公司工商注销

2011 年 12 月 30日，由上海汽车股份有限公司更名的上海汽车集团股份有限公司整体上市，继续成为中国流通市值最大的汽车上市公司

2009 年 4 月 20 日，上海巴士实业（集团）股份有限公司更名为华域汽车系统股份有限公司并成为中国流通市值最大的汽车零部件上市公司，上汽零部件业务整体上市

1996年6月，上海市人民政府开始在上海汽车工业（集团）总公司设立监事会，履行监督职能

2004年12月上海汽车集团股份有限公司成立至2007年7月注销，2007年9月上海汽车股份有限公司更名为上海汽车集团股份有限公司后，均设立监事会，履行监督职能

1993—2010年，上汽先后召开4次中国共产党党员代表大会。

1993年9月23日和24日，中共上海汽车工业总公司第一次代表大会召开并发出加速建设上海第一支柱产业的号召

1997年6月27日，中共上海汽车工业（集团）总公司第二次代表大会召开并发出跻身世界500强的号召

2001年5月31日，中共上海汽车工业（集团）总公司第三次代表大会召开并发出全面实现上海汽车工业"十五"发展目标的号召

2010年8月20日，中共上海汽车工业（集团）总公司第四次代表大会召开并发出建设具有核心竞争能力和国际经营能力汽车集团的号召

上汽党委定期组织党委中心组学习，加强领导班子思想政治建设

上汽党委每年召开党风廉政建设干部大会，进行廉洁勤政专项教育

1990 年，上汽开始推行升旗仪式，进行爱国主义、企业文化教育

上汽强化员工培训，图为 1991 年建成的培训中心，被誉为"黄金地段、黄金工程、黄金效益"

上汽每年开展向先进学习活动

2011 年起，上汽建立劳模创新工作室。图为工人们在劳模创新工作室合影

2014 年起，上汽开展"种子基金"员工创新活动

1992 年和 2015 年 12 月，上海大众汽车有限公司和上海汽车集团股份有限公司先后捐助中国男子足球队和上港足球队

1994 年起，上汽及所属企业在贫困地区捐建 52 所希望小学

2008 年，上汽与上海社会科学院建立上海汽车战略研究中心

上海大众汽车有限公司成为 2008 年北京奥运会汽车合作伙伴的成员，上汽 90 名员工参加奥运圣火传递

2008 年，上汽员工向汶川地震灾区捐款

2010年，上海汽车工业（集团）总公司和美国通用汽车公司成为2010年上海世博会全球合作伙伴，携力建设上汽集团—通用汽车馆。

上汽集团—通用汽车馆累计接待217.8万人次，被评为"最受游览者喜爱的企业馆"

2011年2月，上海汽车工业（集团）总公司和通用汽车公司将上汽集团—通用汽车馆赠予上海世博会事务协调局

2012年，上海世博会事务协调局将上汽集团—通用汽车馆赠予中国福利会并改建为上海儿童艺术剧场。同年12月，上海儿童艺术剧场冠名上汽荣威儿童文化中心，上海汽车集团股份有限公司每年向该中心捐助800万元

《上海市级专志·上海汽车集团股份有限公司志》
编纂委员会

（2020 年）

主　　任	陈　虹
副 主 任	王晓秋　沈建华
委　　员	周郎辉　陈德美　沈　阳　蓝青松　钟立欣　卫　勇　祖似杰
	杨晓东　詹　锋　俞建伟　张海涛
主　　编	沈建华
副 主 编	祝培莉　卢　幸　庄菁雄
执行编委	汪国富
编　　委	（以姓氏笔画为序）
	王董雨　朱一平　花　昀　李　君　吴　珩　余　德　邹海川
	沈浩明　宋　晨　张小龙　张东驰　张　程　陈晓东　周　祺
	项　党　钟　中　钟建宏　姜宝新　顾建斌　顾晓琼　蔡　宾
	管熠中　潘吉明

《上海市级专志·上海汽车集团股份有限公司志》
编纂委员会

（2017 年 3 月调整）

主　　任	陈　虹
副 主 任	陈志鑫　沈建华
委　　员	周郎辉　俞建伟　张海涛　陈德美　王晓秋　沈　阳　蓝青松
	陈伟烽　钟立欣　程惊雷
主　　编	沈建华
副 主 编	钟立欣　高卫平　潘吉明

《上海市级专志·上海汽车集团股份有限公司志》编纂委员会

（2012 年 8 月成立）

主　　任　胡茂元
副 主 任　陈　虹　　沈建华
委　　员　陈志鑫　李积荣　肖国普　周郎辉　叶永明　薛　建　俞建伟
　　　　　朱根林　张海涛　谷　峰　吴　磊　陈德美　蒋志伟　叶焱章
　　　　　吴诗仲
主　　编　沈建华
副 主 编　钟立欣　杨静怡　高卫平
执行编委　汪国富
编　　委　（以姓氏笔画为序）
　　　　　干　频　卫　勇　王剑璋　王　骏　甘　平　朱庆敏　朱　宪
　　　　　朱湘君　华杏生　花　昀　杨德君　李佩珍　余经民　张玉丽
　　　　　张正祥　张　明　张新权　陈伟烽　陈寿龙　赵仲毅　荀逸中
　　　　　顾晓琼　徐　敏　高菊珍　梁元聪　程惊雷

《上海市级专志·上海汽车集团股份有限公司志》编纂室

主　　任　汪国富
副 主 任　钱国樑　田克新
成　　员　韩祖伦　陶明德　何四雨　胡静华　王伟麟
　　　　　2012—2015 年：李佩珍　胡孝渊　吴常娥　翁建国

总　　纂　汪国富
分　　纂　钱国樑　田克新
编务/编辑　韩祖伦
编　　辑　胡静华　陶明德　王伟麟　何四雨
　　　　　2012—2015 年：翁建国　胡孝渊　吴常娥

《上海市级专志·上海汽车集团股份有限公司志》主要内审人员

（2020 年编纂委员会成员以外者）

蒋　涛　陈祥麟　陆吉安　林树楠　胡茂元　蒋应时　卞百平　张广生
陈志鑫　叶　平　陈庭越　郁子冲　蒋志伟　陈因达　陈忠德　李积荣
肖国普　叶焱章　吴诗仲　薛　建　朱根林　唐伟延　王述祚

《上海市级专志·上海汽车集团股份有限公司志》资料提供与评审人员

资料特约提供

王荣钧　赵永彬　翟艳明　张培新　张伯顺　章镳初

上汽集团总部·华域汽车总部

主　审

余　德　蔡　宾　张　程　陈晓东　祝培莉　卢　幸　庄菁雄　钟建宏
潘吉明　管熠中　顾晓琼　汪　华　周　祺　宋　晨　梅红卫　刘　涛
沈浩明　钟　中（信息网络）　　　吴　珩　王董雨　姜宝新　花　昀
赵茂青　顾建斌　徐文晖　甘　平　邹海川　朱湘君　朱一平　张小龙
张东驰　贾　梁　霍　迪　茅其伟

联络员（以姓氏笔画为序）

马士泽　王克涛　王艳菊　凤　喆　方亚康　孔方方　厉　倩　丘奇峰
丛扣尤　乐琪伟　冯夏勇　乔国定　刘　飞　刘兆刚　米高倩　许文妍
孙　泉　杨亚伟　杨　帆　吴常娥　吴超雄　吴　稼　沈　玲　张　杰
张宗济　张　磊　张燕妮　陆明生　陆晓龙　陈永平　陈志彦　陈　逊
陈　斌　陈　瑞　邵志特　邵健强　罗建萍　项彧琼　赵靓玺　赵　璃
赵聪赟　胡丁力　钟　中（人力资源）　　　饶怡然　施秀旻　桂　森
顾咏梅　顾倪萍　郭　林　郭剑鹰　黄蓓倩　葛晓滢　蒋进山　程　森
傅　瑢　虞　健　鲍　斌　蔡莹聪　薛　伟　穆　笛

资料提供与审核（以姓氏笔画为序）

卜蔚然　马寅超　王和平　王　昱　王晓培　孔环锋　冯　艳　朱庆德
朱　晞　任纪良　刘志勇　刘蔚婧　江湛宁　祁　敏　许一久　孙代豫
严　明　苏　芳　杨　吕　杨丽君　杨　鸣　杨　敏　杨　慧　李妍如

整车整机企业

主审

联络员（以姓氏笔画为序）

资料提供与审核（以姓氏笔画为序）

邹小俊　汪洋　汪海佳　沈伟　沈宇伟　沈剑　宋玉芳　宋林夕
迟恩慧　张永东　张军　张玮　张建民　张思思　张莹　张晟芸
张敏　张鹏　张颖华　张蕾　张懿　陆欢　陆志刚　陆捷
陆辰瑶　陆陈欣　陆贤清　陆旻欣　陆春良　陆冠峰　陆晓杰　陆明
陆毓良　陈东尔　陈江红　陈其逊　陈英　陈国琴　陈泷　陈宝
陈秋　陈剑春　陈洁　陈晓鹏　陈海波　陈润　陈珺　陈梦
陈森涛　陈程　邵一冠　邵宇　林元航　林传雄　郁海宝　季节
金红　金忠孝　金建军　金晓春　金晔　周玉煜　周巧浩　周江
周晓婷　周健　周彪　周碧琳　庞舒静　郑志强　郑浩　周夏
孟祥毅　赵云　赵丹青　赵可蕙　赵迪愚　郝明　胡英豪　侯嘉斌
俞婧　姐德海　施圣心　施仲安　施敏华　施易琦　姜超　姜睿强
洪慧　姚凯元　袁秉昇　袁学军　袁竑　顾易坤　顾煜君　顾毓君
顾慧林　钱军华　倪峻　徐大江　徐小平　徐唐玥　徐峥贤　徐俊祥
徐嘉伟　徐聪　徐璐　高晓民　郭予杰　黄国桓　唐海燕　唐董辉
宾剑锋　谈军　黄在青　黄光锴　黄守兵　黄震　黄燕清　黄诗婷
黄俊　黄炬　黄清敏　黄蕙　黄毅　黄正　黄波　盛麟燕
睦梁　梁　崔雯　章晓艳　章毅　梁正　梁婉婷　葛燕刚
董雅琳　蒋弘瑞　蒋启亮　蒋桂华　蒋章蔚　蒋琦　蒋嫣隽　蒋媛
储蔚　谢蕾　甄在利　窦祥　蔡永伟　蔡成婕　蔡晴　谭媛媛
熊坚　樊勇　滕飞　颜井刚　颜春燕　颜晓凤　薛军　薛海涛
戴华荣　瞿晓荣

动力总成系统企业

主审

钱向阳　钱俊　姜凯　华恩德　胡依强　朱建康　林国平

联络员（以姓氏笔画为序）

王宇峰　叶颖　朱芳　朱锐　刘学飞　李凌　李渊明　张春兰
张徐欢　陈莉　姚红杰　秦萍　袁洁

资料提供与审核（以姓氏笔画为序）

马志平　王守元　王建军　王秋冰　王晔　王彬　叶蔚　朱卓选
朱曾勇　刘芳　刘凯　刘爱国　纪丽伟　孙晓晔　杨志峰　杨科
杨晓峰　杨雁　李正　李琳　吴丹　吴进　吴铭良　邱国平
闵泉沁　沈瑾　张龙兵　张奇　张海英　张舒昕　张熙　陆兵
陆英杰　陆圆圆　陈凯　陈佳一　陈祥　邵群娴　林立　罗小军
金国强　金健　金瑞娟　金燕　周建平　周晔　周继瑛　周婷玉
郑晨泽　练续飞　赵刚　赵敏　胡豪　施敏　姚红杰　夏小岩
顾建忠　钱进　钱涛　钱璟蔚　徐文彦　徐立瑜　徐磊　殷郭信
凌建群　陶家声　黄春鸣　黄涛　黄雪明　符兴胜　章九清　傅冰洁
傅晓斌　傅辞达　曾彦菁　谢劲松　路青　薛晓东

汽车底盘系统企业

主 审

阳春启　邱　琪　蔡增伟　吴正萍　　赵益强

联络员（以姓氏笔画为序）

马　楠　朱　聪　庄禾青　孙志刚　李旻杞　　汪　涛　沈贤秦　张　成
顾利琴　徐海静　郭伟静　阚李萍　潘佳明

资料提供与审核（以姓氏笔画为序）

卜凡彬　于正虎　万　紫　马梅艳　王成龙　王治瑞　王　俊　王晓地
王晨均　王　蓓　方　平　包　隽　乐嘉琴　冯　骊　司　萃　成志钦
吕俊薇　朱亚伟　朱　建　刘　峰　刘　梅　刘　强　刘　鲨　许　静
孙　灿　孙保良　孙　篙　杨白桦　杨佩芸　李　华　李如焕　李辰龙
李剑青　李　朦　忻云茜　闵　慧　汪　烨　沈　磊　迟乃琪　张怀山
张　俊　张菲莉　张慧琳　陆梅蘅　陆燕青　范勤耀　金晓春　周　刚
郑海钧　孟森铭　孟繁俊　胡建军　俞丽娜　姚　杰　顾晓峰　倪海华
徐　晟　徐筱叶　唐少波　谈　军　黄守兵　曹东栋　曹宏国　梁为胜
梁彦敏　隆德锋　葛　宏　董一俊　焦　倩　鲍时明　薛传凯　薛皓洁
瞿　泉

电子电器系统企业

主 审

熊伟铭　徐　峰　汪若英　芦　勇

联络员（以姓氏笔画为序）

邬宁宁　吴芝英　施寅生　倪建英　斯静吉

资料提供与审核（以姓氏笔画为序）

丁湘君　于明涛　卫宝琰　王小玲　王元洪　王　刚　王庆华　王佳伟
王美珠　王振锁　王晓云　王　娟　王彩霞　王晶莺　王　骞　牛倩倩
仇琴琴　邓文谦　邓　菲　孔　斌　卢卫民　田　剑　冯　毅　朱丹妮
朱亚莉　朱　刚　朱全毅　朱晓芸　伍中宇　任　刚　华洁平　刘　屹
刘　强　江兴宏　汤逢春　祁　伟　许广振　许长春　孙行健　孙晓庆
杨　威　杨　涛　李　力　李立伟　李进明　李　君　李荣庆　李　晖
李　祺　李　嫩　李德福　吴　鸣　吴建中　余浩杰　应　巍　汪植亮
沈　辉　张小琴　张　军　张　芹　张国清　张　柳　张　森　陈　林
陈　炯　陈景俊　陈蓓华　陈　静　邵　康　林　霖　杰古阿萨
罗文娟　罗　刚　金贞洁　周兆涵　周　艳　周高娟　居小倩　赵一梅
赵岩松　赵菊芳　胡　好　查　桢　施亚琴　施留松　姚丽娟　秦　彬
贾鹤鹏　顾云飞　顾珠凤　徐　宏　徐晓玲　徐　曼　徐巍巍　奚浩兵
翁永欣　郭俊晟　郭　辉　桑　旭　曹珏洁　曹　磊　戚文俊　盛　斐
崔　浩　康红朝　康　健　彭巧丽　蒋大千　蒋　荣　韩　冰　韩晓利
韩　筠　嵇　岗　程　捷　傅芳萍　褚海雯　潘群英

汽车内外饰企业

主　审

贺明康　郭肇基　武赟乔

联络员（以姓氏笔画为序）

王月芳　王伟建　叶世威　吕晨旸　华嘉伟　张越佳　陈　宇　周雯琦
钱丽娜　谈燕清　黄　伟

资料提供与审核（以姓氏笔画为序）

马姝雯　马晓东　王晓华　王海峰　方伟萍　朱丽香　朱　杰　朱建丽
许琳延　苏金华　李　欣　李　政　吴梦燕　邱　璠　张洪波　张　章
武文光　茅海峰　罗元卿　罗静雯　周小华　赵春瑜　胡依涵　施玉萍
秦乐平　黄工益　黄　星　曹　刚　曾之光　熊晓霞　熊　晨　潘曾猷
瞿晨燕

汽车功能件·金属成型企业

主　审

王　军　王　虹　李一锋　何　畏　姜　林　朱敏华　邓　林

联络员（以姓氏笔画为序）

王卫平　成　捷　朱　瑛　庄　严　杨　阳　李　青　邱庆琪　张寅官
张　琦　陆韵迪　陈佳音　林　松　周龙华　周　祺　耿　玥　倪　军
徐伟华　徐　宏　徐　柏　高洁琴　董　妮　韩健伟　程佩玲　戴玉英

资料提供与审核（以姓氏笔画为序）

丁玉华　丁洁玮　马云鹏　马旭寅　马　骏　王一峰　王亚哲　王美年
王　勇　王晓蓉　尹　敏　邓　林　叶　兴　邢金紫　成　捷　吕　龙
朱陈颖　朱卓选　孙　岩　杜铁复　杨茂昌　杨　建　李玉强　李　谆
李　琳　吴迪洁　吴碧漪　张成中　张圆圆　张联清　张　蕙　陆有根
陈　安　陈冶之　陈忠明　陈慈平　范明芳　茅怡洁　罗亦斌　金云霞
金红心　金　蕾　赵允劼　赵红宇　胡文瑾　胡　星　胡　捷　胡御萍
侯小鸣　侯　佳　施寒青　姚一平　姚　奕　夏竹鞾　夏雪凤　顾正启
钱　进　倪永刚　倪新诚　徐　俭　殷　实　黄旦中　黄艳华　章　磊
韩健伟　傅辞达　鲁晓烽　鲁　磊　满洪波　窦凤琪　翟成兰　缪祺恺

热加工·新能源零部件企业

主　审

邱学军　彭少敏　朱　军　陆珂伟　刘常福　阚卫峰　黄　耘　汤　震
徐　峰　包雪度

联络员（以姓氏笔画为序）

冯　琪　吕　敏　杨聆韵　李静懿　张建勤　张晓预　陈学平
陈　虹（华东泰克西）　　陈　虹（捷新）　陈敦瑾　金　涛　郑颖瑜
徐跃华　徐琳莹　徐蒋雷　徐　路

资料提供与审核（以姓氏笔画为序）

王　耕	毛建伟	田德新	刘　玲	汤红非	孙月华	孙淑梅	杜红燕
杨林根	李广婷	肖卓俊	余建杰	汪　霞	沈敏杰	陈　炎	金行骏
贾爱萍	倪铭诚	徐学强	徐　晔	翁志权	高文	高　海	黄锡文
黄　翠	韩　洁	蔡延风	翟柏顺	樊晓松	戴　萍		

投资·金融·汽车服务贸易企业

主　审

傅利国	孙玉玲	陆永涛	金　麒	余亚瑞	赵爱民	杨怀景	吴　宏
蒋建华	徐　敏	徐　建	董　英	李思践	吴伟华	钱建栋	郝景贤
姜　勇	蔡蓓琦	单　战	陆　一	徐志刚	史　赟	沈　利	何晓劲

联络员（以姓氏笔画为序）

马世华	王芬程	王　蕊	石国勇	卢尚新	田轶雯	史玲玲	朱明瑶
朱家春	任　梅	任雯英	江　玥	汤淼鑫	阮树辉	孙　韡	杨淑媛
汪之涵	张　勇	张　晓	郁　杉	庞荣筠	赵晨栋	胡　军	姜　允
徐　捷	翁宜珺	栾海林	陶　隽	黄晓慧	蒋　晨	楚美花	熊　晖
颜晨璐	燕　剑	薛　静	戴思楠	魏　怡			

资料提供与审核（以姓氏笔画为序）

于　丹	马达尔	马咏梅	马燕敏	王　伟	王军浩	王丽萍	王晋军
王　健	王海平	尹艳萍	邓世强	厉　华	卢　明	史新雁	冯涛奇
邢凯妹	毕春华	吕　岩	庄　寅	许立宇	许　诗	牟　娟	孙　竹
严　俊	杨　茜	杨　轶	李小燕	李　平	李佳慧	李继存	李　逸
何永军	何君君	忻樑刚	沈亚力	沈　帆	沈凯雷	宋海波	张兆德
张晟皓	张晓俊	张瑜瑾	张新民	陆旻晶	陈明标	陈　莉	陈碧峰
陈　慧	邵　慧	武修英	武振成	林巨兵	卓建洲	罗淑敏	金仁杰
周洁雁	周瑾娴	郑　海	胡云鹤	胡佳莹	柯嘉祥	是　乐	钟玉锋
费　帆	姚化文	贺旭辉	袁佩琴	贾祎楠	夏瑜韵	顾怡洁	顾津津
顾凌娴	顾颖婷	顾　静	钱　明	钱建华	倪佳锐	徐芸洁	徐　旻
徐建秋	徐思铭	徐祥华	翁一明	高　盼	高盛霖	谈哲炜	谈恋红
黄梦莹	黄　琰	曹宝华	崔艳丽	康美华	彭　勤	蒋　浩	蒋蔚娜
谭瑞勇	缪祯辉	缪堃元	樊盛杰	潘又佳	潘尚嘫	魏卓俊	

上海汽车行业协会学会

主　审

杨德君　梁元聪　张玉丽

联络员（以姓氏笔画为序）

冯怡婷　李惠中　何寅生　郑　袂　戴汉清

资料提供（以姓氏笔画为序）

王　庆　王建新　陈家来　施忠道

《上海市级专志·上海汽车集团股份有限公司志》
评议专家

组　　长　蒋以任
成　　员　（以姓氏笔画为序）
　　　　　朱洁士　阮清华　杨建文　杨雄伟　汪时维　沈越岭　张立军
　　　　　张永林　邵　珉　蒋应时

《上海市级专志·上海汽车集团股份有限公司志》
审定专家

组　　长　蒋以任
成　　员　（以姓氏笔画为序）
　　　　　王耕地　史文军　汤国珍　张文良　陆国樑　茅伯科　姚春海
　　　　　魏学哲

《上海市级专志·上海汽车集团股份有限公司志》
验收单位和人员

验收单位　上海市地方志办公室
验收人员　洪民荣　王继杰　过文瀚　黄晓明　黄文雷

业务编辑　肖春燕　赵明明

凡　例

一、本志以马克思列宁主义、毛泽东思想、邓小平理论、"三个代表"重要思想、科学发展观、习近平新时代中国特色社会主义思想为指导，实事求是记述上海汽车集团股份有限公司（简称上汽集团）发展变迁的历史。

二、本志断限为1955—2015年，为保持记述的完整性，个别章节上溯1955年之前或延至2015年之后。

三、本志全面记载上汽的公司体制、治理结构、行政管理、规划发展、所属企业、品牌产品、合资合作、基建装备、技术引进、技术创新、供销物流、员工队伍、党群工作、社会责任和人物的演变过程。

四、本志由图照、凡例、目录、总述、大事记、正文、附录、编后记、索引组成，采用述、记、志、图、表、传、录等体裁，志设总述，篇设概述，以提示梗概，综述全貌。图照分为卷首照和随文照，表随文排列。

五、本志采用现代语文体、记述体。

六、为方便和规范记载，公司名称除了用全称或规范简称外，以1984年上海汽车拖拉机工业联营公司成立为界，之前可统称"公司"，之后可统称"上汽"，在无歧义的情况下用"上汽集团"。凡具体年份后出现的企业名称均使用当时企业的全称或简称。企业规范简称组成方式一般为"国家或地域名＋公司专有名"，必要时"＋专有业务名"，如"上海大众汽车"。在无歧义或集中出现的情况下，可直接使用约定俗成的企业专有名的简称，如"通用""丰田"等。单位名称一般以章或节为单位，第一次出现时用全称，此后同章同节出现一般用规范简称。

七、历史沿革中上汽公司全称和简称、2015年上汽集团直管企业全称和简称，详见附录一和附录二。

八、本志涉及的货币单位，除必要时注明美元或欧元等币种外，一律为人民币。

九、本志出现的技术或工程类英文专用术语，凡偶尔出现的加注中文，多次出现的见附录《专业术语英文缩写与中文翻译对照表》。涉及的外国公司或品牌英文名称，除无法考证外,均加注中文译名。

十、本志标题格式、文字标点使用、名称和时间表述、数字书写、图标处理等,均参照《〈上海市志(1978—2010)〉编纂行文规范》执行。

十一、本志资料来源为上汽集团档案资料、大事记、《上海汽车报》《上海文史资料选辑·上海汽车工业五十年》《上海汽车工业志》《上海汽车工业史》,以及上汽集团总部部室和子公司。数据由资料提供单位或业务主管部门核定,上汽集团质量和经济运行部统一核定经济运行主要数据。

目　录

Contents

总 述

1955 年,上海市内燃机配件制造公司成立,上汽的历史自此开启。

1955—2015 年,上汽的公司性质历经从行政性公司到企业性公司的历史演变;管理体制历经从上海市内燃机配件制造公司到上海市动力机械制造公司、上海市农业机械制造公司、上海市拖拉机汽车工业公司、上海汽车拖拉机工业联营公司、上海汽车工业总公司、上海汽车工业(集团)总公司,再到上海汽车集团股份有限公司的历史演变;发展时期历经从自主造车到合资合作,再到自主创新与合资合作并举的历史演变;主营业务历经从零配件到整车整机,再到汽车、汽车零部件、汽车服务贸易和汽车金融的历史演变。

1955—2015 年 60 年,特别是改革开放后近 40 年,上汽在机遇挑战的锤炼和披荆斩棘的奋进中,产业报国初心不忘、风雨兼程薪火相传,将小型、分散、落后的地方性企业,发展成为上海规模最大的企业集团、中国销量最多的汽车集团、全球销量第七的汽车公司和排名第 60 位的世界 500 强企业。

一

1955—1977 年,是该公司以上海牌轿车等整车整机为标志,实现从零配件生产到拖拉机、汽车、摩托车制造的重要转变并形成一定批量的历史阶段。

1949 年 5 月,上海汽车修配业因上海这座城市的解放而获新生。是年,上海市军事管制委员会接管扬子建业公司所属利喊汽车公司、上海市公共交通公司修造厂、行政院善后救济总署康定路仓库及物资局启明修理厂等官僚资本企业,改造为上海汽车零配件制造业第一批国营工厂。1952 年10 月,中央人民政府成立第一机械工业部,该部在上海设立办事处并下设供销分局汽车工具科,主管上海汽车零配件制造业。1954 年 3 月,上海市重工业局成立,第一机械工业部上海办事处负责的机械供销业务划归该局业务处负责,并由该局业务处机械 4 科负责汽车零配件加工订货等业务。

在国民经济逐步恢复发展的形势下,为加强行业专业化管理,上海市重工业局于 1955 年 12 月成立 8 家行业主管公司,其中上海市内燃机配件制造公司(简称上海市内配公司)主管上海汽车零配件制造业,该行业自此始有公司之实体。1956 年,上海市内配公司在郑兴泰汽车材料制造厂、杨复兴机器制造厂和宝锟汽车材料制造厂等主要私营汽车零配件工厂公私合营基础上完成全行业公私合营。

1956—1957 年,上海市内配公司启动实施产品和工厂结构调整,生产开始趋向专业化分工,包括宝锟汽车材料制造厂专司活塞、杨复兴机器制造厂专司钢板弹簧、郑兴泰汽车材料制造厂专司齿轮、中国汽车机件制造厂专司活塞环、大中华汽车材料制造厂专司气缸套等。同时,建立中心厂代管卫星厂的管理格局,逐步改变落后的小作坊生产方式。

在此基础上,公司开始向整车整机制造方向发展。1957 年 5 月,成立三轮汽车试制工程办公室启动试制工作。同月,代管的军工 501 厂试制出红旗牌手扶拖拉机。同年 7 月,上海市政府成立三轮汽车试制委员会统一协调该车试制。同年9月16日和12月26日,上海汽车装修厂先后试制出上海-58型越野车和上海58-Ⅰ型三轮汽车,开启公司整车整机制造的序幕。

1958年3月,上海市内配公司与上海市动力设备制造公司合并为上海市动力机械制造公司。所属工厂发扬自力更生奋发图强精神,拖拉机、载重车、轿车和摩托车等一批整车整机产品应运而生。是年6月,由上海汽车装修厂更名的上海汽车装配厂试制成功红旗-27型轮式拖拉机。7月,上海-58型三轮汽车成为公司首个批量投产的整车整机产品。同年9月28日,凤凰牌轿车在上海汽车装配厂诞生,成为上海此后发展成为国家重要轿车制造基地之渊源。1959年,上海农业机械厂研制成功工农-7型手扶拖拉机,诚孚铁工厂、公兴动力机厂和宝锠汽车材料制造厂联合试制成功丰收-35型轮式拖拉机。

1960年1月16日,上海市动力机械制造公司更名为上海市农业机械制造公司(简称上海市农机制造公司),继续推进整车整机研制。至1970年,幸福250K型和250H型摩托车、SH 2吨载重汽车、SH 32吨重型汽车、上海-45型拖拉机和东海750摩托车相继诞生,公司全面进入整车整机制造阶段。

为建立以整车整机产品为中心的专业化生产体系,1958—1964年,公司继续对汽车零配件制造业实施第2—4次产品和工厂结构调整。其中1958—1959年的第2次结构调整后,上海汽车装配厂、上海农业机械制造厂等进一步具备发展为主机厂的条件,零配件工厂进一步向专业化方向发展;1960年实施的第3次结构调整中,上海农业机械制造厂和上海汽车装配厂先后更名为上海拖拉机制造厂和上海汽车制造厂,上海汽车制造厂迁至嘉定县安亭镇,成为安亭日后发展成为上海乃至中国重要汽车城之渊源;1961—1964年第4次结构调整结束后,82家所属工厂实现专业归口管理,初步形成专业分工比较合理、协作配套比较齐全的拖拉机汽车生产体系。

此外,1963—1965年,针对开发的整车整机质量不稳等问题,上海市农机制造公司开展3年技术整顿,逐步提高技术管理水平和产品质量。1964年考核的80种产品中,一等品从1963年的13种增至59种。与此同时,组织群众性技术革新和挖潜改造,为形成整车整机批量制造能力艰苦奋斗,涌现出凤凰牌轿车"草窝里飞出金凤凰"和威海铁工厂"芦席棚里闹革命"为代表的创业精神,威海铁工厂因此于1966年被评为全国工业系统8面红旗之一。1962年,上海-58型三轮汽车成为公司首个年产超过千辆的整车整机产品和20世纪60年代上海主要的交通运输工具。1964年2月,凤凰牌轿车更名为上海牌轿车。同年4月,上海摩托车制造厂成立,当年摩托车成为公司第2个年产千辆的整车整机产品。1965年,手扶拖拉机年产超千台。至此,汽车、摩托车和拖拉机年产均达千级批量。1966年12月,上海牌轿车启动批量生产。20世纪60年代后半期,公司落实中央关于"农业的根本出路在于机械化"和工业支援农业的精神,1966年和1969年,手扶拖拉机年产先后增至4 000台和6 000台,中型拖拉机年产则超过1 000台。

1969年,上海市农机制造公司更名为上海市拖拉机汽车工业公司(简称上海市拖汽公司),继续开展技术革新,进一步促进整车整机上水平上批量。是年,公司从上海交通运输管理局划入上海货车修理厂及其生产的交通牌4吨载重汽车和SH361型15吨重型汽车,该厂于1979年3月更名为上海重型汽车制造厂。1971年,拖拉机成为公司首个年产万级规模的整车整机大类产品,并开始建成全国拖拉机主要生产基地之一。同年,上海牌轿车恢复增长并于1973年产量达千辆,工农-11型手扶拖拉机成为公司首个年产万级规模的整车整机单一产品,摩托车年产达5 000辆。1974年,SH130型2吨载重汽车年产超过5 000辆,成为20世纪70年代上海主要交通运输工具,交通牌4吨载重汽车年产亦超2 000辆。1975年,上海牌轿车建成年产能力5 000辆项目,中国形成"北有红旗、南有上海"的轿车制造格局。同年,以载货汽车为主的汽车年产超过万辆,成为继拖拉机之后公司第2个年产万级规模的整车整机大类产品。1976年,拖拉机年产超过2万台,继续领先其他整车整机产品。

1977年和1955年相比,公司工业总产值、利润总额和上交税收分别增长33.5倍、37.7倍和36.2倍,整车整机批量生产后经济效益增势明显。

二

1978—1989年,是上汽以轿车为重点,以上海桑塔纳轿车国产化为主要标志,全面发展汽车、拖拉机、摩托车、载重车四大龙头产品和汽车零部件的历史阶段。

1978年7月,国务院作出上海引进轿车装配线的重要决定,上海市拖汽公司积极参与该引进项目的研究和报告起草。同年9月,上海市和第一机械工业部上报中央的引进报告获批,公司开始参加与外方的技术引进谈判和考察。同年11月9日,中央作出上海轿车项目可以中外合资经营的重大决策,公司与外方的技术引进谈判转为合资谈判。1980年2月,中方与德国大众汽车公司(简称德国大众)签署备忘录,德国大众被确定为上海轿车合资项目的外方合作伙伴。

1981年,上海市拖汽公司开始实施以上海轿车合资项目为重点,引进德国大众桑塔纳轿车、意大利菲亚特中马力拖拉机、日本本田摩托车和美国伟步35D矿用车制造技术,使四大龙头产品达到20世纪80年代国际水平的战略。是年8月,上海市政府向国务院上报与德国大众合资的请示。9月,国家外国投资管理委员会经国务院授权予以同意。1982年1月,公司与德国大众签署上海轿车合资经营备忘录。1983年4月11日,第一辆上海桑塔纳轿车组装成功。

1984年3月6日,上海市拖汽公司改制为上海汽车拖拉机工业联营公司(简称上海汽拖联营公司),继续推进上海轿车合资项目。同年9月22日,上海轿车合资项目获国务院批准并被确定为"七五"国家重点技术改造项目。10月10日,该项目经6年谈判尘埃落定,上海大众汽车有限公司(简称上海大众汽车)合营合同正式签约。1985年3月21日,上海大众汽车成立,其与同年1月成立的中泰合资上海-易初摩托车有限公司(简称上海易初摩托车)一起成为上汽进入对外开放时期的重要标志。1986年3月,原址用于上海大众汽车建设的上海汽车厂迁建成功,实现当年搬迁当年生产。

上海大众汽车合资成立后,上汽将上海桑塔纳轿车国产化列为首要战略和生命之战,聚全力而攻之。公司严格按照国家确定的国产化进度目标,坚持德国高质量标准不搞"瓜菜代"(即用低标准取代国际标准),大力实施以上海大众汽车为龙头、组织业内业外沪内沪外100多家配套企业打好"中华牌"的国产化攻坚战。该战役从1985年2.7%国产化率起步,1986年汽车喇叭等16种零部件通过认可,1988年6月开始在上海桑塔纳轿车配套车间、工段和班组开展"生产特区"建设,7月上海桑塔纳轿车国产化共同体成立。当年年底和1989年年底,减货国产化率先后达13.09%和31.04%,上海桑塔纳轿车国产化进入收获期。上海大众汽车初创时期,创造合资企业党建工作的成功经验,受到中共中央组织部的肯定。

1988年9月1日,中国首家汽车零部件中外合资企业中德合资上海纳铁福传动轴有限公司成立,上汽中外合资进入零部件领域。"七五"期间,上海汽拖联营公司实施资金大规模集中投向上海桑塔纳轿车的战略,累计投资15.6亿元,整车和零部件投入比达到2∶1,交流发电机、变速器、空调压缩机、等速万向节和传动轴、汽车灯具、汽车锻造、继电器闪光器、起动机、有色金属铸造、点火线圈、模具、钢圈、离合器、活塞、灰铁铸造、铝基轴瓦精密电镀、前悬挂总成及副车架总成、制动总泵真空助力器等一批轿车零部件技术引进和技术改造项目获批实施,零部件制造开始向现代化、专业化和规模化方向发展。

与此同时,上汽推进其他3个龙头产品技术引进。摩托车技术引进于1984年9月与泰国正大卜峰集团签署合资合同,同年12月上海易初摩托车与日本本田技研株式会社签订摩托车制造技术许可证合同,1985年1月上海易初摩托车成立,1990年引进本田技术的幸福125型摩托车国产化率达到80%,摩托车形成15万辆年产能力;重型车技术引进于1981年10月列入国家计划,1984年4月与美国伟步公司签订35D型矿用汽车技术许可证生产协议,1985年6月引进该技术的35D型32吨矿用汽车出厂,1990年35吨矿用车国产化率达到81%;利用意大利政府赠款和贷款的拖拉机技术引进于1985年10月获机械工业部批准,1989年9月引进意大利菲亚特汽车公司拖拉机底盘制造技术的上海-654型等拖拉机通过技术评定。至此,四大龙头产品均达20世纪80年代初水平。

这一时期,上汽在企业改革领域取得重大突破和重要进展。1979年2月,上海市拖汽公司被列为国家35个企业性公司试点之一,取得经营管理自主权。1984年7月,上海汽拖联营公司成立标志着上汽完成从行政性公司到企业性公司的变革。1985年11月,公司从上海市第一机电工业局脱钩,党政分归中共上海市工业工作委员会和上海市经济委员会领导。1986年4月,上汽开始推行厂长任期目标责任制。1988年1月,各项计划从上海市第一机电工业局划出实行计划单列。同月和4月,先后开始实行厂长负责制和企业承包经营责任制。1989年,开始推行"三层次三中心"(即公司为一层次决策中心,子公司为二层次利润中心,工厂为三层次成本中心)管理体制改革,同年12月,首家总厂型公司上海拖拉机内燃机公司成立。

改革开放推动经济发展。1981年,公司轿车产量开始超过载货车产量;1984年,汽车产量开始超过拖拉机产量;1986年,上海桑塔纳轿车产量开始超过上海牌轿车产量。"3个超过"表明:四大龙头产品从拖拉机为主转向汽车为主,汽车产品从载货车为主转向轿车为主,轿车产品从上海牌轿车为主转向上海桑塔纳轿车为主。1981年、1985年和1986年,幸福牌摩托车、上海牌拖拉机和上海桑塔纳轿车年产先后突破万辆(台)。1989年,幸福牌摩托车年产突破10万辆,达到14.5万辆,成为上汽首个年产10万级规模的整车整机产品。

1989年与1977年相比,上汽汽车年产增长1.68倍,其中轿车年产增长8.56倍,载货车年产减少67.6%;摩托车年产增长40.31倍,拖拉机年产减少32.6%。"2增2减"表明:四大龙头产品正在向轿车和摩托车两大主要产品演变。同期,工业总产值、利润总额、上交税收分别增长1.47倍、0.75倍和3.92倍。

三

1990—2000年,是上汽以上海大众汽车有限公司和上海通用汽车有限公司"东西联动"为主要标志,建成并保持中国轿车制造重要基地和上海第一支柱产业地位、形成并保持国内轿车领先优势的历史阶段。

1990年1月26日,上海汽拖联营公司更名为上海汽车工业总公司(简称上汽总公司)。该公司积极落实国家关于把上海汽车工业建成中国三大轿车基地之一的决策和上海"八五"计划关于把轿车工业建成上海最大支柱产业的目标,全力推进中外合资技术引进、上海桑塔纳轿车国产化和重大技术改造工程建设等战略。

1990 年 4 月 18 日,上海大众汽车一期工程竣工,形成 6 万辆上海桑塔纳轿车和 10 万台发动机年产能力,上汽进一步成为中国重要轿车制造基地。同年底,上海桑塔纳轿车累计减货国产化率达 60.09%,提前完成上海市政府下达的 1991 年 60% 的指标,国产化攻坚战取得决定性胜利。1991 年 2 月 28 日和 1992 年 1 月 18 日,上汽总公司举行向上海第一支柱产业进军的万人誓师大会。1991 年 11 月,上海桑塔纳轿车五大总成全部实现国产化,累计减货国产化率超过 70%。同月 25 日和 1992 年 1 月,上海牌轿车下马、上海汽车厂并入上海大众汽车。1993 年 10 月,上海桑塔纳轿车减货国产化率累计达 80.43%,国产化取得全面胜利并创造中国引进汽车国产化的成功经验。12 月,上海大众汽车首创中国年产 10 万辆轿车纪录并进一步在全国轿车行业取得领先优势。同月,上海市政府宣布上海汽车工业已经确立上海第一支柱产业地位。1994 年 12 月,上海大众汽车二期工程建成,在国内率先形成 20 万辆轿车年产能力。同年,上海大众汽车参与国际联合开发的桑塔纳 2000 型轿车技术性能达到 20 世纪 90 年代初国际水平,上汽总公司开始推行危机管理和精益生产。1995 年,为上海桑塔纳轿车配套的车间基本建成"生产特区"。与此同时,上汽开始谋划在浦东建设第 2 个轿车制造基地。

1995 年,上汽总公司改制为上海汽车工业(集团)总公司(简称上汽集团)。上汽集团按照中共上海市委关于"第一支柱产业旗子不能丢"的要求,壮大胆子、探索路子、迈大步子,全力实施面向新世纪建设新高地的标志性项目。

1997 年 1 月 10 日,上海轿车项目获国务院办公会议批准。3 月 25 日,项目签约。同年 6 月 12 日,中美最大合资项目上海通用汽车有限公司(简称上海通用汽车)和泛亚汽车技术中心有限公司(简称泛亚技术中心)成立。1998 年 1 月,该项目被列为上海市 1998 年一号工程。同年 12 月 17 日,项目建成首辆别克新世纪轿车下线,并创造同类项目 23 个月建成的世界纪录。1999 年 3 月,上汽集团在江苏仪征组建仪征汽车有限公司,整车制造开始全国布局。同年 12 月,上海大众汽车帕萨特轿车和上海通用汽车别克 GLS 商务旅行车先后下线。2000 年 4 月,上海大众汽车三期工程竣工,帕萨特轿车投产。同月,上海通用汽车别克赛欧轿车下线。至此,轿车制造在上海形成"东西联动"格局,年产能力达到 40 万辆,继续保持中国最大轿车制造基地的地位,产品达到 20 世纪 90 年代末世界先进水平并开始"与世界同步"。

这一阶段,上汽集团中外合资、技术引进和技术改造全面推进硕果累累。新建合资企业 44 家,累计达 48 家,其中于 1995 年 7 月与德国罗伯特·博世公司组建中国规模最大的汽车零部件企业联合汽车电子有限公司,该公司同时在江苏无锡和陕西西安设有生产基地,上汽零部件开始全国布局。此外,中国首家汽车研发合资企业泛亚技术中心和 2000 年 8 月成立的中国首家汽车销售合资企业中德合资上海上汽大众汽车销售有限公司,以及 2000 年 9 月成立的中瑞合资上海申沃客车有限公司,标志着上汽集团中外合资从轿车制造进入汽车研发、汽车销售及客车制造领域。同时,"八五"期间引进汽油发动机电子燃油控制系统、汽车制动系统、动力转向系统等一批代表汽车零部件发展方向的先进技术,建成等速万向节、空调压缩机、减震器、车灯、活塞、离合器、弹簧、内饰件等重点零部件项目以及变速器、前后桥、铸锻、模具等一批支撑项目;"九五"期间引进汽车弹簧、汽车电子、汽车转向机、汽车密封垫、安全带系统、汽车活塞、发动机缸体、汽车座椅、汽车模具等一批项目,进一步提升零部件与别克、帕萨特两个中高级轿车的配套能力。2 个五年计划固定资产投资累计完成 357 亿元,"八五"零部件和整车投入比从"七五"的 1∶2 变为 2∶1,累计竣工项目 257 个,上汽集团率先建成中国最完整先进的汽车零部件制造体系。

轿车制造上水平上规模,促进营销服务成网络成体系。1991 年,上海汽车工业销售总公司(简称上汽销售)建成由整车销售、配件供应、维修服务和信息反馈组成的全国最大的轿车"四位一体"营销服务体系。1992—1995 年,上汽销售连续 4 年位列中国 500 家最大物资流通企业榜首。1993—1994 年,连创国内汽车"零公里"运输、水路滚装船运输和铁路运输先例。1997 年,开始在全国组建以分销中心为核心的营销管理体制。1998 年 10 月,开始布局桑塔纳特许经销商网络,至 2000 年达 185 家。2000 年 9 月,安吉汽车物流有限公司成立并发展为中国最大的汽车物流企业。

引进技术成功消化,呼唤研发能力加快建设。1992 年,上海汽车研究所更名为上海汽车工业技术中心。1993 年 1 月,国内首家由企业捐办的教育基金会上海汽车工业教育基金会成立。同年 12 月,上海汽车工业技术中心金桥分部落成。1994 年 10 月,上海大众汽车研究开发中心建成。11 月,上汽总公司直属企业全部建立企业技术中心(RDC)。1996 年 2 月,上海首家校企合作科技基金会上海汽车工业科技发展基金会成立。1999 年 11 月,上海大众汽车技术中心扩建工程建成。至此,上汽初步形成由公司技术中心、泛亚技术中心和上海大众汽车技术中心以及零部件企业技术中心组成的技术开发体系。

在轿车快速增长的同时,其他整车整机表现各异。幸福牌摩托车 1992 年年销 20 万辆,1994 年 8 月开始建设王港工程,同年和 1995 年产销连上 30 万辆和 40 万辆台阶,1996 年产销 43.9 万辆创历史最高纪录。此后销量快速下降,1997 年减至 25.7 万辆,1998 年 8 月上海易初摩托车因泰国正大集团退股改制为内资企业,同年 10 月更名为上海幸福摩托车总厂,2000 年销量减至 2.89 万辆。上海牌拖拉机于 1991 年产销重返 1 万台,此后均在万台以上波动,1997 年产销 1.95 万台为最高历史纪录,销量占国内同马力拖拉机市场 80%,位居第一。同期,出口成为拖拉机最大亮点,1993—1997 年累计出口 7 265 台,位居全国农机行业同类产品出口首位。载货汽车这一阶段持续调整,包括 1990 年和 1993 年先后停产交通牌 4 吨载重汽车和大通牌 32 吨重型汽车、1995 年停产上海牌客货两用车。至此,上汽生产的载货车尚有 SH 15 吨重型汽车 1 个产品。轿车在主导产品中一枝独秀,表明以轿车为重点的产品结构调整取得成功。

这一阶段,上汽实施现代企业制度试点、国有资产授权管理、集团化改制等一系列重大改革,并进一步强化科学管理,为发展注入新的活力。1992 年 4 月,上海市投资信托公司参股上汽总公司。1993 年,基本完成总厂制改革,30 多家直属国有企业重组为 10 多家总厂或总厂型公司。同年和 1994 年,上汽总公司先后推行零缺陷管理、危机管理和精益生产。1994 年 5 月,国内首批企业财务公司之一的上海汽车集团财务有限责任公司成立。同年 10 月,上汽总公司被列为现代企业制度改革全国百家试点企业。1995 年 8 月,上汽集团经授权统一经营集团成员国有资产并负责国有资产保值增值。9 月,与上海国际信托投资公司组建的上海汽车有限公司和上汽集团同时成立。1997 年 11 月,上海汽车有限公司改制为上海汽车股份有限公司并上市,上汽开始进入资本市场。同时,上汽集团与上海国际信托投资公司将原属上海汽车有限公司剥离出上市公司的资产重组建立上海汽车工业有限公司。1999 年 5 月,上汽集团成为国家大集团试点企业。至 2000 年,建成现代企业制度基本框架。

这一时期,上汽文化建设和党建工作持续发力。1990 年,确立"精益求精"为公司精神,并开始推行挂司标、升司旗、唱司歌的文化礼仪制度,文化开始成为推动上海桑塔纳轿车国产化和公司发展的竞争力。1991 年和 1992 年,上汽党委组织开展上海桑塔纳轿车"保进度、保质量、保配套"的

"三保"立功竞赛。1993年9月和1997年6月,先后召开第一次和第二次党员代表大会,动员党员和群众为建设上海第一支柱产业和跻身世界500强建功立业。1998年,上海通用汽车项目建设中形成以合作共赢为核心的4S合作理念,该理念成为上汽对外合作的基本思想。

1990—2000年,上汽集中力量发展轿车的战略成效显著,国内轿车市场占有率保持在40%以上。1993年和1996年,轿车年产销先后突破10万辆和20万辆,均创中国轿车年产纪录。2000年与1989年相比,轿车年产销增长10.92倍;资产总额、销售收入、利润总额和上交税收分别增长25.46倍、6.31倍、16.90倍和28.45倍。

上汽快速发展助其在上海和中国的地位迅速上升。自1993年开始成为上海第一支柱产业以后,1994年位列上海企业营业收入和工业产品销售收入第1位,销售收入连续2年位列全国工业企业500强之首。1995年名列中国工业企业综合评价最优500家之首和上海企业营业收入60强之首。

四

2001—2005年,是上汽以"引进来""走出去"并举为主要标志,不断做大规模,实现从上海支柱产业和中国轿车市场领先到进入世界500强重要跨越的历史阶段。

中国加入世贸组织是21世纪初对中国汽车工业影响最大的事件,上汽集团积极沉着应对,在"十五"规划中提出"引进来""走出去"并举、参与中国和世界汽车工业战略重组,"出海跨洋"和"抢逼围"等一系列战略思路和举措。2002年,进一步形成2007年实现整车销售100万辆、跻身世界500强、生产自主品牌汽车5万辆的三大战略目标。

2004年12月30日,上汽集团改革再出重大举措,独家发起设立的上海汽车集团股份有限公司(简称上汽股份)揭牌,上汽集团和上汽股份分别向先进制造业和现代服务业的综合性投资公司、向具有核心竞争能力和国际经营能力的汽车上市公司方向发展,上汽国资国企和管理体制改革进入新阶段。

这一阶段,上汽"引进来""走出去"并举战略强力推进成效显著。

在"引进来"方面:2002年4月,上汽集团与德国大众签约延长上海大众汽车合营合同20年至2030年;同年6月,国内首家中外合资大型物流企业安吉天地汽车物流有限公司开业;2003年12月,国内首家中外合资汽车金融公司上汽通用汽车金融有限责任公司获批筹建;2005年,上海通用汽车启动雪佛兰品牌和凯迪拉克品牌生产,开始多品牌发展。同年4月,斯柯达品牌落户上海大众汽车,该公司开始双品牌发展。至2005年,上汽合资企业达75家,其中40%合资外方是世界500强企业,对外合作覆盖从汽车研发到汽车制造再到汽车物流和汽车销售服务的整条产业链。

在走出上海方面:2001年6月,上汽集团在广西柳州合资成立上汽通用五菱汽车股份有限公司(简称上汽通用五菱),首创中中外合作新模式,整车业务开始进入微型车制造领域。2003年4月和2004年6月,上海通用汽车走出上海,先后在山东烟台和辽宁沈阳建立东岳基地和北盛基地。2004年6月,上汽集团兼并重组中国汽车工业总公司并组建上海汽车集团(北京)有限公司。2005年6月,上汽通用五菱在山东青岛建立整车基地。至此,上汽在沪外拥有5个整车基地,整车全国布局初成规模。

在走出国门方面:2001年,上汽集团在美国底特律首次召开汽车零部件出口工作会议并举办零部件展览。同年10月,别克GL10商务车出口菲律宾,中国制造的中高级轿车首次出口。2002年10月,参与美国通用汽车收购韩国大宇汽车公司,中国汽车资本首次走出国门。2003年,汽车钢板弹簧、汽车传动轴、汽车齿轮、车灯、汽车转向泵壳体、汽车座椅面套等汽车零部件开始直接进入美国OEM市场。2004年10月,上汽集团收购韩国双龙汽车公司成为该公司第一大股东,后因双龙汽车经营严重困难于2010年退出。同年,上汽集团72%的零部件出口产品进入合资外方全球经营系统,85%的零部件出口创汇为OEM配套。2005年,零部件业务外向度达到30%以上。

"引进来""走出去"并举战略的实施,有效做大公司规模。2001—2005年,上汽始终位居中国汽车行业乘用车产销第1名和汽车产销第2名。2004年,上汽集团首次跻身《财富》世界500强,成为进入该排行榜的中国首家汽车企业和首家地方性企业。2005年,上汽股份汽车销售突破百万辆。"十五"期间,上汽固定资产累计投资304.27亿元,累计竣工项目117个,形成133万辆汽车总年产能力,比2000年增加2.3倍;乘用车品牌在2000年大众和别克2个品牌基础上,增加凯迪拉克、雪佛兰和斯柯达3个品牌,车型涵盖微型、小型、紧凑型、中型、大中型和MPV等各个领域。

这一阶段,自主品牌和新能源汽车建设实质性启动。2001年,上海离合器总厂研发的轿车液力变矩器获中国汽车工业科技进步一等奖。2002年8月,上海汽车工业技术中心改组为上汽集团汽车工程研究院。2003年11月,泛亚技术中心本土化研发的别克君威轿车获中国汽车工业科技进步一等奖。同月,上汽集团与同济大学合作研制的中国首辆燃料电池轿车"超越一号"问世。2004年,上汽购买英国罗孚汽车公司罗孚75型和25型轿车及发动机核心技术。2005年,进一步形成建设自主品牌"三不一用"原则和"四条道路"等战略思路。

与此同时,党建和文化进一步发挥重要作用。2000年12月,上汽集团确立SAIC核心价值观及其运作平台。2001年,开始实施用户满意工程建设,文化进一步成为上汽在新的竞争环境中抓住机遇应对挑战加速发展的竞争力。同年5月,上汽集团召开第三次党员代表大会,动员党员群众锐意进取乘势前进,为实现集团"十二五"发展目标而奋斗。这一阶段,公司各级党组织创造跨地党建和跨地文化建设的成功经验,为"走出去"战略提供组织保证和文化支撑。

2005年与2000年相比,上汽汽车年产销增长3.17倍,国内汽车市场占有率从12.16%增至15.94%;乘用车年产销增长1.93倍,国内乘用车市场占有率在轿车大量进入家庭轿车企业群雄并起的激烈竞争中有所下降,但仍达五分天下有其一,继续保持领先地位;商用车则因五菱微型车进入销量猛增262倍,国内商用车市场占有率从0.08%增至12.06%。同期,上汽销售收入、利润总额、利税总额分别增长0.72倍、0.32倍、0.40倍,出口创汇增长5.13倍。

五

2006—2015年,是上汽以自主创新和中外合资并举以及"新四化"为主要标志,开始向富有创新精神的世界著名汽车公司进军的历史阶段。

这一阶段上汽加快体制创新,相继完成整车业务、零部件业务和整体上市"三部曲"。2006年12月,上海汽车股份有限公司完成向控股股东上汽股份定向发行,并在上汽股份工商注销后更名为上海汽车集团股份有限公司(简称上海汽车),2008年1月整车业务上市顺利结束,上海汽车成为A股市场规模最大的汽车上市公司。2009年4月,上汽集团零部件业务借壳整体上市,华域汽车系统股份有限公司(简称华域汽车)成为A股市场最大的汽车零部件上市公司。2011年12月,上海汽车完成向上海汽车工业(集团)总公司和上海汽车工业有限公司的股票发行;同月30日,上海汽车集团股份有限公司(简称改为上汽集团)整体上市,资本证券化率达到99%以上,仍为A股市场规模最大的汽车上市公司。

这一阶段上汽加快技术创新,且涵盖自主品牌建设和新能源汽车建设两大领域。

自主品牌建设在乘用车和商用车两大车系全面展开。在乘用车领域:2006年2月,承担乘用车自主品牌建设的上汽汽车制造有限公司成立并于2007年1月更名为上海汽车集团股份有限公司乘用车分公司(简称上汽乘用车分公司);2006年10月,中高端自主品牌荣威和首款车型荣威750轿车发布,上汽正式进入自主创新和中外合资并举的历史新时期;2007年12月,均致力于自主品牌建设的上汽集团与跃进汽车集团公司全面合作,成为中国汽车工业战略重组的重要里程碑;2008年9月和2010年3月,乘用车自主品牌临港基地和南京浦口基地二期改建工程先后投产,加之上南合作后进入的英国伯明翰长桥基地,上汽形成上海、南京和英国长桥两国三地自主品牌研发和制造体系;同年,上海大众汽车本土化研发的朗逸轿车上市销量连年位列细分市场前列。2010年7月和11月,上汽通用五菱相继推出宝骏品牌和宝骏630轿车,推动合资企业研制自主品牌;2012年,荣威550轿车自主开发获国家科学技术进步二等奖,成为中国自主品牌乘用车整车获得的最高国家科技奖项;是年,上汽乘用车分公司销量突破20万辆。在商用车领域:2007年6月上汽依维柯红岩商用车有限公司的成立,以及同年12月上南合作后南京依维柯汽车有限公司的进入,上汽商用车自主品牌形成微型货车、轻型客车、大型客车、轻型卡车和重型卡车全系列发展格局;2009年收购英国LDV公司资产,并于2011年2月发布收购后打造的轻型客车自主品牌大通;2011年3月上海汽车商用车有限公司成立并于2015年更名为上汽大通汽车有限公司(简称上汽大通);同年6月大通首款车型V80轻型客车下线。

新能源汽车建设在此阶段明显加速,收效颇丰。2006年,上汽集团启动新能源汽车"孵化"项目,"十一五"累计资助13项10.7亿元。2008年,上海大众汽车研制成功PASSAT领驭新一代燃料电池轿车并服务于北京奥运会。同年,上海通用汽车研制成功君越混合动力轿车并批产上市。2010年,上海申沃客车有限公司等企业1 100余辆新能源汽车圆满完成上海世博会示范运营,创造新能源汽车规模、品种和水平示范运行的世界纪录;同时,上汽集团与美国通用汽车携手成为上海世博会汽车全球合作伙伴,联合建造运行的汽车馆被评为最受喜爱的上海世博会企业馆第1名、最受喜爱的上海世博会展馆第3名。2012年,荣威E50轿车批量上市并成为中国首款量产纯电动轿车,实现上汽新能源汽车产业化目标。2014年,上汽新能源汽车在第12届必比登世界新能源汽车挑战赛上创造包揽纯电动组、混合动力组和燃料电池组3个第一的该赛事历史纪录。2015年,上汽新能源汽车销量超过1.36万辆,技术水平位居国内领先地位。

这一阶段上汽加快业务模式创新,开始向电动化、智能网联化、共享化和国际化的"新四化"方向转型发展。2009年10月,中国首家汽车信息安全服务合资企业上海安吉星信息服务有限公司成立。2011年10月,上汽首家汽车专业投资平台上海汽车集团股权投资有限公司开业。同年,上汽销售汽车电商平台开启线上汽车销售业务。2014年3月,中国汽车市场首个电子商务平台上汽车享平台上线。同年7月和2015年3月,上汽集团与阿里巴巴集团签署互联网汽车战略合作协议和合作框架协议,全国领先的互联网汽车研发实质性启动。2015年4月,上海汽车集团保险销售有限公司启动运营,集团汽车金融业务板块增加新的成员。同年,全国同行领先的"e享天开"新能源车分时租赁业务已建30多个业务网点,覆盖上海主要交通枢纽和商圈。同期,上汽集团进一步构建汽车物流、国际商贸、零售与服务、融资租赁、信息服务和创意节能"5+1"现代汽车服务专业化产业群,服务贸易业务规模位居国内同行领先地位。

与此同时,上汽与德国大众和美国通用汽车的战略合作继续大步走向全国。"十一五"期间,重庆成为公司新的整车制造基地,上海大众汽车开始走出上海组建南京分公司并实现当年建设、当年投产、当年盈利。"十二五"期间,上汽在柳州、烟台、青岛、沈阳、重庆、南京、仪征和无锡 8 个沪外整车基地基础上,新增宁波、乌鲁木齐、武汉和长沙 4 个沪外整车基地,沪外整车基地和整车企业分别达 12 个和 15 家,沪外整车基地产量占集团整车总量的 50% 以上。

同期,上汽国际经营快步走向世界。2009 年 12 月,与美国通用汽车合作以印度市场为起点联手拓展亚洲新兴市场。2011 年,上汽—通用印度公司海外整车销售 12 万辆。2012 年,整车出口 10 万辆,同比增长 65%,位居国内汽车集团第 2 名。2013 年,在中国(上海)自由贸易试验区设立全资子公司上海汽车国际商贸有限公司,并启动中东和南美等新兴市场布局。2014 年 1 月和 6 月,与泰国正大集团在泰国合资组建的大通汽车(泰国)有限公司签约、合资组建的上汽正大汽车有限公司首辆 MG6 轿车上市。是年,成立中东和南美海外公司,上汽通用五菱出口埃及 4 000 辆并启动印度尼西亚合资项目。2015 年,上汽集团在澳大利亚设立海外公司,并在伊朗、南非、马来西亚和沙特阿拉伯设立 4 个海外办事处。是年,上汽大通向英国、爱尔兰、澳大利亚等 37 个国家和地区出口汽车 5 000 辆,实现"重返英伦"的目标。至此,上汽集团国际经营布局初具规模。

同期,华域汽车快速向中性化、零级化和国际化方向发展。2014 年,与美国江森自控有限公司合作组建由华域汽车控股的全球最大的汽车内饰系统供应商。2015 年 3 月,延锋汽车饰件系统有限公司与美国江森合作在上海自贸区成立江森自控汽车内饰(上海)有限公司,双方下属 17 个国家和地区的主要生产研发基地纳入该公司。至 2015 年,华域汽车所属 20 多个企业在全国 20 个省市自治区设有 288 个研发制造和服务基地,在 10 多个国家设有 74 个生产基地,生产的汽车仪表板、汽车座椅、安全气囊、传动轴、空调压缩机、转向机、车灯等产品国内市场占有率位居前列,汽车内饰、汽车电子、车灯、油箱系统等具备国际竞争能力。2015 年,该公司营业收入 911.20 亿元,继续为中国业务规模最大、客户覆盖最广的零部件上市公司。

这一阶段上汽加快党建和文化创新。2006 年,公司党委开始编制实施党建工作纲要,促进党建工作制度化和科学化。2007 年 12 月,上汽确定以"三为两力、造车育人"为主要内容的公司愿景,形成由愿景、SAIC 核心价值观、精益求精精神和 4S 合作理念组成的文化理念体系。2010 年 8 月,召开第四次党员代表大会,动员党员群众为建设具有核心竞争能力和国际经营能力的汽车集团而奋斗。2014 年 8 月,发布"爱上汽车·畅行天下"的品牌口号。2015 年 6 月,发布以创新为核心要素的新愿景、使命和价值观,并设立种子基金等员工创新平台,创新进一步成为上汽集团最重要的核心理念。

自主创新和合资合作并举、"新四化"战略成功实施,以及党建和文化的持续创新,推动上汽进一步做大规模做强能力。2006 年,销售整车 134.4 万辆,在领先国内轿车 13 年之后整车销量开始位居中国汽车集团销量之首。2009 年,战胜世界金融危机严峻挑战,当年销售 272.3 万辆,成为中国首家年销 200 万辆的汽车集团和首次进入世界汽车企业销量前 10 名的中国汽车公司。2010 年、2011 年和 2013 年,连创中国汽车年销 300 万辆、400 万辆和 500 万辆纪录。2015 年,整车销售 590.2 万辆,比 2005 年增长 4.58 倍,国内汽车市场占有率 23.5%;其中乘用车销售 493.48 万辆,商用车销售 96.71 万辆,分别比 2005 年增长 5.66 倍和 2.06 倍;资产总额 5 116.3 亿元、营业收入 5 660.08 亿元,分别比 2005 年增长 2.92 倍和 2.65 倍。

自主创新和合资合作并举、"新四化"战略的成功实施,不断提升上汽集团在上海、在中国、在世界汽车市场的地位。2015年,公司在上海企业界将2011年开始的上海百强企业第1名的纪录连续保持5年,在中国汽车界将2006年开始的中国汽车集团销量第1名的纪录连续保持10年,在全球汽车界将2011年开始的世界汽车公司年销第7名的纪录连续保持5年,在全球企业界将2004年首次跻身世界500强后的累计进入次数增至11次。2015年,上汽集团以2014年合并报表1022亿美元的销售收入排名世界500强第60位,比2014年的第85名上升25位,比历次排位最低的第475位累计提升415位。

六

1955—2015年,恰为60年一甲子。

上汽60年特别是改革开放后近40年的快速发展和崛起腾飞,是中国汽车工业、上海国资系统和上海工业系统快速发展的生动写照和有力印证。这一历史性巨变,主要得益于五大方面。

一是得益于党的科学理论和路线方针政策的正确指引,特别是得益于改革开放以来中央和上海对上海汽车工业作出的一系列战略决策,包括上海大众汽车和上海通用汽车合资、上海桑塔纳轿车国产化战略、国家重要轿车基地和上海第一支柱产业建设、上汽集团和跃进集团全面合作、上汽自主品牌和新能源汽车建设、上汽体制改革等重大决策。正是科学理论的武装和战略决策的执行,引领上汽在社会各界大力支持下,形成代代相传的产业报国担当、奋发有为意志、抓铁有痕品格和攻坚克难能力,形成环环相扣步步深入的公司战略,实现上汽的历史性发展。

二是得益于上汽矢志不渝坚持体制机制改革。改革开放之初,公司通过国家级试点,完成从行政性公司到企业性公司的变革。以后,在社会主义市场经济体制改革中积极推进扩大企业自主权、承包经营责任制、转换企业经营机制和总厂制等一系列改革,实现企业经营机制市场化;在现代企业制度建设进程中积极推进国家级大集团试点,建立健全规范运行的法人治理结构和公司治理机制,实现国有资产授权经营和集团化改制;在国资国企改革进程中积极推进资本运作、整车上市、零部件上市和公司整体上市等一系列改革。正是改革变革迸发的活力动力,推动上汽的历史性发展。

三是得益于上汽矢志不渝坚持对外开放。作为"引进来"的先驱者,公司与德国大众和美国通用汽车等建立战略伙伴关系,合资合作覆盖乘用车商用车和汽车零部件各大业务板块,覆盖汽车研发、制造、销售、服务整条产业链,并在轿车和汽车零部件,汽车研发、销售、物流、金融,以及车载信息等领域开中外合资之先河,合资企业和利用外资累计达113家73亿美元。作为"走出去"的开拓者,上汽在国内建立12个整车基地和288个零部件基地,沪外整车产量超过公司总量一半以上;在国外和中国香港建立海外子公司或机构,国际经营网络基本形成。正是对外开放方针的坚定实施,加速上汽的历史性发展。

四是得益于上汽矢志不渝坚持技术、管理和业务模式的自主创新。在技术领域,公司成立初期广泛开展群众性技术革新和技术革命,实现从零部件到整车整机的转变;进入改革开放时期,上汽在上海桑塔纳轿车国产化取得成功后,不失时机推行从联合开发到自主开发,再到超前开发的技术创新战略,大力实施自主品牌和新能源汽车建设,建成泛亚技术中心和上汽大众技术中心领先国内同行的研发能力、上汽乘用车分公司在上海、南京和英国长桥建立的"两国三地"研发体系,以及先进的零部件研发能力。在管理领域,积极推行"生产特区"建设、精益管理、内控制度等一系列管理创新方式,有效提升科学管理水平。在业务模式方面,积极向电动化、智能网联化、共享化和国际化的"新四化"方向转型发展。正是持续不断的自主创新,支撑上汽的历史性发展。

五是得益于上汽矢志不渝坚持发挥党组织的政治核心作用和公司文化的塑魂导向作用。公司相继形成的"精益求精"精神、4S合作理念、SAIC价值观、上汽愿景、新愿景使命和价值观等核心文化理念,成为集团不同发展时期的经营要旨和行动指南。各级党组织始终注重思想引领、精神激励和员工队伍建设,努力营造奋发向上的思想舆论氛围;始终注重党建工作创新,形成合资企业党建、公司文化建设和跨地党建工作等成功经验。正是富有成效的公司文化和坚强有力的党建工作,保证上汽的历史性发展。

"六十重新开甲子,八千从此富春秋。"

进入新时代,站在新起点,梦想新目标,上汽集团创新转型之路任重道远。公司决心在习近平新时代中国特色社会主义思想指引下,在中共上海市委和上海市人民政府领导下,努力把握市场演变大格局、科技进步大方向、产业变化大趋势,牢固树立创新、协调、绿色、开放、共享的发展理念,以创新为引领,不断加快转型升级,突破新能源、互联网、智能化等关键技术和服务贸易、金融等重点领域,在数字化时代的背景下,在产业链、价值链重构过程中,全力抢占有利地位;持续深化改革,充分发挥市场在资源配置中的决定性作用,为企业创新发展营造良好的体制机制环境;加快推进全球布局和跨国经营,着力提升国际竞争力和品牌影响力,倾力打造富有创新精神的世界著名汽车公司,引领未来汽车生活,为上海工业和中国汽车工业的进一步发展再作贡献!

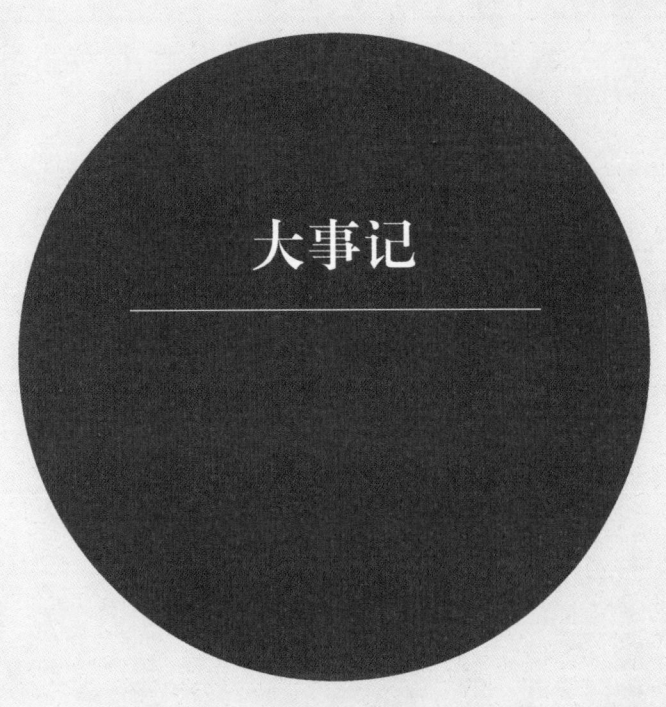

大事记

1955 年

12 月 上海市内燃机配件制造公司(简称上海市内配公司)成立,霍建华为负责人。

1956 年

1 月 上海市内配公司全行业实行公私合营,归口工厂 290 家。

5 月 24 日 经上级批准,上海市内配公司行政领导班子组成,王公道任经理。

6 月 19 日 上海市内配公司所属工厂为长春第一汽车制造厂配套赶制的第一批车窗玻璃、车灯、电机、电器等 44 项产品,陆续发往长春。

9 月 杨复兴机器厂与生生工具厂合并,成立上海汽车底盘配件制造厂。

10 月 上海市内燃机配件同业公会(筹)成立,有会员单位 274 家,霍建华任主任。

12 月 上海市内配公司提前 1 年零 46 天完成第一个五年计划任务。

是年 上海汽车底盘配件制造厂试制出国内第一只筒式越野汽车减震器。

是年 上海市内配公司开始启动旨在建立专业化生产体系的工厂结构调整。

1957 年

5 月 7 日 上海市内配公司成立三轮汽车试制工程办公室,由副经理何安亭负责,下设技术设计组、工艺组和供应协作组。

是月 公司代管的 501 厂试制成功红旗手扶拖拉机。

7 月 18 日 上海市成立三轮汽车试制委员会并举行第一次会议。委员会由市计划委员会副主任顾训方任主任委员,市机械局副局长赵琅、胡汝鼎,上海市内配公司经理王公道任副主任委员,同时组成工作班子。

9 月 16 日 上海-58 型越野车由上海汽车装修厂试制出车。

11 月中旬 上海 58-Ⅰ型三轮汽车图纸设计工作自 7 月上旬开始至 11 月中旬结束。12 月 27 日,上海 58-Ⅰ型三轮汽车由上海汽车装修厂、上海内燃机配件厂、上海汽车底盘配件制造厂等共同协作试制成功。

是年 公司第一次工厂结构调整完成,274 家小厂组建为 34 家中心厂、192 家卫星厂、7 家独立厂和 1 家代管厂。

1958 年

3 月 13 日 上海市内燃机配件制造公司与上海市动力设备制造公司合并,定名为上海市动力机械制造公司（简称上海市动力机械公司），王公道、魏如任经理。

3月中旬　上海58-Ⅱ型三轮汽车发动机在上海内燃机配件厂试制成功。

3月31日　上海汽车装修厂由上海交通电工器材采购供应站划归上海市动力机械公司，4月改名为上海汽车装配厂。

4月20日　第一辆上海58-Ⅱ型三轮汽车在上海汽车装配厂试制成功。

5月22日　第一辆交通牌4吨载重汽车在上海货车修理厂试制成功。

6月28日　上海第一台红旗-27型轮式拖拉机在上海汽车装配厂试制成功。该机同年底转至宝锟汽车材料制造厂生产，并更名为丰收-27型拖拉机。

7月1日　上海汽车装配厂、公兴动力机厂、郑兴泰汽车机件制造厂、中华汽车配件厂、495厂等将先后试制成功的红旗-27型拖拉机、6马力柴油机、1马力收割机等新产品向党的37周年生日献礼，上海市领导陈丕显、曹荻秋、魏文伯在展览馆友谊厅接见报喜队。

是月　第一辆上海58-Ⅱ型三轮汽车通过鉴定开始批量生产。

9月27日　60马力径流式燃气轮机在上海内燃机配件厂试制成功。该产品由上海动力研究所、上海交通大学等共同设计，上海汽轮机厂、中国科学院冶金陶瓷研究所综合仪器厂共同协作。

9月28日　上海汽车装配厂试制成功第一辆小轿车，命名为凤凰牌。

12月　中国机械工具厂研制成功中国第一个平吸式581型汽车化油器。

是年　公司启动第二次工厂结构调整。

1959 年

1月　第二辆凤凰牌轿车试制成功。

2月15日　凤凰牌轿车驶进北京中南海，接受国务院总理周恩来检阅并留影。

4月　公司经理魏如当选第二届全国人民代表大会代表。

上半年　第一机械工业部（简称一机部）召开轿车工作会议，要求上海进行新一轮轿车试制并向国庆10周年献礼。

9月　凤凰牌轿车第二轮试制完成，并参加上海国庆10周年游行。

11月　上海汽车配件厂自制第一台联合制管机。

12月　中国机械工具厂研制成功国内第一只平吸式581型汽车化油器。

是年　郑兴泰汽车机件制造厂制造成功15台螺旋锥齿轮机床组成的流水线，加工出齿轮行业第一批螺旋锥齿轮，同时试制成功凤凰牌轿车变速器和螺旋锥齿轮。

是年　4马力小型耕耘机及工农-7型手扶拖拉机在上海农业机械厂研制成功。

1960 年

1月14日　上海市动力机械公司所属15家工厂分别划归上海市重型机械制造公司和上海市通用机械制造公司。上海市通用机械制造公司和上海市铸锻工业公司所属上海农业机械厂等23家工厂划归上海市动力机械公司。

1月16日　上海市动力机械公司改名为上海市农业机械制造公司（简称上海市农机制造公司），归口产品有汽车及拖拉机、内燃机、汽车和拖拉机配件等，所属企业75家。

是月　王公道、魏如任公司经理。

是月　宝锡汽车材料制造厂试制成功丰收-35型拖拉机。

是月　公司第二次工厂结构调整结束,292家工厂调整为204家。

3月17日　曹冠五任上海市农机制造公司经理。

4月7日　诚孚铁工厂、公兴动力机厂联合试制成功汽油三角活塞旋转发动机。

是月　上海市轻工业局所属上海自行车二厂研制成功幸福-250摩托车。1964年4月上海摩托车制造厂开始生产幸福牌摩托车。

7月29日　上海农业机械厂改名为上海拖拉机制造厂。

是月　红旗手扶拖拉机转由上海拖拉机制造厂生产,并更名为工农-7型手扶拖拉机。

8月11日　上海汽车装配厂改名为上海汽车制造厂。

8月26日　曹冠五被任命为上海市机械工业局副局长,兼任上海市农机制造公司经理。

9月23日　上海市化工局所属上海农业药械厂(后为上海内燃机厂)划归上海市农机制造公司。

是月　上海汽车制造厂迁至上海市嘉定县安亭镇。

是年　大中华汽车材料厂在国内首先使用单体铸造椭圆加工活塞环的工艺,并建成单体运转浇铸线。上海汽车配件厂水箱生产流水线获一机部技术改造一等奖。

是年　上海58-Ⅱ型三轮汽车年产1300辆,成为公司第一个年产超过千辆的整车产品,该车成为20世纪60年代上海主要交通运输工具。

是年年底　公司完成第三次工厂结构调整,划出15家工厂,划入23家工厂。

1961 年

2月　丰收-35型拖拉机从宝锡汽车材料制造厂终止上海拖拉机制造厂生产。

11月　霍建华任上海市农机制造公司经理。

12月30日　上海市农机制造公司所属企业狠抓产品质量,3类产品由年初15种下降到4种,活塞环寿命从300小时提高到900小时以上,钢板弹簧寿命从年初10万次达到20万次,气门、连杆螺丝、硬质合金、硬度机等产品质量都有不同程度的提高。

是年　公司开始实施第4次工厂结构调整。

1962 年

5月　上海市农机制造公司确定上海拖拉机制造厂、上海汽车制造厂等13家工厂为贯彻《国营工业企业工作条例》(即工业"七十条")的试点单位。

是月　三轮汽车发动机经整顿图纸、整顿工艺验证、充实工艺装备、反复试验和加强技术检查,质量明显提高。

7月1日　上海七一农业机械修配厂等16家郊县工厂(13家为农机修配厂、3家为农机修理厂),划归上海市农机制造公司。

7月31日　上海市农机制造公司中心试验室成立。

12月31日　上海市农机制造公司贯彻执行国家以调整为中心的八字方针,一年来共精简职工

5 442 人,停关并迁工厂 9 家。

是月　上海拖拉机制造厂试制成功工农-7 型手扶拖拉机。

是年　上海汽车制造厂研制成功 SH-120 型 1.5 吨载重汽车。

1963 年

2 月 18 日　上海拖拉机制造厂将丰收-35 型拖拉机样机移交上海七一农业机械修配厂重新试制。

3 月 4 日　诚孚铁工厂改名为诚孚动力机厂,专业生产 7 马力柴油机及油嘴油泵。

3 月 23 日　上海市农机制造公司成立凤凰牌轿车技术小组,由各主机厂抽调专业人员组成,公司副经理仇克任组长。

6 月　为解决产品质量不稳的问题,上海市农机制造公司召开技术工作会议,加强以技术管理为中心的企业管理,制定实施 5 项技术管理制度,要求工厂实行总工程师负责制。

是月　上海市农机制造公司、宝锡汽车材料制造厂和上海活塞环厂在国家经济委员会召开的全国工业交通企业技术工作座谈会上介绍专业化大协作的经验。

7 月　上海 58-Ⅰ型三轮汽车通过厂级技术鉴定。

8 月 14 日　上海市农机制造公司召开凤凰牌轿车恢复生产准备会议,上海市副市长宋季文到会讲话。9 月,上海市机电一局下达凤凰牌轿车试制计划,公司成立凤凰牌轿车试制生产技术领导小组并制订实施计划。

8 月 23 日　上海第一汽车齿轮厂迁往嘉定,与嘉定县农业机械厂合并,专业生产汽车齿轮和农机维修器具。

9 月 26 日　上海拖拉机厂开始试制工农-7 型手扶拖拉机配套农具,主要有开沟培土机、割草机、拖车、侧犁等。

10 月 15 日　上海市经济计划委员会发出《关于决定合并改组成立摩托车制造厂的通知》。同月 25 日,宝山农机修配厂、宝山五金配件厂、上海自行车二厂摩托车生产部门合并为上海摩托车制造厂,归属上海市农机制造公司。

12 月 23 日　公兴动力机厂生产的 485A 型柴油机通过市局技术鉴定。

是月　工农-7 型手扶拖拉机通过国家鉴定。1964 年开始批量生产。

是月　上海摩托车制造厂试制成功幸福 250K 型三轮摩托客车。

是年　摩托车年产量超过 1 000 辆,为 1 147 辆。

1964 年

2 月 21 日　凤凰牌轿车更名为上海牌轿车。上海市政府批准该车设计任务书。

2 月 28 日　经中共上海市委批准,中共上海市农业机械制造公司分党组成立,霍建华任分党组书记。

是月　6 辆交通牌 SH-160 型 12 吨柴油载重汽车在上海货车修理厂试制成功。

4 月 8 日　交通牌 SH-141 型载重汽车技术鉴定会在上海货车修理厂召开。

4 月 28 日　上海合金轴瓦厂试制成功的铝基钢带轴瓦获国家工业新产品二等奖。

7月14日　中共上海市农业机械制造公司委员会成立,申波任党委书记。

10月28日　民国元年(1912年)成立的中国最早的汽车零配件工厂宝锠汽车材料制造厂改名为上海活塞制造厂。

12月22日　上海动力机厂全部迁往四川重庆,定名为浦陵机器厂。

是月　上海牌SH-760型轿车开始小批量生产,当年生产50辆。

是月　上海汽车钢板弹簧厂自行设计制造应力喷丸机成功并用于生产,填补国内板簧制造技术的空白。

是年　公司完成第四次工厂结构调整,上海汽车制造厂、上海拖拉机制造厂等骨干企业开始向主机厂发展,零部件工厂进一步向专业化发展,基本形成汽车拖拉机专业协作生产体系,奠定整车整机制造的基础。

是年　根据中央和上海市统一部署,公司开始实施支援三线建设任务。

1965 年

2月15日　上海第一汽车附件厂部分内迁四川涪陵,定名为涪陵气门厂。

3月3日　上海汽车钢板弹簧厂开展技术革新,85%工序实现机械化,75%产品上升为一等品,生产的汽车钢板弹簧质量达到国内先进水平。

是月　上海活塞厂部分内迁四川成都,成立成都配件厂。

是月　上海第二齿轮厂整体内迁青海西宁,与内迁该地的天津拖拉机厂齿轮工段合并为青海齿轮厂。大中华汽车材料厂支援四川成都生产汽缸套。

4月24日　上海合金轴瓦厂白合金轴瓦生产部分迁至四川涪陵,定名为涪陵轴瓦厂。

是月　上海洪昌机器厂部分迁往四川涪陵,另建海陵机械三厂。

6月18日　丰收-35型轮式拖拉机通过市级技术鉴定,同意小批量生产。1966年1月,国家科委和第八机械工业部通过对该机的技术鉴定,同意批量投产。

8月　上海七一农业机械修配厂改名为上海七一拖拉机厂。1972年3月,改名为上海丰收拖拉机厂。

11月22日　华丰钢铁厂划归上海市农机制造公司。

12月14日　一机部召开鉴定会议,通过上海牌760轿车技术鉴定。

12月17日　国家经济委员会(简称国家经委)和一机部联合在北京西苑饭店召开全国轿车配套定点会议,上海市机电一局等6个工业局、上海市农机制造公司等6个公司和31家工厂参加会议,上海牌轿车开始批量生产。

是月　上海摩托车厂试制成功幸福250H型三轮摩托客货车。

是年　工农-7型手扶拖拉机年产1 812台,成为公司第2个年产千级规模的整车整机产品。

1966 年

2月　上海马铁厂部分内迁云南昆明,成立昆明阀门厂。

4月9日　上海市农机制造公司与第八机械工业部第二设计院等组成援越5家小机械厂规划组,是年9月在河内进行考察。

是月 中国弹簧厂部分迁至江西标准件弹簧厂。

5月31日 上海第一齿轮厂分为上海汽车齿轮厂和上海拖拉机齿轮厂。

6月 上海活塞环厂部分内迁四川涪陵,成立活塞环专业厂。

10月 中国机器厂部分迁至四川都江机械厂,上海滚动轴承厂部分迁至成都轴承厂。

11月 上海红星轴承厂部分迁至江西轴承厂,上海工农动力机厂部分迁至江西9446厂。

12月 上海拖拉机制造厂对工农-7型手扶拖拉机进行改进,试制成功工农-11型手扶拖拉机,发动机功率从7马力提高到10马力。

是年 上海牌轿车年产超过百辆,达到202辆。

1967 年

1月1日 上海内燃机配件厂改名为上海汽车发动机厂。

4月 轿车被批判为"修正主义温床",上海牌轿车生产受到冲击,徘徊停滞。

5月3日 上海市农机制造公司成立"抓革命促生产"第一线生产指挥部,仇克为总负责人。

9月 上海市农机制造公司成立革命委员会,霍建华为召集人。

是年 SH-120型1.5吨载重汽车经过试制载重达到2吨。

1968 年

2月 根据上海市统一部署,上海市农机制造公司所属部分工厂开始支援包建第二汽车厂部分建设项目。

5月 SH-120型2吨载重汽车经过鉴定定型为SH130型2吨载重汽车。

11月 上海市劳动局所属第二技工学校并入上海汽车底盘厂。1980年3月,仍划归上海市劳动局,恢复第二技工学校建制。

是年 上海汽车制造厂在1.5吨SH-120型载重卡车的底盘基础上,重新试制成功SH130型2吨轻型卡车。

1969 年

1月23日 国家计划委员会(简称国家计委)发函,同意一机部关于安排上海市试制生产特重型汽车的报告,要求上海组织特重型汽车的设计试制和生产。

3月14日 上海市革命委员会工交组发出《关于安排试制和生产特重型汽车的通知》,要求市机电一局、市农机制造公司、上海汽车厂、上海货车厂"以最快的速度、最好的质量进行试制和生产,向建国20周年献礼"。

4月24日 上海市农业机械制造公司改名为上海市拖拉机汽车工业公司(简称上海市拖汽公司),将市交通运输局所属上海货车厂、上海钢圈厂,市公用事业局所属上海客车修配厂、上海小客车修配厂,上海市仪表工业局所属上海救护车厂,上海市轻机公司所属上海消防器材厂、红卫消防器材厂等,划归上海市拖汽公司。

是月 上海汽车电机厂周金华当选中共第九次全国代表大会代表。

9月5日　第一辆交通牌SH-361型15吨载重汽车在上海货车制造厂试制成功。

9月18日　国内第一辆SH-380型32吨自卸载重车在上海汽车制造厂试制成功。

9月23日　丰收-45型轮式拖拉机在上海七一拖拉机厂试制成功后,转上海拖拉机制造厂生产,定名上海-45型拖拉机。

10月29日　上海市拖汽公司旋转活塞发动机(转子发动机)会战小组成立。

11月16日　上海市拖汽公司革命委员会成立,霍建华任主任。

是月　中共上海市拖拉机汽车工业公司党的核心小组成立,霍建华任组长。

12月　上海58-Ⅰ型三轮汽车转由上海市手工业局的上海铁床厂(后为上海沪光叉车厂)生产。

是年　丰收-35型拖拉机年产超过1 000台,为1 010台。

是年　上海汽车底盘厂试制成功SH-211型轻型越野车。此后小批量生产,1977年停产。

1970 年

1月4日　上海救护车厂并入上海客车厂。

4月17日　中国汽车销售公司上海分公司汽车修配厂、上海车辆二厂、内燃机研究所等单位协作试制成功卡车用旋转活塞发动机(转子发动机),并已连续运转505小时,装车行驶里程1 500公里。

5月　上海合金轴瓦厂、上海机电设计院、上海内燃机研究所、上海东风有色合金厂等单位联合研制的20%锡铝合金双金属轴瓦通过国家鉴定,填补国内空白。

6月　上海拖拉机制造厂试制成功上海-45型轮式拖拉机。

8月　上海汽车齿轮厂研制成功精锻直伞齿轮。1978年该产品获全国科技大会成果奖。1979年通过一机部鉴定。

9月19日　中共上海市拖拉机汽车工业公司系统党员代表会议在上海市机电一局国货路礼堂召开,霍建华作工作报告。会议选举霍建华等10人为公司党委委员。

9月23日　中共上海市机电一局委员会批准成立中共上海市拖拉机汽车工业公司委员会,霍建华任党委书记。

是年　上海摩托车厂的250K型三轮客货摩托车移交上海市轻工业局所属上海车配四厂生产。

是年　上海汽车制造厂等单位研制成上海牌SH770型高级轿车、SH761型敞篷检阅车。

是年　SH-1302吨载重汽车开始批量生产,当年产量达到2 002辆,成为20世纪70年代上海主要交通运输工具;交通牌4吨载重汽车年产超过1 000辆,达到1 242辆。

是年　上海市拖汽公司所属汽车底盘厂、汽车配件厂、传动轴厂、钢板弹簧厂等厂承担第二汽车厂3个包建任务,共支援1 363人、186台设备、2 200套工装。

1971 年

3月30日　上海机器制造学校划归上海市拖汽公司。

4月26日　越南汽车考察团来沪考察,参观上海货车厂、上海汽车厂、上海汽车齿轮厂、上海汽车发动机厂等工厂,中方向越方提供成套图纸 162 套。

是年　上海牌轿车结束连年徘徊局面,年产达到 460 辆。上海汽车制造厂 15 吨矿用自卸汽车转由上海货车制造厂生产。上海摩托车厂研制并批量生产东海摩托车,当年生产 826 辆。

是年年底　公司完成支援三线建设任务,共计支援建设工厂 16 家、职工 2 000 多人、设备 1 100 多台、工装和模具 2 000 多吨。

1972 年

2 月 11 日　上海市拖汽公司召开转子发动机生产会议。

9 月　姜毅任上海市拖汽公司党委代理书记。

10 月　一机部下达 5 000 辆轿车扩建任务书。

11 月 17 日　上海客车厂由上海市拖汽公司划归上海市公用事业局公共交通公司,其中救护车生产从客车厂划出成立上海救护车厂,隶属上海市拖汽公司。

12 月 15—16 日　共青团上海市拖拉机汽车工业公司委员会第一次代表大会召开,杨定华当选团委书记。

是年　上海七一拖拉机厂更名为上海丰收拖拉机厂。

1973 年

6 月　国务院副总理邓小平陪同马里国家元首特拉奥雷参观上海拖拉机制造厂。

9 月 28 日　上海拖拉机汽车研究室成立。

是年　工农-11 型手扶拖拉机年产量突破 1 万台,丰收-35 型和上海-45 型拖拉机合计年产超过 5 000 台,达到 5 200 台。

是年　上海汽车厂实施 5 000 辆轿车建设项目,上海牌轿车年产迈上 1 000 辆台阶。幸福牌和东海牌摩托车合计生产 5 000 辆。

1974 年

7 月　刘东海任上海拖汽公司党委代书记兼革命委员会代主任。

是年　上海汽车制造厂上海牌 SH760 型轿车改型为 SH760A 型轿车,同时试制 SH771 型中高级轿车。

是年　SH-130 型载重汽车年产超过 5 000 辆,达到 5 200 辆。

1975 年

2 月 27 日　上海市拖汽公司决定拖拉机汽车研究室与黄浦农业机械厂合并,研究室领导关系从汽车底盘厂划出,归公司直接领导。

3 月　上海牌 SH380A 型 32 吨矿用自卸汽车经第一机械工业部产品鉴定定型。

10 月 24 日　上海农业药械厂建成一个自动化程度较高的柴油机车间,达到年产万台 495 型柴油机的生产能力。

是年　上海汽车厂扩建项目建成,形成 5 000 辆轿车年产能力。

是年　上海拖拉机厂与上海农业药械厂合作把上海-45 型拖拉机发动机功率从 45 马力增大到 50 马力,定名为上海-50 型拖拉机。

1976 年

5 月 18 日　上海市拖汽公司在丰收拖拉机厂召开拖拉机夺万台誓师大会。当年丰收和上海两个中型拖拉机年产合计超过 1 万台,达到 11 007 台。

12 月　上海农业药械厂生产的 495A 型柴油机通过局级技术鉴定。

1977 年

4 月 7 日　刘东海任上海市拖汽公司党委书记兼革命委员会主任。

6 月 5 日　上海市拖汽公司所属红卫消防器材厂等 12 个单位完成公安部下达的毛主席纪念堂建设配套任务。

是月　上海汽车厂总工程师翁建新当选中国共产党第十二次全国代表大会代表。

7 月 25 日　上海市拖汽公司所属上海消防器材厂所属上海消防研究所划归上海市公安局。

7 月 26 日　上海市拖汽公司组织汽车底盘、汽车齿轮、汽车传动轴、汽车制动器、汽车底盘西厂和拖汽研究室等五厂一室共同研制"可控震源车"车身部分。

8 月 18 日　上海汽车钢板弹簧厂被评为上海市首批"大庆式企业"之一。

9 月 25 日　上海市拖汽公司在北京、广州设立上海牌轿车技术服务站。

是月　上海市机电一局党委工作组进驻上海市拖汽公司,清查公司系统内与"四人帮"有牵连的人与事。

10 月　上海拖拉机厂工农-11 型手扶拖拉机转黑龙江省五常县生产,上海生产的手扶拖拉机累计达到 91 951 台。

1978 年

1 月 18 日　上海市拖汽公司发出《关于公司系统整顿企业管理工作的几点意见》,部署开展 12 项整顿工作。

2 月　上海市拖汽公司成立用户服务组。

是月　上海汽车钢板弹簧厂党支部书记兼厂长吴苗强当选第五届全国人民代表大会代表。

4 月 7 日　上海市拖汽公司成立质量管理科。

7 月 15 日　国务院批准国家计委、经委和对外贸易部《关于开展对外加工装配业务的报告》。该报告决定引进 3 条汽车装配线,其中 1 条轿车装配线安排在上海,对上海轿车工业进行改造。

7 月 29 日　一机部汽车总局副局长胡亮来上海商谈引进轿车装配线的问题。

8 月 9 日　一机部和上海市革命委员会联合向国务院上报《关于引进轿车制造技术和改造上海轿车厂等报告》。

是月　上海市拖汽公司工会成立。

9月13日　中共中央政治局委员、国务院副总理余秋里对一机部和上海市关于上海轿车引进项目的联合报告作出批示,同意和外商接触。

是月　上海市拖汽公司成立技术引进办公室,负责轿车技术引进工作。

10月6日　上海柴油机厂划归上海市拖汽公司。

10月21日　以董事长墨菲为团长的美国通用汽车公司访华代表团在北京与上海市拖汽公司商谈改造上海轿车和32吨、15吨重型车合作事宜时,提出中外合资经营方式的建议。

11月9日　中共中央副主席邓小平回答国家计委副主任顾明关于轿车项目可不可以中外合资经营的请示:"可以。不但轿车可以,重型汽车也可以嘛!"自此,上海轿车技术引进项目改按中外合资经营项目与外商洽谈。

是日　上海市革命委员会工业交通办公室通知,同意上海市拖汽公司实行企业性公司试点,明确公司是企业性质的经济实体。

11月23日　一机部批准上海成立汽车灯具研究室。

是月　中共上海市工业交通政治部批准成立中共上海市拖汽公司委员会并恢复政治部建制,霍建华任党委书记。上海市拖汽公司取消革命委员会恢复经理制,仇克任经理。

是月　上海市拖汽公司代表与联邦德国大众汽车公司在上海首次会晤,双方表示合作意向。

是年　丰收-35型拖拉机在国际比赛中夺得6项指标第一名,该机成为国家批准的唯一出口援外的中型轮式拖拉机。

1979 年

2月19日　上海市拖汽公司被国家经济贸易委员会(简称国家经贸委)列为全国35个企业性公司试点单位之一,开始试办企业性质的公司。

3月3日　上海货车制造厂改名为上海重型汽车制造厂。上海农业药械厂改名为上海内燃机厂。

3月13日　联邦德国大众代表团来沪访问,就中德双方轿车合作事项举行会谈。

3月21日—5月15日　一机部副部长饶斌率领中国汽车工业代表团赴法国、联邦德国、美国和日本考察国外汽车工业,并商谈上海轿车项目合作事宜。上海市机电一局代表翁建新和上海市拖汽公司代表仇克参加考察。

4月22日　由上海市计划委员会(简称上海市计委)及上海市拖汽公司组成的上海汽车考察团赴日本考察日产、本田技研、山叶(雅马哈)和日野等汽车和摩托车公司,商谈轿车、摩托车和大型旅游车的技术合作事项。

5月　上海柴油机厂被列为国家经委、财政部等6部门开展的扩大企业经营管理自主权第一批试点的上海3家企业之一。

8月15日　按照企业性公司统一销售的要求,上海市拖汽公司成立产品销售门市部。

是月　经国务院批准,上海市拖汽公司作为企业性公司试点单位开始试行扩大企业自主权改革。

9月　联邦德国大众代表团来沪谈判轿车项目,中共中央政治局委员、上海市委第一书记、市长彭冲会见代表团团员。

10月31日　联邦德国大众访华代表团来沪,对轿车合资企业作初步规划设计并进行初步可行性分析。

12月27日　上海市拖汽公司在拖拉机汽车研究室基础上成立上海拖拉机汽车研究所。

是月　上海-50型轮式拖拉机通过国家鉴定。

1980 年

1月4日　上海柴油机厂、上海汽车配件厂与上海开关厂、上海革新电机厂联合会战,试制成功2台200千瓦柴油机发电机组,为中国电站技术填补空白。

2月29日—4月3日　中国汽车代表团在一机部副部长饶斌率领下访问联邦德国大众,双方就上海汽车合营事项进行深入讨论并签署会谈备忘录。上海市拖汽公司经理仇克等参加。

5月31日—6月10日　日本山叶摩托车公司海外技术部主任参观上海摩托车厂等7家工厂。上海市拖汽公司经理仇克、副经理费辰荣就双方合作改造上海摩托车厂事宜与日方进行多次会谈。

6月3日　上海市拖汽公司职工大学成立,为上海市首批批准建立的39所职工高等院校之一。

是月　上海摩托车厂试制成功幸福SM501摩托车。

9月15—18日　英国纳铁福(GKN)国际贸易公司汽车访华组第一次来沪访问,上海市拖汽公司组织汽车企业分锻造、冲压、车桥、传动轴4个小组与GKN进行技术交流。

10月　上海汽车厂研制成功上海牌SH760B型轿车。

是年　上海内燃机厂生产的为上海-50型拖拉机配套的495A型柴油机获国家质量金奖。

1981 年

4月22日　上海市经济委员会(简称上海市经委)下达《关于将上海丰收拖拉机厂等八个企业划拨给轻工业局发展"三大件"(自行车、缝纫机、钟表)生产的通知》。

5月　上海市拖汽公司执行国家经委等10个部门联合发出的《贯彻落实国务院有关扩权文件,巩固提高扩权工作的具体实施暂行办法》,进一步拥有在计划、利润留成和留成资金使用、产品销售、新产品研制等12个方面的经营自主权。

6月　上海市拖汽公司基层厂普遍建立和健全党委领导下的职工代表大会制度。

8月10日　上海市政府向国务院呈报《关于与外商合资改造上海轿车厂的请示》,提出上海与联邦德国大众合作和引进生产桑塔纳轿车的意见。

9月26日　国务院授权国家外国投资管理委员会下发复函,同意上海与联邦德国大众合资改造上海轿车厂的项目。

10月　一机部发出通知,将上海市拖汽公司与美国伟步公司合作生产重型汽车项目列入该部计划。

12月　新成汽车配件厂与日本小系制作所签订汽车灯具技术引进合同。

是月　上海摩托车厂、上海动力机厂等单位研制的幸福50型轻便摩托车通过公司级技术鉴定。

1982 年

1月21日　上海市拖汽公司与联邦德国大众签署上海轿车合资经营备忘录。

是月　上海柴油机厂划归上海市机电一局。

4月10日　上海重型汽车厂生产的交通牌 SH161、SH361 型 15 吨重型汽车通过部级技术鉴定并定型投产。

4月26日　鞠泽泉任中共上海市拖汽公司委员会书记。

5月19日　上海市拖汽公司系统 47 家工厂全面试行利润留成包干。

6月6日　由上海市计划委员会(简称上海市计委)副主任蒋涛率队,上海市拖汽公司经理仇克等 11 人组成的上海轿车项目代表团赴联邦德国大众,双方签署桑塔纳轿车试制协议。

8月10—15日　在中国汽车工业公司(简称中汽公司)董事长饶斌主持下,上海市机电一局、上海市拖汽公司向国家计委、对外经济贸易部(简称外经贸部)等部门汇报上海轿车合营项目进展以及与联邦德国大众谈判情况。

9月5—6日　共青团上海市拖拉机汽车工业公司委员会第二次代表大会召开,李积荣当选团委书记。

是月　上海重型汽车厂制造的 16 辆 15 吨自卸车首次出口巴基斯坦。

10月25日　上海拖拉机汽车研究所首次运用电子计算机辅助车身外形设计取得成功,上海汽车工业汽车车身外形设计开始从传统设计转向计算机设计。

是月　上海重型汽车厂试制出仿美国伟步公司 35C 的 SH382 型 32 吨矿用自卸车 2 辆样车。

是年　上海汽车厂生产的上海牌 SH130 型卡车停产。该车自 1968 年开始生产,14 年累计生产 45 329 辆。

1983 年

1月4日　一机部、外经贸部批准上海汽车底盘厂引进英国减震器技术。

4月11日　第一辆上海桑塔纳轿车在上海汽车厂组装成功。

5月　上海飞机制造厂分部(上海飞翼客车制造公司前身)试制出第一辆 SF650 型团体客车,取名飞翼牌。至 1995 年,该厂共生产飞翼牌 SF6972 型团体客车 1 100 多辆。

8月16日　外经贸部批准上海轴瓦厂从英国格莱西亚金属公司引进 6% 低锡铝基合金精密电镀铅锡二元合金技术。

10月7日　上海市计委和市经委联合向市政府请示,建议上海市拖拉机汽车工业公司改组为上海汽车拖拉机工业联营公司(简称上海汽拖联营公司)。

10月18日　上海市常务副市长阮崇武到上海市拖汽公司听取与联邦德国大众合营情况的汇报,指出道路、电、水、征地等问题要及时落实。

10月20日　上海市政府办公厅通知,市政府原则同意成立上海汽拖联营公司,实行董事会领导下的总经理负责制,由蒋涛任董事长。

11月1日　上海市政府召开引进上海轿车项目可行性分析预备会议,上海市副市长李肇基、中汽公司副总经理张兴业、外经贸部有关人员参加。

是日 上海市拖汽公司、泰国正大卜峰集团、日本本田三方就上海与泰国合资经营摩托车、从日本引进技术签署备忘录。

12月16日 上海市政府办公厅发文,同意上海市拖汽公司与泰国正大卜峰集团合营摩托车项目建议书。

12月18日 中共中央政治局委员、国务院副总理李鹏及国家计委副主任黄毅诚、国家经委副主任赵维臣视察上海汽车厂。李鹏对轿车合营项目作重要指示。

1984 年

3月6日 中共上海市工业工作委员会明确上海汽拖联营公司实行董事会领导下的总经理负责制。蒋涛任董事长,汪儒文任副董事长,陈祥麟任副董事长兼任总经理。

3月30日 国务委员兼国家经委主任张劲夫视察上海汽车厂。

4月 上海汽拖联营公司与美国伟步公司签订35D型矿用汽车技术许可证生产协议。

5月19日 厄瓜多尔总统奥斯瓦尔·乌尔塔多参观上海拖拉机厂。

是月 上海市计委、市经委和市进出口办公室向国家计委、国家经委和外经贸部上报上海轿车合资项目可行性研究报告。

6月12日 上海市机电一局批准上海重型汽车厂为上海汽车行业首家贯彻国营企业扩权十条、奖金上不封顶下不保底、企业工资总额包干的"三配套"改革试点单位。

是日 中共上海汽车拖拉机工业联营公司纪律检查委员会成立,公司党委副书记孟庆令兼任纪委书记。

7月5日 上海市机电一局发文,上海市电机工业公司的上海汽车电机厂、上海汽车电机二厂,上海电器工业公司的上海汽车电器厂、上海交通电器厂划属上海汽拖联营公司。

7月23日 上海汽拖联营公司召开成立大会。上海市常务副市长阮崇武,中共上海市委常委、市工业党委书记黄菊出席;中汽公司董事长饶斌、上海市副市长李肇基出席并讲话。

7月25日 中共上海汽拖联营公司委员会成立,蒋以任任党委书记。

是日 上海市计委主持召开《上海轿车合营项目可行性研究报告》审批会。上海市副市长李肇基出席讲话,上海汽拖联营公司仇克作项目汇报,会议通过该研究报告。

是月 上海汽拖联营公司总部从上海市黄浦区四川北路110号迁至徐汇区武康路390号。

8月30日 中共上海市委和市政府在上海汽车厂现场办公,提出上海轿车1985年上万辆、1990年上10万辆、20世纪末上20万辆的近期和中远期目标。

9月22日 国务院批复,原则同意国家计委《关于上海轿车合营项目可行性研究的审查报告》,同意上海汽拖联营公司等单位与联邦德国大众合资经营上海轿车项目,明确该项目为"七五"国家重点改造项目,固定资产总投资3.87亿元,包干使用。

9月25日 上海汽拖联营公司与泰国正大集团易初投资有限公司合资组建上海—易初摩托车有限公司正式签约。

10月10日 《上海大众汽车有限公司合营合同》在北京正式签署,中国国务院总理赵紫阳和德国总理科尔出席签约仪式。中汽公司、上海汽拖联营公司、中国银行上海信托咨询公司法人代表饶斌、蒋涛、周梦熊等与联邦德国大众法人代表哈恩和施密特在合同上签字。

10月12日　上海大众汽车有限公司(简称上海大众汽车)举行奠基典礼。联邦德国总理科尔和夫人、中国国务院副总理李鹏、上海市市长汪道涵及联邦德国大众董事长哈恩等出席。

10月24—25日　共青团上海汽车拖拉机工业联营公司委员会第一次代表大会召开,李积荣当选团委书记。

是月　蒋以任任上海汽拖联营公司副董事长。

12月7日　上海—易初摩托车有限公司与日本本田技研工业株式会社签订摩托车制造技术许可证合同。

12月8日　上海汽拖联营公司与嘉定县工业局为双方联营上海汽车厂签约。

是年　上海汽拖联营公司直属全民所有制企业5项工作整顿验收全部结束。

1985 年

1月1日　中泰合资上海—易初摩托车有限公司(简称上海易初摩托)成立。

是日　《上海汽拖报》创刊号与广大读者见面。

1月16日　上海汽拖联营公司在衡山宾馆召开人才开发大型座谈会,为汽车拖拉机工业大发展亟须大量人才而作充分准备,应邀出席会议的有市人事部门和部分高等院校领导。

是月　上海市经委召开安亭地区总体规划会议,提出10年后将安亭建成年产轿车30万辆的现代化汽车城。上海汽拖联营公司向市计委、市外经贸委上报《中外合资建设30万辆轿车项目建议书》。

2月9日—3月7日　中汽公司董事长饶斌、上海市副市长李肇基率上海汽车工业考察团考察联邦德国大众在巴西、墨西哥、加拿大、美国等国的工厂。

2月17日　由上海拖拉机厂、上海内燃机厂、上海拖拉机齿轮厂、上海拖拉机底盘厂等单位组成的上海-50型拖拉机经济联合体签约成立。

2月28日　上海桑塔纳轿车项目第一项扩建3 000平方米总装车间工程在上海汽车厂破土动工。

3月11日　上海汽拖联营公司成立上海汽车进出口公司、上海汽车拖拉机销售服务公司、上海汽车拖拉机材料供应仓储服务公司、上海汽车拖拉机工业开发公司、上海汽车拖拉机工业联营公司综合服务中心等专业公司。

3月21日　中德合资上海大众汽车有限公司举行成立仪式。中汽公司董事长饶斌、中共上海市委副书记黄菊等出席,副市长李肇基致辞。

4月20日　上海市经委下发《关于桑塔纳轿车横向配套技术引进项目建议书的批复》,原则同意上海汽车发动机厂铸造分厂等21个引进制造技术及关键设备项目建议书立项。

4月28日　由上海第二汽车底盘厂、上海申江企业总公司、上海旅行车厂、上海汽车发动机厂、上海培新汽车厂、上海汽车底盘厂、上海卢湾客车厂等8个单位组成的以产品为龙头,促使生产专业化大协作的上海轻型客、货车经济联合体签约成立。

是月　由上海飞机制造厂、上海第三汽车底盘厂、上海第一汽车附件厂、上海工农动力机厂、上海汽车齿轮厂、上海第二汽车底盘厂、上海汽车底盘厂等7个单位组成的以产品为龙头,促使生产专业化大协作的SH110微型汽车经济联合体签约成立。

是月　上海第二汽车底盘厂自行设计制造成功SD631中高级旅行车。

是月 上海汽拖联营公司举办第一届职工业余艺术作品展。

6月7日 中国利用意大利政府赠款、贷款,引进菲亚特公司技术的拖拉机项目在北京签约,国务委员张爱萍出席签约仪式。

6月21日 上海汽拖联营公司《关于中马力水田轮式拖拉机底盘系列技术引进可行性研究报告》上报市机电一局。同年10月30日,机械工业部同意上海引进意大利菲亚特轮式水田拖拉机可行性研究报告(代设计任务书)。1987年3月2日,上海市建设委员会批复同意上海汽拖联营公司引进意大利菲亚特水田拖拉机项目。

6月22日 以许可证贸易方式引进美国伟步公司技术的35D型32吨矿用汽车在上海重型汽车厂出厂,交付南京吉山铁矿使用。

6月24日 上海汽拖联营公司召开上海桑塔纳轿车横向配套起步会议,全面部署上海桑塔纳轿车横向配套引进技术项目。

7月3—9日 上海汽拖联营公司在第一届上海国际汽车展览会展出上海桑塔纳轿车和35D型32吨矿用车。

7月4日 中共上海市委副书记、市长江泽民视察上海大众汽车,重申轿车项目主攻方向不变,30万辆目标不变。

7月31日 由泰国国会主席、上议院议长乌吉·蒙空那温率领的国会代表团参观访问上海易初摩托车公司。

8月19日 孟庆令任上海汽拖联营公司党委书记。

9月上旬 幸福250D摩托车诞生。

9月23日 上海汽拖联营公司举行工商联、侨联、台联"三联"联谊会成立大会。

是月 上海汽拖联营公司副董事长兼总经理陈祥麟当选中共全国代表大会代表。

11月12日 中共上海市工业党委、市经委发文,决定上海汽拖联营公司党委归上海市工业党委领导,行政归市经委领导,接受上海市机电工业管理局行业管理。

是日 上海504型拖拉机在澳大利亚"田间日"国际博览会上的两项拉力比赛中两次夺魁。

11月14日 国务委员张劲夫视察上海大众汽车。

11月25日 上海市经委批复同意上海汽拖联营公司与嘉定县工业公司在安亭组建上海汽车联营厂,企业性质为国集联营。

12月11日 上海易初摩托车举行摩托车发动机项目合资签约仪式,上海动力机厂进入上海易初摩托车。

是月 孟庆令任上海汽拖联营公司副董事长。

1986 年

1月6日 上海拖拉机厂试制生产的上海-504型拖拉机通过国家鉴定。

2月27日 上海市经委批复同意上海汽车电机二厂引进桑塔纳轿车配套交流发电机制造技术项目。

4月9日 上海市计委、经委批复同意上海汽车齿轮厂引进桑塔纳轿车变速器制造技术及关键设备。

4月12日 上海汽拖联营公司总经理陈祥麟与上海拖拉机厂等首批9家试点厂厂长签订厂长

任期责任制合同,开始推行厂长任期目标责任制。

4月15日　上海新建齿轮厂自行设计、研制成功中国第一个能按 ISO 国际标准完成汽车液压制动软管全部测试项目产品试验室,为国内的汽车液压、气压制动软管的测试技术领域填补了一项空白。

4月19日　中共中央政治局委员、中央书记处书记胡启立视察上海大众汽车。

4月30日　上海汽拖联营公司批复同意上海汽车传动轴厂与联邦德国 GKN 万向节传动轴公司合资经营汽车等速万向节及传动轴项目。

6月7日　上海 50 型拖拉机经济联合体共同开发生产的首批 4 台上海-504 型四轮驱动拖拉机装配出厂。

8月12日　上海市计委和市经委批复同意上海内燃机油泵厂引进轿车空调压缩机制造技术和关键设备。

9月1日　上海市外经贸委批复同意上海车灯厂与日本小糸制作所合资经营汽车灯具。

9月15日　上海大众汽车累计生产上海桑塔纳轿车 1 万辆,国产化率 3.9%,质量达到联邦德国大众水平。

是日　上海汽车拖拉机行业侨务联谊会成立。

是月　由上海市经委牵头组成上海市桑塔纳轿车横向国产化领导小组,下设协调办公室。上海市政府明确对配套国产化采取 6 项特殊优惠政策,配套国产化计划列为指令性任务下达。

10月6日　上海市桑塔纳轿车横向国产化领导小组召开上海桑塔纳轿车零部件国产化动员大会,来自全上海和全国各地的 147 家单位 300 多位代表参加会议。

10月7日　上海汽车底盘厂自行设计和研制成功转向横拉杆与齿轮齿条转向器总成性能强化试验台,填补国内汽车技术一项空白。

11月18日　中共中央总书记胡耀邦视察上海大众汽车。

12月9日　上海市机电局批复同意上海模锻厂桑塔纳轿车锻造技术引进项目。

12月12日　市计委批复同意上海大众汽车有限公司 1987 年度从联邦德国大众汽车有限公司购买奥迪-100 型轿车散装件 500 辆套。

12月13日　上海汽车拖拉机研究所在分析国内外有关有限元程序及应用资料基础上,将大型有限元程序 SAP5 移植至 MC68000 微机,该项目属国内首创并通过鉴定。

1987 年

1月26日—4月1日　上海市计委、市经委、市机电局分别批复,同意上海工农内燃机配件厂引进桑塔纳轿车精密高强度螺栓技术设备、上海交通电器厂引进桑塔纳轿车配套继电器闪光器技术、上海华丰钢铁厂引进桑塔纳轿车有色金属铸造技术、上海汽车齿轮厂引进桑塔纳轿车变速器技术设备、上海汽车电机二厂发展硅整流交流发电机综合技术改造项目、上海汽车电器厂点火线圈及开关技术改造项目、上海汽车钢圈厂引进桑塔纳轿车钢圈技术和设备。

2月7日　上海汽车电机厂与法国法雷奥(VALEO)集团旋转电机公司签订技术转让合同,引进起动机制造技术。

是日　上海汽车进出口公司、上海离合器厂与联邦德国费许托·萨赫斯公司签订桑塔纳轿车离合器技术转让合同。

是月　上海汽拖联营公司团校成立。

4月20日　刚果总统德尼隆苏·恩格索参观上海拖拉机厂。

是月　上海汽车配件厂首批3500只散热器加水口座出口美国。

是月　上海汽拖联营公司举办第二届职工艺术展，展出684件作品。

6月17—22日　上海汽拖联营公司上海桑塔纳轿车和80多种桑塔纳轿车国产零部件参展第二届上海国际汽车工业展览会。

6月24日　上海汽拖联营公司批复同意关于上海汽车齿轮厂引进桑塔纳轿车变速箱二手设备国内配套项目初步设计。该项目是桑塔纳轿车国产化横向配套项目投资最大的项目，投资额超过1亿元，被列为市重点技术改造项目。

是月　中共中央政治局委员、国务院副总理姚依林委派国家经委副主任朱镕基带领中央有关部委组成的调查组，到上海调查桑塔纳轿车国产化情况。

是月　仇克任上海汽拖联营公司副董事长。

7月6日　陆吉安任上海汽拖联营公司副董事长兼总经理。

7月24日　中共上海市委副书记、市长江泽民在接受《人民日报》记者采访时表示，发展上海轿车工业时机已经成熟，上海已经将轿车工业列为重点发展的六大支柱产业之一，把上海建成国家轿车基地之一这个决心过去、现在、将来都绝不动摇。

是日　上海市经委批复同意上海重型汽车厂大型矿用汽车项目改造计划。

7月25日　上海市政府成立上海市支援上海大众汽车建设领导小组。中共上海市委副书记、副市长黄菊任组长，副市长李肇基任副组长，并设立上海市桑塔纳轿车国产化协调办公室，陆吉安任办公室主任。

7月30日　中共中央顾问委员会委员饶斌视察上海汽车底盘厂。

8月3日　上海市机电局批复同意上海活塞厂引进桑塔纳轿车铝活塞制造技术和设备。

8月12日　中共中央政治局常委、国务院副总理姚依林在北戴河召开会议，明确中国轿车工业重点建设上海、一汽和二汽3个轿车基地。

8月中旬　上海汽拖联营公司与航空工业部在贵州省安顺市签订包括32项零配件定点项目的桑塔纳轿车零部件国产化项目配套协议。

9月12日　特立尼达和多巴哥众议院议长尼赞·穆罕默德率领议会友好代表团参观上海拖拉机厂。

10月5日　中共中央政治局委员、国务委员兼外交部部长吴学谦视察上海大众汽车。

10月6日　上海汽拖联营公司上报《关于上海大众汽车有限公司轿车项目初步设计的报告》。

10月8日　由专家学者和专业工作者组成并由上海市科学技术协会主管、上海汽拖联营公司主办的上海市汽车工程学会成立。

10月10日　中共上海市工业党委、市经委、市人事局联合在安亭召开支援上海大众汽车建设人才调配现场会，上海9个工业局和6家市属大厂承担首批人才调配任务。

10月15日　孟庆令任上海汽拖联营公司党委书记。

10月25日　上海市机电局批复同意上海汽油机厂摩托车发动机项目。

是月　上海汽拖联营公司董事会换届组成第二届董事会，蒋涛任董事长，陆吉安、孟庆令、仇克任副董事长。

12月1日　全国人大常委会副委员长班禅额尔德尼·确吉坚赞视察上海大众汽车。

12月21—25日　中国汽车工业联合会和上海市政府召开上海桑塔纳轿车国产化工作会议。中共中央政治局常委、国务院副总理、国家振兴汽车工业协调小组组长姚依林在会上作重要指示。中共中央政治局委员、上海市委书记、市长江泽民,国家计委顾问周子健,国家经委副主任朱镕基和中汽联合会理事长陈祖涛等到会并讲话。会议要求上海桑塔纳轿车国产化率1988年达到25%,1989年达到50%,1991年基本实现国产化。

12月29日　上海SH760B型轿车通过市级技术鉴定。

12月31日　上海市政府决定上海汽拖联营公司从1988年1月1日起改为企业性公司,实行总经理负责制。

是日　上海市政府批复同意上海汽拖联营公司实行年上缴税利15 000万元定额包干,超过部分用于发展桑塔纳轿车国产化。

是日　上海活塞厂与联邦德国KS公司签约,引进活塞制造技术和关键设备。

1988 年

1月1日　根据上海市政府常务会议决定,上海汽拖联营公司正式成为企业性公司,该项计划从市机电一局划出,实行计划单列。

1月6日　上海汽车拖拉机销售服务公司更名为上海汽车拖拉机销售公司。

是月　上海汽拖联营公司下发《贯彻"三个条例"实施细则》,开始推行厂长行政指挥、党委政治核心、职工民主管理的企业领导体制改革,全面实施厂长负责制。

2月8日　上海市计委、市经委批复,同意上海汽车齿轮厂购买联邦德国大众桑塔纳轿车变速箱部分二手设备。

2月—1989年4月　上海汽拖联营公司分期分批批准所属50个单位实行厂长(所长、校长)负责制,对厂长(所长、校长)进行聘任。

3月22日　上海汽拖联营公司开始实施承包经营责任制,公司和市经委、市财政局签订《综合承包经营责任制合同书》,承包期自1987年1月1日起至1991年12月31日止共5年。同时,公司与首批12家企业签订综合承包合同。

是日　上海汽车销售公司第一家汽车销售沪外联营公司湖南分公司开业。

3月29—30日　上海汽车拖拉机工业联营公司第一次职工代表大会暨工会会员代表大会召开,王述祚当选工会主席。

4月14日　上海市经委批复同意上海汽车发动机厂铸造分厂桑塔纳轿车灰铁铸造技术引进项目。

4月16日　上海汽拖联营公司培训中心挂牌。

是月　上海汽车拖拉机工业联营公司管理委员会成立,公司总经理陆吉安任主任委员。

是月　上海大众汽车、上海易初摩托车被评为全国"十佳"合资企业(生产型)。

5月10日　上海市科学技术委员会召开上海桑塔纳轿车国产化科研攻关会议,首批六大类64项科研攻关项目下达复旦、上海交大、同济等8所高校和13家科研院所及相关行业的12家工厂。

5月26日　上海轴瓦厂与英国格莱西亚公司签约引进铝基轴瓦精密电镀技术。

6月7日　上海市计委、市经委批复同意上海第二汽车底盘厂桑塔纳轿车前悬挂总成技术引进项目。

6月8日　上海汽拖联营公司召开桑塔纳轿车国产化交流会,公司总经理陆吉安提出建立"生产特区"的要求。

6月21日　上海桑塔纳轿车国产化被上海市政府工业会战办公室列为全市14项攻关任务中的首项会战任务。

6月29日　国务委员、机械电子工业部部长邹家华视察上海大众汽车。

7月1日　上海桑塔纳轿车国产化共同体成立。中共上海市委副书记、市长朱镕基,上海市委副书记、副市长黄菊出席成立大会并讲话。

7月14日　中共上海市委副书记、市长朱镕基视察上海汽车厂。

是日　上海汽拖联营公司、交通银行上海分行、吉凯恩(GKN)公司、德意志投资开发公司将上海汽车传动轴厂合资组建为上海纳铁福传动轴有限公司(简称上海纳铁福)。同年9月1日,该公司揭牌开业,成为中国第一家中外合资汽车零部件企业。

8月8日　上海申联专用汽车联合公司成立。1991年该公司更名为上海申联专用汽车工业联合公司。

8月9日　上海市外国投资工作委员会批复同意上海汽拖联营公司与上海实业有限公司(香港)合资经营上海实业交通电器有限公司(简称上实交通)。该公司于11月1日开业。

是日　上海内燃机厂研制成功国内第一台气缸盖精锪枪铰高精度复合机床。

8月23日　上海汽拖联营公司批复同意上海交通电器厂桑塔纳轿车继电器闪光器技术引进项目实施方案。

8月24—29日　上海汽拖联营公司上海桑塔纳轿车等参展第三届上海国际汽车工业展览会。

8月26日　上海发展轿车大项目研讨会召开。上海市政府各委办、有关工业局、科研院校、工厂企业60家单位的150多位领导和专家参加。

9月　上海汽拖联营公司在试点基础上颁布《建设桑塔纳轿车零部件"生产特区"试行条例》,开始全面推行"生产特区"建设。

10月3日　上海拖拉机厂引进意大利菲亚特70-90DT拖拉机技术,试制成功上海-654型拖拉机首台样机。

10月20—22日　共青团上海汽车拖拉机工业联营公司委员会第二次代表大会召开,李新华当选团委书记。

10月26日　上海易初摩托车2万平方米新厂房落成和15条新生产流水线全线连动。上海市副市长顾传训和泰国商业部副部长披雅、泰国正大集团总裁谢国民等出席庆典仪式。

是月　上海大众汽车建成采用计算机控制、日产能力200辆的轿车总装流水线,计算机管理开始进入上海轿车制造领域。

是月　上海牌SQ110、SQ110A客货两用车通过鉴定。

11月4日　中共中央政治局委员、中央组织部部长宋平视察上海大众汽车。

12月26日　上海内燃机油泵厂、上海新新机器厂、日本三电国际株式会社签订汽车空调技术转让合同。

12月27日　上海桑塔纳轿车国产化办公室宣布:桑塔纳轿车工艺装备样品国产化率达到

30.6%。

12月30日　上海汽拖联营公司批复同意上海汽车制动器厂桑塔纳轿车制动总泵真空助力器技术引进和改造项目。

是月　国务院发出通知,决定一汽、二汽和上海按照高起点、大批量、专业化原则,建设轿车制造基地。

1989 年

2月28日　上海汽拖联营公司、日本株式会社小糸制作所和丰田通商株式会社三方合资将上海车灯厂组建为上海小糸车灯有限公司(简称上海小糸车灯)。

3月6日　中共中央政治局委员、上海市委书记江泽民视察上海大众汽车和上海汽车厂。

是月　上海市桑塔纳轿车国产化领导小组召开会议,要求当年桑塔纳轿车工艺装备样品国产化率达到50%,供货国产化率达到30%以上。中共上海市委副书记、副市长黄菊,副市长顾传训出席会议并讲话。

5月16日　上海汽拖联营公司召开"生产特区"建设现场交流会,把建设"生产特区"列为1989年"管理年"的重要内容。

6月14日　中共上海市委副书记、市长朱镕基,市委副书记、副市长黄菊到上海大众汽车慰问坚持生产的联邦德国专家和中方职工。

7月3日　中国汽车工业联合会代理事长蔡诗晴视察上实交通、上海大众汽车和上海汽车齿轮厂。

7月7日　上海市政府召开第三次桑塔纳轿车国产化工作会议,全国173家桑塔纳共同体成员单位的300余名代表出席会议,中共上海市委副书记、市长朱镕基到会讲话。

是月　《汽车工业前程似锦》被确定为行业歌。

8月5日　中共中央总书记江泽民在沪与部分大中型企业厂长(经理)座谈,上海汽拖联营公司总经理陆吉安和上海大众汽车总经理王荣钧汇报上海大众技术改造和国产化进展情况。江泽民指示:发展轿车工业一定要形成经济规模,没有经济规模就没有竞争能力。

8月8日　中共上海市委书记、市长朱镕基,市委副书记、副市长黄菊,副市长顾传训听取上海汽拖联营公司关于轿车大项目方案的汇报。

8月26日　由上海市副市长顾传训带队,上海汽拖联营公司总经理陆吉安、副总经理陈廷越等参加,赴京向国务院领导汇报上海轿车工业发展规划。

8月29日　国务委员邹家华主持上海轿车项目第二期扩建工程会议,听取上海市副市长顾传训和上海汽拖联营公司总经理陆吉安的汇报。

9月12日　布基纳法索人民阵线主席、国家元首、政府首脑布莱斯·孔布雷参观访问上海拖拉机厂。

9月28日　第50 000辆上海桑塔纳轿车下线。

9月29日　上海汽车拖拉机研究所研制成功上海桑塔纳7座变型车。

是月　上汽举办第三届职工艺术展,展出134名作者381件作品。

12月26日　上汽开始推行总厂制改革,首家总厂型公司上海拖拉机内燃机公司(简称上海拖内)成立,该公司由上海拖拉机厂、上海内燃机厂、上海拖拉机齿轮厂、上海拖拉机底盘厂和上海油嘴油泵厂合并组成。

是年　上海58-Ⅰ型三轮汽车停产。该车自1969年起20年共计生产30 353辆。

是年　上海汽车电器总厂油泵电机出口美国2.12万台。

1990年

1月9日　上海桑塔纳轿车国产化办公室公布:1989年桑塔纳轿车工艺装备样品国产化率达53.77%,减货国产化率达31.04%。

1月26日　上海市政府批复,同意上海汽车拖拉机工业联营公司更名为上海汽车工业总公司。

是月　上海汽车拖拉机材料供应公司和上海汽车拖拉机销售公司合并成立上海汽车工业供销公司。

是月　在公司1990年干部大会上,总经理陆吉安宣布上海汽车工业的行业精神为"精益求精"。

2月1日　中共上海市委副书记、副市长黄菊到公司现场办公,提出确保1990年桑塔纳轿车国产化率超70%,节汇率超50%等要求。

是日　5家企业8个生产车间成为首批"生产特区"。

2月16日　国务委员兼国家计委主任邹家华视察上海大众汽车和上海汽车齿轮厂。

3月1日　上海汽车工业总公司(简称上汽总公司)名称正式启用,陆吉安任总经理,孟庆令任党委书记。

3月7日　由上汽总公司、上海县龙华乡工业公司和泰国正大集团易初投资有限公司合资的上海易初通用机器有限公司(简称上海易初通用)签约。同年7月7日该公司开业。

3月17日　上汽总公司咨询委员会成立,蒋涛任主任,仇克任副主任。

是月　上海延锋汽车内饰件厂与上海工业大学共同研制成功桑塔纳轿车座垫、靠垫浇铸机器人——上海5号机器人,并获上海市科技振兴一等奖。

4月17—25日　中国汽车工业总公司(简称中汽总公司)总经理蔡诗晴视察上海大众汽车及上海零部件企业,肯定上海桑塔纳国产化经验具有普遍意义,上海发展轿车的道路值得全国汽车行业借鉴。

4月18日　上海大众汽车举行成立五周年庆典,中共中央政治局常委、国务院总理李鹏出席并作重要讲话,指出:上海大众汽车建成投产又一次证明,中国同各国的合作是真诚的,中国的对外开放是坚定不移的。

4月21日　上海汽车钢板弹簧厂、上海模锻厂和上海吴淞锻造厂合并成立上海汽车锻造总厂。

是月　投资10亿元的上海大众汽车一期工程建成,形成两班6万辆桑塔纳轿车年产能力。中共中央总书记江泽民为上海大众汽车一期工程建成投产题词:"祝贺上海大众建成投产,为我国四化建设贡献力量。"

5月26日　上海球墨铸铁厂和上海汽车发动机厂铸造分厂合并成立上海汽车铸造总厂。

6月11日　中共上海汽车工业总公司党校建立并挂牌。

是月　召开上海汽车工业总公司团员代表会议,增选总公司团委委员,华杏生当选团委书记。

7月1日　上海汽车电机厂、上海汽车电器厂和上海汽车电机二厂合并成立上海汽车电器总厂。

8月4日　上汽总公司党委召开桑塔纳轿车国产化"保进度、保质量、保数量"立功竞赛活动动员大会。

8月21日　上海汽车电器总厂首批2种型号14个品种规格的5 000台油泵电机发往美国。

8月28日　上海重型汽车厂试制成功HF2及HF3型10吨高级旅游车底盘。

9月1日　上海易初摩托车向第十一届亚运会捐赠70辆幸福摩托车。全国人大常委会副委员长彭冲、泰国驻华大使德·文纳和亚运会副秘书长刘玉令出席捐赠仪式。

是日　上海汽车电器总厂列入上海市重点科研攻关项目的桑塔纳轿车集成电路电压调节器通过验收。

9月29日　经改进提高的上海-504型拖拉机和新开发的上海-554型拖拉机在上海拖拉机厂试制成功。

10月9日　上海易初摩托车开发的250型变型产品XF250J、250E两种摩托车通过技术鉴定。

10月11日　上海易初摩托车从日本本田公司引进并经国产化的幸福125型摩托车通过技术鉴定。

10月13日　上海大众汽车党委在中共上海市委组织部在该公司召开的上海市外商投资企业党的工作经验交流会上介绍合资企业党建工作经验。

10月23日　国家主席杨尚昆委托国家外经贸委,赠给正在中国访问的南太平洋岛国瓦努阿图共和国总统蒂马卡塔2辆上海易初摩托车幸福250J型警用摩托车。

11月23日　上海汽车齿轮厂桑塔纳变速器技术改造项目竣工验收。该项目是桑塔纳轿车国产化横向配套投资最大的项目,被列为上海市重点技术改造项目。

12月18日　上海重型汽车厂生产的最后一辆交通牌4吨载重汽车下线。这是该厂1958年5月22日生产第一辆交通牌4吨载重汽车以来的第38 769辆。

1991年

1月7日　1990年上海桑塔纳轿车国产化工装样品认可率72.69%,减货国产化率60.09%;全年桑塔纳轿车"奥迪特"质量检查平均达到2.3分,在德国大众汽车公司生产同类产品的4个企业中名列第一。

1月30日　中共上海市委书记、市长朱镕基会见国家机电工业部和中汽总公司负责人时指出:汽车工业是上海第一支柱产业。

2月6日　邓小平偕夫人卓琳在中共上海市委书记、市长朱镕基陪同下视察上海大众汽车。

2月21日　上海拖拉机厂第一辆6600型轻型客车试制成功。

2月28日　上汽总公司在上海体育馆召开振兴上海汽车工业誓师大会,中共上海市委书记、市长朱镕基出席大会并作重要讲话。

3月2日　上汽总公司成立发展轿车工业领导小组,总经理陆吉安任主任。

4月5—7日　上海大众汽车召开第二次上海桑塔纳轿车国产化工作会议,全国182个配套协作厂家500人参加会议。会议要求当年桑塔纳轿车减货国产化率达到70%,工装样品认可率达到83.3%。

5月6日　国家计委副主任陈光健视察上海大众汽车。

5月15日　上海大众汽车举行单班生产桑塔纳轿车100辆庆祝仪式,公司年产能力达3万辆,创造中国轿车生产新纪录。

6月3日　国家劳动部部长阮崇武视察上海易初摩托车。

8月7日　上海市政府召开支援上海大众建设领导小组会议,中共上海市委副书记、市长黄菊到会讲话,会议决定上汽总公司陆吉安兼任上海桑塔纳轿车纵向与横向建设总指挥。

8月13日　首批30辆上海桑塔纳轿车出口日本。

9月　上海大众汽车桑塔纳轿车减货国产化率已过60%,上海海关按国家规定同意自1991年8月起对进口的桑塔纳轿车零部件取消进口许可证。

10月24日　由上海离合器厂、中国链条厂、上海工农内燃机配件厂、上海汽车电镀厂合并组成的上海离合器总厂成立。

是月　中共上海市委和市政府决定调整上海市支援上海大众汽车建设领导小组,中共上海市委副书记、副市长黄菊继续任领导小组组长,副市长顾传训任副组长,工程指挥由上汽总公司总经理陆吉安总负责。

11月25日　上海汽车厂最后一辆上海牌轿车下线。这是该厂从1958年9月28日诞生第一辆凤凰牌轿车以来生产的第77 041辆车。

12月21日　上海易初摩托车开发的XF125GY摩托车通过鉴定并投入生产。

1992 年

1月1日　上海汽车厂正式归入上海大众汽车。

1月4日　国务院副总理朱镕基在上海大众汽车汇报完成1991年3.5万辆桑塔纳轿车的信函上批示:"谨致祝贺,再接再厉,稳步攀登新高峰。"

1月11日　由上海重型汽车厂、上海第二汽车底盘厂、上海汽车底盘厂合并的上海汇众汽车制造公司成立。

1月18日　上汽总公司召开第二次上海汽车行业誓师大会,中共上海市委副书记、市长黄菊和中汽总公司总经理蔡诗晴出席会议并讲话。

1月30日　沪港合资上海乾通汽车附件有限公司举行签字仪式。同年7月1日开业。

2月　中汽总公司和海关总署对上海桑塔纳轿车和变速器总成国产化进行鉴定,确认到1991年年底该车减货国产化率为70.33%,变速器总成国产化率达到88%。

4月18日　上海汽车制动器厂、上海汽车精密铸造厂合并成立上海汽车制动器厂。

4月30日　上汽总公司与上海市投资信托公司签署《合资合同书》,上海市投资信托公司以相当于7亿元人民币的美元现汇参股。上汽总公司开始实行董事会领导下的总经理负责制,上汽总公司总经理陆吉安任董事长、上海市投资信托公司董事长鲍友德任副董事长。

5月18日　由华丰钢铁厂和上海压铸厂合并的上海汽车有色铸造总厂成立。

7月18日　上海汽车齿轮总厂举行揭牌仪式。

是月　上海大众汽车技术中心建成启用。

8月2日　上海拖拉机内燃机公司和上海汇众汽车制造公司订立协议,合作建立上海飞羚轻型客车厂生产轻型客车,上海拖拉机内燃机公司负责生产,上海汇众负责供应底盘。同年12月29日,上海飞羚轻型客车厂成立。

是月　以上海客车厂等8家企业组成的上海客车制造公司成立。

9月15日　上汽总公司召开"生产特区"经验交流会。

9月16日　上海大众汽车二期改造工程获国务院经贸办、国家计委批准。

是月　上汽总公司全面实行上岗合同制。

10月18日　上海汽车工业开发发展公司开业。

是月　1991年度全国500家最大外商投资工业企业销售额排序揭晓,上海大众汽车再登榜首。

11月10日　上海大众汽车发起成立桑塔纳振兴中国足球基金会。

11月16日　上汽总公司、上海信托投资公司及上海希恩贸易有限公司在德国汉堡合资组建AIT外贸公司。2001年12月11日,该公司改名为上汽欧洲有限公司。

11月17日　林树楠任上海汽车工业总公司党委书记。

是日　上汽总公司第一期"做一名合格汽车工人"培训班开班,公司总经理陆吉安开讲第一课"形势与任务"。自此,上汽每年组织一轮"合格汽车工人培训",至2015年已实施24年。

1993年

1月1日　上汽总公司总经理改称总裁,陆吉安任总裁。上汽总公司总部党政部门开始实行部室制,各处均改为部,总经理办公室改称总裁办公室。

1月19日　上海汽车工业教育基金会成立,上海市人大常委会原副主任李家镐任名誉会长,上汽总公司总裁陆吉安任会长。

2月10日　中共中央政治局常委、国务院副总理朱镕基在北京接见上汽总公司总裁陆吉安,并对上海汽车工业发展作指示。

是月　中汽总公司会同国家计委、国务院经济贸易办公室、海关总署、国家税务局等核定1992年度上海桑塔纳轿车国产化率达75.33%。

3月21日　上海汽车工业总公司第二次职工代表大会召开,王述祚当选工会主席。

是月　上海大众汽车产品工程部孙振华当选中国人民政治协商会议第八届全国委员会委员。

4月28日　中共中央政治局常委、中央军委副主席刘华清视察上海大众汽车。

7月　中共中央政治局委员、上海市委书记吴邦国视察安亭并题词"繁荣安亭汽车城"。

8月4日　上海大众汽车日产桑塔纳轿车360辆,年产能力达10万辆。

8月30日　泰国总理川·立派访问上海易初摩托车。

9月23—24日　中共上汽总公司第一次代表大会召开,同日召开中共上汽总公司委员会第一次会议,林树楠当选党委书记。

10月14日　上海市副市长蒋以任到上海大众汽车召开上海市汽车工业建设领导小组现场会议,要求二期工程必须在1994年底前完成,并按时推出新车型。

10月29日　1992年度中国最大500家外商投资工业企业排名揭晓,上海大众汽车继续占据榜首。

11月11—12日　共青团上汽总公司第三次代表大会召开,李国明当选团委书记。

11月17日　德国总理科尔访问上海大众汽车。

12月22日　中共中央政治局常委、国务院副总理朱镕基就上海大众汽车年产10万辆、国产化率突破80%表示祝贺:"成效卓著,敬致祝贺,并表感谢。'发财'虽已实现,前途面临竞争,手段就是'三靠',靠质量过硬,靠管理水平,靠新的车型,向国际先进水平挑战。"

12月23日　中共上海市委副书记、市长、上海市汽车工业建设领导小组组长黄菊,副市长蒋以任到上海大众汽车现场办公,黄菊提出起点更高、质量更好、气魄更大、步子更快,加快建设上海轿车工业的要求。

12月26日 由上海汽车制动器厂、上海新建齿轮厂合并的上海汽车制动器公司成立。

12月26—29日 机械工业部、海关总署等核定上海桑塔纳轿车国产化率累计达到80.47%,可以开始享受第三阶段国产化优惠税率。

12月27日 上海汽车工业技术中心金桥分部落成。

12月28日 上海汽车工业零部件总汇开业。

12月29日 上海大众汽车举行1993年第10万辆轿车下线仪式,机械工业部部长何光远和上海市副市长蒋以任为第10万辆轿车下线剪彩并讲话。

是月 上海市副市长蒋以任在上海桑塔纳轿车国产化核定工作会议上宣布:上汽总公司1993年工业总产值达到161.5亿元,销售收入超过300亿元,实现利税33.5亿元,连续两年位居上海工业系统榜首,产值占上海市1/10,已成为上海举足轻重的支柱产业,再加上汽车工业对其他工业的辐射和影响,汽车工业是上海第一支柱产业的地位已经确立。

1994 年

1月18日 上海易初摩托车120辆幸福125A型摩托车出口泰国作为泰王国宫务专用警车。

是月 上汽总公司成立精益生产指导委员会,开始全面推行精益生产。

2月2日 汽车用汽油机电子控制系统(EFT)有限责任公司(后改称中联汽车电子有限公司)筹委会成立大会和合作总协议签字仪式在北京人民大会堂举行。国务院有关部委领导、上海市副市长蒋以任出席。该公司由上汽总公司、哈尔滨汽车电子(集团)实业公司等14家单位组建而成,在上海市注册。项目总投资超过15亿元,上汽总公司认股50%。

3月1日 中共中央政治局委员、上海市委书记吴邦国,上海市委副书记王力平,上海市副市长蒋以任等到上海大众汽车视察二期改造工程进展情况并现场办公。

3月24日 上汽总公司与美国ITT公司签署上海汽车制动系统有限公司合资经营合同、章程和可行性研究报告。

是月 上海市副市长蒋以任率上汽总公司总裁陆吉安等组成考察团出访韩国、日本、美国、加拿大、德国、法国、意大利等7国的汽车公司,探索上海汽车工业进一步对外合作。

4月30日 上海桑塔纳2000型轿车通过国家机械部汽车工业司主持的国家级技术鉴定。

是月 上海汽车工业供销公司更名为上海汽车工业销售总公司(简称上汽销售)。

5月26日 上海汽车集团财务有限责任公司揭牌成立。

5月28日 上汽销售总公司国内自造的第一艘长江轿车滚装运输船"安达1号"首航暨安盛汽车船务公司开业,标志轿车集约运输正式启动。

6月9日 上海市副市长蒋以任带领上海市汽车工业建设领导小组成员到上海大众汽车召开上海市发展30万辆轿车工作会议。蒋以任指出:今年国产化率要突破85%,形成年产20万辆生产能力,并推出新桑塔纳2000车型,抓紧新发动机项目建设。

6月12日 秘鲁总统藤森访问上海拖拉机内燃机公司。

6月27日 上汽总公司与美国福特汽车公司签署上海延锋汽车饰件有限公司合资经营合同、章程和可行性研究报告。

7月10日　上海拖内生产的上海-504型拖拉机通过批量生产鉴定。

7月14日　中共中央政治局委员、上海市委书记吴邦国视察上海汽车工业技术中心,指出上海汽车工业希望就在这里,并题词"创建一流的汽车开发基地。"

8月3日　上海易初摩托车举行王港工程开工典礼,中共上海市委常委、副市长赵启正出席并讲话。

8月26日　中德合资上海采埃孚转向机有限公司举行签约仪式,上海市副市长沙麟出席。

9月12日　上海拖内举行出口叙利亚1 200台上海50型拖拉机装船仪式。

9月20日　国家统计局公布:1994年度上汽总公司以销售额307.03亿元,位列中国500家最大工业企业榜首,并以利税总额33.19亿元位列中国工业企业500家利税大户第8位。

10月19日　中共中央政治局常委、中央书记处书记胡锦涛视察上海大众汽车并指出:"中国汽车市场不走联合开发的道路不行,必须形成自我开发能力,否则在世界上无一席之地"。

是月　上汽总公司举办第四届职工艺术展,展出189件作品。

10月31日　上海易初摩托车XF125A2、XF125A3、XF125B2、XF150型摩托车通过技术鉴定。

是月　国务院批准上汽总公司为现代企业制度改革全国百家试点企业之一。

11月1日　由上汽总公司与美国福特汽车公司合资的上海延锋汽车饰件有限公司成立。

11月11日　中共中央政治局委员、国家体制改革委员会主任李铁映视察上海大众汽车并题词:"十年发展,再展雄心。"

11月13日　中共中央政治局常委、国务院副总理朱镕基视察上海汽车工业技术中心。

11月18日　上汽总公司与上海交通大学举行双方合作的上海交通大学汽车科学与工程研究院《章程》签字仪式。

是月　上汽总公司和德国采埃孚转向系统有限公司合资组建的上海采埃孚转向机有限公司成立。

12月8日　全国人大常委会副委员长王丙乾视察上海大众汽车。

12月14日　上汽总公司与法国法雷奥国际控股有限公司签署合资组建上海法雷奥汽车电器系统有限公司的合营合同。

12月22日　中共中央政治局委员、上海市委书记、市长黄菊视察上海大众汽车二期工程的主体项目汽车二厂。

12月27日　上海大众汽车举行"1994上海市工业一号工程——上海大众二期工程基本建成庆祝仪式"。

是月　上汽总公司实施"40+4"工作和培训制度,规定厂部级干部每年培训不少于80小时,一般干部不少于60小时,工人不少于40小时。

是年　上汽总公司在美国加利福尼亚州成立全资子公司北美公司。

是年　上海易初摩托车幸福牌摩托车出口超过5 000辆。

是年　上海重型汽车厂引进美国伟步公司制造技术生产的SH-3603型32吨矿用载重汽车停产,1985—1994年共生产82辆。

1995 年

1月10日　上海市副市长蒋以任到上汽总公司现场办公,同意上汽现代企业制度试点和组建集团方案。

1月20日　中共中央政治局委员、国务院副总理李岚清视察上海大众汽车。

1月21日　中共中央政治局常委、全国人大常委会委员长乔石视察上海大众汽车。

1月28日　上汽总公司与上海飞机制造厂合资建立的上海飞翼汽车制造有限公司开业。

2月11日　由上汽总公司和法国法雷奥国际控股有限公司合资组建的上海法雷奥汽车电器系统有限公司成立。

2月14日　上海拖内出口秘鲁1100台上海504型拖拉机。

3月12日　巴西奥托拉提纳汽车厂与上海汽车齿轮总厂达成协议,1995年上海汽车齿轮总厂向巴西出口2.5万台五档变速器总成,创汇近1600万美元,上汽零部件总成出口取得突破。

4月20日　上海大众汽车举行成立10周年暨汽车二厂全面竣工投产庆祝大会,中共中央政治局委员、上海市委书记、上海市汽车工业发展领导小组组长黄菊,机械部副部长吕福源,上海市副市长蒋以任和德国大众董事长皮埃希博士,德国驻华大使赛茨博士等参加庆祝活动。

是月　上海大众汽车首款国际联合开发的桑塔纳2000型轿车批量投产。

5月2日　《上海汽车工业总公司建立现代企业制度试点方案》经上海市现代企业制度试点工作领导小组办公室评审原则同意。

5月4日　中共中央政治局委员、上海市委书记黄菊视察上海汽车齿轮总厂。

5月18日　中共中央总书记、国家主席江泽民在中共中央政治局委员、上海市委书记黄菊,上海市委副书记、市长徐匡迪陪同下视察上海汽车齿轮总厂新厂区。

5月21日　上汽总公司在上海杂技场举办"5月歌会"。

5月29日和6月1日　全国人大常委会副委员长李沛瑶、王汉斌先后视察上海大众汽车。

是月　上海大众汽车规划部经理刘炎生获全国劳动模范称号。

6月4日　上海大众汽车、上海易初摩托车连续第8年获全国十大最佳合资企业(生产型)称号。

6月8日　上汽总公司和上海航空工业学校合资建立的上海吉翔汽车车顶饰件有限责任公司开业。

6月22日　1994年度中国机械工业百家最大工业企业评价活动在北京揭晓,上汽总公司名列第一。

7月1日　上汽总公司与美国ITT公司合资经营的上海汽车制动系统有限公司成立。

7月6日　中共上海市委常委、市纪委书记张惠新视察上海大众汽车。

是日　上海大众汽车和上海易初摩托车分获"1994年度全国十大高营业额外商投资企业"和第一名称号。

7月8日　上汽总公司和意大利塞雅公司签约成立上海申雅密封件有限公司,11月10日公司正式成立。

7月13日　中联汽车电子有限公司与德国罗伯特·博世公司在德国外交部签署合营合同,中国国务院副总理兼外交部部长钱其琛,对外经济贸易合作部部长吴仪和机械工业部副部长吕福源,德国副总理兼外交部部长金克尔等出席签字仪式。该项目为中国投资规模最大的汽车零部件项目,总投资26.68亿元。

7月17日　上海大众汽车生产的桑塔纳2000型轿车投放市场。

8月14日　上海市政府同意上汽总公司改组为上海汽车工业(集团)总公司(简称上汽集团),并由上汽集团和上海国际信托投资公司出资组建上海汽车有限公司(简称上汽有限)。

8月15日　中共上海市委下达批复,同意上汽集团和上汽有限为局级单位。

8月16日　上海市政府和国家经贸委下发《同意上海汽车工业(集团)总公司建立现代企业制度实施方案的批复》。

8月29日　上海市国有资产监督管理委员会下达《关于授权上海汽车工业(集团)总公司统一经营上海汽车工业(集团)总公司国有资产的批复》。

9月1日　上汽集团、上汽有限举行成立大会。中共中央政治局委员、上海市委书记黄菊揭牌并讲话,陈祥麟和林树楠分别担任上汽集团总裁和党委书记。

是日　由上汽集团和上海国际信托投资公司合资成立的上汽有限设立董事会,上汽集团总裁陈祥麟任董事长,上汽集团党委书记林树楠、上海国际信托投资公司董事长鲍友德任副董事长。

9月10日　上海汇众重型汽车厂生产的SH3981A-2型15吨载重车通过国家级检查,并被评为"一等品"。

9月16日　全国人大常委会副委员长倪志福视察上海大众汽车。

10月13日　上海易初摩托车第一辆XF150型太子车问世。

10月24日　共青团上海汽车工业(集团)总公司、上海汽车有限公司代表大会召开,孙玉玲当选团委书记。

10月30日　上汽集团与美国通用汽车公司签订建立汽车合资企业和合资技术开发中心的《基础协议》。机械工业部副部长吕福源、上海市副市长蒋以任出席签约仪式。

是日　国家经贸委、国家统计局公布"中国企业综合评价最优500家",上汽集团名列第一。

11月28日　上海大众汽车第50万辆桑塔纳轿车下线仪式暨ISO9001质量体系国际认证颁证仪式在汽车二厂举行。

11月29日　上海大众汽车一、二期技术改造工程通过国家验收,机械工业部部长何光远、副部长吕福源,上海市副市长蒋以任在验收鉴定书上签字。中共中央政治局常委、国务院副总理朱镕基,中共中央政治局委员、国务院副总理吴邦国向大会发来贺信。

是日　由上海易初摩托车和摩托车销售商发起、由上海市商务委员会和上海市经委主管的上海市摩托车行业协会成立。

是月　上汽集团在国家经贸委、国家统计局主办的"中国工业企业综合评价最优500家"中名列榜首。

12月11日　上汽有限和美国菲特尔莫古公司举行上海菲特尔莫古轴瓦有限公司合资签约仪式。

12月14—21日　机械工业部汽车司和海关总署核定桑塔纳2000型轿车国产化率达65%以上。

12月25日　中联汽车电子有限公司和德国罗伯·博世有限公司合资组建的中国投资规模最大的汽车零部件企业联合汽车电子有限公司成立。

是年　上汽集团生产特区总数达到152个,为上海桑塔纳轿车配套的生产车间基本都达到生产特区的标准。

是年　上海汽车电器总厂油泵电机出口美国市场16.26万台,5年累计创汇1 172万美元。

1996 年

1月5日　中共中央政治局常委、全国人大常委会委员长乔石视察上海汽车齿轮总厂。

2月14日　上海汽车工业科技发展基金会成立。中共上海市委副书记、市长徐匡迪任名誉理事长,上汽集团总裁陈祥麟任理事长。首期基金 6 000 万元由上汽集团捐赠。

2 月 28 日　中共中央政治局常委、国务院副总理朱镕基在上海大众汽车近期工作进展情况的信上批示:"请转达我对上海大众全体中外员工的节日祝贺。上海大众取得的成绩,中外咸知,既是你们的荣誉,也是国家的荣誉。但是汽车工业是极富竞争性的产业,不进则退,希望你们不骄不躁,继续在严格质量管理、改善售后服务、加强研究开发、开拓国内外市场方面永不停步。"

3 月 21 日　以全国政协副主席、中国工程院院长朱光亚为团长的中国工程院院士团考察上海大众汽车。

3 月 25 日　机械工业部部长包叙定视察上汽集团。

3 月 27 日　泰王国总理班汉·西巴阿差访问上海易初摩托车。

3—8 月　上汽集团举办全民健身活动,112 支运动队 3 100 人次参赛。

4 月 2 日　中共中央政治局常委、全国政协主席李瑞环视察上海大众汽车。

4 月 26 日　哈萨克斯坦共和国总统纳扎尔巴耶夫访问上海大众汽车。

4 月 29 日　中共中央总书记江泽民在中共中央政治局委员、上海市委书记黄菊等陪同下视察上海大众汽车二期工程。

5 月 8 日　国家副主席荣毅仁视察上海大众汽车。

5 月 11 日　联合汽车电子有限公司(简称联合汽车电子)举行开业和开工奠基仪式。中共中央政治局委员、国务院副总理吴邦国,中共中央政治局委员、上海市委书记黄菊分别发贺电。

5 月 20 日　中共中央总书记、国家主席江泽民,中共中央政治局委员、国务院副总理吴邦国等参观在京参加第四届国际汽车展览会展出的上海桑塔纳 2000 型轿车。

7 月　上汽集团党委获全国先进基层党组织称号。

8 月 29 日　由上海市经委主管、上汽集团主办的上海市汽车行业协会成立。

是月　上海市副市长蒋以任兼任上汽集团监事会主席。

是月　上汽集团名列 1995 年度上海营业收入前 60 家工业集团榜首。

9 月 2 日　中德合资上海采埃孚转向机有限公司开业。

9 月 12 日　上海向国家计委报送《关于报审上海汽车工业(集团)总公司与美国通用汽车公司合资建设轿车和汽车工业技术中心项目可行性研究报告的请示》。

10 月 18 日　上海客车厂、上海电车厂等改组的上海客车制造公司开业。

是月　上海易初摩托车王港基地项目竣工。

11 月　上海汇众改制为沪港合资企业。

12 月 28 日　上海大众汽车完成年产 20 万辆目标,同时桑塔纳 2000 型轿车国产化率达80.84%,普通桑塔纳轿车国产化率达 90%。

12 月 30 日　中共中央政治局委员、上海市委书记黄菊到上汽集团现场办公,指出:上海汽车工业发展到了一个新的转折点,要增强紧迫感,抓住好机遇,壮大胆子、探索路子、迈大步子,在激烈的市场竞争中继续保持上海第一支柱产业地位。

是年　上汽技术中心自主开发的 6606 面包车成为上海第一辆由计算机设计完成的整车。

1997 年

1 月 10 日　国务院办公会议正式批准上汽集团与美国通用汽车公司合资项目。

2月　上海汽车工业教育基金会理事会换届,上海市人大常委会原副主任李家镐、上汽集团原副总裁陆吉安分别继任第二届理事会名誉会长和会长。

3月22日　上汽集团与上海交通大学、复旦大学、华东理工大学、上海外国语学院等院校签约,加快建立"产学研"基地。

3月24日　上海通用汽车有限公司和泛亚汽车技术中心有限公司合营合同章程在北京签署,中国国务院总理李鹏和美国副总统戈尔出席签约仪式。上海市市长徐匡迪、副市长蒋以任等出席。该项目总投资15.7亿美元,为中美最大的合资项目,投资双方各占50%股份。

是月　上汽集团与清华大学举办首期"上汽—清华高级研修班",至2015年已连续举办19期,共有627名厂部级领导干部和后备干部参加学习。

4月4日　泰王国总理差瓦立·永猜裕访问上海易初摩托车。

5月17日　上汽集团与同济大学共建风洞试验、车身设计、整车设计、噪声振动等四大工程中心。

5月30日　上海大众汽车技术中心扩建工程奠基。

6月10日　机械工业部国产化技术鉴定专家组和海关总署国产化核定小组审核确认至1997年3月底上海桑塔纳2000型轿车国产化率为82.06%。

6月12日　上海通用汽车有限公司(简称上海通用汽车)、泛亚汽车技术中心有限公司(简称泛亚技术中心)成立。中共中央政治局委员、上海市委书记黄菊,上海市委副书记、市长徐匡迪,机械工业部副部长吕福源等出席庆典仪式。

6月27日　中共上汽集团第二次代表大会召开。同日召开中共上汽集团委员会第一次会议,林树楠当选党委书记。

是月　上汽集团举办第五届职工艺术展,展出260件作品。

7月1日　上海离合器总厂与美国TRW(天合)汽车集团合资组建的上海天合汽车安全系统有限公司成立。

7月22日　上汽有限与德国科尔本施密活塞有限公司、德国投资开发有限公司合资组建上海科尔本施密特活塞有限公司(简称上海科尔本施密特)。同年11月8日该公司正式开业。

8月1日　上汽集团与上海大学联合建立的上海金属材料研究工程中心成立。

8月2日　上海市政府批复同意上汽集团将上海汽车有限公司改制为上海汽车股份有限公司(简称上汽股份),公司股本总额10亿股,其中上汽集团持有7亿股,占总股本70%。

9月25日　中共中央政治局委员、上海市委书记黄菊视察上海通用汽车工地,指出工程质量要保证,1998年年底出车。

9月30日　中共中央政治局委员、国务院副总理吴邦国视察上海通用汽车工地,并为上汽集团题词:"加速发展上海汽车工业,早日跻身世界500强",为上海通用汽车题词:"迈向新世纪"。

是月　上汽集团总裁陈祥麟当选中共第十五次全国代表大会代表。

是月　上海大众二期技改工程和桑塔纳2000型轿车项目获1997年度中国汽车工业科技进步奖一等奖。

10月6日　上汽集团和意大利泰克西公司、跃进汽车集团公司三方联合组建的华东铸造中心合营项目《基础协议》签字。

11月4日　中国证券监督管理委员会批复同意上海汽车股份有限公司(筹)向社会公开发行人民币普通股3亿股,并在上海证券交易所上市。

是日　国务委员李贵鲜视察上海大众汽车。

11月8日　上汽集团在外滩陈毅广场举办"迈向新世纪"广场音乐会。

11月25日　上海汽车股份有限公司发行的"上海汽车"2.7亿股社会公众股在上海证券交易所上市流通,上汽集团正式进入证券市场。

12月24日　乌克兰共和国总理普斯托沃伊坚科访问上海大众汽车。

12月30日　上汽有限未进入上海汽车的资产由上汽集团和上海国际信托公司合资组建上海汽车工业有限公司(简称上汽工业有限),双方签署合同。

12月31日　桑塔纳2000型轿车批量出口菲律宾。

是年　上海通用汽车在项目建设中开发使用SAP、GEPICS(全球生产信息与控制系统)柔性生产制造调度系统,开始实现生产制造信息化。

1998 年

1月26日　中共上海市委副书记、市长徐匡迪视察上海通用汽车建设工地,宣布上海通用汽车项目为上海市1998年重大建设项目"一号工程"。

2月10日　中共中央总书记、国家主席江泽民在中南海观摩上海通用汽车别克轿车样车。

2月26日　上海市副市长、浦东新区党工委书记周禹鹏到上海通用汽车建设工地现场办公。

是月　上海大众汽车位列中国交通运输设备制造行业销售收入第1名、利税总额第1名、资产总额第3名。

3月7日　上海通用汽车召开1998年上海市一号工程建设誓师大会。中共中央政治局委员、国务院副总理吴邦国,中共中央政治局委员、上海市委书记黄菊,上海市委副书记、市长徐匡迪分别发贺电。

3月27—28日　上汽集团第三次工会代表大会召开,唐炜延当选工会主席。

是月　上汽集团总裁陈祥麟、联合汽车电子无锡厂经理曹幼铉当选第九届全国人民代表大会代表,上海大众汽车产品工程部孙振华当选中国人民政治协商会议第九届全国委员会委员。

5月26日　上汽集团和上海外国语大学联建的上汽-上外语言培训中心举行揭牌仪式,上汽集团副总裁唐登杰和上海外国语学院院长戴炜栋共同揭牌。

5月28日　中共上海市委副书记、市长徐匡迪到上海通用汽车现场办公并视察建设工地。

6月12日　意大利总统斯卡尔法罗访问中意合资上海申雅密封件有限公司。

6月19日　上汽集团、跃进汽车集团和意大利泰克西公司共同投资的华东泰克西汽车铸造有限公司(简称华东泰克西)合营合同章程在北京钓鱼台国宾馆签署,国家计委主任曾培炎等出席签约仪式。同年12月12日华东泰克西开业奠基。

7月16日　上海市副市长周禹鹏到上海通用汽车建设施工现场慰问建设者。

8月4日　上海通用汽车第一台自行完成的别克轿车白车身下线,中共上海市委常委、常务副市长蒋以任出席仪式。

8月7日　国家经贸委主任盛华仁视察上海大众汽车。

8月24日　中共上海市委副书记龚学平,市委常委、宣传部部长金炳华带领上海新闻单位负责人视察上海通用汽车。

8月25日　国家计委主任曾培炎视察上海通用汽车。

是日　中共中央政治局委员、上海市委书记黄菊及市委常委、秘书长宋仪侨,副市长周禹鹏视察上海通用汽车。

8月30日　上海市外资委批复同意上海易初摩托车外方投资者香港易初投资公司将股权转让给上汽有限,上海易初摩托车改制为内资企业。

是月　上汽集团位列1997年度上海工业集团营业收入第1名,上海大众汽车位列1997年上海销售收入前500家工业企业第1名。

9月7日　上汽集团与吉林工业大学共建的汽车仿真设计和汽车传动两个工程研究中心在长春揭牌。至此,上汽集团已累计投资4000万元,与全国高校共建16个工程中心。

9月23日　中共中央政治局常委、中纪委书记尉健行视察上海通用汽车。

10月16日　国内首台具有国际先进水平的自动变速箱在上海通用汽车下线。

11月3日　中共中央政治局委员、上海市委书记黄菊,市委副书记孟建柱,副市长冯国勤视察上海汽车制动系统有限公司。

11月5日　中共中央政治局委员、上海市委书记黄菊,市委常委、秘书长宋仪侨视察上海大众汽车。

11月11—12日　共青团上汽集团第四次代表大会召开,孙玉玲当选团委书记。

11月13日　全国人大常委会副委员长邹家华视察上海通用汽车。

12月16日　上海汽车工业改革开放20周年成果展在上海国际农业展览中心举行,中共上海市委副书记龚学平为开幕式剪彩。

12月17日　上海通用汽车举行首辆别克"新世纪"轿车下线仪式,中共中央政治局委员、上海市委书记、上海汽车工业建设领导小组组长黄菊启动生产线按钮,国家计委主任曾培炎、国家机械工业局局长邵奇惠、美国驻华大使尚慕杰等出席,上海市市长徐匡迪发表讲话,上海市副市长蒋以任主持仪式。首辆别克"新世纪"轿车由美国通用汽车公司董事长史密斯驾驶,上汽集团总裁陈祥麟乘坐驶下总装线。

是日　中共中央政治局委员、上海市委书记黄菊视察联合汽车电子。国家机械工业局局长邵奇惠视察上海大众汽车。

是年　上海易初通用总经理赵凤高探索创立并在该公司实施人人成为"经营者"管理模式。

1999 年

1月4日　中共上海市委常委、常务副市长蒋以任到上海大众汽车现场办公。

1月20日　上汽集团和江苏省仪征市汽车工业公司举行联合组建上汽集团仪征汽车有限公司合同签约仪式。同年3月31日上汽仪征汽车开业。

是月　上海客车制造公司和上海飞翼汽车制造有限公司合并组建上海客车制造有限公司,飞翼牌客车停产。

2月14日　国家计委副主任包叙定视察上海大众汽车。

3月15日　中共中央政治局委员、北京市委书记贾庆林率北京市党政代表团参观上海通用汽车和联合汽车电子。

是月　上海离合器总厂自主开发中国第一台液力变矩器,为上海通用汽车批量供货。

4月10日　国家机械工业局和海关总署宣布上海通用汽车别克轿车国产化率已达40%以上。

4月12日　上海通用汽车别克轿车批量投产。

4月29日　上海市副市长左焕琛视察上海汽车工业云南分销中心。

是月　转为国有企业的上海易初摩托车更名为上海幸福摩托车总厂。

5月10日　中共上海市委副书记、市长徐匡迪,市委常委、常务副市长蒋以任视察上海通用汽车。

5月24日　中共中央政治局候补委员、国务委员吴仪视察上海通用汽车。

6月11日　上海市政协副主席郑励志视察上海客车制造公司。

6月16日　陈祥麟任上汽集团党委书记。

是月　胡茂元任上汽集团总裁。

7月7日　上汽集团召开首届董事会第一次会议,陈祥麟任董事长。

7月8日　中共上海市委副书记孟建柱,市委常委、常务副市长蒋以任视察上海客车制造公司。

7月15日　上海市人大常委会主任陈铁迪,副主任孙贵璋、沙麟、胡正昌、漆世贵等视察上海通用汽车。

7月27日　中共上海市委常委、副市长韩正视察上海大众汽车。

8月28日　上海内燃机研究所转制进入上汽集团,中共上海市委副书记、市长徐匡迪,市委常委、常务副市长蒋以任等为该所揭牌。

8月31日　上海汽车工业科技发展基金会举行一届四次理事会,中共上海市委副书记、市长、该会名誉会长徐匡迪出席并讲话。

9月6日　由上汽集团、上海市轿车国产化办公室与中科院冶金所共同组建的上海汽车电子工程中心举行签约仪式,中共上海市委常委、常务副市长蒋以任出席。

9月10日　上汽集团名列1998年度上海营业收入前50家工业集团公司榜首,上海大众汽车名列1998年度上海销售收入前500家工业企业第2名。

9月18日　上汽集团在上海国际体育中心举办庆祝中华人民共和国成立50周年"祖国万岁"歌咏大会,3 000名员工参加。

9月24日　中共中央总书记、国家主席江泽民及中共中央政治局候补委员、书记处书记曾庆红视察上海通用汽车和联合汽车电子。

9月25日　上海通用汽车第1万辆别克轿车下线,中共上海市委常委、常务副市长蒋以任出席下线仪式。

9月27—29日　上汽集团总裁胡茂元出席在上海召开的1999年《财富》全球论坛年会,与美国通用汽车公司总裁瓦格纳对话。

10月12日　汤加王国国王陶法阿豪·图普四世陛下和王后哈拉埃瓦卢·马塔阿霍陛下访问上海拖内。

10月15日　国家经贸委在上海帕萨特轿车国家级项目鉴定会上宣布,上海大众汽车帕萨特轿车达到90年代末国际先进水平并通过国家级项目鉴定。

10月17日　莱索托王国国王莱齐耶三世陛下访问上海拖内。

11月2日　中共中央政治局常委、国务院副总理李岚清在中共中央政治局委员、上海市委书记黄菊等陪同下视察联合汽车电子。

11月3日　德国总理施罗德在上海市市长徐匡迪等陪同下访问上海大众汽车。

11月10日　全国人大常委会副委员长邹家华视察联合汽车电子。

11月25日　中共中央政治局委员、国务院副总理吴邦国在中共中央政治局委员、上海市委书记黄菊,上海市委副书记、市长徐匡迪等陪同下,视察上海通用汽车和泛亚技术中心。

11月26日　中共中央政治局委员、国务院副总理吴邦国在中共中央政治局委员、上海市委书记黄菊等陪同下视察上海大众汽车。

12月7日　由上海市教育委员会、市经委、上汽集团共同投资建造的上海市汽车工程实训中心落成,上海市副市长周慕尧为该中心揭牌。

12月15日　上海大众汽车首辆帕萨特轿车下线,中共中央政治局委员、上海市委书记黄菊为轿车下线启动按钮。

12月16日　中共中央政治局委员、上海市委书记黄菊视察延锋江森座椅有限公司。

12月17日　上海通用汽车首辆别克 GLS 轿车下线。

12月28日　上海合众汽车零部件公司与美国菲特尔莫古轴瓦全球公司合资组建的上海菲特尔莫古轴瓦有限公司成立。

是月　上汽集团举办第六届职工艺术展,展出 220 件作品。

2000 年

1月18日　国家机械工业局局长吴晓华视察上海通用汽车和上海大众汽车。

2月25日　中共中央政治局常委、全国人大常委会委员长李鹏视察联合汽车电子无锡厂区。

3月9日　上海市副市长周禹鹏视察泛亚技术中心。

3月30日　中共上海市委副书记孟建柱,市委常委、常务副市长蒋以任视察上海大众汽车。

是月　上海大众汽车三期工程建成投产,形成 15 万辆帕萨特轿车年产能力。

4月15日　上海大众汽车举行汽车三厂建成和帕萨特轿车投产仪式。

是月　上汽集团总裁胡茂元、上海汇众产品工程部部长陆雄华、上柴股份高级技师陈祖权获全国劳动模范称号。

是月　上海汽车工业教育基金会理事会换届,上汽集团总裁胡茂元任第三届理事会会长。

是月　周郎辉任上汽集团团委书记。

5月4日　中共中央政治局常委、全国政协主席李瑞环视察上海通用汽车。

5月12日　中共中央总书记、国家主席江泽民视察上海大众汽车。

是日　上海大众汽车帕萨特普通型和豪华型轿车通过国家机械工业局主持的 40％国产化阶段鉴定,国产化率分别超过 52％和 45％。

5—11月,上汽集团举办首届职工健身运动会。共举办 15 个大项 54 个小项体育比赛,35 个单位 336 支运动队 1.5 万人次参加。

6月15日　中共中央政治局委员、上海市委书记黄菊,市人大常委会主任陈铁迪视察上海小糸车灯。

6月16日　国家科学技术部部长朱丽兰视察上海大众汽车。

6月21日　中共上海市委常委、常务副市长蒋以任到上海易初通用对人人成为"经营者"管理创新模式进行调研。

6月30日　上海通用汽车别克 GL 型轿车和别克 GLS 公务商务旅行车通过国家机械工业局主持的国产化 60％和 40％阶段鉴定,国产化率分别达到 62.92％和 43.97％。

是日　上汽集团在集团降本增效大会上首次推广人人成为"经营者"管理模式。

是日　上汽集团与瑞典沃尔沃客车公司合资的上海申沃客车有限公司举行合营合同签字仪式,中共上海市委常委、常务副市长蒋以任出席仪式。

是月　上海大众汽车帕萨特轿车上市。

7月25日　中共中央政治局常委、国务院副总理李岚清视察上海大众汽车。

8月1日　上汽集团和大众汽车(中国)投资有限公司、上海大众汽车三方合资的上海上汽大众汽车销售有限公司揭牌成立。同年10月19日,上汽大众销售开业,中共上海市委常委、常务副市长蒋以任出席仪式并讲话。

8月31日　中共上海市委常委、组织部部长罗世谦到上海易初通用调研多元投资企业党建工作。

9月12日　上汽工业有限与德国EBHS公司、德国DEG投资有限公司三方投资组建的上海圣德曼铸造有限公司签约。

9月20日　中共上海市委常委、常务副市长蒋以任视察泛亚技术中心。

9月22日　上汽集团召开全球化工作会议,中共上海市委常委、常务副市长蒋以任出席并讲话。

9月25日　中瑞合资上海申沃客车有限公司(简称上海申沃客车)成立揭牌。

10月9日　中共上海市委常委、常务副市长蒋以任视察上海纳铁福和上海离合器总厂。

11月3日　全国政协副主席任建新视察上海大众汽车。

11月13日　中共中央政治局常委胡锦涛视察上海通用汽车。

12月12日　上海通用汽车别克赛欧轿车下线,该车成为中国汽车进入家庭的标志性车型。

12月13日　上海大众汽车帕萨特轿车通过由国家机械工业局、海关总署等组织的60%阶段国产化率的鉴定。

12月18日　中共中央政治局委员、中央军委副主席迟浩田上将视察上海通用汽车。

12月28日　上汽集团总裁胡茂元在干部大会宣布SAIC价值观。

2001 年

1月3日　安徽奇瑞汽车有限公司加盟上汽集团,新组建的上汽集团奇瑞汽车有限公司在芜湖市举行揭牌仪式。

1月4日　中共上海市委常委、常务副市长蒋以任等视察华东泰克西建设工地。

1月17日　朝鲜劳动党总书记、国防委员会委员长金正日在中共中央政治局常委、国务院总理朱镕基等陪同下访问上海通用汽车。

1月22日　中共中央政治局委员、国务院副总理吴邦国观看别克、桑塔纳系列产品。

是月　上汽集团颁布首个嘉奖令,奖励"人人成为'经营者'"管理模式创立者上海易初通用总经理赵凤高帕萨特轿车1辆。

2月12日　上汽集团党政下发《关于实施和推进用户满意工程的工作意见》。同年7月集团在上海大众汽车召开用户满意工程现场交流会。

3月　上海大众汽车推出桑塔纳"世纪新秀"轿车。

是月　上汽集团在上海通用汽车创造经验的基础上,开始推行"一体化管理"。

4月1日　上海汽车有色铸造总厂由上海汽车工业有限公司和德国 Pierburg AG 公司合资为上海皮尔博格有色零部件有限公司(简称上海皮尔博格)。同年10月12日该公司开业。

4月8日　国家计委副主任张国宝视察华东泰克西。

4月9日　上海拖内与意大利菲亚特集团凯斯纽荷兰环球有限公司共同投资组建的上海纽荷兰农业机械有限公司签约。

4月16日　中共中央政治局常委、国务院总理朱镕基视察上海大众汽车。

4月26日　上海汽车与大众汽车(中国)投资有限公司、一汽轿车股份有限公司签约合资组建大众汽车变速器(上海)有限公司。

4月28日　华东泰克西在江苏省镇江市新区投产,国家计委副主任张国宝,中共江苏省委副书记、常务副省长梁保华,中共上海市委常委、常务副市长蒋以任等出席投产仪式。

5月7日　上汽集团在美国底特律首次举办汽车零部件展览会,上汽15家汽车零部件企业参展。美国通用汽车、福特汽车、戴姆勒·克莱斯勒、德尔福等50多家汽车及汽车零部件跨国公司200余名采购商观展洽谈。

5月31日　中共上汽集团第三次代表大会召开。同日召开中共上汽集团第三届委员会第一次会议,陈祥麟当选党委书记。

6月5日　中共中央政治局常委、国务院副总理李岚清视察华东泰克西。

6月12日　上汽销售与荷兰天地物流控股有限公司合资成立中国第一家汽车物流中外合资企业安吉天地汽车物流有限公司。

6月25日　上汽集团总部从上海市武康路390号迁至威海路489号上海汽车工业大厦。

6月26日　上海市人大常委会主任陈铁迪、副主任沙麟视察上海大众汽车。

6月28日　上汽工业有限与德国曼内斯曼萨克斯公司共同组建的上海萨克斯动力总成部件系统有限公司签约。

7月12日　上海汽车工业展示馆开馆,中共上海市委常委、常务副市长蒋以任出席开馆仪式并剪彩。2008年12月该馆改建后开馆,上海市政协主席蒋以任出席开馆仪式。至2015年,该馆共接待来宾25 600余人次。

7月19日　上汽集团和广西柳州五菱汽车有限责任公司合作协议签约仪式在南宁市举行,广西壮族自治区副主席王汉民等出席签约仪式。

7月24日　由上海国际汽车城新安亭联合发展有限公司、上汽集团、百联(集团)有限公司合资组建的上海国际汽车城发展有限公司成立。该公司负责国际汽车城核心区统一规划、统一开发和统一招商工作。

是月　上汽集团党委获全国先进基层党组织称号。

8月20日　上海申沃客车举行申豪牌城市公交客车下线仪式。中共上海市委副书记、市长徐匡迪发贺信,市委常委、常务副市长蒋以任出席并与瑞典哥德堡市市长乔纳森启动下线按钮。

9月6日　上海市人大常委会副主任漆世贵视察上海汽车股份汽齿总厂。

9月24日　上汽集团赞助 APEC 会议348辆别克会务用车,中共上海市委常委、常务副市长蒋以任出席交接仪式。

9月28日　位于上海国际汽车城内的上海汽车工业质量检测研究所扩建技术改造项目奠基。全国政协常委何光远,中国机械工业联合会副会长、中国汽车工程学会理事长张小虞及中国汽车工业协会、中国第一汽车集团公司、东风汽车公司、上汽集团领导出席奠基仪式。

9月28—29日　上汽集团、一汽集团、东风汽车主要领导在上海举行三大汽车公司联席会议。

10月13日　国家计委主任曾培炎视察华东泰克西。

10月17日　国家计委主任曾培炎视察泛亚技术中心和上海申沃客车。

10月20日　上海通用汽车获得5年向菲律宾出口5 000辆别克GL8商务车订单,当日首批50辆商务车发往菲律宾。

10月29日　大众汽车(中国)投资有限公司、上汽集团和一汽轿车股份有限公司合资组建的大众汽车变速器(上海)有限公司成立。

12月14日　上汽集团、上海同济企业管理中心、上海科技投资公司、上海工业投资(集团)公司、中国电子科技集团公司第21研究所等共同出资组建上海燃料电池动力系统有限公司。

是月　上海延锋汽车饰件有限公司因美国福特汽车公司将股权转至伟世通国际控股有限公司,公司更名为延锋伟世通汽车饰件系统有限公司(简称延锋伟世通)。

是年　上海飞羚轻型客车厂生产的飞羚牌轻型客车停产。该车自1991年起累计生产977辆。

2002 年

1月18日　上汽通用五菱"五菱之光"微型车上市。

1月30日　延锋伟世通建立的第一家沪外企业在重庆开工。

2月　上海汽车工业科技发展基金会理事会换届,上汽集团总裁胡茂元任第二届理事会理事长。

3月6日　中共上海市委常委、副市长韩正视察上海申沃客车。

4月8日　上海大众汽车POLO轿车上市。

4月11日　中共上海市委常委、组织部部长王安顺视察上汽集团。

4月12日　上汽集团总裁胡茂元与德国大众董事长皮舍茨里德在德国狼堡大众汽车公司总部签署《大众汽车公司和上海汽车工业(集团)总公司延长合营合同》,合营合同期限延长20年至2030年。正在德国访问的中国国家主席江泽民出席签字仪式。

4月15日　上海小糸车灯举行技术中心落成庆典。

5月24—28日　上汽集团党委副书记、总裁胡茂元当选中共第十六次全国代表大会代表。

5月31日　上汽集团在中国香港注册成立全资子公司上海汽车工业香港有限公司。

6月4日　上汽集团、通用汽车中国公司和广西柳州五菱汽车有限责任公司三方在南宁市签约组建上汽通用五菱汽车股份有限公司(简称上汽通用五菱)。中共上海市委常委、常务副市长蒋以任,广西壮族自治区党政领导马庆生、王万宾、王汉民等出席签约仪式。同年11月18日上汽通用五菱揭牌,创造中中外合作新模式。

6月12日　由上汽销售总公司与荷兰TPG所属天地物流控股公司合资组建的安吉天地汽车物流有限公司开业,该项目为中国首家汽车物流中外合资企业。中共上海市委常委、常务副市长蒋以任出席开业庆典。

6月14日　广西壮族自治区党委书记曹伯纯视察上汽通用五菱。

6月28日　上海大众汽车第200万辆轿车下线。

7月3日　中共上海市委常委、常务副市长蒋以任视察上海大众汽车。

7月19日　中共上海市委副书记罗世谦,市委常委、统战部部长黄跃金视察上海通用汽车。

7月25日　中共中央政治局委员、上海市委书记黄菊等视察上汽集团。

7月28日　上汽集团仪征汽车有限公司多用途轻型客车技术改造项目竣工,首辆赛宝车下线。

8月2日　上汽集团汽车工程研究院揭牌,中共上海市委常委、常务副市长蒋以任出席。

10月13日　上汽集团参股通用大宇汽车公司10％股份的项目获得国家批准,中国汽车资本第一次走出国门。

11月28日　中德合资上海萨克斯动力总成部件系统有限公司举行揭牌仪式。

是月　上汽集团总裁胡茂元当选中共第十六次全国代表大会代表。

12月20日　上汽集团、通用汽车(中国)投资有限公司、上海通用汽车在山东烟台签署《烟台车身有限公司股权转让协议》并举行赛欧轿车生产线启动仪式,上海通用汽车开始走出上海。国家经贸委副主任欧新黔,山东省常务副省长韩寓群、王仁元,山东省政协副主席林书香,上海市常务副市长蒋以任等出席。

12月26日　上海通用汽车别克君威轿车上市。该车于2004年被评为中国汽车工业科技进步一等奖。

12月28日　上海汽车资产经营有限公司(简称上汽资产经营)开业。

是月　上汽集团会同同济大学完成被列为国家科技部863计划的首辆"超越一号"燃料电池轿车研制任务。

是年　上海通用汽车向菲律宾出口GL-10商务旅行车1 000辆,实现整车出口零的突破。

2003 年

1月15—16日　中共上海市委常委、常务副市长蒋以任视察上海燃料电池汽车动力系统有限公司、上海汽车工业质量检测研究所扩建技改项目施工现场、上海大众汽车和上海通用汽车。

1月28日　中共上海市委常委、组织部部长王安顺视察上汽集团,同时宣布张广生任上汽集团副董事长。

是日　中德合资大众汽车变速器(上海)有限公司举行开业暨产品交接仪式。

1月29日　上海汇众与韩国双龙汽车公司举行轻型客车合作项目签字仪式。

2月10日　上海通用汽车别克君威系列轿车上市。

2月19日　蒋以任当选政协上海市第十届委员会主席后,继续兼任上汽集团监事会主席。

2月20日　上汽集团党委书记、董事长陈祥麟当选上海市第十届政协常委。

2月28日　上海大众汽车GOL(高尔)轿车上市。

3月11日　上汽销售总公司与AVIS(安飞士)欧洲集团控股有限公司合资组建的安吉汽车租赁有限公司开业,上海市副市长唐登杰出席开业仪式。

3月27日　由上汽集团及上海大众汽车、上海通用汽车等发起的上海市外商投资企业协会汽车分会成立。

是月　上汽集团副总裁陈虹当选第十届全国人民代表大会代表。

4月2日　国务院国有资产管理监督委员会通知上汽集团,国务院同意上海市政府关于将中汽总公司持有的上海大众汽车10％股权划转给上汽集团有关问题的请示。

4月7日　中汽总公司重组工作协调会在北京召开,上汽集团主导的中汽总公司重组工作启动。

4月9日　上海市副市长唐登杰视察上海汽车工业质量检测研究所技术改造项目施工现场。

4月19日　上海通用汽车别克凯越轿车亮相。

是日　中共上海市委副书记、市长韩正,副市长唐登杰等视察上海大众汽车。上海大众汽车POLO(波罗)三厢轿车亮相。

4月20日　上汽集团网站开通,上汽集团副总裁陈因达启动开通按钮。

4月21日　中共上海市委副书记、市长韩正,副市长唐登杰视察上海大众汽车。

4月28日　上汽集团获2003年"全国五一劳动奖状"称号。

4月29日　上海通用东岳汽车有限公司实现批量生产,赛欧轿车转至烟台基地生产。

5月8日　上海市政协主席蒋以任到上海通用汽车视察抗击"非典"情况。

5月14日　上汽集团捐赠1000万元用于抗击"非典",其中价值500万元的10辆别克GLS公务商务旅行车和20辆多用途赛宝车用于防治"非典"的医务救护和医疗物品运送,500万元捐赠上海出租车行业。

5月16日　上海市副市长唐登杰视察上汽集团指导抗击"非典"和抓生产工作。

5月18日　上海大众汽车帕萨特轿车出口东南亚,为中国国产中高档轿车首次批量出口国际市场。

5月22日　中共上海市委常委、副市长周禹鹏视察上汽集团。

5月27日　中共中央政治局常委、全国人大常委会委员长吴邦国,中共中央政治局委员、全国政协副主席王兆国,全国人大常委会副委员长兼秘书长盛华仁视察联合汽车电子。

5月30日　上海市政协副主席左焕琛视察上汽集团。

5—9月　上汽集团召开第二届职工健身运动会,共举办12个大项比赛,32家单位4000人次参赛。

6月18日　上汽集团与奇瑞汽车公司签署上汽集团退股奇瑞汽车协议。

6月26日　上海大众汽车POLO三厢轿车上市。

是日　由上海汽车工业发展基金会支持、上海易初通用与上海交通大学联合开发的国内首台二氧化碳汽车空调系统样机通过上海市科委主持的技术鉴定,并被列为国家重点科技创新项目。

7月11日　共青团上汽集团第五次代表大会召开,祝培莉当选团委书记。

7月23日　上汽集团与宝钢集团公司举行总体合作协议签字仪式。

7月25日　以全国人大常委会副委员长、农工党中央主席蒋正华为团长,全国政协副主席、农工党中央常务副主席李蒙为副团长的考察团就"调整消费结构、拓宽国内市场"问题到上汽集团调研考察。

8月8日　上海大众汽车在上海国际汽车城建成具有国际水平的轿车试车场。

是日　由上汽集团、同济大学等单位联合研发的中国首辆具有自主知识产权的燃料电池混合动力轿车样车"超越一号"通过由国家科学技术部主持的阶段性评审。

8月9日　上海大众汽车GOL四门轿车上市。

8月15日　上海市政协主席蒋以任视察上海大众汽车试车场。

8月22日　上汽集团第四次会员代表大会暨职工代表大会召开,李积荣当选工会主席。

8月24日　国务委员陈至立视察同济大学、上海燃料电池动力系统有限公司的"超越一号"燃料电池汽车的研制开发情况。

8月28日　上汽集团召开全球经营工程大会。

8月29日　中共中央政治局常委、国务院总理温家宝视察上海通用汽车。

9月16—18日　中国机械工业联合会、中国机械工业企业管理协会在沪召开全国机械行业人人成为"经营者"管理模式现场推介会,全国政协常委、中国机械工业联合会会长于珍,中国机械工业企业管理协会理事长孙祖梅出席。

9月30日　上汽集团和大众汽车集团共同投资建立的上汽—大众发动机公司举行奠基仪式,中共上海市委常委、副市长周禹鹏,副市长唐登杰出席。

是日　由上海市质量监督局牵头,上海市产品监督检验所、上海市计量测试技术研究所与上汽集团、上海国际汽车城发展有限公司、同济大学等共同出资组建的上海机动车检测中心成立,国家质量技术监督检验检疫总局副局长王秦平,上海市副市长周太彤、唐登杰出席成立仪式。以后为保证中立公正,上汽集团和上海国际汽车城发展有限公司从该中心理事会退出。

11月28日　上海大众汽车600辆波罗轿车出口澳大利亚。

是月　上汽集团举办第八届职工艺术展,展出140件作品。

12月3日　中共上海市委副书记、市长韩正,副市长唐登杰视察上汽集团。

12月8日　上汽通用五菱雪佛兰SPARK微型轿车上市。

12月23日　上海海通国际汽车码头有限公司和上海海通国际物流有限公司同时开业。

是月　《上汽集团特色管理丛书》出版。该书是上汽集团特色管理之集成,共9册。

是年　上海通用汽车继续向菲律宾出口1000辆GL-10商务旅行车。

2004年

1月8日　上海彭浦机器厂从上海电气集团有限公司划归上汽集团,并更名为上海彭浦机器厂有限公司,上海市副市长唐登杰出席揭牌仪式。

1月16日　上海上汽汽车模具技术应用有限公司成立。

1月17日　上海汇众伊思坦纳商务车下线。3月15日该车上市。

1月18日　上海通用汽车开始生产雪佛兰品牌轿车,公司进入双品牌运作。

1月25日　中共中央政治局常委、国务院副总理黄菊视察上海机动车检测中心。

2月12日和17日　上海市政协主席蒋以任先后视察上海大众汽车、上海机动车检测中心和上海通用汽车、泛亚技术中心。

3月2日　上海大众汽车桑塔纳3000"超越者"轿车上市。

3月3日　上海市副市长唐登杰视察上海科尔本施密特。

3月7日　上汽集团、通用汽车(中国)公司和上海通用汽车与辽宁省、山东省有关企业在北京钓鱼台国宾馆签署沈阳金杯通用汽车有限公司、山东大宇汽车发动机有限公司的股权转让协议。国务院国有资产监督管理委员会主任(简称国务院国资委)李荣融,国家发展和改革委员会(简称国家发改委)副主任张国宝,辽宁省政协主席郭廷标、常务副省长许卫国,山东省省长韩寓群、副省长王仁元,省政协副主席林书香,上海市市长韩正、副市长唐登杰等出席。

3月25日　中共上海市委副书记、市长韩正,副市长唐登杰视察上海国际汽车城。

3月26日　中共中央政治局常委、国务院总理温家宝视察联合汽车电子无锡厂。

4月15日　中共上海市委副书记殷一璀、副市长严隽琪视察上海机动车检测中心。

5月2日　上汽集团与德国大众在德国举行上海大众汽车新增15亿元人民币注册资本的合同签字仪式,正在德国访问的中国国务院总理温家宝出席仪式。

5月8日　上海易初通用机器有限公司股东变更为上海汽车股份有限公司、日本三电株式会社、德国马勒贝洱公司和上海龙华工业有限公司,公司更名为上海三电贝洱汽车空调有限公司(简称上海三电贝洱)。

5月31日　上海市副市长胡延照视察上海大众汽车。

是月　上海汽车工业教育基金会理事会换届,上汽集团副总裁沈建华任第四届理事会理事长。

6月8日　上汽集团重组中汽总公司后成立的上海汽车集团(北京)有限公司(简称上汽北京公司)在北京钓鱼台国宾馆举行揭牌开业仪式,国务院国资委副主任邵宁出席。

6月29日　上海通用汽车北盛一期工程竣工,形成5万辆别克GL8商务车年产能力。

7月9日　全国人大常委会副委员长顾秀莲到上海通用汽车就《工会法》实施情况进行调研。

7月12日　上汽集团以2003年度117.2亿美元的销售收入首次进入《财富》杂志世界500强排行榜,位列第461位,成为中国进入世界500强的第一家地方性企业。

7月14日　中共上海市委办公厅、上海市人民政府办公厅联合致电,祝贺上汽集团进入世界500强。

7月27日　上汽集团与韩国双龙汽车公司债权人代表韩国朝兴银行在韩国汉城签定上汽集团收购双龙汽车公司(SYMC)部分股权有约束力的谅解备忘录。

7月28日　中共中央总书记、国家主席胡锦涛和随行的中共中央政治局候补委员王刚视察国家机动车产品质量监督检验中心(上海)、上海大众汽车三厂和技术中心。

8月5日和12月24日　上海汽车股份有限公司、上海汽车进出口公司和英国MGROVER集团有限公司、POWERTRAIN有限公司、凤凰投资控股有限公司的代表共同签署Rover(罗孚)25和75知识产权技术转让协议和Rover商标使用许可协议。

8月18日　中国第一家汽车金融合资企业上汽通用汽车金融有限责任公司开业。

9月1日　上汽集团获2004年度国家质量管理卓越企业称号。

9月7日　全国人大常委会副委员长成思危视察上海大众汽车。

9月30日　上汽集团宣布将持有的奇瑞汽车有限公司20%股份通过无偿划转方式转回奇瑞汽车原股东方。

10月11日　上海市政协主席蒋以任视察上海通用汽车北盛有限公司。

10月20日　上海通用汽车推出凯越HRV二厢轿车。

10月25日　上海通用汽车凯迪拉克豪华轿车CTS车型上市,公司进入多品牌运作。

10月28日　上汽集团与韩国双龙汽车公司债权委员会代表朝兴银行在韩国汉城签署收购双龙汽车公司48.92%股份的合同。

10月29日　上海大众汽车举行20周年庆典活动。中共中央政治局常委、全国人大常委会委员长吴邦国,中共中央政治局原常委、国务院原总理朱镕基,中共中央政治局委员、国务院副总理吴仪、曾培炎等发贺信。全国政协副主席徐匡迪、国务院国资委主任李荣融等到会祝贺。中共上海市委副书记、市长韩正,德国驻中国大使史丹泽出席庆典并讲话。

10月30日　上汽集团与通用汽车公司在沪签署清洁能源汽车全面合作备忘录。

11月23日　上海大众汽车推出国内首款多功能轿车途安。

11月24日　别克君威系列轿车开发项目获中国汽车工业科技进步一等奖。

11月28日 上海汽车集团股份有限公司(简称上汽股份)举行创立大会。同日,该公司第一届董事会选举胡茂元为董事长。

是月 中共上汽股份委员会成立,胡茂元任党委书记。

是月 陈虹任上汽股份副董事长、总裁。

12月17日 上海通用汽车推出行政级高档轿车别克荣御。

12月30日 上汽股份揭牌仪式在上海展览中心举行。中共上海市委、市人大、市政府和市政协主要领导出席仪式,中共上海市委副书记、市长韩正发表讲话。

是年 幸福牌摩托车出口超过3万辆,创历史最高水平。

2005 年

1月16日 中共中央政治局常委、国务院副总理黄菊视察上汽通用五菱。

1月18日 上海通用汽车举行雪佛兰品牌启动仪式。

1月27日 上汽股份获韩国双龙汽车公司债权团48.92％股份,成为双龙汽车第一大股东。

1月30日 中共上海市委常委、副市长周禹鹏视察上汽股份汽车工程研究院。

是月 2003—2004年度中国最大的500家外商投资企业排序揭晓,上海大众汽车位居首位,上海通用汽车位居第6位。

3月7日 中共上海市委常委、副市长周禹鹏视察上汽股份自主品牌建设基地。

3月26日 上汽股份与青岛市政府在山东省青岛市举行《青岛市人民政府与上海汽车集团股份有限公司合作框架协议》签字仪式。

是月 上汽通用五菱雪佛兰赛欧轿车上市。

4月11日 上海大众汽车与捷克斯柯达汽车公司签署合作协议。

4月14日 上海市政协主席蒋以任视察上海通用汽车。

4月28日 上海市政协主席蒋以任视察上海大众汽车

4月29日 德国大众汽车(中国)投资有限公司和上汽股份合资组建的上海大众动力总成有限公司成立。

是月 上海通用汽车别克GL8陆尊商务车和雪佛兰景程轿车分别上市。

5月4日 中共中央政治局常委、中纪委书记吴官正视察上汽通用五菱。

5月28日 上海通用汽车金桥南厂建成投产,中共上海市委副书记、市长韩正出席仪式并启动车闸。

是月 上海申沃客车、上海交通大学联合上柴股份、上海焦化厂研制成功具有自主知识产权的二甲醚城市客车并投入上海公交试运营。

是月 上汽股份与里卡多英国公司合作成立2010里卡多咨询有限公司(R2010),保留原MG罗孚汽车公司主要开发人员。

6月1日 上海通用汽车运动型豪华SUV轿车凯迪拉克SRX上市。

6月2日 上汽通用五菱收购颐中(青岛)运输车辆制造有限公司资产。

6月3日和8月29日 上海通用汽车东岳一期工程动力总成项目和车身项目先后建成投产。

是月 上汽集团举办第九届职工艺术展,展出120件作品。

7月2日 上海市政协主席蒋以任视察上海汇众伊思坦纳商务车生产基地。

7月4日　中共中央政治局常委、中纪委书记吴官正视察上海通用汽车。

7月5日　上海大众汽车累计第300万辆汽车下线。

7月6日　中共中央政治局常委、全国人大常委会委员长吴邦国视察上海通用东岳动力总成有限公司。

7月25日　投资4.3亿元的上海申沃客车工程项目竣工。

是日　上海通用汽车雪佛兰AVEO乐骋轿车上市。

7—9月　上汽集团召开第三届职工健身运动会,共举办8个大项44个小项比赛,36家单位232支运动队5 000人次参赛。

8月1日　上海通用汽车豪华跑车凯迪拉克XLR轿车上市。

8月3日　上海市政协主席蒋以任视察上海汇众。

8月4日　国务委员、国务院秘书长华建敏视察上海通用东岳汽车有限公司。

8月26日　上汽股份与上海交通大学、同济大学签署新能源汽车战略合作协议,上海市副市长胡延照出席仪式。

9月5日　中共上海市委常委、组织部部长、市国资委党委书记姜斯宪就保持共产党员先进性教育活动的开展情况到上海通用汽车调研。

9月8日　上汽股份与德国大众签署联合开发混合动力轿车的协议,上海市副市长胡延照出席仪式。

9月13日　中共中央政治局常委、全国政协主席贾庆林视察上海机动车检测中心和上海大众汽车试车场。

是日　全国政协副主席、中国工程院院长徐匡迪视察上海通用北盛汽车有限公司。

10月9日　上海市副市长杨雄到上海汇众重型汽车厂现场办公。

10月15日　上汽股份向上海市政府专题会议汇报"十一五"规划基本思路和新能源汽车推进情况,中共上海市委副书记、市长韩正对上汽股份自主品牌建设和新能源汽车发展提出要求。

10月29日　美国通用汽车公司、上汽股份在沪签署进一步强化清洁能源汽车领域合作、促进高效环保清洁能源汽车在中国发展和生产的合作协议,上海市副市长胡延照出席仪式。

10月31日　上汽股份召开新能源汽车工作动员暨产学研共同体大会。上海市副市长胡延照出席并讲话,同济大学、上海交通大学等校领导发言。

是月　上海汽车工业科技基金会理事会换届,上汽集团董事长胡茂元任第三届理事会理事长。

11月11日　上海通用汽车推出别克旗舰车型别克荣御轿车。

11月16日　延锋伟世通汽车饰件系统有限公司技术中心、伟世通中国技术中心落成启用。

11月24日　上海大众汽车PASSAT领驭轿车上市。

是月　上汽股份与意大利菲亚特汽车公司所属依维柯股份有限公司合资成立上汽依维柯红岩商用车投资有限公司(简称上汽依维柯红岩)。

12月17日　上汽集团、上汽股份与上海社会科学院成立上海汽车战略研究中心。

12月30日　上汽集团与中国汽车工业协会组建的上海国际汽车零部件采购中心揭牌成立。

12月31日　上海上汽汽车模具技术应用有限公司由上汽集团和美国赛科利公司合资改制为上海赛科利汽车模具技术应用有限公司(简称上海赛科利)。2009年3月19日,美国赛科利公司撤资,上海赛科利股东变更为华域汽车系统股份有限公司和上海汽车工业香港有限公司。

是月　上汽通用五菱完成西部一期工程开始试生产。

是年　上汽股份整车销售首次突破 100 万辆,达 105.9 万辆。

是年　上汽集团仪征汽车有限公司赛宝车停产。该车自 2002 年起累计生产 5 504 辆。

是年　上汽党委按照中共中央统一部署,组织开展保持共产党员先进性教育实践活动。上汽总部为上海市第一批活动单位,1 月开始至 6 月结束;上汽基层企业为第二批活动单位,7 月开始至 12 月结束。

2006 年

1 月 5 日　上海通用汽车累计第 100 万辆整车下线。

1 月 19 日　上海汽车股份有限公司汽车齿轮总厂技术中心成立,成为上海汽车零部件行业第一家国家级企业技术中心。

2 月 16 日　上汽股份自主品牌项目经国家发改委批复同意,成立上汽汽车制造有限公司。

2 月 22 日　上海通用汽车发布别克君越轿车。

2 月 23 日　上汽集团召开全面创新誓师大会,上海市副市长胡延照出席并讲话。

2 月 24 日　上汽汽车制造有限公司揭牌,上海市副市长胡延照出席仪式并揭牌。

4 月 1 日　中共上海市委副书记、市长韩正,副市长胡延照视察上汽汽车制造有限公司。

6 月 23 日　上海大众汽车 POLO 劲情、POLO 劲取轿车上市。

6 月 28 日　上海申沃客车第 1 000 辆沃尔沃城市客车下线。

是月　泛亚技术中心一期工程竣工。上海通用汽车雪佛兰 LOVA 乐风轿车上市。

7 月 9 日　上汽集团整车业务上市启动。9 月 18 日上市方案获股东大会通过。

7 月 28—29 日　上海市副市长胡延照视察上汽汽车制造有限公司仪征基地、上海汇众仪征基地和华东泰克西铸造有限公司。

7 月 31 日　上海市政协主席蒋以任视察上海大众汽车。

是月　上汽集团以 2005 年合并报表 143.65 亿美元的销售收入,再次跻身《财富》杂志世界 500 强企业行列,排名第 475 位。

8 月 2 日　胡茂元任上汽集团和上汽股份党委书记、董事长,陈虹任上汽集团党委副书记和副董事长、上汽股份总裁,张广生任上汽集团副董事长,沈建华任上汽集团党委副书记和总裁。

9 月 22 日　上海大众汽车举行斯柯达 Skoda 品牌启动盛典。

10 月 10 日　上海市政协主席蒋以任视察上汽汽车仪征生产基地,并试乘试驾荣威轿车。

是日　上汽集团和中国科学院大连化学物理研究所签署上汽集团投资新源动力股份有限公司和燃料电池战略合作的备忘录,上海市副市长胡延照出席仪式。

10 月 12 日　上汽股份宣布乘用车自主品牌定名为荣威(Roewe)。

10 月 21 日　上海通用汽车东岳二期工程填平补齐技改项目竣工投产。

10 月 24 日　上汽股份发布自主品牌首款中高档轿车荣威 750,上海市副市长胡延照出席发布会并启动按钮。

是日　位于上海国际汽车城的上海汽车博物馆落成揭幕,中共上海市委代理书记、市长韩正,副市长胡延照出席揭幕仪式。2007 年 1 月 17 日上海汽车博物馆开馆。

11 月 17 日　上海通用汽车凯迪拉克凯雷德 SUV 车型上市。

11 月 28 日　上海世博会事务协调局与上汽集团、通用汽车中国公司签署《中国 2010 年上海世博会汽车全球合作伙伴协议》。上海世博会组委会委员、执委会常务副主任、上海市副市长杨雄出席仪式。

11月30日 上海汽车(600104)发布公告,其定向增发并整体上市方案获中国证券监督管理委员会核准。

12月13日 上海通用汽车凯迪拉克赛威轿车上市。

12月20日 上海汽车发布公告称:已完成向控股股东上汽股份定向发行32.7503亿股A股的相关股权变更工作,公司成为A股市场规模最大的汽车上市公司。

是日 上汽通用五菱年产第30万辆五菱之光微型车下线,创造国内单一车型年产最高纪录。

是月 上汽汽车自主品牌仪征生产基地竣工投产。

是年 上汽股份获全国国有企业创建"四好"领导班子先进集体称号。

是年 上汽股份整车销售134.4万辆,开始位居全国汽车集团之首。上海汇众获得美国通用汽车Epsilon平台全球50亿元轿车底盘系统供货订单。

是年 上海大众汽车高尔轿车停产。该车自2003年2月上市后4年累计产销45 358辆。

2007年

1月31日 上汽汽车制造有限公司更名为上海汽车集团股份有限公司乘用车分公司(简称上汽乘用车分公司)。

3月27日 上汽集团赞助上海世博会的首批车辆交付仪式在上海体育场举行。

4月10日 上海通用汽车别克林荫大道轿车亮相。

4月17日 中共上海市委书记习近平到上汽集团调研党建工作。

是月 胡茂元任中国汽车行业协会会长。

5月1日 上海市人大常委会主任龚学平、副主任周禹鹏和上海市副市长胡延照赴上海纳铁福慰问一线员工。

5月3日 中共中央政治局委员、宣传部部长刘云山视察上汽通用五菱。

5月10日 上海市副市长胡延照视察上海大众汽车。

5月31日 上海汽车集团股份有限公司商用车技术中心成立。

是月 上汽股份收购原MG罗孚汽车公司主要研发人员组成的2010里卡多咨询有限公司全部股份,成立上汽英国技术中心有限公司并作为上海汽车技术中心的英国分中心。

6月6日 上海大众汽车斯柯达首款车型Octavia明锐上市,开始双品牌运营。

6月14日 上汽集团就上汽和南京汽车集团全面合作事项报告中共上海市委书记习近平,及上海市委副书记、市长韩正和副市长胡延照,得到大力支持。

6月15日 上汽依维柯红岩商用车有限公司与上汽菲亚特红岩动力总成有限公司在重庆市举行成立揭牌奠基仪式。

6月28日 国家发改委副主任张国宝视察南京汽车集团浦口生产基地,对上南合作表示肯定。

7月5日 中共上海市委书记习近平,市委常委、秘书长丁薛祥,市委常委、宣传部部长徐麟,副市长胡延照视察上海大众汽车。

7月12日 《财富》杂志公布2006年度世界500强企业排名,上汽集团以合并报表180亿美元的销售收入第3次入选世界500强,排名第402位。

7月27日　上汽集团与跃进汽车集团公司签署合作意向书。

是日　上海汽车集团股份有限公司(简称上汽股份)完成工商注销手续。

是月　上汽集团和香港美国辉门股份(亚洲)有限公司合资组建成立上海菲特尔莫古复合材料有限公司。

8月10日　荣威750轿车上市4个月累计销量1万辆,单月销量位居细分市场前三甲。

8月16日　中国政府向在吉尔吉斯斯坦首都比什凯克举行的上海合作组织峰会援赠30辆上汽荣威750轿车,作为迎送参会国家领导的礼宾车。

9月17日　上海汽车临时股东大会通过《关于上海汽车股份有限公司更名为上海汽车集团股份有限公司的议案》。公司在上海证券交易所证券简称和证券代码仍为"上海汽车"和"600104"。

10月27日　上海汽车和美国通用汽车公司举行《上汽—通用世博会燃料电池汽车合作项目合同》和《上汽销售Onstar和上海通用合资建立汽车信息服务有限公司合资合同》签字仪式。

是月　上汽集团党委书记、董事长胡茂元当选中共第十七次全国代表大会代表。

11月12日　中共中央政治局委员、上海市委书记俞正声视察上汽集团。

11月16日　上海牌燃料电池轿车和混合动力轿车、领驭燃料电池轿车和混合动力客车4款新能源汽车在第九届必比登挑战赛获得7个项目A的好成绩。

11月30日　上汽集团与宝钢集团公司签定汽车钢制车轮业务合作协议。

是月　上海通用汽车雪佛兰科帕奇SUV轿车上市。

12月6日　上汽通用五菱柳州发动机一期工程竣工。

12月26日　国家发改委、上海市政府、江苏省政府在人民大会堂举行上汽集团与跃进汽车集团全面合作签约仪式。中共中央政治局常委、全国人大常委会委员长吴邦国发贺信。国务院副总理曾培炎出席签约仪式,国家发改委副主任张国宝、上海市市长韩正、江苏省副省长李全林、南京市市长蒋宏坤分别讲话。上南合作成为中国汽车工业战略重组的重要里程碑。

12月28日　上汽集团党委书记、董事长胡茂元在干部大会上发布上汽愿景。

12月29日　上汽集团与上海电气集团公司签署《股份转让协议》,上汽集团获上海柴油机股份有限公司(简称上柴股份)50.32%股权。

是月　上海大众汽车跨界车型CROSSPOLO轿车上市。

2008年

1月3日　中共中央政治局委员、上海市委书记俞正声视察上海大众汽车。

1月8日　上海汽车举行公司债券和认股权证上市仪式,中共上海市委常委、常务副市长冯国勤敲响开市铜锣。

1月18日　上海大众汽车累计生产第400万辆整车下线。

1月23日　上海汽车齿轮总厂与华晨汽车集团公司合作生产50万台轿车手动变速器及自动变速器项目签约,国家发改委副主任张国宝出席仪式。

2月18日　上海汽车齿轮总厂更名为上海汽车变速器有限公司(简称上汽变速器)。

是月　上海通用汽车累计生产第200万辆整车。

3月10日　国家发改委下达《关于上海汽车工业(集团)总公司与跃进汽车集团公司联合重组的批复》,正式批准上南合作项目。

3月11日　上汽集团召开人人成为"经营者"管理模式推进大会,该模式进入集团整体推进阶段。

3月24日　上海通用汽车连续第3次蝉联中国信息化500强排行榜第一名。

3月31日　上汽通用五菱青岛分公司一期工程竣工。

是月　上汽集团党委副书记、副董事长,上海汽车党委副书记、总裁陈虹当选第十一届全国人民代表大会代表。

4月15日　上南全面合作后由上汽集团和跃进汽车有限公司投资组建的东华汽车实业有限公司成立。

4月16日　上汽依维柯红岩整车一期工程建成。

4月18日　上海大众汽车南京分公司开业,上海大众汽车开始走出上海。5月5日该分公司第一辆桑塔纳志俊轿车下线。

4月20日　上汽乘用车分公司MG名爵品牌TF跑车上市。

是月　上汽集团启动"万名党员进党校"教育培训工作,每3年党员培训一轮,至2015已进行第3轮。

是月　上汽通用五菱的五菱荣光微型车上市,开创中国微型车大微客时代。

5月22日　上汽集团、通用汽车(中国)投资有限公司与上海世博会事务协调局签署上汽集团—通用汽车馆参展上海世博会协议,成为第一个与世博局签署参展协议的企业馆。

是月　上海巴士实业(集团)股份有限公司向上汽集团发行股份,购买上汽集团所拥有的与独立供应汽车零部件业务相关的资产及负债,上汽集团成为巴士股份(股票代码600741)控股股东和实际控制人。

是月　位于英国伯明翰长桥的南汽英国有限公司和南汽名爵英国有限公司成为上汽乘用车分公司的制造基地。

6月17日　上海汇众1000辆伊思坦纳商务车运往北京承担北京奥运会车辆服务工作。

是日　上海汽车产生第四届董事会,胡茂元任董事长,陈虹任副董事长。第四届董事会聘任陈虹为总裁。

6月19日　上汽乘用车分公司荣威550轿车上市。

6月23日　上汽乘用车分公司MG名爵3SW轿车上市。

是月—10月　上汽集团举行第四届职工健身运动会,共举办12个项目比赛,40个单位300支运动队2万余人次参赛。

是月　上海大众汽车首款本土化研发的Lavida朗逸轿车上市。

7月6日　20辆PASSAT领驭燃料电池轿车发送北京奥运会,全国政协副主席、科学技术部部长万钢出席发车仪式。同日上海大众汽车2 133辆北京奥运官方用车全部运抵北京。

7月9日　上汽集团以2007年度合并报表226亿美元的销售收入第4次入选世界500强,排名第373位,比上一年度上升29位。

7月11日　上海大众汽车北京奥运会新能源汽车交车仪式在北京奥体中心举行,中共中央政治局委员、北京市委书记刘淇,全国政协副主席、科学技术部部长万钢出席。

是月　上海市国资委向国务院国资委上报《关于上海巴士实业(集团)股份有限公司国有股东所持股份无偿划转有关问题的请示》。8月7日,国务院国资委予以批准。8月20日上海市国资委批复同意上汽集团以其持有的23家独立供应汽车零部件企业的股权以及与独立供应汽车零部件业务相关的其他资产,认购巴士股份定向增发的人民币普通股。

9月11日　上海市人大常委会主任刘云耕视察上海通用汽车。

9月19日　上汽乘用车分公司自主品牌生产基地投产,中共上海市委常委、常务副市长杨雄出席投产仪式。

9月21日　上汽集团在上海源深体育馆举办"中国加油!上汽加油!——纪念改革开放30周年迎国庆歌咏会"。

10月10日　上汽集团第五次、上海汽车第二次工会会员代表大会召开,吴诗仲当选工会主席。

10月17日　上汽党委召开深入学习实践科学发展观活动动员大会。

10月27日　上海汽车举行自主品牌南京基地发动机及全球A级车平台启动仪式。

是日　中共中央政治局委员、上海市委书记俞正声视察上汽集团。

是月　按照中共上海市委统一部署,上汽作为试点单位参加上海第一批深入学习实践科学发展观活动,至2009年3月结束。

是月　上海汽车集团股份有限公司技术中心一期工程建成,上汽通用五菱西部工厂二期工程建成试生产。

是月　南京依维柯汽车有限公司跃进欧卡轻型卡车上市。

11月22日　中共中央政治局常委、国务院总理温家宝视察上汽乘用车分公司临港工厂。

12月1日　上海通用汽车别克新君威轿车上市。

12月4日　全国政协常委、上汽集团监事会主席蒋以任视察上汽依维柯红岩。

12月17日　上海通用汽车北盛二期工程竣工。

12月20日　中共中央政治局常委、全国政协主席贾庆林视察上汽乘用车分公司临港基地。

12月22日　上海大众汽车斯柯达Fabia晶锐轿车上市。

是月　安吉汽车物流有限公司(简称安吉物流)从上海汽车销售总公司子公司升格为上汽集团子公司。

是年　上海通用汽车凯迪拉克SLS赛威豪华商务车进入中东市场,中国国产豪华汽车第一次走出国门。

2009 年

1月7日　上汽集团和上海汽车投资组建的上海捷能汽车技术有限公司揭牌。

2月4日　中共中央政治局委员、上海市委书记俞正声视察上柴股份。

是月　上海市发展和改革委员会主任、党组书记蒋应时接替蒋以任担任上汽集团监事会主席。

3月12日　上汽依维柯红岩新一代重卡"杰狮"GENLYON上市。

3月18日　上汽通用五菱青岛分公司发动机一期工程竣工。

3月26日　国务委员、国防部部长梁光烈视察上汽乘用车分公司临港基地。

是月　由南京汽车集团技术中心改组的上海汽车技术中心(南京)成立并与上汽技术中心一体化运作,上汽形成上海、南京和英国长桥"两国三地"自主品牌一体化研发体系。

4月17日　上汽集团—通用汽车馆奠基仪式在上海世博会浦西园区举行。同年8月2日,上汽集团—通用汽车馆封顶。

4月20日　上汽集团与上海市新能源汽车推进领导小组办公室签署《世博新能源汽车推进项

目协议》。

4月21日　上海巴士实业(集团)股份有限公司更名为华域汽车系统股份有限公司(华域汽车股票代码600741)，主营业务由公交业务转为独立供应汽车零部件业务，成为国内A股市场流通市值最大的汽车零部件上市公司。

是月　上海大众汽车帕萨特新领驭轿车和上海通用汽车雪佛兰科鲁兹轿车上市。

5月5日　上海汽车召开加快推进新能源汽车建设誓师大会。

5月15日　上海通用汽车东岳二期工程GEN3新型发动机项目竣工，项目投资17.05亿元，形成30万台发动机年产能力。

5月23日　中共上海市委常委、常务副市长杨雄视察上汽集团新能源汽车。

是月　上汽集团换届组成第二届董事会，胡茂元任董事长，陈虹、张广生任副董事长。

是月　上海汽车在香港特别行政区注册成立全资子公司上海汽车香港投资有限公司。

7月3日　上汽集团与上海市新能源汽车推进领导小组办公室举行新能源汽车高新技术产业化合作项目签约仪式。

7月8日　上汽集团以2008年度合并报表248.82亿美元的销售收入，位列2009年《财富》500强第359位，比2008年排名上升14位。

7月22日　中共上海市委副书记、市长韩正赴上海大众汽车二厂慰问一线员工，并到上海汽车技术中心视察自主品牌建设和新能源汽车发展情况。

8月4日　上海市副市长沈骏到上汽集团检查上海公交车"逃生窗"改进工作。

8月18日　上海大众汽车斯柯达SuperB昊锐轿车上市。

8月25日　中共上海市委常委、组织部部长沈红光视察上海汽车技术中心和上海大众汽车试车场。

9月2日　中共上海市委副书记、市长韩正赴花园坊节能环保产业园区调研。

9月3日　上海汽车工业科技发展基金会理事会换届，上汽集团董事长胡茂元任第四届理事会理事长。

9月30日　上汽荣威轿车等12项新产品被认定为首批上海市自主创新产品。

10月15日　上海大众汽车累计生产第500万辆整车下线。

10月29日　由美国通用汽车、上汽集团及上海通用汽车合资组建的上海安吉星信息服务有限公司成立。

是日　上汽集团和上海汽车分别向上海市国资委、市发改委上报上海汇众收购英国LDV项目。11月24日，上海市发改委批复同意。

11月23日　上海通用汽车别克英朗XT轿车发布。

11月25日　上海汽车和唐山市人民政府签署曹妃甸绿色能源汽车项目合作框架协议。

12月4日　上海汽车与美国通用汽车宣布将以印度市场为起点，联手拓展亚洲新兴市场。双方达成协议，将通用汽车所持有的上海通用汽车1%的股权转让予上汽香港投资公司。

12月17日　上海汽车与美国A123系统公司成立上海捷新动力电池系统有限公司，共同开发生产和销售车用动力电池系统。

12月18日　上汽通用五菱年产销突破100万辆，成为中国第一家年产销百万辆的汽车企业。

12月22日　上汽乘用车分公司MG名爵6轿车上市。

是月　上汽集团董事长胡茂元任上海市企业联合会会长。

是月　上海通用汽车累计生产第300万辆整车下线,南京依维柯产品换型改造项目竣工投产,延锋伟世通在美国密歇根州投资建立延锋(美国)汽车饰件有限公司。

是年　上海汽车成为第一家达到国家汽车产业政策规定的年产销汽车200万辆的汽车集团,全年产销272.5万辆,继续位列中国汽车集团第1位,并进入世界汽车公司销量第10位。

是年　上海大众汽车与上海燃料电池动力系统有限公司研制的16辆帕萨特领驭燃料电池轿车在美国加利福尼亚州示范运行。

2010 年

1月11日　上海通用汽车雪佛兰新赛欧轿车全球首发上市。

1月19日　上海汽车工业教育基金会理事会换届,上汽集团总裁沈建华任第五届理事会理事长。

1月23日　上海通用汽车别克首款五门轿跑车别克英朗XT上市。

1月24日　上汽集团—通用汽车馆成为唯一获得公共建筑优秀奖的上海世博会企业馆。

3月17日　上汽乘用车分公司自主品牌南京浦口基地二期改建工程投产。

是月　上海大众汽车首款SUV车型途观上市。

4月23日　上汽乘用车分公司荣威350轿车全球首发上市。

4月29日　上海汽车集团投资管理有限公司与浙江万向集团公司投资成立上海捷新动力电池系统有限公司。

是月　上海大众汽车发动机厂维修部门高级经理徐小平、上汽通用五菱总经理沈阳、上柴股份副总工程师纪丽伟、上海汽车技术中心(南京)首席工程师张力生获全国劳动模范称号。

5月1日　上汽集团—通用汽车馆开馆。

5月1日—10月31日　上汽所属上海申沃客车、南京南汽专用车有限公司1 125辆新能源车在上海世博会安全行驶1 242万公里,累计运送游客1.2亿人次,创造世界新能源汽车规模最大、品种最多、水平最高、运行最集中、频次最强的示范运行纪录。

是月　上汽通用五菱五菱之光微型车登上美国《福布斯》杂志封面,被誉为"地球上最重要的一款车"。

6月17日　中共上海市委常委、常务副市长杨雄赴上汽集团调研"十二五"规划编制工作。

6月26日　中共中央政治局委员、上海市委书记俞正声赴上汽集团—通用汽车馆户外排队区域检查工作。

6月30日　国家发改委、工业化信息化部(简称工信部)、财政部公告第一批入选"节能产品惠民工程"推广目录的16家企业71款节能车型。上海大众汽车、上海通用汽车和上汽通用五菱25款车型入围,其中上海通用汽车12款车型榜上有名,位居第一。

是月　上海通用汽车别克英朗GT轿车上市。

7月7日　中共中央政治局委员、上海市委书记俞正声,市委常委、秘书长丁薛祥等到上海花园坊节能环保产业园参观上海高新技术产业化展。

7月8日　上汽集团以2009年度合并报表336.29亿美元第6次进入世界500强,排名第223位,比2009年上升136位。

7月15日　上海大众汽车江苏仪征项目签约,中共江苏省委书记、省人大常委会主任梁保华等出席仪式。

7月18日　上汽通用五菱举行新乘用车品牌战略发布会并推出自主品牌宝骏。

8月4日　中共上海市委常委、组织部部长沈红光等赴上汽济阳路新能源基地,看望慰问为上海世博会新能源车运营保障服务的一线员工。

8月16日　中共上海市委和市政府召开上海世博园区运行中期总结推进大会暨表彰会。上汽集团—通用汽车馆运营团队和上海申沃客车获世博园区服务保障先进集体称号,上汽集团—通用汽车馆馆长金麒、上海申沃客车总经理张立春被授予上海世博工作优秀个人称号。

8月19日　上海汽车与唐山市政府签订《上汽唐山曹妃甸绿色能源汽车项目合作洽谈备忘录》。

8月20日　中共上汽集团第四次代表大会召开。同日召开中共上汽集团第四届委员会第一次会议,胡茂元当选党委书记。

是月　上海企业联合会和上海企业家协会发布2010年度上海百强企业排行榜,上汽集团位列第一名。

是月　上汽依维柯红岩品牌杰狮C100中高端产品系列重型卡车亮相。

9月17日　上海大众汽车斯柯达首款高性能都市轿跑车新明锐RS上市。

9月20日　上海汽车与宝山钢铁股份有限公司签署《汽车用钢轻量化战略合作框架协议》。

是月　国家工信部装备司副司长李巍带领中国机电工业价格协会、中国机械工业联合会和上海市经信委装备产业处组成的调研组,到上汽集团调研人人成为"经营者"管理模式,提出在全国机械行业推广的方案并得到工信部部长苗圩和副部长苏波的批准。

是月　上汽通用五菱国内首款紧凑型商务车五菱宏光上市。

10月31日　上汽集团—通用汽车馆举行闭馆日活动,该馆开馆期间累计接待中外游客217.8万人次,被评为"最受大众游览者喜爱的企业馆"。

11月18日　上海汽车香港投资有限公司获得美国通用汽车总股本0.97%股份。

11月22日　广西壮族自治区第一款中级轿车、上汽通用五菱第一辆自主品牌轿车宝骏630下线。中共广西壮族自治区党委书记、自治区人大常委会主任郭声琨,广西壮族自治区副主席杨道喜出席仪式。

是月　上海通用汽车别克GL8豪华商务车发布。上海捷能汽车技术有限公司和上海汽车技术中心研发的荣威E50纯电动轿车在深圳—香港EVS25电动车大会展示,该车是国内首款量产的紧凑型纯电动汽车。

12月21日　荣威550获中国汽车工业科技进步奖特等奖。

12月24日　《上汽集团南京基地发展合作备忘录》签约暨第5万辆荣威350轿车下线。江苏省代省长李学勇,中共江苏省委常委、南京市委书记朱善璐,省人大常委会副主任李全林,副省长史和平出席仪式。

是年　上海汽车成为中国第一家年产销汽车300万辆的汽车集团,全年产销358.3万辆,连续5年位列中国汽车集团第1位,并进入世界汽车公司销量第8位。上海通用汽车和上海大众汽车年产销相继突破100万辆,与上汽通用五菱汽车一起成为中国仅有的3家年产销百万辆的汽车企业。

是年　上海汇众生产的上汇牌15吨载重汽车停产。该车1966年诞生,先后取名交通牌、大通牌和上汇牌,44年累计生产23 582辆。

2011 年

1月4日　上汽党委印发实施《关于扎实推进创先争优活动的实施意见》。

1月5日　上汽集团获中国 2010 年上海世博会特别贡献奖金奖,上汽党委书记、董事长胡茂元获中国 2010 年上海世博会赞助企业卓越管理者奖。

1月30日　中共中央政治局委员、上海市委书记俞正声出席 2011 年上汽春节团拜会并作重要讲话,勉励上汽要成为全国汽车行业、上海国企改革改组、创先争优、为社会作贡献的排头兵。中共上海市委常委、秘书长丁薛祥出席。

2月24日　中国机械工业联合会、中国机械工业企业管理协会授予上汽集团"全国机械工业首家企业管理示范基地"称号。

2月25日　作为中国 2010 年上海世博会保留建筑之一的上汽集团—通用汽车馆捐赠给上海世博局并举行签约交付仪式。上海世博局局长洪浩、上汽集团总裁沈建华和通用汽车中国公司总裁兼总经理甘文维出席仪式并进行签约。

2月28日　上海汽车发布自主品牌 MAXUS 大通。

3月21日　上海汽车商用车有限公司(简称上汽商用车)揭牌成立。

3月23日　中共上海市委副书记、市长韩正前往上汽乘用车分公司安亭基地,调研上汽新能源汽车和自主品牌汽车研发情况。

5月25日　上汽商用车无锡分公司成立揭牌、工厂落成。

6月26日　中共中央政治局常委、国务院总理温家宝视察位于英国伯明翰的上海汽车英国控股有限公司,出席 MG6 新车下线仪式并剪彩。

6月28日　上汽集团与德国大众在德国柏林签署上海大众汽车江苏(仪征)项目投资的联合声明,中共中央政治局常委、国务院总理温家宝与德国总理默克尔共同见证。

6月29日　首款 MAXUS 大通 V80 商用车在上汽商用车无锡工厂下线。

7月7日　上汽集团以 2010 年度合并报表 542.57 亿美元的销售收入第 7 次位列《财富》世界 500 强,排名第 151 位,比上年上升 72 位。

8月8日　上汽乘用车分公司首款 SUV 车型荣威 W5 上市。

8月9日　上汽通用五菱首款自主品牌轿车宝骏 630 上市。

是月　由同济大学联合上汽集团和清华大学、湖南大学、天津大学、国家信息中心等 9 个单位组成的智能型新能源汽车协同创新中心成立。

9月5日　上汽商用车首款 MPV 车型 MAXUS 大通 V80 上市。

9月13日　上海汽车向上汽集团及上汽工业有限公司发行股份购买资产暨关联交易方案获得中国证监会核准。

9月20日　上海汽车与通用汽车宣布双方将联合开发新一代电动车平台。

9月26日　上汽集团位列上海百强企业榜首。

10月1日　国家发改委、工信部和财政部联合公布第 7 批"节能汽车推广目录",上汽有帕萨特、朗逸、明锐、昊锐、新赛欧、爱唯欧、别克英朗 XT 等 15 款车型入围,占入围车型总数的 30.6%。

10月12日　上海汽车集团股权投资有限公司开业。

10月15日　上汽举行"同舟共济、龙腾上汽"——第四届职工健身运动会闭幕式暨龙舟大赛。

10月20日　上汽乘用车分公司荣威新 750Hybrid 混合动力轿车上市。

11月8日　共青团上汽集团第六次代表大会召开,张正祥当选团委书记。

12月23日　荣威 550 轿车获国家科学技术进步奖二等奖,这是中国汽车行业自主品牌乘用车首次以整车形式获得的国家最高科技奖励。

12月30日　上海汽车集团股份有限公司(上汽集团)举行年整车销量突破400万辆暨整体上市揭牌仪式,中共上海市委副书记、市长韩正出席大会发表讲话,并为整体上市后的新上汽集团揭牌。

是月　沈建华任上海汽车集团股份有限公司副董事长、党委副书记。

2012年

1月6日　上海大众汽车浙江(宁波)项目签约仪式在杭州举行。中共浙江省委书记、省人大常委会主任赵洪祝,中共浙江省委常委、宁波市委书记王辉忠,副省长毛光烈等出席。

是月　沈建华任上汽集团副董事长。

2月15日　上海通用汽车雪佛兰中高级旗舰车型迈锐宝发布上市。

2月28日　上汽集团与上海国际汽车城签署新能源汽车示范推广战略合作协议。

4月11日　上汽乘用车分公司旗舰车型荣威950上市。

4月23日　上汽集团与德国大众签署《关于设立上海大众汽车(新疆)有限公司的联合声明》,中国国务院总理温家宝和德国总理默克尔共同见证。

5月23日　中共中央政治局委员、上海市委书记俞正声到上汽技术中心、上海大众汽车调研。

5月26日　上汽集团召开2011年度股东大会,选举产生第五届董事会和监事会。胡茂元任董事长,陈虹、沈建华任副董事长,蒋应时任监事长,董事会聘任陈虹为总裁。

5月28日　上海大众汽车新疆项目签约,中共新疆维吾尔自治区党委书记张春贤,新疆维吾尔自治区人大常委会主任艾力更·依明巴海等出席。

5月30日　上海通用汽车东岳三期项目竣工暨整车北厂投产。

5—10月　上汽集团举办第五届职工健身运动会,共举办16个体育比赛项目,45个单位720支运动队3万余人次参赛。

6月6日　上海通用汽车武汉分公司奠基。

6月12日　上汽集团北美大厦揭幕。

6月28日　上海大众汽车累计第800万辆轿车下线。

7月9日　上汽集团以2011年度合并报表627.548亿美元的销售收入第8次迈进《财富》世界500强,排名第130位,比上年度上升21位。

7月16日　中共上海市委副书记、市长韩正到上海通用汽车金桥基地调研。

7月26日　上海大众汽车仪征分公司建成投产。

8月15日　上汽通用五菱开始生产A00级车型宝骏乐驰。

8月16—18日　中共中央政治局委员、上海市委书记俞正声,市委副书记、市长韩正到延锋伟世通、上汽乘用车分公司、上汽技术中心调研。

8月30日　上汽集团位列2012年度上海百强企业榜首。

9月15日　上海市科技委员会与上汽集团签署科技创新战略合作框架协议。

9月22日　位于安徽宣城广德境内的上海通用汽车·泛亚汽车技术中心研发试验中心(广德)竣工。

9月28日　全国人大常委会副委员长路甬祥考察上海国际工业设计中心。

10月10日　上海通用汽车别克昂科拉轿车发布上市。

是月 上汽集团举办第十届职工艺术展,展出 800 件作品。

11 月 5 日 上汽乘用车分公司纯电动汽车荣威 E50 发布上市。

11 月 18 日 上汽通用五菱汽车举行合资十周年暨宝骏基地竣工投产仪式。

是月 上汽集团党委副书记、副董事长、总裁陈虹,上汽通用五菱汽车总经理沈阳当选中共第十八次全国代表大会代表。

12 月 4 日 上汽集团与泰国正大集团合资项目签约。双方将在泰国建立合资公司,面向东盟市场生产销售上汽自主品牌 MG 系列产品。

2013 年

1 月 18 日 中国汽车业第一台真正意义上拥有完全自主知识产权、具有国际领先技术的汽车双离合器自动变速器总成在上海汽车变速器有限公司 DCT 新工厂下线并投产。

1 月 23 日 全国首辆量产纯电动汽车荣威 E50 轿车挂牌上路。

1 月 30 日 上海大众汽车发动机厂高级经理徐小平当选第十二届全国人民代表大会代表。

是月 上汽集团总裁陈虹接任上海汽车工业科技发展基金会第四届理事会理事长。

2 月 5 日 上汽集团与中国福利会签署"上汽荣威儿童文化中心——上海儿童艺术剧场"冠名合作协议。

2 月 25 日 上海通用汽车凯迪拉克全新豪华轿车 XTS 上市。

3 月 15 日 上海市副市长周波考察上海国际工业设计中心。

4 月 16 日 上汽商用车大通品牌第 1 万辆整车下线。

4 月 18 日 上海大众汽车累计第 900 万辆轿车下线。

4 月 20 日 上汽集团及旗下企业向四川省雅安地震灾区捐赠款物 1 000 万元。

4 月 25 日 上汽集团党委发出《关于深入开展向徐小平同志学习活动的通知》。7 月 20 日上汽集团举行学习徐小平劳模先进事迹首场报告会。

5 月 15 日 上海大众汽车湖南(长沙)项目签约。中共湖南省委书记徐守盛,省委副书记、代省长杜家毫等出席。

是日 上汽集团与中国福利会联合举行上海儿童艺术剧场(上汽荣威儿童文化中心)落成首演新闻发布会。6 月 1 日该儿童艺术剧场投入运营。

5 月 16 日 华域汽车系统股份有限公司与泰国正大集团易初工业集团有限公司签约共同出资设立华域正大有限公司。

5 月 28 日 上汽资产经营 50 兆瓦金太阳项目开工,同年 12 月 26 日工程竣工。

6 月 19 日 上海通用汽车在浦东金桥举行凯迪拉克专属工场及泛亚汽车技术中心(金桥)奠基仪式。

是日 国内首家综合性创新材料应用体验馆——上海国际创新材料馆在上海国际工业设计中心开馆。

6 月 29 日 上海大众汽车越级行旅两厢车朗行轿车上市。

7 月 8 日 上汽集团以 2012 年度合并报表 762.336 亿美元的销售收入第 9 次迈进《财富》世界 500 强,排名第 103 位,比上年度上升 27 位。

7 月 19 日 工信部召开企业管理创新暨上汽人人成为"经营者"管理模式推广经验交流会。

8月7日　上汽集团与中国航天科工飞航技术研究院(中航科工三院)签署战略合作协议。双方将在新能源汽车、新材料、无人驾驶、汽车电子、车联网等领域,开展多层次、多形式合作。

8月12日　上海大众汽车斯柯达全新旗舰车型速派轿车上市。

8月20日—2014年2月　按照中共上海市委统一部署,上汽集团组织开展党的群众路线教育实践活动。

8月22日　上汽集团位居2013年度上海百强企业榜首。

8月29日　上海大众汽车(新疆)有限公司在乌鲁木齐经济技术开发区开业。

9月29日　上汽集团全资设立的上海汽车国际商贸有限公司成为中国(上海)自由贸易试验区首批获得营业执照的企业。

10月24日　上海大众汽车宁波分公司项目建成首辆轿车下线。

10月29日　上海市人大常委会副主任、市总工会主席洪浩赴上汽集团调研。

11月2日　上汽集团工会被中华全国总工会授予全国企业工会工作红旗单位和全国五一劳动奖状。

是日　上海大众Lavida品牌旗下朗境、新朗逸运动版、朗行运动版和eMotion朗逸蓝驱技术版4款全新车型上市。

11月7日　上汽集团获得国家工信部、财政部认定的国家技术创新示范企业,上汽技术中心被评为国家认定优秀技术中心。

11月15日　上海大众汽车累计第1 000万辆整车下线。

11月18日　上海大众汽车斯柯达SUV车型野帝上市。

11月22日　上海通用汽车凯迪拉克风尚运动豪华轿车ATS全系4款车型上市。

是月　陈虹任上海汽车集团股份有限公司党委书记。

2014年

1月23日　上汽集团与泰国正大集团合资组建的大通汽车(泰国)有限公司成立。

2月28日　上汽大通举行大通品牌全领域MPV G10发布会。3月21日该车下线。

3月27日　荣威(ROEWE)、荣威图形商标被认定为上海市著名商标,荣威、MG名爵获评2013年度上海名牌。

3月28日　上汽集团与德国大众签署共同开发绿色环保车型及开展相关研究项目的协议,中国国家主席习近平和德国总理默克尔共同见证。

是日　中国汽车市场首个OTO电子商务平台——上汽集团"车享平台"正式上线。

是月　上汽集团党委副书记、副总裁周郎辉接任上海汽车工业教育基金会第五届理事会理事长。

4月8日　上汽乘用车分公司发布与通用汽车联合开发的全新一代全系缸内直喷发动机"CUBE‐TECH"。

5月24日　中共中央总书记、国家主席习近平视察上汽乘用车分公司。

是月　陈虹任上汽集团党委书记、董事长,陈志鑫任上汽集团总裁、党委副书记。

6月3日　上汽大通G10车型举行上海大区上市暨首批交车仪式。

6月4日　上汽正大汽车有限公司在泰国春武里府举行首辆MG6下线仪式。

6月6日　上汽乘用车分公司临港基地累计第50万辆整车下线。

6月25日　中共中央政治局委员、上海市委书记韩正到上汽集团调研。

7月4日　上汽集团与中国中信集团有限公司签署战略合作协议。

7月7日　上汽集团以2013年度合并报表920.248亿美元的销售收入第10次迈进《财富》世界500强,排名第85位,比上年度上升18位。

7月15日　上汽集团作为南京青奥会汽车合作伙伴,向青奥会组委会交付1 000辆荣威、大通和申沃品牌官方用车。

7月23日　上汽集团与阿里巴巴集团签署互联网汽车战略合作协议,双方共同打造国内第一款基于上汽集团自主品牌、融合双方创意和设计的互联网汽车。

8月3日　上汽集团及旗下企业向云南昭通鲁甸地震灾区捐赠900万元。

8月13日　上汽集团董事长、党委书记陈虹在上市公司中报发布媒体沟通会上,发布上汽品牌口号"爱上汽车·畅行天下"。

8月18日　上海通用北盛汽车举行成立10周年暨三期项目投产仪式。

8月29日　上汽乘用车分公司与一嗨租车战略签署采购千辆荣威新能源汽车的协议。

9月10日　上汽集团位居2014年上海百强企业榜首。

10月10日　上汽集团与德国大众签署共同投资1亿欧元在新疆建设试车场的协议,中国国务院总理李克强、德国总理默克尔共同见证。

是月　卞百平任上汽集团监事会主席。

11月1日　上汽MG名爵品牌MG GT车型上市。

11月11日　在成都举行的第十二届必比登挑战赛上,上汽集团旗下新能源车队在纯电动组、混合动力组和燃料电池组中分获小组第一,成为必比登挑战赛开赛以来首个包揽"大满贯"的汽车企业。

11月17日　上汽集团与美国UL公司签署合作谅解备忘录,深化电动汽车领域战略合作。

11月25日　华域汽车与美国密歇根州签署合作备忘录。

12月8日　上海通用汽车累计销量突破1 000万辆。

12月14日　上汽通用五菱重庆分公司竣工投产。

12月18日　上海通用汽车雪佛兰赛欧3轿车上市。

12月27日　上海大众汽车累计第1 200万辆汽车下线。

是月　上海汽车工业科技发展基金会理事会换届,上汽集团总裁陈志鑫任第五届理事会理事长。

2015 年

1月9日　上海大众汽车大众品牌凌渡车型上市。

1月19日　上汽乘用车分公司与赛特康新能源科技有限公司签订战略合作协议,内容包括1 000辆新能源汽车采购、共建充电设施、合作开展分时租赁业务等。

1月28日　上海通用汽车武汉分公司一期项目竣工投产。

是月　上汽集团下发《推进"种子基金"工作的通知》。至当年12月底共有1 823名员工参与"种子基金"创新活动,提交407份创意项目,52个"种子"获得首笔5万元资金支持,其中7个"种子"进入培育阶段,每个获得 50 万元的追加投入。

2月12日 上汽集团(股票代码 600104)获评 2014 年度最受投资者尊重的百强上市公司。

3月12日 上汽集团与阿里巴巴集团举行互联网汽车战略合资合作框架协议签约仪式。

3月18日 上汽乘用车分公司 MG 名爵品牌 GS 锐腾轿车上市。

3月20日 上汽商用车大通品牌累计第 5 万辆汽车下线。

3月26日 上汽资产经营投资建设的全球最大太阳能光伏建筑一体化发电站获得吉尼斯纪录证书。

4月8日 上汽集团举行上海汽车集团保险销售有限公司合资合作签约仪式暨业务启动仪式。

4月10日 延锋汽车饰件系统有限公司与美国江森自控有限公司签署全球内饰业务重组协议,组建新内饰系统公司。

是月 上海汽车工业教育基金会理事会换届,上汽集团党委副书记、副总裁周郎辉继任第四届理事会理事长。

是月 上海大众汽车高级经理徐小平、上海采埃孚转向系统执行副总监唐少波、上汽集团乘用车技术中心总监邵景峰、上汽通用五菱党委书记姚佐平、南京依维柯高级技师雍宁获全国劳动模范称号。

5月6日 上海大众汽车与神州租车有限公司在北京签署全面战略合作协议。

5月15日 上汽集团启动厂部级以上领导干部"三严三实"专题教育,党委书记、董事长陈虹上专题党课。

5月18日 延锋汽车饰件系统有限公司杨建军被授予第十届上海市十大工人发明家称号,上汽乘用车分公司发动机部总监平银生等 3 人被授予第五届上海市职工科技创新标兵称号。

5月24日 上海大众汽车长沙工厂建成、首辆轿车下线。中共湖南省委书记徐守盛、省长杜家毫等出席仪式。

6月3日 上汽集团与德国大众签署《关于上海大众汽车安亭基地升级改造及纯电动技术合作的协议》,中共中央政治局委员、上海市委书记韩正出席签字协议。

6月18日 上汽集团召开 2014 年度股东大会,选举陈虹为公司董事长、卞百平为监事会主席,董事会聘任陈志鑫为总裁。

6月30日 上汽集团党委书记、董事长陈虹在年中干部大会上宣布集团新愿景、使命与价值观。

7月1日 上海通用汽车有限公司更名为上汽通用汽车有限公司(简称上汽通用)。

7月8日 上海大众汽车累计第 1 300 万辆汽车下线。

7月22日 上汽集团以 2014 年度合并报表 1 022.486 亿美元的销售收入第 11 次迈进《财富》世界 500 强,排名第 60 位,比上年度上升 25 位。

7月23日 上汽乘用车分公司荣威 550 插电式混动轿车上市。

8月1日 上汽乘用车分公司新 MG6 轿车在泰国曼谷销售。

8月17日 延锋汽车饰件系统有限公司获 2014 年度上海市市长质量奖,该公司成为上汽集团继上海大众汽车、上汽通用之后第 3 家获得上海市质量工作最高荣誉的企业。

8月21日 上汽通用五菱宝骏二期整车工厂提前竣工并投产,广西壮族自治区副主席陈刚等出席仪式。

8月24日 上汽集团以 2014 年销售收入 6 300 亿元,名列中国 500 强企业第 10 位和中国制造业企业 500 强第 2 位。

9 月 5 日　上汽乘用车分公司首款布局 A 级车市场的"蓝芯"战略车型——荣威 360 轿车上市。

9 月 15 日　上汽集团连续第 6 年位列上海百强企业榜首。

9 月 16 日　上汽商用车 260 辆大通 V80 商用车出口爱尔兰,国内轻型客车实现批量出口欧盟国家的突破。

9 月 19 日　上汽依维柯红岩商用车红岩杰卡、全新杰狮畅途版牵引车上市。

10 月 9 日　上汽集团与中国石油天然气股份有限公司签署战略合作协议。

10 月 12 日　上汽通用凯迪拉克品牌新款 ATS－L 风尚运动豪华轿车上市。

11 月 5 日　泛亚汽车技术中心金桥新园区项目开工。

11 月 6 日　上海汽车发布非公开发行预案,向包括公司控股股东上海汽车工业(集团)总公司、核心员工持股计划在内的不超过 10 名特定投资者非公开发行股份,发行股份数量不超过 9.64 亿股,拟募集资金总额不超过 150 亿元。

11 月 16 日　华域汽车发布公告,其非公开发行 A 股股票方案获中国证监会核准。

11 月 19 日　中共上海市委副书记、市长杨雄,市委常委、浦东新区区委书记沈晓明在上汽通用凯迪拉克工厂调研。

11 月 20 日　上海汽车商用车有限公司更名为上汽大通汽车有限公司(简称上汽大通)。

11 月 23 日　捷克总理索博特卡访问上海大众汽车。

12 月 7 日　上海大众汽车有限公司更名为上汽大众汽车有限公司(简称上汽大众)。

12 月 11 日　上汽集团非公开发行股票相关议案获得股东大会通过。

12 月 15 日　上汽大通国内首款国 V 柴油车型大通 V80 宽体轻客上市,并同步进入中国香港、新加坡市场。

12 月 18 日　上汽资产经营 55 兆瓦 BIPV(光伏建筑一体化)项目中的一期 20 兆瓦电站项目竣工,并获全球最大光伏建筑一体化电站吉尼斯世界纪录证书。

是日　上汽通用五菱旗下首款 A0 级三厢家用轿车宝骏 330 上市。

12 月 21 日　上汽集团获首届中国(上海)上市公司企业社会责任峰会"杰出企业"称号。

12 月 28 日　华域汽车与陕西庆华汽车安全系统有限公司及其股东相关方联合签署《增资协议》,获得陕西庆华 35％股权。

是日　上汽集团与上港集团足球俱乐部举行战略合作协议签约仪式。

第 一 篇

体制沿革

概　述

1955 年，上海市内燃机配件制造公司成立。该公司及其于 1958 年与上海市动力设备制造公司合并的上海市动力机械制造公司、1960 年和 1969 年先后更名的上海市农业机械制造公司和上海市拖拉机汽车工业公司(简称上海市拖汽公司)均为行政性公司。隶属上级主管工业局领导。这一时期，公司相继完成所属工厂公私合营与 4 轮企业结构和产品结构调整。

1978 年改革开放后，上汽管理体制经历行政性公司转变为企业性公司、企业性公司转变为集团型公司并建立现代企业制度、集团型公司向股份化公司转变的 3 次重大体制变革。

1978 年 11 月，上海市拖汽公司开始试办企业性公司。1984 年 7 月，该公司改制为上海汽车拖拉机工业联营公司(简称上海汽拖联营公司)。1985 年，公司与上海市机电一局脱钩，党政分别归属上海市工业党委和上海市经济委员会领导。1988 年 1 月，上海汽拖联营公司正式完成从行政性公司到企业性公司的转型。1990 年 1 月，上海汽拖联营公司更名为上海汽车工业总公司(简称上汽总公司)。至 1995 年，先后推行扩大企业自主权、建立中外合资企业、实行厂长负责制、实行承包经营责任制、转换企业经营机制、建立"三层次三中心"管理体制等一系列企业改革。上汽通过企业化改制，完成上海桑塔纳轿车国产化攻坚并取得国内轿车行业的领先优势，建成上海第一支柱产业和中国最大的轿车工业基地。

1995 年 9 月，上汽总公司改制为上海汽车工业(集团)总公司(简称上汽集团)，实现从企业性公司向集团型公司的转型。上汽集团经授权经营集团国有资产并承担保值增值责任，实施现代企业制度改革和国家级大集团试点，建立法人治理结构和母子公司体制框架，基本完成子公司公司化改造。1997 年，通过设立上海汽车股份有限公司在 A 股上市进入证券市场。上汽经过集团化改制，继续保持上海支柱产业地位和全国领先优势，并实现跻身世界 500 强的重大突破。

2004 年，上汽集团发起设立上海汽车集团股份有限公司(简称上汽股份)。2005 年，上汽整车年销量突破 100 万辆。2007 年 7 月，上汽股份工商注销。同年 9 年，上海汽车股份有限公司更名为上海汽车集团股份有限公司(简称上海汽车)，上汽实现整车业务整体上市。2009 年 4 月，上海巴士实业(集团)股份有限公司更名为华域汽车系统股份有限公司，上汽实现零部件业务整体上市。上海汽车和华域汽车系统股份有限公司分别成为 A 股市场规模最大的汽车上市公司和汽车零部件上市公司，上汽集团股份化改制取得新的重大进展。2006 年，上汽在位居中国轿车市场领先优势 13 年之后开始位居中国汽车市场销量之首。2009 年和 2010 年，先后成为中国第 1 家年销汽车 200 万辆和 300 万辆的汽车集团，继续保持上海支柱产业地位和国内领先优势。2010 年，分别位列世界 500 强和全球汽车公司销量第 223 位和第 8 位。

2011 年，上海汽车集团股份有限公司进一步实现整体上市，简称改为上汽集团，公司资本证券化率达到 99% 以上，继续保持 A 股市场规模最大汽车上市公司地位。2011 年和 2013 年，相继成为中国第 1 家年销汽车 400 万辆和 500 万辆的汽车集团。2015 年，上汽集团整车销售 590.2 万辆，继续位居中国汽车市场销量之首，在世界 500 强和世界汽车公司的排位分别升至第 60 位和第 7 位。

第一章 企业化改制

1955—1978年,上汽为行政性公司,所属工厂先后实行公私合营改造和专业化生产工厂结构调整。1978年公司获准试办企业性公司,企业化改制开始起步。1979年扩大企业自主权,1984年公司被定为具有法人资格的经济实体,1987年建立厂长负责制,1988年1月公司正式成为企业性公司。为适应企业化改制,上汽先后实行承包经营责任制、建立"三层次三中心"管理体制和总厂制改革、转换企业经营机制改革。

第一节 行政性公司

一、上海市内燃机配件制造公司

上海市内燃机配件制造公司(简称上海市内配公司)成立于1955年12月,为上汽历史上第一个公司,归口产品包括动力机械配件和内燃机配件等。上海汽车集团股份有限公司的历史因上海市内配制造公司的诞生而开启。

1955年11月,上海市第一重工业局根据上海市人民政府关于"发展生产,加快对私营企业改造步伐"的指示筹建8个专业公司,其中包括上海市内配公司,此为上海解放后建立最早的专业公司之一。

上海市内配公司成立后,即于1956年1月20日向上海市政府申请全行业公私合营,经批准后归属工厂290家,职工5374人。1956—1957年,公司加强对公私合营工厂的领导,对归口工厂进行调整,划入产品对口工厂、划出不对口的工厂,通过兼并重组划分中心厂、独立厂和卫星厂。同时执行上海市重工业局下达的《中心厂对卫星厂管理的试行办法》,实行中心厂代为管理卫星厂的工厂管理格局,改变分散落后的作坊式生产方式,生产纳入国家计划轨道;开展技术管理和经济核算,逐步建立基本生产秩序,工厂之间开始形成产品协作关系,向专业化生产发展。1957年5月,公司代管的军工501厂试制出红旗牌手扶拖拉机。同年9月16日和12月27日,公司所属上海汽车装修厂先后试制成功第一辆58型吉普车和第一辆58-Ⅰ型三轮汽车,开启上汽整车整机制造的序幕。

1956年,公司工业总产值10326.3万元,同比翻一番;利润1357.4万元,增长近2.5倍;提前1年零56天完成第一个五年计划。1956年和1957年,固定资产累计投资63.7万元,年均投资31.9万元。1957年与1955年相比,工厂调整为291家;职工11273人,增加0.73倍;工业总产值从4875.3万元增至9554.1万元,增长0.96倍;利润从544.8万元增至2105.1万元,增长2.86倍,上交税收从89.9万元增至247.8万元,增长1.76倍;利税总额从634.7万元增至2352.9万元,增长2.71倍;全员劳动生产率从人均7823元增至人均8779元,增长0.12倍;固定资产原值从1274.2万元增至2065.8万元,增长0.62倍;固定资产净值从885.9万元增至1409.7万元,增长0.59倍。

1958年3月,上海市内配公司重组为上海市动力机械制造公司,至此该公司历时2年4个月。

二、上海市动力机械制造公司

上海市动力机械制造公司(简称上海市动力机械公司)于1958年3月13日经主管工业局决定由上海市内燃机配件制造公司与上海市动力设备制造公司合并而成,归口产品包括动力机械及其配件等。

上海市动力机械公司成立之初共有292家工厂。为有利于行业协作,公司着重组织行业第二轮企业和产品结构调整,促进零配件生产进一步走上专业化道路,上海汽车装修厂等一批骨干企业充实力量向主机厂方向发展。1958年,上海-58型三轮汽车和58型越野车进入批量生产,标志着公司从整车整机研制开始进入批量制造。同年5月22日,上海货车修理厂试制成功第一辆交通牌4吨载重汽车;6月28日,上海汽车装配厂试制成功第一台红旗-27型轮式拖拉机;9月28日,上海汽车装修厂试制成功第一辆凤凰牌轿车,开启上汽制造轿车的历史。1958年,上海农业机械厂研制成功工农-7型手扶拖拉机,1959年9月,上海汽车装配厂试制成功猛狮牌8吨载重车;12月,诚孚铁工厂、公兴动力机厂和宝锡汽车材料制造厂联合试制成功35马力轮式拖拉机。

1958年,上海-58型三轮汽车和58型吉普车分别生产258辆和498辆。同年,全员劳动生产率人均超过1万元。1959年,上海汽车装修厂开始集中力量生产上海-58型三轮汽车,产量增至918辆,58型越野车仅产1辆。1958年和1959年,公司固定资产累计投资888.2万元,年均投资444.1万元,比上海市内配公司年均投资增长12.92倍。1959年与1957年相比,工厂调整为147家;职工从11 273人增至25 907人,增加1.3倍;工业总产值从9 554.1万元增至43 385.4万元,增长3.54倍;利润从2 105.1万元增至12 487.9万元,增长4.93倍;上交税收从247.8万元增至1 390.8万元,增长4.61倍;利税总额从2 352.9万元增至13 878.7万元,增长4.90倍;全员劳动生产率从人均8 779元增至人均16 965元,增长0.93倍;固定资产原值从2 065.8万元增至5 071.4万元,增长1.45倍;固定资产净值从1 409.7万元增至3 929.8万元,增长1.79倍。

1960年1月,上海市动力机械制造公司更名为上海市农业机械制造公司,至此该公司历时1年10个月。

三、上海市农业机械制造公司

上海市农业机械制造公司(简称上海市农机制造公司)于1960年1月16日经上海市人民政府决定由上海市动力机械制造公司更名而成,归口产品有农业机械、汽车、拖拉机及汽车拖拉机内燃机配件等。1964年7月30日,经中共上海市委批准建立公司党委及政治部、监察委员会,上汽始有中共党组织。"文化大革命"开始后的1967年9月,经上海市机电一局革命委员会批准公司成立革命委员会。1969年11月,受冲击后的公司党组织经批准恢复成立党的核心小组。

为继续提高专业化生产能力,上海市农机制造公司分别于1960年和1961—1964年实施行业第3次和第4次产品和企业结构调整。第3次调整中,上海农业机械厂和上海汽车装配厂分别于1960年7月、8月更名为上海拖拉机制造厂和上海汽车制造厂,上海汽车制造厂迁至嘉定县安亭镇,奠定安亭日后发展为上海乃至中国重要汽车城的基础。调整后所属工厂75家,1960年末职工25 948人。第4次调整后,82家工厂实现专业归口管理,包括农机主机及柴油机工厂10家、汽车整车及发动机厂2家、汽车和拖拉机配套协作工厂44家、工艺性协作及后方服务性工厂18家、其他工厂8家,初步形成专业分工比较合理、协作配套比较齐全的拖拉机汽车生产体系。

上海市农机制造公司成立至1969年,幸福250摩托车、SH 2吨载重汽车、SH 32吨重型汽车、上海-45型拖拉机和东海750摩托车相继诞生,公司全面进入整车整机制造阶段。1962年,上海-58型三轮汽车成为公司首个年产量超千辆整车整机产品和20世纪60年代上海主要的交通运输工具。1963—1965年,公司开展技术整顿,解决开发的整车整机质量不稳定等问题。1964年2月,凤凰牌轿车更名为上海牌轿车。当年,摩托车成为公司第2个年产量超千辆的整车整机产品。1965年,手扶拖拉机年产量超千台。至此,汽车、摩托车和拖拉机年产量均达千级批量。1966年12月,上海牌轿车启动批量生产,此后因受国家政治经济形势影响,产量连年徘徊不前。

20世纪60年代后半期,拖拉机成为公司最主要的整车整机产品。至1969年,公司在产的整车整机产品主要包括工农-11型手扶拖拉机、丰收-35型拖拉机、上海-58型三轮汽车、上海牌轿车、SH 32吨重型汽车、幸福牌摩托车,以及当年从上海交通运输管理局划入的上海货车修理厂生产交通牌4吨载重汽车和SH 15吨重型汽车。此外,1964—1966年公司还完成支援"三线"建设的任务。

1969年,上海市农机制造公司工农-11型手扶拖拉机生产6 050台,丰收-35型拖拉机生产1 010台,上海-58型三轮汽车生产2 571辆,交通牌4吨载重汽车生产711辆,SH 15吨和32吨重型汽车4辆和5辆,幸福牌摩托车生产2 776辆。1960—1969年,固定资产累计投资4 566.5万元,年均投资456.7万元,比上海市动力机械公司年均投资增加12.6万元。1969年与1959年相比:工厂调整为77家;职工从25 907人增至34 206人,增加0.32倍;工业总产值从43 385.4万元增至71 406.8万元,增长0.66倍;利润从12 487.9万元减至11 642.4万元,减少6.8%;上交税收从1 390.8万元减至824.1万元,减少40.7%;利税总额从13 878.7万元减至12 466.5万元,减少10.2%;全员劳动生产率从人均16 965元增至人均21 182元,增长0.25倍;固定资产原值从5 071.4万元增至16 193.3万元,增长2.19倍;固定资产净值从3 929.8万元增至11 411万元,增长1.90倍。

1969年4月,上海市农机制造公司更名为上海市拖拉机汽车工业公司,至此该公司历时9年3个月。

四、上海市拖拉机汽车工业公司

上海市拖拉机汽车工业公司(简称上海市拖汽公司)于1969年4月24日经上海市革命委员会批准由上海市农业机械制造公司更名而成,主营业务包括拖拉机、汽车、摩托车和汽车拖拉机零部件等。1978年11月,公司取消革命委员会恢复经理制。

上海市拖汽公司成立后,继续发展整车整机批量生产能力,同时实施产品结构调整。拖拉机产品中手扶拖拉机和轮式拖拉机分别于1973年和1976年年产量先后上万台,公司建成全国拖拉机主要生产基地之一;1977年和1981年工农-11型手扶拖拉机和丰收-35型拖拉机先后转产或停产。汽车产品中上海货车制造厂、上海汽车制造厂分别于1969年9月5日和18日试制成功第一辆SH-361型15吨载重汽车和第一辆SH-380型32吨自卸载重车,同时4吨和2吨载重车于1974年年产量分别超过2 000辆和5 000辆,成为上海主要的交通运输工具;此后1979年32吨重型汽车停产,2吨载重车产量逐年下降,1982年停产;上海牌轿车于1973年年产量达千辆,1975年上海牌轿车年产5 000辆能力项目竣工,1980年年产量突破5 000辆,公司成为中国轿车生产能力最大和产量最高的制造基地,中国形成"北有红旗、南有上海"的轿车制造格局;1981年轿车产量开始超过载货车产量;1983 年组装上海桑塔纳轿车,当年组装 438 辆。摩托车于 1973 年年产量达到5 000 辆,1982 年幸福牌摩托车年产量突破 1 万辆,1983 年幸福牌和东海牌摩托车合计年产量超过2 万辆。至 1983 年,公司在产的整车整机产品主要包括上海牌轿车、上海桑塔纳轿车、交通牌 4 吨载重车、SH 15 吨重型汽车、上海-45 型拖拉机、幸福摩托车和东海摩托车。

1978 年,中国进入改革开放历史新时期。上海市拖汽公司贯彻落实中央和上海关于对外开放、企业改革以及企业整顿各项部署决策,开始进入合资合作时期。同年 7 月,公司开始参与落实国务院关于上海引进轿车装配线决策的项目研究、报告起草和谈判考察,中央作出上海轿车项目可以中外合资经营的决策后,公司启动与外方合资谈判,并选择德国大众汽车公司作为合资伙伴,轿车开始取代拖拉机成为公司重点发展的主导产品。1978—1980 年,公司组织开展工业学大庆活动。1979 年被列为国家 35 个企业性公司试点之一,开始逐步取得经营管理自主权。1981 年确定轿车、摩托车、拖拉机和载重车 4 大龙头产品技术引进项目。1982 年开始推行经济责任制,同年与德国大众签署上海轿车合资经营备忘录。同年至 1984 年开展完善经济责任制、加强劳动纪律、整顿财经纪律、改善劳动组织、整顿和加强领导班子的五项整顿工作。

1970—1983 年,公司固定资产累计投资 12 014.7 万元,年均投资 858.2 万元,比上海市农业机械制造公司年均投资增长 0.88 倍。1983 年和 1969 年相比,公司汽车年产量从 3 509 辆增至 7 867辆,增长 1.24 倍。其中轿车从 204 辆增至 6 045 辆,增长 28.63 倍;载货汽车从 3 300 辆减至 1 381辆,减少 58.2%;轿车占汽车的比重从 5.8%猛增至 76.8%,大涨 71 个百分点;拖拉机从 7 060 台增至 8 101 台,微增 0.15 倍;摩托车从 2 776 辆增至 21 253 辆,增长 6.66 倍。整车整机产品的增减,表明公司主导产品结构调整取得成效。此外,1983 年和 1969 年相比:职工从 34 206 人增至 51 063人,增加 0.49 倍;工业总产值从 71 406.8 万元增至 196 831.8 万元,增长 1.76 倍;利润从 11 642.4万元增至 21 318.7 万元,增加 0.83 倍;上交税收从 824.1 万元增至 3 359.3 万元,增加 3.08 倍;利税总额从 12 466.5 万元增至 24 678 万元,增加 0.98 倍;全员劳动生产率从人均 21 182 元增至人均38 964 元,增长 0.84 倍;固定资产原值从 16 193.3 万元增至 46 740.3 万元,增长 1.89 倍;固定资产净值从 11 411 万元增至 27 668.2 万元,增长 1.42 倍。

1983 年 12 月,上海市拖汽公司改制为上海汽车拖拉机工业联营公司,至此该公司历时 14 年 8个月。

第二节　企业性公司

一、企业性公司试点

1978 年 11 月 9 日,上海市拖拉机汽车工业公司经国家经济委员会(简称国家经委)批准,被列为全国开展的行政性公司转为企业性公司的试点单位。同日,上海市拖汽公司接上海市革命委员会工业交通办公室通知,明确试点单位是国家计划的基层单位和企业性质的经济实体。1979 年 2月 19 日,国家经委正式将上海市拖汽公司列入全国 35 个企业性公司试点之一,开始试办企业性质的公司,对所属单位实行党政统一领导,人、财、物、产、供、销统一管理,对完成生产、基建、技术、财务等计划方面承担经济责任,公司内部实行公司和工厂两级核算。

为了搞好试点工作,上海市拖汽公司采取一系列企业化措施,包括试行公司对国家的利润留成,扩大公司财权;以 1978 年利润为基数对下属企业实行利润留成,提高企业积极性;成立轿车、重型车、拖拉机、摩托车 4 个协调中心,促进生产发展;公司作为经济实体增加合资经营和技术引进的自主权;设立供应、销售、储运 3 个科和产品销售门市部,并将 50 多家所属企业组成 5 个销售互助组,制定关于企业销售管理、销售管理验收标准、销售工作流程等规定和制度,加强物资供应和产品销售工作。

二、上海汽车拖拉机工业联营公司

【筹建】

1982 年,主管全国汽车工业的中国汽车工业公司(简称中汽公司)成立后,在各地组建汽车联营公司,包括在上海会同上海市政府着手筹建上海汽车拖拉机工业联营公司(简称上海汽拖联营公司),该事项成为上海市拖汽公司的企业性公司试点工作的主要内容。

1983 年 10 月,上海市计划委员会(简称上海市计委)和经济委员会向上海市政府上报关于成立上海汽车拖拉机工业联营公司的请示报告,提出联营公司是在国家统一指导下,独立从事生产经营业务和经济核算的经济实体,具有法人资格,联营公司作为局级单位,直接归口上海市经委领导,业务受中汽公司指导。同月 20 日,上海市政府下发通知予以批准。12 月,上海市计委、上海市经委向上海市第一机电工业局等发出通知,要求尽快完成上海汽拖联营公司的筹建。

1984 年 7 月 12—13 日,上海汽拖联营公司董事会召开一届一次会议,上海市副市长李肇基和中共上海市委和上海市政府有关部门负责人出席。会议听取公司筹备工作汇报,审议通过公司章程和公司机构设置方案。公司章程明确上海汽拖联营公司是从事生产经营和独立核算的经济实体,具有法人资格,归属上海市和中汽公司双重领导,以上海市为主;公司实行董事会领导下的总经理负责制。

【成立】

1984 年 7 月 23 日,上海汽车拖拉机工业联营公司召开成立大会,中汽公司董事长饶斌,上海市副市长阮崇武、李肇基,中共上海市委常委、上海市工业党委书记黄菊等出席或讲话,公司总经理陈祥麟作《联合起来,锐意改革,开创上海汽车拖拉机工业新局面》的报告。该公司主营业务包括汽车拖拉机摩托车及零部件,成立之初有企业 100 家,包括紧密型联营企业 60 家,跨系统跨地区松散型联营企业 40 家。公司直接管理紧密联营单位的产供销和人财物,松散联营单位的隶属关系和财政渠道不变,但产品、规划和行业协作以上海汽拖联营公司为主统一制定协调。

【运行】

1985 年年初,上海汽拖联营公司按照企业性公司试点要求调整总部行政机构,并成立上海汽车进出口公司、上海汽车拖拉机销售服务公司等专业公司。同年 11 月 12 日,该公司经上海市工业党委和上海市经济委员会批准与上海市机电一局脱钩,党政分归上海市工业党委和上海市经委领导。1986 年 4 月,公司开始推进厂长任期责任制。1987 年,公司经上海市政府批准实行计划单列,一头向上海市政府承包,一个口子同上海市财政局结算。1988 年 1 月 1 日,上海市政府决定上海汽拖联营公司正式为企业性公司,实行总经理负责制,同时建立公司管理委员会,协助总经理决策经营管理重大问题,总经理任管委会主任。1988 年 1 月和 4 月,该公司先后开始实行厂长负责制和企业承包经营责任制。1989 年,开始推行"三层次三中心"管理体制改革,同年 12 月首家总厂型公司上海拖拉机内燃机公司成立。

上海汽拖联营公司承接上海轿车合资项目,并把上海桑塔纳轿车国产化列为重中之重,同时推进汽车零部件和其他整车整机产品的合资合作、技术引进和技术改造。1984年9月,上海轿车合资项目正式获国务院批准。10月,上海大众汽车有限公司合营合同签约。1985年1月和3月21日,中泰合资上海—易初摩托车有限公司和上海大众汽车有限公司(简称上海大众汽车)先后成立,成为上汽进入对外开放时期的重要标志。紧接着,公司全力组织上海桑塔纳轿车国产化攻坚战。1985年,上海大众汽车开始建设一期工程。同年,引进美国伟步公司技术的35D型32吨矿用汽车出厂。1986年3月,原址用于上海大众汽车建设的上海汽车厂迁建成功,实现当年搬迁当年生产。1988年6月,开始在上海桑塔纳轿车配套车间、工段和班组开展"生产特区"建设。7月,中国第1家轿车共同体上海桑塔纳轿车国产化共同体成立。同年9月,中国汽车零部件首家中外合资企业上海纳铁福传动轴有限公司成立。1989年,引进本田技术的幸福125型摩托车国产化率接近80%,引进意大利菲亚特拖拉机底盘制造技术的上海-654型拖拉机通过技术评定。公司合资企业累计4家,完成或实施一批轿车零部件技术引进和技术改造项目,零部件制造开始向现代化、专业化和规模化方向发展,上海桑塔纳轿车国产化率达到31.04%,国产化进入收获期。

1984—1989年,上海汽拖联营公司固定资产累计投资39 570万元,年均投资6 595万元,比上海市拖汽公司年均投资增长6.68倍,其中1989年一年固定资产投资近3.2亿元,大规模投资轿车业务自此启动。这一时期,整车整机产品继续上批量,但上海桑塔纳轿车和幸福摩托车发展更快,1984年汽车产量开始超过拖拉机产量,1985年和1987年上海牌拖拉机和上海桑塔纳轿车年产先后上万台或万辆,1986年上海桑塔纳轿车产量开始超过上海牌轿车产量,1989年摩托车成为公司首个年产量超过10万辆的整车产品。

1989年和1983年相比,公司汽车年产量从7 867辆增至24 282辆,增长2.09倍;其中轿车从6 045辆增至21 206辆,增长2.51倍;上海桑塔纳轿车从438辆增至15 688辆,大涨34.8倍;上海牌轿车从5 607辆减至5 518辆,基本持平;载货汽车从1 381辆增至2 099辆,增长0.52倍;轿车占汽车的比重从76.8%增至87.3%,提高10.5个百分点;摩托车从21 253辆增至145 005辆,增长5.82倍;拖拉机从8 101台增至12 000台,增长0.48倍;企业从100家增至140余家,其中58家紧密联营单位;职工从51 063人增至56 232人,增长10.1%;工业总产值从196 831.8万元增至415 935.6万元,增长1.11倍;利润从21 318.7万元增至36 912.3万元,增长0.73倍;上交税收从3 359.3万元增至16 466.2万元,增长3.90倍;利税总额从24 678万元增至53 378.5万元,增长1.16倍;全员劳动生产率从人均38 964元增至人均74 988元,增长0.92倍;固定资产原值从46 740.3万元增至118 536.9万元,增长1.54倍;固定资产净值从27 668.2万元增至84 850万元,增长2.07倍。

1990年1月,上海汽拖联营公司更名为上海汽车工业总公司,至此该公司历时5年6个月。

三、上海汽车工业总公司

【更名报批】

1989年8月12日,上海汽拖联营公司向上海市经委递交《上海汽拖公司进一步深化体制改革的报告》,该报告提出:上海汽拖联营公司的成立推动了上海汽车工业的发展,但是还存在管理体制比较适合小批量多品种生产,不适应发展30万辆轿车为重点的行业规划要求,松散联营企业隶属关系不变导致生产组织协调比较困难等弊端;建议进一步推动管理体制企业化,加快发展上海汽车工业,将公司更名为上海汽车工业公司,并提出深化体制改革的设想和步骤。同年 12 月 29 日,上海汽拖联营公司再次向上海市经委上报《关于汽拖公司更名的请批报告》,建议公司更名为上海汽车工业总公司,既解决存在的问题,又满足中国汽车工业联合会希望上海的汽车公司与全国各大汽车公司名称统一的要求。该报告经上海市经委上报后,上海市政府于 1990 年 1 月 26 日批复,同意上海汽拖联营公司更名为上海汽车工业总公司。同月 29 日,上海市经委向上海汽拖联营公司转发上海市政府的批复。

【更名运行】

1990 年 1 月 26 日,上海汽车拖拉机工业联营公司经上海市人民政府同意更名为上海汽车工业总公司(简称上汽总公司),主营业务包括汽车、摩托车、拖拉机及汽车零部件。同年 3 月 1 日,公司开始启用新名称。1993 年 1 月,上汽总公司行政负责人称谓由总经理改称总裁,同时总部机构由处改部。

1992 年 4 月 30 日,为探索产业资本和金融资本的融合,支撑上海汽车工业发展,经上海市政府决策和市政府主管部门协调,上汽总公司与上海市投资信托公司签署《合资合同书》,上海市投资信托公司以相当于 7 亿元人民币的美元现汇参股,参股比例为 25%。

上汽总公司积极落实国家关于把上汽建成轿车工业基地和上海市政府关于把轿车工业建成上海最大支柱产业的决策,全力推进上海桑塔纳轿车国产化和重大工程项目建设等战略举措。1990 年 4 月 18 日,上海大众汽车一期工程竣工,形成 6 万辆上海桑塔纳轿车和 10 万台发动机年产能力,上汽开始成为中国重要的轿车工业基地。同年底,上海桑塔纳轿车国产化率达 60.09%,提前 1 年完成目标,国产化攻坚战取得决定性胜利。1991 年 2 月 28 日和 1992 年 1 月 18 日,公司举行 2 次向支柱产业进军的万人誓师大会。1991 年 11 月 25 日和 1992 年 1 月,上海牌轿车下马、上海汽车厂并入上海大众。1993 年 10 月,上海桑塔纳轿车国产化率达到 80.43%,提前两年完成目标,国产化取得全面胜利并创造中国引进汽车国产化的成功经验。同年 12 月,上海大众汽车创造中国首个年产 10 万辆轿车纪录并开始取得全国轿车同行领先优势。1994 年 12 月,上海大众汽车二期工程建成,在国内率先形成 20 万辆轿车年产能力,成为中国最大的轿车制造基地。同年,参与国际联合开发的桑塔纳 2000 型轿车产品技术性能达到 20 世纪 90 年代初国际水平。与此同时,公司开始谋划在浦东建设第 2 个轿车制造基地。此外,摩托车继续快速发展,1992 年、1994 年和 1995 年年产量连续达到或超过 20 万辆、30 万辆和 40 万辆。

上汽总公司狠抓轿车整车项目的同时,大力实施汽车零部件的中外合资、技术引进和技术改造。"八五"期间,累计投资达到 79 亿元,其中上海大众汽车纵向投资 25 亿元,配套零部件企业横向投资 54 亿元,形成 1∶2 的投资比例,至 1995 年,累计建成合资企业 22 家,其中包括中国规模最大的汽车零部件企业联合汽车电子有限公司;引进汽油发动机电子燃油控制系统、汽车制动系统、动力转向系统等一批代表汽车零部件发展方向的先进技术;建成等速万向节、空调压缩机、减震器、车灯、活塞、离合器、弹簧、内饰件等重点零部件项目以及变速器、前后桥、铸锻、模具等一批支撑项目,开始建成国内领先的汽车零部件制造体系。

与此同时,企业改革和科学管理继续深化。1993 年,总厂制改革基本完成,30 多家 2 层次国有企业重组为 10 家总厂或总厂型公司。1993 年和 1994 年,公司先后推行零缺陷管理、危机管理和精益生产。1994 年 5 月,国内首批企业财务公司之一的上海汽车集团财务有限责任公司成立。同年

10月,上汽总公司被列为现代企业制度改革全国百家试点企业。1995年,为上海桑塔纳轿车配套的生产车间基本建成"生产特区"。

上汽总公司期间,上汽驶入发展的快车道,开始在上海和中国取得重要地位。1993年,建成上海第一支柱产业;1993年,轿车产销开始国内领先;1994年,位列上海企业营业收入和工业产品销售收入第1位,销售收入连续2年列全国500家最大工业之首。

1990—1995年,上汽总公司总投资达到78.7亿元,年均投资近13.1亿元,比上海汽拖联营公司年均投资增长19.9倍。1995年和1989年相比,轿车从21 206辆增至160 070辆,增长6.55倍;载货汽车从2 099辆减至805辆,减少61.6%;轿车占汽车的比重从87.3%增至99.5%,提高12.2个百分点;摩托车从145 005辆增至400 020辆,增长1.76倍;拖拉机从12 000台增至15 217台,增长0.27倍;直属企业继续保持58家;员工从56 232人增至62 578人,增长0.11倍;工业总产值从41.59亿元增至290.13亿元,增长5.98倍;销售收入从120.3亿元(1991年)增至533.64亿元,增长3.44倍;利润从3.69亿元增至37.61亿元,增长9.19倍;上交税收从1.65亿元增至20.09亿元,增长11.2倍;利税总额从5.34亿元增至57.69亿元,增长9.8倍;全员劳动生产率从人均7.50万元增至人均49.53万元,增长5.6倍;资产总额从73.12亿元(1991年)增至311.68亿元,增长2.26倍。

1995年9月,上汽总公司改制为上海汽车工业(集团)总公司,至此该公司历时4年9个月。

第三节　企业改制改革、调整整顿

一、公私合营

1954年起,上海对全市300余家汽车零配件制造行业中规模和影响较大的私营工厂进行公私合营试点。至1955年年底上海市内燃机配件制造公司(简称上海市内配公司)成立之时,先后有20余家私营工厂改制并合并成10余家公私合营工厂。

表1-1-1　1954—1955年上海汽车零配件行业公私合营工厂一览表

序号	公私合营时间	公私合营前工厂名称	公私合营后工厂名称	2015年企业名称
1	1954—1955年	宝锠汽车材料制造厂 乐炳昌汽车材料制造厂 大众汽车机件制造厂	宝锠汽车材料制造厂	上海科尔本斯密特活塞有限公司
2	1954—1955年	杨复兴机器制造厂 万里铁工厂 陆泰兴铁工厂 生生工具厂	杨复兴机器制造厂	上海汇众汽车制造有限公司
3	1954年	郑兴泰汽车材料制造厂 大永丰机器厂 永泰铣牙厂	郑兴泰汽车材料制造厂	上海汽车变速器有限公司
4	1954—1955年	大中华汽车材料厂 大同交通器材厂 恒丰汽车材料厂	大中华汽车材料厂 上海活塞环厂	上海菲特尔莫古轴瓦有限公司

〔续表〕

序号	公私合营时间	公私合营前工厂名称	公私合营后工厂名称	2015 年企业名称
5	1954—1955 年	中国机械工具厂 大连汽车材料厂 中华塑料厂 荣昌铣牙厂 贯一模铸厂	中国机械工具厂	上海乾通汽车附件有限公司
6	1954 年	上海震旦铁工厂	红卫消防机械厂	上海华夏震旦消防设备有限公司
7	1955 年	上海合作五金机器厂 科工制造厂	上海汽车配件工具制造厂	上海贝洱热系统有限公司
8	1955 年	王德记车行 远东 联业	新成汽车材料厂	上海小糸车灯有限公司
9	1955 年	自强内燃机配件厂 张裕机器厂 镕茂汽车材料厂 中工机械汽车器材厂 华阳汽车材料厂 益大钢板厂 大新中机器厂	上海轴承厂 上海合金轴瓦厂 中工交通器材厂 上海汽车轴瓦厂	上海菲特尔莫古轴瓦有限公司
10	1955 年	中国汽车材料厂	新生汽车材料厂	上海萨克斯动力总成部件系统有限公司

资料来源：《上海汽车工业志》

1955—1956 年年初，上海私营企业的公私合营进入高潮。上海市内燃机配件制造公司成立后，成立内燃机行业公私合营委员会，具体负责对私改造。1956 年 1 月 20 日，公司向上海市政府申请全行业公私合营，经批准后，归口上海市内配公司的工厂有 290 家、职工 5 374 名、各类机床设备 3 789 台。同年 10 月，上海汽车零配件行业成立上海内燃机（汽车零配件）同业公会，由公司公方经理霍建华任主任，公司副经理何安亭（中国机械工具厂私方）、苏祖国（大中华汽车材料厂私方）任副主任。

二、专业化生产工厂结构调整

1956—1964 年，为形成专业化生产体系，公司对所属工厂实施 4 次工厂结构调整。

1956—1957 年为第一次工厂结构调整。上海市内配公司将 20 多家汽配修理厂划属上海市汽车修理公司，同时重点实施 1956 年 6 月上海市重工业局制定的《中心厂对卫星厂管理的试行办法》，通过定点划片和裁并改合，将归口的 274 家工厂调整为 234 家，形成 34 家中心厂、192 家卫星厂、7 家独立厂和 1 家代管厂的工厂格局，建立由中心厂带卫星厂、委托中心厂代为管理卫星厂的管理格局，公司开始向专业化生产方向发展。1957 年 9 月和 12 月，第一辆吉普车和第一辆 58－1 型三轮汽车先后诞生，开启公司整车制造的序幕。

1958—1959 年为第二次工厂结构调整。1958 年 3 月上海市内配公司与上海市动力设备制造公司合并的上海市动力机械制造公司，划入 16 家产品对口工厂和 21 家铸造协作厂；划出产品不对口的 60

家工厂,包括锅炉行业 40 家工厂划属上海市电机公司,11 家工厂划属区县,9 家工厂支援其他行业;组建扩建负责机床设备修造的工厂。通过调整改组,292 家工厂减至 147 家,上海汽车装修厂、上海农业机械制造厂等工厂加快向主机厂发展,零配件工厂加快向专业化方向发展。1958 年,交通牌 4 吨载重汽车、红旗 27 型轮式拖拉机和凤凰牌轿车相继诞生,公司开始进入整车整机制造阶段。

1960 年为第三次工厂结构调整。同年 1 月,由上海市动力机械制造公司更名的上海市农业机械制造公司将 15 家工厂分别划属上海市重型机械公司和上海市通用机械公司,同时划入原属上海市通用机械公司和上海市铸锻公司的 23 家厂。其间,上海农业机械制造厂更名为上海拖拉机制造厂,上海汽车装配厂更名为上海汽车制造厂并迁至嘉定县安亭镇,该镇日后发展成为上海乃至中国重要的汽车城。1960 年年底,公司所属工厂调整为 75 家。

1961—1964 年为第四次工厂结构调整。上海市农业机械制造公司划入市属 10 个县的农机厂和南汇通用机械厂,按照专业化协作原则定员、定产品方向、定生产规模、定协作配套关系、定质量标准。所属工厂调整至 82 家,其中拖拉机和柴油机 10 家,汽车和发动机各 1 家,零部件配套 44 家,工艺性协作及后方服务型 18 家,其他 8 家。

至此,经过近 10 年 4 次工厂结构调整,公司基本建立汽车拖拉机专业协作生产体系,从零配件生产进入整车整机制造。

三、企业整顿、企业升级

1978—1989 年,为拨乱反正消除"文化大革命"影响,恢复企业正常秩序,根据上级统一部署,上汽分三个阶段开展企业整顿和企业升级工作。

第一阶段为 1977—1981 年,贯彻 1977 年 4 月全国工业学大庆会议和 1978 年 4 月《中共中央关于加快工业发展若干问题的决定(草案)》(简称"工业 30 条")的精神,开展以恢复性整顿为重点的 12 项整顿工作。公司在发动企业建设大庆式企业的同时,实施整顿领导班子、清理干部队伍、撤销革命委员会、恢复企业原有体制、改善经营管理、恢复企业规章制度、扩大企业自主权、建立责任制等企业整顿。1979 年,重点开展整顿质量技术、计划、财务管理"三大战役"。经检查,质量技术管理、计划管理、财务管理合格单位分别占总数的 91%、93% 和 96%,全面达到第一机械工业部 12 项企业管理整顿标准的单位 24 个,占总数的 42.1%。此外,至 1980 年所属企业建成上海市大庆式企业 15 家。

第二阶段为 1982—1984 年,贯彻 1982 年 1 月中共中央、国务院发布的《关于国营工业企业进行全面整顿的决定》,开展完善经济责任制、加强劳动纪律、整顿财经纪律、改善劳动组织、整顿和加强领导班子的五项整顿工作。公司制订国家、企业、个人三者关系兼顾好、产品质量好、经济效益好、劳动纪律好、文明生产好、政治工作好"六好企业"标准,派出蹲点调查组,帮助点上企业开展整顿,总结推广成功经验。经过全面整顿,至 1984 年 48 个直属企业全部达到合格要求。1985 年,上海轴瓦厂、上海内燃机厂、上海重型汽车厂五项整顿工作获上海市人民政府表彰或表扬。

第三阶段为 1986—1989 年,贯彻 1986 年 7 月国务院发布的《关于加强工业企业管理若干问题的决定》,开展抓管理、上等级、全面提高企业素质的企业升级工作。1986 年,公司开展试点工作,制订升级规划和实施细则。1987 年,参与制订 34 种产品的国家级小行业标准和 4 个产品的市级标准。1988 年,将企业升级纳入厂长任期目标。同年和 1989 年,合计有上海拖拉机厂、上海内燃机厂、上海汽车传动轴厂、上海轴瓦厂、上海汽车电机厂、中国弹簧厂、上海油嘴油泵厂、上海拖拉机底盘厂 8 家企业获批国家二级企业。

四、扩大企业自主权

1979 年 5 月,国家经委、财政部等 6 部门组织开展扩大企业经营管理自主权试点工作。同年 7 月,国务院下达《关于扩大国营工业企业经营管理自主权的若干规定》等 5 个文件。8 月,经国务院批准,上海市拖拉机汽车工业公司及上海其他 5 个工业公司所属部分企业被列入第二批试点单位,开始实行按工资总额提取企业基金办法改为利润留成办法,同时拥有自主安排使用留成资金的权利。上海市拖汽公司作为企业性公司试点单位,也试行扩大企业自主权,一方面公司对国家利润实行留成,另一方面以 1978 年利润为基数对下属企业实行利润留成。1981 年 5 月,该公司执行国家经委等 10 个部联合发出的《贯彻落实国务院有关扩权文件,巩固提高扩权工作的具体实施暂行办法》,进一步拥有在计划、利润留成和留成资金使用、产品销售、新产品研制等 12 个方面的经营自主权。1982 年年初,上海市财政局对经过 3 年企业性公司试点的上海市拖汽公司重新核定利润留成基数。公司对所属企业改用"计划利润,基数包干;增长部分,分档分成;超留比率,限额封顶"的留利新办法,确定基数利润指标、核定人数、确定完成利润指标奖励率,对增长利润根据易难程度分档计算奖励率。同时,上海市拖汽公司将利润、质量、成本、产值、新产品试制等主要指标与奖励基金留成比例下达到所属企业,建立包利润、包定员、包各项指标、包行业内部配套等经济责任制。当年 5 月,上海市拖汽公司 47 家工厂全部试行利润留成包干。

1984 年 5 月,国务院颁发《关于进一步扩大国营工业企业自主权暂行规定》即"扩权十条",进一步扩大企业生产经营、产品销售、劳动人事等 10 个方面的自主权。6 月,上海市拖汽公司所属上海重型汽车厂被上海市机电一局批准为上海"扩权十条""奖金上不封顶、下不保底"和实行厂长负责制"三配套"改革试点企业。1985 年,上海决定进一步扩大国有工业企业自主权,全面推行在"三配套"基础上增加工资总额同企业经济效益挂钩、上下同步浮动的"四配套"改革。上海汽车拖拉机工业联营公司把实行"四配套"改革作为全行业 1985 年改革的首要任务,制订扩大企业自主权 10 个方面共计 53 条措施,在服从国家计划和行业管理前提下,进一步把生产经营、自留资金支配、工资奖励办法制订等权力下放企业。此外,1983 年和 1985 年,上海市拖汽公司根据国家和上海市政府统一部署,先后实行第一步和第二步利改税办法。

五、厂长负责制

1978 年 3 月,上海市拖汽公司取消革命委员会,恢复经理制和党委领导下的厂长负责制。1985 年,上海汽拖联营公司所属国有企业贯彻 1982 年中央颁发的有关厂长负责和基层党组织工作两个暂行规定,实行党政分工,厂长负责工厂日常行政管理工作。1986 年 4 月,公司开始推行厂长任期目标责任制,上海拖拉机厂等首批 9 家试点工厂厂长与公司总经理签订厂长任期责任制合同。

1986 年 9 月,中共中央和国务院颁布关于全民所有制工业企业厂长负责制、基层党组织工作和职工代表大会的"三个条例",党委领导下的厂长负责制开始向厂长负责制转变。1987 年 12 月,上海市工业党委和上海市经济委员会决定上海汽拖联营公司实行总经理负责制,要求公司按照中央"三个条例"制定实施细则并组织实施。1988 年 1 月,上海汽拖联营公司行政、党委和工会联合制定下发《贯彻"三个条例"实施细则》,开始推行厂长行政指挥、党委政治核心、职工民主管理的企业领导体制改革,全面实施厂长负责制。

1988年2月至1989年4月,上海汽拖联营公司分期分批发文,批准所属50个单位实行厂长(所长、校长)负责制,对厂长(所长、校长)进行聘任。与此同时,公司还引入竞争机制,对上海汽车拖拉机研究所所长及上海钢模厂、上海汽车电器厂、上海内燃机缸垫厂等厂厂长实行公开招聘。1988年8月,公司下发《关于明确对基层企业指令性工作范围的通知》,文件规定未列入指令性范围的工作均属企业自主决定的指导性工作,保证厂长在《企业法》和国家有关政策、法令和规定的职权范围内充分行使生产经营管理的自主权。

六、承包经营责任制

1987年4月,上海市政府决定在大中型国营工业企业逐步推行多种形式的承包经营责任制。同年6月,上海市经委、市财政局和市劳动局联合发出《关于全民所有制大中型企业实行承包经营责任制的几点意见》。

根据上海市政府部署,上海汽拖联营公司开始启动实施承包经营责任制。1988年3月,公司召开企业承包经营工作会议,首批12家企业与公司签订综合承包合同。公司区别企业不同情况,对上缴利润采取基数包干增长分成、定额包干、递增包干增长分成以及生产发展基金增长包干4种承包方式,并与厂长负责制任期目标结合起来。同月22日,公司和上海市经委、上海市财政局签订《综合承包经营责任制合同书》,承包期自1987年1月1日起至1991年12月31日止共5年。该合同书规定:承包期内每年上缴税利基数1.5亿元,超过部分全部留成企业;累计完成固定资产增值5.5亿元,累计出口创汇6 500万美元,上海桑塔纳轿车国产化率83.3%。同年8月,上海市经委、上海市劳动局、上海市财政局批准上海汽拖联营公司在承包期内实行工资总额与实现税利挂钩浮动。至当年10月,该公司有37家企业与公司签订承包合同,占企业总数80.8%。年内,除3家企业与上海市直接承包外,其余各厂都与公司签约承包,签订率达到100%。

承包经营责任制的推行,有效改变"平均主义""大锅饭"现象,促进经济发展。承包实施当年,上海汽拖联营公司提前2个月完成承包任务,1988年与1987年相比,实现利税5.4亿元,同比增长50%。其中利润总额4亿元,同比增长54%;工业总产值38.7亿元,同比增长24%;出口创汇2 278万美元,同比增长1.3倍。1991年,上海汽车工业总公司全面完成承包任务,与1987年相比,实现利税12.29亿元,增长2.4倍。其中利润总额9.48亿元,增长2.7倍;工业总产值68.5亿元,增长1.2倍;累计出口创汇8 336.4万美元,超过承包数28%;固定资产净值16.03亿元,增加12.4亿元。

七、"三层次三中心"管理体制

1989年8月12日,上海汽拖联营公司在向上海市经委上报的《关于进一步深化体制改革的报告》中指出,公司现行管理体制同汽车工业发展的自身要求和国家对汽车工业的发展方针不相适应,进一步深化改革很有必要,且十分紧迫;提出将公司更名为上海汽车工业公司并逐步形成投资中心、利润中心、成本中心三个中心的格局,按照"集中政策、分散经营"的原则实行分权管理。

1990年上汽总公司成立后,按照"三层次三中心"的思路进行管理体制改革。总公司是第一层次和投资中心,拥有投资决策、资金筹措、财务控制等权利;总厂和专业公司是第二层次和利润中心,是在上汽总公司统一领导下,按产品划分,统一进行产品设计开发、采购、生产和销售活动的相对独立的经营单位,具有法人资格,具有利润生产、利润计算和利润管理的职能;工厂是第三层次和成本中心,是基本的生产单位,主要任务是完成生产任务,加强企业管理,保证产品质量,降低产品成本。至 1995 年 8 月,上汽总公司二层次有国有总厂或总厂型公司 10 家,中外合资企业 8 家,中中合作企业 2 家,销售、技术、质检、培训等专业公司或中心 9 家,形成资产一体化、管理分层次、战略决策权独揽、投资权集中、经营权分散的管理格局。

八、总厂制

1989 年 8 月 12 日,上海汽拖联营公司在上报上海市经委的《关于进一步深化体制改革的报告》中,提出为改变企业规模小、生产批量少的落后状况,适应轿车工业发展和第一支柱产业建设需要,应在“三层次三中心”管理体制改革中,逐步建立一批专业公司(或称总厂)的意见。1989 年,公司确定首先组建生产拖拉机的总厂型公司。1989 年 7 月 19 日,上海市副市长顾传训召集上海拖拉机厂、上海内燃机厂、上海拖拉机齿轮厂、上海拖拉机底盘厂、上海油嘴油泵厂、申光铸造厂的厂长书记座谈组建总厂型公司事宜并提出要求。同年 12 月 26 日,由 6 家企业组建而成、职工近万名的第一家总厂型公司上海拖拉机内燃机公司成立,揭开总厂制企业结构调整的序幕。至 1993 年,上汽总公司 30 多家国有企业重组成 10 家总厂或总厂型公司,包括主要为同一大类整车整机产品服务的工厂组成的上海汇众汽车制造公司等 3 家总厂型公司,产品或工艺类同分散经营的工厂组成的上海汽车电器总厂等 7 家总厂。

总厂制改革,有效提升企业规模和能级。根据国家关于大中小型工业企业划分标准,上海市经委于 1987—1993 年编纂的《上海工业年鉴》,均列有上海市工业企业大中型企业名单(其中 1991 年未统计)。上海汽车行业每年被列为大中型企业的数量为:1987 年 22 家、1988 年 29 家、1989 年 44 家、1990 年 30 家、1992 年 24 家、1993 年 32 家。1988 年的 29 家中,上海汽拖联营公司所属企业 26 家,占这一年该公司 67 家紧密联营企业的 38.8%。其中年产值超过亿元的都为上海大众汽车有限公司、上海一易初摩托车有限公司、上海汽车厂、上海重型汽车厂以及上海拖拉机厂等整车整机企业,汽车零部件企业年产值过亿元的仅有 1 家。1990 年,上海汽车齿轮厂等零部件企业产值开始超过亿元。1993 年即总厂制改革基本完成之年,上汽总公司有 26 家企业为大中型企业,占当年该公司 29 家独立核算企业的 89.7%,销售收入超亿元的零部件企业从 1988 年的 1 家增加到 10 家,包括重组后的上海汇众汽车制造公司、上海汽车齿轮总厂、上海汽车电器总厂、上海汽车锻造总厂、上海离合器总厂 5 家总厂型企业。

表 1-1-2　1989—1993 年上汽总厂制改革情况表

序号	成立时间	总厂/总厂型公司	成立时下属工厂
1	1989 年 12 月 26 日	上海拖拉机内燃机公司	上海拖拉机厂
			上海内燃机厂
			上海拖拉机齿轮厂
			上海拖拉机底盘厂
			上海油嘴油泵厂
			申光铸造厂

〔续表〕

序号	成 立 时 间	总厂/总厂型公司	成立时下属工厂
2	1990 年 4 月 21 日	上海汽车锻造总厂	上海汽车钢板弹簧厂
			上海模锻厂
			上海吴淞锻造厂
3	1990 年 5 月 26 日	上海汽车铸造总厂	上海球墨铸铁厂
			上海汽车发动机厂铸造分厂
4	1990 年 7 月 1 日	上海汽车电器总厂	上海汽车电机厂
			上海汽车电器厂
			上海汽车电器厂二厂
5	1991 年 10 月 24 日	上海离合器总厂	上海离合器厂
			中国链条厂
			上海工农内燃机配件厂
			上海汽车电镀厂
6	1992 年 1 月 11 日	上海汇众汽车制造公司	上海重型汽车厂
			上海汽车底盘厂
			上海第二汽车底盘厂
7	1992 年 5 月 18 日	上海汽车有色铸造总厂	华丰钢铁厂
			上海压铸厂
8	1992 年 6 月 27 日	上海合众汽车零部件总厂	上海轴瓦厂
			上海粉末冶金厂
9	1992 年 7 月 18 日	上海汽车齿轮总厂	由上海汽车齿轮厂更名为总厂
10	1993 年 12 月 26 日	上海汽车制动器公司	上海汽车制动器厂
			上海新建齿轮厂

资料来源:《上海汽车工业志》

九、转换企业经营机制

1992 年,上汽总公司开始贯彻落实国务院颁发的《全民所有制工业企业转换经营机制条例》,上海市政府颁发的《上海市全民所有制工业企业转换经营机制实施办法》以及上海市工业党委和上海市经委下发的《关于认真贯彻落实〈上海市全民所有制工业企业转换经营机制实施办法〉的通知》,进一步理顺总公司与总厂关系,完善投资决策中心、经营利润中心、生产成本中心三个层次管理模式;改革用工分配机制,实行全员劳动合同制,完善企业激励机制;贯彻执行《企业财务通则》和《企业会计准则》,完成财务会计同国际接轨。1993 年 5 月,上汽总公司向上海市经委上报贯彻的基本情况,同时要求将上汽总公司列为转换经营机制的授权经营试点。

　　1996年6月，上海汽车工业（集团）总公司（简称上汽集团）向上海市现代企业制度试点工作领导小组上报实施4年的情况，包括生产经营权、留用资金支配权、联营和兼并权、内部机构设置权已得到落实，产品和劳务价格已自主定价，产品销售权和物资采购权完全落实，3 000万元以下投资决策权自主立项，进出口权于1992年获得，资产处置权于1994年9月落实，劳动用工权于1992年开始落实，人事管理权已自主行使，工资和奖金分配权已实行工资总额增长不超过效益增长、实际平均工资增长不超过劳动生产率增长的"两不超过"模式。据此，上汽集团的企业经营机制基本符合《上海市全民所有制工业企业转换经营机制实施办法》的要求。

第二章 集团化改制

上汽集团化改制始于 1994 年被列为现代企业制度改革全国试点企业。1995 年,上海汽车工业(集团)总公司成为集团型公司并经授权统一经营管理集团国有资产承担保值增值责任。1997 年,该公司被列为国家大集团试点。至 2000 年,该公司建成规范的法人治理结构和母子公司体制框架。2008 年,完成子公司公司化改制。

第一节 现代企业制度改革试点

一、方案编制

1993 年 12 月 10 日,上海汽车工业总公司(简称上汽总公司)向上海市经济委员会(简称经委)报送《关于要求列为现代企业制度国家试点单位的请示》。1994 年 10 月,国务院批准上汽总公司为现代企业制度改革全国百家试点企业之一,上汽的现代企业制度改革正式启动。同年 12 月,上汽总公司和国家体制改革委员会经济体制与管理研究所签订协议,合作研究编制《上海汽车工业总公司建立现代企业制度试点方案》(简称《试点方案》)。

1995 年 1 月,《试点方案》编制完成。该方案提出试点工作的 3 个目标:即构造母子公司型大型企业集团,增强市场竞争能力;形成年产 50 万辆轿车规模,初具自主开发能力,成为国家轿车骨干企业;真正成为上海第一支柱产业。《试点方案》提出 6 个方面的试点内容:即实行政企分开、构建现代企业产权制度,包括组建上海汽车工业(集团)总公司,上海市国有资产监督管理委员会委派产权代表行使监管权;吸收多元投资主体,扩大上汽集团规模;建立国有资产运营制度,实现国有资产保值增值;建立科学规范的公司内部法人治理结构;加强科学管理,健全财务、资产、投资和规范母子公司权责关系等管理制度;加强党组织工作,完善企业民主管理。该方案还提出试点工作的组织领导与实施步骤。

二、方案报批

1995 年 1 月 10 日,上海市副市长蒋以任召集专题会议,听取上汽总公司《试点方案》汇报。会议认为,上汽现代企业制度试点方向明确,通过试点将进一步扩大公司经济规模,真正发挥上海第一支柱产业作用。2 月,上汽总公司将《试点方案》上报上海市现代企业制度试点领导小组评审。同年 5 月 2 日,《试点方案》经上海市现代企业制度试点工作领导小组办公室评审原则同意,并由上海市经委批复上汽总公司,希望上汽总公司依据《试点方案》积极进行探索,在优化资源配置和强化内部管理方面,为推动上海工业系统进一步深化企业改革提供有益经验。同年 7 月 18 日,国家经济贸易委员会(简称经贸委)对上汽总公司《试点方案》进行论证并原则同意。8 月 16 日,上海市人民政府和国家经贸委下发《同意上海汽车工业(集团)总公司(简称上汽集团)建立现代企业制度实施方案的批复》,指出上汽集团是国务院确定的百家现代企业制度试点之一,也是上海市现代企业制度试点中的重点企业;肯定《试点方案》符合党的十四届三中全会决定精神,符合国务院和中共上海市委、上海市政府对现代企业制度的总体部署和要求,体现"改革、改组、改造和加强企业管理"相结合的原则,同意上汽集团按此方案抓紧组织实施;希望抓住现代企业制度改革试点有利时机,勇于实践、大胆创新,在重点难点问题上力求突破,不断积累经验。

三、方案实施

上汽总公司于 1994 年 10 月被国务院批准列入现代企业制度改革全国百家试点企业之后,立即成立改革领导小组,组织实施改革试点工作。1995 年,完成《试点方案》报批,成立上汽集团和上海汽车有限公司,改革试点取得重大进展。此后,上汽集团每年确定工作重点,有序推进改革试点。1997 年 11 月,上汽集团参加机械部召开的现代企业制度试点企业工作座谈会,对 3 年改革试点进行总结。2000 年 5 月,上汽集团根据国家经贸委制定的《国有大中型骨干企业初步建立现代企业制度的标准》和上海市经委制定的《现代企业制度评价要素与标准》,对集团和所属 40 家国有企业及国有控股企业现代企业制度建设情况进行调查,肯定集团已建立法人治理结构及议事规则,拥有资本运作、投资、融资和资本回报等功能,上海汽车股份有限公司已在 A 股市场上市;集团及二、三层次企业均已拥有法人财产权并承担国有资产保值增值责任;集团已初步建立母子公司体制框架,并向下属国有企业委派产权代表;集团内已全面建立监事监控、审计监控、监察监控构成的经营者监督约束制度;集团 7 个控股子公司均设立董事会,40 家企业除 9 家国有企业因产品结构调整和即将资产重组等原因暂未设立董事会外,31 家设立董事会等。经过 5 年努力,上汽集团已经基本建立现代企业制度的基本框架。

第二节　上海汽车工业(集团)总公司

一、筹组过程

20 世纪 90 年代中期,上海市人民政府在推进现代企业制度改革中作出将各工业局改制为控股公司或集团公司的决策并进行部署。上汽总公司于 1993 年 10 月向上海市经委上报的希望列为现代企业制度国家试点单位的请示中提出:上海汽车工业要在日趋激烈的市场竞争中继续保持轿车领先优势,以适应上海第一支柱产业的地位和上海建设国际大都市的要求,必须对上汽总公司体制进行改革,组建上海汽车集团,并作为推进现代企业制度改革的重点。

1994 年 12 月,上汽总公司和国家体制改革委员会经济体制与管理研究所合作编制以组建集团总公司为重点内容的《上海汽车工业总公司建立现代企业制度试点方案》(简称《试点方案》)以及集团章程、法人治理结构运作机制和国有资产委托经营考核指标体系等集团化改制相关文件。其中《试点方案》提出的与建立集团公司相关的内容主要有:构建以国有资产为主体、投资主体多元化、跨行业跨地区、集科工贸和金融为一体、实行多角经营的母子公司型大型企业集团;通过国有资产授权经营,依托上汽总公司组建上海汽车工业(集团)总公司,上汽集团是兼有资产经营和生产经营双重职能的混合控股公司;吸收多元投资主体,改组企业资本结构和组织结构,扩大集团规模;建立国有资产运营制度,实现国有资产保值增值;建立科学规范的公司内部法人治理结构;加强科学管理,建立健全各项管理制度等。

　　1995 年 1 月,上海市副市长蒋以任主持召开专题研究审议上汽总公司授权经营和现代企业制度试点方案的现场办公会,同意《试点方案》中组建集团的内容,明确集团名称为上海汽车工业(集团)总公司,公司性质为国有独资混合型控股公司和有限责任公司,设立由监事会、董事会和总裁组成的法人治理机构。同年 5 月 2 日,上海市经委就《试点方案》批复上汽总公司,指出要通过高起点、高标准组建上汽集团,确保国有资产保值增值,推动相关企业发展,使汽车工业真正成为上海名副其实的第一支柱产业。

　　在完成一系列筹备工作之后,上海市工业党委、上海市经委分别就上汽总公司改组为集团型公司事宜请示中共上海市委和上海市人民政府。1995 年 8 月 14 日,上海市政府向上海市经委下达《关于同意上海汽车工业总公司改组为上海汽车工业(集团)总公司的批复》,并同意由上海汽车工业(集团)总公司和上海国际信托投资公司共同出资组建上海汽车有限公司(简称上汽有限);同意上汽集团经上海市国资委授权后统一经营和管理各成员企业的国有资产,并对授权范围内的国有资产保值增值负责;要求上汽集团和上汽有限积极推进建立现代企业制度,并抓住转制机遇,设置和完善财务公司、销售公司、进出口公司、技术中心、培训中心、质监中心等专业性公司(中心),理顺关系强化管理,逐步发展为集产业、科研、贸易、金融于一体的综合性特大型企业集团;明确上汽集团和上汽有限暂时实行"两块牌子、一套班子";明确由政府有关部门对上汽集团派出监事会,上汽有限设立监事会。同月 15 日,中共上海市委向上海市工业党委下达《关于上海汽车工业(集团)总公司、上海汽车有限公司级别问题的批复》,决定上汽集团和上汽有限为局级单位,原中共上海汽车工业总公司委员会改组为中共上海汽车工业(集团)总公司委员会和中共上海汽车有限公司委员会。

　　此外,同月 16 日,上海市政府、国家经贸委联合向上海市现代企业制度试点工作领导小组办公室下达《关于同意上海汽车工业(集团)总公司建立现代企业制度实施方案的批复》。同月 29 日,上海市国资委批复上汽集团,决定授权上汽集团依据产权关系,统一经营集团内各成员企业的国有资产,并对授权范围内国有资产保值增值负责。

　　中共上海市委和上海市政府及有关部门在下达同意成立上汽集团相关文件的同时,还就上汽集团法人治理结构及党组织领导人员进行一系列任命。

二、成立运行

　　上海汽车工业(集团)总公司成立于 1995 年 9 月 1 日,同时成立的还有上海汽车有限公司。同日,上汽集团和上汽有限召开成立大会。中共中央政治局委员、中共上海市委书记黄菊为上汽集团和上汽有限揭牌并作重要讲话。会议由上海市副市长蒋以任宣读上海市人民政府《关于同意上海汽车工业总公司改组为上海汽车工业(集团)总公司的批复》和《关于授权上海汽车工业(集团)总公司统一经营上海汽车工业(集团)总公司国有资产的批复》,中共上海市委常委、市委组织部部长罗世谦宣读《中共上海市委关于上海汽车工业(集团)总公司、上海汽车有限公司级别问题的批复》和《关于林树楠等同志任职的通知》《关于陈祥麟等同志职务任免的通知》,上海市工业党委书记孟庆令宣读《中共上海市工业工作委员会关于中共上海汽车工业(集团)总公司委员会和中共上海汽车有限公司委员会,上海汽车有限公司董事会组成人员的批复》;随后,上汽集团总裁陈祥麟作题为《继往开来,再创上海汽车工业发展新业绩》的报告;最后,黄菊作题为《抓住机遇,迎接挑战,发展壮大上海第一支柱产业》的重要讲话。

黄菊在讲话中强调指出,上汽集团成立是上海实施"一个龙头、三个中心"发展战略的重要措施之一,是上海汽车工业进入新的历史发展阶段的重要标志;充分肯定改革开放以来上海汽车工业发展令人瞩目,体现中央领导要求的上海特点、上海风格、上海水平和上海速度;勉励上汽集团在20世纪最后5年增强历史使命感和高度责任感,起点更高、气魄更大、质量更好、步子更快,努力建设成为企业结构合理、批量经济规模、技术水平先进、产品形成系列、具有自主开发能力和市场竞争能力,体现国际特征、中国特色、上海特点、管理现代化的跨地区跨行业的集产业、科研、贸易、金融于一体的综合性特大型企业集团,使上海汽车工业成为中国汽车工业的主要基地之一,成为上海国民经济中名副其实的第一支柱产业。

1999年7月,上汽集团根据现代企业制度建立规范法人治理结构要求,召开首届董事会第一次会议。上汽集团成立时,拥有1个全资子公司即上汽进出口公司,6个控股子公司即上汽有限、上汽财务、上汽销售、上汽技术中心、上汽质检中心和上汽培训中心。拥有集团成员50家,其中生产企业39家,生产企业中国有企业14家、合资企业25家;专业公司和中心7家、境外公司3家。上汽集团和上汽有限按照各自功能定位设置管理机构。

上汽集团成立后,在继续推进重大项目建设、引进来和走出去并举、做大规模做强能力等方面,实施一系列重大战略决策,实现从上海到全国再到世界、从合资合作到自主创新与合资合作并举的战略跨越。

"九五"期间,上汽集团先后建成上海通用汽车项目和上海大众汽车三厂两个世界级整车项目,在上海形成"东西联动"的格局,继续保持中国最大轿车制造基地的地位;轿车生产达到20世纪90年代末国际先进水平,汽车零部件进一步提升与别克、帕萨特两个中高级轿车的配套能力;中外合资从轿车制造进入汽车研发、汽车销售以及客车制造领域;初步形成由公司技术中心、泛亚汽车技术中心和上海大众技术中心以及零部件企业技术中心组成的技术开发体系;通过上海汽车股份有限公司上市开始进入资本市场。

"十五"期间,上汽集团"出海跨洋"参与中国和世界汽车工业战略重组。合资组建上汽通用五菱,创中中外合作新模式;在全国建成5大整车基地,初步形成整车全国布局;参与收购韩国大宇汽车公司,开中国汽车资本走出国门先例,并成为韩国双龙汽车公司第一大股东;零部件企业"抢逼围",业务外向度达30%以上;对外合作覆盖从汽车研发到汽车制造再到汽车物流和汽车销售服务的整条产业链。特别是2004年发起设立上海汽车集团股份有限公司并使其成为A股市场最大的汽车上市公司,上汽国资国企改革和管理体制变革进入新阶段,上汽集团控股上汽股份并开始向先进制造业和现代服务业的综合性投资公司方向发展;同年,上汽集团成为中国汽车工业首家世界500强企业。

"十一五"期间,上汽集团在控股上海汽车的同时,推动上汽进入合资合作与自主创新并举的发展阶段。集团与跃进汽车集团公司全面合作,成为中国汽车工业战略重组的重要里程碑;启动新能源汽车"孵化"项目为发展新能源汽车创造有利条件;继续推进零部件零级化、中性化、国际化发展,并实现零部件业务整体上市,上汽集团控股华域汽车系统股份有限公司,并使其成为A股市场最大的汽车零部件上市公司;进一步构建汽车物流、国际商贸、零售与服务、融资租赁、信息服务和创意节能"5+1"现代汽车服务专业化产业群,业务规模位居国内同行领先地位。

上汽集团直接经营整车业务最后一年的2004年,与集团成立之年1995年相比,汽车销量从16.11万辆增至84.92万辆,增长4.27倍,国内汽车市场占有率从11.07%增至16.75%,增加5.68个百分点;其中乘用车从16.01万辆增至61.80万辆,增长2.86倍,国内乘用车市场占有率从

42.3 减至 26.56%,减少 15.74 个百分点;商用车从 805 辆增至 23.69 万辆,猛增 294.29 倍,国内商用车市场占有率达到 8.42%;摩托车从 40 万辆减至 4.56 万辆,锐减 88.6%;拖拉机从 1.64 万台减至 8 699 台,减少 47%。

2011 年与 1995 年相比,上汽集团从业人员从 62 578 人增至 185 875 人,增长 1.97 倍;工业总产值从 290.13 亿元增至 3 257.03 亿元,增长 10.23 倍;工业增加值从 81.41 亿元增至 1 242.55 亿元,增长 14.26 倍;销售收入从 533.64 亿元增至 4 348.04 亿元,增长 7.15 倍;利润从 37.61 亿元增至 712.08 亿元,增长 17.93 倍;资产总额从 311.68 亿元增至 3 318.13 亿元,增长 9.64 倍。

2010 年,上汽集团在上海百强企业的排位开始从第 2 名升至第 1 名,2011 年继续保持第 1 名。2011 年,上汽集团第 7 次跻身世界 500 强,排名从 2010 年的第 223 位升至第 151 位,首次进入 200 位以内。

2011 年 12 月,上海汽车集团股份有限公司整体上市,股票简称上汽集团,上海汽车工业(集团)总公司成为新的上汽集团国有资产出资者代表和控股公司。

三、上海汽车有限公司、上海汽车工业有限公司

【上海汽车有限公司】

1995 年 9 月 1 日,上海汽车有限公司(简称上汽有限)与上海汽车工业(集团)总公司同时成立。上汽有限由上汽集团与上海国际信托投资公司(简称上国投)共同投资组建,双方股份为 75% 和 25%。根据上海市人民政府批复,上汽集团和上汽有限均建立法人治理结构,且为"两块牌子、一套班子"。

1997 年 6 月,上汽集团决定在上汽有限资产重组基础上,设立上海汽车股份有限公司,成为在上海证券交易所上市的上市公司。7 月 1 日,上汽集团与上国投签署资产转让协议,上国投将其所拥有的上汽有限中进入上市公司的资产全部权益转让于上汽集团,确保上汽集团成为上海汽车股份有限公司的独家发起人。同月 15 日,上汽集团上报《关于上海汽车有限公司改制为上海汽车股份有限公司并公开发行股票的请示》。8 月 2 日,上海市人民政府批复上汽集团同意设立上海汽车股份有限公司。同年 11 月 25 日,上海汽车股份有限公司股票在上海证券交易所上市挂牌。上汽集团党委书记林树楠、党委副书记刘雅琴出席,上汽集团副总裁、上海汽车股份有限公司董事长郁子冲为股票挂牌敲锣。

【上海汽车工业有限公司】

1997 年 12 月,上海汽车有限公司改制为上海汽车股份有限公司的同时,上汽有限股东上海汽车工业(集团)总公司和上海国际信托投资公司经协商,决定将上汽有限不进入上海汽车股份有限公司的部分资产组建上海汽车工业有限公司(简称上汽工业有限)。是月 30 日,上汽集团与上国投签署《合资组建上海汽车工业有限公司合同》,规定上汽工业有限主营汽车、摩托车、拖拉机等各种机动车整车、总成及零部件,以及物业管理、国内贸易和咨询服务;上汽集团占股 75%,上国投占股 25%;公司设立股东会和董事会,上汽集团出任董事长、副董事长和监事长,上国投出任副董事长。

上汽工业有限成立后,对上汽零部件企业和服务贸易企业的机构人员、资产经营、业务运作实施管理。为减少管理层次,提高工作效率,保持原有管理的延续性,上汽工业有限除了行使财务、统

计、办公室等部分职能外,不设立单独的管理职能部门,以委托管理的方式全权委托上汽集团及其行政部室代行管理职能。

1998年12月,上汽工业有限经营范围变更为汽车、拖拉机、摩托车等工业的投资、管理、开发,国内贸易及咨询服务。2000年9月,上汽集团董事长陈祥麟与上国投董事长周有道签署《股权转让协议》,上国投将其持有的上汽工业有限25%的股权转让于上汽集团。2002年12月,上海市国资委批复同意,上汽工业有限变更为国有独资有限公司。

2004年12月,上汽集团发起成立上海汽车集团股份有限公司,并决定上汽工业有限持有的汽车产业链相关资产划拨至上汽集团名下,该等资产作为上汽集团出资资产的一部分划入上海汽车集团股份有限公司。2011年12月,上海汽车集团股份有限公司整体重组上市并简称上汽集团,上汽工业有限尚持有的上海汽车集团(北京)有限公司、上海汽车资产经营有限公司、上海汽车工业活动中心和上海汽车报社有限公司的股权,以及持有的招商银行股权均转至新的上汽集团;同时,上汽工业有限持有新的上汽集团334 408 775股股份,占股3.03%。2015年4月,上汽工业有限将该等股份转至上海国际集团有限公司,不再持有上汽集团的股份。

第三节　集团化相关改革

一、国有资产授权经营

1993年11月,上海汽车工业总公司在实施现代企业制度改革和集团化改制过程中,根据国务院国有资产管理局颁发的《关于国家试点企业集团国有资产授权经营的实施办法(试行)》和上海市政府统一部署,把积极探索国有资产授权经营改革作为重要条件和重要内容,公司编制上报《国有资产授权经营改革试点方案》,建议对上汽总公司进行国有资产授权经营试点。1994年3月2日,上汽总公司向上海市国有资产监督管理委员会(简称国资委)上报《关于要求进行国有资产授权经营的请示》,要求授权上汽总公司经营公司本部及所属全资企业的国有资产、公司及所属全资企业对外投资的国有资产,上汽总公司对授权方负责,确保国有资产保值增值。同年9月27日,上海市国资委批复,授权上汽总公司统一管理经营公司国有资产,要求积极盘活国有资产存量,调整产品结构、产业结构和企业组织结构,提高经济效益,实现资本增值。1995年1月12日,上汽总公司根据1月10日上海市副市长蒋以任召集的现场办公会精神,向上海市国资委上报《关于申请国有资产授权经营的补充报告》。

1995年8月14日,上海市政府批复同意上汽总公司改组为上海汽车工业(集团)总公司。同月28日,上汽集团向上海市国资委上报《关于要求进行国有资产授权经营的请示》。同月29日,上海市国资委批复,授权上汽集团依据产权关系统一经营集团内各成员企业的国有资产;同意上汽集团按照现代企业制度要求形成多元化多层次结构并对国有资产保值增值负责;明确授权经营国有资产的金额以清产核资核定的登记数为准,并作为考核国有资产保值增值的依据;撤销上海市国资委1994年9月27日所发《关于授权上海汽车工业总公司统一管理经营上海汽车工业总公司国有资产的批复》。

二、国家大集团试点

1996年4月,上汽集团向国家机械工业部递交进行第二批大型企业集团试点的申请,以进一步规范集团化建设,提高集团化水平。1997年3月,上汽集团参加国家经济贸易委员会召开的搞好大型企业集团座谈会。5月,上汽集团被国务院正式批准为国家120家大集团试点企业之一。同年10月,上汽集团委托上海市计划经济研究所编制《上海汽车工业(集团)总公司改制试点方案研究要求及大纲》以及《上汽集团中长期发展目标和总体战略研究》《上汽集团建立母子公司体制和组织管理结构设计》等7个专题报告。

1998年12月23日,上汽集团将经过专家论证的《上汽集团国家大型企业集团试点方案》(简称《试点方案》)上报国家经贸委。该方案提出:集团发展战略总目标是以百万辆级乘用车为目标,力争成为国家汽车产业政策支持发展的2~3家特大型汽车企业集团之一,稳固立足国内汽车集团前两强之列,在2010年前形成较为完整的自主开发能力,加大出口力度,参与国际竞争,实现进入世界500强的目标。《试点方案》还就完善集团母公司法人治理结构等方面提出目标措施。1999年5月7日,国家经贸委下达《关于上汽集团试点方案有关问题的批复》,肯定上汽集团《试点方案》发展战略规划及改革思路清晰,目标明确,内容基本完整,原则同意上汽集团实施《试点方案》;要求上汽集团按照国务院文件精神和国家有关政策,进一步细化试点方案和发展战略的具体措施,切实做好组织实施工作。此后,上汽集团按照国家级大集团试点工作要求和标准积极推进。2010年,上汽集团汽车产销358万辆,位居中国汽车行业第一,形成完整的自主品牌研发体系,第6次跻身世界500强,排位第223位,《试点方案》提出的目标基本实现。

三、集团成员公司制改革

1994年,中国开始实施《中华人民共和国公司法》。1995年8月,上海市国有资产监督管理委员会在授权上汽集团统一经营集团国有资产的批复中,要求逐步对各子公司进行公司化改造,建成规范的有限责任公司或股份有限公司。

按照这一要求,上汽集团一方面与外方合资合作,从1996—2000年将上海汇众汽车制造公司、上海客车制造公司、上海活塞厂、上海汽车铸造总厂等一批国有企业改制为中外合资有限公司;另一方面完善所属企业法人治理结构,使之符合《公司法》要求,集团在上海汽车股份有限公司等子公司设立监事会,1996年向所属11家国有企业和控股企业委派监事。至2000年上汽集团7个控股子公司均设立董事会,40家二层次企业有31家设立董事会,另有9家国有企业因产品结构调整或即将资产重组等因素暂未设立董事会。

2005年,上汽集团根据上海汽车集团股份有限公司整车业务上市、其二级子公司均应改制为有限责任公司的规范要求,对上海汽车工业销售总公司、上海汽车进出口公司、上海幸福摩托车总厂、上海内燃机研究所等二级全资子公司进行公司化改制。2008年6月,上汽集团董事会在审议批准集团直管内资企业股权结构和管控模式优化方案时,同意对上海拖拉机内燃机公司和上海汽车制动器公司实施公司化改造。至此,集团下属企业全部完成公司制改造,并按照《公司法》要求建立股东会、董事会和监事会等法人治理结构。

第三章　股份化改制

1997年,上海汽车股份有限公司成立上市,上汽开始进入证券市场。2006年和2009年,上海汽车工业(集团)总公司先后实现整车业务和零部件业务整体上市。2011年,上海汽车集团股份有限公司实现整体上市,公司资产证券化率超过99%。

第一节　上海汽车股份有限公司上市运营

一、方案报批

1996年12月30日,中共中央政治局委员、中共上海市委书记、上海市汽车工业领导小组组长黄菊到上海汽车工业(集团)总公司(简称上汽集团)现场办公,明确指示上汽集团要进入资本市场,通过股份化改制,建立产权清晰、管理科学的现代企业制度,盘活存量资产,实现保值增值。

1997年4月,上海市人民政府作出发起设立100家股份有限公司的决定。为此,上汽集团于同年6月6日拟就《关于设立上海汽车股份有限公司并公开发行股票的申请方案》。该方案提出:集团在上海汽车有限公司资产重组基础上,以上海汽车齿轮总厂资产为母体,以募集方式设立上海汽车股份有限公司,注册资本10亿股,其中发起人股份7亿股,社会公众股3亿股(包括向公司职工配售3000万股),发行价7元,募集资金21亿元;所募资金主要投向上海通用汽车、桑塔纳及别克轿车配套零部件项目以及收购上汽集团部分优质资产。

鉴于上海汽车有限公司是上汽集团与上海国际信托投资公司共同投资的有限公司,为支持上海汽车上市,上海国际信托投资公司与上汽集团于1997年7月1日签署资产转让协议,将其所拥有的上海汽车有限公司中用于上市的资产全部权益转让于上汽集团,确保上汽集团成为上海汽车的独家发起人。

1997年7月15日,上汽集团向上海市经济委员会(简称上海市经委)提交《关于上海汽车有限公司改制为上海汽车股份有限公司并公开发行股票的请示》和上市方案,并申请在上海证券交易所上市。同月17日,上汽集团向上海市证券管理办公室上报《关于上海汽车有限公司改制为上海汽车股份有限公司并申请公开发行3亿A股额度的报告》。同月24日,上海市证券管理办公室批复下达上汽集团发起设立的上海汽车股份有限公司(筹)人民币股票(A股)发行额度3亿元。8月2日,上海市人民政府批复上汽集团,同意设立上海汽车股份有限公司;股本总额10亿股,其中上汽集团持有7亿股、占总股本70%,向社会公众募集3亿股(内部职工股3000万股)、占总股本30%;股票面值人民币1元;原则同意《上海汽车股份有限公司章程》。9月8日,上汽集团向上海市证券管理办公室上报《关于上海汽车股份有限公司公开发行股票的申请报告》。同月25日,上海市证券管理办公室向中国证券监督管理委员会(简称中国证监会)上报《关于同意上海汽车股份有限公司(筹)公开发行股票申请材料报证监会审批的报告》。11月4日,中国证监会下达批复,同意上海汽车股份有限公司(筹)本次向社会公开发行人民币普通股3亿股(含公司职工股 3 000 万股），每股面值 1 元，股票发行结束后可向已选定的上海证券交易所提出上市申请。

二、股票发行上市交易

1997 年 11 月 7 日，上海汽车股份有限公司 3 亿股 A 股在上海证券交易所上网定价发行，每股 7.02 元，发行募集资金 21.06 亿元，申购资金 1 462.66 亿元，募集资金量和申购资金量在当时中国股票市场创下两个第一。同月 17 日，上海大华会计师事务所出具募集股款验资报告。同月 22 日，上海汽车股份有限公司在《中国证券报》《上海证券报》发布《上海汽车股份有限公司股票上市公告书》。同月 25 日，上海汽车股份有限公司发行的 2.7 亿股社会公众股在上海证券交易所上市流通，股票简称上海汽车，股票代码 600104。公司职工持股 3 000 万股，按国家及上海证券交易所有关规定半年后上市。上汽集团党委书记林树楠、副书记刘雅琴及上海市证券交易所领导出席上海汽车上市挂牌仪式，上汽集团副总裁、上海汽车董事长郁子冲为股票挂牌敲锣。上海汽车上市仪式遵循节俭原则并将原计划用于庆典的 10 万元费用捐赠给上海市慈善基金会，感谢社会各界对公司关心支持。

图 1-3-1　上海汽车位于浦东张江的总部大楼

三、法人治理结构

上海汽车股份有限公司成立后，建立包括股东大会、董事会、监事会和管理层在内的法人治理结构。

1997 年 11 月 20 日，上海汽车召开创立大会暨第一届股东大会，股东代表 122 人出席大会，代表股数占总股份的 73.02%。会议审议并通过上汽集团作为发起人制定的《上海汽车股份有限公司章程（草案）》、公司投资计划、公司社会公众股票申请在上海证券交易所上市等议案，选举 7 名董事组成的第一届董事会和 3 名监事组成的第一届监事会。至 2007 年 8 月，上海汽车累计召开股东大会 16 次，包括 3 次临时股东大会，审议通过公司重要议案共计 121 个。

1997 年 11 月 20 日，上海汽车召开一届一次董事会和一届一次监事会，分别选举董事长、副董事长和监事会主席。同月至 2007 年 8 月，上海汽车董事会和监事会各经历 3 届，其中 1997 年 11 月至 2000 年 11 月为第 1 届，合计召开董事会会议 21 次，监事会会议 9 次；2001 年 3 月至 2004 年 3 月为第 2 届，合计召开董事会会议 19 次，监事会会议 11 次；2004 年 4 月至 2008 年 6 月为第 3 届，合计召开董事会会议 22 次，监事会会议 7 次。3 届共召开董事会会议 62 次，审议通过议案 210 个；监事会会议 27 次，审议通过议案 54 个。

表 1-3-1　1997—2008 年上海汽车第一届至第三届董事会监事会负责人和总经理一览表

	第一届	第二届	第三届
董事长	郁子冲 1997 年 11 月—1999 年 4 月 陈祥麟 1999 年 4 月—2001 年 4 月	陈祥麟 2001 年 4 月—2004 年 4 月	胡茂元 2004 年 4 月—2008 年 6 月
副董事长	刘雅琴 1997 年 11 月—1998 年 5 月 陈因达 1997 年 11 月—2000 年 11 月 胡茂元 2000 年 8 月—2001 年 4 月	胡茂元 2001 年 4 月—2004 年 4 月	陈虹 2006 年 4 月—2008 年 6 月
监事会主席	林树楠 1997 年 11 月—1999 年 4 月 陈忠德 1999 年 4 月—2001 年 4 月	陈忠德 2001 年 4 月—2004 年 4 月	陈祥麟 2004 年 4 月—2008 年 6 月
总经理	尤石樑 1997 年 11 月—2001 年 4 月	尤石樑 2001 年 4 月—2001 年 10 月 赵凤高 2001 年 10 月—2004 年 4 月	赵凤高 2004 年 4 月—2007 年 4 月

资料来源:《上海汽车年报》

四、融资投资

【股市融资】

1997 年 11 月 7 日,上海汽车股份有限公司 3 亿股 A 股在上海证券交易所上网定价发行,中国证监会同意以 14.9 倍市盈率计算发行价,以每股 7.02 元发行,实际募集资金 21.06 亿元。

2000 年 4 月 27 日,上汽集团向上海市国有资产管理办公室请示,上海汽车拟实施增资配股计划,集团拟全额认购上海汽车 2000 年的配股,用上海汇众汽车有限公司和上海万众实业公司 50% 的股权参与认购。同月 30 日,上海市国资办批复原则同意上海汽车以 1999 年年末股本 14 亿股为基数,按 10:3 比例向全体股东配售股份,其中国家股应配股份 2.94 亿股,同意上汽集团以现金和资产全额认购应配股份。6 月 26 日,上海汽车向中国证监会上海证券监督管理办公室上报经公司董事会和 1999 年股东大会审议通过的 2000 年增资配股方案。2001 年 1 月 6 日,中国证监会批准上海汽车向原股东配售发行股票 4.2 亿股,发行价格为每股 8.00 元,实际募集资金 33.07 亿元,其中货币资金 15.45 亿元,股东投入的长期股权投资 17.62 亿元,资金到位时间 2001 年 3 月 9 日。

【投资收购】

1997 年 11 月,上海汽车 3 亿股 A 股在上海证券交易发行实际募集资金 21.06 亿元后,于 1998

年投资 2.2 亿元全资收购上海中国弹簧厂,投资 1.4 亿元收购上海易初通用机器有限公司 40% 股权,投资 1.3 亿元收购上海纳铁福传动轴有限公司 35% 股权,投资 11 亿元持有上海通用汽车有限公司 19% 股权;1999 年收购上海小糸车灯有限公司 50% 股权,收购上海采埃孚转向机有限公司 49% 股权,收购上海汽车制动系统有限公司 50% 股权;2000 年受让上汽集团持有的上海通用汽车 1% 股权,与上汽集团共同组建上海汽车信息产业投资有限公司并拥有 40% 股权,投资上海巨龙信息科技股份有限公司持有 12.56% 股权,投资上海汽车集团财务有限责任公司持有 40% 股权,参股南方证券股份有限公司持有 10.41% 股权,出资 0.9 亿元成为首创股份、丝绸股份、佛塑股份、乌江电力、首旅股份等 5 家上市公司战略投资者。

2001 年,上海汽车配股募集货币资金 15.45 亿元后,至 2006 年主要实施的投资和收购项目有:投资 1.48 亿元实施别克轿车自动变速器 4 个分总成项目,投资 1.9 亿元实施上海通用汽车经济型轿车变速器零部件及总成技改项目,投资 5.2 亿元参股上汽财务项目,投资 4 000 万元参建上海汽车信息产业投资有限公司项目,共计使用募集资金 11.79 亿元。

五、股东股本

1997 年上海汽车上市后,国有资产折股 7 亿股,向社会发行 3 亿股,总股本 10 亿股,国有股持股比例 70%。1998 年实施送红股和转增股后,总股本增至 14 亿股。2001 年实施送红股和配股后,总股本增至 25.20 亿股。2004 年实施送红股后,总股本增至 32.76 亿股。3 次送配股国有股持股比例均保持不变。2004 年上汽集团持有的占总股本 70% 的 22.93 亿股国家股,变更为新设立的上海汽车集团股份有限公司持有,股份性质变更为国有法人股。2005 年 10 月,上海汽车实行股权分置改革后,上汽股份持股比例由 70% 降至 59.80%,其他股东持股比例由 30% 增至 40.20%,公司股本总量保持不变。2006 年 12 月 20 日,上海汽车完成向控股股东上汽股份定向发行 327 503 万股 A 股的相关股权变更工作,上海汽车总股本增至 6 551 029 090 股,国有股持股比例增至 83.83%,净资产从 2005 年的 116.6 亿元增至 2006 年年末的 316.5 亿元,成为 A 股市场规模最大的汽车上市公司。

上海汽车股东总数 1997 年年末为 157 368 户,至 2001 年股东总数增至 199 288 户的最高值,此后至 2003 年年末下降为 55 232 户最低值,至 2006 年年末为 77 907 户。

表 1-3-2　1997—2006 年上海汽车总股本变动情况表

年份	总股本(股)	变动数(+/−)	变 动 原 因
1997	1 000 000 000	—	—
1998	1 400 000 000	+400 000 000	1. 每 10 股送 2.5 股红股,增 250 000 000 股; 2. 每 10 股公积金转增 1.5 股,增 150 000 000 股
2001	2 519 999 300	+1 119 999 300	1. 每 10 股送 5 股红股,增 699 999 300 股; 2. 每 10 股配 3 股,增 420 000 000 股
2003	3 275 999 090	+755 999 790	每 10 股送 3 股红股,增 755 999 790 股
2006	6 551 029 090	+3 275 030 000	12 月 20 日向上海汽车集团股份有限公司定向发行 3 275 030 000 股股份并购买其资产

资料来源:《上海汽车年报》

表 1－3－3　1997—2006 年年末上海汽车股东总数变动情况表　　　　　　　单位：户

年 份	1997	1998	1999	2000	2001	2002	2003	2004	2005	2006
股东数	157 368	167 707	135 123	163 551	199 288	189 214	55 232	83 860	81 093	77 907

资料来源：《上海汽车年报》

表 1－3－4　1997—2006 年年末上海汽车前五名股东变动情况表

年份	股 东 名 称	股东性质	持股总数(股)	持股比例(%)
1997	上海汽车工业(集团)总公司	国有法人	700 000 000	70
	温大机设	其 他	2 611 020	0.26
	平安证券	其 他	1 785 738	0.178
	徐和清	自然人	1 773 215	0.177
	吉林信托	其 他	1 559 253	0.156
1998	上海汽车工业(集团)总公司	国有法人	980 000 000	70
	裕阳基金	其 他	5 246 195	0.37
	苏柳	自然人	3 126 887	0.22
	安信基金	其 他	2 857 785	0.20
	喻洪	自然人	2 795 430	0.20
1999	上海汽车工业(集团)总公司	国有法人	980 000 000	70
	金鑫基金	其 他	14 255 224	1.018
	裕隆基金	其 他	10 187 897	0.728
	景宏基金	其 他	9 337 815	0.667
	天元基金	其 他	7 596 200	0.543
2000	上海汽车工业(集团)总公司	国有法人	980 000 000	70
	金鑫基金	其 他	7 305 340	0.522
	安顺基金	其 他	5 619 531	0.401
	天发投资	其 他	3 946 975	0.282
	上海天投	其 他	2 561 780	0.183
2001	上海汽车工业(集团)总公司	国有法人	1 763 999 510	70
	南方证券	其 他	86 670 520	3.44
	西港公司	其 他	8 842 372	0.35
	申创投资	其 他	4 472 322	0.18
	南京新投	其 他	4 138 228	0.16
2002	上海汽车工业(集团)总公司	国有法人	1 763 999 510	70
	南方证券	其 他	28 730 203	1.14

〔续表〕

年份	股 东 名 称	股东性质	持股总数(股)	持股比例(%)
2002	博时增长	其 他	19 468 692	0.77
	裕阳基金	其 他	11 874 300	0.47
	鹏华成长	其 他	8 516 145	0.34
2003	上海汽车工业(集团)总公司	国有法人	1 763 999 510	70
	同盛证券投资基金	其 他	18 124 588	0.72
	博时价值增长证券投资基金	其 他	16 141 275	0.64
	天元证券投资基金	其 他	15 735 367	0.62
	裕隆证券投资基金	其 他	15 624 445	0.62
2004	上海汽车工业(集团)总公司	国有法人	2 293 199 363	70
	博时价值增长证券投资基金	其 他	34 789 322	1.06
	裕隆证券投资基金	其 他	20 000 000	0.61
	中信经典证券投资基金	其 他	19 651 418	0.60
	裕元证券投资基金	其 他	15 000 000	0.46
2005	上海汽车工业(集团)总公司	国有法人	2 216 519 456	67.66
	博时价值增长证券投资基金	其 他	46 617 691	1.42
	上证50交易型开放基金	其 他	39 243 301	1.20
	全国社保102组合	其 他	30 256 610	0.92
	全国社保103组合	其 他	188 699 606	0.57
2006	上海汽车工业(集团)总公司	国有法人	5 491 549 456	83.83
	全国社保102组合	其 他	37 040 119	0.57
	裕阳证券投资基金	其 他	31 902 197	0.49
	全国社保103组合	其 他	29 150 000	0.44
	全国社保108组合	其 他	26 810 562	0.41

资料来源:《上海汽车年报》

六、经营业绩和股票收益

2006年与1997年相比,上海汽车总资产从40.56亿元增至864.23亿元,增长20.31倍;主营业务收入从17.74亿元增至305.03亿元,增长16.19倍;净利润从4.73亿元增至14.25亿元,增长2.01倍;股东权益从33.01亿元增至316.48亿元,增长8.59倍。

1997—2006年的10年,上海汽车有7年对股东进行分红,有3年进行送配股。2000年6月,上海汽车经过上海市资产重组领导小组办公室、上海证券交易所和上海上市公司董事会秘书协会综合考评,被评为1999年度上市公司盈利15强之一,排名第3位。2005年9月,上海汽车股权分置改革方案出台,上海汽车集团股份有限公司作为上市公司唯一非流通股股东向流通股股东支付对价,流通股股东每持有 10 股可获 3.4 股股份,得到流通股股东广泛认可,经网络和股东会议现场投票,该方案以 99.62% 的支持率高票获得通过。

表 1-3-5　1997—2006 年上海汽车股权收益情况表

年份	每股净资产(元)	每股收益(元)	增配股(股)	分红(股/元)
1997	3.302	0.473	—	—
1998	2.862	0.502	10 股送 2.5 股红股,转增 1.5 股	
1999	2.91	0.512		0.42
2000	3.43	0.53	10 股送 5 股红股,配 3 股	
2001	3.226	0.312		0.15
2002	3.284	0.425		0.36
2003	3.888	0.602	10 股送 3 股红股	0.15
2004	3.474	0.604	—	0.25
2005	3.558	0.337	—	0.25
2006	4.831	0.218		0.16

资料来源:《上海汽车年报》

表 1-3-6　1997—2006 年上海汽车主要会计数据和财务指标一览表

年份	主营业务收入(元)	净利润(元)	总资产(元)	股东权益(元)	每股经营活动产生的现金净流量(元/股)	每股收益(摊薄)(元/股)	每股收益(扣除非经常性损益后)(元/股)	每股净资产(元/股)	调整后的每股净资产(元/股)	净资产收益率(摊薄)(%)
1997	1 774 219 842.57	472 632 573.74	4 056 158 102.29	3 301 379 130.44	—	0.473	—	3.301	3.294	14.32
1998	1 936 552 145.01	702 339 721.98	4 834 736 367.52	4 007 005 851.71	—	0.502	—	2.862	2.855	17.53
1999	2 434 192 696.91	717 034 129.16	6 055 843 580.61	4 068 451 678.51	0.671	0.512	0.509	2.910	2.880	17.62
2000	2 493 430 027.23	742 266 939.56	6 807 967 212.40	4 795 929 992.34	0.394	0.53	0.535	3.43	3.40	15.48
2001	3 705 234 168.12	787 222 437.47	10 054 325 600.56	8 129 947 593.76	0.288	0.312	0.333	3.226	3.207	9.68
2002	4 769 239 663.70	1 070 440 385.82	10 700 458 519.68	8 275 291 396.17	0.309	0.425	0.465	3.284	3.265	12.94
2003	6 891 518 318.54	1 516 808 257.39	12 092 059 919.39	9 797 283 218.17	0.155	0.602	0.566	3.888	3.875	15.48
2004	7 490 515 393.02	1 978 089 244.63	13 997 797 484.04	11 379 406 437.40	0.088	0.604	0.583	3.474	3.461	17.38
2005	6 388 689 053.95	1 104 621 764.73	14 594 849 571.15	11 655 346 029.67	0.198	0.337	—	3.558	3.540	9.04
2006	30 502 982 127.49	1 424 919 964.69	86 422 712 219.48	31 647 712 869.49	1.403	0.218	—	4.831	4.780	4.50

资料来源:《上海汽车年报》

第二节　上海汽车集团股份有限公司（上汽股份）成立运营

一、筹组报批

进入 21 世纪,中共上海市委和上海市人民政府在实施国有资产战略调整中,决定由上海汽车工业(集团)总公司独家发起设立上海汽车集团股份有限公司(简称上汽股份)并择机整体上市。上汽集团为拓宽资本市场融资渠道和引进资本市场运营机制,进一步提高核心竞争能力和国际经营能力,积极落实市委市政府决策,深化股份化改制。2004 年 6 月,编制完成《上海汽车工业(集团)总公司整体改制重组方案》(简称《整体改制重组方案》)并报送中国证监会。同月 23 日,中国证监会致函上海市政府,表示原则支持上汽集团整体改制上市。7—8 月,上海市发展和改革委员会组织市政府有关部门和上汽集团进一步完善《整体改制重组方案》。8 月 31 日,上汽集团董事会审议批准该方案。

《整体改制重组方案》总体思路是:上汽集团作为独家出资人将集团汽车主业资产改组成立上海汽车集团股份有限公司,上汽股份集中上汽集团汽车产业链资产并发行股票实现上市,成为主业突出、结构合理、管理科学、技术先进、市场竞争能力较强的国际化汽车上市公司;改组后的上汽集团持有上汽股份国有股权和其他现有资产,按照上海国有资产战略布局调整和全市产业发展要求,发展成为先进制造业和现代服务业的综合性投资公司。

2004 年 9 月开始,上汽集团就整体重组方案、股份公司设立和国有股权管理等重要事项分别进行报批。

2004 年 9 月,《整体改制重组方案》进入正式报批程序。9 月 1 日,该方案经上海市国资委上报上海市政府。同月 24 日,上海市政府下达《关于原则同意〈上海汽车工业(集团)总公司整体改制重组方案〉的批复》,同意由上汽集团独家发起设立股份公司,改组现有的上汽集团作为股份公司的控股机构;该股份公司以股权投入的方式设立,国有股性质为国有法人股;上汽集团持有的上海汽车(600104)70%的国有股股权经履行相关法定手续后,变更为新设立的上汽股份持有。同月 28 日,上海市国资委向上汽集团下达《关于同意〈上海汽车工业(集团)总公司整体改制重组方案〉的批复》,正式批准《整体改制重组方案》。

2004 年 11 月,设立上汽股份进入报批程序。同月 24 日,上汽集团向上海市政府报送《关于设立上海汽车集团股份有限公司的请示》,提出将整车、关键零部件、自主品牌以及相关服务贸易业务和资产进行重组并独家发起设立上汽股份,并拟发行股票并上市。同月 26 日,上海市政府向上汽集团下达《关于同意设立上海汽车集团股份有限公司的批复》,并原则同意《上海汽车集团股份有限公司章程草案》。同日,中共上海市委下发通知,决定建立上汽股份党委并隶属上汽集团党委。

与此同时,国有股权管理事宜进入报批程序。2004 年 10 月,上海立信资产评估有限公司出具有关设立上汽股份的《资产评估报告书》,上汽集团随即向上海市国资委上报《资产投入及折股方案》,11 月 24 日获上海市国资委批准。12 月 31 日,国务院国资委向上海市国资委下达《关于上海汽车集团股份有限公司国有股权管理有关问题的批复》,同意上汽集团投入上汽股份的资产评估后净资产为 396.36 亿元;同意将净资产折为 257.6 亿股,由上汽集团持有,股份性质为国家股;同意上汽股份总股本为 32.76 亿股,其中上汽集团持有的占总股本 70％的 22.93 亿股国家股,股份性质变更为国有法人股。2005 年 1 月 21 日,上海市国资委向上汽集团下达《关于上海汽车集团股份有限公司国有股权管理有关问题的批复》。

二、上汽股份成立

2004 年 12 月 30 日,上海汽车集团股份有限公司揭牌仪式在上海展览中心举行。中共上海市委主要负责人出席并揭牌。中共上海市委副书记、上海市市长韩正作重要讲话,指出上汽集团整体改制重组,是贯彻党的十六届三中全会和市委八届五次全会精神、深化国资国企改革的重大举措,也是贯彻上海科教兴市主战略,按照"两个优先"要求加快上海汽车工业发展,建设具有核心竞争力和国际经营能力的汽车大集团的重大举措;希望上汽股份牢牢抓住重组改革契机,振奋精神、奋力开拓,不断做大做强,把超前开发、联合开发、自主开发有机结合起来,建立健全自主品牌经营管理体系,努力成为一家主业突出、管理科学、技术先进、市场竞争力较强的国际化汽车公司。上海市人大常委会主任龚学平、上海市政协主席蒋以任、中共上海市委副书记王安顺出席,中共上海市委常委、上海市副市长冯国勤主持仪式,中共上海市委常委、市委组织部部长姜斯宪宣读《关于胡茂元等同志任职的通知》,上海市国资委主任宣读上海市政府《关于同意设立上海汽车集团股份有限公司的批复》。上汽集团党委书记、董事长陈祥麟,上汽集团总裁、上汽股份党委书记兼董事长胡茂元分别发言,表示要共同努力,把上汽集团和上汽股份建设成为具有核心竞争力和国际经营能力的汽车大集团。

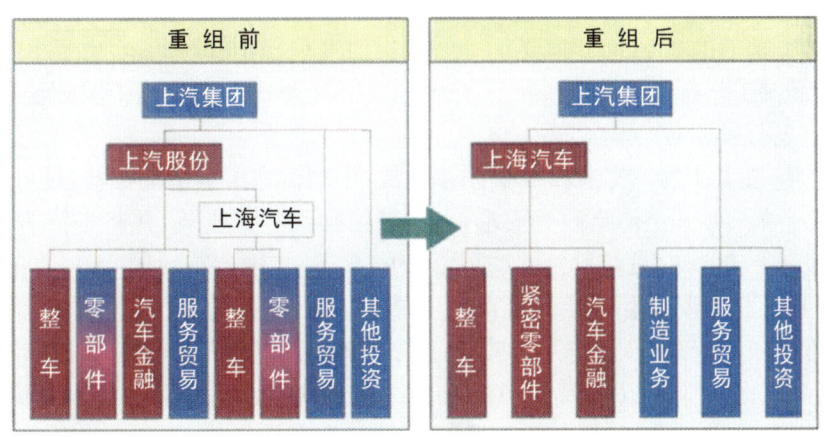

图 1-3-2　整车业务上市前后上汽主营业务变化图

三、上汽股份运营

上汽股份主要经营整车、关键零部件、自主品牌和汽车金融 4 大核心业务。2005 年 1 月,公司成为韩国双龙汽车公司第一大股东。同月,上海通用汽车启动雪佛兰品牌轿车的生产,加上之前已经生产的别克和凯迪拉克品牌,该公司开始多品牌发展。同年 4 月,斯柯达品牌落户上海大众汽车,该公司开始双品牌发展。同年 6 月,上汽通用五菱在山东青岛收购颐中(青岛)运输车辆制造有限公司建立整车基地,加上上汽股份成立前已经建成的仪征、柳州、烟台和沈阳 4 个沪外整车基地,上汽股份在全国的整车基地达到 5 个,初步形成整车全国布局。同年 11 月,上汽股份和意大利依维柯公司签署上汽依维柯商用车投资有限公司合资合同,双方开始战略合作。12 月,上汽股份与意大利依维柯、重庆重汽集团签署在重型汽车领域战略合作的框架协议。2005 年,上汽股份汽车销售突破百万辆,达 105.7 万辆,同比增长 24%。其中乘用车销量超过 74 万辆,同比增长近 20%,商用车销量超过 31 万辆,同比增长近 36%。

2006 年 2 月,承担乘用车自主品牌建设的上汽汽车制造有限公司成立并于 2007 年 1 月更名为上海汽车集团股份有限公司乘用车分公司;2006 年 10 月,上汽股份发布中高端自主品牌荣威和首款车型荣威 750 轿车,上汽正式进入自主创新和合资合作并举的历史新时期;2006 年,上汽销售整车 134.4 万辆,在位居国内轿车市场领先优势 13 年之后开始位居全国汽车集团销量之首。2007 年 6 月,合资成立上汽依维柯红岩商用车有限公司,上汽合资合作进入重型汽车领域,沪外整车制造基地增至 6 个。

2007 年 7 月 27 日,上海汽车集团股份有限公司因整车业务整体上市由上海汽车股份有限公司向其发行股份购买资产,上汽股份完成工商注销手续,至此该公司历时 2 年 7 个月。

第三节 上海汽车集团股份有限公司(上海汽车)整车业务上市运营

一、报批上市

【报批】

上汽股份成立前后的 2004 年年底至 2005 年,中国汽车行业市场低迷,增幅下降,上汽股份上市因此暂缓,但相关工作有序进行。2004 年 12 月 27 日,上海市政府致函中国证监会,商请继续支持上汽集团公开发行股票的工作。

进入 2006 年,随着上海汽车股权分置改革完成、中国汽车市场情况好转、证券市场政策趋向明朗,根据中共上海市委和上海市政府要求,上汽股份加快上市步伐,并将上市方案调整为通过已上市的上海汽车(600104)发行股份并购买资产的方式,实现上市。同年 7 月 9 日,上汽集团向中共上海市委和上海市政府领导作上海汽车重组上市有关情况的汇报,获原则同意。8 月 28 日,上汽股份向上海市国资委报送《关于上海汽车股份有限公司发行股份购买资产的请示》,提出由上海汽车以 32.75 亿股股份以及所拥有的资产 23.425 亿元为对价,购买上汽股份拥有的整车企业股权、关键零部件企业股权以及与汽车业务密切相关的金融企业股权等资产 214.03 亿元;上汽股份持上海汽车股份比例从 67.66% 提高到 83.83%;通过上述运作,上海汽车成为主业突出、结构合理、管理与技术水平较高、具有核心竞争能力和国际经营能力的上市公司。同月 29 日,上海汽车董事会发布公告,上汽集团整车主业整体上市工作正式启动。9 月 6 日,上海市国资委向上汽股份下达《关于上海汽车股份有限公司定向增发股份有关问题的批复》,同意上海汽车定向增发股份的方案。同月 18 日,上海汽车召开临时股东大会,审议通过《关于本公司对上海汽车集团股份有限公司发行股份购买资产的总体方案》。此后,该项目经过与投资者沟通、网上路演、召开临时股东大会等环节,同月 25 日中国证监会对上海汽车《向特定对象发行股份购买资产》的申请予以受理。10 月 25 日,中国证监会重组委审核通过该交易方案。11 月 28 日,中国证监会向上海汽车下达《关于核准上海汽车股份有限公司向上海汽车集团股份有限公司发行新股购买资产的通知》。12月5日,本次交易新增股份完成登记工作。

【上市】

2006年12月20日,上海汽车发布公告,正式完成以每股5.82元发行价向控股股东上汽股份定向发行32.75亿股人民币A股和相关股权变更的事宜,历时5个月的发行股份购买资产工作圆满结束。至此上海汽车总股本从32.75亿股增至65.51亿股,净资产从2005年年末的116.6亿元增至316.5亿元,拥有上海大众汽车有限公司、上海通用汽车有限公司等11家整车企业、3家关键零部件企业和1家汽车金融企业的股权,实现公司主营业务由汽车零部件为主向整车为主的转型,成为国内A股市场规模最大的汽车上市公司。

2007年6月7日,上汽股份持有的国有法人股全部无偿划转给上汽集团,完成相应股权过户手续,上汽集团直接持有上海汽车83.83%股权。7月27日,上汽股份完成工商注销手续。9月17日,上海汽车2007年第三次临时股东大会审议通过《关于上海汽车股份有限公司更名为上海汽车集团股份有限公司的议案》。同月28日,上海市工商行政管理局向上海汽车集团股份有限公司核准下发企业法人营业执照,该公司在上海证券交易所的证券简称和证券代码保持不变,仍为"上海汽车"和"600104"。

二、股市运作

【股东股本】

2007年9月,上海汽车股份有限公司更名为上海汽车集团股份有限公司(简称上海汽车)。至当年年末,上海汽车有股东217 375户,总股数6 551 029 090股,12月28日收盘股价26.29元,公司股市市值1 722亿元。2010年1月,行权增加400万股;同年6月分配公积金转增,增加1 966 486 421股;同年12月,非公开发行募集资金100亿元增加720 980 533股,总股数增加到9 242 421 691股,比2007年年末增加2 691 392 601股。同年年末,上海汽车股东228 163户,股价14.68元,市值1 356.73亿元,继续保持国内A股最大上市公司的地位。

上海汽车工业(集团)总公司作为上海汽车第一大股东,2007年持有5 491 549 456股,占总股数的83.83%。至2010年,上汽集团持股6 742 713 768股,占总股数比例为72.95%。

表1-3-7　2007—2010年上海汽车股东股价市值变动表

年　份	2007	2008	2009	2010
股东数(户)	217 375	281 889	121 004	228 163
总股数(股)	6 551 029 090	6 551 029 090	6 551 029 090	9 242 421 691
年末股价(元)	26.29	5.36	26.13	14.68
年末市值(亿元)	1 722	351	1 711	1 356.73

资料来源:《上海汽车年报》

表 1-3-8 2007—2011 年上海汽车前五名股东情况表

年份	股 东 名 称	股东性质	持股总数(股)	持股比例(%)
2007	上海汽车工业(集团)总公司	国有股东	5 491 549 456	83.83
	中国建设银行—博时主题行业股票证券投资基金	其 他	30 838 173	0.47
	中国工商银行—博时精选股票证券投资基金	其 他	23 689 441	0.36
	全国社保基金一零八组合	其 他	22 000 000	0.34
	交通银行—博时新兴成长股票证券投资基金	其 他	21 995 978	0.34
2008	上海汽车工业(集团)总公司	国有股东	5 171 549 456	78.94
	跃进汽车集团公司	国有法人	320 000 000	4.88
	中国建设银行—博时主题行业股票证券投资基金	其 他	42 999 924	0.66
	中国工商银行—上证 50 交易型开放式指数证券投资基金	其 他	20 708 521	0.32
	招商银行股份有限公司—光大保德信优势配置股票型证券投资基金	其 他	16 171 640	0.25
2009	上海汽车工业(集团)总公司	国有股东	5 171 549 456	78.94
	跃进汽车集团公司	国有法人	320 000 000	4.88
	中国建设银行—银华核心价值优选股票型证券投资基金	其 他	76 764 591	1.17
	中国建设银行—博时主题行业股票证券投资基金	其 他	53 083 620	0.81
	全国社保基金一零八组合	其 他	33 800 000	0.52
2010	上海汽车工业(集团)总公司	国有股东	6 742 713 768	72.95
	跃进汽车集团公司	国有法人	468 398 580	5.07
	上海润科实业有限公司	其 他	95 191 059	1.03
	中国建设银行—银华核心价值优选股票型证券投资基金	其 他	88 000 000	0.95
	雅戈尔集团股份有限公司	其 他	87 000 000	0.94
2011	上海汽车工业(集团)总公司	国有法人	8 191 449 931	74.30
	跃进汽车集团公司	国有法人	468 398 580	4.25
	上海汽车工业有限公司	国有法人	334 408 775	3.03
	双鸭山润科实业有限公司	其 他	95 191 059	0.86
	雅戈尔集团股份有限公司	其 他	87 000 000	0.79

资料来源:《上海汽车年报》

【融资】

2007 年 8 月 10 日,上海汽车召开年度第二次临时股东大会,审议通过《关于拟发行认股权和债券分离交易的可转换债券的议案》等 2 个决议。同年 12 月 4 日,经中国证监会核准,上海汽车获准发行 63 亿元认股权和债券分离交易可转换的债券。2008 年 1 月 8 日,公司债券和认股权证在上海证券交易所上市。至 2010 年 1 月 7 日收市时止募集资金 63 亿元。2010 年 12 月,上海汽车发行境内上市人民币普通股 720 980 533 股,每股发行价格 13.87 元,融资 100 亿元,此次发行的股票于

2011 年 12 月上市。

2007—2011 年,上海汽车通过发行股票购买资产、发行债券和市场中期票据、非公开发行股票等,共计融资 664.8 亿元,主要用于自主品牌建设、新能源汽车研发以及整车、关键零部件研发等项目。

表 1-3-9　2006—2011 年上海汽车购买资产及融资情况表

时　间	融 资 方 式	数　量	发行价(元)	融资总额(亿元)
2006 年 12 月 5 日	发行股份购买资产	3 275 000 000 股	5.82	190.61
2007 年 12 月 17 日	分离交易可转债券	63 000 000 张	100.00	63.00
2008 年 12 月 18 日	银行间市场中期票据	20 000 000 张	100.00	20.00
2010 年 12 月 3 日	非公开发行股票	720 980 533 股	13.87	100.00
2011 年 12 月 27 日	发行股份购买资产	1 783 144 938 股	16.33	291.19
合计融资				664.80

资料来源:《上海汽车年报》

【投资】

上海汽车变更名称之前的 2007 年 1 月 29 日,召开年度第一次临时股东大会,审议通过《关于吸收合并上汽汽车制造有限公司的议案》,上汽汽车名称变更为非法人的上海汽车股份有限公司乘用车分公司;同时吸收合并上海汽车制造有限公司仪征分公司,作为公司在仪征的分公司。2009 年 4 月 12 日,上海汽车全资子公司上海汽车香港投资有限公司与通用汽车中国公司就通用汽车中国向上汽香港转让上海通用汽车 1% 股权签订《股权转让协议》。同年 12 月 4 日和 22 日,上海汽车董事会和公司年度第一次临时股东大会先后批准该重组事项。由此,上海汽车香港投资公司持有上海通用汽车 1% 股权,上海汽车持有上海通用汽车 51% 的股权,从而获得控股权。

此外,2007—2011 年上海汽车主要投资项目还有:发展商用车投资成立的上汽依维柯商用车投资有限公司项目,发展自主品牌的收购南汽集团项目和投资上海汽车集团股份有限公司工程研究院一期工程项目,发展新能源汽车的投资设立上海捷能汽车技术有限公司和车用动力电池系统合资项目等,收购上汽集团和上汽工业有限的零部件制造、汽车后市场业务、自主品牌及新能源汽车等 19 家相关公司股权项目。这一时期计划投资 100 亿元,实际使用募集资金进行投资 42.24 亿元,使用非募集资金进行投资 36.72 亿元,其中研究开发支出为 10.22 亿元。

表 1-3-10　2007—2011 年上海汽车主要投资收购项目情况表

年份	交易对方或最终控制方	被 收 购 资 产	购买时间	收 购 价 格
2007	上海汽车	上汽依维柯商用车 50% 股权	2007 年 5 月	2 500 万美元
	上海汽车、上汽集团	上海申联专用车 100% 股权	2007 年 5 月	1 110.75 万元
	上实汽车发展有限公司	上海汇众 50% 股权	2007 年 7 月	120 500 万元
	上实汽车发展有限公司	上海万众 50% 股权	2007 年 7 月	27 000 万元

〔续表〕

年份	交易对方或最终控制方	被收购资产	购买时间	收购价格
2008	南京跃进汽车有限公司	南汽集团100%股权	2008年4月	44 607.71万元
	上海电器集团股份有限公司	上柴股份50.32%股份	2008年12月	92 342.00万元
2009	通用汽车中国公司	上海通用汽车1%股权	2009年12月	8 450万美元及到成交日所产生的利息实际9 140.121 9万美元
2011	上汽集团、上汽工业有限公司	零部件、汽车服务贸易、新能源汽车业务、相关公司股权及其他相关资产	2011年12月	291.19亿元

资料来源:《上海汽车年报》

【信息披露·投资者关系管理】

2007年,上海汽车按照《公司法》《证券法》《上市公司治理准则》《上海证券交易所股票上市规则》等法律法规要求,规范上市公司信息披露,先后制定实施《信息披露管理制度》《重大信息内部报告制度》《信息披露事务管理制度》《内幕信息知情人管理制度(试行)》。2007—2011年,上海汽车规范编制发布季度报告、半年度报告和年度报告。公司召开董事会会议及通过的各项决议,均通过《上海证券报》《中国证券报》和《证券时报》及时向社会公告。

同时,上海汽车规范投资者关系管理,制定实施《投资者关系管理制度》,进一步完善股东沟通渠道,提高公司治理透明度。2010年,公司共接待106家投资机构、378人次来访,接听咨询电话1 663个,吸引336人次参与信息沟通,帮助投资者及时准确了解公司经营业绩。2011年,共接待164家投资机构、732人次来访,接听咨询电话743个,召开3次业绩交流会,完成4期定期报告和84个临时公告披露,帮助投资者及时准确了解公司经营业绩。

2009年和2010年,上海汽车集团股份有限公司获上海证券交易所颁发的年度信息披露奖。

【股东回报】

上海汽车在经济效益快速增长的基础上,每年分红回报股东。2007年度现金分红(含税,下同)为13.76亿元,2008年度为1.70亿元,2009年度为3.28亿元,2010年度为18.48亿元,2011年度为33.08亿元,5年合计分红70.3亿元。其中2009年还实行10股转增3股的分配方案。

表1-3-11 2007—2011年上海汽车股票收益统计表

年　份	每股收益(元)	增配股(股)	每10股派发红利(元)
2007	0.704	—	2.10
2008	0.100	—	0.26
2009	1.006	10股转增3股	0.50
2010	1.611	—	2.00
2011	1.834	—	3.00

资料来源:《上海汽车年报》

三、经营活动

上海汽车集团股份有限公司整车业务上市后,坚持自主创新和合资合作并举方针,全力推进乘用车、商用车和新能源汽车建设,快速做大汽车产销规模。

2007年,上海汽车销售自主品牌汽车5.1万辆,上汽集团2007年三大战略目标全部实现。2008年9月和2010年3月,乘用车自主品牌临港基地和南京浦口基地二期改建工程先后投产,加之上南合作后接收的原南汽集团英国伯明翰长桥基地,上海汽车形成上海、南京和英国长桥两国三地自主品牌研发和制造体系。2008年,上海大众汽车开始走出上海组建南京分公司并实现当年建设当年生产当年盈利,南京成为上海汽车第7个整车制造基地。同年,上海大众汽车研制成功PASSAT领驭新一代燃料电池轿车并服务于北京奥运会;上海通用研制成功君越混合动力轿车并批产上市。2009年12月,上海汽车与美国通用汽车公司合作以印度市场为起点联手拓展亚洲新兴市场。2010年7月和11月,上汽通用五菱相继推出宝骏和宝骏630轿车,开创合资企业研制自主品牌的先例。同年,上海申沃客车有限公司、南汽专用车有限公司等生产的1 100余辆新能源汽车圆满完成上海世博会示范运营,创造新能源汽车规模、品种和水平示范运行的世界纪录。2011年2月,上海汽车发布收购英国LDV公司资产后打造的轻型客车自主品牌大通。3月,上海汽车商用车有限公司成立,并于5月建成无锡分公司,上海汽车沪外整车制造基地达到8个。6月,首款MAXUS大通V80商用车下线。同年10月,自主品牌首款中高级新能源轿车荣威750混合动力轿车上市。2011年,上汽—通用印度公司海外整车销售12万辆。

四、经营业绩

【汽车销售】

2009年,上海汽车发扬"过冬迎春"精神迎战世界金融危机,汽车销量从2008年的182万辆大幅增至272万辆,同比增幅57%,高于全国平均增幅13个百分点,国内市场占有率从18.48%升至19.97%,成为中国第1家达到国家汽车产业政策规划的年销200万辆的汽车大集团,并首次进入世界汽车企业销量前10位。同年,上汽通用五菱年销123万辆,成为中国第一家年销百万辆的汽车企业。2010年,上海汽车再次成为中国首家年销300万辆的汽车集团,当年销售358.3万辆,同比增长31.7%,在世界汽车企业销量排行升至第8位,上汽通用五菱、上海通用汽车和上海大众汽车成为中国汽车工业仅有的3家年销百万辆的汽车企业。

2011年,上海汽车进一步成为中国首家年销400万辆汽车集团,连续6年保持国内同行领先优势,在世界汽车企业销量排行中升至第7位。2011年和上海汽车集团股份有限公司成立前的2004年相比,汽车销量从84.92万辆增至401.18万辆,增长3.72倍,国内市场占有率从16.75%升至21%,提高4.25个百分点;乘用车销量从61.80万辆增至285.46万辆,增长3.62倍,国内乘用车市场占有率从26.56%减至21.8%,减少4.76个百分点;商用车销量从23.69万辆增115.71万辆,增长3.88倍,国内商用车市场占有率从8.42%升至20.3%,增加11.88个百分点。

2011年,上海汽车所属主要汽车企业销量与2004年相比,上汽通用五菱从23.52万辆增至130.11万辆,增长4.53倍;上海通用汽车从25.29万辆增至123.15万辆,增长3.87倍;上海大众汽车从35.5万辆增至116.58万辆,增长2.28倍。3家企业包揽2011年中国汽车企业销量前3名。

【会计数据】

上海汽车集团股份有限公司整车业务上市后的 2007—2011 年,总资产从 1 018.15 亿元增至 3 186.33 亿元,增长 2.13 倍;主营业务收入从 1 043.84 亿元增至 4 348.04 亿元,增长 3.14 倍;归属上市公司股东净利润从 46.35 亿元增至 202.22 亿元,增长 3.36 倍;摊薄后的每股收益从 0.704 元增至 1.834 元,增长 1.61 倍。

表 1-3-12 2007—2011 年上海汽车会计数据统计表

主要财务指标	2007 年	2008 年	2009 年	2010 年	2011 年
营业总收入(元)	104 384 252 714	105 405 594 018	138 875 420 771	312 485 486 291	434 803 949 080
利润总额(元)	5 850 479 997	−480 350 415	8 597 184 405	26 684 390 834	42 028 162 786
合并净利润(元)	5 850 479 997	—	8 597 184 405	26 684 390 834	15 590 169 767
归属上市公司股东净利润(元)	4 634 680 471	656 168 040	6 591 932 979	13 728 523 479	20 221 866 457
总资产(元)	101 815 487 637	107 856 648 640	138 158 357 172	228 842 358 987	318 633 180 995
基本每股收益(元/股)	0.704	0.100	1.006	1.611	1.834
加权平均净资产收益率(%)	12.40	1.89	17.10	27.78	21.37

资料来源:《上海汽车年报》

第四节 汽车零部件业务整体上市

一、巴士股份重组方案

上海汽车工业(集团)总公司整车业务整体上市后,为推进零部件业务"中性化、国际化、零级化"发展战略,积极寻求零部件业务整体上市机会。2008 年,上海久事(集团)有限公司(简称上海久事)为适应公交改革要求,拟对所属上市公司上海巴士实业(集团)股份有限公司(简称巴士股份,股票代码 600741)进行重组。同年 5 月,上海市国有资产监督管理委员会召集上汽集团和上海久事商定巴士股份重组方案。重组方案包括:上海久事、上海交通投资(集团)有限公司(简称上海交投集团)、申能(集团)有限公司将所持巴士股份股权全部无偿划转上汽集团;巴士股份将所持除民生银行及兴业证券股权(母公司持有)以外的所有资产和负债出售给上海久事;巴士股份向上汽集团发行股份,购买上汽集团所拥有的独立供应汽车零部件业务相关的资产及负债,上汽集团成为巴士股份控股股东和实际控制人。

2008 年 6 月,巴士股份重组正式启动。6 月 1 日,巴士股份发布公告称:上海市国资委已同意公司向上汽集团发行股票。同月 19 日,上汽集团董事会通过以独立供应汽车零部件资产及负债认购巴士股份本次拟发行全部股份的决议。同月 20 日,巴士股份董事会通过公司实施重大资产出售及发行股份购买资产暨关联交易的议案。同月 20 日和 7 月 14 日,上海久事、上海交投集团、申能集团分别与上汽集团签订《上海巴士实业(集团)股份有限公司股权划转协议书》。8 月 1

日,上汽集团审议通过以独立供应汽车零部件业务相关资产认购巴士股份本次发行股份的方案。同月14日,巴士股份董事会通过本次交易方案。同日,上汽集团总裁沈建华与巴士股份董事长洪任初签署《上海汽车工业(集团)总公司与上海巴士实业(集团)股份有限公司发行股份购买资产协议》和《发行股份购买资产协议之补充协议》,巴士股份以每股人民币7.67元向上汽集团发行股份,每股面值1元,发行数量111 063.77万股。9月1日,巴士股份临时股东大会审议通过重组方案。

二、方案报批

2008年7月,巴士股份资产重组开始进入股份划转和股票定向发行等事项的正式报批程序。同月3日,上汽集团向上海市国资委呈报《关于同意接受上海久事公司、上海交通投资(集团)有限公司与申能(集团)有限公司持有的上海巴士实业(集团)股份有限公司44 181.05万股股权的请示》。上海市国资委随即上报国务院国资委。8月7日,国务院国资委向上海市国资委下达《关于上海巴士实业(集团)股份有限公司国有股东所持股份无偿划转有关问题的批复》,同意本次交易涉及的股权无偿划转。同月19日和20日,上海市国资委先后向上汽集团下达批复,同意上汽集团分别无偿划入上海久事公司、上海交投集团和申能集团所持巴士股份的股份;同意上汽集团以其持有的23家独立供应汽车零部件企业股权以及与独立供应汽车零部件业务相关的其他资产认购巴士股份定向增发的111 063.77万股人民币普通股方案。2009年3月9日,中国证监会向巴士股份下达《关于核准上海巴士实业(集团)股份有限公司重大资产重组及向上海汽车工业(集团)总公司发行股份购买资产的批复》。同日,中国证监会对上汽集团上报的《上海巴士实业(集团)股份有限公司收购报告书》和《上海汽车工业(集团)总公司关于豁免收购要约收购上海巴士实业(集团)股份有限公司的申请报告》,下达核准批复。4月20日,本次重组交易所涉及的资产交割、新增股份登记、股权无偿划转工作和上市公司董事、监事、高管人员以及组织机构调整均告完成。

三、更名华域汽车

2009年4月20日,上海巴士实业(集团)股份有限公司召开股东大会,通过公司名称由巴士股份变更为华域汽车系统股份有限公司(简称华域汽车)。同年5月22日,华域汽车在上海市工商管理局完成公司注册变更登记,重组工作全面完成,巴士股份实现由公交业务为主转变为独立供应汽车零部件业务,股票简称改为华域汽车,股票代码不变仍为600741。公司总股本从重组前的147 256.24万股增至重组后的258 320.02万股,其中国家法人股从重组前的33 811.62万股、占比22.96%,增加到重组后的111 063.77万股,占比提高到42.99%。上汽集团作为华域汽车的控股公司,接受上海久事、上海交通投资(集团)有限公司与申能(集团)有限公司持有的巴士股份44 181.05万股股权,认购巴士股份定向增发的111 063.77万股普通股,持股总数达到155 244.83万股,占华域汽车总股本的60.1%。

巴士股份重组为华域汽车后,成为国内A股市场门类齐全、规模领先、具备行业竞争优势的流通市值最大的汽车零部件上市公司,其直属的23家独立供应汽车零部件企业,覆盖汽车内外饰件、功能性总成件和热加工等三大业务板块,所属零部件企业多为国内同行业领军企业,具有较强的核心竞争能力和可持续发展能力。

第五节　上海汽车集团股份有限公司
（上汽集团）整体上市运营

一、方案报批

进入"十二五"，中共上海市委和上海市人民政府为加快建设"四个中心"和现代化国际大都市，打造世界级企业集团，作出上海汽车集团股份有限公司整体重组上市的决策。同时上汽为加快自主品牌及新能源汽车发展，提升资产规模，增强资金实力，优化资产配置，拟由上海汽车向上海汽车工业（集团）总公司和上海汽车工业有限公司发行股份购买标的资产。

2011年4月1日，上海汽车董事会审议通过《发行股份购买资产暨关联交易议案》，同意向上海汽车工业（集团）总公司及上海汽车工业有限公司发行股份购买资产的交易。同日，三方签订《发行股份购买资产协议》，上海汽车拟向上海汽车工业（集团）总公司和上海汽车工业有限公司发行股份，购买两者拥有的从事独立供应零部件业务、汽车服务贸易业务、新能源汽车业务相关公司股权及其他相关资产，发行方式为非公开发行，发行股份为人民币普通股（A股），发行价格16.53元/股，发行数量为17.28亿股。

4月6日，上海汽车集团股份有限公司向社会公告重组预案。5月11日，三方再次签署《发行股份购买资产协议之补充协议》。

2011年5月20日，上海市国有资产监督管理委员会下发《关于上海汽车集团股份有限公司非公开发行股份有关问题的批复》，批准该项股权购买协议。同月27日，上海汽车临时股东大会表决通过《关于公司发行股份购买资产暨关联交易的议案》《关于签署〈发行股份购买资产协议〉及〈发行股份购买资产协议之补充协议〉的议案》。同年9月13日，上海汽车收到中国证券监督管理委员会印发的《关于核准上海汽车集团股份有限公司向上海汽车工业（集团）总公司等发行股份购买资产的批复》。

2011年12月13日，上海汽车与上汽（集团）总公司及上海汽车工业有限公司签订《交割备忘录》，并于当日完成资产交割。同月27日，完成股票发行，共计发行1 783 144 938股股份，其中向上海汽车工业（集团）总公司发行1 448 736 163股股份，向上海汽车工业有限公司发行334 408 775股股份，每股发行价格16.33元，共计融资291.19亿元。

至此，上海汽车工业（集团）总公司除上海汽车工业开发发展有限公司等外，均进入上市公司，资产证券化率超过99%，上海汽车总股数为11 025 566 629股，股本总额计人民币11 025 566 629.00元，其中上海汽车工业（集团）总公司持有8 191 449 931股，占总股份的74.30%；跃进汽车集团公司持有468 398 580股，占总股份的4.25%；上海汽车工业有限公司持有334 408 775股，占总股份的3.03%；其他社会公众股为2 031 309 343股，占总股份的18.42%。

二、整体上市揭牌

2011年12月30日，上海汽车集团股份有限公司在上海世博中心举行上汽整车年销量突破400万辆暨整体上市揭牌仪式，整体上市后，该公司在上海证券交易所的上市公司简称由"上海汽车"改为"上汽集团",股票代码不变,仍为"600104"。上海汽车工业(集团)总公司仍为新上汽集团的控股股东。

中共上海市委副书记、上海市市长韩正出席上汽集团整体上市揭牌仪式,为新的上海汽车集团股份有限公司揭牌并发表重要讲话,要求上汽在做大的基础上加快做强,瞄准国际水平,加快新能源汽车发展,加快拥有企业核心竞争能力和响当当的自主品牌,建立符合具有国际竞争力跨国公司发展要求的法人治理结构,成为上海国资国企开放性、市场化重组、企业集团上市改革的排头兵和表率。上汽集团董事长、党委书记胡茂元在揭牌仪式上讲话,指出 2011 年上汽坚定信心、破难而进,成功赢得整体上市和整车年销 400 万辆的攻坚战;表示新的上汽集团要进一步完善组织结构,健全运作方式,创新业务模式,加快提升核心竞争能力和国际经营能力,加快自主品牌建设和新能源汽车产业化步伐,不断适应市场化、证券化、国际化的发展要求,为上海经济社会发展作出新的贡献。

2011 年 12 月,在上海证券交易所主办的第 10 届公司治理论坛上,上海汽车集团股份有限公司发行股份购买上海汽车工业(集团)总公司经营性资产项目获"典型重组并购案例奖"。

上海汽车集团股份有限公司整体上市后,上海汽车工业(集团)总公司由新的上汽集团托管,成为存续公司。2014 年 9 月 16 日,上海市政府副秘书长、上海市国资委党委书记兼国资委主任徐逸波带队在上汽集团召开专题会议,与上汽集团党委书记、董事长陈虹,总裁陈志鑫等研究存续公司有关问题。会议决定:上海汽车工业(集团)总公司暂保持原名,简化公司法人治理结构,由上汽集团一名副总裁监管存续公司日常工作,并在相关部门设立专门管理科室负责日常经营。

三、股市运作

【股东股本】

上海汽车集团股份有限公司自 2011 年发行 1 783 144 938 股新股完成资产重组上市后,总股本达到 11 025 566 629 股,股东 168 997 户,年末股价 14.14 元,股市市值 1 559.02 亿元。上海汽车工业(集团)总公司作为新上汽集团的控股股东,2011 年持有 8 191 449 931 股,持股比例为 74.3%。2015 年,上汽集团总股本及上海汽车工业(集团)总公司持股数和持股比例不变,股东户数减至 127 409 户,年末股价 21.22 元,年末股市市值 2 339.63 亿元,保持为中国 A 股市值最大的汽车上市公司地位。

此外,2011 年 12 月—2015 年年底,上汽集团没有其他的融资和投资收购项目。

表 1-3-13　2011—2015 年上汽集团股东股价市值变动情况表

年　　份	2011	2012	2013	2014	2015
股东数(户)	168 997	129 113	150 162	105 751	127 409
年末股价(元)注:不复权价格	14.14	17.64	14.14	21.47	21.22
年末市值(亿元)	1 559.02	1 944.91	1 559.02	2 367.19	2 339.63

资料来源:《上海汽车年报》

表 1‑3‑14 2011—2015 年上汽集团前 5 名股东情况表

年　份	股　东　名　称	股东性质	持股总数(股)	持股比例(%)
2011 年 12 月 31 日	上海汽车工业(集团)总公司	国有法人	8 191 449 931	74.30
	跃进汽车集团公司	国有法人	468 398 580	4.25
	上海汽车工业有限公司	国有法人	334 408 775	3.03
	双鸭山润科实业有限公司	其他	95 191 059	0.86
	雅戈尔集团股份有限公司	其他	87 000 000	0.79
2012 年 12 月 31 日	上海汽车工业(集团)总公司	国有法人	8 191 449 931	74.30
	跃进汽车集团公司	国有法人	413 919 141	3.75
	上海汽车工业有限公司	国有法人	334 408 775	3.03
	双鸭山润科实业有限公司	其他	95 191 059	0.86
	瑞士银行(中国)有限公司	其他	74 475 118	0.68
2013 年 12 月 31 日	上海汽车工业(集团)总公司	国有法人	8 191 449 931	74.30
	跃进汽车集团公司	国有法人	413 919 141	3.75
	上海汽车工业有限公司	国有法人	334 408 775	3.03
	双鸭山润科实业有限公司	其他	102 937 228	0.93
	中国人寿保险股份有限公司—分红— 个人分红—005L—FH002 沪	其他	71 038 888	0.64
2014 年 12 月 31 日	上海汽车工业(集团)总公司	国有法人	8 191 449 931	74.30
	跃进汽车集团公司	国有法人	413 919 141	3.75
	上海汽车工业有限公司	国有法人	334 408 775	3.03
	香港中央结算有限公司	其他	228 730 277	2.07
	双鸭山润科实业有限公司	其他	89 647 626	0.81
2015 年 12 月 31 日	上海汽车工业(集团)总公司	国有法人	8 191 449 931	74.30
	跃进汽车集团公司	国有法人	413 919 141	3.75
	上海国际集团有限公司	国有法人	334 408 775	3.03
	中国证券金融股份有限公司	其他	303 083 691	2.75
	香港中央结算有限公司	其他	137 300 902	1.25

资料来源:《上海汽车年报》

【信息披露·投资者关系管理】

2012—2015 年,上汽集团严格遵照国家对上市公司有关信息披露的法规,准确及时向投资者公布信息,未发生刊登更正公告的情况。同时,与投资者进行正常交流互动,为投资者提供规范服务,帮助投资者及时准确了解公司经营业绩。

4 年期间,每年按规定发布 4 次定期报告,每年召开 2~3 次投资者参加的业绩交流会,累计发布 185 个临时公告,累计接待投资机构 810 家次和投资者来访 4 634 人次,累计接听咨询电话 2 802

个。此外,2015 年参加券商组织的投资者交流会 42 场。

上汽集团在上海证券交易所历年组织的信息披露工作评价中都获得最高等级 A 级评价。2014 年和 2015 年,上汽集团连续 2 年获中国上市公司协会、中国证券投资者保护基金公司、上海证券交易所、深圳证券交易所以及中国证券业协会等机构联合颁发的"最受投资者尊重的百强上市公司"称号。

表 1‒3‒15 2012—2015 年上汽集团信息披露与投资者关系管理统计表

年 份	临时公告(个)	接待投资机构(家)	接待投资者(人次)	接听咨询电话(次)
2012	54	139	783	582
2013	34	192	1 063	760
2014	41	252	1 379	660
2015	56	227	1 409	800
合计	185	810	4 634	2 802

资料来源:《上汽集团年报》

【股东回报】

在取得良好经营业绩的基础上,上汽集团每年以现金分红回报股东,分红总金额(含税)依次为:2012 年发放 2011 年度分红 66.15 亿元,2014 年发放 2013 年度分红 143.33 亿元,2015 年发放 2014 年度分红 149.95 亿元,2016 年发放 2015 年度分红 192.96 亿元,5 年累计分红 684.7 亿元。

表 1‒3‒16 2011—2015 年上汽集团分红情况统计表

年 份	每股收益(元)	每 10 股派发红利分红(元)
2011	1.834	3.00
2012	1.882	6.00
2013	2.250	12.00
2014	2.537	13.00
2015	2.702	13.60

资料来源:《上汽集团年报》

四、经营活动

新的上汽集团整体上市后,确立全面提高核心竞争能力和自主创新水平的工作主线,并开始向电动化、智能网联化、共享化和国际化的"新四化"方向转型发展。

2012 年,荣威 550 轿车自主开发获国家科学技术进步二等奖,成为中国自主品牌乘用车整车获得的最高国家科技奖项;荣威 E50 轿车批量上市成为中国首款量产纯电动轿车,实现上汽新能源汽车产业化目标;整车出口达到 10 万辆,同比增长 65%,位居国内汽车集团整车出口第 2 名。2013年,上汽集团在中国(上海)自由贸易试验区设立全资子公司上海汽车国际商贸有限公司,并启动中东和南美等新兴市场布局。2014 年,上汽集团与阿里巴巴集团签署互联网汽车战略合作协议,全国领先的互联网汽车业务实质性启动;中国汽车市场首个 OTO 电子商务平台上汽车享平台上线;与泰国正大集团在泰国合资组建的大通汽车(泰国)有限公司签约,合资组建的上汽正大汽车有限公司首辆 MG6 轿车上市;上汽通用五菱汽车股份有限公司出口埃及 4 000 辆并启动印度尼西亚合资项目;上汽集团成立中东和南美海外公司。2015 年,新能源汽车销量超过 1.36 万辆,技术水平在国内处于领先地位;全国同行领先的"e 享天开"新能源车分时租赁业务已建 30 多个业务网点,覆盖上海主要交通枢纽和商圈;上汽大通汽车有限公司向英国、爱尔兰、澳大利亚等 37 个国家和地区出口汽车 5 000 辆,实现"重返英伦"的目标;上汽集团在澳大利亚设立海外公司,并在伊朗、南非、马来西亚和沙特阿拉伯设立 4 个海外办事处,上汽国际经营布局初具规模;上海汽车集团保险销售有限公司保险业务平台启动运营。

上汽集团整体上市后,在原有 8 个沪外整车基地 11 个整车企业基础上,新增上汽大众的宁波、乌鲁木齐和长沙,上汽通用的武汉合计 4 个沪外整车基地,沪外整车企业达 15 家。至 2015 年,上汽集团总资产达到 5 116.31 亿元,形成 529.27 万辆整车年产能力,其中上海和沪外产能分别为195 万辆和 334.27 万辆,沪外整车基地产量占集团整车总量 50% 以上。

五、经营业绩

【汽车销售】

上汽集团整体上市后,汽车销售继续保持快速增长态势。2013 年,汽车年销量在 2011 年跃上400 万辆新台阶后,再创 500 万辆新纪录,达到 510.58 万辆。2015 年与 2011 年相比,汽车年销量从 401.17 万辆增至 590.19 万辆,增长 0.47 倍;国内汽车市场占有率从 21% 升至 23.2%,提高 2.2个百分点;乘用车年销量从 265.15 万辆增至 493.48 万辆,增长 0.86 倍,国内乘用车市场占有率从21.8% 升至 23.6%,提高 1.8 个百分点;商用车年销量虽然在国内微型货车市场不景气的情况下,从 136.03 万辆减至 96.71 万辆,减少 28.9%,但国内商用车市场占有率从 20.3% 升至 23.3%,提高 3 个百分点。2015 年,上汽集团连续第 10 年位居中国汽车集团销量第 1 名,连续第 5 年位居世界汽车公司汽车销量第 7 名。

2011—2015 年,上汽集团主要汽车企业销量持续攀升。上汽通用五菱股份有限公司汽车年销量从 130.11 万辆增至 204 万辆,增长 0.57 倍,在 2009 年成为中国首家年销汽车 100 万辆汽车企业之后,再次成为中国首家年销汽车 200 万辆的汽车企业;上汽大众汽车有限公司年销量从 116.58万辆增至 181.21 万辆,增长 0.55 倍;上汽通用有限公司汽车销量从 123.15 万辆增至 175.2 万辆、增长 0.42 倍。三家企业位列 2015 年中国汽车销售前 3 名。上海汽车集团股份有限公司乘用车分公司在 2013 年创造年销 23 万辆纪录后,销量有所下降,2015 年年销 17 万辆,比 2011 年的 16.2 万辆增加 4.9%;上汽大通汽车有限公司产品上市第 4 年的 2015 年,汽车销量超过 3 万辆,达到 3.51万辆。

【会计数据】

2012—2015 年,上汽集团总资产从 3 172.03 亿元增至 5 116.31 亿元,增长 0.61 倍;主营业务收入从 4 809.80 亿元增至 6 704.48 亿元,增长 0.39 倍;净利润从 335.28 亿元增至 400.74 亿元,增长 0.20 倍;归属上市公司股东净利润从 207.52 亿元增至 297.94 亿元,增长 0.44 倍;基本每股收益从 1.882 元增至 2.702 元,增长 0.44 倍。加权平均净资产收益率保持在 17.91% 以上。

2015 年,上汽集团连续第 5 年位居上海百强企业第 1 名;累计第 11 次、连续第 10 次跻身世界 500 强,位居第 60 位,比 2014 年的第 85 名上升 25 位,比历次排位最低的第 475 位累计提升 415 位。

表 1-3-17　2012—2015 年上汽集团会计数据统计表

主要财务指标	2012 年	2013 年	2014 年	2015 年
营业总收入(元)	480 979 671 654.73	565 807 011 579.82	630 001 164 437.70	670 448 223 139.34
合并净利润(元)	33 528 253 727.76	35 583 941 512.53	38 250 773 022.04	40 073 969 223.24
归属上市公司股东净利润(元)	20 751 763 307.97	24 803 626 272.23	27 973 441 274.41	29 793 790 723.65
总资产(元)	317 202 998 968.11	373 640 740 801.94	414 870 673 481.85	511 630 690 839.21
基本每股收益(元/股)	1.882	2.250	2.537	2.702
归属上市公司股东净资产(元)	122 337 367 399.45	137 757 238 640.92	157 664 385 972.52	175 128 738 657.93
加权平均净资产收益率(%)	18.52	19.07	18.97	17.91

资料来源:《上汽集团年报》

第二篇

治理结构

概　　述

1955—2015 年，上汽的公司治理经历从产生到完善再到建立法人治理结构的演变过程。

上汽公司治理中最早出现的是经理层和党委。1955 年 12 月，上海市内燃机配件制造公司成立伊始即设立经理和副经理。1964 年 7 月，上海市农业机械制造公司开始成立党委。1967—1978 年"文化大革命"期间，经理层和党组织受冲击，公司成立革命委员会。1970 年 9 月和 1978 年 11 月，上海市拖拉机汽车工业公司相继恢复党委和经理层。1984 年 3 月，上海汽车拖拉机工业联营公司成立后行政负责人称之为总经理、副总经理和总工程师。1993 年 1 月，上海汽车工业总公司行政负责人改称总裁、副总裁和总工程师。此后，公司管理层一直使用这一称谓。

20 世纪 80 年代和 90 年代，上汽相继设立董事会和监事会。1984 年 3 月，上汽第一个企业性公司上海汽车拖拉机工业联营公司开始设立董事会，并实行董事会领导下的总经理负责制。至 1990 年 1 月，该公司先后产生 2 届董事会。1992 年 4 月，上海汽车工业总公司因上海国际信托投资公司参股开始设立董事会。1995 年 9 月，上海汽车工业（集团）总公司成立并按照上海市人民政府的决定暂不设董事会，但其与上海国际信托投资公司同日合资成立的上海汽车有限公司设有董事会。同时，两个公司管理层实行"两块牌子，一套班子"。1996 年 6 月，上海汽车工业（集团）总公司开始建立监事会。1997 年 12 月，该公司在上海汽车有限公司转制为上市公司后与上海国际信托投资公司合资成立上海汽车工业有限公司，并设立董事会和总经理。

1999 年 7 月，作为全国百家现代企业制度试点单位的上海汽车工业（集团）总公司设立董事会，公司法人治理结构框架基本形成。2002 年 2 月，公司管理层开始设立财务总监。2004 年 12 月，该公司发起设立上海汽车集团股份有限公司并设立董事会、监事会和管理层。2007 年 7 月，上海汽车集团股份有限公司工商注销。9 月，上海汽车股份有限公司更名为上海汽车集团股份有限公司，并延续上海汽车股份有限公司法人治理结构的届次。至此，上海汽车工业（集团）总公司作为国有控股集团，继续建有包括董事会、监事会、管理层组成的法人治理结构；上海汽车集团股份有限公司作为上市公司，建有股东大会、董事会、监事会和管理层组成的法人治理结构。2 个公司的法人治理结构均制定实施议事规则或工作细则等制度，分别规范履行最高权力机构、决策机构、监督机构和经营管理机构的职能，保证公司健康运行和发展。

2011 年 12 月，上海汽车集团股份有限公司整体上市后，继续建有健全的法人治理结构，上海汽车工业（集团）总公司的公司治理则发生变化。

至 2015 年，上海汽车工业（集团）总公司董事会先后产生 3 届，其中 1999 年 7 月—2009 年 5 月为第 1 届，2009 年 5 月—2012 年 5 月为第 2 届，2012 年 6 月—2014 年 9 月为空缺，2014 年 10 月起为第 3 届；监事会从 1996—2011 年每 2 年由上级任命一次，先后任命 9 次，此后不再设立监事会，2014 年复设监事；管理层则先于 2012 年不再设有，至此先后产生 3 届，其中 1995 年 8 月—1999 年 6 月为第 1 届，1999 年 6 月—2006 年 7 月为第 2 届，2006 年 7 月—2011 年 12 月为第 3 届。

2007 年 9 月上海汽车股份有限公司更名为上海汽车集团股份有限公司后至 2015 年，共召开股东大会 21 次；董事会、监事会和管理层均同步产生 3 届，分别为 2008 年 6 月—2012 年 5 月的第 4

届,2012 年 5 月—2015 年 6 月的第 5 届,2015 年 6 月起的第 6 届。

2015 年 8 月,根据中共中央国务院《关于深化国有企业改革的指导意见》,公司党委成为公司法人治理结构的组成部分。至此,上海汽车集团股份有限公司形成股东大会为最高权力机构和董事会决策、监事会监督、经理层经营管理、党组织发挥政治核心作用的公司法人治理结构。

第一章 公司章程

20世纪80年代初,上汽从行政性公司改制为企业性公司后,上海汽车拖拉机工业联营公司于1984年、上海汽车有限公司于1995年、上海汽车工业有限公司于1997年、上海汽车工业(集团)总公司于1999年先后制定公司章程。此外,2004年成立的上海汽车集团股份有限公司也制定公司章程直至工商注销;2007年上海汽车股份有限公司更名为上海汽车集团股份有限公司并实现整车业务上市,以及2011年整体上市后,均继续沿用并修订原有章程,不断规范公司运营。

第一节 前身公司章程

一、上海汽车拖拉机工业联营公司章程

1984年,上海汽车拖拉机工业联营公司(简称上海汽拖联营公司)成为上汽历史上第一个企业性公司,开始制定实施公司章程。1984年7月,上海汽拖联营公司一届一次董事会会议审议通过《上海汽车拖拉机工业联营公司章程》。该章程成为上汽历史上第一个公司章程,设有总则、基本任务、管理体制、经营管理、财务管理和附则6章24条。

《上海汽车拖拉机工业联营公司章程》规定:公司由所属企业、上海从事汽车、拖拉机、内燃机、零部件生产企业、主要改装车厂及产品销售单位组成,属上海市和中国汽车工业总公司双重领导,以上海市为主;公司是在国家统一计划指导下,从事生产经营和独立核算的经济实体,具有法人资格;公司经营宗旨是:品种对路、技术进步、服务周到、物美价廉、内联外挤、适应需要、发挥优势、保护竞争、灵活经营和提高效益;公司对参加联营的单位采取紧密联营和松散联营的方式进行管理,对紧密联营单位实行人、财、物、供、产、销统一管理,对松散联营单位在原隶属关系、企业性质和财政渠道不变的情况下所经营的整车整机及零部件产品供产销业务及企业发展规划逐步通过组织专业企业集团实行统一管理,其他生产协作单位根据择优选择原则实行招投标;董事会是公司决策机构,设董事长1人,副董事长2~3人,董事若干人,每届任期3年;董事会实行民主集中制,一切重大问题决策须经集体讨论决定;董事会下设规划委员会、技术委员会、财务委员会和职工教育委员会作为咨询参谋机构;公司实行董事会领导下的总经理负责制,设总经理1人,副总经理若干人,总工程师和总会计师各1人,每届任期3年。

二、上海汽车有限公司章程

1995年9月1日,由上海汽车工业(集团)总公司(简称上汽集团)与上海国际信托投资公司(简称上国投)合资的上海汽车有限公司(简称上汽有限)成立。同年12月19日,上汽有限董事会第一次会议审议通过《上海汽车有限公司章程》。章程计有总则和宗旨、经营范围和经营方式、股东名称及注册资本、股东的权利与义务、董事会、总经理、监事会、母子公司职责和权限、法律责任、财务会计和利润分配、人事和劳动分配制度、终止与清算、附则共13章48条。

《上海汽车有限公司章程》明确上汽有限是由上汽集团与上国投 2 个国有资产主体共同投资、合资经营的法人企业;注册资本 40 亿元,其中上汽集团出资 30 亿元占股 75%,上国投出资 10 亿元占股 25%;公司宗旨是通过有效经营管理、优化内部结构、合理配置存量资产及增量资产有效投入,确保国有资产保值增值,确保参股资产所有者权益,并通过扩大生产规模、提高经营效益,使公司成为在国内外具有竞争力的骨干企业;公司经营范围是汽车、摩托车、拖拉机等各种机动车整车、总成及零部件等,兼营物业、商业、咨询服务业和劳务输出等业务;公司设立董事会,董事会履行股东会职能,是公司权力机构和经营决策机构;董事会由 7 人组成,董事会成员除 1 名职工代表由公司职工民主选举产生外,其他成员由股东单位按股权比例分别推荐;董事长为公司法定代表人,董事每届任期 3 年;公司总经理按照董事会决定组织实施日常工作,副总经理协助,总经理、副总经理和有关人员组成总经理会议制度,为经营管理执行机构;公司设立监事会,监事会由 3 人组成,由股东代表和公司职工代表担任,每届任期 3 年。

三、上海汽车工业有限公司章程

1997 年 12 月,上海汽车有限公司改制为上海汽车股份有限公司后,上汽集团和上国投将上汽有限未进入上市公司的部分资产组建为上海汽车工业有限公司(简称上汽工业有限)。1998 年 1 月,上汽工业有限首届一次董事会会议通过《上海汽车工业有限公司章程》。

该章程共 14 章 48 条,主要规定:公司注册资本 48 亿元,其中上汽集团出资 36 亿元,股比 75%,上国投出资 12 亿元,股比 25%,合营期限 14 年;经营范围主要是生产销售汽车、摩托车、拖拉机等各种机动车整车、总成及零部件等;董事会由 7 人组成,除 1 名职工代表由公司职工民主选举产生外,其他成员由股东单位按照股权比例分别推荐;董事长为公司法定代表人,董事长、副董事长和董事每届任期 3 年;监事会由 3 人组成,任期 3 年;总经理、副总经理和其他高级管理人员,由董事会聘任;母公司对子公司行使出资者权力,根据出资额对子公司依法享有资产收益、委派董监事和重大经营决策权,但不直接干预子公司具体经营活动。

2003 年,上汽工业有限转为国有独资公司后,重新制定《上海汽车工业有限公司章程》,共 8 章 33 条。主要规定:上汽集团是上汽工业有限投资者,授权经营国有资本,注册资本 68 亿元;董事会设董事 5 人,董事长 1 人,副董事长 1 人,董事会任期 3 年;设总经理 1 名,由授权方聘任或解聘;设监事会,由授权方委派,其中包括 1 名职工代表等。2011 年 12 月,上海汽车集团股份有限公司整体上市后,《上海汽车工业有限公司章程》将注册资本改为 15.67 亿元,其余均维持原条款。

第二节 上海汽车工业(集团)总公司章程

1995 年 9 月,上海汽车工业(集团)总公司成立后根据上海市人民政府决定暂不设董事会。1999 年,上汽集团按照现代企业制度要求,建立法人治理结构。同年 7 月,上汽集团第一届董事会第一次会议审议通过《上海汽车工业(集团)总公司章程》。至 2015 年,该章程分别在 2005 年 8 月、2007 年 11 月、2010 年 12 月、2014 年 12 月经过 4 次修改。

2014 年《上海汽车工业(集团)总公司章程》共有 12 章 97 条。主要规定:公司经营范围包括汽车、拖拉机、摩托车等道路交通运输车辆、工程机械及零部件生产、研制、销售、开发,汽车租赁、汽车物流、汽车金融等,授权范围内的国有资产经营与管理,对外投资和咨询服务;公司性质为国家单独出资、由上海市人民政府授权上海市国资委履行出资人职责的国有独资公司,注册资本 215.99 亿元;公司不设股东会,由出资人依法单独行使审议批准公司经营方针、委派更换非职工代表担任的董事监事、审议批准董事会监事会报告、审议批准公司利润分配方案、决定公司增加减少注册资本、决定公司出资转让合并分立或变更公司形式、批准董事会提交的公司重组或股份制改造方案、必要时对公司重要经济活动和重大财务事项进行审计等出资人职权;公司设立董事会,由 5 名董事组成,董事长为公司法定代表人;公司不设监事会,设 1 名监事;董事和监事每届任期 3 年。

第三节 上海汽车集团股份有限公司章程

2004 年,上汽集团发起设立上海汽车集团股份有限公司(简称上汽股份)。同年 11 月,该公司制定《上海汽车集团股份有限公司章程(草案)》。该章程有 18 章 99 条。2006 年,上市公司上海汽车股份有限公司向上汽股份发行股票,实现整车业务上市。2007 年 7 月,上汽股份完成工商注销。9 月,上海汽车股份有限公司更名为上海汽车集团股份有限公司,实现整车业务整体上市并沿用原有公司章程。此后,该公司章程于 2008 年 2 月、2009 年 6 月、2010 年 5 月和 7 月、2011 年 5 月先后经过 4 次修改。2011 年 12 月,上海汽车集团股份有限公司实现整体上市,并继续沿用原有章程,2012 年 5 月、2015 年 6 月和 12 月先后进行 3 次修改。至此,上海汽车股份有限公司更名为上海汽车集团股份有限公司后,公司章程累计修改 7 次。

2015 年 12 月修改后的《上海汽车集团股份有限公司章程》共有 12 章 200 条,主要规定:公司经营范围是汽车、摩托车、拖拉机等各种机动车整车,机械设备,总成及零部件的生产、销售,国内贸易(除专项规定),咨询服务业,经营本企业自产产品及技术的出口业务和本企业所需的机械设备、零配件、原辅材料及技术的进口业务等;注册资本为 11 025 566 629 元人民币;根据国家《证券法》规定,该章程明确股票发行、增减、转让等管理规范;公司设立股东会、董事会、日常经营机构、监事会等法人治理结构,公司股东大会是公司权力机构,按照中国法律和法规及章程规定行使权力;董事会是公司经营决策机构,应向股东大会负责,董事会由 7 人组成,董事会设董事长 1 人,为法定代表人,可设副董事长,董事任期 3 年,可连选连任;设独立董事,不少于董事会成员 1/3;董事会下设战略委员会,审计委员会,提名、薪酬与考核委员会 3 个专门委员会;监事会由 5 名监事组成,设主席 1 人,副主席 1 人,监事任期 3 年,可连选连任;设总裁 1 人,由董事会聘任或解聘,设副总裁若干人,人选由总裁提名,董事会聘任和解聘,总裁、副总裁、财务总监、总工程师、董事会秘书为公司高级管理人员。

第二章 股东大会

2007年9月上海汽车股份有限公司更名为上海汽车集团股份有限公司后,作为上市公司继续以股东大会为公司最高权力机构。至2015年,该公司累计召开21次股东大会,包括11次临时股东大会,审议决定150多个事项。

第一节 上海汽车集团股份有限公司 (上海汽车)股东大会

一、议事规则

上海汽车股份有限公司(简称上海汽车)于1997年11月上市后即制定实施《股东大会议事规则》。2006年12月20日上海汽车完成向控股股东上海汽车集团股份有限公司(简称上汽股份)定向增发后,于2007年6月21日召开2006年度股东大会,审议通过新版《股东大会议事规则》。该议事规则根据中国证券监督管理委员会2006年《上市公司章程指引》修订版进行修订,包括总则、股东大会召集、股东大会提案、会议通知、会议召开、股东大会表决和决议、会议记录、公告、附则共9章70条。

2007年7月27日上汽股份工商注销后,上海汽车股份有限公司于9月17日更名为上海汽车集团股份有限公司(简称上海汽车)。2011年5月27日,上海汽车2010年度股东大会审议修改并通过《股东大会议事规则》,修改后的议事规则仍保持9章70条的框架。

二、会议概况

自2006年12月上海汽车完成向控股股东定向增发起,至2011年上海汽车累计召开股东大会16次,包括11次临时股东大会,审议通过重要议案97个。

表2-2-1 2007—2011年上海汽车股东大会(含临时股东大会)情况表

序号	届次/时间	参会股东/占股比	审议通过的主要议案
1	2006年度股东大会 2007年6月21日	股东63人,代表股份5 811 184 372股,占股份总数88.71%	年度董事会工作报告、年度监事会工作报告、年度独立董事述职报告、年度利润分配方案、年度财务决算报告、年度报告及摘要、公司章程修订、股东大会议事规则、董事会议事规则、监事会议事规则等议案
2	2007年第一次临时股东大会 2007年1月29日	股东及代表11人,代表股份5 500 532 338股,占股份总数83.96%	吸收合并上汽汽车制造有限公司、增补沈建华为公司董事等议案

〔续表〕

序号	届次/时间	参会股东/占股比	审议通过的主要议案
3	2007年第二次临时股东大会 2007年8月10日	股东及代理人459人，代表股份5 553 367 490股，占股份总数84.77%	拟发行认股权和债券分离交易的可转换公司债券、本次发行人股权和债券分离交易的可转换公司债券募集资金投向可行性、前次募集资金（发行股份购买资产）使用情况说明、募集资金管理制度、关联交易管理制度、独立董事工作制度等议案
4	2007年第三次临时股东大会 2007年9月17日	股东及代理人19人，代表股份5 493 878 125股，占股份总数83.86%	上海汽车股份有限公司更名为上海汽车集团股份有限公司、前次募集资金（2000年度配股）使用情况的说明等议案
5	2007年第四次临时股东大会 2007年9月17日	股东及代理人19人，代表股份5 493 878 125股，占股份总数83.86%	为上汽通用汽车金融有限责任公司提供担保的议案
6	2007年第五次临时股东大会 2007年11月13日	股东及代理人14人，代表股份5 493 928 987股，占股份总数83.86%	公司第三届董事会延期换届、公司第三届监事会延期换届等议案
7	2007年度股东大会 2008年4月16日	股东及代理人45人，代表股份5 627 435 328股，占股份总数85.90%	年度董事会工作报告、年度监事会工作报告、年度独立董事述职报告、年度利润分配方案、年度财务决算报告、年度报告及摘要、预计2008年度日常关联交易金额等议案
8	2008年第一次临时股东大会 2008年2月22日	股东及代理人19人，代表股份5 491 839 491股，占股份总数83.83%	修订上海汽车集团股份有限公司章程、为上汽通用汽车金融有限责任公司提供担保等议案
9	2008年第二次临时股东大会 2008年6月17日	股东及代理人33人，代表股份5 521 063 140股，占股份总数84.28%	为上汽通用汽车金融有限责任公司增加担保额度、公司发行中期票据、公司董事会换届选举等议案
10	2008年度股东大会 2009年6月9日	股东及代理人44人，代表股份5 533 344 344股，占股份总数84.47%	年度董事会工作报告、年度监事会工作报告、年度独立董事述职报告、年度利润分配预案、年度财务决算报告、年度报告及摘要、修订公司章程、修订公司关联交易管理制度、修订续签日常关联交易框架协议并预计2009年度日常关联交易金额、为上汽通用汽车金融有限责任公司提供担保、为南京汽车集团有限公司提供担保等议案
11	2009年第一次临时股东大会 2009年12月22日	股东及代理人114人（其中现场21人，网络93人），持股总数5 496 267 219股（其中现场5 491 949 479股，网络4 317 740股），占股份83.9%（其中现场83.83%，网络0.07%）	上海汽车集团股份有限公司符合重大资产重组条件、收购上海通用汽车有限公司1%股权暨公司重大资产重组方案、与通用中国签署股权转让协议、上海汽车集团股份有限公司重大资产购买报告书、公司本次重大资产重组决议有效期、提请股东大会授权办理本次重大资产重组有关事宜等议案
12	2009年度股东大会 2010年5月25日	股东及代理人54人，持股5 648 282 172股，占股份总数86.17%	年度董事会工作报告、年度监事会工作报告、年度独立董事述职报告、年度利润分配及资本公积金转增股本预案、年度财务决算报告、预计2010年度日常关联交易金额、为上汽通用汽车金融有限责任公司提供担保、上海汽车集团股份有限公司更换独立董事等议案

〔续表〕

序号	届次/时间	参会股东/占股比	审议通过的主要议案
13	2010年第一次临时股东大会 2010年7月16日	股东及代理人257人(其中现场19人,网络238人),持股7 735 781 577股(其中现场7 140 335 166股,网络595 446 411股),占股总数比例90.78%(其中现场83.79%,网络6.99%)	符合非公开发行A股股票条件、非公开发行A股股票方案、非公开发行A股股票预案、与上海汽车工业(集团)总公司签署附生效条件的股份认购合同、公司本次发行涉及关联交易事项、前次募集资金使用情况报告、非公开发行A股股票募集资金运用可行性报告、提请股东大会授权办理本次非公开发行A股股票有关事宜、"上汽CWB1"认股权证行权募集资金使用情况等议案
14	2010年度股东大会 2011年5月27日	股东及代理人53人,持股总数7 475 992 821股,占股份总数80.89%	修订募集资金管理制度、年度董事会工作报告、年度监事会工作报告、年度独立董事述职报告、年度利润分配预案、年度财务决算报告、年度报告及摘要、预计2011年度日常关联交易金额、修订公司章程、修订股东大会议事规则、修订董事会议事规则、第四届董事会延期换届选举、第四届监事会延期换届选举等议案
15	2011年第一次临时股东大会 2011年3月25日	股东及代理人36人,持股总数7 221 273 270股,占股份总数78.13%	为上汽通用汽车金融有限责任公司提供担保、更换公司独立董事等议案
16	2011年第二次临时股东大会 2011年5月27日	股东及代理人417人(其中现场60人,网络357人),持股总数8 441 309 471股(其中现场7 569 388 629股,网络860 449 213股),占股总数91.33%(其中现场81.90%,网络9.31%)	公司符合上市公司发行股份购买资产条件、公司发行股份购买资产暨关联交易、签署发行股份购买资产协议及发行股份购买资产协议之补充协议、上海汽车集团股份有限公司发行股份购买资产暨关联交易报告书(草案)及其摘要、提请股东大会授权董事会全权办理本次发行股份购买资产暨关联交易相关事宜、提请股东大会审议上海汽车工业(集团)总公司免于以要约收购方式增持公司股份等议案

资料来源:《上海汽车年报》《上海汽车公告》

第二节 上海汽车集团股份有限公司 (上汽集团)股东大会

一、议事规则

2011年12月30日上海汽车集团股份有限公司整体上市揭牌,2012年1月9日公司证券简称由上海汽车变更为上汽集团。据此,上汽集团于2012年5月24日召开的2011年度股东大会审议修改并通过《股东大会议事规则》,修改后的议事规则包括总则、股东大会召集、股东大会提案、会议通知、会议召开、股东大会表决和决议、会议记录、公告、附则共9章70条。

2014年,中国证券监督管理委员会再次修订《上市公司章程指引》。据此,上汽集团于2015年6月18日召开2014年度股东大会,审议通过按照新版《上市公司章程指引》的规定修订的《股东大会议事规则》,修改后的议事规则仍保持9章70条的框架。

二、会议概况

2012 年 5 月—2016 年 5 月，上汽集团累计召开股东大会 7 次，包括 2 次临时股东大会，审议通过重要议案 83 个。

表 2‑2‑2　2011—2015 年上汽集团股东大会(含临时股东大会)情况表

序号	届次/时间	参会股东/占股比	审议通过的主要议案
1	2011 年度股东大会 2012 年 5 月 24 日	股东及代理人 45 人，持股总数 9 124 795 577 股，占股份总数 82.76%	年度董事会工作报告、年度监事会工作报告、年度独立董事述职报告、年度利润分配预案、年度财务决算报告、年度报告及摘要、为上汽通用汽车金融有限责任公司提供担保、上海汽车工业销售有限公司为安吉租赁有限公司提供担保、公司董事参与激励基金计划、调整公司独立董事年度津贴、公司董事会换届选举、公司监事会换届选举、修订公司章程、修订股东大会议事规则、修订董事会议事规则、修订公司监事会议事规则等议案
2	2012 年度股东大会 2013 年 5 月 30 日	股东及代理人 59 人，代表股份 9 147 030 961 股，占股份总数 82.96%	年度董事会工作报告、年度监事会工作报告、年度独立董事述职报告、年度利润分配预案、年度财务决算报告、年度报告及摘要、为上汽通用汽车金融有限责任公司提供担保、上海汽车进出口有限公司为安悦汽车物资有限公司提供担保、上海汽车工业销售有限公司为安吉租赁有限公司提供担保、上海汽车工业销售有限公司为其投资的经销商提供担保、上海汽车集团股权投资有限公司为汽车经销商提供担保、修订公司募集资金等议案
3	2013 年度股东大会 2014 年 6 月 19 日	股东及代理人 94 人，代表股份 9 183 605 024 股，占股份总数 83.29%	年度董事会工作报告、年度监事会工作报告、年度独立董事述职报告、年度利润分配预案、年度财务决算报告、年度报告及摘要、为上汽通用汽车金融有限责任公司提供担保、上海汽车进出口有限公司为安悦汽车物资有限公司提供担保、上海汽车工业销售有限公司为安吉租赁有限公司提供担保、补选公司董事等议案
4	2014 年第一次临时股东大会 2014 年 11 月 21 日	股东及代理人 73 人(其中现场 41 人，网络 32 人)代表股份 8 723 699 494 股(其中现场 8 687 241 180 股，网络 36 458 314 股)，占股份总数 79.12%(其中现场 78.79%，网络 0.33%)	补选公司监事的议案
5	2014 年度股东大会 2015 年 6 月 18 日	股东及代理人 306 人，代表股份 8 790 805 619 股，占股份总数 79.73%	年度董事会工作报告、年度监事会工作报告、年度独立董事述职报告、年度利润分配预案、年度财务决算报告、年度报告及摘要、为上汽通用汽车金融有限责任公司提供担保、上海汽车进出口有限公司为安悦汽车物资有限公司提供担保、上海汽车工业销售有限公司为安吉租赁有限公司提供担保、修订公司章程、修订股东大会议事规则、修订董事会议事规则等议案

〔续表〕

序号	届次/时间	参会股东/占股比	审议通过的主要议案
6	2015年第一次临时股东大会 2015年12月11日	股东及代理人276人，代表股份9 286 729 038股，占股份总数84.23%	公司符合非公开发行A股股票条件、公司非公开发行A股股票方案、公司非公开发行A股股票募集资金运用可行性报告、公司核心员工持股计划(草案)、非公开发行A股股票预案、公司与上海汽车工业(集团)总公司签署附生效条件的股份认购合同、公司与长江养老保险股份有限公司签署附生效条件的股份认购合同、非公开发行A股股票涉及关联交易事项、前次募集资金使用情况报告、公司未来三年(2015—2017年)股东回报规划、提请股东大会授权董事会或董事会授权人士办理公司核心员工持股计划相关事宜、提请股东大会授权董事会或董事会授权人士办理本次非公开发行A股股票相关事宜等议案
7	2015年度股东大会 2016年5月26日	股东及代理人82人，代表股份87 363 550 923股，占股份总数79.24%	年度董事会工作报告、年度监事会工作报告、年度独立董事述职报告、年度利润分配预案、年度财务决算报告、年度报告及摘要、为上汽通用汽车金融有限责任公司提供担保、华域汽车系统股份有限公司为华域科尔本施密特铝技术有限公司提供担保、华域汽车系统股份有限公司下属子公司为其控股子公司提供担保、补选独立董事等议案

资料来源：《上汽集团年报》《上汽集团公告》

第三章 公司董事会

1984年，上海汽车拖拉机工业联营公司成为上汽第一个企业性公司后，开始设立公司董事会。此后，上海汽车工业总公司于1992—1995年、上海汽车有限公司于1995—1997年、上海汽车工业有限公司于1997年始、上海汽车工业(集团)总公司于1999年始，均设有董事会。上海汽车集团股份有限公司于2004年成立后设立董事会至2007年7月工商注销，同年9月上海汽车股份有限公司更名为上海汽车集团股份有限公司后延续董事会届次。公司董事会根据《董事会议事规则》等制度运作决策。

第一节 前身公司董事会

一、上海汽车拖拉机工业联营公司董事会

【第一届董事会】

1984年3月，上海汽车拖拉机工业联营公司(简称上海汽拖联营公司)成立由21名董事组成的首届董事会，蒋涛为董事长，汪儒文、陈祥麟、蒋以任为副董事长，上汽历史上第一个公司董事会自此诞生。1985年1月汪儒文离任，1985年10月蒋以任离任，由孟庆令接任。

1986年9月，首届董事会四次会议通过董事会成员调整议案，董事24人，蒋涛任董事长，陈祥麟、孟庆令任副董事长。1986年12月，陈祥麟离任。1987年6月，陆吉安任副董事长。

至1987年，该公司第一届董事会共召开5次董事会会议。1984年7月12日和13日，召开首届董事会第1次会议，上海市副市长李肇基、上海市经济委员会主任李家镐、上海市工业党委副书记赵定玉、上海市机电一局党委书记江荣和局长李嘉康等出席，会议审议通过公司筹备工作汇报、公司章程和机构设置方案。同年12月24日、1985年10月17—19日、1986年9月25日和1987年10月16—17日，先后召开首届董事会第2—5次会议，分别审议通过总经理工作报告、上海轿车合资项目、上海桑塔纳轿车国产化、"七五"发展规划、组建经济联合体、上海大众汽车有限公司工厂改造等议案。

【第二届董事会】

1987年10月，上海汽拖联营公司董事会换届成立由32名董事组成的第二届董事会，蒋涛继任董事长，陆吉安、孟庆令、仇克任副董事长，32名董事中还包括上海工程技术大学、上海材料研究所、上海机械制造工艺研究所、上海内燃机研究所等大专院校和科研院所的负责人。

上海汽拖联营公司第二届董事会先后于1988年4月6—7日和12月7日、1989年7月14日、1990年1月10日、1991年1月18日召开5次董事会会议，分别审议通过董事会换届、公司章程修改、总经理工作报告、筹建上海桑塔纳轿车国产化共同体、组织松散型零部件企业联合体、公司体制改革等议案。

二、上海汽车工业总公司董事会

1990年3月，上海汽车拖拉机工业联营公司改名为上海汽车工业总公司(简称上汽总公司)，经

上海市经济委员会报请上海市人民政府同意,上汽总公司不设立董事会,实行总经理负责制。1992年4月,上海市投资信托公司以参股合作方式投资上汽总公司,并占股25%。上汽总公司为此成立由7名董事组成的董事会,上汽总公司委派5名董事包括董事长,上海市投资信托公司委派2名董事包括副董事长,陆吉安和鲍友德分任董事长和副董事长。

1992年8月31日、1993年6月1日和1994年7月22日,上汽总公司董事会共召开3次董事会会议,分别审议通过总经理工作报告、生产经营、项目投资、外汇现金使用、发展第三产业、利润分配、现代企业制度试点以及董事会议事守则等议案。

三、上海汽车有限公司、上海汽车工业有限公司董事会

【上海汽车有限公司董事会】

1995年9月,由上海汽车工业(集团)总公司(简称上汽集团)占股75%和上海国际信托投资公司(简称上国投)占股25%共同投资的上海汽车有限公司成立董事会。董事会由7名董事组成,上汽集团委派5名董事包括董事长和1名副董事长;上国投委派2名董事包括1名副董事长;陈祥麟任董事长,林树楠、鲍友德任副董事长。1995年12月19日和1996年7月31日,上海汽车有限公司董事会召开2次董事会会议,分别审议通过修改公司章程、总经理工作报告、财务决算和利润分配、投资上海通用汽车有限公司项目等议案。

【上海汽车工业有限公司董事会】

1997年12月,上汽集团和上国投将上海汽车有限公司未进入上市公司的部分资产组建为上海汽车工业有限公司,投资双方决定设立7人组成的公司董事会,上汽集团委派5名董事包括董事长和1名副董事长,上国投委派2名董事包括1名副董事长,陈祥麟任董事长,徐建军任副董事长,蒋志伟任副董事长兼总经理。

1998年1月23日和同年5月12日,上海汽车工业有限公司先后召开首届一次和首届二次董事会会议,分别审议通过公司章程、总经理工作报告、财务预决算及利润分配等议案。1999年7月30日,胡茂元接任董事长。2014年5月24日,陈虹接任董事长,陈德美任副董事长。

第二节 上海汽车工业(集团)总公司董事会

一、董事会组成

1995年9月1日,上海汽车工业(集团)总公司成立并暂不设董事会。1999年7月,根据现代企业制度建立规范法人治理结构的要求,上汽集团设立董事会,首届董事会由6名董事组成,陈祥麟任董事长。2003年1月,张广生任副董事长。2006年7月,胡茂元接任董事长。

2009年5月,作为上海国资系统第一批董事会建设试点企业,上汽集团董事会换届成立11名董事组成的第2届董事会,胡茂元任董事长,陈虹、张广生任副董事长,外部董事6名,超过董事会半数。第2届董事会下设战略决策委员会,审计与风险控制委员会,提名、薪酬与考核委员会3个专门委员会,胡茂元任战略决策委员会主任委员,外部董事谢荣和孙持平分任审计与风险控制委员会和提名、薪酬与考核委员会主任委员。

2014 年 10 月,根据上海市国有资产监督管理委员会党委关于上海汽车集团股份有限公司党委管理上海汽车工业(集团)总公司领导干部的通知精神,上海汽车集团股份有限公司决定 5 名董事组成上海汽车工业(集团)总公司第 3 届董事会,陈虹为董事长。

二、董事会制度

1999 年 7 月,上汽集团首届董事会第 1 次会议审议通过《上海汽车工业(集团)总公司董事会重大决策管理办法(草案)》。2001 年 3 月,首届董事会第 7 次会议审议通过董事会审计考核委员会、战略委员会的工作条例。2008 年 6 月,首届董事会第 35 次会议审议通过修订上汽集团董事会议事规则主要条款的议案。2009 年 6 月,第二届董事会第 1 次会议审议通过《上汽集团规范董事会建设工作方案》及《董事会战略决策委员会工作细则》《董事会审计与风险管理委员会工作细则》《董事会提名、薪酬与考核委员会工作细则》。2010 年 8 月,第 2 届董事会第 5 次会议审议通过修订的《董事会议事规则》,该规则共 8 章 50 条,进一步明确规定董事会审议批准公司发展战略和中长期发展规划等职责、必须提交董事会决策的具体内容、董事会召开时间和出席人数、决策表决方式等。

三、董事会决策

1999 年 7 月—2009 年 5 月,上汽集团首届董事会共召开 68 次董事会会议,审议通过议题 468 项。2009 年 6 月—2012 年 1 月,第 2 届董事会共召开 20 次董事会会议,审议通过议题 79 项。2014 年 10 月—2015 年 12 月,第 3 届董事会共召开 4 次董事会会议,审议通过 14 个议案。至此,上海汽车工业(集团)总公司董事会累计召开 92 次董事会会议,审议通过议题 561 项。

第 2 届董事会期间,董事会战略决策委员会召开 3 次会议,研究评估集团发展战略、中长期发展规划、重大投融资项目并提出意见建议;审计与风险控制委员会召开 9 次会议,围绕集团执行国家新会计准则、内控制度建立完善和执行、财务预算和执行、外部审计等事项进行审议;提名薪酬与考核委员会召开 5 次会议,向董事会提出高级管理人员选聘标准和程序的建议,审查高级管理人员履职情况并提出绩效考核、奖惩续聘或解聘建议等。

第三节　上海汽车集团股份有限公司董事会

一、董事会组成

2004 年 11 月 28 日,上海汽车工业(集团)总公司发起设立的上海汽车集团股份有限公司(简称上汽股份)召开董事会第 1 次会议,选举胡茂元为董事长。2007 年 7 月 27 日,上汽股份完成工商注销。同年 9 月 28 日,上海汽车股份有限公司更名为上海汽车集团股份有限公司(简称上海汽车),上海汽车股份有限公司第 3 届董事会相应更名为上海汽车集团股份有限公司第 3 届董事会,胡茂元为董事长,陈虹为副董事长。

2008 年 6 月 17 日,上海汽车董事会换届产生第 4 届董事会,胡茂元和陈虹分任董事长和副董事长。11 名董事中非独立董事 7 名,独立董事 4 名;7 名非独立董事包括 4 名内部董事、2 名外部董事和 1 名职工代表董事;独立董事及外部董事共 6 名,超过董事会成员的半数。新一届董事会成立后,即组建战略委员会,审计委员会,提名、薪酬与考核委员会3个委员会,分别由胡茂元、邵瑞庆、尤建新担任委员会主任委员。

2011年12月上海汽车集团股份有限公司整体上市后,采用上汽集团简称。2012年5月24日,上汽集团董事会换届产生第5届董事会,9名董事中胡茂元和陈虹、沈建华分别担任董事长和副董事长,另有外部董事2名,独立董事3名,职工代表董事1名。2014年5月23日,上汽集团第5届董事会第15次会议选举陈虹为董事长。

2015年6月18日,上汽集团董事会换届产生陈虹为董事长的第6届董事会,7名董事中独立和外部董事达到4名,超过董事会成员的半数。董事会设战略委员会,董事会审计委员会,董事会提名、薪酬与考核委员会3个专门委员会,分别由陈虹、孙铮、王方华担任主任委员。

二、董事会制度

2006年12月,上海汽车股份有限公司完成向控股股东上海汽车集团股份有限公司定向增发后,于2007年6月股东大会审议通过《董事会议事规则》。2007年8月,公司董事会审议通过董事会战略委员会、审计委员会和提名、薪酬与考核委员会3个专门委员会的工作细则以及《董事会秘书管理规则》。2008年3月,董事会审议通过《董事会审计委员会工作细则》修订议案、《董事会审计委员会年报工作规程》和《独立董事年报工作制度》。2011年5月、2012年5月和2015年6月,公司3次修改《董事会议事规则》,形成7章52条内容。该议事规则规定必须提交董事会审议决定的公司经营计划和投资方案、财务预决算方案等16个事项,规定董事会召开时间和出席人数、决策表决方式等事宜。2015年4月,董事会审议通过战略委员会工作细则的修订议案。

三、董事会决策

上海汽车集团股份有限公司自2004年11月成立至2007年7月注销,共召开28次董事会会议,审议通过91个议案。2006年12月上海汽车股份有限公司完成向控股股东上汽股份定向增发、以后更名为上海汽车集团股份有限公司延续的第3届董事会,2007年1月—2008年6月共召开24次董事会会议,审议通过101个议案。2008年6月—2012年5月,该公司第4届董事会共召开董事会会议37次,审议通过173个议案。2012年5月—2015年6月,第5届董事会共召开21次董事会会议,审议通过117个议案。2015年6月—12月,第6届董事会召开4次董事会会议,审议通过32个议案。至此,上海汽车集团股份有限公司2007年1月—2015年12月累计召开董事会会议86次,审议通过423个议案。

2014年起,上海汽车集团股份有限公司董事长开始召开董事长专题会议,研究决定集团全面创新战略发展等重要事项。至2015年共召开24次,讨论决定16项议题,包括自动驾驶汽车技术研究、上汽—阿里互联网汽车设计公司业务能力发展计划、车享平台整车营销业务思路、上汽与德国大众汽车公司商用车业务合作、新能源技术价值链核心能力业务规划、动力电池业务链价值分析和业务规划、互联网汽车发展及引起的新价值链和商业模式等重大业务创新研讨决策,以及进军印度市场收购、美国加利福尼亚州技术产业风投基金管理、集团品牌战略研究、产品发展规划等重要事项。

2008—2015年,董事会战略委员会召开18次会议,审议议题26个,包含《上海汽车及附属公司(整体)滚动发展规划(2010—2014)》《上汽集团"1+5"滚动发展规划》《关于投资设立上海汽车投资管理有限公司的议案》《关于参与通用汽车公司IPO的议案》《关于公司非公开发行A股股票募集资金运用可行性报告的议案》《上海汽车集团股份有限公司核心员工持股计划》等重大议案。董事会审计委员会召开42次会议,审议议题117个,包括公司年度内控评价报告、公司财务情况和公司年度审计情况的汇报等。董事会提名、薪酬与考核委员会召开20次会议,审议议题31个,包括公司董事、监事、高级管理人员薪酬情况,董事和高级管理人员提名、公司激励基金计划实施方案等情况。

表2-3-1 1984—2015年上汽董事会成员一览表

		第一届董事会 1984年3月—1987年9月						
上海汽车拖拉机工业联营公司董事会 1984年2月—1990年1月	董事长	蒋 涛 1984年3月—1987年9月						
	副董事长	汪儒文 1984年3月—1985年1月			陈祥麟 1984年3月—1986年12月			
		蒋以任 1984年10月—1985年12月			孟庆令 1985年12月—1987年9月			
		仇 克 1987年6月—1987年9月			陆吉安 1987年6月—1987年9月			
	董 事	1984年3月董事会成立时	余永梁	鞠泽泉	宣洪涛	仲逸民	高明福	翁建新 仇 克
			桑 恭	张应莹	袁明亮	马 骥	于庆海	寿水林 金伟豪
			宋振丽	卢丹胜	黄振昌			
		1986年9月董事会调整时	鞠泽泉	宣洪涛	仲逸民	高明福	翁建新	仇 克 桑 恭
			袁明亮	叶 平	沈立人	方小明	徐国钧	朱国良 张金忠
			徐永兴	刘希武	陶培泉	蒋志伟	王怡达	于保勇 林汉文
		第二届董事会 1987年10月—1990年1月						
	董事长	蒋 涛 1987年10月—1990年1月						
	副董事长	陆吉安 1987年10月—1990年1月			孟庆令 1987年10月—1990年1月			
		仇 克 1987年10月—1990年1月						
	董 事	陈廷越	叶 平	高明福	宣洪涛	刘雅琴	王述祚	仲逸民 翁建新
		桑 恭	裘宗澄	徐国钧	朱国良	徐永兴	刘希武	凌慰峰 林汉文
		赵国士	丁定远	徐性澄	王明华	方小明	陶培泉	蒋志伟 王怡达
		王荣钧	王福清	邬渭贤	沈立人	唐德深	顾伯揆	许 彬 史志伯
		姬根海	张德良	纪兆祥				
上海汽车工业总公司董事会 1992年4月—1995年8月	董事长	陆吉安 1992年4月—1995年8月						
	副董事长	鲍友德 1992年4月—1995年8月						
	董 事	孟庆令 1992年4月—1995年8月			顾 青 1992年4月—1995年8月			
		叶 平 1992年4月—1995年8月			陈廷越 1992年4月—1995年8月			
		高明福 1992年4月—1995年8月						
上海汽车有限公司董事会 1995年9月—1997年8月	董事长	陈祥麟 1995年9月—1997年8月						
	副董事长	林树楠 1995年9月—1997年8月			鲍友德 1995年9月—1997年8月			
	董 事	叶 平 1995年9月—1997年8月			胡茂元 1995年9月—1997年8月			
		顾 青 1995年9月—1997年8月			王述祚 1995年9月—1997年8月			

〔续表〕

上海汽车工业有限公司董事会 1998年1月—	董事长	陈祥麟	1997年12月—1999年7月	胡茂元	1999年7月—2014年5月
		陈 虹	2014年5月—		
	副董事长	徐建军	1997年12月—2000年9月	蒋志伟	1997年12月—2009年3月
		陈德美	2014年9月—		
	董 事	唐登杰	1997年12月—2001年2月	唐炜延	1997年12月—2001年11月
		刘 榕	1997年12月—2013年12月	蔡侬瑞	1997年12月—2000年9月
		沈建华	2001年2月—2015年6月	谷 峰	2013年12月—

上海汽车工业（集团）总公司董事会 1999年7月—					
	第一届董事会　1999年7月—2009年5月				
	董事长	陈祥麟	1999年7月—2006年7月	胡茂元	2006年7月—2009年5月
	副董事长	张广生	2003年1月—2009年5月	陈 虹	2006年7月—2009年5月
	董 事	胡茂元	1999年7月—2006年7月	陈忠德	1999年7月—2004年12月
		唐炜延	1999年7月—2001年12月	朱克勤	1999年7月—2004年6月
		江绵恒	1999年7月—2008年6月	李积荣	2001年12月—2004年12月
		蒋志伟	2004年12月—2009年5月	吴诗仲	2004年12月—2009年5月
	第二届董事会　2009年5月—2012年5月				
	董事长	胡茂元	2009年5月—2012年5月		
	副董事长	陈 虹	2009年5月—2012年5月	张广生	2009年5月—2012年5月
	董 事	沈建华	2009年5月—2012年5月	吴诗仲	2009年5月—2012年5月
		朱洪超	2009年5月—2012年5月	余卓平	2009年5月—2012年5月
		谢华康	2009年5月—2012年5月	谢 荣	2009年5月—2012年5月
		谢祖墀	2009年5月—2012年5月	孙持平	2009年5月—2012年5月
	董事会秘书	杨静怡	2009年5月—2012年5月		
	战略决策委员会	主任委员	胡茂元		
		委 员	陈 虹　张广生　沈建华　余卓平		
	审计与风险控制委员会	主任委员	谢 荣		
		委 员	张广生　吴诗仲　谢华康　谢祖墀		
	提名、薪酬与考核委员会	主任委员	孙持平		
		委 员	沈建华　朱洪超		
	第三届董事会　2014年10月—				
	董事长	陈 虹	2014年10月—		
	董 事	陈志鑫	2014年10月—	谷 峰	2014年10月—
		陈德美	2014年10月—	朱庆敏	2014年10月—
	董事会秘书	卫 勇	2014年10月—		

〔续表〕

上海汽车集团股份有限公司董事会 2004年11月—2007年7月 （非上市公司）	董事长	胡茂元	2004年11月—2007年7月		
	副董事长	陈虹	2004年11月—2007年7月		
	董事	沈建华	2004年11月—2007年7月	蒋志伟	2004年11月—2007年7月
		周郎辉	2004年11月—2007年7月	朱根林	2004年11月—2007年7月
上海汽车集团股份有限公司董事会 （延续上海汽车股份有限公司上市公司第三届董事会，2007年9月更名至2008年6月届满）	董事长	胡茂元	2007年9月—2008年6月		
	副董事长	陈虹	2007年9月—2008年6月		
	董事	沈建华	2007年9月—2008年6月	谷峰	2007年9月—2008年6月
		赵凤高	2007年9月—2008年6月	王晓秋	2007年9月—2008年6月
	独立董事	谢荣	2007年9月—2008年6月	陈步林	2007年9月—2008年6月
		段祺华	2007年9月—2008年6月		
	董事会秘书	黄强	2007年9月—2008年1月	王剑璋	2008年1月—2008年6月
上海汽车集团股份有限公司董事会 2008年6月—	第四届董事会　2008年6月—2012年5月				
	董事长	胡茂元	2008年6月—2012年5月		
	副董事长	陈虹	2008年6月—2012年5月	沈建华	2012年1月—2012年5月
	非独立董事	沈建华	2008年6月—2012年1月	陈志鑫	2008年6月—2012年5月
		吴诗仲	2008年6月—2012年1月	吉晓辉	2008年6月—2012年5月
		谢荣	2008年6月—2012年5月	李积荣	2012年1月—2012年5月
	独立董事	段祺华	2008年6月—2010年5月	林忠钦	2008年6月—2012年5月
		尤建新	2008年6月—2012年5月	邵瑞庆	2008年6月—2012年5月
		钱奕	2010年5月—2011年3月	傅长禄	2011年3月—2012年5月
	董事会秘书	王剑璋	2008年6月—2012年5月		
	战略委员会	主任委员	胡茂元		
		委员	陈虹　陈志鑫　林忠钦　尤建新		
	审计委员会	主任委员	邵瑞庆		
		委员	谢荣　段祺华　钱奕　傅长禄		
	提名、薪酬与考核委员会	主任委员	尤建新		
		委员	吉晓辉　邵瑞庆		
	第五届董事会　2012年5月—2015年6月				
	董事长	胡茂元	2012年5月—2014年5月	陈虹	2014年5月—2015年6月
	副董事长	陈虹	2012年5月—2014年5月	沈建华	2012年5月—2014年8月
	非独立董事	沈建华	2014年8月—2015年6月	陈志鑫	2014年6月—2015年6月
		谢荣	2012年5月—2015年6月	余卓平	2012年5月—2015年6月
		李积荣	2012年5月—2014年8月	钟立欣	2014年8月—2015年6月

〔续表〕

上海汽车集团股份有限公司董事会 2008年6月—	独立董事	周勤业	2012年5月—2015年6月		王方华	2012年5月—2015年6月
		于英辉	2012年5月—2015年6月			
	董事会秘书	王剑璋	2012年5月—2015年6月			
	战略委员会	主任委员	胡茂元　陈虹			
		委员	沈建华　陈志鑫　余卓平　王方华			
	审计委员会	主任委员	周勤业			
		委员	谢荣　于英辉			
	提名、薪酬与考核委员会	主任委员	王方华			
		委员	谢荣　周勤业			
	第六届董事会　　2015年6月—					
	董事长	陈虹	2015年6月—			
	非独立董事	陈志鑫	2015年6月—		谢荣	2015年6月—
		钟立欣	2015年6月—			
	独立董事	王方华	2015年6月—		孙铮	2015年6月—
		陶鑫良	2015年6月—			
	董事会秘书	王剑璋	2015年6月—			
	战略委员会	主任委员	陈虹			
		委员	陈志鑫　谢荣　王方华　陶鑫良			
	审计委员会	主任委员	孙铮			
		委员	谢荣　王方华			
	提名、薪酬与考核委员会	主任委员	王方华			
		委员	谢荣　孙铮			

资料来源：《上海汽车工业志》《汽车业卷》，上海汽车集团股份有限公司党委组织干部、董事会办公室

第四章　公司监事会

1996年，上海市人民政府任命上海汽车工业（集团）总公司监事会主席和副主席，开始在上汽设立监事会。2004年，上海汽车集团股份有限公司成立并设立公司监事会直至2007年7月工商注销。同年9月，上海汽车股份有限公司更名为上海汽车集团股份有限公司后，延续原有监事会届次。公司监事会根据《监事会议事规则》等制度运作监督。

第一节　上海汽车工业（集团）总公司监事会

一、监事会组成

1995年9月1日，上海汽车工业（集团）总公司（简称上汽集团）成立。1996年6月7日，上海市人民政府任命上海市常务副市长蒋以任担任上汽集团监事会主席，孟庆令、陈步林、刘雅琴任监事会副主席。8月，组成包括9名监事的上汽集团监事会，开启上汽设有监事会的历史。1999年、2004年和2007年，刘雅琴、孟庆令和陈步林先后不再担任监事会副主席。2003年，蒋以任出任上海市政协主席后，继续担任上汽集团监事会主席直至2009年年初。2009年3月，上海市国有资产监督管理委员会（简称上海市国资委）把上汽集团列为第1批完善法人治理结构试点单位，实行外派监事管理模式，上海市政府任命蒋应时为上汽集团监事会主席，任命刘建德为监事会外派专职监事。

1996—2011年，上汽集团监事会无届次之分，由上级政府定期任命，其中1996—2004年每隔3年任命1次，前后3任；2004—2011年基本每隔2年任命1次，前后6任，合计9任。2011年12月30日，上海汽车集团股份有限公司实现整体上市并简称上汽集团，上海汽车工业（集团）总公司不再设立监事会。

2014年10月，根据上海市国资委党委关于上海汽车集团股份有限公司管理上海汽车工业（集团）总公司领导干部的要求，上汽集团委派周郎辉担任上海汽车工业（集团）总公司监事。

二、监事会制度

2001年3月，上汽集团监事会制定实施《监事会工作条例》和《监事会议事规则》。《监事会工作条例》计8章22条，主要规定监事会性质定位、组织结构、工作职责、监事会日常监督和重大事项监督方式等；《监事会议事规则》计19条，主要规定应当列入监事会会议的议事事项、会议决议表决及报送程序等事宜。2002年10月，监事会审议修改《监事会工作条例》，增加建立和形成监督管理工作网络、对所属企业监事会进行业务指导等规定；审议修改《监事会议事规则》，监事会决议增加公司生产经营、资产经营、经济效益、资产质量和国有资产保值增值情况的内容。2006年2月，再次修改《监事会工作条例》和《监事会议事规则》，《监事会工作条例》增加设专职监事、发现危害及可能危害国有资产安全问题应及时向上海市国资委报告、对企业国有资产运行管理实施全过程监督、不参与企业日常经营工作、不干预企业经营决策等规定，《监事会议事规则》补充监事会对董事会年度工作提出监督评价意见等规定。2010 年 2 月,根据中共上海市委组织部、上海市国资委党委《关于进一步加强市管国有企业监事会工作指导意见(试行)》,上汽集团监事会制定《实施意见》,从 6 个方面明确监事会职责和义务、工作流程和制度。同时,《实施意见》还在两个附件中明确集团有关职能部门向监事会提供有关信息资料,通知监事会参加或列席有关会议等内容。

三、监事会监督

2001—2012 年,上海汽车工业(集团)总公司监事会累计召开 22 次会议,听取集团重大事项报告、董事会工作报告、行政工作报告、财务预决算报告、项目投资和科研经费投入、重大改制重组上市、股权转让方案等,履行监督职责。

上汽集团监事会围绕集团健康快速发展和确保国有资产保值增值的总体目标,通过调研、监督评价、专项监督检查和后评估 4 个方面履行监督职责。2008 年,监事会会同集团有关部室开展设备招标管理专项检查。2009 年,根据《上海市国有企业监事会暂行办法》"新任监事会主席到任六个月内,要编制和报送公司基本情况报告"的规定,监事会主席蒋应时到任后,在熟悉情况的基础上,围绕商用车、零部件、服务贸易、内控制度和财务管理 4 个专题,对 43 家整车、零部件和服务贸易企业开展专题调研。同年,根据市国资委关于"加强对企业内控制度监督检查"的要求,上汽集团监事会会同有关部室对集团内控制度建设和执行情况开展专项检查。2010 年,根据市委、市政府关于上海世博会安全运行万无一失的要求,监事会对上汽世博会新能源汽车安全保障运行进行专项检查。同年,按照市国资委关于加强企业重大决策评估的要求,选择对上汽通用五菱汽车股份有限公司"中中外"合资合作跨地经营进行评估。2010—2012 年,根据市国资委关于"监事会每年要对董事会上一年度运作情况、企业经营状况等进行监督"的要求,监事会通过列席董事会、行政办公会议与参加集团重要会议和重大活动,查阅财务和审计等有关资料,以及考察国内外研发和生产基地,深入车间班组现场了解情况等途经,连续 3 年对上汽集团董事会开展监督评价,并形成监督检查报告。2011 年,上汽集团监事会对集团全面风险管理五年规划的编制和体系建设开展后评估。

第二节　上海汽车集团股份有限公司监事会

一、监事会组成

2004 年 11 月 28 日,上海汽车集团股份有限公司(简称上汽股份)成立 2 名监事组成的监事会,陈翠娣为临时召集人。2006 年 12 月,上海汽车股份有限公司完成向控股股东上汽股份定向增发后,该公司第 3 届监事会继续履行职责,监事长为陈祥麟。2007 年 7 月 27 日,上汽股份完成工商注销。

2007 年 9 月 17 日,上海汽车股份有限公司更名为上海汽车集团股份有限公司,该公司第 3 届监事会相应更名为上海汽车集团股份有限公司第 3 届监事会,陈祥麟继续担任监事长。2008 年 6 月 17 日,该公司监事会换届,经年度第 2 次临时股东大会选举产生由 3 名监事组成的第 4 届监事会,叶焱章为召集人。2012 年 5 月 24 日,监事会换届,经年度第 2 次临时股东大会选举产生 5 名监事组成的第 5 届监事会,蒋应时任监事会主席,薛建任监事会副主席。2014 年 11 月 21 日,该公司临时股东大会选举卞百平为监事会主席。2015 年 6 月 18 日,监事会换届产生第 6 届监事会,卞百平任监事会主席,陈伟烽任监事会副主席。

二、监事会制度

2007 年 6 月 21 日,已向控股股东上汽股份定向增发后的上海汽车股份有限公司召开 2006 年度股东大会,通过第 3 届监事会对 2002 年 6 月制定实施的《监事会议事规则》修订案。2007 年 9 月,上海汽车股份有限公司更名为上海汽车集团股份有限公司后,继续沿用该《监事会议事规则》。

修改后的《监事会议事规则》共有 28 条,主要规定监事会议事规则的目的和依据、监事会地位作用、监事会议事范围、监事会会议召开方式和出席要求、监事独立发表意见要求、监事会审议表决记录要求、监事会决议执行要求、监事会成员保密义务等。2011 年,上海汽车集团股份有限公司向上海汽车工业(集团)总公司发行股份购买资产实现整体上市。2012 年 5 月 24 日,上海汽车集团股份有限公司召开 2011 年度股东大会,审议通过修改的《监事会议事规则》,对监事会组成人数、监事会会议主持作进一步规定。

三、监事会监督

2007 年 9 月,上海汽车股份有限公司更名上海汽车集团股份有限公司至 2008 年 5 月,第 3 届监事会共召开 6 次监事会会议,审议通过总经理年度工作报告、发行中期股票方案、购买南京汽车集团有限公司和上海柴油机股份有限公司股权、公司内控制度建设情况等重要事项。

2008 年 6 月—2015 年底,上海汽车集团股份有限公司第 4—6 届监事会累计召开监事会会议 44 次。其中 2008 年 6 月—2012 年 4 月第 4 届监事会召开监事会会议 22 次,2012 年 5 月—2015 年 5 月第 5 届监事会召开监事会会议 16 次,2015 年 6 月—当年年底第 6 届监事会召开监事会会议 4 次,审议通过公司行政年度工作报告、利润分配、关联交易框架协议、内部控制自我评估报告、重大资产重组条件、收购上海通用汽车有限公司 1% 股权、年度社会责任报告、非公开发行 A 股股票、募集资金存放与实际使用情况专项报告、美国通用汽车公司回购上海通用汽车有限公司 1% 股权、核心员工持股等重要议案,并提出监事会意见建议。

表 2-4-1　1996—2015 年上汽监事会、监事一览表

公 司	时间/届次	监事会主席	监事会副主席	召集人	监 事			
上海汽车工业(集团)总公司	1996—1998	蒋以任	孟庆令 陈步林 刘雅琴	—	郁永健 刘红蔚	韩德荣	沈若雷	翁史烈
	1999—2001		孟庆令 陈步林	—	蔡一平 刘红薇	韩德荣	姜建清	谢绳武
	2002—2004		孟庆令 陈步林	—	蔡一平 刘红薇	韩德荣	吉晓辉	谢绳武
	2004—2005		陈步林	—	韩德荣 马龙英	吉晓辉	谢绳武	刘红薇
	2005—2006		陈步林	—	韩德荣	谢绳武	马龙英	

〔续表〕

公　司	时间/届次	监事会主席	监事会副主席	召集人	监　　事
上海汽车工业(集团)总公司	2006—2007	蒋以任	陈步林	—	谢绳武　孙持平　江秋霞　余卓平 李佩珍　马龙英
	2007—2009		—	—	谢绳武　孙持平　江秋霞　余卓平 李佩珍　马龙英
	2009—2010	蒋应时	—	—	谢绳武　江秋霞　李佩珍　马龙英
	2010—2011		—	—	刘建德　李佩珍　马龙英
	2014 年 10 月	—	—	—	周郎辉
上海汽车集团股份有限公司(非上市公司)	2004 年 11 月—2007 年 7 月	—	—	陈翠娣	吴诗仲
上海汽车集团股份有限公司(上市公司)	2007 年 9 月(第 3 届)	陈祥麟	—	—	马龙英(职工代表) 朱　宪(职工代表)
	2008 年 6 月(第 4 届)	—	—	叶焱章	朱根林　朱　宪(职工表代) 马龙英(职工代表)
	2012 年 5 月(第 5 届)	蒋应时	薛　建	—	刘建德　马龙英(职工代表) 朱　宪(职工代表)
	2014 年 6 月(第 5 届)	—	—	刘建德	马龙英(职工代表) 朱　宪(职工代表)
	2014 年 11 月(第 5 届)	卞百平	—	—	刘建德　马龙英(职工代表) 朱　宪(职工代表)
	2015 年 6 月(第 6 届)		陈伟烽	—	洪锦芯　马龙英(职工代表) 姜宝新(职工代表)

资料来源：上海汽车集团股份有限公司监事会办公室、党委组织干部部

第五章 管 理 层

1955年上汽始有公司后,开始设立经理和副经理组成的管理层。"文化大革命"开始后的1967年,公司行政改为革命委员会,负责人为主任和副主任。1978年取消革命委员会,恢复经理和副经理称谓。1984年管理层开始由总经理、副总经理和总工程师组成。1993年起总经理、副总经理改称总裁、副总裁。2002年起管理层增设财务总监。公司管理层根据《总裁议事规则》《总裁工作细则》等制度运作并设立总部机构实施管理。

第一节 管 理 层 组 成

一、前身公司管理层

1955年12月,上海市内燃机配件制造公司成立,并组成包括4名成员的经理班子,霍建华任负责人。1956年5月,公司经理班子经过调整,王公道任经理。1958年3月上海市内燃机配件制造公司与上海市动力设备制造公司合并为上海市动力机械制造公司,经理班子增至8人,王公道和魏如任经理。1960年1月,公司更名为上海市农业机械制造公司,王公道和魏如继任经理。1960年3月,曹冠五任经理,公司经理增至3人。1960年6月、1961年8月和10月,王公道、曹冠五和魏如先后离任。1961年11月,霍建华出任经理,公司经理恢复为1人。至"文化大革命"期间的1967年,公司经理班子仍为8人。

1967年9月,受"文化大革命"冲击,公司行政改为革命委员会,霍建华任召集人。1969年11月,公司更名为上海市拖拉机汽车工业公司,霍建华任革命委员会主任。1974年7月,刘东海任革命委员会代主任。1977年4月,刘东海任革命委员会主任,霍建华改任顾问。1978年11月,公司取消革命委员会恢复经理称谓,仇克出任经理,副经理4人。

1984年3月,公司改制为上海汽车拖拉机工业联营公司,行政负责人改称总经理并成立5名成员组成的总经理班子,陈祥麟任总经理。1987年6月,陈祥麟离任由陆吉安接任总经理。1990年,公司改称上海汽车工业总公司,陆吉安继任总经理,班子成员6人。

1993年1月,公司行政负责人改称总裁,总裁班子成员6人,陆吉安任总裁。此外,1984—1995年8月,公司历任行政班子中有1名副总经理或副总裁兼总工程师。

二、上海汽车工业(集团)总公司总裁班子

1995年9月,公司改制为上海汽车工业(集团)总公司(简称上汽集团)并组成第1届总裁班子。同时,上汽集团与上海国际信托投资公司合资成立上海汽车有限公司并组成总经理班子。上汽集团总裁班子和上海汽车有限公司总经理班子实行"两块牌子,一套班子",班子成员均为4人,陈祥麟任总裁和兼任总经理。1998年1月,上汽集团与上海国际信托投资公司因上海汽车有限公司改制为上市公司,合资组建上海汽车工业有限公司并成立总经理班子,由蒋志伟兼任总经理。至1999

年,上汽集团总裁班子增至 7 人。

1999 年 6 月,上汽集团组建第 2 届总裁班子,胡茂元任总裁,班子成员为 5 人,2002 年总裁班子增设财务总监,至 2004 年 11 月班子成员增至 9 人。

2004 年 11 月,上汽集团发起设立上海汽车集团股份有限公司并分别组建总裁班子,9 名班子成员中胡茂元继续担任上汽集团总裁,另有 3 名副总裁和 1 名财务总监留任上汽集团,4 位副总裁转任上海汽车集团股份有限公司总裁或副总裁。

2006 年 7 月,上汽集团组建 5 名成员组成的第 3 届总裁班子,沈建华任总裁,另设 3 名副总裁和 1 名财务总监,2010 年增设副总裁级的董事长助理。至 2011 年,总裁班子成员为 7 人。

三、上海汽车集团股份有限公司总裁班子

2004 年 12 月,上汽集团发起设立的上海汽车集团股份有限公司(简称上汽股份)成立,并组成包括 4 名成员的总裁班子,陈虹任公司总裁。2006 年 3 月和 6 月,上汽股份先后聘任 2 名外籍副总裁,其中美籍人士墨斐受聘执行副总裁。7 月,副总裁沈建华改任上汽集团总裁,上汽股份总裁班子成员为 5 人。

2006 年 8 月,上海汽车股份有限公司(简称上海汽车)向上汽股份定向增发实现整车业务上市。上汽股份总裁班子改为上海汽车第 3 届总裁班子,陈虹任总裁。2007 年 7 月,上汽股份工商注销。9 月,上海汽车股份有限公司更名为上海汽车集团股份有限公司(简称上海汽车)。同年,上海汽车增聘 2 名副总裁和 1 名财务总监。同年和 2008 年,2 名外籍副总裁先后离任,副总裁陈志鑫接任执行副总裁。至 2008 年 5 月,上海汽车总裁班子成员为 6 名。

2008 年 6 月,上海汽车组建第 4 届总裁班子,班子成员 6 名,包括 1 名财务总监,陈虹和陈志鑫分别继任总裁和执行副总裁。同年 10 月,新增 1 名副总裁,总裁班子增加到 7 人。

上海汽车于 2011 年 12 月整体上市简称改为上汽集团后,于 2012 年 5 月组建第 5 届总裁班子,班子成员 10 名,包括 1 名财务总监,陈虹和陈志鑫分别继任总裁和执行副总裁。2015 年 6 月,上汽集团组建第 6 届总裁班子,班子成员 10 名,包括 1 名财务总监和 1 名总工程师,陈志鑫任总裁。

表 2 - 5 - 1　1955—2015 年上汽管理层班子成员一览表

公 司 名 称	职　务	姓　名	任 职 时 间
上海市内燃机配件制造公司	1955 年 12 月起		
	负责人	霍建华	1955 年 12 月—1956 年 5 月
	副经理	胡叔常	1955 年 12 月—1956 年 5 月
		何安亭	1955 年 12 月—1956 年 5 月
		苏祖国	1955 年 12 月—1956 年 5 月
	1956 年 5 月起		
	经　理	王公道	1956 年 5 月—1958 年 3 月
	副经理	霍建华	1956 年 5 月—1958 年 3 月
		苏祖国	1956 年 5 月—1958 年 3 月
		何安亭	1956 年 5 月—1958 年 3 月

〔续表〕

公司名称	职务	姓名	任职时间
上海市动力机械制造公司		1958年3月起	
	经理	王公道	1958年3月—1960年1月
		魏如	1958年3月—1960年1月
	副经理	霍建华	1958年3月—1960年1月
		赵科一	1958年3月—1960年1月
		梁兴	1958年3月—1960年1月
		苏祖国	1958年3月—1960年1月
		何安亭	1958年3月—1960年1月
		孔繁洲	1958年3月—1960年1月
上海市农业机械制造公司		1960年1月起	
	经理	王公道	1960年1月—1960年6月
		曹冠五	1960年3月—1961年8月
		魏如	1960年1月—1961年10月
	副经理	霍建华	1960年1月—1961年10月
		梁兴	1960年1月—1966年5月
		苏祖国	1960年1月—1966年5月
		何安亭	1960年1月—1966年5月
		孔繁洲	1960年1月—1960年9月
	经理	霍建华	1961年11月—1966年5月
		章萍	1961年11月—1966年5月
	副经理	仇克	1962年6月—1966年5月
		马金德	1964年7月—1966年5月
		杨汉章	1965年8月—1966年5月
	革命委员会	1967年9月起	
	召集人	霍建华	1967年9月—1969年11月
上海市拖拉机汽车工业公司	革命委员会	1969年11月起	
	主任	霍建华	1969年11月—1977年10月
	代主任	刘东海	1974年7月—1977年4月
	主任	刘东海	1977年4月—1978年11月
	副主任	胡宝林	1969年11月—1975年6月
		魏业宽	1969年11月—1978年
		姜毅	1971年5月—1974年7月
		仇克	1972年7月—1978年11月
		曲修梅	1973年4月—1978年11月
		陈伯泉	1973年8月—1978年11月
		陆祖良	1974年1月—1978年11月

〔续表〕

公 司 名 称	职 务	姓 名	任 职 时 间
	副主任	陆金昌	1977 年 9 月—1978 年 11 月
	顾 问	霍建华	1977 年 10 月—1983 年 12 月
	1978 年 11 月起		
	经 理	仇 克	1978 年 11 月—1984 年 3 月
	副经理	杨汉章	1978 年 11 月—1983 年 10 月
上海市拖拉机汽车工业公司		章 萍	1978 年 11 月—1983 年 12 月
		陆金昌	1978 年 11 月—1983 年 2 月
		费辰荣	1978 年 11 月—1984 年 3 月
		刘镇亚	1979 年 6 月—1984 年 3 月
		陈伯泉	1979 年 10 月—1983 年 2 月
		马金德	1979 年 10 月—1984 年 3 月
	顾 问	苏祖国	1979 年 12 月—1984 年 3 月
	副经理	高明福	1980 年 12 月—1984 年 3 月
		宣洪涛	1983 年 3 月—1984 年 3 月
	1984 年 3 月起		
	总经理	陈祥麟	1984 年 3 月—1986 年 12 月
		陆吉安	1987 年 6 月—1990 年 1 月
	副总经理	宣洪涛	1984 年 3 月—1990 年 1 月
	副总经理兼总工程师	仲逸民	1984 年 3 月—1987 年 10 月
上海汽车拖拉机工业联营公司		张昌谋	1984 年 3 月—1987 年 10 月
	副总经理	高明福	1984 年 3 月—1990 年 1 月
		叶 平	1984 年 11 月—1990 年 1 月
		胡茂元	1985 年 9 月—1987 年 10 月
	副总经理兼总工程师	陈廷越	1987 年 10 月—1990 年 1 月
	1990 年 1 月起		
	总经理	陆吉安	1990 年 1 月—1993 年 1 月
	副总经理	叶 平	1990 年 1 月—1993 年 1 月
上海汽车工业总公司	副总经理兼总工程师	陈廷越	1990 年 1 月—1993 年 1 月
	副总经理	高明福	1990 年 1 月—1993 年 1 月
		宣洪涛	1990 年 1 月—1993 年 1 月
		胡茂元	1990 年 1 月—1993 年 1 月

〔续表〕

公司名称	职务	姓名	任职时间
上海汽车工业总公司	1993年1月起		
	总裁	陆吉安	1993年1月—1995年8月
	副总裁	叶平	1993年1月—1995年8月
	副总裁兼总工程师	陈廷越	1993年1月—1995年8月
	副总裁	高明福	1993年1月—1995年8月
		宣洪涛	1993年1月—1995年8月
		胡茂元	1993年1月—1995年8月
上海汽车工业（集团）总公司	1995年8月起第一届		
	总裁	陈祥麟	1995年8月—1999年6月
	副总裁	叶平	1995年8月—1998年7月
		胡茂元	1995年8月—1999年6月
		洪积明	1995年8月—1999年6月
		蒋志伟	1996年6月—1999年6月
		郁子冲	1996年9月—1999年6月
		陈因达	1997年11月—1999年6月
		唐登杰	1997年11月—1999年6月
上海汽车有限公司	1995年8月起		
	总经理	陈祥麟	1995年8月—1999年6月
	副总经理	叶平	1995年8月—1998年7月
		胡茂元	1995年8月—1999年6月
		洪积明	1995年8月—2003年2月
		蒋志伟	1996年6月—1999年6月
		郁子冲	1996年9月—1999年6月
		陈因达	1997年11月—1999年6月
		唐登杰	1997年11月—2001年2月
上海汽车工业有限公司	总经理	蒋志伟	1997年12月—2009年3月
上海汽车工业（集团）总公司	1999年6月起第二届		
	总裁	胡茂元	1999年6月—2006年7月
	副总裁	蒋志伟	1999年6月—2006年7月
		陈因达	1999年6月—2006年7月
		洪积明	1999年6月—2003年2月
		唐登杰	1999年6月—2001年2月

〔续表〕

公 司 名 称	职 务	姓 名	任 职 时 间
上海汽车工业(集团)总公司	副总裁	沈建华	2001 年 2 月—2004 年 11 月
		陈志鑫	2001 年 2 月—2004 年 11 月
		陈 虹	2003 年 2 月—2004 年 11 月
		肖国普	2003 年 2 月—2004 年 11 月
		李积荣	2004 年 12 月—2006 年 7 月
	财务总监	朱根林	2002 年 2 月—2006 年 7 月
	2006 年 7 月起第三届		
	总 裁	沈建华	2006 年 7 月—2011 年 12 月
	副总裁	蒋志伟	2006 年 7 月—2009 年 2 月
		陈因达	2006 年 7 月—2007 年 11 月
		李积荣	2006 年 7 月—2011 年 12 月
		叶永明	2007 年 10 月—2011 年 2 月
		朱根林	2010 年 8 月—2011 年 12 月
		陈德美	2011 年 2 月—2011 年 12 月
	财务总监	朱根林	2006 年 7 月—2010 年 8 月
		吴 磊	2010 年 8 月—2011 年 12 月
	董事长助理(副总裁级)	张海涛	2010 年 8 月—2011 年 12 月
上海汽车集团股份有限公司	2004 年 11 月起(非上市公司)		
	总 裁	陈 虹	2004 年 11 月—2007 年 4 月
	执行副总裁	墨 斐	2006 年 6 月—2007 年 4 月
	副总裁	沈建华	2004 年 11 月—2006 年 7 月
		陈志鑫	2004 年 11 月—2007 年 4 月
		肖国普	2004 年 11 月—2007 年 4 月
		汪大总	2006 年 3 月—2007 年 4 月
	2007 年 4 月 26 日起(上市公司第三届)		
	总 裁	陈 虹	2007 年 4 月—2008 年 6 月
	执行副总裁	墨 斐	2007 年 4 月—2007 年 9 月
		陈志鑫	2007 年 9 月—2008 年 6 月
	副总裁	陈志鑫	2007 年 4 月—2007 年 9 月
		肖国普	2007 年 4 月—2008 年 6 月
		汪大总	2007 年 4 月—2008 年 3 月
		周郎辉	2007 年 11 月—2008 年 6 月
		丁 磊	2007 年 11 月—2008 年 6 月

〔续表〕

公 司 名 称	职 务	姓 名	任 职 时 间
	财务总监	谷 峰	2007 年 4 月—2008 年 6 月
	2008 年 6 月起(上市公司第四届)		
	总 裁	陈 虹	2008 年 6 月—2012 年 5 月
	执行副总裁	陈志鑫	2008 年 6 月—2012 年 5 月
		肖国普	2008 年 6 月—2012 年 5 月
		周郎辉	2008 年 6 月—2012 年 5 月
		丁 磊	2008 年 6 月—2012 年 5 月
	副总裁	俞建伟	2008 年 10 月—2012 年 5 月
		朱根林	2012 年 1 月—2012 年 5 月
		吴 磊	2012 年 1 月—2012 年 5 月
		陈德美	2012 年 1 月—2012 年 5 月
	财务总监	谷 峰	2008 年 6 月—2012 年 5 月
	华域汽车总经理	张海涛	2009 年 4 月—2012 年 5 月
	2012 年 5 月起(上市公司第五届)		
	总 裁	陈 虹	2012 年 5 月—2014 年 5 月
		陈志鑫	2014 年 5 月—2015 年 6 月
上海汽车集团股份 有限公司	执行副总裁	陈志鑫	2012 年 5 月—2014 年 5 月
		肖国普	2012 年 5 月—2014 年 8 月
		周郎辉	2012 年 5 月—2015 年 6 月
		叶永明	2012 年 5 月—2013 年 8 月
		俞建伟	2012 年 5 月—2015 年 6 月
		朱根林	2012 年 5 月—2015 年 6 月
	副总裁	吴 磊	2012 年 5 月—2013 年 5 月
		陈德美	2012 年 5 月—2015 年 6 月
		王晓秋	2014 年 8 月—2015 年 6 月
		沈 阳	2014 年 8 月—2015 年 6 月
		张海亮	2014 年 8 月—2015 年 6 月
		蓝青松	2014 年 8 月—2015 年 6 月
	财务总监	谷 峰	2012 年 5 月—2015 年 6 月
	总工程师	程惊雷	2014 年 8 月—2015 年 6 月
	华域汽车总经理	张海涛	2012 年 5 月—2015 年 6 月
	2015 年 6 月起(上市公司第六届)		
	总 裁	陈志鑫	2015 年 6 月—

〔续表〕

公 司 名 称	职 务	姓 名	任 职 时 间
上海汽车集团股份有限公司	副总裁	周郎辉	2015 年 6 月—
		俞建伟	2015 年 6 月—
		陈德美	2015 年 6 月—
		王晓秋	2015 年 6 月—
		沈　阳	2015 年 6 月—
		张海亮	2015 年 6 月—
		蓝青松	2015 年 6 月—
	财务总监	谷　峰	2015 年 6 月—
	总工程师	程惊雷	2015 年 6 月—
	华域汽车总经理	张海涛	2015 年 6 月—

资料来源：上海汽车集团股份有限公司党委组织干部部

第二节　总裁工作细则

一、制定

2002 年年初,按照建立现代企业制度的规定,上海汽车工业(集团)总公司在编制公司内控制度的同时,开始制订《总裁议事规则》,2003 年 1 月颁布施行。2006 年,为筹划上海汽车集团股份有限公司整车和关键零部件业务上市,按照完善法人治理结构和上市公司监管规定,上汽集团和上汽股份分别开展公司管理层议事机制关键控制点研究,上汽股份于 2007 年 3 月制定实施《总裁工作细则》,上汽集团修改 2002 年版《总裁议事规则》并于 2007 年 5 月颁布实施。2012 年 8 月,上海汽车集团股份有限公司对《总裁工作细则》作了修订。

上海汽车工业(集团)总公司《总裁议事规则》有 6 章 20 条,规定总裁会议、总裁办公会议、总裁专题会议的分类要求、出席对象、会议召开时间、会议讨论议题和决策原则等;规定总裁班子各类会议分别讨论决策公司发展战略、经营和投资方向、中长期发展战略等,审议公司年度工作计划、目标分解、跟踪落实,审议各企业重大项目投资、财务预算决算和利润分配等,审议合资企业董事议题、事业部等专项工作的研究和部署等。

上海汽车集团股份有限公司《总裁工作细则》有 6 章 26 条,规定公司设立总裁和副总裁人数、提名与聘任程序,总裁任职资格、任免程序和任期;规定总裁主持公司日常业务经营和管理工作,组织实施董事会会议决议,对董事会负责等职责,总裁履行经营管理的决策权限;规定总裁会议、总裁办公会议、总裁专题会议召集制度规定等;规定总裁必须根据董事会要求,定期或不定期向董事会报告工作,包括公司年度计划实施情况、生产经营中存在的问题及对策、资金运用和盈亏情况、重大投资项目和进展情况等重大事项;规定总裁应在职工代表大会上报告公司行政工作,听取职工代表意见。

二、运作

根据《总裁议事规则》和《总裁工作细则》规定，上海汽车工业（集团）总公司和上海汽车集团股份有限公司行政班子总裁负总责、副总裁分工负责。由总裁主持的总裁会议或总裁办公会议每周按时召开，由总裁或分管副总裁主持的总裁专题会议根据需要即时召开。会议讨论决定的议案，通过会议纪要等形式下发部室和企业执行，总裁办公室每半年跟踪决策执行情况，形成汇报提纲向总裁报告，总裁每半年向公司董事会报告行政工作。从 2004 年开始，总裁办公室实行总裁会议、总裁办公会议和总裁专题会议的会议决议抄告制度和总裁会议督办流程，督促总部部室及下属企业执行，对未按期完成工作的，总裁办公室开具会议决议督办单，督促尽快完成。2008—2015 年，总裁每半年进行董事会对总裁授权事项执行情况梳理自查，并向公司董事会报告，报告事项涉及对外投资、固定资产投资、委托理财、担保、关联交易、对外捐赠等 10 个方面，报告议案累计 176 项。

第三节　总部行政机构

一、前身公司总部行政机构

【行政性公司行政机构】

1955 年年末，上海市内燃机配件制造公司成立后，下设办公室、合营、生产、技术、财务、人事、劳资、供销、设备动力 8 科 1 室，以后为加强技术和质量管理，增设检验科、铸锻科和中心试验室。

1958 年 3 月，该公司与上海市动力设备制造公司合并为上海市动力机械制造公司，下设办公室、人事、劳动工资、计划、生产技术、技术检验、供销、基建设备、财务 8 科 1 室。

1960 年 1 月，上海市动力机械制造公司更名为上海市农业机械制造公司，下设办公室、人事、劳动工资、生产计划、技术、供应、财务、基建设备、技术检查 8 科 1 室。1967 年 9 月，该公司在"文化大革命"期间成立革命委员会，下设 5 个组，涉及行政管理的为生产、服务、材料 3 个组，另有组织、政宣 2 个组。

1970 年 9 月，已更名为上海市拖拉机汽车工业公司的公司革命委员会设立生产、技术、劳资、财务、基建、教育和办公室 7 组 1 室。

【上海汽车拖拉机工业联营公司总部行政机构】

1984 年 7 月，上海汽车拖拉机工业联营公司（简称上海汽拖联营公司）成立，成为上汽历史上从行政性转向企业性的第一个公司。根据管理紧密型企业和松散型企业的特点，以及开始中外合资和技术引进的要求，公司设置规划、生产、供销、技术开发、人事教育、外事、质量管理、财务 8 个部和总工程师室、经理办公室，合计 8 部 2 室。

1987 年 12 月，为把公司进一步办成具有法人资格的经济实体，加快发展上海桑塔纳轿车，并贯彻落实厂长负责制，上海汽拖联营公司行政机构体制再作较大改革，设置 3 室 5 部 6 处。3 室即总经理办公室、支援上海大众建设办公室、住宅建设办公室，5 部即汽车摩托车、拖拉机、零部件、铸锻、电器 5 个事业部，6 处即规划发展处、科技质量处、人事处、财务处、综合计划处、教育处。

【上海汽车工业总公司总部行政机构】

1991 年 11 月，由上海汽拖联营公司更名的上海汽车工业总公司(简称上汽总公司)调整总部机构，设置综合计划、规划发展、科学技术、质量监督、财务、干部、人事、教育和总经理办公室、利用外资办公室、审计室、监察室以及零部件事业部，合计 8 处 4 室 1 部。其中科学技术处与上海汽车研究所、质量监督处与上海汽车工业质量检测所、教育处与上海汽车工业培训中心合并，分别为总公司的技术中心、质监中心和培训中心。1993 年 1 月，公司行政负责人称谓由总经理改称总裁，同时总部机构实行部室制，除 3 个中心和监察室仍用原名外，各处均改为部，其中综合计划处改称生产计划部，总经理办公室改称总裁办公室。

二、上海汽车工业(集团)总公司总部行政机构

1995 年 9 月，上海汽车工业总公司改组为上海汽车工业(集团)总公司，上汽集团与上海国际信托投资公司合资成立上海汽车有限公司(简称上汽有限)。同月，按照生产经营和资产经营既区别又结合的要求，上汽集团与上汽有限分别设置总部机构。上汽集团成立董事会办公室、总裁办公室、资产经营部、规划发展部、人事部和政策研究室 3 部 3 室，上汽有限设置财务部、规划部、计划部、人事部、利用外资部、技术部和总经理办公室、审计室、监察室 6 部 3 室。

1998 年 1 月，上汽集团按照建立现代企业制度、实施大集团试点及完善母子公司体制要求，根据上汽有限转制为上海汽车股份有限公司后重组成立上海汽车工业有限公司的情况，决定原上汽有限总部机构转为上汽集团总部机构，在此基础上调整设置 5 室 7 部，5 室即董事会办公室、总裁办公室、政策研究室、审计室、监察室，7 部包括资产经营部、财务部(与资产经营部合署办公)、技术部、利用外资部，取消规划部设立规划发展部，取消计划部设立市场经营部，取消人事部设立劳动人事部，并明确上汽集团总部部室代行上海汽车工业有限公司总部部室职能。同年 2 月，市场经营部更名为经济运行部。2001 年 3 月，设立监事会办公室。

2004 年 12 月，上汽股份成立后，上汽集团根据先进制造业和现代服务业综合性投资公司的发展定位调整总部机构，设置董事会办公室、监事会办公室、总裁办公室、政策研究室、规划发展部、对外合作与法律事务部、人事部、资产经营部等部室。2007 年，整车业务上市后，零部件业务回归上汽集团，集团设立零部件业务董事局。2008 年 2 月，上汽集团调整总部机构，成立汽车服务贸易事业部，将对外合作与法律事务部、规划发展部合并为规划与对外合作部，将对外合资与法律事务部的法律事务职能划属总裁办公室。调整后的上汽集团总部为 11 个部室，即董事会办公室、监事会办公室、总裁办公室、规划与对外合作部、财务部、质量与经济运行部、人力资源部、制造事业部、零部件业务董事局、汽车服务贸易事业部、审计室和监察室。2009 年 8 月，设立安全监察中心。

2011 年 12 月以后，上海汽车工业(集团)总公司相关业务由整体上市的上海汽车集团股份有限公司托管，不再设置总部机构。

三、上海汽车集团股份有限公司总部行政机构

2004 年 12 月，上海汽车集团股份有限公司成立，设置董事会办公室、总裁办公室、规划发展部、经济运行部、技术质量部、财务部、国际合作部、人力资源部、审计室、监察室 10 个总部行政部室。2005 年 10 月，上汽股份调整总部机构，成立零部件业务董事局，新建总工程师室、公共关系部，组建

对外合作与法律事务部、质量和经济运行部,原技术质量部的质量管理职能纳入质量和经济运行部,原技术质量部的部品规划职能纳入规划发展部,撤销技术质量部。调整后的上汽股份设董事会办公室、总工程师室、总裁办公室、规划发展部、财务部、质量和经济运行部、零部件业务董事局、对外合作与法律事务部、人力资源部、公共关系部、审计室和监察室 12 个部室,直至公司工商注销。

2006 年 9 月,上海汽车股份有限公司向上海汽车集团股份有限公司发行股份购买资产后,调整总部部室为董事会办公室、总裁办公室、财务部、规划发展部、质量与经济运行部、合资与法律事务部、人力资源部、公共关系部、资本运行部、信息系统部、采购部、车型平台部、审计室、监察室,合计为 14 个部室。同时,为强化公司实体化运营,设立乘用车分公司、工程研究院、商用车事业部和燃料电池汽车事业部。10 月,再次调整总部部室,增设资本运行部、信息系统部、商用车事业部,规划发展部调整为战略与业务规划部。至此,总部行政部室增至 18 个。

2008 年 4 月,已由上海汽车股份有限公司更名的上海汽车集团股份有限公司(简称上海汽车)将燃料电池汽车事业部更名为新能源汽车事业部。2009 年 4 月,上海汽车将采购部、车型平台部、技术中心及相关职能划归乘用车分公司管理。调整后的组织机构为 8 部 4 室,即董事会办公室、总裁办公室、财务部、战略与业务规划部、质量与经济运行部、合作与法律事务部、人力资源部、公共关系部、资本运营部、信息系统部、审计室、监察室,同时继续设立乘用车分公司、商用车事业部、新能源汽车事业部/技术管理办公室,2010 年,上海汽车总部行政机构包括董事会办公室、总裁办公室、财务部、战略与业务规划部、质量与经济运行部、合作与法律事务部、人力资源部、公共关系部、资本运行部、信息系统部、审计室、监察室 13 个部室,另有乘用车分公司、商用车事业部、新能源汽车事业部/技术管理办公室。

2011 年 12 月,上海汽车集团股份有限公司整体上市后,简称改为上汽集团,调整总部行政机构,设 18 个部室,即董事会办公室、监事会办公室、总裁办公室、战略和业务规划部、新能源和技术管理部、质量和经济运行部、财务部、资本运营部、合作和法律事务部、信息系统部、人力资源部、公共关系部、安全监察部、风险管理部、审计室、监察室、商用车事业部、汽车服务贸易事业部。同时,有 4 个实体运营分支机构,即乘用车分公司、技术中心、商用车技术中心、培训中心。2014 年,上汽集团调整优化总部行政机构,将战略和业务规划部改为规划部,新能源和技术管理部改为技术管理部,信息系统部改为信息战略和系统支持部,新设立战略研究和知识信息中心、前瞻技术研究部和国际业务部。2015 年,资本运营部改为证券事务部,新设金融事业部。至此,上汽集团总部行政机构为 22 个。

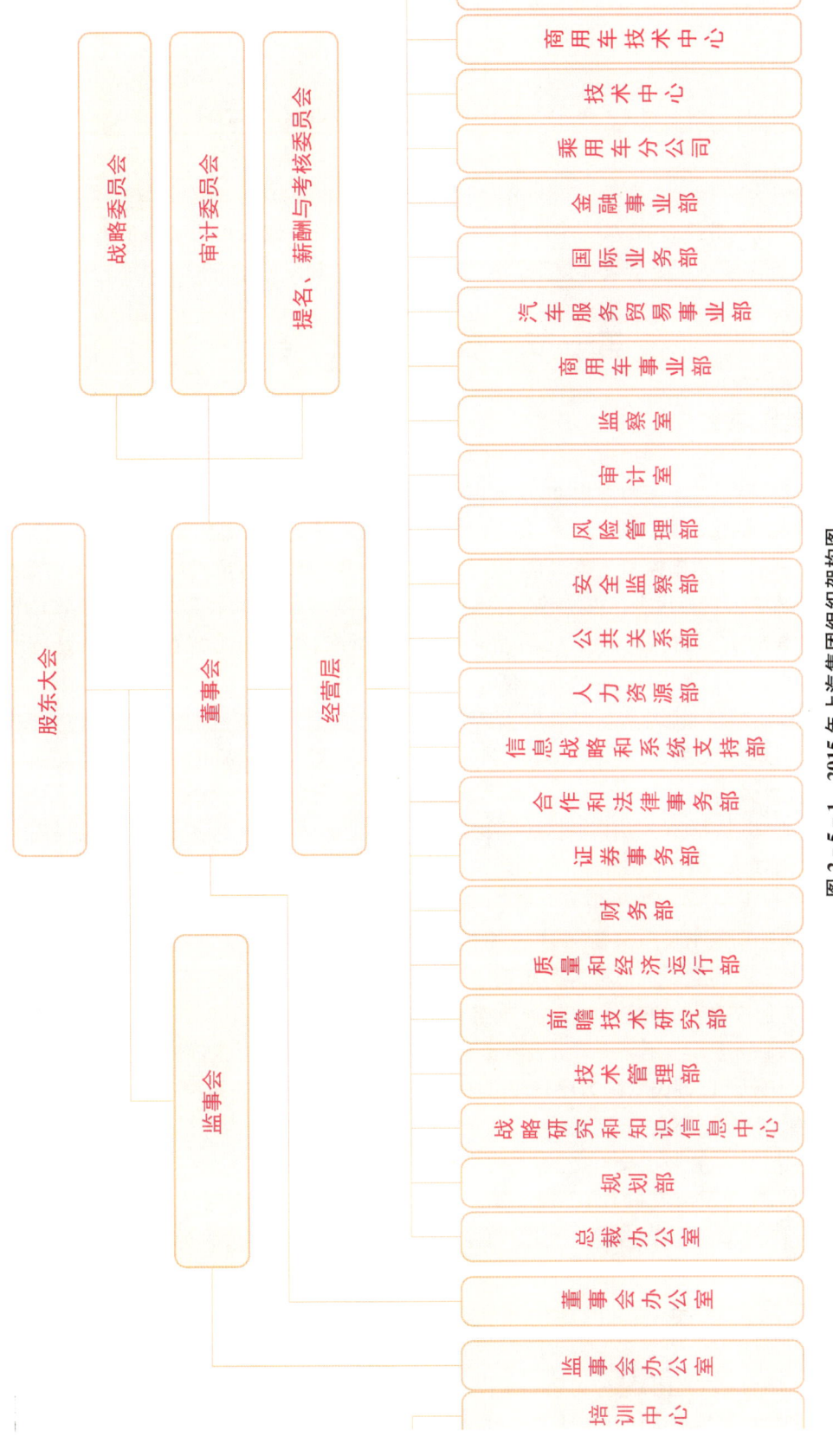

图 2 - 5 - 1 2015 年上汽集团组织架构图

资料来源：上海汽车集团股份有限公司总裁办公室

第六章 公司党委

上汽于1964年开始建立党委。1970年、1993年、1997年、2001年和2010年,上汽先后召开5次党员代表大会或党员代表会议,选举产生公司党委。公司党委根据中央关于国有企业党组织地位作用的规定,制定实施党委会议事规则,发挥政治核心作用和保证监督作用。

第一节 公司党代会

一、党员代表会议

1964年7月,经中共上海市委批准,上海市农业机械制造公司建立党委。1966年5月,公司党委受"文化大革命"冲击。1969年11月,经上级批准,公司成立党的核心领导小组。

1970年,公司开始重新恢复党委。是年9月19日,中共上海市拖拉机汽车工业公司系统党员代表会议召开,322名正式代表出席会议,公司党的核心领导小组组长霍建华向大会作工作报告。会议选举霍建华等为公司党委委员。会后经上级党组织批准,霍建华任党委书记,姜毅、胡宝林任党委副书记。

二、第一次党代会

1993年9月23日和24日,中共上海汽车工业总公司第一次代表大会召开。出席大会的党员代表200名,其中党员干部115名,占57.5%;专业技术人员43名,占21.5%;生产一线党员42名,占21%;在正式代表中,各类先进模范人物94名,占47%;50岁以下中青年133名,占66.6%。

中共上海市委副秘书长冯国勤、中共上海市工业工作委员会书记孟庆令出席大会并讲话。大会听取并审议通过公司党委书记林树楠代表中共上海汽车工业总公司委员会所作的题为《把握机遇、狠抓落实,为加快建设上海第一支柱产业而努力奋斗》的工作报告,审议通过《中共上海汽车工业总公司纪律检查委员会工作报告》。大会选举王述诈、叶平、邹彭年、刘雅琴、张文达、陆玉坤、陆吉安、林树楠、胡茂元(以姓氏笔画为序)9人为中共上海汽车工业总公司第一届委员会委员,选举刘雅琴、张家驹、汪善继、郁永健、曹碧峙、韩德荣、蔡一平(以姓氏笔画为序)7人为中共上海汽车工业总公司第一届纪律检查委员会委员。

大会闭幕后,中共上海汽车工业总公司第一届委员会第一次会议选举林树楠为书记、刘雅琴为副书记,中共上海汽车工业总公司第一届纪律检查委员会第一次会议选举刘雅琴为书记。

三、第二次党代会

中共上海汽车工业(集团)总公司第二次代表大会于1997年6月27日召开,250名正式代表、29名列席代表和12名特邀人士出席大会。在250名正式代表中,领导干部代表150名、专业技术人员代表 50 名、生产(工作)一线党员代表 50 名;在正式代表中,女党员 25 名,各类先进 25 名、离退休干部 4 名。

大会听取并审议通过党委书记林树楠代表中共上海汽车工业(集团)总公司第一届委员会所作的题为《增强紧迫感,抓住好机遇,为上海汽车工业 2000 年跻身世界 500 强而努力奋斗》的工作报告,审议通过《中共上海汽车工业(集团)总公司第一届纪律检查委员会工作报告》。大会选举刘雅琴、陈忠德、陈祥麟、林树楠、郁子冲、胡茂元、洪积明、唐炜延、蒋志伟(以姓氏笔画为序)9 人为中共上海汽车工业(集团)总公司第二届委员会委员,选举刘雅琴、何向东、沈建华、张家驹、韩德荣(以姓氏笔画为序)5 人为中共上海汽车工业(集团)总公司第二届纪律检查委员会委员。

大会闭幕后,中共上海汽车工业(集团)总公司第二届委员会第一次会议选举林树楠为书记,陈祥麟、刘雅琴为副书记;中共上海汽车工业(集团)总公司第二届纪律检查委员会第一次会议选举刘雅琴为书记。

四、第三次党代会

中共上海汽车工业(集团)总公司第三次代表大会于 2001 年 5 月 31 日在中共上海市委党校召开,250 名正式代表、42 名列席代表和 12 名党外人士出席。在 250 名正式代表中,党员领导干部代表 128 名,占 51.2%;专业技术人员和生产(工作)一线代表 122 名,占 48.8%。各类先进人物 148 名,占 59.2%;大专以上文化程度人员 222 名,占 88.8%;女党员 59 名,占 23.6%;离退休党员 3 名,占 1.2%;40 岁以下青年党员 59 名,占 23.6%。

中共上海市工业工作委员会书记吴明出席大会并讲话。大会听取并审议通过公司党委书记陈祥麟代表中国共产党上海汽车工业(集团)总公司第二届委员会所作的题为《实践"三个代表"重要思想,锐意进取、乘势前进,为全面实现上海汽车工业"十五"发展目标而努力奋斗》的工作报告,审议通过《中共上海汽车工业(集团)总公司第二届纪律检查委员会工作报告》,审议通过《中国共产党上海汽车工业(集团)总公司代表大会代表常任制试行办法》。大会选举李积荣、何向东、沈建华、陈志鑫、陈因达、陈忠德、陈祥麟、胡茂元、蒋志伟(以姓氏笔画为序)9 人为中共上海汽车工业(集团)总公司第三届委员会委员,选举李佩珍、华杏生、陈寿龙、陈忠德、韩德荣(以姓氏笔画为序)5 人为中共上海汽车工业(集团)总公司第三届纪律检查委员会委员。

大会闭幕后,中共上海汽车工业(集团)总公司第三届委员会第一次会议选举陈祥麟为书记,李积荣、陈忠德、胡茂元为副书记;中国共产党上海汽车工业(集团)总公司第三届纪律检查委员会第一次会议选举陈忠德为书记、韩德荣为副书记。

五、第四次党代会

中共上海汽车工业(集团)总公司第四次代表大会于 2010 年 8 月 20 日在嘉定区人民政府会议厅举行,296 名正式代表、38 名列席代表和 6 名特邀人士出席大会。在正式代表中,其领导干部代表 121 名,占 40.88%;专业技术人员和生产(工作)一线代表 171 名,占 57.77%;离休干部 4 名,占 1.35%。劳模先进人物 69 名,占 23.31%;大专以上文化程度人员 285 名,占 96.28%;女党员 60 名,占 20.27%;35 岁以下青年党员 36 名,占 12.16%;劳务派遣制员工 3 名,占 1.01%。

中共上海市国有资产监督管理委员会书记杨国雄等出席大会。大会听取并审议通过公司党委书记胡茂元代表中共上海汽车工业(集团)总公司第三届委员会所作的题为《深入贯彻落实科学发展观,促进上汽又好又快发展,为建设具有核心竞争能力和国际经营能力的汽车集团而努力奋斗》的工作报告,审议通过《中共上海汽车工业(集团)总公司第三届纪律检查委员会工作报告》,审议通过《中共上海汽车工业(集团)总公司代表大会代表任期制实施办法》和党费收缴、使用和管理情况的报告。大会选举叶永明、吴诗仲、沈建华、张海涛、陈虹、陈伟烽、陈志鑫、胡茂元、薛建(以姓氏笔画为序)9人为中共上海汽车工业(集团)总公司第四届委员会委员,选举朱宪、朱庆敏、李文红、李佩珍、吴磊、吴诗仲、高卫平(以姓氏笔画为序)7人为中共上海汽车工业(集团)总公司第四届纪律检查委员会委员。

大会闭幕后,中共上海汽车工业(集团)总公司第四届委员会委员第一次会议选举胡茂元为书记,陈虹、沈建华、薛建为副书记;中共上海汽车工业(集团)总公司第四届纪律检查委员会第一次会议选举吴诗仲为书记、李佩珍为副书记。

表 2-6-1 1970—2010 年上汽党员代表会(会议)召开情况表

会议名称	会议日期	正式代表人数	党委报告主题	报告人
中共上海市拖拉机汽车工业公司系统党员代表会议	1970 年 9 月 19 日	322	—	霍建华
中共上海汽车工业总公司第一次代表大会	1993 年 9 月 23 日	200	把握机遇、狠抓落实,为加快建设上海第一支柱产业而努力奋斗	林树楠
中共上海汽车工业(集团)总公司第二次代表大会	1997 年 6 月 27 日	250	增强紧迫感,抓住好机遇,为上海汽车工业 2000 年跻身世界 500 强而努力奋斗	林树楠
中共上海汽车工业(集团)总公司第三次代表大会	2001 年 5 月 31 日	250	实践"三个代表"重要思想,锐意进取、乘势前进,为全面实现上海汽车工业"十五"发展目标而努力奋斗	陈祥麟
中共上海汽车工业(集团)总公司第四次代表大会	2010 年 8 月 20 日	296	深入贯彻落实科学发展观,促进上汽又好又快发展,为建设具有核心竞争能力和国际经营能力的汽车集团而努力奋斗	胡茂元

资料来源:上海汽车集团股份有限公司文书档案

第二节 公司党委沿革

一、上海市农业机械制造公司党委

1955 年 12 月—1964 年 2 月,从上海市内燃机配件制造公司到上海市动力机械制造公司、上海市农业机械制造公司,公司层面未设立党的组织,基层工厂的党组织关系隶属工厂所在地的区县党组织领导。

1964 年 2 月 28 日,上海市农业机械制造公司成立分党组。同年 7 月 14 日,公司成立党委,申波任书记,自此公司层面始有党委建制的党组织,并隶属于上海市第一重工业局党委领导。公司党委设立政治部和监察委员会,党委政治部下设秘书科、组织科、干部科和宣教科。同时,原归属各区县委领导的下属工厂党组织,改由公司党委领导。

1966年5月开始,公司党委因"文化大革命"冲击而停止活动。1967年9月,公司成立革命委员会。

二、上海市拖拉机汽车工业公司党委

1969年4月24日,上海市农业机械制造公司改名为上海市拖拉机汽车工业公司。同年11月,公司成立党的核心小组,霍建华任公司党的核心领导小组组长,党组织开始恢复活动。

1970年9月19日,公司党员代表会议选举产生"文化大革命"后首届公司党委,霍建华当选党委书记。公司党委设立政治部,下设组织组、保卫组和政宣组。1972年9月,霍建华不再担任党委书记职务,由姜毅接任代理党委书记。1974年7月,姜毅离任,由刘东海接任代理党委书记。

1978年11月,公司取消革命委员会恢复经理制。同月,成立新一届公司党委,霍建华复任党委书记。党委设立政治部,下设党委办公室、组织科、干部科、宣教科和保卫科。1979年6月,增设纪律检查委员会。1982年4月,霍建华离任,由鞠泽泉接任公司党委书记。

三、上海汽车拖拉机工业联营公司党委

1984年7月,上海市拖拉机汽车工业公司改制为上海汽车拖拉机工业联营公司。同月,经上海市机电一局党委批准,成立公司党委,蒋以任任党委书记。党委机构设党委办公室、组织部、干部部、宣传部、保卫部和纪律检查委员会。1985年2月,经中共上海市委同意,公司按局级待遇发给文件,参加有关会议。同年8月,蒋以任离任,由孟庆令接任公司党委书记。同年10月,党委机构与公司行政机构一起,由部室改为处室。11月,公司党委和行政隶属关系分别与上海市机电一局党委和行政脱钩,公司党委改由上海市工业党委领导,行政则隶属上海市经济委员会领导。

1987年10月,公司党政领导班子调整,孟庆令继续担任公司党委书记。

四、上海汽车工业总公司党委

1990年3月1日,上海汽车拖拉机工业联营公司更名为上海汽车工业总公司,孟庆令任公司党委书记。党委机构设置包括党委办公室、干部处、组织处、宣传处、老干部处、统战处、党校、纪委监察办公室和《上海汽车报》社。1992年11月,孟庆令离任,由林树楠接任公司党委书记。1993年1月1日,党委职能机构由处室建制改为部室建制。

1993年9月23日和24日,公司召开第一次党员代表大会,选举产生第一届公司党委,林树楠任党委书记。新一届党委下设机构仍为原有建制。

五、上海汽车工业(集团)总公司、上海汽车有限公司党委

1995年9月1日,上海汽车工业总公司改制为上海汽车工业(集团)总公司(简称上汽集团),上汽集团与上海国际信托投资公司合资组建上海汽车有限公司(简称上汽有限)。上汽集团与上汽有限均设立党委,上汽有限党委隶属上汽集团党委领导。为保证工作正常运转,上汽集团和上汽有限

的党委、党委职能部室以及工会团委等群众组织均实行"两块牌子,一套班子"管理模式。林树楠任上汽集团党委书记和上汽有限党委书记。党委组织部与干部部合并为组织干部部,统战部与党委办公室合署办公,纪委与监察室合署办公并代行监察职能。调整后上汽集团和上汽有限党委的职能部室为:党委办公室、组织干部部、宣传部、老干部部、统战部以及公司本部党委。

1997年6月27日,上汽集团召开第二次党员代表大会,选举产生第二届公司党委,林树楠继续担任党委书记。1999年6月,林树楠离任,由上汽集团董事长陈祥麟兼任党委书记。新一届公司党委职能机构维持原有建制。1997年11月,上汽有限改制为上市公司上海汽车股份有限公司,上汽有限党委和职能机构均停止运行。

六、上海汽车工业(集团)总公司、上海汽车集团股份有限公司党委

2001年5月31日,上汽集团召开第三次党员代表大会,选举产生第三届公司党委,陈祥麟继续兼任党委书记。

2004年11月,上汽集团发起设立上海汽车集团股份有限公司(简称上汽股份)。同月,成立上汽股份党委,并实行"两级组织,一头对上",即上汽股份党委隶属上汽集团党委领导。上汽集团党委由公司董事长陈祥麟兼任党委书记,上汽股份党委由上汽集团总裁和上汽股份董事长胡茂元兼任党委书记。同时,上汽集团和上汽股份党委职能部门和群众组织实行"两块牌子,复合运行",人员配备实行"合署办公,协同工作",党委职能机构继续维持原有建制。

2006年8月2日,上汽集团和上汽股份领导班子调整,陈祥麟不再担任上汽集团董事长和党委书记,上汽集团和上汽股份党委书记均由2个公司董事长胡茂元兼任。党委职能机构设置为党委办公室、组织干部部、宣传部、由老干部部与统战部合并的老干部和统战工作部,以及公司本部党委。

2010年8月20日,上汽集团召开第四次党员代表大会,选举产生第四届党委,胡茂元继续兼任公司党委书记,党委职能机构继续维持原有建制。

2011年12月23日,上海汽车集团股份有限公司整体上市,同时使用上汽集团简称。上海汽车工业(集团)总公司党委及其职能机构因公司由新的上汽集团托管而停止运行,新的上汽集团党委则直接隶属上海市国有资产监督管理委员会党委领导。胡茂元继续兼任公司党委书记,党委职能机构继续维持原有建制。

2014年8月,胡茂元离任,由陈虹接任上汽集团党委书记兼董事长。

七、党委会议事规则

2007年6月,为了规范党委参与重大问题的决策,从制度上保证党委发挥政治核心作用,上汽集团党委按照建立现代企业制度的要求,探索与法人治理结构相适应的领导体制和工作机制,根据《中国共产党章程》以及中央、市委和市国资委党委关于《加强和改进国有和国有控股企业党建工作的意见》精神,结合上汽实际,研究制定并执行《上汽党委会议事规则》。

《上汽党委会议事规则》主要分为议事原则、议事内容、议事方式、议事程序4个方面26条,明确规定党委会召开形式内容等一系列运作事项。该议事规则下发到所属企业党组织,要求参照执行。党委会议题主要包括:传达学习党中央、市委及上级党委召开的会议精神和重要文件、指示,

提出贯彻落实的思路、意见;审定党的建设、党风廉政建设等方面的重大问题;讨论分析政治经济形势、干部职工思想动态和稳定工作、群众性精神文明创建活动;审定上报上级党委的重要报告和请示;审定下发的重要文件和党委成员代表党委所作的重要工作报告和讲话;按照干部管理权限和规定的程序,讨论集团厂部级干部的任免和奖惩,以及讨论需报请上级党委审批的人事事项,协助上级组织干部部门对集团领导干部的推荐。

上汽党委会召开按照党委会议事规则进行,一般每月召开一次,有时根据议题需要,可不定期召开党委扩大会议。党委会出席人员为党委委员,不是党委委员的公司领导、党委办公室主任、党员团组织书记,根据工作需要参与议事的有关部门负责人可列席党委会。党委扩大会议出席人员为党委委员,不是党委委员的公司领导和有关部门负责人。

表 2‑6‑2 1964—2015 年公司党委成员一览表

党委名称	职务	姓名	任职时间
中共上海市农业机械制造公司分党组 （1964 年 2 月成立）	书记	霍建华	1964 年 2 月—1964 年 7 月
	成员	霍建华	1964 年 2 月—1964 年 7 月
		章萍	1964 年 2 月—1964 年 7 月
		仇克	1964 年 2 月—1964 年 7 月
		金绍赓	1964 年 2 月—1964 年 7 月
		马金德	1964 年 2 月—1964 年 7 月
中共上海市农业机械制造公司委员会 （1964 年 7 月成立）	书记	申波	1964 年 8 月—1965 年 8 月
	副书记	姜猷良	1964 年 8 月—1966 年 7 月
	常务委员会委员	申波	1964 年 7 月—1965 年 8 月
		霍建华	1964 年 7 月—1966 年 7 月
		姜猷良	1964 年 7 月—1966 年 7 月
		章萍	1964 年 7 月—1965 年 9 月
		仇克	1964 年 7 月—1965 年 9 月
		李建栋	1965 年 1 月—1965 年 4 月
		赵国荣	1965 年 1 月—1966 年 7 月
		马金德	1965 年 1 月—1966 年 7 月
		杨汉章	1965 年 10 月—1966 年 7 月
	委员	申波	1964 年 7 月—1965 年 8 月
		姜猷良	1964 年 7 月—1966 年 7 月
		葛岳	1964 年 7 月—1964 年 8 月
		霍建华	1964 年 7 月—1966 年 7 月
		章萍	1964 年 7 月—1966 年 7 月
		仇克	1964 年 7 月—1966 年 7 月

〔续表〕

党委名称	职务	姓名	任职时间
中共上海市农业机械制造公司委员会 （1964年7月成立）	委员	李建栋	1964年7月—1966年7月
		赵国荣	1964年7月—1966年7月
		杨棠南	1964年7月—1966年7月
		毛意甫	1964年7月—1966年7月
		马金德	1965年1月—1966年7月
		杨汉章	1965年10月—1966年7月
上海市拖拉机汽车工业公司党的核心小组 （1969年11月成立）	组长	霍建华	1969年11月—1970年9月
	组员	霍建华	1969年11月—1970年9月
		胡宝林	1969年11月—1970年9月
		曲修梅	1969年11月—1970年9月
		李海宝	1969年11月—1970年9月
		寿朵瑾	1969年11月—1970年9月
中共上海市拖拉机汽车工业公司委员会 （1970年9月选举产生）	书记	霍建华	1970年9月—1977年4月
	代理书记	姜毅	1972年9月—1973年5月
	主持工作	刘东海	1973年5月—1974年7月
	代理书记	刘东海	1974年7月—1977年4月
	书记	刘东海	1977年4月—1978年12月
	副书记	姜毅	1970年9月—1973年5月
		胡宝林	1970年9月—1973年12月
		仇克	1973年1月—1978年12月
		曲修梅	1973年1月—1978年12月
		陈伯泉	1973年8月—1978年12月
		王义贵	1974年1月—1978年12月
		魏业宽	1975年2月—1978年12月
	委员	霍建华	1970年9月—1978年12月
		姜毅	1970年9月—1973年5月
		胡宝林	1970年9月—1973年12月
		仇克	1970年9月—1978年12月
		寿朵瑾	1970年9月—1977年2月
		曲修梅	1970年9月—1978年12月
		陈明康	1970年9月—1975年1月
		王德胜	1970年9月—1978年12月
		郑根华	1970年9月—1976年12月

〔续表〕

党委名称	职务	姓名	任职时间
中共上海市拖拉机汽车工业公司委员会 （1970年9月选举产生）	委员	于培均	1970年9月—1973年12月
		杨定华	1973年4月—1975年3月
		刘东海	1973年5月—1978年12月
		陈伯泉	1973年8月—1978年12月
		王义贵	1974年1月—1978年12月
		陆祖良	1974年1月—1978年2月
		姚康华	1974年1月—1978年12月
		魏业宽	1974年9月—1978年12月
		王云珍	1975年3月—1978年12月
		陆金昌	1977年8月—1978年12月
中共上海市拖拉机汽车工业公司委员会 （1978年12月起）	书记	霍建华	1978年12月—1982年4月
		鞠泽泉	1982年4月—1984年3月
	副书记	仇克	1978年12月—1984年3月
		杨棠南	1978年12月—1983年12月
		陈伯泉	1979年10月—1983年2月
		孟庆令	1983年3月—1984年3月
	委员	霍建华	1978年12月—1982年4月
		仇克	1978年12月—1984年3月
		杨棠南	1978年12月—1984年3月
		杨汉章	1978年12月—1984年1月
		章萍	1978年12月—1984年3月
		费辰荣	1978年12月—1984年3月
		陆金昌	1978年12月—1983年3月
		朱财林	1978年12月—1981年4月
		方志发	1979年6月—1982年4月
		胡成一	1979年6月—1982年9月
		刘镇亚	1979年6月—1984年3月
		陈伯泉	1979年10月—1983年1月
		马金德	1979年12月—1984年3月
		高明福	1981年1月—1984年3月
		鞠泽泉	1982年4月—1984年3月
		金自强	1982年11月—1984年3月
		赵炳甫	1982年11月—1984年3月
		孟庆令	1983年3月—1984年3月
		宣洪涛	1983年3月—1984年3月

〔续表〕

党委名称	职务	姓名	任职时间
中共上海汽车拖拉机工业联营公司委员会 （1984年3月成立）	书记	蒋以任	1984年7月—1985年8月
		孟庆令	1985年8月—1987年10月
	副书记/主持	孟庆令	1984年3月—1984年7月
	副书记	孟庆令	1984年7月—1985年8月
		王芝兰	1984年3月—1987年10月
		刘雅琴	1985年8月—1987年10月
	委员	孟庆令	1984年3月—1987年10月
		王芝兰	1984年3月—1987年10月
		陈祥麟	1984年3月—1986年9月
		宣洪涛	1984年3月—1987年10月
		仲逸民	1984年3月—1987年10月
		金自强	1984年3月—1986年4月
		蒋以任	1984年7月—1985年8月
		刘雅琴	1985年8月—1987年10月
		王述祚	1985年8月—1987年10月
		李永炎	1986年4月—1987年10月
中共上海汽车拖拉机工业联营公司委员会 （1987年10月新组成）	书记	孟庆令	1987年10月—1990年3月
	副书记	刘雅琴	1987年10月—1990年3月
	委员	孟庆令	1987年10月—1990年3月
		陆吉安	1987年10月—1990年3月
		刘雅琴	1987年10月—1990年3月
		王述祚	1987年10月—1990年3月
		李永炎	1987年10月—1990年3月
中共上海汽车工业总公司委员会 （1990年3月成立）	书记	孟庆令	1990年3月—1992年11月
		林树楠	1992年11月—1993年9月
	副书记	刘雅琴	1990年3月—1993年9月
	委员	孟庆令	1990年3月—1992年11月
		刘雅琴	1990年3月—1993年9月
		陆吉安	1990年3月—1993年9月
		王述祚	1990年3月—1993年9月
		李永炎	1990年3月—1993年9月
		叶平	1990年4月—1993年9月
		陆玉坤	1991年6月—1993年9月
		林树楠	1992年11月—1993年9月

〔续表〕

党委名称	职务	姓名	任职时间
中共上海汽车工业总公司委员会 （1993年9月选举产生上汽第一届党委）	书记	林树楠	1993年9月—1995年8月
	副书记	刘雅琴	1993年9月—1995年8月
	委员	林树楠	1993年9月—1995年8月
		刘雅琴	1993年9月—1995年8月
		陆吉安	1993年9月—1995年8月
		叶平	1993年9月—1995年8月
		胡茂元	1993年9月—1995年8月
		王述祚	1993年9月—1995年8月
		陆玉坤	1993年9月—1995年8月
		张文达	1993年9月—1995年8月
		邬彭年	1993年9月—1995年8月
中共上海汽车工业(集团)总公司委员会 中共上海汽车有限公司委员会 （1995年8月公司更名，实行"两块牌子，一套班子"）	书记	林树楠	1995年8月—1997年6月
	副书记	陈祥麟	1995年8月—1997年6月
		刘雅琴	1995年8月—1997年6月
	委员	林树楠	1995年8月—1997年6月
		陈祥麟	1995年8月—1997年6月
		刘雅琴	1995年8月—1997年6月
		叶平	1995年8月—1997年6月
		胡茂元	1995年8月—1997年6月
		洪积明	1995年8月—1997年6月
		王述祚	1995年8月—1997年4月
		蒋志伟	1996年7月—1997年6月
		郁子冲	1996年7月—1997年6月
		张文达	1996年7月—1997年6月
中共上海汽车工业(集团)总公司委员会 （1997年6月选举产生第二届党委）	书记	林树楠	1997年6月—1999年6月
		陈祥麟	1999年6月—2001年5月
	副书记	陈祥麟	1997年6月—1999年6月
		刘雅琴	1997年6月—1997年12月
		陈忠德	1998年6月—2001年5月
		胡茂元	1999年6月—2001年5月
	委员	林树楠	1997年6月—1999年6月
		陈祥麟	1997年6月—2001年5月
		刘雅琴	1997年6月—1997年12月

〔续表〕

党委名称	职务	姓名	任职时间
中共上海汽车工业(集团)总公司委员会 (1997年6月选举产生 第二届党委)	委员	陈忠德	1997年6月—2001年5月
		胡茂元	1997年6月—2001年5月
		郁子冲	1997年6月—1999年7月
		洪积明	1997年6月—2001年5月
		蒋志伟	1997年6月—2001年5月
		唐炜延	1997年6月—2001年5月
中共上海汽车工业(集团)总公司委员会 (2001年5月选举产生 第三届党委)	书记	陈祥麟	2001年5月—2006年7月
		胡茂元	2006年7月—2010年8月
	副书记	胡茂元	2001年5月—2006年7月
		陈忠德	2001年5月—2004年7月
		李积荣	2001年5月—2004年12月
		周郎辉	2004年7月—2004年11月
		叶焱章	2004年12月—2009年1月
		陈虹	2006年7月—2010年8月
		沈建华	2006年7月—2010年8月
		薛建	2009年1月—2010年8月
	委员	李积荣	2001年5月—2010年8月
		何向东	2001年5月—2003年5月
		沈建华	2001年5月—2004年11月
		陈志鑫	2001年5月—2004年11月
		陈因达	2001年5月—2007年11月
		陈忠德	2001年5月—2004年7月
		陈祥麟	2001年5月—2006年7月
		胡茂元	2001年5月—2010年8月
		蒋志伟	2001年5月—2009年2月
		张广生	2003年5月—2010年8月
		周郎辉	2003年5月—2004年11月
		叶焱章	2004年12月—2009年1月
		吴诗仲	2004年12月—2010年8月
		陈虹	2006年7月—2010年8月
		沈建华	2006年7月—2010年8月
		薛建	2009年1月—2010年8月
中共上海汽车集团股份有限公司委员会 (2004年11月成立)	书记	胡茂元	2004年11月—2011年12月
	副书记	陈虹	2004年11月—2011年12月
		周郎辉	2004年11月—2007年9月
	委员	胡茂元	2004年11月—2011年12月
		陈虹	2004年11月—2011年12月

〔续表〕

党委名称	职务	姓名	任职时间
中共上海汽车集团股份有限公司委员会 （2004年11月成立）	委员	周郎辉	2004年11月—2011年12月
		沈建华	2004年11月—2006年7月
		陈志鑫	2004年11月—2011年12月
		肖国普	2004年11月—2011年12月
		吴诗仲	2004年11月—2011年12月
中共上海汽车工业（集团）总公司委员会 （2010年8月选举产生第四届党委）	书记	胡茂元	2010年8月—2011年12月
		陈虹	2010年8月—2011年12月
	副书记	沈建华	2010年8月—2011年12月
		薛建	2010年8月—2011年12月
	委员	胡茂元	2010年8月—2011年12月
		陈虹	2010年8月—2011年12月
		沈建华	2010年8月—2011年12月
		薛建	2010年8月—2011年12月
		陈志鑫	2010年8月—2011年12月
		吴诗仲	2010年8月—2011年12月
		叶永明	2010年8月—2011年12月
		张海涛	2010年8月—2011年12月
		陈伟烽	2010年8月—2011年12月
中共上海汽车集团股份有限公司委员会 （2011年12月整体上市后）	书记	胡茂元	2011年12月—2013年11月
		陈虹	2013年11月—
	副书记	陈虹	2011年12月—2013年11月
		沈建华	2011年12月—2014年8月
		薛建	2011年12月—2014年1月
		陈志鑫	2014年5月—
		周郎辉	2014年8月—
	委员	胡茂元	2012年3月—2014年5月
		陈虹	2012年3月—
		沈建华	2012年3月—2014年8月
		薛建	2012年3月—2014年1月
		陈志鑫	2012年3月—
		叶永明	2012年3月—2013年7月
		李积荣	2012年3月—2014年8月
		张海涛	2012年3月—
		陈伟烽	2012年3月—
		周郎辉	2014年8月—

资料来源：上海汽车集团股份有限公司党委组织干部部

第三篇

行政管理

概　　述

　　1955 年年底上海市内燃机配件制造公司成立至改革开放前,公司管理大致分为 2 个阶段:第一阶段是 1956—1966 年为初创阶段。其间该公司先后易名为上海市动力机械制造公司、上海市农业机械制造公司,公司设置办公室、计划、生产、技术、人事、劳资、供销、财务、基建设备等管理部门。1967—1977 年为曲折发展阶段。这一时期因受“文化大革命”干扰,管理机构、管理制度和管理秩序受到破坏。1967 年公司革命委员会设立 5 个组,其中涉及行政管理的有生产、服务、材料 3 个组。1969 年公司改名为上海市拖拉机汽车工业公司后,公司革命委员会于 1970 年设生产、技术、劳资、财务、供应、基建、教育和办公室。这两个阶段的公司均为行政性公司。

　　1978 年改革开放后,公司行政管理大致经历 5 个阶段。

　　第一阶段从 1978 年至 1983 年,为企业整顿和公司转制阶段。公司相继开展以企业管理整顿为主要内容的“工业学大庆”、企业全面整顿和企业五项整顿活动。并于 1978 年启动企业性公司试点,开始从行政性公司向企业性公司转制,逐步获得经营管理自主权。

　　第二阶段从 1984 年至 1995 年,为改革开放起步阶段。1984 年,该公司改制为上海市汽车拖拉机工业联营公司,并成为上汽历史上第一个企业性公司,公司管理机构设立规划、生产、供销、技术开发、人事教育、外事、质量管理、财务等部室和总工程师室、总经理办公室。1987 年,为进一步建成具有法人资格的经济实体,加快发展上海桑塔纳轿车,公司增设支援上海大众建设办公室和汽车摩托车、拖拉机等事业部,并改部为处。1991 年,公司更名为上海汽车工业总公司后,增设利用外资、审计、监察等机构,并编发《法规汇编》。1993 年,公司管理机构改处为部。

　　第三阶段从 1995 年至 2004 年,为按照现代企业制度实施管理的阶段。1995 年,该公司改制为上海汽车工业(集团)总公司(简称上汽集团)并授权管理国有资产。上汽集团与上海国际信托投资公司组建上海汽车有限公司(简称上汽有限),并实行“两块牌子,一套班子”管理模式,分别设立总部机构。上汽集团设置总裁办公室、资产经营部、规划发展部、人事部和政策研究室,上汽有限设置总经理办公室、财务部、规划部、计划部、人事部、利用外资部、技术部、审计室和监察室。1997 年,上汽有限改制为上市公司上海汽车有限公司后,其总部机构转为上汽集团总部机构,并调整为总裁办公室、规划发展部、经济运行部、财务部、技术部、利用外资部、劳动人事部、政策研究室、审计室和监察室。2003 年和 2004 年,上汽集团先后编发实施《内部控制制度汇编》和《管理制度文件》。

　　第四阶段从 2004 年至 2011 年,为上汽两个公司共同运行阶段。2004 年 12 月,上汽集团发起设立上海汽车集团股份有限公司(简称上汽股份)后,根据不同功能定位实施管理。前者设置办公室和政策研究、规划发展、对外合作与法律、资产经营、人事等机构;2008 年增设汽车服务贸易事业部;后者设置办公室、规划发展、经济运行、总工程师室、技术质量、财务、国际合作、人力资源、公共关系部、零部件业务董事局和审计、监察等机构;2007 年,上汽股份工商注销,上海汽车股份有限公司更名为上海汽车集团股份有限公司(简称上海汽车)后,根据业务发展需要,增设资本运营部、信息系统部、商用车事业部、新能源汽车事业部等机构。同时,两个公司分别编发实施《内部控制手册》。

　　第五阶段从 2011 年起为转型发展阶段。2011 年上海汽车集团股份有限公司整体上市后，根据转型发展要求，调整增设风险管理部、信息战略和信息支持部、战略研究和知识信息中心、前瞻技术研究部、国际业务部、证券事务部、金融事业部等机构，并重新编发实施《内控手册》，进一步健全公司运行内控制度。上海汽车工业(集团)总公司不再设立总部机构。

第一章　行政事务与公共关系管理

1956—2015年上汽均设有行政办公室,负责会务、公文、接待、外事和档案等事务管理。1999年和2001年先后开始设立董事会办公室和监事会办公室,负责董事会和监事会相关事务。2005年开始设立公共关系部,负责公司信息披露、公关活动和媒体危机事件处理等事务。

第一节　机　构　设　置

一、董事会办公室

1995年9月,上海汽车工业总公司改组成立上海汽车工业(集团)总公司(简称上汽集团)。1999年7月,上汽集团第一届董事会召开第一次会议,会议批准设立董事会办公室,作为董事会日常工作机构,主要负责董事会会务组织、会议决议整理分发、处理董事会日常事务、为董事工作提供服务,做好董事会职权行使中的具体协调、董事会决策督查以及组织董事会决策调研咨询等工作。2002年9月,上汽集团颁发《董事会工作条例》,规定董事会办公室主要承担与董事会工作相关的会议组织、董事会决议督办、专门委员会与行政部门之间协调、董事会与监事会之间协调、相关政策研究等职能。

2004年11月,上汽集团发起设立的上海汽车集团股份有限公司(简称上汽股份)成立董事会,上汽集团和上汽股份分别设立董事会办公室,并与党委办公室联合办公。2007年7月,上汽股份董事会办公室因公司完成工商注销而停止运作。同年9月,上海汽车股份有限公司(简称上海汽车)更名为上海汽车集团股份有限公司,上海汽车董事会办公室继续履行其职能。

2011年12月,上海汽车工业(集团)总公司超过99%资产置入上海汽车集团股份有限公司,实现整体上市,上海汽车工业(集团)总公司不再设董事会办公室。上海汽车集团股份有限公司(简称改为上汽集团)董事会办公室在董事会领导下,继续按相关法律法规和公司基本管理制度开展工作,保障公司规范运作优化管理,主要负责股东大会与董事会及董事会专门委员会日常事务、重要文稿起草、对外对上沟通联络,以及上市公司信息披露、投资者关系管理、履行社会责任和市值管理等相关工作,保障公司运作符合上市公司监管要求。截至2015年,董事会办公室有9名人员。

二、监事会办公室

1996年,上海汽车工业(集团)总公司监事会成立后,监事会日常工作由党委办公室负责。2001年3月,监事会制定并通过上汽集团《监事会工作条例》,明确设立监事会办公室,负责处理监事会会务及日常工作事务;监事会办公室设在党委办公室,与党委办公室合署办公。

2002年10月,上汽集团监事会按照《上海市国有企业监事会管理暂行规定》《关于加强本市国有企业监事会管理工作的若干意见(试行)》,参照《上海市国有资产授权经营公司监事会章程》,修订《监事会工作条例》,明确监事会办公室作为其日常工作部门,协助监事会主席做好监事会日常事务工作,负责联系政府出资方、董事会、总裁和有关职能部门,做好监事会各项会务和文秘工作,做好收集、整理、分析各类监督信息和资料,为监事会决议提供依据等工作职责。

2006年2月,根据《上海市国有企业监事会暂行办法》新规定,上汽集团监事会修订《监事会工作条例》。明确监事会办公室和专职秘书在监事会主席领导下工作,协助监事会主席做好监事会日常事务和各项会务,编写监事会会议纪要和有关简报专报以及其他文秘工作,做好收集、整理、分析各类监督信息和资料,为监事会决议提供依据,负责办公室的日常管理工作,负责与出资方、集团董事会、总裁和有关职能部门工作联系等职责。

2011年12月,上海汽车集团股份有限公司实现整体上市并简称上汽集团,上海汽车工业(集团)总公司不再设立监事会及其工作机构监事会办公室。与此同时,上海汽车集团股份有限公司设立监事会办公室。2012年5月,上汽集团制定《监事会办公室工作规程(试行)》,进一步细化监事会办公室工作流程,进一步明确监事会办公室起草监事会各类报告决议和有关文件,落实监事会专项检查、专题调研等工作方案及相关协调工作,收集、整理各类监督信息和资料,供监事查阅,为监事会日常工作提供服务等工作职责。截至2015年,监事会办公室有1名人员。

三、总裁办公室

1956—1984年上半年期间,除1967—1978年公司革命委员会未设立办公室外,其余年份的公司经理班子均设立经理办公室。1984—1992年,公司因行政负责人改称总经理而设立总经理办公室。1990年,原归属企业管理处的计算机室归属总经理办公室,并与电信室、档案室合并为信息科,负责计算机管理工作。

1993年1月,上海汽车工业总公司行政负责人开始称为总裁,总经理办公室则改为总裁办公室。1995年9月,上海汽车工业(集团)总公司和上海汽车有限公司(简称上汽有限)同时成立,上汽集团设立总裁办公室,上汽有限设立总经理办公室。同年,公司信息中心划归总裁办公室,负责办公自动化推广,总部及所属企业信息化建设规划和推进实施。1997年,上汽有限改制为上海汽车股份有限公司后,上汽有限总经理办公室停止运作。

2005年,上海汽车集团股份有限公司(上汽股份)由上汽集团发起成立后设立总裁办公室。2007年7月,上汽股份总裁办公室因公司完成工商注销而停止运作。同年9月,上海汽车股份有限公司(上海汽车)更名为上海汽车集团股份有限公司,上海汽车总裁办公室继续履行其职能。

为规范总裁办公室管理,1991—2004年先后制定实施《管理制度文件编制和管理》《行政会议管理制度》《公文处理制度》《保密制度》《档案管理制度》《重大情况上报制度》《信息报道及媒体公关管理办法》《对外捐赠管理办法》《因公出国(境)管理办法》《外国经贸人员入境签证管理制度》《印章管理办法》《集团总部档案管理制度》《下属企业信息上报考核制度》《集团接待管理制度》《领导秘书工作规范》等20余项制度,并列入公司管理制度和内控制度。

2011年12月,上海汽车集团股份有限公司整体上市,简称改为上汽集团,上海汽车工业(集团)总公司不再设立总裁办公室。上汽集团总裁办公室继续设立秘书科、人员服务科和综合科,主要负责文稿起草、公文处理、会务管理、督办跟踪、档案管理、印章管理;总部行政事务和内外综合行政协调,总部固定资产管理和后勤保障、公务用车管理等;外事接待和因公出国(境)管理等。2015年总裁办公室有 25 名人员。

四、公共关系部

2005 年 10 月,上海汽车集团股份有限公司成立公共关系部。该部下设媒体关系科和企业形象科 2 个科,主要工作职责为搜集处理社会和媒体舆情、制定公司形象传播规划、撰写新闻材料、完善内外部沟通、组织大型公关活动和应对危机事件等。同时,公共关系部还负责指导协调下属企业公共关系部门工作。

2008 年,公共关系部制订的涉及媒体危机应对和公共信息管理的规定制度纳入公司内控手册。媒体危机应对工作明确及时发现潜在媒体危机、确保危机处理方案恰当性和有效执行 3 大控制目标,做好媒体危机管理小组月度会议、每日舆情监测报告、危机处理方案制定执行、危机处理每周情况报告、媒体应对口径等控制活动,确定媒体危机事件信息收集分析、媒体危机应对、媒体危机处理报告、一般负面报道与媒体事件处理 4 大关键流程。

公共信息管理工作明确向媒体发布公司信息和公共信息查询两大控制目标,新闻稿撰写发布、媒体专访方案、媒体参观方案、公关活动及传播方案制定、网站管理小组半年评审、公司网站日常信息更新、每周媒体情况报告等控制活动,以及共信息发布、公共信息查询两大关键流程。

2005—2015 年,公共关系部开展上市公司宣传、重大战略发布、上南全面合作、2010 上海世博会等传播项目,并应对多起媒体危机事件。公共关系部获《上海证券报》颁发的"2007 中国最具价值汽车企业——最佳公共关系奖"。2015 年公共关系部有 14 名人员。

五、上汽集团北京联络处

1993 年,上海汽车工业总公司在北京设立办公室,负责与上海市人民政府驻京办事处联系工作。2000 年 9 月和 11 月,经上海市人民政府和北京市人民政府先后批准或同意,上汽集团在北京设立上海汽车工业(集团)总公司北京联络处,作为集团驻京机构和对外窗口,并经工商注册登记获得营业执照,办公地点设在北京民族饭店。

上汽集团北京联络处为总部部室级别的机构,业务归口总裁办公室。主要职责为根据集团工作要求,与国家有关部委联络,了解国家发展汽车工业的方针和政策,收集和掌握国内外汽车行业发展动态和信息;加强与社会各界尤其是新闻媒体的联系和沟通;根据集团要求策划组织相关活动,塑造良好企业形象;建立和健全业务工作制度和流程,负责集团领导赴京公务的具体安排、联系、接洽等服务。

六、厂务公开工作领导小组

为落实党中央和上海市委关于厂务公开的精神,2000 年上汽集团党政研究决定,由上汽党委发出《关于全面推行厂务公开的通知》文件,开启厂务公开的民主管理形式。公司成立厂务公开工作领导小组,由党委分管副书记副总裁和工会主席分别任领导小组组长或副组长,纪委、党委办公室、组干部、工会、宣传部、审计室、财务部等党政部门负责人参加。

表 3-1-1 2000—2014 年上汽厂务公开领导小组负责人一览表

起 始 年 份	组 长	副 组 长
2000	陈忠德	唐炜延 沈建华
2002	陈忠德	唐炜延
2004	沈建华	周郎辉 吴诗仲
2005	陈因达	叶焱章 吴诗仲
2009	李积荣	周郎辉 薛 建 吴诗仲 张海涛
2012	周郎辉	李积荣
2014	周郎辉	张海涛 陈伟烽 钟立欣

资料来源：上海汽车集团股份有限公司工会

第二节 行政事务管理

一、会务管理

2004 年 5 月,总裁办公室编制的《行政会议管理制度》开始实施。2008 年,该制度和总裁办公室制定的《会议室使用管理规定》纳入公司《内部控制手册》。

《行政会议管理制度》计有 10 条,明确规定总裁办公会、总裁会议等行政会议的会前准备、会议召开记录和整理、会议决议督办和跟踪等流程;规定总裁办公室是会议责任部门,负责会前收集、分类和协调各部室上报的会议议题,报请行政领导审议同意后列为正式议题和议程,提交相关会议审议;规定会议记录整理、会议纪要编写审定等事宜;规定行政会议后总裁办公室将会议纪要决议分发有关部室企业,督办跟踪会议决议落实情况,并在总裁办公会议予以通报。《会议室使用管理规定》计有 10 条,根据公司会议室大小和使用功能以及重大接待、重要接待和一般性接待不同规格,作出明确规定。2013 年 10 月,上汽集团下发《进一步加强会议管理的规定》,共计 12 条,要求会议管理遵循提高实效、统筹协调、总量控制的原则,合理确定会议范围、加强分类管理、提高会议质量、改进会议形式、统筹会议管理、控制会议数量,做到节俭办会。

1990 年 7 月,上汽开始建立电话会议,通过专线连接中国汽车工业总公司、中国第一汽车厂和中国第二汽车厂,以及部分下属企业,会务管理开始向信息化网络化发展。1998 年 6 月,公司电话会议系统进行升级,总部电话会议连接所有下属企业电话。2001 年,上汽集团建设威海路总部大厦时同步建设 5A 智能化管理,建有 ACCORD NGC100 视频会议系统,可与下属有终端设备企业进行视频会议。2013 年,该系统再次升级更新,通过以太网方式进行交换,可进行高清视频会议。

二、收发文管理

2004 年 5 月,公司总裁办公室制定的《公文处理制度》付诸实施。2008 年,该制度列入公司《内部控制手册》。

《公文处理制度》规定总裁办公室是公文处理管理机构,负责制定实施公文处理工作,包括收文发文等公文管理,以及立卷归档工作。起草校核以公司和总裁办公室名义制发的公文;负责公文处理的督促检查和安全保密;对下属企业公文处理进行指导,组织业务培训和经验交流等;各类公文由总裁办公室或党委办公室统一登记,备办文单。公司党委办公室建立机要保密室,并按有关保密规定配备工作人员和必要的安全保密设施管理机要文件。

2002年1月起,上汽集团办公自动化系统开始正式运行,实现公司总部和下属企业联网办公,公文处理通过办公自动化系统平台,基本取消纸质公文流转,提高办公效率,促进公司公文管理制度化标准化。

三、档案管理

1956年,上海市内燃机配件制造公司建立档案室,归属行政办公室。1980年,档案工作在"文化大革命"后恢复,档案室归属党委办公室。同年,公司档案管理经过整顿重新实施《公司文书处理部门立卷制度》,并纳入各部门职责范围。1982年,公司建立科技档案,归属技术科。同年,将档案工作纳入企业整顿验收内容,对档案实行集中统一管理、档案管理制度列入厂规厂法、档案库房保管安全等项进行检查验收,巩固档案工作恢复整顿的成果。1988年1月,上汽文书和科技档案合并为企业档案,归口总经理办公室秘书科,统一管理干部人事档案除外的公司档案,并指导下属企业档案管理。截至2015年,上汽档案室配备专职档案管理员1名,负责档案管理工作。

1990年,上汽开展档案咨询服务,保证档案升级。国家《档案法》公布实施后,按规定实施10大类档案分类管理。1994年,上汽向上海市档案馆移交1990年前永久和长期保存的档案1 317卷。同时,逐步形成170名专兼职企业档案人员组成的档案管理网络。

2005年4月,上汽组织档案安全保密检查,并接受国家档案局到集团及部分所属企业检查档案管理,评价良好。同时,公司档案室全过程参与自主品牌项目、重点工程建设项目建设各环节监督指导,确保档案管理与项目建设同步实施。在公司重组改革过程中,总裁办公室对档案加强监管,加强转制企业档案统一管理。

2012年,上汽档案开始数字化信息化管理,档案室与信息系统部合作,加快存量纸质档案电子化处理,并通过公司数据中心和云平台将财务、采购、物流等新增电子文档数字化管理,同时加强前端控制和全程管理,确保电子档案安全,至2015年实现在线组卷、在线借阅。

2015年12月,上汽集团完成第2次向上海市档案馆移交档案工作,按规定将1991年至2000年文书档案重新鉴定整理后移交进馆,移交档案全部为永久保存。

表3-1-2 2015年上汽档案归档数量统计表

单 位	案 卷	文 件	附 件
上海汽车工业(集团)总公司	5 522	63 974	61 882
上海汽车集团股份有限公司	3 027	57 728	58 109
合 计	8 549	121 702	119 991

资料来源:上海汽车集团股份有限公司档案室

表 3-1-3　1989—2015 年上汽获市级档案管理先进一览表

序　号	获　奖　单　位	获奖年份
1	上海球墨铸铁厂	1989
2	上海汽车电机厂	
3	上海汽车底盘厂	1990
4	上海拖拉机底盘厂	
5	上海轴瓦厂	
6	中国弹簧厂	
7	上海重型汽车厂	
8	上海内燃机配件总厂	
9	上海汽车厂	1991
10	上海内燃机厂	
11	上海油嘴油泵厂	
12	上海汽车制动器厂	
13	上海工农内燃机配件厂	
14	上海第二汽车底盘厂	
15	上海汽车工业总公司	1993
16	上海汽车集团股份有限公司	2015
17	上汽通用汽车有限公司	

资料来源：《上海汽车工业志》、上海汽车集团股份有限公司档案室

四、接待管理

2004 年 5 月，上汽集团总裁办公室开始执行《上海汽车工业（集团）总公司接待工作管理制度》。该接待制度包括 10 条规定和 4 个附件，规定接待工作归口管理部门为总裁办公室对外事务科；接待来访分为重大接待、重要接待和一般接待 3 种情况，根据不同类别规定具体接待要求，重要和重大接待由总裁办公室主任审批；国际著名汽车公司高层来访需拜会上海市领导的，属经济贸易活动的上报上海市对外经济贸易委员会审批，非经济贸易活动的报上海市外事办公室审批。该接待制度还规定接待工作内容、标准及流程等事项。2008 年，该接待制度纳入上汽集团《内部控制手册》。

据统计，1991—2015 年，上汽接待党和国家领导人、外国国家元首和政府首脑，累计 174 人次，其中：党和国家领导人 154 人次，外国国家元首和政府首脑 20 人。

表 3-1-4　1959—2015 年国家级领导人（含中央政治局原常委）参加与上汽有关的重要活动一览表

序号	日　期	姓　名	职　务	活　动　内　容
1	1959 年 2 月 15 日	周恩来	中共中央副主席、国务院总理	在中南海检阅乘坐上海牌轿车
2	1973 年 6 月	邓小平	国务院副总理	陪同马里国家元首特拉奥雷参观上海拖拉机厂

〔续表〕

序号	日 期	姓 名	职 务	活 动 内 容
3	1983 年 12 月 18 日	李 鹏	国务院副总理	视察上海汽车厂
4	1984 年 3 月 30 日	张劲夫	国务委员兼国家经委主任	
5	1984 年 10 月 10 日	赵紫阳	国务院总理	出席中德合资上海大众汽车有限公司合营合同签字仪式
		荣毅仁	全国人大常委会副委员长	
		陈慕华	国务委员兼外经贸部部长	
		吴学谦	国务委员兼外交部部长	
6	1984 年 10 月 12 日	李 鹏	国务院副总理	与德国总理科尔为上汽大众有限公司奠基
7	1985 年 1 月 26 日	张劲夫	国务委员	视察上海汽车厂
8	1985 年 11 月 14 日			
9	1986 年 4 月 19 日	胡启立	中共中央政治局委员、中央书记处书记	
10	1986 年 11 月 18 日	胡耀邦	中共中央总书记	视察上海大众汽车有限公司
11	1987 年 10 月 5 日	吴学谦	中共中央政治局委员、国务委员兼外交部部长	
12	1987 年 12 月 1 日	班禅额尔德尼·确吉坚赞	全国人大常委会副委员长	
13	1987 年 12 月 21 日	姚依林	中共中央政治局常委、国务院副总理	参加上海桑塔纳轿车国产化工作会议并讲话
14	1988 年 6 月 29 日	邹家华	国务委员兼机械电子工业部部长	视察上海大众汽车有限公司
15	1988 年 11 月 5 日	宋 平	中共中央政治局委员、中央组织部部长	
16	1989 年 3 月 6 日	江泽民	中共中央政治局委员、上海市委书记	视察上海大众汽车有限公司、上海汽车厂
17	1989 年 8 月 29 日	邹家华	国务委员	主持上海轿车二期扩建工程会议
18	1989 年 11 月 6 日	江泽民	中共中央总书记	在中南海会见德国大众董事长卡尔·哈恩
19	1990 年 2 月 16 日	邹家华	国务委员	视察上海大众汽车有限公司、上海汽车齿轮厂
20	1990 年 4 月 18 日	李 鹏	中共中央政治局常委、国务院总理	参加上海大众汽车有限公司成立5周年庆祝大会
		邹家华	国务委员	
		康世恩	中共中央顾问委员会常委	
		彭 冲	全国人大常委会副委员长	
		谷 牧	全国政协副主席	

〔续表〕

序号	日　期	姓　名	职　务	活 动 内 容
21	1990 年 4 月	江泽民	中共中央总书记	为上海大众汽车有限公司一期工程建成题词
22	1991 年 2 月 6 日	邓小平	中共中央原副主席	视察上海大众汽车有限公司
23	1992 年 1 月 4 日	朱镕基	国务院副总理	在 1991 年上海大众汽车桑塔纳轿车完成任务报告上批示
24	1993 年 2 月 10 日		中共中央政治局常委、国务院副总理	在京听取上海汽车工业总公司汇报并作指示
25	1993 年 4 月 28 日	刘华清	中共中央政治局常委、中央军委副主席	视察上海大众汽车有限公司
26	1993 年 7 月 23 日	吴邦国	中共中央政治局委员、上海市委书记	视察上海延锋汽车内饰件厂安亭分厂
27	1993 年 7 月 24 日			视察上海汽车齿轮总厂
28	1994 年 3 月 1 日	吴邦国	中共中央政治局委员、上海市委书记	视察上海大众汽车有限公司
29	1994 年 7 月 14 日			视察上海汽车工业技术中心
30	1994 年 10 月 19 日	胡锦涛	中共中央政治局常委、中央书记处书记	视察上海大众汽车有限公司
31	1994 年 11 月 11 日	李铁映	中共中央政治局委员、国家体制改革委员会主任	
32	1994 年 11 月 13 日	朱镕基	中共中央政治局常委、国务院副总理	视察上海汽车工业技术中心
33	1994 年 12 月 8 日	王炳乾	全国人大常委会副委员长	
34	1994 年 12 月 22 日	黄　菊	中共中央政治局委员、上海市委书记、上海市市长	视察上海大众汽车有限公司
35	1995 年 1 月 20 日	李岚清	中共中央政治局委员、国务院副总理	
36	1995 年 1 月 21 日	乔　石	中共中央政治局常委、全国人大常委会委员长	
37	1995 年 4 月 20 日	黄　菊	中共中央政治局委员、上海市委书记	出席上海大众汽车成立 10 周年暨二期工程全面竣工仪式
38	1995 年 5 月 4 日			视察上海汽车齿轮总厂
39	1995 年 5 月 18 日	江泽民	中共中央总书记、国家主席	
40	1995 年 5 月 29 日	李沛瑶	全国人大常委会副委员长	视察上海大众汽车有限公司
41	1995 年 5 月 18 日	王汉斌	全国人大常委会副委员长	
42	1995 年 7 月 13 日	钱其琛	中共中央政治局委员、国务院副总理兼外交部部长	出席联合汽车电子有限公司合营合同签字仪式
43	1995 年 9 月 1 日	黄　菊	中共中央政治局委员、上海市委书记	出席上海汽车工业（集团）总公司成立大会并讲话

〔续表〕

序号	日 期	姓 名	职 务	活 动 内 容
44	1995 年 9 月 16 日	倪志福		
45	1995 年 11 月 8 日	费孝通	全国人大常委会副委员长	视察上海大众汽车有限公司
46	—	程思远		
47	1996 年 1 月 5 日	乔 石	中共中央政治局常委、全国人大常委会委员长	视察上海汽车齿轮总厂
48	1996 年 3 月 21 日	朱光亚	全国政协副主席	率中国工程院院士团考察上海大众汽车有限公司
49	1996 年 4 月 2 日	李瑞环	中共中央政治局常委、全国政协主席	视察上海大众汽车有限公司
50	1996 年 4 月 29 日	江泽民	中共中央总书记、国家主席	
51	1996 年 5 月 8 日	荣毅仁	国家副主席	
52	1996 年 5 月 11 日	吴邦国	中共中央政治局委员、国务院副总理	为联合汽车电子开业和开工奠基仪式发贺电
53	1996 年 12 月 30 日	黄 菊	中共中央政治局委员、上海市委书记	视察上海汽车工业(集团)总公司
54	1997 年 1 月 10 日	李 鹏	中共中央政治局常委、国务院总理	主持国务院办公会议审议通过上海通用汽车合资项目
55	1997 年 3 月 25 日		国务院总理	出席上海通用汽车和泛亚技术中心合营合同签字仪式
56	1997 年 6 月 12 日	黄 菊	中共中央政治局委员、上海市委书记	出席上海通用汽车和泛亚技术中心成立仪式
57	1997 年 9 月 25 日			
58	1997 年 9 月 30 日	吴邦国	中共中央政治局委员、国务院副总理	视察上海通用汽车有限公司
59	1997 年 10 月 17 日	黄 菊	中共中央政治局委员、上海市委书记	会见德国大众监事会主席里森、董事长皮埃希等
60	1997 年 11 月 4 日	李贵鲜	国务委员	视察上海大众汽车有限公司
61	1998 年 2 月 10 日	江泽民	中共中央总书记、国家主席	在中南海观看别克轿车样车
62	1998 年 3 月 7 日	吴邦国	中共中央政治局委员、国务院副总理	为上海通用汽车召开 1998 年上海市一号工程誓师大会发贺电
63	1998 年 8 月 25 日	黄 菊	中共中央政治局委员、上海市委书记	视察上海通用汽车有限公司
64	1998 年 9 月 23 日	尉健行	中共中央政治局常委、中纪委书记	
65	1998 年 11 月 3 日	黄 菊	中共中央政治局委员、上海市委书记	视察上海汽车制动系统有限公司
66	1998 年 11 月 5 日			视察上海大众汽车有限公司
67	1998 年 11 月 13 日	邹家华	全国人大常委会副委员长	视察上海通用汽车有限公司

〔续表〕

序号	日 期	姓 名	职 务	活 动 内 容
68	1998 年 12 月 17 日	黄 菊	中共中央政治局委员、上海市委书记	出席上海通用汽车首辆别克新世纪轿车下线仪式
69	1998 年 12 月 17 日			视察联合汽车电子有限公司
70	1999 年 3 月 25 日	贾庆林	中共中央政治局委员、北京市委书记	
71	1999 年 5 月 24 日	吴 仪	中共中央政治局候补委员、国务委员	视察上海通用汽车有限公司
72	1999 年 7 月 2 日	乔 石	中共中央政治局原常委、全国人大常委会原委员长	
73	1999 年 9 月 24 日	江泽民	中共中央总书记、国家主席	视察上海通用汽车有限公司、联合汽车电子有限公司
		曾庆红	中共中央政治局候补委员、中央书记处书记	
74	1999 年 9 月 26 日	黄 菊	中共中央政治局委员、上海市委书记	会见美国通用汽车总裁瓦格纳
75	1999 年 11 月 2 日	李岚清	中共中央政治局常委、国务院副总理	视察联合汽车电子有限公司
76	1999 年 11 月 10 日	邹家华	全国人大常委会副委员长	
77	1999 年 11 月 25 日	吴邦国	中共中央政治局委员、国务院副总理	视察上海通用汽车有限公司、泛亚汽车技术中心有限公司
78	1999 年 11 月 25 日			视察上海大众汽车有限公司
79	1999 年 12 月 16 日	黄 菊	中共中央政治局委员、上海市委书记	视察延锋江森座椅有限公司
80	2000 年 2 月 25 日	李 鹏	中共中央政治局常委、全国人大常委会委员长	视察联合汽车电子有限公司无锡工厂
81	2000 年 5 月 4 日	李瑞环	中共中央政治局常委、全国政协主席	视察上海通用汽车有限公司
82	2000 年 5 月 12 日	江泽民	中共中央总书记、国家主席	视察上海大众汽车有限公司
83	2000 年 6 月 15 日	黄 菊	中共中央政治局委员、上海市委书记	视察上海小糸车灯有限公司
84	2000 年 7 月 25 日	李岚清	中共中央政治局常委、国务院副总理	视察上海大众汽车有限公司
85	2000 年 9 月 6 日	黄 菊	中共中央政治局委员、上海市委书记	会见丰田汽车公司名誉社长、日中投资促进会会长丰田章一郎
86	2000 年 10 月 24 日	吴邦国	中共中央政治局委员、国务院副总理	参观上海国际工业博览会汽车馆
87	2000 年 11 月 3 日	任建新	全国政协副主席	视察上海大众汽车有限公司
88	2000 年 11 月 13 日	胡锦涛	中共中央政治局常委、中央书记处书记、国家副主席	视察上海通用汽车有限公司
89	2000 年 12 月 8 日	迟浩田	中共中央政治局委员、中央军委副主席	

〔续表〕

序号	日　期	姓　名	职　务	活　动　内　容
90	2001年1月15日	朱镕基	中共中央政治局常委、国务院总理	陪同朝鲜劳动党总书记、国防委员会委员长金正日访问上海通用汽车有限公司
91	2001年1月22日	吴邦国	中共中央政治局委员、国务院副总理	观看别克、桑塔纳系列产品
92	2001年3月23日	乔　石	中共中央政治局原常委、全国人大常委会原委员长	视察上海大众汽车有限公司
93	2001年4月16日	朱镕基	中共中央政治局常委、国务院总理	视察上海大众汽车有限公司
94	2001年6月5日	李岚清	中共中央政治局常委、国务院副总理	视察华东泰克西铸造有限公司
95	2002年4月12日	江泽民	国家主席	在德国见证上海大众汽车延长合营合同签字
96	2002年7月25日	黄　菊	中共中央政治局委员、上海市委书记	视察上海汽车工业(集团)总公司
97	2002年9月	陈锦华	全国政协副主席	就中国加入WTO专题视察上海通用汽车、上海大众汽车、上海纳铁福、延锋伟世通等
98	2002年9月18日	徐匡迪	全国政协副主席、中国工程院院长	出席中国工程院、北京市政府、美国通用汽车、上汽集团联合举办的氢能源发展战略及应用前景国际研讨会
99	2003年5月27日	吴邦国	中共中央政治局常委、国务院副总理	视察联合汽车电子有限公司
		王兆国	中共中央政治局委员、全国政协副主席	
		盛华仁	全国人大常委会副委员长兼秘书长	
100	2003年7月25日	蒋正华	全国人大常委会副委员长、农工党中央主席	视察上海通用汽车有限公司
		李　蒙	全国政协副主席、农工党中央常务副主席	
101	2003年8月24日	陈至立	国务委员	视察上海燃料电池动力系统有限公司
102	2003年8月29日	温家宝	中共中央政治局常委、国务院总理	视察上海通用汽车有限公司
103	2004年1月25日	黄　菊	中共中央政治局常委、国务院副总理	视察上海机动车监测中心
104	2004年3月26日	温家宝	中共中央政治局常委、国务院总理	视察联合汽车电子有限公司无锡工厂
105	2004年5月2日			在德国见证上海大众汽车增资签约
106	2004年7月8日	乌云齐木格	全国人大常委会副委员长	视察上海大众汽车有限公司

〔续表〕

序号	日　期	姓　名	职　务	活动内容
107	2004 年 7 月 9 日	顾秀莲	全国人大常委会副委员长	视察上海通用汽车有限公司
108	2004 年 7 月 28 日	胡锦涛	中共中央总书记、国家主席	视察国家机动车产品质量监督检验中心（上海）、上海大众汽车有限公司
109	2004 年 9 月 7 日	成思危	全国人大常委会副委员长	视察上海大众汽车有限公司
110	2005 年 1 月 16 日	黄　菊	中共中央政治局常委、国务院副总理	视察上汽通用五菱汽车股份有限公司
111	2005 年 5 月 4 日	吴官正	中共中央政治局常委、中纪委书记	视察上汽通用五菱汽车股份有限公司
112	2005 年 7 月 4 日			视察上海通用汽车有限公司
113	2005 年 7 月 6 日	吴邦国	中共中央政治局常委、全国人大常委会委员长	视察上海通用东岳动力总成有限公司
114	2005 年 9 月 13 日	贾庆林	中共中央政治局常委、全国政协主席	视察国家机动车产品质量监督检验中心（上海），上海大众汽车有限公司
115	2005 年 9 月 13 日	徐匡迪	全国政协副主席、中国工程院院长	视察上海通用北盛汽车有限公司
116	2005 年 11 月 14 日	曾培炎	中共中央政治局委员、国务院副总理	在中南海查看上海汇众汽车有限公司伊思坦纳商务车
117	2005 年 11 月 26 日	尉健行	中共中央政治局原常委、中纪委原书记	视察上海大众汽车有限公司
118	2005 年 11 月 30 日			视察上海通用汽车有限公司
119	2006 年 11 月 19 日	李长春	中共中央政治局常委、国务院副总理	参观第九届北京国际汽车展上汽展台
120		曾培炎	中共中央政治局委员、国务院副总理	
121	2007 年 5 月 3 日	刘云山	中共中央政治局委员、中央宣传部部长	视察上汽通用五菱汽车股份有限公司
122	2007 年 11 月 6 日	俞正声	中共中央政治局委员、上海市委书记	参观中国国际工业博览会上汽展台
123	2007 年 11 月 12 日			视察上海汽车工业（集团）总公司
124	2007 年 12 月 26 日	曾培炎	国务院副总理	参加上南合作签约仪式
125	2008 年 1 月 3 日	俞正声	中共中央政治局委员、上海市委书记	视察上海大众汽车有限公司
126	2008 年 7 月 6 日	万　钢	全国政协副主席、科学技术部部长	参加帕萨特领驭燃料电池轿车发送北京奥运会交车仪式
127	2008 年 7 月 6 日	刘　淇	中共中央政治局委员、北京市委书记	参加帕萨特领驭燃料电池轿车发送北京奥运会交车仪式
		万　钢	全国政协副主席、科学技术部部长	

〔续表〕

序号	日　期	姓　名	职　务	活 动 内 容
128	2008 年 8 月 11 日	俞正声	中共中央政治局委员、上海市委书记	会见美国通用汽车董事长瓦格纳
129	2008 年 10 月 27 日			视察上海汽车工业(集团)总公司
130	2008 年 11 月 22 日	温家宝	中共中央政治局常委、国务院总理	视察上海汽车集团股份有限公司乘用车分公司临港工厂
131	2008 年 12 月 20 日	贾庆林	中共中央政治局常委、全国政协主席	
132	2009 年 2 月 4 日	俞正声	中共中央政治局委员、上海市委书记	视察上海柴油机股份有限公司
133	2009 年 3 月 26 日	梁光烈	国务委员兼国防部部长	视察上海汽车集团股份有限公司乘用车分公司临港工厂
134	2010 年 6 月 26 日	俞正声	中共中央政治局委员、上海市委书记	视察上海世博会上汽集团—通用汽车馆
135	2010 年 7 月 7 日			视察上海花园坊节能环保产业园
136	2011 年 1 月 30 日	俞正声	中共中央政治局委员、上海市委书记	参加上汽集团春节团拜会并讲话
137	2011 年 4 月 11 日			见证上汽集团与德国大众签署合作开发协议
138	2011 年 6 月 26 日	温家宝	国务院总理	访英期间视察上海汽车英国控股有限公司
139	2011 年 6 月 28 日			在德国见证上海大众汽车江苏项目投资联合声明签字
140	2012 年 4 月 23 日			在德国见证设立上海大众汽车新疆项目联合声明签字
141	2012 年 5 月 23 日	俞正声	中共中央政治局委员、上海市委书记	视察上海汽车集团股份有限公司技术中心、上海大众汽车有限公司
142	2012 年 8 月 16 日			视察延锋伟世通汽车饰件系统有限公司、上海汽车集团股份有限公司技术中心
143	2012 年 9 月 28 日	路甬祥	全国人大常委会副委员长	视察上海汽车资产经营有限公司、上海国际工业设计中心
144	2013 年 5 月 7 日	江泽民	中共中央原总书记、原国家主席	在扬州听取上汽集团汇报
145	2013 年 5 月 10 日	江泽民	中共中央原总书记、原国家主席	视察上海大众汽车仪征工厂
146	2013 年 5 月 26 日	李克强	国务院总理	在德国见证上汽集团与德国大众签署在长沙设厂协议
147	2013 年 8 月 29 日	张春贤	中共中央政治局委员、新疆维吾尔自治区党委书记	视察上海大众汽车乌鲁木齐工厂
148	2013 年 9 月 2 日	杜青林	中央书记处书记、全国政协副主席	视察上海大众汽车乌鲁木齐工厂
149	2014 年 3 月 24 日	严隽琪	全国人大常委会副委员长	视察上海大众汽车有限公司

〔续表〕

序号	日　期	姓　名	职　　务	活　动　内　容
150	2014 年 3 月 28 日	习近平	中共中央总书记、国家主席	在德国见证上汽集团与德国大众签署共同开发绿色环保车型相关协议
151	2014 年 5 月 24 日			视察上海汽车集团股份有限公司乘用车分公司
152	2014 年 6 月 25 日	韩　正	中共中央政治局委员、上海市委书记	视察上海汽车集团股份有限公司
153	2014 年 10 月 10 日	李克强	国务院总理	见证上汽集团与德国大众签署在新疆建设试车场协议
154	2015 年 6 月 3 日	韩　正	中共中央政治局委员、上海市委书记	见证上汽集团与德国大众签署上汽大众安亭基地升级改造及纯电动技术合作协议

资料来源：上海汽车集团股份有限公司总裁办公室

表 3‐1‐5　1973—2015 年外国政要访问上汽一览表

序号	来访日期	国　家	职　务	姓　名	被访单位
1	1973 年 2 月 31 日	马里	国家元首	特拉奥雷	上海拖拉机制造厂
2	1984 年 10 月 12 日	联邦德国	总理	科尔	上海汽车厂上海大众
3	1985 年 7 月 31 日	泰国	国会主席、上议院议长	乌吉·蒙空那温	上海易初摩托车有限公司
4	1987 年 4 月 20 日	刚果	总统	德尼隆苏·恩格索	上海拖拉机厂
5	1987 年 9 月 12 日	特立尼达和多巴哥	众议院议长	尼赞·默罕默德	上海拖拉机厂
6	1989 年 9 月 12 日	布基纳法索	人民阵线主席、国家元首、政府首脑	布莱斯·孔布雷	上海拖拉机厂
7	1992 年 7 月 10 日	柬埔寨	人民党主席	谢辛一行	上海大众汽车有限公司
8	1993 年 11 月 17 日	德国	总理	科尔一行	上海大众汽车有限公司
9	1994 年 6 月 12 日	秘鲁	总统	藤森	上海拖拉机内燃机公司
10	1996 年 3 月 27 日	泰国	总理	班汉·西巴阿差	上海易初摩托车有限公司
11	1996 年 4 月 26 日	哈萨克斯坦	总统	纳扎尔巴耶夫	上海大众汽车有限公司
12	1997 年 4 月 4 日	泰国	总理	差瓦立·永猜裕一	上海‐易初摩托车有限公司
13	1997 年 12 月 24 日	乌克兰	总理	普斯托沃伊坚科	上海大众汽车有限公司
14	1998 年 6 月 12 日	意大利	总统	卡尔法罗	上海申雅密封件有限公司

〔续表〕

序号	来访日期	国　家	职　务	姓　名	被访单位
15	1999 年 11 月 3 日	德国	总理	施罗德	上海大众汽车有限公司
16	2001 年 1 月 17 日	朝鲜	劳动党总书记、国防委员会委员长	金正日	上海通用汽车有限公司

说明：外国政要包括：国家元首、政府首脑、议会议长

资料来源：上海汽车集团股份有限公司总裁办公室

第三节　公共关系管理

一、信息披露管理

2008 年和 2012 年，公共关系部媒体危机应对和公共信息管理工作均列入《上海汽车集团股份有限公司内控手册》，规定信息发布和信息查询 2 个控制目标，包括信息发布的新闻稿、媒体接待专访时间地点人数、公关活动传播方案等 4 个关键控制活动，信息查询的网站、媒体危机处理 2 个关键控制活动。

2012 年，上汽集团制定下发《下属企业媒体管理规定》，明确负面信息和重大活动的界定，明确按规定必须上报信息，以及由上汽集团公共关系部负责处理监督考核各分支机构和下属投资单位的信息上报情况。

2012 年 5 月，上汽集团开通集团微博。2015 年 4 月，上汽集团官方微信"上汽集团发布"上线。运行过程中，公关部门做好与董事会秘书和董事会办公室等部门协调工作，对外和对内发布信息，维护上汽集团整体形象和信息运行安全。

同时，与企业建立媒体监测机制，2006 年起，每日有媒体监测报告抄送上汽集团公共关系部，由该部打印报送集团管理层；企业在安排实施重大活动，必须提前 10 个工作日填写《重大活动报告表》，发送上汽集团公关部，活动结束后一个月内提交总结报告；企业必须建立媒体危机管理制度，每年进行更新，并报上汽集团公共关系部备案；各企业如发现负面信息，需在当天填写《媒体危机报告表》及附件资料报集团公共关系部等管理部门。上汽集团还建立企业公关管理例会制度，交流和改善信息管理工作。

二、危机事件管理

2003 年 1 月和 2004 年 5 月，上汽先后制定《重大质量事故被告及责任追究制度》和《重大情况上报制度》，主要由质量管理部门处理涉及产品质量问题的危机事件。

2005 年 10 月，公共关系部成立后，凡涉及媒体危机事件主要由该部负责应对协调和统一处理，涉及上市公司的媒体危机事件由董事会秘书、董事会办公室、证券事务部和公共关系部协调处理。2008 年 6 月，《重大情况上报制度》列入公司《内控手册》。同年，公司成立由公共关系部、质量和经济运行部、合作和法律事务部、证券事务部、董事会办公室和其他相关部门组成的媒体危机管理小组，该小组由公共关系部召集每月召开会议，分析潜在媒体危机，研究确定应对策略、措施。2011

年起,该小组召集部门改为董事会办公室。2012 年,上汽《内控手册》将危机管理界定为重大质量事故管理、纠纷管理和媒体危机应对三部分,其中媒体危机事件涉及媒体报道的有关产品质量、各类诉讼纠纷案件、涉及舞弊问题等事件。

至 2015 年,上汽先后成功应对 2013 年 5 月的宁波出租车集体上访、2013 年 5 月上海大众汽车被指拒绝召回问题车辆不实报道、2013 年 7 月上汽集团临港汽车零部件物流中心在建仓库安全事故、2014 年 4 月上海通用汽车爱唯欧轿车多环芳烃含量超标不实报道等重要媒体危机,有效维护了公司形象和产品声誉。

第四节　外　事　管　理

一、因公出国(境)管理

1991 年 7 月,公司总经理办公室制定《上海汽车工业总公司因公出国(出境)管理办法》,该办法共有 33 条,规定出国(出境)审批权限、总经理办公室和组织干部部归口管理职责,经济贸易、科技、培训、劳务输出 4 类因公出国(出境)报批流程、申报内容、人员选派,出国(出境)人员管理等事项,确定因公出国(出境)任务批件时间、申办护照和签证、出国(出境)人员政审和政治思想纪律教育培训、出国人员护照管理、回国后工作总结鉴定、外汇核销、礼品登记上缴等事宜。

1998 年 9 月,上汽集团获得国务院外事办公室授予一定的派遣人员临时出国和邀请外国经贸人员来华事项审批权。为进一步规范因公出国(境)管理,2000 年 3 月,上汽集团印发《关于进一步加强因公出国(境)管理工作的通知》,强调严格控制出国(境)事由、严格出国(境)审批责任、严格控制出国(境)时间,以及严禁利用因私渠道办理公费出国(境)手续、禁止以奖励疗休养等形式组织公费出国(境)旅游,不准轮流出国(境)或照顾出国等纪律规定,进一步规范因公出国(出境)管理。

2003 年 1 月,组织干部部制定《领导干部出国(境)管理规定》和《国(境)外企业和工作人员管理暂行办法》,除了延续原定因公出国(境)规定外,增加因私出国(境)管理的申报批准及护照管理规定、违反纪律查处和党政纪处分规定等。2004 年 5 月,总裁办公室制定颁发《因公出国(境)管理办法》,增加参加董事会、出席国际交流会议、监制验收设备,以及技术服务等规定,重点强化因公出国计划、出国人员时间、任务管控,以及出国过程中发生紧急和特殊情况报告批准流程。2005 年 2 月,人力资源部制定《境外公司工作人员管理办法》,规定派赴境外工作人员选派条件、外派时限、培训与考核、薪酬与待遇、纪律与奖惩等事宜。

2004—2010 年,上汽先后 7 次发出加强出国人员和办理出国手续管理的通知,严格控制参加由协会、学会和商会组织的跨地区、跨系统团组;禁止利用因私渠道办理公费出国(境)手续,不搞异地办照;禁止以奖励疗休养等形式组织公费出国(境)旅游,不准轮流出国照顾出国;严格控制境外停留时间;董事会在东南亚不得超过 5 天、在欧美不得超过 7 天,尚无利润的合资企业原则上在公司注册地召开董事会;严格执行一年出访不超过 2 次、一次出访一般不超过 2 个国家(地区)的规定;加强因公护照管理,做好因公护照回国后收缴、造册登记和统一管理。

2008—2013 年,上汽先后把《领导干部出国(境)管理规定》《因公出国(境)管理办法》《外国经贸人员入境签证管理制度》《境外公司工作人员管理办法》《境外公司工作人员薪酬福利实施办法》汇编入公司《内控手册》。

1998 年 9 月,上汽集团获得国务院外事办公室授予一定的派遣人员临时出国审批权后至 2015

年,公司总裁办外事管理共办理因公出国(境)34 045 批次,因公出国(境)74 058 人次。其中,公司领导人员 481 批次 566 人次。

二、外事活动管理

1998 年 9 月,国务院外事办公室授予上汽集团邀请外国经贸人员来华事项审批权。2004 年 5 月,总裁办公室制定《外国经贸人员入境签证管理制度》,规定总裁办公室为邀请外国人来华签证管理的职能部门,负责审核报批等事务;外国人来华签证时间次数和签证有效期限;邀请各国副部长及以上官员、新闻界人士、律师等非经贸人员来华,需经集团审核后报上海市人民政府外事办公室审批;集团所属企业邀请外国经贸人员来访需经总裁办公室审核报集团领导审批等事宜。2009 年 8 月,为确保上海世博会期间外事工作有序开展,上汽集团根据上海市外事办公室要求,下发《关于重申邀请或接待外国副部级及以上官员来沪审批规定的通知》,规定各单位邀请外国副部级及以上官员来沪必须提前通过集团上报上海市外事办公室。

2013 年,上汽集团把《邀请外国人来华签证管理办法》纳入《内控手册》,增加过境免签证国家名单、免签证停留时间,以及访问签证、工作签证、口岸签证等管理规范。

至 2015 年,上汽集团先后接待美国、德国、泰国、意大利、莱索托等数十个国家和地区的领导参观访问,先后向美国、德国、日本、英国、泰国、意大利等数十个国家和地区的整车和零部件企业发出邀请,进行合资合作、技术引进和商务洽谈。

第二章 规划合作与海外经营管理

1981年,公司开始设立规划管理部门,负责公司规划编制和执行,以及固定资产、环境保护、招投标、工程项目等管理。1989年,上汽开始设立对外合作管理部门,并于2005年与法律事务合并,负责合资企业、商标、经济合同和经济纠纷等事务管理。2014年,上汽设立国际业务部和战略研究和知识信息中心,分别负责海外经营和中长期战略规划编制、产业发展趋势研究、公司知识信息库等业务。

第一节 机 构 设 置

一、规划部

1956年5月,上海市内燃机配件制造公司设生产科,该科在上海市计划委员会和上海市第一重工业局统一规划下参与对274家公司所属工厂的首次调整筹划。1958年3月—1966年5月,公司先后设置的计划科、生产计划科均负责规划工作。

1981年7月,上海市拖拉机汽车工业公司开始设立规划科。1984年9月,上海汽车拖拉机工业联营公司设置规划改造部。1985年10月—1992年年底,上汽先后设置规划改造处和规划发展处。1993年1月,规划发展处改为规划发展部。1995年9月,上海汽车工业(集团)总公司(简称上汽集团)与上海汽车有限公司(简称上汽有限)同时成立,并分别设立规划发展部和规划部。1997年11月,上汽有限改制上市后,规划部并入上汽集团规划发展部。

2004年12月,上汽集团发起成立上海汽车集团股份有限公司(简称上汽股份)后,上汽集团与上汽股份分别设立规划发展部。2007年7月,上汽股份规划发展部因公司完成工商注销而停止运作。同年9月,上海汽车股份有限公司(上海汽车)更名为上海汽车集团股份有限公司,上海汽车设置战略与业务规划部。2008年2月,上汽集团规划发展部与对外合作与法律事务部合并为规划和对外合作部。2011年12月,上海汽车集团股份有限公司整体上市后简称改为上汽集团,设立战略和业务规划部,而上海汽车工业(集团)总公司规划和对外合作部则停止运作。2014年年底,上汽集团战略和业务规划部改为规划部。

至2015年,上汽集团规划部下设业务规划科、投资规划科和规划支持科3个科,业务人员18名。主要负责制订公司中长期业务发展规划,编制业务规划和投资规划,负责投资项目的设备、土建、环保等规划支持,组织实施项目规划和项目管理。

二、合作和法律事务部

1978年7月,国务院作出上海引进轿车装配线改造上海轿车工业的决定后,上海市拖拉机汽车工业公司于1979年5月成立技术引进办公室作为临时机构,负责选择合资对象和引进车型、开展商务谈判等工作。1985年3月,该室因上海大众汽车有限公司成立而撤销,公司利用外资业务暂归中国汽车工业进出口公司上海分公司管理。1986年10月,利用外资工作划属上海汽车拖拉机工业联营公司规划改造处。

1989 年 3 月,公司成立利用外资办公室。1991 年,上海汽车工业总公司设立中外合资经营企业投资管理委员会,利用外资部作为日常办事机构,对合资企业实施综合协调管理。1993 年 1 月,利用外资办公室更名为海外合作部,合资合作由公司规划部和海外合作部共同负责,规划部负责利用外资项目规划、意向谈判和项目扩初设计审核以及竣工验收,海外合作部负责向政府报批合资企业,参与项目可行性研究报告合同和章程谈判。1995 年 9 月,上海汽车工业集团总公司和上海汽车有限公司同时成立,上汽集团不再设立对外合作机构,由上汽有限设立利用外资部。1997 年 12 月,上汽有限改制为上海汽车股份有限公司后,该部于 1998 年 1 月归属上汽集团。2000 年 12 月,该部更名为国际合作部。

2005 年 1 月,上海汽车集团股份有限公司由上汽集团发起成立后,设立国际合作部。2005 年 10 月,上汽股份将国际合作部与总裁办公室法律事务科合并,组建对外合作与法律事务部。公司法律事务曾于 1996 年归属政策研究室,2001 年归入总裁办公室。2006 年 9 月,上汽股份对外合作与法律事务部更名为合作与法律事务部直至 2015 年。2008 年 2 月,上汽集团对外合作与法律事务部和规划发展部合并为规划和对外合作部,2011 年 12 月,上海汽车集团股份有限公司整体上市后简称上汽集团,上海汽车工业(集团)总公司规划与对外合作部则停止运作。

至 2015 年,上汽集团合作和法律事务部下设对外合作管理、法律事务管理和知识产权管理 3 个科,业务人员 8 名。主要负责合资项目管理、所属企业董事会管理,涉及合同纠纷的法律事务、重要项目法律文本,公司知识产权管理、商标管理等业务。

三、国际业务部

2011 年 4 月,上海汽车集团股份有限公司设立海外经营筹备组,主要职责是参与规划公司海外经营整体战略、推进海外重点战略市场东盟项目、支持印度项目等其他海外重点项目的运营、支持主要出口企业海外业务等。2014 年 8 月,上汽集团在海外经营筹备组基础上设立国际业务部,设置规划与市场、新项目发展 2 个科,负责上汽国际经营业务的战略规划、项目预研等管理。新项目发展科主要承担项目谈判、项目跟踪协调、合作伙伴沟通等职能,推动上汽国际经营业务工作有序开展。国际业务部为国际经营指导委员会日常机构。至 2015 年,海外经营筹备组及国际业务部推动完成上汽正大公司,上汽通用五菱印尼责任有限公司及上汽国际三个海外销售公司(中东、南美、澳洲)的设立。截至 2015 年年底,部门共有 9 名管理人员。

四、战略研究和知识信息中心

2014 年 8 月,上汽集团将战略和业务规划部改为规划部,同时设立战略研究和知识信息中心,以加强集团发展战略的研究和实施。该中心主要职责是制定公司中长期发展战略,选择实施路径,研究市场和汽车行业发展趋势,探索商业模式创新,支持公司业务决策。同时,该中心还承担上汽集团战略与创新推进委员会会议秘书处职责。

战略研究和知识信息中心设战略规划科、业务研究科、环境和市场科以及知识信息科 4 个科室。战略规划科主要负责制定中长期战略规划、研究中长期战略趋势;业务研究科主要负责研究产业发展趋势,寻找业务拓展机会;环境和市场科主要负责宏观环境、消费者需求和市场变化趋势研究;知识信息科主要负责建立和维护集团知识信息库,及时提供信息和数据分析。至 2015 年,战略研究和知识信息中心开展产业发展趋势研究、数字化发展机遇研究、战略技术和创新模式业务研究,以及其他业务研究,同时开展汽车行业竞争信息情报收集及分析,负责《上海汽车》杂志的日常运营。截至 2015 年年底,部门共有 15 名管理人员。

五、战略与创新推进委员会

为加强战略研究、深化自主创新,2014 年 9 月,上汽集团设立战略与创新推进委员会,陈虹任委员会主任,陈志鑫任副主任,陈虹、陈志鑫、谷峰、程惊雷任常任制委员,周郎辉、俞建伟、朱根林、张海涛、陈德美、王晓秋、沈阳、张海亮、蓝青松任委员。2014—2015 年,战略与创新推进委员会共召开会议 4 次,审议集团战略与创新重要议题 15 项。

战略研究和知识信息中心为战略与创新推进委员会会议秘书处,负责战略与创新推进委员会决议事项的跟踪落实。

六、自主品牌工作指导委员会

为加快自主品牌建设,2014 年 6 月 2 日,上汽集团成立上汽集团股份有限公司乘用车分公司工作指导委员会,即自主品牌工作指导委员会。陈虹任主席、陈志鑫任副主席,王晓秋及总部财务、技术、战略与创新等部门负责人任委员。同年 8 月,增补周郎辉、张海涛、程惊雷为委员。

2014 年 8 月,自主品牌工作指导委员会召开第一次会议,讨论决定自主品牌发展方向、发展策略等重大事项,讨论乘用车分公司预算执行情况及全年经营预测,同意实施"荣耀金秋"市场营销行动计划,同意对有条件的经销商推行"1＋1 店"品牌化独立运营模式并给予资金政策支持,同时对自主品牌实施过程中产品技术路线、投资资金等进行指导。2014 年 12 月至 2015 年年底,该委员会召开 3 次会议,研究新能源产品规划、新能源车型、产品型谱更新、电动车市场发展趋势,确认上汽乘用车未来新能源产品技术路线、规模经济性测算、投资方案及产能布局,自主品牌产品出口、营销管理及经销商管理评估等。

七、国际经营指导委员会

2015 年,上汽集团成立国际经营指导委员会,陈志鑫任主任,周郎辉、谷峰、王晓秋、沈阳、蓝青松、程惊雷为副主任,张玉丽、高菊珍、朱庆敏、顾晓琼、祖似杰、杨晓东、雷鸣、吴欢、张海波、俞经民、张峥嵘、姚佐平、徐飞云、姚力挽为委员。国际经营指导委员会主要职责是:对海外经营重大战略进行决策,包括总结并通报海外经营进展及规划,审议海外经营发展战略,审议海外经营重大投资项目及其他重大事项。国际经营指导委员会日常机构设在国际业务部,由国际业务部牵头收集议题、汇报材料并跟踪、督促相关任务的执行落实。

第二节　规划制订与执行

一、管理制度

1991 年 7 月,上海汽车工业总公司发布实施《法规汇编》,其中规划发展处制定的《技术引进、技术改造项目实施管理办法》和《横向经济联营管理办法》,分别规定技术引进和改造项目从立项到建设再到投产达纲的全过程管理、联营企业组建原则和审批流程及对联营企业的规划管理。2003 年1 月,上海汽车工业(集团)总公司制定《战略规划编制管理办法》,规定公司及所属企业长远发展规划制订、投资项目管理及项目竣工验收等事项。公司形成规划编制基本流程,规划部门每年 8 月召开规划会议布置规划编制工作,10 月收集下属企业规划初稿,11 月形成公司规划初稿向分管领导汇报,12 月根据领导意见修改形成规划草案提交总裁办公会讨论通过,12 月根据总裁办公会意见修改完善提交公司董事会审议批准实施,次年一季度组织战略规划宣传贯彻。

上汽战略规划包括:与中国国民经济和社会发展规划相对应,对未来经营方针和资源配置所做的《五年发展规划》及其更新,按时间顺序编制后《五年发展规划》,也称"滚动规划"。2002 年,上汽集团《战略规划编制管理办法》规定编制战略规划管理流程是:公司董事会授权,由战略和业务规划部牵头,其他职能部门和企业共同参与;战略规划主要内容包括:公司使命愿景和经营理念,公司发展目标体系和总体发展思路,乘用车、商用车、新能源汽车、核心零部件、紧密零部件、汽车服务贸易、汽车金融等业务板块规划,技术发展、海外战略、人力资源、信息系统、投资和融资等专项规划,以及未来 5 年经济效益预测等 12 类内容。

2008 年 6 月,上汽公司颁布实施《内部控制手册》规定:战略规划管理包括 5 年发展规划、滚动发展规划和规划流程管理;战略规划编制包括发展环境与市场分析、企业现状、指导思想、综合指标与总体发展思路、对策措施、业务发展规划、技术创新规划、专项规划、投资及融资规划、主要经济指标预测;投资管理包括长期股权投资、固定资产投资、研究开发费用和新能源汽车孵化费用等各类投资管理。内控制度规定 5 年发展规划有 3 个控制目标和 5 个关键控制活动,滚动发展规划有 3 个控制目标和 4 个关键控制活动。

2012 年,上汽集团《内部控制制度》进一步规定:每 5 年编制战略发展规划,编制工作分 3 个阶段:第一阶段由规划部门牵头开展前期研究,形成规划总体思路,布置具体编制事宜;第二阶段各事业部、相关职能部门、分支机构和所属公司分别完成战略发展规划编制并组织论证;第三阶段规划部门牵头编制公司 5 年战略发展规划,经总裁办公会议或总裁专题会议审核及修改后,提交董事会战略委员会审核,最后提交董事会审批。

二、规划编制

1956 年,上海市内燃机配件制造公司编制公司首份规划《汽车拖拉机配件制造规划》。1963 年2 月和 8 月、1964 年 5 月,先后编制《汽车生产十年规划设想(1963—1972 年)》《1963—1972 年十年技术改造规划纲要》和《1964—1970 年上海汽车拖拉机赶超国际先进水平规划》。20 世纪 70 年代,公司先后编制 9 个中长期规划,即 1970 年的"四五"期间拖拉机、汽车发展规划,1972 年的《上海拖汽工业第四个五年计划发展规划》《上海轿车生产规划》,1973 年的《上海汽车工业"四五""五五"规划》《拖拉机发展规划》《重型汽车规划》,1974 年的《上海市拖汽工业十年规划(1974—1985 年)》,1977 年的《1978—1981 年期间规划设想》《1977—1985 年规划设想》。

改革开放以后至 2015 年,上汽编制的规划主要有:1980 年编制的《1981—1990 年拖拉机汽车发展和改造规划》,1985—2015 年每 5 年编制的从"七五"到"十三五"发展的 7 个 5 年规划,2002 年开始每年编制的后 5 年滚动发展规划,2006 年和 2008 年先后编制的 2 个 3 年国资战略规划,以及2011 年编制的《三年行动规划(2012—2014)》等。

三、规划实施

上汽规划实施分投资项目报批评审、投资项目竣工验收、投资项目后评估 3 个阶段。1991年开始，上汽规定投资 100 万元以上项目由总经理办公会议审批，100 万元以下项目经规划发展处确认后由主管总经理批准。项目实施过程中，由规划发展处或主管事业部负责检查进度和质量。

2003 年，随着投资项目增多和金额增大，上汽成立规划发展部牵头，财务部、国际合作部、技质部、经济运行部、人力资源部和法律事务部等部门组成的投资评审小组，对企业编制上报的投资项目建议书和可行性研究报告提出评审意见。投资项目立项标准调整为中外合资企业投资金额 500万元至 3 000 万元人民币、国有企业 200 万元至 3 000 万元，由集团总裁办公会议审批；3 000 万元以上投资项目，由集团总裁办公会议审核后报集团董事会批准；低于审批标准的小型技改项目由企业自行审批，报集团规划发展部备案。项目实施中按照投资项目审批流程图，从立项到竣工验收，从主要内容、质量要求和责任主体等方面规范实施。投资项目竣工验收填报《投资项目竣工投产报告表》《固定资产投资完成情况表》《建筑工程完成情况表》《设备完成情况表》《关键工艺设备（生产线）能力测算表》和《投资项目经济效益情况表》。

第三节　规划专业管理

一、土地资源管理

1956 年，公司占地面积为 19.33 万平方米。至 2007 年，占地面积增至 1 357.44 万平方米。

为了加强土地资源管理，2010 年 3 月，根据上海市国资委下发的《开展国有企业土地监管情况专项检查工作的意见》，上汽组织国有企业土地监管专项检查。成立由薛建担任组长，吴诗仲、朱根林担任副组长的工作小组，组员由公司规划部、财务部、审计室等职能部门负责人组成，纪委监察室设专项检查办公室。5 月中旬，专项检查工作小组召开上汽集团所属 50 多家单位参加的专项检查工作会议，启动专项检查工作。6 月，在集团所属企业全面自查的基础上，检查小组对上海拖拉机内燃机有限公司、上汽集团人力资源管理中心、上海汽车资产经营有限公司、上海实业交通电器有限公司等单位进行实地抽查，核查地块及资产管理情况，查阅内控制度，总体显示内控制度比较完善，土地实物管理、台账登记和账务处理等管理比较规范。上汽集团、上海汽车、华域汽车及所属企业 264 家，总占地面积 2 662.06 万平方米。

为了进一步规范土地管理内控流程，2012 年上汽集团制定《土地使用、土建工程及建筑物管理》内控流程，规定集团依法取得土地使用权及土地资源合理使用的 8 个控制目标和 9 个关键控制活动，包括控制土地使用权取得，各种权证保管，土地资产评估入账，投资评估管理，土地资源使用、租赁、收益、处置等内控流程，防止国有土地资产流失，防止土地出让权益损失等。集团规划部根据土地管理专项检查情况、内控制度规定以及上市公司监管要求，对历史遗留已被动迁的土地房屋不再办理相关产权证书，对正在办理产权证书的土地继续由专人负责推进落实土地权证，同时将清理梳理土地纳入信息化管理。

二、固定资产管理

1985 年,上汽对特种设备逐步建立管理制度,规划部每年组成检查组对所有企业设备管理实行划块检查,督促企业遵守管理制度,对精大细等重点设备、特种设备、备品备件管理和设备维护保养进行科学管理。

1990 年起,上汽根据国家规定对新办合资企业的购并、转让股权、转制、企业间的资产置换等均进行资产评估,防止国有资产流失。1992 年 8 月,上汽印发《上海汽车工业总公司国有资产评估管理办法(试行)》,规定凡企业资产租赁涉及资产产权和使用权发生变动的,必须进行资产评估;评估程序为申请立项、资产清查、评定估算和验证确认。1994 年 4 月起,公司开展清产核资工作,在全面清查基础上重估固定资产。1995 年,上汽对 1994 年清产核资的 22 家企业组织自查抽查,固定资产报废均符合清产核资政策规定。同年,规划部要求企业每年编制年度设备统计年报,做好企业设备拥有量、设备完好率统计编制上报工作。

2000 年,上汽所属企业均建立固定资产信息化管理制度和设备数据管理系统。2003 年 1 月,规划部门在编写内控制度时首次制定《建筑管理办法》《设备管理办法》,将固定资产分为厂房建筑和设备两大类,规划部门是主管部门。《建筑管理办法》规定新建建筑和在用建筑管理包括房地产处置和租赁管理;新建建筑管理流程包括建设项目选址、规划用地、建设许可、项目招标、质量控制、配套设施、竣工验收等,在用建筑管理包括建筑物固定资产各类台账、厂房设施维修保养、产权登记以及档案管理等。《设备管理办法》规定投资项目设备实施流程、投资项目设备招标流程、闲置设备有偿调拨和设备报废流程;规定对设备管理进行量化考核,考核生产设备完好率、质控设备重点设备和动力设备完好率、生产设备利用率、生产设备闲置率、设备事故率及设备保养状态等。

2004 年,根据国务院办公厅关于清理固定资产投资项目的通知,上汽对在建和拟建项目进行全面清理,共清理项目 132 项,涉及固定资产投资 477 亿元。其中在建项目 96 项,固定资产投资 425 亿元;拟建项目 18 项,固定资产投资 23 亿;预备项目 18 项,投资 29 亿。项目基本符合要求。

2008 年 6 月,上汽编写内控手册,把厂房建筑和设备规划投资、实施、后续等管理纳入内控手册,明确控制目标和关键控制活动,包括设备采购招标、进口减免税设备监管期内管理、设备租赁转让报废程序等 3 个控制目标及关键流程;集团审计部门每年按照内控制度规定,对企业固定资产管理进行审计。2012 年,上汽再次编写内控手册,确定设备管理 3 个控制目标和 4 个关键控制活动。

1988 年和 1989 年,上海拖拉机厂获上海市设备管理先进单位。2000—2010 年,上汽通用汽车有限公司获第 6 届和第 7 届全国设备管理优秀单位称号,上汽通用汽车、上海汽车股份有限公司汽车齿轮总厂、上海三电贝洱汽车空调有限公司、延锋伟世通汽车饰件系统有限公司、联合汽车电子有限公司、上海纳铁福传动轴有限公司获第 5 届、第 6 届和第 7 届上海市设备管理优秀单位称号。1995—2010 年,上汽系统企业的设备完好率平均为 98.5%,设备利用率为 90.8%。

三、环境保护

1990 年 6 月,国家环境保护局颁布《建设项目环境保护管理程序》后,上海汽车工业总公司在

1991年7月制定的《技术引进技术改造项目管理实施办法》中明确规定,项目设计要提供环评书面意见和环保审批意见,项目竣工验收环保必须达到国家规定要求。

2003年,《上汽集团内部控制制度汇编》收录的《投资项目管理办法》和《设备项目竣工验收管理办法》规定:规划部作为环保管理职能部门,对所属企业投资项目环保审批、竣工验收进行管理;中外合资企业固定资产投资500万元以下、国有企业固定资产投资200万元以下的,符合国家环保等要求的小型技术改造项目由企业自行审批;新建厂房涉及环保等内容的,须报有关部门审核。2008年6月,《上汽集团内控手册》中的《投资项目环保管理》规定项目建设报批、竣工验收、清洁生产收集环保的8个控制目标和12个关键控制活动。

根据内控制度规定,规划部门要求企业投资项目环保治理必须与主体工程同时设计、同时施工、同时投产和使用。规划部对项目中新增污染物产生、环境影响、污染物治理、清洁生产工艺使用、清洁能源替代、ISO14001环境管理体系推进做全面审核。投资项目发生规划布局调整、主体内容改变、涉及污染源的生产工艺发生改变、产生新增污染物等,必须重新向政府环保部门进行环评报批变更手续。项目完成后,由集团规划部会同政府环保部门审核,并由政府环保部门出具书面竣工验收意见后方可试生产。

四、招投标管理

1985年,根据国务院关于开展机电设备招标工作的要求,上汽规划部门组织所属企业分步开展此项工作。

1996年,国家经济贸易委员会关于国家技术改造重点项目招标工作和上海市经济委员会、计划委员会、建设委员会关于上海实行机电产品采购招标投标制的通知下达后,公司组织上海拖拉机内燃机公司、上海汽车齿轮总厂、上海汇众汽车制造公司等启动固定资产投资招标工作。同年至1998年,公司全资企业完成招标项目16个,招标金额3.8亿美元和4.9亿元人民币。

2000年1月,上海全面推行《中华人民共和国招标投标法》《机电产品国际招标投标实施办法》和《工程建设项目招标范围和规模标准规定》,上汽从国有企业向合资企业全面推行招标工作。上海纳铁福传动轴有限公司、上海采埃孚转向机有限公司等合资企业首先启动投资项目招标,而后延伸至上海实业交通电器有限公司、上海三电贝洱汽车空调系统有限公司、上海汽车制动系统有限公司、延锋伟世通汽车饰件系统有限公司、上海小糸车灯有限公司等10余家零部件合资企业。2002年始,上海通用汽车有限公司、上海大众汽车有限公司等整车合资企业工程建设开始招标。以后进一步拓展至上汽自主品牌项目建设,凡符合招投标规定的投资项目全部纳入公开招标范围,实施全球采购。

2003年1月,上汽《内部控制制度汇编》中的设备管理和建筑管理部分均对招标作明确规定,其中规定进口设备一次金额10万美元及以上、国内设备一次金额100万元及以上的设备采购,必须依法按程序进行招标。2008年和2012年,上汽修订的内控手册,招投标制度全部进入内控流程,并确定控制目标和关键控制点。

2000年以来,上海市机电设备招投标工作领导小组办公室不定期对上汽部分国资企业和中外合资企业进行检查通报均予以肯定,其中2004年的检查通报指出:上汽集团认真贯彻《招标投标法》,积极推动招标采购,招标量不断增加,覆盖面不断扩大,取得显著经济效益。

表 3-2-1　1999—2010 年上汽项目招标节约金额统计表　　　　　单位：亿元

招标金额	年　份												合计
	1999	2000	2001	2002	2003	2004	2005	2006	2007	2008	2009	2010	
美元	3.8	8.2	10.4	12.5	14.8	15.7	16.2	16.8	8.3	7.6	9.1	14.6	138
节约金额	0.46	1.07	1.04	1.25	1.48	1.88	1.59	1.66	0.83	0.91	1.00	1.75	14.9
人民币	4.9	16.9	23.2	25.8	33.3	36.2	29.8	27.7	8.7	7.6	9.9	26	250
节约金额	0.59	2.20	2.32	2.58	3.33	4.34	2.92	2.74	0.87	0.91	1.09	3.12	27.0
节约率	12%	13%	10%	10%	10%	12%	9.8%	9.9%	10%	12%	11%	12%	—

说明：2011 年及以后不再统计

资料来源：上海汽车集团股份有限公司规划发展部

五、工程项目统计关闭评估管理

1981 年，公司规划部开始建立工程建设项目统计业务，对上海拖拉机厂、华丰钢铁厂等 5 家单位的拖拉机、4 吨汽车、桑塔纳轿车技术改造项目竣工验收作汇总统计。1991 年，上汽制定《技术引进、技术改造项目实施管理办法》，规定工程项目完成后，建设单位提交竣工验收报告，由公司规划处负责，组织科技处、财务处、综合计划处以及主管事业部，组织项目竣工验收并出具验收报告；财务处负责审核项目资金、贷款及还贷能力，科技处和综合计划处分别审查产品制造工艺技术和产品生产相关事宜；建设单位对竣工验收中发现的问题必须进行整改后补验收；建设纲领、建设内容、建设周期、投产达纲等内容纳入考核范围；项目投产后分 3 年达纲，第 3 年必须 100% 达纲。至 1995年，工程建设项目竣工统计更趋规范，主要统计新增产能、投资总额、新增面积、新增销售收入和利润等。

2003 年 1 月，上汽内控制度中的《投资项目管理办法》，明确规划发展部负责组织项目竣工验收，结合企业年度绩效考评，对项目建设实施情况、项目竣工验收、投产达产一并进行考核。同时，上汽制订的《投资项目竣工验收管理办法》，规定竣工验收管理部门和职责、验收依据要求、竣工决算编制和竣工验收流程；规定建筑单项、共用配套、消防、环保、卫生、档案等 9 方面验收要求以及竣工验收报告编制提纲；规定建设单位须填写投资项目竣工投产报告表、固定资产投资完成、建筑工程完成、设备完成、生产线能力测试、经济效益 6 张表格，进一步规范项目竣工验收统计管理。

2008 年 6 月，上汽内控手册除保留和执行竣工验收、考核等制度外，将项目竣工验收确定 1 个控制目标和 7 个关键控制活动。同时，为确保项目建成投产达到可行性报告设定的目标，规划等部门增加投资项目后评价内控流程，规定项目竣工验收后 2—3 年，上汽相关部门对项目投资决策和经济效益等进行评价，规定 4 个控制目标和 8 个关键控制活动，参与评价部门增加合作与法律事务部和人力资源部。

2012 版的上汽内控手册，将项目竣工验收和后评估制度合并为《项目关闭、评估和后评估》。规定项目关闭阶段由规划部会同财务部、审计室、总裁办等对项目进行关闭评估，采取公司抽查关闭评估和企业自查备案两种方式，并对项目进行评分评级；规定后评估项目由公司审计室组织实施，并设定项目竣工验收、关闭评估、达到预期效果等 4 个控制目标和 6 个关键控制活动。同年，规划部建立可视化、数字化、网络化项目投资管理平台，项目决策、实施、后评估等进入网络，并覆盖全部企业。同时,建立项目投资对标和经济指标相统一的数据库。

2007—2015年,上汽累计抽查关闭评估约108个项目,包括整车产能建设和新产品导入项目、零部件配套项目及服务贸易项目,抽查结果表明上汽集团项目建设受控、管理规范。

第四节　合资企业管理

一、管理制度

1991年7月,上海汽车工业总公司利用外资办公室根据《中华人民共和国中外合资经营企业法》,制定《中外合资经营企业管理办法》并纳入《上汽总公司法规汇编》颁布施行,该办法分投资管理和专业管理两部分。投资管理规定:掌握合资企业生产经营情况,提出改善建议,做好综合管理和服务协调,组织工作经验交流与信息沟通,向总公司投资管理委员会汇报合营企业的运营情况等。按照制度规定,合资合作按部门分工,专业管理规定:利用外资办公室负责对合营企业执行合资合同情况进行专业检查,对外商投资先进技术组织复核审查,会同综合计划处审查合营企业出口创汇情况;干部处负责合营企业中方高级管理人员委派、推荐、培训、考核、工资待遇等;人事处负责中方人员工资总额方案等;财务处负责资产清理、经营情况审计、产品销售价格审核等;规划处负责技改项目审查、环保消防改造项目审查等;综合计划处负责制订下达配套计划、协调计划执行、组织材料供应、安全、节能等;科技处负责重大科研和新产品开发、引进消化吸收和国产化推进等;质量监督处负责产品质量抽查、产品创优和创质量奖等;档案部门负责合资企业档案工作指导、监督等。

2003年,上汽制定《筹建中外合资企业管理办法》《中外合资企业董事会管理办法》和《附属公司股东(大)会、董事会/执行董事管理制度》。2004年5月,修定《中外合资经营企业管理办法》。《筹建中外合资企业管理办法》规定鼓励企业投资合资企业的方向是:采用先进技术或者科学管理,能提高产品档次、开拓国际市场,能大幅提高市场占有率等项目;规定合资意向书和合资合同报审流程;规定国际合作部配合规划部指导企业起草合资文件,负责合资合同文本和章程审查归档;负责组织协调外审,联系政府部门报批项目。《中外合资企业董事会管理办法》规定委派中方董事、推荐中高级管理人员职责和权限、董事会事务管理、董事会批准事项的跟踪管理等。《附属公司股东(大会)、董事会/执行董事管理制度》规范附属公司股东(大会)、董事会和执行董事管理,推进和优化附属公司经营管理和决策。

2008年,上汽编制的内控手册将《中外合资企业董事会管理办法》等制度汇编融入内控流程,并确定4个控制目标和9个关键控制活动。2012年后,上汽集团汇编更新内控手册,编制《附属公司股东(大)会董事会/执行董事管理制度》,明确3个控制目标和7个关键控制活动。

二、管理运作

1985年,上汽开始拥有上海—易初摩托车有限公司和上海大众汽车有限公司等中外合资企业。1986年,上汽召开合资企业管理座谈会,传达国务院关于加强合资企业管理的文件,调查情况听取意见。1989年3月,成立利用外资办公室,该部开始对合资企业实施管理,并将合资企业合同章程、可行性研究报告、董事会记录等法律文书进行收集整理、建目归档。1990年起,上汽建立合资企业办公室主任会议制度,传达利用外资方面的政策法规,交流合资企业管理情况,指导面上工作。

1991年,上汽成立中外合资经营企业投资管理委员会,对合营企业实施投资管理,听取合资企业中方工作汇报,检查董事会决议执行情况,研究投资管理方面的重要问题。利用外资办公室和各业务处室每年对合资企业履行合同、章程、可行性报告的情况进行全面检查。1992年12月,召开首次合资企业经济工作会议,研究如何进一步搞好合资企业人事管理、内部分配等问题,要求合资企业根据自身特点,学习国外先进经验,逐步形成既能调动职工积极性又有自我制约能力的内部管理和分配机制。为了加强对合资企业规划发展、对外投资、经营目标、利润分配、职工工资等重要事项的研究管理,充分体现投资者的责权,上汽于1994年制定实施《关于召开合资企业董事会中方预备会议的规定》,规定合资企业每年两次董事会中方预备会改为公司总裁办公会形式,中方提交董事会的议案均先由合资企业中方领导讨论研究、统一思想,上报利用外资部进行预审,在此基础上再提交公司总裁扩大会议审定,形成中方的意见,最后由中方董事代表中方投资者利益,在合资企业董事会会议上发表意见。同年3月,上汽在上海市利用外资工作会议上介绍中外合资企业管理的成功经验。1998年,上海通用汽车有限公司形成"学习理解、以上海通用汽车利益为重、规范行为、灵活务实"的"4S"合作理念。2000年以后,该理念成为上汽合资合作的重要思想理念。

至2004年,上汽中外合资企业经过20年发展,形成包括"资本、管理、市场、技术、文化"5个要素的具有上汽特色的中外合作平台管理模式,公司对其进行总结提炼形成《中外合作管理》一文,并编入《上汽集团特色管理丛书》。

第五节 法律事务管理

一、法律事务工作沿革

1996年2月,上汽决定公司法律事务由政策研究室归口管理。同年4月,公司发文要求所属二层次企业设立专职法律顾问并报上汽集团备案,同时规定企业法律顾问的地位、条件和职责,主要职责包括参与处理企业合并、分立、破产、投资、租赁、资产转让等重要经济活动并提出法律意见,参与重大经济技术和涉外合同起草、谈判和签约,保护知识产权,办理法律事务,接受法定代表人委托代理参加诉讼和非诉讼活动,参与起草审核企业重要规章制度等。当年,所属企业建立50多人的法律顾问队伍,其中41人通过法律顾问资格统考取得执业资格。1997年8月,上汽落实上海市《企业法律顾问管理办法》《关于印发〈企业法律顾问执业资格考试实施办法〉的通知》,要求各企业认识建立企业法律顾问制度的重要性,健全制度,配备人员,提高依法经营、依法管理的水平。

2002年3月,上汽颁布实施《总公司法律事务工作管理规范》,规定由总裁办公室对法律事务实行统一归口管理。2005年10月,法律事务管理职能转至国际合作部,国际合作部同时更名为对外合作与法律事务部。

2003年,总裁办公室编制的《经济和技术合同管理办法》《纠纷处理管理办法》和《商标管理办法》编入公司《内部控制制度汇编》。2007年,合作与法律事务部制定或修订《合同管理制度》《商标管理办法》《集团名称管理办法》《纠纷处理管理办法》以及《律师聘用管理办法》。2009年,上汽制订实施2009—2011年法律事务工作3年规划,成立推进领导小组,由公司领导负责,法务、人事、财务、规划、监察部门参与,明确分工职责和任务,统筹上汽集团及上汽汽车法制工作各项目标任务。

2012年9月,上汽制订实施2012—2014年法律事务工作新3年规划。上汽集团总部进一步完善了合同管理信息化系统,加强法律事务全方位管理。各企业建立法律事务工作制度,明确工作职责,制订人员聘用计划。2013年,上汽各项法律制度编入《内部控制手册》,并设置5个内控流程和32个关键控制点。

2014年年底,上汽所属二层次企业以及按二层次管理的三层次企业全部设立法律事务工作岗位。2015年,上汽及所属企业法务工作人员合计119人,具有企业法律顾问执业资格或法律职业资格的89人。所属企业基本制定合同管理制度、纠纷处理制度以及知识产权管理制度,合同、重大决策、规章制度的法律审核率达到100%。

二、商标管理

1990年和1997年,公司英文缩写"SAIC"司标与简称"上汽集团"司标,先后为注册商标。2002年4月,上汽发出《关于规范使用集团商标与名称并加强商标注册与保护工作的通知》,要求规范使用集团商标与名称,加强商标注册与保护,未经权利人许可,均不得使用该商标;二层次企业及其下属企业如需在所生产、制造、加工、拣选或者经销的商品上使用"SAIC",应当向公司提出申请,并依法办理注册商标使用许可手续;各企业要加强商标申请注册,防止发生纠纷;规范使用注册商标,依法查处假冒注册商标的侵权行为。

2003年1月,上汽《内部控制制度汇编》将《商标管理办法》编入其中,该办法规定注册商标管理职能部门和职责,企业商标申请注册、使用和许可使用、续展、注册商标转让等管理规范,以及对注册商标侵权案件的处置等。为保护公司商标权益,上汽加强商标注册和保护力度,在汽车相关类别及主要国家扩展注册"SAIC"和"上汽"商标,并对有关商标侵权行为进一步采取维权措施。2008年,英国人William Riley在英国提出包括MG在内的37个商标撤销更正申请,上汽对其提起侵权诉讼,英国高院于2010年2月判决上汽胜诉。该诉讼成为上汽成功实现跨国维护商标合法权益的首例案件。同年,上汽把《名称管理办法》《商标管理办法》纳入内控体系,并规定12个关键控制点。

2015年,上汽名下的商标(注册成功)国内共有609件,国外共有885件(含马德里注册9件),注册商标总共为1494件。

三、经济合同与经济纠纷管理

【经济合同管理】
1995年,上汽制定实施《经济合同管理办法》,该办法规定订立经济合同管理原则、合同签订和履行、合同监督检查等内容。

2003年1月,总裁办公室修订《经济和技术合同管理办法》,并纳入公司《内部控制制度汇编》。2008年,进一步修订为《合同管理办法》,并纳入公司内控体系。该办法规定合同管理分行政管理事务和法律事务2个部分,公司法务部门负责合同管理,行政管理事务主要是对授权委托管理、代理人管理、审核管理、公司和法定代表人印章及签名管理、合同履行和资料归档等进行管理。2009年,上汽实行各类合同网上审核系统,所有对外合同均通过内控流程流转会审。2012年,合同管理列入上汽集团《内控手册》,并确定制作格式合同、合同审核、签署、履行等8个控制目标以及17个关键控制点。

【经济纠纷管理】

1998年,上汽集团政策研究室对公司所属18家企业经济合同管理情况进行调研统计,发现当年就发生108起诉讼案件,比1997年上升200%。为加强对下属企业经济案件监管指导,维护公司权益,1999年1月上汽下发执行《关于建立重大经济纠纷案件报告制度》,规定各企业明确法律事务主管领导,加强经济合同管理,严格重大经济纠纷案件报告;规定重大经济案件是指诉讼或仲裁标的超过人民币100万元的经济纠纷案件,不满100万元但对集团和企业有较大影响的经济纠纷案件,企业在诉讼或仲裁过程中拟放弃的超过50万元的经济纠纷案件等;并规定重大案件报告的程序;规定报告内容为对外发生的债权债务、投资、质量等纠纷案件,包括诉讼和仲裁案件。

为进一步控制法律风险,规范处理所属企业各类经济纠纷,根据上海市国资委《关于建立重大经济纠纷仲裁、诉讼案件报告制度的通知》,2003年总裁办公室制定下发《纠纷处理管理办法》,规定公司管控纠纷的6个类别、一般纠纷处理,重大纠纷界定和报告等程序和具体要求;明确由总裁办公室负责对企业纠纷进行统计,监督检查制度执行情况。

2008年和2012年,《纠纷处理管理办法》作为危机管理流程纳入公司《内控手册》,明确由合作和法律事务部统一负责公司纠纷事务管理;进一步把合资合作、公司购并、资产重组纠纷、知识产权纠纷、反倾销反补贴的起诉和应诉,国际贸易、国际投资等涉外纠纷列入报告和协调的控制范围,重大纠纷的金额也作了上调至2008年100万元以上,并确定4个控制目标12个关键控制活动;同时合同管理中也把纠纷报告列出1个控制目标4个关键控制活动加以控制。

2012年年初,上汽所属安悦汽车物资有限公司发生合同被骗案件后,合作与法律事务部会同财务部、审计室等开展合同管理内控制度执行情况专项检查,共检查289家企业,其中32家二层次企业;检查合同715份。检查表明:所属企业合同管理总体良好,但个别三层次企业合同管理制度不健全、执行不严格。检查组为此提出内控管理重心向三层次企业下移、严格控制融资业务担保、加强合同履行中风险意识、进一步推进全面风险管理4条整改建议。上汽召开厂部级干部大会,举一反三吸取教训。

第六节　进出口业务与海外经营管理

一、进出口业务代理

1981年3月,公司成立出口科,负责汽车拖拉机进出口业务。由于当时该公司无自营出口权,出口科主要业务是为中国机械进出口公司上海分公司和中国机械设备进出口公司上海分公司组织货源。

1985年3月,上汽成立上海汽车进出口公司(简称上汽进出口),同时作为上海汽车拖拉机工业联营公司专司对外贸易的专业公司,负责公司所属企业技术引进、技术改造、固定资产更新和零星设备的进口。该公司同时为中国汽车工业进出口公司在上海的分支机构,业务受中国汽车工业进出口公司领导,进出口业务纳入国家计划,承担国家出口创汇任务。1987年8月,中国汽车工业进出口公司为统一归口管理,批准上汽进出口更名为中国汽车工业进出口公司上海公司,进出口计划列入中央计划,但行政隶属上海汽拖联营公司。1989年,中国汽车工业进出口公司上海公司与中国汽车工业进出口公司脱钩,恢复上海汽车进出口公司名称。至1990年,该公司为上海桑塔纳轿车国产化引进232项技术项目计4301万美元。

1991 年 4 月,上海市外经贸委再次确认上海汽车进出口公司可继续经营外贸业务。经营业务范围为上海汽车工业系统内汽车、汽车制造专用设备等商品的出口,汽车零部件、机械设备等商品的进口;受本系统单位的委托,代理上述商品进出口业务;承办本系统中外合资经营合作生产和来料加工、来样加工、来件装配业务;开展补偿贸易。同年,上汽制定《进出口业务管理办法》,规定各企业在技术改造中需要引进的技术及生产流水线、仪器、单机等各种设备,生产中必需的零部件、配套件、原材料等,统一归口上汽进出口代理进口,设备验收和商检等由企业负责;规定企业出口产品代理商、出口产品合同签订、质量保证及售后服务责任,以及出口产品原材料供应等;规定合资企业有经营本企业产品进出口权等。同年—1995 年,上汽进出口为上海桑塔纳轿车横向配套引进项目70 个。

二、进出口业务管理

2003 年,《上汽集团内部控制制度汇编》中的《投资项目管理办法》《设备管理办法》规定：企业进口设备保管、免税申请及监管应根据国家海关法等有关规定执行等,明确规划部为进出口业务管理职能部门。

2005 年,上汽发生下属企业上海华克排气系统有限公司单位走私犯罪案件,在党政领导重视下,监察室、经济运行部、规划发展部联合开展企业进出口业务依法经营管理检查。在二层次企业自查基础上,联合检查组于同年 8 月对 34 家企业开展检查,发现进口商品预归类工作不完善、聘请代理报关公司资质和业务水平有缺陷、代理报关合同不规范、进出口业务管理制度不齐全、防范违规违法风险思想认识不到位等问题,提出针对性整改措施并跟踪落实。同时,上汽会同上海海关对厂部级干部和进出口业务部门人员开展海关法专题教育培训,对企业报关业务员按照上岗资格要求开展海关法培训并组织考试。2006—2011 年,上汽每年组织进出口业务管理检查和教育培训。至 2007 年,累计培训近千人,113 名报关业务员获上岗证书。

2005 年,以检查发现的问题为导向,监察室会同规划部编写《海关法知识问答》和《上汽集团加强进出口业务管理指导意见》,规定企业进出口零部件强制实行税则编码预归类,每年定期复归;监管期内进口减免税设备必须向海关申报监管地,铆钉监管名牌登记入册,输入电脑系统监控,未经海关批准任何人不得擅自移动;严格进口货物许可证、减免税额度管理;企业信誉登记达标管理;以及严格报关代理公司管理等 10 条措施。2008 年,出口业务管理指导意见编入规划部门内控流程,确立 6 个关键控制点,使海关法律法规与企业内控制度衔接。同年,与上海海关签订《关企共建合作伙伴关系谅解备忘录》,形成海关对上汽进行法教育培训、上汽向海关讲解新能源汽车的双向培训机制;与上海海关稽查处合作,按照海关企业分类管理要求,引导企业申报 A 类或 AA 类等级,提高企业信用等级。2013 年 5 月,上汽下发《关于进一步加强企业进出口业务规范管理的通知》,提出加强新设立企业和沪外企业进出口业务管理等要求。

2007 年以后,上汽未发生违反海关法的案件。国家海关总署、上海海关、商检等部门检查上汽和上海大众汽车等企业进出口业务管理,对"制度加科技"全面风险管控给予肯定。2009 年,公司撰写的《进出口业务效能监察实践与探索》一文,获上海市 2008 年管理创新成果一等奖。2011 年,世界海关组织召开商界论坛,上海汽车总裁陈虹作为中国商界唯一代表出席会议并致词,并获世界海关组织颁发的优秀代表证书。

三、海外经营业务

2011年以前,上汽海外业务由经济运行部外贸科管理。2011年,上汽集团成立海外经营筹备组。2014年8月,成立国际业务部,主管公司海外经营业务。

2012年12月,上汽集团和泰国正大集团签署在泰国曼谷合资建立上汽正大有限公司的协议,该项目成为公司提出要建设成为全球布局、跨国经营,具有国际竞争力和品牌影响力的世界著名汽车公司战略目标后,投资建设的第一个海外生产基地。2014年6月,上汽正大有限公司首款产品MG6轿车下线。同年11月,MG3车型亮相泰国车展进入泰国市场。2015年7月,全新MG5在泰国曼谷首发。2014年销量280辆,2015年销量4 908辆。

2013年12月,上海汽车国际商贸有限公司在阿联酋迪拜注册成立上海汽车中东有限公司(简称上汽中东),主要从事整车、零部件、工具、设备等产品的国际贸易,整车和零部件销售和售后服务,业务咨询和对外投资等。2015年1月,开始承担MG品牌GCC区域营销服务管理职能后,上汽中东公司在销量提升、库存车消化、品牌建设、渠道建设、备件库设立方面取得显著进展。同年11月,上汽中东携乘用车、商用车参加迪拜车展,传播MG和MAXUS品牌。至2015年年底,该公司累计销售MG6、MG350和750(荣威350和750出口改标MG品牌)2 353辆。

2014年1月,上海汽车国际商贸有限公司在智利圣地亚哥注册成立上海汽车南美有限公司,公司位于LAS CONDES DISTRICT,主要经营整车、零部件、工具、设备等产品的国际贸易,整车和零部件销售和售后服务,业务咨询和对外投资等。2015年,该公司接管MG已进入的南美市场,MG品牌市场占有率得到提升。至2015年,累计销量4 973辆,主要车型有MG3、MG350、MG5等,MG轿车在智利市场占有率达到1.2%,MG3在细分市场的占有率达到5%,位列第5名。

2015年7月,上汽通用五菱汽车股份有限公司进军东盟第一人口大国印度尼西亚,开工建设右舵车生产基地。位于Bekasi的新工厂拥有4大制造工艺和质量检测系统,采用全球高标准设备,是中国在印度尼西亚投资最大的汽车制造基地,建成后具备年产12万辆整车能力。该项目实现中国汽车企业知识产权、品牌产品、人力资源与团队、业务运营及管理模式全方位海外输出,形成有竞争力的整车产品、高效精益的运营模式、完整的供应链体系3大要素"组团出海"的创新模式,成为上汽面向东盟的重要生产基地。项目计划于2017年竣工。

2015年9月,上海汽车国际商贸有限公司在澳大利亚悉尼注册成立上汽澳大利亚有限公司,主要经营整车、零部件、工具、设备等产品的国际贸易,整车和零部件销售和售后服务,业务咨询和对外投资等。至2015年年底,该公司累计销售66辆,主要车型为MG3和MG6。

表3-2-2 2015年上汽及所属企业境外公司(机构)一览表

序号	公 司 名 称	成立时间	所 在 城 市	主 营 业 务
1	上汽北美公司	1994年4月	美国伯明翰	贸易投资
2	上海汽车工业香港有限公司	2002年5月	中国香港	贸易投资
3	上海汽车英国技术中心有限公司	2008年5月	英国伯明翰	汽车研发
4	MG汽车英国有限公司	2009年1月	英国伯明翰	汽车制造
5	上海汽车香港投资有限公司	2009年6月	中国香港	投资

〔续表〕

序号	公 司 名 称	成立时间	所 在 城 市	主 营 业 务
6	延锋(美国)汽车饰件系统有限公司	2010 年 1 月	美国底特律	汽车内饰制造
7	上汽欧洲公司	2010 年 6 月	欧洲卢森堡	贸易
8	延锋伟世通印度汽车饰件系统有限公司	2011 年 11 月	印度古吉拉特邦	汽车内饰制造
9	上汽正大有限公司	2012 年 12 月	泰国曼谷	汽车制造
10	MG 销售(泰国)有限公司	2012 年 12 月	泰国曼谷	汽车销售
11	安吉日邮物流(泰国)有限公司	2013 年 10 月	泰国曼谷	物流服务
12	延锋江森(泰国)有限公司	2013 年 11 月	泰国罗勇府	汽车内饰制造
13	上海汽车中东有限公司	2013 年 12 月	阿联酋迪拜	汽车销售
14	上海汽车南美有限公司	2014 年 1 月	智利圣地亚哥	汽车销售
15	上汽通用五菱印尼汽车有限责任公司	2015 年 7 月	印尼 Bekasi	汽车制造和销售
16	上汽澳大利亚有限公司	2015 年 9 月	澳大利亚悉尼	汽车销售
17	上海汽车国际商贸有限公司南非办事处	2015 年 10 月	南非约翰内斯堡	汽车信息收集

资料来源：上海汽车集团股份有限公司国际业务部

第三章 经济运行与安全管理

1956—2015 年,上汽均设有生产管理部门,其中 1995 年前生产管理部门主要负责生产计划编制、生产调度和考核等业务,1995 年后主要负责经济运行分析和考核、市场研判、品牌以及安全和能源管理等业务。1956—1984 年,质量管理由技术部门主管,1984 年后改为管理部门单设。1987 年质量和技术再次合并。1991 年质量管理恢复单设。2005 年上汽开始设立质量与经济运行部,统一管理质量和经济运行业务。2009 年安全管理职能从经济运行部门移出,设立安全管理部门,主管生产安全、消防和职业健康等业务。

第一节 机 构 设 置

一、质量和经济运行部

1956 年初—1967 年 9 月,上海市内燃机配件制造公司、上海市动力机械制造公司、上海市农业机械制造公司分别设立生产科和检验科、计划科和技术检验科、生产计划科和技术检查科;1967 年起,上海市农业机械制造公司及 1970 年更名的上海市拖拉机汽车工业公司革命委员会设立生产组和技术组。这些机构均负责公司生产计划编制运作和产品质量管理。

1984 年以后,上汽继续延续生产管理和质量管理由 2 个部门分别负责的模式。同年 7 月,上海汽车拖拉机工业联营公司设立生产部和质量管理部,生产部设立主管安全生产的安全技术科,安全生产开始成为生产主管部门主要职能之一。1987 年 12 月,该公司设立综合计划处和科技质量处。

1991 年 11 月,上海汽车工业总公司分别设立综合计划处和质量监督处。其中综合计划处下设节能科,节能开始成为该部门的主要职能之一。1992 年 10 月,质量监督处和上海汽车工业质量检测所合并为上海汽车工业质量监督中心,实行"两块牌子,一套班子"管理模式。1993 年 1 月,综合计划处改为生产计划部。1995 年 9 月,上海汽车工业(集团)总公司(简称上汽集团)和上海汽车有限公司(简称上汽有限)同日成立,上汽集团不设生产和质量管理的部门,上汽有限设立计划部和负责质量管理的技术部。1997 年 11 月,上汽有限改制为上市公司后,计划部和技术部停止运行。

1998 年 1 月,上汽集团设立市场经营部,同年 3 月更名为经济运行部。至此,上汽生产主管机构始有"经济运行"之名称和概念。同年,消防管理开始成为经济运行部的职能。2004 年 12 月,上汽集团发起设立上海汽车集团股份有限公司(简称上汽股份)后,上汽集团未设立经济运行和质量管理机构,上汽股份分别设立经济运行部和技术质量部。

2005 年 10 月,上汽股份将技术质量部的质量管理职能与经济运行部合并为质量和经济运行部,至此,公司质量管理和经济运行两大职能开始合二为一归属 1 个部门,并运作至 2007 年 7 月上汽股份工商注销。2007 年 9 月,上海汽车股份有限公司(简称上海汽车)完成向上汽股份定向增发并更名为上海汽车集团股份有限公司后,上海汽车设立质量和经济运行部。2008 年 2 月,上汽集团也设立质量和经济运行部。至此,上汽集团与上海汽车均设有统一管理经济运行和质量管理的机构。

2011年12月,上海汽车工业(集团)总公司质量和经济运行部因公司相关业务由整体上市的上海汽车集团股份有限公司(简称改为上汽集团)托管,停止运行。上海汽车集团股份有限公司继续设有质量和经济运行部。

至2015年,上汽集团质量和经济运行部下设质量、运行、市场和统计4个科室,共有19名管理人员,主要承担经济运行分析、质量管理、市场与品牌管理、综合统计和能源管理等职能。

质量和经济运行部在运行过程中形成的内控手册及管理制度有:《运行管理》《市场营销管理办法》《经营业绩考核办法》《质量监督与业绩评价管理办法》《重大质量事故报告及责任追究制度》《汽车召回管理制度》《能源管理》等。

二、安全监察部

1955年12月公司成立后,生产科职能中包括生产安全管理。1979年前,安全生产归属公司劳资部门管理。1979年,上海市拖拉机汽车工业公司设立安全技术科,主管公司安全生产。1984年7月,上海汽车拖拉机工业联营公司生产部设立主管安全生产的安全技术科。由此开始,从上海汽车工业总公司到上海汽车工业(集团)总公司和上海汽车集团股份有限公司,安全生产管理均归属主管生产计划或经济运行的部门并设置安全科。2008年2月,上汽集团和上海汽车分别设置质量和经济运行部,两个部门均下设安全科。

2009年8月,上汽集团成立安全监察中心,质量和经济运行部的安全管理职能划入该中心,上海汽车安全生产职能仍归属该公司质量和经济运行部。2011年12月,上海汽车集团股份有限公司整体上市,其后在总部机构调整中设立安全监察部,公司质量和经济运行部安全生产管理职能并入安监部。与此同时,上海汽车工业(集团)总公司安监中心因公司相关业务由整体上市的上海汽车集团股份有限公司托管,停止运行。

至2015年,上汽集团安全监察部下设安全技术科和安全管理科2个科,有11名业务人员,主要负责生产安全,以及消防、交通、职业健康等安全工作;安全管理体系建设、安全生产标准化制定实施、安全培训等业务。

三、安全生产委员会

1985年,上海汽车拖拉机工业联营公司建立6个安全生产行业组,协调指导汽车、拖拉机、摩托车、零部件等行业安全生产。1988年,上海汽车工业总公司建立安全生产工作领导小组,领导指挥公司生产安全、消防安全、防汛防台、抗震救灾等工作,公司分管领导任领导小组组长,生产计划、办公室、规划、人事、宣传、工会等部门负责人任组员,下设工作班子。

2009年6月,在迎接2010年上海世博会期间,为加强安全生产管理工作,上海汽车工业(集团)总公司和上海汽车集团股份有限公司决定调整安全领导小组,沈建华任组长,肖国普、叶永明任副组长,华域汽车系统股份有限公司和上汽总部的总裁办公室、质量与经济运行部、合作与法律事务部、人力资源部、工会等负责人任组员。2010年12月,李积荣接替叶永明任副组长。

2012年3月,整体上市后的上汽集团成立安全生产委员会,陈虹任主任,肖国普、张海涛任副主任,总裁办公室、战略和业务规划部、安全监察部、质量与经济运行部、财务部、人力资源部、工会和华域汽车负责人任委员。2014年8月,陈德美接替肖国普任副主任。同年12月,调整上汽集团安全生产委员会,陈志鑫任主任,张海涛、陈德美任副主任,总裁办公室、战略和业务规划部、安全监察部、质量与经济运行部、财务部、人力资源部、党委组织干部部、工会和华域汽车负责人任委员。

根据内控制度规定,公司安全生产委员会主要职责是:落实安全生产职能职责,落实政府安全生产政策法规和目标考核任务,督促协调公司安全生产工作;研究安全生产重大事项,审批年度安全生产计划,督促职能部门下达安全生产工作任务,制定完善实施安全生产制度;安全生产委员会会议听取安全生产工作年度和月度计划执行情况汇报;推进安全生产管理体系贯标认证,实现安全监管流程化标准化,严格按照问责制度实施问责,强化安全干部队伍建设等。安全生产委员会常设机构为安全监察部。2009—2015年,公司安全领导小组和安全生产委员会共召开16次会议。

四、产品质量安全委员会

2010年2月,为加强产品质量管理,防止发生大规模召回事件,上海汽车集团股份有限公司成立产品质量安全委员会,陈虹任主任,肖国普、叶永明、张海涛任副主任,上汽集团总裁办公室、规划与对外合作部、质量与经济运行部、上海汽车总裁办公室、质量与经济运行部、财务部、公共关系部、技术管理办公室,华域汽车系统股份有限公司运营控制部、财务部等部门负责人任委员。上汽集团和上海汽车2个质量与经济运行部设立上汽产品质量安全委员会联合办公室,作为委员会常设机构,建立例会制度,及时沟通信息。同时,委托上海机动车检测中心作为技术支持机构,承担缺陷产品技术鉴定工作,并对整车及零部件产品质量安全进行跟踪。

产品质量安全委员会主要职责是:跟踪监察各企业质量状况、产品市场质量表现、消费者反映质量问题等重点质量信息,指导、参与处置重大质量事件;制定颁布上汽质量战略、方针、年度质量目标和中长期质量目标;研究部署、统筹指导上汽产品质量安全工作;研究国际国内汽车召回等质量安全法律法规,参与国家质量安全法律法规制定并拟定实施上汽相关实施方案;统筹规划和开展整车及零部件产品质量风险预防、安全性能检测等工作,监督检查国家强制性技术法规和标准执行情况;组织协调缺陷汽车产品召回,与政府质量安全管理机构沟通交流;修订完善上汽缺陷汽车产品召回管理办法;定期召开上汽产品质量安全委员会工作例会;针对上汽产品市场重大质量安全问题,不定期召开专题会议。

产品质量安全委员会实行企业产品质量安全主体责任,所属整车企业成立由总经理挂帅的产品质量安全委员会,指定专人为联络员,负责与上汽产品质量安全委员会联合办公室对口。零部件企业特别是涉及安全件和重要功能件的零部件企业也建立类似制度。

第二节 生 产 管 理

一、生产计划管理

【生产计划编制】

1955年年底,上海市内燃机配件制造公司成立后,初步开始实行计划管理,编制年季月生产计划。1958年—20世纪60年代,形成较完整的生产计划编制程序,年度生产计划由上级主管工业局根据公司上报指标建议数并结合中央和地方计划会议精神编制下达,季度生产计划由公司根据年度计划编制下达,月度生产计划由基层厂根据年度季度计划编制贯彻,生产计划指标包括总产值和产品产量两大类。

1979年,上海市拖拉机汽车工业公司作为企业性公司试点单位,在完成国家计划的前提下,可自行承接来料加工和工艺协作业务。1980年,公司颁发《关于贯彻执行〈计划管理工作条例〉(试行)的通知》,规定以中央和地方计划及自行销售的产品合同为主要依据编制年度综合计划。同年起,公司每年编制上报和下达的年度综合计划,一般包括产值、产量、生产技术准备、设备维修、劳动工资、物资供应、技术组织措施、产品成本、财务、运输等专项计划和多项经济技术指标。

1985年,根据中央搞活大中型企业的精神,上海汽车拖拉机工业联营公司生产计划开始分为指令性和指导性两大类。指令性计划由中央有关部门和主管局下达,控制在总产量的80%内,其余在国家方针政策指导下自行安排生产销售。1987年,公司成立汽车摩托车、拖拉机、零部件、电器、铸锻5个事业部,生产计划按公司、事业部、基层厂3个层次组织编制,最后由公司生产计划部门综合平衡后下达。

1988年,公司生产计划从上海机电工业管理局分出,由上海市经济委员会直接下达。1991年以后,上海汽车工业总公司成立并形成3层次管理体制,国家和上海下达的桑塔纳轿车、多种类型载重车、客车底盘、摩托车、汽车发动机等产品指令性产量指标只到公司一级,公司根据国家指令性计划、市场预测和合资企业董事会决定,制定年度生产计划下达给生产公司和总厂等第2层次,公司以外配套计划由第2层次自定,并制定具体计划组织生产。此时公司编制下达的年度生产计划主要有销售金额、工业总产值、商品销售率、工业净产值、成品库存、汽车、摩托车、拖拉机、内燃机、汽车配件、拖内配件等项。1995年,公司综合计划内容发生较大变动,共设置销售收入、利润、出口创汇、流动资金存货周转次数、新产品开发、上海桑塔纳轿车国产化、增加值劳动生产率、主机产品产量等8个项目。

【生产运行调度】
1956年,公司成立后即把生产调度作为均衡生产、完成生产计划的重要措施。1980年,公司颁布《计划管理工作条例(试行草案)》,规定生产调度工作原则、任务和制度,要求公司和各企业生产管理部门建立生产值班、定期汇报、调度会议和调度日记等比较完整的日常调度工作制度。1987年,公司综合计划处和5个事业部成立后,生产调度工作形成比较严密的网络,公司总调度室集中统一指挥生产计划,综合计划处每月25日左右召开由各事业部、有关专业公司和处室参加的生产总调度会议。该项制度一直延续至1995年改为经济运行质量分析会。

【生产计划考核】
1956年,公司开始实施生产计划指标考核,主要考核当年总产值和商品产值2项指标。1957—1966年,生产计划考核增加主要产品产量、劳动生产率、利润、可比产品成本降低、质量、设备、大中修理和基本建设等,每季考核一次、半年检查评比一次、全年总考核。

1979年,公司实行企业性公司试点后,上海市机电一局和公司对下属企业主要考核产品产量、质量、利润和成本4项指标,主要产品产量按季考核,主机及配套件按月考核。1987年,以上海桑塔纳轿车国产化为中心的内配套合同完成率成为考核企业业绩的重要依据。1992年,国家建立新的工业企业经济效益评价考核指标,公司开始实行工业产品产销率、资金利税率、成本利润率、净产值率、全员劳动生产率、全部流动资金周转次数6项指标考核,并在此基础上考核企业经济效益综合指数。

二、经济运行管理

【经济运行分析】

1995年起,上海汽车工业(集团)总公司将每月25日的公司生产总调度会改为经济运行质量分析会,由计划部主持召开,主管副总裁和各企业生产负责人参加。1998年起,经济运行部逐步取消产品配套计划,淡化供货配套会议,转为以整车企业下发配套计划,强化整车企业生产龙头作用。此后,公司经济运行主管部门每天汇总各整车企业主要车型销售快报以掌握第一手市场数据;每月召开经济运行分析会,协调产能、整车和零部件配套、分析市场销售变化等;每月编发《经济运行动态》,发至各企业,加强产销和配套运行分析,及时处理运行过程中出现的问题;每季度召开经济运行评审会对各项经济指标运行状态进行评估和审核,并推出针对性措施调节或干预运行效果。至2015年,经济运行分析工作成为该部常规性管理内容。

【市场信息研判】

2003年,上汽集团质量与经济运行部建立市场信息数据库,加强市场信息管理,规范内部信息沟通渠道;完善3套市场分析跟踪报告和计划,即每月编制《集团整车产品月度销售分析报告》,每季编制《国内轿车市场季度分析报告》,每年在年度市场研究课题基础上编制《集团年度经营计划》,为集团高层经营决策提供依据。2006年开始,该部每月编制《公司出口月快报》,每季编制《公司出口季度分析快报》和《全国整车出口季度分析报告》,跟踪分析国内整车出口品种、出口市场和出口价格的变化,同时通过专业咨询公司和国外经销商等各种途径收集编制超过30个国家的汽车市场分析报告,在此基础上分析公司整车出口重点潜在国家,为集团实施国际经营战略提供服务。

2009年开始,质量与经济运行部充分运用现代信息化技术手段,优化升级市场跟踪和分析研究,标准化建立市场数据库,及时形成市场预警报告体系。同时,基于互联网的可视化数据系统的开发和迭代,优化市场分析报告形成、大数据来源及分析工具。2014年,质经部开始运用数据库技术统一数据标准,使用可视化数据分析工具进行多维大数据分析,并搭建数据上报平台,提高市场分析效率,减少集团及下属企业工作量;同时,完善报告形成体系,加强终端调研和线上消费者反馈数据的获取和分析,增加市场研究报告的实时性、准确性,为集团领导和部室管理层决策服务。

【经济运行考核】

1999—2000年,公司经济运行部、财务部、审计室和监察室先后开展降低可比产品成本、降低应收账款、降低存货的"三降"精益采购管理及效能监察,并作为企业经营管理考核的内容进行试点。2001年,在试点基础上上汽集团下发《企业(单位)经营业绩考核细则》,由经济运行部结合企业董事会目标和企业上报的预算计划,同相关部门确定各企业销售收入、利润、净资产收益率、可比产品成本下降、存货周转、应收账款周转等经营指标及管理改善等内容,并代表集团与各企业签订《经营目标责任书》,确保集团年度整体经营目标的落实,同时该责任书作为年终考核企业经营业绩完成情况的主要依据。

每年年底,由公司党委组织干部部、质量与经济运行部、财务部、审计室、纪委监察室和工会组成六位一体考核组,对企业进行考核。其中由质量与经济运行部牵头,会同财务部、技术质量部、人力资源部、规划发展部、审计室等对各企业经营业绩完成情况进行考核,并对企业经营目标完成情况进行评分排序,100分为满分,85分以上为A级,70—85分为B级,60—70分为C级,60分以下为D级,考核结果作为集团对企业和领导干部奖惩的重要依据。2004年年底和2009年上海汽车集团股份有限公司和华域汽车系统股份有限公司先后成立后,企业经营业绩考核工作在大类指标与分值基本统一前提下,由三家公司分头对所属企业进行考核,最终由上汽集团质量与经济运行部统一汇总和排序。

2014年,上汽进一步优化企业经营业绩考核工作,由质量和经济运行部牵头,根据业务板块特点、企业发展阶段和创新转型要求,对企业经营业绩考核办法进行调整,突出行业对标,加大技术创新、管理创新、国际经营等核心能力建设的指标权重,对经济指标完成情况、创新发展、战略执行、质量能力、人力资源、节能减排、安全管理、内控建设等方面进行综合评价;满分由100分调整为125分,并按当年实际情况,将企业经营业绩分为Super、A+、A、B、C、D六档,既注重普遍性,做到面上可衡量可比较,也兼顾企业业务特点、发展阶段、投入产出周期等差异,最大程度确保公平公正、机会均等。

三、品牌管理

2013年5月,上汽集团质量与经济运行部开展品牌管理调研,发现闲置品牌数量多、来源复杂、归属混乱,不利于总体协调支配等问题,提出品牌集中管理的建议,以及品牌保留、许可、转让、放弃的管理方案。2014年,集团总裁办公会议决定品牌由质量与经济运行部归口管理,总裁办、公关部、合法部分别负责品牌决策、推广宣传、注册和保护等管理实务,加强品牌管理。

2013年9月,上汽委托德国罗兰贝格咨询机构作《上汽集团品牌战略》调查报告,根据品牌管理现状进行诊断,对标国内国际先进企业品牌管理差距,提出品牌提升建议。与此同时,集团合作和法律事务部、汽车服务贸易事业部、财务部和质量和经济运行部部门制定《集团名称管理》《商标管理》《服务贸易的品牌管理》等控制目标和关键控制活动的内控流程。其中《商标管理制度》规定合作和法律事务部为商标的归口管理部门,对公司的商标申请、使用及转让等行为进行法律审查,负责商标的异议提出、异议应对及法律维权,办理商标注册、续展、登记备案等日常维护工作;质量和经济运行部负责商标的规划管理,按照本规定确定公司商标发展规划,对公司商标申请、使用和转让等行为是否符合商标规划进行审查;财务部负责商标许可使用费审核、聘请专业评估机构作商标价值评估等。《服务贸易的品牌管理》规定服务贸易企业品牌战略的制定和实施、品牌传播的管理和评估、品牌资产的维护进行规范,并设置关键控制活动。该制度至2015年修订3次。

2015年,上汽发布"爱上汽车,畅行天下"的品牌口号,同时制定品牌战略规划,全方位传播上汽品牌形象,扩大集团品牌影响力。质量与经济运行部会同总裁办公室、公共关系部等部门,开展上汽集团品牌管理跟踪研究。设定上汽集团品牌推广前的市场地位和影响力,知名度、熟悉度、喜好度、溢价等主要调研指标,研究消费者对集团品牌及所属企业品牌、产品品牌之间关系的认知。调研采用定量网上问卷调研方法,涉及北京、上海、广州、深圳、杭州、成都、武汉、沈阳、郑州、济南、南京、西安、长沙、青岛、宁波、柳州16个一至三线城市,样本设计2 000个。至当年年底。该调研尚在进行之中。

2015年12月,上海通用汽车有限公司、上海大众汽车有限公司、上海汽车商用车有限公司更名为上汽通用汽车有限公司、上汽大众汽车有限公司和上汽大通汽车有限公司,"上汽"名称进入各主要整车企业,扩大上汽集团的集团品牌影响力。同月,上汽集团在上海国际港务(集团)股份有限公司举行上港足球俱乐部战略合作协议签约仪式,通过足球联赛推广上汽集团品牌和荣威、MG名爵等自主品牌,提高集团品牌知名度。

第三节　质　量　管　理

1978年前,公司质量管理主要以质量检验为主。1978—2010年,上汽质量管理大体经历三个阶段。第一阶段从1978年开始,推行全面质量管理,质量从事后检验转向事前预防,质量统计、质量改进和QC小组活动得到推广普及;第二阶段从1988年起,先后开展质量能力评审、"精益求精"杯旗管理、零缺陷管理、"生产特区"建设等一系列具有鲜明特色的质量管理方式,有效保证和提升上海桑塔纳和别克轿车的制造质量和水平。第三阶段从2001年开始,开展用户满意工程建设,通过建立并实施质量事故责任追究制度、全员质量责任制、市场信息快速反应机制、用户满意度考核测评体系和开展用户访问等机制,构建以用户满意为核心的卓越质量文化。

一、质量管理、监督、检验机构

【质量管理机构】

1956年、1958年4月和1960年1月,公司成立及2次更名后均成立检验科或技术检查科,负责产品质量检查管理。1967年上半年,技术检查科与技术科合并。1972年,设立技术组,职能中包括质量管理。1978年4月,恢复设立质量管理科。1984年10月,质量管理科改为质量管理部。1988年1月,质量管理处与技术处合并,改称科技质量处。1991年11月,恢复设立质量监督处。1992年10月,质量监督处与上海汽车工业质量检测所合并为上海汽车工业质量监督中心,同时保留上海汽车工业质量检测所,实行"两块牌子,一套班子"管理模式。1999年3月,质量管理职能从上海汽车工业质量监督中心转出,与科技处合并为技术质量部。2005年10月,成立质量和经济运行部直至2015年。

【质量监督机构】

1982年,国家开始在全国建立质量监督检验机构,实行行业或地区产品质量监督性检验。1984年12月,经中国汽车工业总公司批准成立中国汽车质量上海监督检验所,隶属上海汽车拖拉机工业联营公司,设在上海汽车拖拉机研究所内,业务受中国汽车工业总公司指导。同年,经上海市机电一局批准,建立上海市机电产品质量监督检验总站汽车拖拉机产品质量监督检验站。1985年10月,上海汽车拖拉机质量监督检测所为机械工业部第一批确定的省级产品质量监督检测所,隶属上海汽拖联营公司。同年,中国汽车质量上海监督检验所(中汽所)、上海汽车拖拉机质量监督检测所(部级所)和拖拉机汽车产品质量检验站(局级站)实行"三块牌子,一套班子"管理体制。1987年9月,上海市经委批准建立上海市汽车拖拉机质量监督检验站,隶属上海汽拖联营公司,质量监督接受上海市标准计量局指导。

1991年1月,上海汽车工业总公司成立上海汽车工业质量监督检测所,中国汽车质量上海监督检验所和上海市汽车拖拉机质量监督检验站同时迁入上海汽车工业质量监督检测所。

2003年9月,在上汽集团参与下,上海汽车工业质量监督检测所改组为上海机动车检测中心,隶属上海市质量技术监督局。同年12月,经国家质量技术监督检验检疫总局批准,在上海机动车检测中心基础上,筹建国家机动车产品质量监督检验中心(上海),为保持该中心中性化运作,上汽集团从该中心退出。

【中心实验室】

1957年,公司检验科筹建中心计量室和理化室,帮助工厂解决技术测试困难。1990年年初,基本形成计量、金相、化验3个专业室。1962年7月,设立公司中心试验室,由检验科兼管。1970年2月,中心试验室大部下放工厂。

1981年7月,公司重新成立中心试验室,归属质量管理科。1985年2月,中心试验室划属上海汽车拖拉机研究所,对外改名为上海汽车拖拉机工业联营公司中心试验室,业务归质量管理部领导。1988年11月,中心试验室并入上海航空机械制造厂,原有名称和职能不变。1990年3月,中心试验室从上海航空机械制造厂划出,更名为上海汽车工业总公司计量检测所。同年12月以后,进入上海汽车工业质量监督检测所。

二、质量管理方式

【产品质量考核】

上汽质量管理从质量检验开始,1956年起,公司检验科主要工作是代表国家对各生产企业完工交付的每批产品进行质量复验,同意后方可出厂。1958年后,公司制订下达以产品质量为主的年度考核计划,规定按季考核、年度总评。1978年,组织编写主要产品质量考核办法和"三包"服务标准,填补国内无轿车、重型车、摩托车相关质量考核标准的空白。1979—1983年,先后出台《上海SH760A小客车产品质量暂行考核办法》《幸福250摩托车产品质量评定办法实施细则》,为1985年中国汽车工业公司编制客车重型车等的质量检查评定办法提供依据。

20世纪90年代初,上汽在上海桑塔纳轿车质量管理中导入以每百万零部件中缺陷率为指标进行考核的PPM质量管理方式,先期仅针对上海桑塔纳轿车配套零部件质量考核,后推广到所有整车整机配套零部件产品的质量管理,成为零部件日常质量监控的重要工具。该质量管理方式重点跟踪反映零部件直接配套质量表现的成品供货缺陷率,以及反映零部件市场质量表现的售后供货缺陷率2项指标。公司质量管理职能部门年初设定缺陷率(PPM)年度考核指标,而后逐月跟踪执行情况,年底进行质量考核。缺陷率(PPM)管理的开展为整车企业对配套零部件产品免检入库、实现即时供货提供重要依据。

1999年,上海汽车工业(集团)总公司(简称上汽集团)以主机厂为龙头,建立主机厂与零部件企业不同的质量考核制度。对主机企业,从产品质量监督抽查、质量问题发生、产品质量改进、质量管理、信息上报、用户满意度评价6个方面进行考核;对零部件企业,将60%考核分值交由整车企业进行评价,集团仅对产品质量监督抽查、质量体系内审、信息上报3个方面进行考核,并形成最终综合评价结果。技术质量部根据重点工作变化,在总体框架不变基础上,适当调整指标内容,将JDPower满意度调研结果、零缺陷管理推进情况等纳入考核指标体系。

2005年,上海汽车集团股份有限公司(简称上汽股份)将质量管理职能划归新组建的质量与经济运行部后,质量考核仍然分为整车整机企业与零部件企业两部分。整车整机企业重点考核市场表现质量、重大质量问题、质量信息上报、质量体系与成本、质量改进、供应商管理、质量荣誉等方面完成情况,零部件企业重点考核产品质量监检、质量体系与成本、质量信息上报、市场质量、成品缺陷率、质量能力、质量改进、质量荣誉等方面情况。集团重点推进的质量成本管理、质量改进实施、JDPower满意度调研、汽车召回管理等工作,均纳入质量考核指标体系中。

2007年,上汽集团和上汽股份均设有质量与经济运行部后,上汽集团质经部重点对零部件企业实施管理,上汽股份质经部重点对整车整机企业实施管理。在质量考核体系方面,上汽集团质经部于2008年建立《上汽集团零部件企业质量业绩评价体系》。该体系以用户为导向,分为主机企业供应商质量业绩评价和集团质量管理评价两部分,主机企业供应商质量业绩评价由上海大众汽车、上海通用汽车、上海通用五菱和上汽乘用车分公司4家乘用车企业分别制定《供应商质量业绩评价办法》,每月对零部件供应商实施评价,并在年底得出总体评价结果。集团质量管理评价则重点评价考核零部件企业质量目标完成率、外向度质量表现、质量成本管理、质量持续改进等方面情况。在年终考评中,集团评价结果与主机厂评价结果按照4:6比例进行综合评价得出零部件企业的年度质量业绩结果。

2012年上汽大部分零部件企业进入华域汽车系统股份有限公司,集团管理重点是整车企业和核心零部件企业。质量和经济运行部根据新的职能重新构建新的质量考核体系,整体框架分为质量业绩目标和质量管理改进目标两部分。其中业绩目标又分为整车整机质量目标与核心零部件质量目标两部分,重点考核实物质量;管理目标重点考核质量体系、工具方法和持续改进等管理内容。

2014年,质量与经济运行部对企业质量业绩考核体系进行优化,针对乘用车企业、商用车企业与核心零部件企业分别构建各自独立的质量考核体系框架。乘用车企业考核由成熟车型市场质量、用户满意度、重大质量投诉、质量体系和质量否决和严重扣分5部分指标组成;商用车企业考核由成熟整车和整机市场质量、用户满意度、质量政策法规执行与用户质量投诉处理、质量体系和质量否决和严重扣分5部分指标组成;核心零部件企业考核由零公里供货缺陷率、质量损失与质量改进、质量能级与受控发运、质量体系和质量否决和严重扣分5部分指标组成。

2015年,质量与经济运行部在乘用车和商用车考核指标体系中增加质量损失率指标,整个指标体系由6部分组成。

【全面质量管理】

1978年4月,公司成立全面质量管理办公室,全面质量管理开始起步。1979年1月,上海内燃机厂、上海汽车发动机厂等12家企业成为首批全面质量管理试点单位,同时开始组织开展群众性质量管理小组(简称QC小组)活动。1980年7月,公司召开第一次QC成果发表会并进行评比。同年,上海内燃机厂"后漏"攻关QC小组被评为全国优秀质量管理小组。

1980年以后,质量攻关和质量改进开始列入企业年度质量工作计划,并转向技术工艺和装备改进。1983年,该公司建立轿车、重型车、摩托车和拖拉机四大产品质量保证体系,取代原来的质量行业组,明确以四大产品主机厂为主,重点改进质量组织质量攻关。之后四大产品质保体系活动扩大到业外协作配套厂。1985年1月,上汽发布关于提高和加强产品质量工作的第一号通告,要求所属企业坚持"质量第一",不合格产品不准出厂。1987年6月和10月,公司先后颁发《产品质量奖惩办法》和《行业监督抽查产品质量管理办法》。

1979—2015年,上汽有389个生产小组被评为国家级和部市级信得过小组和优秀质量管理小组。其中19小组被评为国家级信得过小组和优秀质量管理小组。2001—2015年,上汽有11家企业39次获得部级和市级质量管理活动优秀企业称号,其中获得部级18次,获得市级21次。2009年和2011年,上汽集团被评为全国质量管理小组活动优秀企业。

表 3-3-1 2001—2015 年上汽获部市级质量管理活动优秀企业一览表

年份	部 级 称 号	市 级 称 号
2001	—	上海易初通用机器有限公司
2002	上海通用汽车有限公司	上海汇众汽车有限公司
2003	上海汇众汽车有限公司	上海易初通用机器有限公司
2004	上海小糸车灯有限公司	延锋伟世通汽车饰件系统有限公司
2005	延锋伟世通汽车饰件系统有限公司	上海通用汽车有限公司
2006	上海汽车汽齿总厂	上海三电贝洱汽车空调有限公司
2007	—	上海大众汽车有限公司
2008	延锋伟世通汽车饰件系统有限公司	上海通用汽车有限公司
2009	上海汽车工业(集团)总公司 上海大众汽车有限公司	上海纳铁福传动轴有限公司
2010	上汽通用五菱汽车股份有限公司 上海通用汽车有限公司	延锋伟世通汽车饰件系统有限公司
2011	上海汽车工业(集团)总公司	上海纳铁福传动轴有限公司
2012	上汽通用五菱汽车股份有限公司 上海三电贝洱汽车空调有限公司	上海通用汽车有限公司 延锋伟世通汽车饰件系统有限公司 上海变速器有限公司
2013	延锋伟世通汽车饰件系统有限公司 上海汽车集团股份有限公司乘用车分公司	延锋伟世通汽车饰件系统有限公司 联合汽车电子有限公司 上海通用汽车有限公司
2014	上海汽车集团股份有限公司乘用车分公司	上海柴油机股份有限公司
2015	上汽通用汽车有限公司 上海小糸车灯有限公司	上汽通用汽车有限公司 上海小糸车灯有限公司 上海纳铁福传动系统有限公司

资料来源：上海汽车集团股份有限公司经济运行部

表 3-3-2 1980—2015 年部分年份上汽获国家级优秀质量管理小组/信得过班组一览表

序号	年份	称 号	所属企业—班组
1	1980	全国优秀质量管理小组	上海内燃机厂后漏攻关 QC 小组
2	1984	全国优秀质量管理小组	上海第一汽车附件厂浮子 QC 小组
3	1994	全国优秀质量管理小组	上海汽车铸造总厂曲轴降废率 QC 小组
4	1995	全国优秀质量管理小组	上海汽车齿轮总厂一车间 QC 攻关小组
5			上海汽车铸造总厂曲轴车间曲轴降废 QC 小组
6	2010	全国优秀质量管理小组	上海小糸车灯有限公司模具车间钳工组
7			上海大众汽车有限公司翱翔 QC 小组
8			上海通用汽车有限公司 L850 发动机车间缸盖 QC 小组
9			上汽通用五菱汽车股份有限公司西车一号 QC 小组
10			上海柴油机股份有限公司零部件博凡 QC 小组

〔续表〕

序号	年份	称　　号	所属企业—班组
11		全国质量信得过班组	上汽集团东华南京汽车锻造有限公司俄2 500 t锻压机组
12			上海汽车集团股份有限公司乘用车分公司动力先锋QC小组
13			上海柴油机股份有限公司攻坚QC小组
14	2011		上海柴油机股份有限公司蓝天QC小组
15		全国优秀质量管理小组	上汽集团东华南京南汽冲压件有限公司改进者小组
16			上汽通用五菱汽车股份有限公司西车一号QC小组
17			上汽通用五菱汽车股份有限公司向日葵QC小组
18			申雅密封件有限公司上海工厂生产保障部设备维修科
19		全国质量信得过班组	上海汽车集团股份有限公司乘用车公司临港发动机厂缸体机加工线A班
20			延锋伟世通汽车饰件系统有限公司质量部产品审核班组
21			上海纳铁福传动轴有限公司标准件硬加工乙班班组
22	2012		上海柴油机股份有限公司完美QC小组
23			重庆延锋彼欧富维汽车外饰有限公司重庆飞越QC小组
24			申雅密封件有限公司模具研发QC小组
25		全国优秀质量管理小组	南京南汽冲压件有限公司"开拓者"QC小组
26			上海汽车集团股份有限公司乘用车公司开元QC小组
27			上海大众汽车有限公司八月蓝天QC小组
28			联合汽车电子有限公司扬帆QC小组
29		全国优秀质量信得过班组	上海柴油机股份有限公司发动机二厂装试车间总装二组
30			上海汽车集团股份有限公司乘用车公司机加工生产部缸盖二组
31	2013		上海汽车集团股份有限公司乘用车公司"打造精致车身"QC小组
32		全国优秀质量管理小组	上海柴油机股份有限公司动力001QC小组
33			上海大众汽车有限公司阳光启程QC小组
34			上汽通用五菱汽车股份有限公司跨骏质量QC小组
35			上海汽车集团股份有限公司乘用车分公司临港基地总装车间工程班
36			延锋汽车饰件系统有限公司仪征公司产品检验班
37			上海纳铁福传动系统有限公司传动轴车间高端传动轴班
38			上汽通用五菱汽车股份有限公司青岛分公司B内饰二5班
39	2014	全国优秀质量信得过班组	上汽通用五菱汽车股份有限公司质量部西部路试检验CARE线检验班
40			上海三电贝洱汽车空调有限公司5H/5V线组
41			上海汇众汽车有限公司汇众桥配厂油漆班组
42			上海柴油机股份有限公司121机加工组

〔续表〕

序号	年份	称　号	所属企业—班组
42			上海大众汽车有限公司 KUZU 改进 QC 小组
43			上海柴油机股份有限公司完美 QC 小组
44	2014	全国优秀质量管理小组	上海大众汽车有限公司"质在我心"QC 小组
45			上海大众汽车有限公司阳光启程 QC 小组
46			上海柴油机股份有限公司绿色动力 QC 小组
47			上海大众汽车有限公司上海大众汽车三厂质保总装二线股过程质量班组
48			上海大众汽车有限公司上海大众汽车三厂质保 ZP8 报交班组
49		全国质量信得过班组	延锋汽车饰件系统仪征有限公司仪征公司技术质量班组
50			上海柴油机股份有限公司 121 机加工组
51			上汽通用五菱汽车股份有限公司质量部产品质量改进班
52	2015		上汽通用五菱汽车股份有限公司青岛分公司涂装车间上胶 B3 班
53			上汽大众汽车有限公司"质多心"QC 小组
54			上汽通用汽车有限公司凝聚品质 QC 小组
55		全国优秀质量管理小组	上海汽车集团股份有限公司乘用车分公司"轻量化"QC 小组
56			泛亚汽车技术中心有限公司饰不可挡 QC 小组
57			上海大众汽车有限公司领航 QC 小组
58			上海柴油机股份有限公司完美 QC 小组

资料来源：上海汽车集团股份有限公司质量经济运行部

【质量振兴计划】

1996 年年底，上汽集团采取措施贯彻国务院颁布《质量振兴纲要》，落实国家机械部部署的打好"三大战役"中的产品质量战役。1997 年年初，成立由总裁为组长的质量振兴实施计划制订领导小组。同年 4 月，完成 1997—2010 年上汽集团《质量振兴实施计划》编制并付诸实施。该实施计划提出两步走步骤，首先为 1997—1998 年的质量目标，包括 1997 年桑塔纳配套企业要 100％通过 ISO9000 质量认证，"生产特区"要超过 35 个，质量能力要争创 A 级、消灭 C 级，桑塔纳轿车关键零部件要达到 B＋以上水平等，各企业要争创市部级明星企业和名牌产品。为达此目标，该实施计划提出 12 条 41 项对策和措施。《质量振兴实施计划》发布后，成为上汽集团所属企业质量管理工作指南。

【卓越绩效管理】

2004 年，国家质检总局发布 GB/T19580—2004《卓越绩效评价准则》和 GB/Z15979—2004《卓越绩效评价准则实施指南》，在全国启动卓越绩效管理活动。上汽集团及所属企业紧跟质量管理发展趋势，逐步引入卓越绩效管理模式。2009 年，邀请质量管理专家、《卓越绩效评价准则》国家标准主要起草人之一张晓东博士，为集团进行《卓越绩效评价准则》国家标准培训，上汽集团在沪主要领导、所属各企业主管质量(副)总经理、质量经理、制造经理共 180 多人听取培训授课。此次活动标志着上汽集团在全行业开始系统性、规范化推行卓越绩效管理模式。2010 年,上汽集团贯彻落实上海市质量技术监督局"2100 工程"要求,计划在 3 年内对上汽主要企业全部进行一轮卓越绩效管理模式的培训,并在企业内贯标实施。上汽集团首年度试点企业 12 家,包括上海大众汽车有限公司、上海通用汽车有限公司、上海汽车集团股份有限公司乘用车分公司、上海柴油机股份有限公司、上汽变速器有限公司、上海纳铁福传动轴有限公司、延锋伟世通汽车饰件系统有限公司、上海三电贝洱汽车空调有限公司、上海小糸车灯有限公司、上海皮尔博格有色零部件有限公司、安吉物流有限公司和安吉汽车租赁有限公司。

三、质量定级创优

【产品质量定级】

1961 年,公司考核的 46 种主要产品中三等品从 15 种降至 4 种。1963 年,一等品率从 1961 年的 4.35% 升至 46.3%,三等品全部消失。

"文化大革命"期间,产品质量回落倒退,至 1977 年年底公司产品中有 31 种等外品即不合格品。1978 年,公司组织质量攻关,至同年年底,31 种等外品全部合格,上海 495A 柴油机成为上海第一个由第一机械工业部命名的信得过产品。1989 年,上汽组织一等品质量等级评定工作,经第一机械工业部认可,上海 50 型拖拉机、495A-33 型柴油机 2 个整机和 20 个零部件获得一等品质量证书。

1991 年年初,上海市技监局组织上海 11 个市级质量监督站、35 家工厂专业试验室的 200 多名专家,抽查 4 辆桑塔纳轿车 262 种主要零部件,检验 50 万个数据。抽查结果上海桑塔纳轿车主要性能良好,零部件合格率 90% 以上,达到德国大众汽车公司出厂要求,同时发现 26 种零部件不合格。上海汽车工业总公司立即查找原因落实整改措施,要求举一反三,强化质量检查。至 1992 年,制定实施《新产品批产鉴定办法和转产(扩散)产品质量验证暂行规定》《产品质量考核奖惩办法》《重大质量事故规定》《出口产品质量监督管理办法》等 34 种质量法规制度。1992 年,公司产品的市级和国家级抽查合格率分别达 97.56% 和 100%;1993 年,市级和国家级抽查合格率分别为 98.53% 和 83.33%;1994 年,市级和国家抽查合格率分别为 87.5% 和 100%。此外,1991—1994 年,上汽汽车摩托车和部分零部件被列为国家和上海重点考核范围,经检查幸福牌摩托车 1991 年和 1992 年为一等品,1993 年和 1994 年为合格品;上海桑塔纳轿车 1992—1994 年为合格品。1995 年以后,国家和上海每年抽查公司产品,产品合格率均在 90% 以上。2001 年和 2003 年,一等品产值率和合格率分别达到 94.4% 和 97.7%,创历史最好水平。

【产品创优】

1978 年 5 月,第一机械工业部组织开展产品质量信得过活动。同年,上海内燃机厂生产的上海 495A 型柴油机获得第一机械工业部首批质量信得过产品称号,成为上海市第一个取得该荣誉的产品。1980 年,该机再获国家金质奖。1981 年,上海工农动力机厂的 ZS4S1 喷油嘴偶件和上海轴瓦厂生产的 485、495、135 系列轴瓦两种产品分别获得国家银质奖。1982 年,495A 型柴油机又获国家金质奖。1984 年,ZS4S1 喷油嘴偶件、495A 型柴油机分别被评为上海市赶超优质产品和上海市优质出口产品。1987 年,495A 型柴油机第 3 次被评为国家金质奖。

1991 年以后,质量创优速度明显加快、水平明显提高。同年至 1994 年,上汽摩托车产品共获得国家级和部市级优质产品称号 125 个,其中国家级 8 个,部市级 117 个;部市级中部级 44 个,市级 73 个。1992—1994 年,上海大众汽车有限公司生产的上海桑塔纳轿车、上海—易初摩托车有限公司生产的幸福 125A 摩托车和 250 摩托车连续 3 年获得市级优质产品称号。1995 年起,国家在全国范围内终止各级优质产品评选,至此,公司累计获得部市级以上优质产品 224 个,其中国家级 17 个、部级 89 个、市级 118 个。

【创名牌产品】

1995 年年初,上海市政府决定由上海市经委、上海市质量技术监督局牵头开展上海名牌产品推荐活动。同年 5 月,上海市经委、上海市质量技监局会同上海市商务委、上海市工商行政管理局以及《解放日报》《新民晚报》等多家单位,联合组建上海市名牌产品推荐委员会启动该项工作。至 2015 年,上汽集团 18 家企业 20 个品牌获得上海名牌产品称号,在沪整车企业所有品牌均获此称号。

四、质量体系认证

1991 年 5 月,国家颁布《中华人民共和国产品质量认证管理条例》,公司开始推进质量体系认证工作。1992 年,各企业在参加国际质量标准 ISO9000 认证体系培训基础上建立领导小组,制订实施计划,编写质量体系文件,重点建立对内质量管理体系和对外质量保证体系。1993 年,上海易初通用机器有限公司首先通过 ISO9000 质量体系认证。1995 年,获得该项认证的有上海易初通用机器有限公司、上海大众汽车有限公司、上海实业交通电器有限公司、上海纳铁福传动轴有限公司、上海拖拉机内燃机公司、上海汇众汽车有限公司、中国弹簧厂 7 家企业。至 1997 年年底,上汽集团所属企业基本上都获得 ISO9000 质量体系认证证书。

1997 年 11 月,上海大众汽车通过国家和上海的 ISO14000 环境体系现场审核。1998 年开始,上汽集团所属企业在 ISO9000 质量体系认证基础上进一步拓宽认证范围,同时开始大规模进入其他质量体系认证的领域。当年上海通用汽车有限公司别克轿车问世,为建立覆盖制造、采购、研发、市场的一整套质量运行管理体系,引导一级零件配套供应商开展北美汽车行业 QSO9000 标准及国际认证,建立零部件无进货检验管理机制;同时引进北美通用 16 步供方管理流程同步提升供应商质量管理水平,带动国内供应商进入北美通用全球采购清单,1998 年,有 10 家企业通过 QSO9000 质量体系认证。2000 年,上汽集团有 10 家企业通过德国汽车工业联合会制定的德国汽车工业有形产品质量管理体系标准 VDA6.1 质量体系认证。特别是 2001 年,有 4 家企业通过国外各大整车公司均要求供应商实行的、确保产品高质量的 ISO/TS16949 质量体系认证,此后该项认证成为上汽集团零部件企业质量认证的重点。至 2015 年,上汽集团所属企业共获得各类体系认证证书 442 张,其中 ISO/TS16949 证书 151 张、ISO9001 证书 58 张、ISO14001 证书 111 张、OHSAS18001 证书 90 张、VDA6.1 和 ISO/IEC17025 等证书 32 张,有效提高企业质量管理整体水平。

五、产品"三包"与汽车召回

【产品"三包"】

1978 年起,公司质量管理科组织编写产品"三包"服务标准。以后,又制订轿车、重型车、拖拉机"三包"服务实施细则,建立技术服务月报制度,要求企业按月上报用户反馈的质量问题和"三包"服务处理情况。2004年,国家颁布汽车召回法规后,上汽集团制定实施《汽车召回管理规定》。公司所属乘用车企业均建立组织机构、编制内控文件,规范实施缺陷汽车产品的召回。

2012年6月,国家质监总局颁布实施《家用汽车产品修理、更换、退货责任规定》。上汽集团质量与经济运行部组织乘用车企业,以及上海汽车齿轮总厂、联合汽车电子有限公司等重要零部件总成企业组成三包联合工作小组,协调开展汽车"三包"服务工作,以财务分析准备、网络信息系统改造与建设、产品"三包"服务政策制定、"三包"服务凭证编制、供应商和经销商合同修订和重新签署、汽车"三包"服务法规培训6个方面为重点,按照"三包"服务法规完成销售、售后、质量等信息网络系统升级、产品"三包"政策调整,并加强监督考核力度,确保法规有效运行。同时,召开汽车"三包"法规专题研讨会,帮助企业正确把握国家汽车"三包"法规内容修改变化及实施进程,做好实施汽车"三包"各项工作。

【汽车召回】

2011年,上汽集团所属整车企业开始主动召回缺陷车辆。当年1—10月,共5次召回6款车型,合计26.45万辆,其中包括上汽通用五菱汽车股份有限公司的五菱宏光和雪佛兰乐驰,上海汽车集团股份有限公司乘用车分公司的MGTF轿车,上海通用汽车有限公司的新君威和新君越轿车,以及进口凯迪拉克CTS轿车,召回和返修车辆数均达到国家规定标准。2012年1—10月,上海通用汽车有限公司和上海大众有限公司汽车共4次召回4款车型,合计7.79万辆,召回车辆比2011年大幅下降。2013年1月,国家颁发实施《缺陷汽车产品召回管理条例》。同月,上汽集团制定《缺陷汽车产品召回管理办法》。明确集团成立汽车召回协调小组,由主管副总裁任组长,成员由总裁办公室、质量与经济运行部、财务部及整车企业负责人组成,必要时邀请相关零部件企业参加;规定相关部室职责、缺陷汽车生产主体责任、缺陷汽车调查认定与报告,以及产品缺陷处理流程等。2013—2015年,上汽集团召回缺陷车辆共计30.14万辆,召回次数为34次。

表3‐3‐3 2001—2011年上汽获国家级质量管理重要奖项一览表

序号	获奖年份	颁奖单位	获奖名称
1	2001	中国质量协会	2000年度全国质量效益型先进企业特别奖
2	2002	中国质量协会 国家质检总局 中国质量协会	2001年度全国质量效益型先进企业特别奖 全国质量管理先进企业 全国实施用户满意工程先进单位
3	2004	国家质检总局	国家质量管理卓越企业
4	2006	上海市质量技术监督局	2006年标准化优秀成果优秀组织奖
5	2009	中国质量协会 上海市质量技术监督局	全国质量管理小组活动优秀企业 2008年度上海市标准化工作先进集体
6	2011	中国质量协会	全国质量工作先进单位

资料来源:上海汽车集团股份有限公司质量与经济运行部

表3-3-4　1996—2015年上汽获上海市重点产品质量振兴攻关成果奖一览表

序号	年份	攻关成果名称	奖项等级	攻　关　企　业
1	1996	桑塔纳轿车变速器同步器可靠性	三等奖	上海汽车齿轮总厂
2		桑塔纳轿车空调器压缩机可靠性	三等奖	上海易初通用机器有限公司
3	1997	上海桑塔纳2000型轿车(电喷发动机)	二等奖	上海大众汽车有限公司
4	1998	桑塔纳2000车门外手柄、前车门模块玻璃质量攻关	三等奖	上海大众汽车有限公司
5		桑塔纳轿车(B2)空调系统	三等奖	上海大众汽车有限公司
6	1999	用R134A新空调压缩机替代CBU空调压缩机	二等奖	上海易初通用机器有限公司
7		上海桑塔纳2000GSI轿车	三等奖	上海大众汽车有限公司
8	2000	帕萨特轿车	一等奖	上海大众汽车有限公司
9		D6114系列柴油机	一等奖	上海柴油机股份有限公司
10		桑塔纳轿车起动电机改进	二等奖	上海法雷奥汽车电器系统有限公司
11		G6135系列高速柴油机	三等奖	上海柴油机股份有限公司
12		提高变速器换档性能	三等奖	上海汽车股份有限公司
13		贮液罐压力开关泄露攻关	三等奖	上海易初通用机器有限公司
14		桑车前照灯质量改进	三等奖	上海小糸车灯有限公司
15	2001	上海桑塔纳轿车SVW7183DJi	一等奖	上海大众汽车有限公司
16		改进和克服注塑件内应力,提高车灯质量	二等奖	上海小糸车灯有限公司
17		CAE技术在汽车密封条中产品开发和设计优化中的应用	二等奖	上海申雅密封件有限公司
18		上海桑塔纳轿车SVW7180CEi优化项目	二等奖	上海大众汽车有限公司
19		SE5V变排量空调压缩机用主轴轴封的质量攻关和国产化	三等奖	上海易初通用机器有限公司
20		AG4轿车前悬架转向摇臂焊接总成质量改进	三等奖	上海汇众汽车制造有限公司
21		QD2827型起动机	三等奖	上海法雷奥汽车电器系统有限公司
22		桑塔纳轿车后桥焊接总成质量改进	三等奖	上海汇众汽车制造有限公司
23	2002	上海桑塔纳轿车2000轿车GP项目	一等奖	上海大众汽车有限公司
24		磁悬浮列车复合梁连接件开发	二等奖	上海圣德曼铸造有限公司
25		WCAR汽缸盖质量改进	二等奖	上海皮尔博格有色零部件有限公司
26		SE10B20压缩机	三等奖	上海易初通用机器有限公司
27		SSG10S012发电机	三等奖	上海法雷奥汽车电器系统有限公司
28		SANTANA前、后减震器改进	三等奖	上海大众汽车有限公司
29		双音喇叭整改项目	三等奖	上海大众汽车有限公司
30		Polo散热器电机设计改进	三等奖	上海大众汽车有限公司
31		赛欧轿车后桥焊接总成质量改进	三等奖	上海汇众汽车制造有限公司
32		SANTANA制动储液罐改进	三等奖	上海大众汽车有限公司
33		自动变速箱冷却油管开裂	三等奖	上海大众汽车有限公司

〔续表〕

序号	年份	攻关成果名称	奖项等级	攻 关 企 业
34		SGM12 仪表板/副仪表板总成	一等奖	延锋伟世通汽车饰件系统有限公司
35		D6114B 柴油机可靠性攻关	二等奖	上海柴油机股份有限公司
36		7PV 型汽车空调压缩机	二等奖	上海易初通用机器有限公司
37		发电机整流桥焊接式改为压入式	三等奖	上海法雷奥汽车电器系统有限公司
38		SANTANA 手动变速箱三/四档换档困难问题联合攻关	三等奖	上海大众汽车有限公司
39	2003	SANTANA 第二代后轴承	三等奖	上海大众汽车有限公司
40		天窗车顶激光焊缝质量优化项目	三等奖	上海大众汽车有限公司
41		W-CAR 曲轴降废攻关小组	三等奖	上海圣德曼铸造有限公司
42		W-car 前盖质量改进	三等奖	上海皮尔博格有色零部件有限公司
43		Passat 水箱前围板加强	三等奖	上海大众汽车有限公司
44		帕萨特侧围外板材料性能参数优化	三等奖	上海大众汽车有限公司
45		桑车前悬架环焊缝技术质量攻关	三等奖	上海汇众汽车制造有限公司
46		SANTANA 变速箱倒档结构改进设计	一等奖	上海大众汽车有限公司 上汽股份汽车齿轮总厂
47	2004	天籁 HID 组合前照灯	一等奖	上海小糸车灯有限公司
48		SANTANA 前减震器改进	二等奖	上海大众汽车有限公司
49		SD6RA50 起动机	二等奖	上海法雷奥汽车电器系统有限公司
50		KV6 缸体国产化攻关	一等奖	上海皮尔博格有色零部件有限公司
51		Roewe750 仪表板总成	一等奖	延锋伟世通汽车饰件系统有限公司
52		电动燃油泵 EKP13.6	二等奖	联合汽车电子有限公司
53	2007	攻克 PIP 头枕一次合格率 85%	二等奖	上海延锋江森座椅有限公司
54		改进某车型仪表板和门饰板缝合线直线度	三等奖	泛亚汽车技术中心有限公司
55		上海大众市场质量信息预警系统	三等奖	上海大众汽车有限公司
56		SGM710 门内饰板总成	三等奖	延锋伟世通汽车饰件系统有限公司
57		全生命周期车辆质量信息追溯和分析系统(VITAS)	一等奖	上海通用汽车有限公司
58		上海大众新领驭仪表板总成制造开发	二等奖	延锋伟世通汽车饰件系统有限公司
59		SWB6121SC 超级电容城市客车	二等奖	上海申沃客车有限公司
60		基于问题预定义技术的质量分析工具开发	三等奖	上海大众汽车有限公司
61		轿车后桥横梁钢板质量改进	三等奖	上海汇众汽车制造有限公司
62	2008	整车电子电器系统集成测试平台技术攻关	三等奖	上海汽车集团股份有限公司乘用车分公司
63		上海通用别克新君越座舱模块及门板总成	三等奖	延锋伟世通汽车饰件系统有限公司
64		SH78Z 变速器总成质量攻关	三等奖	上海汽车变速器有限公司
65		GMX353(Lacrosse)外部灯项目	三等奖	上海小糸车灯有限公司
66		电动燃油泵(FP-G.30)	三等奖	联合汽车电子有限公司
67	2009	北美克莱斯勒道奇 Dufango 及吉普大切诺基门板总成	一等奖	延锋伟世通汽车饰件系统有限公司

〔续表〕

序号	年份	攻关成果名称	奖项等级	攻关企业
68		MG6 欧版安全与防盗攻关项目	一等奖	上海汽车集团股份有限公司乘用车分公司
69	2009	荣威 350 行人碰撞保护攻关	二等奖	上海汽车集团股份有限公司乘用车分公司
70		DCT 变速器总成质量攻关	三等奖	上海汽车变速器有限公司
71		豪华商务车智能电动滑移门技术攻关	三等奖	泛亚汽车技术中心有限公司
72		转向系统清洁度整改活动	三等奖	上海大众汽车有限公司
73		汽车点火系统相位传感器平台质量攻关	一等奖	联合汽车电子有限公司
74		上海通用全系统整车管路安全质量攻关	二等奖	泛亚汽车技术中心有限公司
75		上海汽车售后诊断系统的自主开发	二等奖	上海汽车集团股份有限公司乘用车分公司
76		大通 V80 校车车身性能优化	二等奖	上海汽车集团股份有限公司商用车技术中心
77	2010	基于系统集成的关门声音质量（DCSQ）研究与应用	三等奖	泛亚汽车技术中心有限公司
78		上海大众新帕板仪表板总成质量攻关	三等奖	延锋彼欧汽车外饰系统有限公司
79		蒸发器结冰问题质量改进	三等奖	上海大众汽车有限公司
80		Modwll Z（新帕萨特）保险杠总成项目	三等奖	延锋彼鸥汽车外饰系统有限公司
81		MG6 儿童乘员保护技术研发	三等奖	上海汽车集团股份有限公司乘用车分公司
82		装配线 RFID 精确追溯及现有系统的功能扩展	二等奖	上汽汽车制动系统有限公司
83		某电动车再生制动问题攻关	二等奖	泛亚汽车技术中心有限公司
84		汽车点火系统相位传感器平台质量攻关	三等奖	联合汽车电子有限公司
85	2011	PM2.5 粉尘颗粒在车载娱乐系统中的防护及策略应用	三等奖	上海通用汽车有限公司
86		上汽整车平台车身控制器质量攻关	三等奖	联合汽车电子有限公司
87		上汽乘用车 SH63 系列变速器质量问题攻关	三等奖	上海汽车变速器有限公司
88		SGM 爱维欧仪表板总成质量攻关	三等奖	延锋伟世通汽车饰件系统有限公司
89		大通 V80 电动踏步质量攻关	三等奖	上海汽车商用车有限公司
90		整车动态诊断测试平台	一等奖	上海大众汽车有限公司
91		变速箱控制产品的系统化清洁度控制方法及应用	一等奖	联合汽车电子有限公司
92		组合仪表显示问题质量改进	二等奖	上海大众汽车有限公司
93	2012	101 发动机质量攻关	二等奖	上海柴油机股份有限公司
94		荣威 950 座舱系统及门板总成质量攻关	二等奖	延锋汽车饰件系统有限公司
95		上汽乘用车 DCT360 变速器质量问题攻关	二等奖	上海汽车变速器有限公司
96		AP11 风噪声过大攻关	三等奖	上海汽车集团股份有限公司乘用车分公司

〔续表〕

序号	年份	攻关成果名称	奖项等级	攻 关 企 业
97		某变速箱倒档性能问题攻关	三等奖	泛亚汽车技术中心有限公司
98	2012	提升 V80 商用车冷起动性能	三等奖	上海汽车商用车有限公司
99		SGM E16 保险杠总成	三等奖	延锋彼欧汽车外饰系统有限公司
100		六西格玛设计(DFSS)在 BP32 整车性能优化中的应用	一等奖	上海汽车集团股份有限公司乘用车分公司
101		MG3 白车身尺寸稳定性提升—尺寸动态化组合控制策略创新	三等奖	上海汽车集团股份有限公司乘用车分公司
102	2013	上汽通用新英朗门板总成质量攻关	三等奖	延锋汽车饰件系统有限公司
103		打通 EV80 纯电动宽体轻客开发质量攻关	三等奖	上海汽车集团股份有限公司商用车技术中心
104		质保要求知识库建设及应用	三等奖	上海大众汽车有限公司
105		PQ35 空调压缩机异响质量改进	三等奖	上海大众汽车有限公司
106		整车气味和车内空气质量优化攻关	一等奖	上汽大众汽车有限公司
107		凸轮国产化攻关项目	二等奖	上海大众动力总成有限公司
108		DCT250 变速器质量问题攻关	二等奖	上海汽车变速器有限公司
109		IP24 EDU 主要质量问题改进	二等奖	上海汽车集团股份有限公司乘用车分公司
110		EA888 发动机正时齿条下罩质量改进	二等奖	上汽大众汽车有限公司
111	2014	车身用螺栓表面油漆结合力的优化改进	二等奖	上汽大众汽车有限公司
112		汽车内饰高光表面耐刮檫性能优化	二等奖	上汽大众汽车有限公司
113		上汽大通 V80 纯电动车低压供电系统性能提升	二等奖	上海汽车集团股份有限公司商用车技术中心
114		EA888 发动机止推片磨损问题攻关	二等奖	上汽大众汽车有限公司
115		车内空气质量法规应对及客户满意度提升	三等奖	上汽通用汽车有限公司
116		AQ16 偶发熄火质量攻关	三等奖	上汽大众汽车有限公司
117		中高端 SUV 外饰系统的质量攻关	三等奖	延锋彼欧汽车外饰系统有限公司
118		带色注塑技术全面推广和应用	一等奖	上汽大众汽车有限公司
119		某高性价比手动变速箱攻关	一等奖	泛亚汽车技术中心有限公司
120		提升车用橡胶耐老化性能质量攻关	二等奖	上汽大众动力总成有限公司
121	2015	电机控制器冷水板异种材料搅拌摩擦焊接工艺稳定性研究	二等奖	联合汽车电子有限公司
122		上汽大通 T60 皮卡 NVH 质量改进	二等奖	上汽大通技术中心
123		SAIC GM K 平台车型外饰系统质量攻关	三等奖	延锋彼欧汽车外饰系统有限公司
124		新明锐 Octavia NF 后轮 Moan 噪声质量改进	三等奖	上汽大众汽车有限公司
125		干式双离合器变速箱起步异响攻关	三等奖	上汽大众汽车有限公司

说明：2005 年、2006 年无资料

资料来源：上海汽车集团股份有限公司质量与经济运行部

第四节　安　全　管　理

一、生产安全

1956 年公司成立之初,各工厂安全生产薄弱,工伤事故较多,公司组织开展安全生产教育和安全检查,有效改善安全生产状况。1959 年工伤事故频率比 1958 年下降 10.6％。1961 年,公司举办安全技术员训练班,组织百人检查团对 18 家厂进行安全检查,加强劳动保护工作,全年工伤事故频率比 1960 年下降 24％,重伤事故下降 31％。

20 世纪 80 年代,上汽围绕安全生产,落实各级责任制,建立完善规章制度,开展宣传教育和检查评比,抓事故防范和整改措施。1981 年,6 年来首次消灭因工死亡事故。1982 年,先后下发《关于重申严格审批危险作业的通知》等 7 个文件,对防止危险作业事故、加强安全教育、严格冲床车辆安全操作等作了明确规定。1986—1989 年,连续开展安全生产、劳动保护全年无事故竞赛,建立重点作业安全控制点和安全生产行业组。1989 年,推行生产设备及设施安全评价工作。

1990 年,上汽工会举办"安全在我心中"演讲会,上海电视台播放实况;所属 60 家企业中 29 家安全评价达到公司分值标准,其中上海拖拉机底盘厂等 24 家达到上海市安全级企业分值标准,上海轴瓦厂达到国家安全级企业分值标准。1991 年,颁布实施《企业劳动保护技术措施列项、申报、验收管理办法》《职工伤亡事故报告程序办法》;初步形成分级管理分线负责的安全生产管理体制。1992 年,上海拖拉机内燃机公司、上海内燃机配件总厂等 11 家企业达到国家安全级企业分值标准;上海纳铁福传动轴有限公司坚持班组安全值日制为内容的班组安全建设,连续 4 年无工伤事故,被授予上海市班组安全建设标兵班组称号;上海拖拉机内燃机公司拖拉机厂运输科被授予上海市班组安全建设先进班组称号。1993 年和 1994 年,在事故高发点和易发恶性事故区域建立安全监控点,设立安全督察员。1995 年,事故频率降至历史最低的 1.67‰。1999 年,修订试行《上海汽车工业(集团)总公司安全性评价标准》。

2002—2008 年,上汽安全主管部门每年与企业签订《年度安全工作责任书》。2002 年,组织下属企业 1 100 多辆厂内机动车辆验车并普查登记特种设备,发现和消除隐患;培训 45 名新上岗安全干部和 118 名职业安全卫生内审员,使之分获上海市安全干部证书和资格证书,培训 181 名安评人员。2003 年,组建安全督察员队伍,生产班组恢复设立安全督查员,继续检验 1 080 辆厂区机动车辆;组织参加上海安全生产宣传月活动,安全培训 15 679 人次,23 875 人参加安全生产法知识答题卡竞赛,公司获全市活动优秀组织奖。

2006 年,上汽下发《安全主体工作细化暂行意见》,对下属企业生产、防火、交通 3 个方面进行安全考核,每月以红、黄、绿 3 种色标表示各企业安全状态,并在经济运行分析会上予以公布,及时发现解决问题;举办 40 人的生产企业主要领导和分管安全领导持证上岗培训;举办 522 人次的机械制造企业安全质量标准培训和 94 人的安全专兼职干部初复训培训;上海汽车股份有限公司汽车齿轮总厂、上海大众汽车有限公司、上海通用汽车有限公司等 6 家单位获评首批国家一级安全质量标准化企业。2007 年,落实国家颁布的《机械制造企业安全质量标准化考核评级标准》,所属企业初评启动 23 家,启动率 79％,复审启动 10 家,启动率 90％,初评完成 10 家,复审完成 5 家。2009 年,所属企业均按安全质量标准化要求,建立安全生产管理体系,12 家和 63 家机械制造类企业分别通过国家一级或二级安全质量标准化评审,90.3％的在沪直管企业成为国家安全质量标准化企业;同年 10 月颁布实施《上汽安全生产问责试行办法》。

　　2012 年,上汽修订《安全生产问责管理规定》《建设项目安全"三同时"工作管理规定》;常态化开展铲车等 8 类安全生产专项检查,开展铲车驳运、冲压作业、闲置厂房场所出租、建设项目"三同时"、承发包项目安全专项整治;推进下属 61 家企业和 152 家企业分别开展安全一级企业和二、三级企业创建达标工作;完成应用开发生产信息管理系统安全二期模块;66 家沪外二、三层次单位进入安全生产网格。2013 年,完成安全生产标准化一级企业创建达标目标;58 家二层次企业安全信息系统应用基本形成常态化;启动上汽安全文化建设;二层次企业班组安全建设逐步覆盖至三层次企业和沪外企业。2014 年,进一步推进标准化一、二级企业自评复评和创建评价工作,完成 167 家单位标准化自评;对 35 个在建项目开展安全专项检查。2015 年,对 15 家年内到期单位开展复核评审,帮助企业改进安全管理缺陷 200 多项,排查现场隐患 700 多个;出动 495 人次开展施工安全等检查,监察企业 213 家,发现问题 2 591 个,整改率达 98%;加强安全网格化管理,在原 14 个小组基础上,新增扬州组、武汉组、宁波组 3 个网格化组;对 240 多名安全干部开展 2 期持证培训和 1 期综合管理能力培训,对 900 多位班组长组织 12 期安全培训。

表 3－3－5　1980—2015 年上汽安全生产工伤暨安全生产事故统计表

年　份	事故人次数	死亡(人)	重伤(人次)	年事故频率(‰)
1980	—	1	20	32.28
1981	—	0	12	25.8
1982	—	0	14	18.5
1983	—	0	16	14.04
1984	—	1	11	10.92
1985	—	1	20	7.32
1986	—	1	15	6.36
1987	—	2	14	6.01
1988	—	0	5	4.86
1989	—	0	11	4.12
1990	—	1	16	3.68
1991	—	0	12	3.22
1992	—	0	2	2.27
1993	—	0	10	2.23
1994	—	0	6	2.01
1995	—	0	4	1.67

年　份	事故人次数	其　中		年事故频率(‰)
		死亡(人)	重伤(人次)	
1996	92	0	2	1.51
1997	79	0	2	1.23

〔续表〕

年　份	事故人次数	其　中		年事故频率(‰)
		死亡(人)	重伤(人次)	
1998	72	0	5	1.12
1999	71	2	3	1.12
2000	77	0	3	1.22
2001	82	0	9	1.33
2002	87	0	9	1.43
2003	94	2	8	1.53
2004	54	0	4	0.85
2005	65	0	6	1.00
2006	56	0	5	0.87
2007	65	1	2	1.00

年　份	事故总数(含险肇)	死　亡　事　故
2008	在查阅的资料中均未涉及具体事故数量	0
2009	在查阅的资料中均未涉及具体事故数量	0
2010	47	3
2011	80	0
2012	190	0
2013	181	0
2014	170	0
2015	146	0

资料来源：《上海汽车工业志》《1996—2007年上汽集团统计年报》、上海汽车集团股份有限公司安全监察部

二、消防安全

1984年，上汽执行国家发布实施的《中华人民共和国消防条例》，并实施防火安全责任制。1987年2月，上海大众汽车有限公司发生火灾事故，公司高度关注和重视，要求企业进一步落实消防安全责任，建立完善消防安全管理制度。

1990年后，上汽消防基础设施得到改善。1993年，公司调整安全工作领导小组，进一步加强防火工作的领导。1998年，《中华人民共和国消防法》颁布实施，公司确定消防管理职能划属经济运行部，对消防专职干部进行实用防火安全检查方法的专题培训，要求各单位重点防火部位都应制定应急预案。同年，颁发《上海汽车工业(集团)总公司防火工作八项规定》，要求各单位对防火设施进行全面查考、建立台账、实施定置管理，落实消防设施管理职能。

2002年9月，上海汽车制动系统有限公司发生火灾事故，上汽召开安全生产紧急会议，进一步强调防火安全责任落实和防火安全制度建设，并下发《上海汽车工业(集团)总公司临时动火作业规

定》,规范企业临时动火作业的具体要求和措施落实。2008年,根据上海市《开展安全生产隐患排查治理工作实施方案》的要求,公司在企业自查基础上开展安全循环检查。

2009年7月,上汽成立安全监察中心,下发《上汽集团防火安全评价标准实施细则(试行)》,要求下属企业按标准规范做好防火安全工作。2012年,贯彻落实《国务院关于加强和改进消防工作的意见》,提出"责任区域化,体系常态化,管理标准化"的工作要求,进一步强化落实消防安全责任,实行一票否决制;全面推行防火安全评价体系。2013年,组织下属58家二层次企业专职消防安全管理人员进行注册消防工程师培训;开展消防安全隐患集中整治专项行动,下属企业组织消防安全自查,发现火灾隐患36处并督促整改,开展消防宣传230次、培训173次、综合演练41次、专项演练164次;上汽集团安监部在企业自查自纠基础上抽查11家企业,督促企业完成整改97个消防隐患。

2014年,上汽集团开展清剿火患专项行动,自查易燃易爆场所95个,建筑施工场地15个,出租场所49个,仓库73个,易积可燃物管道137根,整理整改建筑消防设施故障、安全出口不畅、可燃物管道未定期清洗、消防器材前堆物等火灾隐患266处。2015年,颁布《大型群众活动安全管理暂行规定》,启动人员密集和大跨度厂房消防隐患专项整治,共排查问题5 000多个,至10月底整改完成率近70%;同时对上海汽车集团股份有限公司乘用车分公司、上汽大众汽车有限公司、上汽通用汽车有限公司等6家企业开展防火评价复审。2009—2015年,上汽上报的消防事故均为0。

三、职业健康管理

1956—1978年,公司系统有矽尘、酸雾等尘毒点1 200多个。1979年,公司成立安全技术科,减少职业危害,保护职工安全健康成为该科一项重要任务。1982年2月,公司发出《关于加强防尘防毒设备管理的通知》,对各企业通风防尘防毒设备的安装验收、使用管理作了明确规定。1985年以后,合资企业逐渐增多,上海大众汽车有限公司采取措施改善作业环境、治理尘毒,其油漆车间是当时上海唯一的全封闭恒温无害油漆车间。1991年,上海大众汽车被评为上海市工厂企业环境美标兵单位。

1991年7月,上汽颁布的《劳动保护技术措施列项、申报、验收管理办法》规定,基层企业10万元以上安全技术措施项目,必须上报其初步设计方案,包括现场环境、污染状况、治理措施、治理效果、效益分析等,接受公司安技监督。经过10多年改造治理,公司尘毒点合格率不断提高,至1995年,尘点、毒点合格率分别为79.3%和97.2%,平均合格率为88.3%。由于历史原因和生产作业环境改善不足,据统计,1980—1995年公司系统职业病患者仍有46人。2009—2015年,上汽未发生职业病事故。2001年,上汽明确依靠技术进步,加大资金投入,努力创造安全、健康、舒适工作环境的职业健康管理目标。同时,根据上海市经委和上海市总工会关于评选安全生产标兵企业的要求,将"防止职业危害成绩显著,并未发生职业病"作为评选的重要标准。

2002年,上汽组织开展贯彻国家《职业病防治法》知识学习和培训,对118名内审员进行《职业安全卫生体系》培训,并取得国家经贸委颁发的资格证书。2004年年初,将做好有毒有害岗位体检工作和职业禁忌人员转岗工作纳入企业总经理的经济责任书中,将作业环境安全标准纳入《机械制造企业安全质量标准化考核评级标准》。2009年下半年,公司全面开展粉尘和高毒物品专项整治,成立安监中心、人力资源部和工会3部门参加的专项行动小组,制定专项治理工作计划,将粉尘和高毒物品监控列为日常重点工作。

2010年9月,上汽落实《上海市用人单位职业卫生(健康)管理档案指导意见(暂行)》,要求各企业建立完善各项职业危害管理和防治措施,并建立健全职业卫生/健康管理档案。2011年,对下属二层次企业作业场所职业危害申报信息进行统一备案,并要求企业在政府网站实施网上备案和申报。同年,经过备案统计和现场排摸,发现部分企业职业健康管理基础薄弱,基本没有专门管理机构,由安全人员兼职职业健康工作,存在专业制度零散、现场检测合格率低、员工体检率低、职业禁忌人员和复查人员比例较高和员工档案缺乏等问题,对此,公司全面开展职业健康制度建设,先后编制《职业健康综合管理规定》《职业健康档案管理规定》《职业健康现场检查管理规定》《职业危害评价、检测和申报管理规定》。同时,组织职业健康管理法律法规宣贯培训。

2012年,上汽集团要求所有存在职业危害的企业必须根据国家《工作场所职业卫生监督管理规定》,每3年进行一次职业健康现状评价,并将此纳入年度安全生产考核指标。至2013年年底,46家二层次企业有40家完成首次现状评价。同时,对职业危害相对较重的企业,委托有资质的第三方机构开展专项现场评价,并针对评价结果对企业开出《工作整改建议书》,督促企业整改。同年起,对下属企业开展职业健康专项检查,每年监察20家左右,发现问题及时提出并跟踪整改。2014年,对26家沪内沪外企业开展职业健康专项检查,发现问题250项,督促企业完成整改。

第四章 技术与信息管理

1956—2015 年,上汽始终设有技术管理部门,主管技术创新、技术标准化、专利、产学研和新能源汽车等业务。2006 年,开始设立信息系统部,负责公司信息化战略规划制定和实施,总部和全资或控股企业信息网络基础设施建设及应用系统规划运行和支持。2014 年,设立前瞻技术研究部,负责车联网技术和智能汽车等前瞻技术研究。

第一节 机 构 设 置

一、技术管理部

上海市内燃机配件制造公司于 1955 年 12 月成立后设置生产技术组。1956 年 5 月改设技术科。1958 年 3 月和 1960 年 1 月,上海市动力机械制造公司和上海市农业机械制造公司分别设立生产技术科和技术科,1967 年 9 月和 1970 年 9 月,上海市农业机械制造公司和上海市拖拉机汽车工业公司先后设立生产组和技术组。这些部门均负责公司的技术管理。1977 年,上海市拖拉机汽车工业公司设立技术科,同时成立轿车、重型车、拖拉机、摩托车 4 个协调中心,负责试制新产品和技术服务等技术管理。

1984 年 9 月,上海汽车拖拉机工业联营公司设技术开发部,负责新产品开发,统一制订汽车、拖拉机、内燃机及零部件产品发展规划。1987 年 12 月,技术开发部改为科技质量处,主要职能是实施上海桑塔纳轿车和幸福摩托车国产化、落实产品开发、调整产品结构、抓好产品质量管理等。

1990 年,上海汽车工业总公司设立科技质量处,负责上海桑塔纳轿车国产化、产品开发和产品工艺和质量管理工作。1991 年 11 月,撤销科技质量处,分别成立科学技术处和质量监督处。科学技术处与上海汽车研究所合并,实行"两块牌子,一套班子"管理体制,下设科技管理科和工艺设计室,负责产品开发、科研攻关、工艺发展、科技规划、工厂设计、工艺专业化管理等技术管理工作,指导工厂研究所工作。1992 年,撤销科学技术处,确定上海汽车工业技术中心为总公司第二层次,承担总公司部分科技管理职能,零部件国产化、模具制造、军品产品等方面的技术管理工作由综合计划处内配套科负责。

1995 年 9 月,上海汽车工业(集团)总公司(简称上汽集团)和上海汽车有限公司(简称上汽有限)同时成立,上汽有限设立技术部。1997 年,上汽有限改制为上海汽车股份有限公司后,该部停止运作。1998 年 1 月,上汽集团设立技术部,上海汽车工业质监中心质量管理职能并入技术部。2004 年 12 月,上海汽车集团股份有限公司(简称上汽股份)成立后,上汽集团不再设立技术管理部门,上汽股份设立技术质量部。2005 年 10 月,技术质量部撤销,该部质量管理职能并入调整设立的质量与经济运行部,部品规划职能纳入规划发展部。

2007 年 7 月,上汽股份技术部因公司完成工商注销而停止运作。同年 9 月,上海汽车股份有限公司(简称上海汽车)更名为上海汽车集团股份有限公司后,设立燃料电池汽车事业部,为公司燃料电池汽车技术研究和开发主体。2008 年 4 月,该事业部更名为新能源汽车事业部,负责编制上汽新能源汽车发展规划并组织实施。2010年,上海汽车新能源汽车事业部同时也是公司技术管理办公室。2011年12月,上海汽车集团股份有限公司整体上市后简称上汽集团,新能源汽车事业部/技术管理办公室更名为新能源和技术管理部,同时负责新能源汽车规划实施和技术管理工作。

2014年8月,上汽集团撤销新能源和技术管理部,成立技术管理部和前瞻技术研究部。技术管理部负责技术管理以及与政府对口部门的联络与协调,并纳入国际通行的知识产权全周期管理职能,实现对集团技术研发和知识产权的有效保护和利用。至2015年,技术管理部下设技术管理科和新技术服务支持科,有20名业务人员。

二、前瞻技术研究部

为推动创新转型,加大新技术领域的研究深度和广度,2014年8月,上海汽车集团股份有限公司撤销新能源和技术管理部,成立前瞻技术研究部和技术管理部。前瞻技术研究部负责包括燃料电池、车联网技术、智能汽车在内的前瞻技术研究工作,以及其他前瞻性技术项目,与公司风险投资、产品研发等业务环节紧密衔接。该部门为上汽集团直属技术研发部门,人事和财务等由上海汽车集团股份有限公司乘用车分公司托管。

前瞻技术研究部成立之初设立先进能源系统分部、整车与电气集成分部、试制试验分部、管理分部4个分部门。2015年7月,增设先进工程系统分部,分部增至5个。该部开发的荣威950燃料电池轿车亮相上海国际汽车展,2015年11月前瞻技术研究部研发的iGS智能驾驶汽车获得上海工业博览会金奖。至同年底,该部有员工167名,主要负责上汽集团前瞻技术发展规划和技术型谱规划编制、前瞻技术研发管理制度制定和前瞻预研项目推进管理,燃料电池和新型电池技术研发和产品开发、实现技术转化和产品商业化,前瞻技术研发项目的整车与电气集成、新能源动力系统开发、智能驾驶系统技术前期研究,建立新技术、新动力、新架构、创新整车技术开发试制、试验、认证、竞争分析体系,整车总布置、车身内外饰、底盘结构和系统集成,先进材料与轻量化技术研究和产业化推进等业务。

由于前瞻技术研究部为上海汽车集团股份有限公司乘用车分公司的托管部门,该部采用上汽乘用车分公司的管理体系、工作流程和内控制度,研发人员均在上汽乘用车分公司办公。

三、信息系统部

1982年,上海市拖拉机汽车工业公司企业管理办公室设立计算机房。1986年,上海汽车拖拉机工业联营公司建立归属企业管理处的计算机室。1990年,上海汽车工业总公司将计算机室和电信室、档案室合并为归属总经理办公室管理的信息科,负责管理信息查询、技改投资项目和上海桑塔纳轿车国产化项目等管理软件开发和应用以及大型计算机管理应用。1993年,上海汽车工业总公司成立信息中心,负责开发完善和维护管理生产、统计、财务、项目投资和利用外资等软件,与部分基层单位小型计算机联网实现数据转换。1995年,上海汽车工业(集团)总公司成立后,信息中心划归总裁办公室,负责办公自动化推广、总部及所属企业信息化建设规划和推进实施、信息化人员培训等工作,并指导所属企业推进信息化工作。2000年4月,上汽集团成立上海汽车信息产业投资有限公司,负责集团信息化建设归口管理、规划设计和协调实施,兼管上汽总部信息化规划和运行维护,承揽信息化工程建设和电子商务等业务。

2007年9月,上海汽车股份有限公司更名为上海汽车集团股份有限公司后,设立信息系统部。2014年8月,信息系统部改为信息战略和系统支持部,与上海汽车集团股份有限公司乘用车分公司(简称上汽乘用车分公司)信息系统部"两块牌子,一套班子"运作。

至2015年,该部下设信息战略与系统规划科、基础设施与数据集成科、信息安全与流程管理科、互联网应用与软件开发科4个科,业务人员中在上汽集团总部15人、上海汽车集团股份有限公司乘用车分公司180人、上海汽车集团股份有限公司商用车技术中心30人左右。该部主要负责统一管理集团信息化工作,制定公司IT总体战略和规划,承担总部及全资或控股企业IT基础设施建设及应用系统规划、运行和支持,指导下属合资企业信息系统建设,负责乘用车分公司和商用车技术中心的IT业务,建立公司总部、乘用车分公司实体运作、海内外各子公司及生产基地的信息沟通平台等。

四、技术创新奖评审委员会

2004年,上汽集团成立技术创新奖评审委员会和初评工作组。评审委员会成员包括分管副总裁,技术质量部、人力资源部等有关部门负责人,以及从上汽技术经济专家库中遴选或聘请的高等院校、科研院所技术专家和管理专家;初评工作组由技术质量部邀请5—9名技术专家组成。

2008年6月,该评审委员会和初评工作组改为上汽集团和上海汽车技术创新奖联合评审委员会和联合初评工作组,联合评审委员会由上汽集团和上海汽车分管副总裁,上汽集团规划与对外合作部和人力资源部,上海汽车新能源汽车事业部/技术管理办公室、战略与业务规划部和人力资源部等部门负责人,以及聘请的整车和零部件企业以及汽车行业技术专家和管理专家组成;联合初评工作组由上汽集团规划与对外合作部和上海汽车技术管理办公室共同邀请若干名集团整车和零部件企业以及汽车行业的技术专家和管理专家组成。2011年,上海汽车集团股份有限公司整体上市后设立技术创新奖评审委员会和专家评审组人员构成情况不变。

上汽《内控手册》规定,每年8月所属单位上报技术创新奖推荐项目,由上汽集团新能源和技术管理部进行审查,符合评审条件的项目递交专家评审组初评;11中旬至次年2月中旬,专家评审组初审专家按照项目水平、难度、效益、推动作用等评分标准,对推荐项目进行综合评定并提出初步意见,专家评审组根据初审专家初步意见召开会议提出评定意见,二等奖以上推荐项目由集团财务部和审计室会审,评审专家组根据需要可实地调研考察或组织评审答辩;评审委员会根据专家评审组意见采用投票方式进行表决作出终评,特等奖和一、二等奖须经2/3以上评委同意,三等奖须经半数以上评委同意;获评项目经公示征求意见后提交集团总裁办公会议审定并予以公布。

五、新能源汽车领导小组

2009年6月,上汽集团、上海汽车成立上汽新能源汽车项目领导小组和推进小组。领导小组由胡茂元任组长,陈虹、沈建华任副组长,组员由分管集团领导,技术、财务等公司总部和新能源汽车事业部负责人,整车企业和技术中心行政负责人组成;推进小组由陈虹任组长,陈志鑫任常务副组长,肖国普任副组长,组员包括公司有关总部和整车企业、技术中心负责人。同时,还成立上汽新能源汽车项目政府联络及产业链建设推进小组,程惊雷任组长,高菊珍、干频任副组长。新能源汽车领导小组主要职责是研究决定上汽新能源汽车发展战略、产业链建设规划以及相应的支持措施。

新能源汽车项目推进小组负责协调并且解决新能源汽车项目执行中所面临的重大问题,并推进项目实施。政府联络及产业链建设推进小组,负责与相关政府部门的联络及项目申报、协调新能源汽车产业链规划与推进及牵头商务合资合作谈判以及产学研结合等职责。

2014 年 5 月,陈虹接替胡茂元任领导小组组长,陈志鑫任副组长。同年 8 月,蓝青松接替肖国普任推进小组副组长。

至 2015 年,上汽新能源汽车项目领导小组组长陈虹,副组长陈志鑫、沈建华;上汽新能源汽车项目推进小组组长陈虹,常务副组长陈志鑫,副组长蓝青松。

六、标准化技术委员会

2000 年之前,上海市标准化协会汽车专业委员会、上海市汽车工业标准化技术委员会及技术委员会秘书处由上海汽车工业质量监督中心负责。2000 年 5 月,调整为上汽集团技术质量部负责。

2002 年,上海市汽车工业标准化技术委员会换届产生第六届汽车工业标准化技术委员会,秘书处挂靠上汽集团,程惊雷任主任,姚洪华任常务副主任兼秘书长,许立宇、许谋和、缪文泉任副主任,委员 12 名。

2009 年 7 月,上海市汽车工业标准化技术委员会换届产生第七届委员会,秘书处挂靠上汽集团,干频任主任,姚洪华任常务副主任并兼秘书长,黄中荣、敖锦龙、李原任副主任,委员 20 名。

上海市汽车工业标准化技术委员会主要职责是:在上海市质量技术监督局和上海市标准化协会领导下,参加国家和行业标准制定;普及标准化专业知识、国家标准和标准化法律法规;指导企业标准化工作,接受企业标准备案并组织审查;参加国家和行业标准评审工作等。

第二节 技 术 管 理

一、技术创新管理

1956 年,公司在调整工厂布局的同时,在技术管理方面开始推行规范的制造方法和技术程序,逐步做到按图生产,改变按实样施工的作坊式生产方式。1957 年后,公司在从零配件生产转向整机整车制造的过程中,实行领导干部、工人和技术人员"三结合",自力更生开展技术革新,解决设备缺乏落后、技术水平低的问题。

1963—1965 年,针对整车整机试制中存在技术可行性分析不完整、没有计划任务书和技术鉴定程序,导致产品从开发到形成批量周期长、经济效益低等问题,总结经验教训,加强以技术管理为中心的企业管理,召开技术工作会议,制定《技术责任制》《援外、出口产品及等外品出厂审批制度》等 7 项技术管理试行办法,整顿产品图纸,严格工艺纪律。20 世纪 60—70 年代末,组织开展群众性技术革新和技术革命,制成大量专机和生产流水线,整车整机实现批量生产。70 年代末—80 年代初,开展企业整顿,恢复和加强技术基础管理。

改革开放以后,上汽以上海桑塔纳轿车国产化为中心,组织科技攻关,推动技术进步。1985 年,颁布试行《科技工作奖励条例》。80 年代中期,制定实施产品开发管理办法,包括市场调研、技术经济分析等的产品开发前期管理、开发计划实施管理、鉴定和成果登记管理等。同期,还制订实施包括改造落后工艺,开发先进新工艺,引进产品新工艺、新技术、新材料、装备和模具制造的科技攻关、工艺专业化管理等内容的产品工艺管理办法。

1991年,上汽制定实施《新产品开发管理办法》《专业技术人员管理办法》《国营工业企业技术开发费管理办法》《技术引进、技术改造项目实施管理办法》等推动技术进步和技术创新的制度,制订实施10项新材料开发和微机应用计划。同时,"八五"期间还制订铸造、锻造、粉末冶金、机械加工、模具、汽车变速器齿轮、冲压、涂装、装配、材料技术、工业机器人应用、计算机应用技术12个工艺发展规划,组织开展模具制造、铁水质量、铸造生产节能、球墨铸铁、活塞环铸造等各类专业工艺研究。1994年11月,上汽举办科技进步展览会,展出600余项新产品、新装备、新工艺、新技术和新材料。同时,每两年对作出重大技术贡献的项目和个人进行表彰奖励。

1979—1995年,上汽累计获部市级科研成果奖46项。1984—1995年,累计获市级奖励的优秀新产品31项。

2004年5月,上汽集团进一步制定《技术创新奖管理办法》,成立技术创新奖评审委员会和初评工作组,激励技术创新,规范技术创新成果评奖,规定特等奖奖励80万元,一等奖、二等奖、三等奖分别奖励45万元、20万元、5万元。至此,上汽每年组织开展技术创新项目申报评审奖励活动,形成长效机制。2008年,制定《企业研发能力评价》,明确企业技术创新能力、决策参考依据、推进体系和研发能力建设3项控制目标和7项关键控制流程;制定《技术创新奖评定》,规定上汽集团和上海汽车成立评定技术创新奖联合评审委员会和联合初评工作组;规定技术创新奖评审时间、评审流程、奖励等级、奖励形式和奖金分配以及成果转换等。

2013年1月,由新能源和技术管理部牵头,论证并制定上汽前瞻研究与技术创新策略,《上汽技术创新策略》经集团总裁办公会批准。创新策略提出要形成"技术趋势分析、前期研究、产品前期工程、产品开发"的完整创新流程,2013—2015年前期研究主要围绕节能及新能源动力系统、整车集成及轻量化技术、汽车电子及车联网三大领域。

2004—2015年,上汽累计奖励技术创新项目710个,其中一等奖81个,二等奖177个,累计奖励金额10 760万元;累计获国家、行业和省市级科学技术进步奖154个,其中国家级2个、行业级84个,省市级68个。

二、新能源汽车管理

2005年10月,上汽集团成立新能源汽车领导小组和工作推进小组。同月底,成立上汽新能源汽车工程指挥部。2006年3月,上汽股份成立燃料电池汽车事业部,全面负责上汽燃料电池汽车开发工作。2007年8月,燃料电池汽车事业部接管自主品牌混合动力轿车项目。

2008年4月,该部更名为新能源汽车事业部。同年,上海燃料电池汽车动力系统有限公司参与编制《燃料电池汽车整车术语》和《燃料电池汽车整车安全要求》两个新能源汽车标准,成为国内制定新能源汽车标准的先行者。

2012年,新能源汽车事业部更名为新能源和技术管理部。2013年1月,新能源和技术管理部成立技术情报中心,开展上汽集团新能源汽车技术型谱规划的编制工作。同年5月,新能源和技术管理部下设的前瞻研究部改为前瞻研究和管理部,负责上汽前瞻技术研究及其研究项目的推进与管理,范围从燃料电池汽车扩大到先进能源、智能汽车、新材料和轻量化等前瞻研究领域。

2014年,新能源和技术管理部撤销,成立技术管理部和前瞻技术研究部。技术管理部下设的新技术服务支持科,主要负责新能源汽车和智能驾驶汽车等新技术管理与产业推进工作。

三、标准化管理

20 世纪 60 年代初开始，公司技术主管部门开始把产品标准化管理作为重要职责。1964 年，公司制订零配件标准 104 种，整车整机标准 14 种，公司产品基本有了技术标准；是年经考核评比，达到一、二类标准的产品从 32.1% 升至 61%。

20 世纪 80 年代初，上海华丰钢铁厂制订《可锻铸铁管路连接技术条件》指导生产作业，该技术标准于 1984 年获国家科技进步四等奖。1985 年以后，上汽制定《标准化分级管理办法》，实施国家、行业和地方标准，公司和部分企业制订技术标准 31 项。1991 年，公司科学技术处与上海汽车研究所合并后，标准化管理由该所情报标准室负责。1993 年，改由上海汽车工业质量监督中心归口管理，各企业建立起以产品标准为龙头的企业技术标准体系。1991—1995 年，上汽累计获得上海市标准化科技成果奖 10 项，有 5 项产品采用国际标准产品标志。

2000 年，上汽集团技术部对上海通用汽车有限公司等企业的标准化工作及企业产品标准实施进行检查和监督考核，杜绝无标生产经营现象，推进"企业标准化良好行为"实施。2003—2009 年，举办 6 期标准化岗位培训班，培养 240 余名标准化工作人员。2004 年 5 月，上汽集团根据《中华人民共和国标准化法》《中华人民共和国标准化法实施细则》《上海市标准化条例》，以及《上海市标准化发展战略纲要》关于先进制造业标准化 3 年行动计划的规定，结合内控制度建设，制定《标准化管理办法》，规定技术质量部是负责企业标准管理的职能部门，上汽集团汽车工程院负责企业标准的备案，所属企业负责企业标准编制修改及送审；规定企业标准制定范围、制定原则、制定程序、编制格式、审核流程和修改等事项。2005 年，上汽参与 6 项国家标准、7 项行业标准的制订；40 项新产品采用国际标准或国外先进标准，其中整车 10 项、零部件 30 项，采标率达到 100%；编制或修订企业产品标准 189 项，全部通过上海市质量技术监督局备案审查；完成上海汽车齿轮总厂国家级标准化体系示范单位试点验收，该企业被授予最高等级的 AAAA 级"标准化良好行为企业"称号；重点开展 4 项标准化科技成果研究，标准化工程师撰写 6 篇学术论文，其中《别克凯越系列乘用车产品标准研究》获年度上海市标准化科技成果一等奖，上海汽车集团股份有限公司获 2005 年度上海市标准化工作优秀组织奖；标准化建设向服务领域延伸，承担上海市科学技术委员会"现代汽车物流企业标准体系的建立及有关国家标准的制定"课题研究，该课题于 2007 年获年度中国物流协会科技进步一等奖。

2006 年，上汽开始制订新能源汽车技术标准，筹建新能源汽车标准研究工作小组。2007 年，在全面推进自主品牌乘用车建设中采用国际标准，加快建设自主品牌标准体系；完成上海小糸车灯有限公司国家级标准化体系示范单位试点验收，该企业被授予 AAAA 级"标准化良好行为企业"称号。2008 年，在荣威 750 开发过程中，瞄准国际标准和国外先进标准，使荣威轿车设计、生产、销售全过程按照国际标准进行，并基本形成具有自主知识产权的标准体系，建立含 2 万多条标准的技术标准数据库，实现标准全流程电子化。同年，主导编制 15 项国家标准和 24 项行业标准，完成企业产品标准备案 155 项，获年度上海市标准化工作先进集体；贯彻《2008—2010 年国资战略规划》关于标准化的规定，到 2010 年共参与制订国家标准 34 项、行业标准 29 项、地方标准 2 项；编制《内控手册》，规定企业标准制定、批准和发布等 5 个控制目标和 6 个关键控制活动；上海汽车齿轮总厂被国家标准化管理委员会评为 4A 级示范企业。同年，上海燃料电池汽车动力系统有限公司参与编制《燃料电池汽车整车术语》和《燃料电池汽车整车安全要求》两个新能源汽车标准，成为国内制定新能源汽车标准的先行者。

2010年,上汽完成8项国家标准和7项行业标准的制定;102项企业产品标准提交上海市质量技术监督局备案;对下属企业260名工程师进行汽车标准化理论和实践培训。2012年,成立新能源汽车标准法规推进小组,协助完成《电动乘用车安全技术规范和运行保障》地方标准制订,组织GB7258—2012《机动车运行安全技术条件》宣贯,完成企业标准备案120项。2013年,完成标准化工作设想和构架,建立集团层面标准法规信息沟通平台,达成集团和企业参与国家/行业/地方标准制修订工作与内部交流模式。同年4月,上汽担任工业和信息化部成立的电动汽车国际标准法规制定与协调工作组下设的电动汽车与环境(EVE)专家组组长单位,并参与《新能源汽车生产企业及产品准入管理规则》《技术创新工程考核管理暂行办法》《节能汽车产业技术创新工程财政奖励资金管理暂行办法》等法规的编制。2014年,组建上汽标准化工作组,明确集团标准化管理思路、工作架构及流程。

截至2015年,上汽每年完成备案审查的产品标准达180多项,主要整车和关键零部件的采标率达到100%。

表 3-4-1　1991—2012 年上汽获上海市标准化科技成果奖情况表

年份	标 准 号	标 准 名 称	奖级	完 成 单 位
1991	Q/JQAA168—91	P201汽车转向盘技术条件	三等奖	上海延锋汽车内饰件厂
1993	Q/JQAA268—92	SH504型拖拉机技术条件	三等奖	上海拖拉机内燃机公司
1994	Q/JQAA356—93	上海桑塔纳轿车节串列双控制动主缸的真空助力器技术条件	四等奖	上海汽车制动器公司
1994	Q/JQAA360—93	离合器主缸技术条件	四等奖	上海汽车制动器公司
1994	Q/JQBC6—93	上海桑塔纳轿车飞轮铸件	四等奖	上海汽车铸造总厂
1994	Q/JQAA228—91	上海桑塔纳轿车遮阳板技术条件	四等奖	上海延锋汽车饰件有限公司
1995	Q/JQAQ1—1994	上海桑塔纳轿车变速器总成技术条件	二等奖	上海汽车齿轮总厂
1995	Q/JQBF301—1995	SESH14压缩机总成	三等奖	上海易初通用机器有限公司
1995	Q/JQAD109—1994	出口拖拉机技术条件	三等奖	上海拖拉机内燃机公司
2002	标准体系	建立公司技术标准体系	一等奖	上海汇众汽车制造有限公司
2004	标准体系	延锋伟世通技术标准体系	二等奖	上海延锋伟世通汽车饰件系统有限公司
2005	论文	别克凯越系列乘用车产品标准研究	一等奖	泛亚汽车技术中心
2005	Q/JQBF314—2004	汽车空调用SE10B30压缩机总成技术条件	一等奖	上海三电汽车空调有限公司
2009	GB/T 1147.1—2007	中小功率内燃机第一部分:通用技术条件	二等奖	上海内燃机研究所
2012	GB/T 24937—2010	全地形车安全防护装置	二等奖	上海动车检测中心
2012	GB/T 24930—2010	全地形车燃油箱安全性能要求和试验方法	三等奖	上海动车检测中心
2012	GB/T 24931—2010	全地形车照明和光信号装置的安装规定	三等奖	上海动车检测中心
2012	GB/T 24927—2010	全地形车安装带及其安装固定点要求	三等奖	上海动车检测中心

资料来源:上海汽车集团股份有限公司技术管理部

四、专利管理

1995 年 10 月，上海汽车研究所任志申、钟伯光获国家轻型客车发明专利，上汽专利权实现零的突破。

2000 年以后，上汽开始加强公司专利管理，成立企业专利技术联络网，组织专利技术培训。2003 年 1 月，制定执行《专利管理办法》，规定专利管理部门为技术质量部，其主要职责是：研究集团专利战略，编制专利规划和专利工作计划；组织企业知识产权管理员业务培训，开展专利法及专利知识宣传和培训；推进职工发明创造活动；协助处理专利纠纷和专利诉讼事务；对专利发明人实施奖励，对专利管理先进人员和维护集团无形资产权益的行为进行表彰。该办法规定专利管理主要内容是：督促企业设立知识产权管理岗位，完善专利申请相关程序；加强专利利用和权益保护；对企业专利权及专利申请状况进行统计分析与评估，估算企业专利资产；专利管理工作列入集团评价企业管理和技术创新工作业绩内容；依据集团规定给予企业专利管理工作奖励或处罚。2005 年，上汽获得的专利授权数首次超过 100 个达到 140 个。

2008 年 6 月，上汽将专利管理纳入内控流程，明确 3 个控制目标和 6 个关键控制活动。同时，鼓励企业申报上海市知识产权示范企业、上海市知识产权优势企业和上海市专利示范企业。

2011 年 10 月，上汽设立专利奖，决定每年评选一次，与技术创新奖评选同步，并规定发明专利各等级奖励金额。当年，上汽专利授权超过 1 000 个达到 1 152 个。2012 年，对专利管理进行汇编，明确 5 个控制目标和 5 个关键控制活动。2015 年，公司决定提高专利奖奖励额度，发明专利一等奖 30 万元、二等奖 20 万元、三等奖 10 万元、实用新型专利奖 5 万元、外观设计专利奖 5 万元；新设发明专利授权奖励，每项发明专利授权奖励 2 万元。当年，上汽专利授权数达到历史最高纪录的 1 738 个。

1995—2015 年年底，上汽累计申请专利 13 581 件，其中发明专利 3 276 件、实用新型专利 7 552 件、外观设计 2 753 件；累计专利授权 10 145 件，其中发明专利 950 件，实用新型专利 6 688 件，外观设计专利 2 507 件；其中集团作为权利人累计申请专利 2 239 件，其中发明专利 787 件、实用新型专利 843 件、外观设计 609 件；累计发布专利奖 90 个，其中发明专利一等奖 11 个，发明专利二等奖 19 个，发明专利三等奖 38 个；累计发放专利奖奖金 709 万元。

至 2015 年，华域三电汽车空调有限公司、上海小糸车灯有限公司和上海汽车制动系统有限公司 3 家企业获上海市知识产权示范企业称号；上海汽车集团股份有限公司、联合汽车电子有限公司和联创汽车电子有限公司 3 家企业获上海市知识产权优势企业称号，上汽大众汽车有限公司、上汽通用汽车有限公司等 10 家企业获上海市专利示范企业称号，延锋江森座椅有限公司、上海纳铁福传动轴有限公司等 19 家企业获专利试点企业称号。

五、产学研管理

20 世纪 80 年代起，上汽及所属企业开始与上海及全国知名的高等院校、科研院所建立产学研合作关系。

1996 年 2 月，上海首家以产学研为载体、校企合作为纽带的新型科技基金会上海汽车工业科技发展基金会成立。同时，上汽集团确定由公司技术部负责产学研管理，上海汽车工业科技发展基金会(简称上汽科技基金会)则成为上汽产学研合作的主要平台。同月,该基金会制定《上汽科技基金会管理实施细则》,规定产学研所需基金收入、使用和保管,产学研项目评审要求和流程,奖励等级、奖金数额和奖金发放,获奖成果知识产权权属和保护等。

2015年3月,上汽科技基金会制定《项目管理制度》规定产学研宗旨是围绕上汽技术创新战略、规划或技术型谱,重点聚焦资助原理技术研究和前瞻技术研究课题;产学研课题项目每年收集、受理、筛选并进入课题库;产学研项目由上汽科技基金会秘书处向相关高校(科研院所)科研管理部门发布招投标指南公开招标;基金会秘书处选择专家组成评标小组,对参加投标的高等院校和科研院所的标书进行评标,评标结果交基金会秘书处审核后,报送基金会秘书长、副理事长批准,最后由秘书处通知中标单位;制度还规定产学研项目中标后的实施流程。

项目实施过程中,上汽科技基金会秘书处定期召开会议,了解项目合作和研制进展情况。科研项目完成后,秘书处组织5～7名专家组成项目验收评审小组,项目承担单位和合作单位各派2～3人参加验收评审,最后,项目验收证书由上汽科技基金会秘书处审核盖章,转入企业实施成果转化。

六、《上海汽车》

《上海汽车》杂志为月刊,中国标准连续出版物号 ISSN 1007－4554／CN 31－1684/U,由上海汽车工业(集团)总公司主管、上海汽车集团股份有限公司主办,是经国家新闻出版总署批准公开发行的科技期刊。

《上海汽车》于1974年由上海市拖拉机汽车工业公司拖拉机汽车研究室筹办试刊,最初刊名为《上海拖汽》。1975年,《上海拖汽》正式创刊,初为季刊,主要面向行业内部系统,发行量有限。同时创刊的还有《拖汽译丛》,初期为不定期发行。1977年1月,《上海拖汽》与《拖汽译丛》正式公开发行。1980年,两刊合并,更名为《汽车·拖拉机》,继续为季刊。

1994年《汽车·拖拉机》更名为《上海汽车》,为双月刊,1997年改为月刊,2007年成为上海市汽车工程学会会刊,2010年1月版面调整为大16开,页数增至64页。

《上海汽车》办刊宗旨和方略是:立足上海,面向全国,反映全球汽车科技趋势,报道汽车新技术和新成果,研讨中国汽车产业发展的重点和热点,是汽车行业专业技术人员、高校师生和经营管理人员交流科技和产业成果的学术平台。《上海汽车》主要刊登汽车行业的产业理论、技术趋势、新能源汽车、智能网联汽车、设计研究、制造试验、工艺材料、相关科技、技术经济、经营管理等方面的文章和论文。《上海汽车》刊登的论文已被中国核心期刊(遴选)数据库、中国知网、万方数据和国研网等国内著名数据库收录。

作为《上海汽车》主管、主办单位的上汽集团,对出版单位《上海汽车》编辑部履行管理职能,定期对《上海汽车》办刊方向、内容策划作检查指导,关心和解决办刊过程中出现的各类问题,并对其人员和财务等方面进行有效管理。

《上海汽车》设有编辑委员会。历届编辑委员会均由汽车界知名专家、教授和企业家组成。第八、第九届编辑委员会主任为上海汽车集团股份有限公司总裁、教授级高级工程师陈志鑫。编辑部成员共有6人,由上汽集团战略研究和知识信息中心在职员工兼任。

《上海汽车》拥有国内外发行和广告经营的正规渠道,国内发行通过邮局发行(邮发代号:4—539),海外发行由中国图书进出口总公司总发行(发行号:ZW003)。《上海汽车》全年定价72元,运行与经营的收支平衡稳定。2015 年发行量为 1.8 万册。

第三节 信息化管理

一、信息化管理制度

2002 年，上汽制定实施《计算机信息系统管理办法》，规范信息系统设计开发、信息传递和运行维护等管理。2006 年，信息化管理成为公司内控制度组成部分，包括文档、规划、预算、人员、项目管理和信息安全组成的 PMO 管理制度，开发设计策略、开发设计框架 SAFE 和开发设计规划标准组成的开发管理，业务应用系统实施管理，机房、硬件设施、网络、操作系统、数据库、软件平台、存储备份、安全基线、数据中心组成的基础设施管理，资产与配置、系统运行、事件问题、系统变更、系统账号、OA、业务连续性和知识库组成的运维管理，SC 章程和 SC 模板组成的 SC 管理共 6 个方面的管理制度，以及 12 项附录制度。2007 年 1 月，制定《信息安全制度》和《IT 运维规范》。2008 年，初步制订包括内部审计流程在内的信息安全体系架构；完成总部内控手册《计算机信息系统管理》章节，通过规范信息系统安全管控，实现公司财务及相关系统的安稳运行。2009 年，建立 IT 管理制度和技术标准文档发布的统一流程，并进入公司内控制度。2010 年，改进项目实施流程，完善项目管理要求，落实项目 TOLLGATE 评审汇报机制、PMO 周期 REVIEW 项目机制、项目评分机制、供应商管理体系等，形成《SAME 方法论》并发布，作为公司信息系统实施统一规范。2011 年，参照信息安全管理体系国际标准，重新梳理公司信息安全管理要求，编制完成信息安全管理体系文档；公司信息系统部获得 ISO/IEC27001：2005 认证证书。2013 年，编入《内控手册》关于计算机信息系统流程有《信息安全管理》《信息资源申请使用及日常维护管理》《系统开发及变更管理》，涉及 14 个控制领域 35 个控制目标和 113 个控制点。2015 年，上汽集团信息战略和系统支持部获得 ISO/IEC27001：2013 认证证书。

二、公司层面信息化管理

改革开放以来，上汽信息化建设和管理经历计算机单机应用管理、小型机系统与局域网应用管理、IT 整体规划与推进办公自动化、集团 IT 管控与实体运作并存、数字化转型 5 个发展阶段。

【单机应用管理阶段】

1982 年 9 月，公司总部购进首台微机，进行简单的统计报表数据处理。1986—1988 年，总部累计投资 60 万元购买 10 多台计算机并开发人事、工资、统计和进出口等几十个单项计算机管理软件，推进 OA 办公管理系统项目。1989 年年初，开发实施计算机《管理信息查询系统》，将原单项应用软件数据处理进行集成。同年 10 月，开发的《公司技改项目管理》和《上海桑塔纳轿车国产化项目管理》等软件投入使用，并获得 1991 年度上海市科技进步三等奖。

【小型机系统与局域网应用管理阶段】

1990 年年底，上汽《"八五"计算机辅助管理规划》立项实施。根据该规划，总部投资 450 万元，先后于 1991 年 5 月购进包括 20 多台终端的美国 IBM 公司 AS400 小型计算机系统，1993 年年初与启明软件公司合作开发《计算机管理应用系统》并在小型计算机系统运行,该应用系统包括生产制造、综合统计、投资项目、固定资产、产品质量、利用外资、科技、劳动工资、办公事务、系统维护等12个子系统,以后又增加干部管理、企业概况、经济目标实施情况跟踪等子系统。至1995年,总部通过路由设备建立起公司管理信息系统SAIC/ MIS局域网,终端扩展到50余个,同时总部员工全部通过计算机应用操作培训,初步实现总部办公自动化。

1998年,上汽启动位于上海市威海路的总部新办公场所上海汽车工业大厦项目建设,同时实施该大楼智能化办公项目,包括信息集成管理自动化、计算机网络、结构化综合布线、数字式程控交换机、无线通讯、卫星有线、楼宇自动化控制、会议、智能科技车库管理和机房工程共11个信息系统。1999年,建成公司电子邮件平台,在该平台陆续推广开思OA等其他应用软件,总部与所属企业全部贯通并使用统一邮件平台。2001年,上汽大厦智能化办公项目竣工验收投入运行,并被上海市科委和上海市信息办认定为国内先进水平。2003年,该项目获上海市企业管理现代化创新成果二等奖。

【整体规划与归口管理阶段】

1999年10月,根据上海市政府关于做好计算机2000年问题应急计划制订和演练的部署,上汽制定下发《Y2K(即计算机"千年虫")应急计划方案》,组织各企业计算机系统演练测试。2000年1月,整个公司计算机系统实现2000年零点平稳过渡。同年3月,决定调整集团信息化领导小组,由总裁胡茂元任组长,副总裁蒋志伟和陈因达任副组长,下设工作小组。同月,下发《关于开展集团信息化工作的通知》、召开信息化建设推进大会。4月,成立上海汽车信息产业投资有限公司,由其负责公司信息化归口管理并兼管上汽总部信息化规划和运行维护,信息化建设进入集团整体规划结合归口管理阶段。同年,编制《IT"十五"规划》,确定形成公司管理信息系统和决策支持系统、各专业公司专用信息管理系统、企业制造资源计划管理系统和计算机集成设计制造系统3层框架和五大系统,确定推进ERP管理、继续推广CAD/CAM应用、加快办公自动化进程、探索电子商务和建立集团网络平台的5项措施。

【整体管控与实体运作并存阶段】

2007年,上海汽车集团股份有限公司分支机构乘用车分公司、技术中心和商用车技术中心相继成立后,上汽设立信息系统部,负责统一管控集团信息化工作,同时直接承担分支机构的IT业务,上汽信息化工作进入整体管控与实体运作并存阶段。

在整体管控方面:2006年,制订实施《上汽股份IT/IS长远规划》。2007年,制订实施《信息系统安全制度》,对信息系统安全的物理环境、登录权限、病毒防治、网络安全控制、系统变更、灾难恢复等作出规定。2008年,制订实施《商用车技术中心IT五年规划》,指导下属企业制订IT五年规划和落实《信息安全制度》和《IT运维规范》,初步制订包括内部审计流程在内的信息安全体系架构。2009年,修订《上海汽车信息化建设五年滚动规划(2010—2014年)》,建立管理制度和技术标准文档发布统一流程,完成上汽总部与二层次、三层次企业信息联网,开发实施覆盖上海汽车工业(集团)总公司、上海汽车集团股份有限公司和华域汽车系统股份有限公司的上汽财务合并报表信息系统。2010年,制订实施《上海汽车信息化建设"十二五"规划》,发布"SAME方法论"作为公司信息系统运作的统一规范,开发为经济运行部、下属各整车厂、财务和金融公司提供实时准确经销商销售和库存信息的信贷风险控制项目,启动实施主机数据防泄露、网络数据泄露监控、全盘加密、移动产品加密等信息安全防护技术在内的数据中心信息安全体系,做好上海世博会期间信息安全工作,对下属海内外企业进行信息系统安全审计。2011—2015年,信息系统部在乘用车分公司推进系统板块运维和应用开发板块,支持自主品牌各地业务,关键系统完好率99.98%,非关键系统完好率100%。

在上汽乘用车分公司和技术中心实体运作方面:2008年,完成公司安亭数据中心建设并实现每周7天每天24小时运维,完成国内领先国际先进的涵盖工程、采购、生产、售后服务和异地多平台生产的BOM管理系统一期工程、上海和英国同时上线的达到国际先进水平的PDM二期系统升级工程、PQCP产品质量控制与管理流程系统工程、临港基地IT基础设施建设和各应用系统工程以及SAP、IMES集成的制造执行系统等工程,完成南京名爵工厂的IT规划和基础设施改造整合并启动PDM/GBOM系统实施。2009年,完成南京浦口基地整车信息系统、英国技术中心GBOM系统、被列为国家"两化融合"试点项目的浦口发动机厂PTMES制造系统、上海和南京基地上线使用的PR-ONLINE电子采购流程系统等工程建设,启动EP电子采购平台、制造工程DELMIA和VMS车辆管理等系统建设。2010年,完成英国工厂IP22EU项目、达到国际领先水平的EGPS全球采购系统一期项目、英国和南京基地的PQCP产品质量控制系统等项目建设,改造仪征一厂SAP_BOM接口、仪征二厂IT系统和临港工厂IT系统等,启动售后BOM和WMS售后仓库管理等系统建设,继续拓展包括系统分析设计、软件开发过程管理的统一的应用系统自主开发平台。2013年,乘用车分公司数据防泄漏项目上线使用。

在商用车技术中心实体运作方面:2008年,完成该中心IT五年规划制订和IT一期项目实施。2009年,主导与支持该中心PDM项目开发与实施。2010年,完成该中心PDM和BOM系统开发实施,并在上汽商用车无锡制造基地进行SAP(ERP)和MES制造执行系统等系统的开发,当年进入测试。

2010年年末,上汽建成统一覆盖集团总部、乘用车分公司、乘用车和商用车2个技术中心、位于南京和仪征的自主品牌制造和技术开发基地,位于英国长桥的技术开发和生产基地,以及韩国双龙的信息化平台。上汽总部信息系统建设和管理达到国内领先,并逐步向国际先进水平发展。

【数字化转型阶段】

2011年起,上汽乘用车分公司完成支持制造核心流程OTD的完整系统、支持研发核心流程GVDP的关键系统PDM和GBOM,并将整套系统完整复制于上汽大通汽车有限公司的初创阶段,在逐渐形成适合商用车业务的信息系统后,将该系统推广至公司其他商用车企业。

2013年,信息系统部建成应用于集团电商项目的市场统计数据平台,实施车联网战略研究。2014年,上汽集团与阿里巴巴集团签署共同实施互联网汽车项目的战略合作协议,互联网汽车项目开始启动;完成电商大数据平台初步建设。同年,公司信息系统部更名为信息战略和系统支持部,进一步强化数字化转型。

2015年9月,上汽集团成立大数据项目组,开始实施云计算基础设施建设及运营方案,引入私有云技术架构,金桥云计算中心一期项目建成后,车享电商、互联网汽车业务应用系统顺利迁入,系统可用率大于99.96%。信息战略与系统支持部为搭建集团大数据与云计算平台做好基础架构工作,集团数字化转型进入实际操作阶段。

三、企业层面信息化管理

【办公自动化】

2000年8月,上海汽车股份有限公司汽车齿轮总厂在所属企业中率先启动OA办公自动化项目。2001年,上汽全面推行OA办公自动化。2002年,由上海汽车信息产业投资有限公司与开思公司合作开发的OA办公自动化系统上线,公司所属40多家二层次企业和总部实现联网办公自动化,网上办公用户达到3 000多个,公司总部和企业开始取消纸质公文流转,总部当年完成4 000多个文件网上流转。该项目于2003年分别获得OA办公自动化国际学术研讨会暨展览会典型应用系统奖和上海市企业管理现代化创新成果二等奖。

【研发信息化】

1982年10月,上海拖拉机汽车研究所首次运用计算机辅助车身外形设计,标志着国内汽车工业汽车车身外形设计手段从传统转向现代。1993年,上海离合器总厂在计算机工作站运用CAD/CAM技术设计产品及模具,并在公司召开的CAD/CAM应用技术演讲会作交流。1994年,上海汽车锻造总厂运用CAD/CAM开发锻件模具并达到国内先进水平,1995年该厂应用计算机技术开发的产品达到37个;上海纳铁福传动轴有限公司运用计算机开发的产品与奥迪、捷达、红旗、神龙等品牌配套。至1996年,上汽集团所属零部件企业的技术中心CAD/CAM应用基本普及。

与此同时,整车设计也开始普遍应用计算机技术。1996年,上海汽车工业技术中心自主开发的6606面包车,是上海第一辆完全由计算机设计完成的整车。1997年,泛亚汽车技术中心有限公司成立后开始使用CAD/CAE工具,通过三维数据模型、辅助工程分析设计开发轿车产品。2002年,上海小糸车灯有限公司新建技术中心后车灯和模具均采用CAD手段。2004年,上海大众汽车有限公司、上汽通用五菱汽车股份有限公司和上汽集团汽车工程研究院均加快研发信息化进程,其中上海大众汽车引进德国大众KVS产品数据管理系统和DMU数字式全尺寸模型并购买使用CAD/CAE软件,上汽通用五菱开展CAE/CAT计算仿真设计并成立仿真分析部门,上汽工程院开发应用PLM自主品牌汽车设计平台和PDM系统。2006年4月,上汽技术中心开始建设PDM产品设计和发布工程系统,同年11月项目投入运行,后于2007年和2009年先后在上海汽车英国技术中心和上海汽车南京技术中心上线应用。至2010年,CAD/CAM/CAE/POM应用已覆盖上汽集团近90%的企业,基本实现产品开发的信息化。

2012年,完成知识管理战略、组织内容、流程技术为主导业务导向的知识管理系统构建,形成SMTC自身设计和分析相关业务流程和管理规范;开发应用嵌入式软件开发管理系统,支持汽车电子软件体系构建;结合SMTC安亭2-2项目建设,完成CAD云计算和虚拟研发环境构建,优化资源配置,提升整个协同研发体系的运作效率和知识产权保护。

【制造信息化】

1988年10月,上海大众汽车建成采用计算机控制日产能力200辆的轿车总装流水线,计算机管理首次进入上海汽车工业制造领域。1994年,公司推行精益生产方式,延锋伟世通汽车饰件系统有限公司等企业使用ERP软件运行MRP(物料需求计划),实现精益生产的准时化生产、适时供货和"零库存"。1996年开始,上汽集团以上海汽齿总厂、上海汇众汽车有限公司为重点,以点带面推广应用 MRPII 企业制造资源集成系统。1997 年上海通用汽车有限公司组建之初,开发和优化 SAP 和 GEPICS(全球生产信息与控制系统)软件,建立当时汽车制造最先进的柔性化生产调度系统。1999 年,上海大众汽车引入德国大众 FIS 标准生产信息控制系统基本模块,在此基础上自主开发该系统的上海大众汽车扩展系统 LES,实现订单化生产,形成完整的制造执行系统平台。2003—2010 年,上汽通用五菱对河西基地东部工厂和西部工厂以及青岛分公司制造基地的 4 个整车项目和 2 个发动机项目实施制造质量信息系统建设。2007 年,上汽汽车仪征基地制造执行系统上线执行。2008 年,上汽乘用车分公司临港基地建立制造执行信息系统。此后,该项目于 2009 年和 2010 年 1 月,先后在南汽集团南京浦口基地和英国长桥基地运行延伸,其中南京浦口系统与上海临港系统的统一版本被定为 2010 年度上海市推进信息化与工业化融合示范项目。至 2010 年,上汽集团企业制造资源集成系统基本覆盖所属制造企业。

2012 年,围绕 OTD 流程创新不断改进,实施车辆上牌分析系统和网络营销系统改造;在南京浦口实施电子选料系统,配合 IMES(制造执行系统)的 SPS 模块,提高生产精益性。2014 年,完成上汽泰国公司的 SAP、IMES 及 DMS 项目,保证工厂生产启动和运转。2015 年,完成 BP31 车辆在线灌装系统开发,实现上汽产品在泰国及海外的在线灌装及在线诊断。

【采购信息化】

2002 年 5 月,上汽开发采用 ORACLE 电子采购技术并处国内领先水平的网上电子集中采购系统,同年 10 月在 6 家企业运转试行。至 2003 年年底,已有 20 家零部件企业运用该系统网上采购非生产性物资。

同时,拥有大量采购业务的整车企业开始推进信息化采购。上海大众汽车的采购信息化以 CSC 采购信息系统为主线,2001—2002 年完成开发,2003—2005 年增加国产化信息接口并建设 BIDLINK 供应商在线竞价系统,2006—2008 年实施二期项目增加供应商主数据管理模块,2009—2010 年实施三期项目增加合同和订单制作模块,并实施 EPMS 一般采购系统。上海通用汽车于 2006 年建设国内汽车行业第一家全面管理采购流程的信息系统 E - PROCUREMENT,至 2010 年,其作为该公司唯一的采购电子化信息系统,已覆盖上海金桥、沈阳、烟台 3 个生产基地和 95% 以上采购业务。上汽通用五菱汽车股份有限公司于 2006—2007 年开始对物料拉动及排序业务进行优化,2010 年,对生产采购和一般采购价格审批进行系统优化。上海汽车集团股份有限公司乘用车分公司于 2009 年启动采购信息化一期项目建设,2010 年 6 月系统上线运行后,同年 11 月电子采购平台二期项目开始实施,2011 年上线运行,实现 GPS"全球采购"。

【销售服务信息化】

1992 年,上海汽车工业销售总公司作为上海桑塔纳轿车总经销,购入美国 IBM 公司 AS/400 系列 E45 小型计算机,开始探索汽车销售信息化管理。此后,该公司于 1993 年建立包括财务、销售、储运、材料供应等软件的 AS/400 管理信息系统,1997 年,公司本部与 49 家合资公司、8 个分销中心实现计算机联网。

进入 21 世纪,上汽整车企业及其销售机构开始大量运用信息技术推进销售服务信息化。上海通用汽车于 2000 年建成 DMS 经销商管理整体信息系统,并成为国内汽车行业第一家全面实施 DMS 的整车厂。此后,该公司先后于 2006 年开发并运行 DM 分系统,2009 年增加二手车收购销售信息模块和 SMART 整车销售管理分析决策支持系统,2010 年运行 CEM 客户体验管理系统。上海上汽大众汽车销售有限公司于2002年开始运行CRM客户关系管理系统并成为国内汽车营销服务领域IT技术应用的经典案例。此后,上海大众汽车和上汽大众销售先后于2003年推出国内首套SAIS-DMS汽车经销商管理系统,2006年5月完成ASMP售后服务管理平台并上线,2007年建立ADS新一代经销商管理系统,2009年实施OMD订单管理系统。上汽乘用车分公司于2007年荣威750上市前推出市场营销信息系统,上南全面合作后于2008年完成与南京基地对接的市场营销信息系统整合,该系统在配件销售方面开发的潜在客户管理系统,具有上汽乘用车营销服务IT系统特色。2010年,该公司完成英国基地系统建设,增加海外业务渠道管理,实现销售售后各系统多语种改造,该系统成为上汽乘用车具有全球化特色的市场营销信息DMS系统。2011年,完成WMS(售后仓库管理系统)项目,为销售和物流中心零配件管理服务。

第五章　财务与资本管理

1956—2015年,上汽均设有财务管理机构,负责会计核算、财务报告、资金运作、预算控制、利税管理等业务。2006年,开始设立资本运营部,负责上市公司运作和兼并收购等业务。

第一节　机　构　设　置

一、财务部

1955年12月,上海市内燃机配件制造公司成立后,下设财务科。至1966年,该公司虽历经合并和更名,但财务科建制和名称均未变化。1967年9月,公司因"文化大革命"设立革命委员会,下设生产组,财务工作由该组管理。1970年9月,上海市拖拉机汽车工业公司革命委员会设立财务组。

1984年7月,上海汽车拖拉机工业联营公司成立,下设财务部。1985年10月,财务部改为财务处。1987年12月,公司企业管理处、审计室并入财务处。1990年3月,公司更名为上海汽车工业总公司,总部处室改回部室建制,财务处改为财务部。1991年12月,审计工作划出财务部,单独成立公司审计室。1994年7月,财务部设立主管企业管理的企业管理研究室,1995年该研究室从财务部划出。

1995年9月,上海汽车工业(集团)总公司(简称上汽集团)和上海汽车有限公司(简称上汽有限)同日成立。上汽集团设立主管财务的资产经营部,上汽有限设置财务部。1998年1月,上汽有限转制为上市公司后,该部室转为上汽集团总部机构,财务部与资产经营部合署办公。

2004年年末,上汽集团发起成立上海汽车集团股份有限公司(简称上汽股份)后,上汽集团继续设置资产经营部,上汽股份设立财务部。2007年7月,上汽股份财务部因公司完成工商注销而停止运作。同年9月,上海汽车股份有限公司(简称上海汽车)更名为上海汽车集团股份有限公司后,设立财务部。2008年2月,上汽集团资产经营部改为财务部。2011年12月,上海汽车集团股份有限公司整体上市并简称上汽集团,上海汽车工业(集团)总公司相关业务由上海汽车集团股份有限公司托管,不再设置财务部等总部机构。

公司财务部于1995年制定《上汽集团财务管理办法》,并分别于1996年、2000年、2002年、2009年、2011年5次修订完善。2011年,制定《上海汽车技术转让费/提成费管理办法》,建立或参与建立《货币资金管理》《预算管理》《财务报告管理》等10项内控制度,共涉及28个关键业务流程。2012年,重点修订完善委托贷款、金融衍生业务、银行账户管理和日常大额支付权限等关键内控流程。2013年,整理补充和修订财务条线内控制度,明确各项财务会计业务操作流程、审批权限、上报资料等,编制成册下发实施,初步实现集团财务内控制度的统一。同年起,上汽集团对下属企业的法定会计师实行集中管理,在保留原先二层次控股子公司法定会计师基础上,由集团同意聘请并承担审计费。2015年,完成上汽集团《资金集中管理》制度修改审批并下发实施,修订完善《委托贷款管理》《货币资金管理》等内控制度,起草集团《境外企业资金管理办法》草案,作为集团财务集中化管理的措施之一,

2009年7月,财务部启动财务信息系统项目,于2010年11月上线,公司合并范围内各层次子

公司及合营企业、主要联营企业实现通过该系统上报财务报表基础数据。财务部以上海汽车集团财务有限责任公司为资金管理平台,建立现金管理系统,统一支付流程,统一信息平台,2011年和2012年先后对财务信息系统进行优化和版本升级。2014年,顺利完成集团总部SAP系统上线。

至2015年,上汽集团财务部下设预算科、投资科、资金科、会计科、综合管理科和海外业务科6个科,配备36名业务人员,主要职责是:负责建立健全公司财务管理和相应内部控制体系,组织开展会计核算、财务报告、资金运作、预算控制、投资评价、资产经营、关联交易转移定价等方面的管理与监督,正确反映公司经营业绩,为实现公司资产保值增值和管理层重大决策提供依据。

二、资本运营部(证券事务部)

1995年9月,上海汽车工业(集团)总公司成立后设立资产经营部。2004年,上汽集团发起设立上海汽车集团股份有限公司后,继续设立资产经营部。2007年7月,上汽股份完成工商注销。同年9月,上海汽车股份有限公司更名为上海汽车集团股份有限公司,上海汽车设立资本运营部。2008年2月,上汽集团调整总部机构不再设立资产经营部。2011年12月,上海汽车集团股份有限公司整体上市并简称上汽集团后继续设立资本运营部。2015年4月,资本运营部的收购与兼并、直接融资等职能划入新设立的金融事业部,资本运营部更名为证券事务部。

上汽集团先后实现整车业务和整体上市后,根据规范上市公司运作的要求,资本运营部完成《投资者关系管理制度》《重大信息内部报告制度》《信息披露事务管理制度》《募集资金管理制度》《关联交易管理制度》等公司内控制度的制定,并组织实施。

至2015年,证券事务部下设证券事务科和并购管理科2个科,业务人员7人。部门执行总监/总监一般兼任上海汽车集团股份有限公司证券事务代表。该部主要职能是:按照法律法规和监管机构监管要求,组织实施上市公司信息披露、处理管理投资者关系、规范上市公司运作,参与公司兼并收购事务、策划实施资本市场投融资、提高资本运作效率,协助筹备公司股东大会、董事会和监事会等会议,与监管机构保持密切沟通、接受业务指导和质询,研究国家产业政策及证券发行法律法规,及时准确为公司提供本行业资本市场信息,跟踪公司上市股票在二级市场表现并定期编制书面报告,组织实施公司总部证券投资和金融投资业务,对下属公司证券投资和金融投资业务进行管理指导等。

第二节　预　算　管　理

一、预算编制

改革开放以后,上汽在合资并引进先进技术的同时,引入管理包括财务管理的先进理念和方法。1985年,上海大众汽车有限公司引进德国大众汽车公司全面预算管理系统,编制中期计划和年度预算,并进行预测分析评价。1989年,上海纳铁福传动轴有限公司吸收合资外方经营预算管理方法,以年度预算为主建立3—5年滚动预测。1994年,延锋伟世通汽车饰件系统有限公司借鉴美国福特汽车公司财务预算管理体系,推行全面预算管理。

在所属部分合资企业先期开展预算管理基础上,上汽开始推行公司层面的预算管理,于1991年制定实施《国营企业成本管理实施办法》,规定成本管理由成本核算、成本费用、成本降低3部分组成,企业应实行成本归口管理及责任制。1995年1月,制定实施《财务管理办法》,规定企业应建立成本分析制度,编制制造、管理、财务和销售等费用预算等。2002年10月,向各企业下达预算编制指导意见,各企业开始编制下年度预算并报公司财务部汇总,财务部协调平衡后汇总编制年度公司财务预算和指标分解草案,提交总裁办公会议通过和董事会审批,获批后下达执行,同时上报上海市国有资产监督管理委员会。2003年1月,根据国家财政部《关于企业实现预算管理的指导意见》,制定实施《预算控制管理办法》,对财务预算控制目的、组织机构、编制要求、内容类别、批准、执行控制和考核等作了规定。

2007年开始,上汽财务部根据上海市国资委要求,同时开展集团财务预算和国资经营预算的编制,集团财务预算报告主要包括企业财务预算报表和企业财务预算情况说明书;国资经营预算报表主要包括国资经营预算综合表、国资经营预算主表和分类辅助表。2008年6月,上汽编制《内部控制手册》,预算管理独立成章,规定预算政策、预算制定调整和审批、预算执行与监控、预算分析考核等,明确预算管理13个内控目标和26个关键控制点,进一步明确集团预算管理工作在董事会领导下,由财务总监负责,财务部作为归口部门,负责编制、管理、协调集团总部和企业预算管理工作。根据集团规定,各企业都建立预算管理委员会或预算管理部门,并对子公司实施财务预算管理。

2009年,开始推行全面预算管理。截至2010年年底,所属企业基本都建立了全面预算管理模式,预算管理在上海国资系统处于领先水平。2012年,根据上汽集团2012版内控手册规定,由总裁专题会议代为执行预算委员会职能,并确定各企业和部门主要负责人为预算管理第一责任人。在具体编制预算时,各企业预算委员会应在每年11月底前完成下一年度预算编制,并报上汽集团财务部,由财务部汇总后报预算委员会审议,形成上汽集团国资财务预算报告草案报上海市国资委。

二、预算执行

2003年,上汽《内控制度》规定:年度预算下达后原则上不作调整,特殊情况确需调整,须先报总裁办办公会议审核后再报董事会批准;明确建立预警监督机制,通过滚动月度预算,及时发现预算偏差;实行经营预算月度或季度定期分析制度,及时发现差异及影响预算执行因素,采取措施确保预算实施。2008年,新编的《内控制度》规定:预算调整要逐级申报,先报集团财务部同意汇总,而后报总裁办公会、董事会批准后生效;财务部定期整理编制预算执行情况和滚动预测报告,报总裁办公会审议。此外,《内控制度》还规定上汽集团加强对预算执行的内部审计。同年,上汽集团归并预算和预测工作,实行新的《下属企业月度滚动预测报告》,编制既可转换成新会计准则又可转换成结构成本的报表,并细化编报内容,将收入和成本等重要科目明细至各产品,将3项费用明细到重点关注的各项费用,以便更精准监督和掌控各企业预算执行情况。

2010年,上汽在推行全面预算管理中加强对收入、成本、费用、利润、净资产收益率等关键指标的跟踪、分析和控制,做好滚动预测与比较、预算与实际差异分析和利润增减因素分析,强化预算管理效果。财务部采取每半年召开一次财务经理会议、定期与下属企业财务经理沟通以及对预算完成情况不理想企业重点调研等措施,及时了解和掌控企业预算执行和经营动态变化等情况。

三、预算评价考核

1999—2000年,上汽将预算执行情况纳入企业经营业务考核范围进行绩效评估和考核。财务部每年依据各直管企业预算数据,将销售收入、净利润、净资产收益率、存货周转率和销售利润率等财务指标纳入考核体系,并将考核结果作为集团对企业和领导干部奖惩的重要依据。此外,设立增量效益激励机制激励员工,在预算评价机制上逐步完善与预算挂钩的激励机制。2012 年,推出《上海汽车集团股份有限公司企业经营业绩年度考核办法》,突出将"目标管理"作为年度考评的主要依据。2013 年,开展全面预算自评工作,全面预算编制、执行、监督和评价管理过程处于管控级状态,各企业数据在同一信息平台运行,系统支持数据追溯,监控企业财务运营情况,及时预警风险并高效提供管理分析报表。

第三节　成本、资金与利税管理

一、成本管理

【成本核算内容】

1965 年,公司根据国家财政部规定,确定产品成本项目为材料、工资和费用 3 项。1973 年 5 月,产品成本增加到原材料和外购成品、燃料和动力、工资和职工福利基金、折旧和大小修理基金、低值易耗品、停工、废品损失、销售、简易料棚修建和其他生产费用,合计为 10 项。同年 12 月,又减为原材料、燃料和动力、工资及附加费、废品损失、车间经费和企业管理费 6 项。

1980 年,为促进对外开放和技术引进,上汽执行凡一次结算的引进技术后技术转让费和职工技术培训包括出国培训费摊入产品成本。1981 年 5 月,企业上交利润改为上交税利后,职工福利基金、奖励基金、新产品试制费、科研经费都在税后留利的 5 项基金中分别支付,不再计入成本。1984 年 3 月,执行国务院颁发的《国营企业成本管理条例》,成本开支范围扩大为 11 个项目,新产品试制费、折旧、利息支出、停工损失、销售费用等列入成本。同年 11 月,企业为科研、技术开发和新产品试制而购置的样品、样机、技术引进设计和试验费用均摊入生产成本。同年 7 月,对企业挖潜、革新、改造和技措项目的工资、费用列入成本,以后又规定企业试制新产品而发生的不构成固定资产的人工、材料等消耗性费用以及图纸费用在成本中列支。1985 年 2 月,执行国务院《关于推进国营企业技术进步若干政策的暂行规定》,对企业开发新产品、新技术所必须购置的测试仪器、试验装置、试制用关键设备购置费,单台价值 5 万元以下的摊入当年成本,数额较大的分 3—5 年摊入新产品或全部产品成本,电子计算机单台价格 5 万元以下的摊入成本不再提取折旧。1986 年起,新技术、新产品开发所需费用进入产品成本。1987 年起,增设外部加工费、自制半成品、专用费用、废品损失和大修理费用等成本项目。1988 年 3 月起,执行上海市财政局关于业务活动费的规定,各企业按上年销售额 1.5%提取业务活动费并税前列支计入成本,1989 年 1 月改为以 1988 年核定的业务活动费的 85%为限额,以后又规定全年销货净额或业务收入在 1 500 万元以下的按销货净额或业务收入 5‰、1 500 万元~5 000 万元按 3‰、5 000 万元~1 亿元按 2‰、1 亿元以上按 1‰提取业务活动费并列入成本控制使用。1990 年起,按规定在销售收入中提取 1%的技术开发费,用于新产品开发投产、引进技术消化吸收和国产化,以及新技术、新工艺、新材料的开发和推广应用。

【成本核算方法】

1987 年起,上汽所属企业在核算生产成本方面均有成本计划、生产费用表、商品产品成本表、主要产品单位成本表和车间经费、企业管理费明细表,并按月计算产品生产成本。1991 年 7 月,上汽制定《国营企业成本管理实施办法》,规定成本开支范围、成本基础管理、成本计划、成本分级责任、成本核算、成本分析和监督检查等行为。1993年,开始推行目标成本。

【成本下降举措】

1979年,公司要求下属企业不断降低产品成本,同年产品成本降低3.8%。1982年、1983年成本分别降低4.25%和2.16%。1984年起,因原材料不断涨价,可比产品成本随之上升。

1993年,由于原材料、外购件价格大幅抬高,致使汽车制造成本上升,上汽党政决定开展群众性"双增双节"活动,并于当年6月在上海汽车电器总厂电机二厂召开现场交流会,推广上海汽车电器总厂人人"节百元"和上海汇众汽车制造公司产品"零缺陷"活动,此后群众性"节百元""节千元"活动在所属企业广泛开展形成高潮。1994年7月,上汽年中干部大会要求大力推行精益生产,开展适时供货、准时化生产和系统供货,深入开展"双增双节"活动,实施零库存、零缺陷、零浪费,不断提高经济效益。1994年12月,上汽年度干部大会进一步提出1995年要以精益生产为主线,广泛开展上产品开发、下产品成本的"一上一下"活动。同月,召开精益生产现场交流会,推广上海大众汽车有限公司和上海汽车齿轮总厂实施精益生产,发动员工杜绝浪费、降低消耗、减少库存的降成本经验,并宣布从1995年开始对企业考核以目标价格利润、主要产品制造成本下降等为硬指标,与企业经济效益挂钩,使公司主要产品成本3年内降低5%～10%,其中桑塔纳轿车成本降低15%。经过公司上下共同努力,1995年可比产品成本下降6.68%,销售费用、管理费用和财务成本3项费用下降4.99%。1996年,深入实行上新品、上质量、上规模、下成本的"三上一下"举措,当年可比产品成本下降2.47%,3项费用下降3.68%。1997年,可比产品成本继续下降6.1%。1995—1997年,可比产品成本累计下降15.25%,超额完成3年下降5%～10%的要求。

1998年以后,面对进入世纪之交国内汽车市场竞争日趋激烈以及中国加入WTO带来的挑战,公司继续强化降成本力度,提出可比产品成本每年下降5%的要求,并纳入对企业的经营责任考核目标范围。经努力,1998年和1999年,可比产品成本分别下降6.03%和6.04%,至2002年每年下降5%～6.9%,确保中国加入WTO后公司产品的成本竞争力。2002年以后,成本管理逐步纳入下属企业正常管理和考核范围。

二、流动资金管理

改革开放前,公司资金根据政府规定执行定额流动资金管理制度,资金来源主要由财政核定并按时拨款,少量向银行贷款。至1980年,所属企业定额流动资金供应仍维持1958年由政府规定的财政拨款70%、银行贷款30%,企业资金多余或不足由公司"抽肥补瘦"、调剂解决。

1983年7月起,企业流动资金按国家规定,由中国工商银行上海市分行统一供应统一管理,即按银行信贷政策给予解决,并对不同性质的贷款实行差别利率,促进企业提高资金使用效益,同时财政不再增拨流动资金。1985年5月,上汽组织各企业对历年应收应付账款进行全面清理,至年末流动资金比同年7月底压缩3 000万元。1986年11月,针对资金占用增长大大超过生产增长幅度,流动资金周转速度趋慢的问题,上汽决定将加速资金周转指标列为企业经营管理考核内容,并于1988年制定流动资金管理和业内货款偿付办法,总结推广流动资金管理经验,与交通银行、中国工商银行闸北和徐汇办事处签订委托贷款协议,为工厂解决急用资金,缓和资金供需矛盾。

1990 年，上汽提出"控制总量、压缩一般、适时调节、提高效益"的资金管理方针，分级归口管理流动资金，优先解决上海桑塔纳轿车国产化所需流动资金。各企业通过月度资金平衡与资金分析会，及时调度资金，压缩产成品库存量，清理 1989 年年底以前发出商品、应收及预付货款和其他应收款账户，限期催收，协调清理公司内部三角债，每月上报流动资金借款情况和清理拖欠贷款统计，进一步缓解企业资金供需矛盾。同年为上海桑塔纳轿车配套的 28 家企业中 26 家开展铺底流动资金测算，与中国工商银行和交通银行签订贷款协议，当年提供资金 8 600 万元，1991 年继续提供6 200 万元，满足新增桑塔纳国产件配套资金需求，减少进口配套件外汇支出。1994 年和 1995 年，资金周转天数从 107 天下降至 74 天，最少仅 35 天。1995 年，上汽制定《财务管理办法（试行）》，对现金、银行存款、应收账款、应付账款、预收货款、预付货款、应收票据、应付票据等的记账和管理及存货计价核算、清查盘点、控制分析都予以明确规定。

1997 年和 1998 年，上汽连续 2 年出现应收账款增加周转次数减少的现象。为此，于 1999 年成立由总裁、财务总监和纪委书记领导的"三降"（降成本、降库存、降应收账款）领导小组，领导财务和监察等部室开展清欠应收账款专项工作，当年应收账款周转次数同比加快 1.3 次达到 9.1 次，存款周转次数增快 0.9 次为 9.9 次，但存货数同比上升 12.55％。2002 年起，实现应收账款余额和存货数同时下降、应收账款和存货周转次数同时加快的要求，当年应收账款余额同比下降 45.56％，周转天数加快 11.2 次达到 22.1 次，存货数下降 28.15％，周转天数加快 2.8 次达到 9.3 次。2003 年，应收账款从历史高位的百亿元降到 50 亿元，应收账款周转进一步加快 10.4 次达到 32.5 次，存货周转次数继续加快 3.7 次达到 13 次，"三降"工作取得明显成效。同年，修改完善《应收款管理办法》，规范销售管理和资金管理。

2007 年，上汽制定并实施《税后利润分配管理》《委托贷款管理》《借款管理》3 个规定。其中，税后利润分配规定下属投资企业利润分配原则，即企业盈利并有未分配利润可供分配的，均应实施分利。根据企业资产负债率和年末货币资金情况，决定利润分配比例，财务部负责对各企业利润分配情况进行监督。有特殊原因当年度决定暂不分利或分红比例小于的企业，须在企业董事会召开之前，以书面形式报告集团财务部和相关事业部批准，执行"先分利，再投资"，防止资金沉淀；委托贷款管理规定集团可向投资企业发放委托贷款，解决流动资金短缺。原则上不对集团外企业或单位提供委托贷款。集团董事会和总裁办公会议授权集团财务部门负责办理集团委托贷款业务，并规定相应的审批权限；借款管理规定企业应制定借款业务的授权审批制度，明确授权批准方式、程序和控制措施，规定审批人的权限、责任。集团及集团直接管理企业流动资金借款应按照董事会批准的年度预算实施。

三、资金结算管理

1992 年以前，上汽及下属企业资金直接通过外部银行结算。1992 年 1 月，上汽建立由财务处主管的结算中心，统一办理公司内部资金往来结算。

1994 年 5 月，上汽在结算中心基础上成立上海汽车集团财务有限责任公司（简称上汽财务），承担公司内部资金结算职能。上汽财务针对企业分散全市各地的状况，组建通讯班，上门收单送单。同年 4 季度，上汽财务发展到日均办理企业结算金额 4 亿元的规模。同年 9 月，上汽财务开始扩大结算范围，受理异地收款，从公司所属单位扩大到关联企业和一次配套或有资产关系的二次配套企业，对在北京、沈阳、济南、深圳等上海汽车工业销售分支机构资金集中地实行上门服务。1994—

1995年,上汽资金周转天数从107天下降至74天,企业生产成本明显下降。

1999年,上汽财务在沪内外设立5个服务点,并通过计算机实现联网。2000年,与上海汽车工业销售总公司13个沪外分销中心建立资金结算网络,同时承担上汽所属企业80%的结算业务,日均结算资金超过12亿元。2004年和2005年,先后推出九恒星电子收款结算系统,建立独家开发的收款信息补录系统和现金管理电子结算系统,提高资金周转速度。2008年,上汽财务成为上海唯一首批参加全国电子商业汇票系统的企业财务公司。

2010年,上汽二层次企业在上汽财务开户比例超过95%,资金集中度70%以上;三层次企业开户比例70%以上,资金集中度超过50%;除承担结算功能外,还向资金短缺的所属企业提供贷款服务,降低企业融资成本。2011年,上汽财务成为中国支付清算协会仅有的3家企业财务公司理事单位之一。2014年,与中国人民银行大额支付系统直连,实现电票线上清算;建立上汽财务主导的企业间跨银行多渠道支付平台。2015年,上汽所属企业在上汽财务存款占其报表货币资金的平均比例为:上汽集团控股二层次企业33.6%,其中全资企业59%;华域汽车系统股份有限公司控股二层次企业48.3%,其中全资企业43%。2015年,上汽财务日均结算资金超过100亿元。2015年,制定公司总部电子银行系统实施方案。

四、资金风险防范

1999年,上汽下属新纪元公司发生违规担保案件,为规范所属企业担保行为,防范担保风险,上汽财务部、监察室组织企业自查和重点检查,发现8家企业28份担保合同总金额8.1亿元后,提出整改要求并制定《担保业务管理办法》,规定原则上公司和企业不得对外企业担保,对投资企业担保及担保金额等,必须报公司审核批准。

2001年,根据上级开展"小金库"专项治理的要求,财务部、审计室、监察室等组织专项检查,并制定《货币资金及票据管理办法》,规定企业加强银行账户管理,严格按照规定开设银行账户,办理存款、取款和结算。2008年,上汽编印的内控制度包括《银行账户管理办法》,将账户管理列入内控控制目标及关键控制活动;包括《金融衍生工具管理》,规定下属企业建立本企业金融衍生产品管理制度,设立严格审批权限,只能进行有真实贸易背景的套期保值业务,严禁进行金融衍生产品的投资或投机,只能选择本企业熟悉的、风险可控的金融衍生产品,有效规避外汇汇率风险和操作风险。

2010年,落实上海市国有资产监督管理委员会(简称国资委)下发的《关于印发〈关于加强市国资委出资企业资金管理的意见〉的通知》,上汽探索研究资金集中管理模式。2012年9月,上汽所属上海安悦汽车物资有限公司发生"商商银"钢贸事件,损失2.67亿元,公司与有关银行协商处置"商商银"事件的后续事宜,于2013年基本完成与平安银行、浙商银行等相关银行商定补偿方案的确定和落实。2013年,落实上海市国资委关于国有企业加强资金风险管理的要求,财务部制定实施《资金集中管理办法》,要求企业资金实行统一账户管理、统一管理制度、统一筹资安排、统一支付流程、统一信息平台。2015年1月,公司《内控手册》新增资金集中管理内容,进一步实施以"五统一"为核心的资金集中管理。

五、利税管理

1955年上汽始有公司后,超计划利润部分在扣除应提工厂奖励基金后,上交上海市重工业管理局。1957年起,根据国务院对工厂实行全额利润留成制度的规定,公司对所属企业分别核定利润留成比例。

1979年,公司成为企业性公司试点单位,试行利润留成。上海市财政局确定利润留成以1978年利润总额为基数,按"定比"利润分成计算,留成率4%,超额利润分成提取30%,一定3年不变。公司对各厂也核定利润基数和留成率。1982年,上海市财政局重新核定公司利润留成率,利润基数为6 000万元,留成率19%;每上升1 000万元利润,留成率降低1%,直到15%不再降低。公司根据实际情况也分别对各厂核定利润基数和留成率以及超收分成率。

1983年,国家试行利改税,对国有企业原来上交利润改为试行按55%的比例向国家交纳所得税,对税后利润在保持改革前企业合理留利水平后,再以调节税的方式上交财政。按"环比"计算,国家核定该公司调节税率31.3%,税后留利率13.7%;企业税后利润建立"5项基金",其中福利基金和奖励基金基本上维持上一年水平,后备基金统一为5%,其余核定新产品试制基金和生产发展基金的比例;对于比上年增长的利润部分,减征调节税60%。

1984年,上汽在上海市财政局推行的第二步利改税中,以1983年利润为核定基数,增长利润减征调节税70%,"环比"改为"定比",一定7年不变。1985年,公司在国家全面实行利改税的改革中,经上海市财政局核定税留利率为20.54%,其中生产发展基金(包括新产品试制基金)、后备基金、福利基金、奖励基金分别占34.59%、5%、25.43%和34.98%。公司对各厂测算后,由上海市财政局分别核定各厂5项基金。

1987年,国家推行多种形式的承包经营责任制。同年,上汽与上海市财政局商定停止实行利改税,转而实行承包经营责任制,承包利润和销售税金基数1.5亿元,公司与上海市财政局一头结算,利润增长分成,超基数5%以下的,上交30%,公司留70%;超基数5%以上的,上交20%,公司留80%。公司对各厂年终清算也按此标准计算。

1989年4月,上汽与上海市经济委员会、上海市财政局签订综合承包经营责任制合同变更协议,取消承包流转税,恢复依法纳税,承包标的改为4 310万元,自1989年1月1日起执行。同年,公司制定《上海汽车拖拉机工业联营公司承包经营责任制暂行办法》,决定对所属国有工业企业和供销企业全部实行承包经营责任制,承包内容为每年上交所得税和调节税,承包形式分为上交利润基数包干、上交利润定额包干、上交利润递增包干、生产发展基金分成包干4种。1992年,上汽承包基数调整为5 000万元,实际上交13 885万元,超额部分作承包返回处理。1993年,上汽进行税制改革试点,在所得税税率未确定前,暂估14 299万元,全部上交市财政局,后减免80%。1994年和1995年,确定所得税税率33%,减税率18%,实际上交15%。这两年,上汽利润大幅上升,上海市人民政府为支持和鼓励上海汽车工业发展,对公司上交的所得税作为补充流动资金,全额返回。

2004年5月,上汽颁发执行《企业税后利润分配管理办法》,规范被投资企业利润分配管理。2008年6月,制定《内控手册》,编入《被投资企业利润分配管理办法》,规定对内资企业、中外合资企业的净利润或税后可分配利润的分配原则、分配程序、分配比例,以及对所属企业对其投资管理企业的利润分配等,提出指导要求和参照执行规定,确实履行向投资方和股东分配利润的义务。

2011年,上汽修订《内控手册》,设《税务管理》章,对税务筹划、税务申报和缴纳等流程作了规定,明确14个控制目标和17个关键控制活动。

1956—2015年,上汽利润总额累计4 080.40亿元。1989—2015年,上交国家税收累计6 025.54亿元。

表 3-5-1　1956—2015 年上汽利润、税收总额统计表　　　　　单位：万元

序号	年　份	利润总额	序号	年　份	利润总额	税收总额
1	1956	1 375.4	31	1986	27 862	—
2	1957	2 105.1	32	1987	29 052	—
3	1958	5 428	33	1988	48 713	—
4	1959	12 487.9	34	1989	44 422	30 446
5	1960	23 199.2	35	1990	41 998	29 150
6	1961	11 381.7	36	1991	106 754	45 253
7	1962	7 288.7	37	1992	157 522	70 385
8	1963	7 187	38	1993	253 648	100 986
9	1964	5 942	39	1994	401 228	330 572
10	1965	6 975	40	1995	544 483	491 329
11	1966	10 018	41	1996	666 429	510 684
12	1967	6 506	42	1997	666 734	552 001
13	1968	8 128	43	1998	551 705	575 631
14	1969	13 453	44	1999	624 456	653 893
15	1970	14 377	45	2000	624 962	626 067
16	1971	14 650	46	2001	725 148	766 734
17	1972	14 409	47	2002	1 036 574	1 008 006
18	1973	17 522	48	2003	1 827 425	1 264 073
19	1974	19 471	49	2004	1 400 000	1 687 891
20	1975	20 880	50	2005	515 925	1 397 736
21	1976	19 354	51	2006	765 287	1 783 546
22	1977	19 691	52	2007	1 355 247	1 753 359
23	1978	27 232	53	2008	915 898	1 823 161
24	1979	28 579	54	2009	2 661 491	2 733 432
25	1980	28 627	55	2010	3 291 977	4 712 761
26	1981	15 050	56	2011	4 210 600	6 247 066
27	1982	14 521	57	2012	3 980 381	7 045 364
28	1983	18 513	58	2013	4 085 165	7 731 143
29	1984	24 363	59	2014	4 267 057	8 263 132
30	1985	32 245	60	2015	4 524 885	8 021 594
—	—	—	合计		40 803 987	60 255 395

　　说明：1. 1996—2009 年利润总额为上海汽车工业（集团）总公司汇总利润总额,2010—2015 年为上海汽车工业（集团）总公司合并利润总额

　　2. 1989—2015 年税收总额为上海汽车工业（集团）总公司汇总上交税收（所得税、流转税）

　　资料来源：上海汽车集团股份有限公司财务部

六、会计核算管理

1993 年，包括财务管理在内的《上海汽车工业总公司管理信息系统》投入运行，上汽会计电算化管理开始启动，达到《上海市会计电算化实施办法》规定的时间要求。2001 年，上海市财政局会计事务管理处验收同意上汽使用电脑替代手工记账，并颁发上海市电算化会计验收证书。

2002 年，上汽执行国家新会计制度和上海市财政局对年度报表编制的要求，编制上汽集团和上海汽车有限公司的合并报表和年度决算报告、上汽集团的合并报表和汇总年度决算报告。2003 年，根据上海市国资委对上汽集团考核全部采用合并会计报表的要求，财务部开始探索合并会计报表的编制，同时采取合并和汇总会计报表并存的方式，以供不同单位采用。同年，制定《财务会计报告及财务评价制度》，规范会计报表、会计报告附件、财务情况说明书等财务报告，明确资产负债表、损益表、现金流量表、国资年报等各类报表编制依据、编制基础、编制原则和方法等。

2006 年 12 月，根据国家新会计准则和上市公司规范要求，财务部负责上市公司月度会计快报编制分析、月度会计月报编制、定期财务报告编制分析、定期报告信息披露，配合会计师事务所完成年度审计，组织所属企业编制国资和财政年报，并进行汇总审核和分析，为管理层决策提供财务信息。2008 年，《财务会计报告的编制和披露》纳入内控制度，将财务会计报告客观真实反映财务状况、合并会计报表范围、上报时间、财务会计报告和重大事项披露等列为 7 项控制目标和 14 个关键控制活动；与华凯软件公司共同开发合并报表汇总系统。

2009 年，上汽成立旨在构建符合新企业会计准则的合并报表网络体系的财务信息系统项目组，经实施后，99％以上的企业网络与公司总部实现连接。2010 年 10 月，上汽财务信息系统正式上线，该系统提供全局采集、财务整合、报表和分析功能的全方位解决方案，统一所有下属企业财务信息标准，可有效查询和统计不同层次近 460 家下属企业上报数据，实现集团化合并报表的自动化，此举成为公司财务管理信息化的重要里程碑。

2011 年年底，财务部与信息系统部成立项目组，对上汽整体上市后财务信息系统重新构建系统合并架构，并根据该系统上线后发现的问题进行系统优化。2012 年，公司《内控手册》将会计报表控制目标和控制活动各定为 4 个，会计报表体系改为资产负债表、利润表、现金流量表、股东权益变动表，以及反映财务状况、经营成果的其他附表，以符合上市公司管理要求。2014 年 5 月，公司成立 SAP 系统项目组，集成原先用友系统分散的业务模块，进一步优化公司总部采购流程，该系统于同年 11 月上线切换。

第四节　投资项目财务管理

一、工程投资项目财务管理

1991 年，上汽制定《控制投资管理办法》和《技术引进、技术改造项目实施管理办法》，规定投资项目分为重点项目、一般项目和限制项目，对重点技术改造和技术引进项目享受优惠政策；重点对上海桑塔纳轿车国产化的技术引进和技术改造、列入公司产品结构调整的技术攻关、为扩大适销产品生产能力填平补齐的技术改造等投资项目作出规定，明确财务部负责项目经济评估，对项目还款能力进行审查并提出意见，落实批准项目的自筹资金、银行贷款和还款计划等。1995 年 1 月，上汽颁发《财务管理办法》试行版本,专设"对外投资"管理章节,对现金、实物、无形资产等长期或短期对外投资,包括项目投资、股票和债券投资等进行规定。1996年7月,《财务管理办法》正式颁布执行。

2003年,上汽完善《投资项目管理办法》《投资项目竣工验收管理办法》等制度,规定财务部作为公司投资评审小组主要成员,负责投资资金3000万元以上项目的资金筹措,并对投资项目财务分析可行性、经济效益合理性进行评审,对投资项目实施后各项经济指标和贷款偿还情况是否达到预期目标进行监督检查。同年,财务部在内控制度关于竣工验收管理办法中增加项目投资效益情况跟踪表,要求项目实施单位按项目编制该表格,同时列入审计报告,并对项目批准时的经济目标与项目实施完成后的实际情况,包含销量、单价、销售收入、利润进行分析对比,财务部项目管理员参与对计划竣工项目财务决算审计报告的审核,跟踪项目总投资、资金使用情况及产品投产后的经济效益情况。财务部还在总结以往评审项目经验的基础上,针对不同项目类别编制投资项目经济评价指标表,统一评价标准。2006年,对总投资在3000万元以内的财务决算审计,由公司审计室与财务部共同完成,并出具审计报告;同时,工程建设投资项目关闭评估结束后需要后评估的,由审计室牵头组织后评估工作,财务部负责对投资项目实施的经济效果进行检查和评审。

2011年以后,上汽多次修订《内控制度》,进一步强化投资建设项目的管理,规定财务部参与审核公司及下属企业各类投资项目的项目建议书、可行性研究报告的研究审核,负责审核项目经济性测算和资金来源,以及内部收益率、财务净现值、投资回收期、投资利润率、盈亏平衡点等经济指标;参与项目关闭验收和后续跟踪,负责对项目实施后主要财务指标是否达到原可行性研究报告中预期目标进行监督评价。

二、合资企业投资项目财务管理

1990年起,上汽财务处根据国家规定对进入中外合资企业的固定资产、无形资产进行评估后作价投资,防止国有资产流失。1991年开始,公司财务部参与公司所属中外合资项目的谈判和项目可行性审查,对公司投入合资企业的土地、设备等实物资产,以及技术或注册商标等无形资产,对合作方投入的资金、专利技术出价等无形资产进行审核,维护公司经济利益。1995年以后,财务部参与中外合资企业在沪内沪外投资建设项目的资金筹措能力、项目财务分析的可行性、经济效益的合理性进行分析和评审,并对项目实施后的经济指标和贷款偿还情况是否达到预期目标进行监督和检查。

2004年5月,财务部制定实施《企业税后利润分配管理办法》,规范国有企业和中外合资企业利润分配基本原则,即:企业盈利并有未分配利润可供分配的,均应实施分利;根据企业资产负债率和年末货币资金情况,决定利润分配比例。财务部和国际合作部负责对各企业利润分配情况进行监督。2005年,制定实施《中外合资企业管理办法》,完善集团对外投资管理,规定设立中外合资企业投资管理委员会,财务部配合相关部门对合资企业投资建设项目进行资产清理和定价审核;规定设立项目评审小组,财务部委派专员对投资项目进行财务评审。

三、金融投资管理

2000年,上汽制定《控制投资管理办法》,增加投资证券和理财、股权投资等货币投资管理的规定;修订《财务管理办法》,规定除上汽财务与上海汽车股份有限公司外,所属企业原则上不准进行股票投资、委托理财等资金运作,重点对股票、证券等没有列入产品产能管理范畴内的金融投资,提出严格管理规定。2004年,在编制公司内控手册中,再次修改《对外投资管理办法》,规定所属全资企业和控股企业,以及金融类、资产运作类和上市公司外拥有实际控制权的参股企业,其证券投资与委托理财须报公司审核批准。2005年,根据上海市国资委《关于加强国有企业金融投资监管的紧急通知》,财务部在《对外投资管理办法》基础上,制定《金融投资专项管理办法》,进一步规范金融投资决策程序及内控制度。

2005年,下属各二层次国有企业、中外合资企业就高风险金融投资情况进行全面调研梳理后发现:金融投资集中在上汽集团及所属上市公司上海汽车、上汽财务和上海汽车资产经营有限公司。其中:上汽集团投资国有法人股4.5亿元,占法人股投资的95.9%;委托理财投资15亿元,由上汽财务运作,占委托理财的99.67%。上海汽车投资国有法人股0.06亿元,占法人股投资的1.2%;企业流通股投资0.71亿元,占企业流通股投资的62.84%;国债和企业债中投资4.99亿元和0.2亿元,占国债、企业债投资的10.4%和1.7%;基金投资2.95亿元,占基金投资的70.7%。上汽财务社会流通股投资0.42亿元,占流通股投资的37.16%;国债和可转债、企业债投资分别为42.67亿元、0.57亿元和11.75亿元,占国债、可转债、企业债投资的89%、100%和97.9%;基金投资0.84亿元,占基金投资的20.1%。上海汽车资产经营有限公司经营国债和企业债投资额0.27亿元和0.05亿元,占国债和企业债投资的0.6%和0.4%;基金投资0.38亿元,占基金投资的9.1%。同时,所有企业均不做期货投资,金融投资处于受控状态。

2006年,公司资本运营部成立后,金融投资类除委托贷款管理职能继续留在财务部外,均划属资本运营部。2008年6月,上汽制定实施《投资的财务管理》内控制度,将长期股权投资、主营业务投资和非主营业务投资管理纳入内部流程,并规定六大控制目标和35个关键控制活动;规定财务部负责长期投资、委托贷款和其他投资等管理;资本运营部负责交易性金融资产投资、可供出售金融资产投资等管理。

四、资产评估管理

1990年起,上汽财务部门根据国家规定,对新办合资企业、企业购并转制、股权转让、企业间资产置换等均进行资产评估后作价投资,防止国有资产流失。1992年8月,制定《上海汽车工业总公司国有资产评估管理办法(试行)》,规定凡企业整体资产的租赁包括国有资产租赁给外商和非国营单位等,涉及资产产权和使用权发生变动,必须进行资产评估;该项工作由各单位在公司财务处指导下委托具有资产评估资格的评估中心、会计师事务所等资产评估机构承担;评估程序为申请立项、资产清查、评定估算、验证确认。1994年4月起,上汽开展清产核资工作,在此基础上重估固定资产,重估资产占全部资产的64%。

1994年9月,上海市国资委授权该公司依据产权关系统一经营各成员企业国有资产。1995年,上汽对1994年清产核资的22家企业组织自查抽查,未发现遗漏、隐瞒和虚报问题。同年3月,上海市人民政府召开全市清产核资工作总结表彰大会,上海汇众汽车制造公司受到表彰。

2003年,制定《国有资产管理办法》和《国有资产评估管理办法》,规定凡发生资产产权或股权变动的经济行为,必须按规定进行资产价值评估,并规定资产评估方法和程序。2006年,根据国务院和上海市国资委有关规定,财务部发出《关于加强资产评估及产权交易管理工作的通知》,对公司本部及下属企业需要资产评估的项目组织会审并报上海市国资委备案。该项工作正常进行至

2010 年。

2010 年,根据上海市国资委批复,开展国有资产评估管理试点工作,凡是不涉及上海市政府重大项目或由上海市国资委直接管理项目的资产评估审核备案工作,全部授权上汽集团负责。

2012 年 1 月起,整体上市后的上海汽车集团股份有限公司根据上海市国资委要求,开始承担原属上海汽车工业(集团)总公司的资产评估审核备案职能,并制定相应的管理规定。当年,完成下属企业 50 余项资产转让和股权转让的评估报告及备案工作。2013—2015 年,完成公司及下属企业国有资产评估报告及备案 100 余项,对资产规模超过 15 亿元以上评估项目由上海市国资委领导、公司内外专家参加的评审会重点审核。

第六章 事业部管理

1988年,上汽开始设立事业部。至2015年设有商用车事业部、汽车服务贸易事业部、金融事业部3个事业部,各事业部分别负责主管业务发展规划编制实施和本业务板块所属企业的指导、管理和考核。

第一节 事业部沿革

一、前身公司事业部

【上海汽车拖拉机工业联营公司事业部】

1984年7月,上海汽车拖拉机工业联营公司成立,并于1988年1月正式成为企业性公司。为建立适应公司企业化的管理体制,该公司于同月对行政机构作较大调整,其中包括增设汽车摩托车、拖拉机、零部件、电器、铸锻5个事业部,分别主管所对应的业务,并管理从事该业务的企业。至此,公司历史上首次出现事业部建制。

【上海汽车工业总公司事业部】

1990年1月,上海汽车拖拉机工业联营公司更名为上海汽车工业总公司(简称上汽总公司),并开始建立公司为第一层次和投资中心、子公司为第二层次和利润中心、工厂为第三层次和成本中心的"三层次三中心"管理体系。其间,拖拉机事业部和电器事业部因上海拖拉机内燃机公司和上海汽车电器总厂2个总厂或总厂型公司先后成立而不再运作。

1991年11月,上汽总公司下发《关于总公司本部行政机构调整的通知》,决定公司行政机构设置8处4室1部,其中包括撤销汽车摩托车事业部和铸锻事业部,充实加强零部件事业部;明确各总厂、合资企业有关业务直接对口总公司各处室,其他各工业企业由零部件事业部按原管理职能归口管理。

零部件事业部成立后,配合综合计划处编制生产计划及内配套计划并组织实施,开展上海桑塔纳轿车5万辆零部件配套能力调研并解决发现的问题,按计划实行仪表板、遮阳板、左右大灯、前悬挂弹簧等零部件国产化减货计划,对已经减货的35种上海桑塔纳轿车零部件开展技术质量能力调研等工作。

1992年5月,上汽总公司下发《关于总公司本部行政机构调整的通知》,其中包括撤销零部件事业部。

二、上海汽车工业(集团)总公司事业部

2004年12月,上海汽车工业(集团)总公司(简称上汽集团)发起成立上海汽车集团股份有限公司(简称上汽股份)后,零部件业务进入上汽股份。

2007年9月,上海汽车股份有限公司向上汽股份定向增发实现整车业务上市后,除汽车底盘、变速箱和电喷等紧密零部件外的零部件业务重归上汽集团。2006年9月,上汽集团成立零部件制造事业部,零部件业务制造事业部和零部件业务董事局"两块牌子,一套班子"履行管理职能。其主要职责是:管理22家二层次零部件企业,其中合资企业占80%;负责制定零部件业务发展战略和合作战略,加强对合资企业董事会的战略掌控,并做好分类指导和有关协调管理工作。

零部件制造事业部/零部件业务董事局成立后,向二层次合资企业委派董事,按照产品、合作伙伴和企业规模等因素,向部分三层次零部件企业委派董事;开展零部件企业董事会过程管理和零部件发展对策研究;制定实施零部件企业"一厂一策"方针方案,拟定实施整车与零部件协同发展机制和措施,负责、参与、配合解决或协调零部件企业运营过程中出现的种种问题,服务指导零部件企业运营优化和投资管理,参与零部件企业重大项目和重要工作的方案研究运作和审核。

2008年2月,上汽集团调整总部机构,设立汽车服务贸易事业部。至此,上汽集团设有零部件制造事业部/零部件业务董事局和汽车服务贸易事业部2个事业部。2009年4月,上汽集团通过华域汽车系统股份有限公司实现零部件业务上市后,所属零部件企业归入华域汽车,零部件制造事业部/零部件业务董事局停止运作。2011年12月,上海汽车集团股份有限公司整体上市,并托管上海汽车工业(集团)总公司业务,汽车服务贸易事业部成为上海汽车集团股份有限公司总部机构。

三、上海汽车集团股份有限公司事业部

2004年12月,上海汽车集团股份有限公司成立后,于2005年10月设立零部件业务董事局,直至2007年7月上汽股份工商注销。2006年10月,上海汽车股份有限公司更名为上海汽车集团股份有限公司后,在公司总部机构调整中新设商用车事业部和燃料电池汽车事业部2个事业部。2008年4月,燃料电池汽车事业部更名为新能源汽车事业部。2009年4月,该部与公司技术管理办公室合署办公。

2011年12月,上海汽车集团股份有限公司整体上市并简称上汽集团,上海汽车工业(集团)总公司汽车服务贸易事业部转为新的上汽集团总部机构。同时,新能源汽车事业部与技术管理办公室合并为新能源和技术管理部,加上原有的商用车事业部,公司继续保持2个事业部。

2014年8月,上汽集团调整总部机构,将资本运营部分设为证券事务部和金融事业部。至此,上汽集团设有3个事业部,即商用车事业部、汽车服务贸易事业部和金融事业部。

第二节　事业部机构和运作

一、商用车事业部

2006年,上海汽车工业(集团)总公司制定《"十一五"发展规划纲要》,提出"乘用车为重点与商用车为突破并举"等业务发展原则,发展商用车开始成为公司重要发展战略。据此,上海汽车集团股份有限公司于是年10月成立商用车事业部,其职能定位是:根据上海汽车总体战略,归口管理微型车除外的商用车业务,负责对商用车企业与商用车技术中心的业务规划、经济运行、预算控制、项目投资等进行监督和管理。2007年11月,该事业部制定业务规划、合作项目谈判与投资管理、预算、营运资金、人力资源、企业董事会、经营业务等7个方面管理的内控流程。2008年10月,又增加

质量目标管理流程,全部纳入公司内控制度。

商用车事业部成立后,积极规划业务布局。2006年10月,上汽与意大利菲亚特汽车公司所属依维柯股份有限公司合资成立上汽依维柯商用车投资有限公司(简称上依投),作为双方的战略合作平台;同年,由上依投收购重庆红岩汽车有限责任公司67%的股权,成立上汽依维柯红岩商用车有限公司,并实施发动机合资项目。2007年,上海汽车集团股份有限公司商用车技术中心成立。同年,上海电气集团公司与上汽集团签署转让协议,上海柴油机股份有限公司成为上汽商用车板块的发动机企业。随着上汽集团与跃进集团全面合作,南京汽车集团公司商用车业务(包括南京依维柯汽车有限公司、南汽专用车有限公司、南汽工程院)融入上汽商用车板块。2011年,上海汽车商用车有限公司成立,同年,上汽商用车无锡基地建成。2012年,无锡专用车一期建成投产。2015年11月,上海汽车商用车有限公司更名为上汽大通汽车有限公司。至2015年,商用车事业部还完成南京依维柯汽车有限公司桥林搬迁项目、上海彭浦机器厂有限公司搬迁及新建项目、上汽大通汽车有限公司无锡二期基地以及研发中心建设等。

经过几年发展,商用车事业部完成对全系列商用车的产品覆盖,同时基本形成以商用车技术中心为核心的一体化开发体系,具备全新架构及动力总成的开发能力。2014年起,按照集团建设"头脑型、服务型"总部的要求,该事业部加强自身核心能力建设,建立市场预测数据和财务分析模型,搭建人才流动平台,开展业务绩效KPI(BPD)评审,推动业务计划落实。

2014年,上汽集团成立上海汽车集团投资管理有限公司,由其承接上海极能客车动力系统有限公司、上汽唐山客车有限公司、上汽青岛清洁能源客车有限公司、上汽万向新能源客车有限公司的上汽股权,这些企业的业务管理委托给商用车事业部。同年,上汽集团批准商用车事业部下设大客车业务管理部,统一对这些企业日常运营进行管理和考核。

2015年,上汽商用车事业部设有规划发展、财务管理、经济运行和业务管理4个科,管理人员18名;直接管理的商用车企业包括上汽大通汽车有限公司、上汽依维柯红岩商用车有限公司、南京依维柯汽车有限公司、上海汽车集团股份有限公司商用车技术中心、上海申沃客车有限公司、上海柴油机股份有限公司、上海彭浦机器厂有限公司、上汽菲亚特红岩动力总成有限公司、南京南汽专用车有限公司。

二、汽车服务贸易事业部

"十一五"期间,汽车服务贸易业务成为与整车制造、零部件制造、自主品牌并列的上汽4大业务板块和集团核心竞争能力重要组成部分。为进一步加快现代汽车服务贸易产业的发展,上海汽车工业(集团)总公司于2007年7月组建汽车服务贸易项目组。2008年2月,成立汽车服务贸易事业部,并确定其主要职责为:研究汽车服务贸易行业宏观政策、产业环境和发展趋势;制定实施汽车服务贸易战略规划、经营计划和业务考核方案;负责汽车服务贸易企业股东会和董事会管理;提升汽车服务贸易品牌能力;指导汽车服务贸易企业贯彻执行公司风险控制、内控管理和体系标准等。

2009年,汽车服务贸易事业部推动完成汽车物流等业务整合,初步形成物流、商贸、销售服务、信息服务、创意节能组成的核心业务集群,并发布安吉、安悦上汽两大服务品牌。

2011年12月,上海汽车集团股份有限公司(简称上汽集团)整体上市并托管上海汽车工业(集团)总公司业务后,汽车服务贸易事业部成为上海汽车集团股份有限公司总部机构。2012年,该事业部编制战略规划管理、项目投资管理、业务运营管理、品牌管理、附属公司董事会管理、法律事务管理等汽车服务贸易业务管理内控制度,并编入上汽集团2012版《内控制度》,设置19个控制目标和37个关键控制活动。

至2015年,该事业部推动上汽集团长风地块后续建设项目及附属投资子项目,推动南京主城区存量土地调整和收储工作;修订完善汽车服务贸易业务KPI考核指标体系和年度考评办法;完善汽车服务贸易业务运行报告、运行分析、运行例会"三位一体"运行监控机制,及时跟踪分析和管理监督汽车服务贸易企业经营情况;推进董事会议制度化,保障企业董事会管理高效有效;协调所属企业品牌传播工作,安吉品牌获国家第12类商标注册许可证,安悦品牌获国家第35、39和41类商标注册许可申请。

2015年,汽车服务贸易事业部设立规划发展、运营管理、品牌管理、业务管理4个科室,有管理人员18人;直接管理的企业有:上海汽车工业销售有限公司、安吉汽车物流有限公司、上海汽车进出口有限公司、上海汽车资产经营有限公司、上海车享科技产业有限公司、上海汽车工业活动中心有限公司、东华汽车实业有限公司、上海汽车集团(北京)有限公司、中国汽车工业投资开发有限公司。

三、金融事业部

2015年,上汽集团已经形成金融业务板块。为适应集团金融板块业务发展的需要,同年6月,集团成立金融事业部,主要职责是:研究金融行业宏观经济政策、产业环境和发展趋势,制订集团金融业务总体发展战略和经营计划,并指导各金融企业实施;研究金融业务发展重大问题,负责金融板块企业重组、业务整合和业务协同;落实董事会金融议案审查,并跟踪董事会决议执行情况;指导金融企业贯彻执行集团相关风险控制、内控管理和体系标准;负责集团金融资产管理,管理指导下属公司证券投资业务。

金融事业部成立后,谋划战略布局,明确上汽金融板块战略定位,立足汽车产业,实现产融结合,为全产业链上用户提供专业化、市场化、综合化的金融服务。同时,着手建立战略规划、项目投资、日常运营与董事会管理4个方面的内控制度,并调整原内控制度中涉及金融事业部的相关制度,《金融业务战略规划管理》《金融业务项目投资管理》《金融业务运营管理》等10个金融管理制度编入上汽集团2015年版《内控制度》,涉及3个《内控流程》和56个关键控制活动。

2015年,金融事业部设有规划发展、业务管理、资产管理3个科,管理人员13人;管理的企业包括上海汽车集团财务有限责任公司、上汽通用汽车金融有限责任公司、上海汽车集团股权投资有限公司、上海汽车集团保险销售有限公司、安吉租赁有限公司、上海汽车香港投资有限公司6个企业。

第七章　审计监察与内控风险管理

1986—2015年,上汽设有审计室,负责财务、工程、经济责任等审计。1991—2015年,设有监察室,负责效能监察和专项检查。2012年开始,设立风险管理部,负责持续性风险评估和专项风险评估。

第一节　机　构　设　置

一、审计室

1986年2月,上海汽车拖拉机工业联营公司开始设立审计室。1988年4月,公司机构调整时撤销审计室,审计业务归并财务处。1991年12月,上海汽车工业总公司重新设立审计室。1995年9月,上海汽车工业(集团)总公司(简称上汽集团)与上海汽车有限公司(简称上汽有限)同时成立后,上汽集团未设立审计室,上汽有限设立审计室。1997年11月,上汽有限改制为上市公司上海汽车股份有限公司后,审计室转为上汽集团总部机构。2004年12月,上汽集团发起成立上海汽车集团股份有限公司(简称上汽股份)后,上汽集团未设立审计室,审计职能归口总裁办公室;上汽股份设立审计室直至2007年7月公司工商注销。

2007年9月,上海汽车股份有限公司更名为上海汽车集团股份有限公司(简称上海汽车)并设立审计室。2008年2月,上汽集团调整总部机构,设立审计室。至此,上汽集团和上海汽车均设有审计室,各自负责所属企业的审计事项。2011年12月,上海汽车集团股份有限公司整体上市并简称上汽集团后,继续设有审计室,上海汽车工业(集团)总公司审计室停止运作。

1992—2015年,上汽建立一系列审计工作制度,内审工作纳入公司经济工作总体规划,定期考核执行情况,按年分季下达任务,上下同步实施;建立内审工作定期月报和例会制度,每季召开审计工作会议总结部署工作,每年召开审计年会;建立内审网络分块联网,组织各项活动;建立审计档案管理规范。1993年起,进一步完善经济合同审计、工程项目审计、法人离任审计、企业兼并审计、三产技协联营企业审计、年度财务审计、后续审计等内审制度。1994年,制订内部审计按层次职能分工(草案)。1995年,制定《内部审计工作规定(草案)》。1998年,制定《内部审计工作规范》等6个管理制度。2004年,制定《内审人员职业道德规范》等3个管理文件。2006年,制定《内部审计工作基本准则》等12个内控制度。2010年,制定《内部审计工作手册》。2012年,《内部审计机制》等6项与审计相关的内控子流程编入《上汽集团内控手册2012版》,涉及17个关键控制活动。1998—2015年,审计室3次汇编《内部审计工作手册》,收集内部审计相关制度20项。

至2015年,上汽集团审计室下设管理审计科和投资审计科2个科,配备16名专职审计人员,主要负责开展财务、经济责任、项目与合同等内审工作,提出改善管理、纠正和处理违反财经法规的建议和意见;内控制度建设和测评、全面风险管控等业务,对所属企业领导干部定期开展经济责任审计。

1998年、2002年、2005年和2008年,公司审计室4次获得国家审计署授予的全国内部审计先

进单位荣誉称号;审计室主任朱宪于 2011 年获得国家审计署授予的全国内部审计先进工作者荣誉
称号。2012 年和 2014 年,公司审计室先后获得中国内部审计协会授予的内部审计领军企业和全国
内部审计先进集体荣誉称号。

表 3 - 7 - 1　1993—2014 年上汽获国家级和部市级审计工作先进称号一览表

序号	授奖年份	获 奖 名 称	获 奖 单 位	授 奖 单 位
1	1993	内部审计工作先进单位	上海汽车工业总公司	国家审计署
2	1995	机械行业 1994 年度内部审计工作先进单位	上海汽车工业总公司	审计署驻机械部审计局
3	1995	机械行业 1994 年度内部审计工作先进单位	上海大众汽车有限公司	审计署驻机械部审计局
4	1996	机械行业 1995 年度内部审计工作先进单位	上海汽车工业(集团)总公司	审计署驻机械部审计局
5	1996	机械行业 1995 年度内部审计工作先进单位	上海乾通汽车附件有限公司	审计署驻机械部审计局
6	1996	机械行业 1995 年度内部审计工作先进单位	上海汽车锻造总厂	审计署驻机械部审计局
7	1996	上海市内部审计先进集体	上海汽车有限公司审计室	上海市审计局
8	1996	上海市内部审计先进集体	上海汽车齿轮总厂审计室	上海市审计局
9	1998	全国内部审计先进单位	上海汽车工业(集团)总公司审计室	国家审计署
10	2002	全国内部审计先进单位	上海汽车工业(集团)总公司审计室	国家审计署
11	2005	全国内部审计先进单位	上海汽车集团股份有限公司审计室	国家审计署
12	2008	全国内部审计先进单位	上海汽车集团股份有限公司审计室	国家审计署
13	2011	全国内部审计先进工作者	朱宪	国家审计署
14	2012	内部审计领军企业	上海汽车集团股份有限公司审计室	中国内部审计协会
15	2014	全国内部审计先进集体	上海汽车集团股份有限公司审计室	中国内部审计协会

资料来源：上海汽车集团股份有限公司审计室

二、监察室

1990 年 6 月,上海汽车工业总公司人事处设立保卫监察科,开展企业监察工作。1991 年 11
月,该公司成立监察室。1993 年 1 月,根据中纪委和国务院文件规定,纪委和监察开始合署办公并
一直延续至今。1995 年 9 月,上海汽车工业(集团)总公司和上海汽车有限公司同时成立,上汽集团
未设监察室,上汽有限设有监察室。1998 年 1 月,上汽有限改制为上市公司后,监察室转为上汽集
团总部机构。2004 年 12 月,上汽集团发起成立上海汽车集团股份有限公司后,上汽集团未设监察
室,上汽股份设有监察室,直至 2007 年 7 月上汽股份工商注销。

2007 年 9 月,上海汽车股份有限公司更名为上海汽车集团股份有限公司后设立监察室。2008
年 2 月,上汽集团设立监察室,至此,上汽集团和上海汽车均设有监察部门,并分开运作。2011 年

12月，上海汽车整体上市并简称上汽集团后，继续设立监察室，上海汽车工业（集团）总公司监察室停止运作。

1993—2015年，公司监察室先后开展期货交易管理、外协加工管理、合同管理、采购管理、对外担保、应收账款、招标投标、进出口业务管理等20多项监察工作，完善公司外协加工、经济合同、资金管理，以及对外投资理财、担保等管理制度和管理规范；持续多年推进外协加工、基建投资项目建设、采购管理体制变革、进出口业务管理和招标投标监察管理。2000年，制定完善《监察工作管理办法》《效能监察管理办法》等规章制度。2002年，参与公司内控制度制定和完善。2006年，进一步完善监察管理制度，并融入公司内控流程，规范监察管理和效能监察工作流程。

至2015年，监察室有业务人员4人并与公司纪委合署办公，主要职责是：依据国家法律和公司规章，围绕经济，加强内控，强化监督，对企业的重大决策、重大项目、重点领域和突出强调事项进行监督和监察参与重大责任事故调查，参与公司规章和内控制度制定，参与企业经营业绩考核等。

三、风险管理部

为加强风险管理，提高风险管控能力，上海汽车集团股份有限公司整体上市后于2012年1月增设风险管理部。该部成立后，修订公司《风险评估组织体系》《持续性风险评估》《专项风险评估》等制度。

截至2015年，该部有3名业务人员，主要职责是：负责拟订集团风险管理制度，组织协调公司风险管理日常工作；开展持续性风险评估工作，包括每年定期组织总部主要业务部室和集团分支机构开展风险评估活动，识别主要业务风险；结合集团主要业务提出年度重点关注的风险点并进行持续监控；完成风险管理年度报告；开展专项风险管理工作，包括参加集团及所属企业对外投资项目内审工作；对集团滚动规划进行风险分析评价等。

第二节　审　计　管　理

1986—2015年，上汽内部审计大体可分2个阶段。1986—2005年为第一阶段，主要是内部审计和专项审计，包括围绕经营体制机制转变、保障国有资产权益为开展承包经营责任审计、财务报表审计、固定资产内控审计、工程项目决算审计等专项财务审计；2006—2015年为第二阶段，重点开展企业年度经济目标责任制考核审计、领导干部经济责任审计等。

一、财务审计

1986年，上汽开始开展内审工作，选定上海拖拉机厂、上海内燃机厂、上海汽车发动机厂和上海汽车齿轮厂4家单位，进行1985年度会计决算试审，并对上海内燃机厂组织复审，其余11个单位组织自查。1987年，重点复审上海汽车电器厂并提出产品结构调整建议方案，该厂实施后经济效益滑坡情况得到缓解。1988—1991年，内审重心转移至企业经营承包责任审计并形成制度。

1991年，上汽制定《内部审计实施办法》，将财务审计纳入内审工作。1992年，全面整顿公司内部审计工作，健全内审机构，拓宽审计领域，除组织28家国有企业1991年度承包经营责任审计外，还开展9家兼并企业资产审计核实、2家法人离任审计、5家物资流通审计、23家横向联营审计、7

家外协作审计和 10 家"三产"审计。

1993 年,进一步拓宽审计领域,开展经济合同审计和后续审计,进行国有企业完善自我约束机制大检查,审计覆盖面达 100％;对 7 家合资企业进行年度财务收支审计和专项审计,进一步完善年度财务审计、经济合同审计、工程项目审计、法人离任审计、企业兼并审计、三产技协联营企业审计和后续审计等。1998 年,制定《财务审计管理办法》。2003 年,制定《内部审计工作实施办法》,规定财务审计等常规审计范围。2008 年 6 月,将财务审计等内部审计制度列入公司内控手册。

2010 年,为反映企业资产、负债和损益的真实情况,防止国有资产流失,制定《财务审计管理办法》,进一步规定财务审计具体内容,包括对下属企业会计报表、与会计报表相关的会计科目和会计凭证的审计,确保资产负债表、利润表、现金流量表、所有者权益或股东权益变动表和相关附注等财务报表真实、完整和合法。审计人员根据《财务审计管理办法》,对下属企业资产、负债、损益情况进行财务审计,形成财务审计报告,出具审计意见;财务审计报告须提交被审计单位确认,并向集团分管审计工作领导报告;被审计单位应根据财务审计报告提出的意见建议,制订行动计划,落实责任人员,并在 90 天内将整改结果反馈审计室。

1995—2015 年,审计室对下属企业业务招待费发生情况进行专项审计,审计内容包括业务招待费是否在预算范围内,业务招待费的发生是否合规等,并向集团职代会报告审计结果。

2010 年后,财务审计逐步纳入经济责任审计和内控审计范畴。

二、工程审计

1993 年,上汽工程项目审计全面启动并纳入常规审计范围,当年审计工程项目 845 项。至 1995 年,单项工程审计已从 1990 年初的 10 万元以下升至 500 万元以上,审计质量接近社会专业审计公司水平,3 年合计审计工程项目 2 673 项,资金核减率 12.23％。

1998 年,上汽制定实施《工程项目审计管理办法》,审计室开始试行对已竣工验收的技改项目进行审计调查,审计 1992 年至 1997 年 97 个工程项目,涉及 25 家企业,技改投资总额 10.41 亿元。通过项目后评估,对个别项目存在的投资设备闲置及利用率较低、项目已竣工验收未及时结转、技改项目无投资效益、生产能力利用不足等问题提出审计建议。2001 年,审计室会同财务部对已经批准的总投资 14.7 亿元的 19 个工程项目进行竣工验收前审计,审核项目用款情况及投资完成情况。2004 年,对 2000—2001 年已竣工或虽未竣工但已实际投产的 29 个整车及零部件配套技改项目进行投入产出后评估审计,对个别项目存在的厂房装修等工程未按要求进行招投标、设备采购不经企业采购委员会讨论决定、实际执行情况与可行性分析报告差异较大等问题提出改进建议。2003 年,制定实施《内部审计工作实施办法》和《工程项目审价规定》,规定公司及所属企业开展常规审计的范围,涵盖工程项目预决算审计。

2004 年后,工程审计开始转向投资项目竣工财务决算审核和投资项目经济效益后评价。在实施投资项目竣工财务决算审核时,重点审查概预算执行情况、资金来源和支出、项目投资管理、交付使用资产、投资项目经济效益与可行性报告比较,总结推广成功经验和做法,对问题提出建议或改进措施。2005 年,对 2002—2003 年 14 家企业已竣工投产的技改项目进行审计,总结推广上海实业交通电器有限公司、上海小糸车灯有限公司通过精益投资实施源头降本、上海三电贝洱汽车空调系统系统有限公司通过科技创新创造新的经济增长点、上海延锋江森座椅有限公司开拓国内外市场规避产能放空风险等经验,对因市场风险估计不足未推出适销对路产品造成投资亏损的重型车项目、产能放空经济效益与可行性目标差距较大的 Polo 轿车内饰件配套项目,提出审计建议。2006年,审计室会同规划部和财务部,制定《投资项目经济效益后评价规定》,对 11 家企业 17 个 2004 年竣工的投资项目实施经济效益开展后评价,对所发现问题提出审计建议。2007 年再次对 15 个投资项目经济效益进行后评价。2008 年和 2009 年,分别对 7 个投资项目进行竣工财务决算审计。

2010 年,修订完善《工程项目审计管理办法》,规定审计室逐步转变职能,工程审计从主导实施向管理指导转变,具体工程项目审计主要由下属企业负责;投资项目竣工财务决算审核和投资项目经济效益后评价由集团规划部主导实施,审计室参与。2011 年后,工程项目审计由下属企业自主实施。

三、经济责任审计

1987—1991 年,上汽与所属国有企业签订经营承包合同。1992 年,公司组织对所属 28 个企业进行 1991 年度经营承包责任审计。同年至 1995 年,公司审计室先后对 14 家企业进行重大经营决策、国有资产保值增值、遵守财经法纪等 6 个方面的法人离任审计。审计以会计账册凭证及会计报表为基础,以董事会、职代会、厂务会等重大会议和任期年限中的工作总结为依据,组织座谈,听取意见,力求使审计评价客观公正。企业经营者经济责任审计,包括任期经济责任审计和离任经济责任审计,作为公司审计室常规工作一直延续到 2015 年。

1991 年,在探索国有企业承包经营责任审计的同时,公司审计室开始探索对合资企业经营审计,发现进口件价格管理和成本核算正确性的问题并提出建议。1993 年,对上海大众汽车 CKD 用汇和合同价格进行专题审计,发现进口件包装费价格不合理的问题后,同年 3 月和 1994 年 2 月中德狼堡和上海会谈均明确德国大众支付 1 000 万马克,补偿上海大众汽车因包装费用不合理提高所受的损失,同时 1995 年 1 月起降低包装费,按当年产量计算减少支出 4 269.5 万马克,折合人民币 24 693.5 万元。1995 年,公司审计室在领导干部离任审计中发现擅自投资期货市场导致资金陷入困境的问题,审计组帮助追回全部账款和利息,公司通报所属企业。1998 年,公司审计室制定实施《企业法人代表离任经济责任审计管理办法》,规定经济责任审计的内容和方法。

1999 年和 2000 年,开始实行经营管理考核试点。2001 年,公司下发《企业(单位)经营业绩考核细则》,与企业签订《经营目标任务书》,经营责任审计开始从承包经营指标审计逐步向《经营目标任务书》财务指标完成审计转变。每年年底前,审计室安排审计小组对所属企业经营目标完成情况进行重点审计,即每家单位每年均要进行财务指标审计;所属企业全面审计则按计划轮流进行,每个单位 3~4 年审计一次。之后,经营目标任务审计作为"六位一体"考核内容之一,涵盖经济责任审计、经营目标完成等考核内容,作为常态化审计一直延续到 2015 年。

2003 年,公司审计室制定的《企业经营者经济责任审计规定》《企业法定代表人及经营者离任经济责任审计规定》编入公司《内部控制制度汇编》。2008 年,在编制修订版内控手册时,2 个规定合并为《经济责任审计管理办法》。2010 年,修订完善《经济责任审计管理办法》。

2012 年,《经济责任审计管理办法》《年度经济指标考核审计规定》等编入新版公司内控手册。其规定:领导干部经济责任审计对象包括上汽集团推荐的企业总经理,企业总经理由投资外方推荐时审计对象为上汽集团推荐的副总经理(主要负责人);领导干部离任时原则上需要开展离任审计,任期超过 3 年原则上需要开展任期经济责任审计;经济责任审计内容包括:资产保值增值、遵守经济法律法规、制定执行重大经济决策、与领导干部履行经济责任有关的经济社会效益和环境效益、遵守廉洁从政(从业)规定等情况;企业法定代表人及经营者离任审计主要针对其任职期间经营业绩的真实性、合法性及经济责任进行审计,客观公正评价其经营业绩。

至2015年,公司审计室对每位符合经济责任审计或离任审计条件的领导干部,组织审计团队,进驻企业开展审计,累计审计148位领导干部,所有经济责任审计报告中提出的问题均得到及时整改。

第三节　监察与风险控制管理

一、效能监察

1993年4月,上汽转发国家监察部《关于全民所有制企业事业单位监察工作若干问题的意见》。7月,纪委和监察室首次对所属企业物资管理、现金管理、基建项目和仓储管理进行调研,发现数千吨钢材长期积压露天堆放造成严重锈蚀浪费,个别单位在制品和库存物资积压过多造成资金周转缓慢等库存物资呆滞、积压数量偏多、周转时间偏长、仓储管理不严等问题,调研小组按照精益生产要求,提出"一上(管理)一下(成本)"等整改建议,并撰写《关于开展效能监察的调研报告》上报公司领导,公司总经理和党委书记作出批示给予肯定,要求引起重视、制订规定、整改落实。公司总裁会议作出充分发挥纪检监察部门作用、完善企业自我约束机制的决定。1994年10月,公司下发《关于开展效能监察的通知》,效能监察工作开始起步。

1996年开始,公司监察室在总结企业开展效能监察的基础上,组织相关业务部室对市场经济条件下出现的经济合同管理问题开展效能监察,并上报监察报告,公司总裁批示要求规范合同管理。公司监察室制定下发《深入开展效能监察的意见》,首次明确基建工程建设、经济合同管理、物资管理、销售管理、三产管理等重点领域列入效能监察监控范围,效能监察从局部开始全面推进。

1998—2004年,公司质量和经济运行部、监察室、财务部、审计室等联合开展降应收账款、降存货、降采购成本"三降"效能监察,发现个别企业存在对外协加工和供货商定定点定价、质量把关等缺乏规范,应收账款管理不规范、有的业外应收账款超过诉讼时效,未经批准擅自对外委托理财、投资股票和期货交易造成经济损失,采购业务分散关系复杂、采购资金控制不严、库存物资积压浪费,违规对外担保造成经济损失等管理不规范、制度执行不严格等问题,公司及时采取措施,召开干部会议专题部署,总结推广上海大众汽车、上海通用汽车等企业分级分权、全球采购等先进采购管理方法,要求上汽培训中心开办"精益采购"培训班,成立法律专业人员组成的疑难应收账款清理催讨组,建立健全一批重要的管理制度和控制流程,规范采购、资金运作、销售等管理。

1999—2003年,通过开展4年多效能监察,上汽每年实现可比采购成本降低5%的目标,4年共减少采购成本10多亿元;数十亿元业外应收账款通过清理清欠,下降到风险控制点以下;通过规范进出口业务管理企业未发生违反《海关法》的案件和事件。

1993—2012年,上汽通过开展效能监察,建立和完善重点领域风险管理内控制度,包括《经济合同管理制度》《精益采购管理办法》《应收账款管理制度》《期货交易管理办法》《外协加工管理制度》《建筑工程项目管理制度》《应收账款管理制度》《对外担保管理制度》《加强进出口业务管理指导意见》《加强招标投标工作管理意见》《对外担保管理办法》《委托理财管理办法》《废旧物资处置管理意见》《业务招待费使用情况向职代会报告制度》等一大批管理制度,加强重点经营领域的内控管理。与此同时,建立完善《投资项目管理廉洁规定》《关于推行〈廉政责任书〉和〈廉政协议书〉的规定》《企业监察工作管理办法》《效能监察管理办法》《领导干部公务消费管理办法》《国有企业重大损失领导干部责任追究办法》《领导干部购车用车管理制度》等廉洁从业预防腐败方面的制度。监察部门参与上汽集团内控制度修订,将效能监察发现的高风险领域,设定100个内控流程关键控制点,作为日常管理和监督检查的重点控制范围。

2005年,上汽下属一家三层次企业发生违反《海关法》涉嫌走私犯罪案件。公司通过调研发现,个别企业存在进出口业务管理制度不健全、管理人员上岗资格和委托报关代理资质管控不严格、委托第三方代理报关合同条款不严密、进出口业务报税代码预归类不规范、招投标违法违规高风险舞弊等问题。为此,当年至2011年,监察室会同规划发展部和审计室持续开展执行《海关法》和《招标投标法》的效能监察,组织领导干部和关键业务部门和业务人员法制培训,制定完善制度,督促所属企业严格执行。

2000年,监察室撰写的《开展效能监察,防止国资流失》论文获中央纪委研究室、纪检监察研究所、中国监察学会授予的三等奖;2002年、2003年《效能监察实践运用》《采购管理效能监察》等项目获全国和上海市管理创新成果二、三等奖;《上汽进出口业务管理效能监察》获2008年上海市企业现代化管理创新成果一等奖。

表3-7-2　1996—2011年上汽效能监察开展情况表

序号	项目名称	开展时间(年)	获奖情况
1	期货交易管理	1996—1997	—
2	外协加工管理	1996—1997	1998年获上海市现代企业管理创新成果三等奖
3	存货管理	1997—1998	1999年获上海市优秀效能监察项目奖
4	应收账款管理	1997—1998	1999年获上海市优秀效能监察项目奖
5	合同管理	1998—1999	
6	建设项目管理	1998—2001	—
7	采购管理	1999—2002	2003年获国家上海市现代企业管理创新成果二等奖
8	IT采购管理	2006	
9	废旧物资处置管理	2007	
10	进出口业务管理	2005—2011	2008年获上海市现代企业管理创新成果一等奖
11	招标投标管理	2005—2011	
12	销售管理	2009—2010	

资料来源:上海汽车集团股份有限公司监察室

二、专项监察

1997年,公司监察室根据上海市人民政府《关于开展上海市国产化项目执法检查工作实施意见》的要求,会同规划部、财务部、审计室等部门,对系统内建筑工程项目开展专项监察,共查项目66项,建筑面积35.9万平方米,总投资7.9亿元。同年6月,上海市建设工程项目执法监察领导小组对公司下属上海申雅密封件有限公司技改项目执法检查,此为上海市工业系统唯一被抽查到的项目。市执法检查组充分肯定该项目管理,项目获国家级鲁班奖。下半年,市执法检查小组"回头看"，抽查上海汽车有色铸造总厂和上海法雷奥汽车电器有限公司在建项目，均表示满意。

2000年，公司纪委监察室开展清理"小金库"专项整治工作。通过自查自纠和重点抽查，共清理7家单位7个"小金库"，归入财务账户资金189万元。同时完善货币资金和财务账户资金管理办法。2011年，开展"小金库"全面复查，对360家单位进行100％复查。

2005年，监察室会同规划部配合上海市机电办公室开展投资项目设备采购执行《招标投标法》专项检查。调查发现，上汽集团95％的企业实行公开招标，其中38家企业累计设备招标采购金额5亿美元，通过公开招标降低采购资金7500万美元。通过依法招标，进口设备不仅减免进口关税，还按设备总价40％退还下一年度企业所得税。

2011年，公司纪委监察室会同规划部、审计室、安监中心检查下属5家企业在建工程项目管理，了解内控制度建设和执行，推进"制度加科技"预防舞弊机制。同年，上汽开展违规收送礼金礼券购物卡专项整治工作，共有48家单位开展自查自纠，上汽集团16家单位进行重点检查。同年8月，上汽集团开展廉政准则和廉洁规定专项检查和教育，围绕"五个一"工作内容开展教育，通过民主生活会，对照"八个方面"内容开展自查自纠，全部领导班子成员均作了承诺。

2012年，上汽集团同组织干部部开展了领导干部垂直兼职情况的专项调查。按照"一人一表"的要求，领导干部都自觉填报表格。上汽集团326名厂部级以上领导干部兼职情况进行调查。各单位按照"分级负责、下管一级"的原则，做好分级审核工作。

1996—2013年，上汽集团纪委监察室还先后开展了清理领导干部使用通讯工具、企业各种会议和庆典活动制止铺张浪费、业务招待费使用向职代会报告制度执行、严禁领导干部收受礼金礼券购物卡、严控领导干部兼职取酬等制度执行，以及土地管理等专项监察。

2013年，上汽集团对异地子公司监管工作的调研，梳理和总结廉政建设和预防腐败风险经验，推动跨地企业廉政。同年，上汽集团对各单位领导干部在公务用车、业务招待、差旅费、通讯费、出国考察和培训费"六费"的制度、标准、流程等情况进行专项调研。从调研情况看，大部分单位都建立职务消费制度、标准和流程，纳入年度预算管理，并严格执行。

2014年，纪委监察室会同财务部、审计室开展贯彻中央八项规定、执行上汽20条和财经纪律的专项检查。在企业自查自纠基础上，对部分企业进行抽查。各单位还将自查范围覆盖三层次以下企业，发现问题进行整改。

2015年4月，上汽集团组织开展"三重一大"和"制度加科技"专项检查工作，"三重一大"决策制度和运用"制度加科技"防范风险的工作得到执行。7月，组织开展厂部级领导干部利益输送问题专项检查工作。厂部级领导干部按照一人一表的原则，对"是否存在所列利益输送"8个方面问题，特别是配偶、子女及其配偶经商办企业的情况等进行自查申报。企业党组织将自查情况，通过内网、公告墙、会议等形式进行公示，接受职工群众监督。集团纪委、组干部结合领导干部个人重大事项申报，对有关情况进行谈话和核实，起到教育提醒效果。同年，上汽集团组织开展企业采购类关键岗位人员轮岗实施情况调研，在调研的基础上，制定下发《关于规范采购类关键岗位人员轮岗工作的通知》，明确了轮岗范围、轮岗期限、过程管理、工作责任等6条意见。

三、持续性风险评估

2012年风险管理部成立后，上汽将审计部门风险评估工作转移到风险管理部，其中包括在公司各主要业务部室定期开展的年度风险评估。该项评估首先由各主要业务部室收集风险信息，识别、分析和评价所面临的重大风险,确定风险级别,提出并实施应对措施。风险管理部对识别的风险持续跟踪,定期检查总结,并上报集团审议,确保风险管理执行得到有效监督和持续改进。同年,风险管理部组织总部有关部室开展年度风险评估,并对工作流程和工作效果进行分析研究,初步理清集团总部风险评估工作思路,对存在问题提出意见。同年,还参与内控制度和管理流程的修订,指导南京汽车集团公司等企业开展风险评估工作。

2013年,风险管理部通过组织12个部室的风险评估工作,识别出当年上半年度上汽集团风险点共38个,其中中风险点24个、低风险点14个,未发现高风险点。针对38个风险点,各部门提出相应对策与监控措施落实整改。同时,根据总裁办公会议"进一步明确风险管控职责"的工作要求,结合集团年度工作重点与"十二五"规划的风险分析,风险管理部协同总部部门对2013年8项建议重点关注的风险点进行持续监控。同年,风险管理部将风险管理工作延伸到集团所属分支机构,启动上海汽车集团股份有限公司乘用车分公司、上海汽车集团股份有限公司技术中心、上海汽车商用车技术中心、上海汽车工业培训中心4个分支机构的风险评估工作。

2014年,风险管理部组织总部12个部室及4个分支机构完成当年上半年度风险评估工作。评估中识别出涉及总部部门风险点41个,其中中风险27个、低风险14个,未发现高风险点;涉及分支机构的风险点26个,其中中风险15个、低风险11个,未发现高风险点。同年,风险评估延伸至战略研究和知识信息中心部等新成立部门,参与评估的总部业务部门达到15个。

2015年,风险管理部组织总部15个部室及4个分支机构完成当年上半年度风险评估工作。评估中识别出涉及总部部门风险点42个,其中中风险25个、低风险17个,未发现高风险点;涉及分支机构的风险点26个,其中中风险15个、低风险11个,未发现点高风险点。此次评估范围延伸至新成立的金融事业部,参与评估的总部业务部门达到16个。对梳理出的重点关注风险,风险管理部进行持续监控。

四、专项风险评估

2012年,风险管理部成立后即开展专项风险评估。专项风险评估是针对上汽集团重大业务决策开展的专项性风险评估。各职能部门业务活动涉及重大决策时,事先研究并提出重大决策风险评估报告,提交集团审议。风险管理部就某一专项业务和事项开展或组织开展风险评估。同年,会同与规划部对集团"十二五"规划进行风险评估;参与泰国项目组工作,在项目立项阶段参与合资合同及相关法律文件审查并提出意见;对上汽集团出资20亿元参与投资的赛领国际发展投资基金和赛领资本管理有限公司项目,从投资收益、融资渠道、期限匹配、精干主业,以及管理控制等方面进行研究提出风险意见;梳理财务风险预警,对相关风险预警指标进行风险提示;协助服务贸易事业部就安悦物资公司事件发生后的风险控制与加强管理提出意见,在所属企业开展加强内部管理和风险控制的自查整改专项工作。

2013年,继续会同与规划部对集团"十二五"规划和"1+5"滚动规划作风险评估;新设计规划风险评估模板,从宏观经济、市场环境、技术创新、模式创新、财务风险等方面,对可能影响规划目标实现的重要因素对企业作了提示;联合商用车事业部开展信用销售中回购业务的专项风险管理工作,形成分析报告。

2014—2015年,风险管理部参加规划部滚动规划修订,开展集团"十二五""十三五"规划风险评估工作,形成风险评价报告报集团领导;针对上汽依维柯红岩商用车有限公司发生的回购事件,联合商用车事业部继续开展信用销售中回购业务专项风险管理工作,分析原因,提出风险控制管理建议,并扩大到商用车板块企业融资销售业务进行风险防范;参加投资项目内审工作,参加由质量和经济运行部牵头的汽车召回工作小组,对上汽通用汽车有限公司、联合汽车电子有限公司等企业召回事件进行讨论和指导;参与集团内控工作小组开展的对下属企业内控检查评价工作;参与由总部工会牵头的对下属工会投资企业风险管控专项工作等。

第四节　管理与内控制度

一、上海汽车工业总公司《法规汇编》

1991 年 7 月,为加强企业管理,提高管理水平,确保上海桑塔纳轿车国产化质量和进度,上海汽车工业总公司制定并颁发施行《法规汇编》。该书由公司总经理陆吉安挂帅,副总经理叶平负责,总经理办公室为责任部门。陆吉安为《法规汇编》作序。

《法规汇编》以行政管理为主,涉及生产、技术、质量、经营、管理等方面,包括因公出国(出境)、消费基金、控制投资、国营企业成本管理、安全件质量监督、专业技术干部、国营企业技术开发费、新产品开发、内部审计、技术引进技术改造项目、职工伤亡事故报告程序、劳动保护技术措施立项申报验收、职工教育培训、业外协作扩散加工、班组建设、横向经济联合、劳动力、产品价格、内部配套、进出口企业、中外合资合作经营企业、原(辅)材料供应、出口产品质量监督 23 个管理制度。

二、上海汽车工业(集团)总公司《内部控制制度汇编》

2002 年年初,为强化中国加入世贸组织后企业内部管理,上海汽车工业(集团)总公司董事长、党委书记陈祥麟提出编纂集团内控制度的意见,公司成立编纂委员会,陈祥麟和上汽集团总裁胡茂元任名誉主任,上海市工业党委副书记兼纪委书记姚春海、上海市审计局局长於榕任顾问,上汽集团党委副书记兼纪委书记陈忠德、上汽集团财务总监朱根林任主编,公司董事会办公室、总裁办公室、党委办公室以及纪检监察、审计等部门负责人为编委。同年 4 月,该制度汇编开始编纂。

2002 年年底,编纂工作基本结束。2003 年 1 月,《上汽集团内部控制制度汇编》颁布施行,陈祥麟作序。该制度汇编计 33 万字,包括决策、规划、投资、生产和经营、财务、审计、人力资源、合同、纪检监察、知识产权、信息和民主 12 个部分的 72 个制度管理,涵盖 3 个层面,即决策管理层面的董事会、总裁会、党委会等会议议事规则,实施管理层面的战略规划、投资、生产经营、财务、干部人事、信息、知识产权等内控制度,监督管理层面的监事会、审计、监察、民主监督等内控制度。

三、上海汽车工业(集团)总公司《管理制度文件》

2004 年,上汽集团组织开展《管理制度文件》起草、修订、汇编工作,由总裁办公室牵头,人力资源部、规划部以及上海通用汽车有限公司派出专门人员组成工作小组,组织总部各部门参编人员培训,各部门参照 2002 年《上汽集团内部控制制度汇编》,梳理各项制度性文件和管理流程,并按照制度文件标准格式进行编写,并经过编制、审核、批准等程序后,下发至总部各部室执行。

《管理制度文件》涉及集团总部 8 个部室的内部管理,包括总裁办公室的重要会议决议和督办管理、对外捐赠管理等;经济运行部的精益管理评价实施标准等;技术质量部的企业产品标准制定管理、技术开发能力评价管理、技术创新奖管理等;人力资源部的总部组织机构调整、总部人员计划制定及调整等;财务部的内部控制管理、对外投资管理、财务评价管理等;国际合作部的中外合资企业董事会管理、中外合资企业管理等;审计室的内部审计工作基本准则等;纪委监察室的《廉政责任书》和《廉政协议书》等,合计 72 个业务事项。

四、上海汽车工业(集团)总公司《内部控制手册》

2007 年 1 月,由上汽集团总裁沈建华领导、财务总监朱根林牵头,财务、规划、人事等各职能部门共同参与,组成内控编写项目组,在德勤会计师事务所技术支持下,经全面梳理管理制度后汇编成内控手册,同年 7 月形成初稿。9 月和 10 月先后经上汽集团总裁会议审议通过和董事会批准,于 10 月 15 日起试运行。

2008 年 3 月,由上汽集团总裁办公室牵头、各职能部室共同参与,德勤会计师事务所配合,在试运行基础上对内控手册涉及的 6 个方面 10 个章 19 个节的内容提出修改完善方案,形成《上海汽车工业(集团)总公司内部控制手册(2008－1.0 版)》。4 月和 6 月,先后经上汽集团总裁办公会议审议通过和董事会批准,于是年 6 月 1 日正式施行。同时,集团明确了每年内控手册维护更新流程和修改审批工作流程。

上汽集团《内部控制手册(2008－1.0 版)》分上下两册。上册设有总章以及控制环境、风险评估、控制活动、信息与沟通、监控、战略规划编制管理、预算管理、投资管理、国有资产产权管理、资金管理、费用支出管理、存货管理、销售与收入管理、固定资产管理、税务管理、财务报告和结账管理、质量与经济运行管理、人事薪酬管理、法律事务与企业董事会管理、技术管理等 20 个章,下设 96 个管理子项和流程,以及 448 个关键控制活动。下册计有 191 个制度附件。

编纂期间,内控项目组按照"内部审计指引"的要求,对 400 个关键控制点中风险较大、发生频次较高的关键控制活动进行测试,总体处于受控状态。2008 年 8 月,上汽集团审计室负责对相关管理内容进行符合性测试和评价性测评。与此同时,上汽集团将内控手册项目组改为支持小组,组织开展下属企业内控体系建设调研,确定衔接复制推进方案,帮助企业完善内控制度,加强对国有独资企业内控制度建设指导。

2011 年 2 月,上汽集团形成《内部控制手册(2011 版)》,分上下两册。上册辑有总章,22 个章即控制环境、风险评估、信息与沟通、监督检查、战略规划管理、危机管理、货币资金管理、固定资产管理、无形资产管理、采购与付款、营运项目投资管理、投资管理、筹资管理、担保管理、预算管理、成本费用控制、税务管理、附属公司管理、人事薪酬管理、合同及法律事务管理、财务报告管理、关联交易,104 个管理子项和流程,495 个关键控制活动。下册辑有 204 个制度附件。

五、上海汽车集团股份有限公司《内控手册》

2007 年年初,上海汽车集团股份有限公司组建由总裁陈虹任组长、副总裁周郎辉任副组长,总裁办公室、审计室、监察室、信息系统部等部门参与的内控领导小组,下设内控工作小组,并聘请德勤会计师事务所作为专业顾问,开展内控手册编制工作。2007 年年初开始编制,2007 年年底试运行,上海汽车《内控手册》1.0 版本获总裁办公会议批准进入试运行。该手册包含 27 个主流程 105

个子流程 670 个关键控制活动。主流程包括：控制环境、风险评估、信息与沟通、监督检查、战略规划管理、危机管理、货币资金管理、固定资产管理、无形资产管理、采购与付款、营运项目投资管理、投资管理、筹资管理、担保管理、预算管理、成本费用控制、税务管理、附属公司管理、人事薪酬管理、合同及法律事务管理、财务报告管理、关联交易、计算机信息系统管理、质量和运行管理、安全监察管理、商用车业务管理、服务贸易业务管理。同年下半年开始,该公司每半年对内控制度执行情况进行测评,并对测评发现的缺陷及时协调责任部室进行整改,提高内控制度执行效率。

2008 年 5 月,财政部等国家五部委联合发布《企业内部控制基本规范》,对上市公司内控制度建设提出更明确要求。同年年底,上海汽车据此组织修订完善《内控手册》,形成《内控手册》2.0 版本。新版《内控手册》包含 30 个主流程、124 个子流程、840 个关键控制活动,并将自我评价和检查范围扩大到乘用车分公司,测评关键控制点数量增加到 200 个以上。同年,该手册实现在线管理和浏览。

2009 年,上汽内控领导小组为有效开展对乘用车分公司和商用车技术中心 2 个分支机构的内控管理,决定分别编制《内控分册》。同年年底,公司《内控手册》3.0 版本出台,形成公司总部、乘用车分公司和商用车技术中心 3 个分册,包含 60 个流程、215 个子流程、1 417 个关键控制活动,全面覆盖整车开发、采购与付款、销售与收款、筹资与投资、货币资金与关联交易等在内的各类业务领域。

2010 年 4 月,财政部等五部委联合发布《关于印发企业内部控制配套指引的通知》,明确 2012 年 1 月 1 日起主板上市公司强制执行。为此,同年下半年上海汽车组织对标修订内控制度。新版《内控手册》包含 73 个流程、255 个子流程、1 612 个关键控制活动,覆盖范围在公司总部和乘用车分公司基础上,扩大到南汽集团和商用车技术中心,测评关键控制点增加到 440 个以上。

上汽股份内控制度自 2011 年建立以来,审计室从 2007 年监控 110 个关键控制活动,至 2011 年扩展到 666 个关键控制活动,内控缺陷率从最初 24％下降至 2011 年上半年 2.55％。同时,对关键控制活动进行再梳理,制作风险控制地图,按照优先级排列高、中、低风险序列,进一步强化高风险领域控制。

2011 年 5 月,由审计室牵头会同总裁办、财务部、战略与业务规划部、质量与经济运行部、合作与法律事务部、信息系统部等部室成立公司内部控制评价工作组,分别对上海汇众汽车有限公司、上汽通用五菱汽车股份有限公司和上海上汽大众销售有限公司开展企业内部控制体系评价工作,帮助企业加速内控建设步伐。同年 12 月,上海汽车集团股份有限公司整体上市后,吸纳上海汽车工业(集团)总公司《内部控制手册》有关内容,重新编撰发布《上海汽车集团股份有限公司内控手册》。至 2014 年年底,内控制度已基本覆盖下属所有直管企业。

2015 年《内控手册》系 2012 年版本,包含 73 个流程、255 个子流程、1 612 个关键控制活动。

六、内控审计

1994 年 8 月,公司审计室以上海汇众汽车制造公司为试点,开展固定资产内控制度调查,列出 64 个控制点,帮助完善内控制度。1997 年,对上海大众汽车有限公司、上海汽车齿轮总厂、上海纳铁福传动轴有限公司等 15 家企业货币资金管理内控制度进行评审。1998 年,制定《内部控制制度及其评审规范》管理办法,涵盖货币资金、存货、成本费用、固定资产、委外加工和应收账款等范围。

2000 年,审计室对所属 28 家生产性企业物资采购管理现状实施审计调查,进一步完善采购管理内部控制制度。2001 年,在经济责任指标考核中新增内控测评,对应收票据、现金管理、存货控制、预算执行及内审设置等情况进行综合评价。2003 年 1 月,上汽集团制定《内部审计工作实施办法》,规定审计室对公司及所属企业开展的常规审计包括内部控制制度执行情况。

2006 年后,内控审计分为总部部室内控审计、部室自审、委托第三方或审计室审计、公司分支机构审计和合资企业审计等。2007 年 7 月,公司颁布《内控手册》并制定《内控制度审计管理办法》,规定审计室对内部控制执行情况实施审计,采用个别访谈、调查问卷、专题讨论、穿行测试、实地查验、抽样和比较分析等方法,对企业内部环境评价、风险评估评价、控制活动评价、信息与沟通评价、内部监督评价 5 个方面作出评价,评价结果作为上市公司每年向社会公开披露的管理内容之一。2008 年,制定《内部控制自我评估管理办法》,规定自我评估及测评流程。2009 年 7 月起,根据国家规定,上海汽车开始每年聘请第三方中介机构对公司内部控制有效性进行审计。

2010 年,上汽制定《内部控制评价办法》,规定每年编制所属企业年度内部控制评价计划,经公司内控领导小组批准后,由审计室牵头的内部控制评价工作组按计划实施。2013 年,公司颁布《内部控制考核办法》,明确对集团母体和分支机构每半年开展一次内控评价,对所属企业 3 年为一个周期开展年度内控考核,考核结果分为有效(A 级)、基本有效(B 级)、存在缺陷(C 级)和存在严重缺陷(D 级)4 个等级,并将结果纳入"六位一体"年度考核范围。同年—2015 年,公司共对 37 家所属企业开展年度内控考核,绝大部分企业内控考核结果为有效或基本有效,个别存在缺陷或存在严重缺陷的企业均制定行动计划并完成整改。

2008—2015 年,公司审计室共对公司母体和分支机构开展 16 次内控审计,共涉及 7 839 个关键控制活动,发现 148 项内控缺陷。2011—2015 年,对 44 家所属企业开展内控审计,共发现 370 项一般缺陷、62 项重要缺陷,提出 278 项建议和 710 项审计意见。

第八章　人力资源管理

1956—2015 年,上汽始终设有人事和劳动工资管理部门,主管劳动合同管理、管理人员技术人员和技能人才管理、绩效薪酬管理等业务。

第一节　组　织　机　构

一、人力资源部

1955 年 12 月,上海市内燃机配件制造公司成立后设立人事科和劳资科。1958 年 3 月,上海市动力机械制造公司设立人事科和劳动工资科。1960 年 1 月,上海市农业机械制造公司继续设立人事科和劳动工资科。1970 年 9 月,上海市拖拉机汽车工业公司革命委员会设立劳资组。

1984 年 7 月,上海汽车拖拉机工业联营公司设立人事教育部。1985 年 10 月,公司总部机构由部改处,人事教育部改为人事教育处。1987 年 12 月,该处分设为人事处和教育处。1991 年 11 月,上海汽车工业总公司调整总部机构后,继续设立人事处。1993 年 1 月,公司总部机构再次由处改部,人事处改为人事部。

1995 年 9 月,上海汽车工业(集团)总公司(上汽集团)和上海汽车有限公司(上汽有限)同时成立,并分别设立人事部。1998 年 1 月,上汽有限改组为上海汽车股份有限公司后,人事部转为上汽集团总部机构,并改为劳动人事部。

2004 年 12 月,上汽集团发起成立上海汽车集团股份有限公司(上汽股份)后,上汽集团继续设立人事部,上汽股份则设立人力资源部直至 2007 年 7 月公司注销。同年 9 月,上海汽车股份有限公司更名为上海汽车集团股份有限公司(上海汽车)后设立人力资源部。2008 年 2 月,上汽集团人事部改为人力资源部。2011 年 12 月,上海汽车整体上市并简称改为上汽集团后继续设立人力资源部,上海汽车工业集团总公司人力资源部停止运作。

在上汽《内控手册》中,设有涉及人力资源管理的《控制环境》和《人事薪酬管理》2 条内控流程,分别从道德、文化、组织系统管理、岗位描述、人事政策、人力资源规划、薪资福利、人员计划、招聘离职、绩效、培训和人力资源信息管理等方面,规定人力资源内部控制度。

2015 年,人力资源部设立人事管理科、人员发展科和薪资管理科 3 个科,配备 18 名业务人员,主要职责是:制定实施集团人力资源规划和发展战略、人力资源管理制度和政策,建立人才队伍培养和发展体系,制定执行集团薪酬福利管理制度和政策、人工成本分析和规划、评估编制集团人工成本预算,审核和管控所属企业年度人工成本预算及预算执行情况,实施劳动人事信息统计和管理,协调各种资源支持重点项目人才队伍建设,指导下属企业制定完善绩效激励政策,实施对各类人员的考核与激励,指导企业依法规范各项用工制度,审核指导企业制订人员调整方案,规范各类用工管理,构建和谐劳动关系。

二、人力资源委员会

2015年1月,上汽集团成立人力资源委员会,陈虹任主任,陈志鑫、周郎辉、张海涛任副主任,钟立欣、陆阳、朱庆敏、王骏、顾晓琼、祖似杰、马龙英、蒋建华、李雪嵘任委员。

当年人力资源委员会召开2次会议,讨论决策车享平台上市和股权激励方案、上汽—阿里互联网汽车公司股权激励设想、集团激励基金计划;讨论决策领导干部契约化管理,完善厂部级领导干部薪酬体系;讨论决策集团种子基金纳入激励基金范围;审议上汽人才队伍建设总体思路,上汽技术创新奖、专利奖、软件著作权奖、发明专利授予奖、种子基金奖和优秀技术人才奖纳入激励基金奖励对象范围,审议上汽集团海外培训项目、海外外派人员相关待遇调整等事项。

三、专业技术职称评审委员会

1995年11月,上汽集团成立工程系列中级专业技术职务任职资格评审委员会。1996年2月,成立高级经济师评审推荐小组和高级会计师评审推荐小组。同年10月,成立技工学校教师初级职务评审委员会、卫生专业初级职务评审委员会、翻译系列中级职务任职资格评审委员会和档案专业初级职务评审委员会。

2001年,根据上海市人事局《关于印发上海市专业技术职称(资格)申报、评审(审定)、考试和专业技术职务聘任等六个配套文件的通知》,上汽集团重新组建上海市工程系列汽车专业高级专业技术职务任职资格评审委员会。2004年11月,工程系列专业技术职称设汽车设计、汽车制造、汽车电子电器和综合4个专业学科组。2009年11月,根据汽车技术发展,该评审委员会设整车设计、汽车零部件设计、汽车制造、新能源技术、汽车电子电器、动力总成及汽车技术管理7个学科组。

至2015年,上汽集团有正高级职称195人、副高级职称1846人、中级职称11265人、初级职称14789人。

表3-8-1 1990—1994年上汽各类专业技术职务评审委员会情况表

名　　　称	成 立 时 间	调 整 时 间
工程技术高级职务评审委员会	1990年8月15日	1994年5月27日
工程技术中级职务评审委员会	1988年3月21日	1990年12月27日 1993年10月14日
卫生技术初级职务评审委员会	1987年12月12日	1993年6月4日
技术教师中级职务评审委员会	1988年3月21日	—
技校教师初级职务评审委员会	1993年10月14日	—
会计、统计、经济中级职务评审委员会	1988年3月21日	
经济中级职务评审委员会	1988年11月14日	1990年12月27日
会计中级职务评审委员会	1988年11月25日	1990年12月27日
翻译中级职务评审委员会	1993年6月4日	

资料来源:上海汽车集团股份有限公司人力资源部

表 3‑8‑2　1995—2015 年上汽职称评审委及成员一览表

年份	名　　称	职　务	成　　　员						
1995	工程系列中级职称评审委员会	主任委员	仲逸民						
		副主任委员	王怡达						
		委　员	张振华　马大雄　蔡龙根　林冠杰　张新权　顾百撰　孙振华 乐俊华　余月初						
1996	经济师职称评审推荐小组	组　长	陈祥麟						
		副组长	郁永健						
		组　员	蒋志伟　杨小弟　虞连科　南　阳　熊传林　陈因达　尤石檪						
1996	会计师职称评审推荐小组	组　长	叶　平						
		副组长	郁永健						
		组　员	王庆云　齐鸿浩　董家喜　李　丹　胡凤仪　曹瑞康						
1996	技学教师职称初评委员会	主任委员	张立春						
		副主任委员	党一平						
		委　员	陆丽萍　符卓英　张松文　戴德法　吴洁波　徐秀宗　潘双喜						
1996	卫生专业职称初评委员会	主任委员	郑宝珍						
		副主任委员	陈妙文　蒋兆山						
		委　员	徐为龙　蒋海江　史桂法　曹玉莲　朱秀琴　韩顺发						
1996	翻译系列中级职务评审委员会	主任委员	张　小						
		副主任委员	蔡佳辰　张立春						
		委　员	张兆奎　朱宝福　陈韵秋　孙长德　吴慧宏　朱德良　严宪彪 刘耀祥						
1996	档案专业初级职称评审委员会	主任委员	劳智兴						
		副主任委员	严吉禧						
		委　员	杨燕筱　李国祯　翁文艳　张继维　应惠娥　殷嘉卉　吴常娥						
1996	调整工程技术任职资格高评委	副主任委员	仲逸民　叶　平						
1996	重新组建工程系列中级任职资格评审委员会	主任委员	王怡达						
		副主任委员	张振华　张立春						
		委　员	蔡龙根　马大雄　林冠杰　张新权　顾百撰　叶世威　余月初 周耀忠						
1997	调整职工大学教师初级职务资格评审委员会	主任委员	倪国栋						
		副主任委员	高万荣						
		委　员	张义荣　丁晓甫　吴持平　吴洪发　肖泽焜　汤观全　王映林 杨锐敏　何善良						

〔续表〕

年份	名　称	职　务	成　员
1997	重新组建高级会计师职称评审推荐小组	组　长	郁子冲
		副组长	张立春
		组　员	齐鸿浩　刘　榕　王庆云　李　丹　胡凤仪　董家喜　曹瑞康 朱　宪　陈翠娣
1997	重新组建高级经济师职称评审推荐小组	组　长	陈祥麟
		副组长	蒋志伟
		组　员	何向东　吴诗仲　杨小弟　戴宗琳　尤石梁　熊传林　陈因达 肖国普　南　阳
1997	组建工程系列（汽车专业）高级专业技术职务资格评审委员会	主任委员	叶　平　陈廷越
		主任委员助理	张立春
		委　员	王怡达　秦仲年　张振华　王仕达　张士元　许　争　胡安生 梁文涌　赵永彬　项松年　金永锡　吴宗兴　袁一镭　杨　杰 沈　励　黄锦鼎　朱水根　张新权　马大雄　林冠杰　姚海辰 陆季波　王传兴
1998	重新组建技师评审委员会	主　任	张立春
		副主任	薛永纯　张义荣　华杏生
		委　员	劳智兴　党一平　黄培元　王传兴　杨申生　陈为直　赵光海 陈山弟　程迎潮　胡鸿友　毛强林　钱介耿　吴逸民　许网熙 徐仁怡　王小龙　孙云秋
1998	重新组建翻译系列中级职务任职资格评审委员会	主任委员	张小英
		副主任委员	蔡佳辰　张立春
		委　员	张兆奎　朱宝福　朱敏贤　宋德良　苏榕榕　朱慧芬　刘耀祥 严宪彪
1998	重新组建档案专业初级职务任职资格评审委员会	主任委员	劳智兴
		副主任委员	严吉禧
		委　员	杨燕筱　应惠娥　李国祯　吴常娥　章　薇　邬文娣　王凤题
1998	重新组建工程技术中级职称评审委员会	主任委员	陈因达
		副主任委员	刘　匀　张立春
		委　员	秦仲年　张良华　吴敏晶　方　杰　葛金喜　王传兴　杨乔治 贺明康　梁文涌　余月初　薛锦达　杨念萱　姚海辰　阳春启 岳　凯　高凯生　沈　励　马　静　赵森发　金永锡　赵国骏 丁信一　范广琪　黄祖兴　吴宗兴　孙环佩　赵辅坚　周文亮 张士元　马宝富　王仕达　范　雄　郭纪明　王庆宇　朱天年 吴学敏　黄锦鼎　洪作民　张振华　陶培泉　徐康聪　程建群 董师孟　宋培纯　陈贤章　徐景雍　张锦国　王晓秋　袁瑞济 达世亮　邱　玮　郭肇基　孙鸿广　任志申　陆已生　蔡龙根 应安彦　周丽明　侯培民　杨关琪　张佳弟　杨歧华　王善良

〔续表〕

年份	名　称	职　务	成　员					
2000	组建技师任职资格评审委员会	主任委员	陈寿龙					
		副主任委员	华杏生	宋玉红	蒋建华			
		委　员	朱庆敏　党一平　黄培元　王国梁　赵国骏　王小龙　赵国元　程迎潮　金新华					
2000	组建工程技术中级职称评审委员会	委　员	宋玉红　蔡龙根　应安彦　潘晓元　陈德美　张玉丽　陈以农　周耀雄　王晓秋　魏燕钦　阳春启　丁信一　马　静　吴宗兴　赵辅坚　张锦国　王善良　马宝富　郑志鸿　钱向阳　张　骏　袁伟佐　程惊雷　程迎潮　张立人　王剑璋　方　杰　杨念萱　薛锦达　黄锦鼎　叶世威　严隽奕　杨乔治　尹　平　宋培纯　蔡增伟　顾林祥　桂龙明　燕亚平　赵国骏（中评委专家库专家140名）					
2000	组建上海市工程系列汽车专业高级专业技术职务任职资格评审委员会	主任委员	陈因达等8位同志为上海市工程系列汽车专业高级专业技术职务任职资格评审委员会					
		评审委员	王仕达等30位同志为上海市工程系列汽车专业高级专业技术职务任职资格评审委员会					
		专　家	张振华等99位同志为上海市工程系列汽车专业高级专业技术职务任职资格评审委员会专业学科组成员					
2004	重新组建工程系列汽车专业高级专业技术职务任职资格评审委员会	主任委员	陈因达	刘　匀	程惊雷	王庆宇	林忠钦	余卓平
		委员专家	高卫民　张觉慧　吴庆文　张新权　张振华　桂龙明　张立春　王晓秋　魏燕钦　杨乔治　孙鸿广　陈贤章　刘　坚　蔡增伟　阳春启　阳树毅　孟嗣宗　缪文泉　浦维达　陈力华　张振东　夏冠群					
2009	组建工程系列中级专业技术职务任职资格评审委员会	主任委员	陈因达	林忠钦	余卓平	王庆宇	程惊雷	张海涛	高卫民
		高评委主任委员和评审委员	康华平　吴庆文　张觉慧　张振华　陆雄华　史习俭　张　俊　贺明康　郑松林　袁海群　马森林　宋培纯　叶连祥　蔡增伟　阳春启　姚　奕　干　频　刘　凯　缪文泉　罗思东　任纪良　顾　庆　张新权　陈贤章　刘　坚　王　练　莫永聪　孙泽昌　纪丽伟　李文辉　平银生　阳树毅　许　敏　吴志军　高菊珍　马振刚　黄中荣　张立春　陈力华					
2013	组建第八届上海市工程系列汽车专业高级专业技术职务任职资格评审委员会（专家库）	主任委员	陈志鑫	余卓平	张海涛	林忠钦	周郎辉	程惊雷	
		高评委专家库	吴庆文　牛胜福　刘启明　施　杰　谢　骋　张觉慧　项　党　康华平　曹心平　郝景贤　陆雄华　缪文泉　王岩松　胡　敏　黄文华　江兴宏　叶连祥　金晓春　曹喜彪　陈宝明　史习俭　王诗恩　葛　宏　张　俊　敖锦龙　李理光　郑松林　程迎潮　闫仕军　宋炯毅　樊　勇　汪　飙　赵益强　姚　奕　蔡增伟　阳春启　干　频　马扎根　朱　军　任纪良　罗思东　兰志波　侯　飞　陈　鸣　刘　凯　王　练　谢铭诗　郝　飞　陈贤章　郭晓潞　罗来军　莫永聪　李文辉　刘启华　平银生　辛　军　吴旭陵　纪丽伟　黄明礼　张达凯　许　敏　吴志军　王　骏　高菊珍　王晓秋　阳树毅　张海亮　余秀慧　张　程　顾　庆　冯　渊　王庆宇　马振刚　王惠忠　黄中荣					

资料来源：上海汽车集团股份有限公司人力资源部

四、人员交流中心

1995年5月，上汽经上海市人事局批准成立人员交流中心并挂靠人力资源部，授权服务范围为委托受聘、委托推荐、信息咨询、择业培训、人才测评等，主要负责安置公司内部富余人员、调剂人才余缺和人才交流等，地址位于上海市静安区海防路377号。

1994年11月，上汽总公司制定下发《人员交流中心管理办法（暂行）》。1998年8月，上汽成立经上海市再就业服务中心领导小组办公室批准的再就业服务中心，其与人员交流中心实行"两块牌子，一套班子"管理。

1999年5月，上汽制定下发《人员交流中心管理办法》和《再就业服务中心管理办法》2个文件，规定各企业应建立人员交流分中心，机构名称统一；规定人员交流中心职责是接受公司或企业委托，根据企业结构调整、人员分流及再就业方案吸纳富余人员；为进入中心的富余人员开展转岗上岗培训、职业介绍、业内招聘和组织劳务输出等服务，提供基本生活保障及进行相应管理；规定富余人员界定范围、待岗程序、人员管理、分流措施以及经费管理等。

五、技师协会

20世纪80年代前，公司工人技师和高级技工升级评定一般由上海市劳动局下达指标，公司劳资科牵头、教育和技术部门配合，开展评定工作。1986年，上汽成立工人技师职称考核评定委员会，并确定上海拖拉机厂、华丰钢铁厂、上海内燃机厂、上海重型车厂和上海汽车电机厂为试点单位。1988年，在试点单位取得经验基础上逐步推开。至1992年，上汽有技师234人、高级技师2人。同年，工人技师评聘权下放到各总厂和专业公司等二层次企业。

2000年9月，经上海市技师协会批准，上汽成立上海市技师协会汽车工作委员会，陈因达任名誉主任，陈寿龙任主任，华杏生、宋玉红、蒋建华任副主任，管理机构设在上海市虹口区沙径港路60号上汽培训中心内。至2004年，汽车分会下设分设备、电工、冷加工、模具、热加工、理化计量、整车、管理和其他9个专业组，注册会员762人。

2008年9月，上海市技师协会汽车分会第四次代表大会上选举新一届领导班子。徐小平任会长，陈山弟、单国涌、周巍、胡镇雄、陆恩斌、任建新任副会长，姚峥任秘书长。2012年10月，王敏蓉接任秘书长。2014年1月，上海市技师协会汽车分会调整副会长和秘书长，徐小平续任会长，陈山弟、单国涌、周巍、陆恩斌、任建新、陈军、季勇任副会长，谢国强任秘书长。

上海市技师协会汽车分会在上海市技师协会指导下，以为企业生产服务、为技师服务为宗旨，按照《上海市技师协会章程》进行管理并运作。2015年，该分会有注册会员649人。

六、职业技能鉴定中心

2003年4月，国家劳动和社会保障部建立机械行业特有工种职业技能鉴定汽车上海站，机械工业职业技能鉴定指导中心建立机械工业职业技能鉴定汽车行业上海分中心，同年7月，上海市劳动和社会保障局建立上海市职业技能鉴定中心职业技能鉴定所。为加强上汽职业技能鉴定管理工作，整体协调上级批准的鉴定站（所）和中心管理职能，2003年上汽建立上海汽车工业职业技能鉴定中心,统一协调管理国家、机械行业和上海市设在上汽的职业技能鉴定站、所和中心的职能,开展职业技能鉴定工作,制定管理制度和鉴定、考务、命题工作流程,规范职业技能鉴定的试卷、报名、考场、阅卷评分、鉴定、收费、证书颁发等管理。2008年,上汽职业技能鉴定中心以国家职业标准为基础,综合企业岗位要求、工作业绩和综合能力等因素,形成覆盖初级工、中级工、高级工、技师、高级技师的一整套人才评价模型。

至2015年,该职业技能鉴定中心组织开展职业技能竞赛、技师技术更新教育培训、技术论文集等活动;形成全国、上海市、集团和企业4级职业技能竞赛联动竞赛体系;累计举办17期技师技术更新教育培训班,培训1 224名技师和高级技师;编写7集《技师论文集》;累计接受13.5万人次上报职业技能鉴定,其中10.5万人次通过鉴定,包括243名高级技师、2 224名技师、6 560名高级工、3.74万名中级工、5.86万名初级工。

表3-8-3 2003—2015年上汽职业技能鉴定统计表 单位:人

类别	年份 人数	2003	2004	2005	2006	2007	2008	2009	2010	2011	2012	2013	2014	2015	合计
高级技师一级	申报	—	—	1	17	163	58	11	26	7	34	99	68	150	634
	获证	—	—	1	0	3	15	21	12	15	17	55	24	80	243
技师二级	申报	—	36	148	112	173	231	65	246	312	386	428	619	492	3 248
	获证	—	36	101	144	110	100	114	128	243	252	247	415	334	2 224
高级工三级	申报	129	751	1 103	457	718	578	602	230	938	1 240	1 314	1 195	1 010	10 265
	获证	29	669	641	366	399	423	397	424	391	742	753	711	615	6 560
中级工四级	申报	598	1 793	4 572	2 279	2 037	1 590	1 741	783	2 792	4 664	7 030	7 105	8 134	45 118
	获证	497	1 645	3 557	952	1 701	1 860	1 260	1 341	2 788	3 844	5 867	5 458	6 650	37 420
初级工五级	申报	2 685	5 968	2 436	2 017	1 076	2 200	2 766	3 749	5 755	10 365	11 247	13 444	12 000	75 708
	获证	2 399	5 232	2 175	1 435	1 486	893	1 894	1 774	4 864	7 899	8 593	10 445	9 552	58 641

资料来源:上海汽车集团股份有限公司人力资源部

第二节 劳动用工管理

一、劳动合同管理

1955年12月公司成立后,在较长时期内实行劳动力统包统配政策,企业需要增添劳动力,在国家、上级机关下达的增人指标范围内统一向国家劳动部门申请招用。大中专院校毕业生以及复员退伍军人,由国家劳动部门按计划统一分配。招用职工除临时工、季节工外均为固定工。1971年7月至12月,1 972名临时工经考核转为固定工,占2 210名临时工的89%。

1978年年底,公司实行企业性公司试点,招工由国家统包统配改为根据公司对各企业下达的利润指标、核定人数、完成指标的分配奖励率等,由企业按生产需要来确定具体的招工对象。1982年,上海市开始在部分国有企业进行合同工试点,公司所属上海拖拉机厂、华丰钢铁厂、上海重型汽车厂、上海内燃机厂等为试点单位,实行社会招工为合同制。1987年,根据上海市劳动局规定,上汽制定《劳动力管理办法》,规定企业按计划新增职工首先应在公司内进行调剂,公司内不能解决或有特殊要求者,企业可自主从社会上招用本市城镇劳动力;本市市区范围内相同所有制企业间职工调动,或全民企业向集体企业调动,企业有权自行办理手续,不再报请上级主管机关审批。

1992年3月,上汽被上海市政府列为全员劳动合同制试点单位。4月,公司总经理陆吉安和上海汽车齿轮总厂厂长沈如镜在劳动合同制改革工作会议上签订上汽第1份全员劳动合同。同年6月,上汽向上海市劳动局申报《上海汽车工业总公司全员劳动合同制配套改革方案》,7月方案获批。同年年底,上汽签订劳动合同的职工达到41 026人,占公司职工总数的97.43%;签订上岗合同的职工达到38 520人,占签订合同制员工总数的93.89%。至此,上汽告别"大锅饭和铁饭碗"的传统用工方式,建立全员合同制的新型劳动管理模式。

1993年4月,上汽颁布《劳动力管理办法》,规定企业员工实行公开招聘、择优录用原则,建立竞争上岗机制,转岗须先培训、再考核、后上岗;建立公司和企业两级劳动力市场,定期组织劳动力余缺调剂交流;企业优先从公司内部招工,实行双向选择,形成"企业自主用人,个人自由择业,市场调节供求"的就业新格局。

1998年4月,依据《中华人民共和国劳动法》《中华人民共和国工会法》《中华人民共和国公司法》,以及国家劳动部颁发和全国总工会分别颁发的有关签订集体劳动合同和工会参加平等协商的法律法规和政策,上汽下发《上海汽车工业(集团)总公司集体合同》和《上海汽车工业(集团)总公司集体协商制度试行办法》2个文件,规定由企业工会代表全体职工与企业行政依据《协商制度》,协商一致签订集体劳动合同,建立新型劳动关系;劳动合同协商内容包括:支持工会依法独立自主开展工作,企业在确定生产经营方针、重大改革方案和制定涉及职工权益的规章制度时应听取同级工会意见,建立集体协商机制,通过法定程序,签订集体合同;工会支持企业建立和完善职工竞争上岗机制;双方共同关心和推进再就业工程,妥善分流安置下岗职工;企业制定修改分配制度、确定工资分配基本原则和方案应与同级工会集体协商或经职代会讨论通过后实施;文件还就员工工作时间和休息休假、劳动安全卫生、保险和福利,以及解除劳动合同等作出规定。

2002年,《上海市劳动合同条例》颁发后,上汽人力资源部与工会联合修订公司有关集体劳动合同和集体协商的制度,规范指导企业的劳动用工和各类劳动关系。2008年,国家《劳动合同法》颁发后,上汽人力资源部组织修订《劳动合同》,并认真实施相关配套规章制度,抓好劳务派遣制员工管理,进一步构建和谐劳动关系。

劳动力管理实行合同制后,上汽形成上岗靠竞争、收入靠奉献、管理靠合同的用人机制。2015年,上汽集团有劳动合同制员工170 067人,劳务派遣制人员52 768人。

二、劳动定额管理

1956年,公司所属工厂以班产量为定额指标,定额管理开始出现。1962年年初,制定《关于加强定额工作的暂行规定》,26个所属厂据此制定具体的定额实施细则,同时建立扩大群众性定额员队伍,至年底有工厂有专职定额员23人、兼职定额员45人,车间有不脱产定额员111人,工段班组有不脱产定额员217人。同年,公司贯彻工业企业管理70条,进一步开展定员定机构工作,下属82个工厂非生产人数从两年前的4 362人减至3 960人,占全员总数的比率从20.3%减至18.47%,加强了生产第一线和技术后方的力量。"文化大革命"中,劳动定额被认为是"管、卡、压(工人)的工具"而受到冲击,劳动定额管理被取消。1972年后,上海内燃机厂等部分企业开始恢复定额管理。

1982年,公司下达《关于加强劳动定额管理的通知》,要求各企业根据中共中央国务院关于企业全面整顿的要求整顿劳动组织,按定额组织生产,劳动定额工作作为五项整顿验收内容之一,定额管理逐渐规范化。1985年,上海拖拉机厂率先贯彻《农机行业劳动定额时间标准》,基本平衡产品、工种和车间之间的定额水平,平均压缩定额工时25.6%。1986年,上汽贯彻劳动定额标准工作首先在上海—易初摩托车有限公司、上海汽车齿轮厂、上海第一汽车底盘厂、上海第二汽车底盘厂等4个企业开始,至1988年全面推开,走上正轨。

1992年年底,上汽把包括劳动定额管理在内的各项管理权下放到二层次企业,公司对劳动定额不再进行管理。

三、劳务派遣制员工管理

1992年,上汽所属企业开始与社会劳务机构签订劳务合同,招聘劳务派遣制员工,以降低用工成本。至2000年,劳务派遣制员工达到1.24万人,占公司从业人员总数的25.7%,加强劳务派遣制员工管理成为公司员工管理的主要内容。

为加强劳务派遣制员工管理,2004年5月经公司职工代表大会表决通过,上汽工会发出《关于进一步探索特殊劳动关系人员入会及工会会籍管理的意见》,明确工会组织保障劳务派遣制员工的权益,规定不同劳务派遣制员工不同入会途径、入会后教育管理和合法权益维护、加强组织领导等。同年9月,根据《工会法》和《中国工会章程》,上汽工会制定《劳务人员临时工会会籍管理实施办法》,规定已加入劳务公司工会的劳务人员,经实际用人单位工会与劳务公司工会协商一致,可将劳务人员临时会籍关系转入实际用人单位工会;对未加入劳务公司工会的劳务人员,根据工会会籍可与劳动关系相脱离的原则,也可向实际用人单位申请加入工会,实行临时工会会籍管理办法。2005年,上汽有3 029名劳务派遣制员工加入工会。

2010年1月,根据国家《劳动合同法》规定,充分体现"崇尚人本管理"的核心价值观,把劳务派遣人员作为上汽员工队伍建设的重要组成成分。上汽制定下发《关于对企业劳务用工管理的指导意见》,强调对劳务派遣制员工要进一步规范招聘流程、加强培训力度、完善薪酬福利保障体系、优化激励机制、党团组织要吸收优秀劳务派遣制度员工入党入团等。同年6月,上汽制定下发《关于进一步规范企业劳务派遣用工管理的指导意见》,完善劳务派遣人员同样劳动保障、同等教育培训、同批先进评选、同时帮助关怀的"四同时"机制。至同年年底,上汽劳务派遣制员工100%与劳务公司签订劳动合同;所属企业均建立与劳务公司定期沟通评估机制;劳务派遣制员工收入与企业效益挂钩,享有劳防用品、体检等劳动保障福利;86家企业实施吸纳优秀劳务派遣制员工为合同制员工,其中80%是一线岗位,50%是关键设备操作岗位;当年完成劳务派遣等员工上岗培训4.5万人,其中4 000余人参加特殊工种培训,5 000余人参加安全生产培训;对1 000余人进行帮困,对7 000余人进行节假日慰问。2011年6月,根据上海市国有资产监督管理委员会、市人力资源和社会保障局、市总工会、市工商行政管理局和市企业联合会联合下发的规范本市劳务派遣的指导意见。7月,上汽党政领导周郎辉、薛建、吴诗仲带领职工代表,前往12家企业专题调研、巡视检查。

2009—2011年,上汽在岗职工人均收入年复合增长约11%,劳务派遣制员工人均收入年复合增长率约18%,累计有7 100余名劳务派遣制员工转为合同制员工。2012年4月,上汽转发上海市政府办公厅、人力资源和社会保障局等4部门下发的《规范本市劳务派遣人员管理的指导意见》文件,进一步规范和指导企业劳务派制员工管理,2013年又有5 000余名劳务派遣制员工转为合同制员工。2014年7月,上汽转发上海市人力资源和社会保障局下发《进一步规范本市劳务派遣用工若干问题的意见》,督促各单位依规合法劳动用工,防止劳务派制员工规模性清退,构建和谐劳动关系。

截至2015年,上汽劳务派遣制员工为53 967人,占从业人员比例24.7%,劳务派遣制员工转为合同制员工的累计约3万名。

四、社会人才招聘

1982年,公司所属上海拖拉机厂、华丰钢铁厂、上海重型汽车厂、上海内燃机厂等合同工试点单位,开始在社会上实行招工。

1984年,上汽成立人才招聘办公室,与18家人才交流服务机构挂钩,招聘亟需人员。1984—1985年,在上海及江苏、浙江、安徽、江西、湖北、辽宁等地引进专业技术人员159人。上海大众汽车有限公司成立后,为解决人才紧缺的突出矛盾,1986年,上海汽车拖拉机工业联营公司总经理陈祥麟、党委书记孟庆令等分别带队前往北京寻求帮助,希望在全国范围招聘优秀汽车人才,得到中国汽车工业总公司总经理陈祖涛的支持。同年8月,陈祥麟和公司党委副书记刘雅琴专题向上海市市长江泽民汇报人才引进工作,江泽民要求市委组织部和市人事局在政策上予以解决,并亲笔写信给陈祖涛,希望从中国第一汽车制造厂和第二汽车制造厂获得人才支持,得到积极响应。江泽民还特批上汽200个从外地迁入上海的户口额度。在中国汽车工业总公司和上海市政府支持协调下,上汽从中国第一汽车厂和第二汽车厂引进王荣钧、刘炎生、顾永生、王祎垂等一批专家人才。与此同时,中共上海市委、市政府动员上海全社会支援上汽优秀人才,上海市工业党委、上海市经济委员会、上海市人事局多次召开支援上海大众汽车建设人才调配现场会,组织机电、航天、轻工、仪表、化工、冶金、物资、船舶、电器等9个工业局和上海柴油机厂、上海机床厂等6家市属大型企业选送发展轿车工业急需的管理和技术骨干。

1990—1995年,上汽共引进高中级专业人才及高中级管理干部355人。1995—2015年,累计社会招聘人才76 051人。

表3-8-4　1995—2015年上汽社会人才招聘统计表

年　份	人　数	年　份	人　数	年　份	人　数
1995	1 639	2003	2 548	2010	7 227
1996	686	2004	2 774	2011	10 194
1997	637	2005	2 778	2013	6 197
1999	1 170	2006	3 761	2014	9 945
2000	1 025	2007	5 447	2015	8 421
2001	1 106	2008	5 796	合　计	76 051
2002	1 289	2009	3 411		

资料来源:上海汽车集团股份有限公司人力资源部

五、应届大学生招聘

2001年开始,上汽人力资源部与高校学生管理部门和重点院系建立招聘应届大学生的联系制度,并首次在同济大学作"上汽集团人力资源发展展望"专题报告,与在校生双向交流沟通,吸引应届大学生参与汽车工业建设。同年末和2002年年初,先后到全国10所重点高校举办上汽人才招聘专场。2003年1月,上汽制定《员工招聘录用管理办法》,将大学生招聘纳入管理制度,规定每年9月企业将大中专学生招聘计划上报集团人力资源部,由集团汇总审核后统一对外公布招聘,作为集团和企业人力资源一项常态化管理规范。

2008年开始,上汽组织以"2008上汽校园行"为主题的大学生工招聘活动,下属40余家企业参加并招募应届大学毕业生2 300余名,其中工科类专业占87%,本科以上学历近80%,主要补充企业研发和制造类岗位,其中有600余名应届毕业生加盟上汽自主品牌。2009年开始,上汽借助上海世博会召开契机,组织以"驱动梦想、绽放青春,加入上汽、走近世博"为主题的上汽全国校园招募行动。此后,"驱动梦想、绽放青春"成为上汽校园招聘的主要宣传主题,得到高校老师和同学的关注与认可。2012年开始,上汽完善招聘评价流程,基于汽车行业特点,从注重学历向学历与动手能力双向发展,开发一套动手能力评估工具,通过搭建汽车模型的情景模拟形式,挖掘出动手能力强、具有创新潜力的应届毕业生。

2009—2015年,上汽累计招聘应届大学生17 800余名,主要来自同济大学、上海交通大学、吉林大学、哈尔滨工业大学、武汉理工大学、湖南大学、清华大学、北京理工大学、上海大学、上海工程技术大学等全国10余所高校。

表 3-8-5　2001—2015 年上汽大学生招聘一览表

年 份	招生活动主题	招聘人数
2001	—	700
2002	—	800
2003	—	1 200
2004	—	2 000
2005	—	850
2006	—	800
2007	—	800
2008	"2008上汽校园行"	2 300
2009	"驱动梦想、绽放青春,加入上汽、走近世博"为主题的2009上汽全国校园招募行动	2 000
2010	"驱动梦想、绽放青春,加入上汽、驾驭人生"为主题的2010上汽全国校园招募行动	2 000
2011	"驱动梦想、绽放青春,加入上汽、驾驭人生"为主题的2011上汽全国校园招募行动	2 300
2012	"驱动梦想、绽放青春,相聚上汽、共绘未来"为主题的2012上汽全国校园招募行动	2 500
2013	"驱动梦想,绽放青春,上汽因你不同"为主题的2013上汽全国校园招募行动	3 000

〔续表〕

年 份	招生活动主题	招聘人数
2014	"驱动梦想、绽放青春,征程上汽、畅行未来"为主题的 2014 上汽全国校园招募行动	3 000
2015	"驱动梦想、绽放青春,爱上汽车、你我同行"为主题的 2015 上汽全国校园招募行动	3 000
合计	17 800 人	—

资料来源:上海汽车集团股份有限公司人力资源部

六、海外人才招聘

1991 年起,为适应引进消化国外先进技术和设备的需要,上汽所属上海重型车厂、华丰钢铁厂等 7 家企业,开始聘请德国、美国、巴西等国 16 名外国退休专家作技术指导。1992 年和 1993 年,分别聘请 13 名和 7 名外国专家。所聘专家中包括著名的中国首位"洋厂长"德国发动机专家格里希。

2003 年 1 月,上汽制定《员工招聘录用管理办法》,规定人力资源部负责汇总集团及所属企业海外招聘需求,并会同有关部门制定海外招聘计划,经总裁办公会讨论通过后,由人力资源部和有关部门统一组织实施。

2005 年 2 月,上汽召开人才工作动员大会,围绕自主品牌发展战略,推进"111"计划,招聘关键领军人才和各种专业人才。2005 年 12 月,组团赴北美举办"上海之夜——底特律华人汽车工业人士圣诞联谊会",近 300 名华人工程师参加。2006 年,制定薪酬待遇、子女教育、医疗保险、着落住房、用车、探亲等方面市场化政策。针对部分海外专家反映年薪相对固定、绩效激励不显著的问题,研究制定以合同规定的年薪为基数,设定奖励比例,对有特殊贡献的实施嘉奖,进一步激发其积极性和创造性。2006 年 3 月,再次赴北美与海外专家候选人深入交流,吸纳海外人才 5 名。其中包括 2006 年 6 月—2007 年 9 月任上汽股份执行副总裁的美国通用汽车中国公司原董事长兼首席执行官墨斐、2006 年 3 月—2008 年 2 月任上汽股份副总裁的美国通用汽车原分析及计算模拟总监汪大总。2007 年,通过海外媒体、华人工程师协会、内部专家推荐等渠道发布招聘信息,并再次赴海外进行"点对点"招聘,吸纳海外人才 14 名,并通过收购在英国组建包括 150 名外籍研发人员的自主品牌海外研发团队。

2008—2010 年,海外招聘工作进入常态化,继续通过内部推荐、华人工程师协会等开展海外高端人才引进,3 年吸纳海外人才 15 名。2011 年,抓住日本人力资源市场出现变化的契机适时拓展日本招聘渠道,同时通过猎头公司和内部推荐等形式开展北美和韩国海外定点招聘,当年海外招聘 11 人,其中总监级 8 人、高级经理级 3 人,主要分布在新能源、发动机、试制试验、车身、整车集成等领域。2012 之后,海外招聘工作继续常态化运作,陆续吸纳 6 位海外专家。

至 2015 年,上汽累计招聘海外专家 201 名。

表 3 - 8 - 6　2006—2015 年上汽海外人才招聘一览表

年 份	国 家	人 数
2006	美国	5
	英国里卡多研发团队	150

〔续表〕

年　份	国　家	人　数
2007	美国、英国、澳大利亚	14
2008—2010	美国、韩国	15
2011	美国、日本、韩国	11
2012—2015	美国、加拿大	6
合　计	—	201

资料来源：上海汽车集团股份有限公司人力资源部

七、退休人员管理

1986 年 3 月，上汽建立退休职工管理委员会（简称退管会）。1987 年，退休职工管理职能转归公司工会。1988 年起，公司退管会要求基层单位在退休职工工资发放日开展"一条龙"服务，做到财务发放工资到现场、医务看病报销医药费到现场、招待服务到现场、免费理发到现场。同年开始，公司每年在老年节、敬老日之际举行座谈会、金婚纪念等活动，每逢国庆、元旦、春节等节庆组织上门慰问，发放慰问金，对年老体弱、生病卧床、孤老及退休早、退休工资低的对象进行补助。1989 年，公司退管会和公司工会共同出资在嘉定建立有 10 个床位的老年职工敬老院，解决退休职工特困户和孤老没有居屋的困难。1993 年开始，每年对 2 834 位孤老、80 岁以上高龄、一老养一老、生活不能自理、低收入、要供养重病子女 6 种特困退休职工，全面登记立卡，按人落实解困。

1998 年 7 月，上汽制定《退休职工管理委员会暂行管理办法》，规定退管会是管理和服务退休职工的组织，由行政领导、工会参与，有关部门和基层退管会负责人组成。公司退管会下设办公室，日常工作由工会协助管理；退管会主要职责是负责退管会事项的决策、年度工作布置和实施情况检查、经费使用审查等。退管会办公室负责处理日常事务，定期组织活动，指导基层退管会工作，处理退休职工的送温暖和帮困等具体事项。

2008 年 4 月起，上汽工会成立"重建光明"专项基金，为业内患白内障疾病的在职职工和退休职工提供手术费用，每人获一次性手术补贴费用 2 000 元。至 2014 年，累计为 1 010 名患白内障的职工和退休职工进行一次性手术补贴，金额达 202 万元，其中退休职工约 800 余名，金额约达 161 万元。

2010—2015 年，上汽每年对困难企业或存续企业的退休人员上下半年各发放 1 次慰问金，累计发放慰问金 1.5 亿元，累计发放生活资助 4.66 亿元。

至 2015 年，上汽有退休人员 51 211 人，其中：男性 25 398 人，女性 25 813 人；69 岁以下 31 629人，70～79 岁 12 173 人，80～89 岁 6 814 人，90～99 岁 588 人，100 岁以上 7 人。

第三节　绩效薪酬管理

一、按国家规定工资调整

1955 年年底公司成立后，首先在 4 个基层厂试行工人日工资改为月工资。公私合营后，在全公司实行月工资制。1956年,选择5个不同类型具有代表性的工厂测算工资,按逐步向同一地区性质规模相近的地方国营工厂或老公私合营工厂靠拢的方针调整工资。1957年,职工人均月工资72.73元。

20世纪60年代初期,公司实行职务工资制、8级等级工资制、"一条龙"制和"五八类"制等4种工资制度。1962年,平均月工资87.34元,其中基本工资68.60元。1963年,根据全国工资会议精神和市局工作部署分期分批调整工资,工人以技术水平为主结合生产成绩和劳动态度,干部以德才为主适当照顾资历,增资人数占职工人数的比例为66.19%,增资人员平均月增资5.9元。1972年,调整部分参加工作时间较长、相对工资较低的职工工资,占总人数37%,人均月增资6.5元。1977年,继续实行低工资调整,增资面44.36%。1980年,执行中共中央国务院关于提高全国40%职工工资的决定,重点解决工作10年以上工资45元以下、1958年至1960年参加工作工资60元上下的生产业务骨干、技术业务水平高工资在80元上下的老工人老职工和部门负责人,以及"五八类"工资制遗留人员,实际增资面62.15%,人均月增资3.91元。1983年,落实国家首次提出的工资调整与企业经济效益和职工劳动成果挂钩,与工资制度改革结合的要求,实际增资面97.96%,人均月增资8.74元。

二、承包责任制工资改革

1985年,上汽制定《企业自费工资改革的若干意见》,规定企业工资调整与国家机关、事业单位脱钩,同本企业经济效益挂钩,与责任轻重、技术高低、劳动繁简、业绩大小联系。当年公司工资总额包干总数为4 891.11万元,比1984年净增652.11万元,增长15.38%,企业经济实力和职工收入有较大增长。

1987—1990年,上汽实行承包经营责任制,工资总额分别达到9 622.8万元、12 553.7万元、14 968万元和17 077.4万元。1987年,所属国有企业均实行承包经营责任制,开始实行多种工资分配形式。30家企业工资总额同经济效益挂钩浮动;16家企业在确定"双增双节"税利目标后,超目标给予一定的提成工资。各企业增资有浮动效益工资和岗位工资,浮动效益工资和少数工种补贴,先效益工资、再浮动工资、后升级工资,工资与技术水平、劳动成果相结合,岗位效益工资5种形式,人均年增资124.81元。1988年,制订新的工资标准,企业内部分配提取上浮工资为2 263万元,人均年增资460元。1989年,提成工资分配在原有基础上实行工作业绩突出多增、试行一线生产工人岗位工资制和首次聘任专业技术人员进线增资3个措施,当年人均增资400元。1990年,根据上汽发展具体情况,上海市政府按完成主要经济目标考核情况下达提成工资,人均年工资达到3 027元。

三、岗位工资制改革

1991年8月,上汽开始实施以上岗合同为中心的劳动工资制度配套改革方案并进行试点,当年职工工资总额为2.1亿元,职工人均工资3 794元。1992年2月,全面实行岗位技能工资制配套改革,根据上海市人社部门和财政部门联合下发的《本市地方国有企业工资总量调控意见的通知》,企业申报当年人均工资总额基数和人均实现利税基数,公司根据上海市有关工资总量宏观调控政策、企业生产经营和效益情况,制定对挂钩范围内企业具体分配办法,根据企业规模、经济效益、管理水平、技术先进性和产品复杂性、劳动条件诸因素，确定各企业最高和最低岗位技能工资标准和岗位等级设置数，分成5个等级，企业根据公司指定范围设计工资标准和各类岗位工资区间。1992年，先后2次用于改革的新增工资为239.22万元和204.08万元，初步完成劳动用工和劳动工资两大方面的改革，当年人均新增工资62.45元。合资企业工资分配采用分红、工资增长、奖金控制、投资决策等，具体由各企业董事会讨论决定。

1993年，企业工资总额增长分为计划增长和效益增长两部分，分别与物价等因素增长同步、与工效挂钩提取，企业人均工资总额基数由公司核定调整。同年，上海市政府核定上汽工资总额基数为33 139.84万元。同年1月起，上汽实施年功工资制，连续工龄1～10年、11～20年和20年以上，年功工资分别为每年1元、2元和3元。

1994年，上汽进一步深化劳动工资制度改革，统一实行一个企业工资标准。在岗位技能工资结构中增设效益工资单元，按月考核发放，年终对一般人员按公司效益情况增长薪金，对一、二层次领导成员按承包指标由公司考核发放。同年，工资水平在上年人均工资实发数的基础上增长20.2%。1993—1995年，岗位工资、年功工资、工资附加等刚性部分所占比例逐年下降，效益工资、奖励工资、分红等弹性部分逐年增大，1993年、1994年、1995年分别为68%：32%、63%：37%和56%：44%，工资分配激励作用日益明显。1995年，从业人员工资总额12.31亿元，职工工资总额11.77亿元，人均年工资1.93万元。

1998年，上汽通过接受市场劳动力价位信号，引入市场调节机制，调整工资结构和各类人员工资关系，完成岗位技能工资向岗位等级工资系列模式的转换，建立对不同岗类人员实行不同工资增幅的模式，充分发挥工资分配经济杠杆作用，当年最低增幅2%，最高增幅20.6%。2000年，继续按照劳动力市场价位，调节劳动力收入分配。同年职工岗位工资不再实行普遍增资，重点提高高素质紧缺人才、企业产品开发、市场营销等关键岗位人员的工资水平。当年，上汽上海地区从业人员工资总额24.2亿元，人均3.84万元；职工工资总额21.22亿元，人均3.35万元。

2003年起，上汽进一步指导企业做好人工成本预算和人均工资增长，以人事费用率和人工成本利润率2项指标作为衡量企业人工成本预算与人均工资增长是否合理的主要评价指标，以净资产收益率作为衡量企业经济效益指标。2005年，颁布《企业人工成本管理与控制试行办法》，薪酬管理从工资总额管理向人工成本管理转变，完善企业工资正常机制，关注一线职工工资分配，稳步提高职工收入水平。当年，上汽上海地区从业人员工资总额增至42.1亿元，人均年工资6.26万元；职工工资总额增至34.33亿元，人均年工资5.79万元。

2007年起，上汽每年年中按照上海市企业职工工资增长指导线精神，结合实际制定员工工资调整意见，并经公司职代会联席会议审议通过后下发。

四、一头调控工资预算管理

2008年，上汽制定《公司内控手册》，包括《薪酬制定与管理》《员工绩效管理》，其中薪酬管理有4个控制目标和10个关键控制活动，规定薪酬计划制定、报批、控制和调整等环节；绩效管理有5个控制目标和10个关键控制活动，规定领导干部、管理人员、员工绩效指标和考核评价标准等。

2009年，上汽颁布《关于进一步规范下属企业薪酬福利管理的意见》，开始实行国有企业一头调控工资预算管理，要求企业薪酬福利水平必须与企业经营业绩紧密结合，建立科学的薪酬管理体系，在工资分配上要求优化工资结构，合理设置固定浮动比例，实施有效的激励。2010年，颁布《关于实行净利润增量提成激励的总体方案》,在企业原有薪酬分配方式基础上,以实现净利润增量增幅为主导,综合考虑经营规模、"六位一体"考核等因素,对企业超额实现净利润部分实行一定比例的提成奖励。企业人均工资总额基数,原则按经上海市人社局和上海市国资委确认的上年人均工资结算数核定;未经确认人均工资的企业按上年人均工资税前扣除数核定;当年新成立企业的人均工资总额基数参考上年人力资源市场工资价位和行业(或全市)职工平均工资水平等因素确定。上汽人均工资总额基数,按范围内企业的人均工资总额基数、职工平均人数加权平均核定。企业参照上海市工资增长指导线,综合考虑经济效益、职工工资水平和人力资源市场工资价位等情况,对人均工资调整幅度作出预算,并在次年完成年度结算。2010年,上汽上海地区从业人员工资总额22.18亿元,人均年工资7.63万元;职工工资总额20.25亿元,人均年工资9.06万元。

五、全面人工成本预算管理

2011年起,根据上海市国资委对国有企业及国有控股企业管控要求,上汽开始实行国资全面人工成本预算管理。根据《上海市国资委出资企业人工成本预算管理试行办法》,按照国资预算口径,实行国资全面人工成本预算管理,并进行申报草案和沟通,方案调整报送上海市国资委备案。上汽于是年下半年向上海市国资委报送预算执行情况,2012年4月底前提交全年人工成本预算执行情况报告。

2012年,上汽进一步完善《薪酬福利与人员计划管理》,规定每年7月和10月企业将人工成本预算执行情况上报集团相关部门,对超预算情况作出说明,并采取相应调整措施。在修订《公司内控制度》的同时修订《员工绩效管理》,规定3个控制目标和5个关键控制活动,规定绩效目标设定、绩效考核办法,参与考核部门的职责、考核评价意见形成、意见批准流程和考核反馈等。

2015年,上汽从业人员(全国)工资总额274.32亿元,人均年工资12.79万元;职工工资总额(全国)229.58亿元,人均年工资14.07万元。2000—2015年,上汽(上海地区)职工人均工资年复合增长率为11.6%,比同期社会平均工资10.7%的复合增长率高出0.9个百分点。2011—2015年,上汽符合条件的企业根据净利润增量政策累计计提约34.1亿元,覆盖从业人员约44万人次。

第九章 民 主 管 理

1961年，公司所属企业普遍建立职工代表大会制度，"文化大革命"期间停止后于1981年恢复。1988年，上汽开始在公司层面建立职工代表大会制度。1992年，开始建立职工代表联席会议制度、职代会提案工作制度和职代会巡视制度。1996年和1999年，职工监事和董事开始先后进入公司监事会和董事会。1998年，开始建立集体协商制度。2000年，开始推行厂务公开。

第一节 职工代表大会

一、职代会沿革

1956年，上海内燃机配件制造公司所属工厂公私合营后，国营企业开始召开职工代表大会（简称职代会）。

1961年以后，公司所属大中型企业根据中共中央颁发的《国营工业企业工作条例》规定，普遍建立职工代表大会制度，审议工厂生产、物资、质量、劳动管理、劳动保护和生活设施等方面事项，针对厂长工作报告中提出的目标，发动群众献计献策，提合理化建议。职代会闭幕期间，工会组织职工代表检查职代会决议执行情况。中小型厂大多召开职工大会，由厂长作工作报告，听取职工意见建议。"文化大革命"期间，职工代表大会停止召开。

1981年，根据中共中央颁发的《国营企业职工代表大会暂行条例》，公司所属企业开始恢复职代会制度。1984年起，上汽分期分批验收各企业民主管理工作，42家企业全部合格通过验收。1985年，公司落实上海市总工会制定的《三级民管实施办法》，推行工厂职工代表大会、车间职工代表大会或职工大会、班组民主管理会三级民主管理。工厂职工代表大会每半年召开一次，代表任期两年，审议提交职代会的有关提案，并督促有关部门处理；车间职工代表大会一般每季召开一次，权限与工厂职代会基本一致；班组民主管理由班组职工直接参加，其职责主要是落实厂、车间职代会决议中涉及班组的有关事项，讨论班组作业计划、承包方案、规章制度及奖金分配、生活福利等事项。

1988年3月29日，上海汽车拖拉机工业联营公司召开第一届职工代表大会，听取和审议总经理工作报告，讨论和通过工会工作报告，讨论通过公司《贯彻〈全民所有制工业企业职工代表大会条例〉实施细则》，选举产生第一届工会委员会、工会经费审查委员会、参加公司管理委员会的职工代表。至此，公司层面开始实行职工民主管理制度。

1991年，为加强对中外合资企业工会的领导，上汽工会建立合资企业工会联合分会，定期研究、交流和规范合资企业工会工作。1992年，公司工会在总结三级民主管理基础上，制定一年召开两次职代会制度、职工代表巡视制度、职工代表与党政领导恳谈制度、职代会提案工作制度、职代会联席会议制度、干部民主评议制度等6项制度。每次职代会听取行政工作报告，审议集团长远发展规划、年度计划、重大经营管理决策等，审议通过集体合同（草案）、工资调整、下岗分流等涉及职工切身利益等的方案，表彰合理化建议优秀单位和优秀项目，确认职代会闭会期间由职代会联席会议审议通过的事项,民主管理趋向制度化、规范化。1993年,上汽三个层次管理体制改革已经建立26个二层次总厂或总厂型公司,公司坚持工会与行政同步组建,建立健全职代会和民主管理制度。

1995年,上海汽车工业总公司延续上海汽车拖拉机工业联营公司的职代会届次,召开公司第二届职工代表大会,下属国有性质的二级公司及总厂全部建立职代会制度。1996年,上海大众汽车有限公司成为上海首家建立职代会制度的合资企业。

2000年12月,上海汽车工业(集团)总公司(简称上汽集团)党委、行政和工会联合下发《关于进一步贯彻落实全心全意依靠工人阶级指导方针的若干意见》,提出从适应建立现代企业制度出发,进一步探索完善以职工(代表)大会为基本形式的职工民主管理制度。2002年1月,公司工会制定《职工(会员)代表大会主席团成员组成原则》,规定主席团成员组成和配比、产生程序以及主席团职责等。同年9月,上汽集团职代会联席会议审议通过首个《职工代表大会实施办法》,规定集团和企业职工代表大会10项职权、职工代表产生比例、权利和义务、职代会提案产生和处理、职工代表大会联席会议组成和会议程序,以及工会作为职工代表大会工作机构的职责。"十五"期间,上汽集团在实施"出海跨洋"全国布局战略的同时,坚持"工厂建到哪里,党工组织覆盖到哪里,职代会制度建立在哪里",将民主管理延伸到沪外企业。

2005年4月,上海汽车集团股份有限公司成立后建立本公司职代会制度,并与上汽集团同时召开职代会,上汽开始出现一次职代会两个公司职代会届次的状况。2011年5月,上汽根据上海颁布施行的《上海市职工代表大会条例》规定,重新梳理各层级职工代表大会制度。同年年底,上海汽车集团股份有限公司整体上市并使用上汽集团简称,上海汽车工业(集团)总公司不再召开职代会。

2012年2月,中央6部委联合下发《企业民主管理规定》后,上汽集团进一步规范向职代会所作的行政工作报告,针对一线职工座谈会、职工满意度测评以及职工代表分团讨论提出的共同关心的热点难点问题,公司行政负责人向职工代表介绍经济形势、经营状况和重要决策,以及薪酬分配、社会保险金缴纳、教育经费提取使用、劳动安全卫生标准执行、业务招待费使用和职工代表提案审理等情况,职工代表普遍反映"集团领导尊重职工代表的审议建议权",基层企业领导也普遍感到"为企业职代会行政工作报告提供了范例"。2014年3月,上汽集团制定《关于选举和调整职代会职工代表若干问题的暂行办法》,根据《上海市职工代表大会条例》及《工作规范》进行梳理,进一步规范职工代表选举和增免。2015年9月,制定《职代会质量评估制度》,职代会结束后,职工代表按照评估原则、评估内容和评估程序对9项工作进行评估打分,帮助职代会改进工作,提高职代会运行质量。同年,集团职代会以无记名投票方式通过《核心员工持股计划方案》。同时,上汽集团所属国有、合资、非法人实体单位等直接管理企业100%建立职代会制度。

至2015年,上海汽车工业(集团)总公司及其前身公司累计召开5个届次24次职代会,上海汽车集团股份有限公司累计召开2个届次12次职代会。

表3-9-1 1988—2015年上汽职工代表大会情况表

序号	届 次	召开时间	代表人数	主 要 议 程
1	上海汽车拖拉机工业联营公司一届一次职代会	1988年	—	—
2	上海汽车拖拉机工业联营公司一届二次职代会	1989年	—	—

〔续表〕

序号	届　　次	召开时间	代表人数	主　要　议　程
3	上海汽车工业总公司一届三次职代会	1990 年	—	—
4	上海汽车工业总公司一届四次职代会	1991 年 1 月	—	审议行政工作报告、工会工作报告
5	上海汽车工业总公司一届五次职代会	1992 年 3 月	210	审议行政工作报告、工会工作报告
6	上海汽车工业总公司二届一次职代会	1993 年 3 月	179	审议行政工作报告、工会工作报告,选举总公司第二届工会委员会、工会经费审查委员会
7	上海汽车工业总公司二届二次职代会	1994 年 1 月	—	审议行政工作报告、工会工作报告
8	上海汽车工业总公司二届三次职代会	1995 年 3 月	163	审议行政工作报告、工会工作报告,讨论通过《上海汽车工业总公司第二届职工代表大会暨会员代表大会第三次会议推选职工董事、职工监事授权决定》
9	上海汽车工业(集团)总公司二届四次职代会	1996 年 2 月	224	审议行政工作报告、工会工作报告等,选举董事监事
10	上海汽车工业(集团)总公司二届五次职代会	1997 年 2 月	225	审议行政工作报告、工会工作报告等,选举董事监事
11	上海汽车工业(集团)总公司三届一次职代会	1998 年 3 月	227	审议行政工作报告、工会工作报告等,审议集体协商制度和集体合同,签署集体合同,选举第三届工会委员会等
12	上海汽车工业(集团)总公司三届二次职代会	1999 年 2 月	—	审议行政工作报告、工会工作报告、工会依法治会实施办法
13	上海汽车工业(集团)总公司三届三次职代会	2000 年 2 月	214	审议行政工作报告、工会工作报告等
14	上海汽车工业(集团)总公司三届四次职代会	2001 年 1 月	222	审议行政工作报告、工会工作报告等
15	上海汽车工业(集团)总公司三届五次职代会	2002 年 2 月	196	审议行政工作报告、工会工作报告、经费使用等
16	上海汽车工业(集团)总公司四届一次职代会	2003 年 8 月	215	审议行政工作报告、工会工作报告、经费使用等
17	上海汽车工业(集团)总公司四届二次职代会	2004 年 4 月	227	审议行政工作报告、工会工作报告
18	上海汽车工业(集团)总公司四届三次、上海汽车集团股份有限公司一届一次职代会	2005 年 4 月	198	审议行政工作报告、工会工作报告、经费使用等
19	上海汽车工业(集团)总公司四届四次、上海汽车集团股份有限公司一届二次职代会	2006 年 3 月	200	审议行政工作报告、工会工作报告,签订集体合同,表彰合理化建议先进
20	上海汽车工业(集团)总公司四届五次、上海汽车集团股份有限公司一届三次职代会	2007 年 3 月	206	审议行政工作报告,签订集体合同,表彰合理化建议先进

〔续表〕

序号	届　次	召开时间	代表人数	主　要　议　程
21	上海汽车工业(集团)总公司四届六次、上海汽车集团股份有限公司一届四次职代会	2008年3月	203	审议行政工作报告,表彰合理化建议先进,倡议"践行上汽愿景,争当'四好'员工"
22	上海汽车工业(集团)总公司五届一次、上海汽车集团股份有限公司二届一次职代会	2009年3月	262	审议行政工作报告,签订集体合同,表彰合理化建议先进
23	上海汽车工业(集团)总公司五届二次、上海汽车集团股份有限公司二届二次职代会	2010年3月	265	审议行政工作报告,表彰合理化建议先进
24	上海汽车工业(集团)总公司五届三次、上海汽车集团股份有限公司二届三次职代会	2011年4月	267	审议行政工作报告,表彰合理化建议先进
25	上海汽车集团股份有限公司二届四次职代会	2012年3月	263	审议行政工作报告,签订集体合同,表彰合理化建议先进
26	上海汽车集团股份有限公司二届五次职代会	2013年4月	267	审议行政工作报告,表彰合理化建议先进
27	上海汽车集团股份有限公司二届六次职代会	2014年3月	262	审议行政工作报告,职工董监事述职报告,表彰合理化建议先进
28	上海汽车集团股份有限公司二届七次职代会	2015年4月	256	审议行政工作报告,签订集体合同,表彰合理化建议先进
29	上海汽车集团股份有限公司二届八次职代会	2015年11月	250	票决《核心员工持股计划方案》

资料来源:上海汽车集团股份有限公司工会

二、职代会联席会议

1992年,上海汽车总公司(简称上汽总公司)工会制定6项民主管理制度,其中包括《职工代表联席会议制度》。

2002年9月,上汽集团制定《职工代表大会实施办法》,确立职工代表大会联席会议的组织形式,并规定职代会联席会议在职工代表大会闭会期间,可临时处理除企业改制改组、关闭破产和人员分流实施方案等涉及职工切身利益以外的重要问题;联席会议人员组成包括工会委员会成员、职工代表团(组)长、职工代表大会专门小组负责人;召开联席会议程序是工会根据议题组织有关方面形成书面议案,发至相关成员,召集联席会议审议讨论,根据表决结果形成处理意见,职代会联席会议做出的决定要向下次职工代表大会报告并予以确认。

2011年,《上海市职工代表大会条例》出台后,上汽集团开始执行该条例的规定,在公司职代会闭会期间,通过职代会联席会议解决需要及时解决的事项。联席会议参加人员为:上汽集团工会委员、职代会主席团成员、职代会代表团长以及部分职工代表;联席会议主要议题包括:选举上汽集团职工董事和职工监事,开展工资集体协商,审议集团涉及职工切身利益的重要规章制度,职代会召开前审议大会文件等。

三、职代会提案

1992年,上汽总公司工会制定的职代会6项制度中包括职代会提案工作制度。

2002年9月,上汽集团制定《职工代表大会实施办法》,其中规定职工代表提案必须书面形式一事一议,内容包括案由、依据、解决办法以及提案人、附议人签名;同时规定职代会设立若干专门小组,审议提交职工代表议案,检查和督促有关部门落实处理。

2011年3月,上汽集团工会下发《职工代表大会提案工作制度》,规定提案工作小组组成、提案征集表格式,规范提案的组织领导、范围、要求、征集、审理、实施、反馈、表彰奖励等,加强职工代表提案管理。

2015年9月,上汽集团修订《职工代表大会提案工作制度》,规定每次职代会召开前下发提案征集表,向代表们就大会确定的议题、公司年度工作目标任务、企业发展重点难点问题、职工关注的热点问题等方面征集提案;提交的提案经提案小组审理确认后,责成有关职能部门在规定时间内实施,实施情况向下一次职代会报告。

按照《提案制度》上汽集团职工代表大会提案工作制度,提案工作小组审理确认,对符合条件的提案予以立案,并根据涉及的内容,由总裁办和党办报送至总裁和党委书记审阅后,责成有关职能部门在规定时间内实施,并答复提案人。职工代表提案这一民主管理的渠道,促进集团和企业健康、快速发展,经集团分管领导批转,至相关职能部室承办落实。提案小组根据提案的质量和实施部门的落实情况予以奖励。

1986—2015年,公司职代会代表累计提案7 048个,实施落实3 705个。

四、职工代表巡视

1992年,上汽总公司工会制定《职工代表巡视制度》。职代会闭会期间,职工代表根据上汽集团或企业比较突出的安全生产、劳动保护、劳动人事、规章制度、产品质量、营销服务等问题,通过现场视察、召开职工座谈会、查阅相关制度和文件、随机听取职工意见、召开职工代表与企业经营者协商恳谈会等方式进行。重点对重大生产经营决策、涉及职工切身利益事项,如集体合同和工资、女职工、劳动安全卫生、专项集体合同、集体协商制度履行等创建和谐劳动关系方面的落实情况,以及安全责任制和各个工种的岗位责任制落实情况,劳动保护及职业健康执行情况,企业规范劳动用工情况等进行巡视。巡视结束后,巡视检查小组形成《上汽集团职工代表大会巡视检查意见书》,5个工作日内以书面形式向被巡视企业或部门通报,落实整改,并将整改结果报告集团,工会巡视小组上报集团领导备案。

2011年3月,为发挥常任制职工代表在职代会闭会期间的监督作用,经上汽集团职代会联席会议审议通过,公司工会下发《职工代表大会巡视工作制度》,主要内容包括:巡视人员组成和职责、巡视方式、时间和程序、巡视处理程序和《巡视检查意见书》落实等。巡视内容包括8个方面,即职代会决议贯彻落实情况;公司重大生产经营、涉及职工切身利益事项的审议程序及公示情况;集体合同和工资、女职工、劳动安全卫生专项集体合同、集体协商制度履行、创建和谐劳动关系落实情况;各级领导安全责任制和各工种岗位责任制落实情况;安全技术措施贯彻落实、作业现场安全设施和事故隐患排查情况;劳动保护及职业健康执行情况;企业规范劳动用工情况;其他影响企业发展的重点、难点以及职工关心的焦点和热点问题。

2011年,上汽集团工会组织90人次职工代表对12家企业劳务用工情况进行巡视,通过召开座谈会、查阅相关制度文件等方式,及时了解"四同管理"落实、劳务派遣制人员吸纳、薪酬分配完善、党工团覆盖、劳务中介公司规范管理等情况,形成巡视检查意见,督促企业整改。2013年,公司工会组织职工代表巡视小组再次到12个企业就劳务用工管理进行巡视检查,肯定集团和基层企业在推进"四同管理"、健全完善吸纳机制、建立统一薪酬体系、党群组织全覆盖等方面所做的工作,并提出战略转型、业务外包、异地转产、提高生产自动化率、加强技能培训等8项建议。2014年,集团层面组织的巡视重点聚焦企业保健室、休息室、活动室、更衣室、盥洗室、培训室和餐厅"六室一厅"建设,关注职工在企业的"衣食住行",努力把职工每天碰到的事做实做好。

五、职工董事监事

1990年起,上汽总公司在已建立职工董监事制度的合资企业中,工会主席由党委书记兼任,列席合资企业董事会会议;在未建立监事会的合资企业中,工会主席一般担任企业监事,列席公司董事会,通过这样的方式,保证职工参与公司治理,维护职工合法权益。

1994年和1996年国家先后颁布的《中华人民共和国公司法》和《关于国务院确定的百家现代企业制度试点中工会工作和职工民主管理的实施意见》,均对职工董事和职工监事作了明确规定。据此,1996年起上汽集团在现代企业制度改革中设立的监事会中,均有公司工会副主席担任监事直至2011年,先后担任监事的工会副主席有郁永健、蔡一平和马龙英。1999年7月,上汽集团成立第一届董事会,公司工会主席唐炜延担任董事。2001年12月和2004年12月,李积荣和吴诗仲先后接任公司工会主席并担任上汽集团董事会董事。

2004年11月,上汽集团发起设立上海汽车集团股份有限公司,公司工会主席吴诗仲担任监事。2008年5月,吴诗仲和公司审计室主任朱宪经上海汽车集团股份有限公司职代会联席会议选举,分别当选该公司第四届董事会职工董事和第四届监事会职工监事。2009年6月,吴诗仲再次经上汽集团职代会联席会议选举,当选上汽集团第二届董事会职工董事。

2012年5月和2015年5月,上海汽车集团股份有限公司董事会和监事会先后到期换届,经公司职代会联席会议选举,公司工会主席李积荣和钟立欣先后当选该公司第五届董事会和第六届董事会职工代表董事;公司工会副主席马龙英、公司审计室主任朱宪当选该公司第五届监事会职工代表监事,公司工会副主席马龙英和公司审计室主任姜宝新当选该公司第六届监事会职工代表监事。

第二节 厂务公开与集体协商

一、厂务公开

1999年7月,根据上海市纪律检查委员会《关于推行厂务公开、加强民主管理的实施意见》,上汽纪委和工会联合印发《关于开展厂务公开、完善民主管理试点工作的意见》。

2000年8月,经公司党政研究决定,党委下发《关于全面推行厂务公开的通知》和《关于在国有企业全面推行厂务公开的意见》,规定厂务公开指导思想、领导机构和工作班子,日常工作由纪委、工会牵头负责;公开原则、层次和程序等;公开重点内容,包括企业中长期生产经营方针、年度经营目标确定与调整、重大投资和技术改造项目、国有资产保值增值情况、企业重大改革措施思路原则、转化机制和结构调整、机构设置情况、涉及职工切身利益的住房贷款货币化方案、职工培训计划、安全生产措施、企业下岗人员分流和再就业安置、年度工资分配方案等12项内容;公开方式包括职工代表大会、工会主席参加的党政工联席会议、职工董事和职工监事沟通、集体协商、经营者与职工代表通气会、恳谈会和报告会、职工代表巡视检查等7种形式;根据不同场合和不同要求进行公开,不影响企业正常生产秩序。同年10月,中共中央组织部副部长赵宗鼐带领全国厂务公开调研检查组到上海易初通用机器有限公司检查指导,肯定该公司创造的人人成为"经营者"管理模式代表厂务公开的高级形式和发展方向。

2001年5月,上汽召开深入推行厂务公开工作会议,总结部署厂务公开工作。公司开展厂务公开管理与融入现代企业管理制度、加强干部监督、维护职工合法权益、推进职代会建设、企业经济发展,以及厂务公开在各类企业整体推进的做法,得到全国厂务公开巡检组和上海市厂务公开领导小组的肯定。

2007年,上汽厂务公开重点检查民主管理制度建立和执行情况、多级厂务公开制度建设情况、中外合资企业贯彻上海《关于推进本市非公有制企业职工民主管理工作的指导意见》情况、以"2＋X"方式推行职工民主管理情况,以及涉及职工切身利益的"六公开"实施情况。公司工会和人力资源部对检查发现有的企业未签订集体合同或集体合同过期、签订不规范等问题,督促企业整改。

2011年,上汽工会制定《深化厂务公开民主管理工作的实施意见》,由公司厂务公开领导小组负责人带队,对上海通用汽车有限公司、上海汽车集团股份有限公司乘用车分公司、上海实业交通电器有限公司等6家单位开展调研抽查,形成上汽厂务公开自查报告,进一步规范公开程序、公开内容,促进企业劳动关系和谐稳定。

至2015年,上汽下属企业100%开展厂务公开,累计组织厂务公开检查13次。上海三电贝洱汽车空调有限公司、上海通用汽车有限公司、上海大众汽车有限公司、上海汽车工业开发发展有限公司4家企业获评全国厂务公开先进单位,上汽集团5次获评上海市厂务公开先进单位,所属19家企业获评上海市厂务公开先进单位。

表 3-9-2　2003—2015 年上汽获全国和上海厂务公开先进单位称号一览表

年　份	全国厂务公开先进企业	上海市厂务公开先进企业
2003	上海三电贝洱汽车空调有限公司	—
2005—2006	—	上海汽车工业(集团)总公司 上海通用汽车有限公司 上海汽车股份有限公司汽车齿轮总厂 上海三电贝洱汽车空调有限公司
2007	上海通用汽车有限公司	上汽集团工业(集团)总公司
2008	—	上海大众汽车有限公司 上海纳铁福传动轴有限公司 上海采埃孚转向机有限公司 上海柴油机股份有限公司 延锋伟世通汽车饰件系统有限公司

〔续表〕

年　份	全国厂务公开先进企业	上海市厂务公开先进企业
2010	上海大众汽车有限公司	上汽集团工业(集团)总公司
2011	—	上海小糸车灯有限公司 联合汽车电子有限公司 上海汽车工业开发发展有限公司
2012	—	上汽集团工业(集团)总公司 上海实业交通电器有限公司 上海汽车集团股份有限公司商用车技术中心
2013	上海汽车工业开发发展有限公司	—
2014	—	上海汽车集团股份有限公司 泛亚汽车技术中心有限公司 上海科尔本施密特活塞有限公司 上海皮尔博格有色零部件有限公司
2015	—	上海汽车集团股份有限公司乘用车分公司 上海大众动力总成有限公司 上海机动车检测认证技术研究中心有限公司

资料来源：上海汽车集团股份有限公司工会

二、集体协商

1998年3月，上汽集团三届一次职代会审议通过《上汽集团集体协商制度》和《上汽集团集体合同》，开始建立集体协商制度，并签订第一份《集体合同》。

2003年3月，上汽集团工会下发《关于进一步推进平等协商集体合同工作的意见》，要求进一步规范平等协商和集体合同签订工作。

2011年起，上汽职代会审议通过增量提成激励方案。2012年3月，上汽职代会审议通过《集体协商规则》，规定上汽集团与上汽集团工会就涉及集团层面的事项进行协商，上汽集团所属企业与工会就本企业范围内的事项进行协商；企业在制定修改或决定劳动报酬、工作时间与休假、劳动安全与卫生、保险与福利、职业技能培训、劳动纪律、劳动定额、企业转改制与裁员、变更解除集体合同程序、集体合同期限、履行集体合同发生争议时协商处理办法、违反集体合同责任等13项涉及职工切身利益重大事项时，应当与工会方进行集体协商后确定；集体协商代表按照法定程序产生，协商双方代表人数应当对等，每方不得少于3人，并各确定1名首席代表；上汽集团和工会协商代表各由8人组成，其中各有1名为首席代表；协商代表应具备熟悉相关法律法规、熟悉本企业劳动关系情况、有参政议政表达能力；工会方的首席代表由本企业工会主席担任或由其书面委托其他协商代表代理担任。

2015年4月，集团工会与人力资源部等部门组成联合修订小组，按照国家法律，在评估集体合同履行，通过双方协商，形成合同修改草案，提交职代会审议通过。建立集体合同制度以来，至此，公司《集体合同》累计修改6次。同时，上汽集团100%的下属直管企业签订集体合同，并按时修订和续订。

第十章 文 化 管 理

1990—2015 年,上汽先后形成行业(公司)精神、4S 合作理念、SAIC 价值观、上汽愿景、品牌口号和新愿景使命价值观等文化理念系统,形成"精益求精"质量文化运作、SAIC 价值观运作、创新实践活动等文化运作平台,形成集团文化、企业特色文化和跨地企业文化组成的文化建设格局,形成文化宣贯、文化故事、文化产品、文化展示组成的文化传播途径,形成公司标志、咏唱司歌、悬挂司旗组成的文化礼仪制度。

第一节 文 化 理 念

一、行业(公司)精神

20 世纪 90 年代初,上海汽车工业总公司(简称上汽总公司)在上海桑塔纳轿车国产化攻坚仗中形成"精益求精"的精益文化。

1990 年公司干部大会上,公司总经理陆吉安宣布上海汽车工业行业精神是"精益求精",要求全体员工从 20 世纪 90 年代第一个工作日起,在各个方面做到精益求精。上汽"精益求精"精神以"严格要求、一丝不苟、永无止境、攀登高峰"为基本内涵,要求做到:产品求精美、管理求精细、技术求精湛、装备求精良、服务求精诚、队伍求精干。2 月 10 日,中共上海市委书记、市长朱镕基在上汽总公司一份汇报材料上批示:我赞成你们把"精益求精"定为汽车行业的企业精神。1994 年 1 月,上汽总公司颁发《质量标志旗管理办法》,规定上海桑塔纳轿车国产化配套质量设"精益求精"杯、质量先进旗、质量稳定旗 3 个级别,"精益求精"杯成为质量优秀的最高奖项。3 月 1 日,中共中央政治局委员、上海市委书记吴邦国为上汽总公司题词"精益求精"。

"精益求精"精神成为激励上汽打好上海桑塔纳轿车国产化攻坚战、建成上海第一支柱产业和中国最大的轿车制造基地的指南和灵魂。

二、4S 合作理念

20 世纪 90 年代中叶,上海汽车工业(集团)总公司(简称上汽集团)在中美最大的合资项目上海通用汽车有限公司项目建设中形成 4S 合作理念。

1996 年,上汽集团开始实施上海通用汽车有限公司(简称上海通用汽车)合资项目。由于中美两国文化背景、思维方式不同,工作中产生摩擦和矛盾。如何正确处理中外文化差异,确保中外合作成功,成为公司领导成员思考的重要问题。1997 年 11 月,上汽集团副总裁、上海通用汽车总经理胡茂元在美国底特律召开的公司董事会上,提出"4S 合作理念",即:学习理解(Study),以上海通用汽车利益为重(SGM),规范行为(Standardization),灵活务实(Spring)。因 4 个英文单词首字母均为"S",故取此名。包括美方在内的全体董事对这一理念表示一致赞同,从此 4S 合作理念成为指导上海通用汽车项目建设的基本准则。

"4S合作理念"的诠释是：学习理解：相互了解对方习惯做法和文化传统,相互学习对方长处接受世界先进管理,相互理解、相互信任、相互支持对方。以合资企业利益为重：公正合理;长远利益;最佳决策。规范行为：遵守适用法律法规;恪守公司管理制度;严守廉洁奉公准则。灵活务实：讲灵活性、不要固执己见,积极进取、不要消极等待,解决问题、不要坐而论道。

2009年9月,上汽集团董事长、党委书记胡茂元在上汽文化建设推进会主题报告中提出,要把上海通用汽车4S合作理念作为上汽文化理念体系的重要组成部分。指出：4S合作理念是在引进来过程中形成的,上汽还要继续坚定不移地引进来,所以还要坚持这个理念;同时,上汽还将继续走出去,4S合作理念同样是走出去的重要理念。

"4S合作理念"成为上汽实施对外合作的行为指南。

三、SAIC价值观

进入21世纪,上海汽车工业(集团)总公司在实施全球经营战略中形成SAIC价值观。

2000年9月,上汽集团总裁胡茂元在上汽集团全球化工作会议上就中国入世、上汽"出海跨洋"应该以什么样的价值观引领未来发展的问题,提出上汽价值观的初步构想。10月,上汽集团组织开展中国加入WTO影响汽车工业的18个课题调研和"应对WTO挑战,实施全球化发展"大讨论,其中包括企业文化课题。经过3个月集思广益和修改完善,在同年12月底召开的干部大会上,上汽集团正式发布SAIC价值观。

SAIC价值观赋予上海汽车工业(集团)总公司英文名称缩写的"SAIC"4个字母以集团价值观的内涵,使"SAIC"既是上汽集团的名称,也是上汽集团的核心价值观。即：满足用户需求(Satisfaction from customer),提高创新能力(Advantage through innovation),集成全球资源(Internationalization in operation),崇尚人本管理(Concentration on people)。

SAIC价值观成为上汽集团应对入世、出海跨洋、凝聚人心的指南和灵魂。

四、上汽愿景

"十一五"期间,上海汽车工业(集团)总公司在实施合资合作与自主创新并举战略中形成上汽愿景。

2007年6月29日,上汽集团党委书记、董事长胡茂元在年中干部大会上提出设计上汽愿景要求,列为下半年党委重点工作之一。同年下半年,由集团党委副书记叶焱章负责,党委宣传部牵头,与上海社会科学院文化产业中心组成上汽愿景课题组启动愿景设计。同时,通过会议、文件、《上海汽车报》等多种形式征集愿景方案。经广泛征集,42家企业和1 282条员工提出设计方案。在此基础上,课题组经过精心提炼,提出课题组方案,经向集团主要领导汇报修改形成上报方案。同年12月24日,上汽集团董事会批准《关于上汽愿景设计方案的议案》。同月30日,胡茂元在集团干部大会上正式发布上汽愿景。

上汽愿景表述为：为了用户满意,为了股东利益,为了社会和谐,上汽要建设成为品牌卓越、员工优秀,具有核心竞争能力和国际经营能力的汽车集团,简称"三为两力、造车育人"。上汽愿景诠释是："为了用户满意"：让用户对上汽产品质量感到放心,让用户对上汽产品性能感到称心,让用户对上汽产品服务感到舒心;"为了股东利益"：维护国家股东利益、实现国有资产保值增值,维护社会股东利益、实现公司价值持续增长;"为了社会和谐":履行全面小康责任、生产百姓汽车,履行生态文明责任、打造绿色产业,履行企业公民责任、热心公益事业;"品牌卓越":造车,做响卓越的自主品牌,做好卓越的合作品牌;"员工优秀":育人,思想道德好、学习创新好、业务技能好、工作业绩好;"核心竞争能力":自主创新能力、资源整合能力、先进制造能力、服务增值能力;"国际经营能力":生产国际化、市场国际化、融资国际化、人才国际化。

上汽愿景成为上汽履行国有企业和上市公司责任,担当自主品牌建设、新能源汽车建设和绿色发展重担的指南和灵魂。

五、品牌口号

"十二五"期间,上海汽车集团股份有限公司(简称上汽集团)在大力推进品牌战略过程中形成集团品牌口号。

2014年4月25日,为加深对上汽品牌的认知认同,上汽团委根据党委要求,通过微信公众号"快乐汽车团"向全体上汽青年员工发布"一句话的能量"——上汽集团品牌口号征集活动。上汽集团所属52家基层单位积极组织,参与人数近万人,收到有效口号39188条。6月25日,上汽集团举行集团品牌口号现场评审会,结合微信投票、现场投票以及专家投票,"爱上汽车,爱上生活""上汽随行,世界随心"等5条口号获得金点子奖,并提供给集团品牌建设课题组,最终形成"爱上汽车,畅行天下"的品牌口号。2014年8月13日,上汽集团董事长、党委书记陈虹在中报发布媒体沟通会上,正式发布上汽品牌口号。

六、新愿景、使命、价值观

2015年,上海汽车集团股份有限公司在实施创新转型的发展战略中形成新愿景、使命和价值观。

2015年4月,上汽集团启动新一轮愿景、使命与价值观的重塑工作,聘请普华永道思略特与集团董办、党办、总办、公关部、宣传部、人力资源部等组成联合工作组,共同设计新的文化核心理念。5月下旬,形成基本方案。6月26日,上汽集团党政联席会议审议通过。

2015年6月30日,公司党委书记、董事长陈虹在年中干部大会上,正式发布上汽集团新的愿景、使命与价值观。新愿景:倾力打造富有创新精神的世界著名汽车公司,引领未来汽车生活;使命:坚持市场导向,依靠优秀的员工队伍,持续创新产品和服务,为各相关方创造价值;新价值观:诚信、责任、合作,创新、进取、梦想。陈虹指出:新的愿景、使命、价值观在传承上汽文化的基础上,紧紧围绕"创新"这一关键词展开,使上汽文化核心理念的内涵更加扼要聚焦。

新愿景诠释:"世界":体现上汽要集成全球资源、开拓全球市场的雄心。"著名":体现上汽要加快建设强大的自主研发能力,作为自主品牌、集团品牌的有力支撑;要以优异的经营业绩和高度的社会责任感,持续获得公众的认可与尊重。"汽车公司":体现今后一段时期,上汽还将围绕汽车产业链进行战略布局与业务开拓。"富有创新精神":上汽建设世界著名汽车公司最本质的特征。"引领未来汽车生活":体现上汽要成为广大用户的最佳生活伙伴,向社会提供全面优化的出行解决方案,努力实现"人、车、社会"和谐共处。

使命诠释:"坚持市场导向":是上汽一切工作的出发点。"优秀的员工队伍":是上汽干事创业的决定性力量。"持续创新产品和服务":是上汽达成世界著名汽车公司战略目标的主要途径。"为各相关方创造价值":是上汽所有努力的落脚点。其中"各相关方"包括用户、员工、股东、社会公众等利益相关群体。

新价值观诠释:"诚信、责任、合作":体现集团对员工"为人"方面的期望。首先,上汽员工应该是一个诚信正直的人;其次,要勇于担当,富有责任感;再者,要有团队意识,善于和中外方伙伴们形成整体合力。"创新、进取、梦想":体现集团对员工"做事"方面的期望。首先,上汽员工要有创新精神,既遵循客观规律,又不墨守成规,主动拥抱变革;其次,要有积极进取、追求卓越的态度;最后,"梦想"一词内涵更为丰富。从集团层面来说,要敢于追逐中国人的"汽车强国梦",早日实现上汽建成世界著名汽车公司的愿景;从员工层面来说,鼓励并支持员工通过不懈努力与辛勤劳动,实现自身价值,成就个人梦想。

新愿景、使命和价值观,成为上汽集团坚定不移向电动化、智能网联化、共享化和国际化的"新四化"方向转型发展,坚定不移走好"品牌发展之路、自主创新之路、国际经营之路",以不变之创新应对万变之环境,努力将集团打造成为全球布局、跨国经营,具有国际竞争力和品牌影响力的世界著名汽车公司的指南和灵魂。

第二节　文　化　标　识

一、公司标志

【上海市拖拉机汽车工业公司标志(行业标志)】

为突出行业形象,1979 年经征集形成具有公司和上海汽车拖拉机行业特点的标志。标志图案中"QT"代表"汽拖"拼音字母。

【上海汽车工业总公司标志(行业标志)】

1990 年 1 月 26 日,上海汽车拖拉机联营公司更名为上海汽车工业总公司,公司党政决定征集总公司标志和旗帜设计图案,由公司教育处和总经理办公室负责。至 3 月中旬,共收到 170 名职工 177 份设计稿。经专家评审初选、

图 3-10-1
上海市拖汽公司标志

征求公司各处室意见、公司党政领导审阅,最终采纳以上海汽车工业销售公司顾晶设计稿为基础,吸纳上海汽车报社富刚部分设计元素形成的方案。公司总经理陆吉安亲自动手修改,将原设计稿带菱角的"S"改成圆形,寓意汽车工业开足马力滚滚向前的车轮。

1990 年 4 月 1 日,上汽总公司正式发文颁布上海汽车工业总公司标志和旗帜图案。公司标志图案以上海汽车工业总公司英文名称缩写 SAIC 和变形的正圆形大 S 组成。变形的大"S"是 shanghai 的缩写,意在表示上汽总公司依托上海、努力建成上海支柱产业的决心,同时也形似汽车方向盘,表明汽车工业的特点。"S"又是英文 Self-help(自强不息)、Seriousness(严肃认真)、Single-hearted(一心一意)、Superior quality(优质)的第一个字母,寓意"精益求精"的精神和自强不息、一丝不苟、永无止境、勇攀高峰的工作态度。整个图案犹如一只车轮,象征公司事业兴隆、车轮滚滚,蓬勃发展;颜色以公司传统的深蓝色和白色为基调,意在反映公司发展的历史连续性。

【上海汽车工业(集团)总公司标志】

1995年9月,由上海汽车工业总公司改制的上海汽车工业(集团)总公司成立后继续沿用1990年4月上汽总公司发布的公司标志,并在标志下标写蓝色黑体字"上汽集团",圆形图案标志既可单用,也可与"上汽集团"文字合用。

图3-10-2　上海汽车工业总公司和上海汽车工业(集团)总公司标志

2000年年底,经上汽集团总裁胡茂元提议,集团党政领导班子讨论决定,对组成公司标志的"SAIC"4个字母的寓意赋予新的内涵,分别为英文Satisfaction from customer、Advantage through innovation、Internationalization in operation和Concentration on people的首字母,中译文为"满足用户需求、提高创新能力、集成全球资源、崇尚人本管理";同时决定这4句话为上汽集团价值观。至此,该标志既是公司英文简称,又是公司价值观,直至2011年12月上海汽车集团股份有限公司整体上市。

【上海汽车集团股份有限公司标志】

2004年12月,上海汽车集团股份有限公司成立后,曾经设计使用红色基调的以英文字母组成的长方形图案标志,并与原"上汽集团"蓝色方向盘LOGO并存并用,2011年12月整体上市后,长方形图案标志不再使用。

图3-10-3　上海汽车集团股份有限公司原标志

2011年10月17日,上海汽车集团股份有限公司总裁专题会议决定,公司整体上市后中文简称"上汽集团",英文简称"SAIC MOTOR";优化现有的方向盘形状商标,优化原则是保留原标志核心元素和基本结构,继续以方向盘为具象表达符号,以"水"系的蓝为主色,辅助色运用"水"系的银及灰色配合,同时凸显立体感增强标志的质感和现代感,金属化的S形方向盘紧贴寓意蓝色地球的平面,意在表明上汽与时并进,立足中国、放眼全球,为车主创造世界级的和谐汽车生活。

图3-10-4　上海汽车集团股份有限公司现标志

2012年1月6日,上汽集团正式启动企业商标系统切换工作,至同年6月30日切换完毕。

二、行业(公司)旗、行业歌、公司歌

【行业(公司)旗】

1990年1月,上海汽车工业总公司同时启动行业(公司)标志和旗帜的设计征集活动。在确定行业(公司)标志的同时,确定行业(公司)旗帜为深蓝色旗面,衬托白色的公司标志,象征上海汽车工业和上汽总公司充满光明与希望。当年4月1日,公司发文同时颁布启用行业(公司)标志和行业(公司)旗。

【行业歌】

1989年7月,上海汽车拖拉机工业联营公司精神文明建设委员会发文,正式确定《汽车工业前程似锦》为行业歌,激励广大员工为做大做强上海汽车工业而奋勇拼搏。同年8月,该歌在中国妇

女杂志社举办的全国行业歌评选中获得二等奖。1995年1月,公司规定举行升旗仪式和重要活动时,要播唱行业歌。

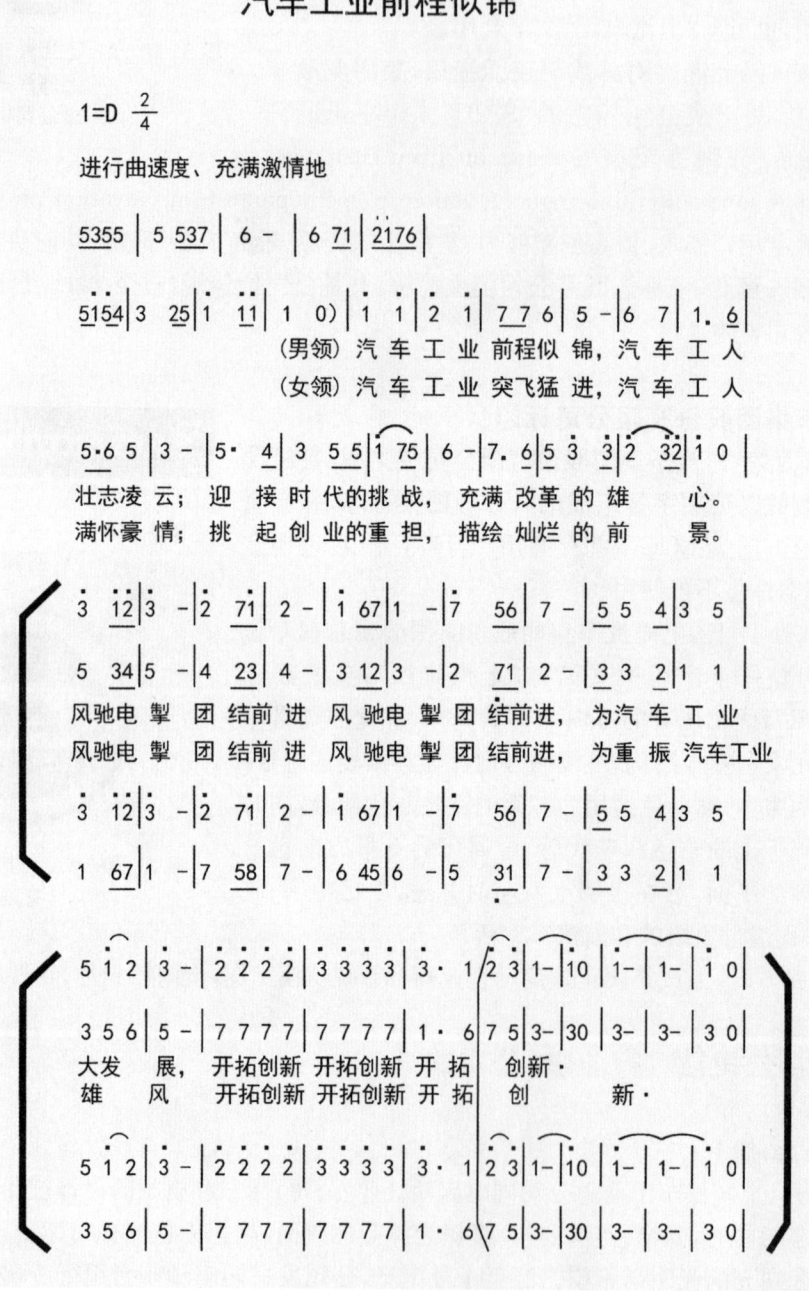

图3-10-5 《汽车工业前程似锦》之歌

【公司歌】

2007年12月,上汽发布公司愿景后,为强化愿景传播和激励,公司决定以愿景文字为基本歌词,配曲制成歌曲作为新的司歌。2008年上半年,上汽党委宣传部、工会联合邀请上海词作者薛锡祥、作曲家左翼建,反复构思,几易其稿,精心创作《上汽愿景之歌》。

图3-10-6　《上汽愿景之歌》

《上汽愿景之歌》歌词以上汽愿景53个字的内容为基础,曲调坚定、优美而深情,反映上汽为用户满意、为股东利益、为社会和谐,把公司建设成为具有核心竞争能力和国际经营能力的汽车集团的信心和决心。

2008年6月30日,上汽召开年中干部大会,首次播放《上汽愿景之歌》。而后,该歌在上汽广为传唱,各单位纷纷组织学唱活动。同年9月,上汽党政领导班子成员和公司总部部室负责人和部分员工一起,带头学唱《上汽愿景之歌》。

三、文化礼仪制度

1990年4月1日,上海汽车工业总公司精神文明建设委员会发文,规定各企业每天升国旗、行业(公司)旗;在主要工作和活动场所标明行业(公司)标志;在举行重大活动、召开重要会议时,悬挂行业(公司)旗;在对内对外广告宣传、印刷纪念品、宣传品、各种证件、办公用品时标明行业(公司)标志;举行重要活动时播唱行业(公司)歌。1995年1月,上汽总公司进一步决定:每月第一个工作日,各国有企业要举行升旗仪式。2008年2月,上海汽车工业(集团)总公司党委办公室、宣传部联合发布《关于上汽愿景和上汽价值观规范上墙的通知》。2015年6月,上汽新愿景、使命、价值观颁布后,各企业按照要求规范上墙。文化礼仪活动成为集团爱国主义和集团文化教育的重要形式。

第三节　文　化　运　作

"精益求精"精神、SAIC价值观和新愿景、使命、价值观发布后,公司均搭建企业和员工践行文化理念的文化运作平台。

一、"精益求精"质量文化运作

1990年,上海汽车工业总公司"精益求精"精神发布后,公司继续坚定不移贯彻落实上海市市长朱镕基关于上海桑塔纳轿车国产化必须确保产品质量100%合格,决不搞"瓜菜代"的指示精神,把精益求精体现的质量文化理念渗透到经营管理之中,不断构建质量文化运作平台,包括进一步加快推进1988年启动的"生产特区"建设;包括1990年制定实施的《质量管理和质量保证条件评审办法》,即"四合一"质量评审颁发,将产品质量能力界定为ABCD 4个级别,规定所有与上海桑塔纳轿车配套的国产化零部件必须达到最高级别的A级或第二级别的B级,坚决消灭最低级别的C级;包括1993年和1994年先后全面推行的危机管理战略和精益生产管理方式;包括1994年颁发的《质量标志旗管理办法》,组织所有桑塔纳轿车配套企业开展争夺精益求精杯和质量先进旗活动;包括1995年开始推广上海汇众汽车制造公司实行的群众性质量"零缺陷"活动等。

"精益求精"质量文化理念通过质量管理平台运作,有力推动上海桑塔纳轿车国产化进程,1990年、1991年和1993年,国产化率先后突破60%、70%和80%,质量理念指引下的质量文化运作造就上海桑塔纳轿车国产化的成功。

二、SAIC价值观运作

【用户满意工程运作】

2000年年底,上海汽车工业(集团)总公司在发布SAIC价值观的同时,宣布构建实施价值观的运作平台,即SAIC价值观4句话每一句对应一项生产经营管理工程。满足用户需求对应用户满意工程,提高创新能力对应全面创新工程,集成全球资源对应全球经营工程,崇尚人本管理对应人本管理工程,统称"四大工程"。

2001年年初,上汽集团以春节期间发生用户投诉事件为契机,启动用户满意工程,并将其定位为"生命工程"和"第一工程"。同年7月,推广上海大众汽车有限公司创造的"找自己的用户、找用户不满意的地方、找让用户满意的办法"的群众性的"三找"活动,全面改进产品、改进质量、改进营销服务,以后几年年年抓深化抓改进。2004年,上汽集团被评为全国用户满意工程先进单位,追求用户满意成为上汽文化的重要特征之一。2005年,上汽集团汽车销售首次突破100万辆达到105万辆,比2000年增长3.2倍;2006年,开始从中国轿车销量第一成为中国汽车销量第一;2009年和

2010年,先后成为中国首家年销汽车200万辆和300万辆的汽车集团,连续5年位居中国汽车集团销量第一。

【其他工程运作】

与此同时,其他三大平台运作也取得明显成效。

全面创新工程于2001年12月推出自主开发、联合开发、超前开发"三个开发并举"思路;于2001年和2005年2月提出"依靠自身力量自主发展、收购国外企业合作生产、深化战略合作合资生产、合资企业创建自主品牌"自主品牌建设"四条道路",以及"不完全依赖外方、不排斥外方参与、不违反知识产权、充分利用和集成世界资源"的"三不一用"原则;于2001年至2008年先后推广精益采购、一体化管理、人人成为"经营者"管理模式等管理创新方式;于2006年10月推出自主品牌荣威和荣威750轿车;于2010年千余辆新能源汽车成功服务上海世博会。

全球经营工程于2001年5月首次在美国底特律召开出口工作会议暨汽车零部件展览会;于2001年6月和2003年8月先后提出零部件企业"抢、逼、围"和上汽"出海跨洋"战略思路;于2002年10月参与收购韩国大宇汽车公司股权,中国汽车资本首次走出国门;于2005年1月完成对韩国双龙汽车公司的收购;于2002年、2004年、2005年和2010年出口创汇在2000年超过1亿美元基础上,连续突破2亿美元、5亿美元、8亿美元和10亿美元。

人本管理工程于2001年2月提出通过3~5年形成1000名高级经营人才、1000名高级技术开发人才、1000名营销工程师和3000名高级技能人才蓄水池的目标;于同年12月提出"以真挚的情感留住人,以精彩的事业吸引人,以艰巨的工作锻炼人,以有效的学习培养人,以合理的制度激励人"的人本管理工程"五个人"内涵;于2002年修订颁发《上汽集团2002—2007年人力资源滚动发展纲要》。

三、创新实践活动

【工程师创新之家】

2010年4月,上汽建立工程师协会,进一步培育创新活力,突破机制瓶颈,为集团下属企业工程师搭建更开放的交流平台。2015年12月1日,在工程师协会基础上,成立工程师创新之家,助力集团创新转型。工程师创新之家研究内容从原先仅探讨技术研发问题,逐步向其他领域拓展延伸,涵盖前瞻技术、产品工程、知识产权、标准法规、技术许可、种子基金、创投项目等多个创新领域。

【种子基金】

2014年10月,上汽党委书记、董事长陈虹提出"种子基金"的设想,允许员工利用非脱产时间和公司设施进行创新研究,有效或有重大价值的可转入专门项目进一步扶持或转入产品开发,并对相关人员给予一次性奖励或提成奖励,甚至孵化创新公司。11月,集团总裁办公会议批准《"种子基金"管理办法(试行稿)》。12月,集团领导在年终干部大会上提出建立并运转以"种子基金"为特色的创新实践平台。2015年1月,集团下发《推进"种子基金"工作的通知》,2月1日起"种子基金"投入试运行。"种子基金"成为上汽集团员工在新愿景、使命和价值观引领下参与创新活动的重要平台。

至2015年年底,共有1823名员工参与"种子基金"创新活动,提交407份创意项目,涉及新能源、电子电器、智能交通等 10 多个领域;52 个"种子"获得首笔 5 万元资金支持,其中 7 个种子进入培育阶段,每个获得 50 万元的追加投入。

【容错机制】

2013 年 12 月,陈虹在干部大会上提出要探索建立容错机制,为改革创新营造良好宽松的环境氛围。2014 年,针对前瞻技术、业务模式创新和海外经营实施的一些创新型项目,集团设计容错机制。按照这一机制,只要相关人员按规定尽心尽力履职,即使项目未能达标甚至失败,在审计和考核等方面不作负面评价,以保护创新积极性。

2014 年下半年,上汽编制《创新项目容错管理办法》,规定容错范围、审批权限、考评标准及相应的审批流程。2015 年上半年,该办法完成向上海市国资委备案、相关内容纳入上市公司章程等手续。《上海汽车集团股份有限公司章程》第 132 条规定:"公司可建立鼓励创新的容错机制,在符合法律法规和内控制度的前提下,创新项目未能实现预期目标,且未牟取私利、勤勉尽责的,不对相关人员做负面评价。总裁及其他高级管理人员参照总裁工作细则中的董事会授予的关于投资项目的权限审批创新项目,经审批的创新项目适用上述容错机制。"6 月 18 日,该章程获得股东大会审议通过。上汽集团是国内第一家把容错机制写入公司章程的上市企业。

【上汽—阿里互联网汽车创意大赛】

2015 年 3 月,由上汽团委和上汽—阿里互联网汽车项目组共同举办首届上汽—阿里互联网汽车创意大赛,为众筹青年智慧、助力互联网汽车定义。经过 22 天征集,最终收获有效创意提案36 504 个,参与青年人数 8 642 人,网站浏览量突破 43 万。5 月,评选出金点子奖 1 个、银点子奖 3个、优秀创意奖 6 个。所有创意作为群众性创意提供上汽—阿里互联网汽车项目组。

第四节 文 化 格 局

一、集团文化统领

20 世纪 90 年代上半叶,上汽在上海桑塔纳轿车国产化建设中,坚持用"精益求精"行业(公司)精神,通过质量标志旗/杯评选,升行业(公司)旗、唱行业(公司)歌、悬挂公司标志等文化礼仪活动等运作载体,统领和营造整个公司的质量文化建设。

1996 年,上汽制定颁发《关于加强集团形象塑造的若干意见》,提出塑造一流集团形象的总体目标,并规定"10 个拥有"的识别特征,即:拥有一套富有个性特征和科学哲学的集团理念,拥有一批名牌产品及主导产品质量达到 90 年代水平,拥有一套科学管理模式,拥有一个全国最大最先进的销售和服务系统,拥有一个国家级技术开发中心并形成轿车车身开发能力,拥有一批有较大影响的人格化代表人物和在全国汽车工业有一定地位的高级专业人才,拥有一套富有特色、规范操作的行为识别系统和视觉识别系统,拥有一批体现两个文明建设领先水平的荣誉称号以及若干个集中展示集团形象的标志性窗口等。

2002 年 9 月,集团总裁胡茂元在上海工业系统企业文化建设推进会主旨发言中首次提出,集团文化建设要正确处理和把握主导与主体、集团与基层、中方与外方、上海与外地等 4 个关系,强调集团文化要做到"五个统一",即:统一集团价值观,以此指导下属单位文化理念建设;统一文化运作平台,所属企业都要在四大工程平台上按照统一要求进行个性化运作;统一形象展示,集团统一设计、企业规范使用司标、司旗和司歌,并举行升旗仪式;统一大型文化活动,集团每年举办大型表演、艺术或体育活动,凝聚人心展现风貌;逐步统一汽车文化产业。2009年9月,胡茂元在上汽文化建设推进大会主题报告中提出,要建设统一多样的文化格局,"统一"指集团文化的共性,"多样"指基层文化的个性,集团文化要按照战略指导、理念导向、文化整合、上下互动和形象塑造的要求,对基层企业文化进行导向,提高文化整体竞争力。

2015年6月,上汽董事长、党委书记陈虹在年中干部大会发布新愿景、使命和价值观时指出:今后一段时期,集团上下要在新的愿景、使命、价值观引领下,凝心聚力、开拓前行,加快建设具有品牌影响力和国际竞争力的世界著名汽车公司。以后,又强调要把集团新的文化与各单位传统文化有机接续起来,处理好"上下关系";把集团新的文化与企业经营管理活动有机结合起来,处理好"形神关系";把中方和外方母公司企业文化有机融合起来,处理好"中外关系"。

二、企业特色文化建设

2003年年初开始,上汽党委宣传部与社会文化专家组成企业特色文化策划组,逐家帮助企业提炼文化特色。经过近两年努力,于2004年年底初步提炼形成上海大众汽车有限公司的"追求卓越·永争第一"文化、上海通用汽车有限公司的"一切以用户为中心"文化、联合汽车电子有限公司的"环境文化"、上海小糸车灯有限公司的"改善文化"、上海易初通用机器有限公司的"经营者文化"、上海纳铁福传动轴有限公司的"精益文化"、上海汽车工业销售总公司的"服务文化"等10家企业特色文化,从而达到集团文化企业化、企业文化个性化、个性文化品牌化的成效,公司初步形成集团共性文化统领、企业个性文化支撑的文化格局。

以后,上汽继续按照既有集团共性又有企业个性、上下结合企业为主、成熟一个推出一个的原则,常态化培育和推出企业特色文化。至2015年,上汽二层次企业已形成35家企业特色文化,占二层次企业总数的70%左右。

表3-10-1 2003—2015年上汽基层企业特色文化一览表

序号	发 布 时 间	文 化 特 色	基 层 单 位
1	2003年12月28日	追求卓越·永争第一文化	上海大众汽车有限公司
2	2004年1月4日	一切以用户为中心的文化	上海通用汽车有限公司
3	2004年1月11日	追求卓越文化	延锋伟世通汽车饰件系统有限公司
4	2004年1月18日	改善文化	上海小糸车灯有限公司
5	2004年2月8日	致强文化	上海实业交通电器有限公司
6	2004年2月22日	经营者文化	上海易初通用机器有限公司
7	2004年2月29日	汇众文化	上海汇众汽车制造有限公司
8	2004年3月7日	精益文化	上海纳铁福传动轴有限公司
9	2004年3月21日	环境文化	联合汽车电子有限公司
10	2004年4月11日	服务文化	上海汽车工业销售总公司

〔续表〕

序号	发 布 时 间	文 化 特 色	基 层 单 位
11	2004 年 12 月 12 日	轴心文化	上海法雷奥汽车电器系统有限公司
12	2004 年 12 月 19 日	三力文化	上海科尔本施密特活塞有限公司
13	2004 年 12 月 26 日	精品文化	上海皮尔博格有色零部件有限公司
14	2007 年 2 月 4 日	低成本·高价值文化	上汽通用五菱汽车股份有限公司
15	2007 年 2 月 11 日	开发文化	上海汽车工业开发发展公司
16	2007 年 12 月 23 日	一切工作服务于质量文化	上海汽车变速器有限公司
17	2007 年 12 月 30 日	人和文化	上海采埃孚转向机有限公司
18	2008 年 1 月 13 日	新·心文化	上海汽车资产经营有限公司
19	2010 年 11 月 14 日	三环文化	上海中国弹簧制造有限公司
20	2010 年 11 月 28 日	尚优文化	上海赛科利汽车模具技术应用有限公司
21	2010 年 12 月 12 日	品质文化	上海汽车集团股份有限公司乘用车分公司
22	2010 年 12 月 19 日	诚信文化	安吉汽车物流有限公司
23	2010 年 12 月 26 日	合作文化	申雅密封件有限公司
24	2011 年 1 月 2 日	太阳花文化	大众汽车变速器(上海)有限公司
25	2011 年 1 月 9 日	责任文化	上海汽车制动系统有限公司
26	2011 年 1 月 16 日	育人文化	上海汽车工业(集团)总公司培训中心
27	2012 年 10 月 14 日	保险文化	上海天合汽车安全系统有限公司
28	2013 年 10 月 27 日	精益文化	南京汽车集团有限公司
29	2013 年 11 月 17 日	三优文化	上海汽车工业活动中心有限公司
30	2013 年 12 月 29 日	动力文化	上海大众动力总成有限公司
31	2014 年 11 月 2 日	同步文化	上海萨克斯动力总成部件系统有限公司
32	2014 年 11 月 16 日	幸福文化	上海幸福摩托车有限公司
33	2014 年 11 月 30 日	熔炼文化	上海圣德曼铸造有限公司
34	2015 年 1 月 4 日	责任·超越文化	东华汽车实业有限公司

资料来源:上海汽车集团股份有限公司党委宣传部

三、跨地企业文化建设

进入 21 世纪,在"出海跨洋"战略指引下,上汽全国布局从营销服务网点扩展到产品制造基地、从周边地区扩展到全国布局、从整车企业扩展到零部件企业,上汽跨地文化在这个历史背景下逐步发展起来。

2006 年和 2007 年,上汽两次组织交流上海通用汽车、延锋伟世通汽车饰件系统有限公司和联合电子等企业跨地文化的经验;公司党委分管领导带队赴广西、重庆和江苏调研跨地文化;集团党校、宣传部完成"上汽跨地文化融合"课题并通过上海汽车工业教育基金会评审。

2007年8月,上汽党委举办跨地党建与文化创新论坛,党委副书记周郎辉作《关于上汽跨地党建与文化建设工作报告》。上海通用汽车有限公司、延锋伟世通汽车饰件系统有限公司、上海大众汽车有限公司、上汽通用五菱汽车股份有限公司和上汽销售安富汽车运输公司等单位作跨地党建或跨度文化建设交流。会后,党委宣传部在《上海汽车报》连续发表以上汽跨地党建与文化建设为主题的《意义篇:历史性课题》《经验篇:开创性实践》《深化篇:基础性工程》3篇述评文章。

2009年12月,上汽党委宣传部在连续3年组织跨地经营文化建设课题调研的基础上,6易其稿形成《关于在跨地经营中加强企业文化建设的若干意见》上报公司,党政联合发文。该意见提出跨地文化建设以上汽文化理念体系为主导,以"上汽一家"为主题,以"融为一家"为途径的指导思想;坚持强化、融化、优化,增强上汽文化覆盖面、包容性和创新力的方针;坚持融入管理、因地制宜、循序渐进、重在实效的原则;以及进一步发挥文化理念在跨地经营中的引领作用、搭建融入生产经营管理的文化运作平台、提高领导干部跨文化管理能力、做好文化调研和文化导入工作、吸收沪外企业文化建设的精华和经验、健全上汽文化向沪外企业传播的网络、加强跨地企业党建工作推进跨地企业文化建设、密切与沪外企业当地政府和上级党组织的联系沟通8项措施。该文件成为上汽跨地文化建设的指导性文件。

此后,上汽进一步加强跨度文化建设,公司党委宣传部在沪外企业推进集团文化理念上墙仪式和企业特色文化建设,在南京、柳州、重庆、烟台、长春、武汉、重庆等上汽生产基地宣讲上汽文化,公司培训中心每年举办外派干部和沪外企业干部跨文化管理培训,公司工会以"上汽一家"为主题举办大型文化体育活动,上海汽车报社扩大沪外企业《上海汽车报》订阅。2013年和2015年,南京汽车集团有限公司和东华汽车实业有限公司先后提炼形成企业特色文化。

第五节　文　化　传　播

一、文化宣贯

【文化核心理念上墙】

1990年3月以后,上汽将中共中央政治局委员、上海市委书记吴邦国书写的行业(公司)精神"精益求精"悬挂于大厅、楼道和会议室等公共场所,彰显明示。

2008年2月,上汽党委办公室、宣传部联合下发《关于上汽愿景和上汽价值观规范上墙》的通知,规定所属企业将统一设计的上汽愿景和价值观展板规范上墙,展示在重要场所和醒目位置,并举行上墙仪式,由企业领导宣讲上汽文化理念内涵诠释和员工践行要求。至当年上半年,上汽所属二层次企业基本完成上汽愿景价值观上墙和仪式。

2014年,上汽集团推出新的愿景、使命、价值观,公司党委也提出规范上墙的要求。

【年度主题口号】

根据每年特定的形势任务,将文化理念转化为年度主题口号,统领全年、覆盖党政,是上汽文化传播的重要方式。

1995年和1996年,上汽先后提出"一上一下"(上开发、下成本)和"三上一下"(上新品、上质量、上规模、下成本)的年度中心口号。2006年,提出"发扬'亮剑'精神,打好狠降成本、整车销售、自主品牌、新能源汽车等四场硬战"。

2007—2013年,年度主题口号均设计为句首同一字的三句话,使之记得住、叫得响。2007年主题口号为"三决",即"决胜三大目标、决战自主品牌、决裂传统体制";2008年为"三攻",即"攻坚自主品牌建设、攻克资源集成难题、攻占市场优势地位";2009年为"三突",即"突出科学发展重点、突破机制运行障碍、突击市场下滑危机";2010年为"三聚",即"聚力发展上水平、聚焦转变调结构、聚首世博促和谐";2011年为"三创",即"创变方式提内涵、创造纪录上台阶、创新体制谋长远";2012年为"三转",即"转变思想抓契机、转攻关键争排头、转战市场谋发展";2013年为"三提",即"提高创新强实力、提增应变促发展、提升管控防风险"。2014年,主题口号为"深化改革创新,突出攻坚克难";2015年,主题口号为"增强应对挑战的危机感,增强创新转型的紧迫感,增强加快发展的使命感,增强攻坚克难的责任感"。

【新入职大学生培训】

为进一步加强文化宣贯、强化集团意识,自2013年开始,上汽组织开展新进大学生集中入职培训工作,即在接受本单位入职培训的同时,接受集团统一培训。集团培训设有上汽历史文化、品牌诠释、战略发展、人力资源、青年成长等课程,邀请集团宣传部、公关部、规划部、人力资源部、团委等有关部门领导为新员工授课。上半年主要针对新入职研究生开展培训,下半年主要针对新入职本科生开展培训。

2013年,上海地区集中培训13期2400余人,南京地区专场培训1场160余人。2014年,上海地区集中培训11期2100余人,南京和柳州地区各举办专场培训1场300余人。2015年,上海地区集中培训11期2100余人,南京和柳州地区各举办专场培训1场300余人。

【文化论坛演讲】

2002年9月20日,在上汽集团召开的上海工业系统企业文化建设推进会上,上汽集团党委书记、董事长陈祥麟作《大力加强企业文化建设,不断推进集团做大做强和持续发展》主旨发言;总裁胡茂元作《在经济全球化背景下,构建具有国际竞争力的上汽文化》主题演讲。2003年10月27日,上汽集团党委副书记李积荣在第二届中国企业文化年会上作《建设以SAIC价值观为核心的上汽文化》主题演讲。2005年12月6日,胡茂元在上海国资委企业文化高峰论坛作《文化创新是上汽持续发展的不竭动力》主题演讲。2010年4月17日,胡茂元在上海"文汇讲堂"作《企业文化也是竞争力》主题演讲。

二、文化故事

作为企业文化认知认同的一种形式,上汽文化故事是从践行SAIC价值观、推进用户满意工程的实践中兴起并形成的。2001年8月,集团党委宣传部将上海上汽大众汽车销售有限公司在用户满意工程中为用户服务的19个生动事例编成《用户满意工程宣传学习资料》下发企业。集团党委书记、董事长陈祥麟在小册子上批示"事迹相当感人",建议广泛学习宣传。2002年,党委宣传部组织征集用户满意工程小故事,从300多篇来稿中精选40个小故事,编辑成《实践SAIC价值观的文化故事(用户满意工程卷)》一书,集中反映员工践行SAIC价值观,参与用户满意工程的精神面貌和生动实践。

2002年,陈祥麟建议收集上汽集团总裁胡茂元从上海通用汽车到上汽集团工作时讲的寓言故事,编辑成书,作为集团文化的宣传培训教材。据此,由集团党委副书记李积荣牵头,党委宣传部精选胡茂元25个寓言故事,按照SAIC价值观4个理念编成《与世界对话——胡茂元诠释上汽集团价值观的寓言故事》一书,由上海人民出版社出版,中英文对照本,发行1万册。该书成为集团"故事化"的价值观文化读物。

从2003年开始,上汽坚持组织实践SAIC价值观故事大赛,通过竞赛形成员工践行价值观的经典故事。2003年,故事大赛以"合作共赢"为主题,评出10大经典故事,编成《合作共赢——实践SAIC价值观的文化故事(全球经营工程)》一书。2004年,故事大赛以"人人成才"为主题,产生36个故事,编成《人人成才——实践SAIC价值观的文化故事(人本管理工程)》。2007年,举行"党员看得出"故事大赛,15个故事脱颖而出。2008年,故事大赛以"学习徐小平"为主题,将44位"徐小平式员工"的故事编成《我们身边的徐小平——实践上汽愿景与价值观的文化故事》。

三、文化产品

20世纪90年代初,上汽开始编纂出版文化书籍,通过史志记载、新闻纪实、文学创作、回忆录撰写等方式,展现改革开放以后上汽的发展历程和发展成就,展示上汽人的精神风貌和感人事迹,传播上汽文化。其中比较重要的有10余本。

表3－10－2　1992—2012年编辑出版的主要文化书籍一览表

序号	书　名	出版社/出版时间	该　书　概　况
1	《上海汽车工业史(1901—1990)》	上海人民出版社 1992年10月	编委会主任:叶　平;副主任:仇　克 主编:仇　克;副主编:张佩娟　宋咨景 记载1901—1990年上海汽车工业发展历史
2	《崛起在黄浦江畔——来自上海汽车工业的报告》	上海文艺出版社 1995年3月	作序:上海市副市长蒋以任 编委会负责人:叶　平　刘雅琴 赵长天、程远等30多位作家记者以通讯报告文学等体裁颂扬上海桑塔纳轿车国产化和上海第一支柱产业建设
3	《腾飞——纪念上海汽车工业改革开放20年》	上海教育出版社 1998年12月	题写书名:中共中央政治局委员、国务院副总理吴邦国 作序:中共上海市委常委、副市长蒋以任 编委会名誉主任:陈祥麟　林树楠;编委会主任:陈忠德 上汽集团领导和所属企业撰文,反映上汽改革开放20年发展历程
4	《先行一步——桑塔纳轿车国产化成功案例》	上海财经大学出版社 1999年7月	上海轿车国产化协调办公室指导,上海桑塔纳轿车国产化共同体及有关零部件企业支持,上海发展汽车工业教育基金会组织,大专院校和科研院所教授专家与企业结合,总结国产化成功经验
5	《上海汽车工业志》	上海社会科学院出版社 1999年10月	作序:陈祥麟 主编:仇　克;副主编:宋咨景　张佩娟 本志为上海市专志系列丛书,记载1990—1995年上海汽车工业发展历史

〔续表〕

序号	书　名	出版社/出版时间	该书概况
6	《融合与创新——上海汽车工业(集团)总公司合资企业管理特色案例集》	上海财经大学出版社 2001 年 3 月	作序：胡茂元 主编：陆吉安 该书从创新机制、创新模式以及营销、生产、采购供应与质量、财务、企业文化和员工管理 7 个方面，介绍上汽集团合资企业管理特色
7	《生命工程——2001 年上汽集团用户满意工程纪实》	2002 年 2 月	作序：陈祥麟 本书以纪实形式，设成果、指导、理念、机制、经验、案例活动 7 篇，记录上汽集团 2001 年用户满意工程全过程
8	《与世界对话——胡茂元诠释 SAIC 价值观的寓言故事》	上海人民出版社 2003 年 3 月	作序：陈祥麟 该书按照 SAIC 价值观四大理念，整理精选胡茂元讲述的 25 个寓言故事，并由上海漫画家潘文辉配画
9	"上汽集团特色管理丛书"(9 册)	2003 年 12 月	主编：陈祥麟　胡茂元;副主编：李积荣 本丛书是上汽集团特色管理之集成，含《零缺陷管理》《SAIC 数字化管理》《中外合作管理》《SAIC 一体化管理》《SAIC 全面预算管理》《"人人成为'经营者'"管理模式》《SAIC 一体化管理》《SAIC 员工培训管理》《合资企业党建管理》《SAIC 文化管理》，共 9 册
10	《上海汽车工业五十年(1955—2005)》(上下卷)	上海市政协文史资料编辑部 2008 年 1 月	首篇：上海市政协主席蒋以任 主编：钟修身　胡茂元 本书由上海市政协文史资料委员会和上汽集团合作编写。录有 70 余位上汽集团历任领导、相关人员及 6 位外方人士记载上汽 50 年发展史实的回忆录
11	《基石——上海桑塔纳轿车共同体 20 周年文集》	2009 年 1 月	题写书名并作序：胡茂元 本书回顾总结上海桑塔纳轿车共同体成员中有代表性的 20 家零部件企业与上海桑塔纳轿车国产化共同成长的历史
12	《世界是圆的——上海汽车工业 30 年》	上海文艺出版社 2009 年 10 月	作序：上海作家协会副主席赵长天 本书由蒋涛提议，上汽邀请中国作家协会会员、上海作家协会理事陆幸生撰写，采用新闻纪实笔法，记载上汽改革开放 30 年故事和成就
13	《上汽文化创新与实践(2000—2010)》	2010 年 7 月	本书对上汽文化建设进行系统梳理，全书分为文化战略、文化理念、文化平台、文化格局、文化故事、文化活动 6 编
14	《上汽创先争优排头兵》	2011 年 7 月	编委会主任：胡茂元；副主任：薛　建　吴诗仲 本书向庆祝中国共产党诞生 90 周年献礼，集中展示上汽 10 家红旗党组织、30 个标杆党支部、30 名优秀共产党员标兵先进经验或事迹
15	《十年磨一剑——上汽集团"人人成为'经营者'"管理模式的创新与发展》	机械工业出版社 2012 年 5 月	编委会主任：胡茂元；副主任：陈　虹　沈建华 主编：吴诗仲　薛　建 副主编：肖国普　李积荣　周郎辉　朱根林 本书为"中国机械工业企业现代化管理经典案例丛书"第 6 部，全面介绍这一管理创新模式

资料来源：上海汽车集团股份有限公司志书编纂室收集整理

四、文化展馆

【上汽历史馆】

2001年7月，上汽集团总部从武康路390号迁至威海路489号上海汽车工业大厦。大厦1～4楼裙房被辟为上海汽车工业展示馆，运用实物、图文和声光电技术，展示上汽集团良好形象。该展示馆由总裁办、技术部和党委宣传部负责实施。

上海汽车工业展示馆展区面积4 000多平方米。1楼是新车展区，展出上汽最新研发上市的汽车产品；2楼是汽车零部件展区，展示轿车6大系统零部件产品，以及用全息技术展示的轿车汽车制造过程；3楼是整车展区，展出凤凰牌轿车、上海牌轿车以及上海桑塔纳轿车、桑塔纳2000型、别克、帕萨特等上汽历史上有代表性的轿车和幸福牌摩托车，以及经过碰撞试验的车辆以宣传汽车安全；4楼是上汽发展史和汽车文化展区，上汽发展史图文并茂浓缩上海汽车工业50余年历史，汽车文化展出100多枚精心收集的世界和中国汽车品牌商标。

2001年7月12日，上海汽车工业展示馆开馆，中共上海市委常委、常务副市长蒋以任出席开馆仪式并剪彩。上汽展示馆向社会公众开放。同时，上汽集团组织员工分期分批参观，开展公司发展史和改革开放教育。同年底，该馆被命名为上海市工业系统爱国主义教育基地。

2008年，为纪念改革开放30周年，上汽集团党委决定将4楼展区改建为上汽历史馆，由党委宣传部组织策划、上海工程技术大学设计施工。

上汽历史馆以"思源奋进"为主题，设渊源馆、涓流馆、奔腾馆、浩瀚馆和专题馆5个展区，占地面积1 650平方米，展线距离280米，展出照片400余幅，以及部分实物和出版物。

渊源馆集中展示世界汽车工业的起源和上海汽车工业的源头；涓流馆以凤凰牌轿车和上海牌轿车为主线，集中展示上海汽车工业从零配件维修业到整车整机制造并形成批量生产能力的演变；奔腾馆集中展示改革开放以来上汽成为中国汽车工业对外开放先行者、制造水平代表者、技术进步领先者、现代管理创新者、兼并重组开拓者和先进文化创造者的历史性巨变；浩瀚馆集中展示上汽集团未来发展的新愿景和新目标；专题馆集中展示中央和上海对上汽的关怀、上汽历任领导、上汽先进代表人物、上汽回报社会主要项目以及上汽所获重要的国家级荣誉称号。

2008年12月，改建后的上汽历史馆开馆，上海市政协主席蒋以任等出席开馆仪式。开馆后，上汽集团员工分期分批组织参观，作为改革开放30周年的纪念活动的组成部分。

2012年8月，根据集团党委要求，由宣传部牵头，总裁办、党办、公关部、团委、志书编纂室等相关部门参与，启动上汽历史馆完善工作。该项工程继续由上海工程技术大学设计施工，在原有内容框架基本不变的基础上，调整充实和完善部分内容，增加2008年以后上汽取得的新发展和新成就，渊源馆和涓流馆保持不变，奔腾馆适度压缩，新增以自主创新、新能源汽车为主要内容的激荡馆，浩瀚馆和专题馆部分充实调整。2013年8月，完善后的上汽历史馆恢复开馆。

至2015年，上海汽车工业展示馆和上汽历史馆共接待来宾25 600余人，成为传播上汽文化、展示上汽形象的窗口。

【上海汽车会展中心】

2004年1月，上海市发展和改革委员会批准上海汽车会展中心项目立项。该会展中心由上海世博集团和上海国际汽车城发展有限公司投资兴建。2010年，股东变更为上海世博集团和上海国际汽车城(集团)有限公司,注册资本1.06亿元,委托上海东浩会展经营有限公司经营管理。

上海汽车会展中心位于上海国际汽车城汽车博览公园内,由德国著名建筑设计事务所IFB公司和同济大学建筑设计研究院合作设计,集展览、展示、会议和办公功能于一体。整座建筑分为主楼和双子展馆三部分,外立面主线条取自汽车车身弧线,成为建筑特色。项目于2004年11月开工建设,2006年3月竣工开馆。中心总投资3.58亿元,占地面积3.99万平方米,建筑面积6.15万平方米,高度30米,地上6层、地下1层;展览面积2.4万平方米,标准展位1628个。

上海汽车会展中心是中国第一个针对汽车行业特点设计建造的大型汽车专业会展场馆。2006年3月10日,上海进口汽车展在会展中心开馆日举办,开幕当天观众5万人次,现场售车50多辆。此后这项展会更名为上海进口汽车博览会,每年在汽车会展中心举办一次,至2010年共举办5届。2006年9月28日至10月2日,上海市台湾同胞投资企业协会等联合主办的首届台商庙会在该会展中心举行,2万人次台胞和20万人次内地游客观展,此后台商庙会每年国庆期间在上海汽车会展中心举办一次,成为传统保留节目。

【上海汽车博物馆】

上海汽车博物馆由上海市政府、嘉定区政府和上海国际汽车城发展有限公司共同投资建设。2004年8月开工建设,2007年1月17日建成开馆。总投资4.5亿元,占地1.17万平方米,建筑面积2.8万平方米,展览面积逾1万平方米,建筑高度32.45米。

博物馆展示分历史馆、珍藏馆与探索馆三部分。历史馆以时间为序,通过各时代代表车辆介绍汽车工业发展历程和汽车对人类社会深远影响。珍藏馆集中展示博物馆2008年起征集的1900—1970年20余个品牌40款经典车型,呈现不同时代汽车风貌特征。探索馆于2008年利用上海市科委专项资金进行建设,增加展示面积2000平方米,2009年12月开放后,分为汽车基础知识、汽车设计与汽车制造、游乐体验3个功能区,通过10余个实物及机械演示、20余个多媒体互动体验,从汽车构造、动力、驾驶、舒适性、安全性和汽车未来等不同角度介绍汽车基本知识。

博物馆积极开展汽车文化研究传播。2009年12月,博物馆举办"展望2010世博会:意大利机动车及轨道交通产业的可持续性及卓越性"中意论坛。2010年5月,举办"2010年上海汽车博物馆专家咨询会",主办"古董车品鉴会"和古董车专场。同年还与上海科技馆共同举办"随源而动——汽车·能源·未来"主题展,参与第二届上海汽车嘉年华活动,出动13辆馆藏汽车参演大型舞蹈类综艺节目《与车共舞》。

2007年博物馆开放第一年,参观者32 937人次。以后参观者逐年上升,2008—2010年3年分别为50 763人次、52 916人次和56 227人次。至2010年年底,上海汽车博物馆被评为全国科普教育基地、上海市爱国主义教育基地和上海市专题型科普场馆。

第六节 网络微信管理

一、上汽网站

上汽网站是公司向消费者、投资者、媒体和社会公众提供信息服务的网上平台。2003年,上海汽车工业(集团)总公司官方网站(www. saic. com. cn)上线。2004年,上汽集团官方网站域名更名为www. saicgroup. com,上海汽车集团股份有限公司(简称上汽股份)的官方网站也上线(www.

saicmotor. com)。

2006 年 12 月,上汽集团总裁办公室和上汽股份公共关系部牵头,组成由信息系统部、资本运行部、人力资源部等部门参加的项目组,对上汽集团网站和上汽股份网站进行全面改版。改版后的上汽集团网站和上海汽车网站相互链接。2007 年 9 月,上汽官网改版方案在总裁办公会议上获得通过。同年底,改版后的网站上线。2011 年年底,上海汽车集团股份有限公司整体上市,继续保留官方网站(www. saicmotor. com),上海汽车工业(集团)总公司网站停止更新。

2015 年,上海汽车集团股份有限公司网站总访问量为 3 017 570 次,更新新闻 244 篇,收集简历 1 688 份,收集在线留言 1 035 条。

二、上汽微博

2012 年 5 月 14 日,上汽开通公司微博"上汽集团发布",成为传播上汽文化、展示上汽形象的又一重要平台。"上汽集团发布"由集团公共关系部负责运营,当年发布微博 2 141 条,粉丝总数 12 260 人,活跃粉丝数 9 661 人。根据上海市人民政府新闻办公室统计,"上汽集团发布"传播力在上海社会群众团体、公共服务机构、国有企业微博排名中位列第二。至 2015 年 12 月,"上汽集团发布"共计发博 7 800 余条,粉丝 45 万余人,总访问人数 25 万人次,阅读总量 600 万次。

三、上汽党建信息平台

2008 年 6 月 30 日,上汽党建信息平台正式建立开通,由公司党委办公室牵头负责,信息系统部进行技术维护。上汽党建信息平台内容由上汽信息、基层信息、企业文化 3 个板块组成,主要有热点新闻、图片新闻、上情下达、领导讲话、条线工作、人事动态、基层党建、干部论坛、学习教育、资料下载、集团文化、特色文化、跨地文化等栏目。主要用户包括上汽党群部门、相关行政部室、公司党校及所属企业。其中各单位信息员为实名用户,有部分上传和修改权限,其他用户只有浏览权限。

上汽党建信息平台利用信息技术快速、共享、交互等手段,加强了上汽党建工作交流沟通和信息传递。

四、微信公众号

【"上汽集团"公众号】

2015 年 4 月上海国际车展举办之际,上汽官方微信公众号"上汽集团"上线,由公司公共关系部负责运营管理。该公众号旨在播报集团重大新闻事件,解读集团发展战略、传递品牌多元文化、引导粉丝互动,建设有速度、有温度、有深度、有态度的微信公众号,树立富有创新活力和科技魅力的上汽集团形象。截至 2015 年年底,微信平台共发布信息近 40 次,信息总量超过 100 条,阅读总数超过 20 万次,吸引粉丝 14.5 万人。

【"上海汽车报"订阅号】

2015 年 10 月 12 日,上海汽车报社开设"上海汽车报"微信订阅号。该平台设立单独的编辑审核体系。内容从报纸复制、二次独立采编到独立策划内容,直至将新媒体原创内容提供给报纸采编。主要形式是图文、音频、视频、直播等。

【"上汽职工之家"订阅号】

2015年4月，上汽工会官方微信订阅号"上汽职工之家"上线。该订阅号以服务员工为出发点，主要内容是播报集团动态、传递工会资讯、维护员工权益、展示先进风采、促进技能提升，引导员工快乐工作、快乐生活，共建开拓创新、勇担责任、值得信赖的上汽职工园地。当年先后开展"劳模的力量""创新上汽人"等网络服务活动。至12月31日，共发布文章277篇，粉丝26 533人，阅读总量860 319次。"上汽职工之家"在全国1 300多家工会类微信号中获得"全国最有影响力工会新媒体"称号。

【"快乐汽车团"订阅号】

2014年1月，上汽团委微信订阅号"快乐汽车团"上线。该订阅号以服务上汽青年员工为出发点，定位于"提供覆盖青年所需的全门类资讯精选"，包含汽车知识、旅行、婚恋、育儿、美食等18个版块，推动频次为一周3次，每次5条。

2015年1月，"快乐汽车团"进行加V认证，拓展微信功能接口，菜单栏设置"百宝箱""微创新会员""大事件"3个标签。内容推送重新整合为7个板块，即汽车使用和保养知识、汽车市场热点分析和观点评论、汽车前瞻技术、汽车制造先进技术、汽车花边知识、汽车人的故事和集团活动信息。经过两年运营，至2015年12月31日，"快乐汽车团"共发布文章988篇，粉丝37 183人，阅读总量2 051 737次。

第十一章　管理引进与创新

1988—2015 年，上汽先后引进质量能力评审、危机管理、精益生产、全球采购、价值工程、KPI运营绩效管理，所属企业分别引进零缺陷管理、改善活动、全面预算管理、MRP2 等国际先进企业管理方式。同时，先后推行"生产特区"建设、"精益求精"质量管理、精益管理、一体化管理、用户满意工程、人人成为"经营者"管理等管理创新方式。

第一节　公司与整车企业管理引进

一、质量能力评审、PPM 值考核

【质量能力评审】

质量能力评审是德国大众汽车公司（简称德国大众）对所属企业质量管理的重要方式。1986—1988 年，德国大众对上海桑塔纳轿车配套企业进行质量能力评审。

1988 年开始，上海大众汽车有限公司（简称上海大众汽车）参照德国汽车工业联合会《汽车制造厂及其横向配套厂的质量体系审核》和德国大众《配套厂的质量能力评定准则》两个标准，对外协配套厂产品进行质量能力评审，促进零部件配套企业转变质量观念、改进质量管理方式。1990 年11 月，经德国大众和上海大众汽车共同评审，上海活塞厂生产的上海桑塔纳轿车活塞获评 94 分，成为上汽也是国内第一个获得 A 级质量能力的零部件产品。1990—1995 年，上海桑塔纳轿车共有 71种配套产品通过 B 级以上评审，其中上海桑塔纳轿车变速器、空调压缩机、传动轴、前悬挂、散热器和后桥总成等 10 种产品被评为 A 级。

1990 年年底，上海汽车工业总公司（简称上汽总公司）根据国家制定的 GB/T10300（1994 年改为 GB/T 19000）—ISO 9000 系列标准的《质量管理和质量保证》要素、第一机械工业部颁发的《机械工业企业质量管理"必备条件"验收细则》、上汽总公司《企业质量管理和质量保证条件评审办法》（试行）和上海大众汽车《产品质量能力评估》四方面要求，统一制定和实施《质量管理和质量保证条件评审办法》（简称"四合一"评审办法）。该评审办法划定产品质量能力完全符合要求、基本符合要求但有缺陷需要改进、符合最低要求但问题较多急需改进、不符要求限期整改重新评定的 ABCD 四级标准，并规定评定标准作为企业创优升级、文明单位和"生产特区"建设等方面的评选条件。公司要求上海桑塔纳轿车配套产品必须达到 A 级或 B 级，消灭 C 级，并组成评审小组重点对 14 家是桑塔纳轿车配套企业开展质量能力评审。"四合一"评审办法试实行 3 年，1994 年初中止改为对企业的咨询访问，对企业产品质量能力考评则以用户评定结果为主。

【PPM 值考核】

20 世纪 90 年代初，上汽总公司在上海桑塔纳轿车质量管理中导入德国大众以每百万零部件中缺陷率为指标进行考核的 PPM 值质量管理方式，先期仅针对上海桑塔纳轿车配套零部件质量考核，后推广到所有整车整机配套零部件产品的质量管理，成为零部件日常质量监控的重要工具。该

质量管理方式重点跟踪反映零部件直接配套质量表现的成品供货缺陷率,以及反映零部件市场质量表现的售后供货缺陷率2项指标。公司质量管理职能部门年初设定缺陷率(PPM)年度考核指标,而后逐月跟踪执行情况,年底进行质量考核。缺陷率(PPM)管理的开展为整车企业对配套零部件产品免检入库、实现即时供货提供重要依据。

二、危机管理

20世纪80年代开始,欧美日本等国企业开始对危机管理进行深入研究,防范经营风险。1993年,上海桑塔纳轿车销量快速增长并开始取得国内同行领先优势,经济效益国内同行第一,但国内轿车市场激烈竞争的趋势日益明显。为克服公司内部开始出现的故步自封思想情绪,增强责任感紧迫感和危机感,公司总裁陆吉安决定借鉴美国IBM计算机及三大汽车公司实行"末日管理"的经验,实施以"居安思危、警钟长鸣"为主题的危机管理战略。同年7月,公司下半年干部大会上首次提出该战略。9月,印发《上海汽车工业总公司〈危机管理二十条〉(试行稿)》,启动危机管理。

《危机管理二十条》覆盖公司经营发展重点环节,包括:强化和完善公司决策及快速、超前应变能力;成立由公司党政领导挂帅的7个高层次综合协调领导小组,发挥党政班子合力,及时根据市场与形势变化形成新的决策;开展国有资产授权经营试点、深化改革、转换机制;按照国际标准,在管理体制、管理制度、质保体系、会计制度、销售服务、海外合作等方面进行实践,实现与国际市场接轨;加强对国有资产的管理,严防国有资产以各种形式流失,尤其在"三产"和对外联营领域的流失;严格投资管理,落实投资项目各级责任制;加强资金、财务及成本管理,建立财务公司;严格结算中心纪律,加速资金周转,确保重点项目及生产所需资金;加快对内扩大控股投资,对外利用外资,引进高技术项目;完善自我约束机制,加强和健全监督职能;审计监察部门紧密结合经济工作,为公司发展经济、改革开放服务;加强党风廉政建设和各级领导班子建设,各级干部带头廉洁自律;加强研究开发力量,加速整车车身和零部件开发;加强与大专院校、科研单位等开展多种形式的联合与合作开发新产品;加强高难度产品的开发和研制;加速模具、铸造、在线测试仪器和专用机床的开发研制;强化信息管理;大力培养紧缺人才等。

1993年11月15日,公司总裁陆吉安和党委书记林树楠在年度干部大会强调危机管理要作为1994年主要工作内容。1994年5月,陆吉安为全体领导干部作危机管理专题辅导报告,与会者展开热烈讨论,开始正视企业面临的问题和危机,统一思想,转变观念,提出落实措施。上海汇众汽车制造公司制定危机管理18条,开展高质量、低成本主题活动;上海汽车工业技术中心开展上能力上水平上台阶,提高开发能力主题活动;上海汽车齿轮总厂进一步推行精益生产,实行风险管理;上海汽车锻造总厂重点抓稳定市场、压缩库存、促进销售;上海汽车电器总厂制定解决产品危机、管理危机和效益危机的18条措施;上海活塞厂压缩二、三线人员充实一线,抓好均衡生产和适时供货;上海实业交通电器有限公司加大精益生产力度,成立准时化生产推进委员会,实现"334"均衡率目标。同年,上汽总公司开始全面推进精益生产,作为实行危机管理的主要举措。

三、精益生产

精益生产方式源于20世纪60年代的日本丰田汽车公司,是一种旨在杜绝一切浪费的管理思想与管理方式,被誉为福特大量生产方式之后世界汽车工业生产方式的革命性变革。

【工作启动】

1992年6月,上汽总公司总裁陆吉安向公司领导干部推荐学习系统反映精益生产的《改变世界的机器》一书。同年10月,公司副总裁叶平带领第一批厂部级干部到日本小系制作所、丰田汽车公司进行为期一个月的精益生产方式学习培训,这两个日本企业成为上汽领导干部精益生产培训基地,至2003年累计培训10批151人次。

1993年,上海桑塔纳轿车虽创造中国第一个轿车年产10万辆纪录,但是公司领导充分认识到与国际汽车工业相比技术和管理差距巨大,陆吉安提出实施危机管理战略,在中国汽车工业率先推行精益生产方式,推动上海汽车工业的管理进步。

1994年1月,上汽成立精益生产指导委员会,先后由公司副总裁胡茂元和总裁助理肖国普负责,生产计划部和质检中心牵头负责。与此同时,公司党委书记林树楠对党组织参与精益生产提出明确要求。同年5月,上汽在上海汽齿总厂召开交流会,要求各企业第一把手亲自抓精益生产,会后各企业均成立行政主要负责人挂帅的精益生产指导委员会。同年6月,公司下发《推行精益生产管理的实施计划》,确定推行的总体设计、基本思路要求及精益生产计划。以后,又制定实施《准时化生产试行条例》《准时化生产附加验收评分细则》《适时供货重点产品》《准时化生产重点区域》《系统化供货计划》等指导文本。

【宣传培训】

上汽总公司推进精益生产以宣传培训开路,生产计划部与党委宣传部、培训中心组成专门小组,短期内整理汇编《精益生产的概念与方法》《TEAM工作法》两本小册子,以此作为宣传培训的主要材料。同时,《上海汽车报》和公司党委宣传部形势任务小册子集中持续宣传,培训中心对干部员工分类集中培训,形成宣传培训的声势。为进一步强化员工培训的力度,1995年1月,公司决定所属企业实行每周40小时工作、4小时培训的工作培训制度,要求年培训课时厂部级干部不少于80小时,一般管理人员不少于60小时,工人不少于40小时,主要学习培训精益生产、一专多能和政治、法律、计算机、外语等知识。同时,公司在北京西路西康路建成上汽培训中心,在上海引起强烈反响,《文汇报》第一版以《黄金地段、黄金工程、黄金效益》为题刊登报道和评述予以充分肯定。同年,上汽精益生产培训13余万人次,精益生产知识基本普及。1996年,公司将年培训课时调整为厂部级干部不少于72小时、一般干部和技术人员不少于42小时、工人不少于24小时。

【推动实施】

上汽推进精益生产确定重点抓桑塔纳轿车和幸福125摩托车两大产品的适时供货和系统供货,包括上海大众汽车等5家企业推行以桑塔纳轿车为龙头的零部件准时化生产试点,上海—易初摩托车有限公司(简称上海易初摩托车)推行以幸福125摩托车为龙头的适时供货试点。肖国普和生产计划部、质检中心主要负责人马大雄、冯鸣树等精益生产指导委员会成员每周下基层现场调研督促,并成立由生产计划部副部长陈德美为队长的精益生产工作队,负责对热加工等困难企业进行重点指导帮助。

上海易初摩托车从1991年起选择上海延锋进行座椅总成适时供货试点,1993年,试点企业增加到6家,该年上海易初摩托车配件库存从1991年的44天下降到1993年的30天,1994年前10月万元产值占库资金从1993年的325元下降到162元,为进一步推广适时供货打下基础。1994年11月,上海易初摩托车与13家摩托车配套企业签订摩托车配套件适时供货协议,规定从1995年1

月起各配套企业在确保质量前提下,按月周日进行适时供货,提前或逾期交货的上海易初有权拒收,上汽精益生产由此实质性启动。与此同时,上海大众汽车发动员工厂泛开展 TEAM 小组活动,并在此基础上推行看板生产、适时供货和 KTV 活动,取得杜绝浪费、降低消耗的明显成效。上海汽车齿轮总厂摒弃用高储备保证生产供货的陈旧观念,按照准时化生产要求,实施减少库存、降低成本的风险管理,轴类在制品周转天数从 82 天下降到 40 天。1994 年 12 月,上汽召开推广上海大众汽车和上海汽齿总厂经验做法的精益生产现场会,并宣布从 1995 年起对各企业的考核取消超产奖,实行精益生产奖。

1995 年,上汽将全面推行 TEAM 工作法作为重点,公司和企业党政班子成员下 40 个班组蹲点进行指导。同年 6 月,公司召开精益生产现场交流会,推广上海汽车有色铸造总厂等 9 家企业的经验做法。经过努力,该年公司在销售收入同比增长 33％ 的情况下,利润同比增长 36％,显示精益生产的成效。1996 年 3 月,公司收集编发 20 余家企业经验的《精益生产实践 38 例》,供学习借鉴。至 5 月底,可比产品制造成本和 3 项费用同比下降 6.78％ 和 12.3％。同年 6 月,上汽召开推广上海纳铁福传动轴有限公司等 4 家企业经验做法的精益生产现场交流会,总裁陈祥麟和党委书记林树楠要求企业领导挂帅,层层落实和分解精益生产指标,严格考核。同时,将精益生产若干评价指标融入生产特区评分规则,先后形成《1995 版生产特区标准》和《1998 版生产特区标准》,引导生产特区向精益生产发展。

至 20 世纪 90 年代后半期,精益生产方式在上汽基本确立,准时化生产、适时供货、系统供货、看板管理、一物流等精益生产基本方法和工具得到普遍使用,改进物流、压缩在制品、降低库存成效明显。1999 年,上汽在对精益生产有代表性的 6 家企业开展评价试点基础上,制定《精益生产评价体系》,形成 5 大系统 25 个指标的精益生产评价体系,对企业开展精益生产考核,作为评价企业管理业绩和领导干部工作实绩的重要依据之一。

2001 年,上汽集团经济运行部撰写的《推行精益思想,实施管理评价,提升集团竞争能力》课题报告获第八届中国机械行业企业管理现代化创新成果一等奖;2003 年,上海汽车齿轮总厂《多品种生产条件下精益生产的实践》管理项目获上海市管理创新成果三等奖;2005 年,上海通用汽车有限公司《特色精益生产实践 SGM－GMS》管理项目获上海市管理创新成果二等奖;2007 年,联合汽车电子有限公司《汽车电子企业的精益生产管理》管理项目、延锋伟世通金桥汽车饰件系统有限公司《利用新技术进行精益控制及精益生产》管理项目,分获上海市管理创新成果二等奖和三等奖。

四、GM 制造系统

1997 年,上海通用汽车有限公司(简称上海通用汽车)项目在建设中即开始引进美国通用汽车制造系统。该系统包括人员参与、制造质量、标准化、缩短制造周期和不断改进五大模块,33 个要素和 330 条核心要求标准,构成上海通用汽车精益生产基本框架。

五大模块具体内容包括:企业建立完善人员管理和发展体系,支持鼓励员工通过授权和自我激励方式参与不断提升业务绩效;创建完善安全与健康的工作环境;解决纠错型浪费、过度生产浪费、多余动作浪费、物料运输浪费、等待浪费和过量库存浪费、多余工序浪费;将质量融入制造过程,最大限度预防缺陷产生,实现"不接受、不制造、不传递"缺陷产品;缩短订单完成、产品开发、工艺制造、产品从生产工厂到客户手中的周期。

2002 年,上海通用汽车成立精益生产核心小组,组成由车间区域经理、生产值班经理和工程经理为主体的精益生产实施小组,对美国通用汽车全球制造系统的评审体系进行二次开发,形成周主题与跨区域评审为特色的精益生产管理模式。精益生产实施小组在运行过程中,精益生产协调人牵头制定精益生产改进方案计划,对计划实施和整改方案执行全程跟踪,组织对精益生产体系定期评审;每周开展主题活动,每二周开展评审交流,并对整改情况进行考核;建立 TOTW 和跨区域管理评审活动例行汇报制度,将整个精益生产体系的 33 个要素 330 条核心要求按照班组成员、班组长、工段长及以上人员工作职责定义对应的应知、应会和应用要求。

1997 年,上海通用汽车实施 GM 制造系统,收到 20 000 条改进建议,实施率达 93％;2003 年和2004 年,合理化建议累计提交 14 万条,节省成本超过 1 亿元,其中 2004 年人均节省成本 1.7 万元。2006—2010 年,上海通用汽车开始体系细化管理第二阶段活动,规范工厂体系循环,搭建全员培训平台,统一固化实施方法。2011—2015 年,开展第三阶段精益管理活动。上海通用汽车精益生产实施小组已在跨生产基地推行这一管理活动模式,并向美国通用汽车亚太地区各工厂进行介绍。

2005 年,《上海通用汽车特色精益生产实践 SGM－GMS》获上海市企业管理创新成果二等奖。

五、WWP 全球采购

1998 年,上海通用汽车有限公司建厂初期,由于项目采购资金巨大,供应商遍及国内和世界各地。为了确保项目按期投入生产,维护中外投资者利益,预防舞弊发生,公司学习借鉴美国通用汽车公司 WWP 全球采购管理方法,成立由中美双方高层管理人员组成的联合采购委员会,决定凡项目建设所需 40 万元人民币以上的采购申请,必须由联合采购委员会 4 名成员一致同意通过,才能进入公司执委会批准流程。

上海通用汽车全球采购将采购物资划分为设备采购、生产采购、建设工程和建设工程专业服务四大类,供应商定点采用"QSTP"(质量、服务、技术、价格)货比三家原则,并制定物料采购管理制度、操作规范和流程;联合采购委员会统一确定采购项目,统一招标,评估供应商;采购流程全部在信息系统平台上流转,接受监督;全球采购实行资金预算管理,采购款项支付全部由计算机设定的期限转账,排除人为因素干扰。

WWP 全球采购管理模式形成相互约束监督的机制,有效防范采购风险。上海通用汽车项目总投资 15.21 亿美元,实际该项目从 1997 年 1 月打下第一根桩开始,到 1998 年 12 月第一辆别克轿车下线,仅用款 9.79 亿美元,比预算节约 36％。该项目不仅建设速度快,建设质量好,而且项目建设中未发现采购腐败案件。

2000 年 1 月,上汽集团与美国通用汽车大学联合举办的全球采购国际研讨会,上汽集团副总裁蒋志伟、陈因达,党委副书记陈忠德,部分企业领导、采购供应开发部门负责人 200 余人参加培训,WWP 全球采购管理模式开始在上汽集团全面推广。

六、价值工程

进入 21 世纪,随着国际汽车市场竞争日趋激烈,全球汽车公司都将"提升产品价值,降低产品成本"作为一个重要战略。2002 年,美国通用汽车公司实施价值工程,确定品质优先、双赢互利、协同开发、持续改进 4 项原则,采取结构优化、功能优化、系统设计优化、零件设计共用、材料替代、零件制造工艺优化、低成本供应商、零件国产化和深度国产化、真实成本分析九大方法,已全部实现 3

年内降本 20％的目标。

2002 年,上海通用汽车有限公司提出"3 年内 W－CAR/GL8 物料成本下降 30％,S－CAR 物料成本下降 20％"的降本目标,通过高层考察,决定引进美国通用汽车的价值工程,并成立价值工程专职机构,由 W－CAR 平台总监直接领导。2003 年 5 月,设立成本分析室,开始对不同零部件产品进行拆卸、分析和比较。

2004 年 5 月,为更好发挥工程中心产品工程师在价值工程中的作用,价值工程专职机构从上海通用汽车转至泛亚汽车技术中心有限公司(简称汽车技术中心)CPS 部门,同时采购部派出专职人员常驻价值工程专职机构协同工作。2005 年,价值工程(VA/VE)提案管理系统完成自主开发并运行,成为国内整车厂首创。2006 年,开始整车拆解分析工作,各专业部门参与,在完成竞争车动静态评估、试验后进行整车拆解分析,发现竞争车设计亮点,分析其系统模块化及共用化策略应用,所有对标发现形成分析报告,输出到现有项目及新项目产品设计优化中去。2008 年,来自美国通用汽车用于新项目成本控制的 DCS 流程首次在国产项目新赛欧应用,标志着价值工程从现有产品拓展到新项目。

2011 年,上海通用汽车提出 5 年降本 20％的目标。2012 年 4 月,泛亚技术中心成立产品价值分析与管理部,设置竞争评估与分析、产品价值策略集成、产品成本管理 3 个科室,明确提升产品性价比为部门职责,优化各种成本工具,通过竞争车对标分析、"Benchmark 大集结"、以技术创新成本突破为主题的供应商研讨会等平台,拉动全业务链共同工作,进行产品全生命周期的价值分析与管理。

泛亚技术中心在新项目成本分析管理中,引进美国通用汽车的 DCS 管理流程,并根据自身特点,作本土优化,成本分析工作在时间上前移。同时,价值工程向内向外延伸。向内延伸至每个员工,把提案和实施指标分解到各部门,设置新项目性价比优化奖,鼓励员工参与价值工程的积极性,每年约有 100 个新项目获奖;向外延伸至供应商,走访 100 多家供应商,发动供应商提出提案,并作为评选年度优秀供应商的重要依据,供应商通过实施价值工程提案而达到上海通用汽车提出的降本目标,整车和零部件双方实现双赢。

价值工程实施后,每年收集提案约 2 000 条,其中可行提案约占 20％,每年近 200 个项目获奖。2002—2015 年,价值工程累计节约资金突破 50 亿元。《汽车产品全生命周期的物料成本管理》课题于 2012 年和 2013 年先后获上海市企业现代化创新管理成果奖二等奖和第 19 届中国机械行业企业管理现代化创新成果二等奖。2015 年,泛亚技术中心整车价值策略集成攻关团队被评为上海市青年突击队。

七、KPI 运营绩效管理

KPI(关键绩效指标)最早的起源于英国,是按年度逐人逐项进行绩效考核的方法,有利于调动雇员积极性和政府行政管理效能,以后传入企业。

2009 年 12 月,华域汽车系统股份有限公司(简称华域汽车)围绕"零级化、中性化和国际化"的战略目标,建立以标准化、质量、缩短交付周期、全员参与和持续改进五大原则为基础的精益管理体系,同时为全面提升运营绩效,开始建立 KPI 平衡记分卡运营绩效管理系统。2010 年 3 月,与上海采埃孚转向系统有限公司、上海拖拉机内燃机有限公司、上海实业交通电器有限公司、上海三电贝洱汽车空调系统有限公司、延锋伟世通汽车饰件系统有限公司 5 家直接投资企业确定 24 项一级考核指标;同年上半年将这 24 项一级指标覆盖所有直接投资企业。

该 KPI 目标系统包括安全、财务、质量、供应链、技术/工程、能源、人力资源、体系建设 8 个方面。围绕 8 个方面设置两个层级的指标,一级指标为企业关键指标,二级指标为运营管理指标,是对一级指标的展开,达成对一级指标提供直接的支持,同时为一级指标的调整提供依据。随着绩效考核管理工作的深化,华域汽车运营控制部也将更多的精力投入到帮助企业提升经营业绩和管理水平的实际运作中,通过对 KPI 一级关键考核指标的分解,逐步在企业日常运行中形成 KPI 二级指标,并予以跟踪,为 KPI 一级关键考核指标的提升提供抓手;同时,扩大管控覆盖面,由华域汽车直接投资企业扩展到所属独立业务单元。自 2013 年起,所有直接投资企业均按照华域汽车要求,与其投资的三层次企业签订年度 KPI 运营绩效管理目标并报华域汽车备案。自此,华域汽车运营绩效管理指标体系完成对所属独立业务单元的全面覆盖。同时建立运营信息系统(OMS),实时监控运营表现,关注绩效提升点,提升管理效率;针对绩效提升点,运用精益管理体系管理工具和统计分析方法,包括价值流图(VSM)、工作场地布置(5S)、业务计部署(BPD)、快速换摸(SMED)、全员维护(TPM)、DAMIC、统计过程控制(SPC)等,制定系统性改善方案,向标杆靠拢。

2011 年 10 月,KPI 运营绩效管理纳入华域汽车《内控管理手册》1.0 版。截至 2015 年年末,华域汽车汇总销售收入由 2011 年的 978.36 亿元,稳步增长到 2015 年的 1 885.52 亿元;存货周转次数由 12.30 次提升到 18.15 次。

第二节 零部件企业管理引进

一、"零缺陷"管理

零缺陷思想最早由被誉为全球质量管理大师、"零缺陷之父"的菲利普·克劳斯比于 1962 年提出,先在美国推行零缺陷运动,后传入日本取得明显成效。

1993 年上半年,上海汇众汽车制造公司(简称上海汇众)为上海桑塔纳轿车配套的前悬挂卡簧安装因误操作导致质量问题,上海汽车工业总公司副总裁兼上海汇众总经理胡茂元借鉴日本制造业推行零缺陷管理的经验,决定开展群众性防错装置设计的零缺陷活动,由副总经理王怡达组织实施。当年下半年,该公司职工设计安装的零缺陷装置达到 126 项,促进质量管理从事后把关、事中控制提升到事前预防,有效降低产品缺陷率,当年上海汇众 22 个产品经检查全部合格。1995 年,上海汇众《零缺陷——追求更高的质量目标》和《实行零缺陷,创造更大效益》2 个课题报告获上海市企业管理现代化创新成果二等奖。

上汽总公司总结上海汇众的经验,全面推广零缺陷管理。公司质量和经济运行部等部室从产品设计、产品制造、服务贸易、信息化建设、预防性质量文化、零缺陷绩效评价 6 个方面,推出零缺陷管理的具体操作方法、技术和工具、标准和流程,指导企业开展零缺陷管理。1998 年 3 月,国家机械部汽车司在沪召开全国改进汽车行业质量指标体系会议,由上海汽车工业质量监督检验中心作《缺陷率(PPM)管理与实践》报告,反响热烈。

至 2003 年,上海汽车工业(集团)总公司零缺陷管理从防错装置发展到防错技术,形成具有上汽特色的"零缺陷"预防性质量文化,在上汽所属企业得到积极实践。上海通用汽车将"零缺陷"防错技术落实到产品设计开发制造全过程,上海大众汽车发动机厂将"零缺陷"活动延伸到整个过程质量控制,延锋江森座椅有限公司通过 6 个西格玛管理达到产品质量控制趋向"零缺陷",安吉天地物流有限公司注重汽车整车运输过程中的"零质损"。公司零部件企业通过实施"零缺陷"管理,为整车配套的供货缺陷率 PPM 达到全国同行先进水平。

2003 年 9 月,上汽技术质量部、党委宣传部、上海汇众以及上海交通大学工业工程管理学院等联合编写《零缺陷质量管理》一书,该书编入"上汽集团特色管理丛书"。

二、全面预算管理

1994 年 11 月,上海延锋汽车饰件有限公司(简称上海延锋)引进外方股东美国福特汽车公司的全面预算管理,以提高合资公司财务管理水平。该管理方式围绕企业经营目标,以销售预算为导向,延伸到生产、成本和资金收支等各个方面的预算。在预算与决策的基础上,按照规定的目标对企业销售、生产、成本、现金流量等以计划的形式反映出来,让管理层组织与协调企业生产经营活动,完成既定目标。

该公司成立预算管理推进小组,由企业领导挂帅,各行政部门负责人参加,聘请 2 位美国福特的专家参与推进小组的工作。经过 2 年试行,先后建立和完善管理制度、程序和考核指标,第 3 年开始实施,第 4 年再经过一年试运作磨合,各级管理层人员基本掌握预算管理的操作要领、运行程序、工作标准等。1998 年,全面预算管理工作正式纳入企业财务管理范围,有效控制费用和成本,实现盈利目标。

为了准确编制预算,上海延锋每年三季度起组织各部门编制下一年度预算计划,财务部门将当年预算实际发生的一系列数据,汇编成次年的预算指导书,发送到各职能部门,供各部门编制预算时参考。形成的初步预算提交公司执委会审核通过后报董事会审批,作为年度指标下达执行。

为了确保预算执行,在预算实施过程中,上海延锋通过编制月报表向领导层及各部门按月通报预算执行情况,加强检查监督。对超支的项目拉响警报,查究原因,并及时调整,保持总量平衡;对预算外项目,采取"从严控制,申请特批"的做法,严格把关;对预算外用款出现的缺口,财务部门想方设法削峰填谷,保持总盘子的平衡。此外,每年编制下一年度预算时,还要编制五年滚动预算计划,相互衔接,滚动推进。

1996 年,该公司全面预算管理尚处试行阶段,当年本部实现销售收入 7.4 亿元,存货 1.5 亿元,全年资金周转 3 次不到。2002 年,该公司本部销售收入近 17 亿元,存货则减至 8 000 万元,周转次数多达 12 次,应收账款只有 3 000 万元左右,财务运行良好。2003 年 12 月,上汽推广该公司全面预算管理经验,将预算管理作为典型案例收录在《上汽特色管理》一书。

三、MRP2 物料需求计划系统

1995 年,上海延锋汽车饰件有限公司为解决新产品开发节奏加快、产品品种多样及生产批量递增,导致物流日益复杂,数据处理量急剧膨胀,输入重复,不统一、不规范、不畅通,信息不能共享等问题,决定采用世界上较为先进的 MRP2 系统,选定美国 QAD 公司软件商开发的 MFG/PRO 管理软件。

1997 年 9 月,企业成立 QAD 项目启动小组,由采购、计划、仓库、营销、财务、生产和系统等部门参加,聘请国外咨询公司帮助实施。项目组成立后,对公司原管理程序进行重新审核,根据 QAD 要求进行系统修改和流程再造;与计划、仓库、采购、营销、财务等讨论沟通,编写 9 个部门的 QAD

业务流程和操作手册,设置3个主模块;储运销售主模块下设零件地点、地址/税收、库存控制、实际库存、采购、销售报价客户订单/发票、销售分析8个子模块,生产/制造主模块下设产品结构、工艺流程/工作中心、加工单、重复生产、预测主计划物料需求计划6个子模块,财务/管理模块下设总账、多种货币、应收账、应付账、用户化程序、成本管理、现金管理、系统管理功能8个子模块,22个模块覆盖公司计划、采购、制造、仓库、财务、销售等基本业务,并形成计算机信息网络。而后,开始收集有关业务数据,分别装入QAD各模块。至同年12月底,系统初始化基本完成,1998年1月QAD系统正式启动。

项目实施过程中,该公司不断补充编制程序文件,包括《库存分析管理规定》《车间系统盘点程序》《QAD实施中的重要规定》《延锋QAI数据删除/存档程序》《替换材料的批准与使用程序》《索赔物资QAD处理流程》等,并对原订程序文件进行修改完善。

该公司引进实施MRP2管理后,财务管理系统得到根本性改善,使成本方法从原来手工的平均成本改进为计算机化的标准成本。由于QAD软件是国外商品化软件,1999年,企业按照中国财务规定进行改进,同年6月通过上海市财政局验收,成为上汽第一家按照国际标准编制使用的MRP2软件处理财务结算的企业。之后,又根据合作外方美国福特汽车公司要求,结合企业情况编制《延锋ACR552程序文件》,7月底通过福特汽车的系统安全性评审。

该公司通过QAD系统实施,库存管理、财务管理和计划管理的计划编制周期缩短、计划准确性提高,储运/销售、生产/制造、财务/管理模块实现物流、资金流和信息流的结合,杜绝账外物流和资金流,有效保证反映物流和资金流的信息流的准确性,保证生产和财务数据一致性。财务部门及时根据资金信息实现成本控制,随时分析企业经济效益,营销控制物流和资金流。企业库存周转次数由年初的4.3次,提高到年末的6.5次,1999年进一步提高到9.6次,库存资金占用减少,节约利息成本210万元,节省仓库租赁费270万元。

2000年,该公司《实施MRP2管理系统推进企业流程再造》课题获上海市企业管理创新成果二等奖。

四、改善活动

1996年,上海小糸车灯有限公司(简称上海小糸车灯)从条件简陋的杨浦区厂区迁入嘉定区现代化厂区后,决定引入日本小糸制作所全面改善活动,全面提高管理水平。该企业建立改善管理室,负责组织指导协调改善管理,制订改善计划。

1996年下半年,上海小糸车灯编制《改善管理三年计划》,从现场管理和系统管理两个方面实施改善管理。对生产现场的改善管理,主要围绕准时化生产设定基本库存、物流标准化一个流生产、省人化减员增效等标准,对所有生产线进行以点带面的改善,经过工装改善、提高单机加工能力、布局调整、培训员工"一岗多能"等改善措施,使生产样板线产量提高25%、工作人员减少50%,新产品开发试制到批产从过去6个月缩短为3个月;与此同时,开展6S管理,建立6S推进委员会,并组织检查。对管理系统的改善,主要围绕适应生产现场管理和准时化生产设立票据管理、代码管理和订货生产供货流程管理,将26种票据合并为11种,形成产供销24种事物标准;同时实行业务计算机化,原来手工制作计划每月90小时,计算机制作减至2小时。企业制定实施《提案工作管理规定》,建立合理化提案活动委员会,鼓励员工每人每月提出实施1条合理化建议。同年,改善活动收到良好效果,在销售大幅度增加33.27%的情况下,人员数量仅增长8.01%。

改善活动取得初步成效后,该企业改善管理进入持续常态化管理。企业撤销改善管理室,将改善工作纳入各部门日常工作,规定在每季度部门工作汇报内容中,必须要有改善工作内容;每周一、三、五上午,总经理带领各部部长巡视和检查,发现问题点拍照记录,员工可将建议意见向管理层反映;企业在部长会议上对发现问题提出整改要求,由总经理办公室跟踪直至问题解决。

上海小糸车灯业改善活动成为上汽推进精益生产和合理化建议活动时推广的主要经验之一。此后,该企业对信息系统进行改善,2001年,信息系统整体上线运行;2002年,实施信息系统二期建设,建立 ERP 系统,进一步保障精益生产,提高工作效率。2004年,销售额较1995年增长326%,人员只增长30%。

2005年,该企业《企业持续改善管理体系的建设和实践》论文获上海市管理创新成果二等奖。

五、五轴心方法论

1997年1月,上海法雷奥汽车电器系统有限公司(简称上海法雷奥电器)为保证国产化零部件稳定量产,决定引进合作外方法国法雷奥集团"五轴心方法论"。"五轴心方法论"是法雷奥集团的精益生产体系,具体包括全员参与、生产体系、技术创新、供应商一体化、全面质量五个轴心,最后达到满足用户需求的目的。

该公司成立五轴心推进委员会,制订推进计划,每月召开会议,监控实施结果及采取改进措施,确保实现目标,同时通过采用法国法雷奥 IT TOOL 网络系统进行日常工作跟踪管理,及时发现改进问题。

1997年开始,上海法雷奥电器累计举办8场员工精益体系和精益生产培训,覆盖基层员工总计376人次。印发精益体系应知应会册子,覆盖所有公司员工,加强精益文化宣传。

随后,在上汽精益生产推进员的指导下,上海法雷奥电器对生产线进行生产流程分析,覆盖26条生产线,提出改善行动措施109条,通过不断进行工艺改善,生产线自动化水平提升40%,覆盖起动机发电机2个车间。通过系统后台的数据整理,精益团队每周发布一份周度报告,车间每周进行损失分析,制订行动计划。至2004年,车间直接人工效率提升2.3%,TRP提升3.3%,生产现场包括物流完成25个工作站,月度节约17.8万元。

2000年开始,上海法雷奥电器将该活动覆盖所有起动机发电机生产线及生产工段。2004年零件千辆车故障数(IPTV)下降6%,客户净索赔下降11%,售后缺陷率下降5%。

六、生产岛

1999年,上海采埃孚转向机有限公司为了提高生产效率和产品质量,引进德国采埃孚公司"生产岛"管理模式,建立以条线自主管理为手段的"生产岛"管理模式。

"生产岛"是根据某一零部件族加工或某一生产环节完成而规定的相对独立的生产区域。"生产岛"管理模式是班组设备、质量、工艺、定置物流、培训、刀具等自主管理形式,"生产岛"设岛长,由岛长负责岛内员工自主管理,企业主要经济指标和管理目标细分至岛,各岛根据职责目标行使自主管理职能,实行目标化、指标化、民主化和绩效管理。目标化管理即各岛根据企业总目标确定各岛目标,并制定实施规划,由岛长负责实施,确保总目标完成;指标化管理即通过建立劳动生产率、设备利用率、产品报废率、单件人员成本、故障时间、设备调头工时、单件库存费用、单件刀具费用等考核项目,保证条线管理严肃性和指标考核准确性;民主化管理即每月工作目标和考核重点公开化,通过岛务会议发挥岛员积极性;绩效化管理即通过岛长责任制、生产岛月度效益、岛员星级技能和星级生产岛考核,使岛屿目标、效益,星级技能和贡献得到认可。

2000年,"生产岛"自主管理实施后,劳动生产率比实施前的1998年提高35%,人员投入规划降幅比降低11%,废品率降低12.5%,报修率降低30%,库存费用降低25%,员工技能三星级以上员工15%。

2001年,该企业《"生产岛"在生产管理中的运用》课题获上海市管理创新成果二等奖。

七、六西格玛管理

六西格玛管理是20世纪80年代由美国摩托罗拉公司提出的管理方式,旨在生产过程中降低产品及流程的缺陷次数,防止产品变异、提升品质。1999年,上海延锋汽车饰件有限公司初次接触六西格玛工具,派员赴美培训。2005年开始,上海延锋在生产制造领域开始学习借鉴合资方六西格玛质量管理,循序渐进地导入六西格玛的理念与方法。为确保六西格玛项目的顺利开展,该企业由六西格玛项目总负责人召集并由总经理亲自主持年度工作计划、最终评优大会,六西格玛项目总负责人召集选项、初期、终期项目审核会,各分公司召集六西格玛项目日常审核会。

为了尽快掌握六西格玛管理知识,该企业采用分阶段培训+辅导+评审的模式,确保员工在干中学,并使项目顺利实施。公司从战略、平衡数据卡(BSC)、价值流分析(VSM)和自下而上的项目整理4个方面入手,挖掘和识别潜在的六西格玛项目机会。每年要求项目负责人、技术专家及管理人员介入,选出并实施具体项目,每年在研发、流程改进、质量、物流、设备、效率等多个领域开展。

在推进过程中,该公司对相关项目进行评比,搭建交流平台,将最佳案例、工具运用,以及改进建议等进行交流,使六西格玛效益最大化,并制定资质认证流程,开展培训考试结果及项目完成质量三个维度考核,授予学员绿带、黑带及黑带大师的资质,开展资质认证激励。

2009年与2010年,该企业分别有1个与2个项目获得全国机械工业优秀QC小组一等奖,2009年有2个项目获得上海市优秀六西格玛项目奖,2个项目获得上海市重点产品质量振兴攻关成果奖三等奖。2010年,该企业获得上海质量协会颁发的优秀六西格玛推进企业称号。2010年,开始覆盖设计研发、流程改进、生产效率、质量提升、物流优化、设备管理等领域全面铺开,将六西格玛管理方法导入公司管理中。2013年,发布《六西格玛管理程序文件》《六西格玛项目选择指南》《六西格玛项目收益指南》以及六西格玛绿带、黑带/黑带大师的资质认证等系统文件,纳入公司管理体系。

第三节 管理创新

一、"生产特区"建设

20世纪80年代后期,为解决零部件企业管理和设备落后状况,提高产品质量,推进上海桑塔纳轿车国产化。上海汽车拖拉机工业联营公司(简称上海汽拖联营公司)学习借鉴国家建设深圳经济特区的思路,决定实施"生产特区"建设。1988年6月8日,公司总经理陆吉安在召开的桑塔纳轿车国产化会议上提出,要把为桑塔纳轿车批量供货的生产班组、生产线和生产车间建成"特区",对现场管理中人、机、料、法、环诸要素进行优化组合，进行封闭式严格管理，使之成为现代化管理的样板，保质保量完成桑塔纳国产化任务。同年 7 月，该公司确定上海汽车电机厂、上海汽车电机二厂、上海延锋汽车内饰件厂、上海交通电器厂等 6 家企业进行试点。同年 9 月，颁发《建设桑塔纳轿车零部件"生产特区"试行条例》，以后又颁发《生产特区试行条例的补充规定》和《生产特区验收评分细则》等制度。

1989 年，上海汽拖联营公司确定该年为"管理年"，并把"生产特区"建设列为重要内容。同年 5 月，公司在上海实业交通电器有限公司召开"生产特区"建设现场交流会，明确要求各企业都要建设一个"生产特区"，作为促进企业管理上台阶的突破口。至同年年底，已有 40 多家工厂 47 个车间班组或生产线开始建设"生产特区"。1990 年 2 月，经过自评和复查评定，上海合金轴瓦厂一金工车间和二金工车间、上海粉末冶金厂粉末精还原车间、上海内燃机油泵厂空调压缩机装配生产组、上海活塞厂桑塔纳轿车活塞生产线、上海实业交通电器有限公司桑塔纳轿车 DL127 喇叭生产线和FTIII调节器节拍装配生产线 5 家企业的 8 个车间、班组或生产线被公司授予首批"生产特区"称号并授牌。至 1990 年 12 月，上汽总公司分 3 批授予 11 个企业的 18 个车间班组或生产线"桑塔纳生产特区"称号。至 1992 年 12 月，累计建成"生产特区"70 个，其中生产桑塔纳零部件的车间有 43 个"生产特区"，占当时 62 个桑塔纳零部件生产车间的 2/3 以上。

至 1995 年，上汽"生产特区"总数达到 152 个，为桑塔纳配套的生产车间基本都达到"生产特区"的标准。"生产特区"建设有效推动了现场管理的现代化，提升了桑塔纳轿车零部件的质量，保证了桑塔纳轿车国产化攻关，成为上汽管理创新的重要特色。上海汽车工业质量检测中心撰写的论文《"生产特区"建设在桑塔纳轿车国产化工作中的实践》获上海市企业管理现代化创新成果二等奖；1996 年，《以现场管理为重点，建立生产特区管理样板》论文获第四届中国机械行业企业管理重大创新成果奖。

1996 年，上汽按照 1995 年制定颁发的 1995 版新标准对新报或到期"生产特区"进行评审或复评，当年评审复评 39 个，1997 年评审复评 41 个。1998 年 7 月"生产特区"总数达到 169 个，上汽再次修订"生产特区"标准，按照精益生产要求，对车间布局、工艺质量控制、生产成本、人员和设备管理等方面推出新的标准，形成 1998 版新版本，当年和 1999 年按新标准评审和复评各 10 个"生产特区"。2000 年，上汽不再评审复评"生产特区"。

二、"精益求精"质量管理

20 世纪 90 年代上半期，为坚决落实上海市市长朱镕基关于上海桑塔纳轿车国产化必须确保产品质量 100％合格、绝不搞"瓜菜代"的指示，上海汽车工业总公司全力构建和推进以"精益求精"行业精神为核心理念的质量文化建设和质量管理举措，实现上海桑塔纳轿车质量达到德国大众标准的目标。

1990 年 1 月，上汽总公司总经理陆吉安在干部大会上宣布"精益求精"为上海汽车行业精神，要求从 20 世纪 90 年代第一个工作日起，在各个方面做到严格要求、一丝不苟、永无止境、攀登高峰的"精益求精"精神。自此，"精益求精"行业精神成为引领上海桑塔纳轿车国产化建设中质量管理的全员精神追求和基本工作规范。

1994 年 1 月，上汽总公司颁发《上海汽车工业总公司质量标志旗管理办法》，规定设"精益求精"杯、质量先进旗和质量稳定旗 3 个级别，质量标志旗每年按评选条件评选一次；对抽查中发现达不到质量标志旗条件的即予黄牌警告,暂停悬挂质量标志旗并限期整改,整改无效则停止使用。同月,根据1993年度质量指标和质量管理检查结果,授予13家企业第一批质量标志旗,其中上海汇众获得"精益求精杯",上海汽车齿轮总厂本部、上海汇众重型车厂、中国弹簧厂(新厂区)和上海离合器总厂本部获得质量先进旗,另有8家企业获得质量稳定旗。1994年度,上海汽车齿轮总厂获得"精益求精"杯,上海汽车齿轮总厂、上海汇众(本部)、上海纳铁福传动轴有限公司、中国弹簧厂和上海易初通用汽车空调厂获得质量先进旗,另有15家企业和7家企业分两批获得质量稳定旗。

三、精益管理

1996年以后,上汽精益生产重点围绕改善物流管理和实施准时生产展开并进入平稳发展阶段。其间,上海科尔本施密特活塞有限公司合资谈判时中外双方为厂房投资发生很大分歧,但事实证明德方节俭投资的意见合理正确。此事引发上汽高层认识到:精益理念只有突破狭义的生产加工领域,向生产的广度和深度拓展,覆盖与生产相关的精益规划、精益投资、精益采购、精益销售等各个领域,才能获得最大的经济效益,公司决定把精益生产提升到精益管理层面全面推进,上汽重要的管理创新方式由此产生。

1996年,上汽"九五"发展规划会议提出"少搞土建、少投设备、多用国产、两头在外中间在内和实行三班制"等要求,精益理念开始进入规划和投资领域。上海纳铁福传动轴有限公司在以往工程项目建设精打细算的基础上,把精益贯穿于等速万向节第四期工程的规划、论证、审核、实施的全过程,形成新的精益投资的经验。与此同时,精益理念开始覆盖采购领域。1995年年初,上汽推出精益采购新举措,将企业分散向钢厂订货的方式变为由上海汽车工业销售总公司(简称上汽销售)"集中订货、一头结算、企业收货"的精益方式,取得明显成效。至同年4月底,钢材库存从1994年年末的8 300吨降至1 000吨,压缩资金3 200万元,每月减少利息支出30万元;压缩钢材库存资金1个亿,每月节约利息支出90万元。至当年年底,上汽销售为集团17家企业节约采购成本858万元。1996年,上海通用汽车项目筹建期间,更是引进实施WWP全球采购的精益采购先进方式取得良好成效。上汽销售确立精益销售的核心理念,改革营销体制和网络,建立地区分销中心,淘汰不合格经销商,培育特许经销商,实行直销制和要货制,精益管理开始覆盖汽车销售领域收效显著,1996—1998年3年桑塔纳轿车销售66.5万辆,超过前13年销量总和,但贷款额从几十亿元降至几亿元,应收账款减少6亿元,1999年现金流量同比增加40%。此外,上海汽车齿轮总厂运用精益管理理念,全面推行合理配置企业财、物、产、供、销等制造资源的MRP 2制造资源计划,产生明显效益,1998年该厂在产品增长的情况下,库存资金从1.66亿元降至1.38亿元,减少2 700多万元。

在各企业从各个领域实施精益管理的基础上,上汽经济运行部立项研究制定《精益管理评价体系》,1998年6月形成初稿,经试评修改,到1999年年中定稿并开始实施。《精益管理评价体系》较之原有的《生产特区标准》实现3个转变,即从生产优化转变到整体优化、从事后分析转变到事前诊断、从重指标控制转变到重过程控制。1999年10月,上汽召开精益管理推进大会,总裁胡茂元讲话指出,精益管理是精益生产的深化和延伸,必须建立企业预警机制,实施评价体系实际上就是落实这种预警机制。大会印发由经济运行部、宣传部会同党委办公室、政策研究室编写的集成企业这项管理创新成果的《精益管理经验与实例》。2000年,上汽终止生产特区的评审,由《精益管理评价体系》取而代之,评审牵头部门也由技术质量部转变为经济运行部。

《精益管理评价体系》实施后,得到全国汽车行业的肯定。2001年,上汽在中国汽车工业协会企业管理委员会工作年会上作专题演讲。2002 年,中国汽车工业协会在南京举办精益管理培训班,上汽《精益管理评价体系》成为培训教材。同年,上汽董事长陈祥麟在上海工业党委于上汽召开的企业文化建设现场会发言,并把精益文化归纳为上汽文化的四大特点之一。

四、一体化管理

1998 年上海通用汽车项目建设中,上汽集团副总裁兼上海通用汽车项目总经理胡茂元借鉴美国通用汽车"一体化"管理经验,提出非核心业务社会化专业化管理并一步实施到位的要求。至2000 年,上海通用汽车对非核心业务包括化学品、刀具、检量具、零部件物流、一般仓库、公用动力、保洁服务等生产、办公、生活后勤等 20 个管理项目均实施外包,称之为"一体化管理",达到提高质量、降低成本、保证经济高效运行的效果。

2001 年,上汽根据国际制造业发展趋势和上海通用汽车经验,提出"精干主业、多元经营"的思路,把推行非核心业务外包的"一体化管理"作为提升公司核心竞争力的战略措施。同年 3 月,"一体化管理"正式启动,公司成立副总裁沈建华负责的领导小组,由经济运行部牵头,规划部、人力资源部、监察室和审计室等部室参与,制订推进计划,明确在大宗物资和办公用品采购以及后勤服务等方面实行"一体化管理",并建立电子采购平台。随后,经济运行部与上海汽车工业开发发展公司(简称上汽开发)、上海汽车信息产业投资有限公司组织调研。同年 6 月,公司召开"一体化管理"推进会,推介上海通用汽车"一体化管理"经验,并进行工作部署。2002 年 6 月,网上集中采购电子平台建成并试运行。10 月,6 家试点企业启动运行,并构建网上集中采购平台,包括上汽物资公司的钢材集中采购,上汽开发下属开联公司的劳防用品和办公用品及工业油品等集中管理,之后又拓展建立物流平台、计量检测平台、后勤服务平台等。同时,上汽将"一体化管理"纳入精益管理评价体系,推动该项工作的设施。

2003 年,上汽下属零部件企业 95% 的各类钢材和 100% 的劳防用品纳入"一体化"集中采购,2004 年节约钢材采购费用 2 000 万元。开联公司对集团下属企业的劳防、办公、生活等用品及五金辅料实行网上订货,集中统一配送,当年营业额超过 2 200 万元。负责钢材集中采购的安悦物资公司 2002 年采购 11 万吨、营业收入 5.8 亿元,2010 年采购超过 100 万吨、营业收入上升到 80 亿元。零部件企业以往分散向上海大众汽车送货,占用运输车辆多达 550 辆,物流平台建成后整车和零部件物流集中由安吉天地物流公司承担,仅需 120 辆厢式专用车,整车厂和零部件供应商仓库投资因此减少 70%。2005 年,上汽"一体化管理"成果获第十一届国家级企业管理创新一等奖。

五、用户满意工程

【启动】

2000 年 12 月,上汽集团总裁胡茂元在干部大会上宣布 SAIC 价值观和确保价值观践行运作的四大工程,并明确"满足用户需求"和"用户满意工程"分别为"第一理念"和"一号工程"。2001 年 1月 24 日春节初一,上海市政府信访办致电上汽集团值班室,告知秦皇岛用户刘瑞和新购帕萨特轿车玻璃爆裂急需调换的问题,此事虽经上海大众汽车紧急协调于年初四得以解决,但是节后该用户致信上汽集团,诉说购车后因服务问题带来的烦恼。该信在公司引起强烈震动,董事长陈祥麟、总裁胡茂元和党委副书记陈忠德分别作出批示,要求追根调查、剖析原因、举一反三、坚决整改。

2001 年 2 月初,上汽党政讨论决定抓住用户来信契机,立即启动用户满意工程;决定成立用户满意工程领导小组,由先后任集团负责产品销售的副总裁陈志鑫和肖国普任组长,先后任党委副书记的陈忠德和周郎辉等任副组长,集团经济运行、技术质量、人力资源等行政部室,宣传、组织和工会等党群部门以及上海大众汽车、上海通用汽车、上汽大众汽车销售有限公司(简称上汽大众销售)等公司负责人参加,领导小组下设分别负责宣传培训、产品质量改进和市场反应服务改进 3 个工作小组。同月 12 日,上汽党政下发《关于实施和推进用户满意工程的工作意见》。明确用户满意工程的工作目标、组织领导、工作重点和工作要求。同月 27 日,召开以用户满意工程为主题的三届四次职代会,陈祥麟、胡茂元作动员,陈忠德作部署,职工代表向集团全体员工发出"立即行动起来,积极投身用户满意工程"的倡议书,用户满意工程全面启动。

【推进】

2001 年上半年,上汽通过加强宣传发动、举办全员培训、召开以用户满意工程为主题的营销工作会议、开展为 9 500 辆桑塔纳轿车免费检查的"99 新秀"春季服务活动、公司领导带队走访国内市场访问用户等措施,实施用户满意工程。特别是上海大众汽车充分发动员工,创造性开展"找自己的用户、找用户不满意的地方、找让用户满意的措施"的群众性"三找"活动,构筑企业内部用户链,找出内部用户部门的问题 5 000 多个,解决率超过 80%,有效提高质量、降低成本、改善服务,让市场和购车用户满意。同年 6 月,胡茂元在半年度干部大会讲话提出用户满意工程要围绕"让用户放心、使用户称心、以用户为中心"的"三心"要求,继续深入推进形成长效机制。同年 7 月,公司制定下发《关于进一步加强质量工作若干问题的决定》《质量监督与考核管理办法》《重大质量事故报告及责任追究制度》(试行)等制度,强化质量管理。同月,公司在上海大众汽车召开用户满意工程现场交流会,推广"三找"活动新鲜经验,引起强烈反响。会后,各单位广泛开展群众性"三找"活动,用户满意工程形成高潮,据不完全统计,当年上汽各单位员工找出用户不满意问题 24 700 多个,列入整改 14 600 多个,当年解决或正在解决 8 600 多个。同年 8 月,上海大众汽车召开经销商维修站用户满意工程推进会,服务开始覆盖营销服务网络。9 月,公司以用户满意工程为主题召开质量月动员大会,提出创造世界级质量品牌的目标和"质量是用户满意的基石"的理念,进一步将活动推向深入。

【成效】

2001 年,上汽将用户满意工程作为"生命工程"取得明显成效。主要表现在:满足用户需求的价值理念逐步深入人心,同年 12 月经调研统计,80% 的员工认识到该价值理念是"全体员工共同的价值追求和行为准则";产品开发和改进的速度明显加快,当年先后推出世纪新秀、桑塔纳 200GPII、帕萨特 1.8T 和 2.6LV6、别克 GL8 新版、赛欧三厢和二厢等近 10 种改进产品和新产品,创下历年之最;产品质量稳定提高,上海市级以上产品质量抽查 100% 合格,桑塔纳 B2 和 2000 型轿车 12 个月故障率分别下降 26% 和 40%,帕萨特轿车 3 个月故障率下降 30%,别克轿车国产零部件 PPM 值从 502 降至 115;服务质量不断改进,经 JDPower 评估,上海通用汽车用户满意指数和销售满意指数分列全国同行第一和第二,同年 9 月,上汽大众销售、上海大众汽车和上海通用汽车分别获得全国汽车行业唯一一家用户满意工程先进单位、全国质量管理奖和全国用户满意单位等称号;轿车销售实现新突破,全年产销迈上 30 万辆新台阶,国内市场占有率 43.57%,比 2000 年提高2.23%。

【深化】

2001年是上汽用户满意工程启动之年,之后上汽年年抓深化抓推进,至2007年累计召开10次用户满意工程大会,包括2002年2月和9月的2次,2003—2005年每年3月和9月的6次,2007年2月和8月的2次。每次大会均凸显主题,把用户满意工程与质量月活动、人人成为"经营者"管理创新活动、降本增效活动和自主品牌建设结合起来,主要领导讲话动员,用户满意工程领导小组总结部署,上海市工业党委书记吴明、上海市技术质量监督局局长钱仲裴和上海市工业党委副书记姚春海、上海市经济委员会副主任俞国生等分别参加会议并讲话。上海大众汽车、上海通用汽车、上汽大众销售、上海申沃客车有限公司、延锋伟世通汽车饰件系统有限公司、上汽变速器有限公司、上海科尔本施密特活塞有限公司、上海小糸车灯有限公司、上汽销售、上海法雷奥、泛亚技术中心、上海三电贝洱汽车空调有限公司、上海粉末冶金有限公司、上海汽车集团股份有限公司乘用车分公司、上海皮尔博格有色零部件有限公司等一批单位交流发言。会议还邀请上海巴士宏华贸易有限公司、湖南申湘汽车销售公司、解放军总装备部驻上海总代表等用户、经销商和大用户代表参会提意见建议,促进上汽用户满意工程。2004年,上汽集团被评为全国质量管理先进企业、全国用户满意工程先进单位和全国质量效益型先进企业特别奖。至2010年,上海大众汽车、上海通用汽车、上汽大众销售等一批企业和产品获得用户满意工程先进单位或用户满意产品等称号。用户满意工程成为上汽集团质量管理和质量文化的主要特征和重要组成部分。

六、人人成为"经营者"管理模式

【上海易通创建实施】

1997年,面对市场竞争日益激烈和关税持续下降的严峻挑战,上海易初通用机器有限公司(简称上海易通)总经理赵凤高开始创建旨在降低成本、提高产品竞争力的人人成为"经营者"管理模式。该模式的内涵和特征是:以人为本、虚拟经营;把市场经济法则引入企业内部,将员工最大限度按照业务特点、岗位性质、工序关联和协作关系划分为最小独立核算单位即经营体;在经营体之间建立买卖、服务、契约三种带有市场特性的交换关系;将企业内部与经营管理相关的各种资源进行货币量化,构建内部交易结算价格体系,形成企业内部虚拟市场;应用"经营者"计算机管理系统建立以内部市场经营收益和管理项考核收益为主的经营体收入分配机制和长效激励机制。

在企业党委支持协同下,至1999年上海易通"经营者"管理经过3个阶段。1997年年底—1998年3月为准备阶段,企业成立赵凤高和党委书记孙兰钧牵头的领导小组开始各项准备,包括进行思想发动;将设备、房屋、库存物资、能源和人力五类资源,按照谁使用谁担责原则,确定各经营体对相关资源使用权和利益及其责任义务;建立企业内部市场化价格体系、制订经营方案建立考核体系。1998年4—8月为试点阶段,选择空调厂前盖皮带轮和支架两个生产班组进行试点,取得成功后向其他一线班组全面试行,计量、运输、机修等生产辅助服务岗位开始试行,8月整个企业完成IC卡综合管理系统硬件建设,该卡具备身份识别、权限控制、费用结算、数据传递等功能。1998年年底—1999年为推开阶段,在生产班组和生产辅助岗位取得成功后,逐步推行至物资流通、技术和管理等岗位。至该年12月,生产领料、生产成本、生产计划、采购、销售、库存、财务、人力等16个计算机模块全面投入运转。2001年,高文华接任企业总经理后,继续深化推进"经营者"管理。

1998年开始,上海易通连续5年成本下降8%～10%。2002年,汽车空调压缩机成效超过100万台,销售收入突破12亿元,位居国内同行第1名和世界同行第10名,企业成为国内最具竞争力的空调压缩机制造企业。

1999年,该企业《建立人人成为"经营者"管理模式的实践和探索》课题被评为上海市企业优秀管理成果一等奖。2000年6月和8月,中共上海市委常委、副市长蒋以任和中共上海市委常委、市委组织部部长罗世谦先后到企业调研,肯定"经营者"管理为企业管理科学化提供成功经验。同年10月,中央组织部副部长赵宗鼐带领全国厂务公开调研检查组到上海易通检查指导,认为"经营者"管理具有创造性,代表厂务公开的高级形式和发展方向。同月,该模式获第七届中国机械行业企业管理现代化创新成果奖。2001年1月,该模式以《全员精细量化的核算与管理》为题,获全国第七届企业管理现代化创新成果二等奖。2003年3月,获中国机械行业企业管理现代化创新成果二等奖。

【上汽推介表彰】

1998年,上汽集团开始关注并肯定"经营者"管理模式。公司党委书记林树楠和党委副书记陈忠德提出要跟踪学习和总结"经营者"管理经验,公司党委办公室、宣传部为此到上海易通进行专题调研。

2000年,上汽集团开展"应对WTO挑战,实施全球化战略"大讨论,要求可比产品成本每年下降5%,确保成本竞争力在中国加入世贸组织5年保护期内达到或接近国际先进水平。同年6月,公司召开降本增效大会,首次推介"经营者"管理模式,总裁胡茂元提出要扎扎实实学习推广,使之成为应对WTO挑战、推动降本增效工作的具体措施,并要求由集团财务总监朱根林牵头、公司经济运行部和宣传部等组成联合课题组进行专题调研和宣传推介。调研组经过调研形成《上汽集团易通公司"人人成为'经营者'"管理模式调研报告》,系统总结"经营者"管理模式的内涵精髓、基本框架、主要特征和推进方法,该调研报告被评为中国第七届企业管理现代化创新成果二等奖。同时,调研组在公司范围内举办两期培训班,统一思想、学习经验,开始在面上单位进行推广。2001年1月,鉴于赵凤高对"经营者"管理模式创新作出的贡献,上汽集团颁布首个嘉奖令,奖励其帕萨特轿车一辆。

【上海汽车股份有限公司全面推广】

2001年10月,赵凤高和上汽集团党委办公室主任薛建分别调任上海汽车股份有限公司(简称上海汽车)总经理和党委书记,上汽集团董事长、党委书记陈祥麟向他们提出"经营者"管理模式在上海汽车试点推广开花结果的要求。

上海汽车是一个由多家企业多种产品组成有6 000多名员工的上市公司。赵凤高与薛建密切合作,以全面提高企业核心竞争力为目标,制订"经营者"管理"三年三步走"的滚动推进计划:第一年抓试点、以点带面,第二年抓推广、由点到面,第三年抓提高、全面深化。经过努力,"经营者"管理在该公司所属汽车齿轮总厂、中国弹簧厂、上海粉末冶金厂、上海汽车配件厂等企业普遍推行、全面开花,经济效益显著增长。其中上海粉末冶金厂曾是一家连年亏损的困难企业,2001年亏损784万元,2002年亏损3 312万元。2003年年初并入上海汽车后,厂长倪冠曹根据公司要求,全面导入"经营者"管理模式,当年扭亏为盈,实现利润1 109万元,净资产收益率达到43%。

【上汽整体推进】

2005年,上汽决定进一步加大"经营者"管理推进力度。同年3月,召开用户满意工程大会,董事长、党委书记胡茂元发表讲话,要求把"经营者"管理作为党委工作"一把伞",纲举目张带动各项工作。同年7月,公司党政联合下发《关于深入推进人人成为"经营者"活动的指导意见》,并成立领导小组。领导小组提出"星火燎原"计划,在14家企业进行试点。

2008年,"经营者"管理模式进入集团层面整体推进新阶段。年初,上汽成立新的"经营者"管理领导小组,由上汽集团纪委书记、工会主席吴诗仲任组长,上海汽车集团股份有限公司(简称上海汽车)副总裁肖国普、上汽集团财务总监朱根林任副组长,以后充实上海汽车副总裁周郎辉为副组长,领导小组还包括上汽集团党委副书记薛建。领导小组下设负责推广协调的"经营者"管理推进办公室(简称推进办)。同时,各企业成立党政主要领导任组长的"经营者"管理领导小组。推进办在总结经验基础上,提出"经营者"管理模式的划分经营体、资源量化、内部价格体系、计算机结算方式、收入与经营绩效挂钩"五到位"标准和工作法,构成"经营者"管理在整体推进中的主体框架。同年3月,上汽召开人人成为"经营者"管理模式推进大会,吴诗仲总结部署,胡茂元讲话提出"思想要坚定、领导要坚强、行动要坚决、基础要坚实"的要求,上海三电贝洱汽车空调有限公司、上汽变速器有限公司、上海粉末冶金厂和上海大众联合发展公司被命名为"经营者"管理模式第一批示范单位,大会成为"经营者"管理整体推进正式启动的标志。

2008—2009年,"经营者"管理整体推进重点抓国有企业先行和零部件企业主营业务生产制造领域先行2个突破口,集团70%的国有企业基本达到"五到位"标准。同时,上海汽车信息产业投资有限公司开发的《上汽"经营者"计算机管理系统》上线运行并不断优化;推进办和企业制定实施《上汽"经营者"管理工作评审办法》《人人成为"经营者"管理模式管理条例》《经营体管理实施细则》《经营体登记管理办法》《经营体负责人招聘办法》《经营体内部价格管理办法》《经营体收入、成本费用核算办法》《"经营者"计算机系统管理办法》等一系列规定制度,保证推进实施。

至2010年年底,上汽"经营者"管理开展企业达58家,零部件企业推行面达90%以上;建立经营体2 300多个,员工参加近5.5万人,其中劳务工近2.1万人,整体推进取得成效。

【中国机械行业面上推广】

2000年7月和9月,中国机械工业企业联合会和中国机械行业企业管理协会举办两期"经营者"管理创新研讨班。同年8月,中国企业联合会现代化工作委员会召开"经营者"管理模式专家论证会,认定该模式整体架构科学有新意,管理方法先进可操作,切实可行效果明显,值得推广。同年9月,上海市工业党委和市经委举行"经营者"管理模式咨询研讨会,肯定该模式是中国企业管理革命,是邯钢经验深化,代表企业改革潮流。2003年9月,中机联和中机企协召开全国机械行业人人成为"经营者"管理模式推介会,发布《在全行业全面推广人人成为"经营者"管理模式的决定》和《授予赵凤高同志机械工业企业经营管理大师的决定》。

2010年9月,工业和信息化部(简称工信部)装备工业司李巍副司长带领中国机电工业价格协会、中国机械工业企业联合会和上海市经济和信息化委员会装备产业处组成的调研组,到上汽调研人人成为"经营者"管理模式推进情况,研究在全国机械行业推广该模式的必要性和可行性。李巍肯定"经营者"管理模式是一场管理革命,希望上汽加强理论研究、总结经验,使之成为邯钢经验之后的上汽经验,以便全国机械行业推广。调研组回京后,拟定推广方案并经工信部部长苗圩和副部长苏波批准后,由工信部牵头,中国机械工业联合会、中国机械工业企业管理协会、中国机电工业价格协会和上汽集团参与,开始全国机械行业推广筹备工作。

表 3‐11‐1　1996—2010 年上汽获国家级企业管理现代化创新成果奖一览表

序号	成 果 名 称	单 位	年份	一等奖	二等奖	三等奖
1	管理与技术同步发展的集约经营	汽车齿轮总厂	1996	√	—	—
2	企业集团财务公司金融功能的运作与管理	上汽财务	1998	—	√	—
3	全员精细量化的核算与管理	上海易初通用	2000		√	
4	企业集团的精益管理评价体系	上汽经济运行部	2001		√	
5	基于"用户满意"的汽车营销管理	上海大众汽车	2002		√	
6	"用户链管理"模式的创建和运作	上海大众汽车	2003		√	
7	集团非核心业务重组与一体化外包管理	上汽经济运行部	2004	√		
8	汽车合资企业自主开发体系的构建与管理	上海大众汽车	2004		√	
9	全过程自主开发体系,企业发展强力引擎	上海小糸车灯	2005	√		
10	空调生产企业专利工作体系的构建	上海三电贝洱	2005		√	
11	汽车物流企业智能化运营管理体系建设	安吉物流	2006	√		
12	汽车制造企业标准生产系统的构建与实施	上海大众汽车	2007		√	
13	提升自主创新能力的标准领先战略管理	上海三电贝洱	2008		√	
14	整车物流企业的基地化管理	安吉物流	2008		√	
15	大型汽车企业市场评价的全面质量管理	上海大众汽车	2010	√	—	—

资料来源:上海汽车集团股份有限公司质量和经济运行部

表 3‐11‐2　1996—2010 年上汽获中国机械行业企业管理现代化创新成果奖一览表

序号	成 果 名 称	单 位	年份	一等奖	二等奖	三等奖
1	以现场管理为重点,建立"生产特区"	质监中心	1996	√	—	—
2	构建人才资源高地,支撑第一支柱产业	培训中心	1996		√	
3	"零缺陷"——追求更高的质量目标	上海汇众	1996		√	
4	上海桑塔纳轿车营销网络的建设与管理	上汽销售	1997	√		
5	用户满意工程	上海易初通用	1997	√		
6	金融功能的实践与效果	上汽财务	1997		√	
7	实施人本管理,培育企业文化	汽车齿轮总厂	1997		√	
8	降本增效目标管理的探索与实践	上海拖内	1997		√	
9	"六不准"工作法	汽车齿轮总厂	1998	√		
10	探索裁减冗员与开发人力资源　实施再就业的结合点	上海拖内	1998		√	
11	小组工作法的拓展及应用	上海大众汽车	1998		√	
12	建立人人成为"经营者"管理模式的实践	上海易初通用	1999	√		
13	MRPII 在我公司的实施和应用	上海汇众	1999		√	

〔续表〕

序号	成 果 名 称	单 位	年份	一等奖	二等奖	三等奖
14	企业产品结构调整的实践	上实交通	1999	—	√	—
15	预防性管理	上海乾通	1999	—	√	—
16	推行精益思想　实施管理评价提升竞争	上汽经济运行部	1999	√	—	—
17	现代企业教育培训机制的创新与实践	培训中心	2001	—	√	—
18	"生产岛"在生产管理中的运用	上海采埃孚	2001	—	√	—
19	创建学习型组织的探索与实践	上海汇众	2001	—	√	—
20	基于用户研究的满意度管理	上海大众汽车	2001	—	√	—
21	采购管理效能监察的实践与探索	上汽监察室	2001	—	√	—
22	费用中心运作模式	汽车齿轮总厂	2001	—	—	√
23	企业物流链的整合与实践	汽车齿轮总厂	2001	—	—	√
24	"用户链管理"的创建与运作	上海大众汽车	2002	√	—	—
25	基于"用户满意"的汽车营销管理	上海大众汽车	2002	√	—	—
26	构筑上汽数字神经系统　推进信息化建设	上汽信息	2002	√	—	—
27	以凝聚和激励为核心的人力资源管理	延锋伟世通	2002	—	√	—
28	"用户满意工程"测评和监控体系	上海易初通用	2002	—	√	—
29	信息化的排序生产和即时供货	延锋江森	2003	√	—	—
30	"四合一标准"综合考评体系	汽车齿轮总厂	2003	√	—	—
31	基于核心竞争力的职业体系再造	上汽人力资源部	2003	√	—	—
32	顾客关系管理的运用	上海通用汽车	2003	√	—	—
33	产品开发管理流程重组	上海大众汽车	2003	√	—	—
34	营销网络的整合创新管理	上海大众汽车	2003	√	—	—
35	构建特大型企业集团办公自动化系统	上汽信息	2003	—	√	—
36	追求卓越的文化战略	延锋汽车饰件	2003	—	√	—
37	企业专利管理工作体系建设与实施	上海三电贝洱	2004	√	—	—
38	及时化排序供货管理	上海博泽	2004	—	√	—
39	借助流程分析　整合管理体系	延锋伟世通	2005	√	—	—
40	运用价值工程思想提升产品价值	泛亚技术中心	2005	—	√	—
41	提升自主开发能力汽车内饰系统集成开发战略	泛亚技术中心	2006	—	√	—
42	提升汽车开发能力的数字化战略	泛亚技术中心	2006	—	√	—
43	自主开发体系的建设与实施	上海大众汽车	2006	—	√	—
44	实施制造执行系统,打造实时化企业	上海采埃孚	2006	—	√	—
45	建立与实施规范的产品开发系统	延锋伟世通	2006	—	√	—
46	构建高科技人才开发管理体系实践与创新	上汽人力资源部	2007	√	—	—

〔续表〕

序号	成　果　名　称	单　位	年份	一等奖	二等奖	三等奖
47	依托信息化平台构建人性化售后服务体系	上海大众汽车	2008	√	—	—
48	汽车电控单元在线刷新的信息化平台	上海通用汽车	2009	√	—	—
49	产品研发质量的持续改善战略与实践	泛亚技术中心	2009	√	—	—
50	自主开发车型的项目管理体系构建与实践	上海大众汽车	2009	√	—	—
51	汽车业现场物流精益管理系统	上海通用汽车	2009	—	√	—
52	自主开发的制造执行系统(MES)	延锋伟世通	2009	—	√	—
53	汽车配件包的营销实践	上海大众汽车	2009	—	√	—
54	管理流程IT化的实践	延锋百利得	2009	—	√	—
55	提升自主研发能力为目标人力资源建设	泛亚技术中心	2009	—	√	—
56	集团文化的跨地融合与建设	上汽培训中心	2010	√	—	—
57	工业园区供应商供货质量管理实践	汽车齿轮总厂	2010	√	—	—
58	从优秀到卓越的产品生产质量管理	上海大众汽车	2010	√	—	—
59	进阶性设计评审管理技术体系建设与实施	上海大众汽车	2010	√	—	—
60	汽车零部件企业供应链信息化创新实践	上海小糸车灯	2010	—	√	—
61	企业规避投资风险管理实践	汽车齿轮总厂	2010	—	√	—
62	企业内控信息系统化管理实践	上海大众汽车	2010	—	√	—
63	信息化技术推动产品研发创新的实践	上海小糸车灯	2010	—	√	—
64	产品质量防错管理	延锋金桥	2010	—	√	—
65	合资企业"一面旗帜"发展战略构筑实施	上海纳铁福	2010	—	√	—
66	全球化多平台内饰系统自主开发管理体系构建	泛亚技术中心	2010	—	√	—
67	汽车饰件企业的节能降耗管理	延锋伟世通	2010	—	√	—

资料来源：上海汽车集团股份有限公司质量和经济运行部

表3‐11‐3　1994—2015年上汽获上海市企业管理现代化创新成果奖一览表

序号	成　果　名　称	单　位	年份	一等奖	二等奖	三等奖
1	"零缺陷"——追求更高的质量目标	上海汇众	1994	—	√	—
2	集约经营管理的探索与实践	汽车齿轮总厂	1995	√	—	—
3	"生产特区"建设在桑塔纳国产化中实践	上汽质检中心	1995	—	√	—
4	构建人才资源高地,支撑第一支柱产业	上汽培训中心	1995	—	√	—
5	实行"零缺陷",创造更大效益	上海汇众	1995	—	√	—
6	企业集团金融功能的实践与效果	上汽财务	1996	√	—	—
7	KVP2改善管理微循环入手全员优化活动	上海大众汽车	1996	—	√	—
8	实施人本管理,培育企业文化	汽车齿轮总厂	1996	—	√	—

〔续表〕

序号	成 果 名 称	单 位	年份	一等奖	二等奖	三等奖
9	推广JIT,优化物流管理	上海大众汽车	1996	—	✓	—
10	TEAM工作法发挥企业员工潜在能力法宝	上海乾通	1996	—	—	✓
11	加大质量工作力度,实施量化质量考核	上汽质检中心	1996	—	—	✓
12	上海桑塔纳轿车营销网络的建设与管理	上汽销售	1997	✓	—	—
13	MRPII(制造资源计划)实践与应用	汽车齿轮总厂	1997	—	✓	—
14	建立企业特色质量体系	汽车齿轮总厂	1997	—	✓	—
15	"用户满意工程"的探索与实践	上海易初通用	1997	—	✓	—
16	降本增效目标管理的探索与实践	上海拖内	1997	—	—	✓
17	效能监察的建立和运用	上汽监察室	1997	—	—	✓
18	人人成为"经营者"管理模式实践探索	上海易初通用	1999	✓	—	—
19	MRPII(制造资源计划)实施和应用	上海汇众	1999	—	✓	—
20	精简高效,快速反应的生产管理系统	上海大众汽车	1999	—	—	✓
21	企业产品结构调整的实践	上实交通	1999	—	—	✓
22	从被动管理到预防性管理的实践与探索	上海乾通	1999	—	—	✓
23	运用"一体化管理"模式优化非核心业务	上海通用汽车	2000	✓	—	—
24	探索QPN在新零件开发过程中的运用	上海大众汽车	2000	—	✓	—
25	MRPII管理系统实践	延锋伟世通	2000	—	✓	—
26	构筑体系化运作集团管理模式	上汽经济运行部	2001	✓	—	—
27	采购管理效能监察的实践与探索	上汽监察室	2001	✓	—	—
28	在市场机制下,激励科技原动力	上海易初通用	2001	—	✓	—
29	现代企业教育培训机制的创新与实践	上汽培训中心	2001	—	✓	—
30	基于用户研究的满意度管理	上海大众汽车	2001	—	✓	—
31	创建学习型组织的探索与实践	上海汇众	2001	—	✓	—
32	"生产岛"在生产管理中的运用	上海采埃孚	2001	—	—	✓
33	项目管理在新产品开发中的运用	上海法雷奥电器	2001	—	—	✓
34	企业物流链的整合与实践	汽车齿轮总厂	2001	—	—	✓
35	矩阵管理模式的实践	延锋伟世通饰件	2001	—	—	✓
36	费用中心运作模式	汽车齿轮总厂	2001	—	—	✓
37	运用MRP改善和提升生产计划物流控制	上海离合器	2001	—	—	✓
38	推行自然工作小组活动,完善以人为本管理机制	延锋伟世通	2001	—	—	✓
39	基于"用户满意"的汽车营销管理	上海大众汽车	2002	✓	—	—
40	构筑上汽数字神经系统　e化"四大工程"	上汽信息	2002	—	✓	—
41	实施"用户满意工程"测评和监控体系	上海易初通用	2002	—	✓	—

〔续表〕

序号	成 果 名 称	单 位	年份	一等奖	二等奖	三等奖
42	"用户链管理"模式的创建和运作	上海大众汽车	2002	—	√	—
43	预备管理人才"评价中心"运作实践	上海大众汽车	2002	—	√	—
44	以凝聚和激励为核心的人力资源管理	延锋伟世通饰件	2002	—	√	—
45	标准化——对上汽大众售后服务组织的再造	上海大众汽车	2002	—	√	—
46	信息系统成为企业管理现代化的坚实保障	上海大众汽车	2002	—	—	√
47	推行成本中心模式 实现产品扭亏增盈	上海法雷奥电器	2002	—	—	√
48	业绩档案管理——人力资源管理中的新实践	上海采埃孚	2002	—	—	√
49	运用采购信息管理实现企业效益最大化	上海皮尔博格	2002	—	—	√
50	员工绩效评价与职业发展管理体系	联合电子	2002	—	—	√
51	行政性和市场化相结合的资产重组	上实交通	2002	—	—	√
52	探讨 QC 在攻关现场技术课题中的运用	上海小糸车灯	2002	—	—	√
53	MAXMO 资产管理系统的开发和实施	上海汇众	2002	—	—	√
54	计量管理社会化服务探讨	上汽技术中心	2002	—	—	√
55	检测机构设备资源精益配置租赁新模式	上汽技术中心	2002	—	—	√
56	第三方物流信息系统管理	上汽销售	2002	—	—	√
57	用 CRM 架起与顾客间沟通的桥梁	上海通用汽车	2003	√	—	—
58	产品管理流程重组	上海大众汽车	2003	—	√	—
59	构建特大型企业集团信息平台	上汽信息	2003	—	√	—
60	追求卓越的文化战略	延锋伟世通饰件	2003	—	√	—
61	信息化的排序生产和即时供货	延锋江森	2003	—	√	—
62	汽车产品开发项目"绿十字"管理方法	泛亚技术中心	2003	—	√	—
63	营销网络的整合、完善与创新	上汽大众汽车	2003	—	√	—
64	推动全方位服务的客户服务中心	上汽大众汽车	2003	—	√	—
65	自主开发劈新路	上海通用汽车	2003	—	√	—
66	人机工程技术及 PTS 在企业实践和应用	上海汇众	2003	—	√	—
67	生产管理中工票电子分析系统实施和应用	上海采埃孚	2003	—	√	—
68	"四合一标准"与管理创新实践	汽车齿轮总厂	2003	—	√	—
69	质量管理系统	上海大众汽车	2003	—	—	√
70	电子化的文件管理系统	上海大众汽车	2003	—	—	√
71	实施业务流程再造,拓展企业降本空间	上实交通	2003	—	—	√
72	汽车经销商管理体系审核的改进	上海大众汽车	2003	—	—	√
73	多品种生产条件下"精益生产"的实践	汽齿总厂	2003	—	—	√
74	CIP 持续改进	联合电子	2003	—	—	√

〔续表〕

序号	成 果 名 称	单 位	年份	一等奖	二等奖	三等奖
75	非核心业务重组优化战略与实施	上汽经济运行部	2004	✓	—	—
76	上海大众自主开发体系建设	上海大众汽车	2004	✓	—	—
77	波罗轿车及时化排序生产结合 IT 管理	上实博泽	2004	—	✓	—
78	创建"致强文化" 实施快速发展	上实交通	2004	—	✓	—
79	供应商整体化战略的实施	上海法雷奥电器	2004	—	✓	—
80	零缺陷质量过程控制	上海大众汽车	2004	—	✓	—
81	企业知识财产权工作体系	上海三电贝洱	2004	—	✓	—
82	"一个平台"的中外合作战略	延锋伟世通	2004	—	✓	—
83	企业内部市场化价格管理	上海三电贝洱	2004	—	—	✓
84	全方位的岗位管理模式——立体岗	上海大众汽车	2004	—	—	✓
85	实施企业重组改制 促进企业全面发展	中国弹簧	2004	—	—	✓
86	创新资金管理体系 增加企业核心竞争力	上海申沃客车	2004	—	—	✓
87	汽车分流分供方信息管理系统	安吉天地物流	2004	—	—	✓
88	全过程自主开发体系企业发展的强力引擎	上海小糸车灯	2005	✓	—	—
89	特色精益生产实践 SGM - GMS	上海通用汽车	2005	—	✓	—
90	循环取料项目在上海通用汽车的实践	上海通用汽车	2005	—	✓	—
91	实施企业文化战略,推动企业新一轮发展	上海大众汽车	2005	—	✓	—
92	汽车零部件国产化管理流程变革	上海大众汽车	2005	—	✓	—
93	企业持续改善管理体系的建设和实践	上海小糸车灯	2005	—	✓	—
94	整合多项管理体系,全面提升经营质量	延锋汽车饰件	2005	—	✓	—
95	价值工程方法应用实践	泛亚技术中心	2005	—	✓	—
96	整合供应链,实施模块供货	延锋伟世通	2005	—	—	✓
97	供应商现场管理能力提升项目	延锋伟世通	2005	—	—	✓
98	五大中心管理模式	汽车齿轮总厂	2005	—	—	✓
99	汽车大集团信息资源集成整合及流程管理	上汽工程院	2005	—	—	✓
100	以提高企业质量管理为目标的信息化工程	上海汇众	2005	—	—	✓
101	应用 AAQ 报价系统争取市场竞争主动权	申雅密封件	2005	—	—	✓
102	汽车生产企业跨地域一体化经营管理——东岳汽车生产体系的建立和发展	上海通用汽车	2006	✓	—	—
103	汽车内饰工程系统集成开发	泛亚技术中心	2006	—	✓	—
104	实施企业数字化展览,提升汽车开发能力	泛亚技术中心	2006	—	✓	—
105	建立与实施规范的产品开发系统	延锋伟世通	2006	—	✓	—
106	制造执行系统打造实时化企业	上海采埃孚	2006	—	✓	—

〔续表〕

序号	成　果　名　称	单　位	年份	一等奖	二等奖	三等奖
107	上海大众自主开发体系的创新效应	上海大众汽车	2006	—	√	—
108	整合资源,打造滚装码头一体化服务能力	海通码头	2006	—	—	√
109	推进出口项目管理,提升企业品牌	中国弹簧	2006	—	—	√
110	质量管理中卓越绩效与满足用户需求模式的建立	汽车齿轮总厂	2006	—	—	√
111	国企卓越治理的探索和实践	汽车齿轮总厂	2006	—	—	√
112	"中西合璧、资源优化"构建完善的模具开发中心	延锋伟世通	2006	—	—	√
113	借助对标管理挖掘改进潜力	延锋汽车饰件	2006	—	—	√
114	降低成本,练好内功,提升核心竞争力	上海采埃孚	2006	—	—	√
115	汽车制造企业标准生产系统的构建与实施	上海大众汽车	2007	√	—	—
116	客户关系管理战略的实践	上海大众汽车	2007	—	√	—
117	汽车装饰企业的全员设备维护管理	延锋伟世通	2007	—	√	—
118	ROXEN-财务分析系统模块化设计与实施	延锋伟世通	2007	—	√	—
119	汽车电子企业的精益生产管理	联合电子	2007	—	√	—
120	利用新技术进行精益控制及精益生产	延锋金桥	2007	—	—	√
121	ERP系统生产和物料拉动体系构建与实施	延锋汽车饰件	2007	—	—	√
122	快速响应服务品牌的创建与实施	延锋江森	2007	—	—	√
123	单件定购在现代汽车物流中的建立与实施	上海大众汽车	2007	—	—	√
124	自主研发体系创新模式下的自主品牌建设	中国弹簧	2007	—	—	√
125	整车物流企业的基地化管理	安吉物流	2008	√	—	—
126	学习借鉴和自主创新相结合标准领先战略	上海三电贝洱	2008	√	—	—
127	汽车行业进出口业务效能监察	上汽监察室	2008	√	—	—
128	发挥平台优势,提升采购效能	延锋伟世通	2008	—	√	—
129	以提升自主创新能力为目标的"专家道路"工程实践与成效	上海大众汽车	2008	—	—	√
130	依托信息化平台构建人性化售后服务体系	上海大众汽车	2008	—	√	—
131	突破制造行业瓶颈的"寻宝"新制度管理	上海通用汽车	2008	—	√	—
132	阶梯式人力资源开发管理	上汽检测中心	2008	—	√	—
133	汽车零部件行业先进装备管理	中国弹簧	2008	—	√	—
134	汽车租赁驾驶员星级评定系统创建和实践	安吉租赁	2008	—	—	√
135	汽车传动轴制造企业生产卓越管理和实践	上海纳铁福	2008	—	—	√
136	供应商业绩评价管理系统	延锋金桥	2008	—	—	√
137	"监控"式工艺文件管理系统的开发和应用	上海通用汽车	2008	—	—	√

〔续表〕

序号	成 果 名 称	单 位	年份	一等奖	二等奖	三等奖
138	新项目财务跟踪的系统化运作管理	延锋汽车饰件	2008	—	—	✓
139	冲压件数字化测量管理的运用	上海通用汽车	2008	—	✓	—
140	汽车电控单元在线刷新信息化系统设计和管理	上海通用汽车	2009	✓	—	—
141	研发质量的持续改善战略与实践	泛亚技术中心	2009	—	✓	—
142	研发企业自主开发能力的建设和管理	泛亚技术中心	2009	—	✓	—
143	汽车配件包的营销实践	上海大众汽车	2009	—	✓	—
144	自主开发车型项目管理体系的构建与实践	上海大众汽车	2009	—	✓	—
145	汽车租赁一体化客户服务系统建设与实践	安吉租赁	2009	—	✓	—
146	规范汽车租赁行为的"天天工作法"	安吉租赁	2009	—	✓	—
147	精细化管理在热加工中的应用	上海通用汽车	2009	—	✓	—
148	汽车业现场物流精益管理系统构建与实践	上海通用汽车	2009	—	✓	—
149	"三个一"管理方法在工程信息系统运用	上海通用汽车	2009	—	✓	—
150	"整合式标杆管理"在改造项目中的运用	上海通用汽车	2009	—	✓	—
151	冲压车间暗灯系统的创新应用	上海通用汽车	2009	—	✓	—
152	物料配载供货在整车制造厂的应用	上海通用汽车	2009	—	✓	—
153	汽车企业节能增效管理	上海通用汽车	2009	—	—	✓
154	YFKSS 管理流程 IT 化的实践	延锋百利	2009	—	—	✓
155	汽车饰件制造执行系统的自主开发与应用	延锋伟世通	2009	—	—	✓
156	"精益工艺原则"在制造系统中的应用	上海通用汽车	2009	—	—	✓
157	大型汽车企业基于市场评价全面质量管理	上海大众汽车	2010	✓	—	—
158	世博新能源汽车开发和运营的系统管理	上汽商用车	2010	✓	—	—
159	汽车企业进阶性设计评审管理技术体系构建	泛亚技术中心	2010	—	✓	—
160	轿车内饰系统全球化多平台自主开发管理体系建设	泛亚技术中心	2010	—	✓	—
161	企业内控信息系统化管理实践	上海大众汽车	2010	—	✓	—
162	斯柯达 E 购网络平台的创新与实践	上海大众汽车	2010	—	✓	—
163	合资企业"一面旗帜"发展战略构筑与实施	上海纳铁福	2010	—	✓	—
164	汽车企业工程师继续教育系统建设与发展	上汽培训中心	2010	—	✓	—
165	汽车企业跨地文化融合管理	上汽培训中心	2010	—	✓	—
166	产品生命周期信息化管理	上海小糸车灯	2010	—	✓	—
167	汽车制造企业卓越管理系统的构建与应用	上汽通用五菱	2010	—	✓	—
168	防错系统及其在出口产品中的运用	延锋伟世通	2010	—	✓	—
169	汽车饰件企业节能降耗的管理和实践	延锋伟世通	2010	—	✓	—

〔续表〕

序号	成　果　名　称	单　位	年份	一等奖	二等奖	三等奖
170	适应汽车产业发展的检测与技改同步建设项目管理实践	上汽检测中心	2010	—	—	√
171	工业园区供应商质量管理	汽车齿轮总厂	2010	—	—	√
172	企业投资及对外关系中规避风险管理	汽车齿轮总厂	2010	—	—	√
173	基于敏捷制造的供应链信息化管理	上海小糸车灯	2010	—	—	√
174	企业知识管理体系的创建和实施	泛亚技术中心	2011	√	—	—
175	打造用户满意的自主品牌供应商管理体系	上汽乘用车分公司	2011	√	—	—
176	产品生命周期全过程管理系统的创建	泛亚技术中心	2011	—	√	—
177	物流信息可视化管理平台的创建	安吉物流	2011	—	√	—
178	大型汽车企业知识型人才的综合管理评估	上海大众汽车	2011	—	√	—
179	基于数字化工厂新车投产精益化管理实践	上海大众汽车	2011	—	√	—
180	汽车企业售前客户管理体系构建与实施	上海大众汽车	2011	—	√	—
181	企业卓越管理评价体系的建立和实施	上海纳铁福	2011	—	√	—
182	面向车身设计的质量管理体系	上汽乘用车分公司	2011	—	√	—
183	二手车平台评估服务标准的制定与实践	安吉评估	2011	—	√	—
184	各层级管理后备领导力发展项目实施	延锋伟世通	2011	—	√	—
185	VSM与仿真结合的方法在汽车内饰行业生产组织的应用	延锋金桥	2011	—	—	√
186	"人人成为绩效经营者"卓越绩效管理实践	上海通用汽车	2011	—	—	√
187	铝制零件用单组分析边胶开发风险管理与实施	上海通用汽车	2011	—	—	√
188	YFKSS供应链管理系统的建立	延锋百利得	2011	—	—	√
189	"人人成为经营者"管理模式在服务贸易企业的运用	上汽活动中心	2011	—	—	√
190	在制品库存单层化摆放管理实践	延锋彼欧	2011	—	—	√
191	以管理和技术进步为手段的节能减排管理	上海乾通	2011	—	—	√
192	汽车物流企业3.5PL管理模式的构建与运行	安吉物流	2012	√	—	—
193	汽车产品全生命周期的物料成本管理	泛亚技术中心	2012	—	√	—
194	汽车电子自主研发体系的创建与实施	泛亚技术中心	2012	—	√	—
195	以提升研发能力为核心的企业指标管理体系建设	泛亚技术中心	2012	—	√	—
196	大型汽车企业基于市场需求的资源管理流程建立与实施	上汽大众汽车	2012	—	√	—
197	基于全球标准化汽车工厂的精益规划管理	上汽大众汽车	2012	—	√	—

〔续表〕

序号	成 果 名 称	单 位	年份	一等奖	二等奖	三等奖
198	基于全员全时全程的质量文化建设	上汽通用汽车	2012	—	✓	—
199	大型汽车制造企业复杂系统的数字化工艺管理体系的构建	上汽通用汽车	2012		✓	—
200	企业设备项目管理系统的构建和实践	上海纳铁福	2012			✓
201	汽车制造企业精益物料管理软件的研发与应用	上海通用汽车	2012			✓
202	企业运营管理和控制信息系统的建立	中国弹簧	2012			✓
203	汽车零部件电子行业的VMI管理应用	延锋伟世通	2012			✓
204	基于标准化的精益生产管理	延锋伟世通	2012			✓
205	工位器具设计与应用的精益化管理	延锋伟世通	2012			✓
206	基于柔性化整车制造企业供应链新拉动模式的最佳实践	上海大众汽车	2013	✓	—	—
207	产品研发多目标集成管理体系的创建与应用	泛亚技术中心	2013	—	✓	—
208	车辆认证开发信息化管理平台的构建	泛亚技术中心	2013		✓	
209	企业人力资源评价系统的建立和实践	上海纳铁福	2013		✓	
210	大型汽车企业车身重要外包零件全生命周期质量管理	上海通用汽车	2013		✓	
211	全球车型制造工程的开发管理	上海通用汽车	2013	—	✓	
212	面向整车开发的关键研发数据管理平台的构建	泛亚技术中心	2013			✓
213	汽车数字化设计及评审体系的建立与实施	泛亚技术中心	2013			✓
214	整车开发项目工程投资全过程管理	泛亚技术中心	2013			✓
215	模具报价管理系统开发与应用管理	上海通用汽车	2013			✓
216	以提升整车售后质量为目标的监控和"快速响应"管理	上海通用汽车	2013		—	✓
217	"消费者感知的精致工艺"项目管理	延锋伟世通	2013			✓
218	大型汽车零部件制造企业工程师培养体系建设	延锋伟世通	2013			✓
219	从终端客户到前期车辆开发的扁平化管理	泛亚技术中心	2014	✓	—	—
220	整车模块化制造体系的全局协同管理实践	上海通用汽车	2014	✓		
221	制造业设备维保的整体外包管理实践	上海大众动力	2014		✓	
222	基于执行能力提升和员工发展的企业大学建设	上海大众汽车	2014		✓	
223	新一代汽车行业经销商业务管理系统的创建与应用	上海大众汽车	2014		✓	
224	同步架构开发项目管理机制的构建与应用	上海汇众	2014		✓	
225	汽车连接新技术应用体系构建及风险管理	上海通用汽车	2014		✓	
226	汽车三包质量的预防和风险管理	上海通用汽车	2014	—	✓	—

〔续表〕

序号	成　果　名　称	单　位	年份	一等奖	二等奖	三等奖
227	全生命周期的车型平台质量保障机制的构建和实践	上海通用汽车	2014	—	√	—
228	集团性公司区域化管理实践	延锋伟世通	2014	—	√	—
229	面向 DFM 的产品开发及精益化软模管理体系搭建与实施	泛亚技术中心	2014	—	√	—
230	车联网时代的守护驾程服务管理	上海安吉星	2014	—	—	√
231	产品设计开发体系的建设与应用	上海汇众	2014	—	—	√
232	以制程大师系统应用提升设备维护效率的管理实践	上海汇众	2014	—	—	√
233	智能运输系统在物流管理中的应用	上海汇众	2014	—	—	√
234	企业绩效评价指标体系的建立和实践	上海纳铁福	2014	—	—	√
235	培训师岗位能级评定工作的管理实践	上汽培训中心	2014	—	—	√
236	应用于汽车制造行业的网络化全尺寸链信息集成管理	上海通用汽车	2014	—	—	√
237	六西格玛管理推进	延锋伟世通	2014	—	—	√
238	全生命周期 O2O 汽车消费服务模式实践	上汽销售	2015	√	—	—
239	数据驱动的整车虚拟开发管理体系建设	泛亚技术中心	2015	—	√	—
240	商用车发动机产品工程管理	上柴股份	2015	—	√	—
241	汽车行业经销商智能化车间管理系统的开发与应用	上汽大众	2015	—	√	—
242	汽车零部件企业战略性招聘体系的创建与实践	上海法雷奥电器	2015	—	√	—
243	面向订单定制化的自主品牌商用车开发体系建立与实践	上汽大通	2015	—	√	—
244	媒介全生命周期管理系统建设管理	上汽通用销售	2015	—	√	—
245	基于模块化产品设计的数字化整车装配工艺开发管理	上汽通用	2015	—	√	—
246	整车制造企业总拼质量管理体系构建及实践	上汽通用	2015	—	√	—
247	集团性公司全球化战略中的文化提升与实践	延锋汽车饰件	2015	—	√	—
248	面向全球的车内空气质量（VIAQ）管理体系的搭建与实施	泛亚技术中心	2015	—	—	√
249	业务部管理机制的应用和挑战	联合电子	2015	—	—	√
250	标准生产体系在企业精益运营中的应用实践	上柴股份	2015	—	—	√
251	基于"三维"生产管理平台的发动机前沿技术实现与超越	上海大众动力	2015	—	—	√
252	公司内部持续改善的"生态圈"建设	上海法雷奥电器	2015	—	—	√
253	仿真技术在物流规划设计中的应用管理	上海汇众	2015	—	—	√

〔续表〕

序号	成 果 名 称	单 位	年份	一等奖	二等奖	三等奖
254	内部供应链精益管理系统的构建	上海汇众	2015	—	—	√
255	企业复合型培训管理实践	上海汇众	2015	—	—	√
256	基于车联网技术的新能源车辆远程监控系统的运营建设	上汽乘用车分公司	2015	—	—	√
257	商用车 G10 工艺开发项目管理体系构建	上汽大通	2015	—	—	√
258	同步工程开发体系在 G10 车型开发中的应用	上汽大通,上汽商用车技术中心	2015	—	—	√
259	智慧工厂建设管理	上海小糸车灯	2015	—	—	√
260	整车油漆车间新一代涂装技术综合集成与应用管理	上汽通用	2015	—	—	√
261	开放创新时代下校企合作研发模式的创建	上海法雷奥电器	2015	—	—	√

资料来源：上海汽车集团股份有限公司质量和经济运行部

第十二章　其他管理

上汽于 1959—1961 年,公司在国家困难时期完成人员精简;于 1994—2010 年,完成再就业工程;于 1999—2010 年,完成困难企业解困;于 2001—2005 年,实施非公经济管理;于 2004—2011年,完成存续企业消壳。

此外,20 世纪 80 年代以后,上汽在相关政府部门主管下,主办 5 家行业协会(学会),包括 1987年成立的上海市汽车工程学会、1996 年成立的上海市汽车行业协会、2003 年成立的上海市外商投资协会汽车分会、2008 年成立的上海市交通电子行业协会和 2012 年成立的上海市汽车服务行业学会。

第一节　企业解困与存续企业消壳

一、企业解困

1959—1961 年,因国家处于经济困难时期,公司根据上级统一部署,于 1960 年 11 月制订精简人员方案,并分阶段付诸实施。1962 年末公司职工比 1960 年减少 5 167 人,下降 20%,其中 1961年被辞退的临时工、里弄工 379 人,回乡支农职工 531 人。

1992 年,上汽实施危机管理,推行结构调整和劳动人事制度改革,形成上岗靠竞争、收入靠奉献、管理靠合同的用人机制,当年公司有下岗人员 2 497 名,其中 1 442 人转岗转至"三产"工作。1993 年,公司各企业 42 家退休工人管理委员会的"三产"吸收下岗人员 755 名。1994 年,公司继续实行降本增效和减人增效措施,减员 3 209 人。1999 年 3—4 月,公司政策研究室牵头对上海汽车电器总厂、上海幸福摩托车总厂、上海客车制造有限公司等 10 家经营困难的国有企业进行解困调研,形成国有企业解困脱贫发展调查报告,提出企业发展解困建议。

2002 年 7 月,上汽下发《进一步做好国有企业改革和困难企业解困工作的实施意见》,成立国有企业改革和困难企业解困领导小组和工作小组,领导小组由陈祥麟和胡茂元负责,工作小组由沈建华任组长,朱根林任副组长,成员包括总裁办公室、人力资源部、工会、经济运行部、法务部及上海汽车工业开发发展有限公司的负责人。该实施意见提出:用改革的办法解决国企和困难企业发展调整问题,切实解决国企和困难企业历史负担,划小核算单位,封闭运行,调整极少数长期亏损的企业;对不适应市场经济要求的产品、附加值低的项目和企业,借助民营等其他不同性质企业的力量和机制进行合作,"借鸡生蛋",增加就业岗位;做好过渡期调整,加强外协外包管理、加强业内使用劳务工管理、开展转岗培训、加强对非公经济业务的关心和指导;加强政策指导和引导,加强优势企业对困难企业的合作互补。同时,公司工会下发《关于落实困难企业解困工作和推进再就业保障工作的意见》,配合行政做好下岗人员转岗培训工作,切实解决离岗人员的社会保障。

2002 年 8 月开始,上汽集团副总裁李积荣多次召开企业解困专题会议,8 月和 9 月,召开 3 次解困会议,专题研究上海客车公司改制工作,明确支持政策和措施。11 月,就上海幸福摩托车总厂、上海汽车锻造总厂、上海汽车制动器公司、上海拖拉机内燃机公司 4 家困难企业召开专题会议。

会议批准上海幸福摩托车总厂主营业务规划调整解困方案,明确历史原因造成的困难由集团承担;批准上海汽车锻造总厂解困方案,支持该厂所属2家合资公司发展;批准上海汽车制动器公司解困方案,要求充分研究并利用好有关政策,拉索业务实行非公经济转制;批准是上海拖拉机内燃机公司解困方案,拓展拖拉机业务和拖拉机出口。

2005年2月,上汽下发《关于进一步完善人员分流安置有关待遇的规定》,在春节前后,相继对5 099名离退养职工实施生活补贴调整,保障离岗退养人员的基本生活待遇,调整最低生活费补贴,调整待退休期间生活费补贴;加强困难企业费用资助,做好离岗人员生活保障帮助和指导,保障离退养人员生活费补贴的发放。

"十五"期间,上海拖拉机内燃机公司实施企业解困和形成可持续发展能力目标,经营状况逐年好转,企业走出困难进入成长期。至2010年10月,亏损的上海汽车电器总厂、上海幸福摩托车总厂、上海客车等9个企业,除一家三层次企业外,全部实现扭亏为盈。

2000—2007年,上汽平均每年拨出1.8亿元资金补助困难企业,并积极创造就业机会安置员工。截至2010年,上汽离岗职工共计10 933人,再就业劳务人员1 835人。其中直接管理企业离岗职工9 271人,再就业劳务人员1 806人;困难企业离岗职工7 075人,再就业劳务人员1 548人,另外还有部分离退养职工。

二、存续企业消壳

2004年12月,上汽确定上海汽车有色铸造总厂(简称有色铸造)、上海客车制造有限公司(简称上海客车)、上海汽车电器总厂(简称电器总厂)、上海离合器总厂(简称离合器)、上海合众汽车零部件公司(简称上海合众)、上海汽车制动器公司、上海汽车铸造总厂7家全资国有企业列入控制发展、规划消壳范围。2005年2月,总裁办公室会议就7家困难企业解困工作决定:成立公司再就业和稳定工作小组,以消壳企业人员和资产分离管理为原则,先搞试点,积累经验,逐步推行,成熟一个清理一个,试点企业选择上海合众和电器总厂。同年5月,上汽组建上汽人力资源管理中心(简称管理中心),负责管理直属困难企业非在岗人员和再就业工作。

2009年2月,为进一步加强存续企业一体化管理,上汽决定在上海客车、上海合众和电器总厂3家存续企业党委工会一体化管理基础上,对行政工作实行一体化管理;由管理中心整合3家企业相关管理人员合署办公,实行"三块牌子、一套班子";成立3个综合管理办公室,负责原企业离退休人员及离岗休养人员区域化服务和管理;原3家企业由管理中心一头对上汽集团。同年7月,公司总裁专题会议决定将离合器总厂、有色铸造总厂和上海活塞厂纳入一体化管理范围,明确管理中心对存续企业既管人又管事,明确托管企业继续负有就业和稳定等主体责任。

2010年1月,公司总裁专题会议研究决定存续企业解困向"消壳"方向转变。通过对上海客车、电器总厂、上海合众、离合器、有色铸造、上海活塞6家存续企业在册人员、土地房产权证及对外投资等情况梳理,确定"消壳"减少存续企业亏损的方案;通过吸收合并将存续企业从6家减至2家,再择机减为1家.并采取综合措施使暂不能"消壳"的存续企业扭亏,2年内完成"消壳"。

2011年,上汽决定以电器总厂为主体吸收合并6家存续企业,先整体转移人员劳动关系,再解决资产问题,最后完成税务注销、工商变更等相关法定手续。公司财务部、规划与对外合作部形成《上汽集团存续企业消壳方案》,管理中心制定《六家存续企业消壳中职工劳动关系转移实施方案》。人力资源部会同公司党委办公室指导管理中心和相关企业召开职代会或职工大会,履行民主程序。

2011 年年底,上海客车、离合器、有色铸造、上海活塞、上海合众 5 家存续企业资产、业务、人员全部归入电器总厂,归并后的电器总厂总资产 6 518 万元,净资产约 3 300 万元;各类人员共计 11 651 人,其中在岗 111 人,离岗 1 573 人,离退休 9 967 人;集团授权管理地块 30 幅,自有地块 2 幅,合计土地面积 17 万平方米,房屋建筑面积 19 万平方米,其租金收入可满足电器总厂管理所需。

第二节　多元经营管理

一、管理沿革

【机构】

1983 年,为进一步做好征地农民劳动力接收安置和管理工作,上海市第一机电工业局劳动服务公司成立拖拉机汽车劳动服务分公司。1988 年 1 月,上海汽车拖拉机工业联营公司与上海市第一机电管理局脱钩,该分公司变更为隶属于上海汽拖联营公司领导的上海汽车拖拉机工业联营公司劳动服务公司。1997 年 12 月,该公司更名为上海联合汽车工业劳动服务中心,为集体企业,向上海汽车工业总公司所属企业提供劳务服务。1998 年 8 月,上海汽车工业(集团)总公司成立再就业服务中心,与该服务中心"两块牌子,一套班子"。

2000 年 4 月,为加强多元经营和三产实体管理,上汽集团成立多元经营管理办公室(简称多经办),设在上海汽车工业开发发展有限公司(简称上汽开发),实行"两块牌子,一套班子"管理模式,作为集团多元经营指导委员会的常设机构,负责多元经营工作管理和日常事务,下设规划发展部、经营管理部、综合统计部等部门。其主要职责是:执行集团"精干主业、多元经营"战略方针,管理、协调、服务和指导集团内二层次企业多元经营;实施多元经营规划,创建多元经营实体,畅通富余人员分流渠道,增设就业岗位;牵头负责各多元经营实体改制创建非公企业等。

2005 年 7 月,上海汽车集团股份有限公司决定由工会管理多元经营工作。2011 年 7 月,上汽集团决定设立多元经营管理办公室,该办公室作为常设机构与上汽开发实行"两块牌子,一套班子"。

【制度】

2000 年 6 月,上汽总裁办公会议讨论批准《集团多元经营管理办法》,规定:组建多元经营的经营实体必须报上汽集团规划部、质量与经济运行部、人力资源部、服务贸易事业部等部门会签,经多元经营办公室审核批准;多元经营实体要设立董事会,董事会和经营班子成员报集团备案;多元经营实体年度经营计划、招聘员工必须执行上汽集团有关规定;多元经营实体统计管理必须符合上汽集团要求等。2001 年 2 月,上汽总裁会议审议同意《多元经营管理办法补充意见》,规定多元经营实体范围为隶属于上汽集团或以上汽集团及其所属企业为投资方的非主业管理经营实体;工会等非行政系统的多元经营实体统一纳入集团多元经营管理办公室管理渠道,实行归口管理;重申设立中外或中中合资的多元经营实体必须报集团规划部审批,设立多元经营实体必须报集团规划部备案;上海大众汽车有限公司和上海通用汽车有限公司多元经营实体也要纳入集团多元经营管理渠道;集团各层次多元经营实体设立应由二层次企业直接报上汽审批,未经批准任何企业和部门不得设立多元经营实体及进行各项法定登记程序。

2008 年,《多元经营管理办法》作了修改,对多元经营实体的设立、变更、终止、注销、歇业,以及经营管理、统计等管理进一步规范完善。具体修改内容包括：按照投资金额分别确定审批权限，200万元以下由集团多元经营办公室审批，超过200万元由上汽主管部室内审，上汽集团发文；多元经营实体董事会及经营班子成员的组成，需报上汽多经办备案；多元经营组织机构调整，董事会、监事会、经理等领导班子人员变动必须报集团多经办备案等。

【实施】

上汽集团多元经营办公室成立后，制定多元经营管理办法，开展普调和专题调研，摸清家底；基本掌握多元经营实体的投资、经营、管理和人员；建立和完善多元经营管理网络，落实多元经营实体归口管理。2003年，多经办制定多元经营5年滚动发展规划。多经办接收集团多元经营实体统计工作后，推出多元经营综合统计指标体系，包括实体基本情况、经济运行情况和劳动统计情况3大类，基本满足多方面经营统计信息的要求。同时组织开发多元经营综合统计计算机数据库操作软件，构建多元经营数据中心。

多经办选择业内经营良好有发展后劲的多元经营实体，通过整合兼并，提升到集团层面，先后组建上海众鼎汽车零部件公司上海汽车物流装备制造有限公司等多家多元经营实体；上海汽车工业物资公司、上海开联贸易有限公司和上海汽车工业活动中心承担集团物资集中采购一体化和后勤管理一体化的平台建设；上海大众联合发展公司与宝钢集团公司及法国Lorrain Blank公司于2003年合资成立上海宝钢阿赛洛激光拼焊有限公司，投资高档轿车激光焊接项目，成为多元经营新的经济增长点。

至2003年，上汽多元经营实体从2000年的208家减少到2003年的153家，下降25%左右；销售收入从2000年的18亿元上升到2003年的30亿元，增幅60%。2003年与2002年相比，153家经营实体销售收入增长21.1%，利润增长46%，多元经济实体盈利企业稳步增加，亏损企业不断减少，153家多元经营实体从业人员共计10 055人，其中上汽职工5 638人，占从业总人数50%以上。

二、再就业工作

1994年，为妥善安置富余人员，调剂人才余缺，上汽成立人员交流中心。1998年3月，为进一步推进劳动人事制度改革，上汽颁发《关于减员增效和深入开展再就业工程若干问题的意见》，鼓励对下岗待工人员实行企业内待退休，鼓励下岗待工人员劳务输出或流向业外自谋职业，加强培训提高下岗待工人员再就业能力，拓宽企业三产再就业功能，向公司新增长点输送合格员工，规范各类劳务用工使用和管理，保障下岗待工人员基本生活。

1998年8月，上汽在原有劳务中介机构基础上组建再就业服务中心，当年托管下岗人员500人，年末再就业服务中心下岗人员存量为250人。再就业服务中心从11家企业挑选800余名35岁以下富余人员进行转岗前的岗位培训；向业内12家企业进行劳务输出，应聘人数732人次，劳务岗位录用368人次；业外劳务岗位应聘28人，录用10人。1999年5月，上汽下发《人员交流中心管理办法》《再就业服务中心管理办法》《关于再就业及人员分流工作的若干意见》《关于进一步完善人员分流安置有关待遇的规定》等制度。这一年，共有127名职工进入再就业服务中心，68名职工出中心；向集团内外29家企业进行劳务输出，劳务岗位录用528人；制定上海幸福摩托车总厂、上海法雷奥电器系统有限公司人员分流政策和计划，协调分流工作，两家困难企业减员和分流人数达1 056人。

2000 年,颁发《完善人员分流安置有关待遇的规定》。在上汽和多数企业建立人员交流中心基础上,建立公司人员交流网络;共提供劳务岗位 626 个,其中业外劳务岗位 389 个,在岗劳务输出人员 460 人。2001 年,离岗职工由年初的 6 853 名上升到 8 502 名,公司进一步开拓业内外劳务岗位,500 名待岗职工走上劳务工作岗位。

2002 年,上汽从制度上加强非在岗人员的管理,制订实施《关于加强非在岗人员管理的指导意见》《关于加强劳务用工和劳务人员管理指导意见》和《关于规范聘用退休人员的暂行规定》,集团工会下发《关于落实困难企业解困工作和推进再就业保障工作的意见》,对离岗休养和待退休人员形成职业介绍、特困群体救助和稳定工作 3 个网络,明确职责,提出具体可操作的指导性意见。当年,共创建 16 家非公经济企业,创造 1 107 个就业岗位。至 2004 年 7 月,多经办成立非公经济企业 25 个,创造就业岗位 1 859 个。2005 年 3 月,上汽成立党政领导负责,党委办公室、人力资源部和工会负责人参加的再就业和稳定工作领导小组,下设工作小组。

2009 年,上汽把确保劳务输出人员岗位稳定作为全年六大任务之一,有针对性通过业内用工企业吸纳、转岗培训提高就业能力、实施离岗退养政策、提高扶持标准和协商解除劳动关系等措施,保持劳务输出人员的就业稳定。人力资源部努力推进所属 18 家企业 1 500 名业内劳务输出人员岗位稳定,解决 11 家企业 108 名 35 岁以下劳务输出人员劳动关系转移;形成劳务输出职工基本情况信息库,重点做好 35 岁以下业内劳务输出人员劳动关系转移;顺利平稳完成 300 名业内劳务输入人员岗位分流,使业内劳务输出人员从年初的 1 500 人下降到 1 200 人。

至 2010 年 6 月,先后进再就业服务中心的 135 人全部出中心。同年 9 月,上汽向上海市再就业工程领导小组办公室申请撤销集团再就业服务中心,并通过该办公室的复审,再就业服务中心完成历史使命。

三、非公经济管理

2001 年 7 月,按照"精干主业,多元经营"的方针,上汽在上海汽车电器总厂召开现场办公会,首次提出创建非公经济的计划,决定由电器总厂制定非公经济实施方案,集团给予政策支持;由集团人力资源部与党委组织干部部负责制定电器总厂创建非公经济有关人员管理方面的政策,经济运行部负责协调解决电器总厂创建非公经济有关产品方面的支持。8 月,上汽正式批复电器总厂关于创建非公经济的报告,办理创建非公经济工商注册等手续。会后,集团经济运行部、规划发展部、人力资源部、财务部和多元经营管理办公室共同制定《关于鼓励和支持创建非公经济企业的实施办法》和《创业资金实施细则》。

2002 年 8 月,上汽召开专题会议,同意上海汽油机厂开始办理非公经济的公司注册工作。11 月,上汽专题会议研究成立上海客车制造公司非公经济企业,组干部、人力资源部完成有关手续办理工作,并确定"要求要从严,政策要从宽,形式要积极,帮助要到位"的工作原则。会后,杨德明等 3 位牵头人组建非公经济企业,3 人解除与上汽集团的劳动合同关系,注册登记成立非公经济企业。2003 年,上汽下发《关于鼓励和支持创建非公经济企业的实施办法(修订)》《非公经济企业创业资金实施细则(修订)》。2001—2007 年年底,上汽累计组建非公经济企业 38 家,创造就业岗位 2 708 个,其中业内人员 1 425 人。

多经办在创建和管理非公企业的过程中,着重在政策培训、企业审批、政策落实、业务指导、统计分析等方面开展工作;要求所属多元经营实体及非公企业参照执行上汽集团《2007 年职工工资增长的指导意见》，确保各企业都实现本企业职工工资不低于3％幅度的增长。从2005年开始，多元经营进入调整和清理整顿。

第三节　主办行业协会、学会

一、上海市汽车行业协会

【机构】

上海市汽车行业协会(Shanghai Automotive Trade Association，SATA)是上海市汽车行业企事业单位自愿组成的跨部门跨所有制非营利的行业性社会团体法人。

上海市汽车行业协会(简称汽车协会)成立于1996年8月29日。协会在上海市社会团体管理局登记，由上海市经济和信息化委员会主管。协会理事会每4年换届选举。截至2015年，理事会历经5届，第五届理事会组成为会长单位1个、副会长单位21个、理事会单位75个。协会设立秘书处，秘书处下设办公室、会员工作部、信息统计部和咨询服务部。协会办公地址在上海市静安区威海路489号上海汽车工业大厦901室。

2002年9月，根据上海市政府加快发展和建设行业协会的要求，由上海市经委推荐，上海市汽车行业协会被列为市行业协会确定的5家市级开展改革调整试点的行业协会之一。汽车协会于2004年4月成立汽车铸造分会、汽车电子电器专业委员会、汽车改装车专用车专业委员会，同年10月成立上海市汽车行业协会专家委员会；2005年开通上海市汽车行业协会网站(http：//www.shata.org)；2006年与上海汽车配件流通行业协会改版合办《汽车汽配界》刊物，同年2月成立汽车制造业服务分会，2007年8月和10月先后成立烟台、沈阳分部；2009年11月成立重庆分部；2010年成立动力总成分会。

2015年，汽车协会统计覆盖的123家企业合计实现工业总产值4 193.44亿元，主营业务收入5 491.55亿元，利润总额999.34亿元，企业从业人员平均人数10.94万人。上海市统计局2015年统计数据显示，统计覆盖的汽车协会成员企业工业总产值、主营业务收入、利润总额分别占上海汽车制造业总产值的81.14％、主营业务收入的83.94％、利润总额的92.53％。

【成员】

1996年上海市汽车行业协会成立之初，拥有会员单位119家，至2015年年末，会员单位发展至298家，增加150.42％。其中75％以上从事汽车整车、改装专用车、零部件及相关产品的研发、生产制造和销售，另有相关教育、科研、质量监督、汽车媒体、非银行金融机构和流通领域的企事业单位，涉及国有、外资独资、中外合资或合作经营、港澳台投资或合作经营、国有集体联营、集体、民企独资或股份有限责任等各种所有制，会员涵盖汽车研发、制造、营销、服务等整个产业链领域，使上海市汽车行业协会具有广泛的行业代表性。

【运作】

上海市汽车行业协会1996年成立即制定协会《章程》，协会每次换届均依据政府主管部门最新精神对《章程》进行修改。《章程》规定汽车协会主要功能是：以上海市政府汽车发展战略为指导，承担部分政府职能转移，履行政府委托的决策咨询、行业评估认证、资格认证、技能资质考核、行业调查、行业统计 6 项行业管理职能。2004 年,汽车协会获得上海市统计局部分统计调查项目授权,负责整车及部分零部件企业产、销、存及订货情况统计汇总。2006 年起,按上海市统计局定报项目,进行会员单位经济运行数据收集和分析。至 2015 年,汽车协会承担市政府委托的旨在推动行业改革发展的课题调研和决策论证项目主要有:《上海汽车工业"十一五"改装车专用车发展规划》《上海汽车工业"十一五"汽车零部件发展规划》《上海汽车工业"十一五"规划第一年执行情况的调研》《关于鼓励发展上海市节能环保型小排量汽车的政策与措施研究》《节能环保型小排量技术地方标准》《燃油税政策对汽车产业的影响》《上海汽车产业"十二五"发展规划建议》和《关于汽车零部件产学研合作研究》《上海市国民经济和社会发展报告—汽车行业篇》《上海市"十三五"汽车发展规划建议》等。

汽车协会以会员服务为重点,服务项目包括信息服务、培训服务、咨询服务、法律服务、评优服务、招商参展服务、市场打假服务、资质审定服务和理财服务 9 个方面。协会不定期组织市场形势分析报告会,做好行业经济运行预测监控;参与企业项目投资前期咨询,为企业经营决策提供参考;协助企业开展名牌产品认证、诚信企业建设、合同纠纷仲裁等工作。组织专家考察会员企业并进行现场咨询,派专家为外省市会员企业进行降低废品率现场诊断指导。2010 年 2—8 月,先后建立上海研发公共服务和经济合同仲裁汽车工作站、进出口公平贸易汽车工作站、机动车出口检测认证等服务平台。协会成立至 2015 年,先后完成企业委托的《整车企业技术中心建设研究》《汽车整车技术系统开发和实验室设备的调研》和《汽车零部件国际贸易纠纷应对》等课题调研。2014 年完成《节能减排 JJ 小组活动——汽车工业篇》的编纂和首发。

汽车协会加强对外合作。定期举行上海汽车产业链协会秘书长联席会议,组织会员企业参与兄弟协会技术交流等活动;与上海机动车检测中心、上汽培训中心和上汽教育基金会建立定期会商机制;扩大与长三角、北京、广东等汽车行业协会联系交流,完成《加快形成汽车模具竞争能力》《汽车电子行业概况与发展趋势》和《企业技术中心建设研究》等课题;与韩国群山市、澳大利亚汽车生产厂商联合会、澳大利亚维多利亚州汽车商会、斯洛文尼亚汽车协会、墨西哥汽车零部件协会等签订友好协会协议书,与美国、加拿大、墨西哥、法国、比利时、意大利等多个国家驻沪领事馆建立友好关系。

上海市汽车行业协会被中共上海市工业经济联合会党委授予 2006—2007 年度、2008—2009 年度先进党支部;被上海市工业经济联合会、上海市经济团体联合会授予 2007—2008 年度、2009—2010 年度先进行业协会称号。2014 年 3 月,上海市汽车行业协会通过上海市民政局、上海市社会团体管理局组织的 5A 级社会组织规范化建设评估。

表 3 - 12 - 1　1996—2015 年上海市汽车行业协会会长(理事长)、秘书长一览表

届　次	职　务	姓　名	任　职　时　间
第一届	理事长	高明福	1996 年 9 月—1999 年 8 月
	秘书长	钱铭根	1996 年 9 月—1999 年 8 月
第二届	理事长	蒋志伟	1999 年 9 月—2003 年 8 月
	副理事长	唐炜延	2001 年 9 月—2003 年 8 月
	秘书长	顾百揆	1999 年 9 月—2003 年 8 月

〔续表〕

届 次	职 务	姓 名	任 职 时 间
第三届	会 长	蒋志伟	2003年9月—2004年4月
		肖国普	2004年4月—2007年8月
	常务副会长兼秘书长	唐炜延	2003年9月—2006年8月
	常务副会长	陈忠德	2006年9月—2007年8月
第四届	会 长	肖国普	2007年9月—2012年7月
	常务副会长	陈忠德	2007年9月—2009年1月
		叶焱章	2009年2月—2012年7月
	常务副秘书长	包抡文	2007年9月—2010年1月
		杨德君	2010年2月—2012年7月
第五届	会 长	肖国普	2012年8月—
		蓝青松	2012年12月—
	常务副会长兼秘书长	叶焱章	2012年8月—
	常务副秘书长	杨德君	2012年8月—

资料来源：上海市汽车行业协会

二、上海市汽车工程学会

【机构】

上海市汽车工程学会(Society of Automotive Engineers of Shanghai，SAE－S)于1987年10月8日成立，为上海汽车工程技术领域内专家学者、专业工作者和热心支持学会工作人士自愿组成的学术性非营利性社会团体法人。

上海市汽车工程学会(简称汽车学会)经上海市社会团体管理局登记，由上海市科学技术协会主管。汽车学会理事会每届任期4年。截至2015年，理事会历经7届，第七届理事会组成为理事长1名、副理事长12名、常务理事单位9名、理事62名。汽车学会设立秘书处、财务部、对外联络部等机构，办公地址在上海市静安区威海路489号上海汽车工业大厦901室。2001年3月，汽车学会被上海市科协评为"星级学会"。2002年5月，学会建立网站上海市汽车工程学会网站，网址http://www.shsae.org。2004年3月，学会秘书处开始出版《学会动态》，每季度一期，至2015年共出版27期。2007年10月，汽车学会被批准为首批入选"311学会建设工程"学会。2008年11月和2009年1月，汽车学会先后获得上海市科协授予的继续教育工作先进集体和上海市科技精英、上海市青年科技英才评选活动先进组织集体奖。

【成员】

参加上海市汽车工程学会的有团体会员和个人会员。汽车学会成立时有个人会员899人。至2015年年末，拥有团体会员单位83家、个人会员1600人，团体会员包括汽车企业、大专院校、团体会员政府相关政策制定部门等。

个人会员主要是具有业务专长的汽车工程技术人员,汽车学会根据个人会员不同专业组成专业委员会。1988 年 2 月,汽车发动机专业委员会(后改为汽车动力总成专业委员会)成立。至 2015 年,已成立汽车制造、节能与材料、汽车电器电子技术、节能减排、汽车安全、汽车空调、汽车动力总成、汽车环保、汽车技术经济研究、汽车质量、新能源汽车、汽车回收利用技术、汽车测试、汽车标准、汽车应用与服务、汽车商用车专用车、摩托车、计算机应用、轮式工程机械共 19 个专业委员会。

【运作】

1988 年,上海市汽车工程学会制定学会《章程》,规定汽车学会主要功能是:遵照国家法律法规和政策,传播汽车科学知识,推广汽车先进工程技术;为会员提供汽车行业发展信息、继续教育和职业指导等多元化服务;加强汽车行业国内外交流与合作,提高会员专业能力、知识水平和职业素质,提升学会声誉;促进上海汽车人才队伍建设,以推进上海市汽车行业健康发展。

汽车学会注重汽车技术传播交流和服务。不定期举办各类学术交流、研讨讲座,出版书籍刊物;组织汽车工程科学技术普及推广活动,组织开展国内外汽车工程界交流合作;组织召开相关技术鉴定会议,为企业提供重大工程决策技术咨询服务。2006 年 2 月,邀请德国不来梅大学介绍欧盟及德国废车回收要求和法规,开始关注废车回收再利用。2007 年 7 月,与上海汽车信息系统部联合举办上海汽车 IT 发展战略研讨会,为上海市汽车行业 IT 发展提供帮助。2010 年 7 月,成立由企业、大学、科研机构和行业学会协会等组成的汽车产品回收利用产业技术创新战略联盟。

汽车学会注重会员继续教育和培训。接受有关部门委托,开展工程师资质培训等工作;组织会员单位技术人员进行 CAD/CAE 竞赛;每年举办为行业或科技工作者服务的各种活动,承办协办科技展览。学会注重提升会员学术水平和地位,每年组织论文征集评选,并帮助在相关专业杂志刊登,扩大影响;每年定期组织各专业委员会工作会议,并对其全年工作进行评比,激励各专业委员更好地发挥作用。2010 年 6 月,由汽车学会理事长任主编、历时 3 年的《汽车百科全书》出版。

2015 年 11 月,汽车学会受上海市经信委委托,制定《上海市汽车产业发展"十三五"规划》。

表 3-12-2　1987—2015 年上海市汽车工程学会理事长、秘书长一览表

届　次	职　务	姓　名	任　职　时　间
第一届	理事长	仇　克	1988 年 1 月—1992 年 9 月
	秘书长	沈美洁	1988 年 1 月—1992 年 9 月
第二届	理事长	仇　克	1992 年 9 月—1995 年 9 月
	秘书长	沈美洁	1992 年 9 月—1995 年 9 月
第三届	理事长	叶　平	1995 年 9 月—1996 年 8 月
		陈廷越	1996 年 8 月—2000 年 4 月
	秘书长	沈美洁	1995 年 9 月—2000 年 4 月
第四届	理事长	陈因达	2000 年 4 月—2005 年 7 月
	秘书长	刘　匀	2000 年 4 月—2005 年 7 月

〔续表〕

届　次	职　务	姓　名	任　职　时　间
第五届	理事长	陈因达	2005年7月—2010年7月
	秘书长	高凯生	2005年7月—2010年7月
第六届	理事长	陈因达	2010年7月—2012年2月
	秘书长	阳树毅	2010年7月—2012年2月
	理事长	陈志鑫	2012年2月—2014年7月
	秘书长	梁元聪	2012年2月—2014年7月
第七届	理事长	程惊雷	2014年2月—
	秘书长	梁元聪	2014年2月—

资料来源：上海市汽车工程学会

三、上海市汽车服务行业协会

【机构】

上海市汽车服务行业协会(Shanghai Automobile Services Association，SASA)于2012年12月26日成立，是由与汽车消费服务、科研开发及技术服务相关的企业、事业单位及教学单位自愿组成，经上海市民政局注册的非营利社会团体法人组织。

上海市汽车服务行业协会(简称汽车服务协会)由上海市商务委员会主管，接受上海市社会团体管理局的监督管理。汽车服务协会理事会每4年换届选举。至2015年年底，会员单位共计85家。其中会长单位1家、副会长单位8家、理事会单位7家，另设监事1名。协会设立秘书处，办公地址在上海市徐汇区东安路239号4楼。

2013年11月，汽车服务协会经上海市车辆管理所推荐、上海市商务委员会同意、上海市社会团体管理局批准，设立分支机构机动车注册登记服务专业委员会，该委员会在协会统一领导和管理下开展工作。主要任务：受上海市车辆管理所委托做好机动车注册登记协调服务工作；组织从业人员进行机动车注册登记操作流程专业知识培训；根据机动车注册登记服务站诉求做好沟通、咨询、交流等工作。上海市汽车服务行业协会机动车注册登记服务专业委员会秘书长由协会副秘书长兼任，主持日常工作。

汽车服务协会于2013年创办《上海市汽车服务行业协会会刊》，为4开4版双月刊，至2015年年底共出版18期。发行对象为会员单位、政府相关部门、经销商、汽车后市场服务型企业等单位。《会刊》坚持"立足协会、面向行业、服务会员单位"的办刊方针，集中报道汽车服务行业信息、会员单位信息等。《会刊》作为协会的公共媒体资源，在传递信息、沟通情况、培育市场、塑造企业形象、推进品牌战略等方面发挥积极作用。

【成员】

2012年上海市汽车服务行业协会成立之初，拥有会员单位30家，至2015年年底会员单位发展至85家，其中专业委员会会员单位42家。会员单位中有从事整车生产、经销商、汽车后市场服务、汽车租赁、汽车检测中心、汽车金融机构等企业单位，涵盖汽车制造、营销、服务、金融、培训、二手车等整个汽车产业链领域。

【运作】

上海市汽车服务行业协会的宗旨是：遵守国家宪法、法律、国家及地方法规和社会道德风尚，贯彻执行党和国家、地方的方针政策；依托政府产业政策指导，推动上海汽车消费服务产业创新发展，提升行业创新水平，规范行业竞争环境，服务行业内相关企业做大做强，促进上海汽车服务行业实现良性循环、有序竞争、持续进步。主要业务是行业协调、行业自律、行业服务、信息统计、专业培训、咨询服务、交流活动，等等。协会以会员服务为重点。

走访与组织考察：汽车服务协会成立初期，协会领导多次走访会员单位，与企业交流协会工作思路，听取意见建议；组织会员单位对上汽大众仪征分公司、宁波分公司、长沙分公司和上汽大通无锡分公司、安吉二手车北京分公司、上海二手车交易市场等进行考察学习。

组织评选及相关活动：汽车服务协会积极组织推荐行业优秀经销商向中国汽车流通协会提报行业表彰相关材料，会员单位获多种奖项。

组织培训、讲座、专家咨询会：2014年，汽车服务协会会同上海市商委邀请部分汽车供应商和经销商专家对《汽车销售管理办法》征求意见稿进行广泛讨论。2015年，中国汽车流通协会联手上海市汽车服务行业协会和上海市二手车行业协会，举办第四期二手车鉴定评估师注册培训班。同年，协会举办"管理沙龙—汽车后市场新业态展望"讲座。协会还注重国内外协会交流，了解收集行业信息，为会员单位提供有效咨询。

参与调研：上海市有关新能源车辆规划管理意见出台前，受上海市商委委托，协会前后数次征求会员单位意见，就如何深入贯彻国家新能源发展战略，积极落实节能减排政策，科学合理规划布点，指导和规范充电设施建设，加强政策扶持，形成完善的新能源汽车应用服务体系，推动电动汽车示范推广等方面提出意见和建议。受中国汽车流通协会和国家质检总局委托，对12家经销商品牌开展汽车三包政策落实情况、售后服务质量提升入店测评及汽车售后服务满意度问卷调查。同时，协会加强与上海市消费者权益保护委员会汽车专业办公室联系，积极主动参与相关活动，收集消费者投诉相关信息；建立与整车企业信息反馈渠道，协助提供沟通平台，依法维护双方权益，及时咨询相关法律顾问，妥善处理各类问题。

上海市汽车服务行业协会机动车注册登记服务专业委员会成立后开展一系列工作：协调第五阶段排放标准车辆登记，协调开放新能源车辆登记注册业务，协调环保标志发放，协助开展机动车登记服务站年度检查，协助开展查验员培训工作，建立微信群互动平台完善 EMS 客户和车牌信息传递。至2015年年底，上海机动车登记服务站达42家，方便用户就近办理机动车注册登记业务。

表 3 - 12 - 3　2012—2015 年上海市汽车服务行业协会会长、秘书长一览表

届　序	职　务	姓　名	任　职　时　间
第一届	会　长	陈德美	2013 年 1 月—2014 年 9 月
	会　长	张海亮	2014 年 9 月—2016 年 7 月
	副会长兼秘书长	李积荣	2014 年 9 月—
	常务副秘书长	徐德平	2013 年 1 月—

资料来源：上海市汽车服务行业协会

四、上海市交通电子行业协会

【机构】

上海市交通电子行业协会（Shanghai Transportation Electronics Association，STEA）是由上海汽车集团股份有限公司、中国航空无线电电子研究所、上海外高桥造船有限公司、上海轨道交通设备发展有限公司等共同发起，由上海市经济和信息化委员会提出、经上海市社会团体管理局登记、于2008年7月2日成立的非营利性社会团体法人。协会由上海市经信委主管，具有跨行业跨学科特征，业务分属汽车电子和船舶电子、航空电子、轨道交通电子四大板块。

上海市交通电子行业协会（简称交通电子协会）理事会每4年换届选举。至2015年计2届，第二届理事会会长单位1个、副会长单位4个、理事单位47个。协会设立秘书处负责日常工作，办公地址在上海市静安区江场三路238号市北半岛国际中心811~813室。

交通电子协会于2008年7月创办月刊《简报》，至2015年共出版90期。2009年2月协会网站（www.stea2008.org）开通运行。2008—2012年，交通电子协会先后成立航空电子专家委员会、船舶电子专家委员会、轨道交通电子专家委员会、汽车电子专家委员会。

2011年起，先后成立上海车联网与车载信息服务产业联盟、上海车联网与车载信息服务产业技术创新战略联盟、上海市车联网产业技术标准创新联盟和车联网产业推进公共服务平台，构建上海车联网"产业、科技、标准"三位一体创新发展新机制和产业公共服务平台新模式。2015年年初，组织成立上海智能交通系统产业联盟，形成车联网与智能交通产业融合互动的发展新格局。

【成员】

交通电子协会成立之初有会员单位63家，涵盖汽车和航空、船舶、轨道交通的电子信息产品研发、制造、应用、服务领域的企业、科研院所和高校。至2015年，会员单位发展到165家，其中汽车电子企业和相关科研单位约占58%，其余为航空电子企业和相关科研单位、船舶电子企业和相关科研单位、轨交电子企业和相关科研单位、高校和其他单位等，约占42%。

【运作】

交通电子协会参与政府关于交通电子行业决策的研究。2008年10月，上海交通电子产业"十二五"发展规划预研究课题立项。2009年10月，承担《上海航空电子产业技术成熟度和发展策略》课题研究，配合开展《上海城市轨道交通信息化产品自主创新重点领域》课题研究。2010年1月，与上汽集团、世博事务局、文广集团、市计量测试院等共同起草的《车载导航信息广播接收应用规范》通过审定，同年4月作为上海市地方标准开始实施。同年3月，完成《上海交通电子产业"十二五"发展规划预研究》。同年7月，《汽车电子嵌入式软件（销售）统计模型研究》通过验收。同年9月，《推进上海交通电子行业发展策略研究》课题通过专家验收。

交通电子协会整合产业资讯、搭建行业交流合作平台。2008年11月举办上海世博与车载导航信息终端通用技术规范研讨会，12月与中国汽车工业协会、中国汽车电器信息网等联办中国汽车电子电器行业战略转型研讨会。2009年5月举办中国上海轨道交通电子产业发展高层论坛，8月与上海市集成电路行业协会等联办上海市汽车电子芯片制造产业化平台合作交流会。2010年1月举办上海轨道交通电子产业"十二五"科技发展规划专题研讨会，3月举办车用模拟磁阻传感器技术研讨会,4月与上海国际汽车城发展有限公司联办上海汽车电子产业基地发展研讨会,10月与上海市集成电路行业协会、上海先进半导体制造股份有限公司联办打造上海汽车电子关键芯片产业链高层研讨会,12月举办中国上海轨道交通电子产业发展高层论坛。2011年9月出访欧洲并与北欧Telematics Valley(TV)国际组织签订《合作协议书》、成为开展国际合作交流良好开端,10月与上海市集成电路行业协会在上海世博主题馆举办推进汽车电子芯片产业链本土化进程论坛,12月举办2011中国上海轨道交通电子产业发展高层论坛。2012年8月举办上海嘉定科技博览会上海车联网技术应用高峰论坛,10月与车联网产业联盟召开上海车联网联盟标准创新研讨会。2013年3月召开汽车、船舶、轨交与航空电子横向产业交流对接会并参观615所航空电子高新技术成果,11月车联网与汽车电子专题展亮相中国国际工业博览会,举办2013通用航空与现代信息技术应用论坛。2014年5月举办中国汽车电子产业发展(仪征)论坛,6月市质监局验收《上海车联网技术标准创新联盟》和《车载信息服务标准化示范试点》项目,10月发布《2014上海车联网产业发展研究报告》,11月联合车联网产业联盟及15家企业参加工博会第二届上海车联网与汽车电子主题展,获工博会优秀组织奖,11月主办2014航运与船舶电子信息技术应用发展论坛。2015年2月举办上海智能交通系统发展论坛,5月与公安部三所共同主办中国网络空间安全(上海)论坛——车联网安全分论坛,8月与智能交通研究院、上海社会科学院共同承担的《上海公共汽(电)车信息化标准体系研究》课题通过验收,10月承担的《浦东新区汽车电子与车联网产业发展调研报告》通过验收,11月联合车联网和智能交通联盟等14家单位以"互联网＋智能车联＆智慧交通"主题展参展2015中国国际工业博览会。此外,2009—2015年每年举办中国上海汽车电子产业发展高层论坛。

交通电子协会开展交流合作活动。2008年10月组织50余家会员单位参观上海国际智能交通论坛暨技术和设备展览。2009年11月与上海第二工业大学签订合作协议,担任学校产学研顾问,参加学校技术转移活动;12月组织会员单位赴上海大众汽车、上海汽车检测中心、同济大学新能源汽车中心参观交流。2010年11月组织会员单位赴上海外高桥造船有限公司交流学习。2013年6月赴上海航天基地(八院)学习交流。2015年6月组织会员代表赴紫竹国家高新技术开发区参观交流。

表3-12-4 2008—2015年上海市交通电子行业协会会长、秘书长一览表

届 序	职 务	姓 名	任 职 时 间
第一届	会 长	蒋志伟	2008年7月—2012年6月
	秘书长	屠传奇	2008年7月—2012年6月
第二届	会 长	蒋志伟	2012年6月—2014年6月
		吴诗仲	2014年6月—
	秘书长	屠传奇	2012年6月—

资料来源:上海市交通电子行业协会

五、上海市外商投资企业协会汽车分会

【机构】

上海市外商投资企业协会汽车分会(Shanghai Association of Enterprises with Foreign Investment,Automotive Branch,缩写:SAEFI,Auto Branch)是由上汽集团及上海大众汽车、上海通

用汽车等外商投资企业发起,经上海市外商投资企业协会和上海市外经贸委批准,并在上海市社会团体管理局合法登记,于 2003 年 3 月成立的上海市外商投资企业协会的分支机构。汽车分会接受上海市外商投资企业协会领导和管理,办公地址在上海市静安区威海路 489 号上海汽车工业大厦 905 室。

上海市外商投资企业协会汽车分会(简称外商汽车分会)设分会会长、副会长和秘书长。分会基本上每年召开 1 次会长会议,讨论和确认会长和副会长人选变更,听取秘书长汇报上年度分会工作,讨论并批准下年度分会工作方向和内容等。每次会长会议,由会长、副会长或中外特邀嘉宾进行 1 个专题报告并开展相应的专题讨论。2003 年分会成立之日,分会网站 www. saefi-auto. org 正式开通。2015 年 6 月,经上海市民政局、市社团局审核决定:原上海市外商投资企业协会名称变更为上海市外商投资协会(Shanghai Association of Foreign Investment,SAFI)。由此,原上海市外商投资企业协会汽车分会变更为上海市外商投资协会汽车分会(Shanghai Association of Foreign Investment,Automotive Branch 缩写:SAFI,Auto Branch)。

【成员】

外商汽车分会会员是经营与汽车产业有关业务的外商投资企业。2003 年成立时第一批会员企业有 67 家,按经营范围分类,生产型企业 60 家,设计研发单位 3 家,其余 4 家为租赁、物流、销售和维修等服务贸易性公司;按投资规模分类,6 家企业投资在 1 亿美元以上,21 家企业在 3 000 万～1 亿美元之间,27 家企业在 1 000 万～3 000 万美元,13 家企业投资额在 1 000 万美元以下。至 2015 年,会员单位发展到 86 家。各会员单位都确定负责与分会联系的联络员,分会原则上每年召开一次联络员会议,沟通情况、开展工作。

【运作】

外商汽车分会于 2003 年成立时即制定分会《章程》,确定汽车分会的宗旨是:维护会员和投资者合法权益,增进会员企业中外方会员和上级业务主管单位及政府有关部门的沟通与联系,有效实施"服务、代表、桥梁、协调"功能,促进会员在为上海汽车工业发展和走向世界过程中发挥积极作用。汽车分会的主要任务是:宣传国家和上海市有关汽车工业利用外资的法规、产业导向和产业政策,为会员和中外投资者提供具有汽车行业专业特色的信息和咨询服务,维护会员和中外投资者的合法权益,听取和反映会员企业的意见和要求,举办适合会员要求的培训、讲座和研讨会,帮助有需要的会员企业进行招商引资,组织各种形式的交流联谊活动,增进会员之间、会员与政府、会员与国际跨国公司之间的相互了解、合作与支持。

外商汽车分会成立以来,根据分会特点开展多项工作。包括举办国际性企业管理、投资环境、税率变化、大通关、中外合作经验、全球化背景下上汽集团发展、汽车产业发展政策、人人成为"经营者"管理创新模式、中国一级供应商今后十年发展战略、上海新能源汽车发展等专题研讨和报告会。举办知识产权、企业面临的汇率风险及管理对策、《中华人民共和国企业所得税法》和中国商事仲裁特点和现状、外商投资产业指导目录等符合会员需求的培训和讲座。组织会员单位参观上海大众汽车、上海通用汽车、德尔福派克电气有限公司、上海三菱电梯有限公司、上海国际汽车城、上海车辆检测中心、上汽南京生产基地、上汽通用五菱汽车股份有限公司、上海大众汽车宁波工厂、上汽大通汽车有限公司无锡生产基地等企业和单位。

2004 年,外商汽车分会会同上汽集团工会和刘海粟美术馆开始共同举办外国专家太太中国画学习班,至 2015 年共举办 40 期,培训学员 400 余名,并在虹弘艺术机构、上海市长宁区文化局等单位支持下,举办9次外国太太画展和外国太太爱心画展和慈善义卖捐赠活动,编辑出版9期精美画册,既丰富了外国专家夫人生活,又促进了中外文化交流。法国电视台等国外媒体和中国多家媒体作了报道和介绍,该项活动成为外商汽车分会一大特色。此外,分会还多次举办中外高级管理人员参加的高尔夫球邀请赛、外籍专家乒乓球和羽毛球邀请赛。

表3‐12‐5 2003—2015年上海市外商投资协会汽车分会会长、秘书长一览表

第一次会长会议 **2003年3月**	会 长	胡茂元	中方副会长	蒋志伟 陈忠德 陈志鑫 陈 虹
	外方副会长	布莱克(Joerg Blecker)		上海大众汽车副总经理
		艾博彬(Majdi Abulaban)		德尔福派克电气系统分部亚太地区总裁
				德尔福派克电气系统有限公司董事长
	秘书长	张玉丽	副秘书长	张小英
第二次会长会议 **2004年1月**	会 长	胡茂元	中方副会长	蒋志伟 陈忠德 陈志鑫 陈 虹
	外方副会长	布莱克(Joerg Blecker)		上海大众汽车副总经理
		高博文(Christopher Gubbey)		上海通用汽车副总经理
		艾博彬(Majdi Abulaban)		德尔福派克电气亚太区总裁
		马盛隆(Steve Meszaros)		延锋伟世通总经理
		雷伟泰(Keith Lomason)		上海龙马神汽车座椅总经理
				麦格纳国际集团中国业务经理
	秘书长	张玉丽	副秘书长	张小英
第三次会长会议 **2005年6月**	会 长	胡茂元	中方副会长	陈 虹 蒋志伟 陈志鑫 陈忠德
	外方副会长	赛 曼(Dieter Seemann)		上海大众汽车副总经理
		高博文(Christopher Gubbey)		上海通用汽车副总经理
		艾博彬(Majdi Abulaban)		德尔福派克电气亚太区总裁
		马盛隆(Steve Meszaros)		延锋伟世通总经理
		雷伟泰(Keith Lomason)		上海龙马神汽车座椅总经理
				麦格纳国际集团中国业务经理
	秘书长	张玉丽	副秘书长	张小英
第四次会长会议 **2006年9月**	会 长	胡茂元	中方副会长	陈 虹 蒋志伟 陈志鑫 丁 磊
	外方副会长	墨 斐(Philip Murtaugh)		上汽股份执行副总裁
		赛 曼(Dieter Seemann)		上海大众汽车副总经理
		高博文(Christopher Gubbey)		上海通用汽车副总经理
		艾博彬(Majdi Abulaban)		德尔福派克电气亚太区总裁
		马盛隆(Steve Meszaros)		延锋伟世通总经理
		雷伟泰(Keith Lomason)		上海龙马神汽车座椅总经理
				麦格纳国际集团中国业务经理
	秘书长	张玉丽	副秘书长	张小英

〔续表〕

第五次会长会议 **2008年5月**	会　　长	胡茂元	中方副会长	陈　虹　蒋志伟　陈志鑫　丁　磊　刘　坚	
	外方副会长	赛　曼（Dieter Seemann）		上海大众汽车副总经理	
		苏瑞博（Robert Socia）		上海通用汽车副总经理	
		雷伟泰（Keith Lomason）		上海龙马神汽车座椅总经理	
				麦格纳国际集团中国业务经理	
		艾博彬（Majdi Abulaban）		德尔福派克电气亚太区总裁	
		马盛隆（Steve Meszaros）		延锋伟世通总经理	
	秘书长	张玉丽	副秘书长	张小萸	
第六次会长会议 **2009年8月**	会　　长	胡茂元	中方副会长	陈　虹　蒋志伟　陈志鑫　丁　磊　刘　坚	
	外方副会长	何思渊（Joern Hasenfuss）		上海大众汽车副总经理	
		刘曰海（Joseph Liu）		上海通用汽车副总经理	
		雷伟泰（Keith Lomason）		上海龙马神汽车座椅总经理	
				麦格纳国际集团中国业务经理	
		艾博彬（Majdi Abulaban）		德尔福集团副总裁	
		潘力博（Robert Pyle）		延锋伟世通总经理	
		宫泽健治（KENJI MIYAZAWA）		上海小糸车灯副总经理	
	秘书长	张玉丽			
第七次会长会议 **2011年6月**	会　　长	胡茂元	中方副会长	陈　虹　陈志鑫　蒋志伟　叶永明　张海亮 张海涛	
	外方副会长	何思渊（Joern Hasenfuss）		上海大众汽车副总经理	
		刘曰海（Joseph Liu）		上海通用汽车副总经理	
		艾博彬（Majdi Abulaban）		德尔福集团副总裁	
		潘力博（Robert Pyle）		延锋伟世通总经理	
		戴赫博（Herbert Demel）		麦格纳亚洲区执行副总裁	
		马吉瑞（Stefan Magirius）		吉凯恩中国总裁	
	秘书长	张玉丽			
第八次会长会议 **2012年1月**	会　　长	胡茂元	中方副会长	陈　虹　陈志鑫　吴诗仲　叶永明　张海亮 张海涛	
	外方副会长	何思渊（Joern Hasenfuss）		上海大众汽车副总经理	
		刘曰海（Joseph Liu）		上海通用汽车副总经理	
		艾博彬（Majdi Abulaban）		德尔福集亚太区总裁	
		邓林德（DanielLinder）		延锋伟世通总经理	
		弗兰克·欧博恩（Frank O'Brien）		麦格纳亚洲区执行副总裁	
		马吉瑞（Stefan Magirius）		吉凯恩中国总裁	
		孟斐璇（Franco Amadei）		菲亚特（中国）总裁	
	秘书长	张玉丽			

〔续表〕

	会　　长	胡茂元	中方副会长	陈　虹　陈志鑫　吴诗仲　叶永明　张海亮　张海涛
第九次会长会议 2013 年 6 月	外方副会长	何思渊(Joern Hasenfuss)		上海大众汽车副总经理
		刘曰海(Joseph Liu)		上海通用汽车副总经理
		艾博彬(Majdi Abulaban)		德尔福集亚太区总裁
		邓林德(DanielLinder)		延锋伟世通总经理
		弗兰克·欧博恩(Frank O'Brien)		麦格纳亚洲区执行副总裁
		马吉瑞(Stefan Magirius)		吉凯恩中国总裁
		孟斐璇(Franco Amadei)		菲亚特(中国)总裁
	秘书长	张玉丽		
		2014 年同 2013 年		
2015 年	会　　长	陈志鑫	中方副会长	张海涛　朱根林　陈贤章　王永清
	外方副会长	宋寅哲(Alexander Seitz)		上汽大众第一副总经理兼商务执行副总经理
		柏　历(Julian Blissett)		上汽通用执行副总经理
		艾博彬(Majdi Abulaban)		德尔福集亚太区总裁
		邓林德(DanielLinder)		伟世通亚太(上海)副总裁
		弗兰克·欧博恩(Frank O'Brien)		麦格纳亚洲区执行副总裁
		莫安德(Andrew Moss)		吉凯恩中国总裁
	秘书长	张玉丽		

说明：分会负责人中上汽领导和总部负责人不写明在上汽的职务

资料来源：上海市外商投资协会汽车分会提供

第四篇

规划发展

概　　述

规划具有长远性、全局性、战略性和方向性。上汽60年发展中,始终注重研究编制发展规划并认真组织实施,用规划统领企业发展。

1956—1977年,公司累计编制12个发展规划,包括"四五"和"五五"发展规划,拖拉机、汽车、轿车、重型车等整车整机和零配件发展规划,技术改造和追赶国际水平规划等。这些规划经过实施,公司建成中国重要的拖拉机和轿车生产基地。

20世纪80年代和90年代,上汽为落实国家和上海关于把上海汽车工业建成国家三大轿车生产基地之一和上海第一支柱产业、上海大众汽车有限公司合资和上海桑塔纳轿车国产化、上海通用汽车有限公司合资等一系列重要战略决策,先后编制1981—1990年拖拉机汽车发展和改造规划、"六五""七五"发展规划、30万辆轿车建设规划、"八五""九五"发展规划、"九五"后3年调整发展计划。这些规划经过实施,公司进入合资合作和技术引进的发展阶段,轿车、摩托车、载重车和拖拉机"四大龙头"产品技术达到20世纪80年代水平。特别是"七五""八五"期间,相继完成上海大众汽车有限公司一期工程和二期工程建设,上海桑塔纳轿车国产化取得成功并创造中国汽车技术引进的成功经验,上汽同时建成中国最大的轿车和零部件制造基地,开始位居中国轿车市场领先地位;"九五"期间,上海通用汽车有限公司和上海大众汽车有限公司汽车三厂相继建成,上汽形成40万辆整车年产能力,制造水平开始与世界同步。

"十五"期间,上汽根据国家和上海关于应对中国入世和建设国家级大集团的战略决策,编制"十五"发展规划和5年滚动发展规划,大力推进走出上海做大规模的"出海跨洋"战略等重要战略。这些规划经过实施,上汽在沪外建成仪征、柳州、烟台、沈阳和青岛5个整车制造基地,整车总年产能力达到133万辆,其中上海79万辆、沪外54万辆;2004年成为首家跻身世界500强的上海企业和中国汽车企业,2005年年产整车突破100万辆。

"十一五"和"十二五"期间,上汽积极落实国家和上海关于自主品牌和新能源汽车发展、国家级大集团建设等战略,编制"十一五""十二五"发展规划、5年滚动发展规划、3年行动计划和国资战略规划等一系列发展规划,大力实施自主品牌和新能源汽车建设、乘用车和商用车并举、跨地和跨国经营等发展战略,公司进入自主品牌和合资合作并举的发展新阶段。这些规划经过实施,上汽于"十一五"期间乘用车自主品牌建成中国上海、南京和英国长桥两国三地自主品牌研发和制造体系;在全国新建南京、重庆、无锡3个整车制造基地,沪外整车基地达到8个;形成369万辆整车总年产能力,其中上海154.6万辆,沪外215万辆;20多家零部件企业走出上海,在沪外建立63家零部件配套基地。于"十二五"期间自主品牌形成多品牌运作格局,新能源汽车实现产业化目标,海外整车销售开始快速增长;新增宁波、乌鲁木齐、武汉、长沙4个沪外整车基地,沪外整车基地增至12个,华域汽车系统股份有限公司所属零部件企业在全国20个省市自治区设有288个研发制造和服务基地;上汽整车总年产能力增至525万辆,其中上海104万辆,沪外420万辆;2006年整车销量开始位居中国汽车行业之首,2009年、2010年、2011年和2015年先后成为中国首家年产销整车200万辆、300万辆、400万辆和500万辆的汽车集团,2011年开始位居世界汽车公司销量第7位,2015年位居世界500强第60位。

第一章 1956—1980 年规划发展

上汽在改革开放前累计编制并实施 12 个规划,包括 1956 年的汽车拖拉机配件发展规划,1961—1970 年的汽车发展、技术改造和追赶国际水平 3 个规划,20 世纪 70 年代的"四五""五五"发展及拖拉机、汽车、轿车、重型车等产品发展的 8 个规划。这些规划经过实施,公司从零部件进入整车整机制造发展阶段,并形成批量生产能力。

第一节 1956—1960 年规划发展

一、规划编制

上汽发展规划的编制工作始于 1956 年。该年 1 月,新成立的上海市内燃机配件制造公司(简称上海市内配公司)向上海市人民政府申请全行业公私合营并获得批准。在此基础上,上海市内配公司于同年 4 月完成《上海市汽车拖拉机配件制造工业规划》的编制,该规划是上汽成为行业性和专业性公司后制定的第一份中长期发展规划。这一规划提出 20 世纪 50 年代后期至 60 年代初公司发展的方向、目标和重点,特别是针对公司所属 270 多家工厂中 100 人以上的工厂仅 9 家、4~15 人的工厂多达 198 家,工厂规模小、布局分散,严重影响协作配套,阻碍生产发展的状况,该规划提出从 1956 年开始分步骤迁厂并厂,至 60 年代初基本完成工厂结构和生产布局调整,同时建立必要的管理制度,加强集中性管理,组织专业化生产,努力挖潜增产,以满足国家和上海发展农业机械化、发展交通运输业的需要。

二、规划实施

【工厂结构调整】

1958 年 3 月,上海市内配公司与上海市动力设备制造公司合并,更名为上海市动力机械制造公司。1960 年 1 月,上海市动力机械制造公司更名为上海市农业机械制造公司。公司在规划实施中,将调整工厂结构形成专业化生产体系列为重中之重,从 20 世纪 50 年代后期至 1960 年,通过裁、并、改、合,有计划分步骤对所属工厂进行 3 次工厂结构调整。

1956—1957 年的第一次工厂结构调整,将 274 家分散落后的弄堂小厂组建成 34 家中心厂、192 家卫星厂、7 家独立厂和 1 家代管厂,初步建立新的产品协作关系,公司开始向专业化生产方向发展。1958—1960 年 1 月的第二次工厂结构调整,将 292 家工厂调整为 204 家。1960 年的第三次工厂结构调整,根据新归口的产品业务,将 15 家工厂分别划归上海市重型机械公司和上海市通用机械公司,同时划入原属上海市通用机械公司和上海市铸锻公司的 23 家企业,至当年年底公司所属工厂为 75 家。通过 3 次调整,上海汽车装配厂、上海农业机械制造厂等骨干企业开始向主机厂发展,零部件企业进一步走向专业化生产,公司逐步具备整车整机生产的条件。

【吉普车、轿车诞生】

1957年9月16日,上海汽车装修厂试制成第一辆吉普车,定名为上海-58型越野车,从而揭开上海汽车工业整车制造的序幕。1958年,该车开始小批量生产。以后由于上海汽车装修厂主要致力于试制和批量生产58-Ⅰ型三轮汽车,吉普车维持少量生产,1957—1960年累计生产531辆。

1958年9月28日,由上海汽车装修厂更名的上海汽车装配厂试制成功第一辆轿车,定名为"凤凰"。1959年1月,试制成功第二辆凤凰牌轿车。2月15日,凤凰牌轿车在北京中南海接受国务院总理周恩来的检视。同年上半年,第一机械工业部汽车局召开轿车会议,要求上海进行新一轮轿车试制并向国庆10周年献礼。第二轮试制的凤凰牌轿车于同年9月诞生,随即参加上海国庆10周年游行。凤凰牌轿车的诞生,开启上海制造轿车的历史。1960年8月,上海汽车装配厂更名为上海汽车制造厂。次月,该厂迁至嘉定县安亭镇,安亭自此开始成为上海主要的轿车制造基地。

【三轮汽车诞生年产超千辆】

1956年年底,在上海举办的日本工业展览会展出灵活方便、适用城乡短途运输的三轮汽车引起上海企业的关注,上海汽车装修厂等工厂开始研制三轮汽车。1957年5月,上海市内配公司成立三轮汽车试制工程办公室。同年7月,上海市成立三轮汽车试制委员会。同年12月26日,上海汽车装修厂试制成功第一辆上海58-Ⅰ型三轮汽车。1958年4月,该厂进一步试制成功改进后的上海58-Ⅱ型三轮汽车。同年7月,该车通过鉴定开始批量生产,1960年年产超过千辆达到1300多辆,成为上海第一个年产千辆的汽车产品。1958—1960年,累计生产近2500辆,上海58-Ⅱ型三轮汽车成为20世纪60年代上海主要的生产运输工具。

【拖拉机诞生小批量生产】

1957年,上海市内配公司在全国出现农业机械化高潮的背景下,向代管的501厂和301厂两家军工企业下达试制小马力拖拉机的任务。同年5月底,301厂试制成功6马力柴油发动机,501厂试制成功整机并定名为红旗手扶拖拉机,随后开始小批量生产。1960年7月,该机转由上海拖拉机制造厂和上海诚孚铁工厂分别生产整机和发动机,并更名为工农-7型手扶拖拉机。1958年和1960年该机累计生产1300多台。

1958年3月,上海汽车装配厂试制出第一台红旗-27型轮式拖拉机,同年6月开始小批量生产。同年年底,该机转由宝锠汽车材料厂生产,并于1959年2月更名为丰收-27型拖拉机。1958—1960年,该机累计生产250多台。此外,1960年年初,宝锠汽车材料厂试制成功丰收-35型拖拉机。

【零配件发展】

公司所属零配件企业在专业化生产过程中,为配合整车整机制造,研制生产多种汽车拖拉机零配件。1956年,上海汽车底盘配件制造厂试制出国内第一个筒式越野汽车减震器。1957年,轮胎气门芯、H级工业轴承等新的零配件试制成功。1958年12月,中国机械工具厂研制成功国内第一个平吸式581型化油器。至1959年,公司生产的分电盘、化油器、汽油泵、进排气门、活塞、齿轮、轴瓦、减震器等13种零配件占全国需要量的80%以上。

三、实施成效

1955 年底—1960 年为上汽成立和发展的起始时期,公司通过《上海市汽车拖拉机配件制造工业规划》的实施,开始形成零部件专业化生产协作体系,并从零部件制造进入整车整机制造的历史新阶段,开始拥有工农-7 型手扶拖拉机、丰收-27 型拖拉机和上海 58-Ⅱ型三轮汽车、凤凰牌轿车、交通牌 4 吨载重车以及 SH211 吉普车等整车整机,其中三轮汽车形成千辆级规模,4 吨载重车和小中型拖拉机开始小批量生产。1960 年 7 月,在全国行业检查评比中,公司生产的上海三轮汽车、凤凰牌轿车、10 马力和 30 马力汽油机、稻麦两用脱粒机等 42 种产品被评为国内一流水平。

1956 年,公司工业总产值和利润总额分别达到亿元和千万元。1958—1960 年,年工业总产值连续超过 2 亿元、4 亿元和 7 亿元,年利润总额连续超过 5 000 万元、1 亿元和 2 亿元。1960 年与1956 年相比,公司工业总产值从 1.03 亿元增至 7.08 亿元,增长 5.87 倍,年复合增长率 601.9%;利润总额从 0.14 亿元增至 2.32 亿元,增长 15.57 倍,年复合增长率 101.8%;利润总额增速为工业总产值增速的 2.65 倍;员工从 1.11 万人增至 2.62 万人,增长 1.36 倍;全员劳动生产率从人均1.01 万元增至 2.70 万元,增长 1.67 倍。1956—1960 年,公司固定资产净值从 1 154 万元增至5 503 万元,增长 3.8 倍;主要生产设备从 3 200 多台套增至 4 300 多台套,增长 0.34 倍。同期,国家对公司累计投资 1 395.8 万元,公司上缴国家利税总额累计 4.97 亿元,上缴利税总额为国家投资总额的 35.76 倍,国家对公司的投资获得良好的经济回报。

表 4-1-1　1956—1960 年公司固定资产投资情况表

项　　目		1956 年	1957 年	1958 年	1959 年	1960 年
固定资产投资(万元)		—	37.6	684.5	203.7	470
固定资产 (万元)	原　值	1 610	2 066	3 642	5 071	7 149
	净　值	1 154	1 410	2 811	3 930	5 503
金属切削设备(台套)		2 862	2 835	3 269	3 556	3 899
锻压设备(台套)		377	415	364	370	417
面　积 (平方米)	占地面积	193 283	248 458	797 202	898 944	978 735
	建筑面积	121 292	144 125	229 910	289 286	310 213

资料来源:《上海汽车工业志》

表 4-1-2　1956—1960 年公司主要经济指标完成统计表

项　　目	1956 年	1957 年	1958 年	1959 年	1960 年	合　计
企业(家)	274	234	292	204	75	—
员工(人)	11 076	11 273	22 943	25 709	26 228	—
工业总产值(万元/90 价)	10 326	9 554	22 543	43 385	70 809	156 617
全员劳动生产率(元/人)	10 092	8 779	11 540	16 965	26 997	—

〔续表〕

项　　目		1956 年	1957 年	1958 年	1959 年	1960 年	合　计
利润总额(万元)		1 357	2 105	5 428	12 488	23 199	44 577
利税总额(万元)		1 481	2 353	6 113	13 879	25 867	49 693
红旗/丰收-27 型拖拉机		—	1958—1960 年累计生产 250 台				
红旗/工农手扶拖拉机		—	1957—1960 年累计生产近 1 300 台				
	汽车(辆)	—	2	767	961	1 859	3 589
其中主要	SH58-Ⅰ三轮汽车	—	—	258	918	1 317	2 493
	交通牌 4 吨载重车	—	—	10	37	500	547
	上海牌轿车	—	—	1	5	12	18
	SH211 吉普车	—	2	498	1	30	531
面　积 (平方米)	占地面积	193 283	248 458	797 202	898 944	978 735	
	建筑面积	121 292	144 125	229 910	289 286	310 213	

资料来源:《上海汽车工业志》

第二节　1961—1970 年规划发展

一、规划编制

进入 20 世纪 60 年代,公司一方面继续执行 1956 年 4 月编制的《上海市汽车拖拉机配件制造工业规划》关于至 60 年代初基本完成工厂结构和生产布局调整的规划,另一方面于 1963 年 2 月和 8 月、1964 年 5 月先后编制《汽车生产 10 年规划设想(1963—1972 年)》《1963—1972 年 10 年技术改造规划纲要》和《1964—1970 年上海汽车拖拉机赶超国际先进水平规划》。这三个规划分别提出:至 70 年代初,汽车、拖拉机达到国际 60 年代水平;改造扩建骨干工厂,加强配套生产协作和专业生产,使上海成为全国汽车、拖拉机的主要生产基地之一;规划产品年产能力为:汽车 13 个品种 2 万辆(凤凰牌轿车 1 000 辆、1.5 吨载重车 6 000 辆、交通牌载重汽车 2 000 辆、三轮汽车 3 000 辆、摩托车和微型汽车 8 000 辆),拖拉机 2 个品种 1.2 万台(工农-7 型手扶拖拉机 1 万台、丰收-35 型拖拉机 2 000 台),配套农具 21 种年产 4 万件。

二、规划实施

【工厂结构调整】

1961—1964 年,公司实施第 4 次调整,包括划入市属 10 个县的农机厂,提高铸锻、机修、热处理、电镀、模具和专机制造的工艺水平和协作能力。1956—1964 年持续 8 年的 4 次工厂结构调整,基本建立汽车拖拉机专业协作生产体系。公司 82 家工厂中:农机产品工厂 10 家,包括整机厂 2 家;汽车产品工厂 2 家,包括整车厂 1 家;配套协作企业 44 家;工艺性及后方服务性工厂 18 家;其他工厂 8 家。1963 年 3 月,国家经济委员会召开全国工业交通企业技术工作座谈会,上海市农业机械制造公司(简称上海市农机制造公司)和宝钢汽车材料厂、上海活塞环厂在会上介绍专业化大协作的经验,得到会议肯定。

此外,1962 年 7 月,上海七一农业机械修配厂等 16 家农机修配厂或修理厂划归上海市农机制造公司。同年,为贯彻国民经济调整的方针,公司精简职工 5 400 多人,停关并迁 9 家企业。1969 年 4 月 24 日,上海市农机制造公司更名为上海市拖拉机汽车工业公司(简称上海市拖汽公司)。同时,上海市交通运输管理局所属上海货车厂等 3 家工厂,上海市公用事业管理局所属上海客车修配厂等 2 家工厂,上海市轻机管理公司所属上海消防器材厂和红卫消防器材厂,上海市仪表工业管理局所属上海救护车厂,统一划归上海市拖汽公司。

【加强技术管理】

1958—1960 年,公司实现从零部件制造到整车整机制造的历史性突破,但由于技术和管理水平落后,导致整车整机质量不稳。为扭转这一状况,公司加强以技术管理为中心的企业管理,1963 年 6 月,制定和颁布《技术责任制》《援外出口产品及等外品出厂的审批制度》等 7 项技术管理试行办法,落实技术责任制,整顿产品图纸,严格工艺纪律,加强设备管理,开展技术革新和技术革命活动,组织产品质量赶超活动,定期进行检查评比。经过技术整顿,1961 年三类产品由年初 15 种下降到 4 种,活塞环寿命从 300 小时提高到 900 小时以上,钢板弹簧寿命从年初 10 万次达到 20 万次,汽门、连杆螺丝、硬质合金等质量都有不同程度的提高,整车整机质量逐步稳定,技术管理有所规范。1964 年 4 月,上海合金轴瓦厂试制成功的铝基钢带轴瓦获国家工业新产品二等奖。

【轿车年产超 200 辆】

20 世纪 60 年代初国民经济困难时期,凤凰牌轿车停止生产。1963 年国民经济开始好转,同年 8 月,上海市农机制造公司召开凤凰牌轿车恢复生产会议,上海市副市长宋季文到会讲话。同年 9 月,上海市第一机电工业局下达凤凰牌轿车试制计划,公司成立凤凰牌轿车试制及生产准备技术领导小组,制订试制计划。1964 年 2 月 21 日,凤凰牌轿车更名为上海牌轿车,当年生产 50 辆。同时,上海汽车制造厂通过生产协作和技术改造,结束车身制造手工敲打的落后方式,开始流水线装配。1965 年 12 月,上海牌 SH－760 轿车通过第一机械工业部鉴定,产品基本定型开始批量生产,1966 年生产 202 辆。1967—1969 年,上海牌轿车受"文化大革命"影响生产波动,3 年分别生产 102 辆、250 辆和 204 辆。1960—1969 年累计生产 884 辆。

【三轮汽车年产超 2 000 辆和转产】

1963 年,上海 58－Ⅱ型三轮汽车年产进一步达到 1 500 辆。1964—1966 年,生产该产品的上海汽车制造厂和主要配套厂上海内燃机配件厂、上海汽车底盘厂等开展以提高质量为中心的技术改造,使上海 58－Ⅱ型三轮汽车质量保持稳定、产量不断提高,1969 年年产增加到 2 571 辆,为历史最高纪录。同年 12 月,上海汽车制造厂为批量生产 SH 3130 型 2 吨汽车和上海牌 SH－760 型轿车,根据上海市规划,将上海 58－Ⅱ型三轮汽车转给上海市手工业局所属上海铁床厂生产。该车从 1958—1969 年转产为止,累计生产 18 768 辆,成为 20 世纪 60 年代上海主要交通运输工具之一。

【2吨载重车诞生】

1962年,上海汽车制造厂参照日本王子牌1.5吨轻型汽车,自行设计试制2辆SH-120型1.5吨载重汽车。鉴于该车避免三轮汽车载重量小、运程短等缺陷,上海市农机制造公司决定将该车试制列入1963年公司新产品试制计划。同年,由公司和上海汽车制造厂、长春汽车研究所等单位组成SH-120型载重汽车设计试制办公室。同年年底完成设计任务,1966年和1967年先后试制3辆和5辆。SH-120型载货汽车经过几轮试制改进,载重量达到2吨,1968年5月,该车通过上海市农机制造公司的产品鉴定基本定型,车型定为SH-130型2吨载重汽车。1969年该车生产9辆。

【重型汽车诞生】

1969年1月,国家计划委员会同意第一机械工业部要求上海试制生产特重型汽车的报告。同年3月,上海市革命委员会工业交通组向上海市机电一局、上海市农机制造公司、上海汽车制造厂和上海货车制造厂发出通知,要求"以最快的速度、最好的质量,试制和生产国家所要求的特重型汽车,向建国20周年献礼"。4月,承担15吨重型汽车试制任务的上海交通运输局所属上海货车制造厂划归上海市农机制造公司,该厂于1958年5月研制成功并生产的交通牌4吨载重汽车同时归入。同年9月5日,上海货车制造厂试制成功第一辆SH-361型15吨倾卸式重型汽车,当年试制4辆。同月18日,上海汽车制造厂试制成功第一辆32吨矿用自卸汽车,定名为SH-380型32吨矿用自卸载重汽车,当年试制5辆。同年10月1日,2辆SH-361型15吨重型汽车参加首都庆祝建国20周年的游行检阅。

【手扶拖拉机年产超6000台】

1960年7月,工农-7型手扶拖拉机转至上海拖拉机制造厂和上海诚孚铁工厂生产后,因未经试验直接生产,试耕中暴露部分性能和质量问题,同年年底上海市农机制造公司决定该机停产整顿。经过2年整改,1962年9月该机质量达到要求。1963年12月,工农-7型手扶拖拉机通过国家级技术鉴定,1964年起投入批量生产。1965年生产1812台,成为上海年产率先达到千台批量的拖拉机。1966年,该机发动机功率从7马力提高到10马力,机型定为工农-11型手扶拖拉机,同年产量突破4000台。1969年,产量进一步突破6000台,达到6050台。1960—1969年,该机累计生产20739台。

【中型拖拉机年产超1000台】

1961年2月,宝锢汽车材料厂因专业从事活塞生产,将丰收-35型拖拉机转上海拖拉机制造厂继续试制。1962年11月,国家农业机械部决定上海建立手扶拖拉机制造基地。上海拖拉机制造厂为集中力量试制生产7马力手扶拖拉机,于1963年2月起将丰收-35型拖拉机转由1962年7月划归上海市农机制造公司的上海七一农业机械修配厂继续试制。同年9月,上海七一农业机械修配厂制成旱田拖拉机,同年12月通过市级鉴定。1964年,该厂再次设计试制成功丰收-35型水田拖拉机,同年年底通过市级鉴定。1965年,丰收-35型旱田和水田2种型号拖拉机均通过国家级技术鉴定,投入批量生产。同年8月,上海七一农业机械修配厂更名为上海七一拖拉机厂。1969年9月23日,上海七一拖拉机厂试制成功5台丰收-45型轮式拖拉机,该机后转上海拖拉机制造厂生产,定名上海-45型拖拉机。同年,丰收-35型拖拉机年产超过1000

台达到 1 010 台,创上海中型拖拉机年产纪录。1962—1969 年,丰收-35 型拖拉机累计生产
3 395 台。

【摩托车诞生年产超 2 000 辆】

1963 年 10 月,上海市轻工业局所属上海自行车二厂摩托车生产部分与宝山农机修配厂、宝山
五金配件厂合并成立上海摩托车制造厂,并归属上海市农机制造公司,生产上海自行车二厂于1960
年研制成功的幸福250摩托车。12 月,上海摩托车制造厂试制成功幸福-250K 型三轮摩托客车,
当年摩托车产量超过 1 000 辆达到 1 147 辆。1965 年 12 月,上海摩托车制造厂试制成功 250H 三
轮摩托客货车,当年摩托车生产超过 2 000 辆达到 2 526 辆。1969 年摩托车产量为 2 776 辆。
1964—1969 年,幸福牌摩托车累计生产 14 892 辆。

【支援国家"三线"建设】

1964 年开始,公司贯彻中央战略部署,落实上海市和主管工业局下达的任务,通过全部搬迁、
部分搬迁,输出人员和装备等方式,支援四川、江西、青海、云南、贵州等省的"三线"建设。至 1971
年,公司支援"三线"建设的工厂达到 16 家,职工 2 000 余人、设备 1 100 多台、工装和模具 2 000
多吨。

表 4-1-3 1957—1970 年部分年份公司研制或生产的主要整车整机一览表

序号	研制或生产的整车整机	研制时间	主要研制或生产企业
1	红旗-27 型轮式拖拉机	1957 年 6 月	上海汽车装修厂
2	上海-58 型越野车	1957 年 9 月	上海汽车装修厂
3	红旗手扶拖拉机/工农手扶拖拉机	1957 年	公司代管的 301 厂研制红旗手扶拖拉机,1960 年转上海拖拉机制造厂更名为工农手扶拖拉机
4	58-1 型三轮汽车	1957 年 11 月	上海汽车装修厂
5	凤凰牌轿车/上海牌轿车	1958 年 9 月	上海汽车装配厂 1958 年研制,1964 年更名上海牌轿车
6	丰收-27 型拖拉机	1959 年 2 月	宝铝汽车材料厂
7	丰收-35 型拖拉机	1959 年 12 月	上海汽车装配厂
8	幸福牌摩托车	1960 年 4 月	1960 年上海市轻工业局所属上海自行车二厂研制,1964 年上海摩托车厂生产
9	SH-130 型 2 吨载重汽车	1966 年初	上海汽车制造厂
10	上海牌 SH-380 型 32 吨自卸式载重汽车	1969 年 8 月	上海汽车制造厂
11	SH-361 型 15 吨倾卸式重型汽车	1969 年 9 月	上海货车厂
12	丰收-45 型拖拉机	1969 年 9 月	上海七一拖拉机厂
13	上海-45 型拖拉机	1970 年 7 月	上海拖拉机制造厂

资料来源:《上海汽车工业志》《上海汽车工业史》

表 4 - 1 - 4　1964—1971 年部分年份公司支援"三线"建设情况表

支援工厂名称	支援时间	支援方式	内迁省份	新建厂名称	内迁人数
上海动力机厂	1964 年 12 月	全部搬迁	四川	重庆浦陵机器厂	237
上海第二齿轮厂	1964 年 3 月		青海	西宁齿轮专业制造厂	211
上海活塞厂	1965 年 3 月			成都配件厂	63
大中华汽车材料厂				成都配件厂	81
上海第一汽车附件厂	1965 年 4 月		四川	涪陵汽门厂	101
洪昌机器厂				涪陵海陵机械三厂	61
上海合金轴瓦厂				涪陵汽车公司修理厂	324
上海马铁厂	1966 年 2 月		云南	昆明阀门厂	5
中国弹簧厂	1966 年 4 月	部分搬迁	江西	江西标准件厂	—
上海活塞环厂	1966 年 8 月			涪陵船舶厂	—
上海滚动轴承厂	1966 年 10 月		四川	成都轴承总厂	337
中国机器厂				都江机械厂	10
红星轴承厂	1966 年 11 月			江西轴承厂	206
工农动力机厂			江西	宜春 9446 厂	14
上海第一汽车附件厂	1968 年			乐平为民机械厂	310
新成汽车材料厂	1970 年		贵州	息烽朝晖机械厂	48
华丰钢铁厂	1971 年 5 月		四川	长城钢厂	25

资料来源:《上海汽车工业志》

【支援第二汽车厂建设】

1968 年 2 月,上海市革命委员会工业交通组生产办公室转发国家计划委员会《关于上海市负责包建第二汽车制造厂建设项目的复函》,下达包建项目。公司所属企业主要包建项目有:以上海汽车配件厂为主,上海制动器厂配合,包建第二汽车厂水箱厂;以上海汽车底盘厂为主,上海汽车传动轴厂配合,包建二汽传动轴厂;上海汽车钢板弹簧厂包建二汽钢板弹簧厂等。此外,上海汽车制造厂、上海汽车发动机厂、上海合金轴瓦厂、上海粉末冶金厂、上海工农动力机厂等抽调部分职工支援二汽。1971 年,支援二汽工作基本结束,公司共支援管理干部、技术人员和技术工人 1 363 人,完成包建自制专用设备 186 台、工艺装备 2 200 多套。

三、实施成效

1961—1969 年,公司继续取得整车整机制造的新突破,新增 SH130 型 2 吨载重汽车、交通牌 SH - 4 吨载重汽车、SH - 361 型 15 吨倾卸式重型汽车、SH - 380 型 32 吨矿用自卸重型汽车、上海 - 45 型拖拉机、幸福牌摩托车等整车整机产品。同时,凤凰牌轿车更名为上海牌轿车,红旗手扶拖拉机更名升级为工农 - 11 型手扶拖拉机,丰收 - 27 型拖拉机升级为丰收 - 35 型拖拉机。公司整车整机产品数量从4种增加到10种,其中摩托车初步形成产品系列。同时,部分整车整机继续提高批量制造能力。上海58-Ⅱ型三轮汽车、手扶拖拉机和中型拖拉机年产分别达到2 500辆、6 000台和1 000台;凤凰牌轿车开始形成小批量生产能力,年产达到200辆;摩托车诞生后年产超过2 000辆。

这一时期,国家先后经历三年经济困难和国民经济调整、1966年开始的"文化大革命",规划实施和生产秩序受到严重影响。公司和各企业克服困难、排除干扰,在进入整车制造阶段需要大量投资而国家无法承担的情况下,发扬自力更生、奋发图强精神,建立专业化生产协作体系,开展群众性技术革新和挖潜改造,不断提高产品质量和生产能力。1966年,创造"芦席棚里闹革命"艰苦创业精神的上海卫海铁工厂,在全国工业交通工作会议和全国工业政工会议上被评为全国八面红旗之一。公司整车整机产品中,拖拉机产品从1965年年产2 100辆增加到1969年的7 000辆,批量增加比较明显;摩托车有小量增幅;汽车产品生产波动明显,上海58-Ⅱ三轮汽车1964年年产达2 500多辆,1967年和1968年减至1 600辆和2 200辆,1969年重返2 500辆;上海牌轿车1966年年产达到200辆后,1967—1969年连续4年年产在100~250辆之间徘徊。

1964年和1970年,公司固定资产投资首次超过500万元和1 000万元;1966年,工业总产值首次超过5亿元。1970年和1960年相比,公司工业总产值从7.08亿元增至8.74亿元,增长0.23倍,年复合增长率2.1%;利润总额从2.32亿元减至1.44亿元,利税总额从2.59亿元减至1.60亿元,均减少38%,年复合增长率均为-4.7%;全员劳动生产率从人均2.70万元增至1.28万元,减少53%;总占地面积和总建筑面积分别从97.88万平方米和31.02万平方米增至130.44万平方米和63.18万平方米,分别增长0.33倍和1.03倍;金属切削设备从0.39万台套增至0.74万台套,增长0.80倍。1961—1970年,国家对公司的固定资产投资总计0.51亿元,同期公司上交利润总计10.90亿元,上缴利润是固定资产投资总额的20.37倍。

表4-1-5 1961—1970年公司固定资产投资统计表

		1961年	1962年	1963年	1964年	1965年	1966年	1967年	1968年	1969年	1970年	合计
固定资产投资(万元)		84	82	347	739	878	824	532	282	328	1 027	5 123
固定资产(万元)	原值	8 278	8 815	9 525	10 269	11 794	12 831	13 721	14 362	16 193	18 055	—
	净值	6 350	6 667	7 263	7 692	8 849	9 576	10 072	10 272	11 411	12 568	—
金属切削设备(台套)		4 033	4 287	4 696	4 979	5 534	6 262	6 384	6 543	6 871	7 415	—
锻压设备(台套)		526	606	722	767	738	811	804	790	843	913	—
面积(平方米)	占地面积	1 009 439	929 799	1 007 878	1 076 103	1 089 472	1 152 102	1 146 530	1 214 019	1 214 295	1 304 407	—
	建筑面积	340 020	375 501	397 499	423 467	474 880	508 376	520 555	526 907	566 212	631 776	—

资料来源:《上海汽车工业志》《上海汽车工业史》

表4-1-6 1961—1970年公司主要经济指标完成统计表

指标	1961年	1962年	1963年	1964年	1965年	1966年	1967年	1968年	1969年	1970年	合计
企业数(家)	—	—	—	82	—	—	—	—	—	—	—
员工数(人)	26 454	21 716	21 333	22 510	23 739	26 605	28 584	33 454	34 206	33 814	—

〔续表〕

指　　标		1961年	1962年	1963年	1964年	1965年	1966年	1967年	1968年	1969年	1970年	合计
工业总产值(万元/90价)		42 354	25 702	28 666	30 880	42 521	53 603	46 387	56 448	71 407	87 447	468 777
利润总额(万元)		11 382	7 289	7 174	6 474	7 472	9 586	6 204	7 622	11 642	14 401	98 004
利税总额(万元)		12 864	8 636	8 213	7 558	8 235	10 181	6 715	8 246	12 466	15 975	108 981
全员劳动生产率(元/人)		16 639	11 835	13 437	13 718	17 912	20 957	17 019	18 234	21 182	12 756	—
拖拉机产量(台)		12	20	166	734	2 135	4 605	3 618	5 330	7 060	9 912	24 134
其中	工农手扶拖拉机	12	16	150	622	1 812	4 000	3 100	4 523	6 050	8 050	20 739
	丰收-35拖拉机	—	4	16	112	323	605	518	807	1 010	1 862	3 395
上海牌轿车		4	—	—	50	60	202	102	250	155	155	884
上海三轮汽车		900	1 215	1 500	1 840	2 505	2 129	1 605	2 196	2 571	—	17 778
SH 2吨汽车		—	—	—	—	—	—	—	—	—	2 002	—
SH 15吨重型车		—	—	—	—	—	—	—	—	4	60	4
SH 32吨重型车		—	—	—	—	—	—	—	—	5	30	5
交通4吨载重车		—	—	—	—	—	—	—	—	711	1 242	711
SH211吉普车/救护车		48	88	50	60	83	104	95	86	131	205	567
幸福摩托车产量(辆)		—	—	—	1 780	2 526	2 715	2 645	2 450	2 776	4 004	14 892	—

资料来源:《上海汽车工业志》《上海汽车工业史》

第三节　1971—1980年规划发展

一、上海轿车引进和合资决策

自20世纪70年代末中国改革开放开始,汽车工业逐步成为国家和上海发展的重点行业。1978年7月15日,国务院批准国家计划委员会、经济委员会和对外贸易合作部的报告,下发《关于颁发〈开展对外加工装配业务试行办法〉的通知》,决定引进上海轿车装配线,改造上海轿车工业。同年8月9日,第一机械工业部(简称一机部)和上海市革命委员会联合上报《关于引进轿车制造技术和改造上海轿车厂的报告》。9月13日,中共中央政治局委员、国务院副总理余秋里对《报告》作出批示。同年11月9日,中共中央副主席邓小平就上海轿车项目能否中外合资经营作出"可以,不但轿车可以,重型车也可以"的指示。1979年2月,国家经济委员会批准上海市拖拉机汽车工业公司(简称上海市拖汽公司)为全国35个企业性公司试点单位之一。同年5月,在国民经济调整众多建设项目下马的情况下,中共上海市委和一机部分别作出上海轿车合资项目继续进行的决定并得到国务院的同意。

二、规划编制

20 世纪 70 年代,上海市拖汽公司先后编制《"四五"期间拖拉机、汽车发展规划》《上海拖汽工业第四个五年计划发展规划》《上海轿车生产规划》《上海汽车工业"四五""五五"规划》《拖拉机发展规划》《重型汽车发展规划》《上海市拖汽工业十年规划(1974—1985 年)》以及《1978—1981 年期间规划设想》共计 8 个中长期发展规划。

在这些发展规划中,1972 年和 1973 年编制的《上海轿车生产规划》和《上海汽车工业"四五""五五"规划》,提出 70 年代重点发展轿车及重型汽车,至 1975 年形成年产上海 760 型轿车 5 000 辆、上海 771 型轿车 500 辆,外加相当于劳动量 25% 的备配件生产能力;至 70 年代末,汽车年总生产能力达 5 万辆。1973 年 6 月,根据一机部确定上海为全国重点发展的 6 个拖拉机生产基地之一的要求编制的《拖拉机发展规划》,设想至 70 年代末年产中型拖拉机 2 万台,配件再加 25%。同年,根据一机部要求制定的《重型汽车发展规划》,提出至 1975 年形成 1 800 辆生产能力。1974 年编制的《上海市拖汽工业十年规划(1974—1985 年)》,提出 1985 年前手扶拖拉机和 2 吨汽车停产,重点发展丰收-35 型和上海-50 型拖拉机、上海-771 型轿车和重型汽车。1977 年 6 月编制的《1978—1980 年期间规划设想》提出重点抓住拖拉机、轿车、重型汽车的发展,不断改革老产品,积极研制新产品,尽量采用先进技术,努力赶超 3 个水平的规划指导思想;提出 1980 年拖拉机产量达到 2.6 万台,汽车产量达到 1.2 万辆,其中轿车 5 200 辆等产品发展目标;提出 3 年固定资产投资 20 373 万元等措施。

此外,1978 年 5 月,上海市拖汽公司同时编制上报《关于上海牌轿车 1 万辆规划》和《丰收-35 型拖拉机形成年产 2 万台生产能力初步规划》两个专项规划。轿车规划提出转出 2 吨汽车,其产能用于轿车生产,总投资 3 511 万元形成上海牌轿车万辆年产能力;拖拉机规划提出总投资 3 065.8 万元,形成 2 万台丰收-35 型拖拉机年产能力。

三、规划实施

【上海牌轿车年产超 5 000 辆】

根据规划,20 世纪 70 年代轿车开始成为公司发展重点。1970 年,上海汽车制造厂研制成 SH-770 型高级轿车和 SH-761 型敞篷检阅车。1971 年,上海市拖汽公司在中央关于"理直气壮抓生产"精神引领下,围绕轿车形成 1 000 辆年产能力开展技术改造。1972 年 10 月,一机部向上海下达 5 000 辆轿车扩建任务书。上海汽车制造厂在实施过程中加强车身模具改造,实现薄板零件冲压成形。1973 年,轿车车身制造和装配迁入扩建的新车间,同时建成装配流水线,工艺装备和检测设备初步完备。1974 年,上海 SH-760 型轿车改型为 SH-760A 型轿车,并试制 SH-771 型中高级轿车。1975 年,2.6 万平方米连跨厂房建成,形成年产 5 000 辆轿车能力,中国形成"北有红旗、南有上海"的轿车制造格局。

1971 年,上海牌轿车结束连续多年年产 200 辆左右徘徊不前的局面,产量达到 460 辆,1973 年迈上 1 000 辆台阶,1976 年突破 2 000 辆达到 2 500 辆,1979 年突破 4 000 辆达到 4 015 辆,1980 年进一步提高到 5 300 辆,超过规划提出的 1980 年年产 5 200 辆的目标,轿车生产进入批量稳步发展时期。同年 10 月,上海汽车厂研制成功上海牌 SH-760B 型轿车。1970—1980 年,上海牌轿车累计生产 21 723 辆。

【2 吨和 4 吨载重车年产超 5 000 辆和 3 000 辆】

1969 年,上海 58-Ⅱ型三轮汽车转产后,SH-130 型 2 吨载重汽车成为 70 年代上海主要的交通运输工具。该车于 1970 年开始量产,当年产量即达到 2 002 辆。1972—1975 年年产连续递增 1 000 辆,1974 年突破 5 000 辆达到 5 200 辆。1975 年 5 500 辆,为历史最高纪录。70 年代后半期,SH-130 型 2 吨载重汽车产量停止增长,除 1978 年年产达到 5 000 辆外,其余年份均在 3 000 多辆徘徊。1980 年年产重返 5 000 辆台阶。1970—1980 年,累计生产 43 376 辆。

同期,交通牌 4 吨载重汽车于 1969 年因上海货车制造厂转入而成为公司主营产品后,发动机、变速器、制动系统、底盘等经过重大改进,定型为 SH-142 型,并进入稳步发展期。1970 年,该车年产超过 1 000 辆,达到 1 242 辆,1974 年超过 2 000 辆,达到 2 030 辆,1980 年攀上 3 000 辆台阶,达到 3 500 辆。1970—1980 年,累计生产 20 533 辆。

【15 吨和 32 吨重型车年产达 600 辆和 100 辆】

1969 年,交通牌 SH-361 型 15 吨倾卸式重型汽车和 SH-380 型 32 吨矿用自卸载重汽车相继诞生后,1970 年均进入小批量生产,当年分别完成 60 辆和 30 辆。1971 年,交通牌 SH-361 型 15 吨倾卸式重型汽车由上海汽车制造厂转至上海货车制造厂生产,该厂成为同时生产 15 吨和 32 吨两种重型汽车的专业工厂。转产后,上海货车制造厂会同上海柴油机厂、上海汽车底盘厂、上海汽车齿轮厂等企业组成 32 吨汽车质量攻关小组,着重攻克发动机马力不足和制动性能不可靠两大问题。整个 70 年代,交通牌 SH-361 型 15 吨倾卸式重型汽车改进项目 66 个,年产量呈逐年上升之势,1971 年年产突破百辆达 160 辆,1975 年超过 500 辆,1979 年达到 671 辆。SH-380 型 32 吨矿用自卸载重汽车年产在 30 辆~100 辆之间波动,1975 年生产 100 辆,为历史最高纪录,1979 年减至 33 辆。同年 4 月,上海市拖汽公司召开交通牌 32 吨和 15 吨重型汽车使用技术经验交流会,总结重型车质量改进的情况。1970—1980 年,15 吨和 32 吨重型汽车分别累计生产 4 436 辆和 627 辆。

【SH-211 轻型越野车试制生产和停产】

1969 年,上海市劳动局第二技工学校取消建制并与上海汽车底盘厂合并后,试制出 5 辆 SH-211 型轻型越野车。1970 年投产后发现质量问题进行改进,1972 年再次改进设计的车型定名 SH-211A 型越野车。1977 年,该车因质量问题未能鉴定而停止生产。1969—1977 年累计生产 3 253 辆。

【小型和中型拖拉机年产超 1 万台和 1.4 万台】

1969 年,上海拖拉机厂接产丰收-45 型拖拉机后,于 1970 年 7 月完成第二轮试制,并将产品定名为上海-45 型拖拉机,该厂成为生产工农-11 型手扶拖拉机和上海-45 型拖拉机的专业工厂。同时,上海七一拖拉机厂继续生产丰收-35 型拖拉机。上海形成两个拖拉机厂生产 1 种小型拖拉机、2 种中型拖拉机的格局。此后至 1975 年,上海 3 种拖拉机年产量不断上升。1973 年,工农-11 型手扶拖拉机年产达到 1 万台,丰收-35 型和上海-45 型拖拉机年产合计突破 5 000 台达到 5 200 台。1975 年,改进后的上海-45 型拖拉机匹配上海内燃机厂 50 马力的 495A 型柴油机,产品升级为上海-50型拖拉机。1976年5月,公司召开拖拉机"夺万台"誓师大会,当年2种中型拖拉机年产合计突破1万台达到11 007台,手扶拖拉机继续保持1万台,上海成为国家主要的拖拉机制造基地之一。1977年10月,上海市革命委员会工业交通组决定上海重点发展30—50马力拖拉机,工农-11型手扶拖拉机转至黑龙江省五常县生产,上海生产的工农手扶拖拉机累计达到91 951台。1978年,丰收-35型拖拉机在与日本久保田、井关、佐藤等8种国际同马力同等级水田拖拉机的对比试验中,夺得犁耕、旋耕的生产率、亩油耗、最大牵引力和水田通过性等6项指标的第一名,该机由此成为全国唯一被一机部批准出口援外的中型轮式拖拉机,此后数年出口援外近3 000台。上海丰收拖拉机厂各项经济指标位居全国农机行业之首。1979年,丰收-35型和上海-50型拖拉机年产合计突破1.4万台达到14 809台,创历史最高纪录。1980年,为上海-50型拖拉机匹配的495A柴油机获国家质量金奖。由于手扶拖拉机早于规划预计时间转产,1980年公司拖拉机产量低于规划提出的2.6万台目标,为14 377台。1970—1980年,丰收牌和上海牌中型马力拖拉机累计生产93 059台。

【摩托车年产超8 000辆】

1970年,幸福250系列摩托车年产突破4 000辆。1971年,军用东海750型三轮摩托车研制成功投入批量生产,当年生产826辆,上海摩托车厂成为同时生产2种品牌2种型号、同时生产军用和民用摩托车的专业工厂。至1977年,两种产品此消彼长,幸福250摩托车基本逐年递减,东海750摩托车基本逐年递增。1973年,2种摩托车年产合计达5 000辆。1975年,东海摩托车年产超过幸福摩托车。1978年,幸福250摩托车年产重返4 000辆,重新超过东海750摩托车,产量合计达到6 100辆。1980年,幸福和东海摩托车年产分别为4 288辆和4 113辆,均创历史新纪录,合计年产登上8 000辆新台阶。1970—1980年,幸福和东海摩托车分别累计生产33 542辆和22 353辆,合计生产55 895辆。

【启动技术引进中外合资】

20世纪70年代末,中国进入改革开放新时代,上海市拖汽公司开始合资引进。1978年4月,公司组成上海汽车考察团赴日本考察,商谈有关技术合作事项。同年7月,国务院下达《关于颁发〈开展对外加工装配业务试行办法〉的通知》后,公司立即参与上海引进汽车装配线项目的研究和报告起草工作。同年9月,上海市革命委员会和第一机械工业部上报的《关于引进轿车制造技术和改造上海轿车厂的报告》获批后,公司参与一机部主持的与美国通用汽车公司和福特汽车公司进行的引进技术改造上海轿车和重型车的谈判,参与一机部部长周子健率领的中国机械工业代表团出访考察。同时成立技术引进办公室,负责实施整车零部件和摩托车的对外合作项目。同年11月,中共中央副主席邓小平作出同意上海轿车项目合资的决策后,上海市拖汽公司分别与美国通用和福特、法国雪铁龙和雷诺、日本日产,以及德国大众等7家跨国汽车公司进行40多次商谈。其中与联邦德国大众汽车公司(简称德国大众)于1978年11月在上海首次会晤,表达合作意向;于1979年3月与来访的德国大众就合作事宜再次会谈;同月,参加一机部副部长饶斌率领的中国汽车工业代表团访问德国大众,代表团拟定德国大众为上海轿车项目合作伙伴;同年9月和10月与再次到访的德国大众开始合资企业初步规划设计;1980年2—4月再次参加饶斌率领的中国汽车代表团访问德国大众,商定分期规划设想。此外,1980年5月,日本山叶摩托车公司来沪商讨合作改造上海摩托车厂事宜;同年9月,英国GKN国际贸易公司来沪商讨锻造、冲压、车桥、传动轴等零部件合作事宜。

【公司改革和企业整顿】

1976年,根据上级部署,上海市拖汽公司开始组织企业开展工业学大庆、建大庆式企业活动。1977年8月,上海汽车钢板弹簧厂被评为上海市首批大庆式企业。1978年1月,公司开始组织企业开展12项整顿工作。同年11月,根据上海市第一机电工业管理局决定,上海市拖汽公司撤销革命委员会,恢复经理制。1979年2月,公司被国家经济委员会列为全国企业性公司试点单位之一,开始试办企业性质的公司。同年8月,按照企业性公司负责产品统一销售的要求,上海市拖汽公司成立产品销售门市部。同年,公司将建大庆式企业与企业整顿结合起来,开展整顿质量技术、计划和财务管理的"三大战役"。当年,达到12项企业管理整顿标准的单位24家,占企业总数42%。至1980年,先后有15家企业建成大庆式企业。

1970—1979年,公司所属整车整机企业出现多次并转或更名,主要包括:1970年1月,上海救护车厂并入上海客车修配厂;次月,上海客车修配厂更名为上海客车厂;1972年11月,上海客车厂重新划归上海市公用事业管理局,上海救护车同时从上海客车厂划出,恢复厂名直属上海市拖汽公司。同年,上海七一拖拉机厂更名为上海丰收拖拉机厂;1978年10月,上海柴油机厂划归上海市拖汽公司。1979年,上海货车制造厂更名为上海重型汽车制造厂。

【零部件研发和上海汽拖研究所成立】

1970年5月上海合金轴瓦厂与上海机电设计院、上海内燃机研究所、上海东风有色合金厂等单位联合研制的20%锡铝合金双金属轴瓦填补国内空白。同年8月,上海汽车齿轮厂研制成功精锻直伞齿轮,该项目于1978年获全国科技大会成果奖。1972—1976年,上海市拖汽公司以自力更生精神开展群众性技术更新,整车整机企业自制专用设备5 000余台、机械手150余个、生产流水线106条包括自动半自动生产流水线60余条,有效提高整车整机的批量生产能力。1973年9月,上海市拖汽公司成立上海拖拉机汽车研究室。1977年7月,公司组织汽车底盘、汽车齿轮、汽车传动轴、汽车制动器等制造企业和上海拖汽研究室共同研制"可控震源车"车身部分。1979年12月,公司在上海拖汽研究室基础上成立上海拖拉机汽车研究所。1980年1月,上海柴油机厂、上海汽车配件厂与上海开关厂、上海革新电机厂联合会战,试制成功2台200千瓦柴油机发电机组,填补中国电站技术的空白。

此外,上海市拖汽公司于1970年3月成立转子发动机会战小组,至1978年完成多轮研制,后因技术问题最终未能过关停止研制。

四、实施成效

20世纪70年代末,公司开始进入改革开放新时期,上海轿车合资项目确定德国大众为合资伙伴并进入正式谈判,成为这一时期最重要的发展成果。

【产品】

1970—1980年,公司整车整机产品进一步发展。上海牌轿车从单一的SH-760轿车,发展为SH-760轿车、SH-770防弹车、SH-771中高级轿车3种车型,SH-760轿车发展为SH-

761、SH-762、SH-760B等5种款式，形成产品系列；载货汽车继续保持SH-130型2吨载重车、SH-142型4吨载重车、SH-361型15吨倾卸式重型汽车、SH-380型32吨矿用自卸重型汽车4种产品；拖拉机从工农-11型、丰收-35型"一中一小"2种产品，升级为丰收-35型和上海-50型2个中型产品；摩托车从幸福250单一产品，发展为幸福250摩托车和东海750摩托车2种产品。整车整机产品从10种增加到11种，轿车、拖拉机和摩托车的产品能级进一步提高。

【产量】

至20世纪70年代末，公司形成拖拉机、汽车和摩托车三大整车整机产品"三足鼎立"的格局，同时成为中国拖拉机生产的重要基地和轿车批量最大的制造基地。三大主导产品中，拖拉机生产规模最大，1980年生产14 377台，比1969年的7 060台增长1.04倍，年复合增长率6.7%。汽车产品增速最快，1980年生产14 074辆，比1969年的3 509辆增长3.01倍，年复合增长率13.5%。汽车产品中轿车增幅更快，1980年上海牌轿车生产5 300辆，比1969年的204辆增长24.98倍，年复合增长率34.5%，上海形成5 000辆轿车年产能力；载货汽车由于4吨载重汽车转入并与2吨汽车稳步发展，1980年载货汽车合计生产8 774辆，比1969年的3 300辆增长1.66倍，年复合增长率9.3%。此外，1980年摩托车生产8 421辆，比1969年的2 776辆增长2.03倍，年复合增长率10.6%。1970—1980年，累计生产拖拉机16.47万台、汽车9.39万辆、摩托车5.59万辆，分别为1960—1969年的6.83倍、4.87倍和3.75倍。同期生产的9.39万辆汽车中，轿车累计生产2.17万辆，载货汽车累计生产6.90万辆，分别占汽车总产量的23%和73%，其余份额为救护车和专用车等汽车产品，载货汽车产量为轿车产量的3.18倍。

【其他经济指标】

1972年，公司工业总产值首次突破1亿元。1980年与1970年相比，公司工业总产值从8.74亿元增至19.70亿元，增长1.25倍，年复合增长率8.5%；利润总额从1.44亿元增至2.62亿元，增长0.82倍，年复合增长率6.2%；利税总额从1.60亿元增至2.92亿元，增长0.83倍，年复合增长率6.2%；全员劳动生产率从人均1.28万元增至人均2.09万元，增长0.63倍；固定资产原值和净值分别从1.80亿元和1.26亿元增至4.25亿元和2.74亿元，分别增长1.36倍和1.17倍；总占地面积和总建筑面积分别从130.44万平方米和63.18万平方米增至167.16万平方米和104.04万平方米，分别增长0.28倍和0.65倍；金属切削设备从0.74万台套增至1.14万台套，增长0.54倍。1970—1980年，公司累计工业总产值（90价）162.81亿元，累计利润总额22.47亿元，累计利税总额25.65亿元，固定资产累计投资1.27亿元，分别为1960—1969年的3.47倍、2.29倍、2.35倍和2.82倍。1970—1980年的利润总额是同期固定资产投资总额的17.75倍。

表 4 - 1 - 7　1971—1980 年公司固定资产投资统计表

	1971年	1972年	1973年	1974年	1975年	1976年	1977年	1978年	1979年	1980年	累计	60年代累计	70年代为60年代的
固定资产投资(万元)	845	574	1 879	2 150	2 344	1 388	359	674	799	616	12 655	4 566	2.77 倍
固定资产(万元) 原值	20 062	22 852	27 060	29 943	33 873	37 873	40 143	41 334	41 044	42 510	—	—	—
固定资产(万元) 净值	13 826	15 926	19 168	21 091	23 872	26 660	27 674	27 774	27 240	27 367	—	—	—
年末金属切削设备(台套)	8 440	8 850	10 021	10 058	11 207	11 930	12 126	10 966	11 178	11 379	—	—	—
年末锻压设备(台套)	916	1 001	1 156	1 271	1 443	1 493	1 515	1 414	1 476	1 382	—	—	—
面积(平方米) 占地面积	1 347 755	1 456 987	1 572 220	1 629 534	1 674 431	1 701 611	1 718 530	1 657 165	1 645 490	1 671 565	—	—	—
面积(平方米) 建筑面积	672 627	747 279	821 143	851 576	945 477	990 155	991 466	1 016 156	1 033 417	1 040 390	—	—	—

资料来源:《上海汽车工业志》

表 4 - 1 - 8　1970—1980 年公司主要经济指标完成统计表

指 标	1970年	1971年	1972年	1973年	1974年	1975年	1976年	1977年	1978年	1979年	1980年	累计(不含1980年)	70年代累计	70年代累计数为60年代的倍数	年复合增长率(%)
企业数(家)	—	—	—	—	—	—	—	—	—	57	57	—	—	—	—
员工数(人)	33 814	25 308	36 185	38 182	37 565	39 457	40 431	41 118	43 119	45 769	47 657	—	—	—	—
工业总产值(万元/90价)	87 447	97 337	108 163	130 397	148 823	162 666	163 187	168 429	176 806	187 841	197 005	1 431 096	468 777	3.05 倍	8.5
利润总额(万元)	14 401	15 266	16 063	18 927	20 817	22 297	20 760	21 099	23 801	24 988	26 242	198 419	98 004	2.02 倍	6.2
利税总额(万元)	15 975	17 423	18 467	21 815	24 094	25 682	24 072	24 443	27 265	28 040	29 237	227 276	108 981	2.09 倍	6.2
全员劳动生产率(元/人)	12 756	14 149	15 030	15 200	19 604	20 861	20 139	20 397	20 172	21 351	20 910	—	—	—	5.1
拖拉机产量(台)	9 912	11 447	12 011	15 200	16 712	18 383	21 016	17 813	13 057	14 809	14 377	150 360	24 134	6.23 倍	3.8

［续表］

指标		1970年	1971年	1972年	1973年	1974年	1975年	1976年	1977年	1978年	1979年	1980年	累计（不含1980年）	70年代累计	70年代累计数为60年代的倍数	年复合增长率（%）
其中	手扶拖拉机	8 050	8 100	8 000	10 000	10 009	10 500	10 009	7 010	—	—	—	71 678	20 739	3.47倍	—
	中型拖拉机	1 862	3 347	4 011	5 200	6 703	7 883	11 007	10 803	13 057	14 809	14 377	78 682	3 395	23.18倍	—
汽车产量（辆）		3 694	4 882	5 038	7 194	9 619	10 554	9 545	9 057	10 050	10 222	14 074	79 855	19 382	4.12倍	14.3
其中	上海牌轿车	155	460	550	1 000	1 327	1 652	2 500	2 218	2 546	4 015	5 300	16 425	884	18.58倍	42.4
	载货汽车	3 334	4 122	4 408	5 934	7 729	8 202	6 285	6 469	7 504	6 207	8 774	60 194	18 498	3.25倍	10.2
	SH 2吨载重车	2 002	2 900	3 000	4 000	5 200	5 500	3 500	3 947	5 025	3 302	5 000	38 376	—	—	—
	SH 4吨载重车	1 242	1 002	1 103	1 502	2 030	2 100	2 200	1 850	1 803	2 201	3 500	17 033	—	—	—
	SH 32吨重型车	30	60	62	62	80	100	60	94	46	33	—	627	—	—	—
	SH 15吨重型车	60	160	243	370	419	502	525	578	630	671	274	4 162	—	—	—
	吉普车/救护车	205	300	80	260	563	700	760	370	—	—	—	3 238	567	5.77倍	—
摩托车产量（辆）		4 004	3 826	3 834	5 000	5 280	4 410	4 500	3 510	6 100	7 010	8 421	47 474	14 892	3.19倍	7.7
其中	幸福 250	4 004	3 000	2 530	3 250	3 150	2 000	2 050	1 250	4 000	4 000	4 288	29 254	—	—	—
	东海 750	—	826	1 304	1 750	2 130	2 410	2 450	2 260	2 100	3 010	4 113	18 240	—	—	—

资料来源：《上海汽车工业志》《上海汽车工业史》

第二章 "六五""七五"规划发展

上汽在这一时期编制实施的规划主要有：1980年编制的《1981—1990年拖拉机汽车发展和改造规划》，1981年编制的《"六五"产品发展规划》，1985年编制的《中外合资建设30万辆轿车项目建议书》和《"七五"发展规划》。这些规划经过实施，上汽进入对外开放的发展阶段，轿车成为上汽发展的重大战略。

第一节 "六五"规划发展

一、规划编制

【编制1981—1990年发展规划】

1980年6月，上海市拖拉机汽车工业公司（简称上海市拖汽公司）完成《1981—1990年拖拉机汽车发展和改造规划》编制，上报上海市第一机电工业局。该《规划》分析公司现状，指出由于"文化大革命"的影响，上海拖拉机汽车工业虽有发展，但产品、技术和管理落后的矛盾较为突出；生产中的长短线差距较大，国家急需的某些短线产品，存在质量不过硬、产量上得慢的问题；大部分产品品种落后，性能差油耗高，急需更新换代。为此，《规划》确定结合国家实施的"调整、改革、整顿、提高"八字方针，立足于提高产品质量和赶超国内外先进水平，做好产品升级换代的总体要求。提出长远规划与当前调整改革整顿提高八字方针相结合，改造老产品发展新产品与引进国外先进技术相结合，组织专业化协作与行业改组改造相结合，提高产品质量发展新产品与讲求经济效果相结合、发展生产与改善职工物质文化生活相结合等指导思想。

该规划提出主导产品发展设想和目标主要有：改造两种拖拉机底盘，逐步做到40和50马力等级的拖拉机通用一种底盘，1985年丰收牌拖拉机和上海牌拖拉机年产分别为1.5万台和1.2万台。轿车第一方案引进国外技术，与国外搞合资经营，1990年年产达到15万辆，上海牌轿车抓好760A型改型；第二方案如中外合资经营搞不成，抓紧搞好上海牌761型轿车的样车并批量生产，同时研制排量小、重量轻、油耗低、外形新颖的轿车，并考虑变型车，1985年生产1.27万辆，1990年争取形成2万～5万辆年产能力。32吨重型汽车第一方案与美国伟步公司搞补偿贸易，争取1982年投入小批量生产；第二方案如补偿贸易不成功，从改进提高自制底盘质量，向美国康明斯和阿里森购买发动机和变速箱进行装配，未来逐步做到自我配套，1985年年产400辆。15吨重型汽车改进和提高产品质量，在此基础上发展变型车，1985年年产1 800辆。此外，该规划还提出4吨卡车和2吨轻型客车逐步下马，积极发展民用摩托车并形成系列产品等其他整车产品发展设想；提出缸盖、曲轴、凸轮轴、油嘴油泵、齿轮、高强度螺栓、活塞、活塞环、轴瓦、缸套、连杆、化油器、传动轴、水箱、链条等基础件，借鉴国外先进技术，采用新结构、新材料、新工艺，抓好质量提高和升级换代等零部件产品发展设想。

【"六五"产品发展规划】

1981年7月，上海市拖汽公司根据国家第一机械工业部（简称一机部）要求制定《"六五"产品发展规划》上报一机部汽车总局。该规划提出：公司主要产品中的轿车、拖拉机、摩托车和载重汽车4大龙头产品,分别从国外引进德国大众桑塔纳轿车、意大利菲亚特中马力拖拉机、日本本田摩托车、美国伟步35D矿用车的制造技术,使公司主导产品技术性能和制造水平达到20世纪80年代国际先进水平;同时规划与4大龙头技术引进相适应的技术改造项目31项,其中8项列为国家"六五"重点技改项目,2项列为机械工业部重点项目,7项列为机械工业部引进项目;规划设想经过努力,发展6种基本型20种变型汽车、2个系列的拖拉机、3种基本型5种排量的新型摩托车、3个系列柴油机以及汽油机;规划"六五"期间固定资产总投资9 437.5万元。

【30万辆轿车发展目标】

20世纪80年代初,上海汽车拖拉机工业联营公司(简称上海汽拖联营公司)根据中共上海市委和上海市政府的战略,在上海大众汽车有限公司(简称上海大众汽车)合资项目报批的同时,开始规划上海轿车工业的中长期发展目标。1984年8月30日,中共上海市委第一书记陈国栋、第二书记胡立教和上海市市长汪道涵到上海汽车厂现场办公,提出上海轿车工业上经济规模近期任务和中远期发展要求,上海拖汽联营公司据此着手编制中长期发展规划。1985年1月,上海市经济委员会(简称经委)召开首次安亭地区总体规划会议,提出10年后将安亭地区建成年产轿车30万辆现代化汽车城的发展方向。同月,公司向上海市计划委员会、上海市对外经济贸易委员会上报《中外合资建设30万辆轿车项目建议书》。同年7月4日,上海市市长江泽民视察上海大众汽车,强调轿车项目主攻方向不变、年产30万辆目标不变。

二、规划实施

【成立上海大众汽车】

1981年8月10日,上海市人民政府向国务院上报《关于与外商合资改造上海轿车厂的请示》。同年9月26日,国务院授权国家外国投资管理委员会复函予以同意。1982年1月21日,上海市拖汽公司与德国大众汽车公司(简称德国大众)签署《上海轿车合资经营备忘录》。同年6月,公司与德国大众签署桑塔纳轿车试制协议。1983年4月11日,第一辆上海桑塔纳轿车组装成功,当年共组装438辆。同年11月,上海市副市长李肇基、中国汽车工业公司(简称中汽公司)副总经理张兴业召开上海轿车合资项目可行性分析预备会议。同年12月和1984年3月,国务院副总理李鹏和国务委员兼国家经委主任张劲夫先后视察上海汽车厂,肯定上海轿车合资项目,指示不要犹豫抓紧上。1984年7月,上海轿车合资项目可行性研究报告获得上海市计划委员会召开的审批会审议通过。同年9月22日,国务院正式批准上海轿车合营项目可行性研究的审查报告,决定该项目为"七五"国家重点改造项目。10月10日,中汽公司、上海汽拖联营公司、中国银行上海信托投资公司和德国大众在北京人民大会堂签署《上海大众汽车有限公司合营合同》,中国国务院总理赵紫阳、联邦德国总理科尔等出席。10月12日,科尔、李鹏和上海市市长汪道涵等参加上海大众汽车奠基。1984年,上海桑塔纳轿车组装456辆。1985年2月,上海轿车合资项目第一项工程总装车间扩建工程破土动工。同年3月21日,上海大众汽车成立,中汽公司董事长饶斌、中共上海市委副书记黄菊等出席,上海市副市长李肇基致辞祝贺。6月,上海汽拖联营公司召开上海桑塔纳轿车横向国产化起步工作会议,部署横向配套技术引进工作。同年9月,上海大众汽车开业,当年生产上海桑塔纳轿车3 356辆。1983—1985年,累计生产4 250辆。

【上海汽车厂迁建发展】

根据上海大众汽车合营合同关于上海汽车厂部分厂房、设备和职工于 1986 年 3 月前划归上海大众汽车的约定,1984 年 12 月上海汽拖联营公司与嘉定县工业局签署联合经营上海汽车厂的合同,决定上海汽车厂用"倒瓶子"办法实施搬迁,双方成立上海汽车厂联营委员会和迁建领导小组,另建新厂房继续生产上海牌轿车。1985 年 1 月,上海汽车厂迁建设计方案通过审定。同年 4 月,工程开工建设。9 月下旬,厂房土建工程竣工。同年 11 月,双方建立的国集联营上海汽车厂获上海市经委批复同意。同月,迁建工程开始设备安装。12 月,新厂房开始生产上海牌轿车,实现当年搬迁当年生产的目标。该搬迁项目于 1986 年 3 月竣工,保证上海大众汽车一期工程如期实施。

1984 年,上海汽车厂年产上海牌轿车突破 6 000 辆,达到 6 010 辆,创历史新高。实施搬迁的 1985 年,年产仍然达到 5 207 辆。1981—1985 年,累计生产 25 324 辆。

【重型汽车技术引进】

1980 年,SH-380 型 32 吨矿用自卸重型汽车因质量问题停止生产,开始转向技术引进。同年 10 月,上海市拖汽公司与美国伟步公司达成合作生产 32 吨矿用车协议。1981 年 4 月,美国伟步公司向上海重型汽车厂提供 32 吨散装件、图纸和设备。同年 9 月,公司上报中外合作生产重型汽车项目可靠性分析报告。10 月,该项目被一机部列入计划。1984 年 4 月,公司与美国伟步公司签订《35D 型矿用汽车技术许可证生产协议》。

1982 年,上海重型汽车厂生产的 15 吨重型汽车由交通牌改为大通牌。同年 4 月,大通牌 SH-161 型和 SH-361 型 15 吨重型汽车通过部级技术鉴定定型。两种大通牌 15 吨重型汽车定型后,上海重型汽车厂以此为基本车型,先后开发 10 余种变型产品。1983 年,SH 561-20 型 16～20 吨级汽车吊专用底盘和 SH-361AD 型 15 吨自卸车分获中汽公司颁发的改装车专用车新产品优秀产品奖和工艺优秀奖,SH-161-2J(P)型 10 英尺集装箱专用车获国家经委颁发的优秀新产品奖。1984 年,经过改进的 SH-361A 型自卸车销量居国内同行前列。1981—1985 年,大通牌 15 吨重型汽车累计生产 1 863 辆。

【拖拉机技术引进】

20 世纪 80 年代初,国民经济调整,丰收-35 型拖拉机一度滞销。1981 年 4 月,上海丰收拖拉机厂经国家和上海市决定,划转上海市轻工业管理局,丰收-35 型拖拉机转产上海拖拉机厂。1982 年和 1983 年,上海拖拉机厂先后试制生产上海-504 型和 650 型拖拉机。1983 年,为确保上海-50 型拖拉机上万台,丰收-35 型拖拉机停产。1985 年 6 月,利用意大利政府赠款和贷款引进菲亚特汽车公司拖拉机制造技术的引进项目签约,国务委员张爱萍出席签约仪式。同月,上海汽拖联营公司上报《中马力水田轮式拖拉机底盘系列技术引进可行性研究报告》,于同年 10 月获机械工业部批复同意,拖拉机引进项目开始实施。同年 11 月 12 日,上海-504 型拖拉机在澳大利亚"田间日"国际博览会获拉力赛冠军。1981—1984 年,由于丰收拖拉机转产和停产,公司中型拖拉机年产均低于万台。1985 年,随着上海牌拖拉机年产首次突破万台达到 11 000 台,公司拖拉机年产重返万台水平。1981—1985 年,拖拉机累计生产 42 901 台。

【摩托车合资技术引进】

1981年12月,上海摩托车厂研制的幸福50型轻便摩托车通过公司级技术鉴定。公司摩托车增至幸福250型、幸福501型和东海750型3个品种。1983年11月,上海市拖汽公司、泰国正大集团易初投资有限公司、日本本田技研工业株式会社就合资经营摩托车和引进摩托车制造技术签署备忘录。同年12月和1984年8月,该合资项目建议书和可行性研究报告先后获上海市政府同意和上海市对外经济贸易委员会批准。1984年9月,上海市拖汽公司与泰国正大集团签署《上海—易初摩托车有限公司合营合同》,该合营合同于同年11月获对外经济贸易部批复同意。同年12月,上海—易初摩托车有限公司(简称上海易初摩托车)与日本本田技研工业株式会社签署《摩托车制造技术许可证合同》,该许可合同于同月获上海市对外经济贸易委员会批复同意。1985年1月,上海易初摩托车开业,成为公司第一家中外合资企业。同年5月,该公司用日本本田CKD件组装成1 000辆HONDA CG125(3K和Nl)摩托车。同年9月,幸福250D型摩托车诞生。同年,幸福501型摩托车停产,4年累计生产6 698辆,该车于1986年8月转至浙江绍兴轻便摩托车厂生产。

"六五"期间,公司摩托车发展速度加快。1981—1985年,摩托车年产总量连续突破1万辆、1.5万辆、2万辆、2.5万辆和3.5万辆,5年累计生产113 702辆。其中幸福250摩托车累计生产101 471辆,占摩托车总产量的89.2%。

【载货汽车收缩、救护车小批量生产】

"六五"初期,上海市拖汽公司拥有上海汽车厂生产的SH-130轻型2吨载货汽车和上海重型汽车厂生产的大通牌SH-140型4吨载货汽车。1982年,由于产品质量缺陷和上海汽车厂集中力量发展轿车,SH-130轻型2吨载货汽车停止生产。该车自1969年开始生产至1982年,14年累计生产45 329辆。同时,SH-140型4吨载货汽车于1981年试制成SH-142型4吨长车厢载重汽车,但产量趋于减少,最高年份1985年生产1 150辆,1981—1985年累计生产5 016辆。

此外,上海救护车厂于1961年开始生产救护车。1970年该厂并入上海客车修理厂,1972年再次划出恢复上海救护车厂,继续生产救护车,1982年2月,再次并入上海第二汽车底盘厂。1983年1月,SJ520救护车通过技术鉴定,投入批量生产,至1985年累计生产852辆。

【零部件启动技术引进】

"六五"期间,配合桑塔纳轿车的技术引进和国产化,大规模的零部件技术引进开始启动。1981年12月,新成汽车配件厂引进日本小系制作所汽车灯具制造技术。1984年1月和10月,上海汽车底盘厂先后引进英国阿姆斯特朗公司汽车前后减震器和转向器制造技术或生产设备。1984年8月,上海轴瓦厂从英国格莱西亚金属公司引进6%低锡铝基合金精密电镀铅锡二元合金技术。1985年4月,上海市经委下发《关于桑塔纳轿车横向配套技术引进项目建议书的批复》,原则同意上海汽车发动机厂铸造分厂等21个引进制造技术及关键设备项目建议书先行立项。同年6月,上海汽拖联营公司召开上海桑塔纳轿车横向配套起步会议,部署上海桑塔纳轿车横向配套引进技术项目。

【企业改革、五项整顿】

1979年2月,上海市拖汽公司开始试办企业性公司后,在"六五"期间实施一系列企业化改革。1982年5月,公司系统47家工厂全面试行利润留成包干。1983年10月20日,上海市政府办公厅下达通知原则同意成立上海汽车拖拉机工业联营公司,公司实行董事会领导下的总经理负责制。1984年6月,上海重型汽车厂成为公司首家贯彻国营企业扩权10条、奖金上不封顶下不保底、企业工资总额包干"三配套"改革试点单位。同年7月23日,上海汽拖联营公司成立,中汽公司董事长饶斌,上海市副市长阮崇武、李肇基,中共上海市委常委、工业党委书记黄菊等出席。同年,公司直属全民所有制企业全部通过完善经济责任制、加强劳动纪律、整顿财经纪律、改善劳动组织、整顿和加强领导班子5项工作整顿验收。1985年3月,上海汽车进出口公司、上海汽车拖拉机销售服务公司、上海汽车拖拉机材料供应仓储服务公司等成立。同年10月,上海汽车贸易公司成立。

1982年1月,上海柴油机厂划归上海市机电一局。1985年,上海汽拖联营公司组建以上海-50型拖拉机、轻型客货车和SH-110微型汽车为龙头、促进生产专业化协作的3个经济联合体,参加联合体的企业19家。

三、实施成效

【产能技术】

"六五"期间,上汽全面进入改革开放历史新阶段。1984年7月成立的上海汽拖联营公司,成为公司从行政性公司转向企业性公司、推进企业化改革的重要标志;1985年1月和3月相继成立的上海易初摩托车和上海大众汽车,成为公司推进技术引进、合资经营、对外开放的重要标志,公司所属企业性质开始从全民和集体所有制向中外合资演变的重要标志。这一时期,公司实施德国大众桑塔纳轿车、日本本田摩托车、美国伟步35D矿用车和意大利菲亚特中马力拖拉机"四大龙头"技术引进和多项零部件技术引进,实施31项整车整机和零部件技术改造项目,固定资产累计投资5 044.2万元,投资额为"五五"期间的1.94倍。"六五"末的1985年,随着上海大众汽车一期工程开始投入,当年固定资产投资达到创纪录的3 302.3万元。经过投资建设,公司形成万辆汽车、万台拖拉机、万辆摩托车年产能力。

【产品产量】

"六五"期间,轿车开始成为公司发展重点,产品从上海牌1个品牌发展到上海和大众2个品牌,上海桑塔纳轿车达到20世纪80年代初技术水平。1981年,公司轿车生产3 400辆,载货汽车生产2 750辆,轿车产量开始超过载货汽车产量,汽车产品结构开始实现从载货汽车为主转向轿车为主的重要转变。"六五"期间,汽车累计生产4.15万辆,仅为"五五"累计产量的79%,但是轿车累计生产2.96万辆,为"五五"轿车累计产量的1.78倍,并占"六五"汽车总产量的71%。轿车中上海牌轿车累计生产2.53万辆,为"五五"累计产量的1.53倍;上海桑塔纳轿车于1983年开始生产,1985年年产突破3 300辆。同时,载货汽车产品从4种减至大通牌15吨重型汽车和4吨载货汽车2种,5年累计产量减至0.95万辆,仅为"五五"载货汽车累计产量的27%。

"六五"期间,摩托车成为发展最快的产品。1985年,摩托车生产3.71万辆,为1980年产量的4.41倍。5年摩托车总产量11.37万辆,其中幸福250摩托车10.15万辆,分别为"五五"累计产量的3.85倍和6.5倍。同期,由于丰收拖拉机转产,拖拉机产品从2个品牌减至1个品牌,但上海牌拖拉机机型从1种增至504型和650型2种。1985年,上海牌拖拉机年产突破1万台达到1.1万台,为1980年2个品牌年产量的77%;5年中型拖拉机累计产量为4.29万台,为"五五"期间中型拖拉机累计产量的 67%。

【其他经济指标】

1985 年与 1980 年相比,公司工业总产值(90 价)从 19.70 亿元增至 26.50 亿元,增长 0.34 倍;利润总额从 2.62 亿元增至 3.19 亿元,增长 0.22 倍;全员劳动生产率从人均 4.2 万元增至人均 5.27 万元,增长 0.25 倍;固定资产原值和净值分别从 4.25 亿元和 2.74 亿元增至 5.02 亿元和 2.87 亿元,分别增长 0.18 倍和 0.05 倍。"六五"期间,公司工业总产值(90 价)累计 99.02 亿元,为"五五"累计数的 1.11 倍;利润总额累计 10.94 亿元,固定资产实际投资累计 0.5 亿元,分别为"五五"累计数的 94% 和 1.94 倍。"六五"期间利润总额是同期固定资产投资总额的 21.7 倍。

表 4-2-1 "六五"期间(1981—1985 年)上汽固定资产投资统计表

		1981 年	1982 年	1983 年	1984 年	1985 年	合 计
固定资产投资(万元)		229	150	296	1 067	3 302	5 044
固定资产（万元）	原值	44 866	46 225	46 740	48 557	50 176	—
	净值	28 388	28 391	27 668	28 171	28 651	—
年末金属切削设备(台套)		11 767	11 263	11 406	11 631	11 383	—
年末锻压设备(台套)		1 479	1 292	1 404	1 644	1 666	—
面积（平方米）	占地面积	1 690 759	1 687 736	1 707 681	1 741 458	1 846 511	—
	建筑面积	1 093 005	1 106 290	1 139 280	1 173 638	1 184 894	—

资料来源:《上海汽车工业志》

表 4-2-2 "六五"期间(1981—1985 年)上汽主要经济指标完成统计表

指 标	1981 年	1982 年	1983 年	1984 年	1985 年	"六五"累计	"五五"累计	"六五"为"五五"累计数的倍数	年复合增长率(%)
企业数(家)	—	—	—	—	114（其中紧密联营 61）	—	—	—	
企业数(家)	—	—	—	—	114（其中紧密联营 61）	—	—	—	
员工数(人)	48 308	49 591	50 516	50 933	50 302	—	—	—	
工业总产值(万元/90 价)	136 136	170 723	196 832	221 543	264 967	990 201	893 268	1.11 倍	18.1
工业增加值	26 322	28 085	33 301	38 205	52 404	178 317	—	—	18.8
利润总额(万元)	14 617	16 811	21 319	24 764	31 895	109 406	116 890	94%	21.5
利税总额(万元)	17 265	20 108	24 678	28 948	39 020	130 019	133 057	98%	22.6
全员劳动生产率(元/人)	28 181	34 426	38 964	43 497	52 675	—	—	—	16.9
汽车产量(辆)	6 150	6 750	7 867	8 785	11 963	41 515	52 848	79%	18.1

〔续表〕

指　标		1981年	1982年	1983年	1984年	1985年	"六五"累计	"五五"累计	"六五"为"五五"累计数的倍数	年复合增长率（%）
其中	轿车产量	3 400	5 100	6 045	6 466	8 563	29 574	16 579	1.78倍	26.0
	其中 上海牌轿车	3 400	5 100	5 607	6 010	5 207	25 324	16 579	1.53倍	—
	桑塔纳轿车	—	—	438	456	3 356	4 250	—	—	—
	载货汽车产量	2 750	1 580	1 381	1 515	2 231	9 457	35 239	27%	−5.1
	其中 SH 15吨重型汽车	57	206	423	552	625	1 863	2 678	70%	—
	SH 4吨载重汽车	1 122	1 001	940	803	1 150	5 016	11 554	43%	—
	SH 2吨载重汽车	1 571	373	—	—	—	1 944	20 774	9%	—
	救护车/其他汽车/改装车	302	157	212	320	471	1 462	2 584	57%	—
	中型拖拉机产量（台）	7 200	8 000	8 101	8 600	11 000	42 901	64 050	67%	11.2
	摩托车产量（辆）	11 083	18 231	21 253	26 078	37 064	113 702	29 521	3.85倍	35.2
其中	幸福250	8 500	15 000	17 841	25 078	35 052	101 470	15 588	6.51倍	—
	东海750	2 403	226	399	500	1 014	4 542	13 933	33%	—
	幸福501	180	3 005	3 013	500	—	6 698			—
	幸福125	—	—	—	—	998	998			—

资料来源：《上海汽车工业志》

第二节　"七五"规划发展

一、规划编制

【编制过程】

1984年，上海汽拖联营公司学习贯彻当年8月中共上海市委和上海市人民政府主要负责人视察上汽时讲话精神，学习贯彻当年11月召开的全国汽车行业工作会议精神，开始编制"七五"发展规划。1985年，该公司学习贯彻上海市主要负责人视察上海大众汽车有限公司时讲话精神及全国机械电子工业"七五"计划座谈会精神，对正在编制的"七五"规划进行修改。同年9月，公司向上海市第一机电工业局上报《上海汽车拖拉机"七五"规划(1986—1990)》。1986年，又根据中国汽车工业总公司总经理陈祖涛到沪与上海市政府商定的上海汽车工业发展意见，对"七五"规划作进一步修订。1987年12月，上海汽拖联营公司召开规划讨论会，根据"一次规划、分步建设"的原则，对2000年在安亭建成30万辆轿车工业城展开论证探讨。

【规划内容】

该规划根据中央和上海有关要求、汽车市场需求预测及行业存在工艺技术水平落后、质量低、技术基础差、发展缓慢等主要问题,确定高起点、着眼规模经济、产品系列化、加快建设速度等基本原则;确定公司发展方向以轿车为重点,集中资金、引进技术,实现经济规模的现代化生产;确定尽快进行 30 万辆轿车、50 万台发动机年产能力建设前期工作,争取 1990 年年产实现 10 万辆轿车,国产化率达到 80%;确定引进的 35D 型矿用自卸汽车抓紧消化吸收,矿用车建成年产 300 辆规模,1990 年年产 200 辆,同时利用已有产能,生产轻型、中型和大型客货车;确定摩托车引进日本本田摩托车制造技术,同时保留幸福 250 型产品,摩托车年产规模 9 万辆;确定利用意大利政府赠款和贷款引进意大利菲亚特 40、55、65 三种马力水田拖拉机及四轮驱动底盘制造技术,1990 年年产 5 000 台,同时保留上海-50 型拖拉机每年 1 万台产量;确定产品引进 5 项,公司内与之配套的二次引进项目 30 项,引进后组织好消化吸收;确定公司 80% 的主要产品达到国际 20 世纪 70 年代或 80 年代初期水平;确定固定资产投资 32 亿元,1990 年总产值达到 42 亿元。

二、规划实施

【上海大众汽车一期工程建成投产】

上海大众汽车有限公司一期工程建设和上海桑塔纳轿车国产化是"七五"规划实施的重中之重。继 1985 年 2 月上海大众汽车一期工程首项工程总装车间扩建工程破土动工后,1987 年 10 月,公司上报《关于上海大众汽车有限公司轿车项目初步设计的报告》。同月,国家计划委员会(简称计委)委托中汽公司、上海市计委和建设委员会(简称建委)对该项目进行审查。同月,上海大众汽车发动机厂装配流水线落成投产。1988 年 2 月,上海市计委和建委下达批复,同意该项目总投资 9.58 亿元,形成轿车年产能力 3 万辆、发动机 10 万台,第一阶段轿车生产纲领 2 万辆。同年 10 月,采用计算机控制、日产能力 200 辆的上海大众汽车总装车间落成。1989 年 5 月,发动机厂短发动机装配线和整发动机装配线接通并通过验收投产。同年 9 月,发动机厂土建项目基本竣工交付使用。10 月,上海大众汽车油漆车间建成投产。同年 12 月,车身车间四门两盖生产线投入生产,车身车间改造全面完成。1990 年 4 月 18 日,冲压生产线和发动机生产线建成投产,中共中央政治局常委、国务院总理李鹏出席投产仪式并剪彩,上海大众汽车一期工程基本建成。

【上海桑塔纳轿车国产化率突破 60%】

上海桑塔纳轿车国产化于 1985 年从 2.7% 开始起步以后,至 1986 年 10 月,上海大众汽车在全国布点 127 家配套企业。当年,上海桑塔纳轿车国产化率提高到 3.99%。1987 年 8 月,上海汽拖联营公司与航空工业部签订 32 个上海桑塔纳轿车零部件国产化的配套协议。年底,上海大众汽车布点单位增加到 132 家,国产化率升至 5.7%。1988 年,上海桑塔纳轿车国产化开始加快。6 月,上海汽拖联营公司召开上海桑塔纳轿车国产化交流会。同月,上海桑塔纳轿车国产化被列为上海市 14 项攻关任务之首。7 月,以上海大众汽车为龙头的上海桑塔纳轿车国产化共同体成立。同年年底,上海桑塔纳轿车国产化率达到 13.09%。1989 年 10 月,五大总成之一、占工装样品国产化率 9.6% 的上海桑塔纳轿车变速器首批工装样品获上海大众汽车认可。同年年底,上海桑塔纳轿车国产化率达到 31.04%,国产化进入收获期。1990 年 12 月,五大总成中的发动机和车身实现国产化。同年年底,上海桑塔纳轿车国产化率迈上 60% 的重要台阶,达到 60.09%,上海桑塔纳轿车在中国引进轿车中率先基本实现国产化。

【上海桑塔纳与上海牌双品牌运行】

"七五"期间,上汽轿车合资品牌与自主品牌共同发展。1986年7月,上海大众汽车在生产上海桑塔纳轿车的同时,以SKD形式开始组装奥迪100轿车,当年组装100辆,至1988年共组装600辆。1986年8月,上海大众汽车开始组装帕萨特旅行轿车。至9月15日,该公司累计生产上海桑塔纳轿车1万辆。1986年,上海桑塔纳轿车年产首次超过上海牌轿车。1987年,上海桑塔纳轿车年产突破1万辆。同年,上海汽车厂迁建后上海牌轿车恢复增长态势,上海SH-760B型轿车通过市级技术鉴定。1988年5月,上海大众汽车平均日产轿车达到50辆。7月6日,第3万辆上海桑塔纳轿车下线。同年10月,上海牌SQ110、SQ110A客货两用车通过鉴定。1989年9月28日,上海桑塔纳轿车累计生产5万辆。次日,上海汽车拖拉机研究所研制成功上海桑塔纳7座变型车。1990年,上海桑塔纳轿车和上海牌轿车分别产销19 837辆和6 072辆,同创历史新纪录。1986—1990年,上海桑塔纳轿车和上海牌轿车分别累计产销68 675辆和23 316辆。

【零部件合资与技术引进】

"七五"期间,上汽中外合资从整车进入零部件,与上海桑塔纳轿车配套的零部件企业技术引进和技术改造有序推进。1986—1988年,交流发电机、变速器、空调压缩机、等速万向节和传动轴、汽车灯具、汽车锻造、继电器闪光器、起动机、有色金属铸造、点火线圈、模具、钢圈、离合器、活塞、灰铁铸造、铝基轴瓦精密电镀、前悬挂总成及副车架总成、制动总泵真空助力器等一大批轿车零部件技术引进和技术改造项目先后获批或分别签约进入实施。1988年9月1日和11月1日,中德合资上海纳铁福传动轴有限公司和沪港合资上海实业交通电器有限公司先后开业,前者成为中国第一家汽车零部件合资企业。1989年2月和1990年3月,中日合资上海小糸车灯有限公司和中泰合资上海易初通用机器有限公司先后成立,上汽中外合资企业达到6家,其中4家为零部件合资企业,2家整车合资企业上海大众汽车和上海易初摩托车于1987—1990年连续4次入选全国十佳合资企业。1990年11月,被列为上海市重点技术改造项目的上海汽车齿轮厂上海桑塔纳轿车变速器技术改造项目竣工验收,该项目投资超过1亿元,是当时桑塔纳轿车国产化零部件横向配套投资额最大的项目。

【其他整车整机引进发展】

"七五"规划实施期间,拖拉机、重型车和摩托车等主导产品技术引进和改造项目同步实施。1986年1月,上海拖拉机厂试制生产的上海-504拖拉机通过鉴定。1987年7月,上海重型汽车厂大型矿用汽车改造项目获批付诸实施。1988年2月,上海拖拉机底盘厂试制成功首台上海-400和404拖拉机样机。同年10月,上海拖拉机厂引进意大利菲亚特拖拉机技术试制成功上海-654拖拉机首台样机。同月,上海易初摩托车新厂房落成和15条新生产流水线全线连动。1989年9月,上海-654、400和404三种拖拉机通过技术评定。同年,幸福牌摩托车年产突破10万辆达到13.2万辆。1990年9月,经改进提高的上海-504拖拉机和新开发的上海-554拖拉机试制成功。10月,上海易初摩托车开发的250变型产品幸福XF250J、250E两种摩托车以及从日本本田引进并国产化的幸福125摩托车通过鉴定。同年12月,交通牌4吨载重汽车停产,该车自1958年5月诞生累计生产38 769辆。1986—1990年,SH 15吨载重汽车累计生产2 075辆,上海牌拖拉机累计生产

50 457 台,幸福牌摩托车累计生产 514 174 辆。

【企业化改革与企业管理】

1986 年 4 月,上海汽拖联营公司开始推进厂长任期责任制,公司总经理与首批 9 家试点工厂厂长签订厂长任期责任制合同。1988 年 1 月 1 日,根据上海市政府常务会决定,公司正式成为企业性公司,各项计划从上海市第一机电工业局划出,实行计划单列。同月,公司开始实行厂长负责制。3 月,开始推行企业承包经营责任制,分别与上海市经委、上海市财政局以及首批 12 家企业签订综合承包经营责任制合同书。至同年 4 月,公司完成对所属 50 个单位厂长(所长、校长)全部按厂长负责制进行聘任。同年 6 月,为保证上海桑塔纳轿车产品质量,公司开始推进"生产特区"建设。同年年底,除 3 家企业直接向上海市财政局承包外,公司与所有企业均签订承包经营合同。1989 年,开始推行总厂制改革,第一家总厂型公司上海拖拉机内燃机公司于当年 12 月成立。1990 年 1 月,上海市政府批复同意上海汽拖联营公司更名为上海汽车工业总公司(简称上汽总公司),公司宣布"精益求精"为行业精神。同年 3 月 1 日,公司启用新名称。上汽总公司成立后,推行"三层次三中心"管理体制改革,至同年年底总厂或总厂型公司增至 4 家。同时,11 家企业的 18 个车间班组建成"生产特区"。

三、实施成效

【产能技术】

"七五"期间,上汽开始实施资金大规模集中投向上海桑塔纳轿车的战略。1986 年,年投资额首次突破 1 亿元。5 年累计完成固定资产投资 17.17 亿元,为"六五"累计投资 0.5 亿元的 34.3 倍。总投资中技改项目竣工 65 个,投资 15.64 亿元;整车投资 11 亿元,零部件投资 6 亿元。"七五"末的 1990 年与"六五"末的 1985 年相比,公司固定资产原值从 5.02 亿元增至 17.24 亿元,增长 3.44 倍;固定资产净值从 2.87 亿元增至 13.07 亿元,增长 3.55 倍;总占地面积从 184.65 万平方米增至 228.46 万平方米,增长 0.24 倍;总建筑面积从 118.49 万平方米增至 211.67 万平方米,增长 0.79 倍。

在合资引进和大规模投资基础上,上海大众汽车建成一期工程,形成年产 6 万辆(两班)桑塔纳轿车和 10 万台发动机能力,生产车型增至桑塔纳普通型、旅行车和 7 座变型车 3 种,一批零部件企业形成与上海桑塔纳轿车配套的能力。与此同时,其他整车整机经过投资获得发展。上海牌轿车车型增至 SH－760B 型和 SQ110、SQ110A 客货两用车 3 种车型;幸福牌摩托车形成 250 和 125 两个主要产品系列,并建成 15 万辆年产能力;上海牌拖拉机形成 504、554 和 654 三种主要机型。

"七五"期间,上海桑塔纳轿车国产化取得重要突破,国产化率达到 60%并创造中国汽车引进消化的成功经验;上海大众汽车和一批零部件企业开始向现代化、专业化和规模化方向发展,上海继续成为中国重要的轿车制造基地。与此同时,引进本田制造技术的 CG125 摩托车国产化率达到 80%,引进美国伟步制造技术的 35D 矿用车国产化率达到 81%,引进意大利菲亚特制造技术的拖拉机试制成功,公司主要产品的技术均达到 20 世纪 80 年代初国际水平。

【产品产销】

"七五"末的 1990 年与"六五"末的 1985 年相比:上汽汽车产量从 11 963 辆增至 27 760 辆,增长1.32倍;轿车从8 565辆增至24 609辆,增长1.87倍;上海桑塔纳轿车从3 356辆增至18 537辆,增长4.52倍;上海牌轿车从5 207辆增至6 072辆,增长0.17倍;载货汽车从2 231辆增至2 484辆,增长0.11倍;摩托车从37 064辆增至140 032辆,增长2.78倍;拖拉机从11 000台减至7 704台,减少30%。整车整机产品除拖拉机以外均有增长,其中上海桑塔纳轿车增速最快,摩托车次之。

"七五"和"六五"相比:上汽汽车累计产量从4.15万辆增至11.23万辆,增长1.71倍,汽车产量占全国汽车产量比重从2.7%提高到5.5%。汽车产品中轿车累计产销从2.96万辆增至9.26万辆,增长2.13倍;轿车产量占汽车总产量的比重从71%提高到82%;轿车产品中上海桑塔纳轿车累计产量从0.43万辆增至6.87万辆,增长15.12倍,在轿车总产量的比重从14%提高到74%;上海牌轿车(含客货两用车)累计产量从2.53万辆减至2.41万辆,减少5%,占轿车总产量的比重从86%减至26%。汽车产品中载货汽车累计产量从0.95万辆增至1.35万辆,增长0.42倍,在汽车总产量中的比重从23%减至18%;载货汽车中15吨重型汽车累计产量从0.19万辆增至0.21万辆,增长0.11倍;4吨载货汽车累计产量从0.5万辆增至0.85万辆,增长0.69倍。此外,摩托车累计产量从11.37万辆增至51.42万辆,增长4.22倍,其中幸福250系列摩托车累计产量从10.15万辆增至47.4万辆,增长3.67倍;中型拖拉机累计产量从丰收牌和上海牌合计4.29万台增至上海牌拖拉机的5.05万台,增长0.18倍。整车整机产品5年累计产量除上海牌轿车外均有增长,其中上海桑塔纳轿车增速最快,幸福牌摩托车次之。

【其他经济指标】

"七五"末的1990年与"六五"末的1985年相比,上汽工业总产值(90价)从26.50亿元增至42.82亿元,增长0.62倍;利润总额从3.19亿元增至3.62亿元,增长0.13倍;上交税金从0.71亿元增至1.84亿元,增长1.59倍;利税总额从3.9亿元增至5.46亿元,增长0.40倍;全员劳动生产率从人均5.27万元增至人均8.09万元,增长0.54倍。

"七五"与"六五"相比,公司累计工业总产值(90价)从99.02亿元增至181.66亿元,增长0.83倍;累计利润总额从10.94亿元增至16.44亿元,增长0.5倍;累计利税总额从13亿元增至23.06亿元,增长0.77倍。

表4-2-3 "七五"期间(1986—1990年)上汽固定资产投资统计表

项目		1986年	1987年	1988年	1989年	1990年
项目实施	项目数(个)	26	43	49	58	53
	当年完成投资(万元)	14 290	19 548	47 466	47 117	43 339
固定资产净值(万元)		30 880	36 278	48 283	84 850	130 689
年末金属切削设备(台套)		10 864	10 123	10 572	11 309	10 981
年末锻压设备(台套)		1 607	1 233	1 375	1 831	1 667
占地面积(平方米)		1 874 649	1 949 205	2 265 119	2 387 174	2 284 617
建筑面积(平方米)		1 228 856	1 273 264	1 438 472	1 553 583	2 116 742

资料来源:《上海汽车工业志》《上海汽车工业史》

表 4-2-4 "七五"期间(1986—1990 年)上汽主要经济指标完成统计表

指　标	1986 年	1987 年	1988 年	1989 年	1990 年	"七五"累计	"六五"累计	"七五"为"六五"累计的倍数	年复合增长率(%)
企业数(家)	—	—	—	—	—	—	—	—	—
员工数(人)	50 976	51 620	55 549	56 232	54 231	—	—	—	—
工业总产值(万元/90 价)	274 311	311 148	387 008	415 936	428 180	1 816 583	990 210	1.83 倍	11.8
工业增加值(万元)	54 177	56 484	85 663	87 660	98 225	382 209	178 317	2.14 倍	16.0
利润总额(万元)	25 577	25 824	39 952	36 912	36 178	164 443	109 406	1.50 倍	9.1
利税总额(万元)	33 220	35 699	53 739	53 379	54 585	230 622	130 019	1.77 倍	13.2
全员劳动生产率(元/人)	54 285	61 052	70 948	74 988	80 857				10.5
汽车产量(辆)	14 832	19 708	25 735	24 282	27 760	112 317	41 515	2.71 倍	17.0
其中 轿车产量	10 705	15 025	21 046	21 206	24 609	92 591	29 574	3.13 倍	23.1
其中 上海牌轿车	2 205	4 025	5 496	5 518	6 072	23 316	25 324	95%	28.8
桑塔纳轿车	8 400	10 501	15 549	15 688	18 537	68 675	4 250	16.12 倍	21.9
奥迪	100	499	1	—	—	600	—	—	—
载货汽车产量	2 578	3 176	3 193	2 099	2 484	13 530	9 457	1.42 倍	−0.9
其中 SH 15 吨重型汽车	400	440	500	426	309	2 075	1 863	1.11 倍	
SH 32 吨载重汽车	—	—	—	—	22	22			
SH 4 吨载重汽车	1 600	2 100	2 300	1 466	1 018	8 484	5 016	1.69 倍	
SH 客货两用车等	393	635	383	207	1 135	2 753			
其他汽车	1 549	1 507	1 496	977	713	6 242	1 462	4.27 倍	
上海牌拖拉机产量(台)	10 000	10 250	10 503	12 000	7 704	50 484	42 901	1.18 倍	−6.3
幸福摩托车产量(辆)	60 100	76 026	93 011	145 005	140 032	514 174	113 702	5.22 倍	23.5
其中 幸福 250 系列	60 100	76 026	88 811	132004	117 030	473 971	101 470	4.67 倍	—
幸福 125 系列	—	—	1 500	13 001	23 002	37 503			

资料来源:《上海汽车工业志》《上海汽车工业史》

第三章 "八五""九五"规划发展

这一时期上汽编制实施的规划主要有:1990年编制的《"八五"发展规划》,1991年编制的《"八五"发展规划(大纲)》,1993年编制的《"九五"发展规划大纲》,1996年编制的《"九五"规划纲要》,1997年编制的《"九五"后3年调整和发展计划》。这些规划经过实施,上汽建成中国最大的轿车制造基地和上海第一支柱产业,形成并保持中国轿车市场的领先优势。

第一节 "八五"规划发展

一、规划编制

【编制过程】

"七五"后期,上海汽车拖拉机工业联营公司(简称上海汽拖联营公司)在学习贯彻国务院关于重点发展上海、第一汽车厂和第二汽车厂三大轿车基地精神的同时,开始酝酿"八五"发展规划。1989年1月和2月,编制《关于上海汽车工业规划的报告》《关于上海拖拉机、摩托车工业规划的报告》。同年9月,公司召开规划讨论会,专题研究公司三年调整计划和"八五"规划。1990年1月,上海汽车工业总公司(简称上汽总公司)为落实国家《汽车产业政策要点》关于上海合资轿车项目、提高配套能力和国产化程度的规定,落实《上海市国民经济和社会发展10年规划和第八个五年计划纲要》关于把轿车工业建成全市最大支柱产业的精神,根据国家和上海关于编制"八五"规划的要求,编制《上海汽车工业总公司"八五"规划》。同年7—9月,公司分别召开轿车、重型车、轻型客车、拖拉机和摩托车规划研讨会,细化各主导产品的规划。同年10月,公司"八五"规划上报中国汽车工业总公司和机械电子工业部。同年11月—1991年年初,为贯彻中共上海市委五届十一次全会提出的加快上海轿车基地建设、尽快形成经济批量的发展方针,以及中共上海市委书记、上海市市长朱镕基在振兴上海汽车工业万人誓师大会上的讲话精神,上汽总公司对规划进行多次讨论,修订形成《上海汽车工业总公司"八五"发展规划(大纲)》,并于1991年11月15日下发执行。

【规划内容】

上汽"八五"发展规划总体要求是:以建设15万辆轿车基地为中心,按照大批量、高起点、专业化原则,实现主导产品形成经济批量,主要产品形成系列化,零部件形成一批"小型巨人"等目标。该目标具体展开为:主导产品形成经济批量,包括轿车形成15万辆桑塔纳轿车和变型车综合生产能力,摩托车形成20万辆生产能力,拖拉机形成1.2万台生产能力。主要产品形成系列化,包括桑塔纳轿车以现有车型为基本型,开发旅行车、变型车,形成系列产品,1995年推出中德联合开发的改进型车型,同时启动上海大众汽车有限公司(简称上海大众汽车)二期工程建设,上海牌轿车实现更新换代;矿用车在实现32吨自卸车国产化的同时,研制开发45吨矿用车;大客车和高级旅游车底盘在6600底盘和10吨级客车底盘基础上,发展从中档到高级豪华型的系列车型;摩托车以引进的日本本田技术改造老产品,形成 250 和 125 两大系列,力争多出口;中型拖拉机用意大利引进的菲亚特拖拉机技术改进上海 50 型和 504 型产品。零部件形成一批"小型巨人",按照采用国际标准、工艺先进、初步形成经济规模、"四合一"质量能力评审达到 B 级以上、具有自我开发产品能力 5 个条件,重点扶植 10 个以上零部件企业,使之成为零部件行业"小型巨人"。同时,规划大纲提出"八五"期间上海桑塔纳轿车国产化率达到 83%、矿用汽车国产化率达到 80% 以上、幸福 125 型摩托车国产化率达到 90% 以上等目标,并安排技改项目 64 项,固定资产总投资 46.76 亿元(含外汇 4.49 亿美元)。

二、规划实施

【建成上海第一支柱产业】

进入"八五",上汽开始向上海第一支柱产业进军。1991 年 1 月,上汽总公司召开 15 万辆轿车规划动员大会。同月 28 日,召开振兴上海汽车工业万人誓师大会,中共上海市委书记、市长朱镕基到会讲话。5 月,上海大众汽车创造中国汽车工业第一个单班轿车生产 100 辆的纪录,轿车年产能力达到 3 万辆。同年 11 月 25 日,最后一辆上海牌轿车下线,该车自 1958 年诞生后累计生产 33 年产量总计 7.7 万辆(含凤凰牌轿车),上汽进一步实施集中力量发展上海桑塔纳轿车的战略,开始进入集中生产合资品牌轿车的时期,当年上海桑塔纳轿车产销 3.5 万辆。1992 年 1 月 18 日,上汽总公司召开第二次振兴上海汽车工业万人誓师大会,中共上海市委副书记、市长黄菊和中国汽车工业总公司(简称中汽总公司)总经理蔡诗晴到会讲话。同月,上海桑塔纳轿车累计产量达到 10 万辆。2 月,上海大众汽车轿车日产提高到 200 辆,年产能力达到 6 万辆。3 月,该公司开始生产上海桑塔纳旅行车,并于 4 月投放市场。当年,上海桑塔纳轿车产销增长到 6.5 万辆。1993 年 8 月,上海大众汽车日产轿车达到 360 辆,形成 10 万辆轿车年产能力。9 月,中共上海汽车工业总公司第一次代表大会发出"把握机遇、狠抓落实,为加速建设上海第一支柱产业而努力奋斗"的号召。同年 12 月 29 日,上海大众汽车创造中国第一个轿车年产 10 万辆纪录,成为中国轿车工业发展的重要里程碑,并奠定在中国轿车工业的领先地位,机械工业部部长何光远、上海市副市长蒋以任出席庆典仪式。同月,蒋以任宣布上海汽车工业已经建成上海第一支柱产业。1995 年 11 月 28 日,上海大众汽车第 50 万辆上海桑塔纳轿车下线。12 月,该公司轿车年产销突破 15 万辆达到 16 万辆。

【实现上海桑塔纳轿车国产化】

"八五"期间,上海桑塔纳轿车国产化进一步加速。1991 年 11 月,被列为上海市年度重点工程项目之一的上海桑塔纳轿车后桥生产线通过竣工验收,上海桑塔纳轿车五大总成攻克最后一关,全部实现国产化,减货国产化率超过 70%。1992 年,减货国产化率进一步达到 75%。1993 年 10 月,上海桑塔纳轿车 1 968 种零部件中 1 146 种实现国产化,减货国产化率累计达到 80.43%,提前两年完成 80% 的目标,国产化攻关取得全面胜利。当年年底和 1994 年、1995 年,该车减货国产化率先后达到 82.2%、85.8% 和 88.6%,上海桑塔纳轿车国产化成为中国汽车工业技术引进的成功典范。

【建成上海大众汽车二期工程】

1992 年 1 月,上海大众汽车在并入的上海汽车厂厂区建设汽车二厂即二期工程。同月,新建的冲压车间投产。同年9月,冲压车间建成钢板开卷生产线。1993年8月,工程建设所需主要生产设备订购完成,二期工程全面展开,进入实质性建设阶段。1994年12月,总投资25亿元的上海市工业一号工程上海大众汽车二期工程基本建成,项目新建和扩建冲压、油漆、拼焊、总装等车间和发动机厂,总建筑面积19万平方米,引进具有国际汽车工业水平的先进设备,在国内率先形成20万辆年产能力,上海市副市长蒋以任出席庆祝仪式并剪彩。1995年4月20日,上海大众汽车举行成立10周年暨汽车二厂全面竣工投产庆祝大会,中共中央政治局委员、上海市委书记、上海汽车工业领导小组组长黄菊,机械工业部副部长吕福源、上海市副市长蒋以任等出席。同年11月,上海大众汽车一、二期技术改造项目通过国家验收,二期工程于1997年被评为中国汽车工业科技进步奖一等奖。

【联合开发桑塔纳2000型轿车和建设RDC】

"八五"期间,上汽总公司在技术引进和消化的基础上开始建立研发机构,培育包括联合开发在内的技术研发能力,桑塔纳2000型轿车开发成为实施技术进步战略的重要标志。1991年10月,上海大众汽车决定与德国大众和巴西拉美汽车公司联合开发新一代桑塔纳轿车。1992年3月,该公司联合开发小组赴巴西开始实施联合开发。同年,上海汽车研究所更名为上海汽车工业技术中心。1993年12月,上海汽车工业技术中心金桥分部落成。1994年,上汽总公司要求年底前每个企业都要建立技术中心(RDC)。同年2月,第一个企业RDC上海汽车齿轮总厂RDC成立。4月,桑塔纳2000型轿车通过国家级技术鉴定,被认定为国内汽车工业首次中外双方联合开发的新型轿车,具有20世纪90年代初国际水平。同年7月,上海大众汽车召开桑塔纳轿车国产化共同体工作会议,落实桑塔纳2000型轿车国产化进度和配套计划。同年10月,上海大众汽车研究开发中心建成揭牌,桑塔纳2000型轿车对外展示。11月,上汽二层次企业全部建立企业RDC。1995年4月,上海桑塔纳2000型轿车批量生产投放市场。同年12月,该车经国家海关总署认定国产化率达65%以上。

【合资合作和技术引进】

进入"八五"时期,上汽总公司合资经营和技术引进继续深化,签约合资或技术引进的包括汽车制动系统、动力转向系统、汽车密封条、汽车电器等一批代表汽车零部件发展方向的项目,建成等速万向节、空调压缩机、减震器、车灯、活塞、离合器、弹簧、内饰件等重点零部件项目,建成变速器、前后桥、铸锻、模具等支撑项目,上汽开始在中国形成最完整最先进的汽车零部件制造体系。1994年2月,上汽总公司联合国内15家单位成立跨地区跨部门的中联汽车电子有限公司,中联汽车电子有限公司于1995年7月与德国罗伯特·博世公司合资组建生产汽油发动机电子燃油控制系统的联合汽车电子有限公司,成为中国规模最大的汽车零部件企业和汽车环保企业。同时,上汽在整车合资方面迈出新的重要步伐。1995年10月,上海汽车工业(集团)总公司(简称上汽集团)与美国通用汽车公司签订在上海合资建立汽车合资企业和合资技术开发中心的《基础协议》,开始实施建设第二个整车合资企业和制造中高级轿车的战略。1991—1995年,上汽累计实施外商投资项目43个,新建合资企业19家,协议利用外资7.4亿美元,实际利用外资3亿美元,利用外资数为"七五"期间近7倍。

【摩托车快速增长】

1991年12月,上海—易初摩托车有限公司幸福XF125GY摩托车通过鉴定投入生产。1992

年,摩托车年产达到 20 万辆。1993 年 10 月,XF125A2、XF125A3、XF125B2、XF150 型 4 个 125 型摩托车新产品通过技术鉴定,125 系列摩托车进一步形成系列化。1994 年 8 月,摩托车开始建设王港工程。当年,摩托车年产超过 30 万辆,250 系列和 125 系列均超过 15 万辆,由于 125 系列增速更快,其与 250 系列之比从 1∶3 提高到 1∶1。1995 年 10 月,第一辆 XF150 型太子车问世。11 月,125 和 150 两个系列摩托车 11 种新产品通过鉴定。当年,摩托车登上年产 40 万辆新台阶。

【拖拉机产量和出口创纪录】

1992 年,上海拖拉机内燃机公司(简称上海拖内)获秘鲁 2 000 台拖拉机进口订单。1993 年 4 月,第一批 900 台上海-504 拖拉机出口秘鲁,创中国农机出口新纪录。同年 6 月,引进意大利菲亚特拖拉机制造技术的上海-654 拖拉机通过技术鉴定,次年 7 月开始批量生产。1994 年 9 月,1 200 台上海-50 拖拉机出口叙利亚。1995 年 2 月,1 100 台上海-504 拖拉机出口秘鲁,2 000 台出口秘鲁订单全部交货。4 月,上海牌拖拉机月产 1 600 台,创月产历史纪录。同年 10 月,495A 柴油机、上海-504 拖拉机获第二届中国农业博览会金奖。当年,拖拉机年产超过 1.5 万台创历史最高纪录。1993—1995 年,上海牌拖拉机 3 年累计出口 4 000 多台。

【其他整车变化】

1991 年 2 月,上海拖内试制成功第一辆 6 600 轻型客车,客车开始成为上汽总公司整车产品。1992 年 4 月,上海汽车发动机厂改为上海申联专用汽车厂,成为专用车制造企业。同年 8 月,上海拖内与上海汇众汽车制造公司(简称上海汇众)组建生产飞羚牌轻型客车的上海飞羚轻型客车厂。1995 年 1 月,上汽总公司与上海飞机制造厂合资建立上海飞翼汽车制造有限公司,生产飞翼牌客车。1994 年,大通牌 SH-32 吨重型汽车停产,该车自 1985 年开始生产累计产量 82 辆。1995 年,上海牌 SH 客货两用车停产,该车自 1990 年开始生产累计产量 6 840 辆。至此,上汽生产的载货车尚有 15 吨重型汽车一个产品。

【"精益求精"行业精神和质量管理】

"八五"期间,为确保上海桑塔纳轿车国产化产品质量,上汽总公司于 1990 年 1 月决定"精益求精"为行业精神,并实行升行业旗、唱行业歌的文化礼仪制度,"精益求精"开始成为国产化建设和质量管理的文化追求和工作规范。1991 年 5 月,公司开始推行 ISO 9000 质量体系认证工作。同年—1994 年,根据国家关于质量认证、第一机械工业部关于质量管理必备条件、上汽总公司关于质量管理和上海大众汽车关于质量能力评估四方面规定,公司统一对上海桑塔纳轿车配套企业开展"四合一"质量管理和质量保证条件评审工作。1992 年 12 月,2/3 以上的上海桑塔纳轿车零部件生产车间建成"生产特区"。1993 年,上海汇众开始推行全员零缺陷质量管理。1994 年 1 月,上汽总公司开始实行"精益求精"杯、质量标志旗管理方式。同年 3 月 1 日,中共中央政治局委员、上海市委书记吴邦国视察上汽并为"精益求精"行业精神题词。1995 年,上汽"生产特区"总数达到 152 个,为上海桑塔纳轿车配套的生产车间基本建成"生产特区";同时,7 家企业获得 ISO 9000 质量体系认证。

【精益生产和科学管理】

1992 年 6 月,上汽总公司开始引入精益生产的科学管理思想和理念。1993 年 1 月,上汽与复旦大学、上海交通大学等共同成立旨在培养汽车经营管理和技术人才的上海汽车工业教育基金会。1993年年底—1994年年初,公司在取得中国轿车市场领先优势后,居安思危,组织实施危机管理20条举措。1994年1月,公司成立精益生产指导委员会,推行精益管理生产方式实质性全面启动。至1995年,围绕上海桑塔纳轿车和幸福125摩托车两个整车产品开展的准时化生产、适时供货和系统供货取得明显成效,看板管理、一物流、TEAM工作法等精益生产方式和工具得到普遍应用。此外,针对汽车市场的竞争态势和趋势,上汽总公司于1993年组织开展群众性"双增双节"活动,于1995年开展上产品开发、下产品成本的"一上一下"活动,要求主要产品成本3年内降低5%~10%,其中上海桑塔纳轿车成本降低15%,当年公司可比产品成本下降6.68%,完成降成本的年度目标。

【现代企业制度改革和集团化改制】

1992年4月,上海市信托投资公司参股上汽总公司。1994年5月,上海汽车集团财务有限责任公司挂牌成立。同年9月,上汽总公司经上海市国有资产监督管理委员会(简称国资委)授权,统一经营管理公司国有资产。10月,上汽总公司被列为现代企业制度改革全国百家试点企业之一,公司启动现代企业制度改革。同年12月,公司编制上报建立现代企业制度试点方案。1995年8月14日,上汽总公司经上海市政府批准,改组为上海汽车工业(集团)总公司,并由上汽集团和上海国际信托投资公司共同出资组建上海汽车有限公司(简称上汽有限)。同月16日,上汽集团现代企业制度改革试点方案获上海市政府和国家经济贸易委员会批准。同月29日,经上海市国资委授权,上汽集团依据产权关系统一经营集团内成员企业的国有资产,并对国有资产保值增值负责。9月1日,上汽集团和上汽有限成立,中共中央政治局委员、上海市委书记黄菊揭牌并讲话。此外,"八五"期间上汽继续按照"三个中心"管理体制,推进以组建总厂为主要内容的企业结构调整。至1993年除合资企业以外,30多家二层次国有企业重组为10家总厂或总厂型公司。

三、实施成效

【产能技术】

"八五"期间,上汽继续实施集中资金投向上海桑塔纳轿车的战略,5年累计建设项目417项,实际完成固定资产总投资74.37亿元,为"七五"累计投资17.17亿元的4.33倍。总投资中整车投资28亿元,零部件投资45亿元,汽车服务贸易投资3亿元,零部件和整车投入比从"七五"的1∶2变为2∶1。经过大规模投资和技术引进、技术改造,1995年与1990年相比,上汽资产总额从56.34亿元增至311.68亿元,增长4.53倍;固定资产原值从17.42亿元增至90.48亿元,增长4.19倍;固定资产净值从13.24亿元增至68.97亿元,增长4.20倍;总占地面积从228.46万平方米增至315.67万平方米,增长38%,总建筑面积从211.67万平方米增至217.08万平方米,略增3%;精大稀设备从745台套增至1 009台套,增长35%,特别是数控设备从78台套增至483台套,增长5.19倍,生产装备的现代化水平明显提高。

在大规模投资基础上,上海大众汽车建成二期工程,在国内率先形成20万辆轿车年产能力,同时建成企业技术研发中心,并经过联合开发成功推出桑塔纳2000型轿车,技术性能提高到20世纪90年代初水平;一大批零部件企业进一步提高现代化、专业化和规模化制造水平;普通型桑塔纳轿车国产化率和2000型桑塔纳轿车国产化率分别达到88.6%和65%,上海桑塔纳国产化的艰巨任务圆满完成。至"八五"末,上汽建成中国生产批量最大、经济效益最好的整车制造基地,建成中国最先进、最系统的零部件制造体系。与此同时,幸福牌摩托车形成 30 万辆年产能力。

【产品产销】

1993 年,上海大众汽车创造中国轿车工业第一个年产 10 辆纪录。"八五"末的 1995 年与"七五"末的 1990 年相比,上汽汽车产量从 2.78 万辆增至 16.11 万辆,增长 4.79 倍。汽车产品中上海桑塔纳轿车从 1.85 万辆增至 16.01 万辆,增长 7.65 倍;载货汽车从 2 484 辆减至 805 辆,减少 67％。幸福牌摩托车从 14 万辆增至 40 万辆,增长 1.86 倍。上海牌拖拉机从 7 704 台增至 1.52 万台,增长 0.97 倍。整车整机产品除载货车外均有增长,其中上海桑塔纳轿车增速最快,摩托车次之,拖拉机再次之。

"八五"和"七五"相比:上汽汽车累计产量从 11.23 万辆增至 49.38 万辆,增长 3.4 倍;汽车产品中轿车累计产销从 9.26 万辆增至 48.12 万辆,增长 4.2 倍;上海桑塔纳轿车累计产销从 6.87 万辆增至 47.54 万辆,增长 5.92 倍;轿车产量占汽车总产量的比重从 82％提高到 98％。载货汽车累计产量从 1.35 万辆减至 0.94 万辆,减少 30％,在汽车总产量中的比重从 18％减至 2％;载货汽车中 15 吨重型汽车累计产量从 2 075 辆增至 3 682 辆,增长 0.77 倍。幸福牌摩托车累计产量从 51.42 万辆增至 130.94 万辆,增长 1.55 倍,其中 250 系列累计产量从 47.4 万辆增至 77.98 万辆,增长 0.65 倍;125 系列累计产量从 3.75 万辆增至 52.71 万辆,增长 13.05 倍;250 系列和 125 系列分别占摩托车总量的 59.6％和 40.3％。上海牌拖拉机累计产量从 5.05 万台增至 6.25 万台,增长 0.24 倍。

【其他经济指标】

1991 年,上汽利润总额突破 10 亿元;1992 年,工业总产值和销售收入分别突破 100 亿元;1995 年,上汽工业总产值和利润分别突破 200 亿元和 50 亿元。"八五"末的 1995 年与"七五"末的 1990 年相比,公司工业总产值从 42.82 亿元增至 290.13 亿元,增长 5.78 倍;利润总额从 3.62 亿元增至 54.71 亿元,增长 14.11 倍;利税总额从 5.46 亿元增至 94.6 亿元,增长 16.32 倍;全员劳动生产率从人均 8.09 万元增至人均 47.62 万元,增长 4.89 倍;出口创汇从 1 464 万美元增至 5 703 万美元,增长 2.90 倍。"八五"与"七五"相比,上汽累计工业总产值从 181.66 亿元增至 829.50 亿元,增长 3.57 倍;累计利润总额从 16.44 亿元增至 146.62 亿元,增长 8.92 倍;累计利税总额从 23.06 亿元增至 227.49 亿元,增长 8.86 倍;累计出口创汇从 5 726 万美元增至 17 869 万美元,增长 2.12 倍。

【公司地位】

"八五"期间,上汽连续 5 年创全国轿车产量、销量、利润和国产化率 4 个第一,工业综合指数位列全国机械行业第一,公司在中国汽车工业的地位不断上升。1991 年,上汽汽车产销超过 4 万辆,上海桑塔纳轿车在中国轿车市场的占有率达到 41.9％。1993 年,汽车产销超过 10 万辆,在中国汽车市场和轿车市场的占有率分别达到 8％和 43.9％,轿车产销位居全国轿车同行之首,销量接近中国轿车市场"半壁江山";1994 年,汽车产销超过 11 万辆,在中国汽车市场和轿车市场的占有率分别达到 8.4％和 40.1％;1995 年,汽车产销超过 16 万辆,在中国汽车市场和轿车市场的占有率分别达到 11％和 42.3％。

"八五"期间,上汽在轿车销量快速增长并位居国内第一的同时,其他主要经济指标也开始在全国和上海取得领先优势。1993年,工业总产值占上海工业系统1/10,销售收入和实现利税连续2年位居上海工业系统榜首,销售收入位列全国500强之首,上海汽车工业开始成为上海第一支柱产业。1994年,上汽位列上海企业营业收入、工业产品销售收入第1位,销售收入连续第2年列全国500强之首。1995年,继续名列中国工业企业综合评价最优500家之首,并位列上海工业企业集团营业收入60强第1名。

表4-3-1 "八五"期间(1991—1995年)上汽固定资产投资统计表

			1991年	1992年	1993年	1994年	1995年	累 计
项目实施		项目数(个)	68	76	88	91	94	—
		计划投资(万元)	41 866	87 220	140 368	229 208	222 654	721 316
		完成投资(万元)	39 306	75 680	144 335	239 904	244 509	743 734
	其中	整车 项目(个)	17	10	12	5	2	—
		整车 金额(万元)	19 454	34 364	50 064	117 482	67 299	288 663
		零部件 项目(个)	51	63	72	86	91	—
		零部件 金额(万元)	19 852	39 302	84 345	117 922	178 110	439 531
		服务贸易 项目(个)		3	4	1	1	—
		服务贸易 金额(万元)	—	2 014	9 926	4 500	5 641	22 081
		建筑安装(万元)	10 377	11 354	43 278	52 718	54 029	171 756
		设备购置(万元)	24 336	31 951	90 789	178 029	163 550	488 655
项目竣工		项目数(个)	9	12	28	40	40	129
		完成投资(万元)	23 000	20 433	83 245	134 970	135 961	397 609
		资产总额(万元)	731 242	1 047 109	1 702 486	2 325 646	3 116 809	—
		其中固定资产净值	160 258	193 940	251 354	481 276	689 745	—
		主要生产设备(台套)	17 155	17 006	17 519	17 447	17 914	
其中		精大稀设备	745	742	902	961	1 009	
		数控设备	78	134	262	427	483	
		占地面积(平方米)	2 346 143	2 602 310	2 719 968	2 844 166	3 246 687	
		建筑面积(平方米)	1 601 411	1 676 617	1 747 802	2 005 686	2 170 836	

资料来源:《上海汽车工业(集团)总公司年报》《统计年报汇编》

表4-3-2 "八五"期间(1991—1995年)上汽主要经济指标完成统计表

指 标	1991年	1992年	1993年	1994年	1995年	"八五"累计	"七五"累计	"八五"为"七五"累计的倍数	年复合增长率(%)
企业总数(家)	47	39	30	46	58	—	—	—	—
员工数(人)	55 439	57 447	58 358	58 847	60 834	—	—	—	—

〔续表〕

指　　标	1991 年	1992 年	1993 年	1994 年	1995 年	"八五"累计	"七五"累计	"八五"为"七五"累计的倍数	年复合增长率(%)
工业总产值(万元/90 价)	685 406	1 143 978	1 609 000	1 955 012	2 912 117	8 295 129	1 816 583	4.57 倍	43.6
工业增加值(万元)	173 568	254 252	395 322	517 754	814 078	2 154 974	—		47.2
产品销售收入(万元)	1 203 010	2 199 988	3 067 776	3 625 988	5 336 421	15 433 183			45.1
利润总额(万元)	106 754	157 522	253 648	401 228	547 124	1 466 213	164 443	8.92 倍	50.5
利税总额(万元)	137 664	173 150	333 379	684 764	945 980	2 274 937	230 662	9.86 倍	61.9
全员劳动生产率(元/人)	123 632	199 136	274 835	330 590	476 244	—	—		40.1
出口创汇(万美元)	2 214	2 708	2 822	4 026	5 703	17 473	5 726	3.12 倍	26.7
综合指数	2.08	2.36	2.65	2.96	4.12				
汽车销量(辆)	42 008	71 488	102 540	116 799	160 847	493 682	112 317	4.40 倍	39.9
汽车国内市场占有率(%)	6.24	6.54	7.91	8.63	11.07				
其中 其中	轿车销量(辆)	38 587	63 017	100 030	115 295	159 765	476 694	92 591	5.20 倍	42.6
	轿车国内市场占有率(%)	50.0	40.8	43.9	40.1	42.3				
	上海牌轿车销量	5 832	—	—	—	—	8 434			
	桑塔纳轿车销量	32 755	60 415	100 030	115 295	159 765	468 260	68 675	6.92 倍	
	SH15 吨重型汽车销量	492	614	673	928	782	3 489	2 075	1.77 倍	
	SH 32 吨重型汽车销量	20	17	5			42			
	飞羚牌轻型客车产销	—	—	51			51			
	救护车产销	90	45				135			
上海牌拖拉机销量(台)	10 813	12 460	11 304	11 517	16 383	62 477	50 484	1.24 倍	10.9
幸福摩托车销量(辆)	168 102	197 437	237 567	305 392	397 554	1 306 052	514 174	2.55 倍	24.0

资料来源:《上海汽车工业(集团)总公司年报》、上汽《统计年报汇编》

第二节　"九五"规划发展

一、规划编制

【《"九五"发展规划大纲》】

1993 年 1 月,根据中汽总公司要求,上汽总公司在编制"八五"计划调整方案时拟定"九五"规划初步设想,并上报中汽总公司。同年 7 月,上汽总公司学习领会中共上海市委副书记、市长黄菊在听取上汽 2000 年发展规划设想汇报时提出的要处理好轿车和大客车面包车、与德国大众和其他合作伙伴、整车和零部件、浦东和浦西发展 4 个关系,体制上向国际集团型公司靠拢,建成具有国际特色、时代特征、上海特点的企业集团的要求,决定成立 7 个由公司领导分头负责的高层次工作小组贯彻落实,其中"九五"规划工作小组由总裁负责。同年10月和12月,分别向上海市计划委员会和国家机械工业部上报《上海汽车工业"九五"发展规划大纲》。

该规划大纲提出建成具有国际特色、时代特征、上海特点的上海第一支柱产业的发展目标。提出重点发展乘用车,并以轿车为主导、高级旅游车及中小客车为侧翼,轿车以中级车为主并发展多用途车或中高级轿车;摩托车重点发展125系列;农机以柴油机为主,拖拉机迈向国内国际两个市场;按整车主机配套要求发展零部件产品,为全国配套等发展思路和发展方向。提出继续改造安亭基地,达到30万辆经济规模;同时在浦东引进外资,建设多用途车或中高级轿车生产基地;同步形成达到经济规模的零部件生产能力;继续建设与生产经营规模相适应的产品自主开发、过程质控、模具和专机设计制造、计算机应用能力;继续开展全方位国际经济合作与交流,重点发展与著名跨国公司合作等举措。

【《"九五"发展规划纲要》】

1994年5月,上汽总公司召开规划研讨会,研究"九五"规划指导思想、主要目标和需要统一的重要问题。1995年4月,公司成立发展、产品、人力资源、资金筹措和多元化5个"九五"规划编制小组,启动"九五"发展纲要编制。同年7月,公司总裁办公会议分别听取各编制小组汇报。1995年9月上海汽车工业(集团)总公司成立后,学习贯彻中共中央政治局委员、上海市委书记黄菊在集团成立大会上的讲话精神,将"九五"规划内容分解为上海大众汽车40万辆能力建设、浦东中高级轿车、摩托车100万辆和技术中心建设等重点项目,进一步完善发展规划。1996年2月,上汽集团总裁会议通过"九五"发展规划纲要草案。同年3月1日,公司下发《上海汽车工业(集团)总公司"九五"规划纲要》。

该规划纲要确定的指导思想是:在集中力量重点发展轿车的同时,同步发展轿车零部件;在确保浦西上海大众汽车有限公司继续发展的同时,加速建成浦东轿车新基地;将上汽集团建设成为千亿销售收入、百亿利润,集产业、科研、金融、贸易于一体的多功能、综合性、现代化特大型企业,跻身世界500强,继续保持全国领先地位,成为名副其实的上海第一支柱产业。据此,该规划提出轿车年产能力50万辆、摩托车年产能力150万辆、销售收入1100亿元、工业总产值880亿元、工业增加值230亿元、出口创汇3亿美元、利润总额100亿元、合计投资322亿元等总量指标;提出建成浦西浦东两个轿车生产基地,建成一批基本完备的,按高起点、专业化、大批量组织生产的零部件配套体系和具有高新技术、高附加值的零部件新增长企业,建成以中美合资技术中心、上海大众汽车技术中心和各零部件企业技术中心为主体的开发体系,建成4个3000万美元以上、8个1000万美元以上零部件出口先导企业等企业组织目标;提出轿车新产品达到国际20世纪90年代后期水平,摩托车主要产品达到国际90年代水平等产品水平目标等一系列目标措施。

【《"九五"后三年调整和发展计划》】

1997年1月,上汽集团落实1996年12月30日黄菊现场办公的要求,充实完善"九五"规划目标措施。同年3月,上海市副市长蒋以任召开专题会议,肯定上汽集团落实现场办公会议精神形成的"九五"发展战略设想、目标和措施,决心大、思路清、行动快、措施实。同年10月,公司根据上海市经济委员会要求,对"九五"规划进行调整充实,形成《上汽集团"九五"后三年调整和发展计划》。

　　该调整和发展计划提出在集中力量重点发展整车的同时,优化发展零部件;在发展壮大轿车的同时,带动大客车和面包车的发展,逐步形成乘用车产品系列;加大技术开发力度,迅速形成自主开发能力等指导思想。提出实现从单一轿车产品向以轿车为主带动乘用车发展的转变,从单纯进口替代向进口替代与出口导向并重的转变,从工艺仿制、技术引进向联合设计和独立开发发展的转变,把集团建设成为轿车工业为主导的、乘用车系列化的、具有自主开发能力的、能体现上海国际经济中心城市地位和作用的特大型跨国企业集团的总体设想。提出至2000年继续保持上海第一支柱产业地位,争取成为中国第一大规模的汽车集团和第一批跻身世界500强的中国工业企业,至2010年全面巩固在世界500强的地位,成为国际跨国企业集团的发展目标。提出至2000年销售收入1 000亿元、利润100亿元、轿车40万辆、国内市场占有率40%以上,基本建成技术开发中心;至2010年轿车和其他汽车产量100万辆,全面形成完整的技术开发体系,具备整车包括发动机自身开发能力的总量目标。

二、规划实施

【上海通用汽车项目】

　　1997年1月10日,上海浦东轿车项目经国务院办公会议批准。同日,该项目打下第一根桩。同年3月24日,项目合营合同和章程在京签约,国务院总理李鹏和美国副总统戈尔出席。同年6月,中美最大合资项目上海通用汽车有限公司(简称上海通用汽车)和泛亚汽车技术中心有限公司(简称泛亚技术中心)成立,标志着上汽中外合资进入中高端轿车制造和汽车研发领域,泛亚技术中心成为中国第一家汽车研发合资企业。1998年1月,在中共上海市委副书记、市长徐匡迪宣布上海通用汽车项目为上海市1998年一号工程之后,上海通用汽车于同年3月举行上海市一号工程誓师大会。同年8月,别克轿车第一辆白车身下线。9月,上海通用汽车与39家中外知名银行在沪签署8.21亿美元融资协议,该项目建设所需资金全部落实。10月,国内首台自动变速箱在下线。同年12月17日,首辆别克新世纪轿车下线,当年上海市一号工程建成,黄菊启动生产线按钮,国家发展计划委员会主任曾培炎、国家机械工业局局长邵奇惠等出席下线仪式,徐匡迪讲话。1999年4月12日,别克轿车批量投产,形成年产10万辆中高级轿车的能力,创造同类项目23个月建成的世界纪录。

【上海大众汽车三厂项目】

　　1998年,上海大众汽车三厂即三期工程项目全面展开。同年3月,上海大众汽车联合开发第三代上海桑塔纳轿车项目可行性研究报告获国家经济贸易委员会批复同意,并列入当年国家技术创新新开项目计划。1999年9月,上海帕萨特轿车首次在昆明世博会亮相。同年10月15日,国家经济贸易委员会宣布上海帕萨特轿车达到20世纪90年代末国际先进水平并通过国家级项目鉴定。11月3日,来访的德国总理施罗德与徐匡迪启动上海帕萨特轿车油漆生产线。12月15日,上海大众汽车帕萨特轿车首辆样车下线,黄菊启动下线按钮。2000年4月15日,上海帕萨特轿车投产,上海大众汽车三期工程全面建成,形成30万辆轿车年产能力。至此,上汽集团建成上海通用汽车和上海大众汽车三厂两个世界级整车项目,产品技术达到20世纪90年代末国际先进水平。

【全面推进合资】

1996 年 5 月,以上汽集团为主的中联汽车电子有限公司与德国罗伯特·博世公司合资成立中国投资规模最大的汽车零部件企业联合汽车电子有限公司,中共中央政治局委员、国务院副总理吴邦国发电祝贺。2000 年 8 月和 9 月,中德合资上海上汽大众汽车销售有限公司和中瑞合资上海申沃客车有限公司先后成立,上汽集团对外合作相继进入汽车销售和客车制造领域。"九五"期间,上汽累计合同利用外资 11.8 亿美元,为"八五"的 2.9 倍,新建合资企业 23 家,合资企业总数达到 48 家,汽车弹簧、汽车电子、汽车转向机、汽车密封垫、安全带系统、汽车活塞、发动机缸体、汽车座椅、汽车轴瓦、汽车模具等一批合资企业和技术引进项目签约获批或进入实施,有效提升零部件企业与别克和帕萨特两个中高级轿车的配套能力。

【别克帕萨特起步国产化率超 40%】

1996 年,普通桑塔纳轿车和桑塔纳 2000 型轿车国产化率分别达到 90% 和 80.84%。1999 年 4 月,国家机械工业局和海关总署宣布,即将投产的别克轿车国产化率达到 40% 以上,该车成为中国第一家达到国家汽车产业政策规定的引进轿车起步国产化率 40% 的轿车。2000 年 5 月,帕萨特轿车的起步国产化率也超过 40%,经国家机械工业局审定,帕萨特普通型和豪华型轿车国产化率分别达到 52% 和 45%。6 月,经国家机械工业局、海关总署等鉴定,别克 GL 轿车和 GLS 公务商务旅行车国产化率分别达到 62.92% 和 43.97%。同年 12 月,帕萨特轿车通过国家机械工业局、海关总署的 60% 阶段国产化率鉴定。至此,上汽在创造上海桑塔纳轿车成功经验并达到 90% 的国产化最高台阶之后,又创造引进车型起步国产化率达到 40% 新的成功经验。

【大众别克双品牌发展】

1996 年 12 月,上海大众汽车完成并创造中国第一个年产轿车 20 万辆的目标。1997 年 5 月 30 日,第 80 万辆桑塔纳轿车下线。当年,桑塔纳 2000 型轿车年产突破 10 万辆达 11.4 万辆。1998 年 2 月 18 日,上海桑塔纳系列轿车产量累计达到 100 万辆。3 月,98 款桑塔纳 2000GSI 轿车投放市场。同年 12 月,随着别克新世纪轿车下线,上汽合资轿车产品开启大众和别克双品牌发展。1999 年 7 月,桑塔纳 99 新秀轿车上市。9 月 25 日,上海通用汽车第 1 万辆别克轿车下线。同年 12 月 17 日,首辆别克 GLS 商务旅行车下线,当年别克轿车年产超过 2 万辆达 2.3 万辆。2000 年 8 月 1 日,上海大众汽车日产帕萨特轿车突破百辆达 108 辆。同月 21 日,桑塔纳 2000 型自由沸点轿车投放市场。11 月 1 日,桑塔纳 2000 型俊杰自动档轿车上市。同年 12 月 12 日,上海通用汽车首辆别克赛欧轿车下线。当年,别克轿车和帕萨特轿车年产均超过 3 万辆。至 2000 年,上汽轿车产品拥有 2 个品牌 6 个车型,即上海大众汽车的大众品牌普通桑塔纳、桑塔纳 2000 型和帕萨特 3 个车型,上海通用汽车的别克品牌 GS、GLS 公务商务旅行车和赛欧 3 个车型。

【开始形成技术研发体系】

1996 年 2 月,经上海市市长徐匡迪倡议,上汽集团与上海交通大学、复旦大学等成立上海首家以产学研为载体、校企合作的科技基金会上海汽车工业科技发展基金会。1997 年 5 月,上海大众汽车技术中心扩建工程奠基,并于 1999 年 11 月建成。至 1997 年,上汽与 9 所高等院校建立 12 个工程研究中心、1 个联合实验室和 1 个语言培训中心。1999 年 8 月,上海内燃机研究所进入上汽。"九五"期间,上汽开始形成以公司技术中心为主、泛亚技术中心和上海大众汽车技术中心为支柱、零部件企业技术中心为副、实施产学研合作的技术开发体系架构,5 年技术开发投资累计达到 20 亿元。

【拖拉机发展变化】

1996 年 10 月,累计第 20 万台上海牌拖拉机下线。12 月 20 日,400 台上海-50 型和 504 型拖拉机出口津巴布韦。1997 年 3 月,拖拉机日产 100 台,刷新历史纪录。同年,上海-654 拖拉机开始批量生产。7 月 23 日,500 台上海-654 型拖拉机出口缅甸,为国内 654 型拖拉机出口最大批量。同年,上海牌拖拉机年产 1.95 万台,创年产历史最高纪录,此后产量开始下降。1993—1997 年,上海牌拖拉机累计出口 7 265 台,位居全国农机行业同类产品出口首位,产品销往美国、秘鲁、叙利亚、缅甸等 65 个国家和地区。1999 年 8 月,拖拉机生产 2 377 台,再创月产历史最高纪录。同年,上海牌拖拉机在全国 25 马力以上拖拉机市场占有率达到 25%,在同马力拖拉机市场占有率达到 80%,稳居全国第一。2000 年 3 月,上海-804 型拖拉机样机通过鉴定。同年,上海牌拖拉机产量减至 1.1 万台。

【摩托车产量萎缩企业改制】

1996 年 10 月,上海易初摩托车王港新厂一期工程竣工,第 200 万辆摩托车下线。当年,幸福牌摩托车年产 43.88 万辆,创历史最高纪录。此后,因市场环境等因素,幸福牌摩托车产量快速持续下降,1997 年降至 25.73 万辆。1998 年 8 月,上海市外国投资工作委员会批准香港易初投资公司将其在上海易初摩托车的全部股权转给上海汽车有限公司,并改制为内资企业。同年 10 月,上海易初摩托车更名为上海幸福摩托车总厂。2000 年,幸福牌摩托车销量减至 2.89 万辆。

【进入资本市场、启动全国布局】

1996 年 5 月,联合汽车电子有限公司开业并在江苏无锡和陕西西安设有生产基地,上汽零部件制造开始走出上海。1997 年 8 月和 11 月,上汽集团上报的关于上海汽车有限公司改制为上海汽车股份有限公司并申请公开发行 3 亿股 A 股的报告,分别获上海市人民政府和中国证券监督管理委员会批准。11 月 7 日,上海汽车股份有限公司在上海证券交易所上市,上汽集团开始进入资本市场。上海汽车有限公司转制为上市公司后,上汽集团与上海国际信托投资公司将原属上海汽车有限公司被剥离出上市公司的资产重组建立上海汽车工业有限公司,双方股比为 75%∶25%。1999 年 3 月,上汽集团与江苏仪征汽车工业公司联合成立上汽集团仪征汽车有限公司,整车制造开始启动全国布局。2000 年 2 月和 7 月,先后与美国通用汽车(中国)公司、柳州五菱汽车有限责任公司签署合作备忘录,与柳州五菱汽车有限责任公司签订合作协议,整车布局开始进入广西和微型车领域。

【精益管理和"经营者"管理】

1996 年,上汽集团推行的精益生产开始向精益管理发展。同年,筹建中的上海通用汽车建设项目实行 WWP 全球采购管理。1998 年,上海易初通用机器有限公司创立并实施人人成为"经营者"管理模式(简称"经营者"管理)。1999 年,上汽集团制定实施《精益管理评价体系》。同年,推广上海通用汽车 WWP 全球采购管理方式,制定下发《精益采购管理办法》。2000 年,终止"生产特区"评审,由《精益管理评价体系》取代。同年,为应对 WTO 挑战,开始推广"经营者"管理模式。精益管理和"经营者"管理开始成为上汽集团管理创新的重要内容。

三、实施成效

【产能技术】

"九五"期间,上汽集团实施投资项目382个,完成投资总额277亿元,比"八五"76亿元完成投资额增长2.64倍。277亿元实际投资总额中,建筑安装投资89.8亿元,设备购置投资168.3亿元;整车186亿元,零部件84亿元,服务贸易7亿元,三大板块投资额分别比"八五"增长5.64倍、0.87倍和1.33倍。竣工项目128个,完成投资75.9亿元,完成投资额比"八五"增长0.91倍。经过大规模投资,2000年与1995年相比,上汽集团总资产突破千亿元达到1 034.54亿元,比1995年的311.7亿元增长2.32倍;固定资产原值从90.48亿元增至313.25亿元,增长2.46倍;固定资产净值从68.97亿元增至192.64亿元,增长1.79倍;总占地面积从324.67万平方米增至661.67万平方米,增长1.04倍;总建筑面积从217.08万平方米增至317.33万平方米,增长0.46倍;精大稀设备从1 009台套增至1 766台套,增长0.75倍;数控设备继续大幅增长,从483台套增至2 185台套,增长3.52倍。

通过大规模投资,上汽集团建成上海通用汽车和上海大众汽车三厂两个世界级轿车项目,形成40万辆年产能力,其中上海大众汽车和上海通用汽车年产能力分别为30万辆和10万辆,集团轿车总产能比"八五"末年翻了一番;同时,随着别克和帕萨特轿车相继推出,零部件企业提升与中高级轿车的配套能力,两大产品国产化率突破60%,上汽集团开始具备20世纪90年代末世界轿车制造水平,并实现产品推出"与世界同步";轿车品牌车型增至大众和别克2个品牌,普通桑塔纳、桑塔纳2000型、帕萨特和GL、GLS公务商务旅行车、赛欧6个车型。至2000年,上汽集团开始形成上海大众汽车和上海通用汽车在上海"东西联动"、江苏仪征基地和广西柳州项目在全国"南北出击"的整车制造格局。

【产品产销】

1996年,上海大众汽车创造中国轿车工业第一个年产20万辆纪录。"九五"末的2000年与"八五"末的1995年相比:上汽汽车产量从16.11万辆增至25.36万辆,增长0.58倍。汽车产品中轿车销售从15.98万辆增至25.40万辆,增长0.59倍;轿车产品中桑塔纳轿车销售19.22万辆,帕萨特轿车产销3.01万辆,别克轿车产销3万辆,分别占轿车产销总量的76%、12%和12%;载货汽车从805辆减至236辆,锐减71%。幸福牌摩托车从40万辆减至2.78万辆,锐减93%;上海牌拖拉机从1.52万台减至1.1万台,减少28%。整车整机产品除轿车明显增长外,均大幅或急剧下降。

"九五"和"八五"相比:上汽集团汽车累计销量从49.37万辆增至117.49万辆,增长1.38倍。汽车产品中轿车累计销量从47.67万辆增至117.13万辆,增长1.46倍;上海桑塔纳轿车累计销量从46.83万辆增至108.81万辆(含桑塔纳2000型轿车),增长1.32倍;轿车销量占汽车总销量的比重从98%升至99.7%。15吨重型汽车累计销量从0.35辆减至0.17万辆,减少51%。幸福牌摩托车累计销量从130.61万辆减至85.05万辆,减少35%。上海牌拖拉机累计销量从6.25万台增至7.94万台,增长0.27倍。

【其他经济指标】

1997年和1998年,上汽集团营业收入和销售收入分别在300亿元和400亿元基础上,各自突破700亿元和600亿元;1999年和2000年,工业总产值和出口创汇分别突破500亿元和1亿美元。

"九五"末的 2000 年与"八五"末的 1995 年相比,工业总产值从 290.13 亿元增至 613.40 亿元,增长 1.11 倍;工业增加值从 81.41 亿元增至 162.13 亿元,增长 0.99 倍;销售收入从 545.37 亿元增至 879.76 亿元,增长 0.58 倍;利润总额从 54.71 亿元增至 66.06 亿元,增长 0.21 倍;利税总额从 94.60 亿元增至 114.65 亿元,增长 0.21 倍;全员劳动生产率从人均 47.62 万元减至 25.14 万元,减少 43%;出口创汇从 5 703 万美元增至 1.41 亿美元,增长 1.47 倍。

"九五"与"八五"相比,上汽集团累计工业总产值从 829.51 亿元增至 2 430.39 亿元,增长 1.93 倍;累计工业增加值从 215.50 亿元增至 785.70 亿元,增长 2.65 倍;累计销售收入从 1 543.32 亿元增至 3 829.55 亿元,增长 1.48 倍;累计利润总额从 146.62 亿元增至 342.54 亿元,增长 1.34 倍;累计利税总额从 227.49 亿元增至 576.69 亿元,增长 1.54 倍;累计出口创汇从 1.79 亿美元增至 4.23 亿美元,增长 1.37 倍。

【公司地位】

1996 年,上汽集团工业总产值、销售收入和利润总额分别占上海工业系统的 9.5%、9.2% 和 23%,工业总产值占上海 6 个重点发展行业的 20.2%,轿车产销占中国轿车市场的 52.4%。1997 年,工业总产值和利税总额分别占上海 6 个重点发展行业的 19.9% 和 30.2%。1998 年,国内轿车市场占有率保持在 48% 左右。2000 年,在上海 6 个重点发展行业中,上汽集团工业总产值和销售收入各占 19% 左右,利润总额和税金总额各占 30% 左右,利润总额和税金总额在上海 6 个重点发展行业位列第一,工业总产值和销售收入位列第二;轿车国内市场占有率 41.8%,继续保持中国轿车市场领先优势。继上海大众汽车成为中国汽车工业改革开放的标志性企业之后,上海通用汽车成为上海浦东开发开放的标志性项目。

表 4‑3‑3　"九五"期间(1996—2000 年)上汽固定资产投资统计表

			1996 年	1997 年	1998 年	1999 年	2000 年	"九五"累计	"八五"累计	"九五"为"八五"累计的倍数
	项目数		86	52	86	77	81	382	417	—
	计划总投资		987 714	1 932 830	2 312 964	2 598 465	2 491 422	10 323 395	—	—
	当年完成投资		368 232	375 500	926 816	656 282	441 279	2 768 109	743 734	3.72 倍
项目实施	其中	整车 项目	6	7	21	24	13			
		整车 金额	118 213	165 746	772 443	526 471	278 069			
		零部件 项目	78	43	61	52	65			
		零部件 金额	860 540	1 757 796	1 513 654	2 046 080	2 203 425			
		服务贸易 项目	1	—	2	—	2			
		服务贸易 金额	418	—	13 831	—	1 370			
		其他 项目	1	2	2	1	1			
		其他 金额	8 543	9 288	13 036	25 914	8 558			
	建筑安装(万元)		56 423	86 619	293 070	147 600	56 617	640 329	171 756	3.73 倍
	设备购置(万元)		248 632	182 233	514 283	423 249	315 098	1 683 495	488 655	3.45 倍

〔续表〕

		1996 年	1997 年	1998 年	1999 年	2000 年	"九五"累计	"八五"累计	"九五"为"八五"累计的倍数
项目竣工	项目数	40	34	16	21	17	128	129	—
	完成投资	240 000	281 000	68 700	92 013	77 023	758 736	397 609	1.91 倍
资产总额(万元)		5 515 821	7 574 532	7 834 118	9 730 011	10 345 353	—	—	—
其中固定资产净值(万元)		849 480	1 096 900	1 268 439	1 786 335	2 160 788	—	—	—
主要生产设备(台套)		19 129	21 241	20 744	22 127	24 946	—	—	—
其中	精大稀设备	979	1 014	1 078	1 284	1 766	—	—	—
	数控设备	590	845	923	1 169	2 185	—	—	—
占地面积(平方米)		3 799 063	6 013 653	6 110 672	6 825 283	6 616 704	—	—	—
建筑面积(平方米)		2 422 334	2 526 586	2 523 626	3 329 735	3 173 327	—	—	—

资料来源：《上海汽车工业(集团)总公司年报》《统计年报汇编》

表 4 - 3 - 4 "九五"期间(1996—2000 年)上汽主要经济指标完成统计表

指 标		1996 年	1997 年	1998 年	1999 年	2000 年	"九五"累计	"八五"累计	"九五"为"八五"累计的倍数	年复合增长率(%)
企业总数(家)		250	239	227	214	267	—	—	—	—
其中直属企业(家)		36	38	40	39	41	—	—	—	—
员工数(人)		60 981	64 095	66 787	67 299	64 498	—	—	—	—
工业总产值(万元)		3 913 987	4 377 299	4 507 911	5 370 711	6 134 026	24 303 934	8 295 129	2.93 倍	11.9
工业增加值(万元)		1 422 869	1 835 625	1 465 271	1 511 912	1 621 313	7 856 990	2 154 974	3.65 倍	3.3
销售收入(万元)		6 559 406	7 334 701	7 493 542	8 110 147	8 797 638	38 295 464	15 433 183	2.48 倍	7.6
利润总额(万元)		666 432	700 463	551 707	815 598	660 629	3 425 385	1 466 213	2.34 倍	—0.2
利税总额(万元)		1 006 755	1 192 676	1 073 431	1 347 544	1 146 536	5 766 942	2 274 937	2.54 倍	3.3
全员劳动生产率(元/人)		180 378	175 615	219 395	224 656	251 374	—	—	—	8.7
出口创汇(万美元)		6 994	6 725	5 783	8 719	14 093	42 314	17 869	2.37 倍	19.1
综合指数		4.60	4.38	273.90(开始执行新标准)	313.53	304.71	—	—	—	—
汽车	销量(辆)	200 652	231 691	236 461	252 115	253 957	1 174 876	493 682	2.38 倍	6.1
	国内市场占有率(%)	13.60	14.82	14.75	13.76	12.18	—	—	—	—
其中	轿车销售(辆)	200 031	230 186	235 020	250 519	252 789	1 171 309	476 694	2.48 倍	6.0
	轿车国内市场占有率(%)	45.0	48.43	46.24	43.92	41.26	—	—	—	—

〔续表〕

指标		1996年	1997年	1998年	1999年	2000年	"九五"累计	"八五"累计	"九五"为"八五"累计的倍数	年复合增长率(%)
其中	桑塔纳销量	200 031	230 186	235 020	230 699	192 202	1 088 139	468 260	2.32倍	—1.0
	帕萨特销量	—	—	—	—	30 022	30 022	—	—	—
	别克销量	—	—	—	19 826	30 543	50 369	—	—	—
	15吨重型汽车销量	534	350	431	142	231	1 688	3 489	48.38%	—
	客车产量(辆)	264	1 166	1 029	1 454	1 127	5 040	—	—	—
	电车产量(辆)	13	104	97	396	110	720	—	—	—
	改装车产量(辆)	457	656	1 035	811	610	3 569	—	—	—
上海牌拖拉机销量(台)		19 033	19 500	13 800	16 022	11 000	79 355	62 477	1.27倍	—12.8
幸福牌摩托车销量(辆)		415 114	252 623	112 641	41 174	28 920	850 472	1 306 052	65.11%	—48.6

资料来源:《上海汽车工业(集团)总公司年报》《统计年报汇编》

第四章 "十五""十一五""十二五"规划发展

这一时期上汽编制实施的规划主要有：2001年、2007年和2010年先后编制的《"十五"发展规划》《"十一五"发展规划纲要（调整版）》和《"十二五"发展规划纲要》，2002—2014年编制的9个《5年滚动发展规划》，2006年5月和2008年9月先后编制的2个3年《国资战略规划》，2011年编制的《三年行动规划（2012—2014年）》。这些规划经过实施，上汽进入自主创新和对外合作并举的发展阶段，继续保持国内汽车市场领先优势，跻身世界500强并位列全球汽车公司销量第7位。

第一节 "十五"规划发展

一、规划编制

【应对中国入世调研与方案】

2000年10月8日，上海汽车工业（集团）总公司（简称上汽集团）召开党政工作会议，就中国加入世界贸易组织（WTO）上汽集团行动纲领调研事宜进行讨论。会议决定，结合"十五"规划的编制，组织开展宏观政策研究、集团管理体制、发展规划、走出上海参与全国汽车行业重组、进一步利用外资、技术开发与体系建设、出口与海外投资、人力资源管理、营销与市场建设、汽车服务贸易、资本经营及融资业务、成本和价格、多元经营、电子商务、发展与稳定、企业文化建设、提高员工队伍素质和塑造集团整体形象共计18个与中国加入WTO对上汽集团影响有关的课题调研，每个课题明确分管集团领导、牵头部门和参与部门以及工作进度，在课题研究基础上，形成中国加入WTO上汽集团行动纲领。同年12月，上汽集团召开干部大会，提出2001年度以实施用户满意工程、全面创新工程、全球经营工程、人本管理工程"四大工程"为工作重点，应对中国入世挑战。2002年5月，为落实上海市人民政府《关于落实今年本市应对中国入世工作若干重点工作事项的通知》要求，上汽集团总裁办公会议确定总裁办公室为集团WTO事务联络点以及WTO事务联络员，负责WTO事务内部协调工作，牵头起草2002—2003年上汽集团应对WTO行动计划实施方案。

【"十五"发展规划】

2000年年底，在组织开展中国入世18个课题调研的同时，上汽集团启动"十五"规划的编制。2001年4月，《上海汽车工业（集团）总公司"十五"规划发展纲要》经集团总裁会议和董事会审议通过并修改后基本定稿。同年，根据国家经济贸易委员会（简称经贸委）关于三大汽车集团"十五"发展规划上报的有关要求，上汽集团委托国家经贸委指定的中国国际工程咨询公司对规划作先行评估后进行修改，形成《上海汽车工业（集团）总公司"十五"发展规划》正式文本，于同年8月上报上海市经济委员会，9月上报国家经贸委。

该规划提出以改革创新精神，树立经济全球化观念、接受加入WTO挑战、加快大集团建设、保持上海第一支柱产业地位；继续走以乘用车为主、轿车为重点的战略发展道路，带动和辐射零部件；走出上海，扩大产品发展空间和市场覆盖率，谋求更大发展；进一步加强与国际著名跨国汽车集团合作;零部件实行系统管理,逐步走向中性化和融入全球配套体系,促进系统开发及模块供货;营销服务抓住中国入世契机,积极引进外资和技术,抢占先机、做大做强,重点发展汽车租赁、汽车物流、汽车金融、汽车零售、汽车后续服务、电子商务等业务;贯彻有所为、有所不为的精神,加快实现一业为主、多元发展;形成超前开发、联合开发、自主开发3个层次的产品开发能力等一系列指导思想和发展思路。提出整车销售51万辆~61万辆、轿车50万辆~60万辆、微型车15万辆、大客车2700辆、重型车2000辆、中轻型客车5000辆、拖拉机18000辆,销售收入1310亿元~1600亿元、利润92亿元~112亿元、出口创汇5亿美元以上、投资规模350亿元等总量目标。提出通过参与全国汽车行业重组,加快大集团建设,保持上海支柱产业地位,为进入世界500强奠定基础的组织目标;轿车主导产品总体水平、主要技术指标达到当代同类型车型国际水平,汽车尾气排放达到欧洲2号标准以上,其中中高级轿车达到欧洲3号标准或以上、以内燃机为动力源的汽车产品燃油消耗水平达到21世纪初国际先进水平的产品水平目标;基本形成一支具备轿车开发能力的技术队伍,构建以集团技术中心牵头、多层次结构的技术开发体系,形成以轿车车身、内饰、动力匹配、底盘匹配四大核心为主的开发能力建设目标;多元经营收入约占集团销售收入的10%,在外省市投资的企业取得的收入约占集团销售收入10%的销售目标;轿车和微型车总生产能力83万辆~95万辆的生产能力目标等一系列发展目标,以及整车、零部件、营销、产品开发、多元经营、资产重组等重点项目和投资安排。

【三大战略目标】

2002年7月,上汽集团对未来5年发展战略进行讨论,形成2007年实现整车销售100万辆、跻身世界500强、新增自主品牌汽车5万辆的三大战略目标。同月25日,集团向前来现场办公的中共中央政治局委员、上海市委书记黄菊和中共上海市委常委、常务副市长蒋以任等汇报该规划目标的设想构架,得到充分肯定。黄菊指出:100万辆是规模、500强是实力、自主开发是突破,目标思路对头,上汽集团要进一步细化目标,变成具体计划和行动,中共上海市委和上海市政府要支持帮助推进;强调今后10年是汽车工业发展的关键时期,发展机遇是历史性的;要求上汽集团站在全球化的高度分析形势、拓宽思路,今后5年在重视扩大与海外合作、重视国内资本运作、处理好产品发展与服务发展关系、选准汽车技术路线4个方面,进一步解放思想、开阔眼界、拓宽思路。蒋以任要求全市各个方面支持上汽集团三大战略目标的实施。

中共上海市委主要领导现场办公后,上汽集团立即召开干部大会学习传达、组织讨论,研究细化"十五"和后5年发展规划,将三大战略目标列为"十五"期间制定的各滚动发展规划的首要目标和重点内容。集团总裁办公会议讨论决定各副总裁分工负责3个战略目标,确定进度、落实责任。2003年3月发布的《2003—2007年上汽集团滚动发展规划》首次在规划中写入三大战略目标。

【5年滚动规划】

"十五"期间,上汽集团于2002年2月、2003年1月和2004年1月先后编制上报2002—2006年、2003—2007年和2004—2008年3份5年滚动发展规划,2004年年底成立的上海汽车集团股份有限公司(简称上汽股份)于2005年3月编制上报2005—2009年的滚动发展规划。各5年滚动发展规划对"十五"发展目标不断修正调整,其中最后一个5年滚动发展规划即《2005—2009年滚动发展规划》,提出树立科学发展观,做大核心业务规模、做强综合竞争能力、做响自主品牌;乘用车继续保持行业第一,快速拓展商用车产销规模,自主创新大力发展自主品牌,加强新能源和清洁能源产品研发;优化零部件资源配置,提高关键零部件系统开发与模块开发能力,融入全球供货体系;加速发展汽车服务贸易业;坚持走出去战略,积极推进国际经营战略;加快技术创新体系建设,提高产品研发能力,做强核心竞争力等指导思想。该滚动发展规划将2005年主要目标中整车销量目标提高到94万辆~98万辆,乘用车销量目标提高到70万辆~74万辆,首次提出商用车目标并设定为24万辆,年销售收入目标提高到1 700亿元~1 850亿元,年出口创汇目标提高到6.5亿美元~7亿美元,整车总产能提高到133万辆。

二、规划实施

【组建上汽股份】

2004年6月,为落实中共上海市委和上海市政府的国有资产改革战略,上汽集团编制完成《上海汽车工业(集团)总公司整体改制重组方案》,决定独家发起设立上海汽车集团股份有限公司并择机上市。同月23日,中国证券监督管理委员会致函上海市政府,对上汽集团改制上市表示支持。同年9月,上汽集团就整体重组方案、设立股份公司和国有股权管理等事项分别进行报批,并于同月和12月,分获上海市政府和国务院国有资产监督管理委员会批准。同年12月30日,上海汽车集团股份有限公司揭牌。此后至2005年,由于中国汽车行业市场低迷,上汽股份上市暂缓,但相关工作有序进行。此外,2004年1月,上汽集团与上海电气集团公司合作完成对彭浦机器厂的多元投资改制,成立上海彭浦机器厂有限公司并归属上汽集团。

【"走出去"战略】

"十五"期间,上汽开始大力实施"走出去"战略,参与国内外汽车工业战略重组。在走出上海方面:2001年1月,安徽奇瑞汽车有限公司加盟上汽集团。同年4月,由上汽集团、跃进汽车集团公司和意大利泰克西股份公司在江苏镇江投资建立的华东泰克西汽车铸造有限公司投产。2020年4月,上汽集团、美国通用汽车公司和广西柳州五菱汽车有限责任公司签约在广西南宁组建上汽通用五菱汽车股份有限公司(简称上汽通用五菱),上汽业务开始进入微型车制造领域。同年11月,延锋伟世通汽车饰件有限公司在重庆成立延锋伟世通(重庆)汽车饰件系统有限公司,开始走出上海。2003年4月和2004年6月,上汽集团与通用汽车(中国)投资有限公司、上海通用汽车有限公司在山东烟台和辽宁沈阳合资组建的上海通用东岳汽车有限公司和上海通用北盛汽车有限公司先后建成投产。2004年6月,上汽集团兼并重组中国汽车工业总公司后组建的上海汽车集团(北京)有限公司开业。2005年6月,上汽通用五菱收购颐中(青岛)运输车辆制造有限公司。同年9月,上汽持有的安徽奇瑞汽车股份转回该公司原股东方。同年12月,上汽与意大利依维柯汽车公司、重庆重型汽车集团有限责任公司建立生产重型车的战略合作关系。至2005年年底,上汽新增烟台、沈阳和青岛3个沪外整车制造基地,加上"九五"建立的仪征、柳州2个基地,沪外整车基地增加到5个。与此同时,零部件企业也加快全国布局,在重庆、北京、天津、长春、武汉、徐州、广州等地建立10余家企业。

在走出国门方面,上汽于2001年10月赞助在美国底特律举办中国汽车零部件展示会。同月,别克GL10商务车出口菲律宾,中国制造的中高级轿车首次走出国门。2002年10月,上汽集团参股美国通用汽车收购韩国大宇汽车公司项目获得国家批准,中国汽车资本开始走出国门。2003年,上海通用汽车、上海大众汽车和上汽通用五菱分别出口整车1 000辆、600辆和800辆。2004年8月和12月,上海汽车股份有限公司购买英国罗孚汽车公司罗孚75型、25型轿车和1.1~2.5升全系列发动机核心技术。同年10月,上汽与韩国朝兴银行签署收购韩国双龙汽车股份的合同并成为该公司第一大股东,韩国双龙汽车成为上汽境外制造基地。

【对外合作】

"十五"期间,上汽全方位推进合资合作战略。在整车整机领域:2001年10月,上海拖拉机内燃机公司与意大利菲亚特集团凯斯纽荷兰环球有限公司合资的上海纽荷兰农业机械有限公司开业;2002年4月,上汽与德国大众签署延长上海大众汽车合营合同20年的协议,正在德国访问的中国国家主席江泽民出席签字仪式;同年至2004年,上汽与美国通用汽车建立战略伙伴关系,携手在广西柳州、山东烟台和辽宁沈阳进行汽车工业兼并重组,其中合资组建的上汽通用五菱在中国汽车行业首创中中外合作新模式;2004年、2005年凯迪拉克、雪佛兰品牌落户上海通用汽车,开始双品牌发展;2005年11月,上汽与意大利依维柯汽车公司建立战略合作关系,组建上汽依维柯商用车投资有限公司,加快向重型车领域拓展。在汽车零部件领域:上汽先后与外方合资成立主营铸造、有色铸造、变速器、减速器、锻造、内饰、动力总成、热系统等汽车零部件的合资企业。在汽车服务贸易领域:2002年6月,上海汽车工业销售总公司与荷兰TPG所属天地物流控股公司组建的国内首家中外合资汽车物流企业开业;此后上汽又相继组建国内首家中外合资汽车租赁企业、国内首家中外合资汽车金融公司、国内首家汽车专用滚装码头合资企业。2005年,上汽合资企业总数达75家,其中40%合作外方为世界500强企业,合资企业营业收入和利润总额占上汽营业收入总量的比重分别达到90.9%和93.3%。

【年产汽车100万辆】

2002年6月,上海大众汽车累计产销轿车200万辆,为中国轿车之最。2003年4月,上海通用汽车东岳基地实现批量生产。同年,上汽克服困难,抗击"非典",整车产销80万辆,同比增长39.5%,提前两年完成2001年编制的《"十五"规划发展纲要》设定的销售目标。2004年和2005年,韩国双龙汽车产销数据开始记入上汽。2004年9月,上海通用汽车北盛基地开始批量生产。2005年5月,上海通用汽车金桥南厂建成投产。7月,上海大众汽车累计产销轿车达300万辆,再创中国轿车市场纪录。在以轿车为主的乘用车快速增长的同时,以微型货车为主的商用车成为上汽重要的产销增长点。2002年,新增五菱微型车并成为上汽商用车最主要的产品。2005年,商用车销量突破30万辆达到31.57万辆,创历史新高。同期,上海牌拖拉机和幸福牌摩托车等其他整车整机销量在低位盘整,2005年略有回升。

2005年,上汽汽车销售105.7万辆,分别占国内汽车和轿车市场占有率的15.9%和19.2%,提前2年完成三大战略目标关于2007年年产汽车100万辆的目标。

【跻身《财富》世界500强】

2003年年初,上汽集团根据申报世界500强的具体要求,制定符合集团实际的统计指标体系下发执行。2004年5月,上汽集团正式向《财富》杂志提出申报。同年7月12日,《财富》杂志公布2004年度世界500名单,上汽集团以2003年合并销售收入117.55亿美元的经营业绩首次跻身世界500强,位列第461位,提前3年实现三大战略目标关于2007年跻身世界500强的目标,并成为第一家进入世界500强的中国汽车企业和地方性企业。7月14日,中共上海市委办公厅、上海市政府办公厅向上汽集团发来贺电。

2004年,中国汽车市场低迷,上汽集团当年合并销售收入1 000.63亿元,虽然高于2003年的972.9亿元,但是由于世界经济向好,世界500强门槛从100亿美元上升到124亿美元,上汽集团销售收入低于准入门槛,未能进入2005年《财富》500强榜单。2005年,中国汽车市场复苏,上汽集团业绩明显提升,为重返世界500强奠定基础。

【提升研发能力】

"九五"末,上汽自主开发SAIC经济型轿车项目获上海市科学技术委员会批准并列入上海市科技发展基金重大项目。"十五"期间,按照三大战略目标中关于新增自主品牌汽车5万辆目标,开始实施经济型轿车和多功能车自主研发。2001年,SAIC经济型轿车更名为7人小客车并完成样车设计和可靠性试验。同年,上海离合器总厂研发的轿车液力变扭器获中国汽车工业科技进步一等奖。2002年7月,自主研发的赛宝多功能车下线,当年10月批量生产。8月,主要承担自主研发的上汽集团汽车工程研究院揭牌。2003年6月,上海交通大学与上海易初通用机器有限公司联合开发的中国首台二氧化碳汽车空调系统样机通过上海市科委技术鉴定并被列为国家重点科技创新项目。8月,上海大众汽车具有国际一流水平的专业轿车试车场投入使用。11月,泛亚技术中心本土化研发的别克君威系列轿车开发项目获中国汽车工业科技进步一等奖。

【启动新能源汽车建设】

"十五"期间,上汽开始启动与高等院校和合作外方共同实施新能源汽车建设的战略。2003年8月,与同济大学共同研制的中国首辆具有自主知识产权的燃料电池混合动力样车"超越一号"通过国家科学技术部阶段性评审。同年11月,上海申沃客车有限公司与上海巴士实业(集团)股份有限公司等联合研制的国内首辆超级电容变频调速空调无轨电车问世。2004年10月,上汽与美国通用汽车签署清洁能源汽车全面合作备忘录。2005年9月,与德国大众签署以上海大众汽车的途安MPV车为基础联合开发混合动力轿车的协议。10月,与美国通用汽车签署促进高效环保清洁能源汽车在中国发展和生产的合作协议。同月,上汽召开新能源汽车工作动员暨产学研共同体大会。

【零部件"抢逼围"战略】

进入21世纪,上汽对零部件企业实施抢国内CM市场、逼企业做大AM市场、围绕汽车跨国公司进行OEM配套的"抢逼围"战略。2001年,在美国底特律首次召开汽车零部件出口工作会议并举办零部件展览。2002年,上海通用汽车60万台发动机开始出口加拿大,上汽零部件总成出口取得重要突破。2003年,零部件企业生产的汽车钢板弹簧、汽车传动轴、汽车齿轮、车灯、汽车转向泵壳体、喷油咀、汽车座椅面套等开始直接进入美国OEM市场。2002—2004年,零部件出口创汇连续突破2亿美元、3亿美元和4亿美元。2004年,零部件产品出口中72%进入合资外方全球经营系统,零部件出口创汇额中85%以上为OEM配套。"十五"期间,上汽对零部件的投入首次突破百亿元达到104亿元,比"九五"增加24%,零部件业务外向度达到30%以上。

【非核心业务一体化管理】

2001年,上汽在推广上海通用汽车非核心业务外包管理经验基础上,开始实行非核心业务一体化管理,构建采购、物流和后勤服务3个服务贸易平台。采购平台由上海汽车拖拉机物资公司统一对公司内零部件企业生产用的薄板和特钢材料实施集中采购。物流平台在2000年成立以整车物流为主业的安吉汽车物流有限公司后,2002年和2003年相继成立以汽车零部件物流为主业的安吉天地汽车物流有限公司和以汽车码头物流为主业的上海海通国际汽车码头有限公司。同时,服务贸易进一步向汽车金融、汽车租赁、汽车快修、汽车俱乐部等汽车后市场延伸,其中包括 2004 年 8 月合资组建的以购车信贷等为主业的上汽通用金融有限责任公司。同年,一体化集中采购拓展至油料、生铁、炉料、塑料、橡胶等辅料以及铝合金材料。2005 年,上汽服务贸易总收入 118 亿元,比 2000 年增长 2.1 倍,占集团销售收入比重达 7.5%,集团《非核心业务重组与一体化外包管理》的课题报告获第十一届国家级企业管理现代化创新成果一等奖和上海市企业管理现代化创新成果一等奖。

【用户满意工程、"经营者"管理模式】

2001 年 2 月,上汽启动用户满意工程建设并将其定位为"第一工程"和"生命工程"。同年 7 月,在上海大众汽车召开用户满意工程现场交流会,推广"三找"活动经验。该工程实施第一年,产品开发改进速度明显加快,全年完成近 10 种改进产品或新产品,创下历年之最,上海市级以上产品质量抽查 100%合格,轿车产销迈上 30 万辆新台阶,国内市场占有率 43.57%,比 2000 年提高 2.23 个百分点。2002—2005 年,上汽每年召开 2 次用户满意工程大会,不断深化推进。

1998 年,上海易初通用机器有限公司探索创立并实施人人成为"经营者"管理模式。2001 年,上汽开始在所属企业进行推介。同年,上海汽车股份有限公司开始全面推广实施。2003 年,中国机械工业联合会和中国机械工业企业管理协会决定在中国机械行业推广。2005 年,上汽开始在部分企业进行试点。

三、实施成效

【产能规模】

"十五"期间,上汽围绕三大战略目标,大力实施"出海跨洋"和做大规模的战略,5 年累计实施固定资产投资 304.27 亿元,比"九五"的 276.81 亿元增长 0.1 倍;累计竣工项目 117 个,完成投资 169.94 亿元,比"九五"的 75.87 亿元增长 1.24 倍。2005 年,上汽总资产 1 303.54 亿元,比 2000 年的 1 034.54 亿元增长 0.26 倍。其中固定资产净值从 216.08 亿元增至 422.63 亿元,增长 0.96 倍;总占地面积从 661.67 万平方米增至 1 071.95 万平方米,增长 0.62 倍;总建筑面积从 317.33 万平方米增至 455.61 万平方米,增长 0.44 倍;精大稀设备从 1 766 台套增至 3 049 台套,增长 0.73 倍;数控设备从 2 185 台套增至 2 849 台套,增长 0.3 倍。

经过大规模投资和全国布局,上汽形成 133 万辆汽车总年产能力,比 2000 年的 40 万辆总产能增加 2.33 倍。汽车总产能中,乘用车 102 万辆,商用车 31 万辆;上海地区 79 万辆,沪外企业 54 万辆;上海大众汽车 48 万辆,上海通用汽车 54 万辆,上汽通用五菱 25 万辆。

【品牌车型】

"十五"期间,上汽整车产品特别是乘用车品牌车型快速增加。2005 年与 2000 年相比,乘用车品牌在大众和别克 2 个品牌基础上,新增凯迪拉克、雪佛兰和韩国双龙 3 个品牌;乘用车车型在原有的大众品牌桑塔纳、桑塔纳 2000 型和帕萨特、别克品牌君威和 GL8 合计 5 个车型基本实现垂直换代的同时,新增大众品牌的波罗、高尔和途安 3 个车型,别克品牌的凯越和荣御 2 个车型,凯迪拉克品牌的 CTS、SRX 和 XLR 3 个车型,雪佛兰品牌的 SPARK、新赛欧、景程和乐骋 4 个车型,合计新增 12 个车型,乘用车车型总计达到 17 个(未含韩国双龙的车型),基本涵盖微型、小型、紧凑型、中型、大中型和 MPV 等各个领域。商用车在大通牌载重汽车等产品基础上,新增五菱微型车、申沃

(申豪)和沃尔沃大客车、伊思坦纳商务车,商用车品牌达到 5 个,基本涵盖微型货车、大客车、轻型客车和载重汽车等商用车领域。至此,上汽汽车品牌从 3 个增至 10 个,乘用车和商用车各为 5 个。

【产品产销】

2002 年和 2005 年,上汽汽车销量先后突破 50 万辆和 100 万辆。"十五末"的 2005 年和"九五末"的 2000 年相比:汽车销量从 25.36 万辆增至 105.71 万辆,增长 3.17 倍,国内汽车市场占有率从 12.16% 增至 15.94%,增加 3.78 个百分点;乘用车销量从 25.28 万辆增至 74.14 万辆,增长 1.93 倍。由于这一时期中国轿车开始进入家庭,国内新建多家轿车企业,乘用车产销规模从 2000 年的 60 万辆快速增至 2005 年的近 400 万辆,上汽国内乘用车市场占有率从 41.26% 减至 19.18%,减少 22.08 个百分点。商用车销量从 0.12 万辆增至 31.57 万辆,增长 262.08 倍,国内商用车市场占有率从 0.08% 增至 12.06%,增加 11.98 个百分点。上海通用汽车销量从 3.05 万辆增至 32.54 万辆,增长 9.67 倍,国内乘用车市场占有率从 4.6% 增至 10.4%,增加 5.8 个百分点,成为中国增长最快的轿车企业;上海大众汽车销量从 22.22 万辆增至 25 万辆,增长 0.13 倍,国内乘用车市场占有率从 33.8% 减至 8.1%、减少 25.7 个百分点;上汽通用五菱产销 31 万辆,比 2002 年进入上汽时的 15 万辆增长 1.07 倍;韩国双龙汽车产销 14.13 万辆,比 2004 年进入上汽时的 13.55 万辆增长 4.3%;客车销量从 0.11 万辆增至 0.37 万辆,增长 2.36 倍;载重汽车从 206 辆增至 450 辆,增长 1.18 倍。幸福牌摩托车销量从 2.78 万辆减至 1.46 万辆,减少 47%;上海牌拖拉机销量从 1.1 万台增至 1.4 万台,增长 0.27 倍。

"十五"与"九五"相比:上汽汽车累计销量从 117.49 万辆增至 353.44 万辆,增长 2.01 倍。汽车产品中乘用车累计销量从 117.13 万辆增至 265.77 万辆,增长 1.48 倍,由于五菱微型车的加盟及快速增长,乘用车累计销量占汽车总销量的比重从 99.7% 降至 75.2%,商用车累计销量从 0.63 万辆增至 87.67 万辆,增长 138.16 倍,累计销量占汽车总销量的比重从 0.03% 提高到 24.8%,在集团主导产品中的地位明显上升。幸福牌摩托车累计销量从 85.05 万辆减至 16.39 万辆,锐减 80.8%;上海牌拖拉机累计销量从 7.94 万台减至 4.59 万台,减少 42%。

"十五"期间,上汽乘用车销量继续保持国内乘用车市场第 1 名,汽车销量位居第 2 名;上海大众汽车销量除 2005 年位居国内乘用车企业第 2 名外,其余 4 年均位居第 1 名;上海通用汽车销量 2002—2004 年均位居国内乘用车企业第 3 名,2005 年升至第 1 名;上汽通用五菱销量 2003—2005 年均位居国内微型车市场第 2 位。

【其他经济指标】

2001 年和 2003 年,上汽销售收入先后突破 1000 亿元和 1500 亿元;2002 年和 2003 年,利润总额先后突破 100 亿元和 200 亿元;2002—2005 年,出口创汇连续突破 2 亿美元、5 亿美元和 8 亿美元。"十五"末的 2005 年与"九五"末的 2000 年相比:工业总产值从 613.40 亿元增至 1 086.39 亿元,增长 0.77 倍;工业增加值从 162.13 亿元增至 271.65 亿元,增长 0.68 倍;销售收入从 901.58 亿元增至 1 552.76 亿元,增长 0.72 倍;利润总额从 64.24 亿元增至 84.50 亿元,增长 0.32 倍;利税总额从 127.32 亿元增至 178.45 亿元,增长 0.40 倍;全员劳动生产率从人均 25.14 万元增至人均 35.18 万元,增长 0.40 倍;出口创汇从 1.41 亿美元增至 8.65 亿美元,增长 5.13 倍。

"十五"与"九五"相比:上汽累计工业总产值从 2 430.39 亿元增至 5 771.09 亿元,增长 1.37 倍;累计工业增加值从 785.70 亿元增至 1 522.32 亿元,增长 0.94 倍;累计销售收入从 3 829.64 亿元增至 7 579.77 亿元,增长 0.98 倍;累计利润总额从 342.54 亿元增至 842.83 亿元,增长 1.46 倍;

累计利税总额从 576.69 亿元增至 1 347.91 亿元,增长 1.34 倍;累计出口创汇从 4.23 亿美元增至 23.42 亿美元,增长 4.54 倍。此外,2002—2005 年,上汽净资产平均收益率为 8.9%,资本平均保值增值率为 115.9%,国有资产在集团的投入产出实现良好回报。

【公司地位】

2001—2004 年,在上海 6 个重点发展行业中,以上汽集团为主的上海汽车行业利润总额和上交税金连年位居第 1 名,主营业务收入除 2001 年位居第 3 名外,其余年份均位居第 2 名;同期,上汽始终位居中国汽车行业乘用车产销第 1 名和汽车产销第 2 名。2004 年,上汽集团成为跻身世界 500 强的首家中国地方性企业和中国汽车企业。2005 年,上汽除上交税金继续位居上海 6 个重点发展行业第 1 名外,利润总额位居第 4 名,主营业务收入位居第 5 名。

表 4-4-1　"十五"期间(2001—2005 年)上汽固定资产投资统计表

单位:项目:个,投资额:万元

			2001 年	2002 年	2003 年	2004 年	2005 年	"十五"累计	"九五"累计	"十五"为"九五"累计的倍数
项目实施		项目数	72	73	115	146	131	—	—	—
		计划总投资	3 187 577	2 490 271	3 305 515	5 242 874	5 502 716			
		本年度计划投资	601 068	716 385	883 363	—	—			
		当年完成投资	330 847	326 267	677 206	749 248	959 171	3 042 739	2 768 109	1.10 倍
	其中	整车 项目	—	7	20	26	34			
		整车 金额	—	—	—	436 000	527 000			
		零部件 项目	—	60	86	102	87			
		零部件 金额	—	—	—	259 000	355 000			
		服务贸易 项目	—	3	9	18	12			
		服务贸易 金额	—	—	—	54 000	83 000			
		建筑安装	114 985	80 977	180 155	254 629	296 786	927 532	640 329	1.45 倍
		设备购置	204 389	215 748	448 035	441 910	605 721	1 915 803	1 683 495	1.14 倍
项目竣工		项目数	26	18	26	24	23	117	129	—
		完成投资	859 655	163 000	333 700	148 000	195 000	1 699 355	397 609	4.27 倍
资产总额			5 824 515	5 965 192	7 544 732	10 687 234	13 035 362	—	—	—
其中固定资产净值			1 080 073	1 026 187	1 032 904	1 978 950	4 226 340			
主要生产设备(台套)			24 680	25 301	26 121	26 620	29 853			
其中		精大稀设备	1 926	3 164	2 674	2 885	3 049			
		数控设备	2 805	2 082	2 938	2 358	2 849			
占地面积(平方米)			6 948 141	6 820 942	8 559 067	9 689 548	10 719 525	—	—	—
建筑面积(平方米)			3 430 773	3 416 815	3 717 600	4 458 370	455 609			

资料来源:《上海汽车工业(集团)总公司年报》,资产总额、固定资产原值和净值来自上汽《统计年报汇编》

表4-4-2 "十五"期间(2001—2005年)上汽主要经济指标完成统计表

指　标	2001年	2002年	2003年	2004年	2005年	"十五"累计	"九五"累计	"十五"为"九五"累计倍数	年复合增长率(%)
企业总数(家)	243	250	221	215	205	—	—	—	—
其中直属企业(家)	50	47	49	53	57	—	—	—	—
员工数(人)	66 699	61 782	69 159	77 926	77 224	—	—	—	—
工业总产值(万元)	7 771 584	10 627 422	16 572 511	11 875 523	10 863 894	57 710 934	24 303 934	2.37倍	8.7
工业增加值(万元)	2 094 388	2 638 412	4 177 917	3 595 940	2 716 502	15 223 159	7 856 990	1.94倍	6.7
销售收入(万元)	10 116 488	12 978 223	18 998 926	18 176 519	15 527 562	75 797 718	38 295 464	1.98倍	11.3
利润总额(万元)	967 774	1 547 229	2 940 429	2 658 364	845 036	8 958 832	3 425 385	2.62倍	−3.3
利税总额(万元)	1 599 519	2 407 066	4 029 321	3 189 314	1 836 744	13 061 964	5 766 942	2.26倍	3.5
全员劳动生产率(元/人)	314 006	427 052	604 103	461 456	351 769	—	—	—	2.9
出口创汇(万美元)	17 172	25 826	34 917	69 942	86 523	234 380	42 314	5.54倍	49.8
综合指数	395.43	541.19	765.98	593.20	319.26	—	—	—	—
净资产收益率(%)	9.1	17.2	7.6	1.5	—	—	—	—	—
资本保值增值率(%)	110	132.1	125.4	96	—	—	—	—	—
汽车两大类销量 汽车销量 销量(辆)	289 549	560 764	782 259	849 201	1 057 073	3 538 846	1 174 876	3.01倍	38.2
国内市场占有率(%)	12.25	17.25	17.82	16.75	15.94	—	—	—	—
乘用车 销量(辆)	288 378	412 475	597 424	618 017	741 398	2 657 692	1 171 309	2.27倍	26.6
国内市场占有率(%)	39.97	36.63	30.30	26.56	19.18	—	—	—	—
商用车 销量(辆)	1 171	148 289	184 809	236 885	315 675	886 829	—	—	305.2
国内市场占有率(%)	0.07	6.99	7.64	8.42	12.06	—	—	—	—
企业汽车销量(辆) 上海大众汽车销量	230 050	301 712	396 023	355 006	250 006	1 532 797	1 118 152	1.37倍	2.1
上海通用汽车销量	58 328	110 763	201 188	252 869	325 428	948 576	50 369	18.83倍	53.7
上汽通用五菱销量	—	146 658	180 018	235 188	337 188	1 019 138	—	—	—
韩国双龙汽车销量	—	—	—	135 547	141 306	276 853	—	—	—
上汽仪征销量	—	—	2 245	2 053	1 250	5 548	—	—	—
上海申沃销量	983	875	1 565	1 356	1 335	6 114	—	—	—
上海汇众销量	296	502	1 002	2 681	2 805	7 286	—	—	—
幸福牌摩托车销量(台)	42 120	26 894	37 448	45 616	11 901	163 979	850 472	19%	−27.1
上海牌拖拉机销量(台)	6 147	10 125	6 922	8 689	14 007	45 890	79 355	58%	22.9

资料来源:《上海汽车工业(集团)总公司年报》,上汽《统计年报汇编》

第二节 "十一五"规划发展

一、规划编制

【《"十一五"规划纲要》】

2005年7月11日,中共上海市委召开专题会议,听取上汽"十一五"规划思路汇报。同年9月和2006年2月,上汽集团和上汽股份分别编制本公司《"十一五"发展规划纲要》。2007年7月,上汽集团编制上报覆盖2005年9月和2006年2月上汽集团和上汽股份两份规划内容的《"十一五"发展规划纲要(调整版)》。

该调整版规划确定重点实现自主创新、新能源产品、国际经营和出口业务三大突破,将上汽建成具有核心竞争能力和国际经营能力的汽车集团的总体发展方向;确定上海汽车股份有限公司(简称上海汽车)完成向控股股东上海汽车集团股份有限公司股票发行后,上汽集团和上海汽车不同的定位、功能和架构;确定做大做强乘用车、快速发展商用车、加快发展自主品牌和新能源汽车,提高零部件系统开发和模块供货能力并融入全球供货体系,加快发展汽车服务贸易,坚持"走出去"和国际经营战略等指导思想;确定深化对外合作与加快自主开发并举,乘用车为重点与商用车为突破并举,提升内燃机技术与开发新能源并举,立足上海与谋求全国布局并举,着力城市市场与着眼农村市场并举,技术的本土化与人才的国际化并举共"6个并举"的业务发展原则。

规划在继续保留2007年三大战略目标的同时,提出2010年新的三大战略目标,即:整车规模翻一番达到200万辆,进一步完善全国整车布局;年产自主品牌汽车60万辆,形成自主开发经营体系,生产新能源汽车5万辆;出口和海外收入50亿美元,国际经营实现新突破。同时,规划提出至2010年,汇总销售收入3 318亿元~3 518亿元、合并销售收入1 668亿元~1 768亿元;5年累计投资585亿元,其中自主品牌投资45亿元;5年累计技术研发费用480亿元,其中自主研发100亿元,新能源汽车开发50亿元;零部件年销售收入430亿元~460亿元,约占集团总收入13%,其中外配套收入130亿元~140亿元,约占零部件总收入30%;服务贸易年业务收入200亿元~220亿元,收入贡献度超过6%等综合经济指标。

【编制5年滚动发展规划】

"十一五"规划编制实施后,上汽集团先后编制2007—2011年、2008—2012年、2009—2013年3个5年滚动发展规划,先后将2010年规划目标调整为整车国内市场产销212万辆~250万辆,国内市场占有率21.1%;产销233万辆,国内市场占有率21.3%;产销219万辆~242万辆,国内市场占有率20%~22%。2009年,根据上海汽车整车实际销售272.2万辆,实现合并销售收入2 297亿元,提前完成"十一五"规划和历次5年滚动规划整车销量目标;同时由于世界金融危机等影响,出口创汇仅6.8亿美元的实施情况,上汽集团于2010年编制《2010—2014年滚动发展规划》,进一步将2010年整车销量目标调高为314万辆,合并销售收入和汇总销售收入分别调高为2 470亿元和2 882亿元,出口及海外收入调低为18亿美元。

【编制国资战略规划】

2006年5月和2008年9月,上汽集团先后编制上报《2005—2007年国资战略规划》《2008—2010

年国资战略规划》。2份国资战略规划确定"十一五"期间集团资产和国有资产保值增值目标为：2007年,总资产为1163亿元~1170亿元,净资产和国有权益为428亿元~435亿元;2010年,总资产为1569亿元~1586亿元,净资产和国有权益为543亿元~560亿元。国有资产保值增值目标为：2006—2010年,净资产收益率每年依次为2.38％、2.5％、4.9％至5.8％、4.7％至6.0％和4.7％至6.0％。

二、规划实施

【整车、零部件上市】

2006年7月,上汽集团向中共上海市委和上海市政府上报《关于上海汽车重组上市有关情况的汇报》并获原则同意,整车业务整体上市工作正式启动。同年9月,重组上市方案获上海汽车股份有限公司股东大会通过。同年11月,重组上市方案获中国证券监督管理委员会核准。同年12月,上海汽车完成向控股股东上海汽车集团股份有限公司定向发行,总股本增至65.51亿股,净资产增至303亿元,成为A股市场规模最大的汽车上市公司。2007年7月,上汽股份完成工商注销。同年9月,上海汽车股份有限公司更名为上海汽车集团股份有限公司(简称上海汽车)。同年12月,上海汽车发行分离交易可转债事宜获中国证监会核准后实施。2008年1月,上海汽车在上海证券交易所举行公司债券和认股权证上市仪式,上汽集团整车业务整体上市工作顺利结束。

上汽集团整车业务完成整体上市后,开始启动零部件业务整体上市。2008年5月,上海市国有资产监督管理委员会召集上汽集团和上海久事(集团)有限公司审定上海巴士(集团)股份有限公司(简称巴士股份)重组事宜。6月,上汽集团与巴士股份股东签署巴士股份股权划转协议书。同年8月,上汽集团与巴士股份签署发行股票购买资产的协议。同月和2009年3月,国务院国资委和中国证监会先后批复同意该项资产重组和股票发行的报告。2009年4月,巴士股份更名为华域汽车系统股份有限公司(简称华域汽车),实现从公共交通业务转变为独立供应汽车零部件业务,并成为A股市场最大的汽车零部件上市公司,上汽集团零部件业务整体上市工作顺利结束。

【"走出去"战略】

2006年8月,上汽所属上海通用汽车有限公司、上汽通用五菱汽车股份有限公司、上海汽车股份有限公司和联合汽车电子有限公司、上海纳铁福传动轴有限公司、上海实业交通电器有限公司6家企业被国家商务部、国家发展和改革委员会认定为国家汽车及零部件出口基地企业。2007年6月,上汽依维柯红岩商用车有限公司与上汽菲亚特红岩动力总成有限公司在重庆成立,重庆成为上汽第7个沪外整车制造基地。7月,上汽集团与跃进汽车集团公司签署合作意向书。同年12月,国家发改委、上海市政府、江苏省政府在人民大会堂举行上汽集团与跃进集团全面合作签约仪式,上南全面合作成为长江三角洲经济一体化发展的重要项目和中国汽车工业战略重组的重要里程碑。2008年4月,上海大众汽车借上南合作之机收购南京菲亚特汽车有限公司组建的南京分公司开业,上海大众汽车开始走出上海。同年7月,上南合作后上汽集团位于南京的东华汽车实业有限公司开业。2009年12月,上海汇众汽车有限公司借上南合作之机收购无锡汽车车身有限公司生产商用车,无锡成为继柳州、烟台、沈阳、青岛、南京、重庆、仪征之后,上汽第8个沪外制造基地。同月,上海汽车与美国通用汽车公司决定以印度市场为起点,联手拓展亚洲新兴市场。2010年7月,上海大众汽车江苏仪征项目签约仪式在南京举行。同年12月,上海汽车决定上海汇众整车和零部件分拆,整车公司定名为上海汽车商用车有限公司并属有无锡基地。同年,经过上南合作后上汽持续3

年扩大投入、有效管理和文化融合,南汽集团全面实现扭亏为盈。至"十一五"末,上汽位于沪外整车基地产量已占集团整车总量 50% 以上。同期 20 多家零部件企业走出上海,在沪外建立 63 家零部件配套基地。

此外,2006 年上海汽车妥善处理韩国双龙汽车公司工人罢工事件和韩国检察院调查。2009 年双龙汽车因世界金融危机和韩国经济衰退等影响经营严重困难,开始进入回生程序,上海汽车不再参与该公司经营管理并开始减持持有的双龙汽车股票。

【整车产销 5 年增长 2 倍】

2006 年 1 月,上海通用汽车第 100 万辆汽车在金桥基地下线。同月,上海申沃客车有限公司与巴士股份签订 2 000 辆沃尔沃高等级城市公交客车购销协议。同年 12 月,上汽通用五菱当年第 30 万辆五菱之光下线,创造国内单一车型年产最高纪录。至该年年底,上汽全年销售整车 134.41 万辆,同比增长 27.2%,继续位居全国汽车集团销量之首,实现"十一五"良好开局。此后,上汽产销进入快速增长轨道。2006—2010 年,除 2008 年增幅为 8% 外,其他年份均为两位数增长,依次增幅为 27.2%、25.8%、49.2% 和 31.5%,"十一五"5 年上汽汽车产销始终保持国内汽车集团第 1 名。特别是世界金融危机爆发后,上汽与中国汽车企业一起发扬"过冬迎春"的特殊精神逆势而上,销量大幅增长,2009 年和 2010 年先后成为中国首家年产销整车 200 万辆和 300 万辆的汽车集团,提前 1 年完成"十一五"关于年产销汽车 200 万辆的规划目标,为中国汽车市场于 2009 年销量突破 1 000 万辆成为全球最大汽车市场作出贡献。2009 年上汽销量达到 272 万辆,提前一年实现 2010 年销量达到 200 万辆的新三大战略目标,2010 年销量进一步上升到 358 万辆,2009 年和 2010 年销量分别位列全球汽车公司第 10 位和第 8 位。"十一五"期间,上海大众汽车、上海通用汽车和上汽通用五菱 3 家主要整车企业发展迅速。2009 年,上汽通用五菱销量突破 100 万辆,成为中国第一家年销百万级的汽车企业;2010 年,上汽通用五菱继续保持年销百万规模,上海通用汽车成为中国第一家年销百万级的轿车企业,上海大众汽车在上海通用汽车之后年产销也达到 100 万辆。上汽通用五菱、上海通用汽车和上海大众汽车一起成为中国汽车工业仅有的 3 家百万级汽车企业。

上汽在做大规模进程中,不断强化信息化的支撑作用。2008 年 3 月,上海通用汽车在 2007 年度中国企业信息化 500 强大会上,第三次蝉联中国信息化 500 强第 1 名,同时还获得最佳企业信息化效益奖、最佳 IT 总体架构奖、优秀信息化建设团队奖等奖项。

【乘用车自主品牌两国三地体系】

"十一五"之初,上汽开始大力实施自主品牌建设的头号战略、"四条道路"和"三不一用"方针。2006 年 2 月,承担乘用车自主品牌建设的上汽汽车制造有限公司成立。同月,上汽召开全面创新誓师大会部署自主品牌建设,上汽汽车、上汽工程研究院等立下自主品牌建设军令状。同年 10 月,上汽正式发布中高端自主品牌荣威和首款车型荣威 750 轿车。2007 年 1 月,上汽汽车制造有限公司更名为上海汽车集团股份有限公司乘用车分公司(简称上汽乘用车分公司)。同年 5 月,上汽收购英国 R2010 公司股份成立上汽英国技术中心有限公司。同年 8 月,荣威 750 轿车上市 4 个月销量累计超过 1 万辆。同年 11 月,上汽工程研究院更名为上汽技术中心。至 2007 年年底,上汽自主品牌汽车销售 5.1 万辆,三大战略目标全部实现。2008 年 5 月,位于英国伯明翰长桥的南汽英国有限公司和南汽名爵英国有限公司在上南合作后成为上汽乘用车分公司基地。6 月,荣威 550 轿车 5 款车型上市,成为当年细分市场领先车型。同月,上南合作后成为上汽乘用车自主品牌的 MG 名爵品牌 3SW 车型上市。同年 9 月,上汽乘用车自主品牌临港生产基地投产。10 月,位于江苏南京的上汽自主品牌南京基地发动机及全球 A 级车平台启动运行。2009 年 3 月,上海汽车技术中心(南京)成立并与上汽技术中心一体化运作。同年 12 月,MG 名爵 6 轿车上市。2010 年 3 月,上汽乘用车自主品牌南京浦口基地二期改建工程投产。至此,上汽形成中国上海、南京和英国长桥两国三地自主品牌研发和制造体系。4 月,荣威 350 轿车上市。同年 7 月,上汽通用五菱推出乘用车自主品牌宝骏。同年 11 月,宝骏首款车型 630 轿车下线。

【商用车自主品牌全系列发展布局】

2007 年 6 月和 12 月,由于上汽依维柯红岩商用车有限公司成立和上南全面合作,重型卡车自主品牌红岩、轻型卡车自主品牌跃进,以及轻型客车许可品牌依维柯均成为上海汽车商用车品牌。2008 年 4 月,五菱荣光上市,成为中国微型车市场首款"大微客"。同年 9 月、11 月和 2009 年 3 月,跃进欧卡轻型卡车、红岩特霸重型卡车、红岩杰狮重型卡车先后上市。2009 年 4 月,位于重庆市的上汽依维柯红岩北部新区基地竣工投产。同年 11 月,上海汇众收购英国轻型客车制造商 LDV 轻型汽车技术和商标的产权和权益的报告获上海市发展和改革委员会批准。2010 年 5 月,五菱之光登上美国《福布斯》杂志封面并被誉为"地球上最重要的一款车"。同年 9 月,介于商用车和乘用车的跨界车型五菱宏光上市。至此,上海汽车商用车形成微型货车、轻型客车、大型客车、轻型卡车和重型卡车全系列发展的格局。

【新能源汽车建设】

"十一五"期间,上汽新能源汽车建设开始加速并取得显著成效。2006 年 10 月,与中国科学院大连化学物理研究所建立燃料电池研制战略合作关系。12 月,与同济大学合作的燃料电池轿车和客车、混合动力客车等开发项目被列入国家 863 计划。同年,开始资助新能源汽车"孵化"项目。2007 年 11 月,上海牌燃料电池轿车和混合动力轿车、PASSAT 领驭燃料电池轿车、混合动力客车 4 款新能源汽车在第 9 届世界必比登挑战赛获 7 个项目 A 的好成绩,展现上汽新能源汽车研发的阶段性成果。2008 年 7 月,20 辆 PASSAT 领驭燃料电池轿车发送北京奥运会。2009 年 1 月,投资组建上海捷能汽车技术有限公司。同年 5 月,上汽召开加快推进新能源汽车建设誓师大会。4 月和 7 月,与上海市新能源汽车推进领导小组办公室先后签署《世博新能源汽车推进项目协议》和《共同推进新能源汽车高新技术产业化协议》。同年 12 月,与美国 A123 系统公司成立上海捷新动力电池系统有限公司。2010 年 6 月,在国家第一批入选节能产品惠民工程推广目录的 71 款节能车型中,上汽所属上海大众汽车、上海通用汽车和上汽通用五菱 3 家企业占 25 款车型,其中上海通用汽车 12 款位居第一。同年 5—10 月,上汽所属上海申沃客车有限公司、南京南汽专用车有限公司、上海大众汽车等企业提供的混合动力、纯电动、超级电容和燃料电池 4 大类 1 125 辆新能源汽车,在上海世博会期间安全平稳行驶 2 900 万公里,总载客 1.2 亿人次,圆满完成上海世博示范运营任务,并创造世界新能源汽车规模最大、品种最多、水平最高、运行最集中的示范运行。"十一五"期间,上汽累计资助新能源汽车"孵化"项目 13 项,费用 10.7 亿元。此外,上汽依维柯红岩研发国 4 排放的红岩重型卡车于 2010 年实现批量销售。

【零部件中性化、零级化、国际化】

进入 21 世纪,上汽零部件业务实行零级化、中性化、国际化方针和"抢逼围"战术,加快从业内配套转向业外配套。至 2010 年,上汽对零部件业务累计投资达 373 亿元,其中"十一五"投资 134 亿元,比"十五"增加 28.8%;中外合资企业累计近 80 家,其中 31 家合作外方系位列世界 500 强的汽车零部件跨国公司;同时,累计 22 家零部件企业技术中心被认定为市级以上企业技术中心,其中包括上海汽车变速器有限公司和上海柴油机股份有限公司 2 家国家级企业技术中心,汽车动力、底盘、车身、内外饰等总成和车身控制器、发动机控制系统、电子转向系统、电子压缩机和新能源电驱动变速箱等电子电器产品的同步开发能力显著提高。2010 年,上汽零部件企业合并销售收入 440.6 亿元,零部件客户覆盖国内主要乘用车企业,业外配套率超过 40%,利润总额 49.8 亿元;10 多家零部件企业年销售收入达 10 亿元以上,其中延锋伟世通汽车饰件系统有限公司达 314 亿元,联合汽车电子有限公司 95 亿元,上海小糸车灯有限公司、上海三电贝洱汽车空调有限公司、上海纳铁福传动轴有限公司和上海采埃孚转向机有限公司均在 30 亿元以上。

【现代汽车服务业】

进入"十一五",上汽服务贸易业开始从传统汽车服务业向现代汽车服务业转型。2008 年,上汽将服务贸易与自主品牌、整车、零部件并列为集团四大核心业务和核心竞争能力组成部分,构建汽车物流、国际商贸、零售与服务、融资租赁、信息服务和创意节能"5+1"现代汽车服务专业化产业群,并确定安吉、安悦两大集团服务品牌的不同功能定位。至 2010 年,安吉汽车物流有限公司的汽车物流业务在全国乘用车市场占有率达到 39%,成为国内最大的汽车物流企业;上海汽车进出口有限公司 2009 年和 2010 年出口创汇位居上海首位;上海汽车工业销售有限公司旗下上海安吉星信息服务有限公司的车载信息服务国内同行领先;上海汽车资产经营有限公司建设的上海花园坊节能环保产业园和 1933 老场坊分别成为中国首家节能环保工业园区和上海创意时尚新地标,旗下上海安悦节能技术有限公司节能改造项目取得良好社会效应。2010 年与 2005 年相比:上汽服务贸易营业收入从 118 亿元增至 387 亿元,增长 2.3 倍;利润从 2 亿元增至 14.7 亿元,增长 6.4 倍;营业收入中业外收入比重从 5%增至 27%,生产性业务收入从 94%降至 86%,消费性业务收入比重从 6%增至 14%,上海地区业务收入从 78%减至 67%,全国性业务收入从 22%增至 33%;服务贸易业务收入占集团总收入比重继续保持在 7%,业务规模位居国内同行领先地位。

【服务北京奥运会、上海世博会】

"十一五"期间,上汽履行社会责任,为中国成功举办北京奥运会和上海世博会两大盛事作出积极贡献。2006 年 11 月,上汽集团携手美国通用汽车成为 2010 年上海世博会汽车全球合作伙伴。2007 年 3 月,上汽向上海世博会事务协调局(简称世博局)交付首批赞助车辆。2008 年 5 月,与上海世博局签署上海世博会第一个企业馆参展协议上汽集团—通用汽车企业馆参展协议。6 月和 7 月,承担北京奥运会车辆服务的上海汇众 1 000 辆伊思坦纳商务用车和上海大众汽车 2 133 辆官方用车全部运抵北京。2009 年 4 月,上汽集团—通用汽车馆奠基,该项目获上海市建筑设计最高奖公共建筑优秀奖。2010 年 4 月,上海世博会新能源汽车示范运营启动。5 月,上汽集团—通用汽车馆开馆。同月至 10 月的上海世博会举办期间,上汽除千余辆新能源汽车成功运营并创造世界纪录外,上汽集团—通用汽车馆 184 天无闭馆,累计接待观众 218 万人次,"直达 2030"为主题的场馆演出 4 500 多场,该馆被评为最受喜爱的上海世博会企业馆第 1 名、最受喜爱的上海世博会展馆第 3 名。上汽集团和集团党委书记、董事长胡茂元分别被授予上海世博会最高奖项中国 2010 年上海世博会特别贡献奖金奖和上海世博会赞助企业卓越管理者奖。

三、实施成效

【三大战略目标】

至 2007 年,上汽全面完成 2002 年提出的三大战略目标。其中:年产汽车 100 万辆目标于 2005 年提前 2 年实现后,2006 年和 2007 年整车销量进一步增至 134 万辆和 169 万辆,上汽连续 3 年位居全国汽车大集团整车销量第 1 名;跻身世界 500 强目标于 2004 年提前 3 年实现但又于 2005 年缺失后,2006 年上汽以合并销售收入 143.7 亿美元的经营业绩,重返世界 500 强位列 475 位,2007 年再以合并销售收入 180.1 亿美元的经营业绩,第 3 次跻身世界 500 强,位列第 402 名,比 2006 年上升 73 名;生产自主品牌汽车 5 万辆目标于 2007 年荣威轿车、汇众和红岩载重车、申沃大中型客车、伊思坦纳轻型客车等自主品牌汽车合计产销 5.1 万辆,其中荣威品牌销售 1.65 万辆。

【产能规模】

"十一五"期间,上汽累计实施固定资产投资 646.8 亿元,比"十五"的 276.8 亿元增长 1.34 倍;累计实施的固定资产投资中,整车 471.6 亿元,零部件 134.3 亿元,服务贸易 40.9 亿元,整车、零部件和服务贸易三大板块投资额分别占投资额的 72.9%、20.8% 和 6.3%。5 年累计竣工项目 61 个,累计完成投资 146 亿元。2010 年,集团总资产 2 916.2 亿元,比 2005 年的 1 303.6 亿元增长 1.23 倍,其中固定资产净值从 323.81 亿元增至 348.64 亿元,增长 8%。

经过"出海跨洋"战略实施和大规模投资,上汽在进一步提升上海大众汽车和上海通用汽车在沪生产能力,特别是加快上汽乘用车上海临港自主品牌基地建设的同时,在全国建设八大整车制造基地,形成 369 万辆整车总年产能力,比 2005 年的 133 万辆总产能增加 1.77 倍。集团总产能中:上海地区 154.6 万辆、沪外 215 万辆;上海大众汽车 97.2 万辆,上海通用汽车 115.2 万辆,上汽通用五菱 117 万辆,上汽乘用车分公司 40 万辆。

【品牌车型】

"十一五"期间,上汽整车品牌总数达到 16 个,比"十五"增加 6 个。其中乘用车和商用车品牌各为 8 个。乘用车在大众、别克、凯迪拉克和雪佛兰 4 个原有许可品牌(双龙品牌已不再持有)基础上新增 4 个品牌,包括斯柯达 1 个许可品牌,荣威、MG 名爵和宝骏 3 个自主品牌,品牌总数增至 8 个。轿车自主品牌再次成为上汽主导产品,集团乘用车进入许可品牌和自主品牌并举的时期。乘用车车型在原有车型继续更新换代的同时,新增荣威品牌的 750、550 和 350 计 3 个车型,MG 名爵品牌的 7、TF、3SW 和 6 计 4 个车型,大众品牌的朗逸、途观 2 个车型,斯柯达品牌的明锐、晶锐和昊锐 3 个车型,别克品牌的君越、林荫大道、昂科雷、英朗 4 个车型,雪佛兰品牌的乐风、科帕奇和科鲁兹 3 个车型,凯迪拉克品牌的凯雷德和赛威 2 个车型,以及已经发布尚未上市的宝骏品牌 630 车型,乘用车车型总数从 10 余个增至 30 余个,在继续覆盖各细分领域的同时,开始进入 SUV 市场。商用车在原有的五菱、汇众、申沃和沃尔沃、伊思坦纳 5 个品牌基础上,新增许可品牌依维柯和自主品牌红岩、跃进 3 个品牌,品牌总数增至 8 个,产品继续涵盖各商用车领域。

【产品产销】

2005 年上汽年产销突破 100 万辆以后,销量一路快速攀升。"十一五"末的 2010 年与"十五"末的2005年相比：上汽汽车销量从105.71万辆增至358.28万辆,增长2.29倍,国内汽车市场占有率从15.94％增至19.84％,增加3.9个百分点;乘用车销量从74.14万辆增至227.87万辆,增长2.07倍,国内乘用车市场占有率从19.18％增至20.23％,增加1.05个百分点。商用车销量从31.57万辆增至130.4万辆(含五菱微型车),增长3.13倍,国内商用车市场占有率从12.06％增至19.19％,增加7.13个百分点。上海通用汽车销量从32.54万辆增至100.2万辆,增长2.08倍,国内乘用车市场占有率从10.4％减至8.9％、减少1.5个百分点;上海大众汽车销量从25万辆增至100.13万辆,增长3.01倍,国内乘用车市场占有率从8.1％增至8.9％,增加0.8个百分点;上汽通用五菱产销从33.71万辆增至123.45万辆,增长2.66倍,国内微型车市场占有率从2002年的18.8％增至39.4％,增长20.6个百分点,市场占有率翻了1倍以上;客车销量从0.37万辆增至3.85万辆,增长9.41倍;载重车销量从450辆增至10.89万辆,增长241倍。

"十一五"与"十五"相比：上汽累计销量从353.88万辆增至1 117.14万辆,增长2.16倍。乘用车累计销量从265.77万辆增至705.81万辆,增长1.66倍,占集团汽车总销量的比重从75.2％降至63.2％,减少12个百分点;商用车累计销量从88.68万辆增至411.33万辆,增长3.64倍,累计销量占汽车总销量的比重从24.8％增至36.8％,增加12个百分点,商用车在集团主导产品中的地位进一步上升,乘用车与商用车并举的方针进一步体现。

【其他经济指标】

2006年和2010年,上汽销售收入先后突破2 000亿元和3 000亿元;2010年,利润总额和出口创汇分别突破300亿元和10亿美元。"十一五"末的2010年与"十五"末的2005年相比：上汽工业总产值从1 086.39亿元增至2 872.83亿元,增长1.64倍;营业收入从1 552.76亿元增至3 676.74亿元,增长1.37倍;利润总额从84.5亿元增至329.2亿元,增长2.90倍;利税总额从183.67亿元增至665.09亿元,增长2.62倍;全员劳动生产率从人均35.18万元增至67.76万元,增长1.93倍;出口创汇从8.65亿美元增至11.88亿美元,增长0.37倍。

"十一五"与"十五"相比：上汽累计工业总产值从5 771.09亿元增至8 776.98亿元,增长0.52倍;累计工业增加值从1 522.32亿元增至2 727.48亿元,增长0.79倍;累计营业收入从7 579.77亿元增至10 613.13亿元,增长0.40倍;累计利润总额从895.88亿元减至711.24亿元,减少21％;累计利税总额从1 306.20亿元增至1 568.11亿元,增长0.20倍;累计出口创汇从23.42亿美元增至46.88亿美元,增长1倍。此外,2006—2010年,上汽平均净资产收益率为12.78％。

【集团地位】

在上海工业系统的地位：2006—2010年,在上海6个重点发展行业中,以上汽为主的上海汽车行业上交税金连续5年保持第1名;利润总额2006年位列第3名,2007年和2008年升至第2名,2009年和2010年继续升至第1名;主营业务收入前3年为第4名,后2年升至第2名。2010年前,上汽位列上海百强企业第2名;2010年,开始位列第1名。

在中国汽车工业的地位：2006年,上汽在继续保持国内乘用车市场第1名的同时,整车销量开始位居国内汽车集团之首,此后连续5年保持第1名。"十一五"期间,上海通用汽车和上海大众汽车始终位居中国乘用车企业前3名,上海通用汽车还位居2006年、2007年和2010年第1名,上海大众汽车则位列2009年第1名;上汽通用五菱连续5年位居国内微型车市场第1名。

在世界汽车工业的地位：2009年,上汽年销汽车突破200万辆达到272.5万辆,成为年销量首次进入世界汽车企业前 10 名的中国汽车公司。2010 年,整车销量进一步突破 300 万辆达到 358.3 万辆,在世界汽车公司年销量的排位前移至第 8 位。

在世界 500 强的地位:2006 年,上汽集团以合并销售收入 143.65 亿美元的业绩重返世界 500 强,排名 475 位。此后至 2010 年,连续 4 年位列世界 500 强,且排名不断上升。其中 2007 年、2008 年和 2009 年排名分别上升 73 位、29 位和 14 位。2010 年,上汽集团以合并销售收入 336.29 亿美元的业绩,第 6 次跻身世界 500 强,排名第 223 位,比 2009 年上升 136 位。"十一五"的 5 年,集团在世界 500 强的排位累计上升 252 位。

表 4 - 4 - 3 "十一五"期间(2006—2010 年)上汽固定资产投资统计表

单位:项目:个,投资额:万元

			2006 年	2007 年	2008 年	2009 年	2010 年	"十一五"累计	"十五"累计	"十一五"为"十五"累计的倍数
项目实施		项目数	145	174	131	186	247	—	—	—
		计划总投资	6 267 778	8 213 995	955 亿元	843 亿元	727 亿元	—	—	—
		本年度计划投资	963 260	1 213 421	—	—	—	—	—	—
		当年完成投资	1 040 870	1 179 698	157.2 亿元	127.9 亿元	149.5 亿元	646.8 亿元	3 042 739	—
	其中	整车 项目	44	67						
		整车 金额	79.4 亿元	88.9 亿元	119.6 亿元	91.7 亿元	92 亿元	471.6 亿元		
		其中自主品牌	14.8 亿元	11 亿元	17.3 亿元					
		零部件 项目	93	94	—					
		零部件 金额	23.4 亿元	28.5 亿元	28.9 亿元	23.4 亿元	30.1 亿元	134.3 亿元		
		服务 项目	8	11	—					
		服务 贸易等	1.6 亿元	6.7 亿元	8.7 亿元	12.8 亿元	11.1 亿元	40.9 亿元		
		建筑安装	177 630	237 064	—	—	—		927 532	
		设备购置	744 680	887 034	—	—	—		1 915 803	
项目竣工		项目数	4	9	22	17	9	61		
		完成投资	53 396	64 648	36.2 亿元	60.6 亿元	37.4 亿元	146 亿元	1 699 355	
		资产总额	11 446 130	1 472 451	16 008 991	20 321 461	29 161 867	—	—	—
其中		其中固定资产净值	3 494 219	3 521 397	3 460 268	3 702 979	3 486 384			
		主要生产设备(台套)	32 059	35 295						
		精大稀设备	3 143	3 321						
		数控设备	3 032	3 343						
		占地面积(平方米)	11 016 565	13 574 413						
		建筑面积(平方米)	4 480 411	5 248 305						

资料来源:《上海汽车工业(集团)总公司年报》,资产总额、固定资产原值和净值来自上汽《统计年报汇编》

表 4-4-4　"十一五"期间(2006—2010年)上汽主要经济指标完成统计表

指标	2006年	2007年	2008年	2009年	2010年	"十一五"累计	"十五"累计	"十一五"为"十五"累计的倍数	年复合增长率(%)
企业总数(家)	200	207	245	280	294	—	—	—	—
其中直属企业(家)	55	61	65	63	67	—	—	—	—
员工数(人)	70 374	79 394	82 336	89 106	104 558	—	—	—	—
工业总产值(万元)	11 786 568	14 115 377	13 075 820	20 063 699	28 728 319	87 769 783	57 710 934	1.52倍	24.9
工业增加值(万元)	3 572 758	3 981 213	3 492 732	6 532 805	9 695 247	27 274 755	15 223 159	1.79倍	28.3
营业收入(万元)	13 194 685	15 903 820	17 293 017	22 972 314	36 767 431	106 131 267	80 295 168	1.32倍	29.2
利润总额(万元)	1 482 098	792 620	249 649	1 426 038	3 291 977	7 112 402	8 958 832	79.4%	22.1
利税总额(万元)	2 753 838	1 613 160	1 017 356	3 882 391	6 650 897	15 681 097	13 061 964	1.20倍	24.7
全员劳动生产率(元/人)	401 285	400 408	299 262	541 980	677 620	—	—	—	14.0
出口及海外创汇率(万美元)	89 241	90 541	10.8亿美元	68 414	118 751	468 770	234 380	2.00倍	7.4
综合指数	416.09	425.74	311.59	497.04	621.92	—	—	—	—
净资产收益率(%)	3.0	8.5	5.54	14.72	20.78	—	—	—	—
资本保值增值率(%)	98	123	109.04	117.99	111.81	—	—	—	—
汽车 销量(辆)	1 344 073	1 690 511	1 826 158	2 725 025	3 582 857	11 171 378	3 538 846	3.17倍	27.8
汽车 同比增长(%)	46.72	26.48	8	49.22	31.48	—	—	—	—
汽车 国内市场占有率(%)	17.06	17.73	18.48	19.97	19.84	—	—	—	—
汽车两大类销量 乘用车 销量(辆)	915 234	1 137 374	1 117 721	1 606 266	2 278 771	7 058 120	2 657 692	2.66倍	25.6
汽车两大类销量 乘用车 国内市场占有率(%)	18.83	18.94	18.01	19.17	20.23	—	—	—	—
汽车两大类销量 商用车 销量(辆)	428 839	553 137	708 437	1 118 759	1 304 086	4 113 258	886 829	4.64倍	32.1
汽车两大类销量 商用车 国内市场占有率(%)	14.50	15.59	19.21	21.25	19.19	—	—	—	—
企业汽车销量(辆) 上海大众汽车销量	349 088	456 424	490 087	728 239	1 001 357	3 025 195	1 532 797	1.97倍	30.1
企业汽车销量(辆) 上海通用汽车销量	412 767	500 308	458 642	727 631	1 038 988	3 138 336	948 576	3.31倍	26.0
企业汽车销量(辆) 上汽通用五菱销量	460 155	552 788	650 508	1 065 050	1 234 508	3 963 009	1 019 138	3.89倍	28.0
企业汽车销量(辆) 上汽乘用车销量	—	16 495	35 535	90 396	160 626	276 853	—	—	—
企业汽车销量(辆) 韩国双龙汽车销量	116 113	131 637	92 665	—	—	—	—	—	—
企业汽车销量(辆) 上海申沃客车销量	2 559	2 790	2 840	3 106	3 098	14 393	6 114	2.35倍	—
企业汽车销量(辆) 上海汇众汽车销量	6 041	6 008	4 087	3 897	3 672	23 705	7 286	3.25倍	—
幸福牌摩托车销量(辆)	15 520	8 534	16	—	—	24 070	163 979	14.7%	—
上海牌拖拉机销量(台)	11 313	10 398	12 615			45 890			

资料来源:《上海汽车工业(集团)总公司年报》、上汽《统计年报汇编》

第三节 "十二五"规划发展

一、规划编制

【"十二五"发展规划】

2009年11月,根据上海市国资委关于编制"十二五"发展规划的通知要求,上汽制定"十二五"发展规划研究和编制方案,明确以调结构、转方式和提升自主创新能力为基调的规划编制总体思路。2010年2月,工作全面启动。6月,组织外部专家评议。7月和8月,上汽总裁办公会议和董事会先后审议同意或审议批准《上海汽车工业(集团)总公司"十二五"发展规划纲要》并于9月上报上海市国资委备案。

该规划提出"十二五"发展战略目标:2015年年产销汽车超过450万辆,海外业务规模在国内汽车大集团中处于领先地位;自主品牌和本土化研发汽车产销量力争达到总产销量的50%,形成系统的自主创新能力;新能源汽车国内市场占有率达到20%左右;形成具有独立产品开发能力、面向全国市场的零部件配套体系,规模达到1500亿元;汽车服务贸易业务立足上海、辐射全国,规模超过500亿元;努力建设具有核心竞争能力和国际经营能力的汽车集团。提出"十二五"发展指导思想:以提高企业核心竞争能力为工作主线,努力向产业价值链高端延伸。通过抓好自主品牌、新能源汽车、合资企业本土化开发能力、关键零部件系统开发能力建设,全面提高自主创新水平;通过加快发展汽车服务贸易、积极探索开拓海外业务,努力拓展新的发展空间;更加注重以质量和效益的提升推动发展规模的提升,努力做到可持续发展。提出"6个统筹"发展原则:统筹深化合资合作与自主品牌建设,统筹推进节能减排与新能源产业化,统筹发展现代服务业与先进制造业,统筹完善资本化运作与产业链协同,统筹规划区域性布局与全球化经营,统筹利用技术本土化与人才国际化。提出主业规划指标:2015年年销汽车458万辆~490万辆;合并销售收入3741亿元~3853亿元;汇总销售收入5881亿元~6057亿元;出口及海外收入42.4亿美元~50亿美元;累计投资750亿元~880亿元,其中新能源汽车产业化投资100亿元;累计研发经费支出600亿元~700亿元,其中新能源汽车研发投入70亿元等。

【3年行动规划】

2011年12月上海汽车集团股份有限公司(简称上汽集团)整体上市后,为完善业务管控模式,按照上海市国资委关于编制企业三年行动规划的要求,组织编制《三年行动规划(2012—2014年)》,经公司董事会审议批准后于2012年9月上报上海市国资委备案。

该行动规划以"十二五"规划纲要为基础,在继续坚持努力建设成为具有核心竞争能力和国际经营能力汽车集团的战略方向、"6个统筹"的发展原则,以及到2015年海外业务规模、新能源汽车国内市场占有率、零部件和汽车服务贸易业务等发展目标的提法和指标的同时,将"十二五"规划提出的2015年汽车销量超过450万辆的指标提高到500万辆,将自主品牌和本土化研发汽车销量力争达到总产销量的50%的指标,具体修订为力争超过240万辆。该行动规划确定2014年主业发展目标为:汽车整车销量464万辆,营业收入4730亿元,利润总额422亿元;3年投资规模分别为222亿元、249亿元和273.9亿元。

【5年滚动规划】

"十二五"期间,上汽集团先后编制2012—2016年、2013—2017年、2014—2018年3个5年滚动发展规划。2012 年 3 月编制的《2012—2016 年滚动发展规划》,将 2015 年整车产销规模调高至 541 万辆～601 万辆,其中国内销售 489 万辆～546 万辆,国内市场占有率 19%～21%,出口 26 万辆,海外产销 26 万辆～28 万辆;自主品牌销量 215 万辆～239 万辆,占总销量 40%;将主营业务收入调高至 4 900 亿元～5 405 亿元。

2013 年 3 月编制的《2013—2017 年滚动发展规划》,在维持 2015 年整车总销量的同时,将国内市场销量调高至 511 万辆～570 万辆,国内市场占有率调高至 22%～24%,出口和海外产销分别调整为 29 万辆和 2.9 万辆;自主品牌销量和营业收入指标略有微调。

2014 年 3 月编制的《2014—2018 年滚动发展规划》,再次将 2015 年整车产销规模和国内市场销量调高至 593 万辆～618 万辆、573 万辆～598 万辆,国内市场占有率 23%～24%;整车出口和海外产销继续调低为 17 万辆～19 万辆和 2.1 万辆;自主品牌产销调至 230 万辆～243 万辆,占总产销的比重为 39%。

二、规划实施

【整体上市】

2011 年 2 月,上海汽车集团股份有限公司开始启动向上海汽车工业(集团)总公司和上海汽车工业有限公司发行股份购买资产实现重组整体上市项目。5 月,该公司临时股东大会通过重组整体上市方案。同年 9 月,该方案获中国证券监督管理委员会核准。上海汽车集团股份有限公司整体上市后,简称由上海汽车改为上汽集团,资产证券化率超过 99%,为国内大企业集团领先地位。同年 12 月,上汽集团举行年销整车突破 400 万辆暨整体上市揭牌仪式。

上海汽车集团股份有限公司整体上市后,上海汽车工业(集团)总公司继续为控股股东,公司实际控制人为上海市人民政府直属机构上海市国资委。

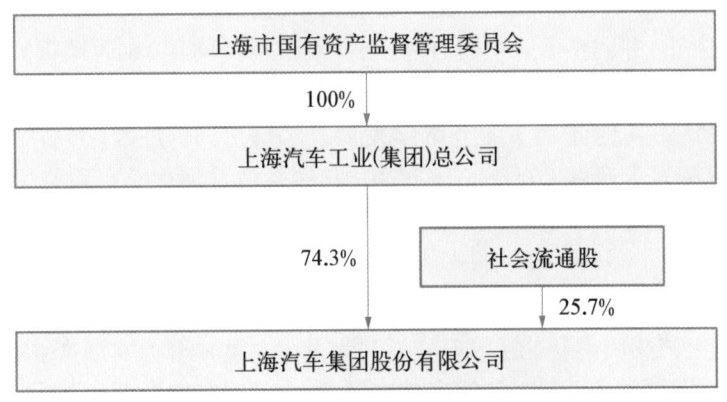

图 4-4-1 2015 年上汽集团产权关系图

2015 年 11 月,上汽集团发布非公开发行股票和核心员工持股计划公告,拟募集不超过 150 亿元资金,投向新能源汽车、互联网汽车、智能制造、汽车服务和金融领域,加快公司创新转型。12 月,该议案先后获上汽集团股东大会通过和中国证监会受理。至同年年底,上汽集团总股本 110.26 亿股,其中上海汽车工业(集团)总公司持有 81.91 亿股占 74.3%,总股本与控股股东占比与 2011 年年底相同。

【乘用车自主品牌】

"十二五"期间,上汽集团进一步强化自主品牌建设。2011年8月,宝骏首款车型630轿车上市,上汽通用五菱成为同时生产销售微型车和轿车的企业,上汽集团形成上汽乘用车分公司和上汽通用五菱2家企业生产自主品牌乘用车的格局。同月,荣威首款SUV车型W5上市。2012年2月,荣威550轿车自主开发项目在国家科学技术大会获国家科学技术进步二等奖,成为中国自主品牌乘用车整车获得的最高国家科技奖项。同年9月,上海通用汽车和泛亚技术中心研发试验中心(广德)竣工。同年,荣威950、MG名爵5和宝骏630等车型上市,上汽乘用车分公司销量突破20万辆。2013年11月,上汽集团再次获评国家技术创新示范企业,集团技术中心获评国家级优秀技术中心。同年,荣威550全数字轿车上市,上汽乘用车分公司销售23万辆,为"十二五"销量最高年份。2014年3月,自主品牌临港基地第50万辆整车下线。同年11月,上海汽车商用车有限公司推出大通品牌首款乘用车G10MPV车型,该公司成为同时生产销售轻型客车和乘用车的企业。同年,MG名爵GT和宝骏730MPV等车型上市。2015年6月,拥有热能风洞实验室和安全实验室的上汽技术中心扩建工程建成使用,上汽乘用车基本形成从零部件到整车的完整开发体系。同年11月,泛亚技术中心金桥新园区开工建设。是年,MG名爵GS锐腾、荣威360、宝骏330和560等车型上市;上汽乘用车分公司形成2个品牌五大平台的产品型谱。

【轻型客车自主品牌】

2011年2月,上汽发布收购英国LDV技术后打造的轻型客车自主品牌MAXUS大通。3月,生产该品牌的上海汽车商用车有限公司(上汽商用车)成立。5月,上汽商用车无锡分公司成立工厂建成投产。6月,MAXUS大通首款车型V80轻型客车下线。9月,MAXUS大通V80上市。2013年2月,发布大通G10MPV车型,开始商用车和乘用车跨界发展。4月,累计第1万辆大通轻型客车下线。当年,上汽商用车销量突破1万辆达到1.13万辆。2014年,大通销量突破2万辆,其中轻型客车达到1.76万辆。2015年3月,累计第5万辆大通汽车下线。同年9月,260辆大通V80出口爱尔兰,实现国内轻型客车批量出口欧盟国家的突破。12月,国内首款宽体轻型客车国Ⅴ柴油车大通V80上市,并同步进入中国香港、新加坡市场。同年,大通销量突破3万辆达到3.5万辆,其中轻型客车销量突破2万辆达到2.11万辆。

与此同时,上汽集团其他商用车业务继续发展。2011年10月,红岩新金刚重型卡车上市。2013年1月,跃进高端轻卡超越上市。2014年10月,南京依维柯汽车有限公司江宁基地扩建项目开工。2015年9月,红岩杰卡和全新杰狮畅途版牵引车上市。

【新能源汽车产业化】

"十二五"期间,上汽集团将新能源汽车建设列为重中之重并努力实现产业化目标。2011年10月,集团15款车型入围国家第七批节能汽车推广目录,占入围车型总数的30.6%。同月,上汽集团首款中高级环保轿车荣威750混合动力轿车上市。上汽新能源汽车产业化阶段性目标收官之年的2012年,荣威E50轿车批量上市并成为中国首款量产纯电动轿车;荣威e550插电强混和荣威750燃料电池车入选国家新能源汽车产业化技术创新工程支持项目;上海申沃客车完成550辆纯电动和混合动力大客车销售,销量同比增加6倍。2014年11月,上汽集团新能源汽车在第12届必比登世界新能源汽车挑战赛获纯电动组、混合动力组和燃料电池组第一,成为该赛事开赛以来首个包揽3个小组第一的汽车企业。2015年10月,荣威e550插电强混轿车、950燃料电池轿车、E50纯电动轿车和 360 轿车,大通 EG10 纯电动 MPV 和 EV80 纯电动宽体轻型客车,以及 MG 名爵 GT 共 7 款新能源汽车亮相 2015 中国节能与新能源汽车产业发展成果展示会并赢得高度评价。11 月,荣威 e950 发布成为国内首个插电式混合动力的 B 级车。同年,上汽集团新能源汽车销量超过 1.36 万辆,106 款新能源汽车进入国家推荐目录,成为中国唯一全面实施纯电动、插电强混、燃料电池 3 条技术路线的汽车集团;新能源零部件基本形成完成的电控技术开发能力,具备电驱动单元集成设计能力,自主掌控电池管理系统、电机和电力电子等动力系统关键零部件设计发布、试验认证及整车集成能力,建成"三电"开发试验台架;新能源汽车累计投入超过 60 亿元,技术水平在国内处于领先地位。

【合作跨地经营】

"十二五"期间,上汽集团继续与德国大众、美国通用汽车等合作推进跨地经营战略。2011 年 6 月,与德国大众发表共同投资建设上海大众江苏仪征项目的联合声明,中国国务院总理温家宝与德国总理默克尔共同见证联合声明的签署。同年 9 月,上海通用汽车北盛基地三期工程奠基。2012 年 1 月,上海大众汽车浙江宁波项目签约。同年 4 月,在中德两国总理温家宝和默克尔见证下,上汽集团与德国大众汽车共同签署关于设立上海大众汽车(新疆)有限公司的联合声明。5 月,上海大众汽车新疆项目签约。6 月,上海通用汽车武汉分公司奠基。7 月,上海大众汽车仪征分公司建成投产。2013 年 5 月,上海大众汽车湖南长沙项目签约。同年 8 月,上海大众汽车(新疆)有限公司开业。10 月 24 日上海大众汽车宁波分公司建成首辆轿车下线。2014 年 10 月,在中国国务院总理李克强和德国总理默克尔见证下,上汽集团与德国大众签署共同投资在新疆建设试车场的协议。2015 年 1 月,上海通用汽车武汉分公司一期项目竣工投产。同年 5 月,上海大众汽车长沙工厂建成首辆轿车下线仪式。同年 7 月、8 月和 11 月,上海通用汽车有限公司、上海大众汽车有限公司和上海汽车商用车有限公司先后更名为上汽通用汽车有限公司(简称上汽通用)、上汽大众汽车有限公司(简称上汽大众)、上汽大通汽车有限公司(简称上汽大通)。"十二五"期间,上汽集团在柳州、烟台、青岛、沈阳、重庆、南京、仪征和无锡 8 个沪外整车基地基础上,新增宁波、乌鲁木齐、武汉、长沙 4 个沪外整车基地,拥有沪外整车基地的城市增至 12 个,其中南京设有南京汽车集团、上汽乘用车南京基地、上汽大众南京分公司和南京依维柯 3 家整车企业,沪外整车企业(含整车企业所属分公司)达到 15 家,除了上汽在柳州、重庆和南京设有直属子公司外,上汽大众在南京、仪征、宁波、乌鲁木齐和长沙拥有 5 个基地,上汽通用在烟台、沈阳和武汉拥有 3 个基地,上汽通用五菱和上汽大通分别在青岛和无锡拥有 1 个基地。

【整车国际经营】

"十二五"期间,上汽集团大力提升国际经营能力。2011 年,整车出口 6 万辆,同比增长 2.24 倍。同年,上汽—通用印度公司海外整车销量达到 12 万辆。2012 年 6 月,位于美国的上汽集团北美大厦揭幕。同年 12 月,上汽集团与泰国正大集团签约在泰国组建合资项目。同年,上汽整车出口达 10 万辆,同比增长 65%,比全国整车出口增速高出 37 个百分点,出口整车首次进入全国前 3 强位居第 2 名。2013 年,与泰国正大集团合资组建的上汽正大汽车有限公司(简称上汽正大)完成注册,厂房改造和主要设备安装调试基本完成。同年,在中国(上海)自由贸易试验区设立全资子公司上海汽车国际商贸有限公司,并启动中东和南美等新兴市场的布局。2014 年 1 月,与泰国正大集团在泰国春武里府合资组建大通汽车(泰国)有限公司。同年 6 月,上汽正大首辆 MG6 轿车下线上市。是年,上汽集团成立中东和南美海外公司,上汽英国公司销售 2 500 辆同比增长 4 倍,上汽大通产品进入33个国家地区,上汽通用五菱出口埃及4 000辆并启动印度尼西亚合资项目。2015年9月,上汽大通260辆V80出口爱尔兰,实现中国轻型客车批量出口欧盟国家的突破。同年,上汽集团在澳大利亚设立海外公司,并在伊朗、南非、马来西亚和沙特阿拉伯设立4个海外办事处;上汽大通向包括英国、爱尔兰、澳大利亚等发达市场的37个国家地区出口汽车5 000辆,占公司总销量15%,实现"重返英伦"的目标;上汽正大销售近5 000辆,上汽英国公司销量超过3 000辆,上汽通用五菱印尼合资项目基建施工有序推进。

【整车产销】

2011年,上汽集团整车销售401.18万辆,继创造中国汽车行业200万辆和300万辆年销纪录后,再次成为中国首家年销400万辆的汽车集团。同年,上汽通用五菱、上海通用汽车和上海大众汽车继续位居中国汽车企业销量前3名。2012年5月,上海通用东岳三期项目投产。同年11月,上汽通用五菱宝骏基地竣工投产。2013年6月,上海通用汽车凯迪拉克专属工厂奠基。同年11月,上海大众汽车累计销量突破1 000万辆。同年,上汽集团整车年销量跃上500万辆新台阶达510.58万辆,上汽通用五菱、上海通用汽车和上海大众汽车年销均超过150万辆,继续位居中国汽车企业年销前3甲。2014年8月,上海通用汽车北盛基地三期投产。同年12月,上海通用汽车累计销量突破1 000万辆。同年,上汽通用五菱轿车销量开始超过微型车。2015年8月,上汽通用五菱宝骏二期工厂竣工投产。同年,上汽集团销量达到590.19万辆,继续位居国内汽车集团第1名;上汽通用五菱成为国内第1家年产销突破200万辆的汽车企业,该公司与上汽大众、上汽通用位列中国汽车企业前3名。

【零部件零级化中性化国际化】

2013年8月,华域汽车收购美国伟世通国际控股有限公司持有的延锋伟世通汽车饰件系统有限公司(简称延锋伟世通)50%股权。2014年1月,延锋伟世通更名为延锋汽车饰件系统有限公司(简称延锋饰件系统),成为华域汽车全资子公司。2015年3月,延锋饰件系统与美国江森自控有限公司开展全球业务合作,在上海自贸区成立江森自控汽车内饰(上海)有限公司,至同年11月双方下属17个国家和地区的主要生产研发基地纳入该公司,成为德国大众、宝马、奔驰和保时捷,日本丰田和美国通用等跨国公司的汽车内饰定点供应商。至2015年,华域汽车所属企业在全国20个省市自治区设有288个研发制造和服务基地,在美国、德国、泰国等10多个国家设有74个生产基地;华域汽车与上汽大众、上汽通用、一汽大众、长安福特、神龙汽车等国内主要整车企业建立长期合作关系,部分业务和产品进入北京奔驰、华晨宝马、一汽奥迪等豪华品牌配套体系,汽车仪表板、汽车座椅、安全气囊、传动轴、空调压缩机、转向机、车灯等产品国内市场占有率位居前列,汽车内饰、汽车电子、车灯、油箱系统等具备国际竞争能力。2015年,华域汽车营业收入911.20亿元、归属上市公司股东净利润47.83亿元,分别比2010年增长1.07倍和0.9倍;境外营业收入127.12亿元,比2014年增长9.19倍,华域汽车成为中国业务规模最大、客户覆盖最广的综合性零部件上市公司。

【创新转型】

2011年10月,上汽集团首家专业投资平台上海汽车集团股权投资有限公司开业。同年,上海汽车工业销售有限公司建立O2O汽车电商平台,开启线上汽车销售业务。2014年3月,中国汽车市场首个 OTO 电子商务平台上汽集团"车享平台"上线,同时开通微信服务号。同年 7 月,上汽集团与阿里巴巴集团签署互联网汽车战略合作协议,开始向互联网汽车进军。同年,上汽股权投资管理资金规模从 5 亿元增至 85 亿元,围绕汽车产业链完成投资 11.5 亿元。2015 年 3 月,上汽集团与阿里巴巴集团进一步签署互联网汽车战略合资合作框架协议。4 月,上海汽车集团保险销售有限公司保险业务平台启动运营,该公司与上海汽车集团财务有限责任公司、上海汽车集团股权投资有限公司、上汽通用汽车金融有限责任公司一起构成汽车金融业务板块。同年,上汽集团金桥数据中心一期建设竣工,加快大数据和云计算平台建设;"e 享天开"新能源车分时租赁业务推出,在上海建立 30 多个业务网点,覆盖上海主要交通枢纽和商圈;"车享家"线下服务网点开始规模布局,至年底网点超过 100 家;上汽电商平台日均访问流量 50 万次,线上整车销售 7 万辆、二手车交易 4.3 万辆;汽车金融信贷资产余额合计达 1 197 亿元,比 2011 年增长 1 倍左右。至此,上汽集团业务模式开始向电动化、智能网联化、共享化和国际化的"新四化"方向转型发展。

三、实施成效

【产能规模】

"十二五"期间,上汽集团累计实施固定资产投资约 1 570 亿元,比"十一五"的 646.8 亿元增长 2.43 倍;累计实施的固定资产投资中,整车 1 115 亿元、零部件 395 亿元、服务贸易 60 亿元,整车、零部件和服务贸易三大板块投资额分别占投资额的 71%、25% 和 4%。

在大规模投资并进一步完善全国布局之后,上汽集团资产总额从 2010 年的 2 916.19 亿元增至 5 116.31 亿元,增长 0.75 倍,形成 525 万辆整车总年产能力,比 2010 年的 369 万辆总产能增加 0.4 倍。集团总产能中:上海地区 104 万辆,沪外 420 万辆;上汽乘用车分公司 28 万辆,上汽大众 154 万辆,上汽通用 150 万辆,上汽通用五菱 165 万辆,上汽大通 5 万辆。

【品牌车型】

"十二五"期间,上汽集团整车新增跨乘用车(MPV)和商用车(轻型客车)的大通品牌,停止产销汇众和伊思坦纳 2 个商用车品牌,品牌总数 15 个,比"十一五"减少 1 个。乘用车包括荣威、MG 名爵、宝骏、大通和五菱(五菱宏光 MPV)5 个自主品牌,大众、斯柯达、别克、凯迪拉克和雪佛兰 5 个许可品牌,合计 9 个品牌;商用车包括五菱、大通、申沃、红岩和跃进 5 个自主品牌,沃尔沃和依维柯 2 个许可品牌,合计 7 个品牌。乘用车车型在原有车型继续更新换代的同时,新增荣威品牌的 950、360 和 W5 等车型,MG 名爵品牌的 5、GT 和 GS 等车型,宝骏品牌的 630、330、730MPV 和 560SUV 等车型,大通品牌的 MPV G10 和五菱品牌的五菱宏光 MPV 车型,大众品牌的朗行和凌渡等车型,斯柯达品牌的速派、野帝和昕动等车型,别克品牌的昂科拉、昂科威等车型,雪佛兰品牌的爱唯欧、科迈罗、沃蓝达和迈锐宝等车型,凯迪拉克品牌的 XTS、ATS、ATS－L 等车型,乘用车车型总数从 30 多个增至 50 多个,各品牌基本都拥有 SUV 车型。商用车则新增大通 V80 宽体轻型客车、依维柯超越和 Power Daily、跃进上骏、红岩新金刚和杰卡等产品。

【产品产销】

2011 年和 2013 年,上汽集团先后创造中国汽车集团年销 400 万辆和 500 万辆的新纪录。"十二五"末的 2015 年与"十一五"末的 2010 年相比:汽车年销量从 358.27 万辆增至 590.19 万辆,增长0.65倍,国内汽车市场占有率从19.8%增至23.5%,增加3.7个百分点;乘用车销量从227.87万辆增至493.48万辆,增长1.17倍,国内乘用车市场占有率从20.2%增至23.6%,增加3.4个百分点;商用车销量从130.4万辆减至96.71万辆,减少26%,国内商用车市场占有率从19.2%增至23.3%,增加4.1个百分点。上汽通用五菱销量从123.45万辆增至204万辆,增长0.65倍;上汽大众销量从100.13万辆增至181.21万辆,增长0.81倍;上汽通用销量从100.2万辆增至175.2万辆,增长0.75倍;上汽乘用车分公司销量从16.04万辆增至17万辆,微增6%。

"十二五"与"十一五"相比:上汽集团汽车累计销量从1 117.14万辆增至2 512.99万辆,增长1.25倍。乘用车累计销量从705.81万辆增至1 965.09万辆,增长1.78倍,占集团汽车总销量的比重从63.2%增至78.2%,增加15个百分点;商用车累计销量从411.33万辆增至547.90万辆,增长0.33倍,累计销量占汽车总销量的比重从36.8%减至21.8%,减少15个百分点。

【其他经济指标】

2011年、2013年和2014年,上汽集团营业收入先后突破4 000亿元、5 000亿元和6 000亿元。2015年,利润总额突破452亿元。"十二五"末的2015年与"十一五"末的2010年相比,工业总产值从2 872.83亿元增至4 002.04亿元,增长0.39倍;营业收入从3 676.74亿元增至5 660.08亿元,增长0.54倍;利润总额从329.2亿元增至987.38亿元,增长3倍;利税总额从665.09亿元增至1 254.65亿元,增长0.89倍。

"十二五"与"十一五"相比,上汽集团累计工业总产值从8 776.98亿元增至18 495.28亿元,增长1.11倍;累计工业增加值从2 727.48亿元增至5 679.26亿元,增长1.08倍;累计营业收入从10 613.13亿元增至2 569.83亿元,增长1.42倍;累计利润总额从711.24亿元增至4 213.29亿元,增长4.92倍;累计利税总额从1 568.11亿元增至5 837.64亿元,增长2.72倍。2011—2015年,上汽平均净资产收益率为21%。

【集团地位】

在中国汽车工业的地位:"十二五"期间,上汽集团整车销量连续5年位居中国汽车集团首位,使2006年开始并在"十一五"始终不变的中国汽车集团销量第一的纪录连续保持10年。"十二五"期间,上汽通用五菱连续5年位居中国汽车企业年销量第1名;上汽通用2011—2014年连续4年位居中国汽车企业年销量第2名和乘用车年销量第1名,2015年位居中国汽车企业年销量第3名和乘用车年销量第2名;上汽大众2011年和2013年位居中国汽车企业年销量第3名、乘用车年销量第2名,2015年升至中国汽车企业年销量第2名和乘用车年销量第1名。此外,上汽集团于2011年整体上市后,始终是中国A股市值最大的汽车上市公司。

在世界汽车工业的地位:2011年,上汽集团整车销售401万辆,在世界汽车公司年销量排位从2010年的第8位升至第7位,并将这一位次保持至2015年。

在世界500强的地位:"十二五"期间,上汽集团始终位列《财富》世界500强且排名连年快速上升。2011年和2014年,排位先后进入第200位和100位以内。2015年,上汽集团以2014年合并报表1 022亿美元的销售收入排名升至第60位。2015年,再次以合并报表1 066.8亿美元的销售收入于2016年第12次进入世界500强,排名升至第46位,首次进入前50位,"十二五"期间排位累计上升105位。

表 4－4－5 "十二五"期间(2011—2015 年)上汽固定资产投资统计表

单位：项目：个，投资额：万元

			2011 年	2012 年	2013 年	2014 年	2015 年	"十二五"累计	"十一五"累计	"十二五"为"十一五"累计的倍数
项目实施		项目数	381	208	374	584	847	—	—	—
		计划总投资	15 797 458	16 995 577	23 417 211	24 531 883	25 521 227	—	—	—
		当年完成投资	1 746 000	3 026 000	3 352 000	4 066 000	3 509 000	1 569.6	646.8 亿元	2.39 倍
	其中	整 车	1 430 000	2 057 000	2 226 000	2 826 000	2 608 000	1 114.7	471.6 亿元	2.36 倍
		零部件	316 000	889 000	990 000	1 080 000	672 000	394.7	134.3 亿元	2.94 倍
		服务贸易	0	80 000	136 000	160 000	229 000	60.5	40.9 亿元	1.48 倍
资产总额			33 181 273	35 462 863	52 188 124	57 396 624	51 163 069	—	—	—
总股本			1 102 557	1 102 557	1 102 557	1 102 557	1 102 557	—	—	—
其中固定资产净值			3 647 327	7 725 274	5 068 093	6 172 620	7 118 952			

资料来源：上海汽车集团股份有限公司规划部

439

表4－4－6 "十二五"期间(2011—2015年)上汽主要经济指标完成统计表

指标	2011年	2012年	2013年	2014年	2015年	"十二五"累计	"十一五"累计	"十二五"为"十一五"累计的倍数	年复合增长率(%)
从业人员(人)	185 875	199 680	206 903	215 720	217 784	—	—	—	—
工业总产值(万元)	32 570 307	33 271 089	37 353 813	41 737 163	40 020 401	184 952 773	87 769 783	1.11倍	5.3
工业增加值(万元)	12 425 535	12 408 250	9 614 453	12 005 682	10 338 689	56 792 609	27 274 755	1.08倍	-4.5
营业收入(万元)	43 480 395	48 097 967	51 783 354	57 020 077	56 600 813	256 982 606	106 131 267	1.42倍	6.8
利润总额(万元)	7 120 822	7 003 254	7 855 966	10 279 075	9 873 796	42 132 913	7 112 402	4.92倍	8.5
利税总额(万元)	10 457 666	11 025 744	11 816 307	12 530 188	12 546 478	58 376 386	15 681 097	3.72倍	4.7
全员劳动生产率(元/人)	1 752 269	1 666 220	1 805 378	1 934 784	1 889 680	—	—	—	1.9
出口及海外创汇(万美元)	162 620	189 136	215 682	198 910	175 727	942 075	468 770	2.01倍	2.0
汽车 销量(辆)	4 011 774	4 490 211	5 105 836	5 620 198	5 901 888	25 129 907	11 171 378	1.25倍	10.1
汽车 同比增长(%)	12.0	11.9	13.7	10.1	5.0	—	—	—	—
汽车 国内市场占有率(%)	21.0	23.1	21.2	23.0	23.2	—	—	—	—
汽车两大类销量 乘用车 销量(辆)	2 854 633	3 299 228	3 960 745	4 601 456	4 934 812	19 650 874	7 058 120	1.78倍	14.7
乘用车 国内市场占有率(%)	21.8	23.2	23.3	23.7	23.6	—	—	—	—
商用车 销量(辆)	1 157 142	1 190 983	1 145 091	1 018 742	967 076	5 479 034	4 113 258	0.33倍	-4.4
商用车 国内市场占有率(%)	20.3	22.9	21.8	22.0	23.3	—	—	—	—
企业汽车销量(辆) 上海大众汽车销量	1 165 827	1 280 008	1 525 008	1 725 006	1 812 077	7 507 926	3 025 195	1.48倍	11.7
上海通用汽车销量	1 231 539	1 392 658	1 575 167	1 760 158	1 752 015	7 711 537	3 138 336	1.46倍	9.2
上汽通用五菱销量	1 301 118	1 458 190	1 600 550	1 805 850	2 040 007	8 205 715	3 963 009	1.07倍	11.9
上汽乘用车分公司销量	162 004	200 017	230 020	180 018	170 017	942 076	303 052	2.11倍	1.2
上汽大通销量	1 006	7 069	11 300	21 012	35 053	75 440	—	—	143.0
上海申沃销量	3 152	3 250	3 783	3 866	2 103	16 154	14 393	0.12倍	—
上海汇众销量	1 802	—	—	—	—	1 802	23 705	—	—
上汽依维柯红岩销量	31 500	17 008	28 008	25 000	8 708	110 224	—	—	—
南京依维柯销量	44 384	42 884	44 452	44 813	40 720	217 253	—	—	—
上汽跃进销量	69 443	89 129	87 548	54 195	36 280	336 595	—	—	—
上汽正大销量	—	—	—	280	4 908	5 185	—	—	—

资料来源：上海汽车集团股份有限公司规划部

第 五 篇

所属企业

概　　述

　　上汽始有公司之初的 1956 年 1 月,所属工厂共有 354 家,基本为公私合营工厂和零配件工厂,其中包括宝锡汽车材料制造厂、杨复兴机器制造厂、郑兴泰汽车机件制造厂等中国或上海最早的汽车零配件工厂。1957 年,公司开始出现生产汽车和拖拉机的整车整机工厂。其后经过 4 轮工厂结构和产品结构调整,至 1964 年,公司下辖工厂变为 82 家,其中农机整机和发动机工厂 10 家,汽车整车和发动机工厂 2 家,拖拉机汽车配套企业 44 家,工艺性协作及后方服务型企业 18 家,其他企业 8 家。至 20 世纪 70 年代末,公司辖有上海汽车厂和上海重型汽车厂为主的汽车整车和配套零部件企业、上海拖拉机厂和上海丰收拖拉机厂为主的拖拉机整机和配套零部件企业、上海摩托车厂为主的摩托车整车企业和配套零部件企业,企业总数为 57 家,基本为全民所有制企业。1979 年,公司成立上海拖拉机汽车研究所(后于 1990 年和 1992 年先后更名为上海汽车研究所和上海汽车工业技术中心),上汽开始出现研发型企业。

　　1983 年,上汽在企业性公司试点中设立上海汽车拖拉机销售服务公司,开始出现从事汽车销售的服务贸易企业。1984 年,上汽改制为联营性质的公司,参与联营的企业 100 家,包括 60 家紧密型联营企业,40 家松散型联营企业,另设 4 家分别负责进出口、汽车销售和材料供应的专业公司,其中包括从事汽车进出口业务的上海汽车工业进出口公司。1985 年,上海—易初摩托车有限公司和上海大众汽车有限公司先后成立,上汽开始出现整车中外合资企业。1989 年,上海纳铁福传动轴有限公司成立,上汽开始出现零部件中外合资企业。1989 年以后,上汽开始构建第一层次为投资中心、第二层次为利润中心、第三层次为成本中心的"三层次三中心"管理体制,当年开始实施总厂制改革。1992 年,上海安达汽车储运公司成立(后于 2000 年更名为安吉汽车物流有限公司),上汽开始出现汽车物流企业。1994 年,上海汽车集团财务有限责任公司成立,上汽开始出现金融型企业。至 1995 年,上汽直属企业包括 60 余家国有企业改制的 20 多家总厂或总厂型公司,以及 25 家合资企业。同年,上汽牵头成立中国投资规模最大的跨地区跨行业的汽车零部件企业联合汽车电子有限公司。同年,上汽改制为集团型公司,下辖成员单位 50 家,其中生产企业 39 家,包括国有企业 14 家、合资企业 25 家;另有 1 家专业公司、7 家"中心"和 3 家境外公司。1997 年,上海汽车股份有限公司成立,上汽开始拥有上市公司。同年,上汽在江苏仪征收购设厂,开始出现沪外直属企业。

　　进入 21 世纪,上汽加快实施自主品牌战略和"走出去"战略,涌现一批直属的自主品牌企业和沪外企业。其中直属的自主品牌企业主要包括:2002 年撤销上海汽车工业技术中心后设立的上海汽车工业(集团)总公司汽车工程研究院(2007 年该院注销由上海汽车集团股份有限公司技术中心承接),2006 年设立的上汽汽车制造有限公司(后于 2007 年更名为上海汽车集团股份有限公司乘用车分公司),2011 年设立的上海汽车商用车有限公司(后于 2015 年更名为上汽大通汽车有限公司)。直属的沪外企业主要包括:2002 年在柳州合资成立的上汽通用五菱汽车股份有限公司,2004 年重组中国汽车工业总公司后在北京成立的上海汽车集团(北京)有限公司,2007 年在重庆合资成立的上汽依维柯红岩商用车有限公司。2008 年,上汽通过上南全面合作在南京拥有南京汽车集团股份有限公司、南京依维柯汽车有限公司等直属企业,同时在英国设有南汽英国有限公司,上汽开始拥有境外生产和研发企业。2009年4月,华域汽车系统股份有限公司借壳上市,上汽开始拥有汽车零部件上市公司,所管零部件企业除紧密零部件外均归属华域汽车,并按照底盘、动力总成、内外饰、电子电器、金属成型及模具、汽车功能件六大系统和汽车热加工进行管理。同年、2013年和2014年,上汽相继设立上海汽车香港投资有限公司和上海汽车集团股权投资有限公司等投资型企业,在泰国合资设立上汽正大有限公司等境外生产物流和销售企业,在美国设立上汽加州资本管理有限公司和上汽加州技术风投基金公司等境外风投资金管理企业。

至2015年,上海汽车集团股份有限公司所属企业达到497家。其中直管企业65家,直管企业中国有企业37家,中外合资企业28家。沪外整车企业或整车企业所属沪外子公司、分公司、工厂15家。华域汽车系统股份有限公司沪外基地288个,沪外企业90家,境外企业23家。

第一章　整车企业

　　1957年以后，公司开始出现整车整机企业。至2015年，上海汽车集团股份有限公司共有21家整车企业（未含整车企业分公司）。其中，乘用车企业9家，包括上汽大众汽车有限公司及其新疆公司，上汽通用汽车有限公司及其东岳和北盛2家公司，上海汽车集团股份有限公司乘用车分公司及其英国2家公司，以及在印度和泰国的2家公司；跨界汽车企业5家，包括上汽通用五菱汽车股份有限公司及其印尼公司，上汽大通汽车有限公司及其申联公司，以及南京汽车集团有限公司；商用车企业6家，包括上汽依维柯红岩商用车有限公司、南京依维柯汽车有限公司、上海申沃客车有限公司、南京南汽专用车有限公司，以及在唐山和青岛的2家公司；另有工程机械企业1家为上海彭浦机器厂有限公司。

第一节　上汽大众汽车有限公司

一、沿革

　　上汽大众汽车有限公司（简称上汽大众）原名上海大众汽车有限公司，成立于1985年3月21日，是中国成立最早的轿车合资企业和中国汽车工业对外开放的标志性企业。公司成立时股东股比分别为德国大众汽车公司（简称德国大众）50%、上海汽车拖拉机工业联营公司25%、中国银行

图5-1-1　上汽大众综合管理大楼

上海信托咨询公司15%、中国汽车工业公司10%，合资期限25年。1990年，中方股东变更为上海汽车工业总公司。1999年8月，股东股权变更为德国大众40%、大众汽车（中国）投资有限公司（简称大众中国）10%、上海汽车工业（集团）总公司（简称上汽集团）25%、上海联合投资有限公司15%、中国汽车工业总公司10%。2002年4月，该公司股东股权变更为德国大众40%、大众中国10%、上汽集团40%、中国汽车工业总公司10%，同时中德双方续约20年至2030年。2004年4月，该公司股东股权变更为德国大众40%、大众中国10%，上汽集团50%。2006年8月，中方股东变更为上海汽车集团股份有限公司。2015年12月，该公司更名为上汽大众汽车有限公司。

　　上汽大众总部位于上海市嘉定区安亭镇于田路7号。2015年，该公司注册资本115亿元，资产总额1 064.4亿元；总占地面积1 092.6万平方米，总建筑面积350.6万平方米，其中上海地区占地面积391万平方米，建筑面积177.2万平方米。从业人员总计35 547人，其中上海地区企业从业人员21

312 人，沪外企业从业人员 14 235 人；技术及技术管理人员 7 035 人，管理人员 1 168 人，生产人员 25 847，辅助人员 1 336 人，外籍人员 161 人。上海地区从业人员中，技术人员及技术管理人员 5 688 人，管理人员 1 131 人，生产人员 13 287 人，生产辅助人员 1 045 人，外籍人员 161 人，非在岗人员 103 人；沪外企业从业人员中，技术人员 1 347 人，管理人员 37 人，生产人员 12 560 人，生产辅助人员 291 人。

上汽大众主要生产和销售大众汽车集团的大众和斯柯达两个品牌的乘用车。1983 年 4 月，第一辆上海桑塔纳轿车以 SKD 方式组装成功，1985 年开始生产大众品牌轿车。2007 年 6 月，斯柯达品牌首款车型明锐（Octavia）轿车上市，公司开始双品牌发展。至 2015 年，上汽大众生产销售大众品牌波罗（Polo）、桑塔纳（Santana）、朗逸（Lavida）、凌渡（Lamando）、帕萨特（Passat）、途观（Tiguan）、途安（Touran）等车型，以及斯柯达品牌晶锐（Fabia）、昕锐（Rapid）、明锐（Octavia）、速派（Superb）、野帝（Yeti）等车型，产品覆盖 A0 级、A 级、B 级、SUV、MPV 等细分市场。

上汽大众成立后，大力实施上海桑塔纳轿车国产化战略。1985 年，国产化率从 2.7% 开始起步。1988 年 7 月，牵头成立跨地区跨行业的上海桑塔纳轿车国产化共同体，组织开展以"上海牌""中华牌"为重要特征的横向国产化建设。1990 年，上海桑塔纳轿车国产化率迈上 60% 重要台阶，其中包括上汽大众承担的车身和发动机两大部件的纵向国产化。1993 年和 1996 年，上海桑塔纳轿车国产化率先后达到 80% 和 90%，创造中国汽车工业引进消化国际先进技术的成功经验，带动上海和中国初步建成现代化专业化的汽车零部件体系。

上汽大众建设一系列重大工程，不断提升生产能力。1990 年 4 月，一期工程建成，形成单班 3 万辆整车和 10 万台发动机年产能力。1992 年 1 月，上海汽车厂并入上海大众汽车，产能进一步提升。1995 年 4 月，二期工程建成，形成单班 6 万辆整车 15 万台发动机年产能力。1999 年 12 月和 2000 年 4 月，具有 20 世纪 90 年代末世界先进水平的帕萨特轿车和汽车三厂先后下线或建成，形成 68.5 万辆整车和 74.5 万台发动机年产能力。至此，该公司在上海拥有 3 个整车厂和 2 个发动机厂。2008 年 3 月，收购南京菲亚特汽车公司组建南京分公司并进行工厂改造。同年 8 月，南京分公司第一辆通过全工艺环节的桑塔纳志俊轿车下线，实现当年建设、投产和盈利，该基地形成 15 万辆整车年产能力。2012 年 7 月、2013 年 8 月和 10 月以及 2015 年 5 月，先后建成年产能 30 万辆的仪征分公司、年产能 5 万辆的新疆子公司、年产能 30 万辆的宁波分公司和年产能 30 万辆的长沙分公司。至此，公司拥有 8 个汽车厂和 2 个发动机厂，年产能达到 193.5 万辆，机加工和生产工艺、检测等设备共 2.19 万台套，总价值 266.27 亿元。

上汽大众把研发能力建设作为重大工程建设的重要内容。1985 年，成立产品工程部规划产品开发工作。1992 年 7 月和 1999 年 10 月，先后建成技术中心、完成具有世界水平的技术中心扩建项目，形成整车台架、电磁干扰、碰撞安全、声学试验等功能。1999 年 10 月，建成启用国际先进国内一流，并成为德国大众动力总成开发重要组成部分的发动机试验中心。2003 年，建成同期国内车辆试验道路最多、检测手段最先进的安亭试验场。2009 年 10 月，启动建设安亭试车场二期工程，计划于 2016 年建成后具备新 N 试验道路、异响试验道路、EOBD 专用试验道路、通过性试验道路、底盘试验道路、滚动噪声试验道路、噪声试验广场、气囊滥用试验广场等功能，占地面积达 1.44 平方公里。2013 年 10 月，包括整车碰撞、车身强度、气囊燃爆、行人保护等试验的碰撞中心建成试运行，并于 2014 年 7 月新增 MKB 撞击高速公路护栏试验能力。2013 年，排放试验中心建成使用，年试验量超过 6 500 车次并成为亚洲唯一的大众汽车集团 A 级排放试验室。2014 年 9 月，位于新疆维吾尔自治区吐鲁番市的试车场项目签约。同年 12 月，声学中心建成使用。2015 年，零部件试验楼建成使用，试验范围涵盖底盘、车身、装备、电器、动力总成附件等整车 5 大系统 300 多个核心关键零部件，满足轿车研发各阶段零部件试验的需求。同年年底,上汽大众技术中心设有前期开发、造型、车身工程、发动机变速箱工程、底盘工程、电器工程、试制中心、整车、技术项目管理、成本优化中心、新能源/电动车等11个部门;累计投资50亿元,主体区域占地面积4.92万平方米,建筑面积5.5万平方米;研发人员1700人,外籍技术专家40人;具备内外造型与前期开发,车身开发,发动机、底盘和电器集成开发,以及整车试制、试验和认可在内的整车研发能力,每年同步开发500辆以上包括新能源样车、重要展车在内的各类样车和各类样件及模型,包括8~10个全新车型及更多年度车型。1997年3月和2012年10月,上海大众汽车技术中心先后被认定为首批上海市企业技术中心和国家级企业技术中心。

上汽大众通过技术中心建设,有效提升本土化开发能力和新能源汽车研发能力。1995年4月,中国汽车企业首次参与国际联合开发的桑塔纳2000型轿车下线。1999年,完成帕萨特轿车改进设计。2003—2006年,合作研发中国第一辆燃料电池轿车"超越一号"以及"超越二号"和"超越三号"。2003年起,加快引进轿车本土化开发进程,先后完成桑塔纳3000型、帕萨特领驭、波罗、劲情、劲取、帕萨特新领驭等车型的本土化开发。2008年、2009年和2010年,合作开发的帕萨特领驭燃料电池轿车先后服务北京奥运会、参加在美国加利福尼亚州举行的国际燃料电池汽车示范运行、服务上海世博会,均获成功。2008年6月,第一款全新自主设计开发的朗逸轿车上市并连续多年位列细分市场销量前列。该车于2012年上市的采用模块化结构车身设计等国际先进工艺和材料的升级版,以及2013年上市的朗逸系列新成员朗行和朗境轿车,均持续热销,朗逸轿车成为上汽大众本土化研发的成功典范,设计水平和制造工艺达到国际先进水平。2011年,中国轿车企业首次直接参与跨国汽车公司全球开发、面向全球市场的全新帕萨特轿车上市,标志着上海大众汽车产品研发融入大众汽车集团全球开发体系。2013年—2015年,本土化开发或本土化适应性开发的昕锐、昕动、速派和野帝等新车型,畅销30年的桑塔纳换代产品尚纳和浩纳轿车,基于大众汽车集团MQB平台的凌渡轿车,以及各车型的年度升级换代产品均获得成功,同时还开发了30余个新能源车型。至2015年,上汽大众技术中心拥有各类专利445项。其中,发明专利43项,实用新型专利197项,外观设计专利205项;帕萨特轿车、新朗逸轿车、新桑塔纳轿车等开发项目获得中国汽车工业科技进步奖二等奖、上海市科学技术进步奖二等奖。

上汽大众在中国最早开始现代化汽车营销服务网络建设。该公司成立初期,负责售后服务,产品由上海汽车拖拉机销售服务公司(后更名为上海汽车工业销售总公司)总经销。1985年,建立首批特约维修站。2000年8月,中国第一个汽车销售合资公司中德合资上海上汽大众汽车销售有限公司成立,进一步建立国内最完善的营销服务网络。2003年8月,上汽大众销售并入上海大众汽车,形成营销服务一体化体制。2005年和2007年,先后推出大众服务品牌"Techcare大众关爱"和斯柯达服务品牌"Human Touch真心呵护"。2006年,上汽大众销售开始实行大众和斯柯达2个品牌分机构分体系运作体制,并通过各地区销售服务中心进行管理。至2015年年底,公司拥有大众品牌1184家营销服务网点,全国地级市覆盖率达90.5%;斯柯达品牌536家营销服务网点,全国地级市覆盖率达到71.5%。

1985年,上海大众汽车销售轿车0.17万辆,销售收入0.62亿元。此后30多年,不断创造中国轿车工业产销新纪录。1993年和1996年创造年销轿车10万辆和20万辆纪录,成为上海汽车工业建成上海第一支柱产业的主要支撑。"八五"和"九五"期间,上海桑塔纳轿车国内市场占有率持续保持在50%左右,成为中国最大的轿车制造基地。1990—2004年,连续15年年销量位居中国汽车企业之首。2010年,轿车销售100.1万辆,成为中国第2家年销突破百万辆的乘用车企业。2013年,年销量突破150万辆,再次成为中国第1家累计产量突破1000万辆的乘用车企业。2015年,年销量达到 181.2 万辆,国内市场占有率 9%,再次位居中国乘用车销量第 1 位。其中,大众品牌和斯柯达品牌分别销售 153.2 万辆和 28 万辆,销售收入 1 922.2 亿元,销量和销售收入分别比 1985 年增长 1 061.9 倍和 3 099.3 倍。至 2015 年,上汽大众累计销量达到 1 372.98 万辆。其中,大众和斯柯达分别累计销售 1 207.51 万辆和 165.47 万辆。

1985—2000 年,上海大众汽车连续 8 年获中国十佳合资企业称号,连续 8 年登上全国最大 500 家外商投资企业榜首,连续 9 年被评为全国质量效益型企业。2001 年,获中国汽车行业唯一的全国质量管理奖。2001 年、2004 年和 2007 年,连获上海市质量金奖。2003 年,获上海市实施用户满意工程先进单位称号。2006—2015 年,连续 10 年获中国杰出雇主称号。2008 年,获评上海市推行全面质量管理先进单位和全国实施卓越绩效模式先进企业。2011 年,获上海市市长质量奖。2014 年,获全国质量奖。

表 5‑1‑1　2015 年上汽大众直属工厂、子公司、分公司一览表

序号	名　称	所在城市	成立时间	投资总额(亿元)	年产能力(万辆)	主要产品	2015 年产量(辆、台)	累计产量(辆、台)
1	安亭汽车一厂	上海	1985 年 3 月	—	16	Polo、晶锐、明锐	196 363	2 572 917
2	安亭汽车二厂	上海	1995 年 4 月	—	22.5	Lavida 朗逸系列车型	278 119	4 359 140
3	安亭汽车三厂	上海	1997 年 4 月	—	30	途观、途安、野帝、明锐	333 283	3 336 001
4	南京分公司	南京	2008 年 4 月	63.4	30	帕萨特、新朗逸全新速派	346 666	1 911 638
5	仪征分公司	仪征	2010 年 7 月	87.07	30	全新 Polo、全新桑塔纳、全新桑塔纳浩纳;斯柯达品牌的昕锐、昕动	337 188	1 002 464
6	宁波分公司	宁波	2013 年 10 月	117.59	30	速派、明锐后继车型、凌渡等	236 666	346 251
7	乌鲁木齐工厂	乌鲁木齐	2013 年 8 月	11.39	5	新桑塔纳	15 911	25 925
8	长沙分公司	长沙	2015 年 5 月	120.8	30	全新朗逸、全新途观 L	34 558	34 558
9	发动机一厂区	上海	1987 年 11 月	—	25.3	EA888 系列发动机	24 001	6 805 032
10	发动机三厂区	上海	2013 年 9 月	—	33.3	EA888 系列发动机	417 099	955 668

资料来源:上汽大众汽车有限公司

表 5‑1‑2　1985—2015 年上汽大众经营情况统计表

年份	资产总值(万元)	产品销量(辆)	国内市场占有率(%)	国内市场排名	销售收入(万元)	上交税收(万元)
1985	19 878	1 684	—	—	6 231	2 499
1986	34 491	8 471	—	—	42 249	13 120
1987	56 872	11 038	—	—	71 432	19 681

〔续表〕

年份	资产总值 （万元）	产品销量 （辆）	国内市场 占有率（%）	国内市场 排名	销售收入 （万元）	上交税收 （万元）
1988	90 484	15 542	—	—	114 240	25 286
1989	127 390	15 581	—	—	122 234	37 971
1990	164 362	18 523	42.2	1	182 297	56 273
1991	231 476	33 857	41.9	1	357 548	74 474
1992	342 635	65 952	40.8	1	710 801	155 189
1993	474 502	100 030	43.9	1	1 052 886	173 571
1994	614 734	115 295	40.1	1	1 271 037	153 698
1995	803 502	159 765	42.3	1	1 843 069	199 097
1996	1 151 268	200 031	45.0	1	2 430 674	337 780
1997	1 472 603	230 186	45.0	1	2 631 635	447 193
1998	1 803 593	235 020	44.3	1	2 520 388	252 900
1999	2 115 635	230 699	37.5	1	2 674 074	369 474
2000	2 288 759	222 216	33.8	1	2 869 751	413 402
2001	2 580 174	230 050	29.7	1	3 173 560	513 108
2002	2 993 544	301 712	23.4	1	3 626 528	514 735
2003	3 597 285	396 023	18.0	1	5 241 613	722 030
2004	2 900 147	355 006	14.1	1	3 789 351	536 691
2005	2 611 648	250 006	9.0	2	2 511 060	226 392
2006	2 628 295	349 088	8.5	2	4 017 097	460 938
2007	259 051	456 424	8.7	3	4 679 998	496 090
2008	2 774 282	490 087	9.1	2	4 791 178	499 416
2009	3 694 481	728 239	8.6	1	6 822 277	685 122
2010	5 813 416	1 001 357	8.8	2	10 828 379	1 344 078
2011	6 833 391	1 165 827	9.3	2	13 493 566	1 909 631
2012	8 024 506	1 280 008	9.3	3	15 111 904	2 888 283
2013	9 971 318	1 525 008	9.6	1	18 005 528	2 977 332
2014	10 630 826	1 725 006	9.0	2	20 078 761	3 725 866
2015	10 643 690	1 812 077	9.0	1	19 222 107	3 564 994

资料来源：上汽大众汽车有限公司

二、上汽大众安亭汽车一厂

上汽大众汽车有限公司安亭汽车一厂位于上海市嘉定区安亭镇洛浦路 63 号，1985 年 3 月投产,是上汽大众第一个整车生产基地,占地面积 36.31 万平方米,建筑面积 21.77 万平方米。2015 年,从业人员 2 161 人,其中技术人员 85 人,管理人员 17 人,生产员工 1 797 人,辅助人员 262 人。

该厂于 1985 年开始生产上海桑塔纳轿车。1990 年,形成单班 3 万辆整车的年生产能力。2000 年 7 月,停产进行改造扩建,规划生产与世界同步的紧凑型轿车 Polo 系列产品,桑塔纳轿车移师汽车二厂生产。2001 年 3 月,完成改造扩建投产。同年 12 月,第一辆 Polo 轿车下线。2003 年 4 月,开始共线生产 Polo 三厢轿车。2007 年 5 月,开始生产斯柯达明锐轿车;2008 年 11 月,开始生产斯柯达晶锐轿车。

该厂工艺设备先进。车身车间自建立以来经历 4 次大规模改造提升,整合应用先进的车身制造工艺和自动化技术,实现 4 种车型柔性切换,配置各类机器人 261 台,涵盖车顶激光钎焊、激光熔焊、中频电阻焊、自动滚折边等工艺,率先采用行业领先的在线尺寸测量技术,具备各生产环节的监控检测能力,在紧凑型车身制造中达到一流水平。油漆车间于 2001 年重新规划建造,最早使用预处理电泳 Rodip 翻转技术和 PVC 翻转船型 Shuttle,积累先进理念经验和案例,之后在多个油漆车间设计建设中运用。总装车间于 2001 年重新规划改建,流水线采用模块化生产方式,主线配备自动移动式板链、EHB 吊架线、门板吊架线以及仪表板吊架线等输送系统,同时运用 Warenkorb＋AGV 物料智能配送系统,满足智能化、便捷化生产需求,并大幅度提高生产效率。至 2015 年,该厂形成年产 16 万辆整车能力。

该厂主要生产车型以 A0 级轿车为主,产品覆盖大众和斯柯达两大品牌,先后生产大众桑塔纳、Polo 劲情和劲取,斯柯达明锐、晶锐等车型。1985 年,轿车产量 1 733 辆,1993 年,创造中国第一个轿车年产 10 万辆纪录。2003 年,轿车产量累计突破 100 万辆。2015 年,生产轿车 19.63 万辆,累计生产 257.29 万辆。

图 5-1-2　1985 年上海大众汽车成立时
汽车一厂外景

图 5-1-3　2015 年上汽大众安亭汽车外景

三、上汽大众安亭汽车二厂

上汽大众汽车有限公司安亭汽车二厂位于上海市嘉定区安亭镇昌吉路 82 号(原上海汽车厂的旧址),厂区占地面积 22 万平方米,建筑面积 19.9 万平方米。2015 年,从业人数 3 798 人,其中技术人员 98 人,管理人员 18 人,生产人员 3 611 人,辅助人员 71 人。

该厂于 1992 年开工建设,1994 年 12 月基本建成并投产,1995 年 4 月实现全面投产,年生产能力为单班 6 万辆轿车。作为上汽大众安亭地区第一个标准化工厂,该厂于 2013 年启动 MasterPlan

图 5-1-4　上汽大众安亭汽车二厂外景

五年改造计划,开始建设标准化新工厂,广泛应用全球先进的机器人。车身车间采用电伺服焊枪、双头焊枪、高密度焊补、视觉涂胶检测、视觉引导系统、自动换电极帽、新型侧围合拢机构、累计式输送器等最新的 MQB 生产技术标准,均是德国大众乃至全球第一次使用。该车间有机器人 639 台,自动化率达到 76%。涂装车间是全球技术最先进的涂装车间之一,采用 E-Shuttle 预处理电泳输送设备、PVC 旋转吊具输送设备、全自动 PVC 喷涂机器人、2010V 工艺、剑形刷和内腔全自动喷涂机器人、E-Scrub 漆雾收集系统、全自动空腔注蜡系统、ADR 转轮尾气吸附系统等先进技术,大幅度降低能耗,减少排放,有效提高劳动生产力。总装车间生产组织建立典型的多品种柔性共线生产体系,可同时满足 PQ 平台全新朗逸及未来 MQB 平台全新一代朗全新车型生产,生产过程采用先进的计算机控制系统、底盘合装自动定位系统、UPS 电气检测系统、四合一加液、激光前束、高精度拧紧枪等多种先进设备,使产品质量得到充分保障。

1994 年 12 月,该厂第一辆桑塔纳 2000 型轿车下线。1995 年 4 月全面投产,年产能力为单班 6 万辆轿车。2000 年 7 月,开始混线生产桑塔纳、桑塔纳 2000 型轿车。2002 年 12 月,开始共线生产高尔轿车。2004 年初,开始生产桑塔纳 3000 型轿车。2008 年 5 月,开始生产朗逸轿车,并与桑塔纳和桑塔纳 3000 型轿车共线生产。是年,桑塔纳 3000 型轿车升级换代为桑塔纳志俊轿车,并移至南京工厂生产后,该厂主要生产朗逸家族系列车型。

1997 年,该厂轿车年产量突破 10 万辆,达 12.23 万辆。至 2002 年,轿车产量累计突破 100 万辆。2015 年,该厂形成 22.5 万辆整车年产能力,当年生产 29.52 万辆轿车。至 2015 年,累计生产轿车 437.59 万辆。

四、上汽大众安亭汽车三厂

上汽大众汽车有限公司安亭汽车三厂位于上海市嘉定区安亭镇曹安路 5288 号,占地面积 44.89 万平方米,建筑面积 30.22 万。2015 年,从业人员 4 183 人,其中技术人员 97 人,管理人员 18 人,生产人员 3 312 人,辅助人员 756 人。

该厂于 1997 年年底开工建设,1999 年 12 月建成,首辆帕萨特轿车下线,2000 年 3 月开始批量生产。2004 年建成新的车身车间,2009 年 4 月建成新的油漆和总装车间。

该厂是上汽大众首个生产大众集团 MLB 高端平台车型的工厂,是结合高新技

图 5-1-5　上汽大众安亭汽车三厂外景

术、自主创新、精益制造、绿色环保的制造工厂,工艺设备十分先进。其中,底板车间拥有 CMT 焊接技术、自冲铝铆接技术、TOX 气液增力缸式冲孔设备等国际领先水平的焊接技术、设备和 311 台机器人,为车身车间提供高强度、高安全性的底板总成件。车身车间安装激光钎焊、激光深熔焊、视觉侧围引导、视觉涂胶检测、铝电阻焊接、自攻螺接、自冲铆冷连接、高精度柔性龙门架等高度自动化、柔性化、精密化设备,拥有 508 台机器人,自动化率达 62% 以上,处于行业领先水平。油漆车间采用静电高压自动喷涂、鸵毛机自动清洁、新型多功能电泳穿梭机,有效保证油漆质量稳定可靠。总装车间投入升降式电驱运送系统、智能物联网系统、AGV 智能小车送料系统以及玻璃自动涂胶机、仪表板机械手、密封条自动粘贴设备、空气弹簧加注设备、驾驶辅助标定 FAS 台、新能源高压检测设备等行业领先的工艺设备,生产柔性化、智能化和便捷化。

该厂主要生产大众品牌帕萨特、途安、途观丝绸之路版、辉昂、全新途观 L 轿车和斯柯达品牌明锐、速派、野帝轿车。2006 年,轿车年产量突破 10 万辆。2009 年,轿车累计产量突破 100 万辆。2011 年,年产量突破 40 万辆。2015 年,形成年产 30 万辆整车能力,当年生产轿车 33.32 万辆,累计生产轿车 333.6 万辆。

五、上汽大众发动机厂

上汽大众汽车有限公司发动机厂建于 1986 年 8 月,拥有发动机一厂和发动机三厂 2 个厂区。至 2015 年,从业人员 1 492 人,其中技术管理人员 77 人,生产人员 1 049 人,生产辅助人员 366 人。

发动机一厂于 1987 年 11 月投产,地址位于上海市嘉定区安亭镇于田路 123 号,占地面积 10.74 万平方米,建筑面积 2.98 万平方米,主要生产 EA827 系列发动机。2010 年 3 月经改造后生产 EA888 系列发动机,规划产能为机加工 1 150 件/天,装配 1 150 台/天。发动机三厂于 2013 年 9 月投产位于于田路 59 号,占地面积 9.8 万平方米,建筑面积 2.97 万平方米,生产 EA888 系列发动机,规划产能为机加工 1 150 件/天,装配 2 000 台/天。

发动机厂设备先进、加工精度高。机加工车间采用高效数控加工设备和加工中心,使生产线柔性化,以适应产品的更新和扩展。缸体采用全自动模拟缸盖和轴承盖装配工艺,缸孔采用罗伞珩磨技术;缸盖采用随行夹具技术,同时安装电子芯片对产品进行追溯;曲轴轴颈精磨采用随动磨削技术,使用硬质合金麻花钻和微量润滑加工技术加工斜油孔;连杆采用激光切割、涨断工艺,小孔采用椭圆和巴厘线工艺。装配车间采用柔性化生产,可满足多种机型装配生产。油底壳上下体、缸盖罩壳、链轮下罩等采用自动涂胶机涂胶,缸盖螺栓拧紧、缸盖罩壳螺栓拧紧等采用高精度自动拧紧机进行拧紧。在线检测通过回转力矩检测、短发密封检测、整发密封检测等先进检测设备,保证各工序装配质量。发动机 100% 冷试,既利于保护环境,又利于发动机质量监控。

1991 年,上汽大众发动机厂年产量突破 10 万辆,1997 年,累计产量突破 100 万台。2014 年 5 月,累计产量突破 700 万台。2015 年,生产 44.11 万台发动机。

六、上汽大众南京分公司

上汽大众汽车有限公司南京分公司位于南京江宁经济技术开发区胜太西路 66 号,2008 年 4 月开业,为上海大众汽车第一个沪外生产基地。该分公司占地面积 67 万平方米,建筑面积 36 万平方米。2015 年,资产总额 106.2 亿元;从业人数 5 123 人,其中技术人员 301 人,管理人员 48 人,生产人员4 000人,辅助人员774人。

上汽大众南京分公司前身为南汽集团与意大利菲亚特集团合资成立的南京菲亚特汽车有限公司。2007年12月上南合作后,上海大众汽车决定收购南汽、南京菲亚特资产,成立南京分公司。2008年5月28日,与南汽集团、南京菲亚特签署《资产转让协议》。同月,该分公司开始生产桑塔纳志俊轿车。6月,江苏省发改委予以核准。7月,南京分公司改造工程竣工投产,实现当年改造、当年投产、当年盈利。

2009—2015年,该分公司先后实施5期项目改造,总投资63.4亿元。2009年12月,投资15.55亿元,实施桑塔纳志俊轿车生产改造项目,2011年1月建成投产。2011年2月,总投资29.45亿元,实施全新水溶性无中涂油漆车间建设项目,2012年1月建成投产。2013年8月,投资约7.7亿元,实施桑塔纳Vista志俊车型生产线改造项目和导入新朗逸车型项目。2015年12月,投资10.63亿元,实施生产全新斯柯达速派轿车项目,形成年产整车30万辆能力。

该分公司包括冲压车间、车身车间、油漆车间、总装车间以及公用动力站房配套辅助设施。冲压车间自动化冲压生产线是德国大众及国内第一条高速自动化冲压生产线,同时采用先进的自动化换模系统,效率提高3~5倍,10分钟就可完成两套模具互换。车身车间采用德国大众最先进的MQB横置发动机模块化平台技术,实现多种车型混线生产,有533台机器人,应用于车身点焊、激光焊和涂胶等工艺,并采用在线测量、激光焊接等技术,代表B级车身制造工艺水准。油漆车间大量采用变频控制技术、总线控制技术、全自动机器人涂胶、喷漆技术工艺,有128台机器人,设备自动化率接近70%,新型环保油漆工艺保证产品12年整车防腐,水性漆取代传统溶剂型油漆,有效降低有机物排放,废弃物回收再燃烧处理系统保证气体排放水平符合国际先进环保水平。总装车间是德国大众第一家实现60JPH的总装线,采用模块化生产和世界最高技术水平的自动化生产及检测设备,最大限度保证质量,全方位实施订单化生产控制系统。

2008年5月,该分公司开始生产桑塔纳志俊轿车。2009年,年产9.3万辆。2010年8月,开始生产桑塔纳B2车型,当年产量突破10万辆。至2013年累计生产轿车100万辆。2015年,该公司生产轿车34.66万辆,实现销售收入444.3亿元,上交税收72.3亿元。至2015年,主要生产帕萨特、新朗逸、全新速派3个车型,形成30万辆年产能力,累计生产各型轿车191.2万辆。

七、上汽大众仪征分公司

上汽大众汽车有限公司仪征分公司位于江苏省扬州市仪征市天越大道38号,2012年7月建成投产,占地面积128万平方米,建筑面积约50万平方米。至2015年,资产总额105.4亿元;从业人数3 910人;其中,技术人员308人,管理人员22人,生产工人3 441人,辅助人员139人。

上汽大众仪征分公司是上汽大众和德国大众在中国的首家标准化工厂,厂区包含冲压、车身、油漆和总装车间,以及公用动力站房配套辅助设施,广泛采用德国大众先进的2010生产工艺,实现布局和生产工艺标准化,以及人流、零部件物流、生产物流、产品车物流分布的合理高效,成为中国轿车制造高标准、精益管理、最具环保的现代化工厂之一。该工厂共实施四期项目建设,包括仪征工厂建设项目、桑塔纳后继车型建设项目、斯柯达A级车型昕锐建设项目和斯柯达昕动建设项目。至2015年,总投资87.07亿元,规划年产能30万辆整车。

至2015年,该分公司冲压车间拥有2条国内汽车企业最先进、自动化程度最高的高速冲压生产线,极大提升劳动生产率,确保冲压件精度。车身车间配有400台机器人,高效运用于点焊、激光焊、单面焊、螺柱焊、涂胶、折边等加工工艺,自动化率达72.5%。由于使用国际先进的激光焊接技术,大大提高了车身结构刚性强度和表面光洁度。油漆车间采用无中涂水性漆涂装工艺和电泳第4代RoDip技术,配有126台机器人,自动化率高达85%。总装车间采用世界最先进的拉动式物流供货模式,使用全程全高度自由升降式整车吊架和模块化装配模式,大幅降低设备投入和劳动强度,确保质量稳定性。

2012年,该分公司先后投产全新Polo、全新桑塔纳和斯柯达昕锐等车型,当年生产轿车23 150辆。2014年2月,斯柯达昕动轿车投产。2014年,整车产量达37.89万辆。2015年,生产33.71万辆轿车,其中,大众品牌26.36万辆,斯柯达品牌7.35万辆。至2015年,累计轿车产量100.24万辆。实现销售收入219亿元,上交税收31.4亿元。

八、上汽大众(新疆)汽车有限公司

上汽大众(新疆)汽车有限公司位于新疆维吾尔自治区乌鲁木齐市经济技术开发区万盛大街4253号,为上汽大众汽车有限公司分公司,2012年5月28日成立,占地面积40.77万平方米,建筑面积13.33万平方米。2015年,资产总额12.7亿元;从业人数739人,其中技术人员136人,管理人员22人,生产人员556人,辅助人员25人。

该公司是上汽大众在中国西部地区首个生产基地,也是新疆地区首个乘用车生产基地,2013年8月开业并投产,厂区由车身和总装联合车间、油漆车间、集装箱堆场及成品车发运中心组成,主要生产大众新桑塔纳轿车等车型,规划年产整车5万辆,总投资20亿元。至2015年,累计完成投资11.39亿元。

上汽大众新疆是绿色工厂,总绿化面积约8万平方米,占总用地面积的20%。针对新疆地区水资源缺乏状况,该厂大量选用节能型生产设备,采用分散的能源站房布置,使其贴近主要能源负荷点,降低能源损耗。油漆车间拥有蓄热式热力焚化炉,可将有机废气加热升温至760℃,氧化分解废气中的VOC,减少排放,去除率达98%以上。同时,建有集生化技术、反渗透技术于一身的中水回用废水处理站,工业废水经处理后可再利用于冷却塔补水、绿化灌溉、卫生间冲洗,餐厨垃圾回收转化为高碳化肥等。

2013年,上海大众汽车新疆公司生产1 667辆轿车。2015年,年产轿车量1.59万辆,实现销售收入11.3亿元,上交税收0.6亿元。至2015年,累计生产轿车2.59万辆。

九、上汽大众宁波分公司

上汽大众汽车有限公司宁波分公司位于浙江省宁波市杭州湾新区滨海六路258号,2013年10月建成,占地面积263万平方米,建筑面积48万平方米。2015年,资产总额113.9亿元;从业人员3 122人,其中,技术人员394人,管理人员90人,一线员工2 043人,辅助人员595人。

该分公司是上汽大众第2个标准化工厂。一期项目总投资117.59亿元,于2012年1月开工建设,2013年10月投产,拥有冲压、车身、油漆、总装4大整车生产工艺,生产斯柯达品牌速派、新明锐以及大众品牌凌渡等车型。2014年5月,开工建设扩建项目,计划总投资190.6亿元,将于2017年12月建成投产。该项目继续采用大众标准化工厂布局和全套整车生产工艺,规划年生产能力30万辆。首款车型为B级SUV。

2014 年,该分公司生产轿车 10.85 万辆。2015 年年初,一期项目形成 30 万辆生产能力,当年生产轿车 23.67 万辆,实现销售收入 253 亿元,上交税收 26.5 亿元。至 2015 年,该厂累计生产整车 34.63 万辆。

十、上汽大众长沙分公司

上汽大众汽车有限公司长沙分公司位于湖南省长沙市经济技术开发区大众南路 95 号,2013 年 10 月成立,占地面积 159.73 万平方米,建筑面积 56.64 万平方米。至 2015 年,资产总额 80.5 亿元,从业人数 2 236 人。其中技术人员 324 人,管理人员 256 人,生产人员 1 620 人,辅助人员 36 人。

该分公司于 2013 年 5 月开工建设,至 2015 年 5 月建成投产,形成年产 30 万辆整车能力,总投资 120.8 亿元,主要生产全新朗逸车型、全新途安 L 和斯柯达品牌柯迪亚克等车型。项目建有冲压车间、车身车间、油漆车间、总装车间、办公生活楼、技术中心、车体分配中心、总装准备车间,以及冷冻站、空压站、锅炉房、换热站、废水处理站等相关配套设施。车身车间采用德国大众标准工艺布置,实现朗逸系列车型、全新途观 L 车型、斯柯达柯迪亚克的柔性混线生产。油漆车间运用水性无中涂的 2010 工艺,车身粗密封/底部密封、面漆内外表面喷涂等采用机器人全自动施工,建有干式喷漆室以实现喷漆室通风循环利用,实现低排放。总装车间设置驾驶舱、底盘、车门和前围模块 4 个模块,确保分总成质量,提高总装配质量和效率。此外,建设德国大众全球标准化工厂,充分体现绿色环保的生产理念。2014 年 6 月,获得由国家住建部颁发的最高等级三星级 GBDL(绿色建筑设计商标)证书,成为上汽大众首个获得该证书的工厂。

2015 年,上汽大众长沙生产轿车 34 558 辆。

第二节　上汽通用汽车有限公司

一、沿革

上汽通用汽车有限公司(简称上汽通用)原名上海通用汽车有限公司(简称上海通用汽车),成立于 1997 年 6 月 12 日,由上海汽车工业(集团)总公司与美国通用汽车公司合资组建,总投资 15.21 亿美元,为当时中美最大的合资项目,股比各为 50%,合资期限 25 年。2002 年 12 月 20 日,该公司美方股东股权调整为通用汽车中国公司(简称通用中国)47.357%,通用汽车(中国)投资有限公司(简称通用中国投资)2.643%,中美双方股权保持 50:50。2007 年 9 月 17 日,中方股东变更为上海汽车集团股份有限公司。2009 年 12 月 14 日,通用中国投资将其持有的上海通用汽车有限公司 1%股权转予上海汽车集团股份有限公司全资子公司上海汽车香港投资有

图 5-1-6　上汽通用外景

限公司,上汽实现 51% 控股。其中,上海汽车集团股份有限公司占股 50%,上海汽车香港投资有限公司占股 1%,通用中国占股 46.357%,通用中国投资占股 2.643%。2012 年 8 月 8 日,通用汽车回购上海通用汽车有限公司 1% 股权,中美双方股权恢复至 50∶50。2015 年 7 月,上汽通用汽车有限公司更名为上汽通用汽车有限公司。

上汽通用位于上海市浦东新区申江路 1500 号。2015 年,该公司注册资本 10.83 亿美元,总资产 727.16 亿元人民币。总占地面积 758.51 万平方米,总建筑面积 95.16 万平方米。其中,上海地区占地面积 200.14 万平方米,建筑面积 93.01 万平方米。从业人员总计 13 154 人,其中:上海地区从业人员 7 631 人,沪外从业人员 5 523 人;管理人员 2 518 人,技术人员 3 443 人,生产人员 6 638 人,生产辅助人员 555 人。上海地区从业人员 7 631 人(其中包括 62 名外籍人员),其中,管理人员 1 461 人,技术人员 2 607 人,生产人员 3 241 人,生产辅助人员 322 人。沪外企业从业人员 5 523 人,其中管理人员 1 057 人,技术人员 836 人,生产人员 3 397 人,生产辅助人员人 233 人。

上汽通用主要生产销售美国通用汽车的别克、凯迪拉克和雪佛兰 3 个品牌的产品。1998 年 12 月,该公司开始生产别克品牌;2005 年 1 月,启动生产雪佛兰品牌;同年 5 月,开始生产凯迪拉克品牌,公司进入多品牌运营并开始生产汽车豪华品牌。2007 年 12 月至 2009 年 6 月,上海通用汽车还作为美国通用汽车的萨博品牌中国总代理。至 2015 年,上汽通用生产经营别克、雪佛兰、凯迪拉克三大品牌、20 多种车型 120 多种款式,覆盖豪华型、中高端和经济型乘用车从大中型、中型、紧凑型、小型和 MPV、SUV 等各个细分市场。其中,别克品牌拥有君越、君威、凯越、全新英朗、英朗 GT、英朗 XT、威朗、威朗两厢、GL8、昂科威、昂科拉、昂科雷等车型;雪佛兰品牌拥有景程、赛欧、乐风、乐骋等车型;凯迪拉克品牌拥有 ATS、ATS - L、XTS、CTS、SRX、SLS、XLR、Escalade 等车型。

1998 年 1 月,上海通用汽车项目被列为上海市一号工程。同年 12 月,具有世界先进水平的上海通用汽车项目(金桥北厂)建成,首辆别克新世纪轿车下线,形成 10 万辆轿车年产能力,并首创国际同类汽车工程项目 23 个月建成出车的纪录。1999 年 4 月,别克轿车开始批量上市,并成为国内第 1 个达到国家汽车产业政策规定起步国产化率 40% 的引进轿车产品。

2002 年,上海通用汽车开始实施立足金桥、做大规模,走出上海、布局全国的低成本扩张战略。在立足上海方面,该公司在浦东金桥北厂基础上,先于 2005 年 5 月建成金桥南厂,于 2013 年 6 月开建凯迪拉克专属工厂。在布局全国方面,该公司先后于 2003 年 3 月、2004 年 8 月和 2015 年 1 月,在山东省烟台市、辽宁省沈阳市和湖北省武汉市组建生产基地。至 2015 年,上汽通用拥有上海金桥北厂和南厂、山东烟台东岳、辽宁沈阳北盛和湖北武汉分公司 4 个生产基地,共 7 个整车厂、3 个动力总成厂。4 个基地整车年产能力分别为 100 万辆、60 万辆、50 万辆和 24 万辆,总年产能力为 230 余万辆。

上汽通用依托同日成立的泛亚汽车技术中心有限公司(简称泛亚技术中心)进行产品开发。2003 年,泛亚技术中心同时成为上汽通用的设计与工程技术中心。至 2015 年,该技术中心拥有研发设计人员 3 100 余人,其中外籍专家 60 人。累计投资 19 亿元,设有前期车辆开发、前期工程及项目管理、车身外饰、底盘及动力总成集成、设计、工程质量、工程支持、空调电子、内饰、动力总成、试验认证和整车集成共 12 个部门;拥有金桥设计工程中心、王港试验试制中心,以及安徽广德试车场、黑龙江黑河试制试验基地等研发试验基地;具备前瞻设计及造型、整车工程、动力总成和新能源工程研发,以及车辆安全试验、排放试验、底盘运动与动力学参数测量试验、动力总成发动机及变速箱标定试验振动噪声试验等国内第一、世界领先的开发试验设施和功能,具备完整的整车开发能力,开发水平在中国汽车工业处于领先地位。

泛亚技术中心秉持全球研发和本土开发双举并进的开发战略。1998 年 12 月,该中心完成首辆别克新世纪轿车的引进消化。2001年6月,该中心通过国产化改进并投放市场的别克赛欧轿车被誉为中国第一辆家庭轿车,并获得年度上海市优秀新产品一等奖;2002年和2006年,该中心先后完成别克君威轿车的中改型和别克君越轿车的大改型,并分别获得中国汽车工业科技进步奖一等奖和中国汽车工业科技进步奖二等奖。2006年,泛亚技术中心在美国通用汽车推进全球架构战略中积极参与Epsilon架构长短轴车型的全球开发,集成通用汽车中国、北美、欧洲及韩国4地研发资源,主导开发2009年投放全球市场的别克新君越轿车项目的内饰系统并获成功。同时,泛亚技术中心自主研发SII平台于2010年1月和4月分别推出雪佛兰新赛欧三厢车型和两厢车型并获得突破,标志该公司形成整车及动力总成全过程开发能力,产品销往智利、巴西等国市场,并再获中国汽车工业科学技术进步奖一等奖。2010年11月,泛亚技术中心开发的上汽通用五菱汽车股份有限公司宝骏630轿车发布,市场销售良好。同月,设计完成的别克GL8豪华商务车发布,本土化开发能力进一步拓展至高端车领域。至2015年,泛亚技术中心共设计开发别克、雪佛兰、凯迪拉克三大品牌20多个车型120多种款式,同时研发"麒麟"、电子商务车、"凤凰""鲲鹏""畅意"、别克未来-Buick Riviera、别克商务、未来城市交通"源"等8款概念车,其中别克未来-Buick Riviera定义了别克品牌全球产品未来设计方向。

2005年,上海通用汽车和泛亚汽车技术中心编制新能源汽车推进计划。同年6月,君越混合动力轿车项目开始启动,并于2008年6月实现别克君越混合动力轿车批产上市。2008年,上海通用汽车启动"绿动未来"战略,制定以发展绿色产品为核心、打造绿色体系为基础、承揽绿色责任为社会实践的中长期规划。2008年,该公司成为汽车行业首家国家环境友好企业。同年,该公司与中华环境保护基金会合作建立绿动未来基金,投入近千万元实施绿色供应链项目,拉动供应商体系投入约3.5亿元,实施节能环保工程。至2010年,别克君越混合动力轿车累计销售1400辆,该车成为上海世博会唯一运行的混合动力出租车;累计销售凯迪拉克混合动力轿车1800多辆。同年8月,开始研发凯迪拉克XT5、CT6PHEV两个混合动力轿车车型。2011年,销售别克君越混合动力轿车981辆。至2015年,累计销售混合动力轿车4000余辆。同时,有126家供应商获评优秀绿色供应商或绿色供应商。

1998年,上海通用汽车设立市场营销机构。1999年,第一批经销商开始建立品牌专营店。2002年11月,创建中国首个售后服务品牌"别克关怀"。2004年10月,推出凯迪拉克服务品牌"Plus·尊崇有加"。2007年,分设别克、雪佛兰和凯迪拉克3个品牌的销售机构,实行分级管理体制并进行区域性管理。2010年1月,推出雪佛兰服务品牌"金领结服务"。2011年11月,成立营销服务专业公司上海通用汽车销售有限公司。至2015年,上汽通用全国经销服务网点共有1630家。其中,别克品牌4S营销服务网点441家,雪佛兰品牌4S营销服务网点450家,凯迪拉克品牌4S营销服务网点165家,精品店235家。

上海通用汽车于1999年4月开始批量投产,当年销售轿车1.98万辆,销售收入59.66亿元。2002年和2003年,年产销量先后突破10万辆和20万辆。至2006年1月,累计销售100万辆。2005—2007年,连续3年位居全国乘用车市场销量榜首,被称为中国销量增长最快的汽车公司。2010年,成为中国第一家年整车销量突破100万辆的轿车企业。同年至2012年,再次连续3年位居中国乘用车企业销量第1名。至2014年8月,轿车累计销量突破1000万辆。当年销售176.01万辆,为历史最高销量。2015年,整车销售175.2万辆,位居中国乘用车企业销量第2名,国内市场占有率8.2%;销量中别克、雪佛兰和凯迪拉克分别销售103.5万辆、61.7万辆和10余万辆,出口超过4万辆,销售收入1777.03亿元,销量和销售收入分别比1999年增长87.48倍和28.083倍。至2015年,上汽通用累计销量达到1184.87万辆。其中,别克、雪佛兰、凯迪拉克累计销量分别为

693.74 万辆、430.96 万辆和 30.76 万辆。此外,轿车出口 29.41 万辆。

2003 年、2006 年和 2010 年,上海通用汽车 3 次获得上海市质量金奖。2002—2010 年,7 次获得《经济观察报》颁发的中国最受尊敬企业称号。2010—2015 年,连续 5 年获得"中国杰出雇主"称号。

表 5‑1‑3　2015 年上汽通用直属工厂、子公司、分公司一览表

序号	名　称	所在城市	成立时间	投资总额(亿元)	年产能力(万辆/万台)	主要产品	2015 年产量(万辆/万台)	累计产量(万辆/万台)
1	上汽通用北厂	上海	1997 年 1 月	15.21(美元)	18 18	别克 雪佛兰	24.12	293.24
2	上汽通用南厂	上海	2003 年 9 月	28.89	16	别克 凯迪拉克	27.65	251.6
3	上汽通用东岳汽车有限公司	烟台	2003 年 2 月	154	60	别克 雪佛兰	56.1	368
4	上汽通用东岳动力总成有限公司	烟台	2004 年 6 月	120	117 72	发动机 变速箱	75.6 76.9	691 389
5	上汽通用(沈阳)北盛汽车有限公司	沈阳	2004 年 8 月	141	50	别克系列	40.5	228
6	上汽通用武汉分公司	武汉	2012 年 4 月	145	50	别克 雪佛兰	24.5	24.5
7	上汽通用凯迪拉克工厂	上海	2013 年 10 月	170	30	凯迪拉克	0	0

资料来源:上汽通用汽车有限公司

表 5‑1‑4　1997—2015 年上汽通用经营情况统计表

年份	资产总值(万元)	整车销量(辆)	国内市场占有率(%)	国内市场排名	销售收入(万元)	净利润(万元)	上交税收(万元)
1997	266 786	—	—	—	—	—	—
1998	857 512	—	—	—	3 296	−309	—
1999	1 112 953	19 790	3.0	—	596 641	60 506	124 985
2000	1 248 965	30 543	4.0	—	884 678	63 722	190 468
2001	1 137 141	58 328	6.8	—	1 123 153	101 865	227 210
2002	1 393 512	110 763	7.9	3	1 856 297	307 687	290 780
2003	2 241 252	201 188	8.5	3	3 552 042	737 230	587 433
2004	2 677 286	252 869	9.5	3	3 957 944	703 251	673 629
2005	2 929 082	325 429	9.7	1	4 504 976	476 529	663 135
2006	3 155 530	413 367	9.4	1	5 649 782	522 158	884 696
2007	3 662 080	500 308	9.0	1	6 401 016	615 089	888 196
2008	3 137 118	458 642	7.7	3	5 649 392	384 155	825 846
2009	5 043 719	727 631	8.4	2	9 095 535	907 909	1 214 320

〔续表〕

年份	资产总值（万元）	整车销量（辆）	国内市场占有率（%）	国内市场排名	销售收入（万元）	净利润（万元）	上交税收（万元）
2010	6 552 764	1 038 988	8.8	1	13 026 026	1 617 143	2 137 582
2011	7 123 507	1 231 539	9.2	1	15 144 288	1 830 206	2 736 027
2012	6 130 257	1 392 658	9.4	1	14 505 874	1 582 556	2 205 655
2013	7 557 907	1 575 167	8.9	3	14 569 992	1 382 214	1 829 682
2014	8 245 138	1 760 158	8.8	3	16 733 517	1 780 369	2 363 905
2015	9 358 895	1 752 015	8.2	2	17 770 320	1 962 764	2 416 814

资料来源：上汽通用汽车有限公司

二、上汽通用金桥北厂

上汽通用汽车有限公司金桥北厂位于公司总部所在地上海市浦东新区金桥申江路 1500 号，1997 年 1 月建设，占地面积 54.54 万平方米，建筑面积 21.23 万平方米。至 2015 年，从业人员 2 016 人，其中，技术人员 102 人，管理人员 4 人，生产人员 1 910 人。

上海通用汽车金桥北厂项目为上海市 1998 年"一号工程"，1997 年 1 月打下第一根桩基。1998 年 12 月 17 日全面建成并首辆别克新世纪轿车下线，整个项目历时 23 个月，创造当时世界同类汽车项目建设速度之最。该项目建有整车厂（冲压、车身、油漆、总装四大生产车间）和动力总成厂（发动机和变速器箱两大生产车间）以及生产、生活配套设施 22 个单体建筑。冲压车间拥有 2 条具有自动换模系统的压机生产线，每条压机线由一台 2 000 吨压机和 4 台 1 000 吨压机组成，具有全自动开卷落料和冲压功能。车身车间由底板主线、侧围拼装焊接、门盖拼装、总拼焊接 32 台机器人组成自动生产线。油漆车间拥有预处理、中涂、面漆、阴极电容、密封等先进涂装油漆生产线。总装车间流水线引进美国通用独特的体现精益生产的 T 型设计，柔性化自动化作业，多种车型共线生产。动力总成厂 V6 发动机车间由装配线、缸体线、缸盖线、曲轴线、凸轮轴线、连杆线 6 条生产线组成；4T65E 变速箱车间由装配线、壳体、阀体、侧盖、支架和槽板 6 条生产线组成，采用国际一流的数控加工中心机床设备。至 2015 年，该厂形成 18 万辆整车、18 万台发动机和 10 万台变速箱的年产能力，总投资 108.4 亿元（折合 15.21 亿美元）。

上汽通用金桥北厂主要生产雪佛兰迈锐宝 XL、雪佛兰迈锐宝轿车，别克赛欧、君威、君越轿车和凯迪拉克 XTS 轿车等车型。该厂于 1999 年全面投产，当年生产别克轿车 2.23 万辆。2002 年，整车产量突破 10 万辆。至 2010 年，轿车产量累计突破 100 万辆，2012 年轿车产量累计突破 200 万辆。2015 年生产轿车 24.12 万辆。至 2015 年，该厂累计生产轿车 293.24 万辆。

三、上汽通用金桥南厂

上汽通用汽车有限公司金桥整车南厂位于上海市浦东新区金桥申江路 1500 号，2005 年 5 月建成，占地面积 24.6 万平方米，建筑面积 15.48 万平方米。至 2015 年，从业人员 1 810 人，其中，技术人员 78 人，管理人员 5 人，生产人员 1 726 人，辅助人员 1 人。

该厂项目于 2003 年 9 月 19 日开始打桩,2005 年 5 月建成投产,总投资 28.89 亿元人民币,建成车身、油漆、总装三大生产车间及与之配套的车体分配中心和公用动力站房、IT 大楼等。车身车间采用精益化模块化设计,一次规划分步实施,拥有 356 台机器人,主要生产线焊接自动化率近90%,最多可共线生产 5 种平台车型。油漆车间在国内汽车工业率先使用水溶性工艺和材料,代表汽车涂装技术发展方向,使用先进环保的水性防震垫阻尼喷涂工艺,车间空气经过净化处理。总装车间主要由内饰线、底盘线、门线和检测区组成,仪表板和发动机采用模块化供货,生产线全面采用数字化防错技术,TTS 底盘机运线是国内整车厂首次采用的先进传输方式。至 2015 年,该厂形成年产 16 万辆整车能力。

该厂主要生产凯迪拉克 ATS－L 和别克君威、君越 3 种车型。2004 年 12 月,首辆轿车下线。2005 年生产轿车 7.29 万辆。2006 年轿车产量突破 10 万辆。至 2010 年,轿车累计产量突破 100万辆。2015 年生产轿车 27.65 万辆。至 2015 年,累计生产轿车 251.6 万辆。

四、上汽通用凯迪拉克工厂

上汽通用汽车有限公司凯迪拉克工厂位于上海市浦东新区金桥开发区金穗路 567 号,2013 年 10月开工建设,是该公司生产豪华轿车的专属工厂,占地面积 47.7 万平方米,建筑面积 35.16 万平方米。至 2015 年,从业人数 461 人,其中,技术人员 67 人,管理人员 8 人,生产人员 385 人,辅助人员 1 人。

该厂项目总投资 170 亿元,其中一期项目投资 80 亿元。至 2015 年 11 月,该工厂完成基建和设备安装等工程,计划于 2016 年 1 月建成投产,届时将建有车身、涂装、总装、9 档变速箱和电池模组装配等车间以及公用动力站房配套辅助设施等,具备 16 万辆整车年产能力。工厂具有自动化率高、智能化程度高、环保等级高、质量管控能力高的特点,是一座融“超级智能、超级工艺、极致环保、极致精益管理”于一身的世界级绿色豪华车制造工厂。车身车间大规模应用全球领先的车身制造工艺和连接技术,包括铝激光焊接、铝电阻焊接、自攻螺接、自冲铆接等先进工艺,是国内首个具备全铝车身制造能力的车身车间,有机器人 563 台,连接工艺自动化率达到 100%,代表豪华车车身制造工艺水准。涂装车间喷涂工艺自动化率达到 100%,是目前中国汽车行业首个没有混凝土高烟囱的涂装车间,同时大规模应用水溶性涂装材料,引入国际上最为环保的喷房干式漆雾收集技术和废气处理系统,具有世界级绿色环保水平。总装车间采用可升降电动驱动机运系统、智能物联网系统、智能小车送料系统、智能机器人排序和智能人机料一体化平台等领先的工艺装备,满足柔性化、智能化、便捷化生产需求。

项目建成后,凯迪拉克工厂主要生产凯迪拉克 XT5、CT6、XT4 和别克 GL8 4 种车型,年产能力达到 30 万辆。

五、上汽通用东岳汽车有限公司

上汽通用东岳汽车有限公司位于山东省烟台市经济技术开发区长江路 118 号,2003 年 2 月 10日由上汽集团、通用中国和上海通用汽车分别出资 25%、25%、50%合资组建,注册资金 16.78 亿元。公司为上汽通用第一个沪外生产基地,占地面积 122 万平方米,建筑面积 50 万平方米。2015年,总资产 149.09 亿元;从业人员 5 485 人,其中:合同制员工 3 262 人,劳务派遣制员工 2 223 人;管理人员 239 人,技术人员 460 人,生产人员 4 650 人,辅助人员 36 人。

图 5-1-7　上汽通用东岳外景

该公司前身是成立于 2001 年的烟台车身有限公司。2002 年 12 月,上汽集团、通用(中国)和上海通用汽车联合收购烟台车身有限公司并启动生产,烟台第 1 辆赛欧轿车驶下生产线,2003 年 4 月开始批量投产。2003 年、2005 年和 2009 年,相继投资 26.67 亿元、23.18 亿元和 25.3 亿元,实施一期技术改造项目、东岳汽车填平补齐项目即二期技术改造项目和东岳汽车三期建设项目。2014 年,投资 17.83 亿元实施下一代赛欧轿车及变型车 SIII 项目,投资 17.12 亿元实施多用途乘用车 D2UB 项目。至 2015 年,该公司累计投资 154 亿元,建成南厂、北厂两个整车厂,拥有冲压、车身、油漆、总装四大整车生产工艺,具备两班年产 60 万辆整车能力,生产过的品牌车型包括:别克品牌的赛欧、英朗、昂科拉和昂科威,雪佛兰品牌的赛欧、赛欧 3、景程、乐骋、乐风、爱维欧和创酷。2015 年,生产产品为别克品牌的昂科威和昂科拉,雪佛兰品牌的创酷、乐风和赛欧 3 等乘用车。

2003 年,该公司汽车批量投产当年生产整车 3.8 万辆,销售收入 26.67 亿元,上交税收 2.05 亿元。2006 年,产量突破 10 万辆。2010 年、2013 年和 2014 年,累计产量分别突破 100 万辆、200 万辆和 300 万辆。2015 年,生产 56.1 万辆,其中别克品牌 29.0 万辆、雪佛兰品牌 27.1 万辆,年产量占上汽通用年度产量的 32%,比 2003 年增加 13.76 倍,国内市场占有率 2.1%;销售收入 491.49 亿元,上交税收 41.41 亿元,分别比 2003 年增长 17.4 倍和 19.2 倍。2003—2015 年,累计生产轿车 368 万辆。其中,别克品牌累计 101.1 万辆、雪佛兰品牌累计 266.9 万辆。上汽通用东岳历年跻身山东省企业 100 强、山东省机械工业 50 强行列,2012—2013 年获烟台市纳税第二名,2014—2015 年获烟台市国税纳税第一名。

六、上汽通用东岳动力总成有限公司

上汽通用东岳动力总成有限公司位于山东省烟台市经济技术开发区长江路 116 号,2004 年 6 月 18 日由上汽集团、通用中国和上海通用汽车分别出资 25%、25%、50% 合资组建,注册资金 58.5 亿元。公司占地面积 65 万平方米,建筑面积 28 万平方米。2015 年,总资产 99.63 亿元;从业人员 2 801 人,其中:合同制员工 2 031 人,劳务派遣制员工 770 人;管理人员 165 人、技术人员 331 人、生产人员 2 285 人、辅助人员 20 人。

该公司前身是成立于 2002 年的山东大宇汽车发动机有限公司。2004 年 3 月,启动收购后的技术改造。2005 年 6 月批量投产。同年、2006 年和 2011 年,先后投资 19 亿元建设 GF6 变速箱项目、投资 17 亿元建设 GEN3 发动机项目、投资 16.5 亿元建设动力总成二期扩建项目。至 2015 年,该公司拥有铸造、锻造、发动机、变速箱等动力总成工艺,累计投资 120 亿元,具备年产 117 万台发动机、72 万台变速箱的生产能力,包括 1.3~1.6 升的 GEN3 发动机、Fam BC 发动机,以及 6T30/6T40/6T45/6T50 4 种型号的 GF6 手自一体变速箱。2015 年,生产产品为 GEN3 发动机、Fam BC 发动机、GF6 手自一体变速箱。

2005 年,该公司批产当年产量突破 10 万台达 13 万台。2010 年,年产突破 100 万台。2008 年和 2015 年,累计产量先后突破 100 万台和 1 000 万台。2015 年,生产发动机 75.6 万台,变速箱

76.9万台,年产量占上汽通用年度动力总成产量的44%,比2003年增加11倍。2003—2015年,累计生产动力总成1080万台。其中,发动机691万台,变速箱389万台。企业被评为2007年度中国汽车零部件百强企业、2009年度山东省节能先进企业,多年蝉联烟台市骨干明星企业称号。

七、上汽通用(沈阳)北盛汽车有限公司

上汽通用(沈阳)北盛汽车有限公司位于辽宁省沈阳市大东区北大营街15号,2004年8月2日由上海汽车集团股份有限公司、通用中国和通用中国投资、上海通用汽车通过兼并重组合资组建,

分别占股25%、15%、10%和50%。该公司前身为1992年成立的金杯通用汽车有限公司,2004年3月,金杯通用股东转为上汽集团、通用中国和上海通用汽车。公司占地面积263.3万平方米,建筑面积60.8万平方米;注册资金2.27亿美元。2015年,资产总额172.66亿元;

图5-1-8　上汽通用北盛外景

从业人员5076人,其中:合同制员工3107人,劳务派遣制员工1969人;管理人员441人,技术人员190人,生产人员3440人,辅助人员1005人。

该公司从2004年3月开始实施大规模技术改造项目,分三期实施。其中,一期工程规划形成年产5万辆商务车能力,同年6月项目竣工投产,第一辆别克GL8商务车下线,实现当年重组、当年改造、当年投产、当年盈利。二期工程(北盛汽车新工厂)于2007年4月开工建设,2008年12月竣工投产,可生产2个平台多款整车产品,规划两班年产能力15万辆。三期工程于2011年9月动工建设,2014年8月建成投产。三期项目建成冲压、车身、油漆、总装及动力总成车间。其中,新厂车身车间有机器人105台,油漆车间采用世界先进水平的水溶性漆涂装技术,为东北汽车业唯一采用此绿色环保技术的油漆车间。项目形成50万辆整车和45万台发动机年产能力。2004—2015年,生产的车型有别克GL8商务车和威朗,雪佛兰科鲁兹、科帕奇和新一代科鲁兹。2015年生产车型为:别克GL8商务车,雪佛兰科帕奇,雪佛兰新一代科鲁兹,别克威朗。

2004年,该公司成立当年生产整车1.03万辆。2009年,产量突破10万辆。2010年和2012年,累计产量先后达到50万辆和100万辆。2015年,年产40.5万辆,其中,别克品牌13.1万辆,雪佛兰品牌27.4万辆;年产量比2004年增长38.7倍,占上汽通用总产量的26%;销售收入394.66亿元,上交税金46.9亿元。2004—2015年,累计生产轿车228万辆,其中,别克品牌累计66万辆,雪佛兰品牌累计162万辆。

2004—2015年,该公司连续多年位列辽宁省纳税排名前10名,2009—2015年位列沈阳市纳税排名第2名。

八、上汽通用武汉分公司

上汽通用汽车有限公司武汉分公司位于湖北省武汉市江夏区上海通用大道68号。2012年4

图 5-1-9 上汽通用武汉南厂第 150 万辆整车下线

月 18 日成立,占地面积 27.16 万平方米,建筑面积 33.01 万平方米。至 2015 年,资产总额 133.83 亿元;从业人员 3 887 人,其中:合同制员工 1 446 人,劳务派遣员工 2 441 人;技术人员 787 人,管理人员 132 人,生产人员 2 921 人,辅助人员 47 人。

该公司乘用车一期项目建设地点位于武汉市江夏区武汉分公司厂区南侧,总投资 70 亿元,2012 年 6 月开工建设,2015 年 1 月建成投产,第一款车别克英朗轿车下线。项目建成冲压车间、车身车间、油漆车间、车身分配中心、总装车间以及公用配套设施,形成两班年产 24 万辆整车能力。

2015 年 1 月,上汽通用武汉乘用车二期项目动工建设,项目总投资 75 亿元,扩建冲压车间、新建车身、油漆、总装车间四大车间和新车检验 PDI、新车发运棚、售后附件装配车间等辅助设施。至 2015 年年底,二期工程尚在建设之中,计划于 2017 年建成投产。项目建成后,将新增两班年产 24 万辆整车生产能力,上汽通用武汉总年产能力将达到 48 万辆。

在乘用车项目实施的同时,该分公司于 2012—2015 年相继实施小型发动机、FAM BC 小型发动机、SGE 配套发动机、配套发动机二期、下一代 C 系列发动机 5 个动力总成建设项目,累计总投资约 101 亿元,形成 78 万台发动机年产能力。此外,配套发动机二期项目和下一代 C 系列发动机项目分别于 2014 年 9 月 18 日、2015 年 12 月 8 日开工建设,并将于 2017—2018 年建成投产。

2012—2015 年,该公司累计实现销售收入 212.7 亿元,上交税收 14.1 亿元。2015 年,乘用车一期工程投产当年生产整车 24.5 万辆,生产发动机 29.1 万台,实现销售收入 209 亿元,利润 41.8 亿元,上交税收 13.3 亿元,实现当年投产当年达纲。

第三节　上汽通用五菱汽车股份有限公司

一、沿革

上汽通用五菱汽车股份有限公司(简称上汽通用五菱)是中国第一家中中外合资的汽车公司,并开创"合资留品牌、合资留自主"的模式。其前身是 1958 年成立的柳州动力机械厂。1985 年 5

图 5-1-10 上汽通用五菱外景

月,该厂更名为柳州微型汽车厂。2002年11月18日,由上汽集团、通用汽车(中国)公司、通用汽车(中国)投资有限公司、柳州五菱汽车有限责任公司(简称柳州五菱)共同组建为上汽通用五菱汽车股份有限公司,注册资金5.79亿元,股比分别为50.1%、24%、10%和15.9%。2010年,股东股比调整为上汽集团50.1%、通用中国44%、柳州五菱5.9%。该公司总部位于广西壮族自治区柳州市河西路18号,2015年,总资产486亿元;总占地面积619.11万平方米,总建筑面积184.97万平方米。其中,柳州河西基地占地面积78.39万平方米,建筑面积52.01万平方米。总从业人员25 170人,其中:合同制员工23 190人,劳务派遣制员工1 980人,外籍人员28人;管理人员3 140人,技术人员2 620人,生产人员17 340人,生产辅助人员2 070人。从业人员中柳州河西基地18 170人,其中:管理人员2 840人,技术人员2 210人,生产人员11 894人,生产辅助人员1 200人;外籍人员26人。

建厂初期,柳州动力机械厂主要生产拖拉机,20世纪70年代中期年产5 000台左右,为当时中国八大拖拉机厂之一。1985年,柳州微型汽车厂启用五菱商标,开始进入微型车领域,1998年产销10万辆,位居中国微型车行业产销第1名。2003年,上汽通用五菱在继续产销五菱微型汽车的同时,开始产销雪佛兰乐驰微型轿车。2010年,推出宝骏品牌及首款车型630轿车。至2015年,主要生产销售五菱品牌的五菱之光、五菱荣光、五菱宏光等微型汽车和交叉型乘用车,宝骏品牌的630、乐驰、610、730、560、330等乘用车车型。

上汽通用五菱导入美国通用汽车GMS全球制造体系,打造低成本、高价值的整车和发动机制造基地。至2015年,上汽通用五菱已建成4个整车和发动机基地,累计投资155.50亿元,总年产能达到整车三班227万辆、发动机三班193万台。

在整车制造方面:1982年1月,建成柳州东部工厂,主要生产五菱之光系列车型,至2015年形成三班43万辆年产能力。2005年11月,建成柳州西部工厂,主要生产五菱之光、五菱宏光、乐驰等车型,至2015年形成三班38万辆年产能力。东西部工厂合计投资30.2亿元。2005年6月,成立青岛分公司,主要生产五菱荣光,至2015年累计投资26.07亿元,形成54万辆年产能力。2012年11月,建成柳州宝骏基地,主要生产宝骏630、610、730、560、310C&W、510等乘用车,至2015年累计投资25.02亿元,形成三班60万辆年产能力。2014年12月,成立重庆分公司,主要生产五菱之光和五菱宏光,至2015年累计投资18.58亿元,形成三班32万辆年产能力。

在发动机制造方面:2007年7月,柳州总部发动机工厂投产,至2010年累计投资20.32亿元,形成70万台年产能力。2009年5月,青岛分公司发动机工厂投产,至2015年累计投资16.13亿元,形成52.5万台年产能力。2013年9月,柳州宝骏基地发动机工厂投产,至2015年累计投资9.63亿元,形成三班35万台年产能力。2015年5月,重庆分公司发动机工厂投产,至2015年累计投资9.54亿元,形成三班35万台年产能力。

1999年2月,上汽通用五菱成立技术中心。至2015年,该技术中心共有研发人员1 571人,研发总投资29.53亿元。拥有国内先进的整车试验和检测设备,具备概念设计、创意造型、产品工程和制造工程、样车试制和试验等能力。该技术中心科技成果获国家科技进步奖3项、教育部科技进步奖3项、汽车行业奖4项、省部级科技进步奖16项。

上汽通用五菱合资成立后连续推出多款重要车型并成为生产经营微型货车、交叉型乘用车(MPV)和乘用车的跨界汽车企业。2003年,五菱之光汽车上市。至2010年,累计销售273万辆,成为中国销量最大的单一车型。同年5月,五菱之光轿车登上美国《福布斯》杂志封面,被誉为"地球上最重要的一款车"。2008年,被称为中国微型车市场首款"大微客"的五菱荣光轿车上市,3年累计销售超过60万辆,成为中国汽车市场成长最快的车型之一。2010年7月,发布乘用车自主品牌宝骏,公司开始进入商用车和乘用车并举的发展阶段。同年 9 月,交叉型乘用车五菱宏光汽车上市,成为国内首款紧凑型商务车,获市场高度认可。2011 年 8 月,宝骏第一款车型 630 轿车上市,填补广西乘用车生产的空白,此后相继推出宝骏乐驰、610、730、560 和 330 等车型,其中宝骏 730 汽车上市 1 年半销售 44 万辆,位居 MPV 市场领军地位,宝骏 560 汽车上市 3 个月销售超过 14 万辆,创造中国车市销量最快销售速度。至 2014 年,上汽通用五菱乘用车产品销售 93.3 万辆,覆盖中级车、紧凑型、小型和 MPV、SUV 等乘用车细分市场,销量超过商用车销量。

上汽通用五菱成立后,产品销量增长快速。2002 年 11 月,公司合资成立当年即设立产品销售服务机构,并实行区域管理模式。2003 年,整车销售 18.02 万辆,国内同行排名从第 4 名升至第 2 名。2004—2008 年,整车年销量连续登上 20 万辆、30 万辆、40 万辆、50 万辆和 60 万辆台阶,2006 年起位居国内微型车企业销量第 1 名。2009 年,年销量突破 100 万辆,成为中国首家年销百万辆和年销量第一的汽车企业。2004—2010 年,年均增速高达 38.1%。"十二五"期间,继续保持高速增长态势。至 2015 年,全国商用车销售和服务网点分别达 2 563 家和 2 362 家,基本覆盖国内地级以上城市和超过 79% 的县级城市。乘用车宝骏品牌销售和服务网点分别达 485 家和 314 家,覆盖全国 260 余个大中城市。

2015 年,上汽通用五菱创造中国企业年销 200 万辆纪录达 204 万辆,实现销售收入 922.5 亿元,分别比 2003 年增长 10.3 倍、15.8 倍和 35.3 倍。其中,宝骏品牌和五菱品牌分别销售 50 万辆和 154 万辆,年销量连续 10 年保持国内微型车企业第 1 名,连续 6 年保持中国汽车企业第 1 名。至 2015 年,累计销售整车逾 1 300 万辆。其中,五菱品牌累计销售 1 180 万辆、宝骏品牌累计销售逾 127 万辆;国内微型车市场占有率从 2002 年的 18.8% 上升到 2015 年的 55.11%。

2003 年、2005 年和 2010 年,上汽通用五菱相继获全国用户满意企业称号。2006—2009 年,连续 4 年获全国实施卓越绩效模式先进企业称号。

表 5-1-5　2015 年上汽通用五菱直属工厂、子公司一览表

名　称	所在城市	成立时间	投资总额（亿元）	年产能力（万辆）	主　要　产　品	2015 年产量（万辆）	累计产量（万辆）
河西基地	柳州	1982 年 1 月	30.2	81	五菱之光、五菱宏光、乐驰	80	921.7
宝骏基地	柳州	1913 年 11 月	25.02	60	宝骏 630&610、宝骏 730、宝骏 560、宝骏 310C&W、宝骏 510 等	49	127
青岛分公司	青岛	2005 年 6 月	26.07	54	五菱荣光 V 客车,五菱荣光系列微型客车、货车	53	352
重庆分公司	重庆	2014 年 12 月	18.58	32	五菱之光、五菱宏光	18.3	18.3

资料来源:上汽通用五菱汽车股份有限公司

表 5-1-6　2002—2015 年上汽通用五菱经营情况统计表

年份	资产总值（万元）	产品销量（辆）	国内市场占有率(%)	国内排名	销售收入（万元）	利润（万元）	上交税收（万元）
2002	213 637	146 658	18.84	4	377 307	—	—
2003	312 896.71	180 188	22.19	2	548 114	—	—

〔续表〕

年份	资产总值（万元）	产品销量（辆）	国内市场占有率（%）	国内排名	销售收入（万元）	利润（万元）	上交税收（万元）
2004	383 963.21	235 188	24.86	2	700 321.33	—	—
2005	603 686.89	337 188	30.56	2	1 000 293.08	43 392.26	75 271.95
2006	838 925.43	460 155	37.25	1	1 352 963.60	52 488.62	96 978.60
2007	1 064 706.65	552 788	43.05	1	1 754 000	72 300	186 626.93
2008	1 323 801.72	650 508	46.80	1	2 134 500	93 200	137 505.29
2009	1 895 913.86	1 065 050	45.00	1	3 520 400	245 213.29	309 328.86
2010	2 089 953.04	1 234 508	39.37	1	4 200 105.92	375 147.95	339 777.22
2011	2 557 555.20	1 301 118	45.34	1	4 619 586.55	342 379.25	341 884.53
2012	2 886 740.26	1 458 188	50.08	1	5 355 560.32	371 037.42	444 593.17
2013	3 525 996.40	1 600 550	47.08	1	6 070 957.58	433 609.79	442 080.07
2014	4 057 970.44	1 805 850	48.84	1	7 328 854.19	537 647.34	539 227.24
2015	4 857 779.89	2 040 007	55.11	1	9 224 764	586 932.31	785 798.30

资料来源：上汽通用五菱汽车股份有限公司

二、上汽通用五菱柳州河西基地

【柳州东部工厂】

上汽通用五菱汽车股份有限公司柳州河西基地东部工厂位于广西壮族自治区柳州市柳南区河西路18号，1982年1月建成投产。总面积约25万平方米，建筑面积18.5万平方米。至2015年，资产总额19.97亿元；从业人员3 925人，其中，技术人员297人，管理人员41人，生产人员3 025人，辅助人员562人。

该厂主要生产五菱品牌系列车型，建有车身车间、涂装车间和总装车间，拥有2条焊接主线、2条调整线、3条自动化喷涂线及3条总装配线。至2015年，该厂投资总额16亿元，形成三班38万辆年产能力。1982年生产汽车2辆。1998年整车年产量突破10万辆。2002年整车年产量达14.66万辆。2009年整车产量突破100万辆。2015年整车年产量达35.5万辆，分别比1998年、2002年增长255%、142.15%。至2015年，累计生产500万辆微型车。

【河西基地西部工厂】

上汽通用五菱汽车股份有限公司柳州河西基地西部工厂位于广西壮族自治区柳州市柳南区河西路18号，2005年11月建成投产，占地面积约20万平方米，建筑面积11.3万平方米。至2015年，资产总额15.97亿元；从业人员3 480人，其中，技术人员336人，管理人员37人，生产人员2 869人，辅助人员238人。

该工厂主要生产五菱品牌和宝骏品牌系列车型，至2015年累计投资14亿元，形成三班43万辆年产能力。工厂建有冲压车间、车身车间、涂装车间及总装车间，拥有3条全自动冲压线、2条焊接主线、2条调整线及补焊线、2条自动化喷涂线及2条总装配线。2006年,产量18万辆。2015年,产量44万辆,比2006年增长2.44倍;累计产量390万辆。

至2015年,上汽通用五菱柳州基地东部和西部工厂合计投资30.2亿元,合计形成年产能力81万辆,2015年合计产量44.48万辆,合计累计产量890万辆。

【上汽通用五菱河西发动机厂】

上汽通用五菱汽车股份有限公司河西发动机厂位于柳州市柳南区河西路18号,2005年6月1日奠基,2006年8月建成投产,占地面积和建筑面积均为3.81万平方米。2015年,资产总额33亿元;从业人员1 235人,其中,技术人员107人,管理人员107人,生产人员924人,辅助人员97人。

该厂主要生产汽车发动机,为五菱品牌整车配套。工厂建有主厂房和公用站房等配套设施,拥有缸盖、缸体、曲轴机加工生产线和总装生产线,缸体、缸盖和曲轴生产线采用柔性生产方式,曲轴采用自动输送系统方式。具备三班72万台发动机年产能力。2007年,生产发动机2.7万台。2008年产量突破10万台,达17万台。至2010年,累计产量突破100万台,达108万台。2015年,生产67万台,比2007年增长24.81倍。至2015年,累计生产发动机473.93万台。

三、上汽通用五菱青岛分公司

上汽通用五菱汽车股份有限公司青岛分公司位于山东省青岛市经济技术开发区江山中路1号,为2005年6月3日上汽通用五菱与收购颐中(青岛)运输车辆制造有限公司组建成立。该分公司占地面积9.66万平方米,建筑面积11.78万平方米。至2015年,资产总额378亿元;从业人员5 125人,其中,技术人员452人,管理人员233人,生产人员4 440人。

图5-1-11 2005年6月,上汽通用五菱青岛分公司挂牌

该公司总投资40.37亿元,项目建设分两期进行。整车和发动机一期工程投资25.07亿元,2007年开工建设,整车部分2008年竣工投产,发动机部分2009年竣工投产。整车一期总装车间建成A线、B线2条生产线,涂装车间建成B线生产线,车身车间建成A线、B线2条主焊线和2条调整线,冲压车间建成D线、E线2条生产线,形成整车年产能力30万辆;发动机一期建成装配车间及机加工车间,包括缸盖、缸体和曲轴生产线,形成发动机年产能力35万台。

2010年4月,投资6.72亿元开工建设整车扩建二期项目,2011年10月竣工投产后,整车工厂具备51万辆年产能力。2012年10月,投资20.86亿元开工建设发动机产能扩建二期项目,2014年9月竣工投产后,具备52.5万台年产能力。

该公司主要生产五菱荣光V客车、五菱荣光系列微型客车和货车。2012年7月,五菱荣光升级版微客上市。2013年11月,全新升级版五菱荣光S微客上市;2014年1月9日,五菱荣光V微客上市,引领微客市场再升级。

2006年,该公司整车产量2.5万辆,实现销售收入5.1亿元,上交税收0.25亿元。2008年整车产量突破 10 万辆,达 13.4 万辆。至 2010 年整车累计产量突破 100 万辆。2015 年,上汽通用五菱青岛整车产量 53 万辆,累计产量 352 万辆,发动机累计产量 274 万台,累计出口汽车 6.4 万辆。

四、上汽通用五菱宝骏基地

上汽通用五菱汽车股份有限公司宝骏基地位于广西柳州汽车城内(鱼峰区宝骏大道 8 号),总占地面积为 4 500 亩。其中,一期项目总投资约 80 亿元,于 2012 年 11 月 18 日正式竣工投产,占地 3 000 亩,生产宝骏品牌系列乘用车、家用车及配套发动机产品。二期项目规划投资总额 80 亿元,占地约 1 450 亩,建设了年产 40 万辆的整车及发动机工厂、年产 20 万辆的新能源车总装车间、整车仓储中心,并开展新能源车及海外市场的产品研发。其中,宝骏基地新能源项目从 2015 年 10 月开始建设,预计 2016 年 7 月 18 日投产。该项目利用现有整车生产冲压车间、车身车间及涂装车间设施及设备,新建新能源总装车间,布置 1 条内饰线、1 条底盘线、1 条最终装配线,并新增必要的模具、检具等,能够实现年产 15 万辆新能源车的生产能力。

五、上汽通用五菱重庆分公司

上汽通用五菱汽车股份有限公司重庆分公司位于重庆市两江新区工业开发区龙盛片区,成立于 2013 年,项目占地面积 146.66 万平方米,建筑面积 25.47 平方米。至 2015 年,资产总额 43.2 亿元;从业人员 2 884 人,其中,技术人员 251 人,管理人员 282 人,生产人员 2 275 人,辅助人员 76 人。

该分公司整车工厂于 2014 年 12 月竣工投产,发动机工厂于 2015 年 5 月竣工投产。项目主要建设内容包括整车四大工艺和车间、发动机工厂、物流集配中心、成品车停放场以及公用配套设施,一期项目规划建成 32 万辆整车及 35 万台发动机的生产能力。至 2015 年,累计投资 35 亿元。2015 年,生产整车 18.1 万辆,生产发动机 10 万台。

六、上汽通用五菱印尼有限公司

上汽通用五菱印尼有限公司成立于 2015 年 6 月 30 日,为上汽通用五菱香港投资有限公司和上海汽车国际商贸有限公司在印度尼西亚设立的汽车公司,注册地为印度尼西亚西爪哇省勿加西县芝加朗镇苏加玛西村绿壤国际工业园区 BA 地块 1 号,注册资金 3.316 万亿印尼盾(约合 2.52 亿美元),2015 年 8 月,上汽通用五菱印尼奠基,一期项目开始施工建设。该项目占地面积 60 万平方米,整车厂和零部件产业园区各占 30 万平方米,建筑面积 12 万平方米,总投资 7 亿美元(合 40 亿元人民币),其中整车工厂投资 25.5 亿元人民币,零部件园区投资 7.3 亿元人民币,零部件供应商投资 7.2 亿元人民币。项目计划于 2017 年 7 月建成,将形成年产能力 15 万辆的现代化整车制造工厂及零部件产业园,主要生产销售上汽通用五菱汽车股份有限公司的五菱宏光和宝骏 730 等品牌车型,首款产品本地化率达 56%,产品首先满足印度尼西亚市场需求,未来将进入其他东盟国家。

第四节　上海汽车集团股份有限公司
乘用车分公司

一、沿革

上海汽车集团股份有限公司乘用车分公司(简称上汽乘用车分公司)前身为成立于 2006 年 2 月 23 日的上汽汽车制造有限公司,2007 年 1 月 31 日改为现名。上汽乘用车分公司为上海汽车集团股份有限公司的国有全资分支机构,采用虚拟法人实体运作的管理体制和运营模式。注册地址在上海市浦东新区宁桥路 615 号 3 栋,办公地址在上海市嘉定区安亭镇安研路 201 号。位于同一办公地址的上海汽车集团股份有限公司技术中心(简称上汽技术中心)与上汽乘用车分公司一体化运作。2015 年,该公司总占地面积 2 445 万平方米,总建筑面积 91.5 万平方米。其中,上海地区占地面积 41.76 万平方米,建筑面积 24.3 万平方米。上海本地资产总额 86.6 亿元。从业人员总计 9 504 人。其中,上海基地 6 484 人(含上汽技术中心从业人员),沪外和境外 3 020 人;合同制员工 8 410 人,劳务派遣制员工 862 人,外籍人员 232 人;管理人员 2 614 人,研发人员 3 610 人,生产一线及辅助人员 3 280 人。上海基地人员中管理人员 2 231 人,技术人员 2 888 人,生产人员 1 194 人,生产辅助人员 155 人,外籍人员 16 人。

上汽乘用车分公司及上汽技术中心是上汽乘用车自主品牌战略的运作主体,主要生产经营荣威、MG 名爵两个乘用车自主品牌。荣威品牌创立于 2006 年 10 月 12 日。MG 名爵品牌为诞生于 1924 年的英国罗孚汽车公司品牌,2006 年由南京汽车集团公司收购,2007 年 12 月上汽集团和南汽集团全面合作后,成为上汽自主品牌。至 2015 年,上汽乘用车分公司荣威品牌拥有 950、750、550、350、360、W5 等车型及荣威 E550、E50、750 混合动力、E950 等新能源车型,MG 名爵品牌拥有 7、6、3 和锐腾等车型,产品涵盖大中型、紧凑型、小型和 SUV 等乘用车细分市场。

2008 年,上汽乘用车分公司抓住上南全面合作契机,开始建设跨地区跨国界的自主品牌制造体系。2008 年 1 月,南汽集团位于江苏省南京市的 MG 名爵制造基地纳入上汽乘用车分公司一体化管理体制。同年 5 月,位于英国伯明翰市长桥的南汽英国有限公司和南汽名爵英国有限公司成为上汽乘用车分公司长桥基地。同年 9 月和 2010 年 3 月,具有世界先进水平的上汽乘用车分公司上海临港基地和上汽乘用车分公司南京浦口基地二期改建工程先后建成并投产。至此,上汽乘用车分公司拥有中国上海临港、南京浦口和英国长桥两国三地制造基地并实行平台化生产运作。至 2015 年,上汽乘用车分公司产能部分总投资 63.46 亿元,生产能力超过 35 万辆。其中,上海临港和南京浦口年产能力分别为 15 万辆和 20 万辆。

与上汽乘用车分公司一体化运作的上汽技术中心,同步建设跨地区跨国界的自主品牌研发体系。2005 年 5 月,上汽在收购罗孚汽车公司时合作组建 2010 里卡多咨询有限公司即 R2010,保留原罗孚汽车主要研发人员。2007 年 5 月,上汽收购全部 R2010 股份并成立上汽英国技术中心有限公司,R2010 研发人员转入上汽技术中心,上海和英国长桥两地技术中心开始一体化运营。同年 11 月,上汽技术中心在上海市嘉定区安亭镇设立总部。2009 年 3 月,上海汽车技术中心(南京)成立,与上汽技术中心一体化运作,自此形成中国上海、南京和英国长桥两国三地自主品牌研发体系。该技术中心为国家级企业技术中心,上海总部主要承担产品主体研发功能,英国分中心主要承担产品前期和概念设计阶段的开发功能,南京分中心主要承担上汽乘用车分公司南京浦口基地工程支持功能。至2015年,该技术中心累计完成投资29.7亿元,研发人员2888人,其中包括外籍人员166人。

上汽乘用车分公司努力实施上汽集团自主品牌战略,推出一系列自主品牌车型。2006年10月,荣威首款车型750轿车发布并于2007年3月上市;2008年5月,南京基地开始生产MG名爵轿车TF车型,上汽乘用车分公司开始双品牌运营;6月,荣威550数字化轿车上市,并于2010年获中国汽车工业科技进步奖特等奖和国家科学技术进步奖二等奖,成为中国自主品牌乘用车整车获得的最高国家科技奖项;2009年4月,全时在线中级轿车荣威350上市,开启汽车网络互联信息化时代。同年12月,MG名爵6轿车上市。进入“十二五”,上汽乘用车先后推出MG名爵3、荣威W5、MG名爵5以及荣威旗舰产品950轿车等产品。

“十二五”期间,上汽乘用车分公司新能源汽车研发及产业化成效显著。2011年,荣威750混合动力轿车上市;2012年,荣威E50轿车批量上市并成为中国首款量产纯电动轿车,该车于2014年获中国汽车工业科学技术奖二等奖、于2014年获上海市科学技术奖二等奖;2013年,中国首款量产三核插电式混合动力轿车荣威E550上市;2015年,发布“芯动战略”并推出“NetBlue蓝芯”和“NetGreen绿芯”,荣威E950发布并成为国内首个插电式混合动力B级轿车。

2006年,上汽乘用车分公司推出荣威“尊荣体验”服务品牌,该服务品牌成为中国第一个先于产品推出的服务品牌。2007年,公司产品上市当年销售整车1.6万辆,销售收入27.8亿元。2009年,“尊荣体验”服务品牌覆盖MG名爵品牌,成为双品牌共有的服务品牌。2012年,上汽乘用车分公司销量突破20万辆。2013年,销售23万辆,为历史最高销量。至2015年,荣威和MG品牌各有经销商234家和159家,另有两个品牌共有展厅56家。2015年,上汽乘用车分公司销售整车17万辆,其中荣威9.8万辆,MG名爵7.2万辆,销售收入160.9亿元,销量和销售收入分别为2007年的9.6倍和4.79倍。至2015年,累计销售123.49万辆,其中荣威85.5万辆,MG名爵39.2万辆。2012—2015年,上汽乘用车分公司连续4年获得“中国杰出雇主”称号。

表5-1-7　2015年上汽乘用车分公司直属工厂、子公司一览表

序号	名　称	所在城市	成立时间	投资总额(亿元)	年产能力(万辆)	主　要　产　品	2015年产量	累计产量(辆)
1	临港工厂	上海浦东新区	2008年9月19日	142.7	15	荣威550、荣威e550、荣威E50、荣威950、名爵3、名爵6、名爵GS轿车	84 079	608 589
2	南京浦口工厂	南京	2006年	80.66	20	MG名爵7、MG名爵6、MG名爵3、荣威750、荣威350、MG名爵5、MG名爵GT、荣威360、荣威W5、锐腾	87 476	587 061
3	仪征工厂	仪征	2008年	—	—	—	—	—
4	英国公司	英国伯明翰市长桥	2008年5月	3 079(英镑)	—	MG名爵TF轿跑车、MG名爵3、MG名爵6	2 029	6 281

资料来源:上海汽车集团股份有限公司乘用车分公司

表 5-1-8　2007—2015 年上汽乘用车分公司经营情况统计表

年份	资产总值（万元）	产品销量（辆）	市场占有率（％）	市场排名	销售收入（万元）	上交税收（万元）
2007	187 940	16 388	0.37	33	278 204	8 844
2008	180 041	26 007	0.64	29	360 924	14 282
2009	409 986	90 038	1.08	23	1 084 712	72 349
2010	489 698	160 397	1.42	23	1 774 887	108 859
2011	445 237	162 004	1.29	24	1 532 506	69 739
2012	484 458	200 017	1.45	19	1 734 341	52 719
2013	389 021	230 020	1.37	20	1 809 882	45 873
2014	789 674	180 018	0.94	24	1 505 703	28 041
2015	866 067	170 017	0.81	29	1 608 836	38 372

资料来源：上海汽车集团股份有限公司乘用车分公司

二、上汽乘用车分公司临港工厂

上海汽车集团股份有限公司乘用车分公司临港工厂位于上海市浦东新区两港大道 2999 号，2008 年 9 月 19 日建成，为上汽集团自主品牌乘用车制造基地。基地占地面积 120.71 万平方米，建筑面积 35.91 万平方米。2015 年，从业人员 1 579 人。其中，合同制员工 1 434 人，劳务派遣制员工 145 人；管理人员 43 人，技术人员 186 人，生产人员 1 349 人，辅助人员 1 人。

图 5-1-12　上汽乘用车分公司临港基地鸟瞰

临港基地原为上汽大众汽车有限公司规划建设的生产基地，2006 年 6 月，由上汽股份收购作为自主品牌乘用车生产基地。2006 年 11 月，临港基地油漆车间开工，工厂建设实质性启动。2008 年 9 月 19 日，投资 35.8 亿元的工厂建成投产。至 2015 年，临港工厂总投资 142.7 亿元，建有冲压、焊接、涂装、总装和动力总成 5 个车间，具备 15 万辆整车和 62 万台发动机年产能力。2015 年，工厂主要产品为荣威品牌的 550、e550、E50 和 950，MG 名爵品牌的 3、6 和 GS 等车型。

2008 年 9 月，临港工厂建成投产，当年生产荣威 550 车型 9 076 辆。2009 年 8 月和 2010 年 2 月，该厂累计第 5 万辆和累计第 10 万辆乘用车先后下线。2012 年 5 月和 2014 年 6 月，该厂累计生产 30 万辆和 50 万辆乘用车。2015 年，该厂生产 8.41 万辆乘用车。其中，荣威品牌 2.16 万辆、MG 名爵品牌 6.25 万辆，产量比 2008 年增长 8.27 倍，占上汽乘用车年度总产量的 49％。至 2015 年，该厂累计生产 60.85 万辆。其中，荣威品牌累计 30.85 万辆、MG 名爵品牌累计 30 万辆。

三、上汽乘用车分公司与南汽集团南京浦口工厂

上汽乘用车分公司和南京汽车集团有限公司(简称南汽集团)的南京浦口工厂位于江苏省南京市高新区浦泗路18号,占地面积82.8万平方米,建筑面积29.6万平方米,资产总额71.8亿元。2015年,从业人员2 665人。其中,合同制员工2 284人,劳务派遣制员工381人;管理人员922人,技术人员248人,生产人员1 327人,辅助人员168人。

南汽集团于2005年10月收购英国罗孚汽车MG品牌及生产设备,2006年3月启动南京浦口基地一期工程建设,项目总投资35亿元,2007年3月建成投产并开始生产MG名爵轿车。上南合作后,该基地归属新南汽集团,2008年1月1日起由上汽乘用车分公司实施一体化管理。2008年5月和6月,先后开始生产MG名爵品牌的TF和MG名爵3车型。8月,投资25.66亿元启动二期工程建设。2010年3

图5-1-13 上汽乘用车分公司南京浦口基地外景

月,项目竣工投产,开始同步生产荣威和MG名爵品牌产品,年产能力20万辆整车和50万台发动机。2015年,浦口基地主要生产荣威品牌的750、350、360和W5,MG名爵5和GT车型。同年,投资20亿元启动自主品牌乘用车产能提升项目,建成后将形成40万辆整车年产能力。

2008年,浦口基地生产轿车9 680辆。2010年,年产量超过5万辆,达到5.65万辆。至2012年8月,产量累计超过20万辆。2013年,年产超过10万辆。至2014年12月,产量累计超过50万辆。2015年,年产量8.75万辆。其中,荣威品牌8.07万辆,MG名爵品牌6 856辆,比2008年增长8.02倍,占上汽乘用车总产量的51%。至2015年,累计生产58.70万辆。其中,荣威品牌53.65万辆,MG名爵品牌5.05万辆。

四、上海汽车英国控股公司、上汽英国MG销售公司

原南汽英国有限公司和南汽名爵英国有限公司位于英国伯明翰市长桥,由南京汽车集团有限公司于2007年收购英国MG罗孚汽车公司资产设备后组建,2007年12月上南合作后归属上海汽车乘用车分公司,成为上汽乘用车分公司英国基地,新南汽集团为南汽英国和南汽英国名爵的股东。2008年,上汽英国技术中心有限公司迁入该基地。2015年,该基地占地面积24.9万平方米,建筑面积12.3万平方米,资产总额3 029万英镑;从业人员355人,均为

图5-1-14 南汽集团英国公司外景

外籍人员,其中管理人员 75 人、技术人员 259 人、生产人员 21 人。

2009 年,上汽乘用车分公司英国基地开始生产上汽自主品牌 MG TF 轿跑车。2010 年 8 月,英国长桥基地信息系统成功上线实现中英两地连接。至当年年底,该基地累计生产 900 辆汽车,全部销往英国为主的欧洲市场。2011 年 4 月,MG6 车型在该基地下线,创造英国设计、中国生产、英国组装新模式,当年销售 304 辆,销售收入 279.4 万英镑。2013 年,上汽乘用车在英国推出第 2 款家用轿车 MG3,MG6 和 MG3 两款车型先后上市,推动上汽乘用车在英国生产销售的增长。2015 年,该基地销售 MG 轿车 2 729 辆,其中 MG3 车和 MG6 车分别为 2 187 辆和 542 辆,比 2011 年增长 7.97 倍;销售收入 2 267.9 万英镑,比 2011 年增长 7.13 倍。2011—2015 年,累计销售汽车 6 281 辆。

五、原上汽乘用车分公司仪征工厂和宝山发动机工厂

【原上汽乘用车仪征工厂】

2006—2010 年,上汽乘用车分公司曾设有自主品牌整车制造基地仪征工厂。该厂位于江苏省仪征市汽车工业园区南路 99 号,2006 年 2 月,由上海汽车股份有限公司划转至上汽汽车制造有限公司(上汽乘用车分公司前身)。同年 12 月,上汽乘用车分公司仪征工厂建成投产,上汽自主品牌荣威首款中高级轿车 750 车型下线。该项目占地面积 31.3 万平方米,建筑面积 7.6 万平方米;投资 28.07 亿元,建有冲压、焊接、涂装、总装 4 个车间,具备 12 万辆整车年产能力,主要产品为荣威 750、550 和 W5 车型。2010 年 7 月,上汽乘用车分公司仪征工厂转由上海大众汽车有限公司建设仪征分公司。至此,该工厂累计生产荣威轿车 6.57 万辆,其中 750、550 和 W5 车型分别为 5.17 万辆、7 700 辆和 4 300 辆。

【原上汽乘用车宝山发动机厂】

2006—2007 年,上汽乘用车分公司曾设有宝山发动机厂。该厂位于上海市宝山区同济路 998 号,2006 年 4 月,由上汽汽车制造有限公司租借幸福摩托车有限公司车间进行改建,同年 12 月建成投产,形成发动机 2.5 万台、扩能后 4 万台年产能力。2007 年 10 月,该发动机厂迁至上汽乘用车分公司临港工厂,至此累计生产配套荣威 750 车型的 KV6 发动机 19 135 台。

第五节　上汽大通汽车有限公司

一、沿革

上汽大通汽车有限公司(简称上汽大通)原名上海汽车商用车有限公司(简称上汽商用车),成立于 2011 年 4 月 8 日,是上海汽车集团股份有限公司全资子公司,为国有企业。2015 年 11 月 5 日,更名为现名。2015 年,公司注册资本 23.5 亿元,注册地址在上海市杨浦区军工路 2500 号,总资产 44.91 亿元。总占地面积 78.14 万平方米,总建筑面积 27.46 万平方米。其中:上海总部占地面积 5.92 万平方米,建筑面积 3.25 万平方米。总从业人员 2 065 人。其中:合同制员工 1 948 人,劳务派遣制员工及其他从业人员 117 人;管理人员 45 人,技术人员 881 人,生产人员 1 025 人,生产辅助人员 114 人。上海总部从业人员 554 人。其中,管理人员 23 人,技术人员 476 人,其他人员 55 人。

上汽大通主要生产经营 MAXUS 大通品牌轻型客车和乘用车、伊思坦纳品牌系列商务车及其他专用车。伊思坦纳品牌原属韩国双龙汽车公司和德国奔驰汽车公司,2003 年由上海汇众汽车制造有限公司收购并生产销售,成为上汽自主品牌。LDV 原为英国轻型商用车制造商,后属俄罗斯汽车制造商 GAZ 集团。2009 年 10 月,上海汇众汽车制造有限公司购入 LDV 品牌商标和设备。2011 年 2 月,上海汽车集团股份有限公司发布收购 LDV 后打造

图 5-1-15　上汽大通、上汽商用车技术中心外景

的轻型客车自主品牌 MAXUS 大通。同年 4 月,上汽商用车成立,LDV 和伊斯坦纳成为该公司品牌。至 2015 年,上汽大通生产经营的大通品牌包括 V80 宽体轻型客车、G10MPV 商务车、SK8 皮卡和新能源汽车,伊思坦纳品牌包括窄体轻型客车。公司实现商用车和乘用车产品跨界发展。

上汽大通在江苏省无锡市和仪征市拥有 2 个生产基地。2011 年 4 月,生产大通品牌的上汽商用车无锡分公司成立,工厂建成投产,形成 3.5 万辆年产能力。2015 年,上汽大通着手规划建设二期工程,建成后将形成 15 万辆年产能力。2011 年 4 月,上汽大通接收原上海汇众汽车制造有限公司仪征基地,主要生产伊思坦纳系列商务车及 25 种长短车型的特种车辆,具有 2 万辆轻型客车年产能力。2011 年 10 月,上汽商用车专用车厂动工,2012 年 3 月竣工验收并形成 6 000 辆年产能力。2012 年 3 月,上汽商用完成对上海申联专用汽车有限公司的收购,申联成为上汽商用的全资子公司,并于 11 月迁址无锡,更名为无锡申联专用汽车有限公司。

上汽大通与上海汽车集团股份有限公司商用车技术中心实行整车开发一体化管理。该技术中心设有动力总成、底盘及电子电器、车身造型、整车集成等研发平台和试制试验车间,已完成典型商用车、跨界汽车、传统动力与新能源车型的开发,包括 2011 年 9 月研发成功并上市的 MAXUS 大通 V80 宽体轻型客车,2013 年 2 月研发成功并发布的大通 G10MPV 车型,产品成为 APEC 会议和上海合作组织会议等世界重要会议和活动,以及 2015 年中国全国"两会"的官方指定用车。

2011 年,上汽商用车成立之初开始组建产品营销网络。至 2015 年,上汽大通终端销售网络达 266 家。其中,一级经销商 93 家,二级经销商 173 家,一级经销商覆盖国内重点城市;售后服务网点达 282 个,平均服务半径 100 公里。同时,该公司在行业内率先推出售后延保服务和"贴心到家"上门服务,优化"通天下,行无忧"售后服务体系。

2012 年,大通 V80 宽体轻型客车销售 7 069 辆。2013 年,销量超过 1 万辆。2014 年,新增 G10MPV 产品,合计销售超过 2 万辆。2015 年,上汽大通合计销售超过 3 万辆达到 3.51 万辆,比 2012 年增长 3.96 倍。其中,宽体轻型客车 V80 销售 2.11 万辆,市场占有率 15%;中高端 MPV G10 销售 1.4 万辆,市场占有率 14%,成为国内中高端 MPV 市场增长最快的车型之一。2012—2015 年,上汽大通累计销售 7.44 万辆。其中,宽体轻型客车 V80 累计销售 5.41 万辆,G10MPV 车型 2014 年和 2015 年累计销售 1.74 万辆。至 2015 年,上汽大通已进入澳大利亚、新西兰、英国、爱尔兰以及东盟、中东、南美、北非、南非等 41 个国家和地区,发达国家市场表现成为上汽大通的海外市场亮点。2015 年,整车出口 4 780 辆,占全年总销量的 13.64%,比 2012 年增长 6.14 倍。其中,出口英国 3 000 辆宽体轻型客车,实现 MAXUS 品牌重返英国市场的目标。

表 5-1-9　2011—2015 年上汽大通经营情况统计表

年份	资产总值（万元）	产品销量（辆）	宽体客车市场占有率(%)	MPV 市场占有率(%)	销售收入（万元）	上交税收（万元）
2011	265 891	2 808	1	—	50 800	4 200
2012	241 308	7 069	5.5	—	98 700	8 900
2013	251 328	11 300	8.2	—	129 800	10 300
2014	280 754	21 012	12	2.9	245 200	21 200
2015	449 104	35 053	15.4	13.5	396 900	34 700

资料来源：上汽大通汽车有限公司

表 5-1-10　2015 年上汽大通直属子公司·分公司一览表

序号	企业名称	单位类型	成立时间	所在城市	累计投资（亿元）	产品销量（辆）	销售收入（万元）
1	无锡分公司	分支机构	2011 年 4 月	无锡	26.92	35 053	337 000
2	仪征分公司	分支机构	2011 年 4 月	仪征	0.03	—	—
3	无锡申联专用汽车公司	全资子公司	1988 年 6 月	无锡	0.22	5 606	13 524

资料来源：上汽大通汽车有限公司

二、上汽大通无锡分公司

上汽大通汽车有限公司无锡分公司位于江苏省无锡市惠山经济开发区金惠路 199 号,2011 年 4 月成立,是上汽大通沪外生产基地,占地面积 51.82 万平方米,建筑面积 16.12 万平方米。2015 年,从业人员 1 398 人,均为合同制员工,其中技术人员 124 人,管理人员 317 人,生产人员 957 人。

上汽大通无锡分公司主要生产上汽大通 MAXUS 品牌的 MPV 和 SUV 车型、宽体轻型客车、皮卡汽车等产品,以及各类特种改装车。该分公司建有冲压、车身、涂装、总装四大车间。至 2015 年,累计投资 26.92 亿元,具备年产 20 万辆整车能力。

2011 年,该分公司生产汽车 2 820 辆。2015 年增至 3.51 万辆,增长 11.43 倍;实现年产值 33.7 亿元,上交税收 2.7 亿元,分别比 2011 年增长 17.02 倍和 8.11 倍。

三、无锡申联专用汽车有限公司

无锡申联专用汽车有限公司(简称无锡申联)位于江苏省无锡市惠山区惠际路 86 号。是上汽大通全资子公司,其前身为 1988 年成立的上海申联专用汽车有限公司,为国内最早从事专业专用汽车开发、制造与经营的企业之一。2013 年 1 月,上海申联迁至无锡,更名为无锡申联。企业注册资本 3 000 万元,厂房面积 1.3 万平方米。2015 年,资产总额 6 267 万元;从业人员 85 人,其中:合同制员工 85 人;技术人员 22 人,管理人员 23 人,一线生产人员 36 人,辅助人员 4 人。

无锡申联主要从事汽车改装、汽车零部件和配件的研发、制造加工和销售等业务。该公司成立以来,拓展军警用车、医疗用车、物流服务用车、工程检测用车和乘用车五大平台专用车,具备完整产品型谱和百余种改装产品的能力,单班年改装汽车量3 600辆。企业在钣金、油漆、木工、机加工、包覆缝纫、装配等改装全工艺能力基础上,配备新型三维激光切割机、压板机等机床设备。至2015年,累计投资2 200万元。

2013年,申联无锡产销改装车3 084辆,实现销售收入7 646万元。2015年,产销改装车5 606辆,实现销售收入13 506万元,分别比2013年增长82%和77%。

第六节　南京汽车集团有限公司

一、上南合作前公司发展

南京汽车集团有限公司(简称南汽集团)前身为始建于民国36年(1947年)3月的中国人民解放军第三野战军特种纵队修理厂。民国38年(1949年)7月,该厂由上海转移至江苏省南京市。1950年1月、4月和1953年8月,先后更名为中国人民解放军华东军区炮兵修理总厂、中国人民解放军第三汽车制配厂和南京汽车制配厂。1958年3月,该厂试制成功NJ130轻型载货汽车,该车为中国第一辆轻型载货汽车,命名为跃进牌。同年6月,更名为南京汽车制造厂。1964年11月,南京汽车制造厂成为由新成立的中国汽车工业公司组建的中汽公司南京分公司的主体企业。1966年,南京汽车制造厂经投资建设形成5 000辆汽车的年产能力。1972年,年产汽车能力达到1万辆。1974年,该厂年产汽车能力增至2万辆。1982年1月,以南京汽车制造厂为基础的南京汽车工业联营公司成立。1985年,南京汽车制造厂与南京汽车工业联营公司实行"两块牌子,一套班子"一体化管理。同年,新一代跃进轻型卡车NJ131A型和NJD131型投入批量生产。1995年6月,南京汽车工业联营公司改组更名为跃进汽车集团公司,具备年产跃进和依维柯汽车15万辆能力。同年,跃进汽车集团年产轻型车5.27万辆,位居国内同行第二名。1996年,跃进汽车集团与意大利菲亚特汽车公司合资组建南京依维柯汽车有限公司。20世纪90年代,南京依维柯产品占据中国轻型客车市场的半壁江山。

2001年,南汽集团由中国汽车工业总公司下放到地方管理,跃进汽车集团与华融、信达资产管理公司共同组建南京汽车集团有限公司。2006年3月,南汽集团收购英国罗孚汽车公司的MG品牌及其生产设备,开始实施乘用车自主品牌建设。同月,在江苏省南京市高新技术区设立南汽名爵汽车有限公司(筹),投资35亿元建设一期工程,2007年3月项目建成,开始产销MG名爵品牌乘用车。

至2007年年底,南汽集团成为集整车制造、销售、服务、开发为一体的汽车集团,拥有28家子公司和7家参股公司,其中包括南京依维柯汽车有限公司、南京菲亚特汽车有限公司和南汽名爵汽车有限公司3家整车制造公司,生产跃进、依维柯、菲亚特、MG名爵4个品牌的汽车,资产总额120亿元,年产能力40万辆,总占地面积340余万平方米,职工14 096名,当年产销汽车9.29万辆,其中跃进、依维柯、菲亚特、MG名爵分别为4.78万辆、2.41万辆、1.55万辆和0.31万辆。

二、上南合作后公司发展

2007年12月26日,上海汽车工业(集团)总公司与跃进汽车集团公司全面合作签约。上南合作后,原南汽集团一分为三。

其一,上汽集团所属上海汽车集团股份有限公司支付跃进集团所属南京跃进汽车有限公司20.95亿元,跃进集团将其持有的南京汽车集团有限公司的100%股权转予上海汽车;保留整车制造业务关联的企业,成为新的南汽集团。新南汽集团是上海汽车全资子公司,独立法人地位不变,注册地不变,纳税渠道不变;新南汽集团辖有南京依维柯、浦口制造基地、南京汽车集团研究院、南京南汽专用车有限公司、南京汽车动能分公司、南京南汽东发企业管理服务有限公司、宁波跃进汽车前桥有限公司等企业或工厂。其中,南京依维柯和南汽专用车业务运作由上汽商用车事业部负责;浦口制造基地和研究院的业务运作分别由上汽乘用车分公司和上汽技术中心负责;同时,新南汽集团还是上海汽车英国控股公司和上汽英国MG销售公司的股东。新南汽集团主要产品有MG名爵和荣威乘用车、依维柯轻型客车和跃进轻型卡车、畅达牌专用车和特种车等。

其二,南京跃进汽车有限公司将持有的东华汽车实业有限公司75%股权划转给上汽集团,上汽集团将其持有的上海汽车3.2亿股股权划转给跃进集团。共同组建东华汽车实业有限公司,为上汽集团子公司。

其三,终止与意大利菲亚特汽车公司的合作;2008年4月南京菲亚特更名为南京南亚汽车有限公司,并由上海大众汽车有限公司同步收购,使之成为上海大众汽车南京分公司。

重组后的南京汽车集团有限公司是上海汽车集团股份有限公司全资子公司,为国有企业,注册地为江苏省南京市高新区浦泗路18号。2015年,新南汽集团总占地面积188.36万平方米,总建筑面积57.3万平方米,注册资金76亿元,资产总额162亿元;从业人员9354人,其中:合同制员工7573人,劳务派遣制员工1767人,其他从业人员14人;管理人员640人,技术人员2481人,生产人员5853人,生产辅助人员380人。

图5-1-16 南汽集团江宁基地

2008年年初,南汽集团按照"上南合作、融为一家"和"五统一"的要求,对南京浦口基地的规划、研发、采购、制造和营销实施上汽一体化管理及"百日整合",使之生产制造全面纳入上汽乘用车管理系统。上南合作1年后的2009年,上海汽车南京基地呈现出"南京菲亚特资产活了、上汽和南京自主品牌顺了、南京依维柯发展快了、东华汽车实业业务广了"的深刻变化。至2010年,新南汽集团与上汽乘用车共同努力,建成投资25.66亿元的南京浦口基地二期工程,形成20万辆整车年产能力和25万台发动机年产能力,导入上汽乘用车全新开发的A级车平台,同步生产荣威、MG名爵两大品牌汽车产品。同年,南汽集团实现扭亏为盈。2015年,启动了总投资20.2亿元(其中,固定资产投资12.08亿元,流动资金8.12亿元)的自主品牌乘用车产能提升项目,同时导入最新一代A架构系列产品及小型SUV等新产品。该项目建成后乘用车总产能将达到年产40万辆。

2009年,南汽集团整车产销10万辆。2010年,上汽集团在南京的汽车企业整车产销30万辆,为上南合作前的3倍。其中,南汽集团所属浦口基地5.65万辆、南京依维柯11.01万辆、南汽专用车0.82万辆,合计17.48万辆。2015年,上汽集团在南京的汽车企业整车产销51万辆,为上南合作前的5倍。其中,南汽集团所属浦口基地87476辆、南京依维柯77000辆、南汽专用车9060辆,合计17.35万辆。

表 5-1-11　2015 年南汽集团直属子公司、分公司、工厂一览表

序号	名　称	所在城市	成立时间	投资总额（亿元）	年产能力（万辆）	主　要　产　品	产销（辆）	累计产销（辆）
1	浦口基地	南京	2007 年 3 月	60.56	20	MG 名爵、荣威乘用车	87 476	587 031
2	南京依维柯	南京	1995 年 12 月	84.79	16	依维柯轻型客车、跃进轻型卡车	77 000	820 506
3	南汽专用车	南京	1992 年 11 月	2.69	1	畅达牌专用车、特种车	9 060	63 137
4	南汽英国公司	英国伯明翰	2005 年 10 月	—	—	乘用车	2 964	8 139
5	动能分公司	南京	1992 年 6 月	1.33	—	—	—	—
6	南汽研究院	南京	2008 年 7 月	1.84	—	—	—	—

资料来源：南京汽车集团有限公司

表 5-1-12　2008—2015 年南汽集团经营情况统计表

年份	资产总值（万元）	产品销量（辆）	销售收入（万元）	上交税收（万元）	利润（万元）
2008	1 583 857	80 318	810 625	37 654	−66 179
2009	1 483 238	103 482	927 790	61 147	−39 200
2010	1 489 968	174 800	1 426 040	93 571	−91 737
2011	1 469 502	177 291	1 534 648	90 380	10 061
2012	1 465 829	221 688	1 710 582	91 824	8 348
2013	1 643 244	269 194	2 078 401	127 216	75 867
2014	1 542 794	230 771	1 916 325	109 820	−75 977
2015	1 620 748	173 533	1 526 554	91 189	46 792

资料来源：南京汽车集团有限公司

说明：因 2008 年起，南汽整体并入上汽集团，故不再单独统计市场占有率和市场排名

第七节　其他整车整机企业

一、上汽依维柯红岩商用车有限公司

上汽依维柯红岩商用车有限公司（简称上汽依维柯红岩）为中意合资企业，成立于 2007 年 6 月 15 日，股东为上海汽车集团股份有限公司和意大利依维柯股份有限公司合资的上汽依维柯商用车投资有限公司与重庆机电控股（集团）公司，股比为 67%∶33%。注册地址在重庆市两江新区金山大道黄环北路 1 号，总占地面积 89.8 万平方米，总建筑面积 29.72 万平方米。其中，公司总占地面积 46 万平方米，建筑面积 18.4 万平方米。2015 年，注册资本 19 亿元，资产总额 35.08 亿元；从业员工 3 951 人，其中：合同制员工 3 580 人（包括外籍人员 4 人），劳务派遣制员工 371 人；管理人员 770 人，技术人员 550 人，生产操作人员 2 260 人，辅助人员 371 人。

图 5-1-17 上汽依维柯红岩外景

上汽依维柯红岩前身为 1965 年成立的中国第一个重型军用越野汽车生产基地四川汽车制造厂,生产中国第一辆重型卡车品牌红岩牌重型汽车。1983 年 3 月,四川汽车制造厂与陕西汽车制造厂、济南汽车制造厂共同组建中国重型汽车工业联营公司。1988 年,该厂成为中国最大的重型卡车生产基地之一。2000 年,在四川汽车制造厂和綦江齿轮厂、重庆康明斯公司、重庆卡福公司等零部件工厂基础上,组建重庆重型汽车集团有限责任公司。2003 年,重庆重汽、湘火炬投资股份有限公司、德隆国际战略投资有限公司共同出资组建重庆红岩汽车有限责任公司。2006 年,重庆重汽成为重庆红岩汽车的独家股东。2007 年 6 月,重庆红岩汽车由上汽依维柯商用车投资有限公司与重庆重汽合资重组为上汽依维柯红岩商用车有限公司。2009 年 12 月,重庆重汽所持股份划属重庆机电控股(集团)公司。

上汽依维柯红岩合资前,主要生产红岩品牌金刚新大康、斯太尔等重型卡车。合资后,引进意大利依维柯重型卡车制造技术,开发出包括杰狮、新金刚等在内的多款红岩品牌重型车。2009 年 4 月,该公司以引进依维柯 STRALIS 车型为原型车的第一辆杰狮重型汽车下线。到2015 年,先后推出杰狮系列牵引车、自卸车、粉粒物料车、城市环卫车、垃圾压缩车、水泥搅拌车、飞机加油车以及杰卡系列牵引车和金刚系列自卸车等数百个品牌的产品,产品排放满足国四及以上标准。2007 年,红岩金刚系列产品获评中国重卡市场用户满意最具竞争力第一品牌。2008年,红岩 908(杰狮)系列车、红岩天然气汽车、红岩国Ⅲ系列车获评重庆市技术创新项目,2009—2015 红岩,红岩重型卡车连获中国国际卡车节油大赛节油冠军奖。2010 年红岩杰狮获评中国卡车年度车型。2010 年,红岩系列重卡被定为上海世博会指定重型卡车。2010—2015 年,红岩牌获评重庆市知名品牌。

上汽依维柯红岩拥有重庆江北整车、双桥零部件两个制造基地。2007 年建成江北基地,占地面积 46 万平方米,建筑面积 18.4 万平方米,设计纲领为年产能力 4 万辆以上,至 2015 年累计投资 18.01 亿元。双桥基地为车桥总成及转向器总成生产基地,2015 年建成一期项目,占地面积 18.7 万平方米,建筑面积 9.35 万平方米,累计投资 4.1 亿元,形成 17.5 万根车桥总成年产能力,其中,前桥 10 万根、双级桥 5 万根、单级桥 2.5 万根。上汽依维柯红岩建有企业技术中心,研发人员 288 人,至 2015 年研发累计投资 56 156 万元,1999 年该技术中心被评为重庆市市级技术中心。

上汽依维柯红岩建立经销商和服务商营销体制。2007 年 1 月,在重庆建成第一家品牌 4S 店。至 2015 年,全国共建立 4S 店 241 家、服务站 581 家、核心服务站 280 家、销售服务一体化经销商150 家。2008 年,上汽依维柯红岩被中国物流商用车用户满意度评委会评为最佳服务满意度厂商,2013 年获评全国售后服务先进单位,2012—2014 获用户最满意商用车品牌称号。

上汽依维柯红岩成立后第一年即 2008 年,销售整车 2.23 万辆,销售收入 48.11 亿元,国内市场占有率 4.1%。2010 年,销量超过 3 万辆。2011 年销售 3.15 万辆,为历史最高水平。2015年,销售整车 0.87 万辆,销售收入 22.34 亿元,市场占有率 1.6%。至 2015 年,累计销售 20.67万辆。

表 5 - 1 - 13　　2003—2015 年上汽依维柯红岩经营情况统计表

年份	资产总值（万元）	产品销量（辆）	国内市场占有率（%）	国内排名	销售收入（万元）	利润（万元）	上交税收（万元）
2003	208 313.48	—		—	235 246.31	5 252.31	—
2004	224 948.01	17 029	—		323 735.7	−2 797.38	
2005	182 298.92	10 306	—		212 821.61	−9 910.70	
2006	183 724.25	14 149	—		312 730.23	−14 006.84	
2007	208 531.16	24 013	4.9	6	486 146.42	−38 403	
2008	302 600.99	22 336	4.1	7	481 060.32	1 518.37	—
2009	362 389.13	19 600	3.1	7	427 544.06	−27 358.07	1 098
2010	488 181.57	30 511	3.0	8	666 737.85	1 084.64	19 810
2011	395 893.77	31 500	3.6	7	723 530.83	5 035.48	13 895
2012	356 509.22	17 008	2.7	8	423 137.71	−42 708.08	7 081
2013	451 376.72	28 008	3.6	7	694 740.76	134.73	5 889
2014	418 491.30	25 000	3.4	7	650 327.07	−5 959.16	9 408
2015	344 854.89	8 708	1.6	10	223 355.07	−73 263.18	5 400

资料来源：上汽依维柯红岩商用车有限公司

二、南京依维柯汽车有限公司

南京依维柯汽车有限公司（简称南京依维柯）由南京汽车集团有限公司和意大利菲亚特集团依维柯公司于 1995 年 12 月 26 日合资成立，股比为 50%∶50%。2006 年 9 月，公司合资双方股东签署进一步深化合作的协议。2007 年 1 月 1 日，南京依维柯与跃进汽车股份有限公司业务整合运营，从事依维柯品牌和跃进品牌商用车辆及零部件开发、制造和销售。2007 年 12 月，南京依维柯在上南全面合作后成为上海汽车集团股份有限公司子公司。公司注册地址为江苏省南京市玄武区中央路 264号，总占地面积 125 万平方米，总建筑面积 44.4 万平方米。2015年，注册资本 25.27 亿元，资产总

图 5 - 1 - 18　南京依维柯外景

额 84.15 亿元；从业人员 5 594 人，其中：合同制员工 4 714 人，劳务派遣制员工 1 214 人，外籍人员 15 人；管理人员 477 人，技术人员 1 259 人，生产人员 2 704 人，生产辅助及其他人员 1 488 人。

南京依维柯主要产销跃进和依维柯两大品牌，产品包括客车、卡车、厢式货车、越野车、专用车和汽车底盘。跃进品牌为自主品牌，1958 年诞生，1985 年，第 2 代产品 131 轻型载货车投产，1995年，第 3 代产品 1030、1043 载货车投产并获江苏省名牌产品称号。依维柯品牌归属意大利依维柯

汽车公司,1991年8月、2004年3月和2008年,先后投产第1辆国产依维柯产品Turbo Daily、第2代依维柯产品Power Daily MY04和第3代依维柯产品Power Daily等轻型客车。

南京依维柯在江苏南京江宁、黑墨营建有两个生产基地,拥有第一总装厂、第一车身厂、第二总装厂、第二车身厂、发动机分公司、车桥分公司、变速箱分公司、旅行车分公司计8个工厂和分公司。第一总装厂建于1957年3月,占地面积6.3万平方米,厂房面积4.3万平方米,主要装配各种型号的跃进轻卡和凌野重卡系列,年产能力20万辆。第一车身厂建于1986年11月,占地面积14.2万平方米,厂房面积11.78万平方米,主要生产跃进系列车身车厢车架及依维柯系列车厢等,年产能力为车身10万台、跃进及依维柯系列车厢6万台、车架2万台。第二总装厂建于1996年3月,占地面积10万平方米,另有3万平方米试车场,建筑面积3万平方米,主要装配依维柯系列车型。第二车身厂建于1996年3月,占地面积16万平方米,建筑面积8万余平方米,主要生产依维柯系列车身车架,年产能力为6万辆车身和20万辆车架纵梁。发动机分公司建于1996年3月,占地面积12万平方米,建筑面积5.04万平方米,主要生产柴油发动机及零部件。变速箱分公司建于1997年5月,占地面积4.5万平方米,建筑面积1.9万平方米,主要生产多种变速器总成。车桥分公司建于1996年10月,占地面积9万多平方米,建筑面积3.9万平方米,主要生产依维柯部分后桥和跃进系列前后桥总成等。旅行车分公司建于2007年8月,占地面积3.4万平方米,建筑面积1.8万平方米,主要生产依维柯威尼斯系列产品、跃进多用途车、公交车、公路客运各系列客车底盘。2015年,依维柯产品的年产能力为5万辆,跃进产品年产能力6万辆。

1996年,南京依维柯成立产品工程部承担产品研发职能。至2015年,产品设计人员323人(其中,依维柯205人,跃进118人),累计研发投入7.98亿元。2004年,依维柯品牌在黑龙江省哈尔滨市成立第1家4S店。2006年,跃进品牌在江苏省南通市成立第1家4S店。至2015年,依维柯品牌在全国共有117家供应商和68家4S店。

1996年,南京依维柯销售整车1.5万辆,销售收入21.57亿元,利税总额3.06亿元。2010年,销售量突破10万辆达11万辆。2012年,销售13.2万辆,为历史最高销量。2015年,销量减至7.7万辆,包括跃进3.6万辆和依维柯4.1万辆,销售收入76.89亿元,利税总额5.78亿元,销量、销售收入和利润分别比1996年增长4.13倍、2.56倍、0.89倍,国内市场占有率29.7%。1996—2015年,累计销售整车109.24万辆,其中依维柯49.38万辆、跃进59.86万辆。

表5-1-14 2015年南京依维柯直属子公司、分公司、工厂一览表

序号	名 称	成立时间	年产能力(万辆/万台)	主要产品	2015年产量(辆)	累计产量(辆)
1	第一总装厂	1957年3月	20	跃进轻卡	34 262	—
2	第一车身厂	1986年11月	10+6+2	跃进车身、车架等	40 327	—
3	第二总装厂	1969年3月	5	依维柯车	41 516	232 956
4	第二车身厂	1996年3月	6+20	车身、车架	41 866	238 624
5	发动机分公司	1996年3月	6+7.5	柴油发动机	41 360	266 535
6	车桥分公司	1996年10月	30	后桥总成	116 343	791 191
7	变速箱分公司	1997年5月	6	变速器总成	49 112	269 888
8	旅行车分公司	2007年8月	2 000	客车底盘	670	5 047

资料来源:南京依维柯汽车有限公司

表 5－1－15　1996—2015 年南京依维柯经营情况统计表

年份	资产总值（万元）	产品销量（辆）	国内市场占有率（%）	国内排名	销售收入（万元）	净利润（万元）	上交税收（万元）
1996	281 843	15 009	—	—	215 736	13 366	17 245
1997	360 900	20 448	—	—	344 448	64 639	20 412
1998	345 693	20 302	—	—	354 481	60 172	37 085
1999	329 631	18 008	—	—	305 050	35 939	29 307
2000	329 500	17 543	—	—	275 882	34 145	24 044
2001	297 565	13 511	—	—	209 679	9 336	23 318
2002	293 834	14 505	—	—	217 649	6 111	19 845
2003	294 838	14 661	—	—	211 048	5 975	17 852
2004	312 087	15 006	—	—	216 696	4 584	17 316
2005	341 845	18 018	—	—	265 564	13 192	23 825
2006	381 354	20 060	46.90	2	320 793	18 151	29 687
2007	401 573	70 725	48.10	2	557 844	12 352	33 411
2008	449 416	69 462	45.50	2	587 469	15 335	40 800
2009	593 505	87 097	43.50	2	664 128	20 356	40 652
2010	650 274	110 099	38.70	2	822 092	28 306	62 626
2011	705 017	113 827	39.80	2	879 008	35 792	55 492
2012	731 198	132013	38.40	2	926 545	32 292	59 102
2013	870 090	132 000	33.30	2	993 138	35 372	62 160
2014	848 789	99 008	31.30	2	898 631	10 396	60 018
2015	841 454	77 000	29.70	2	768 898	4 684	53 110

资料来源：南京依维柯汽车有限公司

三、上海申沃客车有限公司

上海申沃客车有限公司（简称上海申沃客车）是 2000 年 8 月 8 日成立的中瑞合资企业，公司股东为上海汽车集团股份有限公司、瑞典沃尔沃（中国）投资有限公司、沃尔沃客车公司，股比分别为 50%、45% 和 5%。2015 年年底，中外双方达成股权调整为80.5%：19.5% 的意向，上汽集团将负责上海申沃客车日常运营管理，沃尔沃方面继续在技术、品牌、海外销售渠道等方面支持上

图 5－1－19　上海申沃客车外景

海申沃客车的发展。该公司注册地址在上海市闵行区颛桥镇光中路18号,占地面积13.37万平方米,建筑面积5.64万平方米。2015年,注册资金5722万美元,资产总额10亿元人民币;共有从业人员905人,均为合同制员工(包括外籍人员2人),其中:管理人员237人,技术人员68人,生产操作人员372人,辅助人员228人。

上海申沃客车前身系成立于1996年的上海客车制造公司,由上海公交总公司所属上海客车厂、上海电车厂、上海客车附件一厂和二厂4家企业划归上海汽车工业(集团)总公司后于1996年10月组建而成。1999年,上汽集团又将与上海飞机制造厂合资组建的上海飞翼汽车制造有限公司并入上海客车制造公司,重新组建成上海客车制造有限公司。2000年8月,再次改制为中外合资企业。

上海申沃客车设有底盘、车身、油漆、总装和交付等生产车间。2015年年产客车能力为3 000辆。公司主要产销申沃自主品牌和沃尔沃许可品牌客车,产品系列由7米~18米全系列、全品种、全车型构成,产品范围涵盖城市公交客车、旅游客车和新能源客车。2001年6月,上海申沃开始生产沃尔沃客车并取名"申豪";8月,首批200辆沪产沃尔沃申豪高档城市客车交付上海APEC会议使用。2002年8月,上海申沃和上海巴士实业(集团)股份有限公司签署1 000辆沃尔沃城市客车订购合同,以满足提升上海城市形象和改善市民出行条件的要求。

上海申沃客车建有产品开发部门,下设城市客车、城郊客车、技术支持、底盘及电气附件4个科室和1个试制车间。2002年,12米沃尔沃品牌城市客车获国家重点新产品奖。2005年,第二届全国客车大赛上,12米沃尔沃品牌城市客车获中国城市客车铜奖和中国客车节油奖,12米沃尔沃品牌低入口城市客车获中国城市客车银奖,11.5米申沃品牌城市客车获中国城市客车铜奖。至2015年,产品开发部共有各类技术人员68名,其中外籍技术顾问1名;产品研发投资累计近1亿元。

2004年3月,上海申沃客车开始研制生产新能源汽车。2005年,会同上海汽车工程院开发"申新动1号"混合动力城市大客车概念样车,并试制3辆申沃超级电容电车样车。至2009年9月,申沃超级电容大客车在上海公交线路累计行驶超过50万公里。2010年,10辆申沃二甲醚客车在上海147路公交路线载客运营40余万公里。同年,上海申沃客车120辆纯电动公交客车、61辆超级电容公交客车、150辆混合动力公交客车和6辆燃料电池大客车合计337辆新能源公交客车在上海世博会安全运行184天,总行驶500多万公里,累计载客1.2亿人次,圆满完成任务,公司获国务院颁发的世博先进集体称号,公司总经理获中共中央组织部颁发的世博先进个人称号。2015年12月,完成续航大于250公里的全新一代纯电动客车开发并交付使用,该车将成为公司新能源客车主打车型。

上海申沃客车设有营销销售部和售后服务部,至2015年在全国建立30家售后服务网点。2011年,成立境外市场部实施产品出口战略,当年首批70辆大客车销往我国台湾地区。至2015年,累计销往中国港澳台地区及南亚、中东、北美、南美、非洲等10多个国家和地区近2 000辆,包括占迪拜校车市场70%的892辆,占巴基斯坦BRT市场100%的139辆。

2001年,上海申沃客车销售983辆,销售收入3.53亿元,亏损0.34亿元。2003年、2006年和2009年,销量先后超过1 000辆、2 000辆和3 000辆。2014年,销售3 800多辆为历史最高销量。2015年,销售2 103辆,销售收入11.39亿元,亏损3.9亿元,销量和销售收入分别比2001年增长1.14倍和2.23倍,亏损增加7.83倍。至2015年,累计销售35 844辆。其中,上海地区15 506辆城市公交客车,销往全国34个省市自治区及青岛、南京、武汉和宁波等重点城市公交和旅游等车辆18 389辆,销往海外1 949辆。

表 5‑1‑16　2000—2015 年上海申沃客车经营情况统计表

年份	资产总值(万元)	产品销量(辆)	国内市场占有(%)	国内市场排名	销售收入(万元)
2000	50 435	0	—	—	5 021
2001	63 502	983	—	—	35 332
2002	57 970	873	—	—	40 077
2003	62 780	1 565	—	—	78 080
2004	60 837	1 356	—	—	67 250
2005	51 234	1 335	—	—	44 863
2006	62 549	2 559	—	—	106 947
2007	82 043	2 790	—	—	121 534
2008	86 913	2 840	—	—	113 904
2009	125 409	3 106	—	—	163 029
2010	100 031	3 098	—	—	174 924
2011	130 032	3 152	2.0	14	107 308
2012	166 640	3 250	1.9	16	147 247
2013	173 491	2 968	2.1	12	91 421
2014	220 140	3 866	2.4	11	268 801
2015	204 106	2 103	1.3	16	113 934

资料来源：上海申沃客车有限公司

四、通用上汽印度有限责任公司

通用上汽印度有限责任公司(简称通用上汽印度)原名通用汽车印度私人有限公司,于 1994 年 4 月 15 日在印度古吉拉特邦注册成立,注册资金 965 亿卢比,总部设在印度哈里亚纳邦古尔冈市,毗邻首都新德里。2010 年 1 月,该公司被上汽通用香港投资有限公司全资收购。2015 年,资产总额 327.77 亿卢比,从业人员 4 928 人。

通用汽车印度私人有限公司在印度主要生产销售雪佛兰品牌汽车,在古吉拉特邦和马哈拉施特拉邦拥有两个整车生产工厂,年产能力 28 万辆。同时在马哈拉施特拉邦整车工厂内设有发动机工厂,年产能力 16 万台。2010 年 1 月通用上汽印度成立后,引入多款上汽产品。2012 年 11 月,生产销售从上海通用汽车有限公司引进的赛欧轿车,该车上市当年在彭博社和 *Autocar* 杂志举办的 2012 年度车型评选中获印度年度紧凑型轿车奖,2013 年 5 月,生产销售从上汽通用五菱汽车股份有限公司引入的五菱宏光车型,上市当年彭博社和 *Autocar* 杂志举办的 2013 年度车型评选中获年度 MPV 奖。至 2015 年,通用上汽印度的雪佛兰品牌在印度 220 个城市建有 285 个销售网点和 278 个服务网点。

2015 年,通用上汽印度销售汽车 58 116 辆,实现营业收入 308.61 亿卢比。其中,在当地销售雪佛兰赛欧轿车 36 518 辆,向拉美地区出口轿车 21 598 辆。2010—2015 年,累计销售汽车 75 412 辆,其中雪佛兰赛欧轿车 44 840 辆、五菱宏光 30 572 辆。

五、上汽正大有限公司

上汽正大汽车有限公司(简称上汽正大)成立于 2013 年 2 月,由上海汽车集团股份有限公司与泰国正大集团合资成立。上汽集团通过上汽香港投资公司和上汽 MG 汽车英国有限公司共持股

图 5-1-20　上汽正大外景

51%,正大集团子公司正大汽车控股有限公司持股 49%。该公司注册地位于泰国曼谷,注册资本 24.94 亿泰铢(约合 4.99 亿元人民币)。2015 年,资产总额 4 亿余元,从业人员约 600 人。

上汽正大主要生产销售 MG 品牌乘用车,在泰国春武里府合美乐工业园区建造整车生产装配工厂。2013 年,厂房改造和主要设备安装调试基本完成,工厂占地面积 6.4 万平方米,建筑面积 1.5 万平方米,主要生产右舵车,年产能

力 10 万辆。2014 年 6 月,首辆 MG6 轿车下线。至 2015 年,上汽正大汽车已在泰国上市 MG6、MG3、新 MG6、MG5 计 4 款车型,新产品还进入东南亚市场。

2013 年 5 月,上汽正大在泰国曼谷成立负责 MG 乘用车销售和售后服务的 MG 销售(泰国)有限公司。至 2015 年,该公司在泰国设立经销商网点 64 家。2014 年,上汽正大汽车销售 MG 乘用车 280 辆,销售收入 1.9 亿泰铢(约合 3 800 万元人民币)。2015 年,销售 MG 乘用车 4 899 辆。其中,MG6 车型 686 辆,MG3 车型 3 587 辆,MG5 车型 425 辆,新 MG6 车型 201 辆,销售收入 28 亿泰铢(约合 5.6 亿元人民币),销量和销售收入分别比 2014 年增长 16.5 倍和 13.7 倍,在泰国汽车公司中销量排名第 14 位。2014 年和 2015 年合计销售汽车 5 179 辆。

六、南京南汽专用车有限公司

南京南汽专用车有限公司(简称南汽专用车)于 2003 年 1 月成立。其前身是成立于 1992 年 11 月的跃进轻型汽车股份有限公司专用车分公司。2003 年 1 月,公司转制为法人企业,由跃进汽车股份有限公司、跃进汽车集团贸易公司、南京九龙工贸公司 3 家企业出资组建。2006 年 8 月,公司股权转至南京汽车集团公司和意大利余泰和兄弟公司,成为中意合资企业。其中南汽集团持股 75%、意大利余泰和兄弟公司持股 25%。2007年 2 月,意大利余泰和兄弟公司将股权转让给意大利籍自然人余序闹和余序浪,两人各持股 12.5%。公司注册地址在江苏省南京市秦淮区大明路 9 号,占地面积 5.72 万平方米,

图 5-1-21　南汽专用车外景

建筑面积 2.95 万平方米。2015 年,公司注册资金 5 000 万元,资产总额 2.24 亿万元;从业人员 200 人,其中,管理人员 20 人,技术人员 61 人,生产人员和辅助人员 119 人。

南汽专用车主营产品为自主品牌畅达牌专用车及特种车,公司依托跃进汽车集团专用车研究所,开发设计军用车、新能源场馆车、工程车、医疗车、多功能服务车、警用车、高档商务车、防弹押运车、宣传车、冷藏车、市政水务用车及煤矿专用车等十二大系列上百个品种,拥有专利 59 项。2010 年,公司自主研发生产的 370 辆新能源场馆车参与上海世博会车辆运营,获得国家科技部和上海世博局肯定。畅达牌分别于 2009 年 3 月和 2011 年 12 月被评为南京市名牌和江苏省名牌。

南汽专用车建有本部工厂及南京南汽畅通公路机械有限公司、南京凯迪专用车有限公司 3 个生产基地,2015 年总产能 9 000 辆。本部工厂占地面积 2.66 万平方米,建筑面积 1.38 万平方米,主营医疗车、多功能服务车、警用车等各类专用车,至 2015 年投资总额 2.24 亿元,产能 6 000 辆;南汽畅通公路机械成立于 2003 年 4 月,是南汽专用车与南京瀚爵汽车科技有限公司合资成立的股份制企业,股比为 55%∶45%,公司占地面积 2 万平方米,建筑面积 1 万平方米,主营公路机械和市政工程类专用车,至 2015 年投资总额 3 842 万元,产能 1 000 辆,2015 年销售 112 辆,销售收入 4 800 万元。南京凯迪专用车成立于 2003 年 1 月,是南汽专用车全资子公司,占地面积 1.06 万平方米,建筑面积 5 750 平方米,主营工程车和军用车,至 2015 年投资总额 2 054 万元,产能 2 000 辆。

南汽专用车营销采用网销和直销两种模式。其中,网络营销依托南京依维柯汽车有限公司全国经销商网络,直销由公司销售团队负责。2003 年销售 3 120 辆,销售收入 5 310 万元,利润总额 511 万元。2015 年销售 9 061 辆,销售收入 47 762 万元,利润总额 1 181 万元,分别比 2003 年增长 1.90 倍、7.99 倍和 1.31 倍。2003—2015 年累计销售 84 720 辆。

表 5‐1‐17　2006—2015 年南汽专用车经营情况统计表

年份	资产总值(万元)	产品销量(辆)	销售收入(万元)	上交税收(万元)
2006	10 588	4 619	20 467	542
2007	9 154	5 793	25 902	1 310
2008	11 627	6 676	28 771	1 130
2009	13 888	7 323	35 128	1 075
2010	16 376	8 002	41 598	1 648
2011	20 377	8 380	41 490	1 763
2012	24 246	7 722	48 209	904
2013	20 907	8 712	45 863	2 283
2014	21 662	8 555	46 098	2 440
2015	26 928	9 061	47 762	1 937

资料来源:南京南汽专用车有限公司

七、上汽唐山客车有限公司

上汽唐山客车有限公司(简称上汽唐山客车)成立于 2011 年 5 月 12 日,由上海汽车集团股份有限公司、唐山市公共交通总公司、唐山市曹妃甸区海兴投资有限公司合资组建,注册资本 1.7 亿元,三方分别占股51％、25％和24％。该公司是上汽集团第一个沪外新能源汽车战略合作项目和产业基地,主要生产经营公交客车和新能源客车等,该公司地址位于唐山市唐海县曹妃甸区中企业园区上汽大道5号,占地面积18万平方米,建筑面积3.9万平方米,资产总额7.53亿元。2015年,从业人数204人,其中:合同制员工194人、劳务派遣制员工10人;管理人员8人、技术人员15人、生产人员171人、辅助人员10人。

上汽唐山客车有限公司生产销售飞翼品牌客车,主要产品包括7米~18米公交客车和7米~12米新能源旅游客车等,产品动力包括纯电动、混合动力、天然气、二甲醚和柴油等。2011年10月,上汽唐山客车曹妃甸新能源汽车一期项目开工建设,总投资3.3亿元。2012年11月,完成土建进入设备安装调试。2013年8月,项目竣工投产,建成拥有车身生产线、涂装生产线、总装生产线和检测线,双班年产能力3000辆的新能源客车生产基地。同年,上汽唐山客车筹建包括节能与新能源汽车开发平台的企业技术中心,至2015年,该中心有技术人员40余人,研发并上市8米、10米、12米纯电动客车及插电式混合动力客车等10款车型。

2013年,上汽唐山客车销售公交客车500辆,销售收入2.12亿元。2014年,销售客车605辆,其中新能源客车90辆,销售收入2.89亿元。2015年,销售客车270辆,其中新能源客车120辆,销售收入1.95亿元。2013—2015年,累计销售1375辆,其中新能源客车210辆。

八、上汽青岛清洁能源客车有限公司

上汽青岛清洁能源客车有限公司(简称上汽青岛清洁能源客车)前身为2012年10月17日成立的青岛海西客车有限公司,注册资金1000万元。2014年9月9日,该公司更名为上汽青岛清洁能源客车有限公司。同年11月7日,上汽青岛清洁能源客车由上海汽车集团投资管理有限公司与青岛海西建设投资集团有限公司出资成立,注册资本1.96亿元,其中上汽集团和青岛海西城市投资有限公司分别占51.02％和48.98％。公司地址为山东省青岛市黄岛区骊山路169号,占地面积23.38万平方米,建筑面积14.75万平方米,资产总额2.31亿元。2015年,从业人员18人,其中合同制员工3人,其他人员15人。

上汽青岛清洁能源客车是上汽集团沪外新能源汽车研发和生产基地,主要制造销售客车和新能源客车,产品开发由上海汽车集团股份有限公司商用车技术中心负责。2015年6月,上汽青岛清洁能源客车开始工程建设,规划总占地面积10.37万平方米,总建筑面积14.75万平方米,规划客车年产能力8000辆。其中一期工程投资总额5.81亿元,占地面积3.97万平方米,建筑面积4.91万平方米,规划年产能力双班5000辆。

图 5-1-22 上海彭浦外景

九、上海彭浦机器厂有限公司

上海彭浦机器厂有限公司(简称上海彭浦)前身为1958年10月30日由上海造纸机械厂、上海铸造厂和上海机锻厂等16家工厂合并成的上海冶金通用机械厂,主要生产冶金车辆、炼焦设备等产品。1959年3月18日,更名为彭浦机器厂。2004

年1月8日,该厂通过资产重组从上海电气集团有限公司划归上海汽车工业(集团)总公司,并更名为现名(上海彭浦)。2008年,上海彭浦成为上汽集团全资子公司。公司注册地址为上海市闸北区共和新路3201号,占地面积204 425平方米,建筑面积92 251平方米。2015年11月,该公司迁址上海市浦东新区沧海路288号,占地面积312 284平方米,建筑面积79 864平方米。2015年,该公司注册资金7.6亿元,资产总额11.2亿元;从业人员701人,其中:合同制员工689人,劳务派遣制员工12人;管理人员199人,技术人员133人,生产人员251人,辅助人员101人,其他服务人员17人。

　　1964年6月,彭浦机器厂试制成功当时国内最大马力推土机上海100型推土机。1965年3月,锻压车间改建为锻造分厂。1966年5月,该厂一分为二,南面厂区称为上海造纸机械厂,北面厂区仍为彭浦机器厂。同年至1976年,为加强军工产品生产,专门成立两个军工车间,以后两个军工车间内迁至江西,改称9353厂和9446厂。1970年7月,该厂生产的上海120型推土机开始装备部队。1978年7月,该厂锻造分厂划出成立上海重型模锻厂。

图5-1-23　1964年彭浦机器生产的中国第1台大型上海100型推土机

　　1979年,该厂开始实施被列为国家"六五"重点项目的日本小松制作所D155A推土机制造技术引进项目,利用引进技术生产的320型大马力推土机国产化率达91.8%,填补国家大马力推土机生产的空白。1986年,实施被列为国家"七五"重点技改项目的美国卡特彼勒公司D6D推土机制造技术引进项目,同年产品开始出口。至1989年,履带式推土机销往澳洲和北美。1995年9月,产品出口印度尼西亚和巴基斯坦,成为中国大马力推土机出口基地。2000年1月,彭浦机器厂与上海建筑机械厂合并,生产推土机和挖掘机。同年6月,签约出口南斯拉夫联盟共和国60台PD320Y-1推土机,出口量创最高纪录。2001年6月,新产品TY160推土机装备工程兵部队。同年11月,首批T120A-G1军用高原型推土机提供部队。2003年,推土机产销突破1 200台,年产销超过4亿元大关。

　　2004年,上海彭浦经上汽集团和上海电气集团改制重组后,继续生产销售履带式推土机和挖掘机等产品,当年销售推土机526台、挖掘机27台,合计553台。2006年8月,上海彭浦推土机为2010年上海世博会园区建设全面开工挖下第一铲。2012年7月,上汽集团批准上海彭浦选址临港新城装备产业区。2014年4月,上海彭浦自主研发及制造项目在新址开工建设,项目规划总投资25.3亿元。2015年11月,一期项目竣工,实际投资6.26亿元。

　　上海彭浦设有技术中心,并于2005年被评为上海市市级技术中心。该中心设立总体结构、传动液压、动力控制、技术管理、试验认证、产品改进和产品工艺等科室,研发人员81人。2005年和2009年,技术中心开发的PD410Y-1履带式推土机先后获评上海市重点新产品和上海市自主创新产品。

　　上海彭浦主要产品包括巨力牌PD165Y系列、PD220Y系列、PD320Y系列、PD410Y系列履带式推土机以及挖掘机。2010年和2012年,彭浦产品连获上海市名牌和用户满意产品称号。2015年,受公司搬迁及行业市场周期性调整影响,销售推土机161台、挖掘机82台,合计243台,销售收入1.5亿元。其中,推土机销量位居国内同行第6位。2004年进入上汽集团后至2015年,上海彭浦累计销售推土机5 709台、挖掘机2 641台,合计8 350台。

表 5‑1‑18　2004—2015 年上海彭浦经营情况统计表

年份	资产总值（万元）	产品销量（台）			销售收入（万元）	上交税收（万元）
		推土机	挖掘机	合计		
2004	49 668.02	526	27	553	28 983.81	717.07
2005	43 736.78	498	71	569	38 042.87	1 220.30
2006	59 440.77	446	60	506	47 371.92	722.35
2007	64 323.49	574	101	675	78 248.44	1 134.30
2008	79 447.63	680	218	898	76 614.71	1 174.20
2009	87 740.73	485	433	918	63 273.20	857.39
2010	93 511.33	675	550	1 225	78 088.59	2 000.31
2011	95 006.03	706	529	1 235	74 926.32	437.15
2012	90 424.89	394	123	517	33 814.51	211.72
2013	144 614.31	347	271	618	35 400.07	320.75
2014	110 120.86	217	176	393	23 791.61	449.36
2015	112 052.17	161	82	243	14 970.20	327.20

资料来源：上海彭浦机器厂有限公司

第八节　关停并转的整车整机企业

一、上海汽车厂

上海汽车厂前身是民国 4 年(1915 年)开设于上海市法租界宝昌路(现淮海路)228 号的德商宝昌公司,民国 7 年(1918 年)归属英商利喊汽车公司,民国 20 年(1931 年)迁往上海市茂名南路 100 号,经营机动车进口及修理,经销奥斯汀和雪佛莱轿车。民国 36 年(1947 年),该公司 98% 股权由孔令侃收买。上海解放后,由上海市军管会接管,改称军管利喊汽车公司。1950 年 1 月至 1958 年 3 月,随其管辖机构的数度调整而七易其名,但均隶属于商业系统。1958 年 4 月,划归上海市机电局动力机械制造公司,并由上海交电站汽车装修厂更名为上海汽车装配厂。1960 年 8 月 11 日,易名为上海汽车制造厂,迁址于上海市嘉定区安亭镇于田路。1971 年,在安亭镇洛浦路增建新厂。1979 年 12 月 20 日,改名为上海汽车厂。

20 世纪 50 年代末,上海汽车厂实现整车制造的重大突破。1957 年 9 月 16 日、同年 12 月 26 日和 1958 年 9 月 28 日,该厂连续试制成功第一辆吉普车、第一辆三轮汽车和第一辆凤凰牌轿车,企业从汽车修配进入整车制造。特别是凤凰牌轿车试制成功,奠定了上海汽车工业轿车发展的基础。1960 年,该厂生产的上海‑58 型三轮汽车年产 1 317 辆,凤凰牌轿车年产 12 辆,总产值从 1956 年的 177.4 万元增至 1 160.7 万元,员工从 289 人增加到 518 人。1963 年,上海‑58 型三轮汽车年产量突破 1 500 辆。1964 年,凤凰牌轿车更名为上海牌轿车。1969 年,三轮汽车年产达到 2 500 多辆,创历史最高纪录。同年,该车转由上海市手工业局生产,1957—1969 年,上海汽车厂累计生产上海‑58 型三轮汽车 1.89 万辆,该车成为 20 世纪 60 年代上海主要运输工具之一。1972 年 10 月,上海汽车厂开始实施轿车扩建项目。1973年,上海牌轿车年产突破1 000辆。1975年,扩建项目建成,形成5 000辆轿车年产能力,上海汽车厂成为当时中国轿车批量最大的制造基地。1982年,上海牌轿车年产突破5 000辆。1985年,上海汽车厂轿车产量达到5 200辆,工业总产值增至2.16亿元,职工增至2 498人,建筑面积达到12.12万平方米。

1985年,为支持上海大众汽车的建设,上海汽车厂原址、部分设备和60％职工划属上海大众汽车,企业改与上海市嘉定县联营,在安亭镇米泉路另建新厂房,工厂更名为上海汽车联营厂。至1986年3月,该厂边生产边搬迁完成迁厂任务,新建冲压中心、年产3万台套油漆车间和全长180米总装生产流水线,并承接18个上海桑塔纳轿车国产化配套件项目,通过吸收上海桑塔纳轿车生产先进技术,进一步提高上海牌轿车质量。1991年,上海牌轿车年产超过8 100辆,并形成万辆年产能力,总产值增加到4.55亿元,实现利润8 181.9万元,职工人数减至1 507人。

1992年1月1日,为支持上海大众汽车二期工程建设,上海汽车联营厂上海牌轿车下马,工厂整体并入上海大众汽车有限公司。1958—1991年,上海牌轿车累计生产7.7万辆,加上累计生产的1.89万辆上海-58型三轮汽车,上海汽车厂共生产汽车9.59万辆。

二、上海重型汽车厂

上海重型汽车厂前身是英商公共汽车公司停车场,始建于民国11年(1922年)1月。1950年3月,改名为上海交通器材大队停车厂。1951年1月和1952年8月,先后更名为国营华东汽车装修一厂和国营华东汽车装修厂。1954年7月,改名为上海货车修理厂,隶属于上海市公用事业局。1958年7月,改名为上海市交通运输局货车修理厂。1967年5月,改名为上海货车制造厂,隶属于上海市交通运输局。1979年3月和同年12月,先后更名为上海重型汽车制造厂和上海重型汽车厂,隶属于上海市拖拉机汽车工业公司。厂址位于上海市汶水路251号。

民国11年(1922年)至1949年,上海重型汽车厂具有汽车维修、车身制造和整车装配能力。1949年,工厂占地面积3万平方米,建筑面积8 000多平方米,职工700余人。20世纪50年代,该厂开始制造整车,与另外两家单位联合试制1吨三轮汽车。嗣后,参照日本大发SDF-8型汽车试制4吨载货汽车。1958年3月,试制出红旗-27型轮式拖拉机,同年年底该机转由宝铝汽车材料厂生产。同年5月22日,第一辆双排座4吨交通牌载货汽车在该厂诞生,企业进入整车制造阶段。其时,工厂建筑面积扩大到1.87万平方米,职工人数增至1 329人,生产主要设备209台。1965年和1967年,交通牌4吨卡车年产先后突破600辆和700辆。1969年,该厂形成交通牌4吨卡车3 000辆年产能力,并先后试制成功15吨载重汽车和32吨矿用自卸载重汽车。1970年和1974年,4吨载货汽车年产量先后突破1 000辆和2 000辆。1975年,15吨和32吨载重汽车年产量分别达到500辆和100辆。至1978年,工厂经过技术改造,占地面积和建筑面积分别扩大到14.6万平方米和8.5万平方米,职工增加到2 812

图5-1-24 上海重型汽车厂外景

人,完成工业总产值 1.16 亿元,上缴利税总额 2 567.2 万元。1979 年,32 吨矿用自卸载重汽车停产,累计生产 630 辆。20 世纪 70 年代,交通牌 4 吨载重汽车成为上海主要的交通运输工具。1980 年,交通牌 4 吨载重汽车年产达到 3 500 辆峰值。1981 年,该厂开始实施美国伟步公司 35D 矿用汽车制造技术引进项目。

1990 年,上海重型汽车厂开始承担上海桑塔纳轿车后桥总成配套项目,成为以轿车车桥为主导产品,同时生产载重车和矿用车的企业。同年,为集中力量发展上海桑塔纳后桥产品和重型汽车,交通牌 4 吨载重汽车停产,1958—1990 年该车累计生产 3.87 万辆。1991 年,该厂占地面积 19.8 万平方米,建筑面积 7.63 万平方米,主要生产设备 683 台,工业总产值 1.05 亿元,利税总额 1 133 万元,职工 2 100 人。1992 年 1 月,该厂与上海第二汽车底盘厂、上海汽车底盘厂合并组建上海汇众汽车制造公司,上海重型汽车厂成为该公司的分厂。至此,上海重型汽车厂共生产汽车 4.82 万辆,包括交通牌 4 吨载重汽车 3.87 万辆、15 吨重型汽车 8 900 多辆和 32 吨载重汽车 630 辆。

三、上海拖拉机厂

上海拖拉机厂前身是上海农业机械制造厂,建于 1958 年 5 月,由上海市劳动局第一技工学校、宏记铁工厂、中国钢桶厂、祥生翻砂厂、人民机锻厂等 53 个单位陆续合并而成。1960 年和 1979 年,先后改名为上海拖拉机制造厂和上海拖拉机厂,厂址在上海市杨浦区黄兴路 2012 弄 40 号。

1960 年 7 月,上海拖拉机制造厂开始接产 501 厂试制成功的红旗手扶拖拉机,并更名为工农-7 型手扶拖拉机。1961 年,该厂接收宝锡汽车材料厂试制的丰收-35 型拖拉机并继续试制。1963 年,为集中力量发展手扶拖拉机,丰收-35 型拖拉机转至上海七一农业机械修配厂。1965 年,工农-7 型手扶拖拉机生产 1 812 台,成为上海年产率先达到千台的拖拉机产品。1966 年,该机升级为工农-11 型手扶拖拉机。1969 年,接产上海七一拖拉机厂试制成功的丰收-45 型拖拉机,经二轮试制后生产并定名为上海-45 型拖拉机。1970 年,该厂建筑面积 5.34 万平方米,设备 743 台,职工 2 002 人,形成手扶拖拉机年产 1 万台能力,工业总产值 2 547 万元,利润 406 万元。1973 年,工农-11 型手扶拖拉机年产达 1 万台。1975 年,上海-45 型拖拉机匹配上海内燃机厂 50 马力 495A 型柴油机,产品升级为上海-50 型拖拉机。1978 年,为集中力量发展上海牌轮式拖拉机,工农-11 型手扶拖拉机转至黑龙江省五常县生产,1963—1978 年,该机累计生产 91 951 台。1982 年和 1983 年,上海拖拉机厂先后试制生产上海-504 型和 650 型拖拉机。1985 年 10 月,开始实施意大利菲亚特汽车公司拖拉机制造技术引进项目。同年 11 月,上海-504 型拖拉机在澳大利亚"田间日"国际博览会获拉力赛冠军。1985 年,上海牌拖拉机年产首次突破万台达 1.1 万台。1988 年 10 月,引进意大利菲亚特拖拉机技术试制成功上海-654 拖拉机首台样机。1989 年,上海拖拉机厂占地面积 20.26 万平方米,建筑面积增至 8.56 万平方米,设

图 5-1-25　上海拖拉机厂办公楼

备增至 1 079 台,形成后壳体加工、液压机盖加工、制动器壳体加工、液压泵装配、拖拉机总装配等
15 条生产流水线,职工增至 3 022 人。当年,上海牌拖拉机年产 1.2 万台,创该厂年产拖拉机最高
历史纪录,工业总产值和利润总额分别达到 1.55 亿元和 1 314 万元。

1989 年 12 月 26 日,为实施上海汽车拖拉机工业联营公司的总厂制改革战略,上海拖拉机厂和
上海内燃机厂、上海拖拉机齿轮厂、上海拖拉机底盘厂、上海油嘴油泵厂、上海申光铸造厂 6 家工厂
合并组建上海汽拖联营公司第一家总厂型公司上海拖拉机内燃机公司,上海拖拉机厂成为上海拖
内公司所属拖拉机厂,1992 年改为拖拉机制造部。1960—1989 年,该厂累计生产拖拉机 35.2 万
台。其中,手扶拖拉机 9.2 万台,轮式拖拉机 26 余万台。1990—2015 年,上海拖拉机内燃机公司和
上海纽荷兰农业机械有限公司合计生产轮式拖拉机 27.06 万台。

四、上海丰收拖拉机厂

上海丰收拖拉机厂前身为 1952 年 5 月成立的上海县农具机器厂。1958 年和 1962 年 1 月,先
后更名为七一机器厂和上海七一农业机械修配厂。1962 年 7 月,划归上海市农业机械制造公司。
1965 年 8 月和 1972 年 3 月,先后更名为上海七一拖拉机厂和上海丰收拖拉机厂。该厂位于上海市
闵行区颛桥镇。

1963 年 2 月,上海七一农业机械修配厂继续试制由上海拖拉机制造厂转来的丰收-35 型拖拉
机。同年 9 月和 1964 年,该厂先后试制成功丰收-35 型旱田拖拉机和水田拖拉机。1965 年,水旱
两款拖拉机开始批量生产并出口。1969 年 9 月,上海七一拖拉机厂试制出丰收-45 型轮式拖拉机
后转上海拖拉机制造厂继续试制和生产。同年,丰收-35 型拖拉机年产超过 1 000 台达到 1 010 台,
创上海中型拖拉机年产纪录。至 1975 年年底,上海丰收拖拉机厂拥有 128 台高效专机、7 条生产流
水线和半自动生产流水线,年产量突破 5 000 台。1978 年 10 月,试制丰收-650 型和丰收-654 型拖
拉机。同年,丰收-35 型拖拉机在与日本久保田、井关、佐藤等 8 种国际同马力同等级水田拖拉机对比
试验中,夺得犁耕和旋耕生产率、亩油耗、最大牵引力和水田通过性等 6 项指标第一名,该机由此成为
全国同行唯一被国家第一机械工业部批准出口援外的中型轮式拖拉机,累计出口世界 42 个国家和地
区近 3 000 台,创汇近 1 000 万美元,企业各项经济指标位居全国农机行业之首。1978 年和 1979 年,试
制生产丰收-40 型拖拉机和丰收-35 型运输拖拉机并成为 1981 年热销产品。1979 年,上海丰收拖拉
机厂占地面积 3.04 万平方米,建筑面积 3.85 万平方米,员工 2 000 人,生产拖拉机 8 540 台,工业总产
值 9 390 万元,利润总额 1 487 万元,经济效益达历史最好水平并具备万台拖拉机年产能力。

1981 年 4 月,上海丰收拖拉机厂经国家有关部委和上海市政府有关部门决定,划转至上海市轻
工业管理局,转产自行车;丰收-35 型拖拉机转至上海拖拉机厂并于 1982 年停产。1963—1981 年,
上海丰收拖拉机厂累计生产丰收-35 型拖拉机 6.89 万台。

五、上海客车制造有限公司

上海客车制造有限公司前身是 1996 年 10 月 18 日建立的上海客车制造公司,由原隶属于上海
市公共交通公司的上海电车厂和上海客车厂、上海公交附件厂、上海客车附件二厂等公交客车制造
企业兼并重组后成立,并隶属上海汽车工业(集团)总公司。1999 年 1 月 12 日,上海客车制造公司
和上海飞翼汽车制造有限公司经过资产重组,建立上海客车制造有限公司,为股份制有限责任公

司,上汽集团占股 80.6%,上海汽车工业有限公司占股 15.2%,上海飞机制造厂占股 4.2%。公司总部设在上海市徐汇区东安路 231 号,总装厂位于闵行区光中路 18 号。公司占地面积 20 万平方米,注册资金 1.8 亿元,资产总额 4.54 亿元,从业人员 1 960 名。

上海客车制造有限公司主导产品为各类中型客车、中高档团体车、旅游车和特种车辆以及浦江牌客车底盘、电器控制设备和客车附件等,共十几类品种,适用于公交、客运、团体及旅游客户需要。公司先后开发 SK6102、SK6112、SK6115 等各种公交客车和 FYC6100、FYC6127 等高档旅游车。公司设有总装厂、配件厂、电车厂、销售公司和工贸公司,拥有客车 3 000 辆、底盘 3 000 台年产能力。1999 年,上海客车制造有限公司生产整车 2 477 辆,销售整车 2 500 辆,销售收入 6.2 亿元。2001 年,销售整车 181 辆,销售收入 6 306.6 万元。公司成立至 2001 年,累计销售整车 3 638 辆。

2001 年,上汽集团为提高城市客车制造水平,与瑞典沃尔沃汽车公司合资成立上海申沃客车有限公司,上海客车制造有限公司进入全面资产清理阶段。2010 年 8 月,上海客车制造有限公司正式消壳清算,将上海汽车工业有限公司持有的 15.2% 股权无偿划转至上汽集团,其公司人员劳动关系和社保关系整体转移至上海汽车电器总厂。

六、上海客车厂

上海客车厂前身是上海市公共汽车公司筹备委员会第一修理厂,创建于民国 34 年(1945 年)11 月。1951 年 1 月和 1954 年 7 月,先后改名为上海市公共交通公司修造厂和上海客车修理厂。1970 年 2 月,改名为上海客车厂。1969 年 5 月至 1971 年 11 月,该厂隶属上海市拖拉机汽车工业公司,其余年份隶属上海市公用事业管理局。厂址在上海市襄阳南路 535 号。

上海客车厂是一家专业生产城市公共汽车、无轨电车、团体客车的工厂。民国 34 年(1945 年)至 1949 年,该厂主要从事旧汽车整修和大客车修理,职工人数从 100 人左右增加到 190 人,建筑面积 3 816 平方米,主要生产设备 69 台。1950—1966 年,该厂采用国产汽车底盘生产大客车和无轨电车。初期,征得上海市徐汇区肇嘉浜路 308 号地块,占地面积和建筑面积分别扩大到 2.44 万平方米和 1.79 万平方米,先后建造 4 座车库,2 个辅助车间及总装、发动机、热处理车间、五金仓库等,设备增加到 189 台,形成年产大客车 600 辆能力,职工增加到 1 274 人。期末,年产大客车 539 辆。1967—1982 年,该厂生产 SK600 系列大客车与 SK500 系列无轨电车,设备增加到 310 台,形成年产大客车 1 000 辆能力。1982 年,该厂生产大客车及无轨电车 859 辆,完成工业总产值 4 064.17 万元,利润总额 738.18 万元,职工增加到 1 949 人。1983—1995 年,该厂相继开发 SK6972 型团体客车、SK602 系列大客车、SK502 系列无轨电车、SK642LK 旅游客车、大桥公共客车和 SK6173N 型公共汽车。至 1995 年,生产各类大客车 3 521 辆,完成工业总产值 1.01 亿元,利润总额 41.1 万元;占地面积 3.74 万平方米,建筑面积 3.93 万平方米,主要生产设备 343 台;职工 1 912 人。

1996 年 10 月 18 日,根据上海市政府公交改革统一部署,上海客车厂和上海电车厂、上海公交附件厂、上海客车附件二厂等公交客车制造企业并入经过兼并重组后成立的上海客车制造公司,并归属上海汽车工业(集团)总公司。

七、上海电车厂

上海电车厂前身是英商上海电气建设有限公司下属的一家专业电车修理工场,建于民国 14 年

(1925 年)9 月,场址在上海市华盛路、倍开尔路口(今惠民路口),称为倍开尔路工场。1952 年 11 月,上海市人民政府征用英商电车公司全部资产,该厂由上海市公用局领导。1954 年,倍开尔路工场成为上海市电力公司下属的上海市电车公司修造厂。1957 年 7 月,上海市电车公司撤销,工厂改名为上海市电车修造厂,归属上海市公用事业局公交公司。1960 年、1961 年和 1964 年,厂名先后为上海市公用事业设备修配公司的配件制造厂、配件一厂和电车修配厂。1969 年,上海市公用事业设备修配公司撤销,工厂划归上海市公共交通公司。1987 年 4 月 1 日,工厂改名为上海电车厂,厂部设在上海市杨浦区许昌路 676 号。

1958 年,该厂试制成功大红旗无轨电车,同年 9 月,中国第一辆铰接式无轨电车在该厂诞生。1964 年后,长期为公交车辆服务,主要产品有 2 大类。第一大类为浦江牌大客车底盘及其配件。1970 年,成功试制浦江大客车底盘。1972 年始,工厂批量生产多种型号的浦江客车底盘。至 1995 年,底盘年产能力 1 500 套,累计销售 8 500 套。第二大类为无轨电车控制设备。该厂是当时国内唯一成套生产无轨电车控制设备并和底盘配套的生产企业,成功开发国内首例再生电阻复合制动晶闸管斩波调速装置和单片微机控制箱,无轨电车制造技术在国内保持领先地位。

上海电车厂产品除上海公交系统广泛使用外,销往北京、天津等 29 个城市。1994 年,该厂销售浦江牌底盘 713 套,产品销售收入 5 290.4 万元,利润 839.6 万元。至 1995 年,该厂占地面积 2.19 万平方米,建筑面积 2.57 万平方米;注册资金 945.4 万元,资产总额 6 923.7 万元;拥有机床设备 712 台;职工 890 余人。1996 年 10 月 18 日,根据上海市政府公交改革统一部署,上海电车厂和上海客车厂、上海公交附件厂、上海客车附件二厂等公交客车制造企业并入经过兼并重组后成立的上海客车制造公司,并归属上海汽车工业(集团)总公司。

八、上海飞翼汽车制造有限公司

上海飞翼汽车制造有限公司(简称上海飞翼汽车)前身是上海飞机制造厂汽车制造分部,建于 1981 年 1 月。1994 年 4 月,改名为上海飞机制造厂汽车分厂。1995 年 1 月 1 日,由上海汽车工业总公司和上海飞机制造厂合资组建上海飞翼汽车,股比为 55%:45%,隶属上汽总公司。公司地址在上海市宛平南路百步桥。

上海飞翼汽车主要生产销售飞翼牌系列旅游客车、团体客车和长途客车,公司引进德国梅赛德斯—奔驰汽车公司 OH1318 客车底盘,开发主要应用于旅游和高速公路长途客运的 FYC6100 中高档旅游客车,销往上海、广州、深圳、北京等城市和广西、福建等省市自治区。1995 年,销售整车 391 辆,销售收入 6 086 万元,利润总额 80 万元。1998 年,公司占地面积 4.56 万平方米,建筑面积 1.06 万平方米,注册资本 4 361 万元,资产总额 9 184 万元,员工 557 人,主要生产设备 171 台,年产能力 800 辆客车,销售整车 303 辆,销售收入 1.01 亿元,利润亏损 368 万元。当年成功开发达到欧洲三星级旅游客车水平的 FYC6127 豪华型旅游客车。1995—1998 年,累计销售客车 1 420 辆。

1999 年 1 月 12 日,上海飞翼汽车制造有限公司和上海客车制造公司合并组建上海客车制造有限公司,仍归属上海汽车工业(集团)总公司。

九、上海纽荷兰农业机械有限公司

上海纽荷兰农业机械有限公司(简称上海纽荷兰)于 2001 年 10 月 18 日成立,由上海拖拉机内

图 5-1-26　上海纽荷兰外景

燃机公司与意大利纽荷兰毛里求斯（私人）有限公司合资组建，股比 40%∶60%。公司注册地址为上海市杨浦区翔殷路 999 号，经营地址为上海市杨浦区国定东路 303 号，生产及办公场地均向中方股东租赁，占地面积 4.3 万平方米，建筑面积 6.80 万平方米。2008 年 3 月，外方股东变更为凯斯纽荷兰亚洲控股有限公司。2013 年，公司注册资本 6 700 万美元，总投资额 1.08 亿美元；从业人员 398 人，其中管理人员 51 人、技术人员 43 人、生产人员及辅助人员 304 人。

　　上海纽荷兰主要生产销售上海牌拖拉机及配套发电机、联合收割机和农机具。2002—2003 年，主导产品为上海牌 SH-500 和 SH-650 系列拖拉机。2004 年起，先后开发生产 SNH-500、SNH-650 系列拖拉机和 SNH-70 拖拉机。2007 年起，引进凯斯纽荷兰公司与欧洲同步的 TL/TS 拖拉机技术，先后开发 TL 系列 SNH-80/85、SNH-90/95、SNH-100 大中马力拖拉机和 TS 系列 SNH-110/135 大马力拖拉机，填补上海大马力拖拉机生产空白。2007 年 11 月，上海纽荷兰与湖北黄石神牛拖拉机有限公司以贴牌监制形式进行合作，推出 250、300、350 和 400 计 8 个型号拖拉机，形成 25～135 马力拖拉机产品系列。2010 年，50 马力以下拖拉机停止销售。

　　2002 年，上海纽荷兰销售拖拉机 1.02 万台，国内市场占有率 18.7%，营业收入 4.56 亿元，营业利润 6 200 万元。2005 年，销售拖拉机 1.4 万台，为销量最高年份。自 2009 年起拖拉机销量不断下降。2013 年，销售拖拉机 4 767 台，营业收入 4.2 亿元，分别比 2002 年下降 53.3% 和 7.9%，营业亏损 4 580 万元，国内市场占有率降至 1.5%。2002—2013 年，累计销售拖拉机 11.35 万台，其中上海牌拖拉机 4.30 万台，占 37.89%，SHN（纽荷兰牌）拖拉机 7.05 万台，占 62.11%。

　　由于上海纽荷兰产品综合竞争力不强，市场占有率逐年下降，连续 5 年经营亏损且难以走出困境等原因，上海纽荷兰董事会于 2014 年 6 月决定提前终止合营合同。同年 11 月 25 日，经上海市商务委员会许可，上海纽荷兰农业机械有限公司解散。进入清算程序，2018 年 5 月 29 日完成工商注销。

第二章 研发、投资、金融企业

1973年、1994年和2004年，上汽先后开始拥有产品研发机构、金融型企业和投资型企业。至2015年，上海汽车集团股份有限公司共有8家直管或主要的研发企业或机构、6家直管的投资型企业、4家金融型企业，三类企业合计达到18家。

第一节 研发型企业或机构

一、上海汽车集团股份有限公司技术中心

上海汽车集团股份有限公司技术中心（简称上汽技术中心）是上汽自主品牌和新能源产品研发主体，也是上海汽车集团股份有限公司分支机构，与上海汽车乘用车分公司一体化运作。该中心前身是成立于1973年9月的上海拖拉机汽车研究室，地址在上海市逸仙路50号。1979年12月和1985年4月，该研究室先后更名为上海拖拉机汽车研究所和上海汽车拖拉机研究所。1990年3月，更名为上海汽车研究所。1991年11月，上海汽车工业总公司科技处与上海汽车研究所合署办公，实行"两块牌子，一套班子"管理体制。1992年9月，科技处撤销，上海汽车研究所（上海汽车工业技术中心）成为公司直属科研机构。1994年，该机构被认定为国家级企业技术中心。

2002年，上海汽车工业（集团）总公司撤销上海汽车研究所，组建上海汽车工业（集团）总公司汽车工程研究院，作为集团分支机构与集团技术质量部实施一体化管理，上海内燃机研究所和上海汽车工业质量检测研究所则由工程研究院实施委托管理。2005年9月，该研究院划归上汽集团新设立的上海汽车集团股份有限公司，更名为上海汽车集团股份有限公司汽车工程研究院（简称上汽汽车工程院）。同年11月，该研究院迁址至上海市浦东新区宁桥路615号，与上汽汽车制造有限公司（筹）经营管理系统实行一体化管理。

2007年4月，上海汽车股份有限公司设立技术中心，承接、管理并运用上汽汽车工程研究院资产。同年7月，该工程研究院被注销。同年11月，上海汽车股份有限公司技术中心更名为上海汽车集团股份有限公司技术中心（简称上汽技术中心）。同年12月，该技术中心迁至上海市嘉定区安研路201号，与上海汽车集团股份有限公司乘用车分公司同址办公，占地面积41.7万平方米，建筑面积24.2万平方米。

至2015年，上汽技术中心资产总额8.72亿元；研发人员3258人，其中中方技术人员2999人、外籍技术人员259人。该中心下设整车集成部、安全工程与虚拟技术部、前期工程部、设计部、试验认证部、车身部、内外饰部、底盘部、电子电器部、项目管理部、工程支持部、工程质量部、发动机部、变速箱部、动力总成集成部、动力总成前期工程部、动力总成电控部、动力总成分析试验部、动力总成项目管理部、捷能公司等20个研发部门，拥有国内先进的产品研发体系、实力雄厚的研发团队和国际一流的汽车检测、试验设施。

上汽技术中心能力建设经历由小到大、由弱变强的发展历程。该技术中心产品研发试验基地最初位于上海市逸仙路50号，拥有一定规模的汽车整车试验平台和检验检测设备。1991年12月，

上海汽车工业总公司投资 1.2 亿元在上海浦东金桥建设汽车研究所的产品研发和试验基地,1993年 12 月建成启用,为上汽技术中心金桥分部。1997 年上汽技术中心金桥分部划归泛亚汽车技术中心有限公司。

为加快上汽自主品牌建设,2005 年 12 月 30 日,上汽汽车工程研究院自主品牌研发中心扩建项目一期工程在上海市嘉定区安亭国际汽车城核心研发区奠基。2006 年 9 月,项目开工建设,2008年 9 月竣工投入使用。一期工程占地面积 22.09 万平方米,建筑面积 5.8 万平方米,投资 6.9 亿元,新建 1 号和 2 号研发楼、2 号试验楼、试制车间、联合站房等单体建筑和 35KV 降压站等配套设施。2008 年 8 月,分两个阶段进行的上汽技术中心(上海安亭)扩建项目二期工程启动,第一阶段工程开工建设,2011 年 12 月竣工,项目占地面积 19.65 万平方米,建筑面积 3.3 万平方米,投资 7.71亿元,新建整车造型车间、动力总成研发楼、动力总成试验楼等基建单体;2012 年 12 月,第二阶段工程开工建设,2015 年 12 月竣工,建筑面积 15.19 万平方米,投资额 22.5 亿元,新建 3 号研发楼、综合试验车间、安全试验室车间、耐久试验车间、热能风洞试验车间、动力总成试验车间等基建单体。此外,其他自主品牌能力建设项目投资约 9 亿元。至 2015 年,上汽技术中心总投资 47.9 亿元,其中安亭研发基地投资 46.1 亿元,上汽英国技术中心和上汽南京技术中心分别投资 0.97 亿元和0.77 亿元。

上汽技术中心(上海安亭)研发基地通过一期、二期能力扩建项目建设及功能整合,建成动力总成系统试验室、动力总成零部件试验室、动力总成试制间、造型设计楼、整车排放试验室、整车高低温性能试验室、整车里程耐久试验室、底盘调教试验室、电子转向开发试验室、制动试验室、结构试验室、车身内外饰试验室、整车安全碰撞试验室、振动噪声试验室、紧固件试验室、混合动力联调试验室、动力电池与高压电安全试验室、新能源电控开发试验室、零部件电磁兼容试验室、LabCar 试验室、娱乐系统试验室、整车电气开发测试试验室、车辆竞品对标分析试验室、整车试制车间、热能风洞试验室、质保中心试验室、前瞻开发试验室、整车道路试验间计 28 个研发试验试制机构,并配备整车道路试验先进仪器设备,研发试验试制装备具有国际先进水平。

同时,通过项目实施和能力提升,该中心在车辆安全、车辆动力学、底盘结构、车身内外饰、动力总成、空调、振动噪声、电子电器、造型、排放等多个领域基本形成与自主开发需求相适应的研发、试验和试制能力,具备整车和动力总成完全自主的全新工程技术开发能力,并建立起完善的前期研究和前期工程能力,制定出完善的设计标准、试验认证规范及整车平台标准,创建完善的产品数据和知识管理系统,从而实现真正的自主开发。

2006 年 10 月,上汽在先后推出荣威品牌和荣威 750 轿车之后,加快乘用车自主品牌研发体系建设。2007 年 5 月,上汽收购原 MG 罗孚汽车公司主要研发人员组成的 2010 里卡多咨询有限公司全部股份,成立上汽英国技术中心有限公司,作为上汽技术中心英国分中心,上海和英国两地技术中心开始一体化运营。2009 年 3 月 20 日,南京汽车集团技术中心在上南合作后改组为上海汽车技术中心(南京),与上汽技术中心一体化运作,由此形成中国上海、南京和英国长桥"两国三地"一体化自主品牌研发体系。

上汽技术中心自主品牌产品研发试制始于 1993 年 12 月。1994 年、1998 年和 2001 年先后完成 SH6600 轻型客车、SAIC 经济型轿车和 7 人小客车项目设计研发。2002 年上海汽车工程研究院成立后,开展赛宝多功能车研发。至 2015 年,上汽技术中心完成自主品牌荣威、MG 名爵两大品牌10 余款汽车、新能源汽车和动力总成产品的自主研发项目。其中包括荣威品牌的 950、750、550、350、360、W5 等车型以及荣威 750Hybrid、e550、e50 等新能源汽车,包括 MG 名爵品牌的 MG 名爵

7、MG 名爵 6、MG 名爵 3、MG 名爵 5、MG 名爵 GT 和 MG 名爵 GS 等车型,覆盖乘用车领域各主流细分市场。整车搭载自主研发的、拥有自主知识产权的多款发动机以及变速箱等动力总成产品,包括 K 系列(KV6、K4 1.8T/1.8VCT)、NSE 系列(1.5VCT/1.3L/1.5T/1.5L Plus)、SGE 系列(1.5T/1.4T)、NLE 系列(NLE 2.0T/NLE1.8T)、D19 发动机;MT 系列(SCM250、SCM360)、DCT 系列(DCT250、DCT250AWD,DCT360、DCT360B、DCT360AWD)机械和自动变速箱以及电驱变速箱 EDU。

该中心自主开发的荣威 550 轿车于 2010 年获中国汽车工业科技进步奖特等奖和上海市科学技术奖一等奖、2011 年获得国家科学技术进步二等奖,自主品牌 A 级轿车开发获 2013 年上海市科学技术奖三等奖,AO 级小车平台构建及其系列车型于 2013 年获上海市科学技术奖二等奖,纯电动轿车荣威 E50 自主开发于 2014 年获中国汽车工业科学技术奖二等奖和上海市科学技术奖二等奖。

二、泛亚汽车技术中心有限公司

泛亚汽车技术中心有限公司(简称泛亚技术中心)是中国首家中外合资汽车技术中心,成立于1997 年 6 月 12 日,由上海汽车工业(集团)总公司、上海汽车有限公司和美国通用汽车公司、通用汽车(中国)公司合资组建,投资 5 000 万美元,中美股比 50%：50%。2003 年,泛亚技术中心与上海通用汽车有限公司(简称上海通用汽车)产品工程部进行整合,既作为独立法人,又成为上海通用汽车设计与工程技术中心。中心地址在上海市浦东新区龙东大道 3999 号,占地面积 17.65 万平方米,建筑面积 11.2 万平方米。2015 年,泛亚技术中心股东为上海汽车集团股份有限公司和通用汽车(中国)公司,注册资金 6 900 万美元,中外股比各占 50%,资产总额 165 亿元人民币;从业人员3 190 人,其中：合同制员工 2 946 人,劳务派遣制人员 184 人,外籍人员 60 人;技术研发和工程人员 3 136 人,管理人员 54 人。

泛亚技术中心下设前期车辆开发及整车集成部、售后工程部、车身外饰部、工程数据管理与系统开发部、底盘及动力总成集成部、设计部、工程质量部、空调电子部、内饰工程部、项目管理部、动力总成部、产品价值分析与管理部、试验认证及试车场部 13 个专业部门,运营及工程规划部、党工办、人力资源分部 3 个支持部门。2011 年 11 月,该中心成为首家获评国家级企业技术中心的合资企业。2012 年 9 月,投资 16.43 亿元、占地总面积 5.67 平方公里的上海通用汽车泛亚汽车技术中心研发试验中心(广德)在安徽省宣城市广德县竣工投入使用,成为国内规模最大功能最全的试车场。至 2015 年,该中心建成车辆安全试验室、排放试验室、虚拟评审中心、底盘运动与动力学参数测量试验室、振动噪声试验室、动力总成发动机及变速箱标定试验室、结构试验室、子系统安全试验室、电子电气试验室、材料试验室、热力学风洞试验室等国内第一、世界领先的产品开发设施,中心已具备完整意义上的整车开发能力。2015 年,位于上海市浦东新区金桥地区的新园区开工建设,总投资 21.13 亿元,将于 2017 年竣工。

泛亚技术中心参与美国通用汽车全球开发并注重提升本土化研发能力。1998 年 12 月,完成首辆别克新世纪轿车的引进消化。2000 年,完成别克赛欧轿车的国产化设计改进,该车被誉为中国第一辆家庭轿车并获得 2001 年度上海市优秀新产品一等奖。2002 年和 2006 年,先后完成别克君威轿车的中改型和别克君越轿车的大改型,别克君威轿车于 2004 年获得中国汽车工业科技进步奖一等奖,2006 年,别克君越和别克陆尊轿车同获中国汽车工业科技进步奖二等奖。同年,美国通用汽车开始加快推进全球产品开发架构战略,泛亚汽车技术中心抓住时机积极参与通用汽车全球Epsilon架构长短轴车型项目的开发,负责集成通用汽车在中国、北美、欧洲和韩国4地研发资源,成功主导开发2009年投放全球市场的别克新君越项目的内饰系统,实现中国市场全球首先发布的突破,开发实力和创新能力得到美国通用汽车充分认可。2010年1月和4月,分别推出雪佛兰新赛欧三厢和两厢车型,新赛欧轿车上市后不但在细分市场上拔得头筹,并销往智利、巴西等国,标志着泛亚技术中心已经形成整车及动力总成全过程的开发能力,该产品获得中国汽车工业科学技术进步奖一等奖。同年,全程参与开发的别克英朗和主导开发的自主品牌宝骏630轿车先后发布,市场销售均获成功;设计完成的别克GL8豪华商务车进一步将本土化开发能力拓展至高端车前沿领域,该车研发于2013年获上海市科技进步奖二等奖。2014年8月,凯迪拉克风尚运动豪华轿车ATS-L长轴版上市,该车型是根据中国市场特殊需求打造的高性能入门级国产豪华后驱轿车,加速凯迪拉克品牌在中国的进一步发展。在不断开发投产新车型的同时,该中心还陆续推出"麒麟"、电子商务车、"凤凰"、"鲲鹏"、"畅意"、"别克未来-Buick Riviera"、"源"、"别克商务车"、"别克愿景"、全新"Buick Riviera别克未来"和雪佛兰Chevrolet-FNR计11款概念车,探索和定义未来产品设计方向。其中,全新Riviera别克"未来"概念车获国际顶级设计大奖"红点"奖,成为中国汽车界首获该奖项的概念车;雪佛兰Chevrolet-FNR概念车是泛亚技术中心首次引领雪佛兰全球设计的概念车。

至2015年,泛亚技术中心引进开发的别克、雪佛兰和凯迪拉克三大品牌项目共计30个车型147个款式,覆盖豪华、高端、中高档到经济型乘用车等各个细分领域,汽车研发能力在国内汽车研发机构中处于领先水平。

三、上汽大众汽车有限公司技术中心

上汽大众汽车有限公司技术中心(简称上汽大众技术中心)成立当年即1985年成立产品工程部,负责规划产品开发工作。1989年,成立上海大众汽车技术中心。1992年7月28日,位于上海市嘉定区安亭镇上海大众汽车园区内的上海大众汽车技术中心建成启用。1996年,上海大众汽车董事会批准扩建技术中心。1999年10月,新技术开发中心建成启用。至2015年,拥有包含办公、试制试验在内的技术中心主体和试车场两大区域。其中,试验试制基地占地面积4.92万平方米,建筑面积5.5万平方米;试车场占地面积1.437平方公里;项目累计投资50亿元;研发人员1700人,其中外籍技术专家40人。1997年3月,上海大众汽车技术中心成为首批认定的上海市企业技术中心。2012年10月,获国家企业技术中心称号。

1999年10月新技术中心建成之时,该中心包括造型楼、试制中心、质保测量中心、办公楼、车身综合试验楼、整车试验楼、发动机试验楼和冷冻机房等建筑单体,拥有五轴数控铣床一台和1600吨压机一台等其他设备,初步具备小型冲压零件的试制能力。2002—2015年,在样车试制方面,陆续投资增添了三维激光切割机一台、3D打印机一台、真空浇注机两台、激光跟踪仪一台等设备,初步具备从项目控制、试制准备、工艺设计、白车身、油漆、模型制造、机加工、总装和物流等全过程质量控制的完整样车试制体系;每年能完成500辆以上样车和各类展车、零件、模型的试制。同时,在整车和零部件试制方面,拥有气候模拟试验室、排放试验室、声学试验室等一批先进整车和零部件试验设施,试验涵盖整车集成匹配试验、功能试验、法规认证、定型试验等,涉及汽车动力性、燃油经济性、乘坐舒适性、安全性、使用可靠性等诸多方面。至2015年年底,还规划建设碰撞中心、排放试验中心、声学中心、新零部件试验楼、气囊误爆试验广场和发动机研发试验中心等试验设施。

1997年年底,上海大众汽车技术中心汽车试验场开工建设。2003年8月,建成投入使用,汽车试验场面积1.437平方公里,成为中国第一家专为轿车开发试验而建造的专业试验场和中国第一个达到国际标准的轿车试车场。该试车场拥有高速环道、强化耐久试验道、交变耐久试验道、坡道丘、动态试验区、制动试验道等,可用于整车、底盘、车身及零部件的各种试验。2009年启动试车场一期扩展工程,扩建声学试验广场以及底盘匹配、整车行驶噪声分析和异响检测、涉水和通过性等特殊性能试验道路。

1992年春天,上海大众汽车与德国大众汽车公司和巴西大众共同开发桑塔纳2000型轿车,这是中国汽车企业首次参与国际联合开发。1994年4月,该车型通过国家级技术鉴定。1999年,技术中心完成帕萨特轿车改进设计。2003年起,上海大众汽车加快引进轿车的本土化开发进程,先后完成桑塔纳3000型、帕萨特领驭、波罗劲情和劲取、帕萨特新领驭等车型的本土化开发。特别是2005年启动开发全新A级车型Lavida朗逸,2008年6月投放市场后销量持续攀升,2010年销售25.16万辆,位列当年国内轿车车型年销量第2位,该车成为上海大众汽车本土化开发的标志性车型。2007年,参与德国大众全球合作的全新帕萨特车型开发,这是中国轿车企业首次直接参与国际一流汽车制造商全新产品开发,标志着上汽大众融入大众汽车全球开发体系,该车2010年完成投产,2011年上市。2009年,启动新朗逸家族系列车型研发,2012年2月完成开发推向市场,最大单月销量超过4万辆。至2015年,由朗逸、朗行、朗境组成的Lavid家族设计水平和制造工艺达到国际先进水平,成为上汽大众本土研发的成功典范。同期,上汽大众技术中心本土化开发的车型还包括凌渡、昕锐、昕动、全新桑塔纳家族、波罗、途安、明锐、晶锐、昊锐、速派、途观、野帝等新车型或换型车型,以及德国大众全球旗舰车型C级轿车辉昂。

上海大众汽车技术中心自2007年起开始新能源汽车的研发工作,与高校进行产学研合作,开发帕萨特领驭燃料电池汽车,共研制20辆帕萨特领驭和新领驭燃料电池汽车。2008年,上海大众汽车20辆帕萨特领驭燃料电池轿车为北京奥运会提供交通服务;2009年,该批车辆的16辆参加了在美国加州举行的燃料电池联盟示范运行项目,获得好评;2010年,该批车辆经改型后作为上海世博会服务用车。公司由此获得北京奥运会科学技术委员会及科技部颁发的团体贡献奖及中国产学研合作促进会颁发的中国产学研合作创新成果奖。同年,投资1000万欧元建成新能源试验室,形成电池单体/模组、电池系统、电机、控制器和充电器试验能力。2012年开始,开展插电式混合动力车型研究,至2015年,形成包括整车内外造型与前期研发,车身研发,发动机、底盘、电器和新能源系统集成开发以及整车试制、试验与认可的本土研发能力,每年能同步开发8～10个全新车型及更多年度车型,累计开发大众和斯柯达两大品牌30余个车型。

上海大众汽车技术中心开发的产品获得诸多荣誉奖项。1995年,桑塔纳2000型轿车获上海市优秀新产品一等奖。1998年,桑塔纳2000型轿车获国家科技进步奖二等奖和中国汽车工业科技进步奖一等奖。2001年,帕萨特项目获得上海市科学技术进步奖二等奖。2006年,Polo劲情、劲取轿车获《财富》杂志中国年度最佳创新设计奖。2007年,帕萨特领驭轿车获中国汽车工业科学技术进步奖二等奖和上海市科学技术奖二等奖。2010年,朗逸轿车获得由国家知识产权局颁发的第12届中国专利评审中国外观设计优秀奖。2011年,朗逸轿车获中国汽车工业科技进步奖三等奖。2013年,全新帕萨特轿车开发获上汽技术创新奖一等奖。2014年,新朗逸轿车开发获上汽技术创新奖一等奖。2015年,上汽大众整车异响分析平台建设获中国汽车工业科学技术奖三等奖;新桑塔纳轿车整车开发获上汽技术创新奖二等奖。至 2015 年,上汽大众技术中心拥有国家授权专利 445 项,其中发明专利 43 项、实用新型专利 197 项、外观设计专利 205 项。

四、上海汽车集团股份有限公司商用车技术中心

上海汽车集团股份有限公司商用车技术中心(简称上汽商业车技术中心)成立于 2007 年 5 月 31 日,是上海汽车集团股份有限公司商用车研发基地,下设项目管理部、规划发展部、车身及造型部、底盘与电子电器部、动力总成部、新能源与新动力开发部、整车集成部、检测与试验中心、试验认证部、工程支持部、产品支持部等研发试验部门。该中心位于上海市杨浦区军工路 2500 号,占地面积 6.68 万平方米,建筑面积 4.03 万平方米。2015 年,资产总额 4.19 亿元;从业人员 1 370 人,其中研发人员 1 101 人、管理人员及其他人员 269 人。

2012 年 2 月—2015 年 2 月,上汽商用车技术中心完成总投资 2.4 亿元的自主品牌商用车研发能力建设一期项目,建成动力总成半消声室、声品质分析室、模态试验室、整车电子试验台、底盘调教试验室、车身门盖耐久试验台、动力总成试验台、换档操纵试验台、材料试验室,具备发动机标定、Benchmarking、瞬态排放、整车道路模拟等高响应动态台架试验能力。同时,建立以道路试验为基础的试验认证设施及商用车研发管理系统,初步形成产品试制,汽车电子、动力总成等认证分析能力。

2009 年 12 月,该中心与南京依维柯汽车有限公司合作启动轻型卡车换代开发项目,同期实施伊斯坦纳、新 1T 小卡等项目。2010 年,会同上海申沃客车有限公司等单位研制成功用于上海世博会的混合动力大客车、纯电动大客车、超级电容大客车等新能源汽车,并圆满完成 2010 上海世博会新能源客车安全运营任务,该中心因此获得上海世博会世博园区服务保障先进集体、世博新能源汽车开发和运营系统管理一等奖等称号。同年,上汽商用车技术中心还完成上汽 LDV 商用车收购项目模拟样车和 EP1 造车任务,为后续 EP2 造车、OTS 认可等工作打下基础。至 2015 年,通过全覆盖、全系列研制宽体轻型客车,以及开发多功能 MPV G10 2.0T 和 2.4L 系列车型,初步形成大改型开发、新车型对标开发、S 架构(SUV、PU)车型开发能力。

2011 年,由该中心研制的上汽大通 V80 首批 4 款车型批量生产上市。该研制项目涵盖左舵、右舵、6MT、校车专用车等车型,改进设计难度大、技术要求高,研发人员在保持原 LDV MAXUS 基本风格基础上,结合市场需求,从设计策略、工艺、材料、试验方法等方面进行创新开发,使该系列多款车型顺利进入商用车细分市场。2013 年,由该中心研制的上汽大通 V80 2014 款全系车型全新上市。同年 4 月,研制的首款上汽大通 MPV 概念车 G10 发布。同年 9 月,首辆大通 G10 下线,该车从数据发布到整车下线历时 9 个月,刷新行业纪录。

2014 年 4 月,由该中心研制的国内首款增程式电动宽体轻客 V80 Hybrid 实现全球首发;同年 11 月,大通纯电动 EV80 及 2015 款 V80 发布。2015 款研制的大通 V80 车搭载 6AMT 变速箱、VGT 可变截面涡轮增压技术和 ESP9.1 主动安全系统等多项全球领先技术,在动力、操控、安全、环保四方面具有竞争优势。2015 年,上汽商用车技术中心重点攻关欧 V/AMT/ESP 先进技术后续项目,有序推进升级产品研发,完成全系选配 6AMT/ESP、欧 V＋6AMT 项目的批量生产,欧 5＋WIT 车型、座椅法规升级等工程开发,确保 MAXUS 轻型客车重返欧洲市场。

至 2015 年,上汽商用车技术中心累计获得 260 项专利。其中,发明专利 16 项,实用新型专利 150 项,外观设计专利 94 项。

五、上海内燃机研究所

上海内燃机研究所(简称上内所)于 1956 年 7 月建立,原为机械工业部直属的以科研为主,集科研、生产、贸易为一体的大型综合性研究所。1999 年 8 月 28 日,根据国家关于部属科研院所转制属地的要求,上内所转制为科技型企业,并整体进入上海汽车工业(集团)总公司。该所位于上海市杨浦区军工路 2500 号,占地面积 6.68 万平方米,建筑面积 4.03 万平方米。2015 年,注册资金 4 627 万元,有职工 1 人(其他人员已于 2011 年随着上汽集团整体上市而转入上汽集团商用车技术中心)并设有硕士研究生培养点和博士后流动站。

上内所是多个国家级行业学术机构的秘书单位,具有多个国家级检测认证资格。包括:1981 年起成为中国内燃机学会秘书处,1983 年起成为国际内燃机学会中国委员会秘书处,1985 年成为国家质量监督检验检疫总局授予的国家内燃机质量监督检验中心,1988 年成为国家机械工业内燃机产品质量监督检测中心、上海市内燃机质量监督检验站、国家环境保护部及上海市环境保护局新生产机动车排污检测单位,1991 年起成为中国内燃机标准化技术委员会所在地,1998 年起成为国际标准化组织内燃机技术委员会秘书处及中国团体成员技术归口单位,同年成为国家内燃机新产品检测鉴定机构和中国汽车产品认证中心认证检验实验室。2008 年获评对中国内燃机工业作出突出贡献企业称号。此外,1991 年开始主办《中国内燃机工业年鉴》《内燃机工程》《国外内燃机》《内燃机标准化》等刊物。

"六五"之前,上内所先后完成 95 系列柴油机、R.S 系列小型单缸柴油机,70～75 系列、80～85 系列、90～95 系列小缸径多缸机、6105Q 型柴油机、ZH1105W 型柴油机等产品研制并广泛应用。其中内燃机产品 CAD 系统、高温结构陶瓷零部件、花瓣型燃烧系统、195 型柴油机改进提高、新 100 系列柴油机等项目获国家和部市级以上科技成果奖。"六五""七五""八五"期间,承担国家多项科技攻关和重点开发任务。

2005 年 12 月,上内所成为上汽自主品牌汽车动力总成产品研发基地,并实施技改项目,2009 年 12 月项目竣工,总投资 3 062.38 万元,初步建成比较齐全的专业研究室和试验室。其中内燃机实验室是中国国家认证认可监督管理委员会授权的国家内燃机质量监督检验中心,有动力总成、发动机和主要关键零部件试验台架 35 个,可进行发动机标定、性能开发、排放、NVH、可靠性等各类台架试验,拥有轻型车发动机基本标定系统、自动标定分析系统、瞬态和稳态测功机系统、排气采样分析系统、排放分析标定系统、直采系统、冷却水及机油温控系统、燃烧分析仪等研发试验设备,形成动力总成选型、动力总成集成应用开发、动力总成模拟设计、完善与掌握发动机关键技术、新能源动力总成超前开发、动力总成失效分析等车用动力总成开发 6 大能力,覆盖动力总成开发基础技术研究、产品规划、产品设计、试验研究、产品工程、生产制造技术等各个环节。1999—2015 年,上内所研发试验设备累计投资 1.34 亿元。

1977—2004 年,上内所研发成果获得 12 个重要奖项。包括:1980 年《内燃机滑动轴承润滑理论及设计计算方法》获第一机械工业部二等奖;1991 年《中等功率 R100 系列柴油机设计开发》获国家科学技术进步奖二等奖,《R180 型柴油机研发项目》获国家星火奖三等奖;1995 年《ETS-3A 自动控制发动机试验系统》获机械工业部二等奖;2002 年《摩托车整车及发动机检测、装备制造技术》获国家机械工业局 1998 年科技进步成果二等奖;2010 年《中小功率内燃机第 1 部分:通用技术条件》《中小功率内燃机第 2 部分:试验方法》获中国标准创新贡献奖一等奖;2011 年《非道路用柴油机燃油耗、机油耗限值标准研究》获上海市标准化优秀学术成果奖一等奖;2013年《高效单缸柴油机技术条件》获中国机械工业科学技术奖二等奖;2015年《点燃式发动机安全标准的研制与标准化》获中国机械工业科学技术奖二等奖,《ISO 15619:2013往复式内燃机排气消声器测量方法声压法排气噪声声功率级和插入损失及功率损失比》获上海市标准化优秀技术成果一等奖。此外,2011年该所牵头负责的全国内燃机标准化技术委员会获"十一五"机械工业标准化工作先进集体,2014年该所牵头负责的ISO/TC 70国际标准化组织内燃机标准化技术委员会秘书处获2013—2014年度上海市标准化工作先进集体。

2000年,上内所经营收入4 366万元。2015年,上内所经营收入4 629万元,比2000年增长了6.02%。

六、上汽加州创新中心

上汽加州创新中心成立于2015年10月8日,由上海汽车集团股份有限公司北美投资公司全额投资控股。公司注册地址在美国加利福尼亚州2680 Zanker Road ,San Jose CA95134,USA。2015年,从业人员40余人,其中中国国籍员工3人,外籍员工37人。

该创新中心作为上汽设于美国硅谷的窗口,成立之际即确定围绕上汽集团愿景和战略目标,利用美国硅谷国际创新平台优势,将上汽前瞻技术研究工作充分前移,紧贴产业及相关领域技术前沿,助力上汽自主品牌开辟"蓝海"的发展定位;确定汽车软件工程与控制技术等主要研究方向;确定借助美国加利福尼亚州创新环境和资源,开展汽车专业领域在智能驾驶、人机交互、软件工程、材料科学、能源技术等方面的创新研究等主要功能;确定短期、中期和长期三个阶段的发展步骤,其中2015年10月—2016年年底的短期工作拟开展信息搜集整理、寻求合作资源、评估风投技术、高校技术跟踪、技术快速验证等活动,发挥为上汽科技创新工作服务的作用。

七、国联汽车动力电池研究院有限责任公司

国联汽车动力电池研究院有限责任公司(简称国联汽车电池)前身为北京有色金属总院电池及材料研发团队。20世纪80年代,北京有色金属总院电池及材料研发团队开始从事高性能电池材料研发。1985年研发贮氢合金材料,1993年研发锂电池材料,1995年研发镍动力电池,1998年研发燃料电池催化剂并实现锂离子电池产业化,2000年镍氢动力电池示范运行并研发锂离子动力电池,2005年实现锂离子动力电池产业化,2008年研发下一代动力电池并开始镍氢动力电池应用示范。2010年,北京有色金属总院成立动力电池研发中心。2013年,在中国汽车工业协会支持下,北京有色金属总院联合中国汽车行业部分企业合资组建国联汽车动力电池研究院。2014年5月,该研究院更名为国联汽车动力电池研究院有限责任公司。国联汽车电池注册资金8.5亿元,其中北京有色金属研究总院、华鼎新动力投资基金分别占股31.76%,中国第一汽车集团有限公司、上海汽车集团股份有限公司、东风汽车集团有限公司、北京汽车集团有限公司、华晨中国汽车控股有限公司、宁德时代新能源科技股份有限公司各占股4.71%,广州汽车集团有限公司占股2.35%,天津力神电池股份有限公司占股1.16%。公司注册地为北京市怀柔区雁栖经济开发区雁栖路3号1幢201室;办公地点为北京市怀柔区雁栖经济开发区兴科东大街11号(北京有色金属研究总院怀柔基地4号楼和5号楼),办公面积2.3万平方米。2015年,资产总额5.42亿元;从业人员125人,其中

研发人员近 80 人。

国联汽车电池定位为以企业为主体,以市场为导向,政产学研用相结合的汽车动力电池协同创新平台。至 2015 年,已完成固定资产投资 5 亿元,建成拥有 2 万平方米使用面积的动力电池材料、单体电池、电池系统研发基地和中试验基地,其中动力电池关键技术材料的中试年制造能力达到 1 000 吨、动力电池单体中试年制造能力达到 2.8 亿 WH,装备水平和工程能力达到国际一流水平。2015 年 12 月,国家工业和信息化部将筹备建设以国联汽车电池为主体的国家动力电池技术创新中心。

八、华域汽车系统股份有限公司技术中心

华域汽车系统股份有限公司技术中心(简称华域技术中心)成立于 2011 年 1 月,是华域汽车系统股份有限公司的产品研发部门。2012 年起在上海市徐汇区漕溪北路 400 号上海实业交通电器有限公司 3 号楼 3 楼临时办公,面积 6 000 平方米。截至 2015 年年底,该中心累计固定资产投入 802.89 万元,在职合同制技术研发人员 63 人。

华域技术中心围绕上汽整车产品发展规划和华域汽车零部件发展战略,瞄准汽车“智能化、网联化”发展趋势,前瞻规划和研究智能网联相关零部件系统和产品,为上汽整车企业和零部件企业提供技术服务。技术中心下设产品工程科、项目管理科、技术管理科 3 个专业科室。产品工程科是华域技术中心的华域前瞻研究和自主开发的重要载体。华域技术中心拥有国内最先进、最完整的 ADAS 高级驾驶辅助系统、车身电子系统等相关产品的开发体系、软硬件开发环境及试验验证设备。

至 2015 年,该技术中心在电驱动、智能感知方面完成产品规划,通过自主研发掌握核心技术,实现部分产品产业化布局,包括完成汽车无钥匙进入系统研发,研发成果移交上海实业交通电器有限公司并于当年实现产业化;启动多项智能化汽车电子新产品研发,其中智能驾驶主动感应系统和新能源车车用大功率电动系统平台研发项目将于 2018 年完成。

第二节 投 资 型 企 业

一、上海汽车香港投资有限公司

上海汽车香港投资有限公司(简称上汽香港投资)于 2009 年 6 月 26 日成立,系上海汽车集团股份有限公司全资子公司,公司地址位于香港特别行政区铜锣湾勿地臣街 1 号时代广场 3901 - 3 室,办公面积 459.29 平方米,注册资本 29 690 万美元。2015 年,总资产 86.2 亿元港币,所有者权益 25.9 亿元港币;从业人员 2 人。

上汽香港投资是上汽海外投融资平台,主要经营股权投资、实业投资、商务咨询、区域资金集中运营管理等业务,公司借助香港金融中心地位和优势,配合集团实施国际化经营战略,增强上汽境外投融资及资本运作能力,并逐步向类金融领域发展,成为上汽集团海外资金集中运营管理中心和上汽集团金融板块在海外发展通道。

2010 年 11 月,上汽香港投资参与美国通用汽车公司 IPO 项目并持有 15 151 515 股股份,2013 年 10 月全部抛售后收益 4 165 万美元。2013 年 2 月,与泰国正大集团共同设立上汽正大有限公

司,投资 12.72 泰铢持股 51%。同年 5 月,参股 MG 销售(泰国)有限公司,投资 1 035.3 万泰铢持股 5.1%。2014 年 4 月,与泰国正大集团共同设立大通汽车(泰国)有限公司,投资 9 898 万泰铢持股 49%。同年,开启投资理财业务,投资易方达月月利和双月利产品以及定制债券型基金,至 2015 年 2 月盈利 1 亿元人民币。2014 年 12 月,与上汽北美投资公司、上海汽车股权投资有限公司共同设立上汽加州技术产业风投基金 I 期,并出资 3 000 万美元,持有该基金 30% 股份。2015 年 6 月,与上海汽车国际商贸有限公司共同设立上汽国际印尼有限公司,并出资 5 490 万美元,持股 90%。

2010 年,上汽香港投资总资产 62.4 亿元港币,负债总额 56.3 亿元港币,所有者权益 6.1 亿元港币。2014 年和 2015 年,资产总额分别超过 70 亿元港币和 80 亿元港币。2015 年,总资产增至 86.2 亿元港币,负债总额 60.3 亿元港币,所有者权益 25.9 亿元港币,分别比 2010 年增长 17.34% 和 38.14%。

表 5‐2‐1　2010—2015 年上汽香港投资主要投资项目一览表

序号	投资时间	投 资 项 目	投资项目类型	投资金额	投资回报金额	投资回报率
1	2009 年 12 月	通用上海汽车投资有限公司	股权投资	5 000 万美元	—	—
2	2010 年 2 月	收购 SGM1% 股权项目	股权投资	9 140 万美元	—	—
3	2010 年 5 月	中联汽车电子有限公司	股权投资	50 622.78 万元人民币	28 907.31 万元港币	50.05%
4	2010 年 11 月	参与 GM IPO 项目	股票投资	50 000 万美元	4 165 万美元	8.33%
5	2013 年 2 月	上汽正大有限公司	股权投资	127 200 万泰铢	—	—
6	2013 年 5 月	MG 销售(泰国)有限公司	股权投资	1 035.3 万泰铢	—	—
7	2014 年 12 月	上汽加州技术产业风投基金 1 期	股权投资	3 000 万美元	—	—
8	2014 年 4 月	大通汽车(泰国)有限公司	股权投资	9 898 万泰铢	—	—
9	2015 年 6 月	上汽通用五菱汽车香港投资有限公司	股权投资	5 000 万美元	—	—
10	2015 年 6 月	上汽国际印尼公司	股权投资	5 490 万美元	—	—
11	2015 年 12 月	重庆银行 H 股	股票投资	161 361.37 万元港币	—	—

资料来源:上海汽车香港投资有限公司

二、上海汽车集团投资管理有限公司

上海汽车集团投资管理有限公司(简称上汽投资管理)成立于 2014 年 9 月 17 日,是上汽集团全资子公司,注册资金 30 亿元,注册地在中国(上海)自由贸易试验区富特东一路 370 号 1 幢 4 层,办公面积 50 平方米,专职从业人员 1 人。

上汽投资管理是上汽为适应新业务新业态不断增多的新情况设立的重要投资平台,主营业务为实业投资、资产管理、投资管理和仓储服务等,投资范围包括新能源汽车、互联网汽车、汽车保险、汽车租赁等上汽集团新业务领域。至 2015 年年底，该公司已投资上海汽车集团保险销售有限公司、上汽青岛清洁能源客车有限公司和上汽万向新能源客车有限公司 3 家企业，总投资 3.74 亿元。

表 5 - 2 - 2　2014—2015 年上汽投资管理投资项目一览表

投　资　项　目	投　资　时　间	投　资　类　型	投资金额(万元)
上海汽车集团保险销售有限公司	2014 年 11 月	保　险	17 610
上汽青岛新能源客车有限公司	2014 年 12 月	整车制造	10 000
上汽万向新能源客车有限公司	2015 年 8 月	整车制造	9 800

资料来源：上海汽车集团股份有限公司金融事业部

三、上汽依维柯商用车投资有限公司

上汽依维柯商用车投资有限公司(简称上依投)成立于 2006 年 9 月 12 日，由上海汽车集团股份有限公司和意大利依维柯股份有限公司合资组建，股比 50%∶50%。总部位于上海市黄陂北路 227 号中区广场 1611 室，注册资本 2.245 亿元美元，总资产 6.67 亿元人民币。2015 年员工 4 人。

上依投主要在商用车、柴油发动机和零部件等领域从事投资及相关业务。2007 年 6 月，上依投同时在重庆投资组建上汽依维柯红岩商用车有限公司(简称上依红)和上汽菲亚特红岩动力总成有限公司(简称上菲红)两家公司。上依红原为重庆机电控股(集团)公司全资子公司。上依投以 2.59 亿元从重庆机电收购占上依红 67% 的股权，获得该公司实际控制权。上依红产品包括中高端杰狮和中低端金刚、新金刚重型卡车及各类专用车底盘。2015 年产能 4 万辆，销量 0.87 万辆。截至 2015 年，上依投累计投资上依红 11.97 亿元。上菲红由上依投、意大利菲亚特工业股份有限公司及重庆机电控股(集团)公司合资组建，股比为 60%∶30%∶10%，上依投对其拥有实际控制权。该公司主要制造销售和服务轻、中、重型柴油发动机，产品有 CURSOR、NEF、F1C 三个系列，可满足重、中、轻型商用车及工程机械、船舶、发电机组的动力需求。2015 年，上菲红缸体机加工产能 3.5 万台，缸盖机加工产能 3.2 万台，装配产能 5.9 万台，销量 20 061 台。至 2015 年，上依投累计对上菲红投资 3.48 亿元。

2007 年，上依投单体利润亏损 567 万元，合并利润亏损 6 237 万元。2015 年，单体利润亏损 8.79 亿元，合并利润亏损 9.41 亿元。

四、上汽加州资本管理有限公司、上汽加州技术风投基金公司

上汽加州资本管理有限公司(简称上汽加州资本)和上汽加州技术风投基金公司(简称上汽加州风投)均成立于 2014 年 9 月 19 日。

上汽加州资本由上海汽车集团股份有限公司全资子公司上汽北美投资公司全资控股，主要职能和业务是管理上汽加州技术产业风投基金。公司地址在美国加利福尼亚州 SAIC Innovation Center2680 Zanker Road，San Jose，95134 California。2015 年，该公司管理风投资金 1 亿美元；员工 10 人，其中中国国籍 2 人、外籍 8 人。

上汽加州风投是上汽集团控股公司。该基金一期投资规模为 1 亿美元，其中上汽北美投资公

司占 39％、上海汽车集团股权投资有限公司和上海汽车香港投资有限公司各占 30％、上汽加州资本占 1％。该公司地址在美国加利福尼亚州 SAIC Capital 2882 Sand Hill Road Menlo Park 94025 California。2015 年,该基金规模 1 亿美元,员工 10 人,其中中国国籍员工 2 人、外籍员工 8 人。

上汽加州风投基金公司是上汽在美国硅谷的产业资本投资机构,也是上汽全球创新中心的一个窗口和渠道。该基金致力于把国外先进理念、前沿技术以及商业模式引入上汽集团,配合参与集团自主技术创新发展战略。其投资方向为新能源、新材料技术和节能减排技术,汽车电子、智能驾驶与车联网技术,汽车后市场业务模式等。2015 年 8 月,上汽集团批准上汽加州风投基金 1 期向美国二手车交易平台 BEEPI 投资 1 800 万美元,并取得董事会观察员席位。同年 11 月,上汽集团批准上汽加州风投基金 2016 年 1 期投资计划和该计划第二次资本金 5 000 万美元到位方案。

五、中国汽车工业投资开发有限公司

中国汽车工业投资开发有限公司(简称中汽投资)成立于 1985 年 6 月 18 日,原为中国汽车工业总公司全资子公司。2004 年 3 月,上海汽车工业(集团)总公司重组中汽总公司后,中汽投资成为其全资子公司。2011 年 12 月后成为上海汽车集团股份有限公司全资子公司,公司地址在北京市东城区新中街 68 号聚龙花园 7 号楼。2015 年,注册资本 4 160 万元,资产总额 12.03 亿元;公司及所属企业从业人员 203 人,其中公司本部员工 20 人。

中汽投资经营的范围是投资开发汽车及汽车相关工业技术、汽车及配件生产,销售汽车、摩托车及其配件,经营方式是投资兴办合资和独资企业。2004 年进入上汽集团前,作为原中汽总公司主要投资平台,中汽投资先后投资万向钱潮股份有限公司、航天长峰股份公司、镇江冷藏汽车厂、武汉汽车齿轮厂等 40 个项目。中汽投资是万向钱潮、航天长峰等上市公司的主要发起单位之一和股东。

2004 年中汽投资划归上汽集团后,通过国有资产划转、股权收购等方式,接收原中汽总公司下属多家企业,主营业务转为汽车服务贸易,主要从事上汽集团整车产品销售和服务。至 2015 年,该公司辖有北京中汽华世田汽车贸易有限公司、北京中汽总回国留学人员购车服务有限公司、北京中汽恒盛物资有限公司、北京中汽青泉汽车有限公司及北京中汽华世田汽车贸易有限公司青泉分公司计 4 家企业和 1 家直管分公司。

2005 年,中汽投资营业收入 4 253 万元,净利润 205 万元。2015 年,营业收入 5.93 亿元、净利润 3 629 万元,分别比 2005 年增长 12.96 倍和 16.70 倍。

六、中发联投资有限公司

中发联投资有限公司(简称中发联)于 2008 年 4 月 24 日成立,系在国家发展和改革委员会主导下,由 12 家中国汽车整车企业联合组建,注册资本 2.015 0 亿元,主要经营项目投资、投资管理、技术咨询、技术服务和技术进出口等业务。其中,上海汽车集团股份有限公司占股 20.73％,中国第一汽车集团有限公司占股 20％,东风汽车集团有限公司、长安汽车股份有限公司、奇瑞汽车有限公司各占股 10％,广州汽车集团股份有限公司、吉利控股集团公司、华晨中国汽车控股有限公司、江淮汽车集团股份有限公司、长丰汽车制造股份有限公司各占股 5％,中顺汽车控股有限公司占股 3％,长城汽车股份有限公司占股 2％。法定代表张仁琪。该公司地址位于北京市西城区西四北二条 21

号院 1 号楼 4 层。2011 年 8 月,中顺汽车退股,2％和 1％股份分别拍卖给北京汽车集团有限公司和天海电器有限公司,中发联股东增至 13 家。2015 年总资产 1.95 亿元,管理人员 19 人。

为提高中国汽车自动变速器(DCT)自主研发能力并加速产业化,2008 年 11 月,中发联与美国博格华纳(中国)投资有限公司合资成立博格华纳联合传动系统有限公司,总投资 2 亿元美元,注册资本 6 700 万元美元,中外双方股比为 34％ ∶ 66％。合资双方在辽宁省大连市经济开发区建立自动变速器工厂,主要生产销售双离合器模块、扭振减震器模块和控制模块 3 种自动变速器核心模块,该项目是继联合汽车电子项目后中国汽车零部件行业最大的中外合资项目。2009 年 5 月该项目动工建设,2010 年底项目建成,2011 年 4 月正式投产,形成 50 万套核心模块年产能力。2015 年,该公司生产双离合器 5.38 万套、控制模块 4.76 万套,实现销售收入 3.38 亿元,利润 6 393 万元。

根据合资协议,中发联 13 家股东率先使用博格华纳联合传动系统有限公司,2012—2015 年,上海汽车变速器有限公司分别采购 2 700 套、1.59 万套、2.76 万套和 4.54 万套,约占该工厂生产总量 80％以上。

第三节　金融型企业

一、上海汽车集团财务有限责任公司

上海汽车集团财务有限责任公司(简称上汽财务)成立于 1994 年 5 月 26 日,由上海汽车工业(集团)总公司和上海汽车工业销售有限公司共同投资组建,注册资本 30 亿元(含 1 000 万美元),股比为 98.592％∶1.408％。上汽财务前身是成立于 1992 年 3 月的上海汽车工业总公司结算中心,专司筹措发展上海汽车工业的流动资金,统一办理行业内资金往来结算并进行管理考核。2004 年 12 月,上汽集团发起成立上海汽车集团股份有限公司后,2006 年,上汽财务股东上汽集团变更为上海汽车集团股份有限公司。2015 年,该公司注册资本金增至 73.80 亿元(含 1 000 万美元),注册地中国(上海)自由贸易试验区,办公地址位于上海市静安区康定路 1199 号,建筑面积 4 111 平方米,资产总额 1 738 亿元;从业人员 521 人,其中管理人员 516 人、专业人员 5 人。

上汽财务是中国人民银行批准成立的汽车行业第一批非银行金融机构,主要经营资金结算、汽车金融、公司金融、国际业务、固定收益和证券投资、结算等业务。

在资金结算业务方面:1994—1995 年,上汽财务开展上汽总公司所属企业资金结算业务,降低资金周转天数,提高资金利用效率。至 1997 年,上汽集团内部 90％资金通过该公司体内循环。2000 年,资金结算覆盖至上海大众汽车有限公司位于各地的销售服务中心。2001 年和 2008 年,先后推行具有上汽财务特色的现金管理电子结算系统和基于 SAP 系统的新版现金管理系统。2009 年,上汽财务成为首批参加全国电子商业汇票系统上线运行的金融机构,至 2015 年电子商业汇票业务推广至上汽主要整车企业和零部件企业。

在汽车金融业务方面:2000 年,上汽财务开发封闭贷款和融资租赁两项新业务,满足企业生产资金需求。2001 年,为上汽集团整车销售提供买方信贷和贴现,支持产品销售。2007 年,在荣威和大众品牌整车产品首先开展汽车金融业务,2008 年延伸至斯柯达和 MG 品牌。2009 年,获准开展集团成员单位票据付款人或承兑人的卖方贴现业务。2010 年,经销商批发融资业务覆盖上汽在全国 187 个城市的 432 家经销商。至 2015 年,汽车金融业务进一步覆盖全国 372 个城市 1 941 家经销商,批发融资业务融资余额达 178.11 亿元,零售融资业务累计合同 124.74 万笔,信贷融资余额和个人零售贷款合同量分别比2014年增长24％和68％,零售批发信贷资产质量继续保持业内最优水平。

在公司金融业务方面：1997年,为联合汽车电子有限公司电子喷射项目和延锋伟世通汽车饰件有限公司彩色保险杠项目承诺贷款。1998—2015年,先后5次牵头组织银团为上海通用汽车有限公司项目融资贷款,银团贷款额度合计等值人民币471.1亿元。2009年,为上汽通用五菱汽车股份有限公司组织银团30亿元贷款,成为广西柳州历史上第一次银团贷款。2015年,上汽财务全年日均存款达807亿元,保持稳定增长。

在国际业务方面：1995年,上汽财务启动外汇经营业务,为企业提供外汇存款、贷款、担保、进出口代理结算、外汇调剂等业务。1998年,外汇资产规模突破1亿美元,达1.1亿美元。2008年,先后获得国家外汇管理局批准的结售外汇业务经营资格和中国外汇交易中心银行间即期外汇市场会员资格,成为上海第一家获此资格的企业财务公司。2009年,为49家企业累计办理国际结算业务13.20亿美元,全年结售汇业务交易量达57.83亿元人民币,增幅位列全市金融同业前茅。

2010年,上汽财务获得中国银行业监督管理委员会批复,获批开展远期结售汇及远期外汇买卖业务。2011年,上汽财务获得国家外汇管理局批复,获批开展远期结售汇业务。同年,上汽财务获得中国外汇交易中心批复,批准成为外币对市场远期会员。2013年,上汽财务获得国家外汇管理局批复,获批上线外汇金宏系统,自主办理国际收支申报业务,成为上海第一家也是截至目前唯一一家获此资格的企业财务公司。2015年,上汽财务获得上海银监局批复,获批开展代客人民币和外币掉期、外汇和外汇掉期的业务。同年,获得中国外汇交易中心批复,成为外汇市场掉期会员资格,可开展人民币外汇及外币对掉期交易。2015年,上汽财务全年结售汇业务交易量达222.71亿元人民币。

在固定收益业务方面：1999年,上汽财务开始开展固定收益业务,成为国内首批非银行金融机构银行间债券市场交易成员。2007年,被选举为中国银行间市场交易商协会首届理事单位,成为该协会唯一一家企业财务公司理事单位。2009年,固定收益业务实现收入1.79亿元,在业绩上赶超市场同类债券型基金。2002—2009年,连续7年被评为全国银行间市场优秀交易成员,5次位列交易量百强企业。2015年,固定收益业务实现收益16亿元。

在权益投资业务方面：上汽财务从2003年正式启动权益投资类业务,采取"总体仓位控制、累积浮盈、分步投资"的策略,进行股票、基金及权证等投资品种一、二级市场的申购和买卖。2007年,上汽财务参与一级市场80余只新股申购,实现收益约13.4亿元。同时,在二级市场资金收益率超过200％。2008年,面对全球金融危机和国内市场的骤然变化,上汽财务准确预判、果断清仓,获利7.5亿多元,在业绩上远超大盘和所有开放式基金。2011年,上汽财务准确把握投资时点,仅攀钢钒钛股票单个投资项目就获利7亿元。2015年,上汽财务证券投资总盈利创近8年新高,二级市场盈利绝对回报率为129.9％,上汽财务权益投资在尚未清盘的2016家阳光私募产品业绩排名中位列前50位,属于前3％的水平。

在股权投资方面：上汽财务与美国通用汽车金融服务公司于2004年8月4日成立中美合资上汽通用汽车金融有限责任公司,成为全国汽车业首家汽车金融合资公司。上汽财务投资人民币2亿元,占股比40％。2015年,上汽通用金融公司业务继续保持稳健增长,全年完成零售合同超57万笔,同比增长31.12％;全年实现净利润达17.36亿元;汽车金融信贷资产余额683亿元。

在结算业务方面：1994年,上汽财务开始为上汽成员单位办理结算业务,缩短了企业资金运转周期,提高了资金使用效率。至 1997 年,集团内 90％资金通过上汽财务进行内部结算。2000 年,结算服务延伸至上海大众汽车有限公司位于全国各地的分销中心。2005 年,上汽财务自主开发上线拥有完全自主知识产权的现金管理系统,并于 2009 年成功升级。2009 年,上汽财务首批参加全国电子商业汇票系统的上线运行,并签发上海第一单财务公司承兑汇票。2011 年,上汽财务加入中国支付清算协会,并被推选为理事单位。2013 年,上汽财务成为首批获准以直联方式加入人行大额支付系统进行电子商业汇票线上资金清算试点的 7 家财务公司之一。同年,公司被中国支付清算协会推选为唯一财务公司常务理事单位,并当选中国支付清算协会票据工作委员会常务委员单位。2014 年,上汽财务与人行大额支付系统直联,实现电票线上清算。2015 年,上汽财务签发的电票已广泛运用于上汽成员企业。

2012 年,上汽财务被大公国际资信评估有限公司、联合资信评估有限公司等权威评级机构评定为 AAA 最高主体信用评级,成为全国首家获得最高资质评级的企业财务公司。2014 年,上汽财务商标被评为上海市著名商标。2014—2015 年,上汽财务在全球客户满意度调查权威机构 J. D. Power 开展的中国汽车金融满意度调研中,连续两年位列第一。2015 年,在中国金融机构金牌榜·金龙奖评选中,获"年度最佳风险管理财务公司"称号。同年,在"第六届中国汽车金融年会"上当选"汽车金融 50 人论坛第二届副主席",公司总经理获" 2015 中国汽车金融杰出推动者"称号。

1995 年,上汽财务实现营业收入 1.31 亿元,净利润 0.715 亿元,资产总额 89.77 亿元。1996 年,资产规模突破 100 亿元。2007 年,营业收入突破 10 亿元。2010 年以后,经营业绩增长快速。2011 年,营业收入和净利润分别突破 20 亿元和 10 亿元。2014 年,营业收入、净利润和资产规模分别突破 40 亿元、20 亿元和 1 000 亿元。2015 年,公司营业收入 87.93 亿元,净利润 29.8 亿元、资产总额 1 737.69 亿元,分别比 2014 年增长 1.16 倍、0.22 倍和 0.69 倍,比 1995 年增长 66.12 倍、40.67 倍和 18.36 倍。

表 5 - 2 - 3　1994—2015 年上汽财务经营情况统计表

年份	资产总值(万元)	营业收入(万元)	国内同行排名	净利润(万元)	上交税收(万元)
1994	662 045	5 534	—	3 114	887
1995	897 687	13 051	—	7 153	1 647
1996	1 309 036	15 971		7 731	2 265
1997	1 463 954	24 426	—	11 428	11 175
1998	1 332 709	20 953		10 407	8 115
1999	1 490 201	18 730		8 583	7 184
2000	1 675 871	18 673	—	9 938	9 089
2001	1 919 699	23 729		13 880	8 818
2002	2 183 542	24 494		14 954	8 717
2003	1 861 789	22 645		16 202	6 105
2004	1 379 204	18 132		6 591	836
2005	1 403 789	14 691		5 807	5 567
2006	1 891 437	29 929		16 985	8 256

〔续表〕

年份	资产总值(万元)	营业收入(万元)	国内同行排名	净利润(万元)	上交税收(万元)
2007	2 733 710	134 057	—	80 707	47 634
2008	2 595 993	99 536	—	69 508	23 654
2009	4 393 796	76 134	5	45 489	15 277
2010	6 488 766	132 071	3	84 561	22 239
2011	6 820 319	221 116	4	121 531	32 035
2012	7 724 543	245 013	3	154 306	52 808
2013	9 104 521	347 449	3	196 169	54 511
2014	10 307 178	406 703	3	245 345	56 777
2015	17 376 864	879 257	3	298 041	54 738

资料来源:上海汽车集团财务有限责任公司

二、上海汽车集团股权投资有限公司

上海汽车集团股权投资有限公司(上汽股权投资)成立于 2011 年 5 月 6 日,系上海汽车集团股份有限公司全资子公司,注册资本 5 亿元。2012 年,并入上海汽车创业投资有限公司,注册资本增至 7 亿元。至 2015 年,注册资本增至 33 亿元,资金管理规模 132 亿元。该公司地址在上海市万航渡路 889 号怡达广场 28 层 2801 室,办公面积 200 平方米。2015 年,从业人员 35 人,管理层人员来自汽车、PE 投资、证券等行业以及会计师事务所和律师事务所。

上汽股权投资是上汽国内专业投资管理平台和第三方资产管理平台,主要经营汽车产业前瞻技术孵化投资、产业链风险投资、私募股权投资、融资/上市财务顾问、国内外并购/投资基金、固定收益投资、投资顾问和资产管理等业务。公司建有上海尚颀投资管理合伙企业、上海汽车创业投资有限公司、综合投资部 3 个投资平台,分别定位于私募股权投资、产业链风险投资、短期固定收益投资与定向增发等业务。公司设有专家委员会,并通过投资审查委员会进行投资立项审查和决策审查职能。

2011 年,上汽股权投资资产管理规模为 5.75 亿元,2015 年增至 71.12 亿元,增长 11.37 倍。在已投项目中,产业链风险投资项目 8 个,其中报会 1 个、新三板挂牌 1 个;私募股权投资项目 20 个,其中报会 5 个、创业板上市 1 个、新三板上市 5 个;定项增发项目 9 个,合计签约金额超过 40 亿元。2011 年 11 月投资的阜新德尔汽车部件股份有限公司,已于 2015 年 6 月 A 股上市,4 年半获利 9 332 万元,账面投资回报率 4.66 倍。2015 年,投资主营业务为汽车及工业热交换器产品的美国公司 Thermal Dynamics International(LLC)将于 2016 年上半年获得投资回报。2015 年 3 月,携手国内上市公司银轮股份搭建并购退出构架,完成并购项目的闭环。2015 年下半年,成立创投基金。

2012 年,上汽股权投资资产总额 17.30 亿元,负债总额 10.29 亿元,所有者权益 7 亿元,营业收入 30 万元,净利润 57.39 万元。2013 年,资产总额 28.99 亿元,负债总额 21.95 亿元,所有者权益 7.04 亿元,营业收入 6.27 万元,净收入 275.35 万元。2015 年度,资产总额 58.01 亿元,负债总额

19.14亿元,所有者权益38.87亿元,营业收入1 870万元,净利润1 295万元,分别比2012年增长2.35倍、0.86倍、4.55倍、61.33倍和21.56倍。

2015年,上汽股权投资首次进入国内创业投资领域权威平台清科行业排名,并入围中国先进制造业投资机构10强。

三、上海汽车集团保险销售有限公司

上海汽车集团保险销售有限公司(简称上汽保险)成立于2015年4月8日,为上海汽车集团股份有限公司携上汽通用汽车有限公司、上汽大众汽车有限公司共同组建的专业保险代理公司,注册资金2亿元,三方股东分别占股份75.1%、12.45%和12.45%。注册地址及经营地址为上海市静安区长寿路1111号30楼,办公面积979平方米。2015年,总资产1.97亿元,从业人员44人。其中,合同制员工42人,其他从业人员2人;管理人员7人,业务人员37人。

作为产融并举、跨界创新的一家专业保险代理公司,上汽保险主要业务范围包括:在我国境内(除港澳台地区)代理销售保险产品、代理收取保险费、代理相关保险业务的损失勘查及理赔,以及中国保险业监督管理委员会批准的其他业务。

2015年9月,该公司顺利取得全国范围保险代理资格许可,同年10月完成互联网资质保监备案审核。至2015年年底,该公司在经营结构和经营范围上具备在全国开展业务的能力,并完成与中国人寿保险公司、太平洋保险总公司战略合作协议谈判及签署;同时借全国车险费率改革契机,在江苏省、四川省、山东省、陕西省等费改区域进行省份区域试点推广,并与当地经销商建立紧密的业务联系,为未来业务发展奠定基础。

四、上汽通用汽车金融有限责任公司

上汽通用汽车金融有限责任公司(简称上汽通用金融)成立于2004年8月18日,由上海汽车集团财务有限责任公司(简称上汽财务)、通用汽车金融服务公司(简称通用金融)合资成立,注册资金5亿元,上汽财务占股40%,通用金融占股60%。该公司注册地为上海市浦东新区浦明路160号财富广场F幢,办公面积4 831平方米,另在上海市浦东新区峨山路10号设有1 533平方米的办公场地。2007年4月,上海通用汽车有限公司入股上汽通用金融,同时该合资公司注册资金增至10亿元,股东股比变更为上汽财务占股40%,通用金融占股40%,上海通用汽车占股20%。至2015年,注册资金增至35亿元;公司股权结构调整为上汽财务占45%、GMAC UK PLC通用汽车金融服务(英国)有限公司占比35%,上汽通用占比20%;资产总额471.43亿元;从业人员907人,其中管理人员550人,业务人员357人。

上汽通用汽车金融是全国第一家中外合资汽车金融公司,主营个人汽车贷款、经销商批发融资、经销商展厅融资和二手车贷款等业务。

在个人汽车贷款业务方面,上汽通用金融致力于推出全方位多样化金融产品,2004年8月开业至同年12月底,受理零售车贷申请876笔,放款288笔,年末贷款余额2 764万元。2008年,信贷资产余额增至121亿元。2009年,率先在行业内搭建国内领先的电子商务平台和客户服务呼叫中心,不仅为客户提供传统的等额本息、等额本金、智慧式与分段式还款方式,还于同年和2011年陆续推出"农户贷""小额快速贷""年轻人计划"和"优贷计划"等多样化金融贷款产品,为各类购车群

体降低月供压力提供便利。至2015年年末,该公司为超过236万中国客户提供汽车消费信贷服务,并与全国350座城市4 100多家汽车经销商建立零售信贷业务合作关系,零售金融资产规模由2010年216.68亿元增至2015年的471.43亿元。

在整车批发融资业务方面,上汽通用金融为授权经销商提供商业信贷产品和融资渠道,相继推出新车库存车融资计划、试乘试驾车融资计划、二手车库存车融资计划、零配件融资计划、延期付款计划、展厅建设融资贷款、租赁融资计划等业务,整车批发资产规模迅速扩大。2005年,为上海通用汽车提供新车库存融资超过13.2万辆。2010年新车库存融资增至82万辆,比2005年增长5.21倍。2015年,新车库存融资超过133.9万辆,比2010年增长62.5%;批发资产规模突破211亿元,比2010年年末的40.54亿元增长420.8%。

在融资方面,2007年10月上汽通用金融作为国内第一家非银行金融机构参加国务院批准的全国信贷资产证券化第一批试点工作。2008年1月,获中国人民银行和中国银监会批准,在行业内首发总额20亿元的"通元"第一期个人汽车抵押贷款证券化信托资产支持证券。同年2月,获中国人民银行批准,在行业内率先进入全国银行间同业拆借市场。至2014年12月,该公司共发行3单"通元"系列资产支持证券,发行规模累计近70亿元。2010年10月,在全国银行间债券市场上成功发行首单3年期15亿元金融债券,并获AAA评级,开创中国汽车金融公司发行金融债的先例。2015年5月,完成上海自贸区扩容后首单跨境借款,金额5亿元。6月,该公司成为全国首家注册发行资产证券化产品的机构,当年累计发行70亿元"融腾"系列资产支持证券。至同年年末,成功发行5期资产支持证券,规模达到140亿元;发行两期金融债,规模达到30亿元,公司融资规模和证券发行规模均在行业中处于领先地位。

2015年,上汽通用金融牵头成立首个全国性汽车金融专业委员会。至2015年年末,已吸收23家汽车金融公司为会员单位,覆盖国内各主要汽车金融公司,成为国内最具权威的汽车金融行业组织,上汽通用汽车金融被推选为中国银行业协会汽车金融专业委员会主任单位。

2005年,上汽通用金融资产规模38.11亿元,营业收入9 484万元,净利润1 948万元。2015年,资产规模、营业收入和净利润分别增至689.29亿元、62.80亿元和17.36亿元,分别比2005年增长17.09倍、65.22倍和88.12倍。

表5-2-4　2004—2015年上汽通用金融经营情况统计表

年份	资产总值 (万元)	营业收入 (万元)	净利润 (万元)	上交税收 (万元)	买车信贷 (万元)	涉及车辆 (辆)
2004	50 575	306	−1 238	25	21 967	1 536
2005	381 122	9 484	1 948	381	308 822	27 521
2006	686 300	30 485	5 337	2 576	640 647	67 853
2007	1 221 286	71 614	12 712	7 284	1 208 692	136 581
2008	1 450 849	125 081	26 461	15 745	1 304 288	183 157
2009	1 870 297	134 547	33 655	17 027	1 845 469	256 750
2010	2 866 444	241 476	80 168	28 844	2 572 220	390 579
2011	3 903 822	366 650	121 321	54 292	3 403 580	553 697

〔续表〕

年份	资产总值 （万元）	营业收入 （万元）	净利润 （万元）	上交税收 （万元）	买车信贷 （万元）	涉及车辆 （辆）
2012	4 394 743	482 743	141 571	83 659	4 117 771	728 002
2013	5 086 185	528 785	163 348	74 936	4 658 042	859 845
2014	6 109 300	583 539	173 259	96 598	5 966 868	1 087 825
2015	6 892 889	628 022	173 589	80 223	6 825 731	1 329 463

资料来源：上汽通用汽车金融有限公司

第三章 零部件企业

2015年,上海汽车集团股份有限公司和华域汽车系统股份有限公司共有直管的零部件企业40家,包括底盘系统企业6家、动力总成企业6家、内外饰企业4家、电子电器企业4家、汽车金属成型及模具企业3家、汽车功能件企业5家、汽车热加工企业5家、新能源汽车零部件企业7家。

表5-3-1 2015年上汽集团华域汽车直管零部件企业基本情况一览表

总序号	零部件系统	分序号	企业名称	企业性质	成立时间	主要产品	2015年销售收入(万元)
1	汽车底盘企业	1	上海汇众汽车制造有限公司	合资子公司	1992年1月	汽车底盘	1 466 368
2		2	上海采埃孚转向系统有限公司	中外合资	1994年11月	汽车转向系统	674 095
3		3	上海汽车制动系统有限公司	中外合资	1994年7月	汽车制动系统	339 468
4		4	上海中国弹簧制造有限公司	合资子公司	民国26年(1937年)	汽车弹簧、汽车稳定杆	160 788
5		5	上海联谊汽车拖拉机工贸有限公司	合资子公司	1996年1月	汽车塑料件	86 619
6		6	华域大陆汽车制动系统(重庆)有限公司	中外合资	2015年5月	汽车制动系统	无
7	汽车动力企业	1	上海汽车变速器有限公司	合资子公司	民国14年(1925年)	汽车变速器	897 498
8		2	上海柴油机股份有限公司	上市公司	民国36年(1947年)	柴油发动机	216 318
9		3	上海大众动力总成有限公司	中外合资	2005年4月	汽车发动机	1 053 577
10		4	大众汽车变速器(上海有限公司)	中外合资	2001年10月29日	汽车变速器	145 339
11		5	上海萨克斯动力总成部件系统有限公司	中外合资	2001年12月	汽车离合器	59 462
12		6	上汽菲亚特红岩动力总成有限公司	中外合资	2007年6月	柴油发动机	133 526
13	内外饰系统企业	1	延锋汽车饰件系统有限公司	全资子公司	1994年9月	汽车内外饰件	7 010 000
14		2	上海小糸车灯有限公司	中外合资	1989年9月	汽车灯具	724 839
15		3	上海天合汽车安全系统有限公司	中外合资	1997年4月	汽车安全系统	134 418
16		4	华域正大有限公司	中外合资	2013年6月	汽车内外饰	—
17	汽车电子电器企业	1	联合汽车电子有限公司	中外合资	1995年12月	汽车发动机管理系统/变速箱控制系统	1 604 234

〔续表〕

总序号	零部件系统	分序号	企 业 名 称	企业性质	成立时间	主要产品	2015 年销售收入（万元）
18	汽车电子电器企业	2	上海实业交通电器有限公司	中外合资	1988 年 8 月	汽车电子电器	141 240
19		3	上海法雷奥汽车电器有限公司	中外合资	1995 年 1 月	汽车发电机起动机	382 701
20		4	联创汽车电子有限公司	中中合资	2006 年 4 月	汽车电子电器	27 023
21	汽车金属成型与模具企业	1	上海拖拉机内燃机有限公司	合资子公司	1989 年 12 月	汽车冲压焊接零部件总成	159 708
22		2	上海赛科利汽车模具技术应用有限公司	中外合资	2004 年 6 月	汽车模具/冲压件	325 703
23		3	延锋汽车饰件模具技术有限公司	中外合资	2006 年 12 月	汽车内饰模具	56 800
24	汽车功能件企业	1	华域三电汽车空调有限公司	中外合资	1990 年 5 月	汽车空调系统	334 786
25		2	上海纳铁福传动系统有限公司	中外合资	1988 年 5 月	汽车传动系统	747 744
26		3	上海幸福摩托车有限公司	全资子公司	1964 年	汽车泵类产品	30 782
27		4	上海菲特尔莫古轴瓦有限公司	中外合资	1999 年 12 月	汽车发动机轴瓦	30 421
28		5	上海菲特尔莫古复合材料有限公司	中外合资	2007 年 7 月	汽车发动机轴瓦专用材料	10 437
29	汽车热加工企业	1	上海皮尔博格有色零部件有限公司	中外合资	2001 年 4 月	汽车有色铸件	385 490
30		2	上海科尔本施密特活塞有限公司	中外合资	民国元年（1912 年）	汽车发电机活塞	156 900
31		3	上海圣德曼铸造有限公司	全资子公司	1990 年 5 月	汽车铸件	95 681
32		4	华东泰克西汽车铸造有限公司	中外合资	1998 年 9 月	汽车缸体铸铁件	42 870
33		5	上海乾通汽车附件有限公司	全资子公司	1992 年 6 月	汽车铝合金压铸件	33 922
34	新能源汽车零部件企业	1	上海捷能汽车技术有限公司	沪港合资	2009 年 1 月	新能源汽车动力系统	—
35		2	上海捷新动力电池系统有限公司	中中合资	2010 年 4 月	汽车电池	—
36		3	上海燃料电池汽车动力系统有限公司	中中合资	2001 年 12 月	汽车燃料电池	2 469（2012 年）
37		4	新源动力股份有限公司	股份制	2001 年 4 月	汽车燃料电池	1 396
38		5	华域汽车电动系统有限公司	中中合资	2011 年 3 月	新能源汽车电机	14 295
39		6	上海极能客车动力系统有限公司	中外合资	2011 年 12 月	新能源客车动力系统	5 925
40		7	上汽万象新能源客车有限公司	中中合资	2015 年 6 月	纯电动客车部件	11 700

资料来源：上海汽车集团股份有限公司、华域汽车系统股份有限公司

第一节 华域汽车系统股份有限公司

图 5-3-1 华域汽车外景

一、借壳上市

1996 年,上海巴士实业股份有限公司在上海证券交易所上市(简称巴士股份),证券代码 600741,主要从事公交客运、出租车客运、长途客运服务以及物流租赁等。2008 年 5 月,根据上海城市交通发展规划和上海汽车工业(集团)总公司关于独立零部件业务中性化发展的需要,上海市国有资产监督管理委员会主导对巴士股份进行资产重组。同年 8 月 1 日,上汽集团与巴士股份签署发行股份购买资产的协议。2009 年 4 月 20 日,本次重组交易所涉及的资产交割、新增股份登记、股权无偿划转工作均告完成。同日,巴士股份股东大会通过公司名称变更为华域汽车系统股份有限公司(简称华域汽车)的决议。5 月 22 日,华域汽车在上海市工商行政管理局完成注册变更登记,巴士股份更名为华域汽车,股票代码不变,公司实现从公共交通业务到独立汽车零部件业务的转变,并成为国内 A 股市场门类齐全、流通市值最大的汽车零部件上市公司。公司总股本从重组前的 147 256.24 万股增至重组后的 258 320.02 万股,上汽集团作为华域汽车控股股东持股总数达 155 244.83 万股,占总股本 60.1%。华域汽车注册资金 25.8 亿元,注册及办公地址位于上海市威海路 489 号。

2015 年,华域汽车下辖 31 家直接投资的零部件企业,其中国有企业 12 家、中外合资企业 19 家;汇总从业人员 101 679 人,其中在沪从业人员 54 458 人、沪外从业人员 47 221 人(包括海外人员 18 521 人),合同制员工 66 225 人、劳务派遣制员工 35 080 人、其他从业人员 374 人。

华域汽车总部位于上海市威海路 489 号上海汽车工业大厦裙房,办公面积 3 690.14 平方米。2009 年,该公司更名运行后即设立董事会办公室、行政与法律部、财务部、规划发展部、运营控制部、人力资源部和审计室计 7 个总部机构。至 2015 年,行政和法律部分设为行政事务部和法律事务部,总部机构增至 8 个,并新增公司技术中心,总部人员计 210 人。

图 5-3-2 华域汽车内景

二、法人治理结构

2009 年 4 月 20 日,巴士股份召开年度股东大会,选举产生第六届董事会和第六届监事会。同日,第六届董事会和监事会第一次会议选举胡茂元为董事长、沈建华为副董事长、朱根林为监事会主席,聘任张海涛为总经理;选举战略委员会,审计委员会和提名、薪酬与考核委员会。同年 8 月 4 日,公司职工代表大会联席会议选举职工代表董事和职工代表监事。至此,华域汽车第六届董事会由 9 名董事组成,包括 2 名外部董事和 3 名独立董事;监事会由 3 名监事组成;管理层由总经理、副总经理、财务总监和董事会秘书 4 人组成。至 2012 年 5 月,华域汽车第六届董事会和监事会任期届满,届期内共召开股东大会 3 次、董事会会议 18 次、监事会会议 16 次;董事会战略委员会,审计委员会和提名、薪酬与考核委员各召开会议 3 次、5 次和 2 次。

2012 年 5 月 25 日,华域汽车 2011 年度股东大会选举产生第七届董事会和监事会。同日,第七届董事会和监事会第一次会议选举陈虹为董事长、沈建华为副董事长、薛建为监事会主席,继续聘任张海涛为总经理;选举战略委员会,审计委员会和提名、薪酬与考核委员会。同年 5 月 22 日,公司第二届职工代表大会第十五次联席会议选举产生职工代表董事和监事。至此,公司第七届董事会、监事会和管理层继续分别由 9 名董事、3 名监事和 4 名高管组成,其中董事包括 3 名独立董事。2014 年 12 月 16 日,监事会主席薛建到龄退休,经公司 2014 年度第一次临时股东大会选为监事后,公司第七届监事会第十四次会议选举周郎辉为监事会主席。至 2015 年 5 月,华域汽车第七届董事会和监事会任期届满,届期内共召开股东大会 4 次、董事会会议 20 次、监事会会议 16 次;董事会战略委员会,审计委员会和提名、薪酬与考核委员各召开会议 5 次、15 次和 7 次。

2015 年 5 月 29 日,华域汽车 2014 年度股东大会选举产生第八届董事会和监事会。同日,第八届董事会和监事会第一次会议选举陈虹为董事长、陈志鑫为副董事长、周郎辉为监事会主席,继续聘任张海涛为总经理;选举战略委员会,审计委员会和提名、薪酬与考核委员会。同年 5 月 26 日,公司第二届职工代表大会第 27 次联席会议选举产生职工代表董事和监事。华域汽车第八届董事会、监事会、管理层及董事会独立董事人数与第七届相同。

表 5 - 3 - 2　2009—2015 年华域汽车董事会、监事会、管理层一览表

类 别	负 责 人			成 员		
	职务	姓名	起止时间	职务	姓 名	起 止 时 间
第六届董事会	董事长	胡茂元	2009 年 4 月—2012 年 5 月	董 事	孙持平(外部董事)	2009 年 4 月—2012 年 5 月
					胡鸿高(外部董事)	2009 年 4 月—2012 年 5 月
					张海涛	2009 年 4 月—2012 年 5 月
					陈步林(独立董事)	2009 年 4 月—2012 年 5 月
					张维炯(独立董事)	2009 年 4 月—2012 年 5 月
	副董事长	沈建华	2009 年 4 月—2012 年 5 月		朱荣恩(独立董事)	2009 年 4 月—2012 年 5 月
					薛 建(职工代表)	2009 年 8 月—2012 年 5 月
				董事会秘 书	茅其炜	2009 年 8 月—2012 年 5 月
					杨静怡	2009 年 4 月—2012 年 5 月
第六届监事会	主 席	朱根林	2009 年 4 月—2012 年 5 月	监 事	蒋东跃(职工代表)	2009 年 8 月—2012 年 5 月
管理层	总经理	张海涛	2009 年 4 月—2012 年 5 月	副总经理	荀逸中	2009 年 8 月—2012 年 5 月
				财务总监	吴 珩	2009 年 8 月—2012 年 5 月

〔续表〕

类 别	负责人			成 员		
	职务	姓名	起止时间	职务	姓 名	起 止 时 间
第七届董事会	董事长	陈 虹	2012年5月—2015年5月	董 事	孙持平（外部董事）	2012年5月—2015年5月
					胡鸿高（外部董事）	2012年5月—2015年5月
					张海涛	2012年5月—2015年5月
					陈步林（独立董事）	2012年5月—2015年5月
	副董事长	沈建华	2012年5月—2015年5月		张维炯（独立董事）	2012年5月—2015年5月
					朱荣恩（独立董事）	2012年5月—2015年5月
					陈寿龙（职工代表）	2012年5月—2015年5月
				董事会秘书	茅其炜	2012年5月—2015年5月
					杨静怡	2012年5月—2015年5月
第七届监事会	主 席	周郎辉	2012年5月—2015年5月	监事	蒋东跃（职工代表）	2012年5月—2015年5月
管理层	总经理	张海涛	2012年5月—2015年5月	副总经理	荀逸中	2012年5月—2015年5月
				财务总监	吴珩	2012年5月—2015年5月
第八届董事会	董事长	陈虹	2015年5月—	董 事	张维炯（外部董事）	2015年5月—
					朱荣恩（外部董事）	2015年5月—
					张海涛	2015年5月—
					邵瑞庆（独立董事）	2015年5月—
					张 军（独立董事）	2015年5月—
					尹燕德（独立董事）	2015年5月—
					钟立欣（职工代表）	2015年5月—
				董事会秘书	茅其炜	2015年5月—
					高卫平	2015年5月—
第八届监事会	主 席	周郎辉	2015年5月—	监事	蒋东跃（职工代表）	2015年5月—
管理层	总经理	张海涛	2015年5月—	副总经理	荀逸中	2015年5月—
				财务总监	陈晓东	2015年5月—

资料来源：华域汽车系统股份有限公司

三、所属企业

2009年，上海汽车工业集团总公司零部件业务整体上市，所属直属汽车零部件企业由华域汽车管理。至2010年年末，华域汽车投资管理的二层次零部件企业24家，并按底盘、动力总成、内外饰、电子电器、金属成型及模具、汽车功能件6个系统进行管理。2015年，公司辖有二层次企业31家、三层次企业91家、四层次及以下层次企业114家，投资企业共计226家（含3家交叉投资的企业）。31家二层次企业中，国有企业12家，中外合资企业19家；营业收入纳入合并报表的控股子公司

表5-3-3　2015年华域汽车所属企业一览表

序号	华域汽车占股(%)	二层次企业	三层次企业数	三层次企业
1	100	上海汇众汽车制造有限公司	14家	上海汇众萨克斯减振器有限公司
				上海本特勒汇众汽车零部件有限公司
				上海汇众汽车车桥系统有限公司
				仪征汇众汽车底盘系统有限公司
				烟台汇众汽车底盘系统有限公司
				武汉汇众汽车底盘系统有限公司
				上海汇众经济发展有限公司
				上海蒂森克虏伯汇众汽车零部件有限公司
				上海三立汇众汽车零部件有限公司
				南京汇众汽车底盘系统有限公司
				宁波杭州湾汇众汽车底盘系统有限公司
				沈阳汇众汽车底盘系统有限公司
				湖南汇众汽车车桥制造有限公司
				宁波汇众汽车车桥制造有限公司
2		延锋汽车饰件系统有限公司	12家	延锋伟世通投资有限公司
				延锋汽车饰件系统株洲有限公司
				上海翼锋强汽车前围模块系统有限公司
				延锋彼欧汽车外饰件系统有限公司
				延锋百利得(上海)汽车安全系统有限公司
				延锋印度汽车内饰系统有限公司
				延锋汽车内饰系统有限公司
				延锋汽车饰件系统广州有限公司
				南京延锋东华汽车部件系统有限公司
				上海延锋江森座椅有限公司
				上海延锋江森座椅机械部件有限公司
				江苏天宝汽车电子有限公司
3		上海拖拉机内燃机有限公司	10家	沈阳捷众汽车零部件有限公司
				武汉捷众汽车零部件有限公司
				上海万众汽车服务有限公司
				上海天纳克排气系统有限公司
				上海纽荷兰农业机械有限公司
				山东捷众汽车零部件有限公司
				上海捷众汽车冲压件有限公司
				上海爱得复机械有限公司
				上海爱知锻造有限公司
				上海浦东方菱工贸有限公司
4		上海中国弹簧制造有限公司	7家	天津中星汽车零部件有限公司
				芜湖中瑞弹簧有限公司
				上海环臻弹簧有限公司
				上海三环弹簧有限公司
				上海中炼线材有限公司
				重庆中海弹簧有限公司
				上海弹簧研究所技术检测有限公司
				一

〔续表〕

序号	华域汽车占股(%)	二层次企业	三层次企业数	三层次企业
5	100	华域汽车系统(上海)有限公司	1家	KS Huayu AluTech GmbH
6		上海幸福摩托车有限公司	2家	上海幸福瑞贝门德动力总成有限公司 华域皮尔博格泵技术有限公司
7		上海圣德曼铸造有限公司	1家	上海圣德曼铸造(海安)有限公司 —
8		上海联谊汽车拖拉机工贸有限公司	4家	上海汽车制动器有限公司 上海兴盛密封垫有限公司 上海康迪泰克管件有限公司 上海汽车粉末冶金有限公司
9		上海乾通汽车附件有限公司	1家	上海镁合金压铸有限公司
10	75	上海赛科利汽车模具技术应用有限公司	3家	赛科利(烟台)汽车模具技术应用有限公司 赛科利(武汉)汽车模具技术应用有限公司 赛科利(南京)汽车模具技术应用有限公司
11	70	上海实业交通电器有限公司	9家	上海实业交通电器有限公司电器制造厂 上海实业交通电器(美国)有限公司 上海实业交通汽车部件有限公司 上海恩坦华汽车车门系统有限公司 上海博泽汽车部件有限公司 南京申华汽车电子有限公司 保定实业交通电器有限公司 上海法雷奥汽车电机雨刮系统有限公司 上海恩坦华汽车零部件有限公司
12	60	华域汽车电动系统有限公司	—	
13	51	上海汽车制动系统有限公司	—	
14		上海纳铁福传动系统销售有限公司	—	
15		华域正大有限公司	—	
16	50	上海小系车灯有限公司	2家	重庆小系车灯有限公司 吉林小系车灯有限公司
17		上海法雷奥汽车电器系统有限公司	—	
18		上海皮尔博格有色零部件有限公司	4家	上海金利铝毂制造有限公司 皮尔博格(昆山)有色零部件有限公司 华域皮尔博格安亭(上海)有色零部件有限公司 乾通(烟台)汽车附件有限公司

［续表］

序号	华域汽车占股（%）	二层次企业	三层次企业数	三层次企业	三层次企业
19		上海科尔本施密特活塞有限公司	1家	重庆科尔本施密特活塞有限公司	—
20	50	上海萨克斯动力总成部件系统有限公司	—	—	—
21		上海天合汽车安全系统有限公司	—	—	—
22		华域大陆汽车制动系统（重庆）有限公司	—	—	—
23	49	上海采埃孚转向系统有限公司	2家	上海采埃孚转向系统（烟台）有限公司	上海采埃孚转向系统（武汉）有限公司
24		上海大陆汽车制动系统销售有限公司	—		
25	48	华域三电汽车空调有限公司	6家	上海三电贝洱空调系统有限公司	上海易通零部件有限公司
				上海三电汽车空调有限公司	上海易通阀板有限公司
				苏州三电精密零部件有限公司	上海贝洱热系统有限公司
26	45	上海纳铁福传动系统有限公司	2家	上海纳铁福传动系统扭矩科技有限公司	纳铁福传动轴（重庆）有限公司
27	40	上海菲特尔莫古轴瓦有限公司	—		
28		上海菲特尔莫古复合材料有限公司	—		
29	33.9	亚普汽车部件股份有限公司	10家	芜湖亚奇汽车部件有限公司	亚普汽车系统私人有限公司
				东风亚普汽车部件有限公司	亚普汽车部件（佛山）有限公司
				亚普澳大利亚汽车系统有限公司	亚普俄罗斯汽车系统有限公司
				亚普捷克汽车系统有限公司	亚普燃油系统（宁波杭州湾新区）有限公司
				亚普汽车部件（开封）有限公司	亚普德国汽车系统有限公司
30	25	华东泰克西汽车铸造有限公司	—		—
31		延锋伟世通模具有限公司	—		—

资料来源：华域汽车系统股份有限公司

16 家,采用权益法核算共同控制的合营公司 10 家,采用权益法核算能够实施影响的联营企业 5 家。

四、股本、股东、市值

【股本】

2009 年 5 月,华域汽车重组后总股本从 14.73 亿股增至 25.83 亿股。同年同月至 2012 年 3 月,公司股本结构中国有法人股为 11.11 亿股,占总股份的 42.99%;无限售条件流通股 14.73 亿元,占总股份的 57.01%。2012 年 3 月,控股股东上汽集团持有的 11.11 亿股国有法人股解除限售上市流通,公司所有股份均成为无限售流通股。至 2015 年,公司总股本仍为 25.83 亿股保持不变。同年,经中国证监会批准,公司向特定对象非公开发行 A 股 5.70 亿股,发行价格每股 15.75 元,募集资金 89.70 亿元。该发行事项将于 2016 年 1 月办理登记,届时公司总股本将增至 31.53 亿股。

【股东】

2009 年年末,华域汽车股东总数 21.74 万户,其中控股股东上海汽车工业(集团)总公司持股比例为 60.10%。至 2010 年年末,股东总数为 12.14 万户,控股股东上汽集团持股比例不变。2011 年 10 月,控股股东变更为上海汽车集团股份有限公司,至 2015 年其持股比例均保持不变。2009 年和 2010 年,位列第 2 位的股东为中国建设银行,先后持股 1.72% 和 1.46%,投资项目为博时主题行业股票证券投资基金。2011 年和 2012 年,位列第 2 位的股东为交通银行,先后持股 1.88% 和 1.94%,投资项目为华安策略优选股票型证券投资基金。2013 年和 2014 年,位列第 2 位的股东为易方达资产管理(香港)有限公司,先后持股 2.17% 和 2.42%。2015 年,位列第 2 位的股东为中国证券金融股份有限公司,持股 2.67%。2015 年,华域汽车股东总数为 6.68 万户。

【市值】

2009 年 12 月底,最后一个交易日收盘,华域汽车股价为 11.58 元,总股数 25.83 亿股,总市值 299.11 亿元,成为中国 A 股市场市值最高的汽车零部件上市公司。2015 年 12 月底,最后一个交易日收盘,华域汽车股价为 16.86 元,总股数保持 25.83 亿股,总市值增至 435.49 亿元,继续保持中国 A 股市场规模最大的汽车零部件上市公司地位。

表 5 - 3 - 4　2009—2015 年华域汽车股价与总市值变化统计表

时　间	每股股价(元)	总股数(股)	总市值(亿元)
2009 年 12 月 31 日	11.58	25.83	299.11
2010 年 12 月 31 日	10.21	25.83	263.72
2011 年 12 月 31 日	9.26	25.83	239.19
2012 年 12 月 31 日	11.18	25.83	288.78
2013 年 12 月 31 日	10.14	25.83	261.92
2014 年 11 月 31 日	15.48	25.83	399.85
2015 年 12 月 31 日	16.86	25.83	435.49

资料来源:华域汽车系统股份有限公司

五、收益与分红

2008 年,巴士股份亏损 1 378 万元,每股收益负 0.02 元。2009 年,华域汽车基本每股收益 0.691 元并分红,每 10 股派息(含税)0.491 元,同时每 10 股派年度分红 2.75 元(含税),合计现金分红 7.83 亿元,分红比例占合并报表中归属上市公司股东净利润的 51.13%。2010 年,公司基本每股收益增至 0.973 元,每 10 股派息(含税)2.20 元,现金分红 5.68 亿元,占合并报表中归属上市公司股东净利润的 22.61%。2011—2015 年,公司每股收益逐年上升,现金分红逐年增加。其中 2012 年每股收益超过 1 元达到 1.201 元,分红比例均超过合并报表中归属上市公司股东净利润的 30%;2013 年,现金分红超过 10 亿元达到 12.14 亿元;2014 年,每 10 股派息超过 5 元(含税)。

2015 年,华域汽车根据中国证券监督管理委员会关于上市公司现金分红有关文件要求,制定《华域汽车系统股份有限公司未来三年股东回报规划》,进一步完善公司现金分红机制,充分保障股东权益。同年,公司基本每股收益 1.852 元,每 10 股派息 8.10(含税),现金分红 25.53 亿元,占合并报表中归属上市公司股东净利润的 53.39%,各项数据均达历史最高水平。

表 5‐3‐5　2009—2015 年华域汽车每股收益与现金分红统计表

年份	基本每股收益 (元)	每 10 股派息 (含税、元)	现金分红(元)	占合并报表中归属上市 公司股东净利润比例(%)
2009	0.691	2.75+0.491	782 682 863.84	51.13
2010	0.973	2.20	568 304 038.50	22.61
2011	0.989	3.00	774 960 052.50	25.91
2012	1.201	3.70	955 784 064.75	30.80
2013	1.340	4.70	1 214 104 082.25	35.08
2014	1.725	5.20	1 343 264 091.00	30.15
2015	1.852	8.10	2 553 706 427.04	53.39

资料来源:华域汽车系统股份有限公司

六、融资与投资

【融资】

2009 年和 2010 年,华域汽车均无募集资金或前期募集资金到期情况。2013 年 12 月,公司经批准发行 40 亿元公司债券并在上海证券交易所上市交易,其中 2 年期品种"13 华域 01"发行 12 亿元,5 年期品种"13 华域 02"发行 28 亿元。同年同月底,该项募集资金使用完毕,其中 25 亿元用于收购延锋汽车饰件系统有限公司相关股权,其余补充公司流动资金。2014 年 11 月,2 个品种分别派发利息每千元 56 元和 57.2 元,合计派发 22 736 万元。2015 年 11 月,2 个品种每千元派发利息和合计派发金额与 2014 年相同,2 年累计派发 45 472 万元。同时,"13 华域 01"品种到期摘牌。同年,公司向特定对象非公开发行 A 股 5.70 亿股,发行价格每股 15.75 元,募集资金 89.70 亿元。

【投资】

2009—2015年,华域汽车在上汽集团内部实施的主要资产交易和投资项目合计31项,累计投资80.46亿元。

2009年,华域汽车持有民生银行(证券代码600016)股本5 216.05万元,占该公司股权的5%以上;持有兴业证券(证券代码601377)股本7 183.78万元,占该公司股权的3.22%。至2014年,持有两家上市公司的股份分别为28 454 400股和124 800 000股,持股比例分别为0.83%和2.40%。2015年12月,公司全资子公司华域汽车系统(上海)有限公司出资1.7亿元获得陕西庆华汽车安全系统有限公司35%股权,提升公司在汽车被动安全核心零部件领域技术和资源的掌控能力。

表5-3-6 2009—2015年华域汽车在上汽集团内部的投资收购项目一览表

年 份	投 资 项 目	金额(万元)
2009	增资延锋伟世通汽车饰件有限公司	20 586
	投资设立上海纳铁福传动系统销售有限公司	510
	增资上海采埃孚转向机有限公司	1 960
2010	增资上海拖拉机内燃机有限公司	9 094
	增资亚普汽车部件有限公司	4 874
	增资上海联谊汽车拖拉机工贸有限公司	4 126
	收购上海汽车制动系统有限公司1%股权	1 500
	投资设立上海大陆汽车制动系统销售有限公司	980
2011	收购上海圣德曼铸造有限公司100%股权	3 878
	收购上海幸福摩托车有限公司100%股权	3 010
	收购上海萨克斯动力总成部件系统有限公司50%股权	12 267
	出资设立华域汽车电动系统有限公司60%股权	4 200
	增资上海赛科利汽车模具技术应用有限公司	13 198
	增资上海中国弹簧制造有限公司	2 400
	增资上海拖拉机内燃机有限公司	5 615
	增资上海联谊汽车拖拉机工贸有限公司	1 828
2012	增资上海拖拉机内燃机有限公司	12 491
	增资上海联谊汽车拖拉机工贸有限公司	1 427
	增资华域汽车电动系统有限公司	6 300
	收购上海纳铁福传动轴有限公司10%股权	31 125
2013	收购延锋伟世通汽车饰件有限公司50%股权	564 879
	增资上海纳铁福传动系统有限公司	13 699
	增资上海幸福摩托车有限公司	4 000
	出资华域正大有限公司51%股权	2 034

年　份	投　资　项　目	金额(万元)
2014	出资上海延锋江森座椅机械部件有限公司50％股权	15 000
	增资上海圣德曼铸造有限公司	10 000
	出资设立华域汽车系统(上海)有限公司	20 000
2015	增资上海圣德曼铸造有限公司	5 000
	收购华域三电汽车空调有限公司9.5％股权	18 050
	出资华域大陆汽车制动系统(重庆)有限公司50％股权	3 750
	收购上海乾通汽车附件有限公司31.5％股权	6 822

资料来源:《华域汽车年报》

2009—2015年,华域汽车按照上市公司运作要求,全面实施"零级化、中性化、国际化"业务发展战略。

2009年,华域汽车编制实施符合上市公司管控要求的26项内控制度,并将零部件业务划分为金属成型与模具、内外饰件、功能件、电子电器、热加工件及新能源汽车零部件六大系统。2010年,建立推行对企业运行8个方面23项一级指标进行全面评估的KPI(关键绩效指标)运营绩效管理体系和精益管理体系;同年12月,与贵州航天电器股份有限公司合资成立华域汽车电动系统有限公司,建立新能源汽车核心零部件研发制造能力的平台。2011年,进一步将底盘相关的传动系统、转向系统、制动系统及内外饰、空调系统、乘员安全、车灯、热冲压件等列为重点发展业务,将驾驶辅助、新能源关键零部件等列为重点培育业务,积极谋划布局驱动电机、电力电子、电空调、电动转向等业务,开始推行"一厂一策"技术路线图并成立华域汽车技术中心。2012年,在新能源汽车关键零部件技术、汽车电子、轻量化材料应用等方面研发取得阶段性突破,华域汽车电动系统自主开发的50千瓦驱动电机成功配套荣威E50纯电动车;在上海大众汽车有限公司MQB、上海通用汽车有限公司E2XX和D2XX等项目建设中全面巩固客户战略关系。2013年,收购美国伟世通公司持有的延锋伟世通汽车饰件系统有限公司50％股权;进一步加强与上汽集团以外整车企业战略合作;在泰国合资组建华域正大有限公司并基本完成生产准备工作。2014年,与美国江森自控公司合作组建全球最大的汽车内饰件公司并控股70％;公司技术中心第一个自主研发项目AS21无钥匙进入系统(PEPS)投入生产;公司业外市场份额达到34.85％。

至2015年,华域汽车"零级化、中性化、国际化"战略成效显著。"零级化"方面:公司技术中心智能驾驶主动感应系统(ADAS)开发取得初步成果,公司成为国内首批自主开发车载毫米波雷达的汽车零部件企业,为上汽乘用车、上汽商用车部分车型配套;华域汽车电动系统成功研发新能源汽车驱动电机、电机控制器系列化产品,配套荣威E50纯电动汽车、九龙纯电动中巴车和众泰纯电动汽车。"中性化"方面:在全国20个省市自治区设有288个研发制造和服务基地,进一步巩固与长安汽车、长城汽车、江淮汽车、广汽集团、吉利汽车等整车客户的战略合作关系,汽车仪表板、汽车座椅、安全气囊、传动轴、空调压缩机、转向机、车灯等产品国内市场占有率位居前列,当年公司业外市场比重达39.86％,同比提高5.01％;"国际化"方面:在美国、德国、泰国等10多个国家设有74

个生产基地;汽车内饰、汽车电子、车灯、油箱系统等产品具备国际竞争能力,成为宝马、奔驰、保时捷、丰田、通用、大众等跨国汽车公司配套供应商。华域汽车建成中国业务规模最大、产品品种最多、客户覆盖最广、应用开发能力最强的综合性汽车零部件上市公司。

七、信息披露与投资者关系管理

2009年,华域汽车制定实施《信息披露事务管理制度》和《投资者关系管理制度》。2009—2015年,华域汽车规范编制发布季度报告、半年度报告和年度报告,公司召开的股东大会、董事会、监事会会议及通过的各项决议,实行的重大投资、关联交易、对外担保、控股股东重组、股票和债权发行等重要事宜,均通过《上海证券报》《中国证券报》及时向社会公告。同时,通过电话、公司网站专栏、投资者来访接待、企业现场调研、定期业绩交流会等多种形式,与投资者增进沟通交流。2011—2015年,华域汽车累计发布各类公告116个,走访和接待境内投资者来访810人次,接听投资者电话6795个,接待境外投资者120余家180余人次。

八、经营业绩

2009年和2010年,华域汽车抓住中国汽车市场高速增长的机遇,实现各项指标全面提升,营业收入分别达到246.68亿元和440.63亿元,同比增长255.26%和78.62%,归属上市公司股东净利润分别达到15.31亿元和25.13亿元,同比增长52.63%和64.19%。2011年和2012年,在中国汽车市场增速明显放缓的形势下,华域汽车营业收入依然保持16.67%和10.69%的增速。2013年,华域汽车营业收入同比增长19.76%。2014年,公司营业收入增幅为6.05%,但归属上市公司净利润增幅高达28.75%,经济效益良好。2015年,华域汽车顺利完成延锋汽车饰件系统有限公司与美国江森自控全球汽车内饰业务的重组,华域汽车的营业收入(含海外收入)达到911.20亿元,同比增长23.18%,比2009年增长2.69倍;归属上市公司净利润47.83亿元,同比增长7.35%,比2009年增长2.12倍;公司总资产786亿元,比2009年的275.28亿元增长1.86倍。

表 5-3-7　2009—2015 年华域汽车主要经营指标完成统计表

年份	营业收入(亿元)	利润(亿元)	净利润(亿元)	每股收益(元)	净资产收益率(%)
2009	246.68	27.17	15.31	0.691	14.46
2010	440.63	49.82	25.1	0.973	18.68
2011	522.99	59.43	29.90	1.158	19.20
2012	578.89	62.22	31.04	1.201	17.53
2013	693.29	71.88	34.61	1.340	18.19
2014	739.73	69.82	44.56	1.725	20.76
2015	911.20	77.27	47.83	1.852	19.20

资料来源:华域汽车系统股份有限公司

第二节 直属底盘系统企业

一、上海汇众汽车制造有限公司

上海汇众汽车制造有限公司(简称上海汇众)前身是上海汇众汽车制造公司,由上海重型汽车厂、上海汽车底盘厂和上海第二汽车底盘厂3家企业于1992年1月11日合并组建,公司总部位于上海市浦东新区浦东南路1493号。1994年上半年和1995年8月,上海申联专用汽车厂部分车间、上海拖拉机底盘厂和上海合众汽车零部件公司内燃机配件厂先后并入。1997年1月,由上海汽车有限公司与在香港注册的上海实业汽车发展有限公司合作改制为沪港合资企业,股权各为50%。2007年11月,上海实业汽车发展有限公司将股权转让给上海汽车集团股份有限公司,上海汇众成为上海汽车全资子公司。2015年12月,上海汇众成为华域汽车系统股份有限公司全资子公司。

图5-3-3 上海汇众成立大会

2015年,该公司总占地面积92.58万平方米,总建筑面积43.73万平方米(含下属公司),注册资金14.88亿元,资产总额115.09亿元(含下属公司)。总从业人员7146人,其中上海地区4390人、沪外2756人,合同制员工5068人、劳务派遣制员工1954人、实习生124人,管理人员535人、技术人员1225人、生产人员4146人、辅助人员1240人。

上海汇众成立至2015年6月,同时生产商用车整车和乘用车底盘。1992年,新成立的上海汇众继续产销大通牌15吨系列重型汽车,2002年停产。2003年,开始产销经技术改造后的上汇牌15吨重型汽车,当年产量突破1000辆。同年开始产销上汇牌客车,并引进韩国双龙MB100商务轻型客车的生产流水线。2004年,开始生产具有自主知识产权的伊思坦纳轻型客车。2008年,上汇牌客车停产,累计生产183辆。2011年,15吨重型汽车停产,累计生产14650辆;2015年,伊思坦纳轻型客车停产,累计生产21427辆。1992—2015年,上海汇众累计生产整车36080辆。

上海汇众是上汽集团主要的乘用车底盘系统生产企业,产品覆盖从小型到大中型及SUV、MPV等细分领域。1992年公司成立后,大力推进上海桑塔纳轿车底盘国产化。至1994年10月,完成12项桑塔纳轿车国产化配套件,实现桑塔纳轿车底盘国产化,并创造生产特区建设和零缺陷管理的成功经验。2005年,公司被美国通用汽车公司确认为首个全球平台项目EPSILON II副车架、后桥结构件等零部件供应商。2015年,公司底盘系统产能为年产422万余台套,累计投资达到39.88亿元。

上海汇众在上海和辽宁沈阳、山东烟台、湖北武汉等地拥有安亭轿车底盘厂、轿车车桥厂、沈阳汇众汽车底盘系统有限公司、烟台汇众汽车底盘系统有限公司、武汉汇众汽车底盘系统有限公司等16个制造基地和5家合资公司,形成全国性生产布局。公司设有技术中心,引进先进试验设备,具备底盘结构件试验能力,购入先进研发用软件,掌握前后副车架、后桥、控制臂等底盘关键结构件的设计开发技术,形成与整车厂同步开发能力。1997年,公司技术中心被认定为市级企业技术中心。至2015年,技术中心累计投入资金2亿余元,共有技术研发人员289名;累计获得专利授权392项,其中发明专利14项。

1992年,上海汇众资产6.23亿元;产销前悬挂总成和副车架各6.5万套,后桥总成6.9万套;销售收入7.39亿元,利润0.47亿元。1994年,前悬挂总成、副车架和后桥总成组成的底盘系统销量突破10万台套,国内市场占有率50%左右。2003年、2009年、2010年和2013年,底盘系统年销量先后突破50万台套、100万台套、200万台套和300万台套。2010年,国内市场占有率20%左右,继续位列国内同行前茅。2015年,底盘系统产销365.41万台套,比1992年增长53.54倍;资产总额115.09亿元,销售收入146.64亿元,利润4.64亿元,分别比1992年增长17.47倍、18.84倍和8.72倍。2015年国内市场占有率20%以上,排名第一。1992—2015年,上海汇众累计产销汽车底盘2 645万套。

表5-3-8　2015年上海汇众子公司分公司一览表

序号	单位名称	单位类型	成立时间	所在城市	累计投资(亿元)	主要产品	主要配套整车企业	2015年产能/产量(万台套)
1	轿车车桥厂	分公司	1996年9月	上海	4.499 3	副车架,后桥,前悬挂转向节,车轮支架,控制臂,摆臂体	上汽通用上汽大众一汽奥迪	50/52.3
2	轿车车桥配件厂	分公司	1993年	上海	1.050 2	制动盘,制动鼓	上汽通用上汽大众上海汽车	200/196.9
3	安亭轿车底盘厂	分公司	2004	上海	9.459 3	副车架,后桥,前悬挂后减震器,横向导杆	上汽大众一汽大众	100/95.4
4	汽车底盘厂	分公司	1992年1月	上海	5.321 1	前轮毂,轴颈,车轮支架,转向节,横向摇臂	上汽通用上汽大众上海汽车	50/52.3
5	柳州工厂	分公司	2012年3月	柳州	0.295 4	副车架,后桥,控制臂后减震器	上汽通用五菱	20/16.7
6	上海汇众汽车车桥系统有限公司	子公司	2010年6月	上海	2.75	前副,后副,控制臂	上汽大众上汽通用上海汽车	60/64.8
7	南京汇众汽车底盘系统有限公司	子公司	2010年8月	南京	5.008 5	副车架,后桥,前悬挂	南京大众上海汽车	120/125.6
8	仪征汇众汽车底盘系统有限公司	子公司	2011年9月	仪征	0.75	副车架,后桥,前悬挂	仪征大众	40/35.2
9	沈阳汇众汽车底盘系统有限公司	子公司	2012年6月	沈阳	3.668 6	副车架,后桥,前悬挂	通用北盛	40/40.2

〔续表〕

序号	单位名称	单位类型	成立时间	所在城市	累计投资（亿元）	主要产品	主要配套整车企业	2015年产能/产量（万台套）
10	武汉汇众汽车底盘系统有限公司	子公司	2013年3月	武汉	0.98	副车架,后桥,前悬挂	武汉通用	30/24.5
11	湖南汇众汽车底盘系统有限公司	子公司	2014年6月	长沙	1.862	副车架,后桥,前悬挂	长沙大众	5/3.5
12	烟台汇众汽车底盘系统有限公司	子公司	2010年6月	烟台	3.754	副车架,后桥,前悬挂	通用东岳北京汽车	50/59.1
13	宁波杭州湾汇众汽车底盘系统有限公司	子公司	2013年1月	宁波	0.485	副车架,后桥,前悬挂	慈溪大众	20/22.6
14	宁波汇众汽车车桥制造有限公司	控股子公司	2012年9月	宁波	0.825	系列车桥,系列转向节	南京依维柯上汽大通上汽乘用车江淮	30/35.8
15	上海蒂森克虏伯汇众汽车零部件有限公司	参股子公司	2000年11月	上海	1.0	机械转向管柱	上汽大众长安福特长安马自达东风日产上汽通用	180/184
16	上海三立汇众汽车零部件有限公司	参股子公司	2002年11月	上海	1.19	自动换档机构总成,踏板机构总成,驻车手制动总成,手动换档机构总成	北京现代悦达起亚上汽通用上汽大众上海汽车奇瑞汽车	300/290
17	上海汇众萨克斯减振器有限公司	参股子公司	2000年3月	上海	0.9916	减振器,减振支柱,减振模块	上汽通用上汽大众上海汽车	300/325
18	上海本特勒汇众汽车零部件有限公司	参股子公司	2002年1月	上海	3.9325	副车架,下摇臂,后桥A柱,中央通道,雪橇板	上汽大众上海汽车	500/485

资料来源：上海汇众汽车有限公司

表5-3-9　1992—2015年上海汇众经营情况一览表

年份	资产总值（万元）	产品名称	产品产销量		销售收入（万元）	上交税收（万元）	利润（万元）
			底盘（产量/台套）	整车销量（辆）			
1992	62 302.35	前悬挂总成	65 000	711	73 863.85	998.12	4 645.47
		副车架	65 000				
		后桥总成	69 000				

〔续表〕

年份	资产总值（万元）	产品名称	产品产销量		销售收入（万元）	上交税收（万元）	利润（万元）
			底盘（产量/台套）	整车销量（辆）			
1993	108 363.78	前悬挂总成	88 000	720	102 663.45	1 683.60	10 051.59
		副车架	88 000				
		后桥总成	95 000				
1994	155 892.04	前悬挂总成	116 000	952	153 906.07	15 427.47	18 075.26
		副车架	116 000				
		后桥总成	120 000				
1995	224 515.87	前悬挂总成	163 000	801	206 845.39	18 631.01	29 036.21
		副车架	163 000				
		后桥总成	164 000				
1996	249 995.40	前悬挂总成	202 421	551	228 956.12	25 064.88	34 958.03
		副车架	202 408				
		后桥总成	195 502				
1997	288 158.21	前悬挂总成	225 639	350	260 405.44	24 192.27	44 027.16
		副车架	225 000				
		后桥总成	227 351				
1998	296 090.13	前悬挂总成	237 658	431	277 717.05	25 063.15	38 149.55
		副车架	236 100				
		后桥总成	238 715				
1999	332 479.25	前悬挂总成	253 122	142	313 721.81	27 958.48	37 400.53
		副车架	253 122				
		后桥总成	254 000				
2000	344 341.16	前悬挂总成	217 179	231	316 011.39	23 111.81	37 679.76
		副车架	219 200				
		后桥总成	246 772				
2001	327 613.23	前悬挂总成	288 689	296	332 242.62	25 851.22	34 621.02
		副车架	288 689				
		后桥总成	289 376				
2002	293 317.86	前悬挂总成	390 338	502	389 641.52	26 436.50	16 086.02
		副车架	390 338				
		后桥总成	385 891				

〔续表〕

年份	资产总值（万元）	产品名称	产品产销量		销售收入（万元）	上交税收（万元）	利润（万元）
			底盘（产量/台套）	整车销量（辆）			
2003	349 410.81	前悬挂总成	612 900	1 008	554 932.49	23 099.01	24 268.03
		副车架	513 700				
		后桥总成	612 600				
2004	386 817.98	前悬挂总成	599 976	2 726	497 864.50	21 821.67	16 198.02
		副车架	542 800				
		后桥总成	601 179				
2005	382 940.37	前悬挂总成	552 286	2 777	357 917.73	20 480.67	−22 726.81
		副车架	552 286				
		后桥总成	582 174				
2006	389 346.86	前悬挂总成	761 527	6 102	523 613.12	26 890.58	357.43
		副车架	761 527				
		后桥总成	761 527				
2007	567 473.04	前悬挂总成	964 726	6 138	685 129.12	16 948.67	−19 642.83
		副车架	964 726				
		后桥总成	919 845				
2008	526 154.55	前悬挂总成	961 331	4 087	663 530.61	20 375.70	−8 442.95
		副车架	961 331				
		后桥总成	961 331				
2009	539 775.37	前悬挂总成	1 504 618	3 897	773 187.92	39 835.63	1 592.48
		副车架	1 504 618				
		后桥总成	1 504 618				
2010	774 554.96	前悬挂总成	2 218 559	3 583	1 059 388.21	35 628.05	23 419.42
		副车架	2 218 559				
		后桥总成	2 218 559				
2011	709 308.47	前悬挂总成	2 540 465	380	1 249 236.19	60 704.41	32 240.62
		副车架	2 540 465				
		后桥总成	2 540 465				
2012	782 901.40	前悬挂总成	2 830 452	—	1 303 688.52	61 867.88	33 161.93
		副车架	2 830 452				
		后桥总成	2 830 452				

〔续表〕

年份	资产总值（万元）	产品名称	产品产销量		销售收入（万元）	上交税收（万元）	利润（万元）
			底盘（产量/台套）	整车销量（辆）			
2013	914 108.65	前悬挂总成	3 344 600	—	1 443 495.02	58 069.03	38 892.44
		副车架	3 344 600				
		后桥总成	3 344 600				
2014	976 691.75	前悬挂总成	3 619 557	—	1 469 987.75	59 325.78	40 303.32
		副车架	3 619 557				
		后桥总成	3 619 557				
2015	1 150 937.13	前悬挂总成	3 654 112	—	1 466 350.23	72 395.35	46 413.73
		副车架	3 654 112				
		后桥总成	3 654 112				
合计	—	前悬挂总成	26 412 155	36 385	14 704 296.12	731 860.94	510 775.27
		副车架	26 255 590				
		后桥总成	26 436 626				

资料来源：上海汇众汽车制造有限公司

二、上海采埃孚转向系统有限公司

上海采埃孚转向系统有限公司(简称上海采埃孚)原名为1994年11月13日成立的上海采埃孚转向机有限公司,由上海汽车工业总公司和德国采埃孚转向系统有限公司合资组建,注册资本2 300万美元,股比49%：51%,公司位于上海市嘉定区永盛路2001号。2009年10月,中方股权归属华域汽车系统有限公司。2011年2月1日,更名为现名。2015年,该公司资产总额54.98亿元,总占地面积26.56万平方米,总建筑面积10.39万平方米。其中公司本部占地面积3.42万平方米,建筑面积2.48万平方米。总从业人员2 138人,其中上海地区从业人员1 373人、沪外从业人员765人,上海地区从业人员中合同制员工1 174人、劳务派遣制员工187人、外籍人员12人,管理人员229人、技术人员338人、生产操作人员621人、辅助人员185人。

图5-3-4　上海采埃孚外景

1996年,上海采埃孚正式运营投产,公司主要生产采埃孚牌液压助力转向机、电子助力转向机、转向管柱,以及转向阀组、齿条等转向系统相关零部件。2010年,主导产品年产能力为液压转向机 180 万台套、管柱 100 万台套、电动转向机 35 万台套,拥有 STUDER 磨床、EPS 装配线以及 Column 装配线等国际先进生产设备及装配线。2011 年 5 月,上海采埃孚转向系统(烟台)有限公司开业,总投资 14 亿元,主要生产液压助力转向系统及管柱等产品。2014 年 11 月,上海采埃孚转向系统(武汉)有限公司开业,总投资 7.9 亿元,主要生产液压助力转向系统、转向管柱、电动助力转向系统等产品。至 2015 年形成 484 万件/万套年产能力。主要客户有上汽大众、上汽通用、上汽乘用车分公司、长安福特、长城汽车、神龙汽车等多家汽车制造企业。至 2015 年,该公司累计投资 29.4 亿元,其中公司本部投资 7.5 亿元。

上海采埃孚设有研发中心,研发人员 251 人,拥有疲劳试验台、齿条振动试验台、压力爆破试验台、转向系统试验台、功能试验台、整车转向系统测试仪、泵试验台、脉冲试验台、扭杆试验台等先进试验设备,形成从产品设计到台架试验、整车匹配的本土化开发能力。该中心开发的荣威动力转向器 2006 年 12 月被评为上海市科学技术委员会再创新基金项目,新 B5 动力转向器和 L-Car 动力转向器 2007 年 2 月被认定为上海市高新技术成果转化项目。2010 年,该中心被评为上海市企业技术中心。至 2015 年,该技术中心累计投入 3.8 亿元,其中研发费用 23 027 万元;累计获得 119 项国家专利。

1996 年,上海采埃孚产销汽车转向系统 8.76 万台套,销售收入 8 516 万元,利润 952 万元,资产总额 3.04 亿元。自同年始,转向机国内市场占有率保持在 40% 以上。1997 年、2003 年、2008 年、2009 年、2010 年和 2012 年,转向机年产销先后突破 20 万台套、50 万台套、100 万台套、200 万台套、300 万台套和 400 万台套。2015 年,产销转向机 317.48 万台套、管柱 118.32 万台套,合计 435.9 万台套,比 1996 年增长 48.76 倍,国内市场占有率 18%,位居第一;销售收入 67.41 亿元、利润 7.12 亿元,资产总额 54.98 亿元分别比 1996 年增长 78.31 倍、73.95 倍和 17.09 倍。1996—2015 年,累计产销转向系统 3 166 万台套。

表 5-3-10　1996—2015 年上海采埃孚经营情况统计表

年份	资产总值 (万元)	产品销量 (台)	国内市场 占有率(%)	国内市场 排名	销售收入 (万元)	利润 (万元)	上交税收 (万元)
1996	30 423	87 550	—	—	8 516	952	352.2
1997	38 804	225 800	—	—	30 174	7 655	2 719
1998	50 809	258 223	—	—	46 415	12 576	3 728
1999	56 419	308 013	—	—	52 143	11 500	6 865
2000	65 299	220 365	—	—	58 610	13 517	6 856
2001	77 430	264 694	—	—	67 146	13 006	7 473
2002	84 938	408 765	—	—	87 153	17 724	9 053
2003	100 502	584 759	—	—	117 437	19 759	8 944
2004	88 594	101 340	—	—	102 879	18 776	8 089
2005	81 070	460 000	28	—	75 309	6 993	4 961
2006	98 881	746 000	25	—	101 720	8 198	6 127
2007	104 024	734 000	25	—	116 968	14 255	6 931
2008	111 945	1 664 781	25	—	132 040	15 523	8 394.51

〔续表〕

年份	资产总值（万元）	产品销量（台）	国内市场占有率（％）	国内市场排名	销售收入（万元）	利润（万元）	上交税收（万元）
2009	163 378	2 152 000	25	—	234 760	19 029	9 756.53
2010	203 655	3 097 000	25	1	308 593	27 864	17 165.58
2011	252 194	3 553 000	25	1	375 424	32 494	22 375.18
2012	373 887	4 713 000	25	1	591 449	47 296	2 880.93
2013	435 392	4 725 000	22	1	656 793	65 022	47 871.62
2014	528 448	4 792 000	20	1	726 055	88 384	52 976.44
2015	549 760	4 359 000	18	1	674 095	71 161	48 696.82

资料来源：上海采埃孚转向系统有限公司

三、上海汽车制动系统有限公司

上海汽车制动系统有限公司（简称上汽制动系统）成立于1995年7月1日，由上海汽车工业（集团）总公司与美国ITT公司合资组建，持股比例各为50％，公司注册地为上海市嘉定区南门叶城路915号。1998年，ITT公司将股份转予德国大陆公司。2004年1月，上汽制动系统与上海康迪汽车制动器有限公司合并，中外双方持股比例仍为50％∶50％。2010年4月中方股东变更为华域汽车系统有限公司。2010年9月，德国大陆公司将股权中1％转让给华域汽车，中外持股比例为51％∶49％。2015年，该公司占地面积8.98万平方米，建筑面积3.65万平方米，注册资金5 664万美元，资产总额19.49亿元人民币；从业人员1 583人，其中合同制员工511人、劳务派遣制员工1 070人、外籍员工2人，管理人员120人、技术人员89人、生产操作人员1 215人、辅助人员159人。

图5-3-5　上汽制动系统外景

上汽制动系统主要产销汽车用ABS（2010年后停产）、汽车制动钳、助力器和制动软管等汽车制动系统。厂区分南北两部分，南部厂区为制动钳、助力器、主缸和ABS装配及制动软管生产区域，北部厂区为制动钳和助力器加工及制动钳电镀生产区域。该公司于1995年首先开始产销制动钳，1997年开始产销ABS，2004年产销真空助力器，2007年产销制动软管。至2015年，制动钳、助力器和软管年产能力分别为100万件、455万件、499万件和1 347万件，产品为上汽大众、上汽通用、一汽大众、长安福特、东风汽车、上汽乘用车和华晨宝马等整车企业供货。

上汽制动系统于2000年成立产品研发中心，2002年获评上海市级企业技术中心。2003年3月，该公司投资近千万元新建的技术中心投入使用。至2015年该中心有144名研发人员，设有设计办公室、ABS试验室、制动钳试验室、助力器试验室、电子实验室、道路试验准备车间及样品制造车间。主要设备包括用于制动钳产品研发的惯量式试验台、三维激光测振仪、制动钳多功能试验台、制动钳耐久试验台和振动试验台;用于助力器产品研发的助力器耐久试验台、主缸功能试验台、储液容积及回转试验台、助力器试验台和主缸爆破试验台;用于制动软管产品研发的道路试验模拟试验台、体积膨胀试验台、材料性能试验台、高压扭矩密封试验台和可变半径绕曲试验台。2009 年,ABA 系列真空助力器/主缸总成获评上海市 10 大优秀专利产品。2010 年,FSIV 浮式制动钳获中国汽车工业科技进步二等奖。至 2015 年,技术中心累计投入 1.1 亿元,累计获得 87 项国家专利。

1996 年,上汽制动系统产销制动钳 26 万件,销售收入 1.40 亿元,利润 1 240 万元,资产总额 3.5 亿元。2015 年,产销制动钳 455 万件,比 1996 年增长 16.5 倍;产销真空助力器 499 万件,比产销首年的 2004 年增长 9.6 倍;产销制动软管 1 347 万件,比产销首年的 2007 年增长 5.65 倍;销售收入 33.95 亿元,利润 3.64 亿元,资产总额 25.22 亿元,分别比 1996 年增长 23.33 倍、28.32 倍和 6.21 倍。

1996 年开始,该公司制动钳销量国内市场占有率达 54.9%,国内同行第一。2015 年,制动钳和真空助力器国内市场占有率分别为 30% 和 20%,继续位居全国同行第一;制动软管国内市场占有率 17%,全国同行排名第二。至 2010 年,ABS 累计产销售 810 余万件。至 2015 年,制动钳累计产销 4 701 万件,真空助力器累计产销 3 053 万件,制动软管累计产销 7 133 万件。

表 5 - 3 - 11　　1996—2015 年上汽制动系统经营情况一览表

年份	资产总值（万元）	产品销量（件）		国内市场占有率（%）	国内市场排名	销售收入（万元）	利润（万元）	上交税收（万元）
1995	25 950	制动钳	69 536	—	6	4 870	660	0
1996	34 966	制动钳	260 000	54.9	—	13 950	1 240	122
1997	36 423	制动钳 ABS	698 408 77 231			23 515	2 735	3 909
1998	46 590	制动钳 ABS	469 460 128 000	—		42 009	6 085	2 816
1999	46 254	制动钳 ABS	589 779 132 367	—	—	53 453	5 902	916
2000	47 851	制动钳 ABS	735 306 122 046	82.4	—	51 361	5 661	2 568
2001	54 904	制动钳 ABS	537 300 189 700	74	—	61 743	6 986	1 928
2002	88 134	制动钳 ABS	904 680 464 286	68.8	—	96 100	8 384	2 222
2003	83 251	制动钳 ABS	1 419 550 643 697	64	—	126 800	8 327	2 717
2004	109 185	制动钳 ABS 真空助力器	1 289 282 608 507 469 239	58	—	118 720	9 270	6 976
2005	105 256	制动钳 ABS 真空助力器	880 462 556 200 695 749	47.3	—	115 075	6 324	9 054

〔续表〕

年份	资产总值 （万元）	产品销量（件）		国内市场 占有率（%）		国内市 场排名		销售收入 （万元）	利润 （万元）	上交税收 （万元）
2006	132 501	制动钳 ABS 真空助力器	1 220 188 922 982 1 052 778	30		—		165 039	13 099	12 495
2007	165 788	制动钳 ABS 真空助力器 制动软管	2 292 078 1 237 706 1 661 688 2 085 865	30		—		242 987	28 748	16 267
2008	136 793	制动钳 ABS 真空助力器 制动软管	2 346 382 1 060 852 1 579 966 2 490 111	30		—		213 216	25 687	14 112
2009	185 499	制动钳 ABS 真空助力器 制动软管	3 590 596 1 006 193 1 880 225 4 000 168	制动钳 ABS 真空助力器 制动软管	11 13 18 12	—		230 759	31 302	14 107
2010	196 634	制动钳 ABS 真空助力器 制动软管	4 878 000 1 080 168 2 424 000 5 998 000	制动钳 ABS 真空助力器 制动软管	11 13 18 12	—		285 158	37 938	22 304
2011	194 411	制动钳 真空助力器 制动软管	5 362 000 2 540 000 7 333 000	制动钳 真空助力器 制动软管	11 18 12	—		274 211	36 335	12 449
2012	249 472	制动钳 真空助力器 制动软管	6 096 200 3 561 200 9 200 000	制动钳 真空助力器 制动软管	11 18 12	74		266 761	33 846	12 401
2013	306 830	制动钳 真空助力器 制动软管	4 290 000 4 810 000 12 790 000	制动钳 真空助力器 制动软管	13 20 16	制动钳 真空助力器 制动软管	1 1 2 2	309 585	35 946	20 556
2014	236 025	制动钳 真空助力器 制动软管	4 530 000 4 870 000 13 960 000	制动钳 真空助力器 制动软管	13 20 17	制动钳 真空助力器 制动软管	1 1 2 2	334 986	37 419	18 120
2015	252 173	制动钳 真空助力器 制动软管	4 550 000 4 990 000 13 470 000	制动钳 真空助力器 制动软管	30 20 17	制动钳 真空助力器 制动软管	1 1 2 2	339 467	36 363	23 283

资料来源：上海汽车制动系统有限公司

四、上海中国弹簧制造有限公司

上海中国弹簧制造有限公司（简称中国弹簧）前身是建于民国 26 年（1937 年）的手工作坊，

民国29年(1940年)取名勤华五金弹簧厂,1941年改名中国鼎记五金弹簧厂,1956年公私合营后改名中国弹簧厂,1997年11月成为上海汽车股份有限公司母体之一并更名上海汽车股份有限公司中国弹簧厂。2006年9月19日,中国弹簧脱离上海汽车股份有限公司恢复法人地位并更名为现名,为国有企业。2009年,该公司股东变更为华域汽车系统有限

图5-3-6　上海中国弹簧外景

公司。公司总部位于上海市宝山区蕴川路291号,占地面积88 100平方米,建筑面积52 730平方米。公司总占地面积24.39万平方米,总建筑面积12.93万平方米。2015年,该公司总资产13.70亿元,其中总部资产8.6亿元;从业人员总计1 397人,其中上海地区958人、沪外439人,合同制员工932人、劳务派遣制员工465人,管理人员265人、技术人员150人、生产人员727人、辅助人员255人。

中国弹簧主要产销三环牌汽车悬架、气门、座椅、变速箱、安全带、行李箱、制动器等部件的弹簧和稳定杆,以及机械、液压件、电刷和模具等弹簧,高强度热处理线材、变径线材及其他弹性件产品,产品广泛用于汽车、摩托车、机车、船舶、航空航天等多个行业。1998年,三环牌被评为上海名牌产品50强和上海市用户满意产品。2011年,三环牌商标被评为上海市著名商标和全国驰名商标。中国弹簧是中国弹簧行业协会理事长企业。

中国弹簧在上海和天津、重庆、安徽芜湖等地建有宝山罗泾厂区、中炼线材有限公司、上海环臻弹簧有限公司、中海弹簧有限公司、中星汽车零部件有限公司和芜湖的中瑞弹簧有限公司等3个工厂、3个全资子公司、2个控股子公司和2个投资公司,合计10个直属工厂或企业。至2015年,累计投资7.56亿元,总年产能力为悬架弹簧1 600万件、稳定杆600万件、精密弹簧1亿件,主要客户有上汽大众、上汽通用、上汽乘用车、上汽通用五菱、长安福特、东风神龙和长城汽车等。

2006年12月,中国弹簧成立技术中心。至2015年,有研发人员71人,拥有气门弹簧模拟台架试验机、气门弹簧热疲劳试验机、四通道变频疲劳台架设备、三坐标测量仪、拍打式悬架弹簧腐蚀疲劳试验机等国际先进试验设备,先后研发出稳定杆内壁喷丸工艺、稳定杆橡胶硫化工艺、悬架弹簧数码影响在线检测技术等多种国际先进工艺以及多种高新技术产品,如MQB高应力悬架弹簧、mini-block悬架弹簧、高应力空心稳定杆、偏心力悬架弹簧、蜂窝状高应力气门弹簧等。2005—2015年,研发投资累计达3.78亿元,获得国家授权专利数累计67项,其中发明专利17项、实用新型47项、外观设计3项。

1957年,中国弹簧销售收入51.9万元,利润14.3万元。1978年,销售收入和净利润分别增至1 125.3万元和677.5万元,比1957年增长20.7倍和46.4倍。2015年,销售收入16.08亿元,净利润7 017万元,分别比1957年增长3 097倍和490倍,比1978年增长142倍和9.7倍;资产总额11.6亿元,比1996年增长2.68倍。1957—2015年,连续58年产销量位居中国汽车弹簧行业第1名。2015年,悬架弹簧、稳定杆和精密弹簧市场国内占有率分别为25%、26%和32%,产销量分别达到1 362万件、461万件和6 231万件。

表 5-3-12   2015 年中国弹簧子公司、分公司、工厂一览表

序号	企业名称	单位类型	成立时间	所在地	累计投资（亿元）	主要产品	2015 年产能/产量（万件）
1	上海三环弹簧有限公司	全资子公司	2002 年 7 月	上海	0.30	异形弹簧	30 000/24 363.8
2	芜湖中瑞弹簧有限公司	全资子公司	2006 年 12 月	芜湖	0.779 8	悬架弹簧 稳定杆	500/ 366.8 200/143.0
3	上海环臻弹簧有限公司	中外合资	2012 年 9 月	上海	0.16	座椅弹簧杆件	4 000/913.8
4	重庆中海弹簧有限公司	港澳台合营	2004 年 1 月	重庆	0.25	精密弹簧 异形弹簧 悬架弹簧	小弹簧 4 500/4 383.4 悬架弹簧 300/242.8
5	上海中炼线材有限公司	中外合资	2003 年 10 月	上海	1.50	TW 线材	28 800 吨/25 613 吨
6	天津中星汽车零部件有限公司	中外合资	2005 年 6 月	天津	0.739 4	稳定杆	200/163.5

资料来源：上海中国弹簧制造有限公司

表 5-3-13   1951—2015 年中国弹簧经营情况一览表

年份	资产总值（万元）	产品与销量（万件）	国内市场占有率（%）	国内市场排名	销售收入（万元）	利润（万元）	上交税收（万元）
1951	—	精密弹簧 150	—	—	—	3.695 6	—
1952	—	精密弹簧 169	—	—	—	2.622 64	—
1953	—	精密弹簧 178	—	—	—	2.842 21	—
1954	—	精密弹簧 185	—	—	—	0.433 17	—
1955	1.511 437	精密弹簧 191	—	—	—		—
1956	5.6（净资产）	精密弹簧 199	—	—	51.9	14.3	2.8
1957	3.7	精密弹簧 214	23.6	1	121.2	45.1	5.7
1958	11.9	精密弹簧 250	23.6	1	248.2	121.2	12
1959	14.0	精密弹簧 257	23.6	1	336.6	193.9	20
1960	22.1	精密弹簧 271	23.6	1	156.6	82	7.4
1961	25.5	精密弹簧 280	23.6	1	98.6	49.9	4.7
1962	23.5	精密弹簧 291	23.6	1	23.5	49.7	6
1963	25.2	精密弹簧 327	23.6	1	46.2	5.87	7.9
1964	28.3	精密弹簧 357	23.6	1	118.4	41.8	5.6
1965	42.7	精密弹簧 396	23.6	1	173.5	71.8	8.1
1966	94.6	精密弹簧 430	12.5	1	306.6	169.5	14.6
1967	94.6	精密弹簧 450	12.5	1	259.2	138.2	12.5

〔续表〕

年份	资产总值 （万元）	产品与销量 （万件）	国内市场 占有率（%）	国内市场 排名	销售收入 （万元）	利润 （万元）	上交税收 （万元）
1968	91.1	精密弹簧 460	12.5	1	311.4	170.1	15.2
1970	102.7	精密弹簧 510	12.5	1	567.6	280.8	25.5
1971	113.2	精密弹簧 570	12.5	1	663.2	361.7	33.1
1972	113.6	精密弹簧 587	12.5	1	748.7	432	37.4
1973	130.2	精密弹簧 650	12.5	1	881.3	500.5	44
1974	143.8	精密弹簧 708	12.5	1	923.7	538.7	46.2
1975	135.7	精密弹簧 725	12.5	1	988.8	575.1	49.4
1976	131.8	精密弹簧 754	12.7	1	1 016.1	580.5	50.8
1977	143.2	精密弹簧 763	12.7	1	1 053.8	631.7	52.7
1978	191.2	精密弹簧 782	12.7	1	1 125.3	677.5	53.4
1979	195.1	精密弹簧 790	12.7	1	1 225.5	710.6	40.4
1980	185.0	精密弹簧 815	12.7	1	845.1	404.6	26.7
1981	206.6	精密弹簧 837	12.7	1	757.5	356.9	32.8
1982	193.6	精密弹簧 850	13.1	1	812.1	363.2	35.2
1983	342.7	精密弹簧 890	13.1	1	934	430.1	201.7
1984	356.7	精密弹簧 937	13.1	1	1 153.6	431.1	323.2
1985	388.6	精密弹簧 956	13.1	1	1 330.2	433	403.3
1986	396.4	精密弹簧 1 087	22.1	1	1 247.5	376.5	404.6
1987	566.2	精密弹簧 1 139	22.1	1	1 257.3	280.4	292.9
1988	1 111.5	精密弹簧 1 190	22.1	1	1 511.4	274.4	239.9
1989	1 172.5	精密弹簧 1 240	22.1	1	1 894.5	276.1	221.5
1990	1 730.6	精密弹簧 1 203	22.1	1	1 849	263.6	67.6
1991	1 781.0	悬架弹簧 0 精密弹簧 1 275	22.1	1	2 380.7	277.7	157.7
1992	2 229.1	悬架弹簧 1.8 精密弹簧 1 305	22.1	1	5 922.6	1 244.2	408.5
1993	4 212.3	悬架弹簧 38.2 精密弹簧 1 297	22.1	1	8 471.7	2 105.8	687
1994	7 857.8	悬架弹簧 47.8 精密弹簧 1 356	22.1	1	10 259	2 424.4	1 248.2
1995	9 565.1	悬架弹簧 73.3 稳定杆 2.5 精密弹簧 1 376	悬架弹簧 50 稳定杆 10 精密弹簧 45	1	14 414	3 424.7	2 451.4

〔续表〕

年份	资产总值（万元）	产品与销量（万件）		国内市场占有率（%）		国内市场排名	销售收入（万元）	利润（万元）	上交税收（万元）
1996	31 483.4	悬架弹簧 稳定杆 精密弹簧	87.6 11.2 1 541	悬架弹簧 稳定杆 精密弹簧	50 22 45	1	20 695	4 695.5	3 490.3
1997	35 211.8	悬架弹簧 稳定杆 精密弹簧	92.8 18.6 1 687	悬架弹簧 稳定杆 精密弹簧	45 30 42	1	21 140.3	2 324.2	2 694.8
1998	23 426.5	悬架弹簧 稳定杆 精密弹簧	102 24.4 1 826	悬架弹簧 稳定杆 精密弹簧	44 30 43	1	21 930	4 627	2 314.7
1999	26 318.95	悬架弹簧 稳定杆 精密弹簧	107 29 1 978	悬架弹簧 稳定杆 精密弹簧	45 31 44	1	23 191	4 601	1 815.31
2000	24 350	悬架弹簧 稳定杆 精密弹簧	113 32 2 035	悬架弹簧 稳定杆 精密弹簧	40 31 44	1	23 271	4 639.2	1 900
2001	22 610.5	悬架弹簧 稳定杆 精密弹簧	125 39 2 187	悬架弹簧 稳定杆 精密弹簧	40 30 42	1	21 278.6	2 024.1	1 870
2002	30 592.2	悬架弹簧 稳定杆 精密弹簧	181.6 64 2 310	悬架弹簧 稳定杆 精密弹簧	39 35 42	1	27 089	2 110.2	2 638.3
2003	30 828.6	悬架弹簧 稳定杆 精密弹簧	290 79 2 618	悬架弹簧 稳定杆 精密弹簧	36 33 40	1	34 772.5	4 171.5	2 155.8
2004	36 216.8	悬架弹簧 稳定杆 精密弹簧	308 102 2 763	悬架弹簧 稳定杆 精密弹簧	37 32 39	1	29 945	1 997.4	1 736.5
2005	40 009.8	悬架弹簧 稳定杆 精密弹簧	422 122 2 583	悬架弹簧 稳定杆 精密弹簧	36 32 38	1	29 390	154.2	769.8
2006	35 414.8	悬架弹簧 稳定杆 精密弹簧	540 223 3 294	悬架弹簧 稳定杆 精密弹簧	35 31 38	1	37 911.2	1 123	888.2
2007	56 008.1	悬架弹簧 稳定杆 精密弹簧	591 276 4 110	悬架弹簧 稳定杆 精密弹簧	32 29 35	1	44 886.3	2 981.1	1 481.8
2008	59 526.6	悬架弹簧 稳定杆 精密弹簧	629 236 4 215	悬架弹簧 稳定杆 精密弹簧	31 29 36	1	48 384	2 243.5	2 800.6

〔续表〕

年份	资产总值 （万元）	产品与销量 （万件）		国内市场 占有率（%）		国内市场 排名	销售收入 （万元）	利润 （万元）	上交税收 （万元）
2009	91 581.4	悬架弹簧 稳定杆 精密弹簧	734 246 5 494	悬架弹簧 稳定杆 精密弹簧	30 28 35	1	72 193.1	21.7	2 215.5
2010	85 482.5	悬架弹簧 稳定杆 精密弹簧	982 366 7 427	悬架弹簧 稳定杆 精密弹簧	29 27 33	1	110 215.2	2 789	3 384.2
2011	96 822.3	悬架弹簧 稳定杆 精密弹簧	1 126 451 7 101	悬架弹簧 稳定杆 精密弹簧	27 25 33	1	128 600.7	7 006.3	5 768.7
2012	107 255.5	悬架弹簧 稳定杆 精密弹簧	1 215 495 7 686	悬架弹簧 稳定杆 精密弹簧	26 24 34	1	141 732.5	8 762.5	6 394.9
2013	117 959.4	悬架弹簧 稳定杆 精密弹簧	1 333 520 7 352	悬架弹簧 稳定杆 精密弹簧	25 25 34	1	146 808.5	1 505.3	7 760.6
2014	119 796.8	悬架弹簧 稳定杆 精密弹簧	1 487 522 7 192	悬架弹簧 稳定杆 精密弹簧	25 26 33	1	150 120.3	6 566.2	5 130.6
2015	115 985.3	悬架弹簧 稳定杆 精密弹簧	1 362 461 6 231	悬架弹簧 稳定杆 精密弹簧	25 26 32	1	160 788.4	7 017.4	3 842.6

说明：1957—1995 年资产总额为固定资产

资料来源：上海中国弹簧制造有限公司

五、上海联谊汽车拖拉机工贸有限公司

上海联谊汽车拖拉机工贸有限公司（简称上海联谊工贸）成立于 1988 年 10 月 18 日，其前身属集体所有制企业，2007 年 4 月通过改制进入上海汽车工业（集团）总公司，为国有企业。2009 年 8 月 20 日股东变更为华域汽车系统有限公司。该公司注册地和工厂地址均在上海市嘉定区园耀路 238 号。总占地面积 99 846 平方米，总建筑面积 711 290 平方米；其中总部占地面积 19 000 平方米，建筑面积 14 637 平方米；注册资金 2.35 亿元。2015 年，资产总额 9.01 亿元，总从业人员 1 500 人。其中合同制员工 710 人，劳务派遣员工 790 人；管理人员 270 人，技术人员 120 人，生产人员 680 人，辅助人员 260 人，其他人员 170 人。

上海联谊工贸初创时期，主要生产上海桑塔纳轿车燃油滤清器、冷却液壶、转向液壶、制动液壶、加机油口盖、膨胀水箱盖和幸福摩托车转向灯，并从事汽车零部件和机械设备的贸易。2002 年 9 月，注册 suait 商标。2006 年后，先后生产上海通用汽车 GF6 变速箱罩盖和 GEN3 皮带罩、上海大众汽车离合器管路总成，并形成壶盖类、罩盖类和管件类产品结构。2010—2015 年，开始自主研发发动机核心功能分总成凸轮轴罩盖、变速箱罩盖和进排气系统等产品，为上汽大众、上汽通用、上

汽乘用车分公司、上汽大通和江淮汽车等企业配套。至 2015 年,累计获得 15 项国家授权专利,其中实用新型专利 12 项、外观专利 3 项。

1997 年,上海联谊工贸设立主要生产发动机密封缸垫的中日合资上海兴盛密封垫有限公司。2000 年,设立主要生产汽车动力转向管路、燃油管路、动力总成管路等各类汽车管件的中德合资上海康迪泰克管件有限公司。2008 年,分别接纳主要生产助力器壳体和制动软管的上海汽车制动器有限公司,主要生产发动机正时带轮和链轮、转子和齿轮,以及空调、转向、变速箱等汽车粉末冶金零部件的上海粉末冶金有限公司。至 2015 年,该公司拥有 2 家全资子公司和 2 家合资企业,包括上海汽车制动器有限公司、上海汽车粉末冶金有限公司和上海兴盛密封垫有限公司、上海康迪泰克管件有限公司,累计投资 5.28 亿元。

2007 年,上海联谊工贸销售收入 3.77 亿元,利润 1 897 万元,资产总额 4.95 亿元。2015 年,销售收入 8.66 亿元,比 2007 年增长 2.3 倍;利润 899.86 万元,为 2007 年的 47%;资产总额 9.01 亿元,比 2007 年增长 0.82 倍。

表 5 - 3 - 14 2015 年上海联谊工贸子公司一览表

名　称	类　型	成立时间	所在地	累计投资（万元）	主要产品	2015 年产能/产量（万件）
上海汽车制动器有限公司	全资子公司	1981 年 6 月	上海	5 180.7	真空助力器等	2 724
上海汽车粉末冶金有限公司	全资子公司	2006 年 9 月	上海	29 539.4	粉末冶金零部件	2 998
上海兴盛密封垫有限公司	中外合资	1997 年 3 月	上海	20 000	密封垫片	5 933
上海康迪泰克管件有限公司	中外合资	2000 年 4 月	上海	3 526.5	变速箱管路等	91.2

资料来源:上海联谊汽车拖拉机工贸有限公司

表 5 - 3 - 15 2007—2015 年上海联谊工贸经营情况统计表

年份	资产总值（万元）	产品销量（件）	销售收入（万元）	利润（万元）	上交税收（万元）
2007	49 497.94	8 491 359	37 739.30	1 896.93	2 430.61
2008	46 697.20	10 351 898	39 285.64	411.58	2 541.63
2009	51 674.90	11 107 152	42 382.94	173.86	2 215.20
2010	57 935.82	14 568 005	56 270.43	1 688.85	2 266.54
2011	65 877.23	15 809 462	69 917.12	1 620.24	2 473.67
2012	67 870.32	18 820 174	74 777.87	794.92	2 845.46
2013	74 965.25	18 999 713	80 343.76	154.53	3 591.21
2014	79 561.56	18 536 489	86 230.37	58.94	4 113.47
2015	90 083.65	26 314 063	86 619.23	899.86	4 548.75

资料来源:上海联谊汽车拖拉机工贸有限公司

六、华域大陆汽车制动系统（重庆）有限公司

华域大陆汽车制动系统（重庆）有限公司（简称华域大陆重庆）成立于 2015 年 5 月，是由华域汽车系统股份有限公司和德国大陆汽车投资（上海）有限公司各出资 50% 合资成立的企业，注册资本 2 亿元。公司地址位于重庆市江北区两江大道 181 号，占地面积 84 237 平方米、建筑面积 30 378 平方米。2015 年总资产 7 585 万元。

华域大陆重庆主要业务是生产和销售汽车底盘电子控制系统及关键部件，生产和组装汽车制动器总成产品，包括制动钳、制动主缸、真空助力器和电子泊车制动系统等及相关零部件。2015 年尚未投产。

第三节　直属动力总成企业

一、上海汽车变速器有限公司

上海汽车变速器有限公司（简称上汽变速器）前身是成立于民国 14 年（1925 年）5 月的郑兴泰铜铁机器号，创始人郑才宝，为中国最早和上海早期主要的民族汽车零配件企业之一。民国 26 年（1937 年），更名为郑兴泰汽车材料厂。1954 年，实行公私合营。1964 年 1 月，与嘉定县农业机械厂合并，定名上海第一汽车齿轮厂。1966 年 5 月，拆分为上海汽车齿轮厂和上海拖拉机齿轮厂。1992 年 5 月，更名为上海汽车齿轮总厂。1997 年，成为上海汽车股份有限公司的母体单位。2006 年，脱离上海汽车股份有限公司恢复法人地位，为上海汽车集团股份有限公司全资子公司和国有企业。2008 年 2 月，更名为现名。2015 年，该公司总部从上海市嘉定区叶城路 506 号整体迁至上海市嘉定区汇旺路 600 号，新址占地面积 91 万平方米，总建筑面积 50 万平方米。其中，该公司总部占地面积为 49.34 万平方米，建筑面积 24.31 万平方米。注册资金 28.89 亿元。2015 年，资产总额 94.99 亿元，合并资产总值 120.97 亿元；总从业人员 6 781 人，其中上海 5 821 人、沪外 960 人，合同制员工 3 401 人、劳务派遣员工 2 420 人，上海地区从业人员中管理人员 546 人、技术人员 1 066 人、生产人员 3 088 人、辅助人员 1 121 人。

图 5-3-7　上汽变速器外景

抗日战争前，郑兴泰汽车材料厂主要生产汽车活塞、活塞销、活塞环和简单的汽车齿轮。抗日战争中，随中国军队辗转湖南广西，从事坦克和军械修理。抗日战争胜利后，返回上海生产，

以后主要生产汽车和拖拉机齿轮。1966年拆分为上海汽车齿轮厂后,成为汽车齿轮专业制造厂。

上汽变速器主要产销上齿牌和双工牌乘用车自动及手动变速器、商用车变速器、新能源汽车变速器以及变速器关键零部件,计五大系列17个平台100余种产品。上齿牌于1998年为上海市名牌产品。20世纪80年代末开始,该公司引进消化德国大众桑塔纳轿车变速器制造技术,1992年桑塔纳轿车变速器批量生产,1995年形成20万台套年产能力,成为上海桑塔纳轿车五大总成国产化的成功范例。2000—2006年,与上海通用汽车合作开发F15与4T65E、GF6等产品并为其配套,并积极拓展业外市场,扩大生产规模并丰富产品系列。2010年以后,先后配套上汽集团自主品牌荣威550和荣威350等车型,成功开发DCT360双离合器自动变速器和新能源传动系统,产品实现从手动变速器到自动变速器的转变,配套上汽大众、上汽通用、上汽通用五菱、上汽乘用车和美国通用汽车等30多家整车企业。

20世纪80年代末,该公司开始实行本地和跨地生产基地布局战略。至2015年,在上海和辽宁沈阳、山东烟台、广西柳州等地建立上海汽车齿轮一厂、沈阳上汽金杯汽车变速器有限公司、山东上汽汽车变速器有限公司和上汽汽车变速器有限公司等9家企业。汽车变速器总成及其他零部件制造基地,累计投资达到80.84亿元,形成585万台变速器年产能力。

2002年和2004年,上汽变速器先后成立技术中心和试验中心,并于2006年和2007年先后被评为国家级企业技术中心和国家级企业试验中心。技术中心拥有200多名专业技术人员,与多家世界著名变速器专业设计公司建立长期合作关系。至2015年,技术中心研发费用累计投入17.15亿元,具备从手动变速器到具有自主知识产权自动变速器的自主研发能力;试验中心累计投资1.46亿元,拥有各类试验设备60余台,形成手动变速器和自动变速器综合试验能力,是国内最大最完整的变速器检测中心;公司累计申请专利228项,获得国家授权专利190项,其中4项获国家重点新产品称号,4项获上海市重点新产品称号。上汽变速器为国家变速器标准委员会秘书长单位,牵头制订2项国家标准和13项行业标准。

1991年,变速器产销4万台,开始位居国内同行第一,销售收入和利润分别为2.23亿元和6 649万元,资产总额3.31亿元。1993年、2004年、2009年、2010年和2013年,变速器产销先后突破10万台、50万台、100万台、200万台和300万台。2015年,变速器总成产销370万台套,销售收入89.75亿元,利润总额1.64亿元,资产总额120.97亿元,分别比1991年增长91.5倍、39.25倍、3.44倍、1.46倍和35.55倍;变速器国内市场占有率17.45%。连续24年位居国内轿车变速器行业第一。至2015年,上汽变速器累计产销汽车变速器总成2 491.73万台套。

表5-3-16　2015年上汽变速器子公司、分公司、直属工厂一览表

序号	企业名称	单位类型	成立时间	所在地	累计投资(亿元)	主要产品	2015年产能/年产量(万件)
1	上海汽车齿轮一厂	直属工厂	1989年12月	上海	1.91	SH63P、SH78、SC81以及壳体零件	总成25;差壳78;齿轴5
2	上海保捷汽车零部件锻压有限公司	全资子公司	1989年12月	上海	0.22	齿轴类零件成型加工件	已停产
3	上海汽车齿轮三厂	直属工厂	1989年8月	上海	0.63	飞轮齿圈	飞轮180;齿圈250

〔续表〕

序号	企业名称	单位类型	成立时间	所在地	累计投资（亿元）	主要产品	2015年产能/年产量(万件)
4	江苏上汽汽车同步器厂	中中合资	1991年12月	江苏昆山	0.97	同步器产品	同步器20
5	沈阳上汽汽车变速器有限公司	全资子公司	2003年5月	辽宁沈阳	0.92	JK72、SC16M5产品	总成15
6	山东上汽汽车变速器有限公司	全资子公司	2004年10月	山东烟台	11.90	SH63/SH63H、M1X、D16产品	总成100
7	柳州上汽汽车变速器有限公司	全资子公司	2005年12月	广西柳州	1.62	SC63、SC69、SH16、SH12产品	总成180
8	上海采埃孚变速器有限公司	中外合资	2004年6月	上海	0.8353	6HP21纵置自动变速器	总成10
9	上海上汽马瑞利动力总成有限公司	中外合资	2009年4月	上海	1.03	控制系统液压执行机构、齿轮泵、蓄能器	液压执行机构36；齿轮泵30万件；蓄能器30万件

资料来源：上海汽车变速器有限公司

表 5‑3‑17　1985—2015年上汽变速器经营情况统计表

年份	资产总值（万元）	产品销量（万台）	国内市场占有率(%)	国内市场排名	销售收入（万元）	利润（万元）	上交税收（万元）
1985	3 985.03	—	—	—	2 713.01	1 226.60	1 299.91
1986	4 604.10	—	—	—	3 144.16	1 234.80	1 301.07
1987	4 574.35	—	—	—	3 553.83	1 056.79	986.24
1988	9 011.33	—	—	—	3 860.53	1 188.13	1 011.85
1989	15 696.60	—	—	—	4 409.70	1 006.57	886.79
1990	27 353.31	—	—	—	4 423.56	703.93	390.96
1991	33 143.90	4	—	1	22 263.80	6 649.64	515.28
1992	61 288.60	7	—	1	47 246.86	20 140.40	3 458.29
1993	112 820.38	11.93	—	1	73 226.30	20 825.37	7 681.60
1994	134 556.36	11.57	—	1	83 427.30	25 540.78	10 022.74
1995	161 140.13	18.22	—	1	127 686.61	34 273.64	14 456.40
1996	187 454.47	21.46	—	1	154 948.95	42 516.05	21 564.20
1997	184 564.88	23.92	—	1	168 556.87	55 623.05	23 868.15
1998	170 578.29	23.95	—	1	164 736.28	54 464.13	15 084.92
1999	177 654.55	22.84	—	1	169 339.13	45 267.98	16 206.78
2000	153 022.55	20.69	—	1	140 278.34	41 510.68	15 248.83
2001	157 282.07	20.91	—	1	115 109.57	18 037.26	8 445.98

〔续表〕

年份	资产总值 （万元）	产品销量 （万台）	国内市场 占有率（%）	国内市场 排名	销售收入 （万元）	利润 （万元）	上交税收 （万元）
2002	187 623.30	27.86	—	1	135 531.46	18 936.55	10 182.50
2003	201 194.09	38.43	13.10	1	191 613.51	22 245.07	14 490.19
2004	234 862.83	51.62	15.90	1	223 622.95	30 344.95	15 470.24
2005	227 720.56	35.15	8.85	1	172 109.72	21 521.37	11 876.49
2006	232 384.74	45.18	8.73	1	184 290.44	1 869.56	11 931.01
2007	265 371.30	59.07	9.38	1	244 780.52	6 381.83	10 450.67
2008	516 165.33	93.41	13.83	1	303 420.01	19 366.56	19 126.33
2009	441 585.68	142.62	13.80	1	401 778.78	28 538.92	11 700.04
2010	541 980.06	203.21	14.77	1	532 483.25	46 089.40	23 664.16
2011	668 701.97	250.24	17.29	1	575 983.66	42 416.79	29 718.62
2012	777 899.37	298.26	19.25	1	650 751.90	39 288.26	21 252.90
2013	950 894.78	352.23	19.65	1	687 826.58	22 328.42	21 745.28
2014	1 029 134.96	368.21	18.68	1	740 334.29	−19 583.65	18 169.05
2015	1 209 705.03	369.05	17.45	1	897 497.12	16 434.03	23 496.07

资料来源：上海汽车变速器有限公司

二、上海柴油机股份有限公司

【概况】

上海柴油机股份有限公司（简称上柴股份）创建于民国36年（1947年）4月。中华人民共和国成立后，取名为中国农业机械公司吴淞机器厂。1953年8月，更名为上海柴油机厂。1993年12

图5-3-8　上柴股份外景

月，改制为在境内外发行A、B股的国有控股股份制公司并更名为现名，A股股票简称上柴股份，股票代码600841；B股股票简称上柴B股，股票代码900920，控股股东为上海东风机械（集团）有限公司。2003年和2004年，控股股东先后转为上海电气（集团）总公司和上海电气集团股份有限公司。2008年12月，控股股东转为上海汽车集团股份有限公司，持股比例50.32%，2015年持股比例减至48.05%。上柴股份注册地为上海市杨浦区军工路2636号，注册资金8.70亿元。2015年，资产总额53.19亿元，总占地面积61.22万平方米、总建筑面积65万平方米；从业人员总计2 831人；其中上海本部2 398人，沪外企业241人；上海本部人员中，合同制员工2 094人、劳务派遣制员工304人，管理人员370人、技术人员444人、生产人员

1 217 人、辅助人员 367 人。

【经营情况】

20 世纪 40 年代末至 50 年代初,中国农业机械公司吴淞机器厂先后生产 5 马力汽油机、批量生产单缸卧式 750 转/分 12 马力柴油机。1951 年,试制成功 FM110 系列船用柴油机。1958 年,上海柴油机厂第一台自行设计的 6135 柴油机诞生,开创中国中等功率高速柴油机制造的先河。

1962 年,上海柴油机厂开始生产东风牌柴油机。同年 10 月,该厂开发转速 2 000 转/分功率 1 000 马力以上的 180 柴油机,为中国海军建设作出贡献。1964 年和 1969 年,6135 柴油机先后为国产第一台 T120 大型推土机、第一台 ZL40 装载机配套,上柴成为中国工程机械行业主要的动力供应商。

1981 年,该厂试制成功第 2 代 B6135 柴油机。1986 年,自行开发的 D6114 柴油机,标志着该厂柴油机制造技术达到新的水平。1998 年,与奥地利 AVL 研究所合作开发 D6114B 型柴油机,技术指标达到 90 年代世界先进水平。同年,开发成功 135 升级换代产品 G128 柴油机。1999 年,与荷兰 DELTEC 公司合作开发 D6114 柴油和天然气双燃料发动机,作为环保绿色产品配套城市公交用车。

2003 年,上柴股份与日本日野自动车株式会社合资组建上海日野发动机有限公司,生产日野 P11C 系列和 J08C 系列柴油机;与日本三菱重工业株式会社合资组建上海菱重增压器有限公司,生产配套汽车和工程机械等 6 种系列中型涡轮增压器。2006 年,收购上海盈达信汽车电子有限公司,从事 AMT 的研发及业务经营,开始向电控动力总成方向发展。2006 年,批量推出电控国Ⅲ系列车用发动机。

进入"十二五",上柴股份加快产品结构调整,加快轻型柴油机和新能源柴油机研发制造。2012 年,先后立项开发 7HT、10ET、12ET、13GT、4HT 天然气发动机。2013 年,新产品平台全部实现批量生产,包括 R 系列发动机在重点配合上汽大通商用车全平台配套与持续优化的同时,匹配或批量供货上海万象、上海申龙、江苏九龙大海狮、苏州金龙、厦门金龙、亚星凌特等客车;D 系列发动机进行装载机动力性能提升,完成全面切换,实现该系列天然气发动机对徐工、厦工的批量供货。2014 年,上柴股份轻型柴油机质量攻关项目通过验收,排放达到国Ⅳ和国Ⅴ标准,具备国Ⅵ潜力,形成年产国Ⅳ、国Ⅴ轻型柴油机 2 万台能力。

1999—2015 年,东风牌柴油机累计 18 次获上海市名牌产品称号。2000 年,东风牌商标获评中国驰名商标。2005 年,东风牌商标被评为最具价值的上海老商标,东风牌多缸柴油机获中国名牌产品称号。2006 年,上柴股份获世界客车联盟颁发的年度最佳发动机制造商奖。2013 年,东风牌商标获评上海著名商标。公司产品主要为卡车、客车、工程机械、农业机械、电站和船舶配套,国内客户主要包括广西柳工机械股份有限公司、徐州工程机械集团有限公司、厦门厦工重工有限公司和上汽大通汽车有限公司等,产品同时销往泰国、巴基斯坦、印度、马来西亚、新加坡、沙特阿拉伯、俄罗斯和南非等 50 多个国家和地区。

上柴股份设有技术中心并于 1996 年被认定为首批国家级企业技术中心。该技术中心有技术人员 219 人,拥有发动机整机研发试验、整车配套试验、零部件系统试验、国 3 和国 4 排放测试、NVH 测试、柴油机燃烧分析等综合试验能力。2002—2015 年,研发投资累计 6.7 亿元。2005 年,上柴股份研发的 CNG 发动机获世界客车联盟颁发的年度最佳发动机奖。至 2015 年,累计获国家授权专利 148 项。

上柴股份生产基地主要为本部基地,该基地设有发动机一厂和发动机二厂,主要生产 R、H、D、C、E、G、W 7 大系列发动机。其中 R 系列产品为满足国 4 排放的引进自意大利 VM 公司具有国际先进水平的发动机,2010 年 4 月立项,2012 年 8 月批量生产。H 系列发动机由上柴股份与奥地利 AVL 公司联合开发,面向中高端车用市场兼顾电站、工程机械及农机市场,排放达到国 5 标准并满足升级要求。1993—2015 年,公司本部累计投资 16.67 亿元。此外,上柴股份在上海和辽宁大连等地还控股参股上海菱重增压器有限公司、上海菱重发动机有限公司、上柴动力海安有限公司、大连上柴动力有限公司、上海伊华电站工程有限公司等制造型企业和上海上柴发动机销售有限公司。至 2015 年,对控股参股企业累计投资 8.27 亿元。

1993 年,上海柴油机厂资产总额 14.45 亿元,柴油机销售 1.99 万台,销售收入 8.44 亿元,利润 1.42 亿元。1994 年上市后,上柴股份总资产 18.63 亿元,柴油机销售 2.33 万台,销售收入 9.99 亿元,归属母公司的净利润 2.12 亿元。1995 年,资产总额和销售收入分别超过 20 亿元和 10 亿元,柴油机销量位列国内同行第 6 名,国内市场占有率 6.41%。2001—2004 年,柴油机销量持续快速增长,年销量先后突破 3 万台、4 万台、7 万台和 9 万台,国内同行排名保持第 6 名或第 7 名。同时,国内市场占有率于 2004 年升至 8.76%,为最高历史纪录;销售收入于 2002 年和 2004 年先后突破 20 亿元和 30 亿元,资产总额于 2004 年超过 30 亿元。2005—2009 年,柴油机销量在 6 万台之上徘徊,国内市场占有率降至 3.51%,国内同行排名继续保持在第 6 位至第 8 位之间。2010 年,柴油机销量明显回升,年销突破 10 万台为 10.06 万台,销售收入突破 40 亿元为 48.31 亿元,均创造历史最高纪录,同时资产总额超过 40 亿元。2013 年,资产总额开始超过 50 亿元。

2015 年,上柴股份柴油机销售 5.22 万台,位居国内同行第 7 名;国内市场占有率 4.99%,其中东风 135、G128、D114 柴油机国内细分市场占有率分别为 63%、55% 和 25%;销售收入 21.63 亿元;归属母公司的净利润 8234 万元;资产总额 53.19 亿元。1993—2015 年,上柴股份累计产销柴油机分别为 122.18 万台和 120.48 万台。

【上市运营】

1993 年 9 月,上海柴油机厂改制为上海柴油机股份有限公司。同年 10 月,经批准分别向境内社会公众发行以人民币认购的内资股 A 股计 28 000 000 股,向境外投资人发行以外币认购且在境内上市的外资股 B 股计 100 000 000 股。同年 12 月 21 日,上海柴油机股份有限公司召开公司创立大会暨第一届股东大会。同年 12 月 28 日,公司 B 股在上海证券交易所先行上市,简称上柴 B 股,股票代码 900920。1994 年 3 月 11 日,公司 A 股(社会个人股)在上海证券交易所上市,简称上柴股份,股票代码 600841。至此,上柴股份完成上市。

上柴股份 A 股和 B 股发行前,经营性账面净资产为 201 424 400 元,折为国家股。1993 年 10 月 8 日—11 月 30 日 A 股发行后,总股本增至 229 424 400 元。同年 12 月 10—13 日 B 股发行后,总股本再增至 329 424 400 元。

2007 年 5 月,上柴股份实施股权分置改革,控股股东上海电气集团股份有限公司向公司流通股 A 股股东按每 10 股送 16 元支付现金对价,公司总股本不变。该方案实施后,上海电气持有的公司股份转变为有限售条件股份。同年 12 月 26 日,公司控股股东上海电气与上海汽车集团股份有限公司签订向上海汽车转让公司 50.32% 股权的协议,上海汽车持有上柴股份国有法人股 241 709 280 股。

2008 年 12 月 29 日,上柴股份 50.32% 股份由上海电气转至上海汽车,公司控股股东变更为上海汽车集团股份有限公司,公司由上海电气子公司转为上海汽车子公司。

上柴股份上市后,1994 年末总股本为 32 942.44 万股,股东 20 700 户,总市值 365 704.19 万元,每股权益 0.57 元。1996 年增发 850 万股 B 股,同时每 10 股送 2 股,总股本变更为 48 030.928 万股,股东 10 065 户;2012 年增发 6 287.355 1 万股 A 股,同时每 10 股转增 6 股,总股本变更为 86 909.253 万股,股东 38 128 户;2013 年 11 月回购 B 股股票,B 股总股本从 34 720 万股减至 34 479.73 万股,总股本从 86 909.25 万股减至 86 668.98 万股,股东 40 572 户。2015 年,上柴股份总股本仍为 86 668.98 万股,股东 42 977 户,总市值 756 956.18 万元,每股权益 0.24 元,控股股东上汽集团持股比例为 48.05%。1994 年和 2012 年,上柴股份每 10 股分别派息 4.30 元和 0.71 元;2013 年、2014 年和 2015 年,每年每 10 股分别派息 0.59 元。

表 5–3–18　1994—2015 年若干年份上柴股份股市运作情况表

年份	总股本(元)	总股数(股)	总市值(万元)	基本每股收益(元)	每 10 股派息(含税、元)
1994	329 424 400	329 424 400	365 704.19	0.57	4.30
1996	480 309 280	480 309 280	396 223.15	0.30	0
2012	869 092 530	869 092 530	723 652.16	0.24	0.71
2013	869 689 830	869 689 830	756 957.18	0.24	0.59
2014	869 689 830	869 689 830	756 957.18	0.24	0.59
2015	869 689 830	869 689 830	756 956.18	0.24	0.59

资料来源:上海柴油机股份有限公司

表 5–3–19　2015 年上柴股份控股参股企业情况表

公司名称	公司类型	成立时间	所在地	持股比例(%)	主营业务	累计投资(万元)	2015 年年产能力/产销量(万台)
上海菱重增压器有限公司	中日合资	2004 年 1 月	上海	40	柴油机配件产销	823.8 万美元	200/175
上海菱重发动机有限公司	中日合资	2013 年 1 月	上海	50	柴油机配件产销	10 000	0.15/0.009
上柴动力海安有限公司	全资子公司	2011 年 4 月	海安	100	铸件产销	5 000	5 万吨/0.842 8 万吨
上海伊华电站工程有限公司	全资子公司	1996 年 7 月	上海	100	柴油发电机产销	1 600	0.10/0.04
大连上柴动力有限公司	控股子公司	2004 年 8 月	大连	51	柴油机产销	15 300	5/0
上海上柴发动机销售有限公司	全资子公司	1992 年 12 月	上海	100	柴油机及配件销售	500	0/0

资料来源:上海柴油机股份有限公司

表 5 - 3 - 20　1993—2015 年上柴股份经营情况统计表

年份	资产总值（万元）	产品销量（台）	国内市场占有率（%）	国内市场排名	销售收入（万元）	利润（万元）	上交税收（万元）
1993	144 540	19 929	—	—	84 398	14 167	12 336
1994	186 283	23 309	—	—	99 858	21 208	5 865
1995	207 772	23 683	6.41	6	102 745	17 097	7 232
1996	247 439	23 091	6.46	7	104 603	16 795	5 119
1997	324 693	22 328	6.40	7	156 586	11 136	4 956
1998	234 391	24 654	6.50	7	167 955	8 225	5 989
1999	233 878	27 490	6.77	7	115 011	8 537	5 925
2000	236 494	27 481	7.11	7	126 244	4 756	6 852
2001	213 542	30 137	6.96	7	141 135	5 344	5 707
2002	231 252	47 818	6.69	6	206 103	13 198	7 272
2003	272 333	70 338	8.30	6	292 194	16 501	8 769
2004	313 013	92 478	8.76	7	397 437	27 262	7 507
2005	356 829	66 755	6.62	5	310 912	143	8 660
2006	293 804	62 599	5.42	8	309 401	1 192	8 227
2007	349 968	62 590	4.36	7	345 581	2 671	5 170
2008	283 331	66 013	4.01	7	354 375	1 226	10 135
2009	323 395	67 654	3.51	6	337 755	4 213	10 223
2010	404 687	100 578	3.93	6	483 140	11 885	16 902
2011	401 086	100 122	4.12	7	463 496	22 433	17 179
2012	496 572	63 981	3.21	7	302 996	22 242	4 661
2013	547 231	65 862	4.39	6	298 086	22 666	7 414
2014	536 996	63 797	4.37	6	277 689	15 529	2 511
2015	531 943	52 158	4.99	7	216 318	8 234	5 518

资料来源：上海柴油机股份有限公司

图 5 - 3 - 9　上海大众动力总成外景

三、上海大众动力总成有限公司

上海大众动力总成有限公司（简称上海大众动力总成）成立于 2005 年 4 月 29 日，由德国大众汽车（中国）投资有限公司和上海汽车集团股份有限公司合资组建，股比为 60%：40%。公司位于上海市嘉定区工业园区城北路 3598 号，占地面积 298 500 平方米,建筑面积51 710平方米,注册资金150 830万元人民币。至2015年,公司总资产72.35亿元;从业人员2 218人,其中,劳动合同制员工1 905人,劳务派遣制员工313人,管理人员149人、技术人员124人、生产操作人员1 632人、其他人员313人。

上海大众动力总成主要产销引自德国大众符合欧Ⅳ和欧Ⅵ排放标准的汽车发动机。公司成立后至2011年,先后产销EA111系列的1.4L、1.6L MPI灰铸铁缸体链传动汽油发动机,1.4L TSI涡轮增压燃油直喷汽油发动机和1.6MPI铝缸体链传动汽油发动机,其中灰铸铁缸体链传动汽油发动机于2014年停产。2012年以后,先后产销EA211系列的1.4、1.6MPI皮带传动汽油发动机,1.6L CNG、1.4L TSI涡轮增压燃油直喷汽油发动机和1.2L TSI涡轮增压燃油直喷汽油发动机。产品主要配套上汽大众的大众波罗、朗逸、途安、途观和帕萨特,斯柯达晶锐、明锐和昊锐等车型。

2005年,上海大众动力总成完成总投资18亿元的一期工程建设,建成机加工车间、发动机装配车间和发动机测试区、集中过滤区、物流周转区、生产技术服务区。机加工车间大量使用数控机床,装配线采用先进的在线冷试技术,并大量运用电子化检测手段,形成年产发动机18万台能力。至2009年,该公司年产能增至33万台。2009年5月,启动30万台发动机扩能二期工程,2011年1月项目竣工,发动机年产能力提升至60万台,一、二期扩能项目总投资41.19亿元。2010年8月,启动发动机二期改造项目,新增投资10.5亿元,主要扩展EA211系列发动机关键零部件加工能力,新增缸盖罩壳模块生产线,高度集成自动化生产和模块化制造。2012年,启动三期扩建项目,新增投资32.4亿元,提升发动机年产能力至130万台。2015年,新增投资10.9亿元,实施原一期工程改造,同年改造完成年产能力达到145万台。是年5月,追加投资2.23亿元,改造缸体、缸盖、曲轴等机加工生产线,优化装配线节拍,增添加工中心与专机,扩大产能15万台,年产能进一步提升至160万台。

2006年,上海大众动力总成销售4.33万台发动机,销售收入4.98亿元,净利润−2.4亿元,总资产19.50亿元。2007年、2012年和2013年,销量先后突破10万、50万台和100万台。2015年,销售129.78万台,销售收入105.36亿元,利润12.62亿元,总资产72.35亿元,分别比2006年增长28.97倍、20.16倍、6.26倍和2.71倍。2006—2015年,累计产销发动机591.84万台。

表5-3-21　2005—2015年上海大众动力总成经营情况统计表

年份	资产总值（万元）	产品销量（万台）	销售收入（万元）	净利润（万元）	上交税收(含税务＋海关)（万元）
2005	222 957.91	—	—	—	407.74
2006	194 997.12	4.33	49 777.49	−24 021.67	4 702.87
2007	212 131.26	10.84	102 872.35	389.67	11 513.88
2008	210 098.45	14.83	134 243.14	734.41	9 922.25
2009	282 129.11	34.66	290 247.50	39 667.85	18 714.39
2010	368 849.50	39.07	371 795.61	35 894.15	33 253.32
2011	514 717.25	49.52	459 776.39	51 804.02	29 280.06
2012	589 589.41	70.57	659 479.55	80 035.09	81 200.07

〔续表〕

年份	资产总值 （万元）	产品销量 （万台）	销售收入 （万元）	净利润 （万元）	上交税收（含税务＋ 海关）（万元）
2013	716 090.40	108.92	927 468.34	80 437.21	63 401.76
2014	786 995.23	126.87	1 056 208.30	108 419.33	102 865.95
2015	723 502.95	129.78	1 053 577.26	126 236.97	105 646.93

资料来源：上海大众动力总成有限公司

四、大众汽车变速器（上海）有限公司

大众汽车变速器（上海）有限公司（简称大众变速器）于 2001 年 10 月 29 日成立,由大众汽车（中国）投资有限公司、上海汽车集团股份有限公司和一汽轿车股份有限公司合资组建,注册资本4 700 万美元,三方股比依次为 60％：20％：20％。注册地为上海市嘉定区博乐南路 100 号,2015

图 5－3－10　大众变速器（上海）外景

年 2 月迁至上海市嘉定区安亭昌吉路 29号,占地面积 8.08 万平方米,建筑面积5.78 万平方米。至 2015 年,资产总额18.72 亿元,从业人员 584 人,其中合同制员工 523 人、劳务派遣人员 55 人、外籍人员 6 人。大众变速器主要引进生产大众MQ200 系列横置式手动变速器,该变速器具有油耗省、排量小、功率大、安全性和舒适性好等特点,主要配套上汽大众波

罗、明锐、晶锐、朗逸、途安和一汽大众宝来、高尔夫、速腾,一汽轿车奔腾 B50,以及波兰大众开迪等车型。公司形成从核心零部件加工到总成装配的完整生产体系,生产车间有 6 个工段,拥有先进的电子束焊接技术,符合世界同步器生产潮流的筒式拉床等先进设备。2005 年,公司获得德国大众全球最高质量奖项质量卓越奖,成为中国第一家获得此奖的动力总成合资企业,产品出口欧洲。2009 年和 2010 年,该公司连续两年成为德国大众 MQ200 变速器生产质量和成本的全球标杆。

2003 年,大众变速器销售变速器总成 68 663 台,主营业务收入 30 789.53 万元,上汽集团以外的市场占有率 51％。2015 年,变速器总成销量 490 030 台,主营业务收入 147 196.57 万元,分别比2003 年增长 6.13 倍、3.78 倍。

表 5－3－22　2002—2015 年大众变速器经营情况统计表

年份	资产总值（万元）	产品销量（台）	销售收入（万元）	利润（万元）	上交税收（万元）
2002	53 481.37	2 316	1 260.70	−12 050.09	31.52
2003	68 050.69	68 663	30 789.53	−4 559.39	186.67
2004	59 720.37	66 097	29 804.05	684.76	1 919.86
2005	53 175.56	49 498	22 568.60	48.80	2 217.55

〔续表〕

年份	资产总值(万元)	产品销量(台)	销售收入(万元)	利润(万元)	上交税收(万元)
2006	47 669.38	91 839	37 661.88	4 623.33	2 220.07
2007	55 885.02	159 475	57 325.80	6 476.99	2 227.45
2008	55 646.14	191 083	64 323.81	3 557.60	2 458.18
2009	75 930.48	353 744	109 101.05	12 368.09	4 722.59
2010	93 211.90	397 939	120 100.91	11 330.05	5 788.17
2011	112 512.97	417 158	126 485.54	12 640.23	7 081.18
2012	125 790.28	458 441	137 126.76	25 381.17	10 094.51
2013	157 193.40	549 288	166 971.09	24 926.94	14 245.94
2014	181 090.57	565 166	168 823.06	22 791.71	15 183.70
2015	187 241.72	490 030	147 196.57	18 683.35	16 170.91

资料来源：大众汽车变速器(上海)有限公司

五、上海萨克斯动力总成部件系统有限公司

上海萨克斯动力总成部件系统有限公司(简称萨克斯动力)前身是成立于1991年10月24日的上海离合器总厂，该厂由上海离合器厂和工农内燃机配件厂、中国链条厂、上海汽车电镀厂和上海摩托车配件厂合并而成。2001年6月28日，上海汽车工业有限公司和德国曼内斯曼萨克斯股份有限公司对上海离合器总厂离合器和液力变矩器业务进行合资，组建上海萨克斯动力总成部件系统有限公司，股比各为50%。2002年，曼内斯曼萨克斯股份有限公司更名为采埃孚萨克斯股份有限公司。2010年，中方股权转让于华域汽车系统股份有限公司。上海萨克斯动力总成注册地为上海市青浦区华新镇纪鹤路3189号，占地面积5万平方米，建筑面积2.3万平方米，注

图5-3-11 上海萨克斯动力外景

册资金1 400万美元。2015年，资产总额3.85亿元；从业人员611人，其中合同制员工551人、劳务派遣制员工60人，管理人员131人、技术人员69人、生产操作人员207人、辅助人员145人、其他人员59人。

1966年，上海离合器厂开始生产汽车离合器。1979年，注册生产骆驼牌离合器。1987年，引进德国曼内斯曼萨克斯公司桑塔纳膜片弹簧离合器制造技术。1989年，开始为上海大众汽车桑塔纳轿车配套。1991年，离合器产销开始位居国内同行第1名。上海萨克斯动力合资成立后，主业业务为离合器、液力变矩器及若干零件加工。离合器品牌包括用于主机市场的归属德方的萨克斯牌、用于售后市场的骆驼牌及赛虎牌。离合器产品主要为上汽大众、上汽通用、上汽乘

用车、上汽通用五菱、一汽集团、一汽大众、长安福特、江铃汽车、奇瑞汽车、沈阳航天三菱、郑州日产等国内整车及发动机厂配套,并出口日本马自达汽车公司。液力变矩器为上汽通用和采埃孚变速器配套。

上海萨克斯动力拥有上海本部和柳州分公司2个生产基地。上海本部设有装配、热处理、机加工及冲压4个车间,主要生产汽车离合器和液力变矩器。柳州分公司成立于2011年1月,2013年6月建成投产,建有一个装配车间,主要生产离合器,年产能力100万套,2015年生产80万套。至2015年,上海萨克斯动力累计投资3.39亿元,离合器年产能力360万套。

上海萨克斯动力产品工程部负责产品开发,2015年有42名技术人员,拥有盖总成综合性能测试机、从动盘工况机、从动盘扭转疲劳试验机、离合器高速破坏试验机、盖总成疲劳测试机、扭振测试系统、声学测试系统、膜片弹簧测力机和TC台架试验等研发试验设备,累计投资2 300万元,形成自主开发膜片弹簧离合器,并具备离合器系统匹配的能力。2009年,公司获中国汽车工业协会授予的中国汽车零部件离合器行业龙头企业称号。

2002年,上海萨克斯动力资产总额2.22亿元,产销51.8万件,销售收入2.50亿元,利润1 907万元,国内市场占有率33%,继续位居国内同行第1名,并一致保持至2015年。2015年,资产总额3.83亿元,产销316.5万件、销售收入5.95亿元,分别比2002年增长0.73倍、5.11倍和1.38倍;利润1 724万元,为2002年的88%;离合器国内市场占有率23%。至2015年,累计产销离合器逾2 900万套。

表5-3-23 2002—2015年上海萨克斯动力经营情况统计表

年份	资产总值(万元)	产品销量(件)	国内市场占有率(%)	国内市场排名	销售收入(万元)	利润(万元)	上交税收(万元)
2002	22 217	518 065	33	1	24 791	1 907	1 878
2003	24 477	625 767	—	1	30 719	5 849	2 908
2004	24 983	717 553	—	1	29 001	496	2 811
2005	24 932	885 345	—	1	29 819	1 287	3 491
2006	27 654	1 105 494	28	1	33 545	3 233	3 094
2007	32 260	1 512 021	33	1	43 154	4 497	3 656
2008	32 971	1 665 851	31	1	41 910	1 600	2 597
2009	37 661	2 488 583	25	1	53 438	2 441	3 747
2010	39 531	3 098 134	25	1	65 938	6 262	4 153
2011	42 000	3 296 867	26	1	61 261	2 330	3 867
2012	38 994	3 341 778	26	1	58 338	701	3 677
2013	39 183	3 348 576	24	1	57 065	680	2 926
2014	41 032	3 585 068	26	1	63 775	954	3 170
2015	38 263	3 164 902	23	1	59 462	1 724	3 883

资料来源:上海萨克斯动力总成部件系统有限公司

六、上汽菲亚特红岩动力总成有限公司

上汽菲亚特红岩动力总成有限公司(简称上菲红动力)成立于2007年6月,由上汽依维柯商用车投资有限公司、意大利菲亚特动力科技工业公司、重庆重型汽车集团有限公司三方合资组建,股比为60%:30%:10%。2009年12月,重庆重型汽车集团有限公司将持有的合资公司10%国有股权划转给重庆机电控股(集团)公司。上菲红注册地为重庆市经济技术开发区经开园黄茅坪B07地块,注册资金5.8亿元,占地面积20万平方米,建筑面积7.08万平方米。2015年,资产总额16.96亿元;从业人员474人,其中合同制员工390人、劳务派遣制员工80人、外籍员工4人;管理人员19人、技术人员141人、技术操作人员86人、生产操作人员208人、辅助人员20人。

图5-3-12　上菲红动力外景

上菲红动力主营产品为FPT品牌Cursor系列重型柴油发动机,该品牌归属菲亚特动力科技工业公司。公司主要客户有上汽依维柯红岩商用车有限公司、凯斯纽荷兰公司等。公司主要车间为缸体缸盖机加车间及装配车间。至2015年,生产设备总投资12.61亿元,形成6.5万台Cursor发动机年产能力。2015年,上菲红动力研发中心有32人,具有发动机相关模块开发能力,并设有发动机专业试验室,配备发动机自动控制试验系统、瞬态测功系统、排气分析装置、噪声分析仪等先进设施。2014年和2015年,公司研发投入共计4 922万元。

2009年,上菲红动力资产总额13.17亿元,发动机产销877台,销售收入6 943万元,利润亏损1.68亿元。2011年,该公司扭亏为盈,发动机产销突破1万台。2013年,发动机产销突破2万台。2014年,发动机产销2.7万台,为历史最高纪录,柴油发动机国内市场占有率达到1.58%。2015年,资产总额16.96亿元,发动机产销2万台,销售收入13.35亿元,分别比2009年增长0.29倍、21.8倍和18.35倍,利润4 569万元;柴油发动机国内市场占有率1.34%。2009—2015年,发动机累计产销10.44万台。

表5-3-24　2009—2015年上菲红动力经营情况统计表

年份	资产总值 (万元)	产品销量 (台)	国内市场 占有率(%)	销售收入 (万元)	利润 (万元)	上交税收 (万元)
2009	131 711.07	877	0.12	6 943.07	−16 755.67	556.92
2010	135 811.68	2 708	0.22	26 887.06	−6 310.29	869.7
2011	149 738.24	18 228	0.78	121 140.56	171.29	779.04
2012	141 904.80	12 594	0.67	89 849.40	117.09	384.93
2013	160 874.00	22 897	1.22	149 766.46	3 304.89	3 710.87

〔续表〕

年份	资产总值 （万元）	产品销量 （台）	国内市场 占有率(%)	销售收入 （万元）	利润 （万元）	上交税收 （万元）
2014	165 274.93	27 043	1.58	172 652.45	13 748.93	8 596.00
2015	169 557.93	20 061	1.34	133 526.30	4 568.56	5 886.72

资料来源：上汽菲亚特红岩动力总成有限公司

第四节　直属内外饰企业

一、延锋汽车饰件系统有限公司

延锋汽车饰件系统有限公司(简称延锋汽车饰件)前身为上海延锋机模厂,该厂于1979年由上海先锋机模厂与上海延安机模厂合并组建。1987年,更名为上海延锋汽车内饰件厂。1989—1992

年,上海钢模厂、上海重型汽车附件厂、上海航空标准件厂和上海汽车蓬垫厂先后并入该厂。1994年11月1日,上海延锋汽车内饰件厂由上海汽车工业总公司和美国福特汽车公司合资为上海延锋汽车饰件有限公司,中美双方各占股49%和51%。1995年4月,中美股比改为50%：50%,美方股份包括美国福特汽车28%和福特汽车(中国)公司22%。2001年12月,美方股权转至美国伟世通国际控股有限公司,该公司更名为延锋伟世通汽车饰件系统有限公司。2008年9月,中方股权转至上海巴士实业(集团)股份有限公司及

图 5-3-13　延锋汽车饰件外景

2009年5月更名的华域汽车系统股份有限公司。2013年8月12日,美方股权全部转与华域汽车,延锋伟世通成为华域汽车全资子公司和国有企业。2014年1月6日,公司更名为现名。延锋汽车饰件系统注册资本10.79亿元,注册地即公司总部位于上海市徐汇区柳州路399号,总占地面积150万平方米,总建筑面积80万平方米。其中,上海总部占地面积1.08万平方米,建筑面积3.28万平方米。2015年,总资产454.46亿元;从业人员总计44 128人。其中,上海企业9 478人,沪外企业34 650人。上海从业人员中,合同制员工9 296人、劳务派遣制员工152人、其他人员30人;管理人员954人、技术人员3 225人、专业人员2 197人、生产操作人员837人、生产辅助人员2 235人、其他人员30人。

1979年,延锋机模厂成立后开始转向汽车内饰件生产。1987年以后,内饰件成为主营业务。2001年,延锋伟世通开始实施跨地经营战略。2010年1月,进一步实施全球经营战略,在美国密歇根州成立延锋美国公司。至2015年,延锋汽车饰件累计投资超过100亿元,在全国21个省、自治区、直辖市建有149个制造基地和5个技术中心,形成汽车内饰、外饰、座椅、电子、安全件5大核心

产品,年产能力分别为 600 万、500 万、600 万、500 万和 1 300 万台套,产品主要客户包括上汽大众、上汽通用、上汽乘用车、长安福特马自达、江淮、东风尼桑、东风神龙、北京现代、奇瑞、吉利,以及美国通用汽车和克莱斯勒等。

延锋汽车饰件的内饰系统在全国建有 56 个制造基地,主要产品为仪表板、门板、副仪表板、立柱、座舱系统等,2015 年销售收入 400 亿元;该系统技术中心 1 446 人,具备从造型到完整制造工艺的全价值链系统集成能力。1997 年,上海延锋汽车饰件有限公司与美国江森自控亚洲控股有限公司合资成立上海延锋江森座椅有限公司,先后建立 59 个制造基地,形成座椅系统,产销汽车整椅、顶棚、面套、机构件、骨架、头枕、发泡、遮阳板等产品;该系统技术中心有 594 人,具有座椅产品系统集成研发能力;2015 年该系统销售收入 265 亿元。2002 年,延锋伟世通与伟世通国际有限责任公司合资成立延锋伟世通汽车电子有限公司,并建有 10 个制造基地,形成公司电子系统,主要产品为汽车导航及驾驶信息系统、音响娱乐系统、中控集成电子系统、控制模块、动力控制模块等;该系统技术中心有 903 人,具有完整的汽车电子产品开发及车用嵌入式应用软件开发能力;2015 年该系统销售收入 10 亿元(2015 年延锋电子由于股权架构调整,此处为合并收入,汇总收入为 51 亿元)。2004 年,延锋伟世通与美国百利得安全系统公司合资成立延锋百利得(上海)汽车安全系统有限公司,构成公司被动安全系统,产销安全气囊模块、安全带、方向盘以及汽车安全集成等产品;该系统技术中心 229 人,具有被动安全整车级系统研发及产品工程能力;2015 年销售收入 37 亿元。2007 年,延锋与法国彼欧汽车外饰公司合资成立延锋彼欧汽车外饰系统有限公司,以后建成 21 个制造基地,形成公司外饰系统,主要产品为汽车前后保险杠、保险杠总成模块、尾门、防擦条、门槛、翼子板等;该系统技术中心有 335 人,具备完整工程开发能力及领先的轻量化解决方案;2015 年销售收入 41 亿元。至 2015 年,该公司研发投资累计超过 120 亿元;累计获得国家授权专利 1 304 项。

2015 年 3 月,延锋汽车饰件与美国江森自控有限公司开展全球汽车饰件业务重组,合作组建由延锋汽车饰件控股 70% 的全球最大的汽车内饰件公司江森自控汽车饰件(上海)有限公司(简称延锋内饰),主营业务包括汽车驾驶舱模块、仪表板、门板、控制台模块、副仪表板等汽车内饰件的研发制造。至同年 11 月,双方各自所属 53 家和 40 家覆盖 17 个国家和地区的生产研发基地基本纳入延锋内饰,并获得奔驰、宝马、福特、大众和通用等跨国汽车公司的业务订单。

1995 年,该公司销售收入 4.96 亿元,利润 145.5 万元,资产总额 9.80 亿元。2015 年,产品销售为:门板 497 万套、仪表板 617 万套、座椅 611 万套、保险杠 438 万套、音响 296 万套、仪表 209 万套、方向盘 364 万套、气囊 1 301 万套;销售收入 701.49 亿元,利润 39.23 亿元,资产总额 454.46 亿元,分别比 1995 年增长 140 倍、2 695 倍和 45 倍。1995—2015 年,该公司生产的仪表板、门板、座椅、方向盘、音响等主导产品国内市场占有率均位居第一。2008 年,主导产品获得上海市名牌产品称号,公司获评全国实施用户满意工程先进企业。2014 年,获上海市质量金奖。

表 5 - 3 - 25　2015 年延锋汽车饰件五大系统一览表

名　　称	类型	成立时间	系统成员数量	主营业务	累计投资(万元)	2015 年年产能力/年产销(万台)
延锋伟世通投资有限公司	电子系统企业	2013 年 11 月 1 日	10	电子产品	120	—
延锋彼欧汽车外饰系统有限公司	外饰系统企业	2007 年 3 月	18	外饰件	系统合计 30 937	系统合计 814/437.46

〔续表〕

名　　称	类型	成立时间	系统成员数量	主营业务	累计投资（万元）	2015 年年产能力/年产销(万台)
延锋安道拓座椅有限公司	座椅系统企业	1997 年 12 月	1	座椅部件	系统合计 217 562	系统合计 370/365.1
延锋汽车内饰系统有限公司	内饰系统企业	2014 年 7 月	19	内饰件	系统合计 163 687	系统合计 IP‐540/IP‐405 DP‐750/DP‐505 CNSL‐530/CNSL‐330
延锋百利得汽车安全系统(上海)有限公司	安全系统企业	2004 年 5 月	2	安全气囊	系统合计 14 316	系统合计 3 417/3 200

资料来源：延锋汽车饰件系统有限公司

表 5‐3‐26　1994—2015 年延锋汽车饰件系统经营情况一览表

年份	资产总值（万元）	国内市场占有率	销售收入（亿元）	利润（万元）
1994	72 238.4	—	0.54	—
1995	98 012.8	—	4.96	145.5
1996	108 043.4	—	7.39	6 741.7
1997	124 005.9	—	10.04	16 973.1
1998	154 475.0	—	11.81	21 578.8
1999	191 283.0	—	15.54	23 570.5
2000	242 792.5	—	22.19	31 425.8
2001	268 027.9	—	26.02	35 285.1
2002	317 258.3	—	41.16	55 124.3
2003	428 520.5	—	70.00	108 025.9
2004	424 970.7	—	69.78	76 480
2005	533 609.2	—	77.59	38 033.2
2006	573 102.8	仪表板 24.7%，门内板 18.8%，副仪表板 14.9%，保险杠 6.1%，座椅 34%，音响 11.8%，仪表 12.2%	107.19	70 881
2007	702 161.0	仪表板 24.4%，门内板 21.5%，副仪表板 14.9%，保险杠 7.1%，座椅 33.7%，音响 12.2%，仪表 11%，方向盘 10.6%，安全气囊 7.4%	133.27	95 137.5
2008	695 373.7	仪表板 20.8%，门内板 20.3%，副仪表板 11.5%，保险杠 9.8%，座椅 31.3%，音响 13.8%，仪表 10.4%，方向盘 12.9%，安全气囊 8%	138.62	77 825.9
2009	1 121 943.0	仪表板 22.1%，门内板 19.8%，副仪表板 14.1%，保险杠 12.7%，座椅 31.0%，音响 15.9%，仪表 9.3%，方向盘 13%，安全气囊 7%	193.82	137 629.6

〔续表〕

年份	资产总值 （万元）	国内市场占有率	销售收入 （亿元）	利润 （万元）
2010	1 572 398.6	仪表板 23.8%，门内板 20.3%，副仪表板 14%，保险杠 14.5%，座椅 31.7%，音响 16.7%，仪表 12.2%，方向盘 14%，安全气囊 8%	313.97	249 107
2011	1 955 707.2	仪表板 25.7%，门内板 21.6%，副仪表板 13.7%，保险杠 16%，座椅 30.6%，音响 18.2%，仪表 12.3%，方向盘 13.9%，安全气囊 11%	353.24	279 343.2
2012	2 287 589.3	仪表板 26.4%，门内板 21.7%，副仪表板 15.3%，保险杠 17.8%，座椅 30%，音响 22.3%，仪表 12.3%，方向盘 15.1%，安全气囊 14.5%	397.72	285 660.8
2013	2 730 440.8	仪表板 26.3%，门内板 22.4%，副仪表板 18.9%，保险杠 20.5%，座椅 31.2%，音响 19.2%，仪表 12.8%，方向盘 18.6%，安全气囊 12.3%	498.72	354 667.9
2014	3 177 330.1	仪表板 27.4%，门内板 20.7%，副仪表板 15.9%，保险杠 21%，座椅 31.4%，音响 20.1%，仪表 13.6%，方向盘 14%，安全气囊 13%	527.82	335 160.4
2015	4 544 682.4	仪表板 30.7%，门内板 24.9%，副仪表板 18.3%，保险杠 22.1%，座椅 30.6%，音响 14.7%，仪表 10.6%，方向盘 19.1%，安全气囊 15.8%	701.49	392 398.5

资料来源：延锋汽车饰件系统有限公司

二、上海小糸车灯有限公司

上海小糸车灯有限公司（简称上海小糸）最早为民国 10 年（1921 年）创立的德记铜铁号，1955 年 6 月、1967 年 3 月和 1978 年 4 月，先后更名为上海新成汽车材料厂、上海第二汽车配件厂和上海新成汽车配件厂。1984 年 3 月，更名为上海车灯厂。1989 年 2 月 28 日，由上海汽车拖拉机工业联营公司、日本株式会社小糸制作所和丰田通商株式会社改制为上海小糸车灯有限公司，股比分别为 50%：45%：5%。2009 年，中方股份转至华域汽车系统股份有限公司。该公司注册地址为上海市嘉定区叶城路 767 号，注册资本 74 亿日元（折合人民币 4.7 亿元）。2015 年，资产总额 45.39 亿元，其中上海企业资产总额 40.59 亿元。总占地面积 191 602 平方米，总建筑面积 118 085 平方米，其中上海企业占地面积 124 688 平方

图 5 - 3 - 14　上海小糸外景

米，建筑面积 77 889 平方米；从业人员总计 3 463 人，其中上海 2 423 人、沪外 1 040 人；上海企业从业人员中 2 416 名中方人员均为合同制员工，其中管理人员 189 人、技术人员 759 人、生产人员 1 410 人、辅助人员 58 人，另有外籍员工 7 人。

上海小糸主营产品为汽车电子设备系统及汽车照明电子部件，并使用 SK 商标和 SKOITO 商标。

SK 商标归属上海小糸,2011 年获上海市著名商标、中国驰名商标称号;SKOITO 商标归属日本株式会社小糸制作所。该公司在上海市嘉定区建有 2 个工厂并于 2006 年 5 月在重庆市建有全资子公司重庆小糸车灯有限公司,于 2010 年 4 月在吉林省吉林市与中国兵器工业集团吉林东光集团合资组建吉林小糸东光车灯有限公司,占股 51%。2015 年,该公司前照灯和后灯年产能力分别为 530 万套和 780 万套,主要客户有上汽通用、上汽大众、上汽乘用车、一汽大众、一汽轿车、一汽丰田、东风日产、东风乘用车、长安集团、长安福特、长安铃木、安徽奇瑞、安徽江淮、北京奔驰、广州汽车等整车企业。

1989 年,上海小糸设立产品开发部。20 世纪 90 年代,该公司在学习借鉴日本小糸管理经验的基础上,持续开展全员改善活动,经推广后该活动成为上海汽车行业提升科学管理水平的一项有效措施。2001 年,该公司成立技术中心并于当年被评为市级企业技术中心。2015 年,该中心有研发人员 328 人,累计研发投入 3.12 亿元,累计获得国家授权专利 731 项。主要研发成果有 LED 信号灯、HID 前照灯及 AFS 前照灯系统等并获得多个奖项。其中,2006 年,汽车电子信号灯自主开发项目获中国机械工业科学技术进步奖二等奖,2007 年,赛威 SLS 轿车外部灯获上海市重点新产品奖,2009 年,卡罗拉 238L 和赛威 SLS 轿车组合灯具获上海市自主创新产品奖,2010 年,新领驭轿车外部灯获上海市重点新产品奖等。

1989 年,上海小糸资产总额 4 334 万元,灯具产销 4.33 万台套。其中,前照灯和后灯分别产销 2.2 万台套和 2.13 万台套,位居全国同行第 1 名;销售收入 1 849 万元,净利润—33 万元。2004 年、2007 年和 2010 年,灯具年产销量先后突破 100 万台套、200 万台套和 300 万台套。2015 年,公司资产总额 40.13 亿元,比 1989 年增长 91.6 倍;灯具产销 542 万台套,比 1989 年增长 125 倍,国内市场占有率 31%,连续 36 年位居中国车灯行业第 1 名;销售收入和利润分别为 72.48 亿元和 4.77 亿元,销售收入比 1989 年增长 391 倍,利润比开始产生利润的 1990 年增长 259.7 倍。至 2015 年,累计产销汽车灯具、前照灯和后灯分别为 4 201 万台套和 4 789 万台套。

表 5‑3‑27 2015 年上海小糸子公司一览表

企业名称	类型	成立时间	所在地	主营业务	累计投资（万元）	2015 年年产能力/2015 年产销量（万件）
重庆小糸车灯有限公司	中外合资	2006 年 5 月	重庆	汽车灯具	21 000	80/48
吉林小糸东光车灯有限公司	中外合资	2010 年 4 月	吉林	汽车灯具	6 500	53.7/37

资料来源:上海小糸车灯有限公司

表 5‑3‑28 1989—2015 年上海小糸经营情况统计表

年份	资产总值（万元）	产品销量（万台套）	国内市场占有率(%)	国内市场排名	销售收入（万元）	利润（万元）	上交税收（万元）
1989	4 334	4.334 3	34	1	1 849.1	—33	213.5
1990	4 725	4.724 6	32	1	2 864.9	182.8	586.6
1991	5 335	5.335 4	32	1	4 007.2	417	845.3
1992	6 489	6.488 5	31	1	9 263.8	2 107.3	1 993.1

〔续表〕

年份	资产总值 (万元)	产品销量 (万台套)	国内市场 占有率(%)	国内市场 排名	销售收入 (万元)	利润 (万元)	上交税收 (万元)
1993	10 205	10.204 9	32	1	15 506.5	2 786.6	2 818.5
1994	22 068	22.068 0	34	1	21 126.9	3 558.7	3 414.2
1995	32 470	32.469 7	32	1	30 763.2	3 695.7	4 329.4
1996	40 551	40.551 2	31	1	40 996.8	4 218.4	5 018.7
1997	41 442	41.44	29	1	46 695.3	6 581.7	5 632.1
1998	45 273	45.27	28	1	42 170.4	6 704.6	5 817.1
1999	52 476	52.47	27	1	47 414.2	7 939.6	5 951.0
2000	55 713	55.71	27	1	54 002.1	7 825.3	7 071.8
2001	58 827	58.82	25	1	60 808.3	8 107.6	7 883.5
2002	66 198	66.19	23	1	73 120.9	8 627.5	6 972.6
2003	82 244	98.55	25	1	109 819.9	10 660.8	9 106.7
2004	85 474	119.70	26	1	129 656.8	12 514.1	9 665.2
2005	130 679	150.83	28	1	142 053.6	12 541.8	6 345.4
2006	174 865	193.60	29	1	230 473.9	12 645.4	5 600.0
2007	172 393	201.42	29	1	272 899.6	13 506.9	11 246.7
2008	169 164	215.24	24	1	291 199.4	14 165.4	13 569.8
2009	212 689	258.90	27	1	333 082.4	19 697.1	8 645.7
2010	279 680	311.08	29	1	494 880.5	31 458.6	13 868.6
2011	309 933	360.42	30	1	569 345.4	34 990.6	18 587.5
2012	326 933	388.71	29	1	587 324.5	35 655.4	11 932.7
2013	373 110	427.33	29	1	677 909.4	39 125.7	18 595.9
2014	401 269	486.51	30	1	739 267.7	44 715.7	20 947.4
2015	453 875	542.62	31	1	724 838.8	47 662.6	25 210.3

资料来源：上海小糸车灯有限公司

三、上海天合汽车安全系统有限公司

上海天合汽车安全系统有限公司(简称上海天合)成立于1997年7月1日,由上海离合器总厂与美国TRW(天合)汽车集团合资组建,股比各为50%。2002年1月和2009年5月,中方股东先后变更为上海汽车工业(集团)总公司和华域汽车系统股份有限公司。公司注册地为上海市嘉定区安亭镇国际汽车城零部件工业园区园耀路168号,注册资金1 198万美元。2015年,公司占地面积4.2万平方米,建筑面积2.5万平方米,资产总额8.83亿元;从业人员1 103人,其中,合同制员工260人、劳务派遣制员工843人、技术人员73人、管理人员61人、生产操作人员782人、辅助人员

图 5‑3‑15　上海天合外景

187 人。

上海天合成立初期，主要产销汽车安全带。2005 年和 2014 年，先后开始产销汽车安全气囊和汽车方向盘。公司建有汽车安全带生产、气袋生产、安全气囊装配和汽车方向盘生产 4 个车间，拥有气袋激光切割机等主要生产设备均属国际先进水平。至 2015 年，累计投资 43 034 万元，形成前安全带 1 020 万根、安全气囊 680 万只和汽车方向盘 80 万只年产能力，产品主要供应上汽大众、上汽通用、上汽乘用车、长安福特、长安马自达、东风神龙、奇瑞汽车、一汽大众、北京奔驰、华晨宝马、广汽乘用车等汽车厂商。公司拥有国家级安全系统实验室和上海市级企业技术中心，至 2015 年，研发人员 58 人，累计研发投资 3.53 亿元，累计获国家授权专利 80 项。

1998 年，上海天合资产总额 1.12 亿元，汽车安全带产销 57.87 根，销售收入 8 650 万元，利润 0.14 亿元。2002 年、2006 年和 2007 年，安全带年产销先后突破 100 万根、200 万根和 400 万根。2007 年，安全气囊产销 48.85 万只。2010 年，安全带和安全气囊年产销分别突破 600 万根和 200 万只。2014 年，开始产销汽车方向盘，当年产销 11.38 万只。2015 年，资产总额达到 8.83 亿元，比 1998 年增长 6.88 倍；年产销汽车安全带 825 万根，比 1998 年增长 13.25 倍，安全气囊 286.76 万只，比 2007 年增长 4.87 倍，汽车方向盘 17.35 万只，比 2014 年增长 0.5 倍，国内轿车配套市场占有率为 9%；销售收入和利润各为 13.4 亿元和 6 106 万元，分别比 1998 年增长 14.50 倍和 3.37 倍。至 2015 年，汽车安全带、安全气囊和方向盘分别累计产销 7 185.16 万根、1 575.24 万只和 28.75 万只。

表 5‑3‑29　1998—2015 年上海天合经营情况统计表

年份	资产总值（万元）	产品销量（万根/万只）	销售收入（万元）	利润（万元）	上交税收（万元）
1998	11 242	安全带：57.87	8 650	1 397	695
1999	13 359	安全带：64.67	9 579	1 435	735
2000	14 999	安全带：64.25	9 691	752	747
2001	15 483	安全带：84.94	12 696	1 123	1 103
2002	18 830	安全带：115.67	17 289	2 076	1 379
2003	23 946	安全带：196.97	29 442	3 653	1 366
2004	26 145	安全带：171.49	25 633	1 741	1 306
2005	39 800	安全带：140.40	20 986	−1 868	1 151
2006	46 647	安全带：289.09	39 844	1 366	1 262
2007	52 592	安全带：454.58 安全气囊：48.85	70 102	3 164	5 439
2008	50 276	安全带：365.76 安全气囊：60.38	65 162	2 322	2 044

〔续表〕

年份	资产总值 （万元）	产品销量 （万根/万只）	销售收入 （万元）	利润 （万元）	上交税收 （万元）
2009	58 042	安全带：461.88 安全气囊：138.45	90 615	4 700	5 062
2010	75 502	安全带：626.72 安全气囊：203.85	124 700	9 343	7 101
2011	86 568	安全带：727.09 安全气囊：223.83	134 572	13 371	6 912
2012	100 606	安全带：759.60 安全气囊：236.20	135 525	15 151	7 841
2013	96 738	安全带：890.21 安全气囊：280.28	153 534	15 738	10 182
2014	92 135	安全带：888.97 安全气囊：320.67 方向盘：11.40	158 203	15 779	8 505
2015	88 324	安全带：825.00 安全气囊：286.76 方向盘：17.35	134 418	6 106	6 564

资料来源：上海天合汽车安全系统有限公司

四、华域正大有限公司

华域正大有限公司（简称华域正大）成立于 2013 年 6 月，是华域汽车系统股份有限公司与泰国易初工业集团有限公司和谢杰人合资设立的企业，华域持股 51%，易初集团合并持股 49%，注册资本 2 亿泰铢（折合 769.23 万美元）。公司地址位于泰国曼谷罗勇府合美乐东海岸工业区，租用上汽正大有限公司厂房，建筑面积 4.07 万平方米。2015 年，总资产 28 001 万泰铢（折合 1 076.96 万美元）；从业人员 129 人，其中，技术和管理人员 31 人，生产人员 55 人，辅助人员 43 人。

华域正大经营业务范围为汽车仪表板总成、中控台总成、座椅总成、方向盘总成、保险杠总成、摇窗机总成、发动机和车门总成等装配和销售，产品为上汽正大有限公司乘用车配套。该公司于 2013 年 6 月成立后，租用上汽正大有限公司厂房，先后完成发动机、车门总成、仪表板总成等多条生产线建设，项目总投资 1 852.38 万美元。2014 年，该公司正式投产，全年共产销发动机和车门总成 1 360 台套，销售收入 25 579.6 万泰铢（折合 983.83 万美元），利润 −11 694.7 万泰铢（折合 −449.79 万美元）。2015 年，全年共产销内饰和座椅总成、发动机和车门总成 5 515 台套，实现销售收入 62 676.6 万泰铢（折合 2 410.64 万美元），利润 −13 831.2 万泰铢（折合 −531.96 万美元）。

第五节 直属电子电器企业

一、联合汽车电子有限公司

联合汽车电子有限公司（简称联合电子）成立于 1995 年 12 月 25 日，由中联汽车电子有限公司

图 5-3-16 至 17　联合电子原址乡村景观及现公司外景

和德国罗伯特·博世有限公司合资组建,各占股 50％。中联汽车电子有限公司是于 1994 年 7 月在上海成立、由上海汽车工业总公司牵头、国内跨地区跨行业 15 家单位共同组建的公司。联合电子成立时总投资 26.68 亿元,为中国投资规模最大的汽车零部件企业。1999 年 10 月和 2002 年 6 月,德国博世先后两次将公司 5％合计 10％股权转让给博世(中国)投资有限公司。2008 年 4 月,中联汽车电子将公司 1％股权转让给德国博世。至此,联合电子三方股东中联汽车电子、德国博世、博世(中国)股为 49％、41％和 10％。总部位于上海市浦东新区金桥工业区榕桥路 555 号。公司总占地面积 41.47 万平方米,总建筑面积 21.34 万平方米。其中,上海厂区占地面积 14 万平方米,建筑面积 11.03 万平方米。2015 年注册资本 12 亿元,资产总额资产总额 128.71 亿元;从业人员总计8 392 人,其中上海 3 896 人,沪外 4 496 人,合同制员工 6 167 人、劳务派遣制员工 2 195 人、外籍员工 30 人、管理人员 1 828 人、研发人员 1 226 余人、生产人员 5 129 人、辅助人员 209 人。

联合电子主要从事环保节能的汽油发动机管理系统、变速箱控制系统、车身电子、混合动力和电力驱动控制系统和零部件的开发、生产和销售,主营产品有电子控制器、喷油器、各类传感器、点火线圈、油泵、电子节气门体、车身控制器、变速箱控制器、电磁阀、电力电子控制器和驱动电机等。产品品牌为归属于德国博世的 BOSCH 品牌和归属于联合电子的 UAES 品牌。1997 年 9 月,联合电子上海工厂投产,同年 11 月,无锡工厂和西安工厂同时投产。2011—2012 年,芜湖工厂、柳州工厂和无锡二厂先后投产。至此,公司在上海和江苏无锡、陕西西安、安徽芜湖、广西柳州等地建有 6个工厂,总投资达 42 亿元。电子控制器、传感器、喷油器等零部件分别形成年产 1 000 万、3 600 万和 2 700 万件能力,主要客户有上汽大众、上汽通用、上汽乘用车分公司、上汽通用五菱、一汽大众、东风神龙、长安福特、长安汽车、比亚迪汽车、吉利汽车和奇瑞汽车等。

联合电子在上海、重庆和芜湖设有技术中心并经过多次建设。1997—1998 年,上海技术中心完成一期工程。2000 年,公司技术中心获评上海市企业技术中心。2002 年,公司检测中心获得国家认可实验室资质。2005—2006 年,上海技术中心完成二期工程建设、重庆技术中心建成。2011年,芜湖技术中心投入使用。2015 年,建成 5 万多平方米建筑面积的技术中心新大楼,拥有世界先进水平的整车、发动机、变速箱、混合动力和电力驱动性能开发实验室。至 2015 年,联合电子技术中心累计投资 7.19 亿元,人员 1 400 余人,具有汽油发动机管理系统、变速箱控制、车身电子和电力驱动系统和零部件的核心开发能力。该中心开发的汽车发动机电子控制器 MSE2.0 平台项目于2011 年获中国汽车工业科技进步奖二等奖。至 2015 年,联合电子累计获得国家授权专利 421 项。

1996 年,联合电子资产总额 5.24 亿元,主营产品产销 3.2 万件,销售收入 4 422 万元,利润 207万元。1999 年、2008 年和 2013 年,销售收入先后突破 10 亿元、50 亿元和 100 亿元。2003 年,主导产品国内市场占有率达到 40％,位居国内同行第 1 名。2005 年、2009 年和 2014 年,主营产品年产销先后突破 1 000 万件、5 000 万件和 1 亿件。2015 年,公司资产总额 128.71 亿元,比 1996 年增长 23.56 倍;主营产品产销 1.52 亿件,比 1996 年增长 4 762 倍,国内市场占有率 40%,连续 13 年位居国内同行第 1 名;主导产品产销包括电子控制器 910 万件、传感器 3 600 万件、喷油器 2 700 万件、油泵 550 万件、高压油泵 160 万件、高压喷油器 680 万件;销售收入 160.42 亿元和净利润 25.72 亿元,分别比 1996 年增长 363.6 倍和 1 207 倍。1996—2015 年,联合电子累计产销汽车电子产品 76 881 万件。其中,电子控制器、传感器、喷油器、油泵、高压油泵和高压喷油器累计产销分别为 6 000 万件、34 715 万件、24 000 万件、4 999 万件、390 万件和 1 520 万件。

表 5‑3‑30 2015 年联合电子直属工厂、分公司一览表

序号	名 称	类 型	成立时间	所在地	主要产品	累计投资（万元）	2015 年年产能力/年产销量（万台套）
1	上海工厂	直属工厂	1997 年 9 月	上海	电子控制器等	305 985	1 000/910
2	无锡工厂	直属工厂	1997 年 11 月	无锡	喷油器等	225 007	5 000/5 210
3	西安工厂	直属工厂	1997 年 11 月	西安	电动油泵等	55 353	2 500/2 549
4	重庆分公司	全资子公司	2006 年 6 月	重庆	技术研发	11 168	—
5	芜湖分公司	全资子公司	2011 年 1 月	芜湖	传感器等	81 123	6 000/6 628
6	柳州工厂	直属工厂	2011 年 11 月	柳州	油泵支架总成等	20 707	300/250

资料来源:联合汽车电子有限公司

表 5‑3‑31 1996—2015 年联合电子经营情况一览表

年份	资产总值（万元）	产品销量（万件）	国内市场占有率（%）	国内市场排名	销售收入（万元）	利润（万元）	上交税收（万元）
1996	52 354.3	—	—	—	4 422.4	207.1	—
1997	90 569.0	—	—	—	11 940.8	−3 313.9	—
1998	139 065.5	—	—	—	38 023.4	3 080.0	—
1999	170 293.3	—	—	—	102 504.7	20 131.0	—
2000	187 726.7	—	—	—	109 401.3	28 271.5	—
2001	213 289.1	—	—	—	129 027.2	33 972.2	—
2002	274 424.6	—	—	—	193 828.0	63 364.6	—
2003	301 035.4	—	40	1	308 739.9	85 807.2	—
2004	275 834.4	—	39	1	291 646.1	72 234.3	—
2005	288 972.6	1 130	35	1	292 885.9	58 927.8	—
2006	311 749.1	2 319	37	1	364 536.0	58 336.4	25 157.3
2007	378 351.1	3 169	38	1	467 895.7	61 913.5	34 822.2
2008	396 670.7	3 984	38	1	521 895.5	71 723.6	42 550.0
2009	582 307.9	5 556	39	1	715 455.6	164 267.8	72 199.4
2010	707 693.9	7 733	39	1	945 815.4	210 626.9	113 284.6
2011	669 412.3	7 747	39	1	947 253.5	205 629.8	104 653.8

〔续表〕

年份	资产总值（万元）	产品销量（万件）	国内市场占有率（%）	国内市场排名	销售收入（万元）	利润（万元）	上交税收（万元）
2012	738 212.8	7 832	37	1	905 231.9	174 402.3	95 452.0
2013	939 504.0	9 900	37.5	1	1 103 303.4	187 421.5	104 274.2
2014	1 094 596.6	12 268	39	1	1 356 793.5	213 586.1	126 262.5
2015	1 287 107.2	15 243	40	1	1 604 234.6	257 169.3	145 808.2

资料来源：联合汽车电子有限公司

二、上海实业交通电器有限公司

上海实业交通电器有限公司（简称上实交通）前身是 1951 年 8 月成立的建设交通器材股份有限公司，为私营企业。1955 年 9 月，改制为公私合营企业。1966 年 11 月，转为国营性质并更名为上海交通电器厂。1988 年 11 月 1 日，由上海汽车拖拉机工业联营公司和香港上海实业控股公司合资组建为上海实业交通电器有限公司，双方股份分别为 70% 和 30%。2010 年 3 月，上汽所持股份转至华域汽车系统股份有限公司。同年 8 月，香港上海实业控股公司所持股份转至上海汽车工业香港有限公司。公司注册地址为上海市徐汇区漕溪北路 400 号，注册资本 13 030 万元。

2015 年，该公司合并报表资产总额 15.92 亿元。总占地面积 93 676 万平方米，总建筑面积 53 012 万平方米；其中总部及直管工厂占地面积 54 352 平方米，建筑面积 37 516 平方米；从业人员总计 6 504 人，其中上海 6 329 人、沪外 175 人；总部及直管工厂从业人员 1 139 人中合同制员工 723 人、劳务派遣制员工 389 人、其他从业人员 25 人、外籍人员 2 人、管理人员 223 人、技术人员 169 人、生产人员 565 人、辅助人员 182 人。

图 5 - 3 - 18　上实交通前身

图 5 - 3 - 19　上实交通外景

20 世纪 50 年代，该公司相继生产汽车发电机调节器、汽油膜泵、继电器和闪光器。60 年代初，开始生产电喇叭和点火开关。60 年代后期，开始生产调节器、闪光器、电喇叭、继电器 4 类产品，并一直延续至 80 年代中期。1986 年，兼并上海第二汽车附件厂后增加雨刮器产品。1987 年，电喇叭成为上海大众汽车桑塔纳轿车第一批国产化零部件。1996 年，确立汽车电器、汽车电子、汽车电机"三足鼎立"产品格局。2000 年，收购上海汽车电器总厂部分资产后增加电器开关、点烟器、阻尼线和油泵电机 4 类产品。"十一五"期间，该公司推出电子为先、摇窗机为重、喇叭为本的产品发展战略。至 2015 年,公司主要产销上海市著名商标声佳牌电喇叭、电动玻璃升降器、防盗和防夹产品、车身控制器等电子产品,汽车开关以及直流电机等系列产品,为上汽大众、上汽通用、上汽乘用车分公司、上汽通用五菱和一汽大众、长安汽车、长城汽车、神龙汽车、江淮汽车、北汽控股、广州汽车、一汽海马、吉利汽车、奇瑞汽车等全国各主要轿车厂家配套。

上实交通除了在上海市青浦区建有生产基地外,还与国际跨国公司组建 5 家合资子公司,包括位于上海市闵行区的与法国法雷奥国际控股公司合资组建的上海法雷奥汽车电机雨刮系统有限公司,位于上海安亭国际汽车城的与德国博泽国际有限公司合资组建的上海博泽汽车部件有限公司,位于上海市浦东新区外高桥保税区的与美国恩坦华公司合资组建的上海恩坦华汽车门系统有限公司,位于上海市嘉定区安亭镇的与美国李尔公司合资组建的上海李尔实业交通汽车部件有限公司,位于上海市嘉定区安亭镇的与恩坦华公司合资组建上海恩坦华汽车部件有限公司。此外,上实交通与江苏南京东华公司合资组建了南京申华汽车电子有限公司,在河北保定全资设立保定市上实交通汽车部件有限公司。至 2015 年,累计投资 8.79 亿元,形成电动摇窗机 1 974 万台、电喇叭 1 925 万只、汽车雨刮器 420 万只、车内门板 88 万套、冷却风扇 29 万只、座椅骨架 135 万套、门锁 405 万台、汽车线束 201 万台、汽车天窗 150 万套年产能力。

上实交通建有技术中心,下设研究发展中心、工程支持部和前期研发部,研发人员 146 人。2000 年,研究发展中心被评为上海市企业技术中心。至 2015 年,研发投入累计 4.9 亿元,累计获得国家授权专利 31 项。

1989 年,上实交通资产总额 0.8 亿元,销售收入 4 814 万元,利润 610 万元。1993 年、2004 年和 2011 年,销售收入先后突破 1 亿元、5 亿元和 10 亿元。主要产品电喇叭自 1989 年产销 131 万台起,始终位列国内同行第 1 名;电动玻璃升降器自 2007 年产销 220 万台起,始终位列国内同行第 1 名;2008 年,直流油泵电机产销位居全球第 2 名。2015 年,资产总额 15.92 亿元,比 1989 年增长 19.91 倍;电动玻璃升降器销售 1 057 万台,位居国内排名第 1 名;电喇叭销售 1 265 万只,销量始终位列全国同行前 2 名;销售收入 14.12 亿元、利润 3.08 亿元,分别比 1989 年增长 29.33 倍和 50.51 倍。至 2015 年,电喇叭、电动玻璃升降器分别累计产销 1 213 万台和 999 万台。

表 5 - 3 - 32　2015 年上实交通子公司一览表

名　称	类　型	成立时间	所在地	主要产品	累计投资(万元)	2015 年产能/年产销量(万台)
上海实业交通电器有限公司电器制造厂	联营企业	1992 年 10 月	上海	摇窗机	4 596	1 762/1 057
				喇叭		1 925/1 155
上海法雷奥汽车电机雨刮系统有限公司	中外合资	1996 年 6 月	上海	汽车雨刮器	25 970	420/352
上海博泽汽车部件有限公司	中外合资	1999 年 3 月	上海	车门内板	4 424	88/31
				摇窗机	1 650	48/25
				冷却风扇	6 889	29/23
				座椅骨架	1 133	135/127
上海恩坦华汽车门系统有限公司	中外合资	1999 年 11 月	上海	汽车门锁	—	405/384

〔续表〕

名　　称	类　型	成立时间	所在地	主要产品	累计投资（万元）	2015 年产能/年产销量（万台）
上海李尔实业交通汽车部件有限公司	中外合资	2003 年 11 月	上海	汽车线束	—	201/185
上海恩坦华汽车部件有限公司	中外合资	2004 年 6 月	上海	汽车天窗	—	150/107
南京申华汽车电子有限公司	中中合资	2009 年 1 月	南京	玻璃升降器	—	212/191
				仪表	—	9/7
				传感器	—	31/15
保定市上实交通汽车部件有限公司	全资子公司	2015 年 11 月	保定	电动摇窗机	—	0/0

资料来源：上海实业交通电器有限公司

表 5‑3‑33　1989—2015 年上实交通经营情况统计表

年份	资产总值（万元）	电动摇窗机			喇　叭			营业收入（万元）	利润（万元）	上交税收（万元）
		产品销量（万台）	国内市场占有率（%）	国内市场排名	产品销量（万台）	国内市场占有率（%）	国内市场排名（乘用车）			
1989	7 992	—	—	—	131	40	1	4 814	610	9
1990	8 116	—	—	—	148	40	1	5 008	544	8
1991	7 955	—	—	—	161	42	1	6 352	1 090	141
1992	9 176	—	—	—	207	42	1	8 037	1 639	207
1993	13 282	0.07	2	4	284	41	1	11 968	2 004	251
1994	15 204	0.52	5	4	296	40	1	15 317	2 201	271
1995	16 720	9	20	1	319	40	1	26 193	2 792	329
1996	20 374	9	20	1	315	38	1	33 622	4 699	609
1997	23 797	10	18	1	319	38	1	32 351	5 646	1 421
1998	30 566	42	15	1	282	36	1	32 047	6 758	3 632
1999	38 762	44	14	1	200	21	1	29 238	6 774	3 583
2000	46 843	47	13	2	217	21	1	27 240	7 001	3 773
2001	51 982	53	11	3	205	20	1	35 369	7 138	2 382
2002	57 846	63	10	3	206	20	1	38 701	10 741	2 801
2003	64 086	102	13	2	221	20	1	49 616	13 720	4 372
2004	65 792	120	14	2	281	20	1	54 137	11 204	2 797
2005	66 028	123	13	2	219	15	1	34 368	4 668	612
2006	63 618	124	12	2	242	15	1	44 696	8 055	1 704

〔续表〕

年份	资产总值（万元）	电动摇窗机			喇叭			营业收入（万元）	利润（万元）	上交税收（万元）
		产品销量（万台）	国内市场占有率（％）	国内市场排名	产品销量（万台）	国内市场占有率（％）	国内市场排名（乘用车）			
2007	69 485	220	11	1	390	20	1	75 260	13 281	3 501
2008	68 320	228	12	1	432	20	1	69 945	13 648	5 012
2009	90 701	321	12	1	545	21	1	76 957	13 337	2 488
2010	106 817	445	13	1	650	24	1	98 706	19 286	2 914
2011	118 887	508	14	1	690	24	1	109 891	21 241	2 764
2012	128 903	681	16	1	930	25	1	117 449	24 896	3 169
2013	132 443	838	17	1	1 088	26	1	133 178	29 628	1 985
2014	142 662	923	17	1	1 171	27	1	137 606	32 946	3 091
2015	159 178	1 057	19	1	1 265	29	1	141 240	30 812	2 491

资料来源：上海实业交通电器有限公司

三、上海法雷奥汽车电器系统有限公司

上海法雷奥汽车电器系统有限公司（简称上海法雷奥电器）由上海汽车工业总公司和法国法雷奥国际控股有限公司于1995年2月11日组建，股比40％∶60％。1996年7月，上海汽车电器总厂成为中方股东，股比调整为中方70％、法方30％。2003年12月，上海汽车工业有限公司成为中方股东，中法双方各占股50％。2010年4月，华域汽车系统股份有限公司成为中方股东，中法股东股比不变。该公司地址为上海市浦东新区泰华路800号（华东路5101号），占地面积77 813平方米，建筑面积52 850万平方米，注册资本2 200万美元，资产总额13.84亿元。2015年，从业人员1 508人。其中，合同制员工827人、

图5-3-20　上海法雷奥电器外景

劳务派遣制员工675人、外籍员工6人；管理人员122人、技术人员247人、生产操作人员1 139人。

上海法雷奥电器主营产品为法雷奥（Valeo）品牌的车用交流发电机和起动机。1997年，建成起动机、发电机和柴油车电机3个生产车间，拥有10余条先进生产线。至2015年，形成车用交流发电机和起动机1 100万台年产能力，产品主要为上汽大众、上汽通用、一汽大众、北京现代、东风神龙等国内30余家整车企业供货。作为高新技术企业，该公司拥有上海市企业技术中心和国家级试验中心，截至2015年年底，技术中心员工有167人。其中，硕士16人，博士1人。技术中心包括研究开发部和P1/P0项目部。试验中心设有7大功能试验室，拥有试验设备100多台套，能进行材料、性能、耐久、环境、振动、噪声等相关试验项目，具备对本公司产品（发电机/起动机）的全套评价

验证的试验能力;拥有结构强度/刚度/模态分析、零部件 NVH 虚拟分析、疲劳耐久分析等虚拟分析验证能力。2003 年,技术中心研发的 SG9B024 交流发电机获上海市重点新产品奖。至 2015 年,该公司累计获得国家授权专利 55 项。

1997 年,上海法雷奥电器资产总额 3.41 亿元;车用交流发电机和起动机产销 84 万台,位居国内同行第一;销售收入 3.01 亿元,利润 872.8 万元。2002 年、2009 年和 2013 年,车用交流发电机和起动机产销先后突破 100 万台、500 万台和 1 000 万台。2003 年、2007 年、2010 年和 2013 年,年销售收入先后突破 5 亿元、10 亿元、20 亿元和 30 亿元。2015 年,公司资产总额 23.07 亿元,比 1997 年增长 5.77 倍;车用交流发电机和起动机销量 1 107 万台,比 1997 年增长 12.31 倍,国内市场占有率 25.3%,连续 21 年位居国内同行第一;销售收入 38.27 亿元、净利润 4.79 亿元,分别比 1997 年增长 11.71 倍和 54.7 倍。至 2015 年,累计销售车用交流发电机和起动机 8 271 万台。

表 5‑3‑34　1996—2015 年上海法雷奥电器经营情况统计表

年份	资产总值（万元）	产品销量（台）	销售收入（万元）	利润（万元）	净利润（万元）	上交税收（万元）
1996	11 148.0	—	168.1	−1 212.4	−1 221.0	—
1997	34 116.8	840 000	30 058.2	872.8	862.9	1 450.0
1998	39 485.2	813 457	30 711.6	−736.7	−752.8	1 957.8
1999	40 045.1	816 134	32 261.6	533.2	244.8	2 169.3
2000	38 379.4	666 363	29 745.9	502.1	440.8	2 781.0
2001	40 186.3	771 748	32 048.7	898.5	892.7	2 893.4
2002	39 462.1	1 185 737	48 245.6	3 715.0	3 023.7	3 320.5
2003	45 658.7	1 688 022	67 246.4	8 274.3	8 280.4	4 516.0
2004	50 216.3	1 875 322	66 138.0	4 235.7	3 908.0	3 431.1
2005	52 053.8	1 770 967	64 607.0	953.3	875.8	2 190.2
2006	65 491.2	2 328 674	95 839.2	7 872.6	6 420.5	4 336.4
2007	80 039.2	3 529 542	124 912.0	11 949.2	9 049.5	7 240.2
2008	74 737.4	3 658 559	130 245.2	17 922.0	15 018.5	9 446.3
2009	114 099.5	5 219 840	171 638.7	29 721.4	25 106.2	11 729.4
2010	136 213.8	7 156 286	237 568.2	37 563.7	31 861.2	13 903.5
2011	161 366.1	8 118 998	262 351.5	37 813.1	31 995.3	16 746.9
2012	183 302.9	9 365 467	291 029.5	40 768.6	34 732.4	18 875.0
2013	209 064.4	10 600 651	335 403.8	43 935.2	38 026.4	19 133.2
2014	211 539.9	11 231 188	370 609.9	51 345.6	50 006.6	22 758.7
2015	230 728.7	11 071 494	382 700.6	54 942.4	47 942.5	30 932.5

资料来源:上海法雷奥汽车电器系统有限公司

四、联创汽车电子有限公司

联创汽车电子有限公司(简称联创电子)成立于 2006 年 4 月 12 日,由中联汽车电子有限公司和中国科学院上海微系统与信息技术研究所联合组建,双方股比 95%∶5%。2010 年,股东股比变更为中联汽车电子 59.375%、上海汽车集团股份有限公司 37.5%、中科院上海微电子系统与信息技术研究所 3.125%。2012 年,股比变更为上汽集团 60%、中联汽车电子 38%、中科院上海微系统与信息技术研究所 2%。2015 年,公司注册资本 1.5 亿元,地址在上海市浦东新区金吉路 33 弄 3—4 号;资产总额 35 153 万元,占地面积 2.95 万平方米,建筑面积 0.76 万平方米;从业人员 345 人,其中合同制员工 287 人、劳务派遣制员工 58 人,管理人员 121 人、技术人员 115 人、生产人员 91 人、其他人员 18 人。

联创电子主要产销电动助力转向控制器、胎压监测系统、柴油发动机管理系统、节气门体总成和相位传感器等汽车电子电器产品,拥有生产汽车电子控制器产品的贴片机、回流焊机、波峰焊、光学检测、高位功能测试、包装等生产线,生产传感器类、控制器类产品的生产线及检测线等。至 2015 年,累计投资 5 781 万元,形成年产能力 100 万套,为上汽乘用车、上汽通用、上汽通用五菱、上汽大通、东风柳汽、比亚迪汽车、长城汽车、奇瑞汽车等多家整车公司配套。联创电子设有研发中心,拥有先进的电子试验室、匹配试验室和零部件试验室以及先进的试验和检测设备,至 2015 年累计研发投资 5 548 万元。

图 5-3-21 联创电子外景

2007 年,联创电子资产总额 7 815 万元,电子产品产销 81 万个,销售收入 7 659 万元,利润亏损 219 万元。2008 年,销售收入超过 1 亿元并扭亏为盈。2009 年,利润超过 2 000 万元达 2 210 万元。2015 年,资产总额 3.52 亿元,比 2007 年增长 3.51 倍;电子产品产销 603.7 万个,比 2007 年增长 6.5 倍,其中,机械式节气门体 15.5 万个、电子节气门体盖板 155.2 万个、电子节气门体 PCBA 162.1 万个、电子助力转向控制器 4.1 万个、胎压监测传感器 101.7 万个、其他零部件产品 165 余万个;销售收入 27 023 万元,比 2007 年增长 2.5 倍;利润 2 068 万元,比 2007 年增加 2 287 万元。至 2015 年,累计产销电子产品 7 573 万个。

表 5-3-35 2006—2015 年联创电子经营情况统计表

年份	资产总值(万元)	产品产销(万个)	销售收入(万元)	利润(万元)	上交税收(万元)
2006	2 346	22	1 319	−862	16
2007	7 815	81	7 659	−219	211
2008	8 887	101	14 023	270	837

〔续表〕

年份	资产总值 （万元）	产品产销 （万个）	销售收入 （万元）	利润（万元）	上交税收 （万元）
2009	13 845	183	24 000	2 210	1 274
2010	20 057	5 190	26 563	1 698	1 401
2011	19 571	171	22 457	792	1 042
2012	26 457	182	23 294	665	1 164
2013	25 649	270	22 673	184	924
2014	32 187	676	25 016	2009	290
2015	35 153	604	27 023	2 068	861

资料来源：联创汽车电子有限公司

第六节 直属汽车金属成型及模具类企业

一、上海拖拉机内燃机有限公司

上海拖拉机内燃机有限公司（简称上海拖内）原名上海拖拉机内燃机公司，1989年12月26日，由上海拖拉机厂、上海内燃机厂、上海拖拉机齿轮厂、上海拖拉机底盘厂、上海油嘴油泵厂和上海申

图 5-3-22 上海拖内外景

光铸造厂6家企业合并组建，为国有企业和上汽实施总厂制改革成立的第一家总厂型公司。1993年，上海申光铸造厂并入上海汽车铸造总厂。1994年，上海拖拉机底盘厂并入上海汇众汽车制造公司，上海拖拉机齿轮厂并入上海汽车齿轮总厂。2008年6月13日，改制为上海拖拉机内燃机有限公司。2009年5月，成为华域汽车系统有限公司全资子公司。同年11月，上海汽车锻造总厂并入上海拖内。2015年，公司

注册地址为上海市杨浦区翔殷路999号，经营地址为上海市杨浦区国定东路303号；注册资本11.8亿元，资产总额26.18亿元；总占地面积94.92万平方米、总建筑面积48.26万平方米；其中公司总部工厂占地面积38.98万平方米、建筑面积28.30万平方米；公司本部及所属投资企业合并从业人员4 875人，其中合同制员工2 685人、劳务派遣制员工2 190人，管理人员523人、技术人员476人、生产操作人员2 633人、生产辅助人员1 243人。

上海拖内成立之初主营产品是上海牌50系列、65系列中型轮式拖拉机及上海牌95系列柴油机。2001年10月，上海拖内与意大利菲亚特集团所属凯斯纽荷兰公司合资成立上海纽荷兰农业机械有限公司，拖拉机产品转入合资企业。至此，上海牌拖拉机累计产销26.71万台，国内大中型拖拉机市场占有率26%，同等马力拖拉机市场中占有率80%，累计出口1.17万台，销往65个国家和地区。

"九五"后期,上海拖内在产销拖拉机、柴油机的同时,开始进入汽车零部件制造领域。1999年2月,在上海市嘉定区园国路成立上海华克汽车排气系统有限公司,产销汽车排气系统。拖拉机业务转出后的"十五"后期至"十一五",上海拖内形成主要以轿车车身骨架件为核心业务的产品格局。至2015年,上海拖内除了本部生产基地外,在上海市嘉定区园国路组建上海捷众汽车冲压件有限公司,在辽宁省沈阳市大东区组建沈阳捷众汽车零部件有限公司,在山东省烟台市福山高新区组建山东捷众汽车零部件有限公司,在湖北省武汉市江夏金港开发区组建的武汉捷众汽车零部件公司,与美国天纳克公司合资将上海华克汽车排气系统有限公司组建为上海天纳克排气系统有限公司,以及吸纳上海汽车锻造总厂子公司上海爱知锻造有限公司和上海爱德夏机械有限公司,合计建有7家零部件子公司,累计投资达到19.87亿元,总年产能力达到大吨位冲压近14 738万冲次、焊接总成配套351万台套,产品主要客户包括上汽通用、上汽大众、上汽乘用车、上汽通用东岳、上汽通用北盛及上汽通用武汉等。2012年10月,上海拖内成立技术中心。至2015年,技术人员有233人,累计投资3 206万元,形成与整车厂同步开发能力,累计获得国家专利授权70项。

1990年,上海拖内资产总额3.57亿元,销售收入2.58亿元,利润45万元。1996年、2010年、2011年和2013年销售收入分别突破10亿元、20亿元、30亿元和40亿元。2008年、2011年和2013年,汽车车身骨架件总成配套量分别突破100万台套、200万台套和300万台套。2015年,实现汽车车身骨架件总成配套量351万台套,与1996年产销中小冲压件6万台套比较,增长近59倍。至2015年累计完成配套2 533万台套。2015年,资产总值26.18亿元、销售收入42.75亿元、利润3.24亿元,分别比1990年增长7.33倍、16.6倍和720倍。

表5-3-36 2015年上海拖内全资子公司一览表

名　称	成立时间	所在地	累计投资（万元）	2015年年产能力/年产销量（万台）
沈阳捷众汽车零部件有限公司	2008年2月	沈阳	15 969	41
山东捷众汽车零部件有限公司	2008年7月	烟台	21 860	60
武汉捷众汽车零部件有限公司	2013年7月	武汉	22 883	42

资料来源:上海拖拉机内燃机有限公司

表5-3-37 1990—2015年上海拖内经营情况统计表

年份	资产总值（万元）	产品销量		销售收入（万元）	利润（万元）	上交税收（万元）
		骨架件总成（万套）	拖拉机(台)			
1990	35 658	—	7 704	25 804	45	421
1991	40 950	—	10 813	38 999	2 130	656
1992	46 926	—	12 460	51 126	−1 455	1 384
1993	73 116	—	11 740	58 882	1 085	1 214
1994	78 172	—	12 266	60 296	564	846
1995	79 330	—	16 383	83 351	605	199

〔续表〕

年份	资产总值（万元）	产品销量		销售收入（万元）	利润（万元）	上交税收（万元）
		骨架件总成（万套）	拖拉机（台）			
1996	93 833	6	19 044	100 152	859	2 609
1997	129 126	—	19 541	108 019	1 380	4 060
1998	130 914	—	13 805	82 913	1 043	3 128
1999	136 454		16 032	104 293	672	4 904
2000	143 799		11 035	77 498	745	3 108
2001	112 231		6 211	54 594	−5 162	1 615
2002	110 072		10 200	35 379	−12 071	3 353
2003	105 855		6 285	45 244	601	3 370
2004	100 314		8 916	53 444	1 329	2 473
2005	93 922		14 004	54 309	1 319	3 603
2006	46 210		11 315	63 480	3 883	2 931
2007	63 061		10 398	90 206	8 499	6 612
2008	80 730		12 615	88 086	10 260	4 464
2009	107 660	以上累计 816	11 350	166 822	19 663	12 038
2010	171 843	180	9 775	270 511	38 878	17 896
2011	215 745	240	8 662	323 933	48 529	12 114
2012	260 355	272	5 244	369 944	38 364	14 856
2013	274 203	329	4 767	411 969	29 127	16 108
2014	253 141	345	—	433 777	31 509	9 736
2015	261 808	351	—	427 538	32 446	12 465
合计	—	2 533	270 565	3 680 569	254 847	146 163

说明：此表"产品产销量"仅统计汽车车身骨架件总成，其他零部件不统计

资料来源：上海拖拉机内燃机有限公司

二、上海赛科利汽车模具技术应用有限公司

上海赛科利汽车模具技术应用有限公司（简称上海赛科利）前身为成立于 2004 年 6 月 3 日的上海上汽汽车模具技术应用有限公司。2005 年 12 月 31 日，由上海汽车工业（集团）总公司和美国赛科利公司合资组建为合资企业并更名为现名，注册资金 1 987.5 万美元，中外股东股比为 50.01％∶49.99％。2009 年 3 月，美国赛科利撤资，上海赛科利股东变更为上海巴士汽车股份有限公司和上海汽车工业香港有限公司，股比 69.909％∶30.091％。同年 6 月，该公司股东变更为华域汽车系统股份有限公司，持股 75％，上海汽车工业香港有限公司持股 25％。2015 年注册资金增至

4 938.42万美元,注册地址为上海市浦东新区金桥出口加工区金穗路775号。2015年,公司资产总额12.45亿元;总占地面积57万平方米、总建筑面积18.07万平方米,其中上海本部占地面积20万平方米,建筑面积7.9万平方米;从业人员总计2 173人,其中上海1 332人、沪外841人;上海从业人员中,合同制员工784人、劳务派遣制人员548人,管理人员147人、技术人员520人、生产人员552人、生产辅助人员113人。

图5-3-23 上海赛科利外景

　　上海赛科利成立后实施"三步走"发展战略,2006—2009年,实行"以冲养模"的第一步战略,公司成为上海通用汽车有限公司车身外覆盖件分总成的专业供应商;2009—2012年,实施"冲模并举"的第二步战略,形成整车全套模具设计制造能力;2012年以后,实施"以模带冲"的第三步战略,形成同步开发技术服务、汽车冲压模具和冲压焊接三大业务及研制汽车车身冲压模具核心业务。

　　上海赛科利在上海设立制造基地并在沪外设立赛科利(南京)、赛科利(烟台)和赛科利(武汉)3个全资子公司,建有模具加工、模具调试、冲压、焊接和热成形等车间,拥有自主知识产权的双枪焊接技术和世界先进的热成形TRB不等厚热成形模具开发技术,焊接自动化率和冲压自动化率分别达到88%和100%。至2015年,该公司累计投资达到10.8亿元,形成年产350副汽车车身外覆盖件模具和11 000吨大型车身覆盖件模具设计制造能力,具备年产2.7万平方米105万套白车身四门两盖焊接能力、480万冲次白车身大型覆盖件冲压能力、810万冲次开卷落料能力、240万冲次热成形件冲压能力、8 000吨白车身大型覆盖件模具设计制造能力和原型车白车身样件制作与模具开发能力,为上汽乘用车、上汽通用等整车企业提供侧围、翼子板、铝板前盖、四门两盖、前后地板等大型车身覆盖件和结构件模具。

　　上海赛科利设有技术中心,技术研发涉及冲压工艺、模具设计与CAE软件二次开发和应用、冲压运动仿真与模拟技术、热冲压关键技术及应用等领域。至2015年,公司技术中心研发人员230人,技术研发累计投资1.82亿元,累计获国家授权专利49个。

　　2005年,上海赛科利资产总额5.6亿元,冲压件产销18.66万件,销售收入3.24亿元,利润－858万元。2007年、2009年和2010年,冲压件产销先后突破400万件、500万件和1 000万件。2009年开始生产汽车覆盖件模具。2007年和2010年,年销售收入先后突破10亿元和20亿元。2015年,资产总额23.94亿元,比2005年增长3.28倍;模具产销295副,比2009年增长1.66倍;冲压件产销1 592.96万件、销售收入32.57亿元、利润2.93亿元,分别比2006年增长69.64倍、3.28倍、2.95倍。至2015年,累计产销冲压件8 808.94万件。

表5-3-38 2015年上海赛科利全资子公司一览表

名　称	成立时间	所在地	主要产品	配套整车	累计投资(万元)	2015年年产能力/年产销量(吨)
赛科利(烟台)汽车模具技术应用有限公司	2013年3月	烟台	冷冲压、焊接总成产品、热冲压产品	上汽通用S318、S328	75 000	0/0

〔续表〕

名　　称	成立时间	所在地	主要产品	配套整车	累计投资（万元）	2015年年产能力/年产销量(吨)
赛科利（南京）汽车模具技术应用有限公司	2014年10月	南京	冷冲压、焊接总成产品、模检具制造	上汽乘用车AP1X、IP1X等	25 100	1 200/1 500
赛科利（武汉）汽车模具技术应用有限公司	2015年11月	武汉	热冲压产品、轻量化铝制件焊接产品、热成型模具	上汽通用K211、D2UC等	51 800	0/0

资料来源：上海赛科利汽车模具技术应用有限公司

表 5‑3‑39　2004—2015 年上海赛科利经营情况统计表

年份	资产总值（万元）	模具产销（副）	冲压件产销（件）	国内市场占有率(%)	销售收入（万元）	利润（万元）	上交税收（万元）
2004	38 304	—	127 680	—	—	0	—
2005	55 975	—	186 583	—	32 433	−858	1 604
2006	67 653	—	225 510	—	76 155	7 414	3 000
2007	88 976	—	4 048 708	2.76	101 747	8 676	5 739
2008	109 083	—	4 963 646	3.11	103 990	7 999	4 409
2009	116 738	111	5 311 975	3.23	135 461	8 059	6 353
2010	124 557	121	11 686 601	6.12	200 133	15 621	10 300
2011	148 424	131	11 656 963	6.10	221 496	22 001	9 912
2012	155 255	158	11 693 270	6.10	225 938	22 350	12 332
2013	179 996	178	10 658 297	5.52	240 036	23 945	9 670
2014	205 491	244	11 600 557	6.15	253 830	24 854	12 408
2015	239 395	295	15 929 643	7.16	325 703	29 251	10 707

资料来源：上海赛科利汽车模具技术应用有限公司

第七节　直属汽车功能件企业

一、华域三电汽车空调有限公司

华域三电汽车空调有限公司(简称华域三电)前身是创建于民国7年(1918年)的上海慈丰车料厂。该厂1957年更名为上海力车配件一厂。1962年，上海力车厂并入，更名为上海力车厂。1979年3月和12月，先后更名为上海拖拉机附件厂和上海内燃机油泵厂。1990年7月，由上海汽车工业总公司、泰国正大集团易初投资有限公司和上海县龙华乡工业公司合资组建为上海易初通用机器有限公司，股比40%∶50%∶10%。2004年5月8日，更名为上海三电贝洱汽车空调有限公司，股东变更为上海汽车股份有限公司、日本三电株式会社、德国马勒贝洱公司和上海龙华工业有限公司，股比依次为38.5%、35%、17.5%和9%。2006年和2009年，上海汽车股份有限公司股权先后转至上海汽车集团股份有限公司、上海汽车工业（集团）总公司和华域汽车系统股份有限公司。2015 年 5 月 8 日，公司股东变更为华域汽车、日本三电控股株式会社和上海龙华工业有限公司，股比为 48%：43%：9%，公司更名为现名。同年，公司注册资本 12 360 万美元，注册地为上海市黄浦区马当路 347 号，生产基地（石龙工厂）位于上海市徐汇区石龙路 285 号；资产总额 34.55 亿元。公司总占地面积 35.36 万平方米、总建筑面积 17.72 万平方米，其中总部及石龙工厂占

图 5-3-24　华域三电总部外景

地面积 8.53 万平方米、建筑面积 4.67 万平方米。总从业人员 1 557 人，其中总部及石龙工厂 1 370 人、总部及石龙工厂以外员工 186 人、沪外员工 1 人。总部及石龙工厂从业人员中，合同制员工 1 178 人、劳务派遣制员工 183 人、外籍员工 9 人，管理人员 384 人、技术人员 250 人、生产人员 606 人、辅助人员 130 人。

该公司成立至 1949 年，主要生产人力车手推车和自行车三轮车配件。1949—1989 年，产品发展为摩托车、油泵、汽车空调零部件及总成。1990 年合资以后，在引进技术基础上，产品发展为 SSB 品牌的汽车空调压缩机及汽车空调模块、发动机冷却系统及元件等系列产品。1993 年，与上海龙华工业公司组建上海易通零部件有限公司，开始在上海市内布局生产基地。2008 年 9 月，与日本三电株式会社合资组建苏州三电精密零件有限公司，生产布局走出上海。至 2015 年，华域三电空调在上海新增上海贝洱热系统有限公司、上海三电汽车空调有限公司、上海易通阀板有限公司 3 家子公司，直属子公司增至 5 家，累计投资 2.81 亿元，汽车空调压缩机年产能力达到 680 万台，产品为上汽大众、上汽乘用车、上汽通用、上汽通用五菱、一汽大众、一汽轿车、长城汽车、东风本田、东风日产、广汽汽车、安徽江淮、北汽股份、北汽福田、长安汽车、长安福特马自达、华晨宝马、江铃汽车、奇瑞汽车、中国重汽、广西柳工、三一重工、苏州和厦门金龙、徐工机械等汽车及工程机械厂商配套，并出口 30 多个国家和地区，为中国台湾裕隆、日本尼桑、俄罗斯大众等境外汽车厂商配套。

1992 年，上海易初通用建立研究开发中心。1999 年，该中心被认定为上海市级企业技术中心。2000 年，公司汽车空调试验中心获中国实验室国家认可委员会认可。技术中心开发的 7PV16 汽车空调压缩机分别于 2004 年获国家新产品奖和国家发明金奖、2006 年获上海市科技进步二等奖和中国汽车工业科技进步二等奖；开发的 BX13 汽车空调压缩机分别于 2007 年获上海市重点新产品奖、2008 年获国家重点新产品奖、2009 年获全国机械工业职工技术创新一等奖；开发的 SE6PV14 汽车空调压缩机于 2010 年获上海市重点新产品奖；开发的 6PV14 汽车空调压缩机于 2011 年获国家重点新产品。至 2015 年，华域三电空调技术中心有研发人员 220 名，研发投入累计 3.57 亿元，具备与整车同步开发空调模块集成能力以及模具和工装夹具设计能力，自主开发的汽车空调压缩机产品达到四大种类、二十大系列、500 多种规格，累计获国家授权专利 263 项。该公司独家制订 1 项国家标准和 3 项行业标准。

20 世纪 90 年代末，该公司总经理赵凤高探索创立人人成为"经营者"管理模式。2001 年，上汽集团开始推广该模式。同年，该管理创新模式先后获得上海市管理创新一等奖、中国机械工业重大

创新成果奖以及国家级创新成果奖。2003年和2010年,该模式先后在中国机械行业、工业和信息化部系统得到推广。2003年10月和2004年4月,该公司分获全国质量效益型先进企业特别奖和全国"五一"劳动奖状。2004—2015年,获首家全国机械行业现代化管理企业、全国用户满意工程先进企业、全国厂务公开先进单位、上海市知识产权示范企业、上海市专利示范企业等称号。

1991年,上海易初通用资产总额1.69亿元,产销汽车空调压缩机1.93万台,位居国内同行第一,销售收入1.42亿元,净利润2 036万元。1993年、1999年、2003年和2014年,压缩机年产销先后突破10万台、50万台、100万台和500万台。1993—2007年,压缩机国内市场占有率基本保持在60%以上,其中2001—2003年达到80%。1995年、2001年、2010年和2013年,年销售收入先后突破5亿元、10亿元、20亿元和30亿元。2015年,华域三电空调资产总额34.55亿元,比1991年增长20.4倍;压缩机产销539万台,比1991年增长292倍,国内市场占有率33%,连续24年位居国内同行第一,位居世界同行前8名;销售收入48.84亿元、净利润3.80亿元,分别比1991年增长34.4倍和18倍。至2015年,压缩机累计产销4 668.56万台。

表5-3-40　2015年华域三电空调子公司一览表

名　称	类　型	成立时间	所在地	主要产品	累计投资（万元）	2015年年产能力/年产销量（万台）
苏州三电精密零件有限公司	控股子公司	2008年9月	苏州	压缩机壳体加工	1 777	894/858
上海三电汽车空调有限公司	中外合资	2000年8月	上海	压缩机制造	750万美元	177/147
上海马勒热系统有限公司	中外合资	2004年2月	上海	空调模块制造	66 053.5	700/600
上海易通阀板有限公司	中外合资	1994年3月	上海	压缩机零部件	2 633	1.95/2.33
沈阳马勒汽车热系统有限公司	控股子公司	2012年11月	沈阳	空调模块、冷却模块	11 104.13	4.41/1.69
成都马勒汽车热系统有限公司	控股子公司	2013年2月	成都	空调模块等	12 879.15	3.4/2.15

资料来源:华域三电汽车空调有限公司

表5-3-41　1990—2015年华域三电经营情况统计表

年份	资产总值（万元）	产品销量（万台）	国内市场占有率(%)	国内市场排名	销售收入（万元）	净利润（万元）	上交税收（万元）
1990	14 633	0.72	50	1	3 607	−111	216
1991	16 940	1.93	50	1	14 205	2 036	1 347
1992	19 554	8	55	1	21 429	3 311	2 190
1993	25 294	12	60	1	33 980	4 488	2 968
1994	37 965	13	60	1	39 862	4 937	3 266

〔续表〕

年份	资产总值 (万元)	产品销量 (万台)	国内市场 占有率(%)	国内市场 排名	销售收入 (万元)	净利润 (万元)	上交税收 (万元)
1995	62 571	25	60	1	76 154	7 267	4 807
1996	77 670	32	60	1	90 060	10 968	7 255
1997	85 161	36	60	1	92 100	13 097	8 663
1998	81 384	37	73.3	1	85 330	14 472	9 573
1999	77 588	50	75	1	91 256	12 674	8 284
2000	80 466	60	76	1	93 292	12 671	8 382
2001	85 654	76	80	1	106 084	12 744	8 430
2002	85 309	98	80	1	120 523	12 937	8 778
2003	89 451	142	80	1	162 361	11 710	7 889
2004	99 789	144	75	1	116 994	12 170	8 050
2005	95 943	146	75	1	99 114	7 240	4 789
2006	106 027	182	40	1	113 368	8 641	5 716
2007	116 478	268	60	1	142 096	10 872	7 191
2008	121 789	276	45	1	149 383	11 213	6 937
2009	144 656	324	35	1	177 626	12 167	8 926
2010	161 838	370	33	1	255 638	19 040	8 229
2011	168 421	388	33	1	266 565	24 949	8 862
2012	202 068	422	33	1	288 443	28 191	14 064
2013	223 292	480	33	1	315 205	32 339	12 080
2014	249 688	538	33	1	344 483	35 357	13 380
2015	345 473	539	33	1	488 411	37 982	15 422

资料来源：华域三电汽车空调有限公司

二、上海纳铁福传动系统有限公司

上海纳铁福传动系统有限公司(简称上海纳铁福)前身是建于1959年2月的地方国营南汇通用汽车厂,1967年4月更名为上海汽车传动轴厂。1988年7月14日,由上海汽车拖拉机工业联营公司、交通银行上海分行、英国吉凯恩(GKN)集团联邦德国尤尼卡登公司、德意志投资开发公司合资组建为上海纳铁福传动轴有限公司,是上海汽车零部件行业首家中外合资企业,股比依次为45%、5%、25%和

图5-3-25 上海纳铁福前身上海汽车传动轴厂外景

图 5-3-26　上海纳铁福外景

25％。至 2013 年,该公司股东经多次变化后变更为华域汽车系统股份有限公司、交通银行股份有限公司上海市分行、吉凯恩(GKN)公司和吉凯恩 GKN(中国)公司,股比依次为 45％、5％、35.42％和 14.58％。2015 年 1 月,更名为现名。公司注册地位于上海市浦东新区康桥路 950 号,注册资本 12 600 万欧元。至 2015 年,资产总额 49.96 亿元;总占地面积 42 万平方米、总建筑面积 16 万平方米;其中公司总部及上海工厂占地面积 18 万平方米、建筑面积 9.7 万平方米;从业人员总计 5 136 人,其中上海 3 266 人、沪外 1 870 人,上海从业人员中,合同制员工 1 634 人、劳务派遣制人员 1 632 人、外籍人员 5 人,管理人员 265 人、技术人员 750 人、生产人员 1 510 人、辅助人员 746 人。

上海纳铁福建厂初期,主要生产柴油机、煤气机、水泵等农机配件。1964 年,试制成功汽车传动轴并开始批量生产。1988 年、1999 年和 2003 年,先后引进消化德国 GKN 等速万向节传动轴制造技术、英国 GKN 精密锻造技术和 GKN AAR 节制造技术,在此基础上自主研发制造等速传动轴和高速传动轴。20 世纪 90 年代初,实施精益生产方式取得成功经验并得到上汽集团的推广。

上海纳铁福是中国最大的专业生产 SDS 品牌的汽车等速节传动轴、十字万向节传动轴及十字万向节总成等产品的传动轴公司,主要产品包括汽车等速节驱动轴、中间传动轴、分动器、电驱动变速箱和驱动车桥等各种传动部件和系统。2007 年和 2010 年,SDS 品牌先后获中国名牌和上海市著名商标称号。2006 年,公司在上海周浦工厂和康桥工厂基础上,加快上海和全国生产布局。至 2015 年,先后建成申江工厂和纳铁福(重庆)公司、武汉一厂、武汉二厂、长春工厂及仪征基地,形成五地八厂一基地的生产格局,并兼并吉凯恩扭矩技术系统(上海)有限公司;累计投资 18 亿元,形成等速传动轴 945 万车套年产能力。公司产品为上汽大众、上汽通用、上汽乘用车、一汽大众、北京奔驰、东风神龙、东风本田、东风汽车、华晨宝马、华晨汽车、长安福特马自达、广汽丰田、东风日产、天津一汽丰田、长安汽车等整车企业配套,部分传动轴产品出口欧洲和美国。

2001 年,上海纳铁福成立工程中心并于 2002 年 5 月获评上海市级企业技术中心。2009 年,工程中心升级为技术中心并于 2013 年通过国家级实验室认证,成为 GKN 亚太区最大的试验中心。至 2015 年,该中心有研发人员 183 人,累计研发投入 3 亿元,累计开发 300 多个项目,累计获得国家授权专利 101 项,其中包括 11 项发明专利。

1989 年,上海纳铁福资产总额 7 460 万元,销售 PS 传动轴 7.85 万根、等速节传动轴 0.58 万根,销售收入 3 044.5 万元,利润 240 万元。1990 年,等速节传动轴国内市场占有率超过 20％,开始取得国内同行领先地位。1995 年,等速节传动轴国内市场占有率开始超过 40％。1991 年、2003 年和 2012 年,年销售收入先后突破 1 亿元、10 亿元和 50 亿元。1992 年、2002 年、2009 年、2011 年和 2014 年,等速传动轴年产销先后达突破 10 万根、100 万根、500 万根、1 000 万根和 1 500 万根。2009 年,公司获全国五一劳动奖和全国实施卓越绩效模式先进企业等称号,获上海市质量金奖和上海市卓越企业奖等奖项。

2015 年,该公司资产总额 49.96 亿元,比 1989 年增长 65.97 倍;产销等速节传动轴 1 726 万根,比 1989 年增长 3 000 倍,国内市场占有率 43.7‰,连续 25 年位居国内同行第一;合并销售收入 74 亿元,比 1989 年增长 243 倍;利润 11.7 亿元,比 1989 年增长 486.5 倍。至 2015 年,等速传动轴累计产销 11 211 万根(5 000 万余车套)。

表 5‑3‑42　2015 年上海纳铁福子公司、分厂一览表

名　　称	单位类别	成立时间	所在地	资产总额 (万元)	累计投资 (万元)	2015 年产能/年销量 (万根/万车套)
上海纳铁福武汉分厂	分支机构	2008 年 5 月	武汉	93 000	98 000	175/210
上海纳铁福长春分厂	分支机构	2010 年 12 月	长春	5 000	54 990	100/120
纳铁福(重庆)有限公司	中外合资	2006 年 5 月	重庆	4 000	42 000	100/110

资料来源:上海纳铁福传动系统有限公司

表 5‑3‑43　1988—2015 年上海纳铁福经营情况统计表

年份	资产总值 (万元)	传动轴销量 (万根)	国内市场 占有率(%)	国内市场 排名	销售收入 (万元)	利润 (万元)	上交税收 (万元)
1988	5 764.6	—	—	—	699.5	−16.5	35.4
1989	7 459.8	—	—	—	3 044.5	240.1	245.2
1990	10 609.3	3.8	23.75	1	5 297.7	929.8	642.5
1991	14 694.0	8.2	27.33	1	10 548.6	2 026.9	1 899.5
1992	17 268.0	16.3	37.05	1	18 508.3	3 638.5	3 222.9
1993	26 081.8	23.4	30.79	1	25 305.0	4 774.1	3 103.3
1994	31 849.7	26.0	26.00	1	25 447.2	8 161.4	4 881.3
1995	40 231.2	38.1	42.33	1	33 670.2	11 638.2	6 381.1
1996	59 247.2	48.2	60.25	1	41 553.9	13 266.2	7 312.7
1997	60 447.0	61.9	45.51	1	52 282.6	15 475.7	9 835.8
1998	59 781.1	73.5	56.54	1	59 258.0	16 757.5	10 034.7
1999	69 691.5	74.8	34.00	1	60 380.4	20 100.9	10 640.8
2000	69 369.6	78.6	42.72	1	63 787.5	17 859.8	11 225.0
2001	73 218.0	88.5	30.52	1	70 116.0	13 729.4	11 658.5
2002	92 667.5	125.4	31.67	1	88 710.4	16 257.7	13 243.6
2003	120 415.6	198.7	39.58	1	128 233.8	32 677.4	21 722.3
2004	121 958.4	209.6	39.60	1	129 003.1	26 251.1	12 250.0
2005	134 041.1	234.0	36.00	1	133 358.7	18 060.8	9 675.8
2006	146 171.2	334.1	39.90	1	166 522.0	26 544.7	14 805.5
2007	170 471.5	462.7	44.60	1	222 738.7	38 850.2	20 565.9

〔续表〕

年份	资产总值 （万元）	传动轴销量 （万根）	国内市场 占有率(%)	国内市场 排名	销售收入 （万元）	利润 （万元）	上交税收 （万元）
2008	158 589.1	455.4	39.20	1	212 716.5	31 747.3	23 731.8
2009	195 700.5	572.4	37.10	1	258 166.1	48 028.0	27 323.9
2010	243 120.3	867.2	40.00	1	384 936.3	74 220.8	36 667.7
2011	271 555.6	1 017.9	41.70	1	444 775.0	84 120.4	42 036.3
2012	337 733.3	1 261.3	44.30	1	536 086.2	96 538.9	59 847.6
2013	406 216.9	1 479.0	46.30	1	633 461.9	108 974.1	57 245.3
2014	436 376.4	1 725.8	46.50	1	735 888.3	124 332.5	59 348.9
2015	499 553.6	1 725.9	43.70	1	747 743.6	117 031.4	60 147.4

资料来源：上海纳铁福传动系统有限公司

三、上海幸福摩托车有限公司

上海幸福摩托车有限公司（简称幸福摩托）前身为1958年成立的上海摩托车厂。1959年，上海摩托车厂并入宝山农机厂。1964年，宝山农机厂与宝山五金配件厂、上海自行车二厂摩托车生产部分合并，成立上海摩托车制造厂。1979年12月，上海摩托车制造厂改名为上海摩托车厂。1985年1月，由上海汽车拖拉机工业联营公司与泰国正大集团所属香港易初投资有限公司合资组建为上海易初摩托车有限公司，为上汽第一家中外合资企业，中外双方各占股50%。1986年1月，上海动力机厂并入该公司。1999年4月，因泰国正大集团撤资上海易初转制为国有企业并更名为上海幸福摩托车总厂。2005年10月，更名为现名。2015年，该公司注册地为上海市宝山区同济路998号，总占地面积12.13万平方米。其中，公司本部占地面积6.7万平方米，建筑面积3.8万平方米。资产总额5.66亿元。从业人员673人，其中，合同制员工609人、劳务派遣制员工64人；管理人员69人、技术人员38人、生产操作人员97人、生产辅助人员124人、离岗员工345人。

1960年3月，上海摩托车厂试制成功幸福牌250型摩托车。至1984年，主要产销幸福250型和750型三轮摩托车。1985年，上海易初摩托车有限公司成立后下设摩托车厂和发动机厂，职工3 000余人，主要生产幸福牌系列摩托车和配套发动机。当年，引进日本本田汽车公司CG系列摩托车制造新技术，在消化吸收基础上自主开发生产幸福CG125系列摩托车，并运用引进技术改造幸福250型老产品，形成以XFCG125型和XF250型为主，包括XF150型、XF100型、XF90型、XF50型的产品系列。1987—1995年，连续8年获评全国10大最佳合资企业（生产型）。1993年，工业总产值13.2亿元，实现利税2.91亿元，年产销、利润、人均利润分列全国摩托车行业第4名、第3名和第1名。1994年，销售收入在中国最大500家外商投资工业企业中名列第19位。1995年，形成幸福125摩托车30万辆年产能力，零部件国产化率87%以上，产品出口南美、中东地区和越南，累计创汇1.25亿美元。1996年10月，投资10亿元兴建浦东王港摩托车生产制造基地，形成100万辆摩托车、60万台发动机年产能力，当年摩托车产销43.88万辆，创历史最高纪录。1997年起，受摩托车市场竞争环境变化和东南亚金融危机影响，经营陷入困境，产销逐年下降。2000年，在继续产销幸福摩托车的同时，开始转型生产汽车零部件产品。2006年，开始承接上海大众汽车有限公司的桑塔纳轿车机油泵装配生产。2007年,摩托车年产销减至8500多辆。2008年,停止摩托车生产,至此累计产销幸福牌摩托车455多万辆。

2008年,幸福摩托主营业务为机油泵、水泵、真空泵等汽车泵类产品开发制造及铝合金零件加工和销售,至2010年,建成联合车间、油泵车间、清整车间和外星轮车间,形成年产50万台汽车机油泵能力。2010年5月,收购大众瑞贝德动力总成有限公司股权,设立上海幸福瑞贝德动力总成有限公司,开展再制造试点业务。2013年3月,与德国皮尔博格公司合资成立华域皮尔博格泵技术有限公司,主营变量泵、电子泵和真空泵的研发制造。2014年7月,完成对上海乾通汽车附件有限公司泵类业务的整合归并。至此,公司形成以传统机械式水泵和机油泵(及齿轮变量油泵)为主,下属合资公司以变排量机械水泵/机油泵、机械和电子真空泵、电子水泵/机油、燃油蒸汽搜集泵等高端泵类产品为主,上海幸福瑞贝德以再制造试点为主的业务格局。2008—2015年,幸福摩托累计投资1.17亿元,形成300万套泵类产品年产能力,为上汽大众、上汽通用、上汽乘用车、上汽通用五菱、一汽大众、北京汽车、长城汽车、昌河铃木等整车企业和上海纳铁福、苏州博世等零部件企业配套。

2010年,上海幸福摩托资产总额4.23亿元,泵类产品产销261.57万件,销售收入1.81亿元,利润2041万元。2015年,资产总额5.66亿元,泵类产品产销373万件,销售收入3.3亿元,分别比2010年增长33.8%、19.41%和132%;利润962万元,为2010年的47.1%。2010—2015年,泵类产品累计产销1947.04万件。

表5-3-44 1985—2015年上海幸福摩托经营情况统计表

年份	资产总值(万元)	摩托车销量(辆)	泵销量(万件)	销售收入(万元)	利润(万元)	上交税收(万元)
1985	—	37 064	—	—	753.8	466.6
1986	—	60 100	—	—	1 342.9	679.5
1987	—	76 026	—	—	1 530.5	931.5
1988	—	93 331	—	—	2 171.6	1 181.9
1989	—	145 005	—	—	1 756	628.3
1990	—	140 032	—	—	3 551	2 455.7
1991	—	168 000	—	—	9 050.5	4 193.2
1992	—	200 000	—	—	10 934.5	4 423.6
1993	—	236 240	—	—	14 143.8	6 403.3
1994	—	305 120	—	—	—	—
1995	—	400 020	—	—	—	—
1996	—	499 348	—	—	—	—
1997	—	351 652	—	—	—	—
1998	—	164 811	—	—	—	—
1999	179 242	92 817	—	14 958	−13 889	3 007
2000	110 276	103 101	—	34 468	−26 952	5 984
2001	75 198	41 498	—	15 232	−11 066	1 827

〔续表〕

年份	资产总值 （万元）	摩托车销量 （辆）	泵销量 （万件）	销售收入 （万元）	利润 （万元）	上交税收 （万元）
2002	66 463	28 384	—	21 908	−1 307	3 245
2003	67 577	3 794	5	19 782	−3 577	1 908
2004	62 822	45 580	—	21 374	−1 949	1 716
2005	30 992	11 463	—	9 640	−5 450	804
2006	25 273	13 304	—	8 782	−5 320	672
2007	22 068	9 103	—	11 478	−2 935	633
2008	21 064	671	—	6 751	6	696
2009	22 261	47	—	10 937	1 036	625
2010	42 399	—	261.57	18 147	2 041	1 032
2011	45 925	—	284.29	22 160	2 126	446
2012	46 912	—	342.41	27 511	4 689	1 144
2013	53 982	—	341.68	29 999	1 991	1 153
2014	52 591	—	343.67	29 891	1 243	1 261
2015	56 638	—	373.42	33 045	962	1 368

资料来源：上海幸福摩托车公司

四、上海菲特尔莫古轴瓦有限公司

上海菲特尔莫古轴瓦有限公司（简称上海菲特尔莫古轴瓦）其前身为1955年9月1日成立的公私合营上海轴承厂。1962年和1979年9月，先后更名为上海合金轴瓦厂和上海轴瓦厂。1992

图5-3-27　上海菲特尔莫古轴瓦奠基

年6月，归属上海合众汽车零部件公司更名为上海合众汽车零部件公司轴瓦厂。1999年12月28日，由上海合众汽车零部件公司与美国菲特尔莫古轴瓦全球公司合资组建并更名为现名，中外股东股比为40％∶60％。2009年，中方股东变更为华域汽车系统股份有限公司。2014年7月，公司从上海市闸北区灵石路迁至上海市浦东新区周浦镇智慧工业园区建林路301号，与上海菲特尔莫古复合材料有限公司

"两块牌子，一套班子"运作，新厂区占地面积41 410平方米，建筑面积20 272平方米。2015年，公司注册资金1 178.5万美元，资产总额5.11亿元；从业人员455人，其中合同制员工296人、劳务派遣制员工159人，管理人员58人、技术人员25人、生产人员294人、辅助人员55人、其他人员23人。

上海轴承厂是国内最早生产汽车轴瓦的企业。1983年开始从英国引进铝基双金属精密电镀

铅锡二元和铅锡铜三元技术。1999 年以后,上海菲特尔莫古轴瓦引进美国菲特尔莫古公司发动机轴瓦生产技术和美国、韩国的汽车轴瓦生产线和大型柴油机轴瓦生产线以及轴瓦内径专用拉床等先进设备,生产经营上轴牌各类发动机主轴瓦、连杆瓦、衬套、止推片等滑动轴承及材料,产品适用于汽油机、柴油机及其他相关轴套目前。至 2010 年,公司建有汽油机轴瓦车间、柴油机轴瓦车间、模具车间和电镀车间,生产设备累计投资 7 140 万元,形成 9 349 万片轴瓦年产能力。2014 年迁至新址后,投资 0.35 亿元,引进美国、法国、韩国和德国汽车轴瓦生产线、大型柴油机轴瓦生产线和轴瓦 IROX 高分子涂层生产线等设备及仪器,形成产轴瓦等产品 1.08 亿片的能力,产品主要为上汽大众、上汽通用、上汽乘用车、一汽大众、一汽轿车、长安福特、北京现代、广州汽车和上柴股份、潍坊柴油机、中国重汽、重庆康明斯等整车和柴油机用户配套。

2006 年,上海菲特尔莫古轴瓦成立技术应用开发中心。2015 年,有研发人员 46 人,研发费用累计投入 14 339 万元,累计获得国家授权专利 10 项。

2000 年,上海菲特尔莫古轴瓦资产总额 6 989 万元,产销轴瓦 1 252 万片,销售收入 5 501 万元,利润 362 万元。2004 年和 2013 年,销售收入先后突破 1 亿元和 3 亿元。2007—2015 年,国内市场占有率始终保持第一。2008 年和 2013 年,轴瓦产销先后突破 5 000 万片和 1 亿片。2015 年,资产总额 5.11 亿元,比 2000 年增长 6.3 倍;轴瓦产销 1.6 亿片,比 2000 年增长 11 倍,2015 年国内市场占有率 26% 以上;销售收入 39 191.69 万元,比 2000 年增长 6.1 倍;利润－9 803 万元。至 2015 年,累计产销轴瓦 10.5 亿片。

表 5－3－45　2000—2015 年上海菲特尔莫古轴瓦经营情况统计表

年份	资产总值（万元）	轴瓦销量（亿片）	国内市场占有率(%)	国内市场排名	销售收入（万元）	利润（万元）	上交税收（万元）
2000	6 988.54	0.13	14	3	5 501.00	362.05	433.22
2001	10 154.69	0.20	14	3	6 048.18	410.73	676.87
2002	11 054.77	0.22	15	3	6 699.96	73.74	674.57
2003	13 669.55	0.34	16	2	9 302.45	748.08	886.23
2004	15 254.77	0.38	18	2	10 739.03	1 045.79	959.32
2005	13 231.59	0.36	18	2	9 526.83	－682.14	786.49
2006	13 827.06	0.4	18	2	11 394.57	－888.34	782.68
2007	14 000.83	0.45	18	1	13 860.07	28.07	1 435.63
2008	14 057.42	0.5	19	1	14 711.60	393.46	965.50
2009	16 924.71	0.7	20	1	21 684.02	1 500.54	2 625.11
2010	19 584.31	0.82	20.5	1	30 421.22	3 194.77	2 952.29
2011	22 991.90	0.86	21	1	29 606.49	2 915.57	3 506.22
2012	27 581.20	0.93	22	1	28 498.70	2006.78	1 709.25
2013	41 633.02	1.25	23	1	37 622.08	1 462.21	1 980.10
2014	47 694.40	1.36	24	1	38 495.65	－903.95	2 634.22
2015	51 156.12	1.56	26	1	39 191.69	－98.03	2 950.31

资料来源:上海菲特尔莫古轴瓦有限公司

五、上海菲特尔莫古复合材料有限公司

上海菲特尔莫古复合材料有限公司(简称上海菲特尔莫古材料)前身是民营企业上海祥生轴瓦材料有限公司。2007年7月,经由上海汽车工业(集团)总公司和香港美国辉门股份(亚洲)有限公司合资组建并更名为现名,股比60%:40%。2008年9月,上汽集团将股份转至华域汽车系统股份有限公司,公司注册地位于上海市浦东新区周浦镇都市型工业园沈梅路18号。2014年7月,上海菲特尔莫古复合材料迁至上海市浦东新区周浦镇建林路301号,与上海菲特尔莫古轴瓦有限公司"两块牌子,一套班子"运作。2015年,公司占地面积41 410平方米,建筑面积20 272平方米;注册资金800万美元,资产总额31 550万元人民币;从业人员总数102人,其中合同制员工79人、劳务派遣制员工15人、其他人员8人,管理人员26人、技术人员8人、生产人员44人、辅助人员24人。上海菲特尔莫古复合材料主营产品为铝合金和钢板复合而成的轴瓦材料,是全球唯一一家兼有欧洲冷复合工艺和美国热复合工艺的轴瓦材料制造公司。公司拥有熔炼、合金加工、双金属加工等车间,TR20复合材料实现自动化生产和检测。至2015年,生产设备累计投资1.02亿元,主要产品年产能力300万米,公司成为世界第二大铝合金轴瓦卷带制造商,主要客户有上海菲特尔莫古轴瓦、辉门韩国轴瓦厂、辉门印度轴瓦厂和辉门南非轴瓦厂等。上海菲特尔莫古复合材料研发团队拥有技术人员12人,研发的汽车发动机轴瓦材料加工的轴瓦在承载、燃油和CO_2排放等方面达到国内领先和国际先进水平。截至2015年年底,产品研发累计投资1 000万元,累计获得国家授权专利6项。

2008年,上海菲特尔莫古复合材料资产总额9 549万元,复合材料产销4 300.92吨,销售收入5 735.22万元,利润—524万元。2015年,资产总额3.15亿元,比2008年增长3.3倍;复合材料产销271.2万米合3 409.23吨,吨位比2008年下降20.74%;销售收入1.04亿元,比2008年增长0.82倍;净利润1 357万元。2015年,国内市场占有率26%,位居第一。

表 5-3-46 2007—2015 年上海菲特尔莫古复合材料经营情况统计表

年份	资产总额(万元)	产品销量(吨/米)	国内市场占有率(%)	国内市场排名	销售收入(万元)	利润(万元)	上交税收(万元)
2007	5 729	980 吨	4	4	1 390	—35	3
2008	9 549	4 300.92 吨	12	2	5 735	—524	63
2009	8 878	2 430 吨	8	3	2 917	—1 327	4
2010	8 917	2 670 吨	8	3	3 133	—1 486	0
2011	16 942	5 218 吨	21	1	7 926	—23	226
2012	19 072	2 475 909 米	22	1	8 674	31	395
2013	29 246	2 973 402 米	23	1	11 184	1 509	433
2014	31 817	2 644 597 米	24	1	10 458	1 401	628
2015	31 550	2 712 147 米	26	1	10 436.54	1 357	914

资料来源:上海菲特尔莫古复合材料有限公司

六、亚普汽车部件股份有限公司

亚普汽车部件股份有限公司(简称亚普汽车部件)前身是成立于1988年12月23日的扬州汽车塑料件制造公司。1994年3月,公司股东变更为国家机电轻纺投资公司、扬州市城镇集体工业联社和上海汽车工业总公司,股比分别为41.65%、33.35%和25%。2002年4月9日,公司名称变更为扬州亚普汽车塑料件有限公司。2006年3月,公司名称变更为亚普汽车部件有限公司,公司股东变更为国投高科技投资有限公司、上海汽车工业(集团)总公司、国投创新(北京)投资基金有限公司和北京国投协力股权投资基金(有限合伙),股比依次为56.10%、33.90%、5%和5%。2011年7月1日,公司更名为现名,注册资本4.5亿元,上汽集团所持股份转至华域汽车系统股份有限公司,公司注册地为江苏省扬州市扬子江南路508号。2015年,亚普汽车部件资产总额44.32亿元,总占地面积36.34万平方米,总建筑面积16.08万平方米;其中总部基地占地面积6万平方米,建筑面积2.28万平方米;从业人员总计3192人,其中扬州总部基地1062人、扬州以外2131人。扬州总部基地人员中,其中,合同制员工656人、劳务派遣制员工406人;管理人员139人、技术人员442人、生产人员407人、辅助人员74人。

亚普汽车部件主要产销亚普牌乘用车用塑料燃油箱及加油管(注油管)等产品,亚普牌汽车塑料燃油箱总成于2008年获江苏省名牌产品称号。1995年,该公司与武汉塑料工业股份有限(集团)公司合资组建武汉亚普汽车塑料件有限公司,开始全国生产布局。2008年,在印度成立亚普印度公司,开始境外生产布局。至2015年,亚普汽车部件拥有扬州本部工厂及上海、重庆、长春(分厂和二分厂)、沈阳、成都、烟台、佛山、长沙9家分厂,控股芜湖亚奇、亚普佛山、亚普宁波和亚普开封4家境内子公司,形成500万只汽车塑料燃油箱年产能力,主要客户包括上汽大众、上汽通用、上汽乘用车、一汽大众、长安福特、长安马自达、广汽本田、一汽丰田、东风日产、奇瑞汽车和长城汽车等国内整车企业,同时成为德国大众、美国福特等国际跨国汽车公司燃油系统的A级供应商。亚普汽车部件设有亚普印度、亚普俄罗斯、亚普澳大利亚、亚普捷克和亚普德国5家境外子公司,累计固定资产投资达到30.5亿元,对外股权投资7.56亿元,在全球范围内形成近千万只汽车塑料燃油箱年产能力,主要客户包括大众、通用、福特、丰田、日产、标致雪铁龙、奔驰、上汽、东风、一汽等国内外汽车公司。

1996年,亚普汽车部件成立技术中心。2000年和2009年,该中心先后被认定为江苏省级企业技术中心和省级工程技术研究中心。2013年,该中心被认定为国家级企业技术中心。2014年,公司获评国家技术创新示范企业。至2015年,该公司在中国扬州、德国科隆2个工程技术中心,有研发人员312人。本部技术中心建有产品工程管理、技术研究、产品设计、产品开发,试验验证五大功能模块和五大功能实验室,研发累计投资2.13亿元,拥有亚洲最完整的开发手段和汽车油箱系统成套检

图5-3-28 亚普汽车部件外景

测设备,形成汽车油箱系统全球同步开发能力,每年同步开发项目 30 个左右。至 2015 年,累计申请专利 248 项,获得国家授权专利 188 项。

1990 年,亚普汽车部件资产总额 0.26 亿元,汽车油箱产销 1.03 万只,销售收入 431 万元,净利润 137 万元。1994 年以后,汽车油箱销量开始位居国内同行第一。2003 年和 2006 年,汽车油箱年销量先后突破 50 万只和 100 万只。2013 年,汽车油箱年销售突破 500 万只。2010 年,汽车油箱销量国内市场占有率保持在 50%左右,继续位居中国同行第一。2013 年以后,汽车油箱销量开始位居全球同行第三。2015 年,汽车油箱产销 813 万只,比 1990 年增长 788 倍;油箱国内销售 595.11 万只,国内市场占有率 28.23%,连续 21 年位居国内同行第一,连续 3 年位居全球同行第三;销售收入 62.2 亿元、利润 4.96 亿元,分别比 1990 年增长 1 441 倍和 361 倍。至 2015 年,汽车油箱累计销售 4 000 多万只。

表 5 - 3 - 47　2015 年亚普汽车部件子公司一览表

序号	名称	类型	成立时间	所在地	配套整车企业	固定资产(万元)	2015 年产能/销量(万只)
1	芜湖亚奇汽车部件有限公司	控股子公司	2007 年 8 月	芜湖	奇瑞、江淮、上汽通用五菱、上汽大通、上汽乘用车、海马、凯翼	548.64	50/37.42
2	亚普印度汽车系统私人有限公司	控股子公司	2008 年 4 月	印度	福特、大众	165.61	80/38.05
3	亚普俄罗斯汽车系统有限公司	控股子公司	2009 年 7 月	俄罗斯	大众、标致雪铁龙	149.16	40/12.53
4	亚普澳大利亚汽车系统有限公司	控股子公司	2009 年 12 月	澳大利亚	霍顿、福特	0.39	20/5.91
5	亚普捷克汽车系统有限公司	控股子公司	2010 年 9 月	捷克	斯柯达、奥迪	3 866.53	40/20.09
6	亚普德国汽车系统有限公司	控股子公司	2014 年 7 月	德国	—	641.04	—
7	亚普汽车部件(佛山)有限公司	控股子公司	2012 年 3 月	佛山	一汽大众、广汽本田	34.88	50/0
8	亚普汽车部件(开封)有限公司	控股子公司	2012 年 8 月	开封	东风日产	1 366.74	50/19.15
9	亚普燃油系统(宁波杭州湾新区)有限公司	控股子公司	2012 年 9 月	宁波	大众、通用等	239.32	75/0
10	东风亚普汽车部件有限公司	参股公司	1995 年 8 月	武汉	东风神龙、东风乘用车、东风裕隆、东风本田、东风雷诺、武汉通用	4 677.85	125/102.00

资料来源:亚普汽车部件股份有限公司

表5－3－48　1990—2015年亚普汽车部件经营情况统计表

年份	资产总值（万元）	产品销量（万只）	国内市场占有率（％）	国内市场排名	销售收入（万元）	利润（万元）	上交税收（万元）
1990	2 579	1	—	1	431	137	0
1991	2 554	4	—	1	1 990	311	87
1992	6 846	7	—	1	4 122	584	261
1993	15 602	11	—	1	6 077	1 064	413
1994	18 535	11	—	1	6 947	1 117	427
1995	23 269	17	—	1	10 122	1 315	658
1996	27 179	21	—	1	20 542	1 803	1 386
1997	27 644	25	—	1	22 570	2 405	1 484
1998	29 809	25	—	1	19 691	3 501	1 982
1999	31 199	25	—	1	20 037	2 946	2 024
2000	29 198	22	—	1	17 448	1 825	1 710
2001	33 361	24	—	1	21 155	1 401	1 149
2002	38 876	36	—	1	31 069	2 733	4 018
2003	49 954	71	—	1	51 449	7 042	4 547
2004	50 173	70	—	1	48 945	7 137	4 700
2005	52 965	60	—	1	40 886	2 135	4 069
2006	67 802	110	—	1	76 578	6 405	6 622
2007	85 681	151	—	1	108 254	10 145	7 735
2008	88 061	148	—	1	104 531	7 387	7 161
2009	127 952	220	—	1	162 893	16 327	9 673
2010	177 540	333	—	1	247 721	22 964	14 664
2011	214 005	389	—	1	303 723	24 228	21 803
2012	237 046	456	49	1	342 260	25 187	21 696
2013	282 785	551	50	1	406 733	26 183	20 493
2014	297 582	639	50	1	458 014	27 314	29 427
2015	443 245	813	28.3	1	621 644	49 624	33 626

资料来源：亚普汽车部件股份有限公司

第八节　直属热加工企业

一、上海皮尔博格有色零部件有限公司

上海皮尔博格有色零部件有限公司(简称上海皮尔博格)前身是创立于民国30年(1941年)11

图 5-3-29 上海皮尔博格外景

月的华丰铁厂股份有限公司。民国 34 年（1945 年），更名为华丰钢铁厂股份有限公司。1951 年 11 月，改制并更名为公私合营上海华丰钢铁厂。1992 年 5 月，上海华丰钢铁厂与上海压铸厂合并成立上海汽车有色铸造总厂。2001 年 4 月 1 日，由上海汽车工业（集团）总公司与德国皮尔博格（Pierburg GmbH）公司组建为合资企业，并更名为现名，中外双方各占股 50%。2009 年 6 月，中方股权转至华域汽车系统股份有限公司。2015 年，公司注册地为上海市嘉定区工业区兴贤路 1288 号，注册资金 1 936 万美元；资产总额 29.48 亿元；总占地面积 23.6 万平方米、总建筑面积 16.4 万平方米，其中上海总部基地 8.13 万平方米、建筑面积 6.28 万平方米；从业人员总计 3 083 人，其中上海 2 232 人、沪外 851 人；上海总部 1 714 名从业人员中，合同制人员 1 189 人、劳务派遣制人员 521 人、外籍人员 4 人，管理人员 182 人、技术人员 180 人、生产人员 1 296 人、辅助人员 56 人。

上海华丰钢铁厂曾是中国第一家可锻铸铁生产厂家。1980 年起，可锻铸铁逐年减少。1985 年，开始实施有色铸造项目，通过技术引进和技术改造，生产销售发动机汽缸盖和进气歧管、汽车踏脚支架、变速箱侧后盖毛坯件和转向器壳体等产品。1991 年，可锻铸铁全部转至沪外分厂生产。2001 年合资后，上海皮尔博格在进一步引进消化德国合资方有色铸造技术基础上，主营业务发展为高压铸造、低压铸造、重力铸造、机械加工和模具制作，主要产品发展为各类铝合金金缸体、缸盖、结构件、变速箱壳体等。公司拥有瑞士、德国引进的全自动压铸岛，制芯机、落砂机和低压铸造机、加工中心、CT、X 光等均为世界先进生产和检测设备，实现铸件的全自动连续生产和工艺的全程监控及追溯。2007 年，上海皮尔博格在山东省烟台市福山区成立烟台福山分公司，开始在沪外建立生产基地。至 2015 年，除总部基地外，还建有江苏昆山公司、山东烟台福山分公司、外冈基地和安亭基地 4 个生产基地，累计投资 3.1 亿元，形成 650 万件年产能力，产品主要为上汽大众、上汽通用、上汽乘用车、一汽大众、江淮汽车、东风神龙和德国奔驰、德国大众、瑞典沃尔沃等国内外汽车公司配套。

上海皮尔博格设有技术中心，有研发人员 68 人，拥有 MAGMA、Pro E、UG 等研发软件和工业 CT 机、X 光探伤机、直读光谱仪、电子显微镜等研发试验设备，形成金属型重力铸造、低压铸造、高压铸造、机加工 4 大核心工艺和缸盖、缸体、变速器壳体、车身结构件、新能源零件五大产品系列独立开发能力。至 2015 年，累计投入研发费用 7 亿元，累计获得国家授权专利 32 项，其中发明专利 2 项、实用新型专利 30 项。

2001 年，上海皮尔博格资产总额 3.45 亿元，缸体缸盖等产销 326.3 万件，销售收入 2.27 亿元，利润 1230 万元。2015 年，资产总额 29.48 亿元，比 2001 年增长 8.65 倍；缸体缸盖等产销 1 091.34 万件，比 2001 年增长 2.35 倍，连续 6 年位居国内同行第一；销售收入 38.55 亿元、利润 2.98 亿元，分别比 2001 年增长 17.5 倍和 24.2 倍。至 2015 年，累计产销缸体、缸盖等有色铸件 12 462.5 万件。

表 5－3－49　　2001—2015 年上海皮尔博格经营情况一览表

年份	资产总值（万元）	产品销量（万件）	国内市场占有率(%)		国内市场排名	销售收入（万元）	利润（万元）	上交税收（万元）
2001	34 491.87	326.25	—		—	22 726.06	1 230.51	1 182.44
2002	37 161.95	439.18	—		—	36 110.66	2 722.13	2 880.75
2003	44 857.95	681.72	—		—	60 897.86	10 220.56	6 329.93
2004	45 986.82	755.25	—		—	67 755.88	10 278.31	5 583.98
2005	51 175.16	725.63	—		—	61 549.18	3 922.10	3 511.21
2006	56 091.44	873.47	—		—	80 876.73	4 219.72	4 165.03
2007	66 102.29	1 171.12	—		—	100 550.29	5 121.73	4 267.65
2008	65 941.47	890.33	—		—	114 058.93	6 119.04	5 180.89
2009	81 694.66	817.32	—		—	108 595.40	6 063.45	6 660.60
2010	130 244.30	1 034.53	缸盖 32		1	175 440.48	11 931.65	9 909.67
2011	165 642.58	1 092.07	缸盖 30	缸体 20	1	201 383.41	15 086.64	9 738.66
2012	185 622.72	1 091.34	缸盖 32	缸体 22	1	235 658.59	16 104.59	11 419.62
2013	227 665.26	878.60	缸盖 30	缸体 32	1	293 807.99	20 701.57	11 818.36
2014	250 054.16	849.42	缸盖 29	缸体 31	1	366 051.60	26 543.90	24 629.05
2015	294 804.50	1 091.34	缸盖 28	缸体 30	1	385 489.98	29 803.04	38 176.28

资料来源：上海皮尔博格有色零部件有限公司

二、上海科尔本施密特活塞有限公司

　　上海科尔本施密特活塞有限公司(简称上海科尔本施密特)前身为民国元年(1912 年)6 月创建的宝铝号,为中国最早成立的民族汽车配件工厂之一,创建人应宝兴。民国 6 年(1917 年)和民国 21 年(1932 年),先后更名为宝铝铜铁机器厂和宝铝汽车材料厂。民国 22 年(1933 年),在成都北路同寿里 29 号设立汽车活塞制造工场。1954 年 10 月,完成公私合营改制。1965 年 1 月和 1966 年,先后改名为上海活塞制造厂和上海活塞厂。1991 年,兼并诚孚动力机厂。1995 年 7 月,并入上海汽车有色铸造总厂。1997 年 7 月 22 日,由上海汽车有限公司与德国科尔本施密特活塞有限公司、德国投资开发有限公司合资组建,并定名为现名,股比分别为50%、35% 和 15%。2003 年 12 月,股东变更为上海汽车有限公司和科尔本施密特活塞有限公司,各持股 50%。2009 年

图 5－3－30　上海科尔本施密特外景

6月,中方股权转至华域汽车系统股份有限公司。2011年,迁入上海市嘉定区泰波路11号,租赁场地面积51 259平方米、建筑面积35 602平方米。2015年,公司注册资本2 200万美元,资产总额13.28亿元;从业人员1 298人,其中合同制员工372人、劳务派遣制员工921人、外籍员工5人,管理人员68人、技术人员119人、生产操作人员981人、辅助人员130人。

上海科尔本施密特活塞早期从修理马车起步,以后逐步转入制造齿轮、活塞、活塞销、气门和化油器生产。1961年,开始专业生产铝活塞。1989年,引进桑塔纳轿车活塞制造技术。该公司设有热工车间、机加工车间、表面处理车间、最终检验车间、设备管理车间和质量控制车间,主要产销科尔本施密特活塞有限公司KS品牌的汽油机及柴油机活塞,以及装环、装销和装连杆配套产品。至2015年,累计投资13.11亿元,形成1 980万只汽车活塞年产能力,主要客户有上汽通用、上汽大众、大众动力、一汽大众、大连大众、上汽乘用车、长安福特、马自达、东风日产、东风神龙、上柴股份、东风康明斯、无锡珀金斯等,同时出口欧洲、北美市场。2015年,公司在技术设备部基础上成立技术研发中心,有研发人员56人,研发投资3 828.65万元,已初步具备自主研发能力,累计获得国家授权专利21项。

1997年,上海科尔本施密特活塞资产总额1.61亿元,汽车活塞产销183万只,国内市场占有率56%,位居国内同行第一,销售收入1.22亿元,利税亏损48万元。1998年扭亏为盈并获利1 500万元。2008年和2012年,汽车活塞年产销先后突破500万只和1 000万只。2010年和2013年,销售收入先后突破5亿元和10亿元。2015年,资产总额13.28亿元,比1997年增长7.25倍;汽车活塞产销2 211万只,比1997年增长11.08倍,国内市场占有率26.1%,连续18年位居国内同行第一;销售收入15.69亿元,比1997年增长11.76倍;利润总额6 014万元,比1998年增长4.01倍。至2015年,累计产销汽车活塞14 887.47万只。

表5-3-50　1997—2015年上海科尔本施密特活塞经营情况统计表

年份	资产总值（万元）	产品销量（万只）	国内市场占有率(%)	国内市场排名	销售收入（亿元）	利润（万元）	上交税收（万元）
1997	16 124	183	56.15	1	1.22	—48	153
1998	17 513	173	52.99	1	1.12	1 500	1 603
1999	22 822	162	51.86	1	1.23	1 305	1 503
2000	25 939	188	59.00	1	1.50	1 757	1 927
2001	24 081	196	60.65	1	1.58	1 710	2 123
2002	23 657	261	75.48	1	1.97	2 991	2 180
2003	29 996	335	53.94	1	2.53	6 878	3 579
2004	28 555	396	48.22	1	2.96	5 600	3 449
2005	28 312	228	19.58	1	1.65	—862	1 520
2006	29 175	326	19.92	1	2.35	541	1 612
2007	34 139	478	20.70	1	3.42	652	1 801
2008	39 053	507	19.70	1	3.60	1 070	1 895
2009	35 631	576	16.70	1	3.88	2 263	3 407

〔续表〕

年份	资产总值 （万元）	产品销量 （万只）	国内市场 占有率（%）	国内市场 排名	销售收入 （亿元）	利润 （万元）	上交税收 （万元）
2010	52 497	801	17.40	1	5.46	4 039	4 068
2011	63 885	910	18.40	1	6.80	5 765	5 120
2012	74 196	1 106	20.60	1	8.02	7 814	5 129
2013	103 358	1 581	23.80	1	11.29	10 292	6 340
2014	122 040	1 993	26.50	1	14.47	13 191	7 662
2015	132 780	2 211	26.10	1	15.69	6 014	7 195

资料来源：上海科尔本施密特活塞有限公司

三、上海圣德曼铸造有限公司

上海圣德曼铸造有限公司（简称上海圣德曼）前身是 1990 年 5 月由上海汽车发动机厂铸造分厂和上海球墨铸铁厂合并组建的上海汽车铸造总厂。2000 年 10 月 19 日，上海汽车工业有限公司、

德国哈森克莱佛有限公司、德国布吕尔有限公司、德国投资与开发有限公司合资组建上海圣德曼铸造有限公司，中外 4 方股比依次为 50%、12.5%、12.5% 和 25%。2008 年 12 月，德国股东全部股份转让予中方，上海圣德曼成为上海汽车工业（集团）总公司全资子公司和国有企业。2010年，上汽集团股权全部转让给华域汽车系统股份有限公司。公司总部位于上海市嘉定区安亭镇昌吉路 120 号，注册资金

图 5-3-31　上海圣德曼外景

4.6 亿元。2015 年，注册资金增至 11.9 亿元；总占地面积 34 万平方米、总建筑面积 6.77 万平方米，其中上海总部占地面积 13 万平方米、建筑面积 6.77 万平方米，从业人员总计 1 206 人，其中上海 1 134 人、沪外 72 人；上海从业人员中合同制员工 419 人、劳务派遣制员工 715 人，管理人员 171人、技术人员 83 人、生产人员 745 人、辅助人员 135 人。

1990 年上海汽车铸造总厂成立后，先后从德国、丹麦和美国引进技术和设备，进行技术改造。1995 年，差速器壳体、飞轮、前制动盘、中间轴、曲轴、主轴承盖、水泵叶轮和离合器压盘等 8种中小铸件开始为上海桑塔纳轿车配套。2000 年上海圣德曼合资后，进一步引进消化德国股东先进技术，提升汽车铸件生产和品质。2014 年 7 月，在江苏海安县高新技术产业开发区设立上海圣德曼铸造海安有限公司，分三期实施汽车关键零部件精密铸造项目，规划总投资 13 亿元，将形成 15 万吨铸件年产能力，一期项目于 2015 年年底建成并部分投产，主要生产灰口铸铁和球墨铸铁铸件。至 2015 年，上海圣德曼累计投资近 10 亿元。其中，上海基地机加工设备累计投资 6亿元，铸造生产设备投资 3.48 亿元。主要生产汽车曲轴、排气管、转向节、轴承盖等铸件的铸一车间形成 3.25 万吨年产能力；主要生产汽车制动壳体、制动支架、排气管、轴承盖、制动盘等铸件

的铸四车间形成 4.79 万吨年产能力。上海圣德曼 SSF 品牌灰口铸铁、球墨铸铁和蠕墨铸铁铸件的年产能力合计 8.04 万吨,并形成与之配套的模具加工和部分轿车零件机加工能力,产品为上汽大众、上汽通用、上汽乘用车、一汽大众和德国大陆集团、南非大众等国内外整车和零部件厂商配套。

2001 年,上海圣德曼成立技术中心并于 2011 年被认定为上海市级企业技术中心。至 2015 年,该中心有研发人员 183 人,累计研发投入超过 1 亿元,拥有 PDM 产品开发数据管理系统、中试车间、检测中心等试验和检测设备,并具有模具自主研发和制造能力。该中心研发的磁悬浮列车连接件于 2005 年获机械工业科技成果三等奖,2008—2010 年连续 3 年获国际铸件博览会优质铸件金奖,至 2015 年累计获国家授权专利 23 项。

2001 年,上海圣德曼资产总额 3.33 亿元,铸件产销 1.6 万吨,销售收入 1.99 亿元,利润 1 009万元。2010 年,铸件产销超过 5 万吨,销售收入超过 6 亿元。2015 年,资产总额 10.42 亿元、铸件产销(含海安)9.83 万吨,销售收入 9.57 亿元,利润 6 242.38 万元,分别比 2001 年增长 2.13 倍、5.12 倍、3.8 倍和 5.13 倍。2001—2015 年,铸件累计产销 742 778 吨。

表 5 - 3 - 51　2001—2015 年上海圣德曼经营情况统计表

年份	资产总值(万元)	铸件销量(吨)	销售收入(万元)	利润(万元)	上交税收(万元)
2001	33 299	16 040	19 904	1 009	1 530
2002	33 964	21 113	29 037	−893	1 285
2003	32 126	26 145	31 781	1 297	1 861
2004	30 540	27 599	31 672	−802	1 666
2005	27 175	29 649	22 664	1 925	1 430
2006	26 906	28 831	30 009	−1 761	1 549
2007	28 063	36 055	34 581	−2 956	1 837
2008	24 884	39 118	42 017	−6 177	1 667
2009	41 033	47 729	48 297	2 150	3 183
2010	45 919	60 291	62 857	1 914	2 530
2011	56 547	70 187	73 804	2 875	1 225
2012	57 879	71 984	75 094	731	3 118
2013	59 744	81 650	83 315	3 068	3 930
2014	75 458	88 134	92 014	5 303	5 534
2015	104 220	98 253	95 681	6 242	4 559

资料来源:上海圣德曼铸造有限公司

四、华东泰克西汽车铸造有限公司

华东泰克西汽车铸造有限公司(简称华东泰克西)于 1998 年 9 月 2 日成立,由上海汽车工业

(集团)总公司、跃进汽车集团公司和意大利泰克西公司合资组建,三方股比依次为25％、25％和50％。2008年1月,跃进集团将股权转至东华汽车实业有限公司。2009年11月,上汽集团将股权转至华域汽车系统股份有限公司。该公司位于江苏省镇江市经济开发区美林湾路15号。2015年,公司注册资金4 700万美元,资产总额68 093.5万元;占地面积14.1万平方米,建筑面积3.68万平方米;从业人

图5-3-32 华东泰克西外景

员757人,其中合同制员工572人、劳务派遣制员工183人、外籍员工2人,管理人员45人、技术人员94人、生产人员365人、辅助人员251人。

华东泰克西引进消化和产销泰克西品牌轿车和轻型车铸铁发动机缸体。2002年7月正式投产。公司建有制芯、造型、熔化和清理生产车间,从德国、意大利和西班牙等国引进生产设备。至2015年,总投资额10 388万美元,形成160万件各类缸体年产能力,主要客户有上汽大众、上汽通用五菱、南京依维柯、吉利汽车、广汽菲亚特克莱斯勒、北汽动力总成、常州斯太尔和意大利泰克西、韩国威亚、印度现代、印度马恒达合计11家整车或发动机公司。

华东泰克西设有技术质量部,负责产品和工艺开发。2012年以来,该公司取得薄壁高强韧高精度发动机缸体铸造的芯包组芯工艺、垂直立浇工艺和缸体缸盖集成铸造工艺等研发成果。2015年,开始自主研发德国奥迪第三代EA888缸体铸造工艺及智能化的专业生产线,成为全球极少数拥有这一缸体铸造的企业。至2015年,具备自主设计开发轻型车、轿车V型6缸、直立4缸、直立3缸和直立2缸等铸铁缸体生产工艺和工装模具的能力。2014—2015年,累计研发投入5 828.1万元。

2003年,华东泰克西资产总额6.04亿元,发动机缸体产销19.6万件,销售收入1.4亿元,国内轻型车铸铁发动机缸体铸造市场的占有率为5％,利润亏损6 945万元。2005年,开始扭亏为盈,当年利润3 507.5万元。2004年和2007年,发动机缸体年产销先后超过50万件和100万件。2007年,销售收入超过5亿元。2008年,发动机缸体产销141.2万件,国内市场占有率21.7％,销售收入6.75亿元,为历史最好水平。2015年,资产总额6.81亿元,比2003年增长0.13倍;发动机缸体产销98.1万件,比2003年增长4.01倍,国内市场占有率13.01％,位居国内同行第2名;销售收入4.29亿元,比2003年增长2.06倍;利润4 532万元,比2003年增加11 478万元。至2015年,发动机缸体累计产销1 361万件。

表5-3-52 2002—2015年华东泰克西经营情况统计表

年份	资产总值	产品销量（件）	国内市场占有率（％）	国内同行排名	销售收入（万元）	利润（万元）	上交税收（万元）
2002	61 165.8	—			8 380.6	−9 204	—
2003	60 379.4	196 059	—		14 019.2	−6 945.2	65.78
2004	62 473.4	542 994	—		37 164.3	−1 015.4	1 916.5

〔续表〕

年份	资产总值	产品销量（件）	国内市场占有率（%）	国内同行排名	销售收入（万元）	利润（万元）	上交税收（万元）
2005	57 377.4	619 416	—	—	40 029.1	3 507.5	2 879.4
2006	64 235.3	822 299	—	—	46 088.4	6 573.7	3 734.26
2007	73 860.1	1 238 269	—	2	57 255.3	4 237	2 280.57
2008	69 573.2	1 412 229	—	1	67 546.9	1 299.4	450.27
2009	75 498.9	1 395 730	—	3	56 944.1	4 987.9	870
2010	68 281.5	1 162 954	—	4	51 581.7	2 443.9	1 202.8
2011	75 200.7	1 355 205	—	3	66 955.2	3 610.7	2 072.25
2012	77 175	1 329 991	—	3	65 076.7	5 125.4	1 759.67
2013	71 451.2	1 302 169	—	3	60 022.5	5 150	3 705.8
2014	71 300.6	1 252 910	—	2	57 431.4	7 309.4	4 670.5
2015	68 093.5	980 926	—	2	42 870	4 531.8	3 315.7

资料来源：华东泰克西汽车铸造有限公司

五、上海乾通汽车附件有限公司

上海乾通汽车附件有限公司（简称上海乾通）前身是创建于民国35年（1946年）11月的中国机械工具制造厂。1959年，更名为上海第一汽车附件厂。1992年7月，由上海汽车工业总公司与设在香港的海南国际（海外）投资有限公司合资组建并更名为现名，股比为60%：40%。注册资金2 500万美元。1995年，沪方股东变更为上海汽车有限公司。1998年，上海汽车工业有限公司取得沪方股权，沪港股比调整为68.5%和31.5%。2000年，海南国际（海外）投资有限公司更名为港澳国际海南投资有限公司，并将其31.5%股权转让给上汽香港公司。2010年，华域汽车系统股份有限公司取得沪方60%股权，至2015年9月，华域汽车占股100%。同年，该公司资产总额5.6亿元，占地面积8.69万平方米，建筑面积3.79万平方米；从业人员288人，其中管理人员61人、技术人员60人、生产人员167人。

1949年以前，上海乾通主要生产纺织机零件和柴油机喷油嘴。20世纪80年代之前，开发生产为载重汽车和轿车配套的化油器、航空发动机等产品。80年代初，形成军用操舟机整机、上海牌轿车及卡车的化油器、汽油泵、高精度系列活塞销3类产品，并合作制造国内第一台月产能30万件的冷挤压机和第一台倒角机轧角机。1992年，经过上海桑塔纳轿车国产化技术改造，形成年产30万套变速箱壳体壳盖产能，并具备大型压铸模具的CAD和CAM设计能力。2003年8月，与MERIDIAN加拿大有限公司在上海市嘉定区安亭镇合资组建上海镁镁合金有限公司，主要产销汽车摩托车用镁合金压铸件，至2015年累计投资2 800万美元，形成595万件年产能力，2015年产销570万件。2007年7月，在山东省烟台市经济开发区成立乾通（烟台）汽车附件有限公司，主要为上海通用汽车东岳公司配套变速器及变扭器压铸件产品，至2015年累计投资3 000万元，形成36.77万件年产能力，2015年产量35.67万件。至2014年，公司主营AA品牌的汽车、摩托车及小型汽油机的化油器、燃油泵、电子控制汽油喷射装置等供油系产品,以及发动机活塞销,有色金属压铸件,操舟机、割草机及小型动力机械等产品,年产能力为压铸件316万件、压铸机总合模力4万吨以上,产品为上海通用汽车、上海大众汽车、上汽乘用车、上汽通用五菱、东风汽车、一汽大众、长安福特、江淮汽车、南京依维柯和上柴动力等配套,并出口美国和澳大利亚。

2014年8月,上海乾通的铝压铸件和机加工业务及相关资产和业务转移至上海皮尔博格有色零部件有限公司,泵类业务转移至上海幸福摩托有限公司,上海乾通母体保留。2015年12月,公司全资子公司乾通(烟台)汽车附件有限公司转至上海皮尔博格。

1992年,上海乾通资产总额1.46亿元,铝铸件产品产销6万件,销售收入5718万元,利润10万元。1993年和2007年,销售收入先后超过1亿元和5亿元。2015年,资产总额5.60亿元,比1992年增长2.84倍;铝铸件产品产销279万件,比1992年增长45.5倍;销售收入3.39亿元,比1992年增长4.95倍;利润-2701万元,比1992年减少2711万元。1992—2015年,累计产销铝铸件3185.6万件。

表 5‑3‑53　1992—2015 年上海乾通经营情况统计表

年份	资产总值(万元)	产品销量(万件)	销售收入(万元)	利润(万元)	上交税收(万元)
1992	14 635	6	5 718	10	—
1993	18 705	10.8	14 813	1 609	—
1994	24 414	13.3	15 505	1 606	—
1995	24 814	20.4	22 991	2 510	—
1996	26 037	21.5	24 820	3 006	—
1997	26 862	23.6	27 040	3 308	—
1998	32 545	21.7	24 529	3 017	4 656
1999	38 320	22.3	24 699	2 434	3 372
2000	36 771	30.5	21 569	607	2 934
2001	40 324	38.7	22·538	516	253
2002	37 254	52.3	29 912	609	3 285
2003	35 321	63.8	39 331	2 214	3 164
2004	43 786	97.11	45 898	1 536	3 416
2005	54 326	71.14	40 881	205	2 064
2006	55 483	76.77	48 366	16	1 903
2007	56 592	85.48	51 695	489	3 234
2008	53 610	265.4	59 030	430	2 116
2009	58 739	359.2	62 955	643	1 770
2010	64 579	327.8	77 972	3 752	2 336
2011	61 233	334.2	84 619	789	1 833

〔续表〕

年份	资产总值(万元)	产品销量(万件)	销售收入(万元)	利润(万元)	上交税收(万元)
2012	62 894	325.5	77 464	1 053	2 364
2013	74 393	404.4	72 792	1 417	2 762
2014	69 249	235	62 756	−1 809	1 201
2015	56 015	279	33 922	−2 701	2 425

资料来源：上海乾通汽车附件有限公司

第九节　直属新能源汽车零部件企业

一、上海捷能汽车技术有限公司

上海捷能汽车技术有限公司(简称上海捷能)成立于2009年1月7日,由上海汽车工业(集团)总公司和上海汽车集团投资管理有限公司共同投资组建,注册资金14.5亿元,股比为90%和10%。注册地址在上海市浦东新区中国(上海)自由贸易试验区松涛路563号1号楼516室,工作地址在上海市嘉定区安亭镇安研路201号。至2015年,完成投资10.42亿元,资产总额2.02亿元;从业人员263名,其中管理人员3人、专业人员260名。

上海捷能主营业务为新能源汽车"三电"技术研发,并提供插电混动/电动车动力系统整体解决方案。该公司成立后,以荣威750混合动力轿车、e550插电混合动力轿车、E50纯电动轿车项目为载体,研发提供电驱动系统开发、电池系统开发和电驱动力总成匹配开发等方案。2009年9月,搭载上海捷能研制动力系统的荣威750混合动力轿车上市。2010年,该车成为上海世博会新能源示范运行车,同年底该车量产上市并在国内同类混合动力轿车市场处于领先地位。2012年11月,荣威E50纯电动轿车上市,并于同年获中国国际工业博览会金奖。2013年,与上海汽车变速器有限公司联合自主开发拥有完全自主知识产权的电驱变速箱EDU实现批产配套,搭载该动力总成的e559插电混合动力轿车上市。2014年5月和2015年4月,电驱变速箱EDU总成先后获美国授权专利证书和中国国家发明专利。2014年11月,荣威E50纯电动轿车与荣威e550插电混动轿车参加第十二届必比登国际新能源汽车挑战赛,分别获纯电动组别与混动组别冠军。

2015年,上海捷能形成较为完备的"三电"核心技术开发能力和EDU Gen1、EV电动车等系统解决方案,研制的新能源动力系统产品先后为荣威E50纯电动轿车、荣威E550插电式混合动力轿车、荣威E950插电式混合动力轿车、荣威RX5 SUV等新能源汽车匹配,研发水平处于国内领先地位,第一代电驱变速箱EDU形成年产5 000台能力。

二、上海捷新动力电池系统有限公司

上海捷新动力电池系统有限公司(简称上海捷新)成立于2010年4月29日,由上海汽车集团股份有限公司和高博系统香港有限公司合资组建,股比51%：49%。2013年7月10日,上海捷新股东变更为上汽集团和浙江万向集团公司,股比维持51%：49%。公司注册资金1.03亿元,地址在上海市嘉定区于塘路 815 号。2015 年，资产总额 33 388 万元。从业人员 70 名。其中，技术人员 19 人、管理及其他人员 51 人。

上海捷新主要从事研发、组装、制造、销售混合动力和纯电动汽车的车辆牵引蓄电池系统和模块，以及蓄电池技术领域内的技术开发、技术转让、技术咨询和技术服务等业务，公司选用先进的车用磷酸铁锂和三元锂电池单体，设计制造和销售混合动力和纯电动汽车能源存储系统，为上汽乘用车分公司的荣威 E50 纯电动汽车和荣

图 5 - 3 - 33　上海捷新外景

威 550 插电式混合动力轿车提供动力电池系统。2010 年，为上汽乘用车分公司新能源汽车试装配 2 套样件电池包。2015 年，产销 12 400 台套动力电池系统，实现销售收入 74 517 万元，创利 1 684 万元。至 2015 年，累计投资 5 510 万元，形成 15 000 台套动力电池系统年产能力，累计为上汽乘用车分公司提供动力电池系统 16 429 台套。

表 5 - 3 - 54　2010—2015 年上海捷新经营情况统计表

年份	资产总值(万元)	产品销量(台)	销售收入(万元)	利润(万元)	上交税收(万元)
2010	3 424	—	—	−1 273	69
2011	6 861	113	4 101	−1 031	39
2012	15 239	195	5 331	−2 638	90
2013	9 956	627	8 261	−1 621	86
2014	15 536	3 305	25 227	−742	96
2015	33 388	12 400	74 517	1 684	289

资料来源：上海捷新动力电池系统有限公司

三、新源动力股份有限公司

新源动力股份有限公司(简称新源动力)原名大连新源动力股份有限公司，成立于 2001 年 4 月 16 日。2006 年 6 月，更名为新源动力股份有限公司。2007 年 4 月 18 日，上海汽车集团股份有限公司入股该公司，占股 34.19% 并成为第一大股东，其他主要股东分别为中科院大连化学物理研究所等 7 家企业以及 3 名自然人。公司位于辽宁省大连市高新技术区黄浦路 907 号，占地面积 2.64 万平方米，建筑面积 1.9 万平方米；注册资金 1.17 亿元。2015 年，资产总额 1.73 亿元；从业人员 140 人，其中技术人员 74 人、管理和商务服务人员 23 人、设备维修和操作人员 18 人、其他人员 25 人。

新源动力主要从事车用燃料电池系统和燃料电池备用电源的研发。2001 年和 2003 年，新源动力研制的 200 瓦和 30 千瓦质子交换膜燃料电池先后应用于电动自行车和中型客车。2006 年，承担

的国家 863 项目轿车用燃料电池发动机成功装车运行。2007 年,在上海市嘉定区成立全资子公司上海新源动力有限公司。2008 年,搭载公司研发的燃料电池发动机系统的燃料电池轿车圆满完成科技奥运燃料电池车示范运行。同年 7 月,承建的燃料电池及氢源技术国家工程研究中心投入使用。2009 年,赢得联合国开发计划署(UNDP)在上海示范项目的合同。至 2010 年,主持推进的燃料电池技术产业化联盟初步建成;联合山东东岳、江苏天鸟、佛山广顺电器等企业构建的燃料电池关键材料和部件的产业链基本搭建;投资建设的江苏产业化基地形成年产 100 台燃料电池发动机用核心零部件与材料的能力;位于上海的系统集成、总成生产与技术服务中心建成具备 100 台燃料电池发动机的集成、服务与调试能力;中心开发的燃料电池发动机 FCE-Ⅱ 和车用燃料电池发动机系统分别获评国家重点新产品和辽宁省优秀新产品奖二等奖。

2010 年,上海新源与新源动力共同完成 40 台燃料电池轿车发动机、2 台燃料电池客车发动机制造,并装载于上海牌燃料电池轿车和申沃燃料电池城市客车,圆满完成上海世博会示范运行任务,累计运行 12.84 万公里,创造中国燃料电池汽车示范运行新纪录。同年,搭载新源动力燃料电池发动机系统的燃料电池客车首次走出国门,成功服务于 2010 年新加坡世青赛。至 2015 年,公司拥有国家授权专利 291 件。其中,发明专利 183 件,国际专利 2 件。公司是燃料电池国家标准制定主任委员单位,累计参与制定行业标准 31 件。

2001 年,新源动力资产总额 0.5 亿元,销售收入 236.89 万元,利润 1.46 万元。2015 年,资产总额 1.73 亿元,比 2001 年增长 2.46 倍;销售收入 5 112 万元,比 2001 年增长 21 倍;利润总额－520 万元。

表 5-3-55　2001—2015 年新源动力经营情况统计表

年份	资产总值(万元)	销售收入(万元)	利润(万元)	上交税收(万元)
2001	5 028.71	236.89	1.46	0.66
2002	5 073.51	639.60	3.35	0.60
2003	6 446.97	748.76	10.16	1.52
2004	6 495.75	759.91	9.71	1.15
2005	7 876.85	341.76	7.67	1.45
2006	8 953.52	34.45	－498.17	0.41
2007	17 475.75	173.06	－102.95	14.83
2008	18 002.17	331.06	－690.28	22.98
2009	20 333.21	1 354.57	－100.82	46.73
2010	20 231.54	1 396.16	353.65	39.14
2011	21 020.60	2 503.03	326.31	43.24
2012	18 133.96	3 106.61	103.75	43.46
2013	18 122.51	2 608.49	72.48	58.74
2014	17 865.20	4 295.49	72.00	68.00
2015	17 317.18	5 112.66	－520.03	78.00

资料来源:新源动力股份有限公司

四、华域汽车电动系统有限公司

华域汽车电动系统有限公司(简称华域电动)成立于2011年3月10日,由华域汽车系统股份有限公司和贵州航天工业有限责任公司合资组建,注册资金17 500万元,股比60%：40%。2012年,增加新股东航天科工海鹰集团有限公司,股比调整为华域汽车60%、贵州航天16%、航天科工海鹰24%。公司注册地址在上海市浦东新区张江高科技园区达尔文路88号3幢308室;办公地址在上海市浦东新区碧波路572弄116号3幢,建筑面积842.72平方米;上海分公司地址在上海市浦东新区川宏路699号7幢西区,建筑面积6 760.56平方米。2015年,资产总额2.29亿元;从业人员176人,其中技术人员108人、管理人员9人、生产人员27人、其他人员32人。

图5-3-34 华域电动川沙工厂外景

华域电动主营业务以研制新能源车用驱动电机系统为主,并延伸至新能源辅助电机系统及传统车用电机系统。2009年4月和2011年3月,先后成立承担产品研发的航天科工林泉电机上海研发部和华域汽车电动系统有限公司技术部。至2015年,研发投资累计达20 036万元,技术研发部试制试验组有研发人员98人,拥有A&D综合试验台架、环境试验设备、电机及控制器等验证测试系统等先进试验试制设备,研发的新能源汽车驱动电机及控制器、ISG电机及控制器的功率密度、扭矩密度等指标处于国内领先水平。

2013年3月,华域电动成立上海分公司,主要生产销售新能源汽车主驱电机、启发电机和电机控制器等产品。同年,公司第一个量产项目荣威E50轿车电机投产。至2015年,累计投资1 461万元,形成EP11电机37 500台年产能力,主要客户是上汽乘用车、上汽大通、上汽大众、上汽通用、九龙客车、厦门金旅、海马轿车、东风乘用车、众泰新能源、北汽福田等整车企业。

2012年,华域电动资产总额1.66亿元,新能源电机产销139台,营业收入3 363万元,利润－685万元。2015年,资产总额2.29亿元,比2012年增长0.38倍;新能源电机产销5 387台,比2012年增长37.76倍;控制器销量5 056台,产品占国内纯电动乘用车市场的3.8%;营业收入14 279万元,利润132万元,分别比2012年增长3.25倍和1.19倍。至2015年,新能源电机和控制器分别累计产销6 865台和5 370台。

表5-3-56 2012—2015年华域电动经营情况统计表

年份	资产总值（万元）	新能源电机销量（台）	控制器销量（台）	销售收入（万元）	利润（万元）	上交税收（万元）
2012	16 615	139	—	3 363	－685	104
2013	14 283	629	—	1 173	－2 296	159
2014	12 117	710	314	1 819	－3 492	199
2015	22 930	5 387	5 056	14 279	132	239

资料来源：华域汽车电动系统有限公司

五、上海极能客车动力系统有限公司

上海极能客车动力系统有限公司(简称上海极能客车)成立于 2011 年 12 月 31 日,由上海汽车集团股份有限公司与瑞典沃尔沃客车公司合资组建,注册资金 10 000 万元,双方股比 60%:40%。注册地址在上海市闵行区光中路 188 号 24 幢,租赁占地面积 8 505 平方米、建筑面积 9 693 平方米。2015 年,资产总额 18 672.6 万元;从业人员 66 人,其中合同制人员 48 人、劳务派遣制人员 18 人、技术研发人员 48 人、其他人员 18 人。

上海极能客车主要研制销售混合动力和纯电动等新能源客车动力系统及与新能源大客车相配套的零部件,并与上海申沃客车有限公司开发部、上海汽车集团股份有限公司商用车技术中心客车分中心形成一体化研发和管理机制。该公司设有研发部门,研发人员 48 余人。拥有新能源客车混合动力系统模拟试验专用设备、新能源客车底盘系统工况测试等专用设备。2012 年 6 月,与上海交通大学成立新能源客车动力系统联合实验室。2014 年,该公司电动汽车动力总成多能源控制系统关键技术研发与产业化应用项目获上海市科学技术奖。至 2015 年,累计投入研发费用 3 742 万元,基本完成新能源动力系统开发、试验和测试能力建设;启动 EN11 纯电动客车研制项目,其中 12 米大客车小批量上市,并获得用于上海迪士尼乐园运输的 300 多辆订单;启动 EA11 纯电动中型客车项目,完成样车试制并进入可靠性试验;启动 EA21 大中型纯电动旅游客车产品研发并进入工程开发;累计获得国家授权专利 3 项。至 2015 年,累计投资 17 000 万元。

2012—2014 年,上海极能客车生产新能源客车零部件 2 548 件。2015 年,上海极能客车产销客车新能源零部件 3 539 件,销售收入 7 772 万元,净利润 72 万元,至 2015 年,累计产销新能源客车零部件 6 087 件。

第四章　汽车服务贸易企业

1983 年,上汽成立首家汽车服务贸易企业。至 2015 年,上海汽车集团股份有限公司共有直管的汽车服务贸易企业 20 家,包括生产服务型 5 家、汽车销售消费型 7 家、其他 8 家。

第一节　直属汽车生产服务型企业

一、安吉汽车物流有限公司

安吉汽车物流有限公司(简称安吉物流)是上海汽车集团股份有限公司全资子公司,其前身是成立于 1988 年 6 月的上海汽车工业供销公司储运科及所属长征储运经营部。1992 年 4 月,储运科改为储运经营部,并与新组建的上海安达汽车储运公司以"两块牌子,一套班子"进行运作。

2000 年 9 月 8 日,上海安达更名为安吉汽车物流有限公司。2008 年年底,上汽集团整合服务贸易企业,安吉物流从上海汽车销售总公司下属企业升格为上汽集团二层次子公司,成为专业从事汽车整车物流、零部件物流及口岸物流业务的第三方汽车物流公司。上汽销所属从事汽车物流业务的子公司安吉天地汽车物流有限公司、上海海通国际汽车码头有限公司并入安吉物流。安吉物流注册地为上海市嘉定区米泉路 258 号。2015 年年底,安吉物流总部办公地址在上海市杨浦区江浦路 1000 号尚凯大厦,办公面积 500 平方米;注册资金 5 亿元,资产总额 137.28 亿元。全部从业人员 10 761 人(含下属子公司),其中:合同制员工 6 589 人,劳务派遣制员工 4 172 人;技术人员和管理人员 3 218 人,一线服务人员 7 516 人,辅助人员 27 人。

图 5-4-1　安吉汽车物流外景

作为提供现代汽车物流方案的供应商,安吉物流形成整车物流、零部件物流、口岸物流、航运物流、海外物流、信息技术六大业务板块,引进先进物流技术,打造智能可视系统,为客户提供一体化、技术化、网络化、透明化的汽车物流供应链服务。

1993 年 3 月,安达储运开始引入"零公里"运输概念,借用运输车驳运轿车首发安徽合肥市。同年 12 月,自制运输大板车驳运轿车成功首发南京,同时新建全年可周转 15 万辆轿车的安亭储运中心。1993 年 12 月和 1994 年 12 月,先后成立靖江安达轿车运输公司和上海安富轿车驳运有限公司 2 家专业整车运输公司。1994 年 5 月,一次性可装 150 辆桑塔纳轿车的"安达 1 号"长江自航轿车滚装运输船首航,标志着上汽轿车集约化运输正式启动。至 2014 年 12 月底,安达储运与长春燃料总公司合作,首次利用铁路将汽车运往昆明、北京和成都,开启中国铁路运输轿车业务之先河。

1995年3月,专业从事该项业务的上海安东商品轿车铁路运输有限公司成立。同年6月,首条满载300辆桑车的海运滚装船"安吉"号首航营口市。1996年,安吉物流新增铁路专列5列、海轮2艘、江轮1艘和大型驳运车80辆,同时新启用5家中转仓库,中转库达到13家,基本形成30万辆轿车年储运能力,初步建成公路、铁路、水路包括江路和海路在内的综合汽车物流体系,主要服务上海大众汽车桑塔纳轿车。

1999年,上海通用汽车别克轿车成为安吉物流第2个大客户。同年,该公司整车物流信息管理系统投入使用。2001年8月,该公司全新中央调度系统(TMS)和仓储管理系统(WMS)上线运行,成为中国第1个专业汽车物流管理信息系统。2008年年底,随着安吉物流成为上汽集团二层次子公司和安吉天地汽车物流有限公司、海通汽车码头有限公司的并入,该公司客户增加到上海大众汽车、上海通用汽车、上汽通用五菱、上汽乘用车分公司、上汽依维柯红岩、韩国双龙以及华晨宝马共7家。

至2015年年底,安吉物流整车物流业务拥有仓储总面积892万平方米,自有轿运车2100多辆、铁路专用车皮345节、滚装船19艘,是国内少数几个拥有公、铁、水及仓储资源的物流整体解决方案供应商;零部件物流形成入厂、售后、进出口、网络运输四大核心业务,管控670多辆运作车辆、164万平方米运作中心,为多个整车制造厂、1000多家零部件供应商、5000多家经销商提供各类物流服务;口岸物流具备无船承运人、一级国际货运代理能力,服务于内外贸口岸、整车进出口代理和沿海、沿江"T"字形物流网络,管理9个滚装码头、滚装码头岸线4639米、23个滚装泊位,年整车吞吐能力超过480万辆。

安吉物流是国内第一家在境外提供完整汽车物流服务范围的汽车物流公司。2015年,安吉航运有限公司在上海市浦东新区陆家嘴自贸区成立,下辖安盛船务有限公司,航线覆盖沿海和长江所有重要港口,同时开辟北美及欧洲航线,拥有19艘滚装船,2015年完成年100万辆运量。2013年10月,与NYK合资成立安吉日邮泰国公司,启动海外物流业务。至2015年,海外物流业务遍布全球近40个国家。经过多年积累,安吉物流已建立起运输管理系统TMS、仓储管理系统WMS、分供方管理系统FMS、全球卫星定位系统GPS和呼叫中心系统。为进一步推动服务信息化,2014年12月,安吉物流并购上海汽车信息产业投资有限公司并成立物流信息板块,全力推动互联网＋物流业务的发展,并于2015年7月发布首款"车好运"App移动应用软件,全面试水物流O2O(线上到线下)业务。

安吉物流是中国物流与采购联合会汽车物流分会理事长单位,中国首批5A级物流企业。"安吉"品牌为上海市服务类现代物流品牌。2010年,公司成为上海首获上海市质量金奖(服务业)的物流企业。公司物流管理创新项目"汽车物流企业3.5PL管理模式的构建与运行"获2012年上海市企业管理创新成果一等奖、第19届国家级企业管理创新成果二等奖;物流技术创新项目"大规模汽车物流低碳化与智能化关键技术的集成创新与应用"获2012年度上海市科技进步奖三等奖和中国物流与采购联合会科技进步奖一等奖。

2001年,安吉物流营业收入7.14亿元,年营运33万辆轿车,国内市场占有率超过30%,位列全国同行第一。2009年,重组后的新安吉物流整车物流突破300万辆达到399万辆,继续位居国内同行第一,并首次位居全球首位。2015年,营业收入158.35亿元,比2001年增长21倍;年营运665万辆轿车,比2001年增长19倍;国内市场占有率31.51%,继续保持国内领先、全球第一的地位。

表 5-4-1 2015 年安吉物流直属企业一览表

序号	企业名称	企业性质	成立时间	所在地	物流（万辆）	销售收入（万元）
1	上海安盛汽车船务有限公司	全资子公司	1994 年 3 月	上海	100	103 239.27
2	上海嘉顿储运有限公司	中中合资	1994 年 6 月	上海	90	72 404.70
3	上海安东商品轿车铁路运输有限公司	中中合资	1995 年 3 月	上海	38	69 019.44
4	上海安捷轿车运输有限公司	中中合资	1996 年 5 月	上海	90	34 702.87
5	上海安富轿车驳运有限公司	中中合资	1997 年 11 月	上海	130	73 000.81
6	上海安北汽车物流有限公司	中中合资	1998 年 8 月	上海	10	12 184.89
7	上海安吉迅达汽车运输有限公司	中中合资	2001 年 6 月	上海	100	45 832.61
8	上海安吉汽车零部件物流有限公司	中外合资	2002 年 5 月	上海	400 万台套 70 万吨	580 306.17
9	上海海通国际汽车物流有限公司	中外合资	2003 年 2 月	上海	33 万 TEU	114 835.83
10	上海海通国际汽车码头有限公司	中中合资	2003 年 12 月	上海	135	74 057.38
11	柳州申菱运输有限公司	全资子公司	2004 年 3 月	柳州	80	78 743.10
12	上海安吉汽车运输有限公司	中中全资	2004 年 3 月	上海	80	22 359.94
13	上海永诺信息技术有限公司	全资子公司	2004 年	上海	—	6 838.95
14	上海安吉日邮物流有限公司	中外合资	2005 年 1 月	上海	60	28 746.56
15	青岛安吉投资有限公司	中中合资	2006 年 8 月	青岛	30	1 226.85
16	江苏安吉汽车物流有限公司	中中合资	2009 年 4 月	南京	36	36 329.91
17	安吉汽车物流（上海）有限公司	全资子公司	2011 年 4 月	上海	300	303 617.71
18	上海安悦四维信息技术有限公司	中中合资	2011 年 7 月	上海	—	13 066.78
19	安信联合物流有限公司	中中合资	2013 年 4 月	天津	47	47 217.16
20	安吉汽车物流（湖北）有限公司	中中全资	2013 年 5 月	武汉	40	43 418.53
21	大连海嘉汽车码头有限公司	中中合资	2013 年 5 月	大连	—	0.00
22	安吉日邮物流（泰国）有限公司	中外合资	2013 年 11 月	泰国曼谷	5 000	5 886.43
23	安吉汽车物流（辽宁）有限公司	全资子公司	2014 年 1 月	沈阳	60	5 422.74
24	安吉汽车物流（山东）有限公司	全资子公司	2014 年 1 月	烟台	100	100 973.58
25	南京港江盛汽车码头有限公司	中中合资	2014 年 2 月	南京	5	2 472.68
26	广州港海嘉汽车码头有限公司	中中合资	2014 年 4 月	广州	10	5 212.64
27	安吉汽车物流浙江有限公司	中中合资	2014 年 4 月	宁波	25	24 397.67
28	安吉汽车物流（湖南）有限公司	中中独资	2014 年 7 月	长沙	3	2 966.39
29	武汉江盛汽车码头有限公司	中中合资	2014 年 10 月	武汉	6	2 623.71
30	南京嘉众物流有限公司	中中合资	2014 年 12 月	南京	—	0.00
31	安吉航运有限公司	全资子公司	2015 年 3 月	上海	2 592	40 838.22
32	重庆江盛汽车物流有限公司	中中合资	2015 年 8 月	重庆	—	750.00
33	天津港海嘉汽车码头有限公司	中中合资	2015 年 12 月	天津	—	0.00

资料来源：安吉汽车物流有限公司

表 5-4-2　2001—2015 年安吉物流经营情况统计表

年份	资产总值(万元)	营业收入(万元)	国内同行排名	利润(万元)	上缴税利(万元)
2001	84 756	71 477	1	10 942	1 454
2002	92 809	89 537	1	10 951	4 681
2003	105 614	105 571	2	6 807	1 590
2004	118 413	107 121	2	13 564	1 420
2005	139 952	105 218	2	6 301	3 368
2006	146 028	123 945	2	5 071	1 121
2007	160 364	151 198	2	8 610	2 150
2008	171 395	166 621	2	9 779	1 203
2009	396 995	671 314	1	52 985	3 200
2010	542 458	807 905	1	79 395	10 851
2011	596 772	988 977	1	93 355	20 190
2012	697 514	956 783	1	104 486	24 288
2013	860 631	1 053 899	1	140 384	20 651
2014	1 040 783	1 197 382	1	159 811	26 819
2015	1 372 793	1 583 508	1	189 250	61 092

说明：由于 2009 年安吉物流重组，故 2009 年起的"营业收入"为合并收入
资料来源：安吉汽车物流有限公司

二、上海汽车进出口有限公司

上海汽车进出口有限公司(简称上汽进出口)是上汽集团全资子公司，其前身为成立于 1985 年的上海汽车进出口公司，其时该公司既是上汽对外贸易和对外经济技术合作的专业公司，也是中国

图 5-4-2　上汽进出口外景

汽车工业进出口公司在上海的分支机构。1987 年 8 月，中汽进出口公司为统一归口管理，批准上汽进出口更名为中国汽车工业进出口公司上海公司，行政隶属上海汽车拖拉机工业联营公司。1989 年，国家外经贸部清理整顿外贸企业，上汽进出口与中汽进出口公司脱钩，恢复上海汽车进出口公司原名。2005 年，改制并更名为上海汽车进出口有限公司。该公司地址在上海市浦东新区张杨路 2119 号，占地面积

10 384 平方米，建筑面积 9 147.48 平方米；注册资本 13 亿元。2015 年，资产总额 69.57 亿元；从业人员 334 人，其中：合同制人员 304 人，劳务派遣人员 30 人；业务人员 188 人，管理人员 116 人，其他服务人员 30 人。

上汽进出口主要从事整车和零部件进出口以及原材料采购供应三大板块业务,并与国内外300余家供应商和客户建立稳固互利的贸易关系。

在进口方面:1987年,为上汽10家零部件企业牵线搭桥引进18个旨在实现桑塔纳国产化的零部件技术引进项目。1995年,取得进口汽车经营权。至1998年,累计引进232个桑塔纳轿车国产化技术项目和70个横向配套项目。同时,为上汽零部件企业进口国外生产设备和零部件及原材料,累计进口金额5亿美元。2002—2003年,先后成为美国通用汽车和德国大众进口汽车授权经销商。

在出口方面:1985—1993年,上汽进出口通过华侨赠车回乡、中外合资企业、外国使领馆和外国驻华商务机构购车,国内企业留成外汇经批准"以出顶进"以及经济特区贸易等国家外经贸部规定的4种视同出口方式,出口桑塔纳轿车和上海牌轿车。1989年,由上汽进出口牵头,上海汽车电机厂生产的5 000台直流油泵电机首发美国获得成功。至1995年,直流油泵电机共出口43.18万台,累计创汇1 172.43万美元,上海汽车电机厂成为出口北美的最大油泵电机供应商。1990年下半年,开始经营轿车直接出口业务。2004年,获中国援外实施A级企业(最高等级)资质。

在原材料采购供应方面:1997年开始发展原材料业务,主要为上汽企业提供板材、特殊钢、有色金属、废钢等大宗工业材料及剪切、加工、物流等增值服务。1998年,销售钢材13万吨,销售收入4.13亿元。2001年,位列上海物资流通业销售额50强第27位。2004年,开始经营辅料业务,为上汽企业提供化学品、油品、刀具、备品备件等工业品及其集成增值服务。2010年,销售钢材111万吨,比1998年增长8.53倍;销售收入80.33亿元,比1998年增长18.45倍。2011年销售钢材152万吨,创历史新高。2015年销售钢材124万吨,实现销售收入78.18亿元。

2013年10月,上汽进出口在上海市浦东新区外高桥中国(上海)自由贸易试验区注册成立全资子公司上海汽车国际商贸有限公司,上汽国际商贸以上汽集团自主品牌汽车海外营销为主营业务,同时经营整车进口及零售、零部件进出口、原材料贸易等业务。至2015年,上汽国际商贸在中东、南美、澳大利亚地区设立分公司;在马来西亚、南非、伊朗设立办事处,并参股上汽国际印尼公司及上汽通用五菱印尼公司,成为上汽集团国际经营的重要平台。

至2015年,上汽进出口旗下有5家公司。除了上海汽车国际商贸有限公司外,另有以销售板材、特殊钢、有色金属、废钢、化工原材料等大宗物资为主业的全资子公司安悦汽车物资有限公司,主要经营国际海、陆、空货物运输和报关报检代理、仓储服务和集装箱装卸服务的全资子公司安悦(上海)管理咨询有限公司,以及主营物料仓储供应、物流一体化管理服务等业务的上海东昌西泰克现代物流管理有限公司、主营进口汽车销售业务的上海赛翔汽车销售服务有限公司2家参股企业。

1991—2015年,上汽进出口连续获评中国进出口企业500强。2001年,获上海物资流通业销售额50强企业第27位。2005—2008年,在上海市1 000万美元以上出口创汇企业排行中,连续4年位居汽车工业第二,2009年和2010年连续2年升至汽车工业首位。2010—2015年,该公司SAIC/SACO商标连续5年被授予上海市著名商标。

1985年,上汽进出口成立之年出口创汇120万美元,销售收入0.14亿元。2000年,出口创汇突破6 000万美元。2005年,出口创汇8 527万美元,累计出口创汇7.04亿美元。2015年,销售收入140亿元,比1984年增长近1 000倍;出口创汇1.8亿美元,比1985年增长149倍。至2015年,累计出口整车2.63万辆,累计出口创汇178 364万美元。

表 5‑4‑3　2015 年上汽进出口直属企业一览表

序号	企业名称	企业性质	成立时间	所在地	主营业务	销售收入(万元)
1	上海汽车国际商贸有限公司	全资子公司	2013 年 10 月	上海市浦东新区自由贸易试验区	国际贸易	74 878
2	安悦(上海)管理咨询有限公司	全资子公司	2005 年 12 月	上海市浦东新区自由贸易试验区	咨询服务	3 468
3	上海赛翔汽车销售服务有限公司	合资子公司	2005 年 12 月	上海市浦东新区自由贸易试验区	进口汽车销售	1 654
4	安悦汽车物资有限公司	全资子公司	1997 年 3 月	上海市普陀区	钢材等物资采购供应 1 485 103 吨	781 855
5	上海东昌西泰克现代物流管理有限公司	中中合资	2002 年 5 月	上海市浦东新区	物流服务	290 562

资料来源：上海汽车进出口有限公司

表 5‑4‑4　2006—2015 年上汽进出口经营情况统计表

年份	资产总值(万元)	营业收入(万元)	利润(万元)	税收(万元)	出口创汇(万美元)
2006	141 893	419 264	771	334	10 000
2007	159 198	608 503	1 241	178	8 735
2008	164 539	551 851	1 510	699	6 637
2009	344 262	1 149 007	6 826	644	5 531
2010	538 090	1 889 938	13 958	3 765	5 719
2011	687 609	1 951 185	16 908	3 046	7 767
2012	505 892	1 712 394	6 485	1 310	8 245
2013	569 232	1 454 693	−15 306	1 720	11 915
2014	625 144	1 589 835	11 301	3 552	17 754
2015	695 681	1 407 073	8 312	6 740	18 014

资料来源：上海汽车进出口有限公司

三、东华汽车实业有限公司

东华汽车实业有限公司(简称东华实业)成立于 2008 年 4 月 15 日,系 2007 年 12 月上南合作后由原南汽集团非整车资产和业务整合后新建的企业,由上汽集团和跃进汽车有限公司投资设立,双方股比为 75%∶25%。该公司总部位于南京市鼓楼区芦席营 68 号。总占地面积 2 222 352 平方米,总建筑面积 496 729 平方米,其中本部办公面积 2 690 平方米。至 2015 年,注册资本 10.83 亿元,合并总资产 61.5 亿元;在沪企业 34 家,其中零部件企业 17 家,服务贸易企业 17家;从业人员 5 943 人,其中合同制员工 3 714 人,劳务派遣制及其他人员 2 229 人。

东华实业零部件制造业务包括汽车转向系统、汽车冲压件及焊装总成、传动系统、饰件系统、汽车仪表和电动摇窗机、汽车座椅、汽车零部件模块化预装、汽车散热器总成以及汽车离合系统、汽车及工程机械锻件等。主要客户有上汽乘用车分公司南汽浦口基地、南京依维柯、上汽大众南京基地、上汽通用五菱以及北汽福田、美国卡特彼勒、洛阳一拖、济南重汽等。2008—2015 年,该公司制造企业推进技术进步,加强产品结构

图 5-4-3　东华实业外景

调整,转向器产品实现从以机械转向器为主到以助力转向器为主的产品转型升级,新研发的 C-EPS 电动转向器产品得到上汽通用五菱等整车企业认可;冲压件公司加强乘用车冲压件产品开发,产品销售比例从 4% 提高到 60%;锻造公司开发曲轴、链轨节等新产品 250 余件,锻件能力从 3 万吨提高到 7 万吨;离合器公司从单一手动离合器向整套离合器及离合器操纵装置发展,并发展双质量飞轮业务,为客户提供成套产品服务,其中离合器产能达 210 余万套,双质量飞轮达 15 余万件;申华电子新增加新桑塔纳、斯柯达、MG-GT、荣威 360 轿车玻璃升降机以及长城汽车仪表产品等。至 2015 年,东华汽车下属制造企业全部建有研发机构。其中冲压件公司、申华电子、锻造公司和转向器公司 4 家企业研发机构均为南京市企业技术中心。2008—2015 年,累计投入研发费用 32 563 万元。至 2015 年,共获得国家授权专利 84 项,其中发明专利 4 项。

东华实业服务贸易板块主要业务为物资供应、整车及零部件物流和国际贸易、资产经营开发和汽车销售维保、汽车租赁、检测、驾校、物业管理以及面向业内业外人员的技能类、管理类培训,主要客户有南京依维柯、上汽大众南京基地、上汽乘用车分公司南京浦口基地、上汽大通以及社会用户。供应分公司在为东华内部零部件企业及跃进、依维柯、MG、上汽大众等品牌系列汽车供应原辅材料的同时,兼顾外部市场,与国内主要钢材、石油、化工供应商建立战略合作伙伴关系,逐步形成独特的采购、供应、服务体系。整车物流业务运输量达 39 万辆/年。进出口公司专注于汽车整车、零部件及相关机电产品的国际贸易,拥有上汽集团内外 10 多个整车品牌的出口授权资质和众多优质零部件资源,出口产品销售网络遍布全球 80 多个国家和地区,是首批国家整车出口基地企业,也是上汽集团商用车出口基地,系中国机电产品进出口商会理事单位。南京绅华拥有 MG 品牌 4S 店和大通品牌 4S 店。东华驾校是南京市 2A 级驾校;物业管理公司具有物业管理三级资质;培训中心是国家首批高技能人才培养示范基地,江苏省、南京市高技能人才培养示范基地,具有国家职业技能鉴定所、技术人员继续教育基地等资质。2008—2015 年,东华汽车实业新增投资项目 127 个,新增投资 49.4 亿元,累计完成投资 29.1 亿元。

东华实业自 2008 年起,连续 7 年被评为南京市工业 50 强优秀企业,并获得 2015 年度江苏省"五一"劳动奖状。

2008 年,东华实业合并销售收入 28.9 亿元,汇总收入 48.5 亿元,合并利润-5 999 万元,汇总

利润—486 万元。2015 年,合并销售收入 39.4 亿元,比 2008 年增长 36.3%;汇总收入 110.8 亿元,比 2008 年增长 128.45%;合并利润 1.3 亿元,汇总利润 2.8 亿元。

表 5-4-5　2015 年东华实业直属企业一览表

序号	企业名称	企业性质	成立时间	所在地(辆/吨)	主营业务	销售收入(万元)
1	东华汽车实业有限公司供应分公司	全资子公司	2007 年 12 月	南京	销售板材/钢材 70 万吨	219 444
2	南京绅华汽车贸易有限公司	全资子公司	2007 年 4 月	南京	销售 MG 整车 1 900 余辆	17 757
3	南京东华汽车贸易有限公司	全资子公司	1993 年 6 月	南京	汽车销售	—
4	南京东华汽车服务有限公司	全资子公司	2003 年 1 月	南京	汽车租赁业务,实现收入 1 000 余万元	1 732
5	南京东华汽车装备有限公司	全资子公司	2002 年 6 月	南京	汽车装备	3 056
6	南京东华传动轴有限公司	全资子公司	2001 年 1 月	南京	销售传动轴 6 万余根	10 069
7	南京东华资产经营有限公司	全资子公司	2006 年 3 月	南京	园区开发管理,实现收入 2 000 余万元	2 300
8	南京东华汽车转向器有限公司	全资子公司	2001 年 12 月	南京	销售齿式助力转向器 5 万余套	8 637
9	南京东华金属材料贸易中心有限公司	全资子公司	2008 年 10 月	南京	金属贸易	26 330
10	南京东华汽车销售有限公司	全资子公司	2001 年 6 月	南京	销售依维柯、跃进整车 1 100 余辆	12 809
11	南京南汽进出口有限公司	全资子公司	1999 年 3 月	南京	出口整车 1 500 余辆	38 691
12	南京金鼎汽车零部件有限公司	全资子公司	2001 年 5 月	南京	代工仓储业务	1 778
13	南京安吉机动车安全检测有限公司	全资子公司	2009 年 5 月	南京	年检测车辆数 2 万余辆	512
14	南京南汽冲压件有限公司	全资子公司	2005 年 12 月	南京	冲压焊接结构件 19 万余件	12 776
15	南京东华出租汽车有限责任公司	中中合资	2008 年 7 月	南京	78 辆出租车运营	626
16	南京安吉名杰汽车销售服务有限公司	中中合资	2013 年 9 月	南京	销售凯迪拉克整车 500 余辆	14 724
17	南京东威金属制品有限公司	中中合资	2009 年 12 月	南京	金属制品	29 299
18	南京东众机械装配有限公司	中中合资	2010 年 5 月	南京	发动机装配 34 万余辆	3 091
19	江苏安吉汽车物流有限公司	中中合资	2009 年 4 月	南京	汽车物流	36 330
20	南京汽车零件有限公司	中中合资	1994 年 4 月	南京	零部件制品	2 421
21	南京东华延锋伟世通汽车部件系统有限公司	中中合资	2010 年 2 月	南京	内饰制品	43 799

〔续表〕

序号	企 业 名 称	企业性质	成立时间	所在地（辆/吨）	主 营 业 务	销售收入（万元）
22	南京申华汽车电子有限公司	中中合资	2008 年 12 月	南京	电子制品	11 608
23	南京延锋江森座椅有限公司	中中合资	2009 年 9 月	南京	汽车座椅	276 639
24	江苏安吉零部件物流有限公司	中中合资	2009 年 9 月	南京	零部件物流	36 047
25	江苏省旧机动车交易市场有限公司	中中合资	2000 年 6 月	南京	旧车交易	2 164
26	延锋伟世通南京汽车饰件系统有限公司	中中合资	2010 年 2 月	南京	汽车内饰	80 673
27	南京东华汽车内饰系统有限公司	中外合资	2002 年 4 月	南京	汽车内饰	8 303
28	南京汽车锻造有限公司	中外合资	1992 年 8 月	南京	锻件制品	44 080
29	青岛东洋热交换器有限公司	中外合资	2005 年 4 月	青岛	热交换器	48 324
30	华东泰克西汽车铸造有限公司	中外合资	1998 年 9 月	镇江	铸件	45 455
31	南京法雷奥离合器有限公司	中外合资	1997 年 7 月	南京	离合器	59 208
32	南京东华企业管理培训中心	分支机构	2008 年 9 月	南京	企业培训	1 465
33	南京通华汽车销售服务有限公司	全资子公司	2015 年 11 月	南京	汽车销售	134
34	南京车享家汽车科技服务有限公司	中中合资	2015 年 12 月	南京	汽车服务	0

资料来源：东华汽车实业有限公司

表 5‑4‑6　2008—2015 年东华实业经营情况统计表

年份	资产总值（万元）	营业收入（万元）	利润（万元）	上缴税利（万元）
2008	317 363	289 104	—5 999	1 001
2009	369 654	271 522	2 560	5 858
2010	394 642	372 578	4 587	16 926
2011	409 495	459 658	10 239	23 802
2012	367 129	469 406	9 306	21 228
2013	463 776	451 312	11 948	26 053
2014	531 152	486 754	12 319	27 394
2015	615 500	393 976	13 323	24 218

资料来源：东华汽车实业有限公司

四、上海汽车资产经营有限公司

上海汽车资产经营有限公司（简称上汽资产）成立于2002年11月18日，为上汽集团全资子公司。公司总部设在上海市黄浦区河南南路1号16楼。2015年注册资金3亿元，资产总额23.40亿元；从业人员212人，其中：合同制人员182人，劳务派遣制人员30人；业务人员160人，管理人员52人。

上汽资产经营秉承"死变活、钱生钱、内到外、心创新"经营原则，专司资产经营和资本运作，形成资产处置、产权交易、创意产业、资本运作、节能产业五大主要业务板块。

上汽资产经营在资产处置业务方面，主要是从事闲置设备、存货及房产的处置，债权及股权的处置、交易和经营。2005年2月，中标中国信达兰州办事处出售的债权。同年9月，收购上海外高桥拍卖有限公司成为该公司第一大股东。2006年，通过竞价收购中国信达兰州办事处的交通银行债权，当年收回成本80%。2007年，投资的兰州地区银行不良资产包处置回收达到投资成本的109.57%。

图5-4-4　上汽资产经营安悦大楼

2008—2010年，累计为集团19家企业提供资产处置服务，累计处置各类设备2 086台套，资产净值累计7 539.4万元。2012年，将资产处置业务全部交给拍卖公司。同时，公司所属景诚拍卖公司为业内企业做好资产及废旧设备处置服务，2015年共举行29场拍卖会，拍卖成交金额达8 880.62万元。在房产经营方面，至2015年自营管理和集团委托管理的房产面积达6万多平方米，并对原有经营地块加强管理，妥善处理历史遗留问题，确保租赁收入稳定增长调整。

产权交易主要为各类单位产权交易、并购重组、股权托管提供代理经纪、咨询策划等中介类服务。2006年，累计实现产权交易额246亿元，名列上海联合产权交易所"十强"之首。至2007年，累计完成产权交易额310亿元，盘活存量房产12万平方米。2008年，完成产权交易33宗，交易额92.96亿元。2009年，产权交易31宗，交易额7.63亿元。2010年，产权交易40宗，交易额25.61亿元。2008年、2009年和2010年连续3年被上海联合产权交易所评为十佳会员单位。2015年，产权交易16宗，交易额19.79亿元。

创意产业主要通过老厂房老仓库改造，形成具有主题特色的创意产业园，并延伸与创意产业相关的其他业务。2008年，与上海创意产业中心等合资并控股成立上海创意产业投资有限公司，将具有百余年历史的"1933老场坊"改建为集旅游、娱乐、餐饮、展会于一体的创意园区。2010年，该创意园区成为上海世博会虹口区定点接待和采访点。2015年，上海虹口区政府与上海话剧艺术中心携手，将"1933老场坊"打造为戏剧文化创意、青年创作及培训平台，"1933老场坊"已成为上海时尚新地标。

2009年，上汽资产经营建成上海花园坊节能环保产业园，成为上海乃至全国规模最大、功能最齐全、要素最集聚的节能推广应用中心，上海环境能源交易所、上海能效中心、世界自然基金会、上海电力执法办公室、圣戈班节能公司等一批与节能减排相关的政府机构和企事业单位入驻。同年，创建上海国际工业设计中心，为国内首家以工业设计为主题的大型特色产业园区。2010年，创建幸福码头创意园区，利用项目区位优势，形成以创意设计、品牌展示两大主体功能的服务平台，吸引30余家国内外有影响力的创意企业入驻，2015年举办"30年300件""法国食物设计"等临展和线下"TAD3000"等15场活动。

2008年，上汽资产经营成立安悦节能事业部，2010年10月，成立上海首家致力于节能、环保、新能源事业的专业服务公司上海安悦节能技术有限公司，形成较强的空调蓄能技术、热泵技术、余热回收技术和自控技术，建成上海大众汽车、上汽活动中心蓝宫大饭店水蓄冷项目、中国商飞上海飞机制造有限公司车间节能空调项目等数十个大型工程，拥有20多项节能专利技术。蓝宫大饭店中央空调节能改造项目被评为2009年度中国优秀节能示范项目。安悦节能事业部获中国节能服务产业委员会颁发的2009年度中国最具潜力节能服务公司称号。2015年，该公司投资建设的宁波大众20MW太阳能光伏发电项目获吉尼斯"全球最大光伏建筑一体化电站"世界纪录。2015年10月，上汽资产经营成立上海上汽安悦充电科技有限公司，主要从事充电系统及终端网络投资建设、充电及租赁系统管理等业务。

2003年，上汽资产经营销售收入654万元，利润—596万元，净资产收益率—2.38％。2015年，营业收入6.5亿元，比2003年增长100倍；利润突破1亿元，净资产收益率10.71％。

表5-4-7　2015年上汽资产所属企业一览表

序号	企业名称	企业性质	成立时间	所在地	主营业务	销售收入（万元）
1	上海安悦节能有限公司	全资子公司	2010年10月	上海	节能	35 081.70
2	上海花园坊节能环保有限公司	控股子公司之子公司	2008年8月	上海	节能	6 403.38
3	上海幸福坊创意产业管理有限公司	控股子公司之子公司	2008年6月	上海	物业	4 028.32
4	上海国际工业设计中心管理有限公司	全资子公司	2008年1月	上海	物业	2 761.15
5	上海灵石坊企业管理有限公司	全资子公司	2015年8月	上海	物业	130.76
6	上海万众大厦有限公司	全资子公司	2010年8月	上海	物业	1 286.01
7	上海上汽安悦充电科技有限公司	控股子公司之子公司	2015年10月18日	上海	充电桩	—

资料来源：上海汽车资产经营有限公司

表5-4-8　2002—2015年上汽资产经营情况统计表

年份	资产总值（万元）	营业收入（万元）	利润（万元）	税收（万元）
2002	20 000.00	—	—	—
2003	30 117.03	654.14	−595.90	35.30
2004	23 066.49	1 550.87	29.23	37.69

〔续表〕

年份	资产总值(万元)	营业收入(万元)	利润(万元)	税收(万元)
2005	32 435.93	1 292.36	303.52	278.44
2006	36 281.70	1 938.48	824.08	650.90
2007	44 476.44	2 621.04	3 632.36	1 170.93
2008	48 161.00	6 105.31	3 734.62	1 269.28
2009	58 972.90	10 195.21	4 464.61	1 382.59
2010	65 858.37	17 013.01	4 573.96	2 285.63
2011	67 100.50	24 833.87	1 669.57	2 648.64
2012	78 621.26	34 950.64	2 981.57	2 765.66
2013	127 096.48	42 353.57	4 655.54	2 694.83
2014	135 201.58	50 959.79	7 979.55	3 515.77
2015	234 021.08	65 142.66	10 047.31	3 900.48

资料来源：上海汽车资产经营有限公司

五、上海汽车工业香港有限公司

上海汽车工业香港有限公司(简称上汽香港)于 2002 年 5 月 31 日在香港特别行政区注册成立,注册资本 98 万美元,是上汽集团全资子公司。2005 年 10 月,注册资本由 98 万美元增至 998 万美元。2010 年,上汽集团以所持上汽欧洲有限公司 100％股权对上汽香港增资,上汽卢森堡有限公司成为上汽香港全资子公司,公司注册资本增至 1 725 万美元。该公司位于香港铜锣湾时代广场蚬壳大厦 2608 室,办公面积 200 平方米。至 2015 年,资产总额 102 561 万元,从业人数 18 人。

上汽香港是上汽集团独资经营的境外公司之一,主要业务包括汽车零部件进口贸易,海内外股权投资以及对境外技术服务与支持。至 2015 年,分别在汉堡、卢森堡、慕尼黑、法兰克福设立子公司或办事机构。

上汽香港利用自有资金及银行贷款,在境内参股 SAIC Europa GmbH(德国)、上汽卢森堡有限公司(卢森堡)、上海实业交通电器有限公司、南京东华汽车内饰系统有限公司、上海赛科利汽车模具技术应用有限公司、上海海通国际汽车码头有限公司 6 家企业,并取得较好投资收益。至 2015 年 10 月,上汽香港实现账面投资收益 17 亿元,其中通过股权出售及分红收入实现投资收益 12.3 亿元。

2013 年,上汽香港联合航天海鹰集团,完成对卢森堡 IEE 公司的股权收购,使上汽集团间接获得和控制主被动安全电子核心技术。2014 年 6 月,助力上海小糸车灯获得 D2XX 和 V316 车灯开发项目,使之成为德国大众全球车型零件配套供应商。同年 8 月,在欧宝汽车公司所在地建立办公和服务中心,为上汽集团所属内地企业进军海外市场提供咨询服务及后勤保障。

2010 年,上汽香港营业收入 14 611 万美元,利润 324 万美元。2015 年,营业收入增至 2.01 亿美元,利润增至 756 万美元,分别增长 0.38 倍和 1.33 倍。

表 5‑4‑9　2002—2015 年上汽香港经营情况统计表

年份	资产总值(万美元)	营业收入(万美元)	利润(万美元)	税收(万美元)
2002	612	2 985	11	5.7
2003	1 747	7 082	117	62
2004	—	—	—	—
2005	1 206	5 039	171	−3
2006	1 697	6 913	198	28
2007	1 944	6 608	200	0
2008	2 577	7 486	242	30
2009	3 785	9 567	350	62
2010	3 733	14 611	324	156
2011	5 488	13 983	862	373
2012	6 771	17 121	877	389
2013	9 815	18 558	954	560
2014	16 436	21 636	1 130	643
2015	18 172	20 088	756	399

资料来源：上汽集团国际业务部

第二节　直属汽车销售消费服务型企业

一、上海汽车工业销售有限公司

上海汽车工业销售有限公司(简称上汽销售)前身是成立于 1979 年 8 月的上海市拖拉机汽车工业公司拖汽产品门市部,注册地为上海市静安区石门一路 138 号。1981 年 2 月、1983 年 3 月和 1988 年 1 月,该门市部先后更名为上海市拖拉机汽车工业公司经营服务部、上海汽车拖拉机销售服务公司、上海汽车拖拉机销售服务公司。
1989 年 12 月,该公司与上海汽车拖拉机物资公司合并更名为上海汽车工业供销公司,注册地变更为上海市静安区威海路 470 号。1994 年 4 月,更名为上海汽车工业销售总公司,注册地变更为上海市普陀区曹杨路 548 号。2002 年 7 月,上海汽车工业销售总公司办公地点由上海市普陀区曹杨路 595 号搬迁至武宁南路 287 号。2005 年 4 月,更名为现名,注册地变更为上海市普陀区曹杨路 589 号。2007 年 5 月,该公司本部办公地点迁至上海市徐汇

图 5‑4‑5　上汽销售外景

区武康路 390 号,占地面积 4 114 平方米,建筑面积 4 716 平方米。2015 年,注册资本 5.91 亿元,总资产 123.94 亿元;从业人员 9 004 名,其中:合同制员工 3 508 人,劳务派遣制员工 5 496 人;专业人员 1 600 余人,管理人员 857 人,技术人员 264 人,营销人员 6 244 人,售后服务人员 1 639 人。

1985—2000 年,上汽销售一直是上海大众汽车全国总经销商。该公司建立全国最早的轿车销售网络系统和汽车物流系统。在轿车销售网络方面:从 1988 年开始,以资产为纽带与全国各地 100 多家汽车经销商建立代理销售的合资联营公司。至 1992 年,联营公司达到 118 家,形成以合资联营公司为骨干,以一般经营单位为基础,集整车销售、配件供应、信息反馈、维修服务"四位一体"的全国最大的轿车销售服务网络。1996 年,开始在全国建立以产品直销制为核心的特许经销商体系。至 2000 年,全国特许经销商达 185 个,其中 88 家为第一代黄门头特许经销商。在汽车物流方面:1992 年,成立上汽销长征储运部和上海安达汽车储运公司。1993 年,安达储运在国内率先实行"零公里"公路运输,首批汽车成功运抵安徽省合肥市客户。1994 年,安达储运国内第一条纯汽车滚装船安达 1 号在长江航运运营,开启中国轿车水路滚装运输先河。1995 年,安达储运还开通了上海到北京的第一列铁路物流专列,开启国内铁路轿车运输先例。至 1999 年,下属靖江安达轿车运输公司和上海安盛汽车船务公司分别拥有轿运车 101 辆和 118 辆。

2000 年,上海大众汽车收回桑塔纳总经销权并成立上汽大众销售公司后,上汽销售开始新的创业,围绕先进制造业发展现代服务业战略,全力发展汽车物流业务,同时开拓汽车零售、二手车、租赁、俱乐部、快修快保、汽车用品等业务。同年 8 月,成立安吉汽车物流有限公司,物流业务从整车物流拓展到整车物流、零部件物流和入厂物流,并向为汽车制造商提供汽车物流的服务供应商发展。2002 年 6 月,与荷兰 TNT 物流公司共同投资 4 951 万美元成立安吉天地物流有限公司,成为国内首家注册资本最大的汽车物流合资公司。安吉物流和安吉天地物流成立后,轿车运输业务车辆迅速增长,2001 年,公路、铁路和水路运输量分别为 22 万辆、7 万辆和 5 万辆,运输总量 34 万辆。至 2008 年三路运输量分别增至 208 万辆、24 万辆和 16 万辆,运输总量增至 248 万辆,比 2001 年增长 6.29 倍。2002 年 12 月,上汽销售与 AVIS(安飞士)欧洲集团控股有限公司合资成立安吉汽车租赁有限公司。2004 年 12 月,上汽销售和日本黄帽子株式会社合资成立上海安吉黄帽子汽车用品有限公司。2005 年 4 月,上汽销售与壳牌共同投资成立安吉捷飞络汽车服务有限公司。2005 年,上汽销售获得韩国双龙汽车中国总经销业务,至 2011 年在全国建立双龙汽车经销商达 59 家,累计销售汽车 2.1 万余辆。2008 年,上汽销售销售收入由业务重组之初的 19 亿元增至 144 亿元,成为国内最大的综合性汽车服务贸易企业。2009 年 10 月,上汽销售与上海通用汽车有限公司、美国 ONstar LLC. 合资成立上海安吉星信息服务有限公司。

2009 年,上汽集团重组服务贸易业务板块,安吉汽车物流公司与上汽销售脱钩成为上汽集团直属子公司;汽车物流业务剥离上汽销售,归属安吉汽车物流公司。为此,上汽销售再次实施业务重组,主营业务调整为新车零售、新车批发、二手车、汽车服务四大业务板块,主要包括上海大众汽车、上海通用汽车和德国大众、日本斯巴鲁、韩国双龙等新车销售维修业务;以二手车交易市场为中心,开展的二手车经营、拍卖、置换、销售、评估业务;汽车售后服务领域的汽车租赁、汽车用品、汽车保养修理、车载信息系统、金融保险、俱乐部等用车服务,以及融资租赁业务。至 2015 年,上汽销售直接投资和非直接投资企业有 52 家,在全国拥有 300 个各类销售服务网点。

2001 年,上汽销售销售整车 5 143 辆,销售收入 19.55 亿元。2015 年,销售整车 120 547 辆,销售收入 172.36 亿元,比 2001 年增长 781.4 倍,位列 2015 年中国汽车经销商集团百强第 19 位。

表 5-4-10 2015 年上汽销售直属企业一览表

序号	企业名称	企业性质	成立时间	主营业务(辆)	销售收入(万元)
1	北京博瑞页川汽车销售服务有限公司	中中合资	1991 年 10 月	汽车销售 11 228	167 633.10
2	湖南申湘实业股份有限公司	中中合资	1992 年 7 月	汽车销售	—
3	安吉租赁有限公司	全资子公司	1993 年 4 月	融资租赁	22 173.43
4	上海汽车贸易有限公司	全资子公司	1997 年 4 月	汽车销售 42 789	497 751.51
5	福建厦门申闽汽车有限公司	全资子公司	1997 年 7 月	汽车销售 3 813	53 937.82
6	上海安悦二手车交易市场经营管理有限公司	全资子公司	1997 年 9 月	二手车交易	1 468.15
7	上海安吉汽车销售有限公司	全资子公司	1998 年 4 月	汽车销售 3 159	40 176.79
8	上海名流汽车销售有限公司	全资子公司	1999 年 3 月	汽车销售 3 211	82 171.26
9	上海安吉汽车俱乐部有限公司	全资子公司	2000 年 10 月	车主服务	4 057.68
10	上海名流汽车售后服务有限公司	全资子公司	2000 年 11 月	售后服务	3 456.85
11	安吉汽车租赁有限公司	中美合资	2002 年 11 月	汽车租赁	77 163.43
12	上海汽车工业机动车置换服务有限公司	全资子公司	2002 年 11 月	汽车置换	113.93
13	江苏安吉汽车销售服务有限公司	中中合资	2003 年 5 月	汽车销售 3 287	48 046.53
14	上海上汽安吉汽车销售服务有限公司	全资子公司	2003 年 8 月	汽车销售 2 063	29 609.05
15	上海安吉广告有限公司	全资子公司	2004 年 1 月	汽车广告	669.15
16	上海安吉名流汽车服务有限公司	全资子公司	2004 年 7 月	汽车销售 3 036	59 951.35
17	上海安吉名世汽车服务有限公司	全资子公司	2004 年 7 月	汽车销售 2 610	78 959.14
18	上海安吉黄帽子汽车用品有限公司	中日合资	2004 年 12 月	汽车用品	13 597.28
19	上海安吉名门汽车服务有限公司	全资子公司	2005 年 3 月	汽车销售 6 669	61 707.60
20	上海安吉斯巴鲁汽车销售服务有限公司	全资子公司	2005 年 3 月	汽车销售 770	21 991.98
21	上海腾众汽车销售服务有限公司	全资子公司	2005 年 6 月	汽车销售 1 458	51 452.50
22	上海安吉机动车拍卖有限公司	全资子公司	2005 年 8 月	汽车拍卖	659.85
23	上海安吉旧机动车经纪有限公司	全资子公司	2005 年 12 月	汽车交易	2 653.86
24	上海安吉机动车评估有限公司	全资子公司	2006 年 5 月	汽车评估	64.01
25	上海安吉海天汽车售后服务有限公司	全资子公司	2006 年 8 月	售后服务	18 611.04
26	上海安吉瑞欧汽车销售有限公司	全资子公司	2007 年 1 月	汽车销售 545	15 075.28
27	上海安吉斯鸿汽车销售有限公司	全资子公司	2007 年 1 月	汽车销售 681	18 426.61
28	上海名流星域汽车服务有限公司	全资子公司	2007 年 11 月	汽车销售 3 760	41 712.92
29	上海名流星远汽车服务有限公司	全资子公司	2007 年 11 月	汽车销售 2 121	37 698.46
30	无锡腾众汽车销售服务有限公司	中中合资	2008 年 1 月	汽车销售 481	15 755.80
31	上海静众汽车销售服务有限公司	全资子公司	2008 年 8 月	汽车销售 1 330	19 310.41
32	上海安吉星信息技术有限公司	中外合资公司	2009 年 10 月	信息服务	55 661.00

〔续表〕

序号	企 业 名 称	企业性质	成立时间	主营业务(辆)	销售收入(万元)
33	上海安吉斯铭东安汽车销售服务有限公司	全资子公司	2010 年 3 月	汽车销售 2 119	31 510.69
34	上海诚新二手车经营管理有限公司	全资子公司	2010 年 9 月	二手车经营	3 583.65
35	上海安吉通商汽车销售服务有限公司	全资子公司	2011 年 9 月	汽车销售 8 845	99 604.22
36	太原安吉汽车销售服务有限公司	全资子公司	2011 年 9 月	汽车销售 224	2 310.80
37	无锡安吉通商汽车销售服务有限公司	全资子公司	2011 年 9 月	汽车销售 1 166	10 006.16
38	哈尔滨安吉融展汽车销售服务有限公司	中中合资	2012 年 8 月	汽车销售 933	14 292.44
39	上海安吉名轩汽车服务有限公司	全资子公司	2012 年 8 月	汽车销售 1 790	65 378.04
40	上海安锦汽车销售服务有限公司	中中合资	2012 年 9 月	汽车销售	76.51

资料来源:上海汽车工业销售有限公司

表 5‑4‑11　2000—2015 年上汽销售经营情况统计表

年份	资产总值(万元)	营业收入(万元)	利润(万元)	上交税收(万元)
2000	459 695.45	1 828 646.89	81 998.36	50 658.88
2001	355 041.02	195 545.40	121.78	4 779.53
2002	351 261.28	290 937.62	14 242.81	5 199.02
2003	387 921.94	453 298.83	40 862.42	6 059.60
2004	361 617.94	576 196.53	25 907.19	12 506.06
2005	574 120.1	838 698.32	16 768.05	13 807.78
2006	597 655.61	1 072 683.48	22 314.63	16 746.69
2007	686 941.81	1 319 807.34	51 027.59	24 111.69
2008	723 192.35	1 439 772.68	55 004.97	24 688.26
2009	411 101.96	629 481.40	9 910.53	6 624.86
2010	513 011.76	915 752.42	13 430.96	6 518.76
2011	718 303.37	981 779.81	17 548.39	8 368.17
2012	761 414.05	1 027 972.14	14 889.71	6 659.43
2013	1 028 473.99	1 219 057.51	1 810.26	4 491.54
2014	1 249 668.91	1 425 380.39	−30 669.37	8 428.46
2015	1 239 396.36	1 723 593.66	−28 759.48	7 074.40

资料来源:上海汽车工业销售有限公司

二、上海上汽大众汽车销售有限公司

上海上汽大众汽车销售有限公司(简称上汽大众销售)成立于 2000 年 8 月 1 日,由上汽集团、大众汽车(中国)投资有限公司和上海大众汽车有限公司合资组建,是中国第一家汽车销售合资企业,股比依次为50%、30%和20%。同时,上海大众汽车配件部门并入上汽大众销售,成为服务物流部。2003年8月,为紧密联系生产和销售,构建基于客户导向的业务系统,上汽大众销售并入上海大众汽车实行一体化管理,既是上海大众汽车销售服务管理部门并承担经销商和售后服务网络管理职能,同时继续保留公司名称和独立法人地位。该公司原办公地在上海市普陀区曹杨路548号中联大厦,2006年注册地址变更为上海市嘉定区安亭于田路123号3幢,办公地迁至上海市嘉定区安亭镇昌吉路188号,办公面积5 528平方米,注册资本2 998万美元。2015年,资产总额270亿元;从业人员1 645人,其中:合同制员工1 265人,劳务派遣员工380人;上海地区员工1 098人,沪外员工547人;技术管理和技术支持人员1 298人,管理人员293人,服务营销人员54人。

上汽大众销售主要经营上汽大众生产的整车产品及相关零配件,提供相关的销售及售后服务。该公司率先在国内汽车行业开发并实施一系列汽车销售体系、方法和工具,形成关注客户车辆全生命周期的主动营销模式。2000年,该公司开展大众品牌"四季关爱"活动,开国内同行服务关爱活动的先河,以后每年为超过100万客户提供应季免费检测服务。2005年10月,推出国内第一个将营销与售后服务进行整合的服务品牌"Techcare大众关爱",包含营销、售后服务、汽车金融、二手车置换、附件和车主俱乐部六大模块,提供售前、售中及售后全程服务。该服务品牌于2014年升级为"Techcare匠心挚诚"。2007年,与产品同步推出斯柯达汽车服务品牌"Human touch 真心呵护",至2015年累计进站台接受服务的车辆达1 315.4万辆次。

上汽大众销售成立伊始就确立总部+驻外分支机构的运营管理模式,通过建立覆盖全国的总部管理功能延伸机构区域性销售服务中心,为各地经销商提供市场、销售、售后和网络"四位一体"区域管理和支持。同时构建以整车销售、配件供应、维修服务、信息反馈"四位一体"4S特许经销商为主导,直营店、特约维修站等为辅助的多形态网络体系,网络数量和网络覆盖率均处于全国领先地位。2004年,上汽大众销售将24个分销中心按地区合并成12个销售服务中心。

2006年,上汽大众销售进入大众和斯柯达双品牌运营阶段,开始建立两大品牌营销服务体系和网络,增设斯柯达品牌营销事业部,并在全国设立华北、华东、华南、华中、华西五大地区销售服务中心。2007年,第一家斯柯达经销商开业。至2015年,大众品牌在全国设有中南、北方、山东、华北、西北、华中、华南、江苏、华东和西南10个销售服务中心,拥有881家4S店、270家分支机构,全国地级市覆盖率达80%;累计举办经销商培训班6万多个,培训超过120万人次。至2015年,斯柯达品牌设有华北、华东、东南、华中、西北、西南、华南和中南8个销售服务中心,全国拥有881家4S店、270家分支机构,共计563个网点。

上汽大众销售建立创新型物流运作模式,并成为国内首家采用公路、水运、铁路多种运输方式联合运作的企业,在全国各生产基地建立先进的整车分拨中心,并在辽宁、天津、北京、山西、陕西、甘肃、四川、云南、重庆、湖北、广东等10余个重点省市培育区域转运枢纽运作能力。同时,在出租车、驾校车、警务车、政府采购、集团采购等方面建立关键客户服务体系,至2015年各关键客户细分市场排名为:出租车、政府采购和租赁市场第一,驾校车和集团采购第二。

2015年,上汽大众销售旗下大众品牌和斯柯达品牌在德国大众集团组织的销售满意度NCBS调研中分别获9.2分和9.1分,分别名列第一和第二。

2001年,上汽大众销售整车销售23万辆,销售收入346亿元。2010年,销售整车100.1万辆,比2001年增长3.35倍;销售收入1 146.5亿元,比2001年增长2.22倍。2015年,销售整车181.2

万辆,比2001年增长6.84倍,销售收入2099.1亿元,比2001年增长4.9倍。至2015年,累计销售整车1206万辆。

表5-4-12　2001—2015年上汽大众销售经营情况统计表

年份	资产总值(万元)	营业收入(万元)	整车销量(万辆)	利润(万元)	税收(万元)
2001	757 917.72	3 463 262.36	23.005 0	16 272.91	—
2002	328 279.62	4 463 980.23	30.171 2	65 723.48	
2003	591 937.72	5 670 842.16	39.602 3	24 369.21	39 265.93
2004	633 173.46	4 303 516.73	35.500 6	1 473.27	57 055.77
2005	347 324.59	3 064 074.96	25.000 6	113.63	98 355.07
2006	481 115.33	4 274 912.02	34.908 8	3 687.95	39 142.63
2007	547 511.43	5 027 427.49	45.642 4	8 531.14	54 405.95
2008	654 393.56	5 120 744.25	49.008 7	5 889.40	41 470.14
2009	899 638.79	7 533 417.82	72.823 9	12 183.82	144 891.62
2010	1 690 461.39	11 464 735.50	100.135 7	13 010.49	171 055.85
2011	1 837 375.65	14 181 983.99	116.582 7	14 053.96	249 185.06
2012	2 767 187.10	16 526 877.35	128.000 8	247 412.31	191 295.82
2013	3 550 138.91	19 545 327.64	152.500 8	294 110.33	462 144.25
2014	3 428 319.89	22 122 849.30	172.500 6	331 763.54	420 048.12
2015	2 702 605.50	20 990 613.09	181.207 7	314 845.91	308 972.29

资料来源:上海上汽大众汽车销售有限公司

三、上汽通用汽车销售有限公司

2011年11月25日,上海汽车集团股份有限公司与通用汽车中国公司在上海通用汽车有限公司市场营销部基础上,合资组建上汽通用汽车销售有限公司(简称上汽通用销售),中外双方股比为51%：49%。该公司位于上海市浦东新区申江路1500号上汽通用新行政楼,建筑面积9862平方米,注册资金4900万美元。2015年,资产总额490亿元人民币;从业人员1150人,其中:合同制员工860人,劳务派遣员工290人;技术人员150人,管理人员131人,营销人员520人,其他服务人员349人。

上汽通用销售是经授权的别克、雪佛兰和凯迪拉克品牌汽车的总经销商,主要经营整车销售和政府采购、集团客户的销售业务,国产汽车的售后服务,汽车发动机、变速箱、零部件及相关维修配件的进出口、批发、零售和佣金代理(拍卖除外)业务等。同时,该公司还从事二手车、延保、道路救援、品牌保险、独立售后配件等售后市场新业务。2012年,成立上汽通用互联事业部,建设大数据能力,推进电商平台建设。至2015年,上汽通用销售在全国建立授权经销商1630家。其中别克品牌747家,雪佛兰品牌669家,凯迪拉克品牌156家。

2012 年,上汽通用销售三大品牌整车销量为 139.27 万辆,销售收入 1 476.17 万元,市场占有率 9.2%,国内市场排名第一位。2015 年,整车销售 175.20 万辆,销售收入 2 074.9 万元,分别比 2012 年增长 25.79% 和 40.56%,国内市场占有率 8.2%,排名第二位。2012—2015 年,上汽通用销售累计销售整车 648 万辆。其中雪佛兰品牌累计销售 253.55 万辆,别克品牌累计销售 368.1 万辆,凯迪拉克品牌累计销售 26.35 万辆。

表 5‑4‑13　2012—2015 年上汽通用销售经营情况统计表

年份	营业收入(万元)	整车销量(万辆)	利润(万元)	税收(万元)
2012	14 761 702.56	139.27	269 623.02	467 636
2013	17 550 904.51	157.52	623 730.57	1 150 329
2014	19 870 919.27	176.02	469 708.31	846 970
2015	20 749 266.82	175.20	268 194.48	682 886

资料来源:上汽通用汽车销售有限公司

四、上海国际汽车零部件采购中心有限公司

上海国际汽车零部件采购中心有限公司(简称上海零部件采购中心)成立于 2006 年 2 月,由上汽集团、上海机动车检测中心和上海国际汽车城发展有限公司合资组建,注册资金 5 000 万元,股比依次为 80%、5% 和 15%。公司地址为上海市嘉定区安亭镇墨玉路 888 号汽车城大厦 21 楼,办公面积 700 平方米。2015 年,资产总额 9 487 万元,从业人员 100 余人。

上海零部件采购中心主营汽车零部件采购与服务业务,建立汽车零部件采购与服务平台及服务品牌,建立汽车零部件采购清单编码体系、项目编码体系和合同编码体系,依托上海汽车工程学会建立百人汽车零部件专家库,与中国汽车工业协会建立含有 5 700 户中国汽车零部件厂商的信息库。2006 年,与国内外 50 余家汽车零部件采购和供应商签署采购供应框架协议,进入开发流程的采购项目包含汽车玻璃、线束总成、铝轮等在内的 15 类汽车零部件。在服务方面,该中心与美国 AIAG 公司签订合作协议,为 AIAG 公司和中汽协主办的 2007 年中美汽车供应链高峰论坛提供承办方服务。同年 10 月,与德国大众集团和德国狼堡 IZB 公司合作,率领中国供应商组团参加德国大众供应商大会和在德国举办的国际汽车展览会。

2009 年起,上海零部件采购中心主营业务发生转型,面向国内外独立售后市场,创建"安帕仕"品牌,专业从事汽车配件及汽车服务业务,为国内外市场提供零配件产品及快捷便利的安吉 2S 汽车维修服务,引导原有经销商建立直销模式。当年,安帕仕终端网络数达 1 150 家,进出口业务收入 717 万元,同比增长 72%。此外,上海零部件采购中心还经营法雷奥、贝洱、汇众等 13 个国内外品牌共 1 400 个件号的汽车零配件及汽车用品。至 2015 年年底,该中心在全国汽车零部件和汽车服务器经销商数量达 50 家,主要集中于北京、上海、广州等一线城市及中东部经济较为发达省份的省会城市。2010 年,该中心开设"好途邦"品牌 2S 店,提供汽车快速维修保养服务。至 2015 年年底,建成"好途邦"2S 直营网络终端服务系统,形成覆盖全国"好途邦"的管理运营网络;建立 20 个以省为单位的负责开发、管理和服务于下属各级服务中心的运营中心;完成 380 家授权服务中心开业,

覆盖区域有江苏、浙江、湖南、湖北、广东、辽宁、内蒙古、山西、山东、陕西、河北、天津、河南、重庆、四川、云南、北京、福建、贵州、江西等 20 个省市自治区。

2006 年,上海零部件采购中心营业收入 138 万元,利润总额为－331 万元。2010 年,营业收入 9 917 万元,比 2006 年提高 80 倍;利润总额 38 万元。2015 年营业收入 2.04 亿元,比 2006 年增长 172 倍;利润－5 336 万元。

表 5－4－14　2006—2015 年上汽零部件采购中心经营情况统计表

年份	资产总值(万元)	营业收入(万元)	利润(万元)	上交税收(万元)
2006	4 772	138	－331	18
2007	4 553	611	－395	40
2008	4 610	1 648	14	29
2009	5 126	6 124	15	103
2010	5 633	9 917	38	177
2011	6 728	12 168	50	165
2012	7 754	21 251	68	193
2013	9 111	21 478	105	421
2014	11 150	22 847	13	105
2015	9 487	20 400	－5 336	99

资料来源:上海国际汽车零部件采购中心有限公司

五、上海大陆汽车制动系统销售有限公司

上海大陆汽车制动系统销售有限公司(简称上汽大陆制动系统销售)于 2010 年 10 月 9 日成立,由德国大陆集团与华域汽车系统股份有限公司合资组建,为华域汽车子公司,中外双方股比为 51％：49％。该公司地址位于上海市嘉定工业区汇荣路 100 号,办公面积 1 500 平方米。2015 年,注册资金 2 000 万元,资产总额 210 173 万元;从业人员 250 人,均为合同制员工,其中技术人员 139 人,管理人员 93 人,营销服务人员 18 人。

上海大陆制动系统销售主要经营汽车鼓式制动器、制动钳、真空助力器和制动软管以及其他制动系统产品的批发、进出口、佣金代理等业务,并为产品提供技术支持及相关售后服务,主要客户是上汽大众、一汽大众、福特汽车、长城汽车等整车企业。2010 年以来,在全国建立 100 余家售后营销服务网点。

图 5－4－6　上海大陆制动系统销售外景

2010年年底，上海大陆制动系统销售投资近2 000万元建成产品研发中心。该中心被认定为上海市企业技术中心，拥有国际一流的制动钳、真空助力器、制动软管和电子驻车试验室和整车试验准备车间，能满足不同用户的系统匹配开发，在产品应用开发、深度国产化、基础前沿开发及研发能力建设等方面处于国内同行业领先水平。

2011年，上海大陆制动系统销售各种产品总销量2 000余万只，销售收入23亿元；2015年，产品总销量4 460万只，销售收入52亿元，分别比2011年增长了123％和126％。

表5‑4‑15 2011—2015年上海大陆制动系统销售经营情况统计表

年份	资产总值(万元)	产品销量(万只)	营业收入(万元)	利润(万元)	上交税收(万元)
2011	100 969	2 000	230 000	1 332	1 740.15
2012	132 414	2 975	37 959	4 502	2 604.67
2013	175 604	3 823	453 973	5 770	4 199.65
2014	195 234	4 042	515 239	6 760	3 642.99
2015	210 173	4 460	520 000	6 353	4 238.56

资料来源：上海大陆汽车制动系统销售有限公司

六、上海纳铁福传动系统销售有限公司

上海纳铁福传动系统销售有限公司(简称上海纳铁福销售)成立于2009年9月1日，系由华域汽车系统有限公司与GKN传动系统国际有限责任公司合资组建，中外双方股比为51％∶49％。该公司地址在上海市浦东新区康沈路898号，注册资金1 000万元。2015年，资产总额18 177万元；从业人员12人，均为合同制员工，其中技术人员和管理人员8人，其他人员4人。

上海纳铁福销售主要销售万向节、传动轴等传动系列产品以及其相关原材料、零部件商品的批发、佣金代理(拍卖除外)、进出口，产品售后服务等配套业务，为上汽通用、神龙汽车、东风日产、郑州日产、上汽通用五菱等各大主机厂配套。2010年，实现销售收入50万元，利润18万元。2015年，销售收入658万元，利润260万元，分别比2009年增长12倍和13.4倍。市场占有率达到12％。

表5‑4‑16 2010—2015年上海纳铁福销售经营情况统计表

年份	资产总值(万元)	营业收入(万元)	利润(万元)	上交税收(万元)
2010	4 477	50	18	27
2011	1 233	913	54	252
2012	8 139	661	100	167
2013	1 424	683	85	249
2014	7 598	755	309	183
2015	18 177	658	260	215

资料来源：上海纳铁福传动系统销售有限公司

七、上海汽车英国控股公司

上海汽车英国控股公司(简称上汽英国)成立于 2005 年 10 月,是上海汽车集团股份有限公司在英国的全资子公司。该公司位于英国伯明翰市长桥镇,占地面积 25 万平方米,注册资本 3 200 万英镑。至 2015 年,总资产 3 080 万英镑,英国员工 400 人,其中上汽英国技术中心 300 人。

上汽英国控股主要生产和销售 MG 汽车,作为上汽在欧洲的汽车产销基地,实施"英国设计、中国制造、英国组装"的新产业模式。2008 年 9 月,该公司生产的 MG TF 跑车在英国上市,实现 MG 轿车重返英伦。2011 年 4 月,MG6 车投产,该车在英国获得最佳安全奖及最佳操控奖。2013 年 9 月,MG3 车下线并开始销售。2015 年,上汽英国控股销售汽车 1 500 余辆,实现营业收入 2 750 万英镑。至 2015 年年底,累计销售 MG 汽车约 8 000 辆。

第三节　其他直属服务型企业

一、上海汽车集团(北京)有限公司

上海汽车集团(北京)有限公司(简称上汽北京)成立于 2004 年 6 月 8 日,是根据国务院精神,由上汽集团在完成对中国汽车工业总公司资产重组基础上,与上海汽车工业有限公司共同投资组建,为上汽集团全资子公司。该公司地址在北京市海淀区北蜂窝中路 15 号,占地面积 2 500 平方米,办公楼面积 9 685 平方米。注册资本 2 亿元。至 2015 年,资产总额 72 159 万元;有从业人员 1 117 人,其中:合同制员工 817 人,劳务派遣制员工 300 人;北京本部人员 127 人(含非在岗人员 96 人),非京地区企业人员 594 人(含劳务派遣人员 300 人),北京地区汽车销售企业 381 人。

2002 年 3 月,国务院总理办公会议决定对中汽总公司进行调整重组。2003 年 1 月,国家经贸委会同财政部、中央企业工委、劳动和社会保障部、中国人民银行等向国务院提出以上汽集团为重组实施主体的重组方案。同年 4 月,国务院国资委成立以上汽集团为主的中汽重组工作小组,开始实施重组方案,至同年年底基本完成重组任务。

2004 年 6 月,上汽集团在中汽总公司重组基础上成立的上海汽车集团(北京)有限公司开业。按照集团整体规划与部署,上汽北京充分发挥地缘优势,积极发展汽车服务贸易及其他相关业务,逐步形成汽车工业地产和物流、汽车营销服务、房屋资产租赁和产权交易经纪业务等板块业务。

上汽北京公司共有 6 家所属企业。其中,上汽(烟台)实业有限公司、烟台福山上汽实业有限公司分别成立于 2004 年 12 月、2005 年 9 月,共有员工 1 823 人。两家公司曾先后设立烟台经济技术开发区汽车零部件工业园区、烟台福山高新区汽车零部件工业园区,为上汽通用

图 5-4-7　上汽北京总部大楼

东岳汽车及其零部件配套企业提供零部件入厂物流及一体化服务。上汽烟台实业公司青岛分公司成立于 2007 年 9 月,被上汽通用五菱青岛分公司选择为整车厂、发动机厂的第三方物流服务供应商。至 2015 年年底,上汽北京工业地产先后建成上海皮尔博格烟台一、二期工业厂房,上海小糸烟台一、二期工业厂房,烟台通岳汽车零部件厂房,延锋烟台一、二期工业厂房,延锋烟台配套项目,亚普汽车部件厂房,乾通烟台工业厂房等 20 多个工业地产项目,总征地面积 20 余万平方米,租赁建筑面积 10 多万平方米。零部件物流已发展成为上海通用汽车指定的供应商集聚园区和上汽集团内外总成企业的第三方物流服务企业。该园区于 2007 年纳入上海通用汽车供应商园区物流监控管理体系,并于 2009 年、2010 年连续两年被评为上海通用汽车东岳优秀服务供应商。至 2015 年,该园区仓储面积约 5 万平方米,管理零部件 3 000 余种,拥有 54 家零部件供应商客户,其中业内企业 11 家、业外企业 43 家。

图 5 - 4 - 8　上汽北京烟台工业园

图 5 - 4 - 9　上汽北京烟台物流园

北京上汽安吉汽车销售服务有限公司、北京上汽丰华汽车销售服务有限公司、北京上汽安福汽车销售服务有限公司、北京上汽安吉斯鸿汽车销售有限公司,分别成立于 2004 年 9 月、2006 年 6 月、2007 年 7 月、2009 年 6 月,至 2015 年共有员工 335 人。这些企业依托上汽集团品牌优势,开拓北京地区汽车销售市场,主要经销荣威、名爵、别克、大众、斯柯达等品牌汽车,同时经营汽车配件销售以及装饰、保险和二手车业务,形成多品牌汽车营销服务体系。2015 年,这 4 家企业共销售各品牌汽车 8 000 余辆,实现销售收入 97 136 万元。至 2015 年度,上汽北京对所属企业共计注资 7 994 万元,其中汽车工业地产和物流投资 2 040 万元、汽车营销服务投资 5 954 万元。

2005 年,上汽北京营业收入 12 411 万元,利润总额 127 万元。2015 年,营业收入 134 766 万元,其中工业地产及物流收入 35 977 万元、汽车营销服务收入 97 136 万元、房屋租赁及其他收入 1 653 万元,2015 年营业收入是 2005 年的 10.86 倍;利润总额 4 703 万元,是 2005 年的 37.03 倍,净利润 3 477 万元。

表 5 - 4 - 17　2015 年上汽北京直属企业一览表

序号	企 业 名 称	企业性质	成立时间	所在地	销售收入(万元)
1	北京上汽安吉汽车销售服务有限公司	全资子公司	2004 年 9 月	北京	46 270
2	北京上汽丰华汽车销售有限公司	股份制	2006 年 3 月	北京	31 721
3	北京上汽安福汽车销售有限公司	全资子公司	2006 年 7 月	北京	4 962
4	北京上汽安吉斯鸿销售服务有限公司	全资子公司	2008 年 2 月	北京	11 993.47
5	烟台福山上汽实业有限公司	股份制	2005 年 9 月	烟台	18 378

〔续表〕

序号	企业名称	企业性质	成立时间	所在地	销售收入(万元)
6	上汽(烟台)实业有限公司	股份制	2004年11月	烟台	4 538.75
7	上汽(烟台)实业有限公司青岛分公司	股份制	2007年12月	烟台	12 616.78
8	上汽(烟台)实业有限公司机械分公司	股份制	2010年9月	烟台	605.74

资料来源：上海汽车集团(北京)有限公司

表5-4-18 2004—2015年上汽北京经营情况统计表

年份	资产总值(万元)	营业收入(万元)	利润(万元)	上交税收(万元)
2004	22 678	12 649	111	119
2005	24 694	12 411	127	127
2006	27 074	17 475	162	181
2007	31 292	34 681	1 894	726
2008	37 214	58 130	2 062	744
2009	48 134	87 700	4 821	1 568
2010	51 324	122 544	2 539	1 521
2011	60 865	84 880	2 847	1 141
2012	65 899	99 500	3 793	1 607
2013	65 407	117 652	2 461	776
2014	71 259	123 253	2 621	1 798
2015	72 159	134 766	4 703	929

资料来源：上海汽车集团(北京)有限公司

二、上海汽车集团股份有限公司培训中心

上海汽车集团股份有限公司培训中心(简称上汽培训中心)成立于1974年10月,其前身为上海市拖拉机汽车工业公司"七二一工人大学",地址在上海市闸北区虬江路1473号。1980年6月,该校改名为上海市拖拉机汽车工业公司职工大学,并于1982年迁至上海市静安区延安中路527号。1985年1月,更名为上海汽车拖拉机工业联营公司职工大学。1988年3月,上海汽车拖拉机工业联营公司培训中心成立,职工大学纳入培训中心统一管理。1990年3月,更名为上海汽车工业总公司培训中心,同时,职工大学也更名为上海汽车工业总公司职工大学。同年5月,中共上海汽车工业总公司委员会党校成立,培训中心与党校按"两块牌子,一套班子"运作。1991年10月,培训中心更名为上海汽车工业培训中心,仍与职工大学、党校一体化运作,并于1994年4月迁至上海市静安区西康路252号。1996年4月,培训中心名称不变,但职工大学更名为上海汽车工业(集团)总公司职工大学,并于2002年2月迁至上海市虹口区同嘉路79号,该地址为培训中心注册地。2002

年 12 月,培训中心更名为上海汽车工业(集团)总公司培训中心。2003 年 4 月,因职工大学已于 2000 年停止招生且无在校生,根据教育部相关规定,职工大学建制撤销。2005 年,培训中心更名为上海汽车集团股份有限公司汽车工业培训中心。2007年 5 月,再次更名为上海汽车工业(集团)总公司培训中心。2012 年 1 月 1 日,培训中心更名为上海汽车集团股份有限公司培训中心。2015 年培训中心资产总额6 364.77 万元,总占地面积 11 069 平方米,总建筑面积 27 221 平方米。共有从业

图 5 - 4 - 10　上汽培训中心同嘉路校区

人员 128 人。其中:合同制员工 106 人,其他从业人员 22 人;教师 88 人,管理人员 11 人,后勤服务人员 7 人,其他人员 20 人。

　　上汽集团培训中心与上汽党校"两块牌子,一套班子",是上汽集团教育培训管理机构,高级经营管理人才、高级专业技术和企业管理人才、高级技能人才"三支队伍"培训基地,党群干部和党员培训基地,截至 2015 年设有技术、管理 2 个学院,亦即技术、营销、管理三大培训基地。

　　技术学院即技术培训基地于 2002 年启用,位于培训中心总部上海市虹口区同嘉路 79 号,占地面积 8 364 平方米,建筑面积 1.35 万平方米。该基地建有整车、发动机、变速器、汽车底盘、汽车电子、安全技术等专业实训室,以及质量与制造、安全、汽车技术、数控技术、机电、经营管理、领导力、党建与企业文化等学科教研室,并与西门子、FANUC 等公司合作,建立现代数控和程控技术实验室。

　　管理学院即管理培训基地于 2015 年启用,设于上海市嘉定区博乐南路 125 号上海汽车工业活动中心(兰宫大饭店)内,建筑面积 6 000 平方米。为拥有现代化培训场所和培训设施的新校区,拥有报告厅、各种阶梯教室和平面教室、研讨室及餐饮、住宿等培训与生活配套设施。至 2015 年,上汽培训中心已累计培训各类技术技能和管理人员 175.84 万人日。其中,2010 年培训中高级技术和管理人员、技能人员 13.25 万人日。2011 年培训量为 15.07 万人日。2013 年培训量突破 15 万人日,达 16.51 万人日。2015 年培训量增至 19.24 万人日。2011—2015 年,上汽培训中心累计培训量为 85.57 万人日。

　　1988 年以来,上汽培训中心先后获得全国机械工业教育先进单位、上海市教育先进单位、上海市职工素质工程教育培训基地示范单位等称号。1991 年被中共上海市委党校授予企业党建工作研究型教学基地,2005 年被国家劳动和社会保障部确定为国家高技能人才培训基地(机电项目),2006 年被上海市人力资源和社会保障局认定为上海汽车工程师研修基地。

表 5 - 4 - 19　2010—2015 年上汽培训中心各类人员培训情况统计表　　　　单位:人日数

年份	高级管理人员	中级管理人员	专业管理人员	专业技术人员	技术工人	党校各类人员
2010	4 137	6 326	15 443	40 292	47 226	19 041
2011	4 137	6 326	15 443	40 292	47 226	19 041
2012	4 514	8 963	12 615	40 601	60 618	14 828

〔续表〕

年份	高级管理人员	中级管理人员	专业管理人员	专业技术人员	技术工人	党校各类人员
2013	3 079	6 463	48 343	49 794	38 096	8 810
2014	2 289	5 260	35 123	68 392	39 608	10 244
2015	3 858	6 601	55 174	51 865	40 344	10 503
合计	22 014	39 939	182 141	291 236	273 118	82 467

资料来源：上海汽车集团股份有限公司培训中心

三、上海汽车工业开发发展有限公司、上海汽车工业房地产开发有限公司

上海汽车工业开发发展有限公司(简称上汽开发)和上海汽车工业房地产开发有限公司成立于1993年11月,是上汽集团全资子公司。该公司由原上海汽车工业房地产开发经营公司、上海汽车工业住宅建设公司、上海汽车工业开发发展公司、上海汽车工业房产管理公司合并组建而成,实行"两块牌子、一套班子"管理运营模式。2011年6月29日完成公司制改制,分别更名为现名。该公司坐落于上海市静安区武宁南路287号,建筑面积2 307平方米,注册资金7.73亿元。2015年,总资产29.70亿元;从业人员112人,均为合同制员工,其中技术人员8人,管理人员76人,其他人员28人。

图5-4-11　上汽开发发展总部所在大楼

上汽开发成立之初,主要职能为建设员工住宅、解决员工住房困难,同时作为上汽富余人员蓄水池,创建多元化就业岗位。

公司先后自建、参建和联建职工住宅近50万平方米。1998年,上汽集团实施员工房改新政后,该公司实行多元投资经营,开始第一次创业,参建联建上海市经委大基地建设。至1998年年底,该公司在实现扭亏为盈的基础上,逐步拓展新的经营业务,企业进入新的发展阶段。2000年起,上汽开发根据上汽集团要求,开始对上汽所属多元经营实体进行管理、指导、协调、服务。至2007年年底,累计创建38家非公企业,拓展2 708个就业岗位。

同时,该公司调整产业定位,推出多元投资、多种经营项目。2001年,上海汽车工业物资公司划入上汽开发,建设集中采购配送平台。该物资公司进入上汽开发时累计亏损580万元,至2004年实现销售收入14.22亿元、实现利润2 242万元。2004年年底,上汽物资公司划归上海汽车工业进出口有限公司。上汽开发因此年营业收入减少88%,利润减少70%。2008年,上汽开发所属上海汽车工业活动中心、紫云宾馆、湖滨酒店3家服务型企业整体划出,酒店经营业务锐减。

2009年,上汽开发受上汽集团委托,代管上海尚元投资管理有限公司,开始实施"三块牌子、一套班子"管理模式。2010年,公司开始第二次创业。至2015年,初步形成以尚凯商务大厦、滨江晶典住宅项目等为载体的商业房产,以尚元公司为载体的工业地产,以依科公司和上汽索迪斯为载体

的企业后勤综合服务的业务架构。

至 2015 年,上汽开发拥有 16 家子公司,其中全资 7 家、控股 2 家、参股 7 家。主要包括:1992 年 7 月成立的上海汽车工业物业有限公司,主要经营房产资讯、物业管理、房屋租赁、工业系统房屋验收、代办房屋交换手续等业务,2015 年销售收入 1 748 万元;1997 年 5 月成立的深圳市上汽南方实业有限公司,主要经营国内商业、物资供销业和房屋租赁等业务,2015 年销售收入 1 128 万元;2003 年 9 月成立的上海尚凯房地产开发有限公司,主要经营房地产开发经营、物业管理、绿化养护等业务,2015 年销售收入 3 067 万元,累计开发商业房产面积超过 100 万平方米。

1995—2007 年,上汽开发连续多年获得上海市重点工程住房建设、解困实事立功竞赛及上海市经委、上海市建委实事立功竞赛表彰。至 2015 年,上汽开发房产经营项目分别获得中国地产 100 十大最佳人居环境典范楼盘,中国地产 100 十大最佳建筑品质金奖楼盘,上海市优秀住宅设计、规划和全装修 3 个单项奖,上海市完整街坊四高优秀小区,上海市建设工程金属结构(市优质工程)金钢奖等奖项。

1993 年,上汽开发销售收入 1 267 万元,利润总额 54 万元,净资产收益率 0.58%,资产规模 21 125 万元。2015 年,销售收入 34 010 万元,比 1993 年增长 25.8 倍;利润总额 7 404 万元,比 1993 年增长 136 倍;净资产收益率 3.5%,比 1993 年增长 5 倍;资产规模 297 042 万元,比 1993 年增长 12 倍。

表 5－4－20　2015 年上汽开发直属企业一览表

序号	企 业 名 称	企业性质	成立时间	所在地	累计投资(亿元)	主营业务	销售收入(万元)
1	上海尚发房地产发展有限公司	全资子公司	2003 年 8 月 27 日	上海	9.07	房地产	14 881.52
2	上海尚凯房地产开发有限公司	全资子公司	2003 年 9 月 3 日	上海	1.6	房地产	3 067.24
3	深圳市上汽南方实业有限公司	全资子公司	1997 年 5 月	深圳	—	汽车服务贸易	1 127
4	上海汽车工业环保工程有限公司	全资子公司	1994 年 6 月 4 日	上海	0.03	环保工程	170.09
5	上海汽车工业物业有限公司	全资子公司	1992 年 7 月 8 日	上海		物业	1 748
6	上海上汽房屋置换有限公司	全资子公司	1999 年 3 月	上海	0.01	房屋中介	398
7	上海上汽索迪斯服务有限公司	中外合资	2004 年 5 月 14 日	上海	—	餐饮	11 531
8	上海开弘投资管理有限公司	全资子公司	2008 年 3 月 4 日	上海	—	投资管理	66
9	上海启元人力资源咨询有限公司	全资子公司	2002 年 7 月	上海	0.015	劳务咨询	48

资料来源:上海汽车工业开发发展有限公司

表 5－4－21　1993—2015 年上汽开发经营情况统计表

年份	资产总值(万元)	营业收入(万元)	利润(万元)	上交税收(万元)
1993	21 125	1 267	54	5
1994	33 585	458	510	55
1995	64 518	5 646	1 267	318

〔续表〕

年份	资产总值（万元）	营业收入（万元）	利润（万元）	上交税收（万元）
1996	83 085	4 297	1 532	311
1997	103 540	6 172	1 511	110
1998	57 205	19 148	770	173
1999	44 930	14 084	449	1 194
2000	39 096	7 752	630	970
2001	46 240	34 674	813	1 034
2002	50 687	63 221	−1 226	890
2003	54 102	96 707	807	1 112
2004	49 957	144 983	2 081	243
2005	97 664	17 520	626	562
2006	202 301	26 998	678	2 883
2007	207 831	71 263	4 620	4 307
2008	250 761	52 844	2 416	2 408
2009	328 197	72 409	6 505	5 091
2010	367 568	99 375	32 471	15 675
2011	216 103	99 926	19 801	5 491
2012	230 280	31 219	18 517	13 458
2013	255 640	22 991	−2 204	6 635
2014	290 567	55 150	13 471	3 863
2015	297 042	34 010	7 404	3 962

资料来源：上海汽车工业开发发展有限公司

四、上海国际汽车城发展有限公司

上海国际汽车城发展有限公司成立于 2001 年 7 月 24 日,为国有股份制企业,由上海国际汽车城新安亭联合发展有限公司、上海汽车工业（集团）总公司、百联（集团）有限公司联手组建,三方股比分别为 44%：40%：16%。公司地址为上海市嘉定区安亭镇安驰路 569 号。2015 年,注册资金 2.5 亿元,资产总额 25.77 亿元;从业人员 60 人,其中合同制人员 58 人、外借人员 2 人、技术人员 18 人、管理人员 37 人、服务人员 5 人。

上海国际汽车城发展有限公司是上海国际汽车城建设的主体开发商之一,以地产开发为主营业务,以汽车产业项目引入为抓手,实施汽车城核心区 7.43 平方公里的规划、开发和招商。2001 年 10 月,该公司启动汽车展示贸易街区、上海汽车会展中心、上海汽车博物馆、汽车创新港等一批功能性项目建设,引进国家机动车检测中心（上海）、上海汽车技术中心、舍弗勒管理研发中心等汽车产业项目,以及城建、绿地、日月光等房产开发项目,完善区域内城市配套功能,推动产城融合协调发展,打造中国唯一具有全产业链功能的汽车产业基地。2003年、2006年和2007年,汽车展示贸易街区、上海汽车会展中心、上海汽车博物馆先后建成并投入运营。

2012年,该公司开工建设汽车创新港,项目占地面积12.39万平方米,建筑总面积20万平方米,总投资13.6亿元,2015年10月建成开园,吸引上汽阿里、蔚来汽车、乐视超级汽车、长城汽车、东软集团、瀚德万安、翼锐汽车电子、亚太机电、保时捷汽车工程、宾尼法利纳、海斯坦普等30余家国内外知名汽车研发中心入驻,形成汽车创新企业集聚氛围。作为国家智能网联汽车(上海)试点示范区的重要载体,汽车创新港致力于打造中国智能网联汽车产业集群,发起设立中国智能网联汽车产业技术联合创新中心,2015年10月被授予上海工业化产业示范基地(智能网联汽车)称号。

经过10多年经营,上海国际汽车城发展有限公司基本形成集汽车制造、汽车研发、汽车贸易、汽车检测和汽车文化、汽车博览、汽车旅游、汽车运动于一体的产业新格局。2001—2015年,上海国际汽车城发展有限公司共开发土地166.66万平方米,累计投入27.43亿元,土地销售累计27.27亿元。2015年,营业收入1.38亿元,利润0.20亿元,净利润1 564万元。

表 5‒4‒22　2001—2015 年上海国际汽车城发展有限公司经营情况统计表

年份	总资产(万元)	营业收入(万元)	净利润(万元)	上交税收(万元)
2001	10 005.05	—	—	5.00
2002	13 263.52			0.67
2003	52 921.33		−346.17	7.24
2004	72 358.24	9 524.33	−3 640.68	82.97
2005	105 562.53	15 014.25	350.72	69.24
2006	172 151.65	13 459.10	3 576.15	985.26
2007	191 842.51	8 626.22	12 058.66	353.40
2008	184 185.64	66 789.56	11 299.01	271.92
2009	164 819.94	2 668.89	404.07	551.98
2010	162 820.39	6 676.86	584.17	171.44
2011	172 861.07	71 907.26	897.64	496.17
2012	156 235.24	54 737.60	896.38	620.36
2013	185 632.62	28 927.53	1 081.19	1 213.59
2014	188 539.33	7 144.30	819.76	1 054.92
2015	257 668.02	13 791.82	1 564.05	821.32

资料来源:上海国际汽车城发展有限公司

五、上海汽车工业活动中心有限公司

上海汽车工业活动中心有限公司(简称上汽活动中心)成立于1992年9月25日,由上海市嘉定县戬浜镇贸易公司、上海汽车工业总公司和上海汽车齿轮总厂联合创建,其前身为上海汽车工业科技交流中心。1994年11月8日,该中心更名为上海汽车工业活动中心,隶属上海汽车工业开发发展公司,

图 5-4-12　上汽活动中心(蓝宫大饭店)外景

1995 年 3 月 25 日开业。2008 年 3 月,该公司成为上汽集团直管企业。2011 年 4 月更名为现名,注册地为上海市嘉定区博乐南路 125 号,注册资金 1.6 亿元。2015 年,上汽活动中心资产总额 54 291.53 万元;从业人员 310 人,其中合同制人员 216 人,其他从业人员 94 人。

上汽活动中心的重要经营项目是酒店业务。该中心拥有四星级酒店——蓝宫大饭店,于 1995 年 3 月 25 日正式开业。该酒店占地 21 999.78 平方米,建筑面积 24 655.45 平方米,绿化率 40％以上,拥有各类标准房、套房、豪华套房 200 余套,会议室、餐厅、酒吧、商场、歌舞厅、桑拿房、桌球房、网球场、乒乓室、游泳池、健身房等设施,以及户外大型停车场等。该酒店宾馆拥有各种规格的会议室,可同时容纳 2 000 余人会务培训,其中,1 000 平方米无柱形会议厅可容纳 600 人左右开会,并可根据需要进行多种形式的组合分隔,以满足各类会议和宴会的需要。

上汽活动中心还拥有上海湖滨假日酒店管理有限公司、上海汽车工业大众园艺有限公司 2 家子公司。上海湖滨假日酒店管理有限公司于 2005 年 7 月成立,位于上海市黄浦区南苏州路 445 号,为一人有限责任公司(法人独资),主营业务是酒店管理、住宿、清洁服务、商务咨询等。至 2015 年,该公司资产总额 434 万元,年销售收入 403.7 万元。上海汽车工业大众园艺有限公司于 1995 年 3 月成立,位于上海市嘉定区和政路 865 号三层 077 室,为一人有限责任公司(法人独资),主营业务为绿化工程、花卉、苗木、工艺品等,至 2015 年资产总额 138.88 万元,年销售收入 346.9 万元。

"十二五"期间,上汽活动中心通过业务创新和机制创新,实现从传统的酒店业务向综合服务贸易业务的转型。至 2015 年,形成安悦 e 贸通、安悦 e 生活和酒店业三大业务板块。

"安悦 e 贸通"为整合上汽集团内部资源集成供应链,依托网络信息技术开发的电商平台和供应链管理平台,为企业提供物资管理一体化增值服务,是上汽活动中心创新的一种物资贸易业务方式。2011 年 8 月,上汽活动中心在开联公司划入后组建安悦贸易服务中心。2012 年 7 月,上海汽车工业物资公司部分业务划入上汽活动中心,安悦贸易服务中心更名为安悦 e 贸通事业部。

"安悦 e 生活"是上汽活动中心重点打造的集企业团购、员工福利、客户积分于一体的生活服务平台。该平台在与上海 1 号店、东方 CJ 等各大知名电商合作的同时,搭建覆盖十二大类商品的安悦商城。同时为上汽通用雪佛兰、别克和上汽大众的大众、斯柯达等搭建品牌商城,为会员提供积分与管理的综合服务。

1996 年,上汽活动中心销售收入 2 916.95 万元,利润－42.4 万元,净资产收益率－1.1％。2015 年,销售收入 61 366.91 万元,比 1996 年增长 20 倍;利润 653.5 万元,净资产收益率 2.72％。

表 5-4-23　1996—2015 年上汽活动中心经营情况统计表

年份	资产总值(万元)	营业收入(万元)	利润(万元)	上交税收(万元)
1996	—	2 916.95	－42.4	149.1
1997	—	2 335.81	－567	114.2

〔续表〕

年份	资产总值(万元)	营业收入(万元)	利润(万元)	上交税收(万元)
1998	—	1 860.16	−842	88.3
1999	—	1 504.50	−784.3	70.5
2000	—	1 752.82	−768.3	86.3
2001	8 174.6	1 802.7	−639.3	87.5
2002	7 470.1	2 000.7	−718	46.9
2003	7 763.6	1 952.8	−641.7	114.4
2004	9 631.2	2 737.3	−699.3	158.4
2005	11 498.4	3 461.3	−327.2	149.5
2006	11 396.0	3 482.0	41.8	228.6
2007	11 016.1	3 991.2	13.0	231.7
2008	11 744	4 839.9	15.1	239.6
2009	13 485.2	4 686.6	18.1	203.6
2010	14 223.6	6 680.8	22.3	309.4
2011	18 705.2	8 888.7	101.0	377.6
2012	31 694.6	32 379	537.2	974.6
2013	33 066.8	44 589.1	63.8	1 127.7
2014	42 443.1	51 771.6	93.7	1 067.0
2015	54 291.5	61 366.9	653.5	1 384.5

资料来源：上海汽车工业活动中心有限公司

六、上海汽车电器总厂、人力资源管理中心

上海汽车电器总厂于 1990 年 7 月由上海汽车电机厂、上海汽车电机二厂、上海汽车电器厂合并组成,主营产品为起动机、油泵电机、交流发电机、磁电机、点火线圈、电器开关等。1995 年,销售起动机 35.30 万台、汽车发电机 42.90 万台、点火线圈 169.20 万只,销售收入 47 273 万元,利润 750 万元。1996 年 10 月,上汽集团与法国法雷奥控股集团公司合资建立上海法雷奥汽车电器系统有限公司,起动机、汽车发动机等产品转产于上海法雷奥电器。电器总厂主营点火线圈、电器开关、2VQS 配件等产品。2000 年 10 月,上海实业交通电器有限公司收购上海汽车电器总厂电器开关、点烟器、阻尼线、油泵电机四大类产品资产及部分职工后,该厂进入资产清理。2004 年 12 月,电器总厂等困难企业被上汽集团列为规划消壳企业。2005 年 5 月,上汽集团组建人力资源管理中心,负责困难企业非在岗人员和再就业工作。

2010 年,上海汽车电器总厂和人力资源管理中心实行"两块牌子、一套班子"运作。2011 年,上汽集团决定以电器总厂为主体吸收合并上海客车制造厂、上海合众汽车零部件公司、上海离合器总厂、上海有色铸造总厂、上海活塞厂等存续企业,对这些消壳企业的人(含退休、离退人员)、财、物及

对外投资进行统一管理。该厂总部设在上海市虹口区霍山路340号。

至2011年年底,上海汽车电器总厂(人力资源管理中心)完成消壳企业劳动关系整体转移和员工社保关系转移、完成企业资产清算后,5家存续企业资产、业务、人员全部归入电器总厂,归并后的电器总厂总资产6 518万元,净资产3 300万元;各类人员共计11 651人,其中在岗111人、离岗1 573人、离退休9 967人;集团授权管理地块30幅,自有地块2幅,合计土地面积17万平方米,房屋建筑面积19万平方米。

此后,根据上汽集团"规范管理,队伍稳定,资产安全"的要求,2014—2015年,上海汽车电器总厂(人力资源管理中心)健全组织架构和管理模式,统一基础管理、人事管理、财务管理和资产管理,建立以区域化管理和服务的办事处,稳步实施退休人员、离岗退养人员区域化管理,对在岗人员、劳务输出人员、离岗退养人员、长病假及其他离岗人员、离休退休厂处级干部、退休人员、回乡职工及其他人员以及前进厂职工实施分类管理。

至2015年,上海汽车电器总厂(人力资源管理中心)所辖各类权属房产45处,占地面积16.69万平方米,建筑面积10.73万平方米;注册资金11 011.1万元,资产总额5 193.52万元;合同制员工852人,包括管理人员37人、其他人员50人、消壳企业离岗人员765人(包括劳务输出人员105人)。同时,管理6家消壳企业退休人员9 524人(含离休人员39人)。2015年,该总厂营业收入1 580万元,利润−126.32万元。

七、上海尚鸿置业有限公司

上海尚鸿置业有限公司(简称尚鸿置业)成立于2015年5月,为上汽集团股份有限公司全资子公司。该公司位于上海市普陀区丹巴路98弄5号,注册资金19亿元,至2015年年底,总资产24.42亿元,从业人员13人。

上海尚鸿置业主要负责上汽集团长风项目的开发与建设。该项目位于上海市普陀区云岭东路568号,用地面积4.58万平方米,总建筑面积19.04万平方米,容积率2.5,绿地率20%。地上面积11.45万平方米,其中,交给上海市普陀区公益面积1.71万平方米,地下建筑面积7.5万平方米。项目计划总投资37.3亿元。其中,土地成本约17.1亿元,建设和安装成本约20.2亿元。上汽集团长风项目预计于2020年完工,该项目建成后,安吉汽车物流有限公司以及集团大数据等企业将落户该园区内。

第 六 篇

品牌产品

概　　述

　　1957年和1958年，上海汽车装修厂先后研制红旗27型轮式拖拉机、58型越野车、58-Ⅰ型三轮汽车和凤凰牌轿车，公司代管的301厂研制红旗手扶拖拉机，上汽进入整车整机制造阶段。1964年，凤凰牌轿车更名为上海牌轿车。至1970年，公司研制或生产的整车整机还有：宝钢汽车材料厂和上海七一拖拉机厂先后研制的丰收27/35/45型拖拉机，上海拖拉机厂的工农手扶拖拉机和上海-45型拖拉机，上海摩托车厂的幸福250摩托车，上海汽车厂的SH130型2吨载重汽车和上海牌SH380型32吨自卸式重型汽车，上海货车制造厂的SH361型15吨重型汽车等。

　　至1984年，上汽生产的整车整机品牌产品主要有上海牌SH760轿车、交通4吨载重汽车、大通15吨和32吨重型汽车、幸福250和东海750摩托车、上海50拖拉机等。

　　1985年，上海大众汽车有限公司开始生产上海桑塔纳轿车。1990年，上海牌轿车下马。1998年，上海通用汽车有限公司开始生产别克轿车。2000年，上海申沃客车有限公司开始生产申沃和沃尔沃客车。2001年，上海汇众汽车制造公司生产的大通牌重型汽车更名为上汇牌。2002年，上汽通用五菱汽车股份有限公司的五菱微型车成为上汽品牌。2003年，上海汇众汽车制造公司开始生产伊思坦纳轻型客车。2004年，上海彭浦机器厂有限公司的巨力牌推土机和挖掘机成为上汽品牌。同年和2005年，上海通用汽车有限公司先后推出凯迪拉克和雪佛兰轿车，开始多品牌运作。2006年，上海汽车集团股份有限公司乘用车分公司推出荣威轿车。2007年，上海大众汽车有限公司推出斯柯达轿车，开始双品牌运作。2008年，上南合作后南京汽车集团公司的MG品牌轿车归属上汽，上汽乘用车自主品牌开始双品牌运作；同时南京依维柯汽车有限公司的依维柯轻型客车和跃进轻型卡车也归属上汽。同年，幸福摩托车停产。2009年，上汽依维柯红岩商用车有限公司的红岩重型汽车成为上汽品牌。2010年，上汽通用五菱汽车股份有限公司推出宝骏乘用车品牌，开始双品牌运作。2011年，上汽商用车有限公司（后更名为上汽大通汽车有限公司）推出大通（MAXUS）轻型客车。2014年，上海牌拖拉机停止生产。

　　2015年，上海汽车集团股份有限公司在产的整车整机品牌共20个，其中汽车整车品牌15个，专用车品牌4个，工程机械品牌1个；合资品牌13个，许可品牌7个。汽车品牌中乘用车品牌8个，包括荣威、MG名爵、宝骏3个自主品牌，大众、斯柯达、别克、雪佛兰、凯迪拉克5个许可品牌；跨界自主品牌1个为大通品牌；微型车自主品牌1个为五菱品牌；商用车品牌5个，包括申沃、跃进、红岩3个自主品牌，依维柯和沃尔沃2个许可品牌。另有申驰牌、申龙牌、大通牌和畅达牌专用车自主品牌4个，巨力牌工程机械自主品牌1个。

　　此外，2015年，上汽在产的主要汽车零部件品牌27个，包括18个汽车零部件自主品牌和9个汽车零部件许可品牌。

　　1996—2015年，上汽共有30个品牌164次获得上海市名牌产品称号。其中15个整车品牌和19个整车产品获得67次名牌产品称号，15个汽车零部件品牌获得97次名牌产品称号。

第一章　整车整机品牌产品

上汽于1957年进入整车整机制造阶段,开始拥有整车整机自有品牌及其产品。1984年上海大众汽车有限公司成立后,上汽开始产销跨国公司的许可品牌及其产品。2006年,上汽开始创建轿车自主品牌。至2015年,上汽在产的整车整机品牌产品包括:8个汽车自主品牌及其产品、7个汽车许可品牌及其产品、4个专用车自主品牌及其产品,以及1个工程机械自主品牌及其产品,合计20个整车整机品牌及其产品。

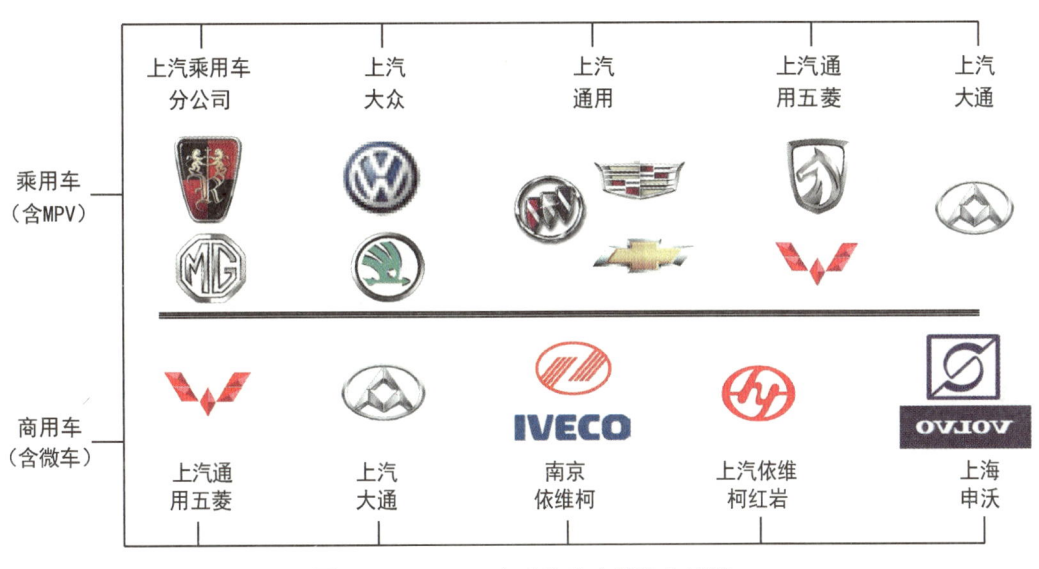

图6-1-1　2015年上汽生产的整车品牌

第一节　整车自主品牌产品

一、荣威

【品牌商标】

2006年10月12日,上海汽车集团股份有限公司(简称上汽股份)在上海兴国宾馆召开新闻发布会,上海汽车工业(集团)总公司和上汽股份董事长胡茂元阐述上汽自主品牌建设战略,上海汽车工业(集团)总公司副董事长、上汽股份总裁陈虹宣布上汽自主品牌乘用车定名为“荣威”。WE威汉广告公司设计的双狮华表荣威品牌图案商标,诠释双狮象征中国,华表为中华文化经典图腾,红色、黑色和金色体现尊贵,“RW”为品牌名称缩写;荣威取意“创新殊荣、威仪四海”,品牌口号为“创新传塑经典”。2008年,荣威品牌精神更新为“贵雅亦激情”。2011年,随着荣威数字智能轿车550和350车型的推出,品牌精神调整为“品位·科

图6-1-2
荣威商标

技·实现"。2014年,荣威品牌进一步凸显人性化价值,品牌精神升华为"品位科技·知你知行"。

荣威品牌由上海汽车集团股份有限公司乘用车分公司研发、生产和销售。2009年6月28日、7月7日和8月28日,荣威中文商标、Roewe英文商标和图案商标先后在国家工商行政管理总局商标局注册。至2015年,荣威品牌先后推出750、550、350、W5、950、360、E50、e550、e950合计9个车型系列,并于2009年、2011年、2015年3次获得上海市名牌产品称号。

【荣威750】

2006年10月24日,上汽股份首款中高档轿车荣威750在安亭国际会展中心发布。中共上海市委代理书记、市长韩正观看荣威750轿车并在车身签名留念,上海市副市长胡延照出席并启动按钮,胡茂元致辞,陈虹主持仪式。荣威750在原罗孚75车型上升级开发,有1.8升(涡轮增压)和2.5升两种排量7种款式。雪茄型车身彰显英伦风格,轴距增至2 849毫米,为同级车最大。同时第一次在国内展现全新欧洲S5 - Solution整车设计理念。2008年10月,《中高级轿车平台自主品牌研发及在荣威750项目中的应用》成果报告获中国汽车工业科技进步奖三等奖;同年12月,荣威750自主开发获上海市科技进步奖二等奖;2009年8月,获上海市自主创新产品证书。

【荣威550】

2008年4月20日,在第10届北京国际汽车展首发亮相,当年6月19日上市,有1.8升和1.8升(涡轮增压)两种排量9种款式。该车由意大利博通(BERTONE)设计师团队设计。荣威550轿车定义为"D5全时数字轿车",体现上汽对未来汽车发展方向的探索。该车于2009年8月获上海市自主创新产品证书,2010年获中国汽车工业科学技术奖特等奖、上海市科技进步奖一等奖和上海市科学技术奖一等奖。2011年获国家科学技术进步奖二等奖。2013年5月推出中期改款,在国内A级车中率先配备EPB电子手刹,并装配inka Net智能行车系统。

【荣威350】

是上汽自主品牌A级车战略平台首款车型。2010年4月23日,在第11届北京国际汽车展全球首发上市,配有1.5升5个款式,搭载3G智能网络行车系统,定义为"全时在线中级轿车",是国内首款信息化汽车。其搭载的inkaNet3G智能网络行车系统拥有iVoka语音云驾驶功能。2014年1月推出中期改款。2015年360轿车上市后与350共存,作为荣威筑底车型。荣威350轿车于2012年12月获得中国汽车工业科学技术奖三等奖。

【荣威W5】

2011年4月19日发布,是上汽首款自主品牌SUV战略车型和中国首款自主品牌中高端SUV,产品定位为"跨领域专业SUV"。当年8月8日上市,有1.8升(涡轮增压)和3.2升两种排量5种款式。该车拥有P - 4WD专业级全模式驱系统、HFA高强度越野型车体结构(非承载式车身)、双叉臂前悬挂+五连杆后悬挂、进口越野轮胎和SCS智能主动安全控制系统等,兼具轿车舒适性和专业SUV的越野性能。

【荣威950】

2012年4月11日,在上海国际汽车展发布,为荣威品牌全新旗舰车型,有2.0升、2.4升和3.0升

3 个排量 5 种款式。荣威 950 是在 Global E 全球领先战略平台上开发的"首席行政座驾",该车创新集成 2.0TGI 高效智能缸内直喷涡轮增压发动机、TST 6 速油冷双离合变速器、4 路多频 CAN - BUS 车身集成总线系统以及 10 位一体旗舰级安全系统等引领汽车核心技术变革趋势的 4 大全球领先技术。

【荣威 E50 】

2012 年 11 月量产上市,为上汽历时 3 年自主研发、汇集多项国际先进技术打造出的一款通过电池和电机有机结合,实现零排放、纯电驱动的新能源乘用车,是中国首款完全意义上的量产纯电动轿车。该车在电机电池布置和车身设计过程中,充分考虑整车性能和人机工程之间平衡,既获得最好的车内空间,又满足整车性能目标要求,减少碰撞时对人体的伤害。荣威 E50 最大续驶里程达到 170 公里,每小时 0～50 公里加速时间为 5.6 秒,百公里加速时间为 14.6 秒,在匀速路况下续航里程在 220 公里以上。2014 年,荣威 E50 自主开发获上海市科学技术奖二等奖及中国汽车工业科学技术奖二等奖。

【荣威 e550 】

2013 年 11 月上市,为上汽首款三核插电式混合动力轿车。该车除了在车身系统、动力控制方面应用前沿科技外,更涉及智能行车和信息娱乐,在电池安全和车身安全等方面通过国内外各项严苛检测。荣威 e550 配有 1.6 升豪华版与旗舰版 2 种款式,百公里油耗仅 1.6 升,同时可输出 147 千瓦峰值功率及 587 牛·米峰值扭矩;E-modular 磷酸铁锂动力电池组采用世界领先的电芯制造工艺,确保电池在极端条件下安全可靠;EDU 智能电驱动单元使纯电续航里程达到 60 公里,综合续航里程长达 500 公里。

【荣威 360 】

2015 年 9 月 5 日,在成都汽车车展上市,是荣威品牌"蓝芯"战略首款 A 级车型,有 1.4 升和 1.5 升两个排量 7 种款式。该车具有高品质、大空间、低油耗特点,全新外观及内饰设计时尚动感,搭载上汽全新一代蓝芯 20T 超强动力组合,标志着荣威品牌在动力总成核心科技上的突破升级,智能行车系统拥有同级别轿车较强的手机互联功能 inkaLink,支持安卓 Mirrorlink、苹果 CarPlay,以及 SDL 等手机互联方式。

表 6 - 1 - 1　2015 年荣威品牌车型一览表

序号	车型	推出时间	类别	款　式	
				数量	名　称
1	750	2007 年 1 月	中型车	7	750S 迅雅版 1.8T MT　　750S 迅雅版 1.8T AT 750D NAVI 商雅版 1.8T MT　750D NAVI 商雅版 1.8T AT 750EX NAVI 祺雅版 1.8T AT　750E NAVI 贵雅版　2.5L AT 750FL NAVI 豪雅版 2.5L AT
2	550	2008 年 6 月	中型车	9	1.8L DVVT MT 启悦版　　1.8L DVVT AT 启智版 1.8L DVVT MT 启逸版　　1.8L DVVT AT 启臻版 1.8L DVVT MT 智选版　　1.8L DVVT 6TST 智选版 1.8T MT 品逸版　　　　　1.8T AT 品臻版 1.8T AT 品仕版

〔续表〕

序号	车型	推出时间	类别	款式	
				数量	名　称
3	350	2010年4月	小型车	13	2015款1.5L AT豪华天窗版　　2015款1.5L MT豪华天窗版 2015款1.5L AT尊享版　　　　2015款1.5L MT尊享版 2015款1.5T AT劲锐版　　　　2015款1.5T MT劲锐版 2015款1.5T AT劲逸版　　　　2015款1.5T AT劲尚版 1.5L AT讯达版　　　　　　　1.5L AT讯逸版 1.5L MT讯驰版　　　　　　　1.5L AT讯豪版 1.5L MT讯智版
4	W5	2011年6月	SUV	14	2014款1.8T 2WD手动驰域特装版 2014款1.8T 2WD自动胜域特装版 2014款1.8T 4WD自动豪域特装版 2013款1.8T 4WD自动豪域版 2013款1.8T 2WD手动驰域版 2013款1.8T 2WD自动胜域版 2013款1.8T 4WD自动行政版 2013款3.2L 4WD自动锐域版 2013款3.2L 4WD自动尊域版 2011款1.8T 2WD手动驰域版 2011款1.8T 2WD自动胜域版 2011款1.8T 4WD自动豪域版 2011款3.2L 4WD自动锐域版 2011款3.2L 4WD自动尊域版
5	950	2012年4月	中型车	11	2015款2.0L舒适版　　　　　2015款1.8T典雅版 2015款2.0T豪华行政版　　　2015款1.8T豪华版 2015款2.0T旗舰版　　　　　2015款1.8T精英版 2012款2.0L舒适版　　　　　2012款2.0L典雅版 2012款2.4L豪华行政版　　　2012款3.0L旗舰版 2012款2.4L豪华版
6	E50	2012年11月	小型车	1	2013款基本型
7	e550	2013年11月	中型车	2	2014款550 Plug-in豪华版　　2014款550 Plug-in旗舰版
8	360	2015年9月	中型车	7	2015款1.5L手动豪华版　　　2015款20T TST尊享版 2015款1.5L自动精英版　　　2015款1.5L自动豪华版 2015款1.5L手动精英版　　　2015款20T TST旗舰版 2015款20T TST精英版
合计	车型数量：8				款式数量：64

资料来源：上海汽车集团股份有限公司乘用车分公司

【品牌销量】

2007年1月，荣威品牌第一款车型750轿车上市，至同年8月销售1万辆，全年销售1.65万辆。2008年，荣威550轿车上市，带动销量攀升，累计销量分别于2009年2月和10月先后达到5万辆和10万辆、2010年4月达到15万辆。2010年，荣威350轿车上市，继续拉动销量，当年8月和12月累计销量先后突破20万辆和25万辆，2010年全年销售13.26万辆，同比增长76.3%，在国内自主品牌轿车排名第10位。2011年和2012年，荣威分别销售11万辆和12.22

万辆。2013 年,在荣威 350、550 和 W5 等主力车型拉动下,全年销量突破 15 万辆,创历史最好水平。2014 年和 2015 年,销量分别减至 12.5 万辆和 9.85 万辆。至 2015 年,荣威品牌累计销售 85.77 万辆。

【车型销量】

荣威 750 轿车 2007 年销售 1.65 万辆,为历史年度最高纪录;2007—2010 年共销售 4.76 万辆,在国内自主品牌 B 级车市场排名第 4 位。荣威 550 轿车于 2009 年和 2010 年年销量先后突破 6 万辆和 8 万辆,占国内 A+级车细分市场 6.6%,排名第 9 位;2008—2010 年累计销售 16.03 万辆,位居国内 A+级车细分市场 6.3%,排名第 8 位,是唯一进入该细分市场前 10 位的自主品牌轿车;在自主品牌 A+级车市场排名第 1 位,市场占有率 32.6%。荣威 350 轿车于 2013 年年销量突破 10 万辆接近 11 万辆,在中国品牌紧凑型轿车细分市场排名前 3 名;2010—2015 年累计销售 43.3 万辆,占荣威全部累计销量的 50.5%,为该品牌销量最多的车型。荣威 E50 轿车为中国首款量产纯电动轿车,2012 年和 2013 年连续两年在国内细分市场排名第一,2014 年排名第五;荣威 e550 轿车上市第 2 年即突破 1 万辆大关,在国内细分市场中排名第二。荣威 360 轿车上市 4 个月销量达到 2.47 万辆,在国内细分市场中排名第九。

2007 年,荣威品牌开始出口并逐年增长,至 2015 年每年分别出口 60 辆、302 辆、498 辆、1 782 辆、3 153 辆、5 316 辆、4 549 辆、2 355 辆、1 142 辆,9 年累计出口 19 157 辆。

表 6－1－2　2007—2015 年荣威品牌车型销量统计表　　　　单位:辆

年份	1 750	2 550	3 350	4 W5	5 950	6 E50	7 e550	8 360	合 计
2007	16 549	—	—	—	—	—	—	—	16 549
2008	13 608	12 399	—	—	—	—	—	—	26 007
2009	10 619	64 569	—	—	—	—	—	—	75 188
2010	6 779	83 352	42 437	—	—	—	—	—	132 568
2011	4 367	40 259	61 791	4 062	0	0	0	—	110 479
2012	1994	37 552	70 449	7 385	4 588	238	0	—	122 206
2013	2 926	24 016	109 113	10 507	3 804	406	0	—	150 772
2014	1 027	10 454	97 919	10 775	2 365	168	2 735	—	125 443
2015	127	6 435	51 294	3 271	1 538	411	10 710	24 697	98 483
合计	57 996	279 036	433 003	36 000	12 295	1 223	13 445	24 697	857 695

资料来源:上海汽车集团股份有限公司乘用车分公司

二、MG 名爵

【品牌商标】

MG 品牌诞生于 1924 年,由塞西尔·金伯设计,是英国汽车工业历史的见证者。该品牌以八

图 6 - 1 - 3
MG 名爵商标

角形为基本图形,代表坚定、稳固,极具张力;象征热情、忠诚。品牌诞生至 2009 年的 85 年,MG 标志经历 6 次修改,并发展成为世界最流行的运动汽车品牌之一,拥有全球最大的单一品牌车主俱乐部,MGEX - 181 曾是世界汽车速度纪录的创造者,也曾诞生过世界销量最大的跑车 MGB。

2005 年 7 月 22 日,南京汽车集团收购 MG 品牌,并定名为 MG 名爵。2007 年 1 月 30 日,该集团发布 MG 名爵品牌主张:"Get in and raise your heartbeat,让心跳加速"。同年 12 月,上南全面合作后,上海汽车集团股份有限公司获得该品牌所有权,2009 年使用修改后的新商标。新商标延用坚固、稳定和极具张力的八角图形,以亮银为主色调,凸显品牌国际感和现代感,并确定"个性、气质、创造力"的品牌核心价值和"Make the Difference,发现你的不同"的品牌主张。

至 2015 年,MG 名爵品牌先后推出 7、TF、3SW、6、3、5、GT 和 GS 8 个车型,并于 2011 年和 2015 年 2 次获得上海市名牌产品称号。

【MG 名爵 7 】

在原 MG 名爵 ZT 车型基础上开发的高性能运动轿车。2007 年 3 月 27 日在南汽集团名爵工厂下线,并于同年 8 月 28 日上市,首批投放 MG 名爵 7 和 MG 名爵 7L(加长版),定位于国内乘用车 B 和 B+级市场,有 1.8 升(涡轮增压)和 2.5 升两种排量。2008 年 9 月 18 日该车自动档上市,3 款自动档均搭载与日本爱信公司共同开发的 1.8T 涡轮增压全铝赛车级发动机和 Tiptronic10 模式智能手自一体变速器。2010 年 7 月,保留原车诸多优势和特质的同时,2010 款 MG 名爵 7 对 BOSCHESP 循迹稳定控制系统、光感智能氙气大灯带自动清洗功能、触摸式集成高精准智能 GPS 导航 DVD 系统、记忆外后视镜等配置进行升级,不仅在人性化与舒适性方面大幅提升,更为行车安全提供更多保障。该车型于 2013 年 3 月停产。

【MG 名爵 TF 】

2001 年在英国上市,为 MG 跑车车型,代表自由奔放的跑车精神。该车配以中置后驱、世界级引擎及敞篷双座,定义真正跑车标准,MG 品牌进入中国后,2007 年 3 月 27 日在南汽集团名爵工厂下线,排量 1.8T。2008 年 4 月 20 日在第 10 届北京国际汽车展上市。该车型于 2011 年 3 月停产。

【MG 名爵 3SW 】

2007 年 11 月 19 日,在第五届中国(广州)国际汽车博览会上首发,2008 年 6 月 23 日上市,定位于小型两厢车细分市场,有 1.4 升和 1.8 升两种排量 4 种款式。该车是 MG 品牌进入中国后第一款小型车,也是其第 5 代小型车。该车在同级别车型中,第一款采用 1.8 升超轻全铝赛车级发动机、前后副车架与 4 轮碟式刹车片的豪华车配置,并创造 1.4 升发动机升功率、离地间隙、铝合金轮辋直径和轮胎胎面宽度 3 个最大。2009 年 10 月推出野酷版系列,新增 1.4 升 CVT 车型,1.4 升 MG 3SW 搭载 CVT 变速箱与 1.8L 车型所使用的一样,均为德国 ZF 公司产品,具有模拟六速手动换档功能,正常模式下百公里等速油耗仅为 5.6 升。该车型于 2011 年 4 月停产。

【MG 名爵 6 】

2009 年 4 月,在第 13 届上海国际汽车工业展亮相,是上南合作后第一款全球首发的 MG 名爵品牌战略车型,为英式跨界轿车。同年11月23日在第7届中国(广州)国际汽车博览会全球首发并定义为"新基准轿车",同年12月22日上市。该车定位于A+级市场,有1.8升和1.8T两个排量6个款式,独创打破两厢三厢格局的Fast-Back外型、UK-Trend内装、后备箱容积1 397升的M.I.M空间、人车谐一性能、多核一体智能和内智外刚安全6大新基准。2011年8月,2012款MG名爵6再度以"新基准轿车"颠覆者上市,具备外后视镜一体式LED转向灯、Sport-instrument运动型双炮筒仪表等20项增配。2012年10月,2013款MG名爵6风背造型携炫酷黑车顶推出。2013年9月,2014款MG名爵6上市,搭载TST6速油冷双离合变速器搭配1.8TKavachi全铝涡轮增压发动机,换档响应时间更短,动力效能更高。2014年8月,在成都车展90周年赛道冠军版亮相,前脸线条更为夸张粗犷,视觉感受更为年轻运动。

【MG名爵3】

2011年3月26日,在湖南卫视《快乐大本营》栏目发布价格,为名爵A0级英伦精品小车,面对以年轻人为主的两厢车市场,有1.3升和1.5升两个排量6种款式。整车造型采用时尚的"Faceted Flow"流面切割艺术设计语言,车身线条分割成熟大气,整体设计延续MG名爵品牌设计传统,彰显个性前卫风格。接近A级车轴距,以及在两厢车领先的938升行李箱空间,标配有倒车雷达、自动大灯、感应雨刷等安全装备以及ABS防抱死系统、EBD电子制动力分配系统、BA刹车辅助系统和CBC弯道自动控制系统。该车自主开发项目于2013年11月获中国汽车工业科学技术奖三等奖。

【MG名爵5】

2012年3月28日上市,拥有UK Design英式先锋设计、兼顾轿车实用性与跑车竞速性,并搭载汽车科技尖端应用iVoka语音云驾驶的"跨级英式轿跑",搭载1.5升节能排量发动机,匹配5速手动变速箱和4速自动变速箱,全系计6种款式,契合先锋年轻购车人群需求。2014年5月上市的2014款MG名爵5搭载1.5T涡轮增压发动机及6速自动变速箱,峰值扭矩达210牛·米。

【MG名爵GT】

2014年11月1日上市,属MG名爵高性能风尚中级车,为年轻消费者带来更高效、更安全、更有趣的驾驶体验。该车为搭载上汽CUBE-TECH全新一代动力总成的首款车型,推出1.4升(涡轮增压)和1.5升两个排量9种款式,SGE 1.4TGI缸内中央直喷涡轮增压发动机、TST 7速双离合变速器的引入,Start-Stop智能启停节能系统、EPS电动助力转向系统和inkaNet4.0智能网络行车系统等的运用,使该车成为国内同级车小排量高科技的代表。

【MG名爵GS锐腾】

2015年3月18日上市,该车中级SUV全新动力总成、全新英伦设计和全新科技配置的新标准,搭载上汽全新一代高效动力总成,动力表现超越SUV市场主流水准,上市推出1.5TGI和2.0TGI两个系列共7个款式,以及比肩豪华品牌车型的高性能和丰富配置,提升产品的性能价格比。

表 6 - 1 - 3　2015 年 MG 名爵品牌车型一览表

序号	车型	推出时间	车型类别	基本款式	
				数量	名　称
1	MG 名爵 6	2009 年 12 月 22 日	中型车	5	1.8L DVVT MT 舒适版
					1.8L DVVT AT 精英版
					1.8T MT 舒适版
					1.8T AT 精英版
					1.8T AT 豪华版
2	MG 名爵 3	2011 年 3 月 26 日	小型车	6	1.3L MT 舒适版
					1.3L AT 舒适版
					1.5L MT 精英版
					1.5L AT 精英版
					1.5L MT Xross 精英版
					1.5L AT Xross 豪华版
3	MG 名爵 5	2012 年 3 月 28 日	紧凑型车	6	1.5L MT 舒适版
					1.5L MT 精英版
					1.5L MT 豪华版
					1.5L AT 精英版
					1.5L AT 豪华版
					1.5L AT 领航版
4	MG 名爵 GT	2014 年 11 月 1 日	紧凑型车	9	1.4T MT 精英版
					1.4T AT 精英版
					1.4T AT 豪华版
					1.4T AT 旗舰版
					1.5T MT 风尚版
					1.5T MT 精英版
					1.5T AT 风尚版
					1.5T AT 精英版
					1.5T AT 豪华版
5	MG 名爵 GS	2015 年 3 月 18 日	紧凑型 SUV	7	1.5T MT 精英版
					1.5T TST 精英版
					1.5T TST 豪华版
					1.5T TST 四驱豪华版
					2.0T TST 豪华版
					2.0T TST 豪华版＋ Inkanet
					2.0T TST 四驱旗舰版
合计	车型数量：5				款式数量：33

资料来源：上海汽车集团股份有限公司乘用车分公司

【销量】

2011—2015 年 MG 名爵品牌陆续加入 MG 名爵 3、MG 名爵 5、MG 名爵 GT、MG 名爵 GS 车型,销量节节攀升,从 2011 年全年销量 5.15 万辆至 2015 年全年销量 7.15 万辆,5 年合计销售 33.47 万辆,其中出口达到 4.75 万辆。

MG 名爵 6 2010 年全年销售 19 445 辆,在国内 A+级细分市场排名第 16 位,市场占有率 0.6%,在自主品牌 A+级车市场排名第 5 位,市场占有率 7.7%。

表 6‑1‑4　2007—2015 年 MG 名爵品牌车型销量统计表　　　　单位:辆

年份	1 MG 名爵 7	2 MG 名爵 TF	3 MG 名爵 3SW	4 MG 名爵 6	5 MG 名爵 3	6 MG 名爵 5	7 MG 名爵 GT	8 MG 名爵 GS	其他 —	合计 —
2007	3 131	—	—	—	—	—	—	—	60	3 191
2008	4 383	114	4 710	—	—	—	—	—	302	9 509
2009	3 614	67	11 240	—	—	—	—	—	506	15 427
2010	1 603	—	6 514	19 445	—	—	—	—	2 050	29 612
2011	745	—	554	23 394	21 543	—	—	—	5 843	51 525
2012	282	—	—	21 003	38 135	8 799	—	—	9 592	77 811
2013	197	—	—	17 527	40 776	7 315	—	—	13 433	79 248
2014	38	—	—	10 675	22 182	7 251	4 997	—	9 432	54 575
2015	2	—	—	1 419	9 124	1 452	7 429	42 560	9 548	71 534
合计	13 995	181	23 018	93 463	131 206	24 817	12 426	42 560	50 766	392 432

资料来源:上海汽车集团股份有限公司乘用车分公司("其他"中包含"MG 名爵其他"和"MG 海外")

三、五菱

【品牌商标】

五菱汽车品牌诞生于 1985 年,由柳州五菱汽车有限责任公司注册。2002 年 11 月,上海汽车工业(集团)总公司、通用汽车(中国)公司和柳州五菱汽车有限责任公司三方合资组建上汽通用五菱汽车股份有限公司,上汽通用五菱汽车股份有限公司(简称上汽通用五菱)经授权使用五菱品牌。五菱品牌商标由五个鲜红的菱形组成,形似鲲鹏展翅,雄鹰翱翔,

图 6‑1‑4　五菱商标

有上升腾举之势,象征五菱事业不断发展。2013 年 4 月,五菱文字及五菱图形商标同时被中国商标局认定为中国驰名商标,上汽通用五菱成为 2013 年全国唯一一家两个商标同时被定为中国驰名商标的企业。至 2015 年,五菱品牌共有五菱之光、五菱荣光、五菱宏光、五菱宏光 S 4 个车型系列。

【五菱之光】

2002 年 11 月 18 日上市。该车型系列面向微客市场,主要客户群体是私营业主和个体老板,其创新设计理念成为安全微型车新标杆。至 2010 年,先后推出 1.2 升实用型、1.2 升标准型、1.2 升

单排、1.2升双排、加长版实用型5种车型。2006年11月,五菱之光获广西科学技术进步奖一等奖。2010年5月,五菱之光登上美国《福布斯》杂志封面。

【五菱荣光】

2008年4月上市,拥有比普通加长微客更大的乘坐和载货空间,开创中国微型车市场"大微客"时代,上市后获得市场和消费者广泛认可。至2010年,先后推出1.2升基本型、1.2升标准型两种车型。2010年,五菱荣光系列车型获柳州市科技进步奖一等奖。

【五菱宏光】

2010年9月上市,为上汽通用五菱推出的第一款介于商用车和乘用车的跨界自主研发产品,功能兼顾商务与家用,颠覆人们对商务车的传统印象,是国内首款紧凑型商务车。至2010年,先后推出1.2升基本型、1.2升标准型、1.2升豪华型、1.5升基本型、1.5升标准型、1.5升豪华型6种车型。2010年,五菱宏光获2010 CCTV中国年度汽车、年度经济型乘用车等多项奖项。2013年,为满足客户更高的产品需求,推出五菱宏光S,有1.2升和1.5升共6种配置。

表6-1-5   2015年五菱品牌车型一览表

序号	车　型	推出时间	车型类别	基　本　款　式	
				数量	名　　称
1	五菱之光	2002年11月	微型商用车	5	1.2L实用型 1.2L标准型 1.2L单排 1.2L双排加长版实用型
2	五菱荣光	2008年4月	微型商用车	2	1.2L基本型 1.2L标准型
3	五菱宏光	2010年9月	MPV	6	1.2L基本型 1.2L标准型 1.2L豪华型 1.5L基本型 1.5L标准型 1.5L豪华型
4	五菱宏光S	2013年8月	MPV	6	1.2L基本型 1.2L标准型 1.2L舒适型 1.5L基本型 1.5L标准型 1.5L舒适型
合计	车型数量:4			款式数量:19	

资料来源:上汽通用五菱汽车股份有限公司

【品牌销售】

1985年,五菱品牌创立之年汽车销售3 780辆,1991年突破1万辆,达到1.34万辆,1998年突

破 10 万辆。2002 年上汽通用五菱成立后,五菱品牌产销驶入快车道,2004—2008 年连续 5 年年均
递增 10 万辆。2006 年销售 46 万辆,同比增长 35%,国内微型车市场占有率 37.3%,首次位居微型
车行业首位。2009 年突破 100 万辆达到 100.51 万辆,上汽通用五菱成为中国第一家年产百万辆的
汽车企业。1982—2015 年,五菱品牌累计销量达到 1 255.14 万辆。

【车型销售】

五菱之光 2002 年 11 月上市,至 2015 年累计销售 483.22 万辆。五菱荣光 2008 年上市,
至 2015 年累计销售 312.42 万辆。五菱宏光 2010 年 9 月上市,至 2015 年累计销售 246.15
万辆。

表 6-1-6　2002—2015 年五菱品牌车型销量统计表　　　　　单位:辆

年份	1 五菱兴旺	2 五菱之光	3 五菱鸿途	4 五菱荣光	5 五菱宏光	6 1 010 单双排	7 N1/N300 单双排	8 其他	合　计
2002	85 534	—	—	—	0	60 235	0	889	146 658
2003	48 317	66 765	—	—	0	49 034	0	15 859	179 975
2004	70 120	110 747	—	—	0	44 179	0	0	225 046
2005	67 499	197 647	—	—	0	45 142	0	0	310 288
2006	76 027	292 560	—	—	0	51 553	0	0	420 140
2007	66 990	369 428	27 700	—	0	56 160	0	27 700	547 978
2008	61 204	410 337	36 179	37 519	0	31 010	18 133	51 508	645 890
2009	59 656	597 049	29 309	230 794	0	44 717	22 407	50 427	1 034 359
2010	31 866	670 018	13 450	335 983	6 467	44 812	29 771	37 791	1 170 158
2011	14 551	573 038	4 798	332 132	203 153	28 682	49 042	10 310	1 215 706
2012	0	523 935	2	372 101	316 241	15 021	120 582	0	1 347 882
2013	0	455 718	3	339 298	530 050	2 269	172 715	0	1 500 053
2014	0	308 668	1	345 102	750 019	0	219 466	1 009	1 624 265
2015	0	227 995	1	193 662	655 531	0	242 399	217 548	1 537 136
合计	581 764	4 803 905	111 443	2 186 591	2 461 461	472 814	874 515	413 041	11 905 534

资料来源:上汽通用五菱汽车股份有限公司

四、宝骏

【品牌商标】

宝骏汽车品牌诞生于 2010 年 7 月 18 日,是上汽通用五菱着力打造的国内新兴市场的乘用车

图6-1-5
宝骏商标

品牌。

　　宝骏品牌商标图案以"马首"为主元素,经典盾形徽标和银色金属线条,暗寓其产品可靠性和品质感,充分体现"乐观进取,精明自信,稳健可靠"的品牌内涵。"宝骏"取意"神骏良驹",品牌定位为"可靠的伙伴",以"乐观进取、稳健可靠、精明自信"为品牌精神,旨在为用户提供"拥有时觉得自豪的有价值的汽车产品",并以"具有国际品质和高可靠性,拥有成本和使用成本低,使客户拥有价值最大化,以超越顾客期望"为品牌宣言。

　　至2015年,宝骏品牌先后推出630、乐驰、610、730、560和330共6个车型系列。

【宝骏630】

　　由泛亚汽车技术中心与国际技术团队整车设计,2011年4月18日,在上海马术运动场首发;同年8月9日,在成都首站上市,拉开全国巡回上市帷幕。该车于2012年在第七届"CCTV中国年度汽车评选"中获得"2011CCTV年度经济型乘用车大奖"。获得中国质量协会颁发的"2012年度汽车用户满意度[中国汽车行业用户满意度(CACSI)]第一"等奖项。自诞生以来获得奖项共计55项。

【宝骏乐驰】

　　乐驰原型车为Matiz,是由世界超级跑车法拉利设计者乔治·亚罗亲自操刀设计,在德国、英国、法国、意大利及日本等国获奖10余项。2012年8月15日,雪佛兰乐驰加入宝骏品牌阵营,更名为宝骏乐驰,成为宝骏品牌首款A00级车型。

【宝骏610】

　　宝骏610是2014年4月推出的基于宝骏630打造的两厢车型,并将延用宝骏630数字化的命名原则,将新车定名为宝骏610。该款车型是宝骏品牌的第二款紧凑型轿车。2014年7月18日,宝骏610推出Cross版,增加多项运动配置和自动档车型。

【宝骏730】

　　宝骏730是上汽通用五菱打造的7座家用车战略产品。2014年,宝骏730获年度中国汽车竞争力风云榜"年度MPV"等奖项。

【宝骏560】

　　宝骏560于2015年7月18日上市,共推出3款车型,宝骏560定位为"家用大SUV"。宝骏560具有"宽大更舒适""实在更实惠""安全更可靠"的产品特点,满足用户向高品质SUV车型升级需求。

【宝骏330】

　　2015年12月18日,宝骏品牌首款小型三厢轿车宝骏330上市。新车推出搭载1.5升发动机的两款车型。

表 6-1-7　2015 年宝骏品牌车型一览表

序号	车型	推出时间	车型类别	款式	
				数量	名　称
1	630	2011 年 8 月 9 日	中型	2	1.5LAT、1.5LMT
2	乐驰	2012 年 9 月 9 日	微型	2	1.0L、1.2L
3	610	2014 年 4 月 20 日	小型	2	1.5LMT、1.5LAT(610Cross 版)
4	730	2014 年 7 月 30 日	MPV	2	1.5L、1.8L
5	560	2015 年 7 月 18 日	SUV	1	1.8L
6	330	2015 年 12 月 18 日	小型	1	1.5L
合计	车型数量：6			款式数量：10	

资料来源：上汽通用五菱汽车股份有限公司

【销量】

宝骏品牌自 2011 年首款车型宝骏 630 上市至 2015 年,在宝骏 560 和宝骏 730 两款热销产品拉动下,共计销售 50.29 万辆。

宝骏 630 上市至 2015 年,市场保有量突破 20 万辆。宝骏 730 自 2014 年 7 月上市后,前 5 个月累计销量超过 12 万辆,平均月销超过 2.4 万辆,刷新中国车市成长最快车型纪录。2015 年,宝骏 730 销售 32.11 万辆,继续保持在家用 MPV 市场领军地位。宝骏 560 于 2015 年 7 月 18 日上市当天,订单数突破 1.5 万,10 月开始连续 3 个月单月销量突破 3 万辆。

表 6-1-8　2011—2015 年宝骏品牌车型销量统计表　　　　　单位：辆

序号	1	2	3	4	5	6	品牌总销量
品名	宝骏 630	宝骏乐驰	宝骏 610	宝骏 730	宝骏 560	宝骏 330	
年份	销量	销量	销量	销量	销量	销量	销量
2011	19 952	70 258	0	0	0		90 210
2012	68 092	42 216	0	0	0		110 308
2013	68 200	32 300	0	0	0	按订单生产	100 500
2014	37 222	24 275	0	120 089	0		181 586
2015	24 585	12 150	61	321 069	145 007		502 872
合计	218 051	181 199	61	441 158	145 007		985 476

资料来源：上汽通用五菱汽车股份有限公司

五、大通

【品牌商标】

MAXUS 原为欧洲商用车品牌。2009 年,上海汽车集团股份有限公司收购英国商用车公司技

图 6-1-6
大通商标

术平台及 MAXUS 品牌知识产权,将 MAXUS 引入中国并冠以"大通"之名。"大通",取意"大智融天下,通达铸成功"。"大"代表规模和程度的广大与深入,代表企业有雄厚实力,品牌及产品覆盖宽广;"通"是寓亨通、精通、通行之意,代表产品以专业精通实现卓越品质,助力目标人群通行天下。体现消费者追求事业成功的进取态度,彰显品牌远大目标。

2014 年 2 月 28 日,以"两翼并举与未来同行"为主题的上汽大通汽车有限公司(简称上汽大通)品牌战略暨全领域 MPV G10 发布会在上海东方艺术中心举行,上汽大通全新商标亮相。新商标以三箭头及椭圆形的主题融合,中心由三支利箭的箭头组成,三者之间紧密凝聚,循环递进,分别代表上汽大通"科技、信赖、进取"的品牌核心价值。椭圆形的主题象征上汽大通以世界为舞台,布局全球的战略视野,以及与上汽集团之间一脉相承的紧密联系。

截至 2015 年,大通品牌先后推出 V80、G10 和 EV80 合计 3 个车型系列。

【大通 V80 】

2011 年 4 月 19 日,大通 MAXUS V80 车型在上海国际车展首度亮相。同年 9 月 5 日,上汽大通 MAXUS 首款国际基准商用 MPV—V80 在北京上市。该车具有 9 款基型车型、九大国际基准、8 项服务承诺的"998"优势,加上"品牌彰显、技术创造、品质成就、服务提升"4 个价值。2015 年,该车平台及系列车型开发获上海市科技进步奖二等奖。

【大通 G10 】

大通 G10 车型是上汽凝聚全球技术实力重磅打造的国内首款全领域 MPV,具有超越同级的"前瞻设计、澎湃动力、舒享空间、全面安全、人性科技"五大亮点。该车有 2.0 升(涡轮增压)和 2.4 升两个排量 7 种款式,其首创"空间魔盒的内舱"设计,可通过导轨调节第二排和第三排座椅间距,形成最宽敞舒适的乘坐空间或超大的行李空间。

【大通 EV80 】

2014 年 11 月 20 日,大通纯电动宽体轻客 EV80 车型发布会在广州车展举行,该车型拥有细分领域"全球最高技术水平、超长续驶里程"两大优势,实现无污染零排放,一次充电续驶里程最高可达 365 公里,领先国内同类产品,且充电时间更短,领先的电池加热技术,超低温续航无忧,配备上汽大通自主开发的全新车联网系统,实现远程控车,引领物流车网联化发展。

表 6-1-9 2015 年大通 MAXUS 品牌车型一览表

序 号	车 型	推出时间	车型类别	基 本 款 式	
				数量	名 称
1	V80	2011 年 9 月	Combi	4	傲运通
2		2011 年 9 月	Bus	3	商杰版
3		2011 年 9 月	VAN	3	厢式运输车
4		2012 年 8 月	Bus	3	商旅版

〔续表〕

序　号	车　型	推出时间	车型类别	基　本　款　式	
				数量	名　　称
5	G10	2014 年 5 月	MPV	1	2.0T 旗舰版
6		2014 年 5 月		1	2.0T 豪华行政版
7		2014 年 5 月		1	2.0T 行政版
8		2014 年 5 月		1	2.0T 豪华版
9		2014 年 5 月		1	2.0T 自动精英版
10		2014 年 5 月		1	2.0T 手动精英版
11		2014 年 12 月		1	2.4 手动精英版
12		2015 年 11 月		1	1.9T 柴油手动精英版
13	EV80	2014 年 11 月	Bus	1	EV80 商旅版
14		2014 年 11 月	VAN	2	EV80 厢式运输车
合计		车型数量：3		款式数量：24	

资料来源：上汽大通汽车有限公司

【品牌销量】

2011 年 9 月，大通 MAXUS 品牌第一款车型 V80 宽体轻客上市，年内销售 1 000 辆。2013 年 5 月 27 日，上汽大通 MAXUS V80 第 1 万辆交付。2014 年 5 月，上汽大通品牌全领域 MPV G10 上市，带动销量攀升，2015 年累计销量达 7.72 万辆。国内宽体轻客 V80 市场占有率突破 16%，中高端 MPV G10 市场占有率突破 14%，成为国内中高端 MPV 市场增长最快的车型之一。

【车型销量】

上汽大通品牌 V80 宽体轻客 2011—2015 年累计销售 5.41 万辆，分别占国内宽体轻客细分市场的 1%、5.6%、8.1%、12.1% 和 15.4%。大通品牌全领域 MPV G10 2014 年上市至 2015 年累计销售 1.74 万辆，分别占国内中高端 MPV 细分市场占用率的 1% 和 4%。

2011 年，大通开始出口并逐年增长，至 2015 年，每年分别出口 241 辆、778 辆、1 645 辆、2 083 辆、4 780 辆，5 年累计出口 9 527 辆。2015 年，整车出口占全年总销量的 13.64%，产品进入澳大利亚、新西兰、英国、爱尔兰、东盟、中东、南美、北非、南非等 41 个国家和地区，发达国家成为其最大的海外市场。

表 6－1－10　2011—2015 年大通 MAXUS 品牌车型销量统计表　　　　单位：辆

年　份	1	2	3	4	合　计
	伊思坦纳	V80	G10	EV80	
2011	1 802	1 006	—	—	2 808
2012	1 258	5 811	—	—	7 069

〔续表〕

年 份	1 伊思坦纳	2 V80	3 G10	4 EV80	合 计
2013	1 143	10 157	—	—	11 300
2014	582	17 050	3 380	—	21 012
2015	—	20 054	13 985	1 014	35 053
合 计	4 785	54 078	17 365	1 014	77 242

资料来源：上汽大通汽车有限公司

六、申豪、申沃

【申豪客车】

2000年12月18日，上海申沃客车有限公司（简称上海申沃客车）引进VOLVO底盘研制成功首款新产品SWB6120KHV-3城市客车和SWB6122城郊客车。同月24日，上海市市长徐匡迪视察这两款VOLVO新概念客车并提议该车取名"申豪"。2002年2月21日，申豪商标获得国家工商行政商标管理局注册认可。该商标主要用于引进VOLVO底盘的这两款产品，并作为产品商标与VOLVO品牌商标一起使用。申豪SWB6120KHV-3城市客车于2003—2005年、2007年、2009年5次获得上海市名牌产品称号。

【申沃品牌商标】

申沃品牌商标以上汽集团英文简称SAIC首字母和上海申沃英文名称SUNWIN首字母的"S"为基本图形，并按太极图式旋转并向对角延伸，历经分支、回归，最终相交形成一个几何形。该几何形严谨庄重、匀齐冷静，象征产品安全与高品质保证；位于图形正中的"S"将几何形划分成均衡的两个部分，产生有规律的节奏感，与工整的几何形动静呼应；倾斜的直线设计体现与瑞典沃尔沃汽车公司图形商标的相关性。

图6-1-7
申沃商标

申沃品牌是上海申沃客车产销自主品牌客车的主打商标。至2015年，该公司申沃客车形成常规能源、替代能源和新能源三大系列100余种车型。

【申沃常规燃料系列柴油客车】

2002年，上海申沃客车研发产销首款11米级SWB6115-3客车；2005年，研发产销首款8米级SWB6800系列高中等级城市公交车；2006年，研发产销11米级SWB6116HG/MG系列高中等级客车；2008年，研发产销SWB6940HG 9米系列新型高等级城市客车；2009年，研发产销10.5米级SWB6105-3系列国Ⅲ产品，为上海世博会开发的11米级SWB6110高等级首款旅游车和12米SWB6120旅游车；2010年，研发产销7米级SWB6702"穿梭巴士"中等级小公交车、11米级SWB6117HG4/MG4系列高中等级车、12米级SWB6127HG4LE系列高等级车、10.5米级SWB6107HG4系列高等级车。2011年研发18米级SWB6180HG系列城市客车，右舵车，后置铰接，高地板，国Ⅲ排放，远销巴基斯坦。申沃产品涵盖7米～12米欧Ⅱ/Ⅲ/Ⅳ中高级系列，形成车型多、同一车型变型多、批量多、单一型号产量少的特点。

【申沃替代能源系列客车】

2002年,该公司在原上海牌SK5105GP 6吨级电车底盘基础上开发产销10.5米SWB5105GP-3/SWB5115GP-3新型无轨电车和11.5米新型无轨电车,两款电车用于上海市区老旧电车的更新换代;2004年,研发产销SWB6115Q-3 CNG天然气系列客车;2006年,研制SWB6116DME二甲醚城市客车,10辆车于2007年至2008年进行示范运营;2010年,研发产销SWB6107Q6 LNG液化天然气系列客车。

【申沃新能源系列客车】

2009年,该公司立项开发SWB6121EV纯电动城市客车、SWB6127HE2混合动力城市客车、SWB6129FC燃料电池城市客车和SWB6121SC超级电容城市客车,4款客车均参加上海世博会新能源车辆招标并成功入围,其中SWB6127HE2混合动力城市客车于2010年被国家工信部列为节能与新能源汽车示范推广第6批推荐车型。2013年研发SWB6702EV纯电动客车,采用南京依维柯底盘、国产锂电池,续驶里程超过150公里,爬坡度20%,最高车速每小时70公里,远销海外。

表6-1-11 2015年申沃品牌车型一览表

序 号	车 型	推出时间	类 别	排量(ml)	款 式
1	SWB5105GP-3	2002年	10米	0	2
2	SWB5115GP-3	2002年	11米	0	1
3	SWB6105-3	2009年	10米	6 000～7 000	13
4	SWB6106	2004年	10米	6 000～7 000	4
5	SWB6107HG4	2010年	10米	6 500/8 820	1
6	SWB6107Q6	2010年	10米	6 000～8 270	1
7	SWB6115-3	2002年	11米	6 000～8 000	11
8	SWB6115Q-3	2004年	11米	6 000～8 000	5
9	SWB6116HG/MG	2006年	11米	6 000～8 000	3
10	SWB6116DME	2009年	11米	8 270	1
11	SWB6117HG4/MG4	2010年	11米	8 270～8 820	2
12	SWB6110	2009年	11米	7 800/8 270	1
13	SWB6120	2010年	12米	8 424～9 726	1
14	SWB6121EV	2010年	12米	0	1
15	SWB6127HE2	2010年	12米	8 000～9 726	1
16	SWB6127HG4LE	2010年	12米	8 424	1
17	SWB6121SC	2010年	12米	0	1
18	SWB6129FC	2010年	12米	0	1

〔续表〕

序 号	车 型	推出时间	类 别	排量(ml)	款 式
19	SWB6702	2010 年	7 米	2 982	1
20	SWB6800	2005 年	8 米	5 200	4
21	SWB6940HG	2008 年	9 米	6 500	1
22	SWB6180HG	2011 年	12 米	10 338	1
23	SWB6702EV	2014 年	7 米	0	1
合 计		车型数量:23		款式数量:59	

资料来源:上海申沃客车有限公司

【上海世博会运营】

2010 年 5—10 月,申沃品牌 120 辆纯电动城市客车、61 辆超级电容城市客车、150 辆混合动力城市客车和 6 辆燃料电池客车共计 337 辆新能源客车在上海世博园区承担地面交通运营。183 天展会期间,纯电动车共载客 8 600 多万人次,日均载客 45 万人次,累计行驶 380 多万公里;超级电容客车共载客 3 000 多万人次,日均载客 18 万人次,累计行驶 97 万多公里;混合动力车在世博园周边 10 条公交线路上运行。所有新能源客车均经受长时间、大客流和高温酷暑的考验,创造新能源汽车最大运量、最长时间成功集中运行的世界纪录。2010 年 12 月,上海申沃客车新能源运营保障服务团队被国务院授予世博先进集体称号,上海申沃客车总经理张立春被中组部授予上海世博会创先争优先进共产党员称号。

【销量】

2001 年,上海申沃品牌 10 米和 11 米城市公交客车销售 777 辆。2005 年,销量突破 1 000 辆达到 1 044 辆。2008 年,销量突破 2 000 辆达到 2 212 辆,此后连续 3 年位列全国大型城市客车市场占有率前 3 位。2010 年,销售 2 533 辆,其中新能源客车 389 辆,国内大型城市客车市场占有率 11%;累计销量 13 861 辆。至 2015 年,累计销量 28 804 辆。

表 6 - 1 - 12　2001—2015 年申沃品牌车型销量统计表　　　　单位:辆

序号	1	2	3	4	5	6	7	8	9	10	11	12	13	14	品牌总销量
车型名称	7米城市公交系列	8米城市公交系列	9米城市公交系列	10米城市公交系列	11米城市公交系列	12米城市公交系列	18米城市公交系列	7米旅游车系列	9米旅游车系列	11米旅游车系列	12米旅游车系列	7米新能源车系列	11米新能源车系列	12米新能源车系列	
年份	销量	销量	销量	销量	销量	销量	销量	销量	销量	销量	销量	销量	销量	销量	销量
2001	—	—	—	398	379	—	—	—	29	4	—	—	—	—	810
2002	—	—	—	266	262	—	—	—		2	—	—	—	—	530
2003	—	—	—	619	249	—	—	—			—	—	—	—	868
2004	—	—	—	629	156	—	—	—			—	—	—	—	785

〔续表〕

序号	1	2	3	4	5	6	7	8	9	10	11	12	13	14	品牌总销量
车型名称	7米城市公交系列	8米城市公交系列	9米城市公交系列	10米城市公交系列	11米城市公交系列	12米城市公交系列	18米城市公交系列	7米旅游车系列	9米旅游车系列	11米旅游车系列	12米旅游车系列	7米新能源车系列	11米新能源车系列	12米新能源车系列	
年份	销量	销量	销量	销量	销量	销量	销量	销量	销量	销量	销量	销量	销量	销量	销量
2005	—	70	—	858	116	—	—	—	—	—	—	—	—	—	1 044
2006	—	8	—	823	265	1	—	—	—	—	—	—	—	—	1 097
2007	—	178	176	759	872	—	—	—	—	4	—	—	—	—	1 989
2008	—	113	117	1 093	862	—	—	—	—	27	—	—	—	—	2 212
2009	—	220	195	934	625	—	—	—	8	—	—	—	10	—	1 992
2010	—	156	—	1 280	665	2	—	40	—	49	3	—	—	338	2 533
2011	150	217	57	1 305	604	201	1	100	60	96	293	—	—	68	3 152
2012	96	71	35	560	781	598	45	9	119	97	238	—	69	532	3 250
2013	230	19	2	1 249	291	658	19	7	142	35	23	—	35	198	2 908
2014	4	142	—	876	10	502	68	4	95	9	22	24	762	1 014	3 532
2015	—	62	—	173	47	209	2	1	515	231	39	480	182	161	2 102
合计	480	1 256	582	11 822	6 184	2 171	135	161	960	562	618	504	1 058	2 311	28 804

资料来源：上海申沃客车有限公司

七、红岩

【品牌商标】

1965年10月,中国第一个重型军用越野汽车基地四川汽车制造厂在重庆大足奠基成立,企业秉承重庆红色传统红岩精神,将汽车产品定名为红岩品牌。2007年6月,拥有红岩品牌的重庆红岩汽车有限责任公司改制为中意合资上汽依维柯红岩商用车有限公司(简称上汽依维柯红岩)并归属上海汽车集团股份有限公司。

图6-1-8
红岩商标

红岩品牌商标由图形和字体两部分组成。红色为主色调,图形呈椭圆形,长宽比例为黄金分割比,意在企业厚重和坚实;"红岩"汉语拼音第一个字母嵌入椭圆中并相互连接,分割成多个不同空间,象征企业放眼世界战略眼光和多元化发展经营谋略。

至2015年,红岩品牌拥有杰狮、金刚、杰卡3个子品牌,杰狮品牌形成杰狮C500、杰狮M500两个产品系列。

【杰狮C500╱M500杰狮系列】

杰狮产品是面向物流运输车市场的中高端半挂牵引汽车、自卸汽车和载货汽车。2009年3月和2010年4月,杰狮S100高端产品和M100轻量化产品先后上市,包括牵引车、自卸车、载货车和专用车系列。杰狮 S100 源自 IVECO 原型车,基于底盘性能和模块化设计,经过改装基本涵盖高端牵引车和专用车市场,排放达到国 V 标准。2010 年 8 月,杰狮 C100 中高端产品系列亮相,该系列技术来自 IVECO,代表重卡最高水平,装备国内重卡首家排放达到欧 Ⅵ 标准的柴油机。2015 年 9 月 19 日推出全新杰狮 M500 产品。

【金刚系列】

金刚产品是面向工程运输车市场的低端自卸汽车。2005 年完成设计 6×4 和 8×4 全轴距等车型定型并投放市场。2011 年 10 月 26 日推出系列升级产品新金刚。

【杰卡系列】

红岩杰卡牵引车是秉承欧洲先进设计理念,严格执行欧洲 IVECO 重卡技术标准和流程对整车优化匹配,基于杰狮成熟平台全新开发的车型,在动力性、低自重、低油耗、舒适性等方面的性能得到全面升级,为中短途物流运输用户带来全新价值体验。2015 年 9 月 19 日在重庆上市。

表 6-1-13　2015 年红岩品牌产品一览表

序　号	产品系列	推出年份	车　种	内部车型(种)
1	杰狮 S100	2009	牵引车	170
			专用车	140
2	杰狮 C100	2010	载货车	120
			牵引车	270
			自卸车	320
3	金刚	2005	自卸车	180
4	杰狮 C	2015	牵引车	46
			载货车	20
			专用车	42
			自卸车	104
5	杰狮 M	2015	牵引车	97
			载货车	30
			专用车	28
6	金刚	2015	专用车	12
			自卸车	130
7	杰卡	2015	牵引车	6
合　计	产品系列:7			车型:1 715

资料来源:上汽依维柯红岩商用车有限公司

【产品销售】

红岩品牌 1988 年产销首次实现突破 1 000 辆,2000 年和 2002 年产销先后超过 5 000 辆和 1

万辆,2007 年和 2010 年,销量先后超过 2.4 万辆和 3 万辆,跻身全国前列。2007—2010 年,红岩品牌国内累计销售 9.63 万辆。2000—2010 年,累计出口 4 604 辆。至 2015 年,国内累计销售 19.93 万辆,出口累计 1.08 万辆,出口集中在非洲与东南亚,同时分布于亚洲、南美洲等地区。

红岩杰狮是上汽依维柯红岩合资成立后于 2009 年 3 月推出的第一款中高端重型卡车,至 2015 年累计销量 3.99 万辆。红岩金刚自卸卡车 2005 年进入市场后,一直是红岩品牌销量最多的产品和国内工程用车主要产品之一。至 2015 年,该车累计销量 12.05 万辆。

表 6‐1‐14　2007—2015 年红岩品牌产品销量统计表　　　　　　单位:辆

年　份	内销/出口	牵引车	载货车	自卸车	合　计
2007	国内销量	2 499	3 308	18 202	24 009
	出口量	10	20	731	761
2008	国内销量	1 801	1 031	19 504	22 336
	出口量	15	30	979	1 024
2009	国内销量	1 252	763	17 583	19 598
	出口量	30	40	604	674
2010	国内销量	2 004	926	27 385	30 315
	出口量	80	70	432	582
2011	国内销量	1 998	1 350	27 475	31 393
	出口量	97	74	506	677
2012	国内销量	1 426	1 095	12 962	15 483
	出口量	805	93	627	1 525
2013	国内销量	3 260	1 727	20 491	25 478
	出口量	544	29	1 957	2 530
2014	国内销量	5 377	2 367	15 122	22 866
	出口量	544	129	1 461	2 134
2015	国内销量	3 843	1 021	2 941	7 805
	出口量	323	94	486	903
累计	国内销量	23 460	13 588	161 665	199 283
	出口量	2 448	579	7 783	10 810

资料来源:上汽依维柯红岩商用车有限公司

八、跃进

【品牌商标】

1958 年 3 月,南京汽车制造厂成功制造出中国第一辆轻型载货汽车,取名跃进牌。

图 6-1-9
跃进商标

1991 年 8 月,跃进正式推出品牌商标,该商标由代表地球的椭圆轮廓线和代表道路的两组直线组成,每组四条直线交相对应共 8 条,取意"四通八达",寓意有路的地方就会有跃进汽车。

2003 年 5 月,极限运动员、跃进品牌代言人陈建国驾驶跃进汽车登上海拔 5 200 米中国登山队珠穆朗玛峰大本营,创造轻型汽车登山纪录。2000 年 4 月。跃进品牌归属南京汽车集团有限公司发起成立的跃进汽车股份有限公司。2006 年,跃进品牌进入南京依维柯汽车有限公司(简称南京依维柯)。

2008 年 1 月,南京依维柯在上南全面合作后归属上海汽车集团股份有限公司。2009 年 4 月,跃进产品获 2010 年上海世博会指定产品。2010 年,跃进欧卡车型获年度中国轻卡车型奖。跃进"超越"车型先后获 2013 中国越野拉力赛卡车组冠军、2014 年第 11 届中国漠河国际冰雪汽车越野赛 T4 卡车组冠军,2015 年丝绸之路中国越野拉力赛 T4 厂商杯冠军。

至 2015 年,跃进品牌共有轻卡 S、X 和 C、工程车 2 个车种。

【轻卡 S、H、X、C 系列】

1958 年,中国第一辆轻型载货汽车跃进 NJ130 诞生。1986 年,跃进 NJ131 型轻型载货汽车投产,成为中国第二代轻卡标志性车型。以后不断推出多款轻卡产品并多次获得国家和地方奖项,主要包括:跃进 NJ131 分别于 1986 年获国家科技成果三等奖,1992 年和 1996 年获中汽总公司科技进步奖二等奖和三等奖;NJ136 分别于 1987 年获南京市科技进步奖一等奖,1992 年和 1996 年获中汽总公司科技进步奖二等奖和三等奖;NJ1043/NJ1062 于 1998 获机械工业部科技进步奖三等奖;NJ130 于 2004 年获中国汽车工业 50 年有影响力产品称号。2009 年,南京依维柯将轻卡产品划定为 S 和 H 两大系列,S 系列定位于低端市场;H 系列定位于中端市场,该系列产品成为跃进主销品种。S 系列产品除 S50 外,S100/300/500 于 2014 年停产,H 系列于 2015 年年底停产。

2008 年 10 月,跃进欧卡上市,计有 3 大系列 11 个款式,该车百公里油耗仅 7 升,比同类产品低 3 升~4 升,排放达到国Ⅲ标准。

2011 年 12 月,跃进小福星系列小卡产品上市,填补跃进品牌小卡产品空白,并迅速成为跃进主力车型之一。

2013 年 9 月,跃进第四代产品超越首款车型上市。2015 年 1 月,超越 C300 产品开发获南京市科学技术进步奖三等奖。2014 年 6 月,基于新 K 项目技术成果的上骏 X 品系产品上市。

【凌野中重卡】

2005 年,南京依维柯在斯太尔重卡平台上自主研发生产凌野中重卡牵引车、载货车、自卸车和混凝土搅拌车等车种。2006 年,凌野中重卡获国际卡车节油大赛冠军。2008 年,凌野中重卡载货车获江苏省科技进步奖三等奖。2008 年年底因重卡资源整合凌野中重卡停产。

【工程车系列】

2009 年,在原跃进 NJ1041 等车型基础上研制推出工程型、运输型及兼用型工程车,跃进产品形成完整产品系列。2015 年年底驾驶室全部升级为 X 品系驾驶室。

表 6 - 1 - 15　2015 年跃进品牌车型一览表

序号	车 名	推出年份	车 种	款式数量(种)
1	小卡 S50 - 25/26/28	2010	轻型载货汽车	3
2	轻卡 S100 - 26/28/33	1996	轻型载货汽车	3
3	轻卡 S300 - 33/36	2003	轻型载货汽车	2
4	轻卡 S500 - 33/38	1996	轻型载货汽车	2
5	轻卡 H300 - 33/36	2003	轻型载货汽车	2
6	轻卡 H500 - 33/38/42/45/47/51	1996	轻型载货汽车 中型载货汽车	6
7	轻卡 X100 - 28/33	2014	轻型载货汽车	2
8	轻卡 X300 - 33	2014	轻型载货汽车	2
9	轻卡 X500 - 33/38/42/47/51	2014	轻型载货汽车 中型载货汽车	5
10	轻卡 C100 - 26/28/33	2014	轻型载货汽车	3
11	轻卡 C300 - 33	2013	轻型载货汽车	1
12	轻卡 C500 - 33/38/42/47/51	2014	轻型载货汽车 中型载货汽车	5
13	欧卡 K100 - 26/28/33	2008	轻型载货汽车	3
14	欧卡 K300 - 33/36	2008	轻型载货汽车	2
15	欧卡 K500 - 33/38/43/45/47/51	2008	轻型载货汽车 中型载货汽车	6
16	重卡 L900 牵引车	2005	重型载货汽车	1
17	重卡 L900 载货车	2005	重型载货汽车	1
18	重卡 L900 自卸车	2005	重型载货汽车	1
19	重卡 L900 混凝土搅拌车	2005	重型载货汽车	1
20	中重卡 L700 载货车	2008	重型载货汽车	1
21	兼用型 818 工程型 818	2009	轻型工程车	1
22	工程型 858	2009	轻型工程车	1
23	工程型 868 兼用型 868	2009	中型工程车	2
24	工程型 898/898Y 兼用型 898 运输型 898	2009	中型工程车	5
合计	产品种类:24	—	—	61

资料来源:南京依维柯汽车有限公司

【销量】

1986年,跃进品牌累计产量突破2万辆达到2.04万辆。1991年,产销翻倍增长,分别为4.6万辆和4.9万辆。至2010年和2015年,累计销量分别达到147.64万辆和182.44万辆。

表6-1-16　2007—2015年跃进品牌销量统计表　　单位:辆

年份	内销/出口	轻卡	重卡	底盘	工程车	S50	低速车	合计
2007	销量	29 153	538	4 880	—	588	11 466	46 625
	其中出口	6 845	144	—		10		6 999
2008	销量	29 354	1 121	4 665		1 625	10 478	47 243
	其中出口	6 055	265	140		—		6 460
2009	销量	41 910	123	5 006	101	3 530	11 390	62 060
	其中出口	2 019	119	40				2 178
2010	销量	56 495	7	5 505	123	4 436	11 452	78 018
	其中出口	1990	—					1 990
2011	销量	51 481	10	5 375	1 931	5 956	10 016	74 769
	其中出口	5 979	—					5 979
2012	销量	54 470	—	2 878	2 988	14 436	17 235	92 007
	其中出口	5 576			642	855		7 073
2013	销量	65 422		2 452	3 826	18 300		90 000
	其中出口	8 391		—	586	109		9 086
2014	销量	37 349	—	805	3 794	13 046	—	54 994
	其中出口	2 527			469	36		3 032
2015	销量	17 456		32	4 000	14 824	—	36 312
	其中出口	484	—	—	498	21	—	1 003
合　计		383 090	1 799	31 598	16 763	76 741	72 037	582 028

第二节　整车许可品牌产品

一、VW(大众)

【品牌商标】

大众品牌(VW)归属德国大众汽车公司(简称德国大众)。德国大众成立于1937年,是德国最大的企业和欧洲最大的汽车公司。大众品牌商标"V"和"W"取自Volks Wagenwerk(大众汽车公司)德文全称中第一个字母,意为"大众使用的汽车"。"VW"位于圆形标志内,为上下三个用中指和食指作出的"V"字,表示大众公司及其产品"必胜-必胜-必胜"。1939—2000年,大众品牌商标先后修改过 7 次。

1984 年 10 月 10 日,上海大众汽车有限公司(简称上海大众汽车)获得生产销售大众品牌的许可,该品牌正式在中国生产。

桑塔纳、桑塔纳 2000 型、帕萨特轿车分别在 2000—2005 年、2007 年、2009—2015 年 14 次获得上海市名牌产品称号,波罗轿车 2005 年、2007 年、2010—2015 年 8 次获得上海市名牌产品称号,桑塔纳 VISTA 志俊轿车 2010 年、2015 年 2 次获得上海市名牌产品称号,朗逸、途观、途安车型 2012—2015 年 4 次获得上海市名牌产品称号。

图 6-1-10
大众商标

至 2015 年,上汽大众汽车有限公司生产的大众品牌先后推出桑塔纳(包括桑塔纳 2000 型/桑塔纳 3000 型/桑塔纳 VISTA 志俊)、帕萨特(Passat)、波罗(Polo)、高尔(Gol)、途安(Touran)、朗逸(Lavida)家族系列、途观(Tiguan)、凌渡(Lamando)等车型,覆盖 A0、A、A+、B、SUV、MPV 等细分市场。

【桑塔纳(Santana)系列车型】

桑塔纳轿车是改革开放后中国汽车工业引进的第一款轿车车型。1983 年 4 月 11 日,第 1 辆桑塔纳组装成功。1985 年 9 月,上海桑塔纳轿车开始批量投产。1986 年,桑塔纳旅行车投产上市。1999 年 7 月,桑塔纳"99 新秀"上市,该车选装电子燃油喷射控制系统、五档变速箱、液压助力转向系统、离合器液压操纵系统、三元催化净化装置,并革新制动加工系统。2001 年 3 月,推出"世纪新秀"车型,该车新增德国当时最新的 ABS 系统,采用新型三元催化装置,达到欧Ⅱ排放标准。1991 年,该车型获上海市优质产品称号。

1992 年,上海大众汽车和德国大众、巴西大众联合开发桑塔纳 2000 型,这是中国车企参与国际开发的第一个车型,轴距比原型车长 108 毫米,配置 1.8 升 JV 型化油器发动机和五档变速器。1995 年 4 月,该车批量投产。1998 年 9 月,桑塔纳 2000 型轿车被认定为国家级新产品。1998 年 3 月、2000 年 8 月和 11 月、2002 年 6 月、2003 年 5 月先后推出 2000 型"时代超人"、"自由沸点"、自动档"俊杰"、"时代骄子"、天窗版"时代阳光"等车型。2000—2004 年,桑塔纳轿车五度蝉联年度上海名牌产品 100 强。

2004 年 3 月,桑塔纳 2000 型升级版 3000 型"超越者"上市,该车是上海大众汽车本土开发的中档家用轿车,搭载 1.8L 发动机,提供五档手动变速箱和四档自动变速箱。2006 年 6 月,3000 型 2.0 升上市并获上海市发明创造专利奖。2008 年 1 月,该车型换代产品 VISTA 志俊上市,有 4 款车型。

全新桑塔纳于 2012 年 10 月 29 日在德国沃尔夫斯堡全球首发,同年 12 月 16 日全新上市,定位入门级紧凑型车,宜商宜家。全新桑塔纳在外观、内饰、动力及平台,相比老款车型都有全新变化。搭载 1.4 升和 1.6 升两种排量的自然吸气发动机,分别匹配五档手动变速箱和六档自动变速箱,共 8 款车型。

2015 年新桑塔纳上市,与当时在售的新桑塔纳搭载的 1.4 升/1.6 升两款自然吸气发动机相比,新车增加 1.4TSIDSG 尊享版车型,其最大功率为 96 千瓦。与之匹配的是 7 速 DSG 双离合变速箱,百公里综合油耗仅为 5.7 升。

桑塔纳·浩纳于 2015 年 6 月 19 日上市,融合旅行车实用与两厢车时尚动感。该车搭载最大功率为 110 马力的 1.6 升发动机以及最大功率为 131 马力的 1.4TSI 发动机,此次共推出 7 款车型,桑塔纳·浩纳成为追求时尚与实用的年轻车主们又一潮流选择。

【帕萨特（Passat）系列车型】

1999 年 12 月，与德国大众同步推出的上海大众汽车首辆帕萨特轿车下线。该车经再开发轴距加长 100 毫米，以适应中国市场需求，整车技术达到世界水平，成为中国汽车市场中高级轿车标志性车型。2000 年 3 月，该车批量投产。同年 6 月上市后先后推出 4 个款式。2003 年，推出天窗版车型。同年，该车型被认定为国家级新产品。

2005 年 11 月，帕萨特垂直换代车型帕萨特领驭上市。该车系上海大众汽车本土化开发的中高级轿车，包括 6 个款式。2009 年 4 月，帕萨特领驭垂直换代车型帕萨特新领驭上市，包括 7 个款式。该车在保持 PASSAT 品质风格基础上，更趋年轻现代和豪华。2005 年，帕萨特领驭获 CCTV 年度中高级车称号。2007 年，该车开发获中国汽车工业科技进步奖二等奖和上海市科学技术奖证书（新型）二等奖。

2011 年全新一代帕萨特上市，定位"唯不凡之势定世界之局"，将现代科技灵感与传统美学气韵融会贯通，集诸多领先科技之大成。2013 年，新款帕萨特上市，对原版新帕萨特车型进行全线升级，并新增帕萨特 BlueMotion 蓝驱版，该车在 1.4TSI 发动机基础上创新配备驻车启停及制动能量回收系统，静止驻车零油耗零排放，并将刹车制动时损失的动能回收储存为下次前行的电能，有效减少能耗。

【波罗（Polo）系列车型】

2001 年 12 月，上海大众汽车波罗（Polo）轿车下线，为首款与德国大众同步的产品，2002 年 4 月投放市场，迅即成为时尚紧凑型轿车的代名词。2003 年 6 月，Polo 三厢轿车上市。2006 年 6 月，升级换代的 Polo 劲情（两厢）和劲取（三厢）上市。2007 年 12 月，融越野车、轿车和旅行车风格的跨界车 Cross Polo 上市。2009 年 5 月，运动版车型 Polo Sporty 上市。2010 年 12 月，拥有新外形的全新 Polo（两厢）上市，该车搭载领先高效的 1.4/1.6EA111 系列发动机，配备五速手动变速器或六速手自一体变速器，并延续 Polo 家族年轻、时尚、动感的特征。2009 年 12 月，Polo 获由中国质量协会颁发的 2009 年 8 万元～12 万元紧凑型车全国汽车用户满意度第一名。2012 年 9 月，Polo GTI 上市，该车内饰更加丰富，采用 EA111 1.4TSI 单增压版发动机。2013 年，该车获年度小型车满意度冠军。2014 年 5 月，新款 Polo 系列车型上市，包含新款 Polo 以及新款 Cross Polo 在内的 2 款车型和 9 款细分车型。

【高尔（Gol）】

2003 年 2 月，上海大众汽车推出两门紧凑型经济轿车高尔（GOL），开创国内两门轿车之先河。同年 8 月，GOL 4 门轿车上市。2004 年 4 月和 12 月，两门运动版 GOL 旋风、4 门 GOL 旋彩先后上市。2006 年，该车停止生产，共销售 45 327 辆。

【途安（Touran）】

2004 年 11 月，国内第一款真正意义上的多功能轿车途安（Touran）上市，包括 5 座和 7 座两个系列，其座椅可有灵活多变的多种组合，拥有多达 39 个不同大小的储物空间和高达 1 900L 的载物空间，集中体现多功能特点和家用、商务、休闲的结合。2008 年 1 月，途安新一代通过网络形式上市并保持 2.0 升和 1.8T 两个排量。2010 年 12 月，新途安上市，该车在保留原有空间优势基础上，配备拥有涡轮增压及缸内直喷两大技术的 1.4TSI 发动机、7 档 DSG 双离合变速器以及 PLA 自动泊车辅助系统、全方位智能泊车雷达、坡道起动辅助系统等智能配置,树立MPV智能科技新标杆。

【朗逸(Lavida)系列】

2008年6月,上海大众汽车首款本土化自主研发的车型朗逸(Lavida)上市,该车包括1.6升、2.0升两种排量。凭借其外观内饰造型及工艺、安全和操控等良好性能、同级最长的车身营造的宽敞空间,朗逸迅速成为国内A级车市场的主流车型。2008年与2010年,朗逸获颁全国汽车用户满意度第一名。2010年,该车获国家知识产权局颁发的中国外观设计优胜奖。2012年8月,第二代朗逸问世,设计更为硬朗现代,为同级车中唯一全系标配ESP(车身电子稳定系统),树立新的A级车安全标准。

2013年,随着朗逸(Lavida)的衍生车型,两厢版的朗行、两厢跨界的朗境等车型上市,Lavida以家族化的概念给市场提供多元化选择。2015年,Lavida家族全体焕新,更有蓝驱技术版加入,形成中国汽车市场最完整的家族车型之一。

【途观(Tiguan)】

2010年3月,填补国产高端都市SUV市场空白的上海大众汽车首款SUV车型途观(Tiguan)上市,包括4个版本多种款式,分别搭载1.8TSI和2.0TSI引擎,并配以6档手动变速箱及6档手自一体变速箱。该车兼有SUV操控性和轿车舒适性,树立"智能化都市SUV"新标杆。2010年,途观获中国质量协会用户委员会颁发的全国汽车用户满意度测评证书。2013年,在新款途观上市同时,还推出蓝驱版车型。途观蓝驱版在1.4TSI发动机基础上配备蓝驱特有的启停节能模式及制动能量回收系统,可有效减少能耗。

【凌渡(Lamando)】

2015年1月,上海大众汽车全新轿跑凌渡(Lamando)上市,该车包括1.4升(涡轮增压)、1.8升两种排量。凌渡取意"凌风、渡越"。"凌"是凌厉亦是凌驾,纵情演绎速度与激情。"渡"是渡越更是跨越。"凌渡"更蕴意"零度",零度是冰与水的临界点,代表事物发生转变的边界。轿跑是轿车与跑车的临界点,凌渡体现作为一款轿跑"渡越临界点,让一切发生"的姿态。英文名"Lamando"则源于西班牙语中的"Mandar",象征"引领与启示"。

表6-1-17　2015年上汽大众产销的大众品牌车型一览表

序号	车　型	推出时间	车型类别	基　本　款　式	
				数量(种)	名　　　称
1	新桑塔纳	2014年8月	A entry	9	1.4L手动风尚版 1.4L手动舒适版 1.6L手动风尚版 1.6L自动风尚版 1.6L手动舒适版 1.6L自动舒适版 1.6L手动豪华版 1.6L自动豪华版 1.4TSI DSG尊享版

〔续表〕

序号	车　型	推出时间	车型类别	基　本　款　式	
				数量(种)	名　　　称
2	桑塔纳·浩纳	2015 年 6 月	A entry	7	1.6L 手动风尚版 1.6L 自动风尚版 1.6L 手动舒适版 1.6L 自动舒适版 1.6L 自动豪华版 230TSI DSG 风尚版 230TSI DSG 豪华版
3	新帕萨特(New Passat)	2015 年 1 月	B 级车	12	1.4T MT 尊雅型 1.4T MT 尊荣版 1.4T DSG 尊荣版 1.4T DSG 蓝驱版 1.8T AT 尊荣版 1.8T DSG 尊雅版 1.8T DSG 尊荣版 1.8T DSG 御尊版 1.8T DSG 至尊版 2.0T DSG 御尊版 2.0T DSG 至尊版 3.0V6 DSG 旗舰版
4	Cross Polo	2014 年 5 月	A0 级车	2	1.6L 手动 1.6L 自动
5	Polo GTI	2012 年 9 月	A0 级车	1	1.4 TSI DSG 手自一体
6	新 Polo	2014 年 5 月	A0 级车	7	1.4L MT 风尚版 1.4L MT 舒适版 1.4L AT 舒适版 1.4L AT 豪华版 1.6L MT 舒适版 1.6L AT 舒适版 1.6L AT 豪华版
7	朗逸	2015 年	A 级车	12	1.6L 手动风尚版 1.6L 自动风尚版 1.6L 手动舒适版 1.6L 自动舒适版 1.6L 自动豪华版 230TSI 手动舒适版 230TSI 手动豪华版 230TSI DSG 舒适版 230TSI DSG 豪华版 1.2TSI DSG 蓝驱技术版 1.6L AT 运动版 230TSI DSG 运动版

〔续表〕

序号	车　　型	推出时间	车型类别	基　本　款　式	
				数量(种)	名　　称
8	朗行	2015 年	A 级车	6	230TSI 手动豪华版 230TSI DSG 舒适版 230TSI DSG 豪华版 1.2TSI DSG 蓝驱技术版 1.6L AT 运动版 230TSI DSG 运动版
9	朗境	2015 年	A 级车	2	1.6L 自动型 1.4TSI DSG
10	新途安	2015 年 3 月	A MPV	6	1.4T MT 风尚版 1.4T MT 舒适版 1.4T DSG 舒适版 1.4T MT 豪华版 1.4T DSG 豪华版 1.4T DSG 旗舰版
11	新途观	2013 年 6 月	A SUV	9	风尚版 1.8TSI MT 前驱 风尚版 1.8TSI AT 前驱 舒适版 1.8TSI AT 前驱 舒适版 1.8TSI AT 4 驱 豪华版 1.8TSI AT 前驱 豪华版 1.8TSI AT 4 驱 豪华版 2.0TSI AT 4 驱 旗舰版 2.0TSI AT 4 驱 蓝驱技术版 1.4TSI MT 前驱
12	凌渡	2015 年 1 月	A 级车	7	1.4T MT 风尚版 1.4T DSG 风尚版 1.4T MT 舒适版 1.4T DSG 舒适版 1.4T DSG 豪华版 1.8T DSG 舒适版 1.8T DSG 豪华版
合计		车型数量：12			款式数量：71

资料来源：上汽大众汽车有限公司

【品牌销量】

　　1985 年,上海大众汽车的大众品牌产销 1 684 辆。1987 年,年产销超过 1 万辆。1993 年,年产销突破 10 万辆,创造中国第一个轿车 10 万辆年产纪录,国内市场占有率达到 43.9％,上海大众汽车开始取得国内轿车领先优势。1996 年,该品牌再次创造中国第一个轿车年产销 20 万辆纪录,国内市场占有率达到 45％。在 20 世纪整个 90 年代,上海大众汽车的大众品牌国内市场占有率基本保持在 40％以上。此后,由于多家中国轿车企业建成规模扩大,上海大众汽车产销虽不断上升,但市场占有率持续下降。2003 年,该品牌年产销突破 40 万辆,市场占有率 18％。2010 年,该品牌年销突破 80 万辆,国内市场占有率 7％,蝉联全国单一品牌销量冠军,累计销量超过 580 万辆。2015 年,该品牌年销突破 153 万辆,继续蝉联国内单一品牌销量冠军,30 多年持续保持中国轿车市场保有量第一,并创下累计销量突破 1 200 万辆的纪录。

【桑塔纳销量】

1983 年 4 月 11 日,国内第一辆桑塔纳组装下线,成为大众品牌进入中国的先驱者,并长期成为中国轿车市场最有代表性的车型之一。1993 年年产突破 10 万辆,此后连续 10 年位居中国汽车市场销量第一。至 2010 年,累计销量达 211 万辆,创造近 30 年长盛不衰的奇迹,享有"拥有桑塔纳,走遍天下都不怕"的美誉。

1995 年,中国第一款中外联合开发的车型桑塔纳 2000 型上市,至 2003 年累计销售 77.7 万辆。2004 年,桑塔纳 3000 型上市,至 2007 年累计销售 31.9 万辆。2008 年,桑塔纳志俊(Vista)上市,至 2010 年累计销售 29.9 万辆。2012 年 12 月全新桑塔纳上市,至 2015 年累计销售 72.2 万辆。2015 年 6 月桑塔纳·浩纳上市,当年销售 20 241 辆。

【帕萨特销量】

帕萨特于 2000 年 6 月上市,2001—2003 年连续 3 年位列国内 B 级三厢车细分市场销量之首。至 2010 年,帕萨特系列车型在中国累计销量突破 100 万辆,上市 10 年始终是中国汽车市场中高级轿车的标杆车型。2015 年,帕萨特成为中国第一个累计销量突破 200 万辆的 B 级车。

【波罗销量】

波罗(Polo)于 2002 年上市,至 2010 年累计销售接近 60 万辆,至 2013 年累计销量突破 100 万辆。2015 年,Polo 全年销量近 18 万辆,同比增长 13％,大幅高于整体车市销量增速;不仅位列 A0 级两厢车市场首位,并创下 Polo 年销量新高。

【朗逸销量】

朗逸上市第一年,销量即突破 10 万辆大关。2010 年,月均销量超 2 万辆。2013 年和 2015 年,Lavida 家族累计销量先后突破 100 万辆和 200 万辆,成为中国 A 级车细分市场销量冠军、中国合资品牌轿车销量冠军,中国家庭轿车的王者车型。

【途安·途观销量】

途安(Touran)2004 年 11 月上市,2005 年、2006 年和 2008 年连续夺取国内 A 级中高端 MPV 细分市场销量冠军。至 2015 年,该车始终为中国 MPV 汽车市场销量领先的车型。

SUV 车型途观 2010 年上市,当年月均销售万辆左右,成为中国汽车市场持续畅销、供不应求的 SUV 车型,销量位居 SUV 细分市场第一。2011 年,累计销量突破 10 万辆。2012 年,累计销量连续突破 20 万辆和 30 万辆。2013 年,上市 3 年突破 50 万辆累计销量。2015 年突破百万辆大关。

表 6－1－18　1985—2015 年上汽大众生产的大众品牌车型销量统计表

单位：辆

车型＼年份	1985	1986	1987	1988	1989	1990	1991	1992	1993	1994	1995	1996	1997	1998	1999	2000
桑塔纳	1 684	8 011	10 502	15 538	15 581	18 523	33 855	59 315	95 300	111 023	127 740	111 447	113 238	122 522	133 105	107 265
桑塔纳旅行版	—	363	36	1	0	0	2	6 637	4 730	4 272	2 954	3 787	3 400	4 260	3 851	3 126
桑塔纳2000	—	—	—	—	—	—	—	—	—	—	29 071	84 797	113 548	108 238	93 743	81 803
桑塔纳3000	—	—	—	—	—	—	—	—	—	—	—	—	—	—	—	—
桑塔纳志俊	—	—	—	—	—	—	—	—	—	—	—	—	—	—	—	—
朗逸(Lavida)	—	—	—	—	—	—	—	—	—	—	—	—	—	—	—	—
帕萨特	—	—	—	—	—	—	—	—	—	—	—	—	—	—	—	30 022
奥迪100	—	97	500	3	—	—	—	—	—	—	—	—	—	—	—	—
波罗(Polo)	—	—	—	—	—	—	—	—	—	—	—	—	—	—	—	—
高尔(GOL)	—	—	—	—	—	—	—	—	—	—	—	—	—	—	—	—
途安(Touran)	—	—	—	—	—	—	—	—	—	—	—	—	—	—	—	—
途观(Tiguan)	—	—	—	—	—	—	—	—	—	—	—	—	—	—	—	—
新桑塔纳	—	—	—	—	—	—	—	—	—	—	—	—	—	—	—	—
桑塔纳·浩纳	—	—	—	—	—	—	—	—	—	—	—	—	—	—	—	—
凌渡	—	—	—	—	—	—	—	—	—	—	—	—	—	—	—	—
大众进口车	—	—	—	—	—	—	—	—	—	—	—	—	—	—	—	—
合计	1 684	8 471	11 038	15 542	15 581	18 523	33 857	65 952	100 030	115 295	159 765	200 031	230 186	235 020	230 699	222 216

〔续表〕

车型 \ 年份	2001	2002	2003	2004	2005	2006	2007	2008	2009	2010	2011	2012	2013	2014	2015	合计
桑塔纳	92 366	95 764	119 414	130 369	92 730	78 512	103 088	105 999	108 460	98 363	203 989	199 938	65 821	22 001	10	2 601 473
桑塔纳旅行版	3 001	2 903	3 249	2 350	1 461	1 779	2 998	1 536	2	—	—	—	—	—	—	56 698
桑塔纳2000	70 209	95 356	92 892	7 554	—	—	—	—	—	—	—	—	—	—	—	777 211
桑塔纳3000	—	—	—	82 785	56 953	82 617	97 048	—	—	—	—	—	—	—	—	319 403
桑塔纳志俊	—	—	—	—	—	—	—	90 399	97 186	111 781	—	—	—	—	—	299 366
朗逸(Lavida)	—	—	—	—	—	—	—	44 392	146 455	251 615	247 475	246 687	433 870	486 802	472 832	2 330 128
帕萨特	64 474	79 054	122 445	74 877	67 159	113 762	120 462	100 902	113 239	130 971	165 858	233 321	227 262	218 344	205 794	2 067 946
奥迪100	—	—	—	—	—	—	—	—	—	—	—	—	—	—	—	600
波罗(Polo)	—	28 635	50 988	36 634	15 466	56 384	90 432	74 491	114 218	125 835	168 083	158 103	154 235	157 759	178 867	1 410 130
高尔(GOL)	—	—	7 035	19 767	10 977	7 524	8	0	16	0	—	—	—	—	—	45 327
途安(Touran)	—	—	—	670	5 260	8 510	10 586	12 028	20 087	22 037	31 241	36 044	35 310	34 984	32 494	249 251
途观(Tiguan)	—	—	—	—	—	—	—	—	—	70 455	129 172	173 062	199 782	237 404	255 751	1 065 626
新桑塔纳	—	—	—	—	—	—	—	—	—	—	—	2 850	177 528	285 293	255 968	721 639
桑塔纳·浩纳	—	—	—	—	—	—	—	—	—	—	—	—	—	—	20 241	20 241
凌渡	—	—	—	—	—	—	—	—	—	—	—	—	—	29	104 214	104 243
大众进口车	—	—	—	—	—	—	—	—	—	—	—	—	—	—	5 838	5 838
合计	230 050	301 712	396 023	355 006	250 006	349 088	424 622	429 747	599 663	811 057	945 818	1 050 005	1 293 808	1 442 616	1 532 009	12 075 120

资料来源：上汽大众汽车有限公司

二、斯柯达(SKODA)

【品牌商标】

斯柯达(SKODA)是世界上历史最悠久的4大汽车品牌之一,归属具有百年历史的捷克斯柯达汽车公司。1895年,斯柯达汽车公司的前身L&K公司成立,创业之初主营自行车维修与生产。1905年L&K公司转向汽车生产,成为当时世界上为数寥寥的汽车制造商之一。1991年4月16日,斯柯达汽车公司加入德国大众汽车公司。

图6-1-11
斯柯达商标

2005年4月11日,上海大众汽车有限公司与斯柯达汽车公司在捷克共和国签署合作协议,百年汽车品牌SKODA正式落户上海大众汽车,开启上海大众汽车双品牌之路。2006年9月22日,上海大众汽车在北京举行SKODA品牌启动仪式,宣布其中文名为"斯柯达"。

斯柯达品牌商标的主体是一支带有三根羽毛的飞翔之箭。飞翔之箭表达斯柯达永不停歇的创新精神和实现最高目标的强烈愿望,三根羽毛象征着斯柯达的翅膀,意味着斯柯达将不断把技术创新的产品带到全世界。上海大众汽车斯柯达品牌口号历经"睿智感悟恒久魅力"到"专于智,慧于行"的演变,诠释斯柯达的品牌形象和价值。

2007年斯柯达品牌在中国上市以后,获得最具社会责任汽车品牌、中国汽车品牌销售满意度冠军、中国汽车品牌售后服务满意度合资品牌冠军、中国汽车品牌新车质量满意度合资品牌冠军、年度汽车服务品牌、年度客户关爱奖等奖项,并连续9年获得汽车服务金扳手奖。斯柯达品牌明锐、晶锐轿车于2009—2015年7次获得上海市名牌产品称号;昊锐轿车于2012—2015年4次获得上海市名牌产品称号;昕锐轿车于2014—2015年2次获得上海市名牌产品称号。2012年,在中国质量协会、全国用户委员会举办的中国汽车行业用户满意度测评(CACSI)中位列销售服务满意度指数合资品牌榜首。

至2015年,上汽大众生产的斯柯达品牌共有明锐(Octavia)、晶锐(Fabia)、速派(Superb)、昕锐(Rapid)、野帝(Yeti)、昕动(Rapid Spaceback)6个车型系列。

【明锐(Octavia)】

明锐(Octavia)是上海大众汽车斯柯达品牌的首款战略车型,2007年6月在国内上市。2010年9月,都市轿跑车新明锐RS上市。2014年5月,上海大众汽车斯柯达品牌新一代MQB平台Octavia全新明锐上市。作为上海大众汽车首款MQB平台车型,全新明锐搭载大众汽车全新EA211发动机,提供1.4TSI和1.6升两种动力,匹配7档DSG双离合变速箱、Tiptronic 6档手自一体变速箱和5档手动变速箱。

2006年以来,明锐共获得各类政府机构、行业协会、车展及社会机构颁发的奖项138项,包括2006年获得第九届北京国际汽车工业展览会最佳发动机奖,2007年获中国中级轿车满意度调查第一名、中国主流媒体汽车联盟2007年度汽车总评榜评最佳中级车,中国汽车工程协会等发布的2008年度最佳综合技术单项奖,2009—2011年中国质量协会和全国用户委员会在汽车用户满意度指数评测(CACSI)中评为15万元~20万元中型车组第一名,2015年中国汽车技术研究中心评选的紧凑型乘用车级别年度安全车奖等。

【晶锐(Fabia)】

晶锐(Fabia)是一款高端A0级精品车型,2008年12月在国内上市。至2015年,晶锐拥有1.4

升、1.6 升两个排量 8 种款式。晶锐搭载节能环保的 1.4 升/1.6 升 HLD 发动机,匹配先进的 Tiptronic6 档手自一体变速箱以及 5 档手动变速箱,并采用时尚硬派的造型。

自 2008 年以来,晶锐车型共获得各类社会机构、主流媒体等颁发的奖项 59 项。2008 年获中国主流媒体汽车联盟颁发的 2008 年度车市总评榜年度"最值得期待新车",2012 年获中国质量协会和全国用户委员会汽车用户满意度指数评测(CACSI)8 万元~12 万元紧凑型车组第一名。

【昊锐/速派(Superb)】

昊锐/速派(Superb)是斯柯达的旗舰车型,2009 年 8 月在国内上市。至 2015 年,速派拥有 1.4 升、1.8 升、2.0 升计 3 种排量 8 种款式。

Superb 车型自 2009 年上市以来共获得各类社会机构、主流媒体等颁发的奖项 206 项。2010 年被中央电视台财经频道评选为第五届 CCTV 中国年度汽车评选年度功能创新轿车,2012 年被主流汽车联盟评选为 2012 年度中国汽车风云榜最佳公商务轿车,2010 年、2012 年及 2014 年 3 度获中国质量协会和全国用户委员会汽车用户满意度指数评测(CACSI)中 20 万元~25 万元大型车组第一名。

【昕锐(Rapid)/昕动】

昕锐(Rapid)是上海大众汽车斯柯达品牌于 2013 年 4 月推出的全新主流中级车。至 2015 年,昕锐共有 1.4 升、1.6 升两种排量 8 种款式,匹配以领先的 6 档自动变速箱与 5 档手动变速箱,兼具充裕的动力性能与出色的燃油经济性。昕动(Rapid Spaceback)于 2014 年 4 月上市。至 2015 年,昕锐有 1.4 升、1.6 升 2 种排量 8 种款式,与之匹配的是先进的 7 档 DSG 双离合变速箱、6 档自动变速箱以及 5 档手动变速箱,其动力输出及燃油消耗均处同级别车型领先水平。

2015 年,昕锐在中国质量协会、全国用户委员会举办的 2015 年中国汽车用户满意度测评(CACSI)中获得中型车组别的冠军。

【野帝(Yeti)】

2013 年 11 月,上海大众汽车斯柯达品牌首款 SUV 车型野帝(Yeti)上市。至 2015 年,野帝共有 1.4 升、1.6 升、1.8 升等 3 种排量 6 种款式,匹配以高性能的 6 档 DSG 双离合变速箱、7 档 DSG 双离合变速箱和 5 档手动变速箱。2013 年上市至 2015 年,野帝车型获得多家媒体颁布的各类奖项 39 项。

表 6-1-19　2015 年上汽大众斯柯达品牌车型一览表

序号	车　型	推出时间	车型类别	基　本　款　式	
				数量(种)	名　　　称
1	明锐(Octavia)	2007 年 6 月 2014 年 5 月换代	A 级车	10	1.4 TSI MT 逸俊版 1.4 TSI DSG 逸俊版 1.4 TSI DSG 逸致版 1.4 TSI DSG 逸尊版 1.6L AT 逸俊版 1.6L MT 逸俊版 1.6L AT 逸致版 1.6L MT 逸致版 1.6L AT 逸杰版 1.6L MT 逸杰版

〔续表〕

序号	车　　型	推出时间	车型类别	基　本　款　式	
				数量(种)	名　　称
2	晶锐(Fabia)	2008 年 12 月 2015 年 4 月换代	A0 级车	8	1.4L MT 前行版 1.4L AT 前行版 1.4L MT 创行版 1.4L AT 创行版 1.6L AT 创行版 1.6L MT 创行版 1.6L AT 运动版 1.6L AT 智行版
3	速派(Superb)	2009 年 8 月 2015 年 4 月换代	B 级车	8	TSI280 MT 前行版 TSI280 DSG 前行版 TSI280 DSG 创行版 TSI330 DSG 创行版 TSI280 DSG 智行版 TSI330 DSG 智行版 TSI380 DSG 尊行版 TSI380 DSG 旗舰版
4	昕锐(Rapid)	2013 年 4 月	A 级车	8	1.4L MT 乐选版 1.6L MT 乐选版 1.6L AT 乐选版 1.4L MT 智选版 1.6L MT 智选版 1.6L AT 智选版 1.6L MT 优选版 1.6L AT 优选版
5	野帝(Yeti)	2013 年 11 月	A 级车	6	1.6L MT 前行版 TSI280 MT 前行版 TSI280 DSG 前行版 TSI280 DSG 创行版 TSI280 DSG 尊行版 TSI300 DSG 尊行版
6	昕动(Rapid Spaceback)	2014 年 4 月	A 级车	8	1.6L MT 乐享版 1.6L AT 乐享版 1.6L MT 悦享版 1.6L AT 悦享版 1.6L AT 致享版 1.4TSI DSG 乐享版 1.4TSI DSG 舒享版 1.4TSI DSG 致享版
合计		车型数量：6			款式数量：48

资料来源：上汽大众汽车有限公司

【品牌销量】

上海大众汽车斯柯达品牌 2007 年上市后,连续 3 年快速增长,成为中国车市最具成长性的合资品牌之一。至 2015 年,斯柯达品牌累计销售 165.4 万辆。

【车型销量】

明锐2007年6月上市,至2012年8月累计销量突破50万辆。全新明锐于2014年5月上市,至2015年累计销量19.11万辆。2007—2015年,明锐累计销量94.36万辆。

晶锐2008年12月上市,2011年9月和2013年12月累计销量先后达到10万辆和20万辆。全新晶锐2015年4月上市,至2015年累计销量1.14万辆。2008—2015年,晶锐共销售23.86万辆。

昊锐2009年8月上市,2010年12月和2012年1月累计销量先后突破5万辆和10万辆。速派2013年8月上市,2014年10月昊锐和速派累计销量突破20万辆。2009—2015年,昊锐和速派共销售22.51万辆。

昕锐2013年4月上市,2014年3月和2014年11月累计销量先后突破5万辆和10万辆。2013—2015年,昕锐累计销量17.19万辆。昕动2014年4月上市,2014年10月和2015年12月累计销量先后突破1万辆和3万辆。

野帝2013年11月上市,2014年7月累计销量达到1万辆。2013—2015年累计销量4.34万辆。

表6-1-20　2007—2015年上汽大众斯柯达品牌车型销量统计表　　　　单位:辆

年份	明锐(Octavia)	晶锐(Fabia)	速派(Superb)	昕锐(Rapid)	昕动(Rapid SP)	野帝(Yeti)	斯柯达品牌
2007	31 802	—	—	—	—	—	31 802
2008	59 483	843	14	—	—	—	60 340
2009	84 199	31 279	13 098	—	—	—	128 576
2010	113 226	39 278	37 796	—	—	—	190 300
2011	126 450	48 759	44 800	—	—	—	220 009
2012	137 616	48 380	44 007	—	—	—	230 003
2013	120 246	33 554	37 258	36 052	—	4 090	231 200
2014	120 509	19 465	29 646	78 256	18 222	16 292	282 390
2015	150 028	17 073	18 448	57 568	13 364	22 981	180 068
合计	943 559	238 631	225 067	171 876	31 586	43 363	1 654 688

资料来源:上汽大众汽车有限公司

三、凯迪拉克(Cadillac)

【品牌商标】

图6-1-12
凯迪拉克商标

凯迪拉克(Cadillac)品牌于1902年在美国诞生。1907年,美国通用汽车公司购进凯迪拉克,成为通用汽车的豪华品牌。一百多年来,凯迪拉克代表美国豪华车历史。2004年6月,凯迪拉克品牌进入中国,上汽通用汽车有限公司(简称上海通用汽车)自2004年10月正式生产销售凯迪拉克品牌汽车,公司进入多品牌运作阶段并开始销售豪华品牌的汽车。

2014年,凯迪拉克发布全新徽标。新徽标去除桂冠花环设计,凸显盾牌标志中心地位,加宽盾牌标志,以呼应现今更纤长、更轻盈的汽车设计理念;

盾牌构思大胆、刻面清晰、形状独特,显示其工艺极高的精准性。同时盾牌仍保留原有不同色彩组合设计,红色象征行动果敢,银白色代表纯洁、仁慈、美德与富足,蓝色代表骑士精神。凯迪拉克全新徽标由凯迪拉克盾牌和凯迪拉克字标两部分组成,两者始终合为一体不可分割,在传承与创新中共同肩负代表凯迪拉克价值观和信念的品牌使命。

2015 年,上汽通用汽车有限公司产销的凯迪拉克拥有 CTS、XLR、SRX、Escalade、SLS、XTS、ATS、ATS‐L 共 8 个车型。涵盖豪华运动轿车、豪华敞篷跑车、运动豪华 SUV、全尺寸 SUV、豪华商务轿车等。

【CTS】

凯迪拉克 CTS 轿车定位为豪华运动轿车。第一代凯迪拉克 CTS 于 2004 年 10 月 25 日在中国上市,第二代 CTS 于 2008 年 3 月在深圳明斯克航母上市。第二代凯迪拉克 CTS 共有 2.8 升和 3.6 升两个排量 4 个车型。该车配备 2008 世界十佳发动机之一的 SIDI 全铝双模智能直喷发动机。

【XLR】

凯迪拉克 XLR 轿车定位为超级豪华敞篷跑车。该车于 2005 年 8 月 1 日上市,采用纯正世界超级跑车独有的龙骨大梁,其顶级刚性结构强度能保证超级跑车对驾驶操控性的严格要求。

【SRX】

凯迪拉克 SRX 定位为运动豪华型 SUV。2005 年 6 月 1 日首次在中国推出,拥有 3.6 升 V6 和 4.6 升 V8 两种发动机 3 个款式。2009 年 10 月,第二代凯迪拉克 SRX 在上海 ATP 1000 大师赛凯迪拉克之夜上市。该车搭载全球十佳发动机 3.0 SIDI 全铝智能直喷引擎。2010 年,该车型在售 3.0 升和 3.6 升两个排量四款车型。同年,该车型在美国高速公路安全保险协会进行的评比中,获得美国高速公路安全保险协会颁发的顶级安全车型大奖。

【凯雷德(Escalade)】

凯迪拉克凯雷德(Escalade)定位为超豪华全尺寸 SUV。2006 年 11 月 17 日在国内上市。在《福布斯》杂志公布的 2007 年度十佳 SUV 中,该车荣膺最具美国味 SUV 奖。2009 年,在美国著名的汽车满意度奖项调研中,凯雷德(Escalade)在豪华 SUV 级别评选中获得第一名。2010 年,该车型在华销售 6.0 升凯雷德油电混合款和 6.2 升排量 2 种车型。2013 年 4 月 20 日,在第十五届上海国际车展上,凯迪拉克凯雷德 ESV 铂金版加长型上市。

【赛威】

凯迪拉克 SLS 赛威定位为豪华商务轿车。该车于 2006 年 12 月 13 日在国内上市。2007 年上海国际车展期间,在汽车设计界的顶级荣誉"世界最美汽车"评选中,凯迪拉克 SLS 力压宾利、法拉利等传统名车,获得豪华轿车组唯一"最美中国区豪华轿车"奖。2010 款新赛威 SLS 全系搭载 SIDI 智能直喷发动机、匹配六速手自一体变速箱,并全系标配安吉星(OnStar)车载信息通信服务系统,这是该系统在上海通用汽车车型上首次应用。

【XTS】

凯迪拉克 XTS 定位为中级豪华轿车。该车于 2013 年 2 月 25 日在国内上市。XTS 搭载多项革命性创新科技,包括全球反应最快的 MRC 主动电磁感应悬挂系统,革命性车载人机互动系统 CUE 移动互联体验,BoseANC 主动降噪静音技术,以及 ESS 强化安全策略等,重新定义豪华车驾驶体验。2013 年 12 月,XTS 夺得中国汽车总评榜年度豪华汽车大奖。

【ATS】

凯迪拉克 ATS 定位为风尚运动豪华轿车。该车于 2013 年 11 月 21 日在广州车展上市,共 4 款车型。作为凯迪拉克品牌布局宝马 3 系、奔驰 C 级、奥迪 A4L 所在的主流豪华车细分市场的首款车型,ATS 专为细分市场中追求原汁原味、淋漓尽致驾驶乐趣的年轻消费者而全新开发,带来迅猛、敏捷、过瘾的驾驶体验。

【ATS-L】

凯迪拉克 ATS-L 长轴版定位为风尚运动豪华轿车,2014 年 8 月 15 日上市。该车长轴版拥有 28 升(涡轮增压)、25 升(涡轮增压)两种高性能动力配置共 5 款车型,同时推出两款 ATS-L D3 运动设计版,进一步强化该车与生俱来的时尚运动基因。ATS-L 长轴版轴距加长 85 毫米,在带来宽敞舒适后排空间、风尚豪华感提升的同时,依然保持良好的运动性能,实现车身比例、驾乘空间与运动性能三者完美呈现。

表 6-1-21 2015 年上汽通用凯迪拉克品牌车型一览表

序号	车　型	推出时间	车型类别	基　本　款　式	
				数量(种)	名　　　称
1	赛威 SLS	2006 年	C 级车	8	2.8L 精英型 2.8L 豪华型 3.0L 经典型 3.0L 豪华型 3.6L 精英型 3.6L 运动型 3.6L 豪华型 3.6L 旗舰型
2	凯迪拉克 CTS	2004 年	C 级车	7	2.8L 精英型 2.8L 豪华型 3.0L 精英型 3.0L 豪华型 3.6L 精英型 3.6L 旗舰型 6.2L CTS V
3	凯雷德(Escalade)	2006 年	D SUV	2	6.0L 混合动力型 6.2L 凯雷德
4	凯迪拉克 SRX	2005 年	C SUV	4	3.0L 精英型 3.0L 豪华型 3.6L 精英型 3.6L 豪华型

〔续表〕

序号	车　　型	推出时间	车型类别	基　本　款　式	
				数量(种)	名　　　称
5	凯迪拉克 XTS	2005 年	C SUV	5	2.0T 舒适型 2.0T 精英型 2.0T 豪华型 2.0T 领先型 3.6L 铂金版
6	凯迪拉克 ATS	2013 年	C 级车	4	2 8T 舒适型 2 8T 精英型 2 8T 豪华型 2 8T 领先型
7	凯迪拉克 ATS‐L	2013 年	B 级车	5	2 5T 技术型 2 8T 时尚型 2 8T 精英型 2 8T 豪华型 2 8T 领先型

合计　　　　　　车型数量：7　　　　　　　　　　　　基本款式数量：35

资料来源：上汽通用汽车有限公司

【品牌销量】

2004 年,第一代凯迪拉克 CTS 登陆中国市场,当年销售 816 辆。2005 年销售超过 2 000 辆。2007 年销售超过 7 000 辆。2010 年,销量开始快速提升,当年销量从 2009 年的 7 000 多辆一举过万达到 17 366 辆。2011 年和 2013 年,销量先后突破 3 万辆和 5 万辆。2014 年和 2015 年,再次连续突破 7 万辆和 8 万辆。至 2015 年,凯迪拉克品牌累计销售 30.76 万辆。

【车型销量】

2004 年,凯迪拉克 CTS 获得超过 800 辆订单,至 2015 年累计销售 21 526 辆。SRX 从 2005—2009 年累计销售 2 291 辆。2010 款 SRX 上市后,该车型年销量明显上升,至 2015 年累计销售 13.34 万辆。SLS 2007 年上市,至 2015 年累计销售 2.91 万辆。XTS 2013 年上市,至 2015 年累计销量 7.43 万辆。进口 ATS 和国产化 ATS‐L 分别在 2013 年和 2014 年上市,至 2015 年累计销量 4.62 万辆。

表 6‐1‐22　2004—2015 年上汽通用凯迪拉克品牌车型销量统计表　　　　　　单位：辆

年份	1	2	3	4	5	6	7	8	合计
	SLS	CTS	SRX	XLR	Escalade	XTS	ATS	ATS‐L	
2004	—	816	—						816
2005	—	1 848	531	5					2 384
2006	—	2 227	488	7	108				2 830
2007	4 362	2 112	159	21	368				7 022

〔续表〕

年份	1 SLS	2 CTS	3 SRX	4 XLR	5 Escalade	6 XTS	7 ATS	8 ATS-L	合计
2008	2 451	3 268	252	11	436	—	—	—	6 418
2009	3 048	3 004	861	11	341	—	—	—	7 265
2010	5 200	2 394	9 192	12	568	—	—	—	17 366
2011	7 008	2 520	19 927		553				30 008
2012	7 007	1 065	21 698		240				30 010
2013	15	595	26 897	1	242	20 101	2 154		50 005
2014	11	687	27 484		82	31 960	5 325	7 951	73 500
2015	—	990	25 892		22	22 285	17	30 801	80 007
车型合计	29 102	21 526	133 381	68	2 960	74 346	7 496	38 752	307 631

资料来源：上汽通用汽车有限公司

四、别克(BUICK)

【品牌商标】

别克(BUICK)是美国通用汽车旗下品牌,诞生于 1903 年成立的别克汽车公司。别克标志来源于苏格兰别克家族的盾形家徽。1959 年首次将三面盾牌阶梯向上排列,镶嵌于金属圆环内,象征别克品牌积极进取、不断攀登的品牌精神。2010 年,别克标志修改定型,三色盾牌中红色象征激情动力,代表高档轿跑车型;银色象征创新科技,代表高档 SUV 车型;蓝色象征典雅艺术,代表高档舒适车型。

图 6-1-13
别克商标

1997 年 6 月 12 日,上海通用汽车有限公司成立,别克品牌进入中国。上海通用汽车生产的别克品牌秉承"心静·思远·志行千里"的品牌理念。至 2015 年,上汽通用汽车有限公司别克品牌先后产销新世纪、GL8、赛欧、君威、凯越、君越、林荫大道、英朗、昂科拉、昂科威、威朗 11 个车型,并于 2008 年 11 月进口销售 SUV 昂科雷,产品横跨中高级车、中级车、紧凑级车和 SUV、MPV 等细分领域。

别克品牌分别在 2000—2005 年、2007 年、2009 年 8 次获评上海市名牌产品,凯越、君越轿车 2005 年、2007 年、2011 年、2013 年、2015 年 5 次获评上海市名牌产品,GL8、GL8 陆尊 2007 年、2011 年、2013 年、2015 年 4 次获评上海市名牌产品,君威、林荫大道 2011 年各 1 次获评上海市名牌产品,英朗 2011 年、2013 年、2015 年 3 次获评上海市名牌产品,昂科拉 2013 年、2015 年 2 次获评上海市名牌产品,昂科威 2015 年获评上海市名牌产品称。

【别克新世纪】

1998 年 12 月 17 日,别克新世纪轿车在上海通用汽车下线,这是别克品牌进入中国的首款中高档轿车。该车继承美系车安静舒适驾乘品质和高标准安全保护,并有后排独立空调及音响控制、

2.98升V型6缸发动机、机油寿命监测装置、SFI顺序多点喷射电子点火系统等多种豪华配置。

【GL8】

1999年12月17日,第一辆别克GL8商务旅行车下线,开启国内MPV细分市场。2002年,别克GL8开始出口海外。2005年4月,别克GL8陆尊上市,再度提升GL8产品实力,搭载3.0升VVTV6发动机,共7个款式。2010年11月,全新GL8豪华商务车发布,标志着别克品牌正式进军豪华公商务MPV市场。该车搭载3.0L V6 SIDI智能直喷发动机、享誉全球的2.4LEcotec发动机以及与之完美匹配的6档手自一体变速箱,配备超高强度车身、安吉星(OnStar)全时在线助理、别克高标准Quiet Tuning高效静音科技等,GL8是别克高端商务的标杆,也是高档MPV的领衔者。2010年12月,该车获中国主流媒体汽车联盟第七届中国汽车总评榜年度MPV称号、中国强势媒体联盟2010中国汽车风云榜总评榜风云MPV称号。2013年12月,2014款GL8商务车上市,配备全新一代S6 6档手自一体变速箱。

【别克赛欧(Buick Sail)】

2000年12月12日,别克赛欧(Buick Sail)上市。该车原型来自美国通用汽车旗下德国欧宝紧凑型轿车OpelCorsaB可赛车型,是一款适合走入家庭的紧凑型轿车,成为中国汽车市场开启"10万元家轿"的第一个标杆。赛欧拥有其时国内经济型轿车所没有的ABS、双气囊、四门防侧撞钢梁等中高级轿车配置,排放达到欧洲II号标准。2004年2月,获得《中国汽车报》评选的中国汽车工业50年50个有影响力的产品称号。

【别克君威(Buick Regal)】

2002年12月26日,别克君威(Buick Regal)上市。该车由上海通用汽车主导设计,泛亚汽车技术中心设计外观,世界顶级设计公司ARIAGroup设计内饰,为上海通用汽车本土化开发的重要尝试,并成为中国公商务轿车新标杆。2008年,君威换代升级,新君威基于通用汽车最新全球中级车平台,由通用欧洲设计及工程开发中心领衔设计和开发,并协同泛亚等设计团队合作而成。2009年6月,新君威2.0T豪华运动版上市,成为别克首款进军国内涡轮增压市场代表作。同年9月,新君威1.6T精英运动版上市。2011年9月,推出全新君威GS智驱性能轿跑车,将时尚动感与智驱性能相结合,率先将FlexRide自适应驾驶系统引入中高级运动车市场。2012年2月,推出全新2012款高级运动轿跑君威,动力总成、安全、豪华配置全面升级,包括全新一代S6 6档手自一体变速箱、FNC专利刹车碟、EPS电子助力转向等。2013年9月,推出全新君威和全新君威GS,为中高级车树起新的时尚坐标和性能标杆。至2015年,全新君威有2.0升、1.6升(涡轮增压)、2.0升(涡轮增压)三种排量7种款式。该车型于2004年获年度中国汽车工业科技进步奖一等奖,获当年度中国年度汽车总评榜年度最佳公务车(轿车类);2009年获《中国汽车报》评选的年度家庭轿车称号。

【别克凯越(Buick Excelle)】

2003年4月19日,别克凯越(Buick Excelle)在上海国际汽车展亮相。该车原型为通用汽车最新开发的全球化中级轿车,将全球同步科技的产品品牌和"别克关怀"服务品牌相结合,为中级车市场带来新标准。2004年,凯越HRV诞生。2005年,推出凯越旅行车。2008年,新一代凯越发布。2013年12月,推出全新凯越,再掀主流中级车新变革。至2015年,该车有一个排量4种款式。

2015 年,该车型获中国汽车工程协会、中国机械工业企业管理协会、中国机械工业质量管理协会、北京亚运村汽车交易市场颁发的 2004—2005 年度中国十大车型称号,获中国主流媒体汽车联盟颁发的中国年度汽车总评榜年度最佳中级车称号。

【别克君越(Buick LaCrosse)】

2006 年 2 月 22 日,别克君越(Buick LaCrosse)上市。该车是集通用汽车全球同步的先进平台、国际国内优势资源和上海通用汽车自主研发于一身的全新产品,匹配先进科技的 Ecotec D - VVT 2.4 升高效发动机、领先的 Quiet Tuning 高效静音科技。2008 年,君越油电混合动力车发布,成为中国汽车市场第一款量产中高档混合动力轿车。2009 年 7 月,全新一代君越在广州发布,首次在中高级车市场引入直喷 V6 发动机和 CDC 全时主动式液力悬挂系统,树立中高档轿车新标杆,并与新君威一起成为中高级车市场具有强劲竞争力的双车型组合。2011 年 8 月,君越 eAssist 混合动力车上市。2012 年 2 月,别克推出全新 2012 款高档行政级轿车别克君越。2013 年 3 月,全新君越全球首发。至 2015 年,全新君越拥有 2.4 升、2.0 升(涡轮增压)、3.0 升三种排量 7 种款式。2007 年,该车整车开发项目获年度中国汽车工业科技进步奖二等奖,CCTV 颁发的 2006 年度 CCTV 中高级轿车称号;2010 年,获主流媒体汽车联盟颁发的 2009 年汽车总评榜年度风云汽车称号。

【别克林荫大道(Buick Park Avenue)】

2007 年 4 月 10 日,别克林荫大道(Buick Park Avenue)亮相。该车拥有 3 009 毫米超长轴距和 5 177 毫米车身,搭载 V6 3.6 升高性能引擎,以及顶级剧院级音响,成为上海通用汽车别克品牌旗舰车型。该车型于 2008 年获得中国主流媒体汽车联盟颁发的年度最佳公务车称号。

【XT 英朗(Excelle)】

2009 年 11 月 23 日,别克 XT 英朗(Excelle)在广州车展发布,该车型搭载间距操控与舒适性的高性能欧式运动底盘和创新悬挂系统,配合 1.6T 涡轮增压发动机,开创五门轿跑时尚新潮。2010 年 6 月,英朗 GT 在大连上市。该车是通用汽车第一款在中国首发并率先上市的全球车型,搭载高性能欧式运动底盘和 1.6T 涡轮增压发动机,为高档中型轿车。2013 年 12 月,2014 款英朗 XT 上市,新增 Alcantara 高级绒面内饰选择。2015 年 3 月,全新英朗上市,共 9 款车型。

【昂科拉(ENCORE)】

2012 年 10 月 10 日,推出别克首款国产 SUV 车型昂科拉(ENCORE),该车立足通用汽车全球最新四驱紧凑型 SUV 平台,为新崛起的年轻一代进取新锐量身打造。首次全系引入通用汽车全球最新一代 Ecotec 1.4T 涡轮增压发动机,匹配全进口 6 档手动变速箱及新一代 6 档手自一体变速箱,动力达 2.0 升自然吸气水准,百公里 6.9 升油耗创同级新低。

【昂科威(ENVISION)】

2014 年 8 月 28 日,通用汽车全球新一代战略车型别克昂科威(ENVISION)亮相,进一步完善别克高档 SUV 产品线,拉开别克新一轮产品布局序幕。2014 年 10 月,昂科威 4 款 28T 车型上市。2015 年 4 月,昂科威 4 款 20T 车型上市。昂科威 20T 车型搭载 1.5T SIDI 中置直喷涡轮增压发动机与 7 档 DCG 智能双离合变速箱,提供前驱和智能四驱两种驱动模式。昂科威 20T 携手 28T 车型,强势进击 SUV 主流细分市场,满足更多消费者对全能中型 SUV 的多样化需求。2015 年 12 月,昂科威从烟台港启程,上汽通用首次实现对北美市场的整车出口。

【威朗】

2015 年 4 月 19 日,别克威朗全球首发。作为别克新一代全球战略车型,威朗为追求个性动感与高品质驾驶体验的消费者带来更具竞争力的全新选择。2015 年 6 月,别克威朗上市,共 8 款车型。2015 年 11 月,威朗轿跑/威朗 GS 上市,共 5 款车型。作为别克布局中级车高端细分市场的全新力作,威朗轿跑/威朗 GS 整合通用全球优势资源,凭借超高颜值、炫酷科技和精准操控,直击年轻消费者的核心需求,为其带来"天生带感"的运动轿跑新体验。2015 年 12 月,威朗刷新 C‑NCAP 新规最高分,以 57.3 分的优异成绩荣膺五星安全评级,并刷新 2015 年版 C‑NCAP 新规执行以来的最高得分。

表 6‑1‑23　2015 年上汽通用别克品牌车型一览表

序号	车型	推出时间	车型类别	基本款式	
				数量(种)	名称
1	新凯越	2008 年 4 月	A 级车	4	1.6 LE AT 自动舒适　　1.6 LE MT 手动舒适版 1.6L LX MT　　1.6L LE MT
2	昂科雷	2008 年 11 月	SUV	2	3.6L SIDI 精英舒适型　　3.6L SIDI 四驱智享旗舰型
3	新君威	2008 年 12 月	B 级车	6	1.6T 精英运动版(OnStar) 2.0T 旗舰运动版(OnStar) 2.0T 豪华运动版(OnStar) 2.0L 世博版(OnStar)　　2.4L 旗舰版(OnStar) 2.4L 精英版(OnStar)
4	新君越	2009 年 7 月	B 级车	7	3.0L 旗舰版(OnStar)　　2.4L 豪华版(OnStar) 2.4L 豪雅版(OnStar)　　2.4L 雅致版(OnStar) 2.4L 舒适版　　2.0T 豪雅版 2.0T 舒适版
5	英朗 XT	2009 年 11 月	A 级车	6	1.6T 新锐运动版　　1.6T 时尚运动版 1.8L 豪华版　　1.8L 时尚版 1.6L 进取版 MT　　1.6L 时尚型 AT
6	英朗 GT	2010 年 6 月	A 级车	6	1.6LMT 进取版　　1.6LAT 时尚版 1.8LAT 时尚版　　1.6T 新锐运动版 1.6T 时尚运动版　　1.8L 自动豪华版
7	新 GL8 豪华商务车	2010 年 11 月	MPV	6	2.4L 商务车 CT AT 舒适版 2.4L 商务车 LT AT 行政版 2.4L 豪华商务车 CT AT 舒适版 2.4L 豪华商务车 LT AT 行政版 3.0L 豪华商务车 GT AT 豪雅版 3.0L 豪华商务车 XT AT 旗舰版
8	GL8 商务车	2010 年 11 月	MPV	5	2.4L 经典版　　2.4L 舒适版 2.4L 行政版　　3.0L 豪雅版 3.0L 旗舰版

〔续表〕

序号	车 型	推出时间	车型类别	基 本 款 式	
				数量(种)	名 称
9	昂科拉	2012年10月	SUV	4	1.4T 都市进取型　　1.4T 都市精英型 1.4T 都市领先型　　1.4T 四驱全能旗舰型
10	新凯越	2013年2月	A级车	4	1.5L 手动经典型　　1.5L 自动经典型 1.5L 手动尊享型　　1.5L 自动尊享型
11	全新君威	2013年9月	B级车	7	2.0L 领先时尚型　　2.0L 精英时尚型 1.6T 领先技术型　　1.6T 精英技术型 2.0T 豪情运动版　　2.0T 燃情运动版 2.0T 纵情运动版
12	全新君越	2013年3月	B级车	7	2.4L SIDI 领先舒适型　　2.0T SIDI 技术型 2.4L SIDI 精英舒适型　　2.4L SIDI 豪华舒适型 2.0T SIDI 精英技术型　　2.0T SIDI 智享旗舰型 3.0L V6 SIDI 智享旗舰型
13	昂科威	2014年10月	SUV	8	28T 四驱精英型　　28T 四驱豪华型 28T 四驱全能旗舰型　　28T 四驱全能运动旗舰型 20T 前驱领先型　　20T 前驱精英型 20T 四驱精英型　　20T 四驱豪华型
14	全新英朗	2015年3月	A级车	9	1.5L 手动进取型　　1.5L 手动精英型 1.5L 自动进取型　　1.5L 手动豪华型 1.5L 自动精英型　　1.5L 自动豪华型 1.4T 双离合精英型　　1.4T 双离合豪华型 1.4T 双离合运动旗舰型
15	威朗	2015年6月	A级车	8	15S 手动进取型　　15S 自动进取型 15S 手动领先型　　15S 自动领先型 20T 双离合领先型　　20T 双离合领先型 20T 双离合豪华型　　20T 双离合旗舰型
16	威朗轿跑/GS	2015年11月	A级车	5	15S 自动进取型　　15S 自动领先型 20T 双离合豪情运动型　　20T 双离合燃情运动型 20T 双离合纵情运动型
合计	车型数量:16				款式数量:94

资料来源:上汽通用汽车有限公司

【品牌销量】

1998年12月,别克品牌第一款车型别克新世纪轿车下线,创造建厂到投产23个月的同类项目世界纪录。2000年,别克GL8开始销售,2001年销量突破1万辆。同年,别克品牌累计销量突破10万辆。2003年,凯越上市,持续带动销量提升。2004年、2006年和2009年,别克累计销量先后突破50万辆、100万辆和200万辆,成为中国汽车市场增长最快的汽车品牌。2005年起,连续3年蝉联乘用车年度销量冠军。别克品牌于2003年、2006年、2009年获上海市质量金奖。2010年,别克全年销量55万辆,国内乘用车市场占有率5.1%,并支撑上海通用汽车成为该年中国第一家年销100万辆的轿车企业。2015年,别克销量103.5万辆,成为中国历时最短达到年销100万辆的轿车品牌。至2015年年底,别克品牌国内保有量突破693万辆。

【GL8 销量】

别克 GL8 至 2004 年累计销售 8.56 万辆。2005 年 GL8 陆尊上市。2000—2015 年,该车 16 年始终位居中国 MPV 市场销量前列,累计销售 68.14 万辆,成为 MPV 市场领军品牌。

【凯越销量】

凯越于 2003 年上市,2 年后的 2005 年年销量就超过 15 万辆,2009 年年销量再次超过 20 万辆。至 2010 年,累计销售 129.12 万辆。2010 年当年,凯越销售 22.25 万辆,分别占该年别克品牌总销量和上海通用汽车总销量的 40.5% 和 22%,成为别克品牌的第一主力车型和上海通用汽车的主力车型。至 2015 年,凯越累计销售 258.73 万辆,年均销售超过 19.9 万辆。

【君威/君越销量】

1999 年和 2006 年年初,别克君威和别克君越相继上市,在中国中高级轿车市场展现"双子组合"的实力。至 2015 年 12 月,两个车型分别累计销量 101.83 万辆和 80.28 万辆,合计达到 182.10 万辆。

【英朗 XT/英朗 GT】

别克英朗 XT/英朗 GT 先后于 2009 年 11 月和 2010 年 6 月上市,当年销售就取得不俗佳绩,后续几年销量有较大幅度增加。至 2015 年 12 月两个车型分别累计销量 24.68 万辆和 88.38 万辆,合计达到 113.06 万辆。

【昂科拉/昂科威】

昂科拉和昂科威于 2012 年和 2014 年相继上市,至 2015 年 12 月两个车型分别累计销量 23.6 万辆和 18.23 万辆,合计达到 41.83 万辆。

表 6‐1‐24　1999—2015 年上汽通用别克品牌车型销量统计表　　　　单位:辆

序号 车型	1 君威	2 君越	3 荣御	4 林荫 大道	5 昂科 雷	6 GL8	7 别克 赛欧	8 英朗 XT	9 英朗 GT	10 凯越	11 昂科 拉	12 昂科 威	13 威朗	合计
1999	19 790	—	—	—	—	—	—	—	—	—	—	—	—	19 790
2000	23 488	—	—	—	—	7 055	—	—	—	—	—	—	—	30 543
2001	19 670	—	—	—	—	10 378	28 128	—	—	—	—	—	—	58 176
2002	37 325	—	—	—	—	16 636	55 782	—	—	—	—	—	—	109 743
2003	89 988	—	—	—	—	22 491	51 679	—	—	36 001	—	—	—	200 159
2004	72 857	—	—	—	—	29 085	57 838	—	—	92 225	—	—	—	252 005
2005	64 409	—	2 003	—	—	26 257	45	—	—	150 832	—	—	—	243 546
2006	34 116	52 021	3 631	—	—	38 007	—	—	—	176 450	—	—	—	304 225
2007	15 236	71 500	465	5 678	—	42 494	—	—	—	196 742	—	—	—	332 115

〔续表〕

序号	1	2	3	4	5	6	7	8	9	10	11	12	13	
车型	君威	君越	荣御	林荫大道	昂科雷	GL8	别克赛欧	英朗XT	英朗GT	凯越	昂科拉	昂科威	威朗	合计
2008	9 897	52 719	6	4 799	1 012	36 252	—			175 417				280 102
2009	79 929	74 562	—	4 213	7 169	40 029	−1		—	241 109				447 010
2010	79 358	104 378	—	3 368	6 637	52 127	—	38 338	43 310	222 494				550 010
2011	78 844	103 366		2 204	5 906	66 903	—	38 075	96 725	253 514		—		645 537
2012	85 437	86 075		1 492	2 562	63 994		45 728	127 569	277 065	10 015			699 937
2013	86 050	89 276		155	2 216	70 189		53 753	150 520	296 183	61 563			809 905
2014	111 245	83 857		5	2 501	80 476	—	50 372	195 931	293 098	82 346	19 683	—	919 514
2015	110 637	85 005			1	78 984		20 510	269 703	176 242	82 013	162 577	49 336	1 035 008
合计	1 018 276	802 759	6 105	21 914	28 004	681 357	193 471	246 776	883 758	2 587 372	235 937	182 260	49 336	6 937 325

资料来源：上汽通用汽车有限公司

五、雪佛兰（Chevrolet）

【品牌商标】

图 6-1-14
雪佛兰商标

雪佛兰（Chevrolet）品牌诞生于 1911 年 11 月，1918 年被美国通用汽车并购，成为通用汽车旗下最为国际化和大众化的汽车品牌。雪佛兰品牌商标是"金领结"，1914 年正式启用，抽象化的蝴蝶领结象征雪佛兰轿车的大方、气派和风度。

2005 年 1 月 18 日，上海通用汽车开始生产雪佛兰品牌，公司进入双品牌运作并对雪佛兰品牌口号进行本地化设计和诠释，确定品牌愿景是中国年轻人和年轻家庭首选的国际汽车品牌口号；2005—2007 年是"条条大道雪佛兰"，2007—2010 年是"未来、为我而来"，2010—2015 年是"热爱我的热爱"；品牌个性是真实自然、年轻心态、充满自信、乐观向上、富有创意。

雪佛兰品牌赛欧轿车于 2005 年、2007 年、2009 年、2011 年、2013 年、2015 年 6 次获得上海市名牌产品称号；景程、爱唯欧、科鲁兹轿车于 2011 年、2013 年、2015 年 3 次获得上海市名牌产品称号；乐风轿车于 2011 年获得上海市名牌产品称号；迈锐宝、科帕奇轿车于 2013 年、2015 年 2 次获得上海市名牌产品称号；创酷轿车于 2015 年获得上海市名牌产品称号。

2015 年，上汽通用汽车有限公司产销的雪佛兰品牌有景程、科帕奇、科鲁兹、赛欧、爱唯欧、创酷、迈锐宝、乐风 RV 共 8 种车型。

【赛欧（SAIL）】

2005 年 3 月，雪佛兰赛欧（SAIL）上市，将 2000 年别克赛欧开启的 10 万元家轿门槛降至 7 万元以内。2010 年，新赛欧上市，再次将家轿门槛降至 5 万元以内。2001—2010 年，赛欧成为名副其实的小车销量王。2010 年，赛欧有 1.2 升和 1.4 升排量 12 款车型。2011 年 7 月，"全民理想家轿"

新赛欧在原有 1.4 升优逸版基础上改款推出 4 款新车型。2012 年 11 月,上海通用汽车首款国产新能源产品赛欧 SPRINGO 纯电动车上市。2013 年 10 月,新赛欧推出 3 款三厢幸福版车型。2014 年搭载全新开发的 1.5 升 DVVT 发动机和 1.3L VVT 发动机更新赛欧 3。截至 2015 年,赛欧有 1.3 升、1.5 升 2 种排量 8 款车型。

【景程(Epica)】

2005 年 4 月,雪佛兰景程(Epica)上市。该车是一款遵循"真实价值"理念定义的中级车。2007 年 3 月和 2009 年 9 月,景程进行两次改款。2010 年,景程有 1.8 升排量 7 种款式。该车型于 2007 年获中国主流汽车媒体汽车联盟中国年度汽车总评榜的年度最受欢迎新车称号。

【乐骋(AVEO)/ 乐风(LOVA)】

2005 年 7 月和 2006 年 3 月,雪佛兰乐骋(AVEO)和雪佛兰乐风(LOVA)先后上市。2007 年 7 月乐风 SS 特别版上市,2008 年 3 月新乐骋上市,2009 年 5 月新乐风上市。乐骋是一款拥有高效发动机和高性价比的实用性强的两厢车,2010 年有 1.4 升、1.6 升 2 个排量 5 种款式。乐风拥有超越同级车的配置和高性价比,2010 年有 1.4 升、1.6 升 2 个排量 4 种款式。2015 年 11 月乐风 RV 上市,该车定位全新城市休旅车,集合通用汽车全球资源优势打造,采用顶尖制造工艺与丰富科技配置,目标让新生代年轻人群能够更加尽情玩乐。至 2015 年,乐风 RV 有 1.5 升 1 种排量 4 种款式。

【科帕奇(CAPTIVA)】

2007 年 11 月,雪佛兰科帕奇(CAPTIVA)上市,上海通用汽车开始生产 SUV 车。2010 年,科帕奇改款上市。科帕奇作为一款都市高性能 SUV,既满足城市需求,又具有 SUV 的动感和越野特点。同时,科帕奇还拥有 7 人座车型,领先同级车型。至 2015 年,雪佛兰科帕奇有 2.4 升和 3.2 升 2 个排量 3 款车型。

【科鲁兹(Cruze)】

雪佛兰科鲁兹(Cruze)在 2008 年巴黎车展亮相,该车具有运动风格的操控性能和年轻动感的外型设计,来自通用汽车全球最先进的轿车平台,拥有同级车最强的动力输出,同级最富驾驶乐趣的操控体验以及更强化运动风格的造型设计。2009 年 4 月,科鲁兹上市,2009 年和 2010 年,科鲁兹连续 2 年获 WTCC 世界房车锦标赛冠军。2010 年,科鲁兹有 1.8 升、1.6 升两种排量 8 种款式。2013 年,推出科鲁兹掀背车,有 1.6 升、1.6 升(涡轮增压)2 个排量 3 款车型。2014 年,推出新科鲁兹,有 1.5 升、1.4 升(涡轮增压)2 个排量 7 款车型。

【迈锐宝(Malibu)】

雪佛兰迈锐宝(Malibu)于 2012 年 2 月 15 日进入中国并上市,新车定位为雪佛兰全球中高级旗舰轿车。该车英文名源自加州 Malibu 海滩,象征驾享精神与梦想理念。迈锐宝首次将美式典范带入中国市场,成为中高级车市场一匹黑马。至 2015 年,迈锐宝有 2.0 升、1.6 升(涡轮增压)、2.4 升 3 种排量 6 款车型。

【创酷(TRAX)】

2014年4月,在国家游泳中心举办的雪佛兰品牌之夜活动中,上汽通用雪佛兰发布全新小型SUV车型创酷(TRAX),全系标配1.4T发动机,匹配6MT/6AT变速箱,并有四驱系统可选。创酷希望以创造性思维,为新生代年轻人提供更个性、更多元化、更富乐趣的生活方式,以创新思维创造城市酷生活。至2015年,创酷有1.4升(涡轮增压)1个排量4款车型。

【爱唯欧(AVEO)】

2011年5月20日,国内高端小型车市场被誉为"性能家轿""通用最强小车"雪佛兰爱唯欧在中国上市,该车搭载1.4升、1.6升发动机,发布两厢/三厢共12款车型。2013年,上市时尚天窗版及风尚影音版两款新车型。2014年,推出新款爱唯欧,外观内饰进行升级。至2015年,爱唯欧有1.4升、1.6升2种排量13款车型。该车型自2011年9月先后获得欧洲新车评价规程(EuroNCAP)、美国公路安全保险协会(IIHS)、美国新车评价规程(USNCAP)、C-NCAP在内的四大全球权威碰撞机构最高安全评级,树立全球小车安全新标杆。

表6-1-25　2015年上汽通用雪佛兰品牌车型一览表

序号	车型	推出时间	车型类别	基本款式	
				数量(种)	名称
1	赛欧	2005年3月	A0级车	6	1.6L SL-MT 1.6L SE-MT 1.6L SE-AT 1.6L SRV SL-MT 1.6L SRV SE-MT 1.6L SRV SE-AT
2	景程	2005年4月	B级车	7	SL致真版MT SE舒适版MT SE舒适版AT SX豪华版MT SX豪华导航版MT SX豪华版AT SX豪华导航版AT
3	科帕奇	2007年11月	SUV	3	2.4L MT 2.4L AT 3.2L AT
4	科鲁兹	2009年4月	A级车	8	1.6L SL MT 1.6L SL MT 天地版 1.6L SL AT 天地版 1.6L SE MT 1.6L SE AT 1.6T 1.8L SE AT 1.8L SX AT

〔续表〕

序号	车　型	推出时间	车型类别	基　本　款　式	
				数量(种)	名　　　称
5	爱唯欧	2011年5月	A0级车	7	1.4手动舒适版(两厢/三厢) 1.4手动舒享版(两厢/三厢) 1.4自动时尚版(两厢/三厢) 1.4自动时尚版(天窗/三厢) 1.4手动乐悠版(两厢/三厢) 1.4自动畅悠版(两厢/三厢) 1.6自动风尚版(两厢/三厢)
6	迈锐宝	2012年2月	B级车	7	1.6T SL AT 舒适版 2.0 SE AT 豪华版 2.4 SE AT 豪华版 1.6T SL AT 舒适版 2.4 SX AT 旗舰版 2.0 SL＋ AT 舒适版 1.6T SX AT 豪华版
7	创酷	2014年4月	SUV	4	1.4T 手动舒适型 1.4T 自动舒适型 1.4T 自动豪华型 1.4T 四驱旗舰型
8	乐风 RV	2015年11月	A0级车	4	1.5L 手动畅行版 1.5L 自动畅行版 1.5L 自动智行版 1.5L 自动趣行版
合计	车型数量：8			基本款式数量：46	

资料来源：上汽通用汽车有限公司

【品牌销量】

2005年3月,雪佛兰品牌第一款车型赛欧上市,至2008年4月该品牌累计销量突破40万辆,至2010年7月累计超过100万辆。至2010年年底累计销量达126.07万辆,占国内乘用车市场4%。2010年当年销售47.14万辆,与别克品牌共同支撑上海通用汽车成为中国第一家百万级轿车企业。同年,雪佛兰品牌获J.D. Power中国汽车售后服务满意度指数排名第一。至2015年,累计销量达430.3万辆。

【车型销量】

雪佛兰赛欧2005年上市,至2010年累计销量22.3万辆,至2015年累计销量117.5万辆。景程2005年上市,至2010年累计销量22.8万辆,至2015年累计销量31.6万辆。乐骋2005年上市,至2010年累计销量6.9万辆。乐风2006年上市,至2010年累计销量43.6万辆,至2015年累计销量49.6万辆。科帕奇2007年上市,至2010年累计销量2.6万辆,至2015年累计销量15.9万辆。科鲁兹2009年上市,至2010年累计销量28万辆,当年销量位居上海通用汽车雪佛兰品牌第1位和中国乘用车车型第8名,至2015年累计销量149.6万辆。爱唯欧2011年上市,至2015年累计销量 15.7 万辆。创酷 2014 年上市,至 2015 年累计销量 8.6 万辆。迈锐宝 2012 年上市,至 2015 年累计销量 34.7 万辆。

表 6‐1‐26 2005—2015 年上汽通用雪佛兰品牌车型销量统计表 单位:辆

序号	1	2	3	4	5	6	7	8	9	10	合计
车型	赛欧	景程	乐骋	乐风	科帕奇	科鲁兹	爱唯欧	创酷	迈锐宝	乐风 RV	
2005 年	45 967	19 507	13 935	—	—	—	—	—	—	—	79 409
2006 年	26 412	25 151	16 922	36 893	—	—	—	—	—	—	105 378
2007 年	18 961	41 702	11 455	87 031	1 384	—	—	—	—	—	160 533
2008 年	23	43 149	12 301	107 336	8 304	—	—	—	—	—	171 113
2009 年		44 482	9 532	118 935	7 635	92 190	—	—	—	—	272 774
2010 年	131 318	53 791	5 040	85 365	8 201	187 700	—	—	—	—	471 415
2011 年	156 777	32 639	—	60 721	12 994	221 196	22 089	—	—	—	349 639
2012 年	215 531	19 038		—	21 915	232 592	59 151	—	45 061	—	593 288
2013 年	203 286	18 078	—		36 519	246 890	36 189	—	99 020	—	639 982
2014 年	202 026	12 125	—		32 751	265 993	28 480	34 197	114 398	—	689 970
2015 年	174 931	6 063	—		29 602	249 343	11 333	51 977	88 850	227	612 326
合计	1 175 232	315 725	69 185	496 281	159 305	1 495 904	157 242	86 174	347 329	227	4 302 604

资料来源:上汽通用汽车有限公司

六、依维柯(IVECO)

【品牌商标】

依维柯(IVECO)品牌创立于 1975 年,归属意大利菲亚特集团依维柯公司。

图 6‐1‐15 依维柯商标

IVECO 是 Industrial Vehicle Corporation(工业车辆公司)的英文首字母缩写,品牌内涵是"安全、环保、效率、人性化"。1986 年,南京汽车集团引入依维柯品牌。1996 年 3 月,南汽集团和意大利菲亚特集团合资组建南京依维柯汽车有限公司,继续经许可生产依维柯品牌。2008 年 1 月,南京依维柯在上南全面合作后归属上海汽车。2009—2012 年,依维柯品牌连续 4 次获江苏省名牌产品称号。

至 2015 年,依维柯品牌有 Turbo Daily/Power Daily/欧霸/威尼斯 4 个车型系列,并在此基础上开发专用车和新能源系列产品。

【Turbo Daily 得意系列】

Turbo Daily 技术来自 IVECO,20 世纪 80 年代在中国上市后,定义中国短头轻型客车标准,代表当时轻型客车最高水平。所配柴油机大功率、大扭矩、节油、国内首家达欧Ⅱ/Ⅲ标准,后升级至国Ⅳ/Ⅴ标准;装备高可靠性变速箱、前扭杆独立悬架、插管式后桥,载客人数涵盖 6～17 人,轴距覆盖 2800、3310、3950、4180 4 个系列,并配有 ABS、倒车雷达、四轮盘式制动器、CAN 总线等轻客领先配置。

1997 年 7 月,Turbo Daily 轻客成为驻香港部队用车。1999 年 6 月,成为驻澳门部队用车。2000 年 11 月,中国轻客第一撞在天津中国汽车技术研究中心获得成功。

【Power Daily 宝迪/都灵 V 系列】

Power Daily 宝迪系列于 2004 年上市,2008 年推出 Power Daily 年度产品。2014 年,推出 Power Daily 尊享版年度产品,包括 2800、3310、3600、3950 和 4180 五种轴距,匹配 SOFIM8140/F1C 发动机和 5 档、6 档变速器,动力总成索菲姆发动机动力输出达 136 马力,满足国 V 排放标准的 F1C 发动机更达 145 马力。

2005 年,开发 Power Daily 都灵 V 系列轻型客车,获中国汽车工业和江苏省科技进步奖二等奖。2005 年 9 月,该车成为第十次全国运动会唯一指定救护用车及轻型载货专用车。2008 年,被选为北京奥运火炬传递车。2009 年 4 月,获上海世博局授权的上海世博会唯一指定轻型客车。

【欧霸系列】

欧霸车型是引进意大利 IVECO 公司技术,结合中国国情开发的四驱越野车型,有 NJ2045、NJ2046 两大系列,其中 NJ2045 系列越野车于 1999 年完成设计定型并投放市场,底盘采用 IVECO 技术;NJ2046 系列越野车于 2002 年完成设计投放市场,该车全套采用 IVECO 越野车技术。欧霸越野车包含 2800、3310 两种轴距,匹配 SOFIM8142 系列越野专用发动机与 2826.5 变速箱,同时具备全轮四驱与前后桥差速锁功能。欧霸越野车涵盖硬顶厢式客车、篷布软顶客车、软顶硬顶载货车、二类底盘等基本车型以及越野医疗救护车、边防巡逻车、侦查车、汽车抢修车等专用车型。

2002 年和 2003 年,NJ2045 系列军用越野车开发获中国汽车工业科技进步奖二等奖和南京市科技进步奖二等奖;2003 年,1 吨级军用越野汽车开发获南京市科技进步奖一等奖。2012 年,某型军用越野救护车研制获中国汽车工业科技进步奖二等奖。

【威尼斯系列】

威尼斯车型是引进 IVECO 技术,结合中国市场实际情况开发的客运车型,2003 年完成设计投放市场,有 P2800、P3310、P3950、P4180 4 种轴距,底盘采用 IVECO 底盘技术,匹配 SOFIM8140 系列发动机和 2826.5、2830.5 2 种变速箱。车型覆盖 10~24 座小型和中型客车,可用于客运、旅游、通勤等需求。

表 6-1-27　2015 年南京依维柯依维柯品牌车型系列一览表

序号	车　　型	推出时间	车型类别	基　本　款　式		
				数量(种)	名　　称		
1	Turbo Daily	1991 年	轻客	1	SOFIM 2.8L		
2	Power Daily2008 版	2008 年	轻客	3	SOFIM 2.8L	SOFIM 2.5L	F1C 3.0L
	Power Daily 尊享版	2014 年	轻客	3	SOFIM 2.8L	SOFIM 2.5L	F1C 3.0L

〔续表〕

序号	车　　型	推出时间	车型类别	基　本　款　式	
				数量(种)	名　　　称
3	欧霸	1999年	越野车	8	NJ2045 短轴客车　　NJ2045 长轴客车 NJ2045 短轴载货车　NJ2045 长轴载货车 NJ2046 短轴客车　　NJ2046 长轴客车 NJ2046 短轴载货车　NJ2046 长轴载货车
4	威尼斯	2003年	客车	2	SOFIM 2.8L　　F1C 3.0L
合计	车型数量：5			基本配置数量：17	

资料来源：南京依维柯汽车有限公司

【专用车系列产品】

南京依维柯在 4 个车型系列基础上,开发 30 个品种近 400 种款式的专用车,主要包括旅居车、医疗卫生车、警用车、物流运输车、市政工程车、城市服务车六大系列。

图 6-1-16　南京依维柯专用车产品系列图

【品牌产销】

1996 年,依维柯 Turbo Daily 产品进入中国市场,填补了中国市场欧系轻型客车的空白,市场占有率迅速提升,并稳居国内商用车行业榜首。1997 年销量突破 2 万辆,1996—2000 年累计销售 9.13 万辆。2004 年,Power Daily 上市,2010 年产销量突破 3 万辆,1996—2010 年,销量累计达 29.05 万辆,2010 年国内市场占有率达到 38.2%。

表6‑1‑28　2007—2015年南京依维柯依维柯品牌销量统计表　　　　　单位：辆

年　份	内销/出口	都灵 V	得　意	军　车	旅行车	合　计
2007	销量	11 532	9 393	1 902	1 273	24 100
	其中出口	169	—	—	—	169
2008	销量	12 835	6 058	2 021	1 305	22 219
	其中出口	458	16	4	—	478
2009	销量	12 544	8 743	2 722	1 028	25 037
	其中出口	716	7	27	—	750
2010	销量	17 814	11 067	2 361	839	32 081
	其中出口	597	—	—	—	597
2011	销量	20 980	15 083	2 122	—	39 009
	其中出口	1 693	—	12	—	1 705
2012	销量	20 563	15 846	2 480	1 117	40 006
	其中出口	1 722	1	22	—	1 745
2013	销量	20 856	18 018	2 212	914	42 000
	其中出口	1 883	5	21	—	1 909
2014	销量	21 736	19 742	1 771	759	44 008
	其中出口	591	22	3	—	616
2015	销量	21 189	16 856	2 013	—	40 688
	其中出口	420	—	—	—	420
累计	销量	160 049	120 806	17 804	7 235	305 894
	其中出口	8 249	51	89	—	1 994

资料来源：南京依维柯汽车有限公司

七、沃尔沃(VOLVO)

【品牌商标】

沃尔沃(VOLVO)品牌1927年创建于瑞典,归属瑞典沃尔沃汽车公司。2000年8月,上海汽车工业(集团)总公司与沃尔沃公司合资成立的上海申沃客车有限公司获得沃尔沃(VOLVO)品牌许可使用权。根据双方签订的技术许可补充协议,上海申沃客车使用沃尔沃(VOLVO)发动机开发的各类产品,均可使用沃尔沃(VOLVO)品牌。

图 6‑1‑17
沃尔沃商标

沃尔沃(VOLVO)品牌商标由图形和文字组成,圆圈代表罗马战神玛尔斯,同时为瑞典钢铁工业的象征;对角线是沃尔沃(VOLVO)产品最明显的商标;古埃及字体 VOLVO 为公司名称。VOLVO拉丁语意为"滚滚向前",揭示为"现代家庭创造最安全、最激动人心乘坐体验"的沃尔沃品牌特质。

至 2015 年,上海申沃客车产销的沃尔沃(VOLVO)产品可分为 10.5 米、12 米系列欧 II/欧 III、12 米系列低入口地板、全低地板欧 IV 系列。

【12 米 SWB6120KHV-3 系列城市客车】

2001 年 2 月,上海申沃客车研发制造的国内首创高档城市客车 SWB6120KHV-3 系列城市客车上市,该车采用国产客车车身匹配 20 世纪 90 年代世界技术领先的 VOLVO 底盘,排放从欧 II 升级到欧 III 标准。该车被评为第五届全国城市车辆展览会超一级城市客车(四星级)推荐产品、2002年度国家重点新产品。

【SWB6122 系列城郊客车】

2001 年 2 月,上海申沃客车生产的同样通过国产车身与 20 世纪 90 年代世界技术领先的沃尔沃(VOLVO)旅游客车底盘匹配的 SWB6122 系列城郊客车上市。

【SWB6125 系列城市客车】

2002 年 3 月,上海申沃客车采用 VOLVO 专用客车底盘的 SWB6125 低入口城市客车在上海浦东新国际博览中心举行的世界客车博览会亚洲展会首次亮相,并被评为 2002 年度最佳城市客车。该车车门为一级踏步,离地高 350 毫米,加装下跪装置后门踏步仅高 270 毫米,更加方便老人儿童上下车,为国内首款真正意义上的低入口城市客车。

【SWB6120V3(新概念 Mark II)系列城市客车】

2005 年,上海申沃客车 SWB6120V3(新概念 Mark II)系列城市客车上市,该车采用与欧洲市场同步推出的沃尔沃 B7RMK II 底盘,排放到欧 IV 标准,车厢地板高度为 600 毫米的一级踏步,方便乘客上下车。

【沃尔沃 10.5 米 SWB6100V 系列城市客车】

2005 年 5 月,上海申沃客车生产的 VOLVO 首次全球合作开发的产品 SWB6100V 系列城市客车上市。该车型采用 VOLVO BXR 底盘和 VOLVO D7D270 发动机,通过闭环结构设计,减轻车身重量,增强结构强度刚度,油耗比同类产品降低 1/3。

【SWB6128V8LF 系列城市客车】

2013 年 10 月,上海申沃客车 SWB6128V8LF 系列城市客车上市。这款车型是上海申沃依据上海城市公交发展新特点,与巴士集团合作研制的 VOLVO 三开门、全低地板新车型,宽幅三开门可提高乘客上下车速度,全低地板方便乘客上下车,该车增加载客量可达 92 人。车辆配置高性能发动机达到国 V 排放标准。

【SWB6128V8 系列城市客车】

2014 年 4 月,上海申沃客车 SWB6128V8 系列城市客车上市。该车为两开门,整车基于 SWB6128V8LF 车身造型及内外饰,匹配 SWB6120V6 底盘,排放达到欧 V 标准。

表 6-1-29 **2015 年上海申沃客车沃尔沃品牌车型一览表**

序 号	车 型	推出时间	类别(米)	排量(ml)	款 式
1	SWB6120KHV-3	2001 年 2 月	12	6 700	2
2	SWB6122	2001 年 2 月	12	6 700	3
3	SWB6125	2002 年 5 月	12	6 700	1
4	SWB6120V3	2005 年 5 月	12	6 700	2
5	SWB6100V	2005 年 5 月	10	7 140	3
6	SWB6128V8LF	2013 年 10 月	12	882/7 140	1
7	SWB6128V8	2014 年 4 月	12	8 820/7 140	1
合计		车型数量：7		款式数量：13	

资料来源：上海申沃客车有限公司

【产品销量】

2001 年上海 APEC 会议期间,上海公交率先使用 200 辆上海申沃客车生产的沃尔沃 12 米新型城市公交车。2002 年和 2005 年,上海公交通过招标选用 1 000 辆 12 米、1 000 辆 10.5 米 VOLVO 城市客车。2009 年,为确保上海世博会公交运行,上海公交招标高品质公交产品,上海申沃客车 2 000 辆 VOLVO 低入口和全低地板产品中标,创下上海公交使用 VOLVO 品牌的数量之最。

2001 年,上海申沃客车销售 VOLVO 品牌客车 173 辆。2006 年销售 1 462 辆,为历史最高纪录,2001—2015 年累计销售 7 040 辆。

表 6-1-30 **2001—2015 年上海申沃客车沃尔沃品牌车型销量统计表** 单位：辆

年 份	10.5 米城市公交系列	12 米城市公交系列	合 计
2001	—	173	173
2002	—	343	343
2003	—	697	697
2004	—	571	571
2005	198	93	291
2006	1 416	46	1 462
2007	452	349	801
2008	335	293	628
2009	366	748	1 114
2010	—	565	565
2011	0	0	0
2012	0	0	0

〔续表〕

年　份	10.5米城市公交系列	12米城市公交系列	合　计
2013	0	60	60
2014	0	334	334
2015	0	1	1
合　计	2 767	4 273	7 040

资料来源：上海申沃客车有限公司

第三节　其他整车整机品牌产品

一、巨力牌推土机、挖掘机

【品牌商标】

巨力牌商标归属彭浦机器厂，1985年1月经国家商标局批准注册成功。商标以"巨力"两字变形组合外加圆圈组成。"巨力"表示其产品可销往世界各地，公司拥有被国家批准的进出口自

营权；"巨力"两字组合同时显现字母"P"，表明该品牌归属彭浦机器厂，因该厂拼音首字母为"P"；"巨力"外的圆圈，又可视为轮子，意在轮子转动、"巨力"无比，一往直前、所向披靡；圆圈又可视为地球，寓意寰球中有一家中国企业，生产"巨力"牌工程机械。

图6－1－18
巨力推土机、挖掘机商标

"巨力"商标体现彭浦机器厂产品广告用语"巨力、神力、高效率"的涵义和精神；"巨力"谐音"聚力"，体现"团结奋进"的企业精神。

W100型挖掘机于1978年获全国科学大会奖，1984年获上海市优质产品称号，1985—1990年连获部优质产品称号；R942挖掘机于1983年获国家优秀新产品奖，1985年获上海市优质产品称号，1989年获国家银质奖；上海－320型大马力推土机于1984年和1985年先后获评上海市优质产品和机械工业部优质产品；PD410Y－1履带式推土机于2005年获上海市重点新产品证书，于2006年获中国机械工业科学技术奖，于2009年获评上海市自主创新产品；巨力牌推土机于2008年和2010年2次获上海市名牌产品称号；巨力牌挖掘机于2012年获上海市名牌产品称号。

【推土机型系列】

1963年，彭浦机器厂开始生产推土机，在苏联С－100型推土机基础上，试制当时国产最大的上海－100型推土机。1967年12月，试制上海－120型推土机，该机以液压操纵代替钢绳操纵，推土装置采用回转结构，铲刀角度可调节，发动机为6135K－2型，性能可靠、油耗降低。1978年，年产上海－120型推土机120台。1979年，获全国履带式推土机竞赛第一名。1987年，上海－120A推土机年产400台。

1981年3月，试制当时国内最大马力具有20世纪70年代末80年代初国际先进水平的上海－320型大马力推土机，填补国内推土机系列空白。该机采用重庆发动机厂引进的美国康明斯公司

NTA-855 增压中冷柴油机。1987 年,该机国产化率达 90.8%,与国际通用标准相比,油耗降低 8%,整机重量减轻 2.5%,功率增大 10%,司机室噪声低于日本小松制作所标准。

1981 年 4 月,试制上海-120A 推土机,与原机型比较整机噪声进一步降低,油门操纵更方便灵活,并解决发动机水温高问题,延长发动机使用寿命,配套松土器、后绞盘等装置,一机多能。

1989 年"上海-120A"推土机打进了北美市场。

1990 年 12 月与日本小松合作生产上海 D375A-2/525 马力推土机,1991 年研制 PD220Y 推土机,1995 年研制 PD165Y 推土机,2000 年研制 185Y 推土机,2004 年研制 PD110、PD410Y 改进型推土机,2006 年联合开发 PD140-2、PD220Y-3 履带式推土机,2008 年研制 PD135Y 履带式推土机,2010 年研制 PD140-3、PD320Y-3 履带式推土机,2011 年研制 165Y-2 履带式推土机,2012 年研制 PD220Y-5 履带式推土机,2013 年研制 PD220Y-1 推土机,2015 年研制加装电台和北斗系统的 TY160、TY160 高原型推土机。至 2015 年,推土机已形成 PD165Y 系列、PD220Y 系列、PD320Y 系列、PD410Y 系列等 4 大产品系列,同时可根据工况的不同,选择配置相应的工作属具,如:铲刀型式、履带型式、松土器、空调、加热锅等。另针对部队的需求,可配置双人驾驶室、绞盘、电台、北斗系统、迷彩涂装等。

【挖掘机系列】

1961—2000 年,上海建筑机械制造厂在并入彭浦机器厂之前,先后于 1961 年试制成功上海第一台斗容量 1 立方米的机械式单斗挖掘机;于 1966 年和 1970 年先后试制成功国内第一台 0.4 立方米液压挖掘机和国内第一批 1 立方米履带式液压挖掘机;于 1971 年试制成功 1 立方米轮胎式液压挖掘机;于 1982 年引进德国利勃海尔公司挖掘机生产技术,开始生产反铲斗容量为 0.4~2.0 立方米的 R942 型挖掘机,1987 年实现国产化,达到国际 80 年代水平,上海液压挖掘机生产技术跨入世界先进行列;于 1990 年开发 SW160、SW202、SW270 等系列挖掘机。

2000 年,上海建筑机器制造厂归入上海彭浦机器厂后,于当年研制 SW200LC-3、SW220LC-3、SW300-3 挖掘机;于 2004 年研制 SW130LC-5、SW210LC-5、SW230LC-5、SW330E 挖掘机,并开发 SD10、SD11、SH645 旋挖钻机底盘;于 2008 年研制符合欧 II 排放的 SW210E、SW240E、SW330E 挖掘机,以及 SW60E、SW70E 小型挖掘机;于 2010 年研制 SW150E、SW460E 挖掘机,以及 PRD120 旋挖钻机;于 2013 年研制 SW240ERD-1 旋挖钻机底盘、SW330ERD 旋挖钻机底盘;于 2014 年研制 SW240ERD-1A 旋挖钻机底盘;于 2015 年研制 SW330E 电驱动挖掘机、SW460E 综合改进型挖掘机。

至 2015 年,挖掘机主要产品有 SW60E、SW70E、SW150E、SW210E-1、SW240E-1、SW330E、SW460E 挖掘机。

【产品销量】

1975 年,液压挖掘机投入批量生产,当年在德国展出获好评。1979 年,年产液压挖掘机 250 台,处于国内领先地位。

1978 年,年产上海-120 型推土机 120 台。1979 年,获全国履带式推土机竞赛第 1 名。1987 年,上海-120A 推土机年产 400 台。1989 年,"上海-120A"推土机进入北美市场。

2004—2015 年,上海彭浦机器累计销售推土机 5 709 台、挖掘机 2 641 台,合计 8 350 台,其中累计出口 1 691 台。

表 6‑1‑31 2004—2015 年推土机、挖掘机产销量统计表 单位：台

年 份	推 土 机 系 列		挖 掘 机 系 列	
	产 量	销 量	产 量	销 量
2004	631	526	36	27
2005	417	498	54	71
2006	443	446	65	60
2007	556	574	109	101
2008	701	680	237	218
2009	440	485	435	433
2010	668	675	605	550
2011	711	706	520	529
2012	401	394	144	123
2013	309	347	113	271
2014	257	217	169	176
2015	110	161	42	82
合 计	5 644	5 709	2 529	2 641

资料来源：上海彭浦机器厂有限公司

二、申驰牌、申龙牌、大通牌专用车

申驰牌和申龙牌专用车品牌为上海申联专用汽车有限公司（简称上海申联）专用车自主品牌。申驰牌主要用于乘用车改装的专用车，申龙牌主要用于商用车改装的专用车，大通牌主要用于乘用车及商用车改装的专用车。

图 6‑1‑19
申驰、申龙
专用车商标

1995 年，上海申联与上海汇众汽车制造有限公司联合研制用于汽车零部件封闭运输的专用车，其中上海申联改装生产翼开启厢式车。同年，上海申联与徐汇环卫车辆设备厂合作开发生产申龙牌系列环卫专用轻型垃圾车，以后又采用多种底盘研发生产垃圾车、吸粪车和洒水车。1996 年，上海申联与上海星星公司、上海汽车改装厂等共同研发采用重庆五十铃、江西全顺、郑州日产等汽车底盘改装的申驰牌系列运钞车。1997 年起，上海申联和上海大众汽车合作，采用桑塔纳、帕萨特等各类轿车改装警务车、工程车、指挥车、稽查车、囚车等专用车。

至 2010 年，申驰牌各类轿车专用车累计改装 5 000 多辆，申驰牌系列运钞车累计产销 1 000 多辆，申龙牌系列环卫专用车累计产销 200 辆。3 种车型合计产销 6 089 辆，其中采用东风、大通、解放、重庆五十铃等汽车底盘改装的翼开启厢式车累计 250 多辆，被造币厂和运钞单位选作钱钞、硬币和票据的专用运输车辆。

2010 年年底，因公司股权调整，申龙牌剥离不再属于上海申联品牌。

2012 年起，上海申联迁至无锡更名为无锡申联专用汽车有限公司（简称无锡申联）。无锡申联依托上汽大通车型开发厢式运输车、工具抢险车、救护车、校车、餐车、囚车、流动审判车、流动服务

车等车型,并与大通基型车型同步上市。2012—2015年,无锡申联累计生产并销售约1.1万辆各类大通专用车辆。

表6‐1‐32　2001—2015年上海申联/无锡申联专用车品牌产品一览表

序　号	品　牌	车　型	投 产 时 间	至2015年年底累计产销量(辆)
1	申驰牌	警备车	2001年8月	2 433
2		工程车	2001年8月	496
3		稽查车	2001年8月	490
4		冷藏车	2001年8月	21
5		指挥车	2001年8月	286
6		防弹运钞车	2002年8月	1 519
7		翼开启厢式车	2003年2月	355
8		厢式运输车	2003年1月	58
9		扫路车	2004年1月	175
10		旅居汽车	2004年1月	52
11		囚车	2005年3月	412
12		清障车	2005年3月	4
13		保湿车	2005年3月	6
14		车辆运输半挂车	2006年4月	56
15		工具车	2007年4月	1
16		工程抢险车	2008年1月	7
17		游览车	2009年11月	605
18	申龙牌	自装卸式垃圾车	2002年7月	67
19		压缩式垃圾车	2002年7月	67
20		吸粪车	2002年7月	45
21		自卸式垃圾车	2003年7月	247
22		车厢可卸式垃圾车	2003年12月	15
23		洒水车	2003年12月	1
24		垃圾车	2003年7月	47
25	大通牌	工程货车	2013年2月	103
26		斗式工程车	2013年2月	435
27		福祉车	2013年5月	5
28		监护型救护车	2013年2月	87
29		检测车	2013年2月	180

〔续表〕

序 号	品 牌	车 型	投 产 时 间	至2015年年底累计产销量(辆)
30		简易改装车	2013年1月	5 406
31		勘察车	2013年2月	44
32		冷藏车	2013年2月	81
33		流动服务车	2013年2月	649
34		流动审判车	2013年2月	6
35		路政车	2013年7月	6
36		商务车	2013年2月	71
37		售后服务车	2013年2月	215
38		危险品运输车	2013年2月	6
39		物流服务车	2013年2月	1 957
40		项目车	2013年1月	22
41	大通牌	校车	2013年2月	1 113
42		巡逻车	2013年2月	7
43		运兵车	2013年6月	92
44		运犬车	2013年2月	1
45		指挥车	2013年2月	9
46		白蚁防治车	2014年1月	9
47		房车	2014年6月	32
48		流动审判车	2014年1月	2
49		转运型救护车	2014年2月	411
50		小型公交车	2015年7月	1
51		牙科服务车	2015年9月	10
52		医疗服务车	2015年10月	2
53		方舱载车	2015年3月	2

资料来源:上汽大通汽车有限公司

三、畅达牌专用车

畅达牌归属南京南汽专用车有限公司(简称南汽专用车)。2009年3月,该品牌被评为南京市名牌产品。2011年,畅达牌系列专用车被授予江苏省名牌产品称号。

2004年,南汽专用车完成NJ2046A型边防巡逻车样车试制试验型,2005年,50辆车提供边防部队使用。2006年1月,注册畅达牌生效。同年,南汽专用车为上海世博会开发4座、8座和11座等款式的纯电动专用车,技术达到国内先进

畅 达

图 6-1-20
畅达牌专用车商标

水平。

至 2010 年,南汽专用车畅达品牌形成巡逻车、越野救护车、纯电动车 3 个车型,2010 年,3 种车型合计产销 900 辆。2005—2010 年,3 种车型共计产销 1 400 辆;2011—2015 年,3 种车型共计产销 942 辆;2005—2015 年,共计产销 2 342 辆。

第二章 停产的整车整机品牌产品

上汽自 1969 年上海 58 - I 型三轮汽车转由其他公司生产后,至 2015 年相继停产的主要整车整机品牌累计为 18 个,包括 3 个轿车品牌、11 个其他整车品牌、1 个摩托车品牌和 3 个拖拉机品牌。

第一节 停产的轿车品牌产品

一、凤凰牌轿车

1958 年,上海汽车装配厂在试制成功并生产吉普车和三轮汽车基础上,决定试制轿车,该厂成立以厂长何介轩为首的试制小组,车身采用无大梁结构,发动机采用南京汽车厂 M - 20 型四缸发动机。试制过程中发扬自力更生、艰苦奋斗精神,主要靠手工技术和在普通机床上搞革新进行零件切削加工,1958 年 9 月 28 日,第一辆轿车试制成功,车首装有凤凰模型,定名为"凤凰"。

1958 年 10 月,上海市动力机械制造公司决定试制第二辆轿车,发动机采用南京汽车厂的跃进牌嘎斯 51 型发动机,底盘后桥采用跃进牌并加以改制。1959 年 1 月,第二辆轿车试制成功,仍以"凤凰"为标志。2 辆凤凰牌轿车试制成功后向中共上海市委报喜,并于 1 月中旬至北京向中央报喜。同年 2 月 15 日上午,第一辆银绿色凤凰牌轿车驶进中南海,接受国务院总理周恩来检阅和乘坐。

1959 年上半年,第一机械工业部汽车局召开轿车会议,要求上海进行新一轮轿车试制向国庆10 周年献礼。在中共上海市委和上海市政府支持下,公司经征求意见和选型论证,决定以国际先进水平的车型为实样进行研制。公司所属主机厂和配套厂密切配合,干部、工人、技术人员"三结合","土"法上马技术革新。上海汽车底盘配件制造厂用 7 个月时间完成前后悬挂、转向机、前避震器、传动轴、制动系统等 18 个总成的试制;上海内燃机配件厂经过艰苦奋斗,于同年 9 月 28 日试制成功发动机;上海郑兴泰汽车机件制造厂完成轿车变速箱和螺旋伞齿轮试制;上海汽车装配厂完成车身试制和总装,同月 30 日生产出第二轮试制的 5 辆凤凰牌轿车,并在试制中形成"草窝里飞出金凤凰"的艰苦奋斗精神。1960 年,小批量生产 12 辆凤凰牌轿车。

1960 年年底起,国民经济发生严重困难,轿车生产被迫停止。1963 年,国民经济开始好转,上海市副市长宋季文召开会议,决定恢复凤凰牌轿车小批量试制。同年 9 月,上海市农业机械制造公司成立由仇克、何安亭等 7 人组成的凤凰牌轿车试制及生产准备技术领导小组,同年试制 10 辆,为小批量生产做好准备。至 1963 年,凤凰牌轿车累计试制生产 28 辆。

二、上海牌轿车

1964 年 2 月,凤凰牌轿车更名为上海牌轿车。1965 年 12 月,该车通过第一机械工业部组织的技术鉴定投入批量生产。1966 年产量超过 200 辆,

图 6 - 2 - 1
上海牌轿车商标

为 202 辆，1972 年年产超过 500 辆，为 550 辆。

20 世纪 70 年代初，上海汽车厂根据用户意见，对上海牌车身头部、尾部、发动机盖和行李箱盖等外形作局部改进，并定型为上海牌 SH760A 型轿车。1986 年，对车型再次进行改进，运用国外汽车先进技术成果，对转向系统、制动系统和电气系统进行统筹设计布置，对发动机、车身及附件

图 6-2-2　上海汽车厂生产的上海牌双排座客货两用车

作相应改进，装载用高能点火装置的 682Q 汽油发动机，制动系统改为 760B 型真空助力器。换型后定型为上海牌 SH760B 型轿车。1987 年 12 月，该车通过上海汽车拖拉机工业联营公司的技术鉴定，并获上海市经济委员会颁发的 1987 年上海市优秀新产品二等奖。

1972 年，上海汽车厂开始实施国家一机部批准的轿车扩建项目。1973 年年产达到 1 000 辆。1975 年扩建项目竣工，形成 5 000 辆轿车年产能力，上海建成中国批量最大的轿车制造基地。1976 年年产轿车 2 500 辆，1980 年年产轿车达纲，突破 5 000 辆，达到 5 300 辆，轿车生产进入稳定发展阶段，上海牌轿车成为国内用途最广的轿车品牌。1985 年，上海汽车厂原址让予上海大众汽车，该厂当年搬迁、当年生产，1990 年年产达到历史最高的 6 072 辆。1991 年，为加快上海大众汽车有限公司二期工程建设，形成上海桑塔纳轿车 20 万辆生产能力，上海汽车工业总公司"壮士断腕"，上海牌轿车果断下马，1991 年 11 月 25 日，最后一辆上海牌轿车驶下总装生产线，至此，上海牌轿车 30 余年总计生产 77 041 辆。1992 年 1 月 1 日，上海汽车厂正式并入上海大众汽车。

表 6-2-1　1958—1991 年上海牌(凤凰牌)轿车产量统计表　　　　　　单位：辆

年　份	产　量	年　份	产　量	年　份	产　量	年　份	产　量
1958	1	1967	102	1976	2 500	1985	5 207
1959	5	1968	250	1977	2 218	1986	2 205
1960	12	1969	204	1978	2 546	1987	4 025
1961	—	1970	155	1979	4 015	1988	5 496
1962		1971	460	1980	5 300	1989	5 510
1963	10	1972	550	1981	3 400	1990	6 072
1964	50	1973	1 000	1982	5 100	1991	5 792
1965	60	1974	1 327	1983	5 607		—
1966	202	1975	1 652	1984	6 010		—
合计				77 041			

资料来源：《上海汽车工业志》

三、高尔轿车

2003 年 2 月，上海大众汽车有限公司高尔(Gol)轿车上市，该车是国内生产的第一款两门轿

车。高尔外形简练,内部空间紧凑,配备 1.6 升 64 千瓦发动机、五档手动变速器、安全吸能式保险杠以及 ABS、安全气囊、前后座安全带、高位制动灯、前盘后鼓式制动器等安全装备,采用电喷发动机、新型三元催化装置、燃油蒸发回收装置、曲轴箱通风系统以及无氟空调等多项环保技术。2003 年 8 月和 2004 年 4 月,高尔四门轿车和二门运动版高尔旋风先后上市。2003 年,高尔销售 7 000 辆。2004 年销售 1.98 万辆,为历史最高销量。2005 年销售 1.1 万辆。2006 年,高尔系列产品停产,当年销售 7 500 辆,4 年累计销售 45 300 辆。

第二节　停产的其他汽车品牌产品

一、上海 58 - I 型三轮汽车

上海 58 - I 型三轮汽车是上汽从零配件制造向整车制造并形成整车批量的第一个产品。1957 年 4 月,上海市内燃机配件制造公司成立三轮汽车试制办公室。同年 7 月,上海市政府成立三轮汽车试制委员会,统一组织协调三轮汽车试制工作。整车和底盘总成试制分别由上海汽车装修厂和上海汽车底盘厂承担,另有 50 家工厂协作试制零部件。1957 年 12 月 26 日,第一辆上海 58 - I 型三轮汽车诞生。1958 年 7 月,该车经鉴定后投产,当年生产 258 辆。1960 年,上海汽车装修厂更名为上海汽车制造厂,继续生产上海 58 - I 型三轮汽车,当年产量超过 1 000 辆,达到 1 317 辆。1962 年,公司针对质量问题和用户意见,组织对该车驾驶室、发动机曲轴组合精度、底盘、排气管、加油器等进行改进。1965 年,该车产量超过 2 000 辆,达到 2 505 辆。

1969 年,上海 58 - I 型三轮汽车产量 2 571 辆,为最高历史纪录。同年,上海市拖拉机汽车工业公司决定将三轮汽车转让给上海市手工业局竹木公司的上海铁床厂(后更名为沪光叉车厂)生产,上海汽车制造厂累计生产 18 954 辆。该车从 1958 年投产至 1969 年的 11 年间,是上海每年汽车生产批量最大的产品,成为上海牌 SH130 卡车和交通牌 4 吨卡车之前上海最主要的交通运输工具。

二、上海牌 SH130(2 吨)卡车

上海牌 SH130 卡车是继上海 58 - I 型三轮汽车之后,20 世纪 70—80 年代与交通牌 4 吨载重汽车并列的上海生产批量最多的卡车产品和上海主要的交通运输工具。上海牌 SH130 卡车诞生于 1968 年,由上海汽车制造厂生产。该车结构及造型相似于 1959 年版的日本五十铃第一代 N 系卡车和同年日本三菱第一代奔马 T710 卡车,采用上海汽车发动机厂生产的直列 4 缸 490Q 型汽油发动机,载重量 2 吨,空车重量 1.75 吨。1970 年,上海牌 SH130 卡车生产 2 002 辆。之后分别于 1972 年、1973 年和 1974 年年产连续达到或超过 3 000 辆、4 000 辆和 5 000 辆。1975 年,年产 5 500 辆,创造该车历史最高纪录。1982 年,该车停产,累计生产 15 年,共计生产 45 329 辆。

三、交通牌 4 吨载重汽车

1958 年年初,上海货车修理厂接到上海市交通运输局下达的试制 4 吨载重汽车任务后,成立试制领导小组,同年 3 月,形成试制方案,并经厂职工代表大会通过。同年 5 月,第一辆 4 吨级双排座

载重汽车试制成功。同年 7 月,该车投入试生产,定型为 SH - 140 型,并将制成的汽车交付各运输场试用,该车是国内首创的双排座中吨位载重汽车。1960 年,该车试用发现的关键质量问题通过技术改进得到解决。1961 年,定型为 SH - 141 型。

图 6 - 2 - 3
交通牌卡车商标

1963 年,交通部技术质量调查组与上海市交通运输局对 SH - 141 型载重汽车质量作全面检查。同年 5 月,该厂按照产品标准化、系列化、通用化要求,对该车曲轴、凸轮轴、驾驶室等制定 10 项技术改进方案并组织实施。1964 年 4 月,SH - 141 型载重汽车正式通过市级技术鉴定委员会技术鉴定。1965 年,正式投入生产,当年生产 604 辆。1968 年,为便于车身制造,驾驶室改为平板式平头型,车型改为 SH142 型。1969 年起,交通牌 4 吨载重汽车和上海牌 SH130(2 吨)卡车一起取代上海 58 - I 型三轮汽车成为上海生产批量最多的载重汽车。当年,上海重型汽车厂形成 4 吨载重汽车 3 000 辆年产能力。1970 年产量超过 1 000 辆,达到 1 242 辆。1974 年产量超过 2 000 辆,达到 2 030 辆。1980 年产量超过 3 000 辆,达到 3 500 辆,为历史最高纪录。1981 年,上海重型汽车厂试制成功 SH142 型 4 吨长货箱车型。

20 世纪 80 年代后期,上海重型汽车厂为发展 15 吨和 32 吨载重汽车,决定停止该车生产。1990 年 12 月 18 日,最后一辆交通牌 4 吨载重汽车驶下生产线。1958—1990 年,该车累计生产 33 年,共产销 38 668 辆。

表 6 - 2 - 2　1958—1990 年交通牌 4 吨载重汽车产量统计表　　　　　单位:辆

年　份	产　量	年　份	产　量	年　份	产　量	年　份	产　量
1958	10	1967	702	1976	2 200	1985	1 150
1959	37	1968	571	1977	1 850	1986	1 600
1960	500	1969	711	1978	1 803	1987	2 100
1961	301	1970	1 242	1979	2 201	1988	2 300
1962	100	1971	1 002	1980	3 500	1989	1 466
1963	111	1972	1 103	1981	1 122	1990	1 018
1964	230	1973	1 502	1982	1 001	—	—
1965	604	1974	2 030	1983	940	—	—
1966	758	1975	2 100	1984	803	—	—
合计				38 668			

资料来源:《上海汽车工业志》

四、飞翼牌客车

1981 年,上海飞机制造厂贯彻"军民结合、以民养军"的方针,该厂汽车制造分部开始大客车制造的准备工作。1983 年 5 月,采用中国第二汽车厂生产的 FQ140T 型三类底盘,试制出第一辆 SF650 型团体客车,取名飞翼牌。1985 年 6

图 6 - 2 - 4
飞翼牌客车商标

月,该车通过上海市航空工业办公室主持的技术鉴定。1984—1985年,该厂建立冲压、焊接拼装、磷化喷漆、总装配、整车检测和座椅等7条生产线,形成年产大客车1 000辆的能力。此后,先后开发成功并生产SF650A、SF642和SF651A型等团体客车。1990年8月,试制成功SF6972型团体客车。同年9月,该车通过国家航空航天工业部委托上海航空工业公司组织的技术鉴定,开始投入生产。同年至1995年,上海飞机制造厂共生产SF6972型团体客车1 100多辆。

1995年1月,上海汽车工业总公司与上海飞机制造厂合资,将上海飞机制造厂汽车制造分部组建为上海飞翼汽车制造有限公司,研制销售飞翼牌系列旅游客车、团体客车和长途客车,该公司引

图6-2-5　飞翼牌大客车

进梅赛德斯-奔驰公司OH1318客车底盘,开发主要应用于旅游和高速公路长途客运的FYC6100中高档旅游客车。1996年和1997年该车型主要销往上海、广州、深圳、福建、北京、广西等城市。1998年,该公司又开发达到欧洲三星级旅游客车水平的FYC6127豪华型旅游客车。1995—1998年,该公司累计产销飞翼牌客车1 420辆。1999年1月,上海飞翼汽车制造有限公司和上海客车制造公司合并组建上海客车制

造有限公司。2000年,上海客车制造有限公司合资为上海申沃客车有限公司,飞翼牌客车停止生产。

五、飞羚牌客车

1991年2月,上海拖拉机内燃机公司(简称上海拖内)下属上海拖拉机厂试制成功6600轻型客车。1992年8月,上海拖内和上海汇众汽车制造公司(简称上海汇众)订立合作生产轻型客车协议,决定联合成立上海飞羚轻型客车厂(简称上海飞羚客车),生产飞羚牌轻型客车,上海拖内负责组织生产,上海汇众负责供应客车底盘。

图6-2-6
飞羚牌客车商标

1993年4月,由上海汽车工业技术中心设计,上海汇众、上海飞羚客车联合研制的SH6600和SH6601C两款轻型客车通过技术鉴定。1994年4月,飞羚客车制定SH6600轻客第二轮改进设计方案,并于同年11月获上海市经济委员会审查通过。1996年10月,SH6700、SH6700A型轻型客车通过技术鉴定。1997年,飞羚牌6700轻型客车获第四届上海科学技术博览会金奖。1998—

图6-2-7　飞羚牌SH6601轻型客车

1999年,先后开发的SH6630、SH6700C、SH6700D、SH6703、SH6700A-1样车通过技术鉴定。1999年8月,第100辆飞羚牌轻型客车下线。2000年和2001年,SH6700、SH6730宽型系列轻型客车样车和SH6840样车先后通过鉴定。至此,飞羚牌轻型客车形成6米、7米、8米3个平台。

至 2001 年，飞羚牌轻型客车生产 977 辆，销售 899 辆。由于缺少技术支撑，飞羚牌轻型客车在市场竞争中陷于颓势，2002 年该产品停产。

六、交通牌、大通牌、上汇牌 15 吨倾卸载重汽车

为适应矿山、钢铁工业生产发展需要，1969 年 1 月，上海市交通运输局决定试制 15 吨载重汽车，试制任务交予上海货车制造厂。该厂成立试制组，同年 9 月，第一辆 SH361 型载重汽车诞生，取名交通牌，该车成为国内自行设计制造的第一辆重型汽车。从 1972 年开始，该厂用 4 年时间对离合器、变速器、驾驶室等 58 项结构和工艺等问题作了 4 次改进。1973 年，该厂自制专用设备 73 台，初步形成减速器壳等 11 条生产线。1975 年，该厂建成 15 吨载重汽车底盘部件的金加工车间，形成年产 1 000 辆生产能力。同年，生产 15 吨载重汽车 502 辆。

图 6-2-8　工作中的大通牌 15 吨重型汽车

1982 年，上海重型汽车厂交通牌 15 吨载重车改名为大通牌。同年 4 月，上海市第一机电工业局对大通牌 SH361 型 15 吨自卸汽车和 SH16 型 15 吨载货汽车进行鉴定，同意定型生产。同年至 1988 年，大通牌 15 吨载重汽车产量稳定在 500 辆左右。1984 年 9 月，该车通过市级技术鉴定正式投产，车型定为 SH-360A 型，销售量、成本等经济指标名列国内载重车前列。1989 年 4 月，该车改型为 SH-3281 型。同年，在国家例行产品质量抽查综合评定中获得一等奖。

1992 年，上海重型汽车厂与其他两家厂合并成上海汇众汽车制造公司，15 吨载重汽车成为上海汇众的整车产品。至 1993 年，15 吨载重汽车累计生产突破万辆，各类变型汽车品种达 20 余种。1994 年，该车年产达到最高历史纪录的 950 辆。20 世纪 90 年代中期，上海汇众对该车进行改款，发动机罩改为与驾驶室宽度一致的整体式发动机罩，挡风玻璃设计为全景式玻璃，内饰也作了改进。

2001 年，上海汇众购入韩国双龙汽车的重型卡车生产线，大通牌重型卡车更名为上汇牌重型卡车。2003 年和 2007 年，产量超过 1 000 辆和 2 000 辆，分别达到 1 011 辆和 2 769 辆，其中 2 769 辆为该车历史最高纪录。2008 年和 2009 年，该车产销分别降至 1 108 辆和 551 辆。2010 年，正式宣布停产，当年产量 246 辆。1966—2010 年，交通牌、大通牌、上汇牌 15 吨载重汽车累计生产 45 年共产销 24 078 辆。

表 6-2-3　1966—2010 年交通牌、大通牌、上汇牌 15 吨载重车产量统计表　　单位：辆

年　份	产　量	年　份	产　量	年　份	产　量	年　份	产　量
1966	3	1968	—	1970	60	1972	243
1967	5	1969	4	1971	160	1973	370

〔续表〕

年 份	产 量	年 份	产 量	年 份	产 量	年 份	产 量
1974	419	1984	552	1994	950	2004	1 057
1975	502	1985	625	1995	805	2005	450
1976	525	1986	400	1996	600	2006	2 021
1977	578	1987	440	1997	361	2007	2 595
1978	630	1988	500	1998	382	2008	1 286
1979	671	1989	426	1999	151	2009	694
1980	274	1990	309	2000	206	2010	369
1981	57	1991	551	2001	312	—	—
1982	206	1992	675	2002	519	—	—
1983	423	1993	701	2003	1 011	—	—
合 计					24 078		

资料来源:《上海汽车工业志》《上汽总公司年报》《上汽集团年报》

七、大通牌 32 吨矿用自卸载重汽车

1968 年 10 月,上海汽车制造厂根据上海市机电一局布置试制 32 吨矿用自卸载重汽车。该车选定苏联贝勒斯 27 吨矿用载重汽车为参考样车,1969 年年初完成整车设计任务。1969 年 9 月,第一辆 SH - 380 型 32 吨矿用自卸载重汽车总装成功,发动机采用上海柴油机厂生产的 12 V - 135 型柴油机,同年 10 月 1 日,该车参加国庆 20 周年首都游行。1970 年,上海汽车厂生产 SH - 380 型载重汽车 30 辆。1971 年 2 月,该车由上海汽车厂转给上海货车制造厂,当年生产 60 辆。1975 年 3 月,第一机械工业部召开改进定型会议,将该车定为 SH - 380A 型 32 吨矿用自卸汽车,当年生产 100 辆。至 1980 年,该型号载重汽车停止生产,累计生产 637 辆。

1979 年,上海市拖拉机汽车工业公司根据机械工业科技发展计划关于"仿制伟步 35 - C 型矿用汽车"的计划项目,将 35C 型矿用汽车改名为 SH - 382 型 32 吨矿用自卸汽车,由上海重型汽车厂负责整车试制。1982 年 10 月,2 辆样车完成总装。1983 年 9 月,上海拖汽公司和美国伟步公司签订 35D 型非公路用后倾卸汽车生产许可证协议。1985 年 5 月,上海重型汽车厂完成 5 辆汽车试制。1988 年 5 月,35D 型 32 吨矿用自卸汽车获国家经委国家技术开发优秀成果奖。1989 年,该车货厢、大梁、驾驶室、发动机和前后桥实现国产化,国产化率达 75%,车型改称 SH - 3603 型,技术性能达到 20 世纪 80 年代初世界水平。至 1993 年,SH - 3603 型 32 吨矿用载重汽车共生产 82 辆。1994 年,该车停产。

八、赛宝多用途乘用车

2001 年 6 月,上海汽车工业(集团)总公司(简称上汽集团)为推进自主品牌建设,启动赛宝车项目建设。该车是从美国通用汽车公司欧宝 S4200 车型平台引进的一款多用途乘用车,动力总成采

用 1.6 升直立四缸多点电喷发动机及 5 档手动变速箱。上汽集团仪征汽车有限公司利用资产存量和上汽集团 3.5 亿元新增固定资产投资款,对冲压等四大工艺生产线以及检测、物流等进行技术改造后组织生产。2002 年 7 月,首辆赛宝车下线。同年 10 月,赛宝车建设项目全线贯通,开始批量生产,当年生产 77 辆。2003 年、2004 年和 2005 年,该车先后生产 2 245 辆、2 053 辆和 1 129 辆。同时,负责赛宝车销售的安吉汽车销售公司在全国 21 个省市设立 31 家特许经销商。该车主要提供电信、邮政等行业,城市配送、物流、售后服务等业务,以及警务用车等。2004 年 4 月,200 辆赛宝多用途乘用车出口美国和叙利亚等国际市场。同月,上汽集团向云南思茅等对口帮扶地区捐赠 30 辆赛宝多用途车。

2005 年 12 月,鉴于上汽集团自主品牌发展战略和赛宝车车型、成本和市场原因,上汽集团决定停止生产赛宝车,该车从 2002 年 10 月—2005 年,累计生产 5 504 辆。

九、伊思坦纳商务车

伊思坦纳商务车是韩国双龙汽车公司与德国奔驰汽车公司共同开发研制的商务车型。在韩国境外市场由奔驰公司代理,以奔驰品牌 MB100 车型进行销售。伊思坦纳,在马来语中意为"宫殿"。

伊思坦纳

图 6 - 2 - 9
伊思坦纳商务车商标

2003 年 1 月 29 日,上海汇众汽车制造有限公司与韩国双龙汽车公司签署轻型客车合作协议。伊思坦纳据此成为上海汇众的商用车自主品牌。2004 年 3 月 15 日,上海汇众在上海万豪大酒店举行伊思坦纳商务车正式上市新闻发布会。2005 年 7 月 21 日,国家工商行政管理总局商标局核发批准"伊思坦纳"商标。

2004 年 3 月,伊思坦纳国内上市,当年销售 2 031 辆。首批上市车型为短轴 12 座豪华商务车,引进韩国双龙全套生产线在江苏仪征工厂进行 KD 件组装。该车型采用奔驰技术双龙生产的 2.3 升汽油发动机,被称为与奔驰 MB100 同型的高档商务车。2005 年 10 月,伊思坦纳长轴 15 座车型上市,进入国内高端旅游和租赁市场。以后形成救护车、警车、囚车、物流车和无障碍车五种特种车型。2005 年 11 月,3 辆伊思坦纳商务车驶入中南海接受中央领导检视。2006 年,伊思坦纳销量处于顶峰,实现销售 4 011 辆。2008 年,1 000 辆伊思坦纳成为北京奥运会商务用车。2010 年伊思坦纳被上海世博会组委会选为上海世博会商务用车。至 2014 年,累计销售超过 2.5 万辆,出口 662 辆。2015 年停止生产。

表 6 - 2 - 4　2014 年伊思坦纳品牌车型一览表

车　型	推出时间	车型类别	基 本 款 式		
			轴距(mm)	发动机排量(L)	款　式
SH6490/SH6491	2004 年 3 月	轻型客车	2 445	2.295	2
SH6530/SH6531	2005 年 10 月	轻型客车	2 680	2.295	2
SH6492G4	2012 年 11 月	轻型客车	2 445	1.796	1
SH6530G4	2012 年 11 月	轻型客车	2 680	1.796	1

资料来源:上海汇众汽车制造有限公司、上汽大通汽车有限公司

表 6-2-5　2004—2014 年伊思坦纳品牌产销统计表　　　　　　单位：辆

年份	2004	2005	2006	2007	2008	2009	2010	2011	2012	2013	2014	合计
产量	3 491	1 731	3 815	4 028	2 580	2 654	2 797	1 994	1 489	927	494	26 000
销量	2 001	2 306	4 011	3 511	2 801	3 203	3 214	1 802	1 258	1 143	582	25 832
出口	2	—	311	215	14	22	50	—	24	4	20	662

资料来源：上海汇众汽车制造有限公司、上汽大通汽车有限公司

第三节　停产的摩托车拖拉机品牌产品

一、幸福牌摩托车

幸福品牌诞生于 20 世纪 60 年代。1960 年 4 月,上海市轻工业局所属上海自行车二厂试制成 5 辆摩托车,定名幸福 250 摩托车。1964 年 4 月,上海自行车二厂摩托车生产部分与宝山农机厂、宝山五金配件厂合并成立上海摩托车制造厂,幸福摩托归属上海摩托车厂。以后,该品牌先后归属上海摩托车厂改制成的合资企业上海易初摩托车有限公司(简称上海易

图 6-2-10
幸福摩托车商标

初)、上海易初改为国资后的上海幸福摩托车总厂,以及该总厂更名的上海幸福摩托车有限公司。2008 年上海幸福摩托车有限公司停止生产摩托车后,幸福摩托品牌仍归属该公司所有。幸福摩托历史上有影响的产品是 250 和 125 系列两轮摩托车,同时还产销过 750、501 等车型。

幸福摩托商标由拼音“XINGFU”和文字“幸福摩托”组成,寓意“为用户创造幸福,为员工创造幸福,为社会创造幸福”的品牌理念。1998 年,幸福商标成为上海市第二批著名商标,1997 年、1999 年、2002—2004 年 5 次获得上海市名牌产品称号。

【幸福 XF250 系列摩托车】
该车型于 1960 年研制,1962 年被列为军事用车。1978 年研制成功 XF250A 型两轮越野赛车。1982 年开发 XF250B 型越野赛车。1983 年研制 XF250C 型赛车,经鉴定该车达到 1981 年日本铃木 250 越野车性能水平。1984 年开发 250D 型摩托车。1985 年幸福摩托车厂合资后,250 和 250D 等车型进入批量生产。

至 1994 年,幸福 250 摩托车发展到 5 个品种,其中 XF250A 型车由于车身低、能负重、宜载货而适合北方地区使用;XF250D 型车时速 70 公里/小时,开始体现马力大和速度快的优点,在华北平原显示出优越性;XF250C 在华东华中及广大城市消费者中受到欢迎。幸福 250 摩托车在 1982 年全国摩托车越野赛中获得冠、亚军,1987 年被评为全国用户最满意摩托车,1988 年全国摩托车品牌赛获得第一名,同年在全国首届摩托车消费调查评比中获得综合第一名。

【幸福 XF125 系列摩托车】
XF125 摩托车系上海易初引进日本本田技研株式会社摩托车制造技术后的主导产品。1987 年 5 月,首批达到 20 世纪 80 年代初技术水平的 100 辆 XF125 摩托车试制成功,该车型采用 XF157F 型汽油机,单缸四冲程、自然风冷、斜置发动机,款式新颖、性能优良、质量可靠、维修方便和

价格适宜。90 年代初,XF125 摩托车形成 125A、125B 和 125GY－2 等车型。1991 年,新开发的 XF125GY 摩托车投入生产。1994 年 4 月,幸福摩托车在全国消费品调查结果中获中国名牌最佳品牌奖。同年 10 月,XF125A2、XF125A3、XF125B2 以及 XF150 型摩托车和 XF162FMD 型摩托车发动机通过技术鉴定。1995 年 11 月,XF125 系列的 C、D、T、F 各型摩托车和 XF150 系列的 J、CY、A、B 各型摩托车以及 XF152FM 型发动机等 11 种新产品通过鉴定。

至 1995 年年底,上海易初形成 30 万辆年生产能力,幸福牌摩托车成为中国技术领先的摩托车产品。

【品牌销售】

1964 年,新成立的上海摩托车厂开始批量生产幸福摩托车,当年产销 1 780 辆;1981 年突破万辆,达到 1.11 万辆;1989 年突破 10 万辆,达到 14.5 万辆;1992 年、1994 年和 1995 年年产销相继突破 20 万辆、30 万辆和 40 万辆;1996 年年产销达到历史最高纪录的 49.93 万辆。以后由于市场萎缩销量逐年下降。2000 年降到 10.31 万辆,2005 年降到 1.15 万辆,2008 年幸福摩托车停产,2010 年停止销售。1978—2009 年,幸福牌摩托车累计销售 323.25 万辆。

【车型销售】

XF250 摩托车是幸福品牌主打产品之一。1964 年开始销售,至 1970 年为幸福摩托唯一产品,当年产销 4 000 辆。1971—1984 年,250 与 750 成为幸福摩托的 2 个车型系列。1985—2008 年,250 与 125 成为幸福摩托的 2 个车型系列。250 系列产销先后于 1989 年突破 10 万辆达到 13.2 万辆,1994 年超过 15 万辆达到 15.51 万辆,1995 年产销达到历史最高的 20 万辆。

XF125 型摩托车 1985 年以 CKD(进口汽车零部件)方式组装,1988 年研发成功批量生产,以后产销直线上升,1989 年突破万辆,1992 年达到 5 万辆,1996 年超过 20 万辆。此外,1971—1985 年,上海摩托车厂还产销幸福 750 摩托车,1980 年为该车型年产最高年份,达到 4 113 辆。1981—1984 年短期产销幸福 501 车型,最高年份 1983 年产销 3 013 辆。此外,2001—2006 年,还研制产销幸福牌沙滩车,累计销售 34 589 辆。

表 6－2－6　1978—2009 年幸福品牌摩托车销量统计表　　　　　单位:辆

年　份	销　量	年　份	销　量	年　份	销　量	年　份	销　量
1978	6 100	1986	60 100	1994	305 120	2002	28 384
1979	7 010	1987	76 026	1995	400 020	2003	37 945
1980	8 401	1988	93 011	1996	499 348	2004	45 580
1981	11 083	1989	145 005	1997	351 652	2005	11 463
1982	18 231	1990	14 032	1998	164 811	2006	13 304
1983	21 253	1991	168 000	1999	92 817	2007	9 103
1984	26 078	1992	200 000	2 000	103 101	2008	671
1985	37 064	1993	236 240	2 001	41 498	2009	47
合计					3 232 498		

资料来源:上海幸福摩托车有限公司

二、东海 750 型摩托车

1964 年,上海摩托车制造厂根据中国人民解放军总后勤部装备部的要求,仿制捷克 JAWA350 型摩托车,经过一年努力完成 5 辆摩托车试制,经试验各项性能均达到设计要求。

1970 年,该厂试制成功军工产品东海 750 型三轮摩托车。1971 年开始批量生产,当年生产 826 辆。1972 年和 1974 年,年产量先后超过 1 000 辆和 2 000 辆。1979 年和 1980 年,年产量再次先后超过 3 000 辆和 4 000 辆。其中 1980 年的 4 113 辆为历史最高纪录。此后产量开始下降,1 986 停止生产军工产品,至此该厂累计生产东海 750 型三轮摩托车 26 895 辆。

表 6 - 2 - 7　1971—1985 年东海 750 摩托车产量统计表　　　　　　单位:辆

年份	1971	1972	1973	1974	1975	1976	1977	1978
产量	826	1 304	1 750	2 130	2 410	2 450	2 260	2 100
年份	1979	1980	1981	1982	1983	1984	1985	
产量	3 010	4 113	2 403	226	399	500	1 014	—
合计	26 895							

资料来源:《上海汽车工业志》

三、工农- 11 型手扶拖拉机

1957 年,上海市动力机械制造公司代管的军工企业 501 厂和 301 厂分别试制成功 6 马力柴油发动机和拖拉机整机,定名为红旗手扶拖拉机。至 1959 年年底,共生产 800 余台。

1960 年 7 月,该机转由上海拖拉机厂生产整机,诚孚铁工厂生产发动机,并将机型改为工农-7 型手扶拖拉机。当年生产 454 台。但该机在市郊农田试耕中暴露起动困难、功率不足,以及漏油、漏气、漏水等质量问题,工厂停产整顿。1962 年 9 月后,严格按标定图纸生产的 20 台手扶拖拉机,经检测质量达到要求。1963 年 12 月,工农-7 型拖拉机通过国家级技术鉴定。1965 年,手扶拖拉机年产超过 1 800 台。

1968 年,该机发动机结构作改进后功率提高到 10 马力,机型改为工农- 11 型手扶拖拉

图 6 - 2 - 11　工农- 11 型手扶拖拉机

机。1973 年,该机年产达 1 万台,成为公司第 1 个年产突破万台(辆)的整车整机单一产品,公司开始成为全国拖拉机生产基地之一。1977 年 10 月,上海拖拉机厂集中力量发展上海- 50 型拖拉机,工农- 11 型手扶拖拉机转给黑龙江省五常县生产。至此,该机累计生产 92 417 台。

表 6 - 2 - 8　1960—1977 年工农-11 型手扶拖拉机产量统计表　　　单位：辆

年　份	产　量	年　份	产　量
1960	454	1969	6 050
1961	12	1970	8 050
1962	16	1971	8 100
1963	150	1972	8 000
1964	622	1973	10 000
1965	1 812	1974	10 009
1966	4 000	1975	10 500
1967	3 100	1976	10 009
1968	4 523	1977	7 010
合计			92 417

资料来源：《上海汽车工业志》

四、丰收-35 型拖拉机

　　1958 年 3 月，上海汽车装修厂（上海汽车厂前身）试制成功第一台红旗牌 27 型拖拉机，至同年 4 月共试制 50 台。1959 年 2 月，改名为丰收-27 型拖拉机。

　　1959 年 4 月，该机改由宝锠汽车材料厂（上海活塞厂前身）试制。1960 年年初，宝锠汽车材料厂在总结经验基础上，试制 35 马力拖拉机，定名为丰收-35 型拖拉机。1961 年 2 月，该机转由上海拖拉机厂试造，经过 4 轮试制，性能有所提高。

图 6 - 2 - 12　红旗牌 27 型拖拉机研制成功后报喜

　　1963 年 2 月，上海拖拉机厂为集中力量发展 7 马力手扶拖拉机，丰收-35 型拖拉机转由七一农业机械修配厂（上海丰收拖拉机厂前身）继续改进试制。同年年底完成 15 台试制。1964 年 8 月，落实中共上海市委关于拖拉机下水田耕作的要求，完成国内第一批水田型拖拉机试制，经北京、洛阳、浙江、广东 4 地田间耕作，1965 年 12 月通过市级技术鉴定和国家经济委员会和第八机械工业部审查，批量投产，当年生产 608 台。1969 年，年产超过 1 000 台。1974 年，丰收拖拉机厂根据拖拉机能宽耕深耕的要求，试造四轮驱动拖拉机，牵引力提高 40%，生产效率提高 40%～47%，油耗降低 33%，烂田耕作性能良好，成为全国首创的四轮驱动拖拉机。

　　1977 年，由于投资不足，技术装备落后，造成丰收-35 型拖拉机质量下降。丰收拖拉机厂发动群众对 363 种零件进行攻关，整顿工艺路线，严格生产管理，使整机合格率上升到 87%，1979 年合格率进一步升至 95%，被一机部评为一等品。1979 年，丰收-35 型拖拉机年产达 8 540 台，为历史最好水平。

　　1978 年和 1979 年，先后完成丰收-650 型、丰收-654 型、丰收-40 型和丰收-35 型运输拖拉机的试制。1980 年 3 月,洛阳拖拉机研究所将丰收-35 型和丰收-35 型四轮驱动型拖拉机和日本进口的 6 种同等级样机进行对比试验,丰收拖拉机的水田牵引力、滑转率、犁耕生产率、每亩油耗率、跨越田埂能力和水田的泥脚深 35 公分通过能力等 6 个指标,都超过日本同类产品。

1982 年,丰收拖拉机厂划属上海市轻工业局领导并转产自行车,丰收-35 型拖拉机转至上海拖拉机厂生产,由于上海-50 型拖拉机供不应求,上海拖拉机厂无力恢复丰收-35 型拖拉机生产,经上海市经济委员会批准停产。1963—1982 年,丰收-35 型拖拉机 19 年累计生产 68 902 台,其中出口累计 3 000 台,出口世界 42 个国家和地区,创汇近 1 000 万美元。

五、上海牌拖拉机

【品牌商标】

1970 年,上海拖拉机厂在接收的丰收拖拉机厂开发的丰收-45 型轮式拖拉机基础上,开发成功 45 型轮式拖拉机,定名为上海牌拖拉机。1975 年,上海-45型轮式拖拉机升级为上海-50 型轮式拖拉机。该机商标于 1979 年 10 月经国家商标局注册批准。

图 6-2-13
上海牌拖拉机商标

上海-50 型拖拉机商标由舒同体"上海"和"SH-50"组成,"上海"在上,"SH-50"在下。"上海"两字为舒同体,典雅大方;"SH-50"是"上海"汉语拼音缩写和产品型号的组合。整个标志底板红色,横向长方形,圆角,上嵌金色字符,红黄搭配,具中华文化特色。商标图案简洁,地域特征明显。

1985 年,上汽组建以上海-50 型拖拉机为龙头的经济联合体。同期,上海内燃机厂生产和质量管理水平先进,获德国专家格里希肯定,该厂生产的 495A 柴油机 3 次获国家金质奖。

图 6-2-14　1984 年山东和海南农民持币喜购上海牌拖拉机

1989 年 12 月,上海拖拉机厂、上海内燃机厂等企业合并为上海拖拉机内燃机公司,上海牌拖拉机及其商标归属上海拖内。2002 年,上海拖内与意大利凯斯纽荷兰公司合资成立上海纽荷兰农业机械有限公司(简称上海纽荷兰),上海牌拖拉机及其商标转入上海纽荷兰。

上海 SH-50 型拖拉机 1981 年 12 月被农业机械部评为优质产品,1982 年 9 月被评为上海市优质产品。1986 年 1 月上海 SH-504 型拖拉机在中、美、英、法、意、日、荷、澳 8 国参加的澳大利亚奥兰治第 34 届国际田间日拉力公开赛获两项第一名。同年被评为上海市优秀新产品一等奖。1995 年 10 月获第二届中国农业博览会金奖。1996 年、1999 年、2000 年 3 次被评为上海市名牌产品。1997 年上海 SH-654 型拖拉机获第四届上海科学技术博览会金奖。上海牌拖拉机商标被认定为上海市著名商标。

【机型系列】

上海-50 型两轮驱动拖拉机是上海-45 型拖拉机的升级产品,1972 年批量生产并投放市场。

1982年和1983年,先后开发成功上海-504型四轮驱动拖拉机和上海-650型两轮驱动拖拉机。上海SH-50、SH-504型拖拉机是水旱兼用的中型轮式拖拉机,具有设计合理、结构紧凑、操作轻便、转向灵活、牵引力大、油耗低、维护保养方便等特点,配套农机具可进行耕、播、收等农田作业和运输作业。1988年,引进意大利菲亚特拖拉机制造技术试制成功上海-654型四轮驱动拖拉机,至此,上海牌拖拉机形成500、504、650、654 4款基本机型系列,共22个款式。

【产品销量】

1985年,上海牌拖拉机年产突破1万台达到1.1万台,成为上汽继工农-11型手扶拖拉机和幸福250摩托车之后第3个年产万台规模的整车整机单一产品。此后至2000年,该机年销量基本在1万台至2万台之间波动。1997年,销售1.95万台,为历史最高纪录。1997—2000年,上海牌拖拉机多年在国内大中型拖拉机中处于市场领先地位,市场占有率在22.2%～25.3%之间,排名第一;在国内同等马力拖拉机中,市场占有率高达80%。

上海纽荷兰2002年成立至2005年,主导产品仍是上海牌拖拉机,但销量逐年下降。2006年,纽荷兰SNH拖拉机销量开始超过上海牌拖拉机。2008年和2011年,该机年销量先后跌入2 000台和1 000台之内。1970—2013年,上海SH-500及SH-504系列拖拉机累计销售302 835台,SH-650及SH-654系列拖拉机累计销售6 729台,合计累计销售309 564台。

1974年,上海SH-500型拖拉机首次出口喀麦隆,以后陆续出口秘鲁、叙利亚、智利、美国、澳大利亚、新西兰、泰国、突尼斯、扎伊尔等65个国家和地区,其中,1993年和1994年出口秘鲁2 000台SH-504型拖拉机、出口叙利亚1 200台SH-500型拖拉机,创国内拖拉机批量出口纪录。1997年出口缅甸500台SH-654型拖拉机,实现该型拖拉机首次批量出口东南亚国家。1974—2013年,上海牌拖拉机累计出口13 948台。

2014年11月,上海纽荷兰因拖拉机产销逐年大幅下降,连续5年严重亏损,提前终止合营,进入清算程序,上海牌拖拉机停止生产。

表6-2-9　1970—2013年上海牌拖拉机产销量统计表　　单位:台

序　号	1	2	3	年销量
车型名称	SH400	SH500系列	SH650系列	
年　份	销　量	销　量	销　量	
1970—1989合计	—	111 139	—	111 139
1990	—	7 704	—	7 704
1991	—	10 813	—	10 813
1992	—	12 460	—	12 460
1993	—	11 304	—	11 304
1994	—	11 492	25	11 517
1995	—	16 255	128	16 383
1996	—	18 768	265	19 033
1997	—	19 460	40	19 500

〔续表〕

序 号	1	2	3	
车型名称	SH400	SH500 系列	SH650 系列	年销量
年 份	销 量	销 量	销 量	
1998	—	13 265	535	13 800
1999	—	14 822	1 200	16 022
2000	—	10 086	914	11 000
2001	158	4 798	1 211	6 167
2002	98	9 215	887	10 200
2003	36	5 630	597	6 263
2004	0	6 751	378	7 129
2005	0	6 250	146	6 396
2006	0	4 634	167	4 801
2007	0	2 106	59	2 165
2008	0	1 400	103	1 503
2009	0	1 093	31	1 124
2010	0	1 178	13	1 191
2011	0	845	12	857
2012	0	753	18	771
2013	0	614	0	614
合 计	292	302 835	2 411	309 756

资料来源：上海拖拉机内燃机有限公司

六、纽荷兰拖拉机

【品牌商标】

纽荷兰拖拉机归属意大利凯斯纽荷兰全球公司。纽荷兰公司创建于1896年,1919年,第一台菲亚特702型拖拉机诞生。1999年,纽荷兰与美国凯斯公司合并,合并后的凯斯纽荷兰全球公司为意大利菲亚特集团控股的子公司,是世界最大的农业机械制造公司之一。

凯斯纽荷兰全球公司主要产销凯斯(CASEIH)和纽荷兰(NEWHOLLAND)两个品牌。纽荷兰商标源自意大利,商标图形看似树叶,实为拖拉机轮胎在农田上留下的印痕,意喻纽荷兰产品遍及世界。1986年,菲亚特集团推出标有FIATAGRI字样的绛红色树叶形商标,1991年,商标中的绛红色FIATAGRI字样改为蓝色NEW HOLLAND字样,商标同时改为蓝色,并被定为纽荷兰拖拉机的标志色。1999年,凯斯纽荷兰成立后沿用原商标。

20世纪80年代,纽荷兰品牌进入中国。2001年,上海拖拉机内燃机公司与意大利菲亚特集团所属纽荷兰毛里求斯(私人)有限公司合资成立上海纽荷兰农业机械有限公司。2003年,上海纽荷

图 6 - 2 - 15
纽荷兰拖拉机商标

兰开始产销纽荷兰品牌拖拉机,并在纽荷兰原商标下方标明蓝色中文"上海纽荷兰",同商标图形合为一体,使该商标具有上海地域特色。

【机型系列】

1988 年,上海拖拉机厂引进意大利菲亚特拖拉机制造技术试制成功上海-654 型四轮驱动拖拉机。2003—2006 年,上海纽荷兰在上海 50-65 系列拖拉机技术改造基础上,先后推出纽荷兰品牌 SNH70 和 50-65 系列拖拉机。改进后的产品更加美观,水旱兼用、动力提高、油耗降低,尤其适用于水田和小地块作业,并实现仪表一体化和操作舒适化。2007—2008 年,上海纽荷兰进一步推出纽荷兰 SNH75-100 系列拖拉机,产品动力更大,功能更全面,在保持水田作业优势基础上,提高旱田作业性能。其中依靠凯斯纽荷兰先进技术和出口渠道引进开发的纽荷兰 80~100 马力拖拉机,采用欧洲同步技术,配置依茨发动机和双作用离合器,进一步提升作业效果和作业效率。2009 年,上海纽荷兰引进开发纽荷兰 110~130 马力系列拖拉机,产品人性化设计,离合、转向、液压提升、液压输出、差速器、动力输出及四轮驱动均由先进的电控液压系统控制。

至此,上海纽荷兰的纽荷兰拖拉机形成 4 个产品平台 50~130 马力合计 30 个品种。

【产品销量】

2003 年,上海纽荷兰开始产销纽荷兰品牌拖拉机,当年销售 22 台。2004 年和 2005 年,纽荷兰拖拉机销量快速上升,先后超过 1 000 台和 7 000 台。2008 年销量突破 1 万台达到 11 112 台,为最高历史纪录。2009 年销量继续维持万台以上,此后逐年下降,2013 年降至 4 153 台。

图 6-2-16　纽荷兰 1304 型拖拉机

2014 年 11 月上海纽荷兰进入清算程序,至此累计产销纽荷兰拖拉机 70 517 台,占该公司 11.35 万台拖拉机销售总量的 62.1%。其中销量最多的 55 马力和 70 马力拖拉机,分别销售 22 408 台和 22 570 台,各占纽荷兰拖拉机总销量的 31.8% 和 32.0%,合计占 63.8%。

表 6-2-10　2002—2013 年纽荷兰(SNH)拖拉机销量统计表　　单位:台

马力 销量 年份	50 以下	50	55	65	70	75/ 80B	80/85	90/95	100	110/ 135	年销量
2002	—	—	—	—	—	—	—	—	—	—	—
2003	—	—	—	—	22	—	—	—	—	—	22
2004	—	229	262	40	1 256	—	—	—	—	—	1 787
2005	297	1 670	1997	460	3 184	—	—	—	—	—	7 608
2006	34	1 127	2 421	345	2 587	—	—	—	—	—	6 514
2007	361	1 214	3 154	497	2 433	—	257	221	96	—	8 233

〔续表〕

年份 \ 销量 \ 马力	50以下	50	55	65	70	75/80B	80/85	90/95	100	110/135	年销量
2008	870	1 541	3 330	580	2 901	40	422	635	793	—	11 112
2009	627	1 051	3 474	817	2 764	329	313	507	259	85	10 226
2010	86	338	3 378	348	2 360	682	259	593	135	405	8 584
2011	—	219	2 196	349	2 934	729	107	334	614	323	7 805
2012		79	1 20—	241	1 269	459	60	282	577	306	4 473
2013	—	47	996	185	860	459	97	348	554	607	4 153
合计	2 275	7 515	22 408	3 862	22 570	2 698	1 515	2 920	3 028	1 726	70 517

资料来源：上海拖拉机内燃机有限公司

第三章 汽车零部件品牌

上汽于20世纪50年代始有公司后,即拥有零部件的自有品牌。20世纪80年代末,随着汽车零部件合资企业的出现,上汽开始产销跨国汽车零部件公司的许可品牌。2015年,上汽在产的主要汽车零部件自主品牌有18个,零部件许可品牌有9个,合计27个。

第一节 零部件自主品牌

一、汇众

汇众牌品牌商标由上海汇众汽车制造有限公司前身上海汇众汽车制造公司于1992年成立后自行设计。该标志由圆环、"众"字和当中镶嵌的钻石组成。圆环体现"团结就是力量"的企业精神;向上耸立的"众"字表示众志成城、蒸蒸日上;钻石代表质量为第一硬指标、追求精益求精企业精神以及把上海汇众打造成为钻石级品牌的企业愿景。1994年1月7日和2004年12月21日,汇众商标先后两次申请注册并经国家工商行政管理总局核准后使用。

图6-3-1
汇众商标

2010年11月,汇众商标被国家工商行政管理总局认定为中国驰名商标。该公司生产销售的汽车底盘零部件均使用汇众商标。汇众品牌于2000—2005年、2007年、2010年、2012年、2014年10次获得上海市名牌产品称号。

二、延锋

延锋品牌商标是延锋汽车饰件系统有限公司品牌商标。该公司前身上海延锋机模厂于1983年11月15日在国家工商行政管理总局商标局注册,启用延锋商标。1994年6月,该厂由其上级公司上海汽车工业总公司与美国福特汽车公司合资并取名上海延锋汽车饰件有限公司,双方约定上海汽车工业总公司向合资公司转让其拥有的延锋商标和商标的所有权利并许可合资公司为经营业务使用该商标的权力,并分4年收取总计1 000万元。2001年12月,该合资企业因美国伟世通国际控股有限公司接受福特汽车公司在

图6-3-2 延锋商标

该公司全部股份,公司更名为延锋伟世通汽车饰件系统有限公司并继续使用延锋品牌商标。2013年8月,伟世通国际有限公司将其所持合资企业全部股份转让给华域汽车系统股份有限公司,企业改制为中资企业并名称变更为延锋汽车饰件系统有限公司。该公司及其子公司产销的汽车内饰、外饰、座椅、电子、安全五大核心产品,均使用延锋品牌商标。

延锋品牌于2002—2005年、2007年、2009—2015年12次获上海市名牌产品称号。2010年被认定为上海市著名商标。

三、上齿

上齿牌品牌商标归属上海汽车集团股份有限公司,并由其授权上海汽车变速器有限公司使用。商标注册时间为 2007 年 2 月 7 日,上海汽车变速器有限公司产销的汽车变速器等产品均使用上齿牌商标。上齿品牌于 1997—2005 年、2007 年、2009—2015 年共 17 次获得上海市名牌产品称号。

图 6-3-3
上齿商标

四、UAES

UAES 品牌商标由联合汽车电子有限公司自行设计,主要设计者为该公司销售市场部售后服务经理周志成。商标中的 UAES 是联合汽车电子有限公司英文名称 United Automotive Electronic Systems Co., Ltd. 的缩写,外面的圆圈表示凝聚和联合全体员工的力量,同时体现联合电子名称和股东为跨地区跨行业联合而成的特点。该商标注册时间为 2002 年 8 月 26 日,该公司生产经营的低压燃油分配管、燃油泵、车身电子控制模块等产品均使用 UAES 商标。UAES 品牌电动燃油泵 2015 年获上海市名牌产品称号。

图 6-3-4
UAES 商标

五、SSB

1990 年 7 月,上海汽车拖拉机工业联营公司、上海县龙华乡工业公司与泰国正大集团易初投资有限公司合资成立上海易初通用机器有限公司。

1991 年,合资公司注册以公司英文名称首字母组成的 SEGM 商标。易通品牌于 1997—2005 年、2007 年、2009 年、2012 年、2013 年 13 次获得上海市名牌产品称号。2004 年 1 月,上海易初通用机器有限公司由上海汽车股份有限公司、上海龙华工业公司与日本三电株式会社、德国贝洱有限公司四方合资为上海三电贝洱汽车空调有限公司。

图 6-3-5
SSB 商标

2010 年 2 月 7 日,该公司向国家工商行政管理总局注册并经核准启用新的 SSB 商标,同时停止使用 SEGM 商标。新品牌商标由上海三电贝洱自行设计,主要设计者为公司总经理办公室合同科经理王岁程、公司总经理高文华、总经理办公室主任蔡果。图形中第一个"S"意为公司上海股东方华域汽车股份有限公司和上海龙华工业有限公司,第二个"S"意为公司日本股东方三电公司 SANDEN 第一个字母。同时,两个"S"又是 Satisfy 的首字母,体现该公司"企业不断满足员工日益增长的物质和文化需要,员工不断满足企业日益增长的科技和管理需要"的价值观。"B"意为公司德国股东方贝洱公司 BEHR 第一个字母。图形中形似眼睛眼珠的"SSB"三字母,意为上海三电贝洱"放眼望世界,发展成为国际一流汽车空调供应商"的愿景。商标外方内圆代表上海三电贝洱"时事造势、兼容并蓄、精细豁达、和谐景盛"的企业文化。

2015 年 5 月,上海三电贝洱汽车空调有限公司更名为华域三电汽车空调有限公司,产销的汽车空调压缩机继续使用 SSB 品牌商标。

六、SDS

SDS 品牌商标归属于 1988 年合资成立的上海纳铁福传动系统有限公司,由合资公司英文全称 Shanghai GKN Drive Shaft co.,Ltd 缩写而成,为该公司自行设计,主要设计者是上海汽车传动轴厂技术科情报室资料员倪军。商标图形

图 6-3-6
SDS 商标

中第一个“S”为英文单词 Shanghai(上海)的第一个字母,“D”为英文单词 Drive(传动)的第一个字母,第二个“S”为英文单词 Shaft(轴)第一个字母,意为“上海传动轴”。1989 年 11 月 10 日,该品牌商标获得国家工商行政管理总局商标局批准使用。2006 年 3 月,SDS 牌等速节(轿车)传动轴于 2004 年、2005 年、2007—2014 年共 10 次获得上海市名牌产品称号。2007 年 9 月,SDS 牌汽车传动轴总成被国家质量监督检验检疫总局授予中国名牌产品称号。公司生产的所有等速传动轴、虎克传动轴、分动器、主减器、差速器等都用 SDS 商标。

七、东风

东风品牌商标归属上海柴油机股份有限公司,由该公司前身上海柴油机厂自行设计,入选方案以该厂技术员方培熹和顾鹤为主设计。1962 年 8 月 1 日,该厂向国家工商行政管理总局注册经核准启用。根据当时历史特点,东风品牌商标内涵诠释为:东风环绕地球,国内外形势一片大好,祖国欣欣向荣。东风品牌于 1999 年、2001 年、2003 年、2004 年、2005 年、2009 年 6 次获得上海市名牌产品称号。2000 年,被国家商标局认定为中国驰名商标。

图 6-3-7
东风商标

2005 年,被上海老商标重塑辉煌推展活动评选为最具价值的上海老商标。上海柴油机股份有限公司生产销售的柴油机发动机及配件均使用东风品牌商标。

八、声佳

声佳品牌商标由上海实业交通电器有限公司前身上海交通电器厂自行设计。由于该厂原有的三工牌商标与其他公司商标相似,企业发动全厂职工另行设计,最后入选的是本厂销售人员李玉祥为主设计的方案。该品牌商标图形中的“S”为“声”和“上海”汉语拼音第一个字母,“J”为“佳”和“交通”汉语拼音第一个字母。两字母合用表示公司产品“声誉佳、名气佳、声音佳”。国家工商行政管理总局于 1981 年 4 月 23 日核准声佳牌商标,注销原三工牌商标。声佳牌自批准之日起启用。该公司产销的汽车喇叭、电动玻璃升降机、电器开关、点烟器、阻尼线等产品均使用声佳牌商标。

声佳品牌于 1998—2005 年、2007 年、2009 年、2011 年、2013—2015 年 14 次获得上海市名牌产品称号。2009 年被上海工商行政管理局授予上海市著名商标称号。

图 6-3-8
声佳商标

九、SK

SK 品牌商标于 1989 年 2 月上海小糸车灯有限公司成立之时在该公司生产的桑塔纳轿车灯具

上开始使用,同时申请商标保护。2007年9月14日,该商标正式核准注册。SK商标的"S"是上海英文的开头字母,"K"是日本小糸商标KOITO的开头字母,合起来为"上海小糸"。为加大商标保护力度并提升产品在国内外市场的知名度,上海小糸车灯有限公司申请的五类防御商标中四类防御商标及在欧盟和德国注册的SK商标已获准注册。SK品牌2011年获得上海市名牌产品称号。

图6-3-9
SK商标

SK商标使用产品类型包括照明器械及装置、照明用发光管等。

十、SCF、骆驼、赛虎

骆驼牌为上海离合器厂1979年注册的品牌商标,象征经久耐用、价格实惠。1991年,上海离合器厂将骆驼牌转让给上海离合器总厂。SCF和赛虎牌均为上海离合器总厂注册的品牌商标。1997年,上海离合器总厂获准注册SCF牌商标。该商标由S、C、F3个字母构成,为上海离合器总厂英文名称Shanghai Clutch Factory中3个英文单词的首

图6-3-10
SCF、骆驼、赛虎商标

字母,SCF制造的桑塔纳轿车离合器总成曾获得上海市优秀新产品奖。赛虎牌是上海离合器总厂于2002年4月注册的品牌商标,主要设计者为该厂厂长助理兼市场部经理林国平和市场部经理助理谢劲松。骆驼牌和赛虎牌两种品牌商标主要用于该厂面向售后市场的汽车离合器等产品,品牌标语口号为"离合瞬间,品质尽现"。2001年6月,上海离合器厂合资为上海萨克斯动力总成部件系统有限公司后,继续使用这3个品牌和商标。骆驼牌离合器2013年、2015年2次获得上海市名牌产品称号。

十一、三环

三环品牌商标归属上海中国弹簧制造有限公司,原名三元牌,于1953年自行设计并起用。1979年,该公司前身中国弹簧厂重新确定产品商标时改名为三环牌,并继续采用原图案。同年该厂向上海工商行政管理局注册三环牌商标,于同年4月14日获准。1981年5月1日,该品牌商标被核定使用商品为汽车弹簧。三环品牌商标3个环代表公司追求倡导技术、质量与服务,并以此作为企业文化内涵。三环牌汽车弹簧于1998年被评为上海名牌产品50强,于2002年、2003年、2004年和2009年4次获得上海市名牌产品称号。

图6-3-11
三环商标

十二、SSF

SSF品牌商标归属上海圣德曼铸造有限公司并由该公司自行设计,主要设计者为公司规划发展部高级工程师吴文治。品牌商标图形中SSF为上海圣德曼英文名称缩写的3个字母,图形外围未封口的椭圆形象征浇注炉浇注口的俯瞰图形状,代表上海圣德曼是铸造型企业;商标采用上汽集团的蓝色基调,意为上海圣德曼作为上汽集团的子公司在集团领导下开拓进取、铸造辉煌。2004年1月28日,SSF商标经国家工商行政管理总局注册核准启用。该公司生产销售的汽车发动机主轴承盖铸件、汽车发动机曲轴铸件等产品均使用SSF商标。SSF品牌2013

图6-3-12
SSF商标

年获得上海市名牌产品称号。

十三、SSDT

图 6-3-13
SSDT 商标

SSDT 品牌商标归属 2004 年 1 月合资成立的上海赛科利汽车模具技术应用有限公司,获得国家工商行政管理总局商标局核准启用。该品牌商标外形为转动的圆形,象征运动中的方向盘、转动的车轮和汽车仪表盘等汽车标志性部件,表明公司归属汽车行业;对称、稳定和精细的标志特点凸显模具的行业特征;同时该图形两个对称部分如同腾飞的翅膀,象征"凤凰浴火重生",体现企业坚韧不拔气质;如同提携的双手,体现中外双方合作共赢;如同循环的跑道,体现竞争进取永不停止,彰显追求卓越、崇尚优秀的企业文化。两个对称的部分之间形成的"S"是公司英文名称第一个字母,增强识别性的同时又表明归属感。该公司生产的冲压件和模具均使用 SSDT 品牌商标。

十四、SZ(上轴)

图 6-3-14
SZ 商标

上轴品牌商标于 1979 年 4 月由上海轴瓦厂自行设计,并在上海市工商管理局注册成功。1992 年,上轴品牌商标归属上海轴瓦厂改制后的中美合资企业上海菲特尔莫古轴瓦有限公司。2009 年,该品牌归属华域汽车系统股份有限公司。上轴商标由字母"SZ"组成,分别为拼音 Shanghai(上海)和 Zhouwa(轴瓦)的第一个字母。上海菲特尔莫古轴瓦有限公司产销的各类汽车发动机主轴瓦、连杆瓦、衬套、止推片等滑动轴承及材料均使用上轴品牌商标,产品适用于汽油机、柴油机及其他相关轴套。SZ(上轴)牌汽车系列滑动轴承 2011—2014 年 4 次获得上海市名牌产品称号。

十五、亚普

图 6-3-15
亚普商标

亚普 YAPP 品牌商标由亚普汽车部件股份有限公司前身扬州汽车塑料件制造公司于 1995 年 3 月自行设计完成。"YAPP"是扬州汽车塑料件制造公司英文 YANGZHOU AUTO PLASTIC PARTS CO. Ltd 各单词首字母缩写。A 的三笔与左边的 Y 和右边的 P 共用,边框为椭圆形,外形光滑、线条流畅;商标为蓝色,具有理性、稳定的含义,商标整体具有视觉冲击力。1996 年 3 月 5 日,公司统一使用新商标。1997 年 7 月 21 日,YAPP 图案和商号"亚普"的组合图案获得注册登记。

2002 年,扬州汽车塑料件制造公司更名为扬州亚普汽车塑料件有限公司。2006 年 3 月,更名为亚普汽车部件有限公司。2010 年 12 月完成增资,其中华域汽车系统股份有限公司占股 33.9%,国投高科技投资有限公司 56.1%。亚普汽车部件股份有限公司亚普 YAPP 商标适用的汽车零部件产品主要有塑料燃油箱、注油管等。

十六、盾徽

盾徽品牌商标由上海汽车配件厂于 1981 年申请,1982 年 10 月 15 日由国家工商行政管理总局核准。2004 年 2 月,该厂组建为合资企业上海贝洱热系统有限公司,盾徽品牌商标归属合资企业。该商标由图形"盾牌"、英文字母"qp"及汉字"盾徽"组成。盾牌图案象征企业生产的产品质量可靠牢固;qp 字母组合成奖杯图案,象征产品品质优秀。至 2010 年,盾徽品牌于 1999 年、2001—2004 年、2010 年、2012 年、2014 年共 8 次被评为上海市名牌产品。

图 6-3-16
盾徽商标

盾徽牌商标核准使用的商品为第 7 及 11 大类,上海贝洱热系统有限公司的所有产品,包括散热器、冷凝器、冷却模块、中冷器、空调模块、蒸发器、暖风器等都使用该品牌商标。

十七、联创、DIAS

联创和 DIAS 品牌商标是联创汽车电子有限公司自有商标。联创汽车电子有限公司由中联汽车电子有限公司和中国科学院上海微系统与信息技术研究所于 2006 年 4 月 12 日联合组建。2009年 6 月,联创和 DIAS 品牌商标由国家工商行政管理总局核准为注

图 6-3-17 联创、DIAS 商标

册商标。商标分别是汉字"联创"及英文字母"DIAS"图案,汉字表征为"联合起来,创造辉煌",英文字母"DIAS"是联创汽车电子有限公司的英文缩写,分别取自公司核心价值观"勤奋敬业、勇于创新、满意客户、分享共赢"的英文译文"Diligence and dedication, Innovative solutions, All for customers, Share and win-win approach"的首字母。两个标志均为蓝色,理性而稳定,商标风格简洁明亮。

联创和 DIAS 品牌的产品主要为机械式节气门体总成、车辆防盗控制器、柴油电喷控制器等。

十八、申雅

申雅品牌商标归属 1995 年 11 月成立的上海申雅密封件有限公司,由该公司合资后聘请香港专业广告公司设计。申雅品牌商标图案象征汽车密封件产品的口型形状,同时形似紧握的两只手体现中外双方紧密合作双赢;英文字母"S"为上海地名、股东上海汽车工业(集团)总公司和意大利赛雅公司以及公司名称申雅的英文首字母。1997 年 7 月 28 日,合资企业向国家工商行政管理总局注册申雅商标经核准启用。该公司产销的汽车密封件均使用申雅品牌商标。1998年 3 月,申雅牌轿车密封条被上海市第五届"四新"产品博览会评为"金奖"。1999 年 12 月,申雅牌轿车密封条被第五届上海科技博览会评为"金奖"。2001 年 10 月,申雅牌轿车密封条被中国汽车工程学会、中国名牌商品协会、中国调查统计事务所评选为国内"第一品牌"。2002 年 8 月,申雅密封条产品获得全国"质量万里行"产品质量、服务质量无投诉用户满意供应商称号。2003年 12 月,申雅牌密封条被授予全国用户满意产品称号。申雅品牌于 2002—2005 年、2007 年 5次获得上海市名牌产品称号。

图 6-3-18
申雅商标

2014年9月,华域汽车系统股份有限公司将持有的上海申雅密封件有限公司包括申雅牌商标出售给美国库博标准汽车集团。

第二节　零部件许可品牌

一、博世(BOSCH)

博世(BOSCH)品牌归属1886年成立的德国罗伯特·博世有限公司,"博世"一词为该集团创始人罗伯特·博世之名。1995年7月13日,中联汽车电子有限公司和德国博世为合资组建联合汽车电子有限公司签订的合营合同中约定,德国博世同意将其在中国注册的BOSCH和博世两个商标用于合资公司生产销售的产品,但合资公司应保证产品质量和服务符合博世公司的质量标准。此后,联合汽车电子有限公司生产经营的电子控制器、喷油器、电子节气门体、氧传感器、点火线圈等产品均使用博世商标。

图6-3-19
博世商标

二、法雷奥(Valeo)

法雷奥(Valeo)品牌商标归属创建于1923年的法国法雷奥国际控股有限公司。1995年1月,上海汽车工业总公司与法国法雷奥国际控投有限公司合资成立的上海法雷奥汽车电器系统有限公司获得该品牌商标的许可使用权,开始小批量CKD组装法雷奥(Valeo)A13VI系列发电机产品和D6RA系列起动机产品。1997年上海法雷奥电器扩资重组,引进第一个发电机产品A13VI156和第一个起动机产品D6RA49。1998年,该公司开始批量生产并与上海大众汽车配套,Valeo许可品牌正式落户上海法雷奥电器。以后该公司产销的汽车起动机和电动机均使用该品牌商标。

图6-3-20
法雷奥商标

此外,1996年6月由上海实业交通电器有限公司与法国法雷奥公司合资成立的上海法雷奥汽车电机雨刮器系统有限公司,也获得法雷奥(Valeo)品牌商标许可使用权,应用于该公司生产经营的汽车雨刮器系统、摇窗电机、ABS电机、暖风等汽车零部件产品。

三、采埃孚(ZF)

采埃孚品牌商标归属德国采埃孚转向系统公司。该商标图形中5个由小到大排列的蓝色实心圆圈象征使用汽车转向系统过程中轮胎由远及近的行驶轨迹,体现公司转向系统性能良好,行驶轨迹顺畅安全。1994年11月,上汽总公司和德国采埃孚转向系统有限公司合资组建上海采埃孚转向机有限公司。合资企业在采埃孚品牌商标上增加英文公司名称后,于2003年1月30日获德国采埃孚转向系统公司许可使用,其产销的液压助力转向机、双齿轮式电动助力转向机、管柱式电动助力转向机、平行轴式电动助力转向机等均使用标有"上海采埃孚"英文名称的采埃孚品牌商标。

图6-3-21
采埃孚商标

四、萨克斯(Sachs)

品牌商标原属德国曼内斯曼萨克斯股份有限公司,该公司于1998年在上海成立萨克斯汽车零部件系统(上海)有限公司,生产经营萨克斯(Sachs)品牌的汽车动力传动和底盘减振系统总成。2001年6月,上海汽车有限公司与曼内斯曼萨克斯股份有限公司合资成立上海萨克斯动力总成部件系统有限公司,合资企业获得曼内斯曼萨克斯股份有限公司授予的该商标许可权,主要使用于为整车配套的离合器产品。2002年,曼内斯曼萨克斯股份有限公司更名为采埃孚(ZF)萨克斯股份公司,品牌商标的内涵为归属企业即采埃孚萨克斯股份公司的公司名,主要面向汽车整车市场。2004年5月,中国国家工商行政管理总局核准萨克斯(Sachs)商标。

图 6 - 3 - 22
萨克斯商标

五、小糸(SKOITO)

1989年4月,上海汽车拖拉机工业联营公司和日本株式会社小糸制造所合资成立上海小糸车灯有限公司。1991年,日本株式会社小糸制造所在日本注册SKOITO商标,合资企业经许可使用该品牌商标。同年,经中国国家工商行政管理局核定,该商标使用商品范围包括:空中运载工具、飞行器照明设备、铁路车辆、陆地车辆和船舶照明设备、医疗用照明设备、特殊机器用照明设备、前照灯、尾灯、电灯泡、警示灯、信号灯和雾灯等。上海小糸车灯有限公司为日系轿车配套的灯具均使用SKOITO商标。

图 6 - 3 - 23
小糸商标

六、KS

KS品牌商标归属德国科尔本施密特活塞有限公司。1997年4月10日,上海汽车有限公司与德国科尔本施密特活塞有限公司、德国投资开发有限公司合资组建的上海科尔本施密特活塞有限公司,与德国科尔本施密活塞有限公司签订商标许可证合同。根据条款,德国科尔本施密特活塞有限公司同意合资企业获得其拥有的KS品牌商标生产许可权。上海科尔本施密特活塞有限公司生产经营的汽油机及柴油机活塞,以及装环、装销和装连杆配套产品均使用KS品牌商标。

图 6 - 3 - 24
KS 商标

七、泰克西(TEKSID)

TEKSID品牌商标归属意大利菲亚特汽车集团子公司意大利泰克西股份公司。1998年6月19日,上海汽车工业(集团)总公司、跃进汽车集团公司和意大利泰克西公司三方在合资成立华东泰克西汽车铸造有限公司(简称华东泰克西)的同时,由合资企业和意大利泰克西公司签署《TEKSID商标许可使用合同》。该合同规定许可华东泰克西使用TEKSID商标,有效期至华东泰克西停止经营活动之

图 6 - 3 - 25
泰克西商标

时。此后,华东泰克西生产销售的轿车及轻型车铸铁发动机缸体均使用 TEKSID 品牌商标。

八、华克(WALKER)

WALKER 品牌商标,中文翻译为"华克",始创于 1888 年,归属美国天纳克公司旗下的天纳克汽车营运公司,1999 年 2 月,上海拖拉机内燃机公司与美国天纳克公司合资组建上海天纳克排气系统有限公司。2006 年 12 月 21 日,WALKER 商标在中国注册成功。上海华克排气系统有限公司更名为上海天纳克排气系统有限公司,该公司产销的三元催化器、消声器、排气管等产品使用 WALKER 品牌商标。

WALKER

图 6 - 3 - 26
华克商标

九、安吉星(OnStar)

OnStar 品牌商标归属美国通用汽车公司于 1995 年 6 月创建的全资子公司美国 OnStar LLC 公司。2009 年 10 月,美国通用汽车公司、上海汽车工业(集团)总公司和上海通用汽车有限公司合资成立上海安吉星信息服务有限公司,合资企业获得美国 OnStar LLC 公司授予的 OnStar 商标使用权,"安吉星"为 OnStar 的中文译名。上海安吉星信息服务有限公司成立后,通过为上海通用汽车有限公司产销的轿车安装安吉星(OnStar)品牌的安全信息服务系统产品,为消费者提供撞车自动报警、道路援助、远程解锁服务、免提电话、远程车辆诊断和逐向道路导航等汽车安全信息服务。

图 6 - 3 - 27
安吉星商标

第四章　汽车零部件产品

2015年，上汽产销的汽车零部件产品包括汽车底盘、汽车动力传动总成、汽车内外饰、汽车电子电器、汽车功能件和金属模具、汽车热加工、新能源汽车零部件七大系统。

第一节　汽车底盘系统产品

一、汽车前后桥

前后桥是汽车底盘的重要总成部件，其作用是传递车架（或承载式车身）与车轮之间的各向作用力及其所产生的弯矩和转矩。1965年，上海第二汽车底盘厂开始生产58-Ⅰ型三轮汽车后桥总成。1969—1980年，该厂先后开发生产SH130 2吨载重汽车前后桥总成和SH760上海牌轿车底盘，同时生产上海牌轿车底盘的还有上海汽车底盘厂。20世纪80年代，上海重型汽车厂承担上海桑塔纳轿车副车架总成、下摇臂总成和后桥总成的国产化，项目于1988年立项，1992年竣工。

1997年，上海汇众汽车制造有限公司（简称上海汇众）为别克轿车副车架总成、下摇臂总成、后桥桥架配套，1998年10月产品样件获认可并批产供货。2005年11月，成为美国通用汽车EPSILONII全球平台供应商，为别克新君威和新君越车型提供副车架、后桥、控制臂产品。2005年，成为荣威750轿车后副车架定点供应商，2006年10月批产供货。2008年2月，为荣威750和550轿车批产供货前副车架。2008年11月，开始向上海通用汽车有限公司（简称上海通用汽车）提供基于EPSILON II全球平台的副车架、后桥、控制臂等产品，并向北美通用汽车提供拖曳臂、连杆和垂直摆杆等零件，2010年下半年开始向韩国大宇供货。

"十二五"期间，上海汇众底盘产品更加丰富。2012年9月和2013年12月，先后向桑塔纳NF车型批产供货前副车架和后桥、向荣威e950批量供货副车架总成。2012年，承接基于中国地区首发的通用全球D2XX平台副车架和前下控制臂配套。2013年1月，承接雪佛兰赛欧3轿车副车架、后桥和前下控制臂配套，同年2月，进一步获别克昂科威SUV副车架和后桥装配订单，并都在2014年10月批产供货。2013年9月，成为凯迪拉克轿车副车架和后桥定点供应商，2015年6月批产供货。2014年2月，向斯柯达明锐NF车型批产供货副车架和后桥配套。同年12月，承接雪佛兰科沃兹后桥焊接总成配套，计划于2016年9月获认可后批产供货。2015年5月，获辉昂车型副车架和后桥装配订单，将于2016年5月批产供货。2015年7月，获上海汽车集团股份有限公司乘用车分公司（简称上汽乘用车分公司）基于A架构打造的覆盖多款车型的底盘结构件配套订单，产品包括前副车架、前下控制臂、后扭梁、后副车架、后连杆、后上摆臂、拖曳臂、后下摆臂。

2003年，上海汇众副车架总成及后桥总成产量突破50万台套。2009年和2010年先后突破100万台套和200万台套。至2015年，产销的汇众牌副车架总成累计达1363万台套，后桥总成达1899万台套，成为国内主要的汽车底盘零部件制造企业，配套整车企业包括上汽大众、上汽通用、上汽乘用车分公司、一汽大众、广州汽车、长安福特、北京汽车等。

二、汽车悬架

汽车悬架是缓冲不平路面对汽车车架或车身冲击,保证汽车平顺行驶的底盘部件。1988年,上海第二汽车底盘厂成为上海桑塔纳轿车前悬挂总成定点企业,经过技术改造,形成3万台总成年产能力。1997年,上海汇众承接别克轿车前后悬挂装配项目,1999年4月获得认可批产供货;同年9月,前制动角获得认可批产供货。2009年4月,开始为斯柯达昊锐轿车批产供货前悬挂总成和后桥总成。2012年12月,开始为凯迪拉克轿车批产供货前悬挂模块。2012年2月,获桑塔纳NF车型转向节供货订单,同年9月批产供货。2012年10月,为荣威E50电动车批产供货前悬挂总成。2013年2月和9月,分别获别克昂科威SUV和凯迪拉克轿车前悬装配订单,并分别于2014年10月和2015年6月批产供货。2014年2月,向斯柯达明锐NF车型批产供货前悬挂。2014年1月,承接上海大众汽车基于MOB-B平台打造的四款车型转向节配套,2015年起开始批产供货。2014年4月,获新一代商务车别克GL8 Avenir前后转向节供货订单,将于2016年10月批产供货。2015年5月,获辉昂车型前悬挂装配订单,将于2016年5月批产供货。

2003年,上海汇众悬架总成产销突破50万台套。2009年和2010年,先后突破100万台套和200万台套。至2015年,上海汇众共生产汇众牌悬架总成1 289万台套,配套整车企业包括上汽大众、上汽通用、上汽乘用车分公司、一汽大众、一汽奥迪等,并根据整车企业不同车型,提供麦弗逊式独立悬架、四连杆式独立悬架等多种结构的产品。

三、汽车减振器

减振器是快速衰减车架(或车身)与车桥的振动,改善汽车行驶平顺性舒适性的底盘部件。

20世纪60年代,上海汽车底盘厂生产汽车减振器等底盘产品。80年代末,该厂开始为上海桑塔纳轿车国产化配套生产减振器和减振支柱总成,并成立减振器研究所,成为当时全国行业理事长单位。1997年,上海汇众承接上海通用汽车有限公司别克轿车减振器总成配套项目。该产品系美国DELPHI公司技术,企业通过消化吸收和工艺优化,国产化产品于1998年10月获得认可批产供货。1999年,上海汇众与德国萨克斯公司合资成立的上海汇众萨克斯减振器有限公司引进先进技术,于2002年和2008年先后掌握WD阀系、空心活塞杆缓冲阀系、PLV(Pre-LoadValve)阀系应用技术等减振器核心技术,于2014年、2015年先后掌握第二代敏感阻尼阀系(SDC2)和模块化阀系(MVS)应用技术等减振器核心技术。

2004年,汇众萨克斯减振器产量突破200万只。2007年和2009年先后突破400万只和500万只。2012年和2013年,年产分别突破800万只和900万只,2014年年产第1 000万只减振器下线。2015年5月,汇众萨克斯沈阳工厂投产,2011—2015年累计产销减振器4 759万只,至2015年累计产销减振器总成6 416万只,产品覆盖上汽大众、上汽通用、上汽乘用车分公司、一汽大众、华晨宝马、北京奔驰、福建奔驰、长安福特、神龙、长安标致雪铁龙、北京现代、东风悦达起亚、一汽丰田、广汽丰田、广汽本田、东风本田、东风日产、长城、奇瑞、北汽等整车企业。

四、汽车转向机

汽车转向机包括液压助力转向机和电动助力转向机,是汽车转向主要部件之一。20世纪60年代,上海牌轿车转向机主要由上海汽车底盘厂生产。上海大众汽车有限公司成立后,该厂成为上海桑塔纳轿车转向总成的定点生产企业。1991年,经过技术改造,形成5万套汽车转向总成的年产能力。1992年,上海汽车底盘厂与上海重型汽车厂、上海第二汽车底盘厂合并成立上海汇众汽车制造公司后,继续生产汽车转向总成。

1994年,上汽与德国采埃孚公司合资成立的上海采埃孚转向机有限公司(简称上海采埃孚)成为中国批量最大的汽车转向机生产基地。同年8月,上海采埃孚从德国采埃孚引进转向机制造技术。1997年7月,开始为桑塔纳轿车批量供货。1998年9月,转向机累计生产超过50万台,生产规模开始位居全国同行第一。2000年2月和5月,先后为帕萨特轿车和别克新世纪轿车批量供货。同年12月,累计第100万台套液压转向机下线。2006年12月,开始为荣威750轿车批量供货。2007年11月,累计第500万台液压转向机下线。2006年开发的荣威动力转向机被上海市科委评为再创新基金项目。2009年3月,新B5动力转向器和L-Car动力转向机被认定为上海市高新技术成果转化项目。2010年,转向机销量达213.9万台套,其中液压助力转向机178.4万台套,双小齿轮电动助力转向机35.5万台套,管柱95.5万台套。同年10月,开始试生产大众PQ35(大众第五代A级平台)EPSdp双小齿轮电动助力转向机。至2013年累计产销216.51万余套。

2012年,在纯电动车荣威E50项目中首次采用管柱式电动助力转向系统,该项目是上汽为实施上海市政府新能源汽车发展战略签订的"军令状",至2015年累计生产2 213套。2012年和2014年,先后实现电动转向系统关键零件齿条和蜗杆、齿轮的国产化,转向系统制造进入深度国产化,实现产品结构调整。2014年,引进中高级轿车轴向平行助力型EPSapa转向机,首次为上海通用汽车提供。

至2015年,上海采埃孚转向机产品包括液压助力转向机(HPS)、双齿轮式电动助力转向机(EPSdp)、管柱式电动助力转向机(EPSc)、轴向平行助力型EPSapa转向机和相关零部件等,业务覆盖齿轮齿条式汽车转向系统各个领域;配套企业包括上汽乘用车分公司、上汽通用、上汽大众、一汽大众、长安福特、长城汽车等;国内市场占有率超过20%,在国内同行中排名第一。

五、真空助力器带制动主缸总成

汽车真空助力器带制动主缸总成由真空助力器、制动主缸和储液罐3个零部件组成,是汽车制动系统重要部件,汽车制动系产品是汽车重要的安全件。

改革开放之初,上海轿车汽车制动产品主要由上海汽车制动器厂、上海新建齿轮厂等企业生产。上海汽车制动器厂主要为上海牌轿车及上海桑塔纳轿车配套真空助力器等产品,上海新建齿轮厂主要为上海桑塔纳轿车配套液压制动软管和拉索等产品。1994年,两厂合并组建上海汽车制动器公司,专业生产真空助力器、制动软管、气制动阀等产品,1995年形成年产真空助力器50万台能力,为上海桑塔纳轿车等汽车产品配套。

1995年7月,上汽与美国ITT公司合资成立的上海汽车制动系统有限公司(简称上汽制动系统),逐步发展成为中国批量最大的汽车制动系统产品生产基地。2001年7月,上汽制动系统开始生产汽车真空助力器/主缸,产品为 8.5 英寸及 9 英寸的传统单膜片真空助力器及补偿孔式和中心阀式制动主缸。2005 年,为配合上海大众汽车与一汽大众 PQ35 平台生产,引进德国大陆股份公司贯穿式单/双膜片助力器装配线及带制动报警尾灯制动主缸,填补国内同类产品空白。2008 年,自主开发的 ABA 助力器投入生产,并列入德国大陆汽车产品系列全球推广。同时引进大陆公司前拧紧式贯穿式助力器,支持上海通用汽车 EpsilonII 全球项目国产化要求,本项目包括用于 ABS 防抱死系统和用于 ESC 电子稳定控制系统两种产品。以后该公司为产品升级,继续引进大陆公司第二代柱塞式制动主缸的加工及装配线。

2015 年,上汽制动系统产销真空助力器带制动主缸总成 477 万件,国内市场占有率 20%,居国内乘用车配套市场销量第一名。至 2015 年,累计产销 2 945.48 万件,主要为上汽大众、上汽通用、上汽乘用车分公司、一汽大众、长安福特、华晨宝马、北京奔驰、神龙汽车、一汽轿车、广汽菲亚特、广汽乘用车、浙江吉利、长城汽车等整车企业配套。

六、防抱死制动系统、电子稳定控制系统

防抱死制动系统(ABS)发展于 20 世纪 80 年代,是汽车安全带以后汽车安全方面最重要的技术成就之一;电子稳定控制系统(ESC)是一种辅助驾驶者控制车辆的主动安全技术,两者均为汽车关键性安全件。

1995 年 12 月,上汽制动系统从美国 ITT 公司引进 ABS 整条装配线。1997 年,从德国大陆股份公司引入 MK20 ABS 系统开发,1999 年开始为帕萨特车型匹配开发,2002 年完成匹配测试并投入批产,公司成为国内首家具备 ABS 匹配开发能力的企业。2002 年 2 月投资兴建的冬季试车场在黑龙江省黑河市建成并投入使用,为 ABS/ESC 冰雪路面匹配提供良好实验环境。随着 ESC 电子稳定控制系统在欧洲应用越来越多,公司于 2002 年引入 MK60 ESC 系统开发,并为一汽大众宝来车型匹配开发,2004 年开发成功并投入生产,公司成为国内为数不多的具备 ESC 电子稳定控制系统开发能力的企业。2005 年,引入 MK70 ABS 系统。在 MK60 基础上强化电路和控制功能,产品重量更轻,控制系统安全度更大,顺应主机厂对 ABS 系统轻量化安全性的要求。

至 2007 年,上汽制动系统产销的防抱死制动系统(ABS)与电子稳定控制系统(ESC)累计达 508 万件。至 2010 年,国内市场占有率为 13%,累计产销 822.99 万件,包括 MK20AB、MK60ABS、MK60ESC、MK70ABS 等 ABS/ESC 产品系列,覆盖从微型轿车到轻型卡车等所有车辆制动技术,为上汽大众、一汽大众、华晨宝马、华晨轿车、上海汇众、东南汽车、神龙汽车等企业配套。此产品于 2011 年停产。

七、汽车浮式制动钳总成、制动软管总成

【汽车浮式制动钳总成】

汽车制动钳是制动系统执行机构,其性能直接影响汽车安全,产品包括 FN、FN3、FS 等系列。上汽制动系统于 1995 年 7 月成立后主要生产 FN 系列浮式制动钳产品。1998 年,引进德国大陆股份公司 FN3 系列推拉式浮式制动钳。2001 年,引进德国大陆股份公司轻量化高性能,更具高可靠性、易扩展性和经济性的 FSIII 系列产品。2007 年,为配套荣威和 MG 产品,自主开发 FSIV 系列浮式制动钳,2010 年 3 月投入生产,填补国内同类产品空白,并列入德国大陆汽车产品系列。上汽

制动系统生产的汽车浮式制动钳主要为上汽大众、上汽通用、上汽乘用车分公司、一汽大众、长安福特、华晨宝马、北京奔驰、神龙汽车、一汽轿车、广汽乘用车、长城汽车等整车企业配套。1999年,产销累计209万件。2015年,产销汽车浮式制动钳908万件,国内市场占有率为13%。至2015年,累计产销6 010.92万件。

【制动软管总成】

制动软管总成即刹车管是汽车制动系统的重要部件。上汽制动系统于2003年11月引进德国大陆制动软管总成产品,初期装配进口散件。2006年8月,引进生产德国大陆TYPE 9制动软管总成,为长安福特蒙迪欧和福克斯车型配套。同年9月,引进生产德国大陆TYPE 9制动软管总成,为上海大众汽车帕萨特车型配套。2010年3月,引入生产德国大陆全新软管接头,为长安福特和东风裕隆配套制动软管总成。同年5月,产品升级,引进生产德国大陆TYPE11制动软管装配线。2015年,产销1 462万件,国内市场份额为17%,累计产销7 267.71万件,主要配套上汽大众、一汽大众、长安福特、北京奔驰、一汽轿车、北汽集团、东风汽车、浙江吉利等整车企业。

八、汽车电子驻车系统

汽车电子驻车系统(EPB)作为传统型手动驻车制动系统的重大技术升级,是汽车制动系统重要部件,EPB利用电机动力实施或解除驻车制动,成为汽车制动系统发展必然趋势。

2013年12月,上汽制动系统从德国大陆公司引进EPB整条装配线,取得该技术引进许可。首先通过对FNc-M 38/10 15引进技术的消化,2014年开始为上海大众MQB A车型和一汽大众MQB A车型匹配开发,当年投入批产;然后进行FNc-M 42/12 16引进技术的消化,2014年开始为上海大众汽车MQB B车型匹配开发,2015年投入批产;同时开始为上汽乘用车分公司A架构车型、长城汽车CHB 041车型和上海大众汽车17寸车型匹配开发,并投入生产。

至2015年,上汽制动系统产销的电子驻车制动系统累计达103万件,包括VW15/16/17寸、SAIC-A、GWM CHB 041/051/061/071等产品系列,产品为上汽大众、一汽大众、上汽乘用车分公司、长城汽车等企业配套。

九、汽车弹簧、稳定杆

上海中国弹簧制造有限公司(简称中国弹簧)前身自民国26年(1937年)建厂后,一直从事汽车、摩托车弹簧和其他弹簧业务。20世纪80年代以后,主要产销三环牌汽车弹簧和稳定杆,产品居中国汽车弹簧行业领先水平。

【汽车悬架弹簧】

汽车悬架弹簧是向轮胎传递车辆承载保证车辆操控性和舒适性的底盘减震系统零部件。1987年,中国弹簧开始为桑塔纳轿车配套悬架弹簧,1988年获认可批量供货。1996年开始,相继为帕萨特、别克等中高档车型配套悬架弹簧。1998年,在国内首次开发成功并投产腰鼓形螺旋弹簧,该产品为变线径变节距变刚度的后悬架弹簧,以提高后排乘坐舒适性。2006年,合作开发配套荣威750前后螺旋弹簧实现量产。同年,批量配套上海大众汽车PQ35、PQ46和上海通用汽车DELTA等车型平台的前后螺旋弹簧。2008 年,合作开发荣威 750 和长安志翔混合动力轿车悬架弹簧并批量供货。2011 年,神龙 W2、上汽通用五菱 GP50、上汽乘用车分公司 MG6EU 等产品前后悬架弹簧,北美通用 GMX211 后悬架弹簧、长安福特 C345 后悬架弹簧和 C346 前后悬架弹簧等实现批量供货。2012 年,斯柯达 A - Entry、荣威 550 和荣威 E50 的前后悬架弹簧,长安福特 C307 前悬架弹簧和 B515 前后悬架弹簧以及 C520 前后悬架弹簧,一汽大众 Golf - A6 前后悬架弹簧等批量供货。2013 年,沃尔沃 L421 前后悬架弹簧,神龙 M3M4 和 A94 前后悬架弹簧,上海大众汽车野帝(Yeti)前后悬架弹簧、Crossline 后簧总成、MQB 前悬架弹簧和扭转梁后簧等批量供货。2014 年,上海大众汽车 MQB A Plus、上汽乘用车分公司 MGGS、长安福特 C346 等前后悬架弹簧批量供货。2015 年,凯迪拉克 ATS、荣威 360、长安福特 C346 等前后悬架弹簧,上汽通用 E2XX 前后悬架弹簧等批量供货;同时获上汽通用 9BXX 弹簧项目定点。

1987 年,中国弹簧悬架弹簧产销 2.6 万件,2015 年产销 1 385 万件,为 1987 年的 532.69 倍,国内市场占有率 24%,位居第一。至 2015 年,悬架弹簧累计产销 11 982 万件,主要为上汽大众、上汽通用、上汽乘用车分公司、长安福特、江铃福特、一汽大众、长城汽车、北京奔驰、沃尔沃、戴姆勒、上汽大通、奇瑞汽车等整车企业配套,并出口美国福特、通用、克莱斯勒等汽车公司,累计出口 609.54 万件。

【汽车气门弹簧】

气门弹簧是控制汽车发动机气门的零部件。中国弹簧于 1970 年开始生产柴油机气门弹簧,为济南、玉林、扬州等柴油机厂配套。1983 开始生产上海牌轿车和幸福摩托车的汽油机气门弹簧。

1994 年和 1996 年,先后为上海大众汽车 B113 发动机和 2VQS 新款发动机开发生产气门弹簧。同年,与德国 Scherdel、日本 NHK 公司合资成立专业制造气门弹簧的中旭弹簧公司。1998—2002 年,为赛欧、GL8 等车型及 S200 和 V6 发动机开发生产气门弹簧。至 2006 年,配套扩至上海通用汽车 FC7、长安福特 I4 和上海大众汽车 EA111 等项目。2007 年和 2008 年,配套项目新增德国大众 EA888、上海通用汽车 L850 和 Gen3 及上汽乘用车分公司荣威、上汽通用五菱的五菱宏光等。2011 年,实现为南京依维柯气门弹簧批量供货。2014 年,向上汽通用五菱、江淮汽车、上汽乘用车分公司等企业气门弹簧批量供货。

1983 年,三环牌气门弹簧产销 540 万件。2015 年,产销 3 831 万件,为 1983 年的 7.09 倍。1989—2015 年,气门弹簧累计产销 5.85 亿件,国内市场占有率 33%,位居第一,客户包括上汽大众、上汽通用、上汽乘用车分公司、长安福特、东风康明斯、江铃汽车、江淮汽车等。同时出口南非等国家和地区,累计出口 1 128.39 万件。

【汽车稳定杆】

稳定杆是提高车辆操控性舒适性的汽车底盘悬架系统零部件。1993 年,中国弹簧与澳大利亚 SCA 公司合资成立专业从事稳定杆开发生产的上海中星汽车悬架件有限公司(简称上海中星)。1994 年年底,上海中星投产并生产桑塔纳轿车前稳定杆,同年产量 1 万件。1995 年,为桑塔纳 2000 型轿车配套前稳定杆总成,该总成除稳定杆还包括连接杆、衬套、橡胶支承等零件,实现从单一产品向总成件发展。1998 年,向帕萨特轿车配套空心稳定杆,该产品采用当时国际最先进的空心杆设计,适应汽车轻量化发展趋势。同年,开始为别克新世纪和赛欧等车型配套。

2003 年,上海中星外方股东澳大利亚 SCA 公司股权转与日本中央发条株式会社。2004 年,为向天津一汽丰田配套稳定杆,中国弹簧与日本中央发条在天津合资设立天津中星汽车零部件有限公司,2005 年 7 月建成投产并开始为一汽丰田供货。2005 年起,中国弹簧稳定杆出口美国为福特、通用、克莱斯勒汽车公司配套。2006 年,中国弹簧厂收购日本中央发条持有的上海中星全部股份。2009 年,上海中星改制为中国弹簧直属的稳定杆工厂。

2011 年,上汽乘用车 LDV 前稳定杆、上海大众汽车 model - K 前稳定杆、戴姆勒 NCV3 后稳定杆、比亚迪 F3 前稳定杆等批量供货。2012 年,上海大众汽车 Model - H 前稳定杆,上汽通用五菱 GP、荣威 E50、上海通用汽车 258、长城汽车 J08 等项目稳定杆等批量供货。2013 年,沃尔沃 L421、长城汽车 CHB021 等项目前后稳定杆批量供货。2014 年,比亚迪 SE 后稳定杆、上海大众汽车 MQB 稳定杆、凯迪拉克 ATS 后稳定杆和 A-plus 前稳定杆、沃尔沃 K413 前后稳定杆、上海通用汽车 NGK211 前后稳定杆、长安标致 B754 前稳定杆等批量供货。2015 年,上海通用汽车 SGM18 后稳定杆、E17 后稳定杆、980 后稳定杆,上海大众汽车 MQB - B 后稳定杆等批量供货。同年,获上海通用汽车 9BXX 稳定杆定点、吉利沃尔沃联合的 CMA 平台稳定杆全球设计供应商定点,长城汽车公司多项稳定杆项目的前期开发和定点。

1994 年,中国弹簧稳定杆产销 1 万件。2015 年,产销 696 万件,为 1994 年的 696 倍,国内市场占有率 25%,位居第一。至 2015 年,累计产销 4 828 万件,累计出口 729.57 万件。主要客户包括上汽大众、上汽通用、上汽乘用车分公司、上汽大通、长安福特、江铃福特、吉利沃尔沃、广汽菲亚特、神龙汽车、一汽大众、长城汽车、北京奔驰、戴姆勒、奇瑞汽车、比亚迪等厂家。

第二节 汽车动力传动总成产品

一、上海牌轿车汽油发动机

汽车发动机为汽车提供动力,如同汽车心脏,为汽车最重要的部件。1959 年,上海动力机械制造公司为开发凤凰牌轿车,确定由上海内燃机配件厂试制汽油发动机。于同年 9 月试制出第一台 680Q 发动机。1960 年投产,当年生产首批 17 台发动机。1965 年 12 月,680Q 发动机与整车一起通过国家第一机械工业部组织的技术鉴定。20 世纪 70 年代,680Q 发动机逐步形成批量能力,1976 年产 2 500 台,1980 年产 5 500 台。至此,上海牌轿车主要配套直列 6 缸 4 冲程 90 马力的 SH680Q 汽油发动机。

1986 年,由上海内燃机配件厂更名的上海汽车发动机厂开发成功 682Q 发动机。该机在 680Q 基础上扩大缸径,并对冷却、供油、电气、传动等系统作较大改进,功率提高到 100 马力,以匹配上海牌 760B 轿车。1989 年 1 月,该机通过局级技术鉴定,当年投入小批量生产,以后逐年增加,到 1991 年,年产 5 000 台以上。1982—1986 年该机被评为部级优质产品,1987—1989 年被评为部级一等品。1991 年年底,该机因上海牌轿车停产而下马。1959—1991 年 32 年 SH680Q/682Q 汽油发动机共生产 10.37 万台。

二、上汽大众汽油发动机

【EA827 系列汽油发动机】
该发动机为前置水冷直列四缸 4 冲程 2 气门发动机,是德国奥迪汽车公司 1983 年开发的产品,具有结构紧凑、自重轻、功率大、时速高、油耗低、启动灵敏等特点。上海大众汽车第一款 EA827 发动机是 1.8 升化油器发动机,额定功率 70 千瓦,最大扭矩 145 牛·米,排放标准为 ECE1504。该款发动机先由德国进口并匹配 1985 年推出的桑塔纳 LX1.8MT 轿车,后于 1987 年 9 月由上海大众汽车有限公司(简称上海大众汽车)试制成功,1987 年 11 月批量生产。国产 EA827 系列发动机先后匹配普通型桑塔纳和桑塔纳 2000 型轿车,供油方式从化油器改为电子喷射,款式包括 70 千瓦和 74 千瓦的 1.8 升发动机、62 千瓦的 1.8 升 CNG 发动机和 64 千瓦的 1.6 升发动机,排放标准从 ECE1504 升级为国四。

【EA113 系列汽油机发动机】

A113 发动机是德国奥迪 1993 年开发的新一代汽油发动机和上汽大众继 EA827 发动机之后引入中国市场的第二款发动机。上海大众汽车首先投产的为前置水冷直列四缸 4 冲程 2 气门 1.8 升 EA113 2VQS 发动机,与德国大众联合开发,额定功率 74 千瓦,最大扭矩 155 牛·米。该机为中国首台多点喷射汽油机,横流进气,排放达到欧 II 标准,其液压离合器和燃油蒸气回收系统等技术为当时国内领先技术,具有动力强、燃油经济性佳、可靠性高等特点。1997 年 11 月,该机批量生产。1998 年,首先匹配桑塔纳 2000 型轿车。1999 年,为帕萨特轿车匹配 1.8 升 5VQS 的 EA113 发动机,额定功率 92 千瓦,最大扭矩 162 牛·米,具有多点喷射、每缸 5 气门等优点。2002 年,在帕萨特轿车匹配 1.8 升 5VT 涡轮增压发动机,额定功率 110 千瓦,最大扭矩 210 牛·米。同年波罗 (Polo)轿车匹配新的 EA113 1.6 升自然吸气发动机,额定功率 75 千瓦,最大扭矩 145 牛·米。2003 年及以后,上海大众汽车先后在帕萨特、途安、明锐和朗逸轿车匹配 2.0L 的 EA113 发动机,额定功率 85 千瓦,最大扭矩 172 牛·米。2010 年,在桑塔纳志俊匹配 1.6 升的 EA113 发动机。

【EA111 系列汽油发动机】

EA111 发动机最早使用于 2003 款的上海大众汽车紧凑型波罗(Polo)轿车,该机是德国大众小排量发动机主力机型,在国内有 1.4 升和 1.6 升两种排量,功率 55 千瓦,最大扭矩 126 牛·米。2006 年,上海大众汽车将两种机型皮带传动系统更新为正时链条系统,功率分别提升至 63 千瓦和 77 千瓦。之后,该系列机型相继匹配晶锐、明锐和朗逸等车型。2009 年,上海大众汽车投产第一款 1.4 升 EA111 TSI 发动机,用于朗逸运动版。该机功率达到 96 千瓦,扭矩达到 220 牛·米,融合缸内直喷、涡轮增压等先进技术,采用双顶置凸轮轴 16 气门结构,具有各种路况和转速均下更线性更平稳的动力输出,以及小排量、高功率、低油耗和模块化等性能优势。以后新机型先后匹配途安、昊锐、途观和新帕萨特等车型。

【EA888 EVO2 系列汽油发动机】

该机是德国奥迪最新开发的新一代汽油发动机,上海大众汽车于 2007 年首次将该机型的 1.8TSI 发动机匹配明锐轿车。2008 年,该机的 1.8TSI 与 2.0TSI 两种型号与新上市的昊锐轿车匹配,功率分别为 118 千瓦和 147 千瓦,扭矩分别为 250 牛·米和 280 牛·米。之后投产继续匹配途观、新帕萨特以及明锐运动款等车型。该机采用双顶置凸轮轴 16 气门结构、可变进气正时系统、汽油直喷和涡轮增压等先进技术,具有结构紧凑、自重轻、排放好、功率扭矩优良和经济性高等特点。

【EA211 系列汽油发动机】

EA211 发动机是德国大众新开发的一代小排量汽油发动机。上海大众汽车于 2012 年首次引入 1.6MPI/1.4MPI 发动机匹配用于新桑塔纳轿车,同时也是该机型在中国市场全球首发,功率分别达到 81 千瓦和 66 千瓦,扭矩分别达到 155 牛·米和 132 牛·米。该机型首发后市场反应良好,并陆续在昕锐、新朗逸、明锐、波罗、晶锐等车型投产使用,实现对 EA111MPI 机型全面换代。2013年,引入针对中国出租车市场开发的 1.6 升 CNG 发动机,功率扭矩达到 70 千瓦和 140 牛·米。2013 年,首次引入 1.4TSI 机型,并在新朗逸车系匹配投产,该机型高低功率版的功率和扭矩分别达到 96 千瓦/110 千瓦和 225 牛·米/250 牛·米,投产后陆续在野帝、明锐、帕萨特、途安和速派等车型使用,逐步实现对 EA111 1.4TSI 机型全面换代。2015 年,引入 1.2TSI 机型,首次匹配新朗逸 Blue Motion 车型,该机型功率和扭矩分别达到 81 千瓦和 200 牛·米,并以油耗低动力强的特点获市场好评。EA211 系列发动机广泛采用 MQB 平台模块化开发技术,采用可变气门正时、正时皮带驱动、缸盖集成排气歧管、曲轴轻量化设计、可变流量机油泵、全铝缸体、增压直喷等先进技术,真正实现发动机轻量化、低油耗、优排放、动力强劲等特点,是先进发动机技术的里程碑产品。

【EA888 Gen3 系列汽油发动机】

2011 年,上海大众汽车从德国大众引进 EA888 Gen3 部分家族的 1.8 升/2.0 升 MQB 机型,进行本土化生产,功率提升 11.8%～19%,1.8 升和 2.0 升发动机分别达到 132 千瓦和 162 千瓦,扭矩提升 20%～28%,达到 300 牛·米和 350 牛·米。2012 年年初,研究引入与高端品牌 C 级轿车匹配发动机。2013 年 9 月,为满足更为严格的排放标准需要,选择尚未在欧洲投产的 MQB B-Zyklus 发动机,该机亮点在于低负荷使用 Miller 循环,进气侧使用小凸轮和 140 度开启角而达到进气门早关的目的,减少换气功损失,提高压缩比。

三、上汽通用汽油发动机

【1HVV6 系列汽油发动机】

该机于 1998 年 12 月由上海通用汽车有限公司(简称上海通用汽车)研发成功并投入生产,主要配套别克新世纪轿车,同时出口加拿大配套 CAMI 车型。该机呈 60 度夹角,为顶置气门发动机,结构简单、成本较低,排量有 2.5 升和 3.0 升两种。2.5 升最大功率 112 千瓦,最大扭矩 209 牛·米;3.0 升最大功率 126 千瓦,最大扭矩 256 牛·米。

【FamII2.0L 汽油发动机】

该机是美国通用汽车直列四缸系列的第二代汽油发动机。上海通用汽车于 2002 年研发成功并投入生产,主要配套别克君威轿车。

【L850 系列汽油发动机】

上海通用汽车 2006 年 8 月研发成功并投入生产,主要配套别克君威、君越和 GL8 轿车。该机为水冷横置、直列四缸、每缸 4 气门、双顶置凸轮轴式、线圈模块点火、闭环控制和 4 冲程,采用长寿命的正时皮带。喷射方式有进气口多点燃油顺序电控喷射及缸内直喷两种,排量有 2.0 和 2.4 升两种。2.0 升最大功率 108 千瓦,最大扭矩 190 牛·米;2.4 升最大功率 137 千瓦,最大扭矩

240 牛·米。

四、上汽乘用车分公司汽油发动机

【K 系列发动机】

2004—2008 年 11 月,上汽乘用车分公司在购买罗孚发动机技术基础上,相继完成 KV6 2.5、K4 1.8T 和 K4 1.8VCT 3 款基本机型开发并投产,性能指标依次为功率 135 千瓦/6 500 rpm、扭矩 230 牛·米/4 000 rpm,功率 118 千瓦/5 500 rpm、扭矩 215 牛·米/2 000~4 500 rpm,功率 98 千瓦/6 000 rpm、扭矩 170 牛·米/4 500 rpm。后续成功开发 K4 1.8T FR 和 K4 1.8T 混合动力发动机,排放升级至满足国 V 标准。K 系列发动机采用三级可变进气、废气涡轮增压、双可变气门相位、一体式紧耦合排气催化系统等先进节能减排技术,全铝机体、低流阻热塑成型进气管等轻量化结构以及湿式缸套技术、4 气门蓬型燃烧室、齿形带驱动双顶置凸轮轴、液压挺柱、变曲率半径曲轴正时带轮、净成型粉末冶金件和低摩擦损失设计等,总体水平国内领先并达国际先进水平,申请受理 6 件实用新型专利。该机批量应用荣威 750、550 和 MG6,华泰圣达菲和东风柳汽景逸等车型。

【NSE 发动机】

NSE 系列是上汽乘用车分公司首次自主开发的小排量高效汽油发动机。该系列包括 1.5 升、1.3 升及 1.5T 等多款机型。NSE1.5 升 SVCT 和 NSE1.3 升先后于 2010 年 3 月和 2010 年 12 月批产,分别搭载荣威 350 和 MG3,性能指标依次为功率 80 千瓦/6 000 rpm、扭矩 135 牛·米/4 500 rpm,功率 68 千瓦/6 000 rpm、扭矩 118 牛·米/4 800 rpm。该机外形紧凑,采用静音链、连续可变正时系统、双节温器和分流式冷却系统。基本型发动机加装涡轮增压器后,1.5T 可在宽广转速范围内稳定输出最大扭矩 215 牛·米,NSE 1.5T 于 2013 年 10 月投产,最大功率 95 千瓦/5 000 rpm,最大扭矩 215 牛·米/2 000~4 000 rpm,搭载 MG5 和 MG GT。性能提升发动机 NSE Plus 1.5DVCT 和 NSE Plus 1.3L 在保持或提升动力性的同时分别实现降油耗 5% 和 2%,分别于 2014 年 9 月和 2015 年 7 月投产。NSE 系列发动机拥有完全知识产权,达到国内同类领先发动机水平。

【SGE 发动机】

SGE 系列发动机是上汽与美国通用汽车联合开发的新一代高效小排量直喷增压产品,已投产 3 款机型,包括 1.0T(3 缸)、1.4T(4 缸)、1.5T(4 缸),最大功率从 92 千瓦到 124 千瓦,扭矩区间从 170 牛·米到 250 牛·米。SGE 系列发动机应用缸内中置直喷、涡轮增压、集成排气歧管、变排量机油泵、静音链传动等一系列关键技术,实现低排放、低能耗、高升功率,其性能、效率、品质和可靠性领先全球一线品牌平均水平。作为上汽"蓝芯"动力主打机型,SGE 1.5T 和 1.4T 分别在 2015 年 3 月和 8 月投产。

【NLE 发动机】

NLE 系列发动机是上汽乘用车分公司自主开发的大缸径缸内直喷增压发动机,该机主要包括横置和纵置的 NLE2.0T、NLE1.8T 等,输出功率涵盖 120 千瓦~162 千瓦,最大升扭矩达到 175 牛·米/升。NLE 系列发动机在可靠性、动力性和经济性等方面进行重点研发,采用缸内中置直喷、涡轮增压、双可变气门正时、开关水泵、低摩擦组件、平衡轴模块等一系列先进技术,满足高性能、低油耗、低排放等要求。

NLE系列发动机首款机型NLE 2.0T纵置于2014年6月投产,后续相继投产NLE2.0T横置以及NLE1.8T机型,搭载名爵锐腾、荣威950、荣威RX5、大通G10等车型。

五、车用柴油发动机

【135系列柴油发动机】

1958年,上海柴油机厂自行研制成功中国第一台中等功率高速柴油机6135柴油机,广泛用于船舶电站,也可作为工程机械、车用、农业灌溉及其他工业配套动力。1978年和1981年,该机品种达57种和160种,其中车用柴油机产量最大,主要配套济南汽车厂、上海重型汽车厂等整车企业。1981年,设计开发工程机械用的6135K型30多种配套产品,设计技术取得全国柴油发动机行业领先地位。1984年,研制成功与黄河牌10吨重型车配套的6135Q-la柴油机,该机应用高喷射低涡流、配气相位改变等技术,改进缸盖结构,产品获1987年度上海市科学技术进步奖三等奖。1990年,135系列柴油机通过国家级鉴定并获机械电子工业部科学技术进步奖三等奖。该机为100家工程机械骨干企业200余种工程机械配套,全国中等缸径柴油机市场占有率达59%以上。

1995年8月,上海柴油机股份有限公司(简称上柴股份)立项开发135升级换代型G6135柴油机,1998年批量生产,至2002年主要应用于工程机械。

2002年开始,上柴股份配套重点由工程机械转向船用电站。2003—2005年,为G128和135产品改进开发高潮期。先后研制G128增压中冷船机(鑫龙船机)、G128ZLCa(鑫龙280)、G128ZLCa1(鑫龙300)和G128ZLCa2(鑫龙350),标定点燃油耗率为每千瓦小时205克,噪声低、振动小,排放达国际海事组织IMO标准,并获船检局发证认可,综合性能达到国内先进水平。

2004年,开发12V135AZLD增压中冷电站柴油机,1小时功率为371千瓦/1 500 rpm,各项指标进入国内先进行列。2005年,开发成功12V135AZLCa增压中冷船用柴油机。2006年,开发出更大功率的12V135BZLD空中冷电站柴油机,1小时功率为441千瓦/1 500 rpm。

2000年以后,经国际著名设计公司AVL咨询,在G128、12V135基础上,开发出SC13G、SC15G、SC25G及SC27G 4个基本机型,1小时功率分别达到267千瓦/1 500 rpm、363千瓦/1 500 rpm、505千瓦/1 500 rpm、662千瓦/1 500 rpm,巩固和扩大上柴股份在此功率段领域优势地位。G系列产品主要配套国内外船机、电站市场。至2015年,G系列柴油机累计销量79万台。

【D114系列柴油机】

该机于1992年开发成功,包括4缸和6缸、2气门和4气门发动机,排量分5.3升、8.3升、8.8升3档,广泛应用汽车及工程机械、农用、电站及船机,汽车配套包括北汽福田、常州客车厂、丹东黄海客车厂、江苏亚星客车等城市公交车辆,一汽、山西汽车厂、重汽集团、上海汇众的载货汽车。至2010年,与欧洲AVL合作,在A型机基础上开发B型机,后又通过自主开发形式以及和美国西南研究院合作开发形式开发SC5D/SC9D/SC9DF等系列产品,满足市场需要及更高的排放要求。

D系列柴油机产品系列全,覆盖面广,是上柴股份在车用和工程机械市场的主力产品,2011年年产超过7万台,占当年总产量的70%,也是上柴股份历史上首个月产过万台的产品。至2015年,D系列柴油机累计销量68万台。

六、新能源发动机

【二甲醚发动机】

2003 年，上海交通大学和上柴股份研制成功 D6114 二甲醚发动机，标定功率 162 千瓦/2 200 rpm，匹配上海申沃城市客车，并安装二甲醚储存和供给系统，该车成为中国第一台具有自主知识产权的二甲醚城市客车。

2006 年，上柴股份参与上海市二甲醚发动机产业技术产学研联合攻关项目，研制成功 SC8DR250 二甲醚发动机，标定功率 184 千瓦/2 200 rpm，排放达到国Ⅲ标准，功率扭矩等性能指标全部达原型柴油机水平。该机匹配上海申沃二甲醚城市客车，动力性与柴油相当，一次充装燃料续驶里程大于 300 公里。2008 年，由上海巴士一汽公司牵头、上海申沃客车和上柴股份等共同参与的"二甲醚客车示范运营关键技术"列入国家科技部"863 计划"和上海市新能源汽车推进计划，国内首次在上海 147 路公交线路采用 10 辆二甲醚汽车进行为期一年的载客示范运行，运行平稳安全。

【天然气发动机】

2003 年，上柴股份以 D114 系列柴油机为基础，开发成功 T6114ZLQ3B 型天然气发动机。该机采用电控喷射、稀薄燃烧、自学闭环控制、增压中冷和催化转换后处理等多种技术手段，功率 84 千瓦/2 200 r/min，最大扭矩 920 牛·米/1 400 r/min，先后配套上海申沃公交客车和一汽无锡太湖 10.5 米客车。2006 年，在 D9 柴油机基础上开发 6CTL280-2 天然气发动机，并批量配套陕汽奥龙重型卡车。2008 年和 2010 年，天然气发动机先后达到国Ⅲ和国Ⅳ排放标准，先后被评为上海市重点新产品、上海市专利新产品和中国汽车工业科技进步奖三等奖、上海市科技进步奖三等奖。2010 年，生产配套 D114 天然气发动机 2 858 台。2012 年，完成 H、D、E 系列天然气发动机产品的国Ⅴ排放升级，功率覆盖 103 千瓦～287 千瓦，适用于城市道路车辆及中重型载货车辆。至 2015 年，累计生产 3 万台。

七、上齿牌汽车变速器

汽车变速器是协调发动机转速和车轮行驶速度、发挥发动机最佳性能的变速装置，是汽车传动系中最主要的部件之一。上海汽车变速器有限公司（简称上汽变速器）为国内最早制造变速器齿轮的企业，其前身郑兴泰汽车材料厂于 1958 年制造出中国第一批轿车变速器，为凤凰牌轿车及以后的上海牌轿车配套。

至 2015 年，上齿牌汽车变速器为上海大众汽车、上海通用汽车、美国通用汽车等 30 多家国内外整车企业配套，出口到欧美及东南亚地区。2015 年当年销售 369 万台，国内市场占有率 17.45％。1991—2015 年累计销售 2 569.9 万台套。

【配套上汽大众变速器】

1984 年，上汽变速器开始引进生产上海桑塔纳轿车变速器总成，该变速器为 5 档前驱动纵置手动变速器，所选用的 014K 变速器与减速器合为一体，结构紧凑，重量轻，噪声低，是操作灵活可靠的前桥驱动变速器。1989 年 5 月国产化率 58％的变速器自制件投入生产，1991 年 4 月该机国产化率达到88%。1989年桑塔纳轿车变速器获上海市轿车国产化开发一等奖,1991年获上海市优秀新产品二等奖,同年获上海首届科学技术博览会金奖和上海市优质产品称号。

【配套上汽通用变速器】

1999年7月,为配套赛欧轿车,上汽变速器启动F15轿车变速器项目。该变速器由美国通用汽车欧宝公司设计,配1.4升到1.6升发动机,承载扭矩为150牛·米,为横置式手动5档全同步机械变速器,体积小、操作简单、性能好、噪声低、适配性广。2001年3月该变速器通过认证开始供货。1999年,引进生产4T65-E美国通用汽车20世纪末推出的4档电控自动变速器,为别克中高档轿车配套,2003年批量生产。2004年,引进D16系列横置前驱式5档手动式变速箱,该变速器有5个前进档、1个倒档,具有机构紧凑、操纵轻便、同步性能好、噪声低、工作寿命长、产品性能好等特点,产品为凯越、乐骋、乐风、景程等车型配套。2005年,引进GF6自动变速器,该机结构复杂、体积小、重量轻,扭矩范围广,有6个前进档和1个倒档,是当时世界上最先进的自动变速器,配套别克轿车和GL8商务车。2007年2月,启动匹配上海通用汽车新开发小型车的SH63手动5档变速器自主开发,该机横置5个前进档,每档均带同步器,换档舒适阻力小,并采用低噪声和轻量化设计,成本比进口产品更具竞争力,2009年12月该机投产。2006年9月,启动SH63系列AMT变速器开发,该机在SH63/SH63A基础上改进选换档结构、操纵盖及后壳体,并在机械本体上安装液压电控系统,实现AMT功能,2010年投产。

2010年8月18日,上汽集团及公司与GM签署7档干式双离合变速箱产品DCT250合作开发合同,双方对这一产品共有知识产权。项目开发包括DCT250本体设计开发、变速器整匹配标定、零部件和总成台架性能和耐久试验、整车耐久试验等。该机具有无动力中断换档、完美换档舒适性,动力总成始终处于经济高效状态,94%综合传动效率使机拥有强劲精准的驾车体验,并解决双离合变速器稳定性和可靠性的技术难题,性能处于同行领先水平。该产品于2014年量产,匹配上海通用汽车、上汽乘用车分公司多个整车平台。2015年,被认定为上海市高新技术成果转化项目。

2011年,上汽变速器开始开发配套新英朗轿车1.5升前驱发动机的SH15M5手动5档横置变速器。该机横置式,5个前进档和1个倒档均带同步器,整体采用低噪声齿轮和轻量化设计,双拨头及凸轮助力设计使产品在换档手感方面更具竞争力,2015年5月获上海通用汽车认可。

【配套沈阳金杯变速器】

1999年,为进入小客车变速器市场开始研制JK72 5档手动纵置变速箱系列变速器。该变速器具有机构紧凑、操纵轻便、同步性能好、工作寿命长等特点,产品性能达到国内先进水平。2000年2月,该机通过沈阳金杯500台批产认可开始供货。产品获2000年上海市优秀新产品三等奖、中国机械通用零部件齿轮行业2001年新产品优秀奖。

【配套上汽通用五菱变速器】

2004年12月,配套上汽通用五菱新车型的SC63 5档手动纵置变速箱立项。该变速器采用国内最先进的无滑块惯性式同步器结构,解决微型车换档困难问题;速比采用多种优选方案,满足不同车型动力性和经济性需求;采用少润滑油设计,提高传动效率,产品处于国内先进水平,是广西地区唯一通过美国通用汽车认可的变速器高强度试验的微型商用车变速器。该机于2007年10月批量生产。2005年9月,开始开发为五菱之光配套的SC69变速器总成。该机为纵置后驱、带有离合器分离机构、结构紧凑、适用性强,采用低噪声技术和同步器换档技术,2006 年 6 月开始供货。

2010 年 7 月,为上汽通用五菱 1.5 升发动机前置后驱动力总成平台开发 SC16M5 系列变速器。该产品采用液压式分离轴承、全档位同步器布置、同步环采用钢环贴碳、集成式换档操纵机构、齿轮采用修形和磨齿工艺,具备 NVH 水平良好、换档手感舒适、产品性能可靠等优点。2012 年 5 月,产品通过 SOP(批量生产启动)认可。

【配套上汽乘用车分公司变速器】

2006 年 2 月,启动为配套上汽乘用车分公司自主品牌荣威轿车的 SH78Z 变速器总成开发,该机为横置前驱机械式 5 档手动,结构紧凑、前进档和倒档均采用惯性同步器换档,同时大量采用新技术、新工艺和新材料,2007 年 1 月交样并通过验证,2010 年 11 月获上海市科学技术奖三等奖。

2006 年 8 月,企业开展双离合器自动变速器研发。该机采用 6 个前进档位,根据载荷谱进行全方位系统性正向设计,兼顾动力性、经济性、舒适性,承载扭矩大(360 牛·米),可靠性高。2008 年,首台湿式双离合器自动变速器总成 DCT360 样机研制成功并装车,填补中国该领域空白。2011 年 9 月,首台量产机型下线,与荣威多款车型配套后,延伸向柳州五菱、众泰、长丰、江铃等车企的车型配套。2014 年,该机获上海市重点产品质量振兴攻关成果奖、上海市专利新产品称号,2015 年获第 27 届上海市优秀发明选拔赛优秀奖金奖。

2010 年 10 月,上汽变速器联合开发 SH25M6 变速器,匹配上汽自主品牌 SH36M6 平台的 NSE1.5T 发动机。该产品于 2012 年 8 月 SOP。上汽变速器又将该机应用于东风日产的车型,匹配日产 MR20 发动机。

【配套上汽大通变速器】

2013 年,上汽变速器为上汽大通有限公司高端皮卡和 SUV 车型开发产品代号为 SC36M6 的系列变速器,要求体积小、传递扭矩大、拓展范围广,NVH 和换档性能等技术指标高,为企业变速器自主研发的全新平台产品。2015 年 2 月,首台变速器样机下线并装车成功,10 月完成道路耐久试验,折合里程 48 万公里。

2013 年年初,上汽大通同意基于 SH36M6 开发 AMT,并同步搭载 MT 替代韩国进口 MT。通过选用上汽马瑞利较成熟的 KIT 总成、选用带位置传感器的 CSC 以及并根据 V80 车型应用进行了齿轴、差速器等强化措施,项目于 10 月底 SOP。该变速器成为 SMCV 的首款自动变速器,并依托 AMT 的可靠、动力性好、高效节油特点,V80 一路打开了欧洲和澳洲等海外市场,并在国内市场与福特全顺在宽体客车领域平分秋色。2010 年,获产品采用国际标准和国外先进标准认可证明,2011 年,获上汽技术创新奖一等奖,2012 年,获上海市嘉定区科学技术进步奖一等奖,2014 年,获上海市专利新产品。

【配套上汽依维柯红岩变速器】

2007 年 9 月,与上汽依维柯红岩签署 CQ9M 系列变速器总成配套协议。CQ9M 系列变速器是大功率、多档位手动机械式变速器,广泛应用于发动机输出扭矩为 1 190～1 500 牛·米的各类牵引车、自卸车和专用车辆,其采用的中心距、整体式副箱中间轴及双拨头选换档机构具有创新性,2008 年 12 月完成 PPAP(生产件批准程序)认可,2009 年投产供货。

八、大众汽车变速器

2001 年 10 月,德国大众、上汽集团和一汽集团合资组建大众汽车变速器(上海)有限公司,专业制造配套德国大众 A0 及 A 级车型的 MQ200 横置式 5 档手动变速器。该变速器是德国大众在 20 世纪末全新开发的高新技术产品,采用大量高新技术,结构紧凑、传递扭矩大、体积小、重量轻、油耗省、排量小、功率大、传动效率高等特点,同时兼具安全性和舒适性。2002 年 12 月 MQ200 变速器启动批量生产,2003 年销售 6.87 万台,2008 年 4 月第 50 万台变速器下线;2010 年 1 月第 100 万台变速器下线,同年销售 39.80 万台;2012 年 5 月和 2014 年 4 月,累计第 200 万台和第 300 万台变速器下线;2015 年销售 49 万台,为 2003 年的 7.13 倍;2003—2015 年,累计销售 387.26 万台,累计出口 5.39 万台,始终位居国内同行销量第一名。

至 2015 年,MQ200 变速器一直保持手动变速器世界先进水平,产品主要为上汽大众波罗、朗逸、途安、新桑塔纳、朗行、朗境和明锐、晶锐、野帝、昕锐、昕动,一汽大众宝来、高尔夫和速腾,一汽轿车奔腾 B50,波兰大众开迪等车型配套。

九、汽车离合器

离合器由离合器盖总成和从动盘总成组成,用以保证汽车起步平顺、完成动力传递,并在变速器换档过程中快速切断动力。

民国 27 年(1938 年),上海离合器厂前身新华机器厂开始从事汽车离合器修理业务。1950 年,该厂转向离合器钢片制造,供进口汽车修理用。1962 年,试制成功凤凰牌轿车离合器。

1990 年,该厂开发生产上海桑塔纳轿车离合器。1996 年,开发生产江铃系列离合器。至 2010 年和 2015 年,累计销量分别达到 102.84 万件和 343.81 万件。2000 年,开发生产上海通用汽车系列离合器,主要为赛欧轿车配套,当年实现批量生产,至 2010 年和 2015 年累计销量分别达到 167.84 万件和 655.02 万件。

2002 年,上海离合器总厂合资为上海萨克斯动力总成部件系统有限公司后,继续研发生产自调整离合器、大转角离合器以及匹配混合动力整车的离合器,技术保持国内领先地位。2010 年销量达 204.8 万套,国内市场占有率为 25%。2015 年销量达 316.5 万套,国内市场占有率为 23%。1978—2015 年,累计销量达 2 674 万套。产品主要为上汽通用、上汽大众、上汽乘用车分公司、一汽大众、上汽通用五菱、长安福特、沈阳航天三菱发动机、哈尔滨东安发动机等国内整车企业发动机配套。

十、液力变矩器

液力变矩器是汽车自动变速系统重要组成部件之一,其能在一定范围内连续变矩变速,简化驾驶员操作,降低传动系统振动和噪声,提高驾乘舒适性。

1994 年,上海离合器总厂与吉林工业大学签署液力变矩器产学研合作协议。1998 年 5 月,与上海通用汽车签署潜在液力变矩器供货意向书。该产品图纸来自美国通用汽车,生产设备、冲压制造模具以及测试设备由该厂与上海交通大学、上海第五机床厂、浙江大学、上海大学等合作自主完成,项目前期还与吉林工业大学合作。同年12月上海离合器总厂向上海通用汽车提交与4T65E自动变速器匹配的W245S液力变矩器手工样件,1999年7月提交OTS(工装样品认可)样件,同年10月通过上海通用汽车PPAP(生产件批准程序)认证,随后开始批量供货。该产品成为国内首款批量生产的液力变矩器,填补国内自动变速器核心零部件生产的空白,并获得2001年度国家科技进步奖二等奖和中国汽车工业科技进步奖一等奖,2004年第三届上海市发明创造专利一等奖。

该款液力变矩器主要配套别克GS、君威、GL8和陆尊等车型。2000年供货6 000套,2001年、2002年和2003年先后产销3万套、5.2万套和10.3万套。至2010年和2015年,累计供货分别达到73.95万套和78.28万套。

十一、万向节、传动轴、传动系统

【SDS万向节】

万向节是汽车驱动系统的万向传动装置实现变角度动力和运动传递的重要机件,包括十字万向节和等速万向节两个种类。

1958年,上海纳铁福传动轴有限公司(简称上海纳铁福)前身上海汽车传动轴厂开始生产十字万向节。1964年试制成功汽车传动轴,以后投入批量生产。1988年9月,企业实行中外合资经营。1997年、1998—2001年、2002—2004年,先后开发UJ1310、UJ1350、UJ1800 3种十字万向节,并成为公司十字万向节主导产品。至2006年,累计产销2 000万件,其中30%出口,国内市场占有率10%。主要客户包括上海大众汽车、一汽大众、上海通用汽车、东风日产、一汽马自达、长城、吉利、江淮、江铃以及美国福特北美公司等。2006年以后该公司停止生产十字万向节。

1988年9月,引进德国GKN等速万向节技术,生产RF95/VL95/VL107等速万向节,1989年为桑塔纳轿车配套,以后分别为捷达、东风神龙富康、别克和小型红旗轿车配套。1999年,引进消化AC98/UF2500等速万向节技术,开发为雅阁和奥德赛、帕萨特和奥迪A6等配套的等速万向节。2000年,开发生产圆周间隙更小的新型AC98万向节。2003年,引进消化应用于自动变速箱的AAR系列万向节,开发为宝来、途安等自动变速车型配套的产品。同年还引进生产GIi/ACi系列产品,应用于华晨中华、奇瑞旗云等自主品牌轿车。2005年,等速万向节中的RF外星轮、三销轴叉的精密锻造技术在国际同行中处于技术领先地位。2006年,引进消化VL3700/AC4000万向节,开发凯迪拉克品牌配套的产品。2008年,引进VLi系列新一代万向节,用于宝马3系和5系、奔驰B级和C级高档轿车。2009年,引进生产比GIi系列更轻更便宜的GI3系列新一代万向节,为国内中低端轿车配套。至2010年,等速万向节累计产销达1.1亿件,其中出口179万件,国内市场占有率达40%,位居国内同行第一。

2011年,为上汽商用车V80立项开发整车等速万向节型,在商用客货两用车型上,创造性使用驱动半轴代替传统纵向传动轴,覆盖V80宽体车多款配置,产品性能超过英国LDV公司。同年3月,启动专为奥迪C7研发配套的新型等速传动轴,其等速万向移动节轴叉采用法兰式激光焊接,有效减轻重量,显著提高NVH(噪声、振动与声振粗糙度)性能。

2012年,为美国通用汽车全球平台GAMMA SUV研发新一代等速传动轴总成。该传动轴总成项目的等速万向节固定节和移动节结构最大外径减少10%,总成重量减轻10%,具有轻量化和长寿命特征,满足GAMMA SUV平台车型全系配套需求。

2013年,为配套北京奔驰GLC SUV车型,实施X253传动轴项目,采用前半轴节型为SX等速万向固定节和 AARi2600LP 等速万向移动节,后半轴节型为 VLi3300/3700iSM 等速万向移动节以及 VLi3300/3700iSM 等速万向移动节,纵向传动轴为 HSVL3300＋HSVL3300 等速万向移动节。2015 年 10 月项目圆满完成,实现向国内奔驰高端车型四驱传动轴的首次配套。

2011—2015 年,等速万向节累计产销达 1.5 亿件,其中出口 250 万件,国内市场占有率达 48％,位居国内同行第一。

【SDS 传动轴】

传动轴是汽车传动系中传递动力和运动的重要部件。上海纳铁福前身上海汽车传动轴厂是生产汽车传动轴的专业工厂。1988 年合资并引进德国 GKN(吉凯恩)公司的等速万向节传动轴技术,1989 年为桑塔纳轿车配套,1990—1994 年实施桑塔纳传动轴的深度国产化,至 1995 年国产化率达到 92％。

1991 年,上海纳铁福开发生产捷达轿车等速传动轴,并首次使用空心轴焊接技术。1995 年,开发生产神龙富康轿车等速传动轴,第一次生产精密锻造后球道直接成型的三销式万向节,产品移动阻力小性能更好。1998 年,开发生产捷达 AT 等速传动轴,实现当年开发当年批产。同年自主研发的 GMT800 传动轴投产,实现传动轴出口海外 OEM 市场零的突破。1999 年开始开发生产别克、雅阁、帕萨特和风神蓝鸟等中高端轿车的等速传动轴。

2000 年,开发生产宝来、赛欧、波罗和华晨骏捷等轿车传动轴,并将摩擦焊接工艺用于产品空心轴制造,满足用户对产品更高的要求。2001 年,开发生产宝来 1.8 升 AT 和奥迪 A6 传动轴,自主开发奇瑞旗云和小红旗 2.4 升传动轴。同年,实现具有更大摆角有效减小车辆转弯半径的 UF 节国产化。2002 年,引进节能环保的世界先进精密锻造工艺,开发生产别克、奥德赛和长安福特嘉年华、南汽菲亚特派力奥、丰田考斯特等汽车传动轴。2003 年,开发生产马自达 M6、凯越、蒙迪欧和三菱帕杰罗速跑等 10 项新产品,产品基本覆盖国内 1.6 升以上轿车市场。此外还持续开发福特 P131、神龙 T53 和大众 B6 等新产品,其中 P131 是公司历史上最大的十字万向节传动轴项目和最大的传动轴出口项目,每年向北美福特供应 20 多万套传动轴。2004 年,开发生产奥迪 A4、途安、东风日产天籁和帕拉丁等产品,特别是通过技术引进实现国产化的世界最先进的移动节产品 AARi 节,成为自动变速车型传动轴最佳解决方案。

2005 年,开发 18 种新产品,并完成三销轴叉开发投产,改变该零件长期进口局面。2006 年、2007 年和 2008 年,先后开发 30 项、28 项和 20 多项新产品,特别是 2008 年实现油脂国产化突破,并应用于新赛欧传动轴项目。2009 年,继续开发 20 余种新产品,成功实现 5 000 rpm 动平衡技术应用,填补国内此类产品空白。2010 年,开发 21 种汽车传动轴新产品,首个国产 MTS 产品通过奥迪认可,并实现宝马传动轴万向节国产化。

2007 年,SDS 牌汽车传动轴总成获中国名牌产品称号,实现上海汽车工业创建中国名牌产品的"零突破"。2009 年,SDS 牌汽车传动轴总成获得上海市质量金奖。SDS 牌产品覆盖上汽自主品牌、国内民族品牌以及奔驰、宝马、奥迪、大众、通用、标致、捷豹路虎等欧美日系国产品牌。

1989 年,SDS 牌传动轴产销 6 000 件。2011 年,SDS 牌等速万向传动轴年产突破 1 000 万根,销售收入达到 44 亿多元。2015 年,SDS 牌产品等速万向传动轴年产突破 1 860 万根,销售收入超过 86 亿元。产销量始终位居国内第一名、全球单一公司第一名和全国乘用车 OEM 市场产销第一名。

【SDS 传动系统】

2013 年,上海纳铁福加速自主研发等速万向传动轴,加快智能四驱系统和电驱系统及其产品研发制造技术的自主研发,实现 SDS 品牌产品由汽车传动轴向汽车传动系统的延伸,成为国内汽车市场领先的传动系统供应商。

2015 年年底,公司分别向别克凯越和科鲁兹、名爵 ZS 瑞腾与荣威 RX5、广汽菲亚特的自由侠和悦翔等车型配套提供各类差速器,向名爵 ZS 瑞腾和荣威 RX5、奇瑞路虎极光、广汽菲亚特克莱斯勒的自由侠提供各类 FDU(主减速器)和 PTU(分动器)等传动单元。各传动单元重量因轻量化设计制造而明显下降,充分改善车辆的燃油经济性,同时采用 CAE 有限元分析方法进行强度校核,达到更高的 NVH(噪声、振动与声振粗糙度)表现水准。

第三节　汽车内外饰产品

一、汽车保险杠

汽车保险杠总成是吸收和减缓外界冲击力,同时体现整车前后端造型装饰效果的装置。

1995 年,上海延锋汽车饰件有限公司在继续以内饰件为主导产品的同时,开始引进、生产为桑塔纳 2000 型轿车配套的汽车保险杠,引进当时最新的"三喷两烘"喷涂工艺和高压静电喷枪,并在产品火焰处理、双组份底漆喷涂、低温烘烤等工艺环节采用最优工艺方案,实现国内首个车身同色保险杠产品的投产。随后陆续开发上海通用汽车别克、上海大众汽车帕萨特、长安福特嘉年华等车型的保险杠产品。2006 年后,从凯越 2008 款项目开始,公司逐步具备自主开发大型注塑模具、涂装生产线、自动化装配工装设备等的技术能力,掌握保险杠开发核心技术。

2007 年,延锋伟世通汽车饰件系统有限公司(简称延锋伟世通)与法国彼欧合资成立的延锋彼欧汽车外饰系统有限公司,成为专业制造汽车保险杠等外饰件的企业。2006—2008 年,开展桑塔纳 Vista 保险杠研发。2008 年,获广汽传祺首款车型 GA5 保险杠订单,实现企业上汽集团业外业务的突破。2015 年,产销保险杠 167.2 万件(套),占国内乘用车市场份额 22.1%。

与此同时,延锋彼欧汽车外饰系统有限公司在尾门产品创新和汽车轻量化、以塑代钢上迈出一大步,获得奇瑞捷豹路虎、沃尔沃、长安标致雪铁龙、上汽乘用车分公司、东风神龙、东风雷诺和东风乘用车的尾门项目。

二、汽车方向盘

【延锋百利得方向盘】

汽车方向盘是控制汽车方向的主要安全件。20 世纪 70 年代,延锋机模厂开始生产聚氨酯汽车内饰件产品,该厂生产的上海牌轿车方向盘、仪表板等产品,成为中国第一代汽车塑料内饰件。1982 年,该厂引进德国巴斯夫公司自结皮方向盘制造技术,形成直径 400 毫米～500 毫米各种方向盘制造能力,技术领先国内同行。同期,上海延锋汽车内饰件厂试制成功配套一汽红旗高级轿车的 450 聚氨酯自结皮软化方向盘。至 90 年代,分别为北京吉普配套 BJ212P2 方向盘,为广州标致配套 PU505P4 和 PU504P4 方向盘,为一汽奥迪 100 汽车配套 AD100P4 方向盘,为桑塔纳轿车配套二辐条方向盘 STNP2,为神龙富康配套 CTR‐REFP2 方向盘,为南京依维柯配套 IVECOP2 方向盘,为一汽配套 CA6440P2 方向盘。20 世纪 90 年代—21 世纪初,分别为桑塔纳轿车配套 4 辐条方向盘 STNP4、新桑塔纳 N－STNP4 方向盘和 N－STNAG 方向盘,为一汽大众配套 JETTAP2(捷达)方向盘、JETTAP4 方向盘和 JETTAP3 方向盘。

2004 年,延锋伟世通与美国百利得安全系统公司合资成立延锋百利得(上海)汽车安全系统有限公司(简称延锋百利得),专业生产方向盘、安全带和安全气囊等安全件产品。2004 年,延锋百利得获得首个项目上海通用汽车 SGM60 项目,开启集成被动安全功能、电器控制功能方向盘的开发。2006 年,为北京汽车戴姆勒-克莱斯勒 300C 配套完成第一个真木壳方向盘,奠定开发高端方向盘的基础。2007 年,启动上海通用汽车第一个被动安全系统项目 SGM(上汽通用)308 项目。2009 年,为上海大众汽车 ModelY 项目自主开发第一个方向盘 & DAB(乘客安全气囊和驾驶员安全气囊)平台项目,该方向盘固定钢丝和 DAB 壳体连接结构、柔性集成式浮动按响机构、轻量化镁合金压铸方向盘骨架获得国家专利,并成功应用于为奇瑞、长安、北京汽车和东风日产配套的十几个方向盘项目。与此同时,延锋百利得开发出拥有知识产权的系列方向盘- DAB(乘客安全气囊和驾驶员安全气囊)平台,获得 2007 年中国汽车工业科学技术奖一等奖。

2015 年,该公司方向盘产销 360 万只,国内市场占有率 19％,位居全国同行第一。2004—2015 年,累计产销方向盘 1 700 万只。主要客户有上汽大众、上汽通用、上汽乘用车分公司、上海通用五菱、东风日产、北京现代、北京汽车、长安汽车、江淮汽车、奇瑞汽车、长城汽车和吉利汽车等。

【上海天合方向盘】

汽车方向盘是上海天合汽车安全系统有限公司 2012 年启动的新业务,与 DAB 一起构成对驾驶员的正面被动安全保护。2014,首个 POLO GP 方向盘在上海天合批量投产。2015 年,企业产销汽车方向盘 17 万个,国内市场占有率 1％。至 2015 年,累计产销方向盘 28 万个,主要供应上汽大众、上汽乘用车分公司、观致汽车等汽车厂商。

三、汽车仪表板、副仪表板

【汽车仪表板】

汽车仪表板总成是安装导航系统、娱乐系统、空调系统、线束、各类电子开关等的汽车内饰部件。1983 年 12 月,延锋机模厂引进德国 PU30 发泡技术以及配套设备,使用半硬泡发泡、阴模真空等工艺,开始试制发泡产品,为桑塔纳轿车配套仪表板,延锋成为国内最早生产汽车内饰并引进国外先进技术的厂家之一。1987 年,由该厂更名的上海延锋汽车内饰件厂引进德国 KIEFEL(凯尔孚)公司的真空成型工艺技术以及仪表板生产线,进一步提高汽车仪表板生产的工艺水平。

2000 年,上海延锋汽车饰件有限公司为上海通用汽车第一代 GL8 设计制造仪表板,成为延锋第一个自主造型设计的仪表板项目。2003 年,延锋伟世通采用搪塑、发泡、水转运试调等多项工艺,成功试制第一个一体式双色仪表板,同时完成第一个 cockpit(驾驶舱)集成项目,并将两项成果成功应用于君越轿车项目。2006 年,该公司首次采用全球同步设计方式,通过阴模真空成型工艺,为别克君越设计制造仪表板,并获得第一个国外申请的专利。2012 年,该公司承接凯迪拉克全球旗舰车型 CT6 的仪表板总成配套项目,这是延锋在国内承接和制造的第一款真皮仪表板项目,并作为全球唯一供应商出口北美通用。

随着车辆安全性能和内饰碰撞标准的提高,延锋强化 CAE(计算机辅助工程)分析能力和验证分析能力,优化仪表板头部碰撞、行人碰撞、膝部碰撞,特别是无缝气囊连接和集成形成的安全功能。此外,延锋仪表板包含中央饰板、中央饰条、出风口、喇叭罩盖等各种零件和手套箱、储物盒、烟灰缸等储藏功能,采用 IMD(模内装饰)、INS、水转印、真铝、真木、激光雕刻、软触漆、金属装饰漆等表面处理工艺和模内装配、嵌件注塑、热板焊接,红外焊接等生产工艺,内饰照明则采用各种软质、硬质灯管和 LED 组合以及光线散射反射式设计,同时也在内饰装饰性氛围照明方面不断创新。

2015 年 7 月,该公司与美国江森自控汽车内饰就汽车内饰业务成立合资公司延锋汽车内饰系统有限公司,成为全球最大的汽车内饰零部件供应商,为全球主要汽车品牌提供内饰产品,主要为上汽大众、上汽通用、上汽乘用车分公司、上汽通用五菱、江淮、福田、吉利、福特、马自达、奔驰、宝马、沃尔沃等国内外知名整车企业配套。2015 年,中国地区生产配套仪表板 618 万件,国内乘用车市场份额 30.94%,成为国内最大的仪表板设计和生产商。

【副仪表板】

副仪表板(又称中央通道)是汽车内饰零件。2001—2003 年,延锋为奇瑞汽车设计制造副仪表板,成为该公司第一个集成造型、结构设计和工程制造开发的完整的正向开发项目。2003—2006 年,延锋伟世通为上海通用汽车设计制造公司第一个自主造型的副仪表板 GL8 陆尊副仪表板,该产品获得国家专利。同期,采用 6 毫米厚度发泡技术,开发制造后排 POP 显示屏与副仪表板集成、杯托和烟缸等功能件结构复杂的别克君越副仪表板,2007 年 10 月获上海市重点新产品奖。2009 年,启动升级版的 freestop 铰链技术开发项目,并成功应用于荣威 950 副仪表板,实现上汽乘用车分公司中高档平台内饰的自主开发。

至 2015 年,延锋汽车内饰系统有限公司开发制造的副仪表板总成主要部件包括副仪表板本体、排档面板、手刹盖板、上装饰板、左右前护板、后面板、扶手总成和烟灰缸、杯托、储物盒、出风口等功能件。根据产品结构不同种类和客户要求,产品还包括副仪表板骨架、扶手箱总成、电器开关、风道总成等。在中高端副仪表板产品中还采用各种装饰面板,其表面采用 IMD、INS、水转印、真铝、真木、激光雕刻、软触漆、金属装饰漆等表面处理工艺。国内产品主要为上汽大众、上汽通用、上汽乘用车分公司、华晨汽车、华晨宝马、沃尔沃汽车、北京现代、北京汽车、长安福特、长安汽车、广州汽车、江淮汽车、福田汽车等整车企业配套。2015 年,生产配套副仪表板总成 320 万套,国内乘用车市场份额占 19.5%。

【门板】

门板是汽车内饰主要零部件。延锋汽车内饰系统有限公司是全球最大的汽车门板供应商之一,在门板生产配套和技术创新领域占据全球领先地位。2013 年,公司作为上海通用汽车战略合作供应商,承接新英朗门内饰总成的制造开发任务,在国内外首次将 EIPP 发泡注塑工艺使用在外观级注塑零件上,同时实现门板区域减重 20%,进一步满足国家节能减排要求。仅中国地区,公司2015 年生产配套门板总计 472 万套,乘用车市场份额达 23.6%。

四、汽车座椅总成

汽车座椅总成包含汽车内部所有座椅系统。20 世纪 80 年代初,延锋机模厂从德国引进座椅芯生产设备,生产轿车座椅。1985—2003 年,为桑塔纳 B2 和桑塔纳 2000 型轿车配套座椅。

1997 年,上海延锋江森座椅有限公司引进江森自控的座椅设计技术,产销汽车整椅、顶棚、面套、机构件、骨架、头枕、发泡、遮阳板等产品。1999年4月,开始为别克新世纪轿车配套座椅总成。2000年4月,开始为帕萨特配套PQ34座椅。2012—2015年,先后为荣威E50、别克昂科威、凯迪拉克、凌渡、荣威950、名爵锐腾、新速派、宝骏560等车型配套。

2005年,启动该公司第一个自主开发的亚太地区超低成本骨架平台APSLC1.0项目,2007年投入生产,2008年持续开发APSLC2.0骨架平台。该项目有效平衡性能和成本,获得上海市专利奖、上海市科学技术奖、中国汽车工业科技奖。2008年,启动电动高度调节机构VTA3.0开发,为公司第一个核心金属机构件平台创新项目。2009年,启动GT手动/电动滑轨开发,从而掌握高强度钢材零件的设计规范及冲压技术,技术性能国际先进。同年,启动高性能MMS前排骨架平台开发,座椅骨架在全球首次应用高强度钢材激光拼焊技术,大大降低座椅骨架重量,座椅骨架技术处于国际领先地位。座椅骨架平台项目获得8个专利,其中1项为发明专利。

2014年MMS平台首个应用项目D15 SOP,满足上海通用汽车对高端A级轿车要求而推出的座椅骨架,取代佛吉亚的DELTA平台。至2015年,MMS座椅骨架平台已覆盖13个主机厂,应用43个项目。

2010年,该公司产销汽车座椅300.6万件,国内乘用车市场占有率31.7%,位居全国同行第一。2015年,产销汽车座椅580.6万件。1998—2010年,累计产销汽车座椅1 038万件。2011—2015年,累计产销汽车座椅2 384.5万件。主要客户有上汽大众、上汽通用、上汽乘用车分公司、上海通用五菱、东风日产、东风悦达起亚、长安福特、标致雪铁龙、奇瑞汽车、长城汽车、吉利汽车、江淮汽车、长城汽车、众泰汽车、福建奔驰等。

五、汽车前大灯、转向灯、尾灯总成

汽车外部车灯是车辆行驶的照明工具,分为组合前照灯、组合后灯、前转向灯等。上海小糸车灯有限公司前身于20世纪20年代开始从事汽车灯具修理等业务。1950—1978年,逐步实现从维修到批量配套生产、从手工操作到半机械化生产、从仿制到自行设计的转变。20世纪70年代初,开发国内第一只矩型半封闭式轿车前照灯,以后又相继开发成功幸福牌摩托车车灯、通用性组合后灯等10余种新产品。

1984年3月,上海车灯厂开始引进日本车灯制造技术,同年开发生产SD134防炫目前照灯,1985年开发生产桑塔纳组合前照灯、组合后灯。1989年2月,上海小糸车灯有限公司(简称上海小糸车灯)合资成立后,于1998年开发帕萨特(B5)组合前照灯、组合后灯,开发生产别克组合前照灯、组合后灯。同年,开发生产一汽佳宝CA6350前照灯、前转向灯和前雾灯,开启车灯自主开发的历程。1999年,开发生产别克轿车灯具,实现国内开发中高档异形灯的突破。2000年,帕萨特B5成套灯具获得上海市科技进步奖。2002—2005年,先后开发生产LED汽车电子信号灯、HID汽车前照灯和AFS自适应前照灯系统,其中LED汽车电子信号灯自主开发项目于2006年获中国汽车工业科技进步三等奖和中国机械工业科学技术二等奖。2006—2010年,实施与整车企业同步开发战略,上海通用汽车GMX353全球开发模式获得成功,其外部灯具设计获第24届上海市优秀发明选拔赛发明产品推广实施金奖;赛威轿车外部灯于2007年获上海市重点新产品奖;卡罗拉238L、赛威组合灯具于2009年获上海市自主创新产品;新领域外部灯于2010年获上海市重点新产品及上海市专利新产品奖;2011年"汽车智能灯光控制系统(含ECU)产业化"获上海市科技进步奖三等奖;2012年新帕萨特外部灯具获上海市优秀发明选拔赛发明产品推广实施金奖及优秀发明铜奖、名优新机电产品、第六届上海奇士杯科技企业创新奖;2013年灯具光学模拟系统获上海市优秀发明选拔赛发明产品推广实施金奖。

1990年起,上海小糸车灯产销始终位居国内市场占有率第一。2015年,各类车灯产销542.6万台套,比1990年增长330倍;前照灯和后灯市场占有率分别为27.5%和33.6%,继续在中国车灯行业排名第一。至2015年,产品达500多个品种,组合前照灯累计销售3 250万套,组合后灯累计销售3 937万套,转向灯累计销售171万套;累计出口各类灯具633万套。主要客户有上汽大众、上汽通用、一汽大众、一汽丰田、上汽乘用车分公司、长安集团、东风神龙、一汽轿车、广汽乘用车、长安铃木、长安福特、东风日产、奇瑞汽车、华晨汽车、南京依维柯、北京汽车以及日本丰田、美国通用汽车等国内外厂商。

六、汽车中央闭锁装置、电控门锁

汽车门锁是控制车门状态的安全性零部件。1992年7月,上海实业交通电器有限公司(简称上实交通)由CKD组装开始生产B2中央闭锁装置。1995年,进行中央闭锁装置国产化,为上海大众汽车配套。1996年,开始研制BS112系列一体化电控门锁并量产,成为中国最早生产一体化电控汽车门锁的企业。

1999年,上实交通与德尔福汽车系统中国公司合资成立上海德尔福汽车门锁及防盗系统有限公司,专业生产中央闭锁装置和一体化电控门锁。2001年,该公司研发生产MW门锁及门模块系统和BS118系列产品,分别为君威、GL8和长丰猎豹SUV等车型配套。2003年,B2中央闭锁装置升级为防水插座结构,2004年量产,配套于桑塔纳3000及志俊(Vista)等车型。2006年,研制生产全球锁为上海通用汽车产品配套。2007年起,对MW门锁进行二次开发实现双拉开门,为荣威750车型配套。

2008年6月,上海德尔福汽车门锁及防盗系统有限公司更名为上海恩坦华汽车门系统有限公司,同年,为沈阳金杯骏捷研制生产带连杆的MW门锁。2009年,开发生产双拉线结构的门锁为上汽通用五菱CN100车型配套。2010年,对MW门锁进行静音改进设计,进一步提升产品舒适性,获上汽通用五菱、奇瑞汽车和北京汽车等厂家认可并供货。同年,对全球锁进行二次开发并进行静音改进,配套荣威550车型,同时研发设计新结构供荣威350配套,全球锁多项派生产品还向长安汽车和北京汽车等企业供货。

2012—2013年,门锁产品实现与上海通用汽车、上海大众汽车主要车型配套。2014年,获得通用全球平台门锁配套权,同时通过新开发MW3.0,实现上海通用汽车、上汽通用五菱、上汽乘用车分公司、奇瑞汽车等主机厂升级配套。2015年,抓紧锁扣项目为荣威RX5配套,同时该产品推广至广汽、上汽大通等不同车型,实现电动门锁产品升级。当年,产销门锁共计2 184万件,门板4万块,国内乘用车市场占有率大于35%,位居榜首;1999—2015年,累计产销汽车门锁13 164万件,客户包括上汽大众、上汽通用、上汽通用五菱、上汽乘用车分公司、华晨金杯、奇瑞汽车等整车企业,并出口北美汽车市场。

七、汽车安全带

【上海天合汽车安全带】

汽车安全带系统是汽车撞击时保护乘员安全的重要安全件。1997年,上海离合器总厂与美国

TRW(天合)汽车集团合资成立上海天合汽车安全系统有限公司(简称上海天合),初期主要产销汽车安全带。同年获得上汽通用汽车 W-Car 安全带配套项目,其中安全带为 TRW-X 型、带扣锁为RNS3 型。1998 年,上海天合汽车安全带产销 55 万根。2010 年产销 646 万根,比 1998 年增长10.75 倍,国内市场占有率 18.7%,汽车被动安全系统处于国内领先水平。

2010 年起,该公司上海通用汽车 SGM618 安全带、D2 系列全平台安全带,上海大众汽车 Polo GP安全带、MQBB 平台安全带,上汽乘用车分公司 IP 平台安全带,以及福特汽车、广汽、北京奔驰、宝马等47 个安全带项目陆续投产。其中广汽 GAC 项目第一次引入固定片预紧产品,完成安全带系统二级预紧配置升级。2015 年,产销安全带 1 634 万根,比 2010 年增长 153%,国内市场占有率 9%。

至 2015 年,上海天合累计产销 14 344 万根,产品主要供应上汽大众、上汽通用、上汽乘用车分公司、长安福特、长安马自达、神龙汽车、奇瑞汽车、一汽大众、北京奔驰、华晨宝马、广汽乘用车等汽车厂商。

【延锋百利得汽车安全带】

2004 年,延锋百利得成立后引进美国百利得 M2KBase 安全带技术。2006 年,开发投产第一个安全带系统上海通用汽车 SGM811 项目,项目包括基本型卷收器安全带总成、插锁总成、高度调节器总成。2007 年上半年,在原有产品基础上新增量产限力卷收器安全带总成,次年进一步新增量产预拉紧卷收器安全带总成。2009 年,建立自主安全带卷收器 YLR 开发项目,通过 CV、DV、PV验证后于 2010 年实现量产,并大量应用于后续车型,该产品获得多项发明专利。

2015 年,安全带产销 830 万套。至 2015 年,累计产销 1 904 万套。主要客户有上汽通用、上汽大众、一汽大众、上汽乘用车分公司、上海通用五菱、长安汽车、吉利汽车、奇瑞汽车、东风日产、江淮汽车、长城汽车、众泰汽车等。

八、汽车安全气囊

【上海天合安全气囊】

安全气囊是避免乘员与汽车内构件发生直接碰撞保护安全的重要安全件。1997 年,上海天合汽车安全系统有限公司合资成立后,于 2003 年获批安全气囊增资项目,2005 年为长安福特供货,以后产品主要供应上海大众汽车、上海通用汽车、上汽乘用车分公司等厂家。2010 年,产销安全气囊206 万只,国内市场占有率 18.7%,2005—2010 年累计产销安全气囊 1 750 万只。

2010 年,上海天合广汽 GAC 项目完成汽车头部气囊的应用开发和国产化。2013 年,上海大众汽车 MQB B 平台完成膝部气囊应用开发和国产化。2015 年,产销安全气囊 285 万只,比 2010 年增长 38%,国内市场占有率 4%。至 2015 年,累计产销安全气囊 3 028 万只,主要供应上汽大众、上汽通用、上汽乘用车分公司、长安福特、长安马自达、奇瑞汽车、北京奔驰、华晨宝马、广汽乘用车等汽车厂商,在汽车被动安全系统领域处于国内领先水平。

【延锋百利得安全气囊】

延锋百利得(上海)汽车安全系统有限公司于 2004 年成立后,获得首个项目上海通用汽车SGM60 安全气囊供货项目。2005 年获得一汽大众宝来轿车安全气囊配套项目。2006 年,完成公司第一个双级气囊系统项目并为北京戴姆勒—克莱斯勒 300C 轿车配套;同年在上海通用汽车

A108 DAB 安全气囊配套项目建立金属壳体与门盖 SNAP-IN 连接的雏形,奠定自主研发的基础。2007 年,开始实施第一个自主研发项目上海通用汽车 SGM308 被动安全系统项目。同年完成晶锐轿车安全气囊自主研发,其金属挂钩实现 DAB 与方向盘连接结构并获得国家专利,得到斯柯达汽车公司认可和 CNCAP 五星级安全评价。2009 年,为新帕萨特轿车自主开发高性能乘员侧气囊,成为业界标准化平台化技术领先者。2010 年,开发朗逸轿车安全气囊并形成新一代产品技术,水平处国际领先地位,该技术以后应用于奇瑞、长安、北京汽车、东风日产等十几个安全气囊项目。

2015 年,该公司安全气囊产销 1 299.5 万件,国内市场占有率 19%,至 2015 年,累计产销 3 976.1 万只,为上汽通用、上汽大众、一汽大众、上汽乘用车分公司、江淮、吉利等多个主机厂配套。

第四节　汽车电子电器产品

一、汽油发动机管理系统

汽油发动机管理系统(EMS)是 20 世纪 90 年代出现的具有先进环保节能功能的汽车零部件,该系统由传感器、电子控制元件、执行器三部分组成。

【氧传感器】

汽油发动机管理系统的氧传感器用于测定排气中的氧浓度,以确定混合气的空燃比。1995 年,联合汽车电子有限公司(简称联合电子)从德国博世公司引进氧传感器制造技术,1997 年开始批量生产指型氧传感器。2005 年,开始批量生产平板型氧传感器。联合电子研发生产的各种类型氧传感器以平板型为主,具有最佳排放及燃油经济性以及响应时间短、信号稳定性好、安装位置灵活、使用寿命长等特点。2015 年,氧传感器产销 2 130 万件,1997—2015 年累计产销 2.28 亿件,国内市场占有率 40%,排位第一。

【电子控制器】

汽油发动机管理系统的电子控制单元对传感器提供的各种信息进行分析处理,并向执行器发出相应指令。1996 年,联合电子从德国博世引进生产的电子控制器 M1.5.4 开始批产,首批产品应用于桑塔纳 2000 型轿车。此后,联合电子整合博世先进发动机电控技术,结合中国市场需求自主开发出满足 EOBD、EU5＋、IUPR、EU6、OBD Ⅱ 等油耗法规的电子控制器。2007 年,自主研发的首款电子控制器 M7.8 批产,并首先应用于长安汽车,以后为上海通用汽车、长安汽车、上汽乘用车分公司、奇瑞汽车、比亚迪、吉利汽车、长城汽车等客户配套,该产品于 2010 年获上海市科技进步奖三等奖。2007 年,自主研发的首款摩托车电子控制器 MSE2.0 批产并为嘉陵摩托配套,2010 年该产品获中国汽车工业科学技术进步奖二等奖。2009 年,自主研发的首款电子节气门体电子控制器 ME7.8.8 批量生产,主要为长安汽车、上汽通用五菱、上汽乘用车分公司、奇瑞汽车、比亚迪、吉利汽车、长城汽车、长安铃木等客户配套。2011 年,自主研发的首款 32 位电子节气门体电子控制器 ME17.8.8 批量生产,主要配套于上汽乘用车分公司、上汽通用五菱、上海通用汽车、一汽集团、长城汽车、吉利汽车、长安汽车、广汽集团、奇瑞汽车、东风柳州汽车公司、华晨汽车、比亚迪、众泰、江铃汽车等全部自主品牌和部分合资品牌车型。至 2015 年,ME17.8.8 累计产销 350 万套。

2015 年,发动机电子控制器产销超 900 万套,国内市场占有率 40%,国内同行排名首位。

【汽油发动机进气道喷射系统零部件】

汽油发动机管理系统的进气道喷射喷油器通过燃油分配管装配在发动机上,是实现汽油精确喷射、充分雾化的重要执行器。1996年,联合电子从德国博世集团引进喷油器EV6产品,并于1998年投产,与此同时该公司开展燃油分配管本土化开发,1999年完成设计、认证试验、总成生产等能力建设,2000年实现批产。

2009年,联合电子从博世集团引进更低噪声和更好雾化的EV6-P产品,并通过EV6生产线升级,实现共线生产。2012年,为满足主机厂对于喷油器安装尺寸等多方面的要求,引进包括紧凑型、带延伸管等尺寸变型的EV14产品,并于2015年实现批产。相关产品广泛应用于上汽大众、上汽通用、上汽通用五菱、上汽乘用车分公司、一汽大众、东风神龙、长安福特、长安汽车、长城汽车、吉利汽车、奇瑞汽车、一汽集团、广汽、华晨汽车、比亚迪等自主品牌和合资品牌车型,并出口英国、马来西亚等地。至2015年年底,累计产销进气道喷射燃油分配管总成4700万套、喷油器2.4亿件,其中累计出口1400万件。

【汽油发动机高压直喷喷射系统零部件】

为适应国内市场更高的排放及油耗要求,联合电子从博世集团引进新一代汽油机直喷喷射系统,包括高压喷油器(HDEV5)、高压油泵(HDP5)等关键零部件,同时启动高压燃油分配管(KSZ-HD)的本土开发,形成完整的产品系列。相关产品于2012年陆续投产,产品配套于上汽大众、上汽通用、上汽乘用车分公司、一汽大众、东风神龙、东风日产、长安福特、长城汽车、吉利汽车、比亚迪等自主品牌和合资品牌车型。至2015年年底,累计产销高压喷油器1520万件、高压油泵390万件、高压燃油分管总成60万套。

【电动燃油泵及总成】

电动燃油泵是汽油发动机管理系统执行器的组成部分。联合电子生产的电动燃油泵及总成于1998年投产。2005年,自主开发的EKP-13-6油泵批量生产,国内整车产品广泛使用,至2010年累计供货达1000万件以上。2009年9月,针对摩托车客户和小排量乘用车开发的FP-G.30小油泵批产,主要应用于中国大陆和中国台湾市场,以及北美和印度。联合电子的电动燃油泵及总成产品采用德国博世集团原有设计和自主开发相结合的方式,形成CO泵、Combi泵、13.6&13.8系列、小油泵G.30四大产品系列,满足大、中、小排量汽车供油的要求,产品主要客户有上汽通用、上汽大众、上汽通用五菱、长安福特、北京现代、东风日产、东风神龙、上汽乘用车分公司、一汽轿车、长城汽车、长安铃木、奇瑞汽车、江淮汽车、长安汽车等,并出口北美、日本、韩国、马来西亚、印度等地。

2002年,电动燃油泵及总成产销50.5万件。2003年和2007年,年产销分别突破100万件和200万件。2015年,年产销增至772万件,国内市场占有率24%,位居第一。2002—2015年,累计产销5000万件,其中出口617万件。

二、变速箱控制器、车身控制模块、防盗控制模块

【变速箱控制器】

变速箱控制器(TCU)是控制汽车自动变速器主动换档的电子部件。联合电子于2007年开始开展变速箱控制业务,设计和生产16位和32位TCU产品。2010年,实现自主开发变速箱控制器

UTC8.1 和 UTC9.0 产品量产,分别应用在东安三菱 4 速 AT 变速器和江西格特拉克的 AMT,对应客户分别是江淮汽车和长城汽车,当年产销 4 736 件。该产品获得 7 项发明专利和 2 项实用新型专利,填补国内自动变速箱控制器开发领域的空白。2012 年,第一个应用于 CVT 的变速箱控制器 Gen 2b 平台批产,应用于加特可的 CVT7 变速箱。2013 年,成功实现运用于 AT 变速箱的 RBAU 平台转移生产。同年,变速箱控制器平台 Gen2 实现量产,该平台后续被陆续应用在上汽变速箱的 DCT360 和其他 AT 变速箱中。该产品至 2015 年累计产销 43 848 件。

【变速箱电子控制模块】

2014 年,联合电子批产应用于湿式 DCT 的电子控制模块,该产品集成控制器、传感器及其他机械部件,降低系统总体成本并缩减变速箱体积,大规模被应用于大众 DCT 变速箱,广泛搭载于帕萨特、凌渡、途观、速派、奥迪 A3 等车型。至 2015 年,累计销量 56 946 件。

【变速箱电磁阀】

电磁阀是实现自动变速箱换档控制的关键液压零部件。2011 年,联合电子与德国博世集团启动第一代 DESC 电磁阀平台系列产品国产化。该产品具有精度高、响应快、抗污染能力强等优点,广泛适用于 DCT、AT、CVT 等自动变速箱液压系统。2013 年实现直驱阀产品批量生产,2015 年实现电磁铁产品批量生产,广泛搭载于上汽大众、一汽大众、上汽乘用车分公司、上汽通用、江淮汽车等公司车型。至 2015 年年底,累计销量 1 752 万件。

【车身控制模块】

车身控制模块实现对车辆外灯、内灯、门锁、雨刮、通讯和诊断系统的功能控制,是提高汽车舒适性及安全性的关键控制器。联合电子车身电子业务始于 2009 年,由联创汽车电子有限公司和博世汽车部件(苏州)有限公司的汽车车身电子业务合并组成。2010 年 3 月,为荣威 350 配套的首款自主研发集中式车身控制器批量生产。同年 9 月,为长安福特马自达新嘉年华和马自达 2 配套的集中式车身控制器由苏州博世公司移至联合电子上海工厂生产。2010—2015 年,批量生产包括 BCM-2.0 到 BCM-2.7 系列的平台产品,从基础车身控制功能扩展到无钥匙进入一键启动和驾驶员疲劳检测等功能。2015 年,集中式车身控制模块产销 320 万件,国内市场占有率跃至第一,主要客户为上汽通用、上汽通用五菱、上汽大众、长安福特、长城汽车、吉利汽车、上汽乘用车分公司、江淮汽车、东风柳汽等。2010—2015 年,累计销售 917 万件。

【网关控制模块】

网关控制模块作为整车通讯和数据交互的中心,成为电子电气架构中的核心零部件。在车辆内部,实现整车网络一体化;在车辆外部,实现车内和车外数据交互。2014 年,联合电子本地研发的 CAN 网关批量生产,网关产品支持从 CAN/CAN-FD、车载以太网、FlexRay 到 4G 等多种通讯技术与协议,为整车通讯提供安全可靠的系统解决方案,客户为上汽乘用车分公司和一汽海马。

【汽车发动机防盗控制模块】

汽车防盗控制模块是通过锁定汽车发动机控制器防止车辆被盗的电子器件。2008 年,联创汽车电子有限公司的 CAN 线防盗控制模块开始投产,至 2010 年累计产销 5 万件。同年,K 线防盗控制模块开始投产,至 2010 年累计产销 6 万件。2010 年 6 月,联创汽车电子的 CAN 线防盗控制模块、K 线防盗控制模块和网关防盗控制模块均转至联合电子上海工厂生产。2012 年,联合电子本地研发的 IMMO‐8 系列发动机防盗控制模块批量生产。2010—2015 年,累计销售发动机防盗控制模块 160 万只,主要客户有上汽乘用车分公司、奇瑞汽车、一汽海马、郑州海马、江淮汽车、东风柳汽、浙江众泰等。

三、同轴式电机、电力电子控制器

【同轴式电机】

同轴式电机(IMG)可用于并联式(插电式)混合动力系统中,与内燃机同轴布置可实现所有混合动力功能,亦可直接安装于飞轮处实现中度混合动力。2013 年,联合电子首个同轴式电机产品 IMG290 批量生产,该产品可根据客户需求调整轴长以实现不同的扭矩输出,IMG290/44 和 IMG290/77 两种型号成功应用于上汽乘用车分公司荣威 550 插电式混合动力汽车,2015 年 IMG290 年产销突破 2 万台。

【电力电子控制器】

电力电子控制器由逆变器和直流转换器组成。逆变器通过电力电子器件对电机进行控制和监控,确保电机可靠地向动力系统输出扭矩;直流转换器将动力电池高压转化为低压,为车辆电器负载提供能量。2012 年,联合电子首个电力电子控制器产品 INVCON2.2 批量生产,并成功应用于上汽乘用车分公司荣威 E50 纯电动汽车。次年批产 INV2CON2.2 型号,该产品可同时控制 2 个电机,与 IMG290 型号配套应用于荣威 550 插电式混合动力汽车。2015 年,电力电子控制器产销突破 1 万台。

四、汽车发电机、起动机

【上海汽车电器总厂汽车发电机、起动机】

汽车发电机是发动机正常运转时向起动机之外用电设备供电并向蓄电池充电的汽车电器,汽车起动机是将蓄电池电能转化为机械能实现发动机起动的汽车电器。

20 世纪 50 年代,上海汽车电机厂开始仿造汽车发动机和起动机等产品,1960 年后开始开发新产品。70 年代,上海汽车电机二厂开发 JF1514 型、JF2711 型汽车交流发电机,两厂产品均为上海牌轿车等汽车配套。1985—1990 年,两厂分别实施发动机和起动机国产化项目,分别形成 JFZ1813Z 整体式交流发电机和 QD1225 起动电机生产能力。

1990 年,上海汽车电机厂、上海汽车电机二厂与上海汽车电器厂合并为上海汽车电器总厂。该总厂成为上海生产汽车发电机和起动机的主要企业。1991 年,该总厂生产的 JFZ1813Z 整体式交流发电机和 QD1225 起动电机获上海大众汽车认可批量供货。上海通用汽车成立后该总厂成为别克轿车发电机和起动机唯一供应商,配套 14VIP52 发电机和 SD6RAP51 起动机。至 1997 年,该总厂与一汽大众、一汽集团、东风汽车等百余家整车厂或主机厂建立配套关系,累计产销发电机 281.1 万台、起动机 239.4 万台。

【上海法雷奥电器汽车发电机、起动机】

1995 年 2 月,上海法雷奥汽车电器系统有限公司(简称上海法雷奥电器)合资成立。1997 年,上海汽车电器总厂发电机和起动机转由上海法雷奥电器生产。上海法雷奥电器先后从法国法雷奥引进生产 VI、SG、TG 、FG、NRG 和 FGN 等系列发电机和 D6R、D6GS/TS、FS 和 ESM/ESW 等系列起动机,成为上海生产汽车电器产品的主要企业。

在汽车发电机方面,上海法雷奥电器的 SA13VI 系列交流发电机于 1998 年投产,主要为桑塔纳、桑塔纳 2000 型和捷达配套;SA14VI 系列交流发电机于 2000 年投产,主要为别克轿车配套。SG 系列交流发电机于 2002 年投产,主要为帕萨特和波罗、奥迪和宝来、别克轿车配套。TG 系列交流发电机于 2004 年投产,主要为波罗和途安、奥迪和宝来、别克各车型以及荣威轿车配套。FG 系列交流发电机于 2006 年投产,主要为别克、长安福特、神龙汽车配套。NRG 系列交流发电机于 2015 年投产,主要为一汽海马配套。FGN 系列交流发电机于 2015 年投产,主要为吉利汽车、比亚迪、一汽大众配套。

在起动机方面,上海法雷奥电器的 D6RA 系列起动机于 1998 年投产,主要为桑塔纳 2000 型和帕萨特,捷达和宝来,赛欧、凯越和君威,奇瑞、北京现代、荣威等整车配套。D6G 系列起动机于 2000 年投产,主要为波罗、朗逸、帕萨特、宝来、荣威、海马、长城等整车配套。D7R 系列起动机于 2002 年投产,主要为江铃福特汽车配套。TS 系列起动机于 2004 年投产,主要为上海通用汽车 C14‐1.4L 发动机、奇瑞汽车、长城汽车配套。FS 系列起动机于 2012 年投产,主要为中国一汽配套。ESW 系列起动机于 2013 年投产,主要为长安福特、长城汽车、沃尔沃配套。ESM 系列起动机于 2014 年投产,主要为比亚迪、神龙汽车、上海通用汽车配套。RSM 系列起动机于 2015 年投产,主要为沃尔沃等配套。

1998 年和 2009 年,上海法雷奥电器汽车发电机和起动机产销先后突破 100 万台和 500 万台。2010 年,产销 708 万台,国内市场占有率分别为 19.38% 和 21%,保持全国同行领先地位。2015 年,产销 1 270 万台,国内市场占有率分别为 34.58% 和 17.93%,继续保持全国同行领先地位。1997—2015 年,发电机累计产销 5 086 万台,起动机累计产销 3 526 万台,发电机和起动机累计出口 28 298 万美元。

五、汽车油泵电机

直流油泵电机是输送动力驱动油泵的直流电机,主要用于物流行业。1989 年,上海汽车电机厂根据美国 FENNER(芬纳)公司要求,开发生产 ZD1871 系列第一代油泵电机。1990 年,上海汽车电器总厂成立后,油泵电机成为该厂主导产品之一。1994 年,为瑞典 HESSIMAN 公司开发的 ZD19713 油泵电机将绝缘等级从 B 级提高为 F 级。其间,上海汽车电器总厂油泵电机大量出口美国和欧洲,成为上汽零部件出口创汇的主要产品之一。1997 年,出口 650 万美元。1990—1997 年,累计出口 84.84 万台,出口创汇累计 3 536.37 万美元。

2000 年 10 月,上海汽车电器总厂电机资产重组并入上实交通。同年为瑞典 HALDEX 公司开发第一款 48V 油泵电机。2003 年,为美国 HALDEX(翰德)公司开发的 ZD2873D 油泵 2 电机将绝缘等级从 F 级提高为 H 级。同年开发的 ZD2983 油泵电机是第一款防护等级满足 IP67 的密封电机。2004 年,为美国 BUCHER 公司开发的 ZD197463N 油泵电机采用一组线圈的新结构,使用寿命达到同类电机的 4 倍以上。2005 年,为瑞典 HALDEX(翰德)公司全新开发的 ZD29713M1T 油泵电机,整机密封等级达到 IP67。2009 年,为瑞典 HALDEX（翰德）公司打入德国永恒力主机市场全新研发 ZD29712Y 油泵电机,此电机外径 4.5 寸,但具有 5 寸电机负载能力强、运行时间长、散热快等特点,代表世界电机领先水平,为上实交通独有产品和技术。2011 年,为广东威士海确定第一款牵引电机 ZD29777 的开发。该机可长时间（大于 30 分钟）满足车辆重载起动、满载爬坡及平路高速运行等多种工况的要求。至 2014 年已形成 3 种系列 12 款电机。

2015 年,上实交通油泵电机产销 28.96 万台。2001—2015 年,累计产销 304 万台。

六、汽车电器开关

汽车电器开关是控制汽车各种电器功能和切换照明灯开启关闭的电器零部件。上海新苏电器厂是上海最早生产汽车电器开关的厂家之一。1956 年,该厂前身上海新苏电工器材厂开始为长春第一汽车厂解放牌载重汽车配套开发车灯开关、点火开关、变光开关和点火开关连门锁开关等产品。1961 年,该厂生产的 JK100 系列车灯开关、JK613 液压制动灯开关和 JK710 系列变光开关等产品转入上海交通电器厂生产。1963 年,上述产品转回上海新苏电器厂生产。该厂于 1966 年更名为上海汽车电器厂后,于 1980 年为第二汽车厂东风牌载重车配套 JK423E－1E 点火开关和 JK833B 开关,产品性能达到 20 世纪 70 年代日本日立牌水平。1988 年 10 月,上海汽车电器厂开始研制为桑塔纳轿车配套的开关产品。

1990 年 7 月,上海汽车电器厂与上海汽车电机厂、上海汽车电机二厂合并为上海汽车电器总厂。1991 年 11 月,该总厂 JK811 风扇开关工装样品得到上海大众汽车认可,1992 年批量供货。1993 年 8 月—2000 年 9 月,先后为配套桑塔纳、桑塔纳 2000 型和帕萨特轿车开发 JK910 系列翘板式开关、JK325、JK326 系列转向柱组合开关等 30 多种汽车电器开关。至 1997 年,该总厂产销的各类汽车电器开关累计 1 640.4 万只。

2000 年 10 月,上海汽车电器总厂资产重组后汽车电器开关转入上实交通生产。同月起,上实交通先后为桑塔纳 3000 型、高尔、帕萨特、Vista、领域、朗逸等车型配套开发摇窗机开关、电动后视镜开关、大灯开关、后盖开启开关等 20 多种电器开关。2005 年 5 月,为荣威 750 轿车配套开发 JK960 系列 6 种开关,2007 年 4 月开始批量供货。

1979 年,上海汽车电器厂生产开关 76.25 万只。2010 年,上实交通生产开关 461.68 万只,为 1979 年的 6 倍。2001—2015 年,声佳牌开关累计产销 5 396.13 万只,其中组合开关 166.7 万只、摇窗机开关 1 383.4 万只,后盖开启开关 349.7 万只,大灯开关 145.6 万只,顶杆式开关（门灯、行李箱灯开关、制动灯）2 056.3 万只,中控开关 50.2 万只,主要为上汽大众、一汽大众、上汽乘用车分公司、奇瑞汽车等整车企业配套。

七、汽车电动雨刮系统

汽车电动雨刮系统是确保汽车雨天驾驶视野清晰的电器产品。1964 年,上海第二汽车附件厂为上海牌轿车配套生产上海最早的雨刮器产品。1986 年 8 月,上海交通电器厂兼并上海第二汽车附件厂,并开发生产为桑塔纳轿车配套的电动雨刮器。1989 年,上实交通合资成立后继续产销电动雨刮器,至 1995 年年产能力达到 20 万只。

1996 年 6 月,上实交通与美国 ITT 公司合资成立电动雨刮系统为主导产品之一的上海埃梯梯汽车电器系统有限公司。1999 年 10 月,上海埃梯梯更名为上海法雷奥汽车电机雨刮系统有限公司。合资公司成立后生产的第一代有骨雨刮器主要配套桑塔纳 2000 型、3000 型、志俊,以及赛欧、凯越、别克 GL8 、陆尊等车型。2010 年,开始引进生产法国法雷奥公司结构更紧凑、重量更轻巧并能防止和清除挡风玻璃积雪的第二代无骨超平雨刮产品,以及通过电子技术增加提速控制和清洁死角功能的新一代轻型雨刮电机。

1997 年,雨刮系统产销 46 万套。2015 年,产销 343 万套,为 1997 年的 7.5 倍。1996—2015 年,累计产销 1 980 万套,主要客户有上汽大众、上汽通用、上汽乘用车分公司、长安福特、一汽大众、奇瑞汽车等。

八、汽车电喇叭

汽车电喇叭是警示行人和其他车辆保证行车安全的电器安全件。1960 年,上海新苏交通电工器材厂仿制美国 40 年代喇叭、并配套三轮卡车的 DL34Y12 型蜗牛单音电喇叭转入上海建设交通器材厂(上实交通前身)生产,上实交通由此成为上海最早生产电喇叭的厂家之一。1961 年,该公司单音基础上开始试制 DL34GD12 双音喇叭,并于 1962 年批量生产,为上海牌轿车配套。该型电喇叭开始为 12 V,以后增加配套重型汽车的 24V 喇叭和 6V 喇叭,形成产品系列,产品使用寿命超过美国同类型产品德福 DELCO - REMY。

1986 年 4 月,上实交通开始研制为桑塔纳轿车配套的声佳牌 DL127 型电喇叭。1987 年 9 月开始供货,该款电喇叭是上海桑塔纳轿车国产化配套的第一批零部件产品。1996 年 3 月,上实交通在学习借鉴国外先进喇叭技术的基础上自行开发 DL135 型电喇叭。1998 年 4 月,替换 DL127 产品开始批量供货。2001 年,根据上海大众汽车提供的 HELLA 小蜗牛喇叭样品,在 DL135 电喇叭基础上,配套开发 DL138 螺旋形电喇叭,2003 年批量供货。2004 年,全新自主开发生产并批量供货 DL1219 盆形电喇叭。

1978 年,声佳牌电喇叭产销 39.69 万只。2015 年,产销 1 154.9 万只,为 1978 年的 29.1 倍,国内市场占有率 29%,位居第一。1986—2015 年,累计产销电喇叭 7 394.9 万只,其中 DL127 盆形喇叭 346 万只,DL135 螺旋形喇叭 2 572.7 万只,DL138 螺旋形喇叭 2 954.9 万只,DL1219 盆形喇叭 1 710.5 万只。2007—2015 年,声佳牌电喇叭连续 9 年位居全国乘用车 OEM 市场第一或第二名,主要客户为上汽大众、上汽通用、上汽乘用车分公司、上汽通用五菱、长城汽车、江淮汽车、南京依维柯等国内整车企业,并出口欧美及东南亚地区,2000—2015 年,累计出口 2 428 万只。

九、电动汽车玻璃升降器、汽车防盗系统

【电动汽车玻璃升降器】
电动汽车玻璃升降器是在手动汽车玻璃升降器基础上发展起来的运用电机控制汽车门窗玻璃升降的零部件。上实交通玻璃升降器制造始于 20 世纪 90 年代。1992 年年初,获得桑塔纳轿车电动玻璃升降器配套资格,1993 年 6 月投产。1996 年,在引进美国 ITT 公司摇窗电机制造技术基础上,研发与桑塔纳时代超人车型配套的电动摇窗机,改变前门单导轨结构,开发成功公司第一款双导轨玻璃升降器,1998 年 6 月供货。与此同时,启动别克 GL 轿车电动玻璃升降器配套,1999 年 6 月开始批量供货。2000 年,通过别克国产化鉴定。

1994 年,上实交通玻璃升降器产销 5 200 门。2015 年,产销 1 290 万门,为 1994 年的 2 480 倍,国内市场占有率 15％以上,始终保持全国乘用车 OEM 市场销量第一位。1993—2015 年,累计产销 6 375 万门,主要客户包括上汽大众、上汽通用、上汽乘用车分公司、上汽通用五菱、长城汽车、华晨金杯、江淮汽车、吉利汽车等整车企业。

【汽车防盗系统】

汽车防盗系统是防止汽车本身或车上物品被盗所设的电器零部件。上实交通于 2000 年开始自主开发桑塔纳轿车电子防盗系统,2001 年小批量投放售后市场。2003 年年初,从德国西门子公司引进第二代独立式防盗产品技术,2004 年 9 月开发生产为长安汽车配套的 FKZ113 型汽车防盗控制系统,产品批量投入市场。2007 年年初,对技术引进的第二代防盗控制器主芯片进行技术提升,实施 7936 型防盗系统开发项目,2007 年 11 月在奇瑞汽车 M11 车型试装,2009 年开始全面切换原有防盗系统,实现产品升级换代。

2005 年,防盗系统产销 3 000 套。2015 年,产销 24.3 万套,为 2005 年的 81 倍,国内自主品牌独立式防盗市场占有率达到 40％。2001—2015 年,累计产销防盗系统 300 余万套,主要客户包括上汽大众、长安汽车、奇瑞汽车、吉利汽车、长城汽车、海南汽车、郑州日产、众泰汽车和北京汽车等。

十、车门内板模块

汽车车门内板模块是汽车外门板和内饰板之间通过车身电子总成开关控制车窗自动上下和防夹功能的车门系统总成。2000 年 5 月,上实交通与德国博泽国际有限公司投资成立的上海博泽汽车部件有限公司,开始为帕萨特轿车配套绳轮式车门内板模块,成为国内当时唯一能够批量生产轿车车门内板系统的企业。2002 年分别为宝来 A4 和波罗配套门板模块,2004 年分别为途安和一汽大众开迪配套门板模块。2006 年为长安福特福克斯和沃尔沃 S40 配套叉臂式新型门板模块。2007 年为斯柯达明锐车型配套门板模块。2010 年为途观配套采用高强度工程塑料替代传统成熟镀锌钢板的车门内板模块。

2000 年,车门模块产销 12.75 万门。2015 年,产销 124.91 万门,为 2000 年的 9.8 倍。2000—2015 年累计生产 2 025 万门,是国内汽车车门内板模块最大供应商,主要为上汽大众、一汽大众、上汽通用、长安福特等合资企业 10 款车型配套,并出口东南亚地区。

十一、车载电子系统

车载电子系统包括车载音响系统、导航系统、汽车信息系统和车载家电产品等。1996 年,上海福电汽车电子有限公司为美国福特、克莱斯勒等海外公司出口配套汽车音响功放等产品。2002 年,该公司经延锋伟世通与美国伟世通国际有限责任公司合资改制为延锋伟世通汽车电子有限公司。

2002 年 12 月,延锋伟世通电子为君威轿车研发生产单碟机和六碟机车用音响装置。2004 年 2 月,为蒙迪欧轿车研发生产仪表、车载 DVD 等产品。至此,该公司音响类和仪表类产品国内市场占有率分别为第一和第二。2005 年 7 月,为 GL8 陆尊研发车用仪表并投产,为后续配套乐风、景程、赛欧、英朗、科鲁兹等车型奠定基础。2006 年 5 月,为君越车型国产化配套。2008 年 7 月,为德国奔驰研发生产的带有 LIN 网络通讯的 BR2XX 空调后控制面板,首次采用水性漆及进口镜面硬化处理,成为公司第一款本地研发及主导研发的空调控制面板项目。2009 年,为美国福特亚太公司研发生产空调双温区带 CAN 网络通讯产品。同年 4 月,为上海大众汽车研发生产 ModelZ 空调后控制面板并带 LIN 网络通讯。同年 12 月,为东风日产逍客轿车研发生产的车用仪表,带有 CAN 网络通讯及 3.6 英寸单色液晶显示屏,首次采用无轴步进马达和 PWB 全部元件表面贴片工艺,2010 年批产后分别出口英国 31.21 万套、日本 13.36 万套、俄罗斯 5 284 套。同年 2 月,为福特轿车研发生产第一款 4 寸大屏高端多功能显示屏,当年出口美国创汇 433 万美元。同年 6 月,研发生产配套别克英朗车型的车用仪表,带有 CAN 网络通讯及 3.5 英寸点阵液晶显示屏、3D 表盘和渐变冰蓝色内炮筒式背光设计。同年 7 月,获得荣威 e550 项目,为公司第一个新能源汽车车载电子项目。

2011 年,为雷诺、尼桑研发配套第三代蓝牙模块,年供货 10 万套。同年为福特全球研发配套高端显示屏,年供货 18 万套。2012 年,为尼桑研发配套 MVL 卡,年供货 35 万套。同年为上海大众汽车研发配套收音机项目,年供货 75 万套。2013 年,为雷诺配套 R0 - 13 收音机,年供货 85 万套。2014 年,为上海通用汽车配套 D2 平台仪表,年配套 40 万套。同年,为克莱斯勒跨平台多款车型配套后排空调控制模块,年配套 22 万套。同年 12 月,参与上汽国内首款互联网汽车娱乐系统开发,项目搭载 OS,首次应用自主研发的业内最高端 TI J6 芯片 BSP 驱动及 WIFI 802.11ac 支持协议,集成 360 环视系统,BT 4.0、WIFI 802.11ac 支持、全平台语音识别系统、Carplay 互联系统、指纹识别模块等高端车载解决方案。2015 年,为北京现代研发配套全新途胜仪表和空调控制器,为上汽通用配套信息娱乐系统,年配套 18 万套。

至 2015 年,延锋伟世通电子产销的车载电子产品主要客户包括美国福特、通用汽车和克莱斯勒,日本日产、马自达和铃木汽车,德国大众,法国雷诺等国外客户;上汽大众、上汽通用、上汽乘用车分公司、上汽通用五菱、福田汽车、北京现代、一汽轿车、长安汽车、长安福特、长安铃木、江铃汽车、长安马自达、华晨宝马、江淮汽车、北汽、东南汽车、吉利、东风裕隆等中国客户。

十二、车载信息服务系统

车载信息服务系统是通过无线网络向驾驶员提供导航、定位、交通、道路安全和娱乐等内容的信息服务系统。2009 年 10 月,美国通用汽车、上汽集团和上海通用汽车合资成立上海安吉星信息服务有限公司,为上海通用汽车品牌车型提供汽车安全信息服务。该服务通过应用全球卫星定位系统(GPS)和无线通信技术为带有安吉星车辆终端系统的车主提供包括碰撞自动求助、路边救援协助、全音控免提电话、实时按需检测、全程音控领航、被盗车辆定位、手机应用等 10 多项汽车安全信息服务。

2009 年 12 月,第一位搭载安吉星(OnStar)车载信息服务终端的凯迪拉克车主产生。2010 年 1 月,安吉星服务在别克昂科雷车型启动安吉星车载信息服务。同年 5 月,安吉星用户服务数突破 1 万名。6 月,安吉星从通用北美公司引进并启用第 9 代车载终端硬件设备。同年 10 月,安吉星服务在雪佛兰品牌部分车型启用。同月,安吉星产生第 10 万名用户。同年 12 月,完成后台业务系统升级。至 2010 年年底,安吉星共有用户 17.2 万名。

2010 年 1 月,安吉星服务在别克昂科雷车型启动安吉星车载信息服务。2011 年,装机量 33.4 台,用户 43.1 万名。同年 6 月,在厦门成立第二个呼叫中心,同年 11 月成立销售团队。2012 年,装机量 31.1 万台,用户 51.6 万名。2013 年,装机量 46.1 万台,活跃用户 69.4 万名。2014 年,装机量 49.0 万台,活跃用户 82.0 万名。同年 10 月,在重庆成立第三个呼叫中心。2015 年,装机量 41.9 万台,活跃用户 90.8 万名,同年 3 月,上线第 10 代 4G 车载终端硬件设备,并率先应用于新款凯迪拉克 ATS-L 车型。

十三、汽车电动天窗

汽车电动天窗是为流通车内空气、美观整车外形、拓宽乘客视野的车顶车窗。2004 年 6 月,上实交通和美国 SIRSAS 公司合资建立上海阿文美驰汽车部件有限公司(简称上海阿文美驰),主要开发生产内藏平移起翘式、多玻璃外滑式全景、顶装外滑式全景 3 个平台 20 余款天窗。同年 7 月,上海阿文美驰提供波罗和帕萨特轿车天窗产品。同年 11 月,实现帕萨特领驭国产化装配。2008 年和 2009 年,先后获得上海大众汽车 ModelS 项目、ModelZ 项目资格。2009 年之前,产品主要是传统内藏式天窗;2009 年以后,开始产销全景式天窗。2010 年,先后获得途观和荣威轿车天窗项目配套资格。

2005 年,产销汽车天窗 4.22 万套。2011 年,上海阿文美驰更名为上海恩坦华汽车部件有限公司。2015 年,产销 107 万套,累计产销 536 万套,其中传统内藏式天窗 464 万套,下装式全景式天窗 66 万套,上装式全景式天窗 6 万套。传统内藏式天窗和全景式天窗国内市场占有率分别为 11% 和 23%,产销量始终位居国内同行前 3 位,主要客户为上汽大众、上汽乘用车分公司、一汽大众、长城汽车等。

第五节 汽车功能件、金属成品和模具产品

一、汽车空调压缩机

汽车空调压缩机是压缩输送制冷剂蒸汽的汽车空调系统核心部件。1980 年 7 月,上海内燃机油泵厂被确定为上海轿车空调器定点生产厂家,为上海牌 SH760A 轿车配套空调压缩机。1988 年 9 月,该厂从日本三电株式会社引进空调压缩机制造技术。

1990 年 7 月,该厂改制为合资企业上海易初通用机器有限公司(简称上海易通)。1991 年 4 月,上海易通从日本三电引进的第一台 SD508 空调压缩机试制成功,1992 年该系列压缩机获上海市赶超国际先进水平产品证书。1995 年 10 月,研制的用 R134a 制冷剂的 SE5H14 压缩机获第三届上海市科技博览会金奖,同时开始自主研发 SE7H 系列压缩机。1997 年,从美国通用引进具有 90 年代世界先进水平的 V5 型 5 缸变排量压缩机和液气分离器技术。2000 年,自主研发的 10B、10D 系列定排量双向斜板式压缩机投产,同年引进日本三电 SD7V16 变排量压缩机技术。2003 年,自主研发的内控斜盘式变排量 SE7PV16 压缩机投产,次年 7P 系列压缩机被认定为上海市高新技术成果转化项目,并获上海市技术发明二等奖。

2004 年 1 月,该公司再次合资组建为上海三电贝洱汽车空调有限公司(简称上海三电贝洱)。同年从日方股东日本三电引进具有国际先进水平的外控变排量 PX 系列压缩机。2005 年,在原 10B 系列压缩机基础上研发的紧凑型定排量双向斜板式 SEBX 系列压缩机投产,成为公司第 2 个被认定为高新技术成果转化产品的压缩机系列,并形成 100 万台年销量。2007 年,引进的 PX 系列

压缩机投产,继 7PV 系列压缩机、BX 系列压缩机后被认定为上海市高新技术成果转化产品,成为公司第 2 个年产销达到百万级的产品。2008 年,新一代定排量摇摆式 SEG 系列压缩机开发成功,替代原有 SEH 系列压缩机。

至 2015 年,上海三电贝洱在引进国际先进制造技术基础上,自主开发四大类 18 大系列 500 多种规格的汽车空调压缩机产品,累计申请国家专利 294 项、国际专利 1 项,产品技术居国内领先地位,多次获国家重点新产品、中国汽车工业科学技术进步奖、上海市科技进步奖。

1988 年,该公司压缩机产销 0.75 万台。2002 年,销量突破 100 万台,开始成为全国同行第一。2007 年,累计销量达 1 000 万台。2015 年,产销 510 万台,国内市场占有率 33%,销量继续位居全国同行第一,并位居世界同行第六。1991—2015 年,累计产销 4 762.73 万台,客户遍布国内主要汽车企业,其中乘用车主要配套上汽大众、上汽通用、一汽大众、东风神龙、东风本田、上汽乘用车分公司、长城汽车等;商用车主要配套一汽集团、上汽大通、北汽股份、南京依维柯、北汽福田等。同时产品出口 30 多个国家和地区,并为俄罗斯大众、中国台湾裕隆等整车企业配套。

二、白车身外覆盖件

汽车白车身是由车体骨架、发动机罩、左右前后门、行李箱盖及顶盖、侧围及翼子板组成的尚未油漆的车身。2004 年,具备 45 万套白车身冲压和焊接能力、750 万冲次开卷落料能力的上海赛科利汽车模具技术应用有限公司合资成立。2005 年 4 月和 7 月,首批产品别克凯越前后底板总成和前盖总成和第 2 批产品别克凯越前后门总成和后盖总成先后批量供货。2006 年 10 月,承接荣威 750 四门、前后盖总成业务。同年 12 月,承接别克新凯越前后盖总成业务。2007 年 1 月,第 3 款配套车型荣威 750 四门、前后盖总成批量供货。2011 年,新增热成型模具制造项目投产。2011 年 7 月,AP12 侧围翼子板模具交付,热成形产品 A、B 柱供货。2014 年 10 月,向上海通用东岳汽车批量供货新赛欧四门、前后盖及前后地板总成。同年,承接迈锐宝 XL、新 GL8 前后地板总成、全新君越四门前后地板总成。2014 年,为名爵工厂年供货 20 万套白车身冲压件。

2015 年,该公司产销白车身 194.34 万套。2004—2015 年,累计产销 795.19 万套。

三、车身中小冲压件

车身中小冲压件也称车身骨架件,是汽车车身中重要组成部分。1996 年起,生产拖拉机内燃机为主的上海拖拉机内燃机公司(以下简称上海拖内)转型进入汽车零件部件行业,开始生产车身中小冲压及焊接总成产品。上海拖内 1996 年承接上海大众汽车桑塔纳轿车 8 个冲压,1997 年承接上海通用汽车别克新世纪 51 个冲压件及焊接总成,2006 年承接上汽乘用车荣威 750 车型 11 个冲压件。

1996—2015 年,上海拖内共开发 20 多个车型、300 多个总成、2 000 多个冲压件产品。至 2015 年,共配套上汽大众桑塔纳、帕萨特、波罗等冲压或焊接总成 1 234 万套,共配套上汽通用新世纪、赛欧、君威、君越、GL8、凯迪拉克 CT6 等车型冲压或焊接总成 1 142 万套,共配套上汽乘用车荣威 750、550、350 等车型冲压或焊接总成 1 142 万套,合计 2 533 万套。

1996 年,上海拖内产销车身中小冲压产品 6 万套,2015 年,产销 351 万套,比 1996 年增长近 59 倍,国内市场占有率 18%。车身冲压件产品设计技术、工艺工装开发技术、制造工程技术、检测技术、试制试验技术等处于国内同行领先水平。

四、汽车轴瓦

汽车轴瓦是保证汽车发电机正常运转的重要零部件。上海轴瓦制造始于 20 世纪 30 年代。至 50 年代中期,生产方式主要是手工操作和简单机械加工,原材料主要是锡镍、铜铅及进口合金等。 1963 年,为配套上海牌轿车,上海合金轴瓦厂等研制成功铝基钢带轴瓦材料,改变轴瓦材质单一和依靠进口状况。同年,中国交通器材厂(上海轴瓦厂前身)自行设计轴瓦内径刮削机,建成轴瓦生产单机自动化生产线,轴瓦质量达到上海牌轿车配套要求,该厂成为国内最早生产汽车轴瓦的企业之一。

1983 年,上海轴瓦厂和上海东风有色合金厂引进英国格莱西亚金属公司轴瓦制造技术,1985 年轴瓦精密电镀铅锡二元合金实现批量生产。此后,鉴于上海桑塔纳轿车轴瓦质量要求为铅锡铜三元合金,上海轴瓦厂又引进英国格莱西亚金属公司铅锡铜三元合金制造技术,1990 年向上海大众汽车供货。至 1995 年,该厂轴瓦规格达到 400 多种,产品除提供上海桑塔纳轿车外,还为一汽解放、一汽大众奥迪、二汽东风及沈阳金杯、天津夏利、北京切诺基等品牌车型配套。1999 年 12 月,该厂由上海合众汽车零部件公司与美国菲特尔莫古轴瓦全球公司合资组建为上海菲特尔莫古轴瓦有限公司。

2000 年以后,上海菲特尔莫古轴瓦有限公司引进美国菲特尔莫古公司发动机轴瓦生产技术,生产经营上轴牌各类发动机主轴瓦、连杆瓦、衬套、止推片等滑动轴承及材料,产品适用于汽油机、柴油机及其他相关轴套,产品为上海大众汽车、上海通用汽车、上汽乘用车分公司、上柴动力、一汽大众、一汽轿车、长安福特、北京现代、广汽、潍柴、中国重汽、重庆康明斯等用户配套,同时开拓海外市场。

2001 年,该公司销售轴瓦 1 252 万片。2015 年,销售 11 987 万片,比 2001 年增长 9.57 倍,国内市场占有率 80% 以上,位居国内同行第一。

五、汽车散热器

汽车散热器是保证汽车发动机正常工作温度的冷却系统的重要部件。1960 年,上海汽车配件厂发展成为汽车散热器及燃油、机油和空气滤清器的制造厂。至 1988 年,该厂散热器品种增加到 100 多种,包括带式散热器,企业成为国内主要的汽车散热器生产厂家之一。1990 年,该厂生产的散热器开始出口美国。1994 年,该厂发展成为国内散热器市场占有率最高的企业。

2004 年 2 月,该厂由上海三电贝洱汽车空调有限公司和德国马勒贝洱公司合资组建为上海贝洱热系统有限公司。至 2015 年,上海贝洱热系统的产品主要包括机械装配式散热器、铝钎焊散热器、中冷器、油冷器、冷凝器、蒸发器、暖风芯体、冷却模块、空调模块以及新能源汽车空调、冷却模块和电池冷却器等。1999—2015 年,公司盾徽牌产品先后 8 次获上海市名牌产品称号。

2005 年,该公司产销汽车散热器 55.92 万只,国内市场占有率 7.5%。2015 年,产销 240.6 万只,国内市场占有率 15%,名列第一。产品主要为上汽通用、上汽大众、上汽乘用车分公司、上汽大通、北京奔驰、华晨宝马、一汽大众、一汽轿车、长安福特、江铃汽车、长城汽车以及日本铃木、沃尔沃、美国福特亚太、日本尼桑、泰国三电和韩国贝洱等国内外厂商配套。

第六节　汽车热加工产品

一、汽车发动机缸体缸盖结构件

发动机缸体缸盖是发动机做功的配气结构,缸体是连接气缸和曲轴箱的发动机主体。1992年,上海华丰钢铁厂与上海压铸厂合并成立上海汽车有色铸造总厂,主要生产发动机汽缸盖和进气歧管、汽车踏脚支架、变速箱侧后盖、转向器壳体等有色铸件。2001年4月,企业改制为合资性的上海皮尔博格有色零部件有限公司(简称上海皮尔博格),引进德国股东 Pierburg Gmb H(皮尔博格)公司的有色铸造技术,产销各类汽车发动机缸盖缸体、结构件以及排气歧管、支架类等有色铸件产品和泵类总成产品。发动机缸盖缸体均采用铝合金材料,缸盖利用全自动浇注机及铸造机的顶注式或底注式重力浇注工艺,缸体利用低压砂包铸造工艺。2005年和2006年,先后投产直列4缸规格的K4缸盖和V型6缸规格的KV6缸体。2007年8月,采取重力铸造生产方式为上海通用汽车东岳基地及哈尔滨东安三菱发动机公司提供发动机缸盖。

2010年,上海皮尔博格产销缸盖 350 万件、缸体 12.4 万件,分别比 1992 年增长 22.3 倍和 72 倍。2015 年,产销缸盖 500 万件、缸体 217 万件、车身结构件 38 万件,缸盖和缸体分别比 2010 年增长 0.43 倍和 16.5 倍,缸盖产品国内市场占有率 30%,位居第一。至 2015 年,累计产销缸盖 4 300 万件、缸体 606 万件,主要客户包括上汽乘用车分公司、上汽大众、上汽通用、神龙汽车、北京奔驰、一汽大众、VOLVO、江淮汽车、东安发动机公司等。

二、汽车发动机缸体

1998 年 9 月,华东泰克西汽车铸造有限公司合资成立后,引进消化意大利泰克西公司铸造技术,于 2002 年 7 月投产,产销泰克西品牌的汽车发动机缸体。

2002—2005 年,该公司生产的 1.6～2.0 升发动机缸体,分别为桑塔纳、赛欧、索纳塔和伊兰特等车型发动机配套。2002—2009 年,生产的 2.2～3.4 升发动机缸体,分别为君威、南京依维柯和江淮瑞风轻型客车发动机配套。2002—2010 年,生产的 1.1～1.6 升发动机缸体,分别为五菱宏光、MG3、晶锐、QQ、派力奥和西耶那等车型发动机配套。同时出口印度、韩国和意大利等国。2011—2015 年,生产的 1.0～1.1 升缸体,主要出口印度和韩国,配套印度马恒达、印度现代、韩国威亚发动机;生产的 1.4～1.6 升缸体,配套五菱宏光和五菱荣光、朗逸、晶锐、波罗、明锐、伊兰特,以及广汽菲亚特克莱斯勒的菲翔,同时出口意大利,配套印度 Fire 发动机和印度马恒达发动机;生产的 1.8～2.0 升缸体,配套途安、桑塔纳、途胜、绅宝等车型,同时出口印度和韩国;生产的 2.2～2.8 升缸体,配套南京依维柯得意、北京汽车 B40 等车型,出口印度马恒达。

2003 年,华东泰克西产销各种排量发动机缸体 19.6 万件。2010 年,产销 116.30 万件,是 2003 年的 5.93 倍,国内市场占有率 13%。其中 2.2～3.4 升发动机缸体累计产销 115.54 万件,包括出口 97.33 万件,出口占 84.2%;1.6～2.0 升发动机缸体累计产销 326.79 万件;1.1～1.6 升发动机缸体累计产销 261.57 万件,包括出口 204.99 万件,出口占 78.4%。2002—2010 年,累计销售 703.9 万件,其中出口 302.32 万件,出口占累计销量的 42.9%。自 2006 年以来,华东泰克西发动机缸体铸件始终保持国内市场占有率前三名。

2015年,华东泰克西销售缸体98.1万件,折合4.46万吨,国内市场占有率为12.2%,为国内市场占有率前三名。2011—2015年,累计销售缸体622.12万件,其中出口134.09万件,出口占比21.55%。

三、汽车活塞

活塞是汽车发动机的"心脏"和关键零部件之一。上海科尔本施密特活塞有限公司的前身、创立于民国元年(1912年)的宝锠号于1933年成立汽车活塞制造工场,开启生产经营汽车活塞产品的历史。20世纪60年代,已经更名为上海活塞厂的企业开始专业生产铝制活塞,生产规模不断扩大。80—90年代中期,该厂从德国、美国、英国和意大利等国引进生产设备,形成150万只活塞的年产力,485A、495A、CA10等品种活塞先后为解放牌卡车、上海牌轿车和桑塔纳轿车配套。

1997年7月,上海活塞厂合资组建为上海科尔本施密特活塞有限公司,引进德国科尔本施密特公司的活塞制造技术,产销KS品牌的各种系列汽油发动机活塞和柴油发动机活塞。1997—2015年生产的1.6～2.0升的EA211/EA888/LTG/SGE/Sigma等汽油机系列活塞分别为途观、帕萨特、波罗、朗逸、君威、迈瑞宝、福克斯等车型配套;2007—2015年生产的1.6升以下的C14T/NSE1.3升/NSE1.5升汽油机系列活塞分别为凯越、荣威350和MG3等车型配套。

1997年,该公司活塞产销183万只,2006年产销突破500万只。2015年产销2 210万只,比1997年增长12.1倍,国内乘用车市场占有率25%,位居第一。至2015年,已累计销售活塞达1.49亿只,主要客户包括上汽大众、上汽通用、上汽乘用车分公司、一汽大众、长安福特、长安福特马自达和北京奔驰等,并出口欧洲及北美市场。

四、汽车黑色铸件

【曲轴、排气歧管铸件】

汽车曲轴和排气歧管铸件均是汽车发动机的基础件,曲轴铸件更是保证汽车发动机运转的重要基础件之一。上海圣德曼铸造有限公司(简称上海圣德曼)生产的发动机曲轴,主要采用覆膜砂壳型和湿型砂水平造型两种工艺,使用德国进口的曲轴专用壳型造型生产线和HWS水平造型线。公司生产的发动机曲轴先后于2001年为安徽奇瑞配套QR480曲轴、2003年为上海大众汽车配套B5-2.0L曲轴。此外还于2005年为上海大众汽车B5系列发动机、2006年为上海大众汽车EA111系列发动机、2007年为上海通用汽车L850发动机和上汽乘用车分公司荣威轿车NSE和NLE系列发动机配套。2015年产销发动机曲轴297万件,2001—2015年累计产销1 967万件。

上海圣德曼生产的排气管主要采用HWS水平分型造型线工艺进行生产。2006年开发成功并投产,主要为上海通用汽车的L850发动机和C14发动机配套。2015年产销160万件,2001—2015年累计产销排气歧管856万件。

【制动钳铸件】

制动钳是轿车盘式制动器完成制动的重要安全件产品。上海圣德曼制动钳铸件主要由丹麦DISA和西班牙罗拉蒙迪高速垂直分型造型线生产。自2001年起,开始为重庆三友生产CH6350

系列制动钳。自 2003 年起,先后为重庆红宇生产 S11 和 HFJ6390 系列制动钳,为上汽制动系统生产 SGM 和 B5 系列制动钳。2007 年,开始生产为上海大众汽车配套的 FS‐III 系列制动钳。2009 年起,先后为北京奔驰配套 W204 系列制动钳,为华晨宝马配套 BM 系列制动钳,为长安福特配套 CD101 和 CD391 系列制动钳,为一汽大众奥迪品牌配套 B8 系列制动钳。2015 年,产销各类制动钳 1 668 万件,2001—2015 年累计产销 9 009 万件。

【转向节铸件】

转向节是保证汽车行驶的重要安全件产品。上海圣德曼转向节类产品在 HWS 水平造型线和 DISA 垂直造型两种生产线生产,2001 年起,产品主要为重庆红宇精密工业有限公司的 C195 转向节、HFJ6390 转向节配套。2003 年起,为重庆红宇的 S11 和 C195 转向节配套。2007 年起,为南方天合底盘系统有限公司的 V101 转向节配套。2015 年,产销转向节产品 370 万件,自 2001—2015 年累计产销 1 694 万件。

五、汽车压铸件、机油泵水泵

【压铸件】

汽车压铸件是由压力铸造而成的汽车零部件。1992 年,上海乾通汽车附件有限公司(简称上海乾通)从意大利、德国、美国和斯洛伐克引进压铸技术和大中型压铸机,其中意大利 3500T、1800T、1350T 等大型压铸机,具有世界先进水平的自动浇注、喷涂、压铸、取件、切边等功能。公司形成大型压铸模具的 CAD 和 CAM 开发设计能力,开发设计桑塔纳变速箱壳体压铸模等生产大型复杂的压铸件产品,形成 30 万套/年变速箱壳体壳盖配套能力。2003 年,合资组建上海镁镁合金有限公司,产销汽车摩托车用镁合金压铸件。2000 年,为上海通用汽车配套 4T65E 槽板和油底壳等压铸件;2005 年,为东风汽车配套油底壳、飞轮壳和轮箱盖等压铸件;2008 年,为上海通用汽车东岳公司 GF6 槽板、变扭器壳体和阀体压铸件产品。2014 年 8 月,上海乾通压铸件业务转移至华域皮尔博格股份有限公司。

至 2015 年,上海乾通累计产销压铸件 1 905 万套。其中产销 GF6 槽板、变扭器壳体和阀体 529.17 万件,4T65E 槽板和油底壳 481.59 万件,东风油底壳、飞轮壳和轮箱盖 894.24 万件,主要为上汽大众、上汽通用、上汽乘用车分公司、上汽通用五菱、东风汽车等国内厂家配套。

【机油泵水泵】

机油泵和水泵是为发动机运动摩擦连续不断供给润滑和冷却的零部件。上海乾通生产各类机油泵和水泵,其机油泵集成泵体泵盖吸油腔、内外转子腔、限压阀和出油 u 腔,体积小、重量轻、压力波动小、工作稳定、寿命长。公司先后成功开发 NLE 机油泵、D90 水泵、昌河机油泵水泵等自主品牌机油泵水泵。1998 年,为桑塔纳 2000 型和帕萨特 B5 轿车开发生产 2VQS 机油泵;2009 年,为上汽通用五菱 B12D 前驱发动机开发生产 B12D 机油泵总成。2014 年 8 月,上海乾通泵类业务转移至上海幸福摩托车有限公司。

2014 年,上海乾通产销机油泵 60.52 万件,产销水泵 51.28 万件。2007—2014 年累计产销机油泵 482.4 万件,其中 2VQS 机油泵 230.4 万件,B12D 机油泵总成 252 万件;累计产销水泵 306.75 万件。产品主要为上汽大众、上汽通用、上汽乘用车分公司、上汽通用五菱、东风汽车等厂家配套。

六、汽车锻件

【上海汽车锻造总厂汽车锻件】

1990年4月,从事锻件制造的上海模锻厂、上海吴淞锻造厂与上海汽车钢板弹簧厂合并成立上海汽车锻造总厂。至1991年,该总厂引进英国UEF公司热锻技术,在国内首次利用热挤压锻造新工艺,研制成功为桑塔纳轿车变速箱配套的半轴凸缘,开始批量供货。1991年3月,首批锻件出口美国。1993年,生产变速箱齿坯等精锻产品,企业成为生产汽车发动机连杆、曲轴和汽车变速箱精锻齿胚、齿轮等汽车锻件的专业工厂,产品为桑塔纳轿车以及一汽大众、江西五十铃和东风汽车等产品配套。

2001年,上海汽车锻造总厂与日本爱知制钢株式会社、日本住友商事株式会社、日本丰田通商株式会社合资成立上海爱知锻造有限公司(简称上海爱知),汽车锻件生产转入上海爱知。

【上海爱知曲轴、连杆、转向节、齿轮锻件】

2001年上海爱知合资成立后产销四大类主营产品中,曲轴和连杆锻坯是发动机的重要锻件,转向节锻件是控制汽车方向的重要安全件,齿轮锻件是用于变速箱和发动机的重要部件。

上海爱知生产的曲轴锻坯分为非调质钢和调质钢两种,其中非调质钢曲轴锻件1994年锻造总厂开始生产,2001—2015年分别为桑塔纳、昂科威,广汽丰田IMV系列和VIGO FORTUNER等车型配套;2003—2015年,分别为索纳塔、悦动、伊兰特和ix35,以及东风裕隆纳智捷等配套调质钢曲轴锻件。2004年,为北京现代生产的曲轴锻坯获第七届中国国际锻造展览会优质锻件奖。此外,2003—2015年,为广汽丰田IMV系列和VIGOFORTUNER等车型配套低碳非调质钢连杆锻件和转向节锻件,转向节锻件出口泰国;2004—2015年,为上海大众汽车产品配套高碳非调质钢连杆和EA888发动机曲轴,2008年被评为上海市优质锻件。上海爱知1994年开始生产齿轮锻件,至2015年该锻件分别为上汽变速器、一汽大众和大众变速器(上海)配套。

2002年,上海爱知产销锻件696万件,其中曲轴、连杆和齿轮锻件各为45万件、96.2万件和401.8万件。2015年,产销锻件总数1365万件,比2002年增长0.96倍;其中曲轴、连杆、齿轮锻件各为200万件、152万件、843.78万件,分别比2001年增长3.4倍、0.58倍和1.1倍。转向节锻件增长5倍。

七、汽车钢板弹簧

汽车钢板弹簧是汽车悬架中增强稳定性和舒适性的弹性辊锻件。上海最早从事汽车钢板弹簧业务的是创建于民国元年(1912年)的杨福兴机器制造厂,该厂初始修理马车钢板弹簧,后发展到修理汽车钢板弹簧,20世纪40年代开始生产汽车钢板弹簧。1956年,该厂等12家打铁铺组建卫海铁工厂,专业生产卫海牌汽车钢板弹簧。1966年更名为上海汽车钢板弹簧厂。60年代,该厂艰苦奋斗,革新技术和装备改变手工生产落后状况,成为全国板簧行业先进样板厂,产品品种由10余种增加到320种,年产量从180吨增加到6600吨,质量处于全国领先水平。

1990年4月,上海汽车钢板弹簧厂与上海模锻厂、上海吴淞锻造厂合并为上海汽车锻造总厂。1998年,产品开始出口美国通用卡车集团,此后每年向其配套10万辆整车的20万件汽车钢板弹簧,成为中国唯一能为国外汽车公司配套的汽车钢板弹簧企业。至 2004 年,累计出口 130 万件,同时为上海申沃客车、上海汇众、南京依维柯、南京汽车厂、郑州宇通客车和江淮汽车等厂商配套,并出口美国、澳大利亚、新加坡、菲律宾等国。1990—2004 年,累计产销汽车钢板弹簧 152 万件。2004 年 8 月,上海汽车钢板弹簧厂由上汽集团与上海福源机械有限公司合资组建为上海通程汽车悬架有限公司。

八、汽车钢圈

汽车钢圈是保证车辆承载和行驶的重要辊锻件部件。1992 年前,上海汽车钢圈主要由上海汽车钢圈厂生产。该厂前身是建于 1958 年 8 月的中亚铁工厂,建厂初期经营范围有锻打工件、修理三轮卡、修补钢圈、钢板弹簧等。1968 年,厂名改为上海汽车钢圈厂,主要生产为上海交通运输局系统卡车配套的 20 寸钢圈。1974 年,开始为上海牌轿车配套。1977 年,开始生产重型卡车钢圈,为上海重型汽车厂 15 吨、32 吨卡车配套。1979 年,为上海牌轿车,解放牌、东风牌、跃进牌和交通牌等卡车、客车和公交车配套。

20 世纪 80 年代中期,该厂产品开始以轿车钢制钢圈为主,至 1985 年共生产上海牌轿车钢圈 19.8 万只。1992—2007 年,该厂并入上海汽车锻造总厂,改名为上海汽车锻造总厂钢圈制造厂,承担桑塔纳轿车钢圈国产化任务,1994 年实现国产化。1996 年开始,由于铝制钢圈的发展,该厂钢制钢圈生产受到冲击。2001 年生产恢复正常产量逐年上升。2004 年销产突破 100 万只达到 110 万只,2007 年产销增加到 160 万只。钢圈种类达到十几种,主要产品轿车钢圈规格为 13 英寸、14 英寸和 15 英寸。

上海汽车钢圈厂是上海大众汽车和上海通用汽车主要钢圈供应商。1994—2007 年,累计为桑塔纳配套钢圈 299.56 万只;2000—2007 年,累计为帕萨特轿车配套钢圈 66.27 万只;2001—2007 年,累计为赛欧轿车配套钢圈 89.66 万只;2003—2007 年,累计为波罗轿车配套钢圈 53.10 万只;2004—2007 年,累计为凯越轿车配套钢圈 143.15 万只。此外,该厂钢圈还供应上汽仪征、南汽菲亚特、海南马自达等厂商。

1994—2007 年,上海汽车锻造总厂钢圈制造厂累计生产钢圈 651.74 万只。2008 年 1 月,该厂并入宝钢集团。

第七节　新能源汽车零部件

一、电驱变速箱 EDU、变速器总成

机电耦合装置是混合动力系统的核心零部件。上汽提出的串并联构型机电耦合电驱变速箱 EDU 技术,不同于日本丰田、德国大众的混合动力系统机电耦合方案,通过同轴布置双电机、双离合器、同步器变速,实现发动机、ISG 电机和驱动电机 3 个动力源的自由组合,具备最佳转矩协同和解耦特性。EDU 由上海捷能汽车技术有限公司独立开发,上海汽车变速器有限公司负责制造,上汽拥有完全自主知识产权。

2012 年,EDU G1(第一代 EDU)实现小批量生产。2013 年年底实现量产,并完成 DL2 和 DL3 设计,simu、EP、PPV 和 PP 等各阶段造车及验证试验,完成 50 台可销售车的 EDU 装配。2014 年,

实现量产投放市场,至 2015 年匹配荣威 550 plug-in、荣威 e550、荣威 e950 等车型,全年匹配 e550 的 EDU 累计为 10 711 台。该产品获 6 项硬件发明专利、6 项控制专利、多项实用新型专利。

2012 年 10 月,上海汽车变速器有限公司为上汽首款纯电动汽车荣威 E50 配套开发的减速器总成实现批产。荣威 E50 整车搭载电机峰值功率 47 千瓦,峰值扭矩 150 牛·米,电机最高转速 8 000 转/分,该减速器总成既能满足整车降速增扭的主要功能,又能满足整车在一定坡度范围内的驻车制动功能。至 2015 年累计销售 1 800 多台。

二、动力电池系统

动力电池系统是为新能源汽车提供动力的核心零部件之一。2010 年 4 月成立的上海捷新动力电池系统有限公司主营范围为动力电池系统的研发、生产和销售,产品为上汽插电式混合动力车型和纯电动车型配套。该电池系统使用智能多重的电芯均衡和电池动态缓冲管理等多项新技术,实现动力电池系统与整车同寿命,具备 IP67 防护等级以及 −30℃ 低温环境下正常使用性能,通过美国 UL2580 安全认证。至 2015 年,该公司累计销售 12 055 套动力电池系统,主要配套荣威 E50、荣威 550 plug-in、荣威 e550、荣威 e950 等车型。

三、驱动电机系统

驱动电机系统由驱动电机及电机控制系统等构成,其驱动特性决定汽车行驶主要性能指标,是新能源汽车核心零部件之一。2011 年 3 月,合资组建的华域汽车电动系统有限公司主营业务为研发、生产和销售各类新能源车用驱动电机及其控制系统。该公司于 2012 年成功研制 50 千瓦永磁同步电机,配套纯电动汽车荣威 E50 轿车;于 2014 年在国内率先应用 Hair-Pin 工艺,显著提高电机功率密度。

2013 年,联合汽车电子有限公司开发的首个同轴式电机 IMG290 批产,该机可用于并联式(插电式)混合动力系统中,与内燃机同轴布置可实现所有混合动力功能,包括起停、制动、能量回收和电机助力,亦可直接安装于飞轮处实现中度混合动力,并可根据客户需求调整周长以实现不同的扭矩输出。IMG290/44 和 IMG290/77 同轴式电机应用于荣威 550 插电式混合动力汽车。2015 年产量突破 2 万台。

四、电控系统

【电机控制器】

电机控制器对驱动电机转速、转矩和转向以及动力电池输出进行控制,是新能源汽车核心零部件之一。2012 年,联合电子首个电力电子控制器 INVCON2.2 批产,并应用于荣威 E50 纯电动汽车。次年批产 INV2CON2.2,该产品可同时控制两个电机,与 IMG290 配套应用于荣威 550 插电式混合动力汽车。2015 年,产销突破 1 万台。

2015 年,华域汽车电动系统有限公司首款电机控制器批产,系统集成配套上汽大通、江苏九龙、众泰汽车多款车型。

【EPS 电动助力转向控制器】

EPS 电动助力转向控制器是新能源车辆行驶的主要执行控制器和新能源转向系统核心零部件之一。2013 年 10 月,联创汽车电子有限公司无刷 EPS 控制器作为国内自主开发的首款产品批产,配套上汽乘用车分公司、东风小康、上汽通用五菱、北汽新能源等多款车型。至 2015 年,该公司 EPS 控制器累计销售 5 万只,并获中国汽车工业科学技术奖二等奖和上海市科学技术奖二等奖。

第五章　品牌产品奖项与展示

1985年和1990年，上汽先后开始参展上海和北京的国际汽车展。1985年、1998年和2006年，大众、别克和荣威等品牌先后开始举办形象宣传活动。1996年，上汽品牌开始获得上海市名牌产品称号。

第一节　品牌产品所获重要奖项

一、获名牌称号的品牌产品

20世纪90年代以后，国家和上海实施创名牌战略。1996—2015年，上汽共有30个品牌164次获得上海市名牌产品称号，其中15个整车品牌和19个整车产品获得67次名牌产品称号，15个汽车零部件品牌获得97次名牌产品称号。整车品牌产品获评次数：轿车的大众品牌桑塔纳2000型8次、帕萨特8次、波罗8次，斯柯达品牌3次，别克品牌10次，别克品牌的凯越4次、君威4次、君越3次、GL8和陆尊各3次，雪佛兰品牌的赛欧5次，荣威品牌3次，MG名爵品牌2次；客车的申豪品牌5次；摩托车的幸福品牌125系列摩托车5次；上海牌拖拉机获得3次，巨力牌推土机获得2次，挖掘机获得1次。获得8次以上名牌产品称号的零部件有6个，即声佳、易通、延锋、上齿、汇众、盾徽。

表6-5-1　1996—2015年上汽获上海市名牌产品的品牌产品一览表

年份	数量	整　车			零　部　件		
		品牌	产品名称	生产单位	品牌	产品名称	生产单位
1996	1	上海牌	SH-50拖拉机	上海拖拉机厂	—	—	—
1997	3	幸福	125系列摩托车	上海易初摩托车有限公司	上齿	轿车变速器	上海汽车齿轮总厂
		—	—	—	易通	汽车空调压缩机	上海易初通用
1998	3	—	—	—	上齿	轿车变速器	上海汽车齿轮总厂
		—	—	—	易通	汽车空调压缩机	上海易初通用
		—	—	—	声佳	电动门窗升降器、汽车通用继电器	上海实业交通电器有限公司
1999	7	幸福	125系列摩托车	上海幸福摩托车总厂	东风	135系列柴油机	上海柴油机股份有限公司
		上海牌	SH-50 SH-504拖拉机	上海拖拉机厂	易通	汽车空调压缩机	上海易初通用机器有限公司
					盾徽	铝质散热器	上海合众汽车零部件公司汽车配件厂

〔续表〕

年份	数量	整车			零部件		
		品牌	产品名称	生产单位	品牌	产品名称	生产单位
1999	7	—	—	—	上齿	轿车变速器	上海汽车齿轮总厂
		—	—	—	声佳	电动门窗升降器、汽车通用继电器	上海实业交通电器有限公司
2000	8	别克	轿车、旅行车	上海通用汽车有限公司	上齿	轿车变速器	上海汽车齿轮总厂
		桑塔纳	2000 型轿车	上海大众汽车有限公司	易通	汽车空调压缩机	上海易初通用
		帕萨特	轿车	上海大众汽车有限公司	声佳	电动门窗升降器、汽车通用继电器	上海实业交通电器有限公司
		上海牌	SH-50、SH-504 拖拉机	上海拖拉机厂	汇众	减震器	上海汇众汽车制造有限公司
2001	10	别克	轿车、旅行车	上海通用汽车有限公司	上齿	轿车变速器	上海汽车齿轮总厂
		桑塔纳	2000 型轿车	上海大众汽车有限公司	易通	汽车空调压缩机	上海易初通用
		帕萨特	轿车	上海大众汽车有限公司	声佳	电动门窗升降器、汽车通用继电器	上海实业交通电器有限公司
		—	—	—	汇众	减震器	上海汇众汽车制造有限公司
		—	—	—	东风	135、D114、C121 系列柴油机	上海柴油机股份有限公司
		—	—	—	盾徽	铝质散热器	上海合众汽车零部件公司汽车配件厂
		—	—	—	三环	悬架弹簧	上海汽车股份有限公司中国弹簧厂
2002	12	别克	轿车、旅行车	上海通用汽车有限公司	上齿	轿车变速器	上海汽车齿轮总厂
		桑塔纳	2000 型轿车	上海大众汽车有限公司	易通	汽车空调压缩机	上海易初通用
		帕萨特	轿车	上海大众汽车有限公司	声佳	电动门窗升降器、汽车通用继电器	上海实业交通电器有限公司
		幸福	125 系列摩托车	上海易初摩托车有限公司	汇众	减震器	上海汇众汽车制造有限公司
		—	—	—	延锋	汽车饰件产品	延锋伟世通汽车饰件系统有限公司
		—	—	—	申雅	轿车橡胶密封条	上海申雅密封件有限公司
		—	—	—	盾徽	铝质散热器	上海合众汽车零部件公司汽车配件厂

〔续表〕

年份	数量	整车			零部件		
		品牌	产品名称	生产单位	品牌	产品名称	生产单位
2002	12	—	—	—	三环	悬架弹簧	上海汽车股份有限公司中国弹簧厂
2003	13	别克	轿车、旅行车	上海通用汽车有限公司	上齿	轿车变速器	上海汽车齿轮总厂
		桑塔纳	2000型轿车	上海大众汽车有限公司	易通	汽车空调压缩机	上海易初通用
		帕萨特	轿车	上海大众汽车有限公司	声佳	电动门窗升降器，汽车通用继电器	上海实业交通电器有限公司
		幸福	125系列摩托车	上海易初摩托车有限公司	东风	135、D114、C121系列柴油机	上海柴油机股份有限公司
		申豪	SWB6120KHV-3城市客车	上海申沃客车有限公司	延锋	汽车饰件产品	延锋伟世通汽车饰件系统有限公司
		—	—	—	申雅	轿车橡胶密封条	上海申雅密封件有限公司
		—	—	—	盾徽	铝质散热器	上海合众汽车零部件公司汽车配件厂
		—	—	—	三环	悬架弹簧	上海汽车股份有限公司中国弹簧厂
2004	15	别克	轿车、旅行车	上海通用汽车有限公司	上齿	轿车变速器	上海汽车齿轮总厂
		桑塔纳	2000型轿车	上海大众汽车有限公司	易通	汽车空调压缩机	上海易初通用
		帕萨特	轿车	上海大众汽车有限公司	声佳	电动门窗升降器，汽车通用继电器	上海实业交通电器有限公司
		幸福	125系列摩托车	上海易初摩托车有限公司	汇众	减震器	上海汇众汽车制造有限公司
		申豪	SWB6120KHV-3城市客车	上海申沃客车有限公司	东风	135、D114、C121系列柴油机	上海柴油机股份有限公司
		—	—	—	延锋	汽车饰件产品	延锋伟世通汽车饰件系统有限公司
		—	—	—	申雅	轿车橡胶密封条	上海申雅密封件有限公司
		—	—	—	盾徽	铝质散热器	上海合众汽车零部件公司汽车配件厂
		—	—	—	三环	悬架弹簧	上海汽车股份有限公司中国弹簧厂
		—	—	—	SDS	等速节（轿车）传动轴	上海纳铁福传动轴有限公司

〔续表〕

年份	数量	整　车			零　部　件		
		品牌	产品名称	生产单位	品牌	产品名称	生产单位
2005	15	凯越/君威	普通乘用车、轿车	上海通用汽车有限公司	上齿	轿车变速器	上海汽车齿轮总厂
		桑塔纳	2000 型轿车	上海大众汽车有限公司	易通	汽车空调压缩机	上海易初通用机器有限公司
		帕萨特	轿车	上海大众汽车有限公司	声佳	电动门窗升降器、汽车通用继电器	上海实业交通电器有限公司
		申豪	SWB6120KHV - 3 城市客车	上海申沃客车有限公司	汇众	减震器	上海汇众汽车制造有限公司
		SAIL赛欧	(雪佛兰)轿车	上海通用汽车有限公司	东风	135，D114，C121系列柴油机	上海柴油机股份有限公司
		波罗	轿车	上海大众汽车有限公司	延锋	汽车饰件产品	延锋伟世通汽车饰件系统有限公司
		—	—	—	申雅	轿车橡胶密封条	上海申雅密封件有限公司
		—	—	—	SDS	等速节(轿车)传动轴	上海纳铁福传动轴有限公司
2007	14	别克	GL8、GL8 陆尊多功能商务车	上海通用汽车有限公司	上齿	轿车变速器	上海汽车齿轮总厂
		桑塔纳	2000 型轿车	上海大众汽车有限公司	易通	汽车空调压缩机	上海易初通用机器有限公司
		帕萨特	轿车	上海大众汽车有限公司	声佳	电动门窗升降器，汽车通用继电器	上海实业交通电器有限公司
		申豪	SWB6120KHV - 3 城市客车	上海申沃客车有限公司	汇众	减震器	上海汇众汽车制造有限公司
		SAIL赛欧	(雪佛兰)轿车	上海通用汽车有限公司	延锋	汽车饰件产品	延锋伟世通汽车饰件系统有限公司
		波罗	轿车	上海大众汽车有限公司	申雅	轿车橡胶密封条	上海申雅密封件有限公司
		君威/君越、凯越	轿车	上海通用汽车有限公司	SDS	等速节(轿车)传动轴	上海纳铁福传动轴有限公司
2008	1	巨力	履带式推土机	上海彭浦机器厂有限公司	—	—	—
2009	14	别克	轿车、旅行车	上海通用汽车有限公司	上齿	轿车变速器	上海汽车齿轮总厂
		申豪	SWB6120KHV - 3 城市客车	上海申沃客车有限公司	易通	汽车空调压缩机	上海易初通用机器有限公司
		SAIL赛欧	(雪佛兰)轿车	上海通用汽车有限公司	声佳	电动门窗升降器，汽车通用继电器	上海实业交通电器有限公司

〔续表〕

年份	数量	整车			零部件		
		品牌	产品名称	生产单位	品牌	产品名称	生产单位
2009	14	大众	轿车	上海大众汽车有限公司	东风	135、D114、C121系列柴油机	上海柴油机股份有限公司
		斯柯达	轿车	上海大众汽车有限公司	延锋	汽车饰件产品	延锋伟世通汽车饰件系统有限公司
		雪佛兰	轿车	上海通用汽车有限公司	三环	悬架弹簧	上海汽车股份有限公司中国弹簧厂
		荣威	轿车	上海汽车集团股份有限公司	SK	汽车车灯	上海小糸车灯有限公司
2010	6	大众	桑塔纳、桑塔纳志俊(Vista)、波罗系列	上海大众汽车有限公司	汇众	减震器	上海汇众汽车制造有限公司
		斯柯达	明锐（Octavia）、晶锐(Fabia)	上海大众汽车有限公司	盾徽	铝质散热器	上海合众汽车零部件公司汽车配件厂
		巨力	履带式推土机	上海彭浦机器厂有限公司	延锋	汽车饰件产品	延锋汽车饰件系统有限公司
2011	11	别克	林荫大道、君威、君越、凯越、英朗XT、英朗 GT、GL8 豪华商务车、GL8 商务车	上海通用汽车有限公司	SDS	汽车传动轴总成	上海纳铁福传动系统有限公司
		雪佛兰	景程、赛欧、乐风、爱唯欧、科鲁兹	上海通用汽车有限公司	声佳牌	电动门窗升降器、汽车通用继电器	上海实业交通电器有限公司
		大众	桑塔纳、桑塔纳志俊(Vista)、波罗系列	—	SK	汽车灯具	上海小糸车灯有限公司
		斯柯达	明锐（Octavia）、晶锐(Fabia)	—	SZ(上轴)牌	汽车系列滑动轴承	上海菲特尔莫古轴瓦有限公司
		荣威	轿车	上汽乘用车分公司	延锋	汽车饰件产品	延锋汽车饰件系统有限公司
		MG名爵	轿车	上汽乘用车分公司	—	—	—
2012	8	大众	帕萨特、朗逸、桑塔纳、途观、波罗、途安	上汽大众汽车有限公司	汇众	轿车前后桥	上海汇众汽车制造有限公司
		斯柯达	明锐、昊锐、晶锐	上汽大众汽车有限公司	SSB(易通)	汽车空调压缩机	上海三电贝洱汽车空调有限公司
		巨力	履带式挖掘机	上海彭浦机器厂有限公司	SZ(上轴)牌	汽车系列滑动轴承	上海菲特尔莫古轴瓦有限公司
		—	—	—	盾徽	铝制散热器系列、空调模块系列、冷却系统系列	上海贝洱热系统有限公司
		—	—	—	延锋	汽车饰件产品	延锋汽车饰件系统有限公司

〔续表〕

年份	数量	整　车			零　部　件		
		品牌	产品名称	生产单位	品牌	产品名称	生产单位
2013	10	大众	帕萨特、朗逸、桑塔纳、途观、波罗、途安	上汽大众汽车有限公司	SSB（易通）	汽车空调压缩机	上海三电贝洱汽车空调有限公司
		斯柯达	明锐、昊锐、晶锐	上汽大众汽车有限公司	SDS	SDS汽车传动轴总成	上海纳铁福传动系统有限公司
		巨力	履带式挖掘机	上海彭浦机器厂有限公司	声佳牌	电动门窗升降器、电喇叭、电子电器产品	上海实业交通电器有限公司
		—	—	—	骆驼牌	离合器	上海萨克斯动力总成部件系统有限公司
		—	—	—	SSF	汽车制动系统铸件	上海圣德曼铸造有限公司
		—	—	—	SZ（上轴）牌	汽车系列滑动轴承	上海菲特尔莫古轴瓦有限公司
		—	—	—	延锋	汽车饰件产品	延锋汽车饰件系统有限公司
2014	7	大众	帕萨特、朗逸、桑塔纳、途观、波罗、途安	上汽大众汽车有限公司	汇众	轿车前后桥	上海汇众汽车制造有限公司
		斯柯达	明锐、昊锐、晶锐、昕锐	上汽大众汽车有限公司	声佳牌	电动门窗升降器、电喇叭、电子电器产品	上海实业交通电器有限公司
		—	—	—	SZ（上轴）牌	汽车系列滑动轴承	上海菲特尔莫古轴瓦有限公司
		—	—	—	盾徽	铝制散热器系列、空调模块系列、冷却系统系列	上海贝洱热系统有限公司
		—	—	—	延锋	汽车饰件产品	延锋汽车饰件系统有限公司
2015	10	大众	帕萨特、朗逸、桑塔纳、途观、波罗、途安	上汽大众汽车有限公司	UAES	电动燃油泵	联合汽车电子有限公司
		斯柯达	明锐、昊锐、晶锐、昕锐	上汽大众汽车有限公司	声佳牌	电动门窗升降器、电喇叭、电子电器产品	上海实业交通电器有限公司
		别克	昂科威、昂科拉、GL8、君威、君越、英朗、凯越	上汽通用汽车有限公司	骆驼牌	离合器	上海萨克斯动力总成部件系统有限公司
		雪佛兰	创酷、科帕奇、迈锐宝、景程、赛欧、爱唯欧、科鲁兹	上汽通用汽车有限公司	延锋	汽车饰件产品	延锋汽车饰件系统有限公司
		荣威	轿车	上汽乘用车分公司	—	—	—
		MG名爵	轿车	上汽乘用车分公司	—	—	—

资料来源：《上海工业年鉴》《上海工业商业年鉴》，获奖单位提供

二、用户满意度调查排行领先的品牌产品

2004—2015 年,在中国质量协会和全国用户委员会主办、用户满意度测评中心组织实施调查的中国汽车用户满意度测评(CACSI)中,上海汽车集团股份有限公司乘用车分公司(简称上汽乘用车分公司)、上汽大众汽车有限公司(简称上汽大众)、上汽通用汽车有限公司(简称上汽通用)、上汽通用五菱汽车股份有限公司(简称上汽通用五菱)等整车企业累计有 32 个品牌车型 129 次获排名得分前三名,其中获前三名 5 次以上的有 1 个品牌 11 个车型。具体为:别克 GL8 车型各获评 10 次,大众朗逸和斯柯达明锐各获评 9 次,大众途观获评 8 次,大众新帕萨特、桑塔纳志俊各获评 7 次,别克君越获评 6 次,大众品牌、大众途安、斯柯达晶锐和速派及雪佛兰赛欧各获评 5 次。此外,荣威品牌 3 次测评获得 930、929 和 924 分,MG 名爵品牌 3 次测评获得 924、923、915 分。

表 6-5-2　2004—2015 年上汽获中国质量协会、全国用户委员会
用户满意度测评前三名品牌产品一览表

评定年份	生产企业	品牌车型	中国汽车用户满意度测评(CACSI)排名/得分
2004	上海通用汽车有限公司	别克 赛欧	2
2005		别克 凯越	1
		别克 GL8	2
2006		别克 凯越	1
2007	上海大众汽车有限公司	大众 Polo	1
		大众 帕萨特领驭	1
		斯柯达 明锐	2
		雪佛兰 乐风	2
	上海通用汽车有限公司	别克 凯越	2
		别克 君越	2
2008	上海大众汽车有限公司	斯柯达 明锐	1
		大众 帕萨特领驭	2
		大众 桑塔纳志俊	3
	上海通用汽车有限公司	别克 GL8	2
		别克 君越	3
2009	上海大众汽车有限公司	大众 Polo	1
		大众 朗逸	1
		斯柯达 明锐	1
		大众 帕萨特领驭	1
		斯柯达 晶锐	2
		大众 桑塔纳志俊	3

〔续表〕

评定年份	生　产　企　业	品牌车型	中国汽车用户满意度测评 (CACSI)排名/得分
2009	上海通用汽车有限公司	雪佛兰 科鲁兹	1
		别克 凯越	1
		别克 君威	1
		雪佛兰 乐风	2
		别克 GL8	2
2010	上海大众汽车有限公司	大众 桑塔纳	1
		大众 Polo	1
		大众 朗逸	1
		斯柯达 明锐	1
		斯柯达 速派	1
		大众 途观	1
		大众 桑塔纳志俊	3
	上海通用汽车有限公司	雪佛兰 乐风	1
		别克 英朗	1
		别克 君威	1
		别克 君越	2
		别克 GL8	2
2011	上海大众汽车有限公司	大众 品牌	1
		大众 新 Polo	1
		大众 朗逸	1
		斯柯达 明锐	1
		大众 途观	1
		大众 新帕萨特	1
		大众 桑塔纳志俊	2
		斯柯达 速派	2
	上海通用汽车有限公司	雪佛兰 赛欧	1
		别克 英朗	1
		别克 君越	1
		别克 君威	2
		别克 GL8	2
2012	上海大众汽车有限公司	大众 新帕萨特	1
		大众 朗逸	1

〔续表〕

评定年份	生 产 企 业	品 牌 车 型	中国汽车用户满意度测评(CACSI)排名/得分
2012	上海大众汽车有限公司	大众 新 Polo	1
		斯柯达 晶锐	1
		斯柯达 速派	1
		大众 途观	1
		大众 品牌	2
		大众 途安	2
		大众 桑塔纳志俊	3
		斯柯达 明锐	3
	上海通用汽车有限公司	雪佛兰 赛欧	1
		雪佛兰 迈锐宝	1
		别克 GL8	2
		雪佛兰 科鲁兹	3
2013	上海汽车集团股份有限公司乘用车分公司	荣威	930(得分)
		名爵	924(得分)
	上海大众汽车有限公司	大众 品牌	1
		大众 朗逸	1
		大众 新 Polo	1
		斯柯达 晶锐	1
		大众 朗逸	1
		大众 新帕萨特	1
		大众 途观	1
		大众 新桑塔纳	1
		大众 朗逸	1
		斯柯达 晶锐	1
		大众 新帕萨特	1
		大众 途观	1
		大众 途安	1
		大众 途安	2
		大众 Polo	2
		大众 桑塔纳志俊	3
		斯柯达 明锐	3
	上海通用汽车有限公司	雪佛兰 赛欧	1

〔续表〕

评定年份	生 产 企 业	品 牌 车 型	中国汽车用户满意度测评(CACSI)排名/得分
2013	上海通用汽车有限公司	别克 英朗	1
		别克 GL8	1
		别克 昂科拉	3
2014	上海汽车集团股份有限公司乘用车分公司	荣威	929(得分)
		名爵	923(得分)
	上海大众汽车有限公司	大众 品牌	1
		大众 新桑塔纳	1
		大众 朗逸	1
		斯柯达 晶锐	1
		大众 新帕萨特	1
		大众 途观	1
		大众 途安	1
		大众 新桑塔纳	1
		大众 全新朗逸	1
		大众 朗行	1
		斯柯达 速派	1
		大众 新帕萨特	1
		大众 新途观	1
		斯柯达 明锐	2
		大众 Polo	2
		大众 途安	2
		大众 Polo	3
	上海通用汽车有限公司	别克 昂科拉	1
		别克 GL8	1
		雪佛兰 赛欧	1
2015	上海汽车集团股份有限公司乘用车分公司	荣威	924(得分)
		名爵	915(得分)
	上汽大众汽车有限公司	大众 品牌	1
		大众 全新凌渡	1
		大众 新桑塔纳	1
		斯柯达 昕锐	1
		大众 全新朗逸	1

〔续表〕

评定年份	生 产 企 业	品 牌 车 型	中国汽车用户满意度测评 (CACSI)排名/得分
2015	上汽大众汽车有限公司	大众 朗行	1
		大众 新途观	1
		大众 途安	1
		大众 Polo	2
		大众 新帕萨特	2
		斯柯达 明锐	3
		斯柯达 速派	3
	上汽通用汽车有限公司	别克 英朗	1
		别克 昂科威	1
		别克 GL8	1
		雪佛兰 赛欧	1
		雪佛兰 迈锐宝	1
	上汽通用五菱汽车股份有限公司	五菱宏光 V	1
		五菱宏光	1
		宝骏 730	1
		五菱之光	2
		五菱荣光	2
		宝骏	2

资料来源：上海汽车集团股份有限公司所属整车企业

三、C‑NCAP 汽车碰撞五星级品牌产品

2006—2015 年,上汽共有 36 个品牌车型在中国汽车技术研究中心 C‑NCAP(中国新车评价规程)碰撞试验中五星级安全评价,包括上汽大众生产的大众品牌车型 7 个、斯柯达品牌车型 6 个,上汽通用生产的别克品牌车型 8 个、雪佛兰品牌车型 5 个、凯迪拉克品牌车型 1 个,上汽乘用车分公司生产的荣威品牌车型 4 个、MG 名爵品牌车型 4 个,上汽通用五菱生产的五菱品牌车型 1 个。

表 6‑5‑3　2006—2015 年上汽整车碰撞获中国汽车技术研究中心
C‑NCAP 五星级试验评级品牌产品一览表

总序号	分序号	生 产 企 业	碰撞试验时间	品 牌 车 型
1	1	上汽大众汽车有限公司	2006 年 10 月	大众 领驭
2	2		2007 年 9 月	斯柯达 明锐
3	3		2008 年 9 月	大众 朗逸

〔续表〕

总序号	分序号	生 产 企 业	碰撞试验时间	品 牌 车 型
4	4		2009 年 3 月	斯柯达 晶锐
5	5		2010 年 3 月	斯柯达 昊锐
6	6		2010 年 11 月	大众 途观
7	7		2011 年 7 月	大众 新 Polo
8	8	上汽大众汽车有限公司	2012 年 1 月	大众 新帕萨特
9	9		2013 年 5 月	大众 朗逸
10	10		2013 年 8 月	大众 全新桑塔纳
11	11		2014 年 12 月	斯柯达 全新明锐
12	12		2014 年 2 月	斯柯达 昕锐
13	13		2015 年 6 月	斯柯达 全新晶锐
14	1		2006 年第 1 季度	别克 君越
15	2		2007 年第 3 季度	别克 林荫大道
16	3		2008 年第 2 季度	雪佛兰 新景程
17	4		2009 年第 2 季度	雪佛兰 科鲁兹
18	5		2010 年第 1 季度	别克 新君威
19	6		2011 年第 1 季度	别克 英朗 GT
20	7		2011 年第 4 季度	别克 2011 款新 GL8
21	8	上汽通用汽车有限公司	2012 年第 1 季度	雪佛兰 爱唯欧三厢
22	9		2012 年第 4 季度	别克 昂科拉
23	10		2013 年第 2 季度	雪佛兰 迈锐宝
24	11		2014 年第 2 季度	凯迪拉克 XTS
25	12		2014 年第 4 季度	雪佛兰 创酷
26	13		2015 年第 2 季度	别克 英朗
27	14		2015 年第 4 季度	别克 威朗
28	1		2008 年 12 月	荣威 550
29	2		2010 年 6 月	荣威 350
30	3		2011 年 8 月	名爵 MG3
31	4	上海汽车集团股份有限公司乘用车分公司	2012 年 3 月	荣威 W5
32	5		2013 年 4 月	名爵 MG5
33	6		2014 年 4 月	荣威 950
34	7		2015 年 3 月	名爵 MG GT
35	8		2015 年 8 月	名爵 MG 锐腾
36	1	上汽通用五菱汽车股份有限公司	2015 年 4 月	宝骏 730

资料来源：上海汽车集团股份有限公司所属整车企业

第二节 汽车参展参赛

一、参展上海国际汽车展

1985年7月3—9日，第一届上海国际汽车工业展览会（以下简称上海国际车展）在上海工业展览馆（上海展览中心）举办。上海汽车拖拉机工业联营公司（简称上海汽拖联营公司）展出桑塔纳轿车和中美合作生产的35D型32吨矿用车。中国汽车工业公司董事长饶斌，中共上海市委副书记江泽民、上海市市长汪道涵观看上汽展台。

1987年6月17—22日，第二届上海国际车展在上海展览中心举办。上海汽拖联营公司展出桑塔纳轿车、所属企业80多种桑塔纳轿车国产零部件。6月17日，国家经济委员会副主任朱镕基观看上汽展台。

1989年8月24—29日，第三届上海国际车展在上海展览中心举办。上海汽拖联营公司展出桑塔纳轿车。上海市市长朱镕基观看上海大众产品。

1991年7月2—7日，第四届上海国际车展在上海展览中心举办。上海汽车工业总公司（简称上汽总公司）40多家企业组团参展，展出全驱动桑塔纳轿车和桑塔纳国产化零部件。上海大众汽车有限公司（简称上海大众汽车）和一汽大众汽车有限公司首次联展。

1993年6月21—26日，第五届上海国际车展在上海国际展览中心、国际贸易中心及上海展览中心举办。上汽总公司展出豪华型桑塔纳轿车。

1995年6月27日—7月2日，第六届上海国际车展在上海国际展览中心、上海展览中心举办。上汽总公司展出桑塔纳2000型轿车。

1997年6月11—17日，第七届上海国际车展在上海国际展览中心、上海展览中心举办。上海汽车工业（集团）总公司（简称上汽集团）第一次以整体形象和统一标志（SAIC）布展，聚集整车和零部件企业，展出桑塔纳2000型轿车和国产化零部件。6月12日，上汽集团宣布国内最大中美合资项目上海通用汽车有限公司（简称上海通用汽车）成立，美国驻华大使尚慕杰到现场接受采访。

1999年6月15—20日，第八届上海国际车展在上海世贸商城、上海国际展览中心和上海展览中心举办。上汽集团组团参展，整车有即将推出的帕萨特轿车、别克新世纪轿车、7座旅行车、"麒麟"概念车以及别克、帕萨特轿车国产化零部件。同时，上海大众汽车与德国大众汽车公司、一汽大众汽车有限公司，上海通用汽车与美国通用汽车有限公司联合展出。

2001年6月18—24日，第九届上海国际车展在上海国际展览中心、上海世贸商城和上海光大会展中心举办。上汽集团以1000平方米展台组团参展。契合轿车进入家庭的展会主题，除帕萨特、桑塔纳2000型、桑塔纳世纪新秀、别克轿车、GL8商务车外，新上市的赛欧轿车成为亮点。

2003年4月20—24日（原定展期至27日，因"非典"提前闭馆），第十届上海国际车展在上海新国际博览中心举办。上汽集团以"融入世界，合作共赢"为主题，集7家整车企业25辆整车参展，展台面积室内2000平方米、室外700平方米。此外，上海大众汽车与德国大众、一汽大众，上海通用汽车、上汽通用五菱汽车股份有限公司与美国通用汽车联展。帕萨特、三厢Polo，君威、凯越、"鲲鹏"概念车同台亮相。上海汽车股份有限公司汽车齿轮总厂等30家企业展示近百种汽车零部件。上海市市长韩正参观上汽展台。

2005年4月21—28日，第十一届上海国际车展在上海新国际博览中心举办。上海汽车集团股份有限公司(简称上汽股份)以"四海一心、合作共赢"为主题,率整车企业和多家零部件企业参展,室内展台2 500平方米。合资企业展出途安、帕萨特、Polo和高尔,凯迪拉克、别克和雪佛兰多款新车,混合动力"申新动力1号"公交客车,韩国双龙汽车公司首次亮相。零部件展出底盘、动力传动、电子电器、饰件、热加工120余种新产品。上海通用汽车获汽车制造商大奖。

2007年4月20—28日,第十二届上海国际车展在上海新国际博览中心举办。上汽股份集乘用车、商用车和零部件三大板块参展,总面积7 000平方米。自主品牌荣威以"经典与未来"为主题在1 000平方米展台展示荣威750、概念车和上海牌混合动力汽车等7款车型。合资企业展出斯柯达品牌5款车型12辆展车,林荫大道、新景程等新车型。零部件展区涵盖底盘、动力传动、电子电器、空调、饰件、热加工等板块。Cross Polo获最佳即将上市新车奖,荣威750 KV6发动机获最佳发动机奖,雪佛兰Volt获最佳领先科技奖。

2009年4月20—28日,第十三届上海国际车展在上海新国际博览中心举办。上海汽车集团股份有限公司(简称上海汽车)以"融合创新、共赢未来"为主题,集8家整车企业90款新车、22家零部件企业近160种零部件参展,展台面积近1万平方米。此外,上海大众汽车与德国大众、一汽大众,上海通用汽车与美国通用汽车联展。自主品牌荣威和MG展出9个车型16辆展车,包括全球首发荣威N1和MG概念车,荣威750、550和全球首发MG6,上海牌纯电动和燃料电池轿车、荣威750混合动力轿车;合资企业展出大众和斯柯达4款新车13个车型,上海通用汽车5款亚太首发新车,红岩"杰狮"重卡、申沃混合动力和燃料电池大客车,五菱之光,依维柯纯电动轻客等。零部件展出157种新产品。别克商务概念车获最佳概念车奖,上海大众汽车获最佳汽车制造商奖。

2011年4月19—28日,第十四届上海国际车展在上海新国际博览中心举办。上海汽车以"创新·创变·创赢未来"为主题,集8家整车企业110余辆整车包括10余款首发车型以及华域汽车系统股份有限公司(简称华域汽车)一批自主研发新能源核心零部件产品参展,展区面积11 000平方米。自主品牌展出荣威550插电式混合动力轿车、350纯电动轿车、E1纯电动概念车、上海牌燃料电池轿车等5款新能源车,首次亮相的荣威W5和全新概念车MG5;同台展出的还有新帕萨特、途观、新朗逸、朗逸电动车、新Polo、新途安及明锐、晶锐、昊锐、别克愿景SUV概念车、迈锐宝、科迈罗、科帕奇、宝骏630和MAXUS大通V80首发车,以及新发布的跃进欧卡。零部件展出电驱变速箱、电控箱、电池系统等新能源核心零部件,内外饰集成模型、底盘及空调、发动机,自主开发的双离合器变速器等。上海市市长韩正观看上汽展台。

2013年4月20—29日,第十五届上海国际车展览在上海新国际博览中心举办。上海汽车集团股份有限公司(简称上汽集团)以"创新绿能　驱动未来"为主题,集8家整车企业112辆展车包括10款首发车型、华域汽车一批零部件新产品参展,展区面积12 000平方米。自主品牌有全新荣威550轿车、MG CS概念车,荣威750混合动力轿车、550插电式混合动力轿车、E50纯电动轿车、上海牌新一代轻量化燃料电池轿车;其他展车有:全球首发朗行、新昕锐、昊锐、明锐、晶锐等,凯迪拉克凯雷德SUV、别克"未来"全球首发概念车、雪佛兰品牌17款车型、新宝骏630、宝骏乐驰,大通G10首款MPV概念车、旅居车、专用校车等,宝迪商旅车、轻卡"超越"。华域汽车展出与新能源、底盘、发动机相关的集成模型和零部件精品。自主品牌还展示Inkanet3G网络智能行车系统、iVoka智能云驾驶系统,商用车展示InteCare行翼通数字化技术。新荣威550获最佳即将上市新车奖,上海通用汽车获最佳汽车制造商奖。

2015年4月20—29日,第十六届上海国际车展在国家会展中心(上海)举办。上汽集团以"爱上汽车、畅行天下"为主题,集8家整车企业100余辆展车包括10余款首发车型参展。包括第二代智能驾驶汽车新能源车 MG IGS,第四代燃料电池车荣威 950 插电式燃料电池轿车,550 plug-in 插电式混合动力轿车、E50 纯电动轿车,以及 MG 锐腾、2015 款 MG3 和荣威 950-1.8T;新凌渡、新朗逸、新帕萨特、2015 款途观、2015 款途安、首发新桑塔纳和新 PoloGTI、亚洲首发 NewSuperb、Vision C 概念车,法比亚 R5 新赛车,新晶锐、昕锐、昕动、新明锐、野帝等,亚太首发凯迪拉克 CT6、凯迪拉克 CTS,全球首发别克 Verano 概念车、国内首发别克 Avenir 概念车,新英朗、昂科威、君威GS,雪佛兰全球首发 FNR 电动概念车,新迈瑞宝等;宝骏首款 SUV 560;国内同级首款纯电动EG10,国内首款增程式电动宽体轻客 V80 等。上汽国内首家"全生命周期"OTO 汽车电商车享平台——"车享家"亮相。

二、参展北京国际汽车展

1990 年 7 月 3—8 日,首届北京国际汽车与工艺装备展在中国国际展览中心(简称北京国展中心)举办。上汽总公司展出豪华型桑塔纳轿车,以及桑塔纳等速万向节、仪表板等零部件。中共中央顾问委员会常委段君毅、机电工业部部长何光远参观上汽展台。

1992 年 6 月 25—30 日,第二届北京国际车展在北京国展中心举办。上汽总公司展出桑塔纳轿车、旅行车以及部分桑塔纳国产化零部件。

1994 年 6 月 23—29 日,第三届北京国际车展在北京国展中心举办。上汽总公司展出豪华型桑塔纳轿车和桑塔纳国产化零部件。

1996 年 6 月 18—24 日,第四届北京国际车展在北京国展中心举办。上汽集团展出桑塔纳2000 型轿车。中共中央总书记江泽民,中共中央政治局委员、国务院副总理吴邦国,中共中央政治局委员、国务委员兼国家经济体制改革委员会主任李铁映,中共中央军委副主席迟浩田和中共中央政治局候补委员、全国人大常委会副委员长王汉斌等观看上海大众汽车展台。

1998 年 6 月 23—30 日,第四届北京国际车展在北京国展中心举办。上汽集团展出即将生产的别克 GL 和别克新世纪轿车,桑塔纳 2000 型"时代超人"等 8 辆展车。

2000 年 6 月 6—12 日,第六届北京国际车展在北京国展中心举办。上汽集团展出新上市帕萨特轿车和改进型桑塔纳 2000 型轿车,首辆别克新世纪 e 概念车,GL、GLX、GS 新款别克系列轿车和 GL8 旅行车。

2002 年 6 月 6—13 日,第七届北京国际车展在北京国展中心举办。上汽集团率 6 家整车及 23家零部件企业参展,展台面积 700 平方米,展出 Polo、帕萨特、桑塔纳 2000"时代骄子"轿车,别克和别克赛欧系列轿车,首款五菱阳光微型车,以及近百种汽车零部件。

2004 年 6 月 10—16 日,第八届北京国际车展在北京国展中心和农业展览馆举办。上汽集团在4 000 平方米展台亮相 20 辆展车,包括帕萨特 V6 VIP、POLO 两厢和三厢、桑塔纳 3000 超越者、GOL 旋风、途安,即将上市的凯迪拉克 CTS 和 SRX,君威、凯越、雪佛兰 SPARK 等轿车和五菱阳光微型车。此外还有底盘、动力、空调、电子电器、饰件和热加工六大系统 60 余种零部件。

2006 年 11 月 19—27 日,第九届北京国际车展在北京国展中心和农业展览馆举办。上汽股份率整车企业及 10 余家零部件企业参展,上海大众汽车与德国大众、一汽大众联展。自主品牌在1 000 平方米展台首次亮相荣威 750 系列多款车型和中强混合动力新能源车。合资企业展出PASSAT 领驭、Polo 劲取、途安、桑塔纳 3000 型、明锐新车、凯迪拉克 SLS 和凯雷德、萨博、君越、君威、凯越,荣御、景程、新赛欧、乐骋、乐风等车型,五菱鸿途、五菱之光、五菱扬光等新一代微型客车,以及雪佛兰、别克、萨博概念车,韩国双龙展出轿车和 SUV 等 5 款车型。荣威获最受关注车型奖,上海通用汽车获最佳汽车制造商奖,斯柯达明锐 1.8TFSI 发动机获最佳发动机奖。

2008 年 4 月 22—28 日,第十届北京国际车展在北京国展中心天竺新馆举行。上海汽车以"融合·创新·共赢未来"为主题组团参展。自主品牌荣威和 MG 名爵首次双品牌展出,包括全球首发荣威 550 及 MG TF 跑车、MG 3SW、MG7 运动版,国内首辆上海牌插电式燃料电池轿车。合资企业展出本土化研发的朗逸轿车、帕萨特领驭燃料电池轿车、斯柯达明锐和全新法比亚 12 个款式,北京 2008 奥运会火炬接力车 PASSAT 领驭、新途安、明锐奥运版、凯迪拉克氢燃料电池车、CTS 轿车和凯雷德双模混合动力轿车、别克君越油电混合动力轿车、EnclaveSUV、雪佛兰新乐骋、新赛欧等。商用车展出五菱、红岩、依维柯、汇众、跃进品牌,覆盖重卡、轻微卡、中客和轻客。零部件集中 17 家企业底盘、传动与热交换、电子电器、饰件、热加工五大系统。荣威 550 获最佳(中国)首发新车奖,凯迪拉克 Provoq 氢燃料电池概念车获最佳概念车奖,上海大众汽车获最佳汽车制造商奖。

2010 年 4 月 25 日—5 月 2 日,第十一届北京国际车展在北京国展中心天竺新馆和静安庄老馆举办。上海汽车以"聚心世博·创新未来"为主题,展示 9 家整车企业 94 款车型,集中亮相申沃混合动力大客车、申驰纯电动场馆车和纯电动观光车、依维柯宝迪纯电动轻客等将在 2010 上海世博运营的新能源汽车。自主品牌以"融合创新,志远必达"为主题,展出荣威 750 混合动力轿车、550 数字智能轿车、350－3G 互联网轿车、E1 纯电动概念车以及 MG6、MG3SW、MG Zero 概念车等 14 辆展车。合资企业展出途观、PASSAT 新领驭、途安新 7 座、朗逸 TSI 运动版、朗逸电动车,斯柯达晶锐、新明锐、昊锐等 12 款车型,凯迪拉克 XTS 概念车,君越、君威和英朗 XT,雪佛兰 VoltMPV5、AveoRS 概念车以及本土研发的雪佛兰两厢新赛欧等,首款五菱宏光商务车及新五菱之光、新乐驰和五菱荣光。华域汽车系统股份有限公司首次集中展示 15 家零部件企业 120 种产品,展示电子电器、新能源、内外饰、金属成型与模具、热加工件、功能件六大系统零部件。车展期间荣威 350 与中国联通 3G 互联合作,第一次实现汽车网络信息化。新赛欧两厢车获最佳新车奖,荣威 350 获最佳车展上市新车奖,斯柯达新明锐获最佳紧凑型车奖,荣威 E1 获最佳概念车奖。

2012 年 4 月 25 日—5 月 2 日,第十二届北京国际车展在北京国展中心天竺新馆和静安庄老馆举办。上汽集团携旗下 8 家整车企业 103 辆新车 11 款首发车型参展。包括荣威 950、750 混合动力、E50 纯电动、550 插电式混合动力、PLUG－IN 燃料电池等轿车,MG5、MG Icon 概念车;新帕萨特、2012 款途观、Cross Polo、朗逸电动车、新朗逸及斯柯达 Missi0n L 概念车、明锐 RS 赛车;凯迪拉克 ELR 电动轿跑车、别克君越混合动力轿车、君威 GS 和英朗 XT 两款轿跑车、雪佛兰迈瑞宝和 3 款概念车;宝骏 630 1.5L 新车;大通车联网物流车、专用校车、商务休旅车、V80 尊杰版新车;跃进新欧卡、新宝迪商旅车、依维柯校车和民用版越野车;申沃 SWB6100F 长鼻校车、SWB6107LNG 液化天然气清洁能源客车;红岩杰狮 M100 牵引车、自卸车、粉粒物料运输车等。上汽大通在车展现场举行 InteCare 行翼通发布会。荣威 950 获最佳上市新车奖,上海通用汽车获最佳汽车制造商大奖。

2014 年 4 月 20—29 日,第十三届北京国际车展在北京国展中心顺义新馆和静安庄老馆举办。上汽集团以"未来科技驱动梦想"为主题,展出 8 家整车企业 100 余辆新车、10 余款首发车型,并推出国内汽车市场首个电子商务平台车享平台,呈现"新能源、新技术、新产品"三大亮点。自主品牌展出荣威 W5 概念车、550 插电式混合动力轿车、E50 纯电动车、950 燃料电池轿车、2014 款 350 以及 MG3 精品小车、MG5、掀背 MG6 等新车,首次推出自主研发及联合开发的全新动力总成"CUBE－TECH"。合资企业展出新概念轿跑车 NMC、朗逸家族、新桑塔纳、新帕萨特、新途观、新明锐和昕动、野帝、晶锐、昕锐,凯迪拉克新 CTS、别克新昂科威、2014 款英朗 GT、新科鲁兹、中国首发雪佛兰城市 SUV 创酷 TRAX，宝骏 610 和 730、五菱宏光 S，大通 G10 全系 9 个车型、V80 增程式电动宽体客车，申沃首发增程式新能源城市客车，依维柯纯电动商务车，2014 商务车，高端轻卡超越 C300，红岩节能环保型杰狮牵引车等。

三、参展国内其他汽车展

【参展广州国际汽车展】

2003 年 11 月 25 日—12 月 2 日，首届中国（广州）国际车展（简称广州国际车展）在广州国际会议展览中心（简称广州国际会展中心）举办。上海大众汽车展出帕萨特、Polo、高尔多款新车，上海通用汽车展出别克凯越、君威、GL8、赛欧等 8 款新车，上汽仪征展出赛宝多用途轻客。

2004 年 11 月 22—29 日，第二届广州国际车展在广州国际会展中心举办。上海大众汽车新途安首次亮相，上海通用汽车凯迪拉克、别克 10 款车型参展。

2005 年 11 月 21—28 日，第三届广州国际车展在广州国际会展中心举办。上海通用汽车以"激情进取，拥抱生活"为主题携凯迪拉克、别克、雪佛兰、萨博 4 大品牌 20 多款车型参展，展台面积 1 600 平方米。

2006 年 7 月 25—31 日，第四届广州国际车展在广州国际会展中心举办。上海大众汽车参展包括首展的 Polo 劲情赛车等 8 款新车型，上海通用汽车展出凯迪拉克、别克、雪佛兰和萨博 19 款车型，包括首展的 Escalade. SUV。

2007 年 11 月 20—26 日，第五届广州国际车展在广州国际会展中心举办。上汽股份自主品牌以"贵雅亦激情"为主题，展出荣威 750V6 全系列产品、荣威全球首发概念车 W2，并专辟荣威品质动力馆展示多种发动机。上海大众汽车参展斯柯达明锐 6 款车型和大众 4 款新车。上海通用汽车展出凯迪拉克、别克、雪佛兰和萨博 25 辆展车，包括首展 2008 版凯雷德、中国首发 2008 款萨博、首款 SUV 科帕奇等。韩国双龙展出柴油 SUV 爱腾等。

2008 年 11 月 18—25 日，第六届广州国际车展在中国进出口商品交易会琶洲展馆（简称商交会琶洲展馆）举办。上汽股份自主品牌首发"全时数字轿车"荣威 550 - 1.8L。上海大众汽车与德国大众、一汽大众联合展出 28 款车型。上海通用汽车以"绿动未来"为主题，展出凯迪拉克、别克、雪佛兰和萨博的 2009 款凯迪拉克系列、首发雪佛兰科鲁兹等 24 款车型。韩国双龙发布全新爱腾冠军升级版轿车。斯柯达晶锐（Fabia）获评最佳全国首发新车，朗逸为获评最佳性价比车型。

2009 年 11 月 23—30 日，第七届广州国际车展在商交会琶洲展馆举办。上汽股份自主品牌展出荣威 3G 概念车 N1、2010 款 550、2009 款 750、首发 MG6。上海大众汽车展出 19 款车型，包括首款 SUV 途观、PASSAT 新领驭、朗逸、途安新一代 1.8T 轿车，Cross Polo 1.6AT 和 Polo Sporty 1.6MT 轿车；斯柯达昊锐、晶锐等新车型。上海通用汽车展出凯迪拉克、别克、雪佛兰 26 款车型，包括凯迪拉克首发新 SLS 赛威商务轿车，别克首发英朗 5 门轿跑车，2010 款林荫大道，雪佛兰科鲁兹等。荣威 3G 概念车 N1 获最佳概念车奖，上海大众汽车获年度企业成就奖、年度风云汽车品牌奖。

2010 年 12 月 21—23 日，第八届广州国际车展在商交会琶洲展馆举办。上汽自主品牌展出荣威 350 智能网络 2.0 版、550 数字智能以及全球首发新 MG3 两款新车，MG6 三厢版。上海大众汽车与大众中国、一汽大众联展，展出途观、新途安 5 座及 7 座、朗逸 2011 版和朗逸电动车、PASSAT 新领驭及新明锐、昊锐和晶锐。上海通用汽车以"创·领绿动未来"为主题，展出凯迪拉克、别克、雪佛兰 23 款车型,包括赛威 SLS、君威 GS、全新 GL8、沃蓝达电动车、全新斯帕可、首次亮相的赛欧电动概念车等。

2011 年 11 月 21—28 日,第九届广州国际车展在商交会琶洲展馆举办。上汽自主品牌参展荣威 750 混合动力轿车、全时数字轿车 550、全时在线中级轿车 350、W5 及 WG6 。合资企业汽车展出新帕萨特 V6、新 Polo、2012 款途观及昊锐、明锐、晶锐车 10 余款车型,首次亮相的晶锐 FabiaScout、凯迪拉克、别克、雪佛兰 28 款车型参展,包括凯迪拉克 2012 款 CTS,别克 Envision SUV 概念车、君越混合动力轿车、君威 GS、昂科雷、英朗 XT 和 GT,新上市沃蓝达增程电动车、迈瑞宝、2012 款科迈罗轿车等;宝骏轿车在车展亮相。

2012 年 11 月 22 日—12 月 2 日,第十届广州国际车展在商交会琶洲展馆举办。上汽自主品牌展出荣威 950、550、350、W5、E50 纯电动车,以及 MG6、MG5、MG3 及 MG6 DTi。合资企业展出全新桑塔纳、新帕萨特 2013 款、新朗逸、Polo 2013 款、新途观及新昊锐、明锐、晶锐全系车型;凯迪拉克、别克、雪佛兰 32 款车型,包括凯迪拉克 V 系列、CTS 家族、凯雷德、SLS 赛威,别克昂科拉、君威 GS、英朗 XT 及首款量产纯电动车赛欧,雪佛兰双子星概念车、2013 款景程、科鲁兹。

2013 年 11 月 21—30 日,第十一届广州国际车展在商交会琶洲展馆举办。上汽自主品牌展出荣威 550 插电强混轿车、750 混合动力轿车、E50 纯电动轿车、350、W5 及在车展上市的 MG5 1.5T 运动型轿车。合资企业展出朗境、新朗逸运动版、朗行运动版、新帕萨特、新途观及昕动、全新野帝、速派;凯迪拉克 XTS、SRX、CTS、凯雷德 ESV,2014 款昂科拉、全新君威 GS、全新君越,2014 款英朗 XT,迈瑞宝纪念版、科鲁兹掀背车、科鲁兹 WTCC 等;宝骏及五菱全系产品;大通 2014 款商杰、2014 款傲运通、2014 款守护星专用校车、大通房车等 V80 家族全系;2014 款伊斯坦纳商务车,依维柯 Power Daily2014、车展首日上市的跃进-上骏 X300。荣威 350 获年度最佳技术创新轿车、年度科技智能车型、年度最佳汽车科技奖、自主品牌年度车型等奖项,荣威 350 搭载的 inkaNet3 获 2013 年度车联网技术及应用、智能行车系统、年度互联网驾驶技术、年度最佳智能行车系统等奖项,荣威 550 Plug in 获最受期待绿色车型奖,上汽通用获最佳汽车制造商奖。

2014 年 11 月 20—29 日,第十二届广州国际车展在商交会琶洲展馆举办。自主品牌展出荣威 950 - 2.0T 首发车、550PLUG - IN 插电式混合动力轿车及 MG GT 运动版。合资企业展出新帕萨特、凌渡、新朗逸、朗行、朗境、2015 款途观、2015 款途安、2015 款桑塔纳及斯柯达国内首发 Vision C 概念车、昕动、速派、野帝等新车型;凯迪拉克、别克、雪佛兰三大品牌 32 款新车,包括凯迪拉克 ATS - L,昂科威、2015 款昂科拉、新昂科雷,第三代赛欧、2015 款科迈罗 RS、科鲁兹掀背车、新生代城市 SUV 等,并发布"车·联·无限"企业车联网战略;五菱、宝骏双品牌车型;大通 G10 全新 2.4L、纯电动宽体轻客 EV80、2015 款 V80,依维柯多款工程车、冷藏车,红岩杰狮畅途版、港口版牵引车等。

2015 年 11 月 20—29 日,第十三届广州国际车展在商交会琶洲展馆举办。自主品牌展出荣威 E950 插电式混合动力轿车、概念车 Vision - R 以及 MG 锐腾、MG 3SW。合资企业展出新途安 L、新凌渡、新 Polo GTI、桑塔纳·浩纳、新朗逸、新朗境、新途观及新速派、野帝、明锐、昕锐、昕动、新晶锐等;凯迪拉克、别克、雪佛兰 33 款新车,包括凯迪拉克 CT6,威朗 GS、乐风 RV、迈瑞宝 XL;7 座宝骏 730、宝骏 560、宏光 S1;大通 G10 汽油、柴油、新能源车型和 2016 款 V80。

【参展长春国际汽车博览会】

1999 年 8 月 15—20 日,第一届中国长春国际汽车博览会(简称长春国际车展)在长春国际会展中心举办,上海大众汽车桑塔纳轿车参展。

2001年8月23—29日,第二届长春国际车展在长春国际会展中心举办,上海大众汽车和上海通用汽车分别展出新版帕萨特和别克新车型。

2003年7月15—22日,第三届长春国际车展在长春国际会展中心举办,上海大众汽车、上海通用汽车、上汽通用五菱产品参展。

2005年8月5—14日,第四届长春国际车展在长春国际会展中心举办。上海大众汽车展出途安1.8T、帕萨特2.8V6、桑塔纳3000超越者、Polo、高尔等8辆展车。上海通用汽车展出凯迪拉克SRX和CTS,别克GL8商务车、荣御、君威和凯越,雪佛兰景程、乐骋和新赛欧等新车型。

2007年7月13—22日,第五届长春国际车展在长春国际会展中心举办。自主品牌荣威750等新车型参展。上海大众汽车以"享受生活,拥抱奥运"为主题,展出PASSAT领驭、Polo劲情劲取、途安奥运版等,首款明锐3种排量7款车型。上海通用汽车展出凯迪拉克XLR、别克林荫大道、雪佛兰新赛欧等新车型。韩国双龙以"畅享SUV生活"为主题,展出3款SUV。

2009年7月15—26日,第六届长春国际车展在长春国际会展中心举办。自主品牌展出2009款荣威750、新版550,MG7和MG-3SW。上海大众汽车参展新领驭、朗逸、途安及明锐、晶锐和昊锐。上汽通用五菱参展SPARK乐驰家用轿车、五菱鸿途、2009款五菱荣光等。

2010年7月14—22日,第七届长春国际车展在长春国际会展中心举办。上海大众汽车新明锐首发上市。上海通用汽车别克、雪佛兰、凯迪拉克品牌车型包括凯迪拉克SUV凯雷德6.0L混合动力、首发别克英郎GT参展。

2011年7月15—24日,第八届长春国际车展在长春国际会展中心举办。上汽自主品牌荣威系列轿车和新能源车参展。

2012年7月15—22日,第九届长春国际车展在长春国际会展中心举办。上汽自主品牌荣威350、550、W5和950,GM名爵的3、5和6车型参展。上海大众汽车展出斯柯达车系10余款车型。上海通用汽车展出凯迪拉克、别克、雪佛兰多款新车。

2013年7月12—19日,第十届长春国际车展在长春国际会展中心举办。上海大众汽车昊锐、明锐、昕锐、晶锐参展。

【参展成都国际汽车展】

2006年9月15—24日,第九届成都国际汽车展览会(简称成都国际车展)在成都世纪城新国际会展中心举办。上海大众汽车与德国大众、一汽大众联展,展出Polo劲情和劲取、PASSAT领驭、途安等新车型。上汽通用五菱展出新款雪佛兰Spark乐驰2个新车型。韩国双龙展出4款车型。

2007年9月21—28日,第十届成都国际车展在成都世纪城新国际会展中心举办。上汽自主品牌展出荣威750系列车型,上海大众汽车展出昕锐、明锐新车型及新版帕萨特领驭、Polo等,上海通用汽车展出新景程,韩国双龙展出2008全新升级车型。

2008年9月20—26日,第十一届成都国际车展在成都世纪城新国际会展中心举办。上汽自主品牌荣威和MG参展,包括新发布MG7自动档车型。上海大众汽车参展PASSAT领驭、Polo劲情劲取、朗逸等13款车型及明锐纪念版。

2009年9月18—25日,第十二届成都国际车展在成都世纪城新国际会展中心举办。上汽自主品牌展出2010年上海世博会指定贵宾用车荣威750和MG 3SW等,上海大众汽车展出PASSAT

新领驭、新上市斯柯达昊锐等 20 款车型,上海通用汽车展出林荫大道、科鲁兹等新车型,上汽通用五菱展出五菱荣光和乐驰。

2010 年 9 月 18—24 日,第十三届成都国际车展在成都世纪城新国际会展中心举办。上汽自主品牌参展荣威 550 和 350、MG6 新车型,上海大众汽车参展途观、朗逸、PASSAT 新领驭及明锐等新车型,上海通用汽车参展雪佛兰科鲁兹、新赛欧、景程、乐风、科帕奇等新车型。

2011 年 9 月 17—25 日,第十四届成都国际车展在成都世纪新城国际会展中心举行。上海大众汽车全新帕萨特在车展上市,还有途观、朗逸等 10 款新车。上海通用汽车展出凯迪拉克 3 款新车型,君威 GS、君越混合动力,雪佛兰全系 9 款新车型。

2012 年 8 月 31 日—9 月 9 日,第十四届成都国际车展在成都世纪新城国际会展中心举行。上汽自主品牌展出荣威 950、550、350、W5 及 MG3、MG5、MG6。上海大众汽车国内首发 Polo GTI、全新朗逸、全新帕萨特、2012 款途观及晶锐、明锐 3 款新车,上海通用汽车别克、雪佛兰、凯迪拉克 26 款车型参展。

2013 年 8 月 30 日—9 月 8 日,第十六届成都国际车展在成都世纪新城国际会展中心举行。上汽自主品牌 2014 款 MG6 首发,全新荣威 550 星空版揭幕。上海大众汽车 Cross Lavida 朗境全球首发,斯柯达野帝首发。上汽大通展出 2014 款 V80 全系车型和首款 MPV 概念车 G10 等 5 款车型。

2014 年 8 月 29 日—9 月 7 日,第十七届成都国际车展在成都世纪新城国际会展中心举行。上汽自主品牌推出 MG6"90 周年冠军版"、MG GT。上海大众汽车全球首发轿跑车凌渡、新款 Polo、新桑塔纳、新朗逸等 7 款 30 周年纪念版车型及昕锐 2015 款、全新明锐,上海通用汽车昂科威 4 款车型等参展。

2015 年 9 月 4—13 日,第十八届成都国际车展在成都世纪新城国际会展中心举行。上汽自主品牌荣威 360 车展上市,荣威 950 1.8T、2015 款荣威 550PLUG - IN 插电式混合动力轿车、MG3 SW 等新车型参展。上海大众汽车展出全新朗逸、全新朗行、桑塔纳·浩纳及全新速派、野帝、明锐、昕锐、全新晶锐等新车型。上汽通用汽车展出别克、雪佛兰、凯迪拉克 37 辆展车。

四、参展中国国际工业博览会

2000 年 10 月 24—28 日,2000 上海国际工业博览会(简称工博会)在上海展览中心举办。上汽集团展出帕萨特轿车、桑塔纳时代超人、别克 GL8 商务车、别克 e 概念车、赛欧紧凑型轿车,以及变速箱、传动轴等零部件。中共中央政治局委员、国务院副总理吴邦国,中共中央政治局委员、上海市委书记黄菊,市长徐匡迪等参观上汽展台。

2001 年 11 月 22—27 日,2001 上海工博会在上海新国际博览中心举办。上汽集团展出帕萨特、别克和赛欧轿车。

2002 年 11 月 22—27 日,2002 上海工博会在上海新国际博览中心举办。上汽集团展出 Polo、帕萨特、赛欧轿车,五菱之光微型车,申沃单燃料城市公交车,赛宝多用途车,部分零部件新产品。

2003 年 11 月 6—11 日,2003 上海工博会在上海新国际博览中心举办。上汽集团展出鲲鹏概念车,帕萨特、波罗、君威、赛欧轿车,赛宝多用途车,五菱之光微型车,申沃国内首辆超级电容变频调速无轨电车。上汽集团与同济大学等联合开发的新能源超越一号、春晖二号燃料电池汽车获展会创新奖。

2004年11月4—9日,2004上海工博会在上海新国际博览中心举办。上海通用汽车展出凯迪拉克2004中国版轿车。

2005年11月4—9日,2005年上海工博会在上海新国际博览会中心举办。上汽股份以"新能源浪潮　新动力上汽"为主题,展出"申新动1号"混合动力客车、燃料电池MPV、"氢动三号"燃料电池轿车、柴油版帕萨特轿车、途安混合动力发动机轿车、全数字畅意概念车以及"二甲醚"发动机和"甲醇"发动机。

2006年11月1—5日,2006中国工博会(本届起改名)在上海新国际博览中心举办。中共中央政治局常委、国务院副总理黄菊,上海市委代理书记、市长韩正到上汽展台,观看首次公开亮相的自主品牌荣威750轿车和新能源混合动力轿车。荣威750轿车获展会创新成果二等奖。

2007年11月6—10日,2007中国工博会在上海新国际博览中心举办。上海汽车以"绿色上汽,创新未来"为主题,展示上海牌燃料电池轿车、上海牌混合动力轿车、领驭燃料电池轿车,以及该展会指定公务用车斯柯达明锐轿车。中共中央政治局委员、上海市委书记俞正声,上海市市长韩正参观上汽展台。

2008年11月4—8日,2008中国工博会在上海新国际博览中心举办。上海汽车以"绿色上汽,创新未来"为主题(至2012年主题不变),展出上海牌插电式燃料电池轿车、帕萨特领驭燃料电池轿车、别克君越混合动力轿车,以及荣威550、MG3SW轿车。

2009年11月3—7日,2009中国工博会在上海新国际博展中心举办。上海汽车展出即将为上海世博会服务的申驰牌4座纯电动场馆车和11座燃料电池观光车、上海牌燃料电池轿车、君越混合动力轿车、上海牌混合动力轿车6款新能源车。

2010年11月9—13日,2010中国工博会在上海新国际博览中心举办。上海汽车展出上海世博会中国馆展品荣威E1纯电动概念车和750混合动力轿车、世博会VIP接待用上海牌燃料电池轿车、世博会指定用车申沃纯电动城市客车和混合动力城市客车5款自主品牌新能源车。

2011年11月1—5日,2011中国工博会在上海新国际博览中心举办。上海汽车展出荣威新750混合动力轿车和E50纯电动轿车、上海牌燃料电池轿车、申沃世博纯电动城市客车和新一代纯电动城市客车等5款新能源车。国家工信部部长苗圩、上海市市长韩正、国家工信部副部长苏波参观上汽展台。

2012年11月6—10日,2012中国工博会在上海新国际博览中心举办。上汽集团展出荣威E50纯电动轿车、新750 Hybrid混合动力轿车和550插电式混合动力轿车,上海牌plug-in燃料电池轿车、君越混合动力轿车、朗逸纯电动轿车、申沃纯电动大巴等7款新能源车,以及新研发的动力电池系统、电驱系统、电力电子等新能源自主关键零部件。国家科技部部长万钢,国家工信部副部长苏波,上海市常务副市长杨雄出席荣威E50纯电动轿车上市发布会,该车获展会创新金奖。

2013年11月5—9日,2013中国工博会在上海新国际博览中心举办。上汽集团以"新能源、车联网、轻量化"为主题,展示荣威E50纯电动轿车和550插电强混轿车、750 Hybnd混合动力轿车,上海牌轻量化燃料电池轿车、清洁能源柴油汽车MG6 DTi、申沃纯电动城市客车以及新荣威550轿车7款节能环保新车型。中共中央政治局委员、上海市委书记韩正,上海市市长杨雄参观上汽展台。

2014年11月4—8日,2014中国工博会在上海新国际博览中心举办。上汽集团以"爱上汽车畅行天下"为主题,展出荣威 E50 纯电动轿车和 550Plug-in 插电式混合动力轿车、950 燃料电池轿车,申沃混合动力客车和增程式电动大巴等新能源车,以及大通 EV80 商务车。国家工信部部长苗圩、上海市市长杨雄听取上汽智能驾驶介绍。

2015 年 11 月 3—8 日,2015 中国工博会在国家会展中心(上海)举办。展会主题"创新、智能、绿色"。上汽集团自主品牌 MG iGS 智能驾驶汽车、荣威 950 燃料电池轿车、大通 EG10 纯电动 MPV、申沃 12 米纯电动公交客车等展示"新能源+互联网+ X"的技术组合。中共中央政治局委员、国务院副总理马凯,中共中央政治局委员、上海市委书记韩正,上海市市长杨雄观看上汽展台。

五、参展国外汽车展

1988—2015 年,上汽及所属整车企业除了参展国内汽车展外,还多次参展国外举办的汽车展。

表 6－5－4　1988—2015 年上汽整车企业参展国外汽车展情况表

参 展 时 间	展 览 名 称	地 点	参展企业和产品
1988 年 10 月 25 日—11 月 6 日	1988 国际博览会	智利圣地亚哥	上海汇众 15 吨矿用车,上海拖拉机厂上海牌拖拉机,上海—易初摩托车
1997 年 4 月 23 日—5 月 1 日	第二届汉城国际汽车展览会	韩国汉城	上海大众汽车桑塔纳轿车,上海牌拖拉机,上海汇众载重车、大客车,上海—易初摩托车
2007 年 6 月 9 日—15 日	中国汽车国际(俄罗斯)巡展	俄罗斯	上汽乘用车分公司荣威 750 轿车,韩国双龙汽车双龙 SUV,上海汇众伊斯坦纳轻型客车
2008 年 5 月 2 日—12 日	第四届韩国釜山国际汽车展览会	韩国釜山	韩国双龙汽车"新主席"轿车、雷斯特、享御、爱腾路帝轿车
2012 年 3 月 9 日—15 日	澳大利亚墨尔本车展	澳大利亚墨尔本	上汽大通 MAXUS V80 商务车
2013 年 10 月 16 日—27 日	约翰内斯堡国际车展	南非约翰内斯堡	MAXUS V80 商务车
2013 年 11 月 27 日	泰国工业博览会	泰国曼谷	上汽大通 MAXUS V80 商务车
2015 年 11 月 10 日	2015 迪拜国际汽车展	阿联酋迪拜	上汽乘用车分公司 MG 品牌 GS、MG3、MG350、MG5、MG6 车型,上汽大通 G10 商用车、EV80 电动宽体轻型客车

资料来源:《上海汽车报》、企业大事记

六、参展国际汽车零部件展

1985—2013 年,上汽零部件企业除了参加国际汽车展外,还多次参展国际或国内汽车零部件展览会。

表 6‑5‑5   1985—2013 年上汽零部件企业参展国际汽车零部件展览会情况表

参 展 时 间	展 览 名 称	地 点	参展企业和产品
1985 年 11 月 15 日	亚洲太平洋地区国际贸易博览会	北京	上海内燃机厂 495A 柴油机、20GF 柴油发电机组上海汽车底盘厂轿车前后减振器、重型车减振器
1989 年 3 月 20 日—25 日	1989 年国际汽车零部件展览会	北京	上海汽车电机二厂交流发电机、上海延锋桑塔纳方向盘、中国弹簧厂螺旋弹簧、上海汽车电机厂起动电机、实业交通轿车喇叭
1990 年 9 月 20 日—25 日	1990 武汉国际汽车零部件展览会	武汉	实业交通轿车喇叭、上海汽车钢圈厂桑塔纳钢圈、上海延锋桑塔纳内饰件、上海新华轴承厂桑塔纳轴承
1993 年 9 月 14 日—19 日	1993 北京国际汽车零部件及工艺装备展览会	北京	25 家企业生产的桑塔纳轿车零部件产品
1997 年 4 月 23 日—5 月 1 日	第二届汉城国际汽车展览会	韩国汉城	上海汽齿总厂变速箱、上海纳铁福传动轴、上海易初通用空调压缩机、上海离合器总厂离合器、上海小系轿车前后灯、上海采埃孚转向机、上汽制动系统 ABS、上海法雷奥电器电机
1997 年 11 月 4 日—11 日	第四届上海科学技术博览会	上海	上海汽齿总厂变速箱、上海纳铁福传动轴、上海易初通用轿车空调压缩机、上海离合器总厂离合器、上海小系轿车前后灯、上海采埃孚转向机、上海汽配铝水箱
1998 年 2 月 23 日—26 日	1998 年汽车工程师学会国际年会与展览	美国底特律	上海小系轿车前后灯、上海合众轴瓦、上海易初通用空调压缩机、上海汽车锻造总厂汽车锻件、上海汽车铸造总厂汽车铸件、上海汽齿总厂变速箱、中国弹簧厂轿车弹簧
1998 年 12 月 9 日—12 日	第二届上海国际汽车零部件及维修设备展览会	上海	上海汇众汽车底盘、实业交通汽车电器、上海汽齿总厂变速箱
2007 年 11 月 29 日—12 月 1 日	首届中国国际汽车零部件博览会	北京	15 家企业展出汽车底盘系统、汽车电子、汽车电器、汽车饰件、灯光与安全、汽车动力系统与空调等
2008 年 11 月 12 日	第二届中国国际汽车零部件博览会	北京	上海汇众底盘、上柴股份天然气发动机、延锋伟世通汽车饰件、上海小系轿车前后灯、上汽变速器汽车变速器、上海纳铁福传动轴、上海三电贝洱轿车空调压缩机、上海采埃孚转向机
2009 年 9 月 24 日—26 日	第三届中国国际汽车零部件博览会	北京	延锋伟世通汽车饰件、上海小系轿车前后灯、上海纳铁福传动轴、上海三电贝洱轿车空调压缩机、实业交通汽车电器等 74 种零部件产品
2013 年 8 月 26 日	第 17 届莫斯科国际汽车零配件展览会	俄罗斯莫斯科	上汽依维柯红岩重卡零部件

资料来源：《上海汽车报》、企业大事记

七、汽车参赛

上汽所属整车企业参加国际或国内汽车比赛，扩大企业和品牌影响力。

2001 年 3 月,上海大众汽车 333 赛车队首次参加汽车拉力赛,并在当年参加了 2 次全国汽车拉力锦标赛。2001—2015 年,该车队参加全国汽车拉力锦标赛、亚洲汽车拉力锦标赛、全国汽车场地锦标赛、世界汽车拉力锦标赛、Polo 会员挑战赛、亚太汽车拉力锦标赛、新人杯 Polo 挑战赛、全国汽车超级短道锦标赛、全国城市汽车节油擂台赛、中国房车锦标赛等赛事共 101 次,多次夺冠。

2009 年 6 月 3 日,上海大众汽车斯柯达红牛车队成立。至 2015 年,该车队参加全国汽车拉力锦标赛、亚太拉力锦标赛等赛事共 35 次,并多次夺冠,成为后起之秀。

上海通用汽车别克轿车 2009—2015 年开展的别克 S 弯挑战赛,是别克车主和赛车运动爱好者的非专业赛事,其特点是参与面广、影响大。其中 2014 年的赛事历经 7 个月时间,转战 63 座城市,共有 16 842 名选手参赛。上海通用汽车其他品牌赛事有凯迪拉克 SRX 纵横开拓之旅挑战赛,2013 年 8—9 月转战北、上、广等 10 个城市;雪佛兰趣驾营 2014 年历时 8 个月,驰骋 20 余省,风靡 45 站,吸引上万爱好者参与。

上汽自主品牌荣威 E50 纯电动车、上海牌燃料电池轿车、上海牌混合动力轿车、混合动力客车和上海大众领驭燃料电池轿车、上海通用汽车欧宝氢动三号等新能源车,参加第 7、9、12 届世界必比登挑战赛取得好成绩。其中 2014 年 11 月的第 12 届必比登世界新能源汽车挑战赛,上汽集团获纯电动组、混合动力组和燃料电池组第一,成为该赛事开赛以来首个包揽 3 个小组第一的汽车企业。

南京依维柯车队于 2012 年参加中国环塔里木拉力越野赛,2013 年参加中国东川泥石流国际汽车越野赛和 2013 中国越野拉力赛,2015 年参加第 10 届 428 青藏高原拉力赛,取得卡车组冠军和 3 次厂商组冠军。

此外,上海汇众于 2005 年和 2006 年承办由上海市总工会和上汽股份主办的两届上海市"汇众杯"重型卡车驾驶技能大赛,参赛车辆为该公司生产的大通牌 15 吨重型卡车。

第三节　摩托车拖拉机参展参赛

一、摩托车参赛

1985—1997 年,上海—易初摩托车有限公司多次参加或冠名"幸福杯"的国内摩托车体育比赛,提高品牌和公司的知名度。

表 6‑5‑6　1985—1997 年幸福摩托车参赛情况表

参赛时间	参赛地点	参赛名称及内容
1985 年 11 月	上海	第一届"幸福杯"摩托车障碍赛
1986 年 10 月	无锡	第二届"幸福杯"全国摩托车越野邀请赛
1988 年 10 月	—	全国国产摩托车越野赛
1988 年 11 月	北京	全国两轮摩托车厂牌赛
1990 年 10 月	上海	1990 年"幸福杯"全国摩托车越野赛
1991 年 10 月	上海	1991 年"幸福杯"全国摩托车越野锦标赛

〔续表〕

参 赛 时 间	参 赛 地 点	参赛名称及内容
1993 年 12 月	上海至青岛	首届"幸福杯"上海至青岛摩托车拉力赛
1994 年	上海至广州	第二届"幸福杯"上海至广州摩托车拉力赛
1996 年 10 月	北京至上海	迎农运'96 幸福杯摩托车拉力赛
1997 年 7 月	上海	'97"幸福杯"摩托车场地障碍赛

资料来源：上海一易初摩托车有限公司大事记

二、拖拉机参展参赛

20 世纪 80 年代后，上海牌拖拉机以及配套的 495A 柴油机多次参加国际或国内比赛或展览，扩大企业和品牌影响力。

表 6 - 5 - 7　1980—2001 年上海牌拖拉机参展参赛情况一览表

参展时间	地 点	展 会 名 称	参展产品及获奖
1980 年	北京	国家农业机械展览会	上海 495 - A 柴油机获国家金质奖
1982 年	北京	国家农业机械展览会	上海 495 - A 柴油机获国家金质奖
1985 年 11 月	澳大利亚奥兰治	第 34 届澳大利亚奥兰治"田间日"国际博览会拖拉机拉力赛	上海 504 型拖拉机获得 6 000 磅级拉力公开赛和妇女驾驶拉力赛两项第一名
1987 年	北京	国家农业机械展览会	上海 495 - A 柴油机获国家金质奖
1991 年 5 月	北京	第二届北京国际博览会	上海 504 - Z03 型液压装载机和上海 SF - 654 型拖拉机分别获得金奖和银奖
1995 年 10 月 26 日	北京	第二届中国农业博览会	上海 504 拖拉机被评为金奖
1997 年 8 月 24 日	北京	辉煌的五年——十四（大）以来经济建设和精神文明建设成就展	上海 654 型拖拉机参展
1997 年 10 月 27 日	北京	第三届中国农业博览会	上海 504 型拖拉机被展会评为名牌产品
1997 年 12 月	上海	第四届上海科学技术博览会	上海 654 型拖拉机获 1997 中日国际农业机械展览会中日农机知名品牌
2001 年 11 月	南京	国际农业机械展览会	纽荷兰 SH700 和 SH400 两款新产品拖拉机参展

资料来源：上海拖拉机内燃机有限公司大事记

第四节　汽车品牌形象活动

一、荣威品牌形象传播

2006 年 12 月荣威品牌发布至 2015 年，上海汽车集团股份有限公司乘用车分公司持续策划实施荣威品牌形象传播活动，见于媒体比较重要的活动约 50 余次。其中斯诺克大师赛、"丈量边关、致敬英雄"活动有较大影响力。

表 6-5-8　2006—2015 年荣威品牌形象传播活动一览表

年份	月　日	活动地点	活动主题和内容
2006	12 月 24 日	上海国际汽车城	荣威 750 轿车产品发布会
2007	3 月 11 日	杭州	荣威 750 全国媒体大型试驾会
	3 月 27 日	上海体育场	荣威轿车指定为世博会用车之一首批赞助车辆交付仪式
	4 月 22 日	荣威城市展厅	荣威城市展厅开业庆典
	7 月	荣威城市展厅	2007 世界斯诺克荣威上海大师赛冠名赞助新闻发布会
	7 月	江苏仪征	30 辆荣威 750 轿车交付吉尔吉斯斯坦政府召开上合组织峰会国宾车发车仪式
	8 月 6 日	上海	2007 世界斯诺克荣威上海大师赛揭幕
	9 月 20 日	成都花博国际会展中心	荣威 750 "贵雅亦激情"驾控巅峰中国巡演第一站
	10 月 13 日	北京八达岭机场	荣威 750 "贵雅亦激情"驾控巅峰中国巡演第二站
	10 月 24 日	上海龙华机场	荣威 750 "贵雅亦激情"驾控巅峰中国巡演第三站
	11 月 13 日	广州白云机场	荣威 750 "贵雅亦激情"驾控巅峰中国巡演第四站
	11 月 17 日	上海世贸商城	2007 年上海艺术博览会荣威汽车彩绘秀
2008	2 月 9 日	上海、南京	荣威、名爵大型试乘试驾活动
	2 月 21 日	东方艺术中心	奏响期待乐章——2010 上海世博会倒计时 800 天上汽荣威之夜 JAZZ 音乐会
	3 月 28 日	张家界天门山	上汽荣威 750.8T "挑战天门"媒体试驾活动
	6 月 15 日	上海国际体操中心	"情牵灾区、心系奥运"上海职工迎奥运健身活动月暨"荣威杯"职工双绳大赛开幕式
	6 月 19 日	浦东滨江大道	荣威 550-1.8T 五款车型上市庆典仪式
	7 月 8 日	江苏仪征工厂	20 辆荣威 750 轿车交付塔吉克斯坦共和国召开上海合作组织峰会国宾发车仪式
	9 月 24 日	上海	2008 世界斯诺克荣威上海大师赛全国九大城市赛事开幕式
	10 月	上海	荣威 550 三款新车亮相上海时装周
	11 月 1 日	苏州	25 辆别克、荣威 550 轿车作为"纪念改革开放 30 周年——首届中国农民文艺会演"嘉宾用车
2009	8 月 27 日	永达荣威 4S 旗舰店	2009 世界斯诺克上海荣威大师赛冠名合作签约仪式
	11 月 7 日	上海八万人体育馆	2010 款"荣威 550 全时数字演唱会"
2010	2 月 9 日	南京	江苏省公安厅举行 100 辆 MG 和荣威警务用车发放仪式
	3 月 17 日	南京浦口基地	"融合创新、志远必达"荣威 350 轿车南京浦口基地下线仪式
2011	7 月 2 日	青岛、合肥等十城市	全国十二大城市"荣威 2011 全时数字演唱会"揭幕
	8 月	云南腾冲	荣威 W5-SUV 以"丈量中缅边境史迪威公路"姿态登峰上市

〔续表〕

年份	月 日	活 动 地 点	活 动 主 题 和 内 容
2011	9月18日	上海	荣威W5战略合作《我的抗战Ⅱ》发布会开启"荣威丈量之旅全国巡映"
	10月20日	上海	荣威新750Hybrid混合动力轿车上市
2012	4月11日	上海汽车会展中心	荣威950轿车上市发布会
	7月29日	云南文山	荣威W5"丈量边关、致敬英雄"活动在云南文山中越边境举行
	8月24日	上海展览中心	荣威950参展第六届上海设计双年展
	9月	新疆帕米尔高原	荣威W5"丈量边关、致敬英雄"活动第二站踏上帕米尔高原
	10月3日	内蒙古满洲里	荣威W5"丈量边关、致敬英雄"活动第三站再启满洲里致敬国门卫士
	10月5日	上海世博中心	"创新绿能,驱动未来"荣威E50纯电动汽车上市发布会
	10月13日	广西友谊关	荣威W5"丈量边关,致敬英雄"活动第四站广西中越边境致敬护国英雄
	12月2日	云南腾冲	荣威W5"丈量边关、致敬英雄"活动收官站重走"抗战生命线"史迪威公路致敬抗战英雄
2013	3月8日	上汽乘用车公司	第一届上汽"荣威·MG杯"全国大学生汽车设计大赛启动仪式
	6月1日	上海中国福利会	上汽集团与中福会合力打造上海儿童艺术剧场(上汽荣威儿童文化中心)正式运营
	11月22日	美国洛杉矶	第十届洛杉矶设计挑战赛荣威Mobiliant概念车获奖
2014	4月30日—10月24日	同济大学嘉定校区	第二届上汽"荣威·MG"杯中国大学生汽车设计大赛
	5月19日	南京奥体中心	180辆荣威W5交付南京公安局为特警巡逻车服务青奥会
	7月	辽宁丹东—海南三亚	荣威W5携手《新民晚报》推出甲午战争120周年特别报道"毋忘甲午"踏访中国万里海疆
	7—8月	南京、郑州等10城市	荣威W5"谁试英雄"越野嘉年华试驾活动在南京、郑州、西安、北京、青岛、成都、昆明、长沙等10地进行
	9月1日	南京	荣威服务第21次APEC中小企业部长会议
	10月20日	北京奥林匹克森林公园	15辆荣威950担任"2014年APEC工商领导人峰会官方指定用车"交车仪式
	11月6日	上海	向申能集团交付60辆荣威E50轿车和荣威550Plug-in插电混合动力轿车"绿色能源,让天更蓝"交车仪式
2015	3月25日	上海地产集团	"焕燃芯动、绿享未来"2015荣威新能源汽车入驻大型国企推广活动
	11月6日	上汽设计中心	第三届上汽"荣威·MG杯"国际大学生汽车设计大赛颁奖典礼

资料来源:《上海汽车报》、上海汽车集团股份有限公司乘用车分公司大事记

二、MG名爵品牌形象传播

2008年2月MG名爵品牌进入上汽后至2015年,上汽乘用车分公司持续策划实施MG名爵

品牌形象传播活动,见于媒体比较重要的活动约 20 余次。

表 6 - 5 - 9　2006—2015 年 MG 名爵品牌形象传播活动一览表

年份	月　日	活　动　地　点	活动主题和内容
2008	2 月 24 日	上海佘山	"情系名爵,共创辉煌"2008 年 MG 名爵商务大会
	5 月 26 日	南京	名爵推出"中国第一跑" TF 跑车公布会
	6 月 23 日	上海国际会议中心	名爵首款两厢车"IN 系跨界车"MG 3SW 上市仪式
	7 月 25 日	北京	名爵以"援助的翅膀"主题活动获得红十字总会"抗震救灾特别支持奖"
2009	11 月 23 日	广州车展	MG6 全球首发发布会
2010	2 月 9 日	南京	江苏省公安厅举行 100 辆 MG 和荣威警务用车发放仪式
	7 月 19 日	上海世博园	MG 品牌携手世博英国馆 4 位创意大师启动"MG 世博英国馆'创造粒'设计大赛"
2011	4 月 12 日	英国伯明翰长桥基地	名爵 MG6 英国伯明翰长桥基地下线仪式
	6 月 26 日	英国伯明翰	国务院总理温家宝视察英国伯明翰上海汽车英国控股有限公司
2012	7 月 28 日	南京	MG 品牌"穿越时空的运动激情——2012MG 奥运主场"活动
2014	5 月 1 日	上海博大汽车公园	上海本土重量级"MG5 极速音乐节"
	4 月 20 日—6 月 30 日	13 个国家	庆祝 MG 品牌 90 周年"90 年挚爱开出趣"活动,集 MG3、MG5、MG6 三大系列车型,经 13 国,行程 2 万公里
2015	1 月 27 日	英国	2014 年英国房车大奖赛(BTCC)MG6 GT 获年度厂商冠军
	4 月 11 日	上海邮政博物馆	名爵品牌"魅力·绽放"品牌之夜庆典,并启动"2015 中英文化交流年"活动
	7 月 19 日	上海天马山赛车场	名爵赛道音乐节开演,名爵锐腾"8 秒破百"明星挑战赛开赛

资料来源:《上海汽车报》、上海汽车集团股份有限公司乘用车分公司大事记

三、凯迪拉克品牌形象传播

　　2004 年 6 月上海通用汽车有限公司凯迪拉克品牌发布至 2015 年,持续策划实施凯迪拉克品牌形象传播活动,见于媒体较重要的活动约有 30 余次。

表 6 - 5 - 10　2004—2015 年凯迪拉克品牌形象传播活动一览表

年份	月　日	活　动　地　点	活动主题和内容
2004	6 月 7 日	北京太庙	上海通用凯迪拉克品牌发布会
2008	9 月 25 日—10 月 31 日	全国	凯迪拉克品牌"尊享金秋,绿动无忧"尊享服务月
2009	6 月 6 日—8 月 9 日	成都、长沙等 18 个城市	"凯迪拉克 V Day 极致动力尊驾营"全国 18 个城市活动

〔续表〕

年份	月 日	活 动 地 点	活 动 主 题 和 内 容
2009	9 月	上海	凯迪拉克品牌赞助第十一届上海国际艺术节多场艺术演出
	9 月	上海	"凯迪拉克携手上海 ATP1000 大师赛"合作签约仪式,为赛事官方指定用车
2010	4 月 22 日	北京中国电影集团公司	"巅峰之梦——2010 中影·凯迪拉克之夜"在国家中影数字制作基地首映,凯迪拉克 Converj、凯迪拉克 XTS 两款概念车亚太首发式
	5 月	上海	2010 上海世博会凯迪拉克 VIP 贵宾用车交车仪式
	6 月	浙江宁波	第十二届浙江投资贸易洽谈会、第九界中国日用消费品博览会唯一指定贵宾用车凯迪拉克 SLS 赛威交车仪式
2011	1 月 21 日	上海名仕街创意园区	"傲然科技、一触即发——凯迪拉克 SLS 赛威 2.0T"新车发布会
	5 月 28 日	南京、北京、成都等 15 个城市	2011 年凯迪拉克"V Lab 尊驾营"在南京启动并在全国 15 个城市进行
	6 月 8 日	北京奥林匹克体育中心	上海通用·凯迪拉克之夜——《建党伟业》全球首映庆典
	7 月	成都	凯迪拉克成都旗舰店美威行开业庆典
2012	4 月 21 日	北京奥林匹克公园	百年风范之旅——2012 凯迪拉克设计艺术大展
	10 月 22 日	上海国际时尚中心	凯迪拉克·时尚上海——上海时装周 10 周年盛典
2013	1 月 24 日	北京	百余辆凯迪拉克 XTS 和别克 GL8 贵宾车队第 6 年携手博鳌亚洲论坛 2013 新闻发布会
	4 月 6 日	海南博鳌	博鳌亚洲论坛 2013 年会"官方指定用车"迪拉克 XTS 交车仪式举行
	6 月 15 日	上海文化广场	凯迪拉克品牌第 3 年荣膺第十六届上海国际电影节官方合作伙伴
	7 月	上海、北京等 7 个城市	"城市之音——凯迪拉克携手 BOSE 30 年主题巡展"7 个城市上演两个月
2014	1 月 20 日	北京	凯迪拉克 XTS 和别克 GL8 贵宾车队第 7 年携手博鳌亚洲论坛 2014 新闻发布会
	2 月 10 日	北京	凯迪拉克携手电影《北京爱情故事》首映
	3 月 8 日	成都秀丽东方	"凯迪拉克之夜"世界旅游小姐中国区总决赛
	4 月 9 日	海南博鳌	博鳌亚洲论坛 2014 年会"官方指定用车"凯迪拉克 2014 款 XTS 博鳌行政版交车仪式
	5 月 30 日—6 月 30 日	上海浦东世纪公园	"致风范——2014 凯迪拉克设计艺术大展"
	5 月 31 日—6 月 29 日	上海、沈阳等 10 个城市	"凯迪拉克 SRX 纵横开拓之旅"十城挑战赛
	6 月 14 日	上海	凯迪拉克品牌第 4 年担纲第十七届上海国际电影节官方合作伙伴
	9 月 22 日	32 个城市	"凯迪拉克官方车主俱乐部"首批覆盖全国 32 个城市 43 家经销商

〔续表〕

年份	月　日	活动地点	活动主题和内容
2014	11月1日	上海	凯迪拉克赞助户外旅游真人秀节目《2天1夜》登录东方卫视
	11月8日—12月6日	长沙、南京、深圳	凯迪拉克Vday性能秀第三季分别开演
2015	3月30日	美国	凯迪拉克品牌与纪实频道合作《横穿美利坚》开播，贯穿美国8个州，行程3 939公里
	4月28日—8月30日	上海新天地	"凯迪拉克·不朽的梵高"感映艺术大展
	5月25日	上海	由凯迪拉克品牌荣誉呈献，国家话剧院制作演出，上海文广演艺集团、上海国际艺术节中心联合制作的舞台剧《战马》中文版新闻发布会。2015年9月—2016年6月将在北京、上海、广州、成都上演200场
	6月13日	上海	凯迪拉克品牌第5年担任上海国际电影节官方指定用车
	9月7日	北京	"凯迪拉克·不朽的梵高"感映艺术大展移师北京，展出至12月6日

资料来源：《上海汽车报》、上汽通用汽车有限公司大事记

四、别克品牌形象传播

1998—2015年，上汽通用汽车有限公司持续策划实施别克品牌形象传播活动，见于媒体比较重要的活动约90余次。其中影响较大的有2010年起成为博鳌亚洲论坛官方指定用车以及寰行中国——别克·中国文化之旅活动。

表6‑5‑11　1998—2015年别克品牌形象传播活动一览表

年份	月　日	活动地点	活动主题和内容
1998	6月	北京	别克试乘观摩会
	10月8日	广州	别克试乘观摩会
2000	4—7月	全国20余地	别克GL8全国巡游活动
	5月20日	上海	上海通用与上海大剧院长期合作伙伴签字仪式并赠送别克汽车
	7月6日	沈阳	为高考提供别克车免费服务
	7月15日	上海	别克GL8赞助上海媒体"2000西部行"50天考察
2001	3月10日—6月	全国35个城市	"齐驾驭共体验，别克家族试车会"全国巡回活动
	4月	西安	别克赛欧静态展示会
	6月10日	深圳	九届全运会"走进新时代"别克杯火炬传递活动"文明进步圣火"采集仪式

〔续表〕

年份	月 日	活 动 地 点	活动主题和内容
2001	9月21日—10月31日	北京、广东	九届全运会"走进新时代"赛欧杯电子火炬网络传递活动
	9月24日	上海体育场	上汽集团赞助APEC会议348辆别克会务用车交接仪式
	9—12月	新疆、四川、贵州、云南	"演绎动感梦想、体验先锋艺术——别克2001艺术车绘",历时3个月
2002	1月21日	全国别克特约经销商	上海通用冠名赞助"世界杯别克中国球迷之队助威团"
	5月24日	上海艺海大厦广场	别克彩绘车获上海国际"艺术节形象专用车"命名仪式
	11月15日	全国	"别克关怀月全车免费检测"活动推出中国汽车第一个售后服务品牌"Buick Care 别克关怀"
	12月26日	上海新国际博览中心	"别克君威"两款新车上市仪式
	12月29日	深圳	首届"深圳购车节"别克君威全国销售首站
2003	7月10日—8月25日	全国	"赛欧,创造生活乐趣——OO物语创意(汽车标语、卡通形象、赛欧故事)大赛"
	10月9日	全国	"气韵东方——别克君威全国书法篆刻大赛"启动
	10月31日	上海大剧院	"别克君威·大师之夜"暨国际青年钢琴比赛开幕式音乐会
2004	2月29日	上海大剧院	"心静、思远、志在千里——别克品牌新宣导"活动
	5月15日	全国16个城市	全国16城市"赛欧节能大使选拔赛"开赛
	5—9月	全国	2005(第一届)别克高尔夫冠军赛
2005	7—11月	全国	50条自驾线路"凯越—搜狐汽车自驾中国"活动,总行程8万公里
2006	2月22日	上海新国际博览中心	别克LaCROSSE君越新车发布会
	7—11月	全国	2006(第二届)别克高尔夫挑战赛
	8月5日—9月30日	北京、上海、广州、深圳、成都	"别克凯越电影鉴赏之旅"五大城市大片点映活动
	7月5日—11月5日	全国	254家别克特约服务中心、900位别克接待和维修人员角逐"别克关怀三项全能锦标赛"
2007	6月28日	上海美兰湖	"2007别克中国高尔夫球俱乐部联赛(CGCL)"上海赛区选拔赛别克Park A venue林荫大道试乘试驾活动
	7月19日	上海恒隆广场	别克林荫大道"动静之光"装置空间艺术展
	8月	北京	别克林荫大道荣膺"中国城市化与交通国际年会"贵宾指定用车
	8—11月	全国	2007(第三届)别克高尔夫挑战赛
	8月	全国	"2007别克精英理财计划"免息贷款启动
	9月16日	北京	"挑战高效,驾驭不凡——别克君越节油精英挑战赛"总决赛
	9月	上海儿童福利院	30辆别克轿车组成上海通用"2007特奥爱心车队"成立

〔续表〕

年份	月　日	活动地点	活动主题和内容
2007	9月	全国	300家别克特约服务站900名选手参赛的"2007别克技术精英大赛进入复赛
	10月5日	上海	20辆别克轿车赞助2007F1中国大奖赛组委会贵宾用车
2008	4月12日	上海科技馆	"A New Day——别克·未来"活动
	5月	上海国际会议中心	25辆别克林荫大道成为"亚太地区城市信息化论坛第七届年会"唯一指定贵宾用车
	5月	全国8个城市	"进取心夺冠路——新凯越全国上市巡展"活动
	8—11月	全国	2008(第四届)别克高尔夫挑战赛
2009	4—9月	全国	2009(第五届)别克高尔夫挑战赛
	5月12日	山东烟台东岳基地	20辆别克赞助"2009中国北方旅游交易会"指定会务用车交接仪式
	9月16日	济南市体育中心	100辆别克轿车赞助第十一届全运会贵宾用车交车仪式
2010	1月23日	上海新国际展览中心	五门轿跑车别克英朗XT上市发布会
	3月	北京	博鳌亚洲论坛2010年会新闻发布会暨主赞助商签约仪式
	3月24日	上海	100辆别克君越混合动力世博专用出租车投入运营
	4月	海南博鳌	100辆别克车担纲"博鳌亚洲论坛2010年会"贵宾车交车仪式
	4月27日—9月30日	上海	"别克关怀橙丝带"发起2010世博会期间"文明行车低碳交通"倡议活动
	4—10月	全国	2010(第六届)别克高尔夫挑战赛
	7月	上海	别克冠名赞助"2010亚运会高尔夫球集训队选拔赛"
2011	1月16日	北京	博鳌亚洲论坛2011年会新闻发布会暨主赞助商签约仪式
	4月	海南博鳌	100辆别克车担纲"博鳌亚洲论坛2011年会"贵宾用车交车仪式
	4—10月	全国	2011(第七届)别克高尔夫挑战赛
	6月	京沪高铁4省3市	上海广播电视台"别克·京沪高铁千里行"沿线4省3市采访报道
	6月	沈阳	北盛汽车"别克品牌月"活动
	9月	上海	"越视界@别克"装置艺术展
2012	4—10月	全国	2012(第八届)别克高尔夫挑战赛
	6月	全国	别克"追逐无限"十二星座系列微电影首部《心·方向》上线
	6月—8月12日	杭州、宁波、温州	"别克君越·2012中国经济论坛"
	9月7—23日	全国	93辆别克车服务"2012环中国国际公路自行车赛"
	10月10日	广州	别克首款SUV——昂科拉ENCORE发布暨上市仪式
	10月18日	全国	英朗GT"蜕变"系列微电影发布

〔续表〕

年份	月　日	活　动　地　点	活动主题和内容
2012	10 月	天津盘山	"别克高尔夫挑战赛"2012 年度总决赛
	12 月 10 日	上海文化广场	"华鼎·别克之夜——2012 中国百强电视剧满意度调查"发布会
2013	3 月 25 日	广东深圳湾体育馆	全新别克君越全球首发式
	6—10 月	全国	2013(第九届)别克高尔夫挑战赛
2014	1 月 8 日	北京	博鳌亚洲论坛 2014 年会新闻发布会暨主赞助商签约仪式
	4 月	海南博鳌	100 辆凯迪拉克、别克车连续第 7 年担纲博鳌亚洲论坛 2014 年会贵宾用车交车仪式
	4 月 12 日	上海世博会展中心	别克品牌日庆典暨新车发布活动启动"寰行中国"别克文化之旅
	4 月 21 日	全国 8 个城市	2014 别克高尔夫球俱乐部联赛
	5 月 5 日	全国	"美巡中国赛"别克高尔夫首届公开赛
	5 月 13 日	上海旗忠	"别克女子高尔夫邀请赛"
	6—10 月	全国 13 个省市	"寰行中国"——别克·中国文化之旅
	7 月 3 日	上海大剧院	"别克大师系列"之二——英国皇家芭蕾舞团《堂·吉诃德》上演
	6—7 月	上海、北京、广州	"别克昂科拉 10 万车主洗车召集令"活动
	6—9 月	全国	"中国好司机"2014 别克年度人物评选活动
	8—9 月	全国 6 个省市	别克品牌连续第 5 年襄助"2014 环中国国际公路自行车赛"
	10—12 月	全国 15 个城市	别克英朗 XT 全程支持"平板支撑中国公开赛"
	6—11 月	全国	2014(第十届)别克高尔夫挑战赛
	11 月 27 日	全国 9 个城市	别克 SUV 昂科威 4D 水幕装置艺术——"印象水际"艺术巡展
2015	3 月 27 日	全国	别克品牌和 NGC 美国国家地理频道合作拍摄《Route Awakening 寰行中国》在全国 29 个电视台开播
	5 月 8 日	上海大剧院	2015"别克大师系列"乔伊斯·迪多纳托独唱音乐会
	5 月 11 日	上海旗忠	2015 别克高尔夫锦标赛
	7—10 月	全国	2015(第十一届)别克高尔夫挑战赛
	7 月 2 日	上海环球港	首届艺高高万人艺术展别克品牌"型·光"装置艺术
	7 月 3 日	上海	"别克关怀橙丝带行动——别克·久牵夏令营"开营
	8—10 月	全国 7 个省市	"寰行中国——2015 别克·中国文化之旅"

资料来源:《上海汽车报》、上汽通用大事记

五、雪佛兰品牌形象传播

2005—2015 年,上汽通用汽车有限公司持续策划实施雪佛兰品牌形象活动,见于媒体比较重要的活动约 30 余次,其中 2006 年开始的雪佛兰·红粉笔爱心助学活动影响深广。

表 6‐5‐12　2005—2015 年上汽通用雪佛兰品牌形象活动一览表

年份	月　日	活动地点	活动主题和内容
2005	9 月 13 日—10 月 16 日	全国	"送雪佛兰新赛欧 2 年使用权"活动
2006	4—12 月	全国	"雪佛兰·红粉笔乡村教育计划"2006 年度支教活动
	7—10 月	全国	雪佛兰品牌全程赞助音乐剧《狮子王》中国之旅
2006—2007	9 月—2007 年 1 月	全国、国际	"我为网球狂"雪佛兰业余网球大赛
	3 月 9 日	湖南卫视	"为梦想而战"——雪佛兰新一代景程发布会
	9 月	上海儿童福利院	30 辆雪佛兰轿车组成上海通用"2007 特奥爱心车队"成立
2008	3 月	北京	雪佛兰品牌正式成为中国国家游泳队合作伙伴并"助力中国国家游泳队征战北京 2008"活动
	4 月 8 日	云南	雪佛兰科帕奇自由之路车队"重走史迪威公路"前往保山、腾冲
	4 月	云南腾冲	"雪佛兰·红粉笔乡村教育计划"2008 年度活动启动
	12 月 17 日	沈阳	沈阳北盛新厂正式落成雪佛兰科鲁兹下线
2009	3 月 27 日	上海	美国电影演员温特沃斯·米勒成为雪佛兰科鲁兹中国地区官方代言人
	4 月 13 日	沈阳	北盛汽车举行雪佛兰科鲁兹发运仪式
	9 月	四川	上海通用分 3 年捐助都江堰沿江小学、四川羊岭镇希望小学,建立"雪佛兰金领结爱心图书室",设立"别克关怀"奖学金、助学金
	11 月	上海东方艺术中心	雪佛兰品牌赞助上海国际艺术节小提琴王子埃德文·马顿激"琴"献演斯特拉迪瓦里秀
	11 月 18 日	沈阳	北盛汽车 2009 年第 10 万辆雪佛兰科鲁兹下线仪式
	12 月	广州	第七届广州国际车展雪佛兰明星车型"3C 性能三剑客"亮相
2010	1 月 11 日	成都	雪佛兰新赛欧在成都全球首发
	3 月 20 日	海南省乐东黎族自治县	"雪佛兰·红粉笔乡村教育计划"2010 年度首站活动启动
	5 月 17 日—7 月 6 日	全国	雪佛兰"景程世博志愿大使"招募活动启动
	6 月 11 日	上海	"挑战极限驾驭快感"全新雪佛兰"趣驾营"试驾平台启动,在全国 84 座城市陆续进行

〔续表〕

年份	月　日	活动地点	活动主题和内容
2010	6月19日	上海	"雪佛兰·红粉笔爱心助学活动"为宝山罗店希望小学建立"图书角"
	6月24日	沈阳	"迎全运文明沈阳行动"捐赠雪佛兰科鲁兹轿车仪式
2011	11月	沈阳	"雪佛兰百年华诞——雪佛兰品牌月"活动
2012	5月31日	上海	雪佛兰品牌成为曼联官方汽车合作伙伴5年合作签约仪式
	7月	上海	"雪佛兰中国杯"足球赛
2013	7月	无锡	2013"雪佛兰杯"全国中职汽车维修技能大赛
2014	6月11日	无锡	2014"雪佛兰杯"全国中职汽车维修技能大赛
	7月7日	英国	雪佛兰品牌成为曼联第五个球衣赞助商
	9月23日	上海	上海迪士尼度假区官方汽车合作品牌雪佛兰进驻园区
2015	1月8日	上海世博中心	"雪佛兰科鲁兹之夜"第十四届华鼎奖全球音乐满意度调查颁布庆典
	2月1日	网络	雪佛兰品牌启动"赛欧3幸福回家"网络招募助力网友回家过年
	2月	全国	雪佛兰金领结服务启动"新春油礼"活动
	5月22日	湖南岳阳	"同一世界足球OWPP"公益活动,免费发放10万个足球
	8月9日	上海世博中心	"雪佛兰之夜"第17届华鼎奖中国百强电视剧满意度调查颁布庆典

资料来源:《上海汽车报》、上汽通用大事记

六、大众品牌形象传播

1986—2015年,上汽大众汽车有限公司持续策划实施大众品牌形象传播活动,见于媒体比较重要的活动约170余次。其中桑塔纳轿车塔克拉玛干沙漠大环绕、帕萨特轿车神州试车活动、"POLO杯"上海国际女子网球公开赛、途观文化之旅等活动,影响极大。

表6－5－13　1986—2015年大众品牌形象传播活动一览表

年份	月　日	活动地点	活动主题和内容
1986	9月4日	上海体育馆	"上海桑塔纳杯"世界体操名星表演赛
	9月29日	上海	上海大众第10 000辆桑塔纳轿车赠送上海电视台交接仪式
1990	6月5日	上海大众	上海桑塔纳公安专用车交接仪式
	7月17日	上海市体育俱乐部	向十一届亚运会捐赠上海桑塔纳轿车
1992	6月16日	上海	上海大众职工足球队聘请德国足球教练施拉普纳签约仪式

〔续表〕

年份	月　日	活动地点	活动主题和内容
1993	2月20日	上海	"桑塔纳振兴中国足球基金会"成立,首期筹资1000万元
	3月23日	上海大众	向东亚运动会捐赠10辆上海桑塔纳轿车交接仪式
	6月21日	上海虹桥迎宾馆	中国首辆豪华型上海桑塔纳轿车拍卖,25轮叫价60万元成交
	8月21日	上海	续聘中国足球队主教练施拉普纳签字仪式
	9月16日	上海	向上海东方广播电台《长江万里行》捐赠桑塔纳轿车交接仪式
1994	10月12日	上海	向上海市公安局交警总队赠送3辆桑塔纳轿车
	10月27日	北京	桑塔纳2000型轿车亮相"中国改革开放十五年企业发展成就展"
1996	6月12日	上海	向上海市红十字会捐赠包括1辆桑塔纳在内的50万元款物
	8月10日	西藏	向日喀则地区公安处捐赠2辆塔纳轿车和50辆幸福牌摩托车
	9月14日	乌鲁木齐	"轿车新技术及发展趋势暨桑塔纳2000GLI产品介绍会"
	9月16日	塔克拉玛干沙漠	2辆桑塔纳2000GLI轿车参加"中国汽车塔克拉玛干沙漠大环绕"活动
	10月18日	北京	"桑塔纳杯"全国汽车摄影大赛
	12月16日	上海	向上海交通大学捐赠了一辆桑塔纳2000型轿车
1997	1月1日	乌鲁木齐	12辆桑塔纳2000型为新疆人民会堂"97新年音乐会"作贵宾用车
	5月17日	云南瑞丽	桑塔纳2000型轿车出口缅甸发车仪式
	6月25日	上海	赠送市公安局30辆桑塔纳轿车为八届全运会开道与巡逻
	8月8—10日	北京	北京亚运村汽车市场"上海桑塔纳轿车服务展示"活动
	8月19—22日	沈阳、哈尔滨	"情系黑土地——东北地区上海桑塔纳轿车服务展示"活动
	9月12日	北京	310辆桑塔纳2000型十五大会务专用车到达北京投入使用
	10月12—24日	上海	提供中央电视台20辆桑塔纳轿车用于八届全运会新闻采访
	11月	北京	"上海桑塔纳杯"新闻摄影作品展
	12月31日	上海外高桥	桑塔纳2000型轿车成批出口菲律宾剪彩仪式
1998	3月25日	上海浦东	98款桑塔纳2000型"时代超人"上市仪式
	4月16日	广州	'98款桑塔纳2000GSI新车展示及技术介绍会
	8月8日	海南	向海南两家出租租赁公司提交300辆桑塔纳轿车交车仪式
	8月27日	兰州、乌鲁木齐	"98世纪旋风"桑塔纳2000型"时代超人"试车与采风活动
	12月11日	广西	100辆桑塔纳2000型作广西四十大庆活动专车
	12月19日	沪杭高速	"桑塔纳车族与新世纪同行"活动
	12月	厦门	"桑塔纳之夜——傅聪钢琴音乐会"
	12月30日	北京	桑塔纳"绿色环保"型车推介会

〔续表〕

年份	月　日	活动地点	活动主题和内容
1999	3月15日	北京	246辆桑塔纳2000Gsi时代超人服务全国"两会"
	7月29日	北京	桑塔纳'99新秀上市发布会
	7月7日—8月26日	济南、青岛等7个城市	济南、青岛等7个城市"七统一"桑塔纳出租专用车城市巡回展
	8月13日	上海	向'99《财富》全球论坛上海年会提供10辆桑塔纳2000型宣传用车
	7月29日—8月29日	北京、上海等8个城市	北京、上海等8个城市90余家媒体记者试驾桑塔纳"99新秀"活动
	9月1日	昆明	帕萨特轿车首次亮相昆明世博会"上海活动周"
2000	4月26日	浙江丽水	桑塔纳出租车大型试驾试乘活动
	6月6日	北京	上海帕萨特轿车在全国各地同时上市
	6月26日—7月4日	沈阳、青岛、南京等9个城市	帕萨特轿车神州试车活动
	12月20—26日	珠海	自动档桑塔纳2000型"俊杰"新闻媒体记者试驾活动
	12月31日	新疆	"帕萨特欢乐新世纪"全国5个城市同播活动
2000—2001	12月3日—2001年1月15日	江浙沪高速沿线20多个城市	"帕萨特——新世纪高速行"7家新闻单位多媒体联合采访
	3月15日	大连	帕萨特B5轿车大连会展中心特展
	5月	拉萨	35辆大众轿车为西藏和平解放50周年大庆活动服务
	8月23日	长春	500辆桑塔纳LPG出租车长春上线剪彩仪式
	12月15日	上海	"新世纪首届中国百姓上海大众杯汽车驾驶技能大奖赛"
2002	1月21日	海南	"全国新闻记者试驾帕萨特2.8V6"活动
	1月22日	上海	向上海市慈善基金会捐赠2辆帕萨特轿车
	3月	湖南	与《潇湘晨报》购物节同步推出POLO轿车
	3月20—24日	海南	"天涯海角任我行"全国43家重点媒体海南试车活动
	3月	河北	石家庄市出租车更新展示会展示桑塔纳出租车专用车型
	4月8日	上海国际新闻中心	上海大众紧凑型轿车POLO上市仪式
	6月5日	上海	"国际环境日"向国家环保总局捐赠POLO轿车
	6月5日	北京	桑塔纳2000"时代骄子"上市仪式
	6—10月	上海	"上海大众POLO杯"青少年金钥匙汽车科技竞赛
	7月22日	上海	为上海媒体"夏令热线"捐赠专用采访车
	8月16日	上海	"帕萨特周末动感试驾活动"第4站
	9月12日	上海	POLO1.6L中国上市仪式暨上海大众POLO网球公开赛星光大道揭幕典礼

〔续表〕

年份	月 日	活动地点	活动主题和内容
2002	9月13日	上海	上海大众POLO1.6L媒体记者试驾活动
	9月	上海	上汽大众POLO杯上海国际女子网球公开赛
2003	1月1日	上海东方明珠塔	"世博新起点、上海新跨越"——2003"上海大众杯"东方明珠塔新年登高长跑比赛
	1月22日	上海	向上海慈善基金会捐赠2辆PASSAT1.8T轿车
	1月	秦皇岛	桑塔纳2000型新版出租车全国巡回展示
	2月28日	上海	"Let'sGol！-GOL中国上市典礼"
	3月18日	青岛	GOL轿车媒体记者试乘试驾活动
	3月20日	上海	"GOL杯"保龄球赛
	3月	山西	"2003年中国山西旅游推介会"上海大众品牌展示
	6月20日	海南	三厢POLO轿车海南媒体试车活动
	6月26日	上海	三厢POLO上市酒会
	7月23日	上海	"POLO三厢，移动科技"有奖知识竞赛
	7月26日	上海	"2003都宝铝箔工业杯中国警察汽车拉力赛——上海大众杯短道挑战赛"
	8月9日	上海世纪公园	"富有动感，年轻激情"四门GOL大学生赛艇邀请赛
	8月	广州	广州POLO车主回娘家活动
	9月4日	北京	上海大众帕萨特高尔夫精英赛
	9月10日	上海	POLO艺术车上海艺术沙龙展
	9月13—22日	上海	"上海大众·POLO国际女子网球公开赛"
	9月14日	上海大剧院	"帕萨特——世纪畅响"金秋音乐会
	9月21日	全国	20辆帕萨特轿车为"2003中国质量万里行"新闻采访车
	10月8日	北京、天津	京津POLO车主回娘家活动
	10月18日	河北	河北省第20届经贸洽谈会上海大众品牌轿车展专场
	11月9日	海南	"GOL杯·三亚海南探索国际铁人三项赛"
	11月21日	上海	"上海大众POLO杯"青少年金钥匙汽车科技竞赛团体电视决赛
	11月22日	杭州	"POLO演绎精彩生活——POLO轿车装饰艺术秀"
2004	1月16日	上海	POLO杯"有生命，有爱，有未来"公益车贴设计大赛大学生现场设计大赛
	2月24—26日	北京、上海	"帕萨特——奏响成功的乐章"新年交响音乐会
	3月2日	昆明	"全心超越，伴你同行"——桑塔纳3000超越者轿车上市仪式暨媒体试乘试驾活动
	4月4日	上海	"2004上海大众帕萨特高尔夫精英赛"开赛

〔续表〕

年份	月 日	活动地点	活动主题和内容
2004—2005	4月23日	上海体育场	GOL旋风轿车媒体记者体验活动
	7月24日	上海	"360°车体验——上海大众汽车嘉年华活动"
	8月16日	广西	桑塔纳2000型车队接送百岁红军何自坚为邓小平雕像敬献花篮
	10月23日—2005年2月23日	全国	"上海大众20周年'同禧日'"活动,向社会公众每月赠送5辆上海大众20周年典藏纪念版轿车
	11月11—17日	南京、北京、珠海	"途行天下,安畅生活"途安全国媒体试驾活动
	11月23日	广州	途安上市仪式
	12月	上海	"上海大众杯"2004年上海市青少年金钥匙科技竞赛决赛
2005	3月19日	上海体育场	"上海大众GOL与文明同行"广场路演及汽车巡游活动
	4月10日	上海	POLO在中国诞生3周年庆典
	6月11日	沈阳	"360°车体验——上海大众汽车嘉年华"
	8月9日	广州	"POLOGOLRacingDIY改装车试乘试驾活动"
	8月25日	北京、上海、广州	"2005上海大众帕萨特高尔夫精英赛"开赛
	9月	上海	"人团圆、车欢聚,POLO驾驭体验会"
	11月4日	浙江湖州	"自驾自由,邂逅湖州"途安试车活动
	11月24日	北京	PASSAT领驭上市仪式
	12月11日	上海	PASSAT领驭试车会
2006	2月14日	全国12个城市	"POLO爱的宣言"活动
	2月18日	北京	PASSAT领驭赞助第二届(2006)大使杯滑雪节
	6月23日	上海体育馆	POLO劲情、POLO劲取上市仪式
	7月13日	上海	"POLO劲锋锐旅娘家行"
	8月12日	上海体育场	"POLO劲情·劲取王力宏上海演唱会"
	8月18—31日	青岛	PASSAT领驭成为"好运北京"——2006青岛国际帆船赛官方指定用车
	8月19日	北京	成立"好运北京"服务保障团队提供全程大众品牌车辆支持
	9月8日	全国	"领驭风云人物"评选活动
	9月23日	北京	2006年中国质量万里行出征仪式,20台PASSAT领驭和途安轿车随团出征
2007—2008	2月3—11日	上海、广州、杭州、北京	"爱到POLO劲情时"情人节全国时尚巡演活动
	2月3日—2008年7月	全国	"领驭奥运关爱里程"宣传奥运精神活动
	8月12日	青岛	PASSAT领驭成为"好运北京"——2007青岛国际帆船赛官方指定用车

〔续表〕

年份	月　日	活 动 地 点	活动主题和内容
2007	9月15日	上海	"上海大众领驭——驭马体验营"
	12月23日	上海	CROSS-POLO上市典礼
2008	1月25日	全国	途安新一代网络上市
	2月24日	上海	"Touran途安新一代品·智·赏车会"
	3月31日	北京	PASSAT领驭、途安新一代成为火炬接力正式用车。核心车队165辆、售后服务车55辆,工作用车304辆
	4月20日	北京	LAVIDA(中文名朗逸)全球首发
	5月10日	上海	"GO! GO! POLO! 炫动锋行秀"互动体验活动
	5月23日	上海	上海大众奥运火炬护航车队到沪仪式
	6月7—8日	上海	上海大众奥运圣火传递车巡游活动
	6月25日	杭州	LAVIDA朗逸上市仪式
	7月6日	上海	20辆帕萨特领驭氢燃料电池轿车赴北京奥运会发车仪式
	7月10日	北京	奥运新能源汽车示范运行20辆PASSAT领驭燃料电池轿车交车仪式
	8月17日	北京	PASSAT领驭氢燃料电池车全程为奥运会马拉松赛护航
	10月25日—12月31日	沈阳、西安等7个城市	"LAVIDA朗逸印象之旅"
	10月31日	上海	朗逸首乘视频飞艇共同辉耀上海夜空
	11月3日	全国	"领驭风云人物"第三届评选活动揭幕
2009	4月25日	上海科技馆	"志·领先机"PASSAT新领驭上市仪式
	9月2日	广州	PASSAT新领驭赞助WTA国际巡回赛广州网球公开赛(2009广州国际女子网球公开赛)新闻发布会签约仪式
	9月12日	上海	POLO品牌赞助2009百事群音总决赛
	10月29日	江苏昆山	3 650辆途安出租车服务上海世博会合同签字仪式
	12月20日	广州	PASSAT新领驭赞助WTA国际巡回赛广州网球公开赛(2009广州国际女子网球公开赛)开赛
2009—2010	12月—2010年1月	全国	"十年成就信任品质驭领未来"PASSAT10周年跨年度庆典
	3月26日	深圳	TIGUAN途观都市SUV上市仪式
	5月11日	太原	130辆治超运超载执法专用桑塔纳轿车发车仪式
	5月29日	河南	"TIGUAN途观文化之旅"
	6月19日	全国20个城市	上海大众VW品牌全车系路演活动启动
2011	5月15日	全国	全新帕萨特全程冠名支持"领航中国·红色足迹"全媒体报道团
	5月21日	延安	向中国延安干部学院提供5辆全新帕萨特2年无偿使用权

〔续表〕

年份	月 日	活动地点	活动主题和内容
2011	6 月 2 日	深圳	POLO 新劲取于第十五届深港澳国际汽车博览会上市
	11 月 18 日	海南三亚	新帕萨特 V6 旗舰车型上市仪式
2012	3 月 21 日	云南丽江	全新 CrossPolo 上市庆典
	8 月 19 日	青岛	全新朗逸上市仪式
	9 月 12 日	上海	PoloGTI 上市仪式
	10 月 29 日	德国沃尔夫斯堡	全新一代桑塔纳全球首发仪式
	10 月 30 日	德国—北京	全新一代桑塔纳传奇之旅启动
	12 月 2 日	上海	全新帕萨特成为 2012 上海国际马拉松赛官方用车
	12 月 16 日	北京	全新桑塔纳上市仪式
2013	1 月 15 日	上海	最后一辆第一代桑塔纳驶下生产线完美谢幕
	6 月 7 日	深圳	全新途观高端智能 SUV、途观 BlueMotion 蓝驱版上市仪式
	6 月 29 日	海南	越级行旅两厢车 GranLavida 朗行上市仪式
	11 月 5 日	广州	Lavida 朗境、新朗逸、朗行、朗逸蓝驱版 4 款新车上市
2014	1 月 16 日	上海	上海大众中德国际足球友谊赛开赛
	2 月 7 日	俄罗斯	Lavida 家族助力中国短道速滑队出征第 22 届冬奥会
	5 月 20 日	上海	帕萨特 V6 为第四次"亚信峰会"贵宾用车
	5 月 25 日	成都	NewPolo、CrossPolo 上市仪式
	9 月 26 日—12 月 31 日	北京	"见证亲历，与卓越同行——从上海大众 30 年看中国汽车合资合作 30 年"主题展览新闻发布会
2015	1 月 9 日	上海	Lamando 凌渡上市仪式
	6 月 19 日	桂林	GranSantana 桑塔纳·浩纳上市仪式
	7 月 20 日	广州	Lavida 品牌之夜全新朗逸、朗逸蓝驱版、朗行 3 款新车上市

资料来源：《上海汽车报》、上汽大众大事记

七、斯柯达品牌形象传播

2006—2015 年,上汽大众汽车有限公司持续策划实施斯柯达品牌形象传播活动,见于媒体比较重要的活动约 60 余次。其中参与 13 届环青海湖国际公路自行车赛官方指定用车活动,是影响较广的品牌形象活动。

表 6‐5‐14 2006—2015 年上汽大众斯柯达品牌形象活动一览表

年份	月 日	活动地点	活动主题和内容
2006	9 月 22 日	北京	召开 Skoda 品牌启动盛典,宣布中文名"斯柯达"
—2007	12 月 23 日—2007 年 6 月 23 日	杭州、上海、苏州、广州、武汉、成都	斯柯达"感悟恒久魅力、品味惬意人生"全国巡展活动

〔续表〕

年份	月　日	活 动 地 点	活动主题和内容
2007	4 月 15 日	齐齐哈尔	斯柯达赞助 2007IIHF 世界冰球 B 组锦标赛,独家提供大赛用车
	6 月 27 日	上海、北京、广州	明锐与 Discovery 探索频道全国巡展活动
	7 月 13 日	长春	斯柯达作为"国家自行车队主赞助商"战略合作 2 年签约仪式
	7 月 14—22 日	青海	24 辆明锐轿车特约赞助第六届环青海湖国际公路自行车赛
	8 月 8—17 日	北京	"斯柯达车友汇"成立并举办自驾征集奥运祝福主题活动
	8 月 15 日	北京	40 辆斯柯达明锐赞助"好运北京"交车仪式。
	8 月 18 日	北京	冠名赞助"好运北京"国际公路自行车邀请赛
	11 月 8 日	北京	斯柯达明锐为"记者迎奥运驾驶比赛"用车
	12 月 1 日	上海体育场	"Octavia 明锐·学友光年·张学友好久不见中国巡回演唱会 07 上海站"
2008	3 月 24 日—8 月	全国	斯柯达向贫困小学捐赠"梦想操场"体育设施大型公益慈善活动
	3 月 27 日	北京	斯柯达明锐为"绿色骑手,奔向北京"大型绿色主题公益活动指定用车
	4 月	全国	斯柯达赞助"绿色骑手,奔向北京"自行车志愿之旅骑行活动
	7 月 9 日	西宁	45 辆斯柯达明锐为第七届环青海湖国际公路自行车赛官方指定用车交车仪式
	10 月	厦门	斯柯达嘉奖北京奥运会冠军林丹交车仪式
	11 月 11 日	上海	"相信未来启程同行——Fabia 上市启动会"
	11 月 22 日—12 月 28 日	北京、郑州等 12 个城市	斯柯达 Fabia 12 城晶彩巡演
	11 月 29 日	上海	斯柯达明锐全系列车型试乘试驾活动
	12 月 22 日	广州	斯柯达第二款车型 Fabia 晶锐上市仪式
2009	3 月	全国	首届斯柯达服务节
	4—6 月	网络	"我绘更晶彩"Fabia 晶锐创意涂装大赛
	5 月 17 日	上海	上海世博会捷克馆斯柯达明锐、昊锐工作用车交付仪式
	6 月 6—20 日	全国	第二届"斯柯达服务节·分享周年庆"
	7 月 16 日	青海	45 辆斯柯达明锐、晶锐为第八届环青海湖国际公路自行车赛官方指定用车交车仪式
	8 月 18 日	上海	斯柯达全新 B 级车 Superb 昊锐上市仪式
	11 月 6—8 日	上海	"锐客赛训营"驾驶 Fabia 晶锐挑战 F1 赛道活动
	12 月 31 日—2010 年 1 月 12 日	全国	斯柯达第四届服务节"新年关爱篇"

〔续表〕

年份	月 日	活动地点	活动主题和内容
2010	1月9日	北京	斯柯达昊锐为"2010年第七届中国文化产业新年论坛"指定贵宾用车
	4月10日	苏州	斯柯达新明锐上市仪式
	4月29日—6月14日	上海、杭州等6个城市	斯柯达新明锐实力试驾会
	6月20日	北京、广州等6个城市	"斯柯达实力品鉴之旅"品牌深度体验活动
	8月15日—11月16日	全国	第二届上海大众斯柯达服务技能大赛
2010 — 2011	9月24日—2011年1月24日	上海	2010"大师之路"上海大众斯柯达销售顾问大赛
	3月10日	海南	200辆斯柯达明锐警车交付海南省公安厅交车仪式
	7月1日	青海	斯柯达昊锐赞助第十届环青海湖国际公路自行车赛官方指定用车
	7月16日—11月1日	沈阳、北京等9个城市	"2011斯柯达赛训营"
	8月1日—12月18日	全国	"越挑战,悦精彩"2011上海大众斯柯达"大师之路"销售顾问大赛
	8月20日	西安	100辆斯柯达昊锐为2011西安世界园艺博览会指定贵宾用车交车仪式
	8月22日	网络	斯柯达晶锐"创意改装达人秀"
2012	3月23日	上海体育场	"斯柯达昊锐之夜——张学友1/2世纪演唱会"
	6月29日	青海	48辆斯柯达晶锐、明锐、昊锐赞助第十一届环青海湖国际公路自行车赛官方指定用车
	7月4日	上海	"实力五载至真生活"斯柯达品牌5周年盛典
	8月1日—11月16日	全国	"技逐至臻,真爱至诚"2012第四届上海大众斯柯达服务技能大赛
2013	4月18日	上海	斯柯达Rapid昕锐上市仪式
	8月12日	广州	斯柯达全新旗舰车型NewSuperb速派上市仪式
	11月18日	上海	斯柯达SUV车型Yeti野帝上市仪式
	11月22日—12月20日	全国32个城市	"斯柯达Yeti野帝纵贯中国行"
2014	2月	中国南极长城站	斯柯达Yeti野帝"南极开拓之旅"
	2月23日	全国	斯柯达Yeti独家冠名赞助《中国达人秀》第5季落幕
	3月1日	东方卫视	斯柯达独家冠名《不朽之名曲》在东方卫视开播
	4月18日	北京	斯柯达全新昕动上市仪式
	5月18日	珠海	斯柯达全新明锐上市仪式

〔续表〕

年份	月　日	活动地点	活动主题和内容
2014	7月6日	青海	70辆斯柯达明锐、速派、野帝赞助第十三届环青海湖国际公路自行车赛官方指定用车
	10月24日	上海	斯柯达昕动与"ELLE年度风尚大典"跨界营销合作
	12月20日	海南三亚	斯柯达品牌第5 000台——嗨租车交车仪式
2015	4月18日	上海	斯柯达全新晶锐上市仪式
	10月25日	上海	斯柯达全新速派上市仪式

资料来源:《上海汽车报》、上汽大众大事记

八、五菱品牌形象传播

2003—2015年,上汽通用五菱汽车股份有限公司持续策划实施五菱品牌形象传播活动,见于媒体比较重要的品牌形象活动,以向贫困地区捐建五菱博爱卫生站和资助国家体育运动项目影响较大。

表6-5-15　2003—2015年五菱品牌形象传播活动一览表

年份	月　日	活动地点	活动主题和内容
2003	4月18日	柳州	五菱之光上市仪式
2004	9月12日	柳州	五菱扬光上市仪式
2006	6月1日	柳州	五菱兴旺上市仪式
2007	3月1日	柳州	五菱鸿途上市仪式
	3月26日	北京	向中国红基会捐赠200万元设立"红十字天使计划——上汽通用五菱博爱基金"
	10月23日	北京	五菱汽车和国家举重队战略合作新闻发布会,启动五菱汽车百万人签名助威活动
2008	3月21日—4月10日	全国	五菱品牌"金牌服务,放心托付"春季服务活动
	4月1日	柳州	自主研发五菱荣光发布会
	8月6日	柳州	F1摩托艇世锦赛"上汽通用五菱杯"中国柳州大奖赛新闻发布会
	10月10—12日	柳州	F1摩托艇世锦赛"上汽通用五菱杯"中国柳州大奖赛
	10月25—26日	全国	五菱荣光全国路演启动
	10月28日	柳州	为国家举重队举行奥运庆功会,向获奖选手赠送五菱荣光
2009	3月1日	福州	"五菱汽车千县万乡惠民大行动"启动仪式
	5月	四川江油	上汽通用五菱援建的灾区第二批(11家)博爱卫生站投入使用

〔续表〕

年份	月　日	活动地点	活动主题和内容
2009	8月6日	长沙	"五菱B系发动机节油挑战赛"
	10月1日	柳州	五菱品牌冠名赞助2009年F1摩托艇世锦赛中国柳州站赛
2010	7月	北京	上汽通用五菱再次向中国红十字基金会捐赠500万元,并加盟"中国红行动"帮助贫困地区改善医疗卫生条件设施及培训乡村医生
	10月15日	柳州	"上汽通用五菱之夜——2010IAC水上星光盛典"开幕,向中国红十字基金会捐资100万元,并向中西部基层红十字会捐赠50辆五菱之光作为救护工作车
2012	7月10日	埃及	五菱荣光戴上雪佛兰金领结正式登陆埃及乘用车市场
2013	5月9日	印度	五菱宏光换标雪佛兰正式登陆印度乘用车市场
2014	11月3日	四川雅安石棉县	"上汽通用五菱首批新型博爱卫生站"落成仪式
2015	8月18日	柳州	第三代五菱宏光S1上市仪式
	11月28日	河北邢台	"河北邢台临城赵庄围场村博爱卫生站"落成仪式

资料来源:《上海汽车报》、上汽通用五菱大事记

九、宝骏品牌形象传播

2010—2015年,上汽通用五菱汽车股份有限公司持续策划实施宝骏品牌形象传播活动,见诸媒体比较重要的活动约10余次,其中为中国北方缺水地区开展的宝骏汽车爱心送水建水窖活动有较强感染力。

表6-5-16　2010—2015年宝骏品牌形象传播活动一览表

年份	月　日	活动地点	活动主题和内容
2010	7月18日	上海	宝骏品牌战略发布会
	11月22日	柳州	"宝骏630"下线仪式
2011	7月21日	柳州	宝骏汽车与国家马术队和中国马术协会结成战略合作伙伴签约
	8月9日	成都	宝骏630上市仪式暨全国巡回发布会
2012	5月5日	昆明寻甸	宝骏汽车爱心送水暨10座爱心水窖落成仪式
	8月15日	柳州	宝骏旗下首款A00级轿车宝骏乐驰面世
2014	4月20日	北京	宝骏610上市实施五菱宝骏双品牌联动战略
	7月30日	柳州	宝骏730上市仪式
	11月14日	柳州	宝骏第50万辆整车下线仪式
2015	7月18日	柳州	宝骏560上市仪式
	9月1日	柳州	2016款宝骏730上市仪式

资料来源:《上海汽车报》、上汽通用五菱汽车股份有限公司大事记

十、大通品牌形象传播

2011—2015 年,上汽大通汽车有限公司持续策划实施大通品牌形象传播活动,见诸媒体的比较重要的活动近 70 次,成为上汽自主品牌形象活动最密集的品牌。其中 MAXUS 大通 V80 试乘试驾品鉴活动,向贫困地区教育系统捐赠大通专业校车等活动影响深广。

表 6‑5‑17　2011—2015 年大通品牌形象传播活动一览表

年份	月　日	活　动　地　点	活动主题和内容
2011	2 月 28 日	上海科技馆	发布国际著名商用车品牌 MAXUS 大通
	5 月 16—21 日	上海	MAXUS 大通 V80 改装车救护车、多功能警车亮相"2011 中国国际康复护理展览会""中国国际警用装备及反恐技术装备展览会"
	6 月 29 日	无锡	MAXUS 大通 V80 商用车下线仪式
	9 月 5 日	北京	MPV‑MAXUS 大通 V80 上市品鉴会
	9 月 16 日	上海松江	MAXUS 大通 V80 试乘试驾品鉴活动
	9 月 19 日	南京	MAXUC 大通 V80 品鉴体验活动
	9 月 23 日	杭州	MAXUS 大通 V80 试乘试驾品鉴活动
	9 月 28 日	广州	MAXUC 大通 V80 品鉴体验活动
	10 月 12 日	无锡	MAXUC 大通 V80 为"2011 年大湄公河次区域领导人会议"唯一指定商用车发车仪式
	12 月 15 日	北京	MAXUC 大通 V80 获选"中国航天太空搭载全国巡展"指定用车
	12 月 15 日	北京	MAXUC 大通 V80 多功能警用车交车仪式
2012	2 月 28 日	无锡	上汽 MAXUS 大通——中华健康快车基金会合作启动
	4 月 23 日	北京	MAXUS 大通与中国电信联合发布 InteCare 行翼通
	5 月 11 日	长春	MAXUC 大通 3 款车亮相第 63 届中国教育装备展示会
	6 月 15 日	北京	MAXUC 大通房车为《幸福迷途》提供接待用车
	6 月 16 日	宁波	MAXUC 大通 V80 国内首辆双移门救护车亮相第四届中国救护车论坛
	8 月 16 日	北京	MAXUC 大通双移门救护车亮相"第二十一届中国国际医用仪器设备展览会"
	9 月 17—25 日	无锡	MAXUC 大通全系车型百家媒体体验日活动
	10 月 26 日	上海	210 辆出口澳大利亚 MAXUC 大通车发车仪式
	11 月 8 日	无锡	推出上汽大通适尊房车和商旅版车型
	11 月 12 日	珠海	40 辆大通"第九届中国国际航空航天博览会"指定用车交车仪式
	12 月 11 日	贵阳	向贵州省教育系统捐赠大通专业校车捐赠仪式
	12 月 13 日	福州	向福建省教育系统捐赠大通专业校车捐赠仪式

〔续表〕

年份	月　日	活动地点	活动主题和内容
2013	2月28日	上海	上汽大通"大爱通行"公益行动启动仪式在上海华山医院举行
	4月10日	智利	MAXUS大通V80智利上市
	5月14日	青岛	大通品牌首款MPV概念车G10,5款新车型亮相第十二届青岛国际汽车展
	7月8日	上海	4 000多辆MAXUS大通V80城市快递专用车合作意向签约
	7月14日	上海	大通2014款守护星专用校车上市发布会
	7月17日	上海	大通品牌2014款V80全系车型上市发布会
	9月25日	沙特阿拉伯	MAXUS大通V80沙特上市,并与伊朗、阿联酋签订经销协议正式登陆中东市场
	11月21日	广州	全领域MPV上汽大通MAXUSG10路演启动
2014	2月28日	上海	上汽大通品牌暨全领域MPVG10发布会
	2月28日	上海	与"车享网"签订战略合作协议,率先开拓O2O电子商务营销模式
	4月20日	北京	上汽大通全球首发国内首款增程式电动宽体轻客——V80Hybrid
	4月28日	上海	向顺丰速运公司交付首批100辆V80城市快递专用车仪式
	5月15日	青岛	"2014年APEC贸易部长会议官方指定商务车"交车仪式暨山东区域大通MAXUSG10首发仪式
	7月15日	南京	1 000辆大通全领域MPV－G10、商用MPV－V80交付2014年青奥会官方指定用车仪式
	9月1日	—	上汽大通品牌服务于第21次APEC中小企业部长会议
	9月11日	塔吉克斯坦	大通品牌作为"2014年上海合作组织峰会"官方指定用车
	10月20日	北京	35辆上汽大通G10为"2014年APEC工商领导人峰会"官方指定用车交车仪式
	11月10日	珠海	上汽大通G10交付"第十届中国国际航空航天博览会"官方指定用车仪式
	11月20日	广州	大通MAXUS纯电动车EV80及2015款V80发布会
	12月18日	无锡	大通V80首批出口欧盟发车仪式
2015	1月13—14日	北京	大通EV80新能源车在"首届中国电动汽车百人会论坛"展示
	3月4日	北京	大通G10荣膺全国"两会"人民网媒体专用车
	3月10日	全国	大通2015款V80首款自动档轻客全新上市
	3月16日	无锡	大通V80首辆6AMT房车下线,并受邀参加第十届中国(北京)国际房车露营展览会
	3月16日	海南博鳌	大通25辆EV80、G10交付2015年博鳌亚洲论坛服务
	4月1日—5月31日	全国32个城市	大通V80节油达人挑战赛

〔续表〕

年份	月　日	活动地点	活动主题和内容
2015	5月16日	广州	大通EV80亮相国际新能源汽车工业展览会
	6月15日	澳洲	大通全领域MPVG10在澳洲上市
	7月7日	北京	大通G10"血脉中华——抗战万里行"媒体指定用车交付仪式
	7月24日	北京	"爱在内蒙,爱再约定,新旅程,新享受"大通房车活动启动仪式
	7月28日	江西上高	向江西上高县捐赠4辆大通守护星校车仪式
	7月30日	上海	首批20辆大通V80香港订单发车仪式
	8月17日	北京	24辆大通G10车辆捐赠"纪念中国人民抗日战争暨反法西斯战争胜利70周年阅兵活动"仪式
	8月20日	印度尼西亚	大通V80印度尼西亚上市发布会
	9月7日	昆明	向云南省捐赠9辆大通守护星校车仪式
	9月16日	无锡	批量出口爱尔兰大通邮政车发车仪式
	9月24日	陕西	向陕西捐赠4辆大通守护星校车仪式
	10月17日	四川	"阅美中国——新旅程,心享受"大通房车川西之旅启程
	10月22日	北京	大通纯电动车亮相"2015节能与新能源汽车产业发展成果展"
	11月27日	上海	"第三届上汽大通销售精英比武大赛"全国总决赛
	12月14日	香港	"MAXUS盛势闪耀登场"品牌发布会
	12月15日	北京	上汽大通2016款V80国5车型上市发布
	12月16日	新加坡	上汽大通2016款V80新加坡上市仪式
	12月26日	北京	上汽大通EV80系列纯电动汽车成为北京首资新能源绿色物流运营电动物流车试点企业
	12月29日	无锡	上汽大通V80批量出口英国发车仪式

资料来源:《上海汽车报》、上汽大通大事记

十一、申沃品牌形象传播

2002—2015年,上海申沃客车有限公司持续策划实施申沃品牌形象传播活动,见于报端比较重要的活动约40余次,其中为2010年上海世博会提供约660辆各类新能源客车,是上海新能源客车最大规模的展示。

表6-5-18　2000—2015年申沃品牌形象传播活动一览表

年份	月　日	活动地点	活动主题和内容
2000	12月18日	上海	2001款VOLVOSWB6120KHV-3城市客车、VOLVOSWB6122城郊客车展示
	12月20日	上海	35辆申沃SWB6115Q-3单燃料压缩天然气城市客车试运行

〔续表〕

年份	月 日	活动地点	活动主题和内容
2001	8月20日	上海	申豪高档城市公交客车下线仪式
2002	2月22日	上海	申沃 SWB6115Q-3 单燃料压缩天然气城市客车推介会
	3月25日	上海	申沃 SWB6115KHP8—3 空调车全国招标中标
	5月	上海	申沃 SWB6115KHP8—3 型客车在新型城市客车展评中被评选为"最受市民喜爱的城市客车"
	12月21日	上海	2 010 辆 VOLVO 豪华城市客车购销签约仪式
2003	2月	上海	申沃 SWB6115Q—3 城市客车等 3 款新车参加"2003 全国清洁汽车行动巡展——上海站"展
2004	2月12日	上海	申沃 SWB6115GP-3 超级电容 3 款新车参加"2004 全国清洁汽车行动巡展——上海站"展
2005	7月28日	北京	申沃 SWB6125LE 获全国第二届客车大赛银奖
	8月16日	昆明	申沃 SWB6105 城市客车昆明投放仪式
	8月24日	长沙	33 辆申沃高档空调车长沙投放仪式
	10月1—7日	上海	申沃 VEGAVOLVO 为 2005 上海旅游节"2005 年欧美风情缤纷秀"节目指定班车
2006	3月18—20日	北京	申沃 SWB6100V 城市客车、SWB6110HE 混合动力客车分获"2006 北京城市客车春季展示会"优秀奖、最佳推荐车型奖
	5月25日	上海	举办"申沃客车司机日"活动
2007	7月18日	上海	申沃成为上海世博会"合作伙伴关联企业"
2008	3月11日	上海	申沃 SWB6180LF、SWB6180LF 分获"2008 世界客车博览亚洲展览会"最佳城市巴士奖、最佳环保巴士奖
	7月21日	上海	承接上海世博会超级电容客车、18 米全新铰接式电动车研制任务
	8月21日	南京	申沃 SWB6106MG 型城市客车南京投运仪式
	10月14日	上海	申沃 SWB6110 旅游大客车展示会
2009	2月28日—3月2日	北京	申沃 SWB6180LFBRT 获第七届北京国际商用车及零部件博览会节能环保奖
	4月8—11日	上海	申沃 SWB6121 纯电动客车获"2009 世界客车博览亚洲展"绿色新能源评委会特别奖
2010	3月31日—4月2日	天津	申沃 SWB6127HE2 型混合动力客车、SWB6120V4LE 型公交客车分获"第五届中国国际客车大赛"新能源客车奖、中国公交客车金奖
	10月31日	上海	申沃客车获上海世博会组委会颁发荣誉证书
2011	3月19日	天津	申沃 SWB6120 旅游客车、SWB6127HE2 混合动力客车分获"第六届中国国际客车大赛"中国十佳精品客车奖、中国十佳新能源客车奖

〔续表〕

年份	月　日	活动地点	活动主题和内容
2011	5月12—14日	北京	申沃 SWB6120 旅游客车获"2011 北京国际道路运输、城市公交车辆及零部件展览会""中国道路运输杯"最佳公路客车奖
	6月25日	上海	申沃向上海申致联客运公司交付百辆旅游车仪式
	7月6日	青岛	40 辆申沃纯电动大客车交付仪式
	8月18日	南京	申沃 8 款能源环保客车亮相"绿色青奥、绿动未来"新能源环保客车展示会
	9月14—16日	大连	30 辆申沃 SWB6120 旅游客车成为 2011 夏季达沃斯论坛官方指定用车
	9月	北京	申沃纯电动客车参展"第六届中国智能交通展览会""第七届国际节能与新能源汽车创新发展论坛暨展览会"
	11月8日	南京	向南京公交总公司交付申沃 SWB6127HE2 混合动力客车仪式
2012	3月21—25日	南京	申沃新能源客车、液化天燃气 LNG 客车、纯电动客车、10 米旅游客车分获"第七届中国国际客车大赛"年度客车冠军奖、年度客车亚军奖、年度最具影响力新能源客车奖、年度最具人气绿色时尚客车奖
	4月23日	北京	申沃 SWB6100F 参加中国首届校车巡礼活动
	6月8—10日	青岛	申沃 10 辆纯电动公交车作为"第二届中国国际循环经济成果交易博览会暨节能与新能源汽车展洽会"指定贵宾用车
	7月17—18日	杭州	申沃 SWB6121EV2 获"2012 第三届中国（杭州）节能与新能源公交客车创新大赛"最佳纯电动公交车、示范应用优秀车型奖
	7月23日	内蒙古乌兰察布市	100 辆申沃旅游车交付乌兰察布申联商务旅游公司仪式
2013	3月26日	上海	申沃升级版电容城市客车投入运营
	3月28—30日	南京	申沃 SWB6127LNG2 液化天然气客车参展"2013 第十三届中国（南京）国际客车及零部件展览会暨城市交通设施展"
	5月8—12日	深圳	申沃 SWB6127SHEV6 混合动力客车获"全国首届公共汽车节能大赛"混合动力客车组金奖
	8月20日	上海嘉定	8 辆申沃增程式电动公交车运营启动仪式
	11月27—29日	上海	申沃增程式混合动力客车、插电式混合动力客车、双源电动客车等获"节能与新能源汽车博览会""2013 节能与新能源客车创新力 TOP50 强"和"新能源客车行业十大企业"荣誉
2014	6月11—13日	上海	申沃 SWB6127SHEV6 混合动力客车获"2014 中国（上海）国际客车及零部件暨交通技术展览会"新能源客车创新奖
	6月12日	上海	印度市场 SLF 底盘交付仪式
2015	10月27—28日	上海	申沃客车为"浦江创新论坛"提供高端用车服务
	12月16日	上海松江	申沃全新一代纯电动客车交付仪式

资料来源：《上海汽车报》、上海申沃客车有限公司大事记

十二、红岩品牌形象传播

2008—2015 年,上汽依维柯红岩商用车有限公司持续策划实施红岩品牌形象传播活动,见于媒体比较重要的活动近 40 次,其中"红岩情——感恩回馈·携手同行"送戏下乡活动和"重卡路演品鉴会"有较大影响。

表 6-5-19　2008—2015 年红岩品牌形象传播活动一览表

年份	月　日	活动地点	活动主题和内容
2008	8 月 8—24 日	全国	"激情八月,红岩为您加油"客户关怀活动
	11 月 28 日	重庆	红岩特霸 TAMPA 新车上市仪式
2009	3 月	四川	"红岩关爱、情系灾区"活动
	3 月	全国	"红岩温情,暖春护航"客户关怀活动
	3 月 12 日	北京	红岩杰狮 GENLYON 新车上市仪式
	5 月 13 日	重庆	红岩杰狮国Ⅲ6X4 牵引车亮相"第十二届中国(重庆)国际投资暨全球采购会"
	6 月 2—4 日	太原	红岩杰狮、特霸和金刚 3 款参展"首届中国(太原)国际卡车暨物流展览会"
	6 月 11—15 日	重庆	红岩杰狮重卡参展"第十一届中国重庆国际汽车工业展"
	7 月 8 日—9 月 26 日	全国 10 城市	"领航 2009 红岩杰狮重卡路演品鉴会"
2010	9 月 15 日	深圳	赠送中国人民解放军驻港部队 2 辆红岩杰狮牵引车交接仪式
	10 月 20 日	南宁	红岩杰狮、特霸重卡亮相"第七届中国——东盟博览会"
2011	9 月 19 日	重庆	红岩新金刚 NEWKINGKAN 下线仪式
	10 月 26 日	成都	红岩新金刚 NEWKINGKAN 上市仪式
2012	5 月 17 日	重庆	红岩杰狮 M100、新金刚 6×4 自卸车亮相"第十五届中国(重庆)国际投资暨全球采购会"
	12 月 18 日	成都	红岩金刚矿霸、杰狮 LNG 重卡新车发布会
2013	3 月 28—30 日	重庆	红岩新金刚、金刚矿霸系列参展"第十三届中国金属冶金矿山机械装备展"
	5 月 11 日	湛江	"红岩·车舞台"活动启动
	5 月 16 日	重庆	红岩杰狮渣土车、杰狮 S1006×4 牵引车亮相"第十六届中国(重庆)国际投资暨全球采购会"
	10 月 30 日—11 月 2 日	武汉	红岩杰狮牵引车参展"第二届武汉国际商用车展"
	11 月 3 日	上海	红岩杰狮重卡为"2013 世界房车锦标赛"开道
	11 月 13 日	新疆石河子	首批 18 辆红岩杰狮 M100 应急保障车交付新疆兵团第八师仪式
	11 月 29 日	重庆	红岩冠名赞助"红岩汽车·重庆杯"乒乓球比赛

〔续表〕

年份	月　日	活动地点	活动主题和内容
2014	2月17日—3月9日	陕西、安徽、山东、河北、黑龙江等省	"红岩情——感恩回馈·携手同行"送戏下乡活动
	3月27—29日	重庆	红岩金刚矿霸宽体车、特霸自卸车参展"第十四届中国金属冶金展"
	4月9—11日	上海	红岩杰狮可卸式垃圾车参展"第七届上海国际清洁专用设备展"
	5月2日	北京	红岩杰狮畅途版牵引车、杰狮LNG6×2牵引车参展首届"中国卡车文化节"
	5月15—18日	重庆	红岩杰狮畅途版牵引车、金刚渣土车参展"第十七届中国(重庆)国际投资暨全球采购会"
	9月21日	深圳	红岩杰狮畅途版牵引车上市发布
	10月23日	广东佛山	红岩清障车为"第四届中国清障车操作技能争霸赛"指定用车
	11月25—28日	上海	红岩杰狮工程车参展"2014上海宝马展"
2015	5月15日	山东广绕	红岩杰狮重卡参展"中国(广绕)国际轮胎展"
	5月28—31日	重庆	红岩全新杰狮、新金刚智能环保车参展"第十八届中国(重庆)国际投资暨全球采购会"
	6月10—16日	重庆	红岩全新杰狮、杰卡参展"第十七届重庆国际汽车工业展"
	9月19日	重庆	红岩杰卡、全新杰狮畅途版上市发布会
	9月19日	重庆	2015年红岩卡车司机精英挑战赛
	11月18日	重庆	红岩杰狮混凝土搅拌车亮相重庆市混凝土协会第七届会员大会

资料来源:《上海汽车报》、上汽依维柯红岩商用车有限公司大事记

十三、依维柯品牌形象传播

2008年南京依维柯汽车有限公司因上南全面合作归属上海汽车集团股份有限公司后,至2015年持续策划实施依维柯品牌形象传播活动,见诸媒体比较重要的活动近20次,其中"征欧亚、越百年"中国—意大利拉力之旅,穿越欧亚7国,行程1.2万公里,影响较大。

表6-5-20　2008—2015年依维柯品牌形象传播活动一览表

年份	月　日	活动地点	活动主题和内容
2008	4月3日	南京	南京依维柯63辆交通安全宣传车交付江苏省公安厅交通管理局仪式
2009	1月20日	南京	65辆依维柯多功能警用路政指挥车交付江苏省公安厅仪式
	3月10日	南京	纯电动轻客交付天津电业局仪式

〔续表〕

年份	月 日	活 动 地 点	活动主题和内容
2009	4月8日	上海	南京依维柯产品获上海世博局授权"2010年上海世博会指定产品称号"
	10月	北京	36辆南京依维柯医疗车交付中国妇联妇女发展基金会仪式
2010	5月	全国	166辆南京依维柯流动电影放映车完成交付
	7月	南京	20辆军用越野"南京依维柯援外救护车交付"仪式
2011	7月28日	北京	南京依维柯为意大利超级杯提供比赛服务用车合作伙伴签约仪式
	11月24日	南京	南京依维柯最新警车推荐会
2012	6月9日	长沙	南京依维柯宝迪高端商旅车品鉴会
	12月25日	南京	向中国残联交付74辆南京依维柯残疾人辅助器具流动服务车仪式
2013	1月8日	珠海	南京依维柯高端轻卡"超越"全球同步上市仪式
2014	6月20日	俄罗斯莫斯科	南京依维柯高端轻卡"超越"俄罗斯上市仪式
	7月17日	南京	南京依维柯上柴发动机高端轻卡"超越"发布会
	8月11日	北京	南京依维柯携手玛莎拉蒂开启"征欧亚、越百年"中国—意大利拉力之旅,穿越欧亚7国,行程1.2万公里
2015	8月23日	北京	为中国人民抗日战争暨世界反法西斯战争胜利70周年大阅兵提供56辆尊享版南京依维柯警用车

资料来源:《上海汽车报》、南京依维柯汽车有限公司大事记

第 七 篇

合资合作

概　　述

1978—2015 年,上汽形成中外合资、跨地合作和境外合作并举的合作格局。

20 世纪 80 年代初期,上汽开启中外合资,从制造领域起步不断拓展新的领域,在中国汽车工业创造多项对外合作的"第一"。1985 年中外合资覆盖摩托车和轿车制造领域,中国第一家轿车合资企业成立;1988 年中外合资延伸至汽车零部件制造领域,中国第一家汽车零部件合资企业成立;1997 年中外合资延伸至汽车研发领域,中国第一家汽车研发合资企业成立;2000 年中外合资延伸至汽车销售和客车制造领域,中国第一家汽车销售合资企业成立;2002 年中外合资延伸至汽车物流领域,中国第一家汽车物流合资企业成立;2004 年中外合资延伸至汽车金融领域,中国第一家汽车金融合资企业成立;2009 年中外合资延伸至车载信息领域,中国第一家汽车安全信息服务合资企业成立。至此,上汽对外合作覆盖汽车研发、汽车制造、汽车物流、汽车销售、汽车金融、汽车服务整条产业链,在引进技术国产化、做大产业规模、推进本土化研发、实施国际经营等方面取得重要成果,创造中国汽车工业对外合作时间最早、对外合作领域最广、对外合作对象最强、对外合作效果最好的成功经验。2015 年,上汽有合资企业 101 家,累计协议利用外资 73.06 亿美元,合资企业的整车销量、销售收入、利润均占集团总量的 90% 以上,沪外生产的整车占公司整车总量的一半以上。

20 世纪 80 年代后期,上汽开启跨地合作,汽车销售服务率先走出上海。1988 年,与湖南建立销售上海桑塔纳轿车的合作关系。"八五"期间,上海桑塔纳轿车在全国形成规模最大的汽车销售服务网络。1993 年,上汽零部件制造开始走出上海,与江苏扬州建立合作关系。1999 年,整车制造开始走出上海,与江苏仪征建立合作关系。进入 21 世纪,上汽加快整车国内布局。2002 年进入广西柳州和山东烟台、2004 年进入辽宁沈阳、2005 年进入山东青岛、2007 年进入重庆和江苏南京、2011 年进入江苏无锡、2013 年进入新疆乌鲁木齐和浙江宁波、2015 年进入湖北武汉和湖南长沙。至 2015 年,上汽在全国 12 座城市建有 15 家沪外整车企业,同时在 20 个省市自治区建有 288 个零部件研发制造和服务基地。

20 世纪 90 年代初期,上汽开启境外合作。1992 年和 1994 年,先后在德国和美国设立海外公司。21 世纪前 10 年,上汽加快实施全球经营战略。2002 年参与收购韩国大宇汽车公司,实现中国汽车资本首次走出国门的突破;2005 年收购韩国双龙汽车公司后于 2010 年退出;2009 年在香港设立投资公司,并与美国通用汽车公司联手进军印度市场。"十二五"期间,上汽跨国经营进一步加速。2013 年和 2014 年,联手泰国正大集团等进军泰国组建整车和零部件生产、物流和销售的境外公司;2014 年和 2015 年,在美国加利福尼亚设立资本管理、风投基金和创新机构,在中东、南美、澳大利亚设立 3 个海外公司,在伊朗、南非、马来西亚和沙特阿拉伯设立 4 个海外办事处。至 2015 年,上汽境外机构和公司达到 19 个。

第一章　合资合作战略

20世纪80年代以后，上汽相继确立和实施以上海桑塔纳轿车国产化为重点、以合作共赢为目标、以建立长期战略合作关系为方向、以深化对外合作与加快自主创新并举为原则等一系列中外合资的方针和思路；相继确立和实施浦东浦西联动发展、立足上海布局全国、"引进来""走出去"并举、参与国内外汽车工业战略重组等一系列跨地跨国合作经营的方针和思路，用合资合作战略推动公司发展。中外合作成为上汽快速发展的助推器。

第一节　中外合资战略

一、思路方针

1978年11月，中外合资经营（含沪港沪台合资，下同）开始成为上汽快速发展的主要战略。此后经"六五""七五"至"八五"，上汽合资合作战略先后确立以轿车工业发展为重点，与德国大众汽车公司共同攻坚上海桑塔纳轿车国产化，国产化坚持德国大众标准、不搞"瓜菜代"和"精益求精"等合作理念和思路。"九五"期间，在上海通用汽车有限公司建设中形成以合作共赢为核心的"4S"合作理念，该理念以后成为上汽对外合作的重要思路和观念。

"十五"期间，上汽形成实施与合作外方建立长期战略合作关系的思路和方针，包括与美国通用汽车公司共同在柳州、烟台和沈阳参与汽车工业战略重组，创造中中外合作新模式；泛亚汽车技术中心有限公司和上海大众汽车有限公司技术中心进一步形成核心研发能力和本土化研发能力；与国际著名公司的合资合作进入汽车销售、汽车物流、物流金融和汽车信息服务等新领域。通过合资合作不断做大规模，2005年整车年产销突破100万辆。

"十一五"期间，上汽在积极实施自主品牌战略的同时，把"深化对外合作与加快自主开发并举"列为"十一五""6个并举"发展原则中的首要之举，把"深化战略合作合资生产，合资企业创建自主品牌"列为发展自主品牌4条道路中的2条道路。2009年和2010年，在3家合资企业支撑下上汽成为中国首家年产销200万辆和300万辆的汽车集团。同时，形成并实施与合作外方共同进军印度等新兴国际市场和新能源汽车领域等新的合作思路和方针。

"十二五"期间，上汽继续坚持对外合作和自主开发并举的战略，把"统筹深化合资合作与自主品牌建设"列为"6个统筹"发展原则中的首要原则。按照这个思路，在国内继续与德国大众汽车公司、美国通用汽车公司等合作拓展跨地经营，整车年产销连续迈上400万辆和500万辆新台阶，继续位居中国汽车集团之首；境外与泰国正大集团等跨国公司加快拓展自主品牌国际市场。

至2015年，上汽在中国汽车行业成功创造中外合资合作的经验。主要包括：合作时间最早，即始于中国改革开放元年的1978年；合作对象最强，即包括德国大众汽车公司、美国通用汽车公司、意大利菲亚特汽车公司和瑞典沃尔沃汽车公司4家整车跨国公司和德国罗伯特·博世有限公司等20多家汽车零部件跨国公司；合作领域最广，即合资合作覆盖轿车、微型车、客车、载重车以及汽车零部件和汽车服务贸易等各大业务板块,涵盖汽车研发、汽车制造、汽车销售、汽车服务和汽车金融等整个产业链;合作效果最好,即上汽通用五菱汽车股份有限公司、上汽大众汽车有限公司、上汽通用汽车有限公司3家合资企业于2010年成为中国仅有的3家年产销100万辆汽车企业,于2015年继续位居中国汽车企业年产销前3名;华域汽车系统股份有限公司以中外合资企业为主体的汽车零部件业务规模位居全国同行之首。

二、发展沿革

1985年,随着摩托车和轿车2家中外合资企业成立,上汽正式进入对外开放的历史新阶段。至1995年,公司累计完成外商投资项目51个,累计协议利用外资9.48亿美元。其中当年新建合资企业25家,协议利用外资近4亿美元,是"六五"和"七五"10年的近2倍。通过大规模合资合作、技术引进和技术改造,上汽开始建成中国轿车制造基地和中国最完整、最具竞争力的汽车零部件制造体系。"九五"期间,上汽围绕别克和帕萨特两个中高级轿车项目建设,进一步加快利用外资和引进技术的速度并不断提高水平。这一时期,共建立25家合资企业,协议利用外资15.71亿美元,为"八五"的2.15倍。至2000年年底,合资企业总数达50家,累计协议利用外资25.1亿美元,引进技术基本与国际水平保持同步。

进入21世纪,上汽对外合资合作进一步深化发展。"十五"期间,积极应对WTO挑战,全面实施"引进来"和"走出去"并举的战略,继续加大引资力度,提高合资质量。至2002年,上汽与欧洲、北美、亚太地区汽车零部件跨国公司累计合资建立62家零部件企业,全球最大10家零部件公司中6家与上汽建立合作关系。至2005年,建立80家合资企业,其中40%合资企业外方是世界500强企业,累计协议利用外资43.84亿美元。"十一五"和"十二五"期间,上汽继续坚持对外开放合资经营方针,并不断进入新的重要领域,2006—2010年,新建合资企业21家,协议利用外资18.36亿美元,累计协议利用外资37.396亿美元,合资企业对集团销售收入和利润的贡献度超过90%。2011—2015年,新建合资企业12家,协议利用外资10.86亿美元,累计协议利用外资73.06亿美元。

2015年,上海汽车集团股份有限公司101家存续合资企业中,二层次37家,三层次48家,其他层次16家;整车11家、零部件80家、服务贸易10家。合作外方66家,其中德系13家、美系12家、日系20家、其他21家。合作外方中,2015年进入世界500强的跨国公司12家,上汽与这些跨国公司建立的合资企业45家(包括与意大利依维柯汽车公司组建的合资企业)。

表7-1-1　1984—2015年利用外资情况表

年　份	协议利用外资(万美元)		中外合资企业(家)	
	当年完成	累　计　数	当年新建	累　计　数
1984	1 207.75	1 207.75	1	1
1985	8 607.25	9 815.00	1	2
1986	0.00	9 815.00	0	2
1987	7 388.00	17 203.00	0	2

〔续表〕

年　份	协议利用外资（万美元）		中外合资企业（家）	
	当年完成	累　计　数	当年新建	累　计　数
1988	1 552.13	18 755.13	2	4
1989	602.50	19 357.63	1	5
1990	1 480.00	20 837.63	1	6
1991	800.00	21 637.63	0	6
1992	26 000.16	47 637.79	3	9
1993	2 898.05	50 535.84	3	12
1994	11 872.00	62 407.84	5	17
1995	31 581.58	93 989.42	8	25
1996	15 016.26	109 005.68	1	26
1997	86 688.78	195 694.46	8	34
1998	14 989.45	210 683.91	1	35
1999	23 429.81	234 113.72	6	41
2000	16 936.19	251 049.91	9	50
2001	17 918.30	268 968.21	7	57
2002	13 657.14	282 625.35	5	62
2003	21 934.80	304 560.15	2	64
2004	57 857.458	362 417.61	12	76
2005	75 960.878	438 378.49	4	80
2006	9 681.481	448 059.97	4	84
2007	100 234.424	548 294.39	6	90
2008	26 476.328	574 770.72	3	93
2009	37 500.367	612 271.09	5	98
2010	9 705.712	621 976.80	3	101
2011	2 701.000	624 677.80	1	102
2012	4 769.093	629 446.89	1	103
2013	27 618.767	657 065.66	4	107
2014	64 940.516	722 006.17	3	110
2015	8 567.812	730 573.99	3	113
合　计	730 573.99	—	—	113

资料来源：上海汽车集团股份有限公司合作和法律事务部

表 7 - 1 - 2　2015 年中外合资/沪港沪台合资企业一览表

序号	分序号	板块	合资企业	企业层次	成立时间	2015 年股东股比 股东	占股(%)	2015 年注册资本(亿美元)	合资期限(年)
1	1	乘用车	上汽大众汽车有限公司	二层次	1985 年 2 月 16 日	上海汽车集团股份有限公司	50.00	18.297 533 81	45
						德国大众汽车公司	40.00		
						大众汽车(中国)投资有限公司	10.00		
2	2		上汽通用汽车有限公司		1997 年 5 月 16 日	上海汽车集团股份有限公司	50	10.83	30
						通用汽车中国有限责任公司	47.36		
						通用汽车(中国)投资有限公司	2.64		
3	3		泛亚汽车技术中心有限公司		1997 年 5 月 16 日	上海汽车集团股份有限公司	50	0.69	30
						通用汽车中国有限责任公司	50		
4	4		上汽通用东岳汽车有限公司		2003 年 2 月 10 日	上汽通用汽车有限公司	50	2.669 848 846	25
						上海汽车集团股份有限公司	25		
						通用汽车中国有限责任公司	15		
						通用汽车(中国)投资有限公司	10		
5	5		上汽通用五菱汽车股份有限公司		2004 年 4 月 28 日	上海汽车集团股份有限公司	50.10	2.654 059 932	无固定期限
						通用汽车中国有限责任公司	34.00		
						通用汽车(中国)投资有限公司	10.00		
						柳州微型汽车厂	5.81		
						柳州五菱汽车有限责任公司	0.02		
						柳州一利机械有限公司	0.02		
						柳州国联运输有限责任公司	0.02		
						柳州长虹机器制造公司	0.02		
6	6		上汽通用(沈阳)北盛汽车有限公司		2004 年 7 月 26 日	上汽通用汽车有限公司	50	2.27	30
						上海汽车集团股份有限公司	25		
						通用汽车中国有限责任公司	15		
						通用汽车(中国)投资有限公司	10		
7	1	商用车	上海申沃客车有限公司		2000 年 8 月 8 日	上海汽车集团股份有限公司	50	0.54	30
						瑞典沃尔沃客车有限公司	45	2.25	30
						瑞典沃尔沃(中国)投资有限公司	5	3.02	30
8	2		上汽依维柯商用车投资有限公司		2006 年 9 月 12 日	上海汽车集团股份有限公司	50	4.02	40
						意大利依维柯股份有限公司	50		
9	3		上汽依维柯红岩商用车有限公司		2007 年 6 月 13 日	上汽依维柯商用车投资有限公司	67		
						重庆机电控股(集团)公司	33		
10	4		南京依维柯汽车有限公司		2007 年 12 月 26 日	南京汽车集团有限公司	50	0.08	30
						意大利依维柯股份有限公司	50		
11	5		南京南汽专用车有限公司		2007 年 12 月 26 日	南京汽车集团有限公司	75		
						意大利余序闸(自然人)	12.50		
						意大利余序浪(自然人)	12.50		

〔续表〕

序号	分序号	板块	合资企业	企业层次	成立时间	2015 年股东股比		2015 年注册资本(亿美元)	合资期限(年)
						股　东	占股(%)		
12	1	零部件	上海纳铁福传动系统有限公司	二层次	1988 年 5 月	华域汽车系统股份有限公司	45.00	1.66	75
						德国纳铁福传动系统国际有限责任公司	50.00		
						交通银行股份有限公司上海市分行	5.00		
13	2		上海实业交通电器有限公司		1988 年 8 月	华域汽车系统股份有限公司	70.00	1.3	60
						上海汽车工业香港有限公司	30.00		
14	3		上海小糸车灯有限公司		1989 年 2 月	华域汽车系统股份有限公司	50.00	0.81	50
						日本株式会社小糸制作所	45.00		
						日本丰田通商株式会社	5.00		
15	4		华域三电汽车空调有限公司		1990 年 5 月	华域汽车系统股份有限公司	48.00	1.24	64
						日本三电株式会社	43.00		
						上海龙华工业有限公司	9.00		
16	5		上海乾通汽车附件有限公司		1992 年 6 月	华域汽车系统股份有限公司	68.50	0.25	30
						(英属维京群岛)巴得赛有限公司	31.50		
17	6		上海汽车制动系统有限公司		1994 年 7 月	华域汽车系统股份有限公司	51.00	0.57	50
						德国大陆股份有限公司	49.00		
18	7		上海采埃孚转向系统有限公司		1994 年 11 月	华域汽车系统股份有限公司	49.00	0.7	长期
						德国采埃孚转向系统有限公司	51.00		
19	8		上海法雷奥汽车电器系统有限公司		1995 年 2 月	华域汽车系统股份有限公司	50.00	0.22	50
						法国法雷奥国际控股有限公司	50.00		
20	9		中联汽车电子有限公司		1995 年 6 月 16 日	上海汽车香港投资有限公司	53	0.96	50
						无锡威孚高科技股份有限公司	20		
						西安昆仑工业(集团)有限公司	12		
						上海联合投资有限公司	11		
						北京海纳川汽车部件股份有限公司	1		
						一汽资产经营管理有限公司	1		
						东风汽车公司	1		
						上海北蔡资产管理有限公司	1		
21	10		联合汽车电子有限公司		1995 年 12 月 25 日	中联汽车电子有限公司	49	1.91	50
						德国罗伯特博世有限公司	41		
						德国博世(中国)投资有限公司	10		
22	11		上海天合汽车安全系统有限公司		1997 年 4 月	华域汽车系统股份有限公司	50.00	0.15	40
						(毛里求斯)天合中国控股有限公司	50.00		
23	12		上海科尔本施密特活塞有限公司		1997 年 8 月	华域汽车系统股份有限公司	50.00	0.22	30
						德国科尔本施密特有限公司	50.00		

〔续表〕

序号	分序号	板块	合 资 企 业	企业层次	成立时间	2015 年股东股比		2015 年注册资本(亿美元)	合资期限(年)
						股　东	占股(%)		
24	13		华东泰克西汽车铸造有限公司		1998 年 9 月	华域汽车系统股份有限公司	25.00	0.47	30
						意大利泰克西股份有限公司	50.00		
						东华汽车实业有限公司	25.00		
25	14		上海菲特尔莫古轴瓦有限公司		1999 年 12 月	华域汽车系统股份有限公司	40.00	0.12	50
						美国辉门股份(亚洲)有限公司	60.00		
26	15		上海皮尔博格有色零部件有限公司		2001 年 2 月	华域汽车系统股份有限公司	50.00	0.19	30
						德国科尔本施密特投资公司	50.00		
27	16		大众汽车变速器(上海)有限公司		2001 年 10 月 29 日	上海汽车集团股份有限公司	20	0.47	25
						一汽轿车股份有限公司	20		
						德国大众汽车(中国)投资有限公司	60		
28	17		上海萨克斯动力总成部件系统有限公司	二层次	2001 年 12 月	华域汽车系统股份有限公司	50.00	0.14	50
						德国采埃孚(中国)投资有限公司	50.00		
29	18		上汽通用东岳动力总成有限公司		2004 年 6 月 8 日	上汽通用汽车有限公司	50	9.301 161 496	25
						上海汽车集团股份有限公司	25		
						通用汽车中国有限责任公司	15		
						通用汽车(中国)投资有限公司	10		
30	19	零部件	上海赛科利汽车模具技术应用有限公司		2004 年 6 月	华域汽车系统股份有限公司	75.00	1.36	30
						上海汽车工业香港有限公司	25.00		
31	20		上海大众动力总成有限公司		2005 年 4 月 29 日	上海汽车集团股份有限公司	40	2.4	25
						德国大众汽车(中国)投资有限公司	60		
32	21		上海菲特尔莫古复合材料有限公司		2007 年 7 月	华域汽车系统股份有限公司	40.00	0.08	30
						美国辉门股份(亚洲)有限公司	60.00		
33	22		上汽菲亚特红岩动力总成有限公司		2007 年 6 月 14 日	上汽依维柯商用车投资有限公司	60	0.92	30
						重庆机电控股(集团)公司	10		
						意大利 FPT 工业股份有限公司	30		
34	23		华域大陆汽车制动系统(重庆)有限公司		2015 年 5 月	华域汽车系统股份有限公司	50.00	0.03	30
						德国大陆汽车投资(上海)有限公司	50.00		
35	24		江苏天宝汽车电子有限公司	三层次	1986 年 6 月	延锋伟世通投资有限公司	49.00	0.11	50
						延锋汽车饰件系统有限公司	38.53		
						(英属维京群岛)天宝发展有限公司	12.47		
36	25		南京汽车锻造有限公司		1992 年 8 月	东华汽车实业有限公司	50	0.29	20
						西班牙奥特控普系统股份公司	50		
37	26		上海爱德夏机械有限公司		1994 年 7 月	上海拖拉机内燃机有限公司	45.00	0.12	45
						德国爱德夏控股有限公司	55.00		

〔续表〕

序号	分序号	板块	合资企业	企业层次	成立时间	2015 年股东股比		2015 年注册资本(亿美元)	合资期限(年)
						股　东	占股(%)		
38	27		延锋伟世通汽车电子有限公司		1994 年 12 月	延锋伟世通投资有限公司	49.00	0.2	50
						美国伟世通国际有限责任公司	51.00		
39	28		上海法雷奥汽车电机雨刮系统有限公司		1995 年 12 月	上海实业交通电器有限公司	27.00	0.16	50
						法国法雷奥国际控股有限公司	73.00		
40	29		上海兴盛密封垫有限公司		1997 年 3 月	上海联谊汽车拖拉机工贸有限公司	40.00	0.02	30
						日本金属缸垫株式会社	30.00		
						日本霓佳斯株式会社	30.00		
41	30		南京法雷奥离合器有限公司		1997 年 7 月	东华汽车实业有限公司	25	0.19	50
						韩国法雷奥平和国际有限公司	75		
42	31		上海延锋江森座椅有限公司		1997 年 12 月	延锋汽车饰件系统有限公司	50.01	0.62	25
						美国江森自控亚洲控股有限公司	49.99		
43	32		上海天纳克排气系统有限公司		1999 年 2 月	上海拖拉机内燃机有限公司	45.00	0.18	30
						美国天纳克有限公司	55.00		
44	33		上海博泽汽车部件有限公司		1999 年 3 月	上海实业交通电器有限公司	40.00	0.1	25
						德国博泽国际有限公司	60.00		
45	34	零部件	上海恩坦华汽车门系统有限公司	三层次	1999 年 11 月	上海实业交通电器有限公司	40.00	0.06	49
						美国恩坦华有限公司	60.00		
46	35		上海本特勒汇众汽车零部件有限公司		2000 年 1 月	上海汇众汽车制造有限公司	40.00	0.33	25
						德国本特勒汽车工业有限责任公司	60.00		
47	36		上海汇众萨克斯减振器有限公司		2000 年 3 月	上海汇众汽车制造有限公司	40.00	0.16	48
						德国采埃孚(中国)投资有限公司	60.00		
48	37		上海康迪泰克管件有限公司		2000 年 4 月	上海联谊汽车拖拉机工贸有限公司	49.00	0.02	30
						德国康迪泰克股份有限公司	51.00		
49	38		上海三电汽车空调有限公司		2000 年 8 月	上海三电贝洱汽车空调有限公司	75.00	0.1	50
						日本三电株式会社	25.00		
50	39		上海蒂森克虏伯汇众汽车零部件有限公司		2000 年 11 月	上海汇众汽车制造有限公司	40.00	0.12	25
						法国蒂森克虏伯普利斯坦公司	60.00		
51	40		上海纽荷兰农业机械有限公司		2001 年 10 月	上海拖拉机内燃机有限公司	40.00	0.67	30
						凯斯纽荷兰亚洲控股有限公司	60.00		
52	41		上海爱知锻造有限公司		2002 年 5 月	上海拖拉机内燃机有限公司	40.00	0.28	30
						日本爱知制钢株式会社	48.00		
						日本丰田通商株式会社	12.00		
53	42		上海三立汇众汽车零部件有限公司		2002 年 11 月	上海汇众汽车制造有限公司	40.00	0.07	25
						韩国三立株式会社	60.00		

〔续表〕

序号	分序号	板块	合资企业	企业层次	成立时间	2015年股东股比		2015年注册资本(亿美元)	合资期限(年)
						股东	占股(%)		
54	43	零部件	上海中炼线材有限公司	三层次	2003年10月	上海中国弹簧制造有限公司	40.00	0.21	50
						日本高周波热炼株式会社	40.00		
						日本第一制铁株式会社	15.00		
						日本新日本制铁株式会社	5.00		
55	44		上海镁镁合金压铸有限公司		2003年8月	上海乾通汽车附件有限公司	40.00	0.12	18
						加拿大马瑞迪有限公司	60.00		
56	45		上海菱重增压器有限公司		2004年1月14日	上海柴油机股份有限公司	40	0.21	20
						日本三菱重工业株式会社	56.29		
						日本住友商事株式会社	1.65		
						上海住友商事有限公司	2.06		
57	46		上海菱重发动机有限公司		2004年1月14日	上海柴油机股份有限公司	50	0.32	30
						日本三菱重工业株式会社	50		
58	47		重庆中海弹簧有限公司		2004年1月	上海中国弹簧制造有限公司	51.00	0.02	30
						林炳辉(中国台湾、自然人)	49.00		
59	48		上海贝洱热系统有限公司		2004年2月	上海三电贝洱汽车空调有限公司	50.00	0.15	50
						德国贝洱有限公司	50.00		
60	49		延锋百利得(上海)汽车安全系统有限公司		2004年5月	延锋汽车饰件系统有限公司	50.10	0.13	20
						美国百利得安全系统公司	49.90		
61	50		上海采埃孚变速器有限公司		2004年6月9日	上海汽车变速器有限公司	49	0.18	不约定期限
						德国采埃孚(中国)投资有限公司	51		
62	51		上海恩坦华汽车部件有限公司		2004年6月	上海实业交通电器有限公司	50.00	0.03	30
						法国西尔有限公司	50.00		
63	52		青岛东洋热交换器有限公司		2005年4月	东华汽车实业有限公司	26	0.08	30
						日本株式会社东洋热交换器	51		
						日本三菱商事株式会社	23		
64	53		天津中星汽车零部件有限公司		2005年6月	上海中国弹簧制造有限公司	50.00	0.04	30
						日本中央发条株式会社	50.00		
65	54		纳铁福传动轴(重庆)有限公司		2006年8月	上海纳铁福传动系统有限公司	51.00	0.07	50
						长安汽车集团股份有限公司	40.00		
						德国纳铁福工业股份有限公司	9.00		
66	55		延锋彼欧汽车外饰件系统有限公司		2007年4月	延锋汽车饰件系统有限公司	50.05	0.72	30
						法国彼欧汽车外饰件有限公司	49.95		
67	56		上海李尔实业交通汽车部件有限公司		2008年6月	上海实业交通电器有限公司	45.00	0.08	30
						李尔(毛里求斯)有限公司	55.00		
68	57		苏州三电精密零件有限公司		2008年9月	上海三电贝洱汽车空调有限公司	35.00	0.11	46
						日本三电株式会社	65.00		

〔续表〕

序号	分序号	板块	合资企业	企业层次	成立时间	2015 年股东股比		2015 年注册资本(亿美元)	合资期限(年)
						股　东	占股(%)		
69	58		博格华纳联合传动系统有限公司		2009 年 3 月 25 日	中发联投资有限公司	34	0.67	15
						美国博格华纳(中国)投资有限公司	66		
70	59		上海上汽马瑞利动力总成有限公司		2009 年 4 月 15 日	上海汽车变速器有限公司	50	0.25	20
						意大利马涅蒂玛瑞利股份公司	50		
71	60		上海宝钢阿赛洛激光拼焊有限公司		2010 年 3 月 30 日	上海宝钢国际经济和贸易有限公司	38	0.34	20
						上海大众联合发展有限公司	37		
						阿赛洛荷兰	25		
72	61		上海环臻弹簧有限公司	三层次	2012 年 9 月	上海中国弹簧制造有限公司	51.00	0.03	30
						美国杜戴克博克弹簧公司	49.00		
73	62		华域皮尔博格泵技术有限公司		2013 年 6 月	上海幸福摩托车有限公司	50.00	0.11	30
						德国皮尔博格泵技术有限公司	50.00		
74	63		延锋伟世通投资有限公司		2013 年 11 月	延锋汽车饰件系统有限公司	50.00	0.84	30
						美国伟世通国际有限责任公司	50.00		
75	64	零部件	上海延锋江森座椅机械部件有限公司		2013 年 12 月	延锋汽车饰件系统有限公司	50.00	0.43	25
						美国江森自控亚洲控股有限公司	50.00		
76	65		延锋汽车内饰系统有限公司		2014 年 7 月	延锋汽车饰件系统有限公司	70.57	15.81	50
						美国江森自控内饰(香港)有限公司	29.43		
77	66		重庆延锋江森汽车部件系统有限公司		2003 年 10 月	上海延锋江森座椅有限公司	50.00	0.08	50
						重庆博奥实业有限公司	25.00		
						美国江森自控亚洲控股有限公司	25.00		
78	67		保定延锋江森汽车座椅有限公司		2004 年 3 月	上海延锋江森座椅有限公司	50.00	0.03	20
						长城汽车股份有限公司	25.00		
						香港亿新发展有限公司	25.00		
79	68		广州东风江森座椅有限公司	四层次	2005 年 1 月	上海延锋江森座椅有限公司	50.00	0.04	50
						东风电子科技股份有限公司	25.00		
						美国江森自控亚洲控股有限公司	25.00		
80	69		芜湖江森云鹤汽车座椅有限公司		2006 年 12 月	上海延锋江森座椅有限公司	45.00	0.06	15
						美国江森自控亚洲控股有限公司	25.00		
						武汉新云鹤汽车座椅有限公司	30.00		
81	70		延锋伟世通模具有限公司		2006 年 12 月	延锋汽车内饰系统有限公司	50.00	0.12	25
						美国伟世通国际有限责任公司	50.00		
82	71		南通延锋江森座椅面套有限公司		2007 年 2 月	上海延锋江森座椅有限公司	75.00	0.05	15
						美国江森自控亚洲控股有限公司	25.00		

〔续表〕

序号	分序号	板块	合资企业	企业层次	成立时间	2015 年股东股比		2015 年注册资本(亿美元)	合资期限(年)
						股　　东	占股(%)		
83	72	零部件	合肥云鹤江森汽车座椅有限公司	四层次	2007 年 4 月	上海延锋江森座椅有限公司	33.00	0.08	15
						美国江森自控亚洲控股有限公司	10.00		
						江淮汽车集团股份有限公司	35.00		
						武汉新云鹤汽车座椅有限公司	22.00		
84	73		武汉泰极江森汽车座椅有限公司		2008 年 6 月	上海延锋江森座椅有限公司	20.00	0.06	50
						日本太极株式会社	70.00		
						美国江森自控亚洲控股有限公司	10.00		
85	74		东风河西(襄阳)汽车饰件系统有限公司	五层次	2013 年 11 月	东风伟世通汽车饰件系统有限公司	65.00	0.11	30
						日本河西工业株式会社	35.00		
86	75		东风河西(大连)汽车饰件系统有限公司		2014 年 11 月	东风伟世通汽车饰件系统有限公司	50.00	0.09	30
						日本河西工业株式会社	50.00		
87	76		东风安通林(武汉)汽车饰件系统有限公司(新设)		2015 年 1 月	东风伟世通汽车饰件系统有限公司	49.00	0.03	30
						西班牙安通林有限公司	51.00		
88	77		东风安通林(武汉)汽车顶饰系统有限公司(新设)		2015 年 1 月	东风伟世通汽车饰件系统有限公司	51.00	0.03	30
						西班牙安通林有限公司	49.00		
89	1	汽车服务贸易与金融	上海上汽大众汽车销售有限公司	二层次	2000 年 7 月 5 日	上海汽车集团股份有限公司	50.00	0.299 8	30
						德国大众汽车(中国)投资有限公司	30.00		
						上汽大众汽车有限公司	20.00		
90	2		上海纳铁福传动系统销售有限公司		2009 年 9 月	华域汽车系统股份有限公司	51.00	0.1	30
						德国纳铁福传动系统国际有限责任公司	49.00		
91	3		上海大陆汽车制动系统销售有限公司		2010 年 1 月	华域汽车系统股份有限公司	49.00	0.03	20
						德国大陆汽车投资(上海)有限公司	51.00		
92	4	汽车服务贸易	上汽通用汽车销售有限公司		2011 年 11 月 25 日	上海汽车集团股份有限公司	51	0.49	16
						美国通用汽车中国有限责任公司	49		
93	5		安吉智行物流有限公司	三层次	2002 年 5 月	上汽安吉物流股份有限公司	50	0.3	30
						荷兰采华物流有限公司	50		
94	6		安吉汽车租赁有限公司(2019 年年初合资转内资)		2002 年 11 月	上海汽车工业销售有限公司	50	0.48	25
						荷兰安飞士欧洲集团控股有限公司	50		

〔续表〕

序号	分序号	板块	合资企业	企业层次	成立时间	2015年股东股比		2015年注册资本(亿美元)	合资期限(年)
						股东	占股(%)		
95	7	汽车服务贸易	上海海通国际汽车码头有限公司	三层次	2003年12月	上海国际港务(集团)股份有限公司	40	0.08	50
						上汽安吉物流股份有限公司	35		
						日本邮船株式会社	5		
						华轮威尔森瑞典中区码头公司	5		
						上海汽车工业香港有限公司	5		
						荷兰纽约控股(欧洲)有限公司	10		
96	8		上海安吉黄帽子汽车用品有限公司		2004年12月	上海汽车工业销售有限公司	50.01	0.05	20
						日本黄帽子株式会社	49.99		
97	9		上海安吉日邮物流有限公司		2005年1月	上汽安吉物流股份有限公司	51	0.02	20
						日本邮船株式会社	29		
						日本日邮物流(中国)有限公司	20		
98	10		上海安吉星信息服务有限公司		2009年10月	上海汽车工业销售有限公司	40	0.19	30
						美国安吉星有限公司	40		
						上汽通用汽车有限公司	20		
99	11		上海诚新二手车经营管理有限公司		2010年9月	上海汽车工业销售有限公司	34.00	0.055 688 146	30
						美国通用汽车(中国)投资有限公司	33.00		
						上汽通用汽车有限公司	33.00		
100	12		上汽通用汽车金融有限责任公司		2004年8月	上海汽车集团财务有限责任公司	45	2.39	无约定期
						上汽通用汽车有限公司	20		
						美国通用汽车金融服务(英国)股份有限公司	35		
101	13		安悦先锋汽车信息技术有限公司	四层次	2009年10月	延锋伟世通投资有限公司	51.00	0.13	15
						日本先锋电子(中国)投资有限公司	49.00		

资料来源：上海汽车集团股份有限公司合作和法律事务部

表7-1-3 2015年与上汽合资的世界500强企业一览表

与上汽合资的世界500强企业			世界500强与上汽合资的企业	
序号	世界500强企业	2015年世界500强排名	序号	与上汽合资的企业
1	德国大众汽车有限公司	8	1	上汽大众汽车有限公司
			2	上海上汽大众汽车销售有限公司
			3	上海大众动力总成有限公司
			4	大众汽车变速器(上海)有限公司

〔续表〕

与上汽合资的世界 500 强企业			世界 500 强与上汽合资的企业	
序号	世界 500 强企业	2015 年世界 500 强排名	序号	与上汽合资的企业
2	日本丰田通商株式会社（属日本丰田汽车公司）	9	5	上海小糸车灯有限公司
			6	上海爱知锻造有限公司
3	美国通用汽车公司	21	7	上汽通用汽车有限公司
			8	上汽通用汽车销售有限公司
			9	泛亚汽车技术中心有限公司
			10	上汽通用五菱汽车股份有限公司
			11	上汽通用东岳汽车有限公司
			12	上汽通用东岳动力总成有限公司
			13	上汽通用（沈阳）北盛汽车有限公司
			14	上汽通用汽车金融有限责任公司
			15	上海安吉星信息服务有限公司
			16	上海诚新二手车经营管理有限公司
4	卢森堡安赛乐米塔尔集团	108	17	上海宝钢阿赛洛激光拼焊有限公司
5	日本三菱商事株式会社	132	18	青岛东洋热交换器有限公司
6	德国罗伯特·博世公司	150	19	联合汽车电子有限公司
7	德国蒂森克虏伯集团	179	20	上海蒂森克虏伯汇众汽车零部件有限公司
8	日本新日铁住金	184	21	上海中炼线材有限公司
9	德国大陆集团	237	22	上海汽车制动系统有限公司
			23	上海大陆汽车制动系统销售有限公司
			24	华域大陆汽车制动系统（重庆）有限公司
10	美国江森自控有限公司	254	25	延锋汽车内饰系统有限公司
			26	上海延锋江森座椅有限公司
			27	南通延锋江森座椅面套有限公司
			28	芜湖江森云鹤汽车座椅有限公司
			29	合肥云鹤江森汽车座椅有限公司
			30	保定延锋江森汽车座椅有限公司
			31	广州东风江森座椅有限公司
			32	重庆延锋江森汽车部件系统有限公司
			33	武汉泰极江森汽车座椅有限公司
			34	上海延锋江森座椅机械部件有限公司
11	瑞典沃尔沃汽车公司	268	35	上海申沃客车有限公司

〔续表〕

与上汽合资的世界 500 强企业			世界 500 强与上汽合资的企业	
序号	世界 500 强企业	2015 年世界 500 强排名	序号	与上汽合资的企业
12	日本三菱重工业株式会社	319	36	上海菱重增压器有限公司
			37	上海菱重发动机有限公司
13	德国采埃孚股份公司	488	38	上海采埃孚转向系统有限公司
			39	上海萨克斯动力总成部件系统有限公司
			40	上海汇众萨克斯减振器有限公司
			41	上海采埃孚变速器有限公司
14	意大利依维柯汽车公司	—	42	上汽依维柯商用车投资有限公司
			43	上汽依维柯红岩商用车有限公司
			44	上汽菲亚特红岩动力总成有限公司
			45	南京依维柯汽车有限公司

说明：因意大利依维柯汽车公司为世界主要汽车企业，故列入本表
资料来源：上海汽车集团股份有限公司合作和法律事务部

三、标志性事件

1985 年 1 月，上海汽车拖拉机工业联营公司（简称上海汽拖联营公司）与泰国正大集团易初投资有限公司合资组建的上海—易初摩托车有限公司成立；同年 2 月，上海汽拖联营公司、中国汽车工业总公司、中国银行上海市分行与德国大众汽车公司（简称德国大众）合资组建的上海大众汽车有限公司（简称上海大众汽车）成立。这两家合资企业的成立，标志着上汽合资合作进入整车制造领域，开启对外开放的历史新阶段。1988 年 7 月，上海汽拖联营公司与交通银行上海分行、德国尤尼·卡登公司和德国投资开发公司合资组建中国第 1 家汽车零部件企业上海纳铁福传动轴有限公司，上汽对外合作进入汽车零部件领域。1995 年 12 月，由上海汽车工业（集团）总公司（简称上汽集团）为主、跨地区跨行业跨部门联合组建的中联汽车电子有限公司与德国罗伯特·博世公司合资成立联合汽车电子有限公司，该项目为国内投资规模最大的汽车零部件项目。1997 年 5 月，上汽集团与美国通用汽车公司（简称美国通用汽车）合资组建上海通用汽车有限公司（简称上海通用汽车）和中国第 1 家中外合资汽车技术中心泛亚汽车技术中心有限公司，两大项目既是国家浦东开发开放战略的标志性项目和中美投资规模最大的合作项目，同时标志着上汽对外合作进入汽车研发领域。

2000 年 8 月，上汽集团和大众汽车（中国）投资有限公司、上海大众汽车合资成立中国第 1 家汽车销售合资企业上海上汽大众汽车销售有限公司，上汽对外开放进入汽车销售领域。同月，上汽集团与瑞典沃尔沃客车有限公司、沃尔沃（中国）投资有限公司合资组建上海申沃客车有限公司，上汽对外合作进入客车制造领域。2002 年 5 月，上海汽车工业销售总公司与荷兰 TPG 公司所属天地物流控股公司合资组建国内第 1 家中外汽车物流合资公司安吉天地汽车物流有限公司，上汽对外

合作进入汽车物流领域。同年9月,上汽集团与美国通用汽车和广西柳州五菱汽车有限责任公司合资组建上汽通用五菱汽车股份有限公司,上汽对外合作进入微型车领域,同时开创中国汽车工业中中外合作新模式。2004年8月,上海汽车集团财务有限责任公司上海通用汽车和美国通用汽车金融服务有限公司合资组建中国首家汽车金融公司上汽通用汽车金融有限责任公司,上汽对外合作进入汽车金融领域。同年10月和2005年9月,上汽集团先后与美国通用汽车和德国大众签署研发生产清洁能源汽车和混合动力轿车协议,上汽对外合作进入新能源汽车领域。2006年11月,上汽集团携手美国通用汽车签约2010年上海世博会全球合作伙伴,成为双方合作履行社会责任的重要标志。2007年6月,上海汽车集团股份有限公司与意大利依维柯汽车公司合资投资的上汽依维柯商用车投资有限公司与重庆重型汽车集团有限责任公司合资组建上汽依维柯红岩商用车有限公司,上汽对外合作进入重型车领域。2009年10月,上海汽车工业销售有限公司、美国通用汽车和上海通用汽车合资建立上海安吉星信息服务有限公司,上汽对外合作进入汽车信息服务领域。2010年7月,上汽通用五菱汽车股份有限公司推出宝骏自主品牌,成为上汽合资企业生产自主品牌的主要标志。2013—2014年,上海汽车集团股份有限公司、华域汽车系统股份有限公司、安吉汽车物流有限公司分别在泰国与泰国正大集团、日本日邮有限公司合资组建5家产销MG和大通自主品牌的整车、零部件、物流和销售公司,形成境外产业链合资合作的新模式。2015年4月,延锋汽车饰件系统有限公司与美国江森自控有限公司组建全球最大的汽车内饰系统公司江森自控汽车内饰(上海)有限公司(延锋汽车内饰系统有限公司),成为上汽零部件扩大对外开放的重要标志。

第二节 跨地合资合作战略

一、思路方针

上汽跨地合资合作源于20世纪80年代的上海桑塔纳轿车的销售和服务。20世纪80年代初—90年代末,先后形成与各地机电、物资和汽贸等专业公司合作,组建风险共担利益共享的上海桑塔纳轿车销售联营公司;与各地汽车经销商合作组建整车销售、配件供应、维修服务、信息反馈"四位一体"4S经销商网络;在各地建立上汽销售总部机构职能延伸的分销中心和以直销制和要货制为主要特征的特许经销商网络等思路和举措。

进入21世纪,上汽将跨地合资合作提升到新的战略高度,实施"引进来"和"走出去"并举的战略方针。2001年8月,上汽"十五"发展规划在分析中国汽车工业生产集中度逐步提高,企业联合、兼并重组、结构调整已经起步的现状和发展趋势后,提出走出上海,实行强强联合、产品互补,扩大产品发展空间和市场覆盖率等规划指导思想。2002—2005年,上汽每年制订的5年滚动发展规划,均提出走出上海服务全国、参与中国汽车工业兼并重组、拓展互补性强的产品、构建低成本制造基地的指导思想和思路。2006年2月,上汽"十一五"发展规划纲要,继续把坚持"走出去"战略、参与行业整合、服务全国作为指导思想之一,把"立足上海发展与谋求全国布局并举"作为"6个并举"的业务发展原则之一。同时,进一步把"走出去"战略列为规划组成部分进行重点规划,形成抢时间、拓市场、少投资、降成本的指导思想和立足上海,重点向沿海、中西部及东北拓展的总体发展思路;提出上海通用汽车做大烟台东岳和沈阳北盛基地,上海大众汽车择机在沪外建立低成本基地,商用车寻找外方战略合作伙伴并在沪外实施战略重组,零部件进行全国布点,服务贸易网络延伸辐射全国等全方位跨地经营的要求。2007年12月,上汽集团和跃进汽车集团全面合作后,提出"全面合作,融为一家"的基本方针和思路,引领上南合作成功实施。2009—2015年,上汽编制的"十二五"发展规划、3年行动计划和5年滚动发展规划,均把"统筹规划区域性布局与全球化经营"作为"6个统筹"指导思想的重要一条。

二、发展沿革

1978年11月,上汽从行政性公司转变为企业性公司,开始拥有生产销售自主权,公司设立销售配套科与各地机电、物资、汽贸三大公司合作,在全国各地销售产品。至"八五"期末,上海汽车工业销售总公司(简称上汽销售)在全国建立5家独资销售子公司、35家一级营销分公司和77家二级销售分公司,上海大众汽车在全国建立特约维修站340家,上海桑塔纳轿车在全国形成规模最大的汽车销售服务体系。1996年起,上汽销售调整营销服务网络,在全国建立24家销售服务中心和由185家特许经销商组成的营销服务网络。

20世纪90年代初,上汽开始将跨地合资合作从销售服务领域扩大到生产制造领域。至1999年,形成"东"有上海浦东的上海通用汽车、"西"有上海嘉定的上海大众汽车、"南"有广西柳州的上汽通用五菱项目、"北"有上汽集团仪征汽车有限公司的"东西联动、南北出击"整车布局。"十五"期间,上汽大力实施立足上海和布局全国并举的战略方针,跨地合资合作快速发展。至2005年,新增烟台、沈阳和青岛3个沪外整车制造基地,加上原有的仪征、柳州两个基地,沪外整车基地增加到5个。"十一五"期间,上汽积极参与中国汽车工业企业重组、继续实行"走出去"战略。至2008年,新建重庆和南京2个整车制造基地,沪外整车制造基地增加到7个。至"十一五"期末,上汽沪外企业达到120多家,涵盖研发、制造和服务贸易整条产业链,包容整车和汽车零部件,涉及自主品牌和合资品牌。"十二五"期间,上汽跨地合资合作继续迅速发展,在柳州、烟台、青岛、沈阳、重庆、南京、仪征和无锡8个沪外整车基地基础上,新增宁波、乌鲁木齐、武汉、长沙4个沪外整车基地,拥有沪外整车基地的城市增至12个,其中南京有3家整车企业,沪外整车企业(含整车企业所属分公司)达到15家,同时在20个省市自治区建有288个零部件研发制造和服务基地。

三、标志性事件

1988年3月,上海汽车拖拉机销售服务公司在湖南长沙与湖南省汽车贸易公司联营成立首家销售联营公司上海汽车拖拉机销售服务公司湖南分公司,上汽轿车销售开始通过资本联营方式走出上海。1993年7月,上海汽车工业总公司与国家机电轻纺投资公司、扬州城镇集体工业联社在江苏扬州合资经营的扬州汽车塑料件制造公司签约,生产布局开始走出上海。1996年起,上汽销售在全国逐步建立具有上海总部功能延伸作用的24家销售服务中心。同年7月,联合汽车电子有限公司在江苏无锡和陕西西安设立分厂,上汽直属的零部件企业开始走出上海。1999年3月,上汽第1个沪外整车企业上汽集团仪征汽车有限公司开业,整车制造开始走出上海。2001年11月,延锋伟世通汽车饰件系统有限公司在重庆成立该公司第一个沪外子公司延锋伟世通(重庆)汽车饰件系统有限公司,之后发展成为中国跨地经营规模最大的汽车零部件企业。2002年9月,位于广西柳州的上汽通用五菱汽车股份有限公司开业,上汽跨地合资合作进入微型车领域。同年12月和2004

年3月,位于山东烟台的上海通用东岳汽车有限公司和位于辽宁沈阳的上海通用北盛汽车有限公司相继成立,上海通用汽车开始走出上海。2004年6月,上汽重组中国汽车工业总公司后成立的上海汽车集团(北京)有限公司开业,上汽跨地经营进入北京。2007年6月,位于重庆的上汽依维柯红岩商用车有限公司成立,上汽跨地合资合作进入重型车领域。同年12月,上汽集团和跃进汽车集团公司签署全面合作协议,上南合作成为实施长三角一体化战略的标志性事件和中国汽车工业战略重组的重要里程碑。2008年4月,上海大众汽车收购南京菲亚特汽车公司成立南京分公司,开始走出上海。2012年7月、2013年8月和10月、2015年1月和5月,上汽再添5家沪外整车企业,即上汽大众在江苏仪征的仪征分公司、在新疆乌鲁木齐的新疆有限公司和在浙江宁波的宁波分公司,上汽通用在湖北武汉的武汉分公司,以及上汽大众在湖南长沙的长沙分公司,成为上汽进一步加大跨地合资合作力度的重要标志。

第三节 海外合资合作战略

一、思路方针

1992年11月,上汽开始实行在世界主要汽车制造国家和城市设立办事机构拓展国际业务的思路和方针。20世纪和21世纪交替之际,上汽在中国加入世界贸易组织的背景下开始整体谋划和实施海外合资合作战略,提升集团国际经营能力。1999年12月,上汽确立SAIC价值观,并把"集成全球资源"和全球经营工程作为核心价值观之一和实践价值观的四大工程之一。2000年9月,上汽召开全球化工作会议,提出"引进来"要实现国产化转为国际化、国内市场转为国际市场、单一经营转为多元经营"3个转变";"走出去"要实现整车出口零的突破、零部件出口规模化突破、海外公司建设本土化突破"3个突破";零部件企业要实施抢占国内市场份额、逼出国门、围绕跨国汽车公司配套的"抢逼围"战略。2003年8月,上汽召开全球经营工程大会,提出全方位参与国际分工和竞争合作,实现跨国经营的指导思想;提出产品出口规模化、资本运作国际化、海外公司本土化,创建一批亿美元级、五千万美元级、千万美元级出口创汇企业的战略目标;提出按照产品走出去、资本走出去、融资走出去的战略步骤,确立海外公司向功能化发展、对外出口向基地化发展、零部件合作向零级化发展的工作重点。

2002—2005年,上汽每年制订的后5年滚动发展规划,先后提出树立全球经营观念,抓住入世机遇,推进全球经营;扩大产品出口,以"抢逼围"精神开拓国外市场,逐步成为世界制造业生产配套基地;促进系统开发及模块供货,融入全球供货体系;积极参与全球竞争,努力促进合资公司实现整车区域性批量出口;择机兼并收购国外企业,逐步参与国际分工,建立海外开发生产经营基地的不断发展的海外经营思路。2005—2007年,上汽制订完善"十一五"发展规划,在走出去战略的规划部分中,确定完善全球化战略布局,逐步建成具有国际经营能力的大型汽车公司的发展目标;提出将五大海外公司建成海外战略中心,择机收购有助于提升研发能力和出口网络建设的海外公司,实现整车出口批量化,零部件出口规模化并纳入跨国公司全球采购网络等发展思路和要求。2009—2014年,上汽编制的"十二五"发展规划、3年行动计划和5年滚动发展规划,均把"努力建设具有核心竞争能力和国际经营能力的汽车集团"作为集团发展的战略方向,把"统筹规划区域性布局与全球化经营"作为重要的发展原则。

二、发展沿革、标志性事件

1992 年 11 月,上海汽车工业总公司与上海国际信托投资公司、上海希恩贸易有限公司在德国汉堡合资设立上汽欧洲有限公司,该公司成为上汽首家境外机构。进入"十五",上汽开始实施全球经营战略,参与国际汽车工业战略重组,并经历从跟随国际跨国公司收购到独家收购再到联合收购的沿革。2002 年 10 月,上汽跟随美国通用汽车收购韩国大宇汽车公司,实现中国汽车资本首次走出国门的突破。同年和 2009 年,上汽在香港先后设立境外贸易和投融资的重要平台上海汽车工业香港有限公司和上海汽车香港投资有限公司。2004 年和 2009 年,上汽先后独家购买英国罗孚汽车公司和英国 LDV 公司的核心技术,成为上汽"集成世界资源"建设自主品牌的重要标志。2008 年,上汽通过上南合作拥有英国基地,并构成自主品牌跨国研发和制造体系。2009 年,上汽投资通用汽车印度公司,赛欧轿车进入印度市场。2010 年 1 月,延锋伟世通汽车饰件系统有限公司在美国底特律克成立延锋美国汽车饰件系统有限公司,为美国克莱斯勒汽车公司和通用汽车公司配套,成为上汽零部件企业资本走出国门的重要标志。2013—2014 年,上海汽车集团股份有限公司、华域汽车系统股份有限公司、安吉汽车物流有限公司分别在泰国与泰国正大集团、日本日邮有限公司合资组建 5 家产销 MG 和大通 2 个上汽自主品牌的整车、零部件、物流和销售公司,包括整车合资企业上汽正大汽车有限公司和大通汽车(泰国)有限公司、汽车零部件合资企业华域正大有限公司、汽车物流合资企业安吉日邮物流(泰国)有限公司、汽车销售合资企业 MG 销售(泰国)有限公司,从而构成境外产业链合资合作的新模式。2014 年和 2015 年,上汽设立中东、南美、澳大利亚 3 个海外公司和驻伊朗、南非、马来西亚和沙特阿拉伯 4 个海外办事处。

第二章 在沪整车整机企业合资

1985年2月，上海大众汽车有限公司成立，上汽进入对外开放历史新阶段。1997年6月，上海通用汽车有限公司成立，成为上海浦东开发开放的标志性项目。此外，上汽在上海的整车整机合资项目还有：1985年成立的上海—易初摩托车有限公司，该公司后于1999年改为国有企业并更名为上海幸福摩托车总厂；1997年成立的上海汇众汽车制造有限公司，该公司后于2007年改为国有企业；2000年成立的上海申沃客车有限公司；2001年成立的上海纽荷兰农业机械有限公司，该公司后于2014年申请解散。

第一节 上汽大众合资

一、由来与变化

【项目提出】

1978年上半年，国家计划委员会（简称国家计委）、国家经济委员会（简称国家经委）和对外贸易部在真理标准大讨论推动和中国开始改革开放的形势下，为加快中国工业改造，提高产品质量，扩大产品出口，增加外汇收入，酝酿引进世界发达国家先进技术和装备，包括引进汽车制造技术和装备改造汽车工业。第一机械工业（简称一机部）副部长饶斌通过信件向国家计委、国家经委和对外贸易部提出建议：引进一条轿车装配线，放在上海，改造上海汽车厂。其理由是轿车工业是汽车工业重要组成部分，一个国家没有像样的轿车工业，不能算有完整的汽车工业，上海工业基础好、科研人员多、技术力量强，当时国内真正批量生产轿车并且有装配流水线的只有上海汽车厂。三部委采纳饶斌的意见，于同年6月27日联合向国务院上报《关于开展对外加工装配业务的报告》，提出"引进三条汽车装配线，其中一条轿车装配线安排在上海，改造上海汽车厂"。7月15日，该报告得到国务院批准。

【项目报告】

1978年7月29日，一机部委派该部汽车总局副局长胡亮、局长助理王恩魁专程到上海，落实上海引进轿车装配线事项，传递该部给中共上海市委副书记韩哲一和上海市革命委员会副主任陈锦华的信函，建议共同落实国务院文件精神。当天，陈锦华对信函作出批示。7月29日，根据陈锦华批示，上海市第一机电工业管理局（简称上海市机电一局）局长蒋涛与胡亮、王恩魁进行会谈，沟通情况，商议落实措施。而后，蒋涛通知上海市拖拉机汽车工业公司（简称上海市拖汽公司）做好落实国务院通知的准备工作。同一天，陈锦华会见胡亮和王恩魁，商定立即由一机部和上海市联合向国务院发专项报告，由王恩魁和上海市机电一局、上海市拖汽公司组织人员共同起草。

1978年8月9日，经上海市革命委员会主任彭冲，副主任严佑民、王一平、韩哲一和一机部部长周子健，副部长孙友余、杨铿签阅同意后，由一机部副部长饶斌和上海市革命委员会副主任陈锦华签发，一机部、上海市革命委员会联合向中共中央副主席李先念和4位国务院副总理报送《关于引进轿车制造技术和改造上海轿车厂的报告》。报告提出扩大产品出口,给国家换取外汇,同时适当满足国内需要,并通过引进提高中国汽车工业生产技术水平,引进轿车制造技术,对上海汽车厂进行改造。报告就引进规模、引进方式和改造方案、投资估算和偿还方式、引进对象和引进车型等问题提出具体意见。8月11日,李先念批转中共中央政治局委员、国务院副总理余秋里。9月13日,余秋里对该报告作出同意以产品返销为前提引进轿车制造技术的批示。

【项目变化】

引进技术改造上海汽车厂项目获批后,1978年9月,一机部先后向美国的通用和福特,日本的丰田和日产,法国的雷诺、雪铁龙和标致,德国的奔驰和大众等汽车公司发出技术引进会谈邀请电。1978年10月,美国通用汽车公司董事长墨斐率领代表团首先来京商谈,并在会谈中提出项目最好采取中外合资经营方式的意见。该建议通过国务院引进新技术领导小组编印的简报上报中央,分管技术引进的国务院副总理谷牧认为很重要,立即批请中央政治局各成员传阅,中央政治局委员一一圈阅,中共中央副主席邓小平在美国通用汽车建议内容上批示:"合资经营可以办"。11月9日,邓小平答复国家计委副主任顾明关于轿车项目能否开展中外合资经营的请示,"可以,不但轿车可以,重型车也可以",邓小平同时阐述中外合资经营的好处。同日下午,一机部汽车总局王恩魁电告上海,轿车项目中央同意合资经营,今后就按中外合资经营项目与外商谈判。

二、谈判与报批

【选择合资伙伴】

1978年10月—1981年10月,上海轿车合资项目分别与7家跨国汽车公司会谈32次。

1978年11月,正在德国大众汽车公司(简称德国大众)访问的中国机械工业代表团获悉中央关于引进项目改为中外合资的决定后,代表团团长、一机部部长周子健向德国大众提出合资建议,得到积极回应,德国大众表示愿意出资金和技术,在上海建设现代化轿车厂。1979年4月,一机部副部长饶斌率中国汽车工业代表团访问德国大众,德方重申愿意在上海建设现代化轿车厂的合作意愿,代表团认为,德国大众产品品种较多、质量较好,在国际市场上竞争力较强,在返销和外汇平衡方面都提出具体措施,合资条件符合中方要求,其他几家国外汽车公司提出的合资条件与中方要求有一定距离。经过研究分析,代表团一致同意确定德国大众为上海轿车合营项目合作伙伴。

【改小方案】

1979年5月,中国汽车工业代表团出访回国,正逢中国国民经济调整,国家决定原定大部分建设项目要下,新项目一律不上。代表团成员、上海市拖汽公司经理仇克向中共上海市委第一书记陈国栋、上海市市长汪道涵汇报,提出上海轿车合资项目不停谈判继续的建议。中共上海市委为上海轿车项目召开专题会议,同意谈判继续进行。饶斌回京后,一机部就机械工业建设项目问题召开党组扩大会议,同意上海轿车合资项目谈判不停。国家计委和国务院进出口领导小组同意和支持一机部党组和中共上海市委的意见,一机部随即发文上报国务院,经批准后项目得以继续进行。

1980年3月,饶斌率代表团再访德国大众,双方商定合资工厂分3期建设,分别形成3万辆、10万辆和15万辆年产能力。同年下半年,德国大众出现资金困难,无力向外投资,其董事会讨论和中国合作项目时作出方向虽然正确但鉴于资金状况不能按原计划进行的决定。为确保合资项目不停不断,仇克等提出把 15 万辆大方案改为 3 万辆小方案的意见,得到上海市、一机部和德国大众的赞同。1981 年 1 月,德方代表团来沪与中方谈判年产 3 万辆轿车项目,双方就投资比例、引进车型、合作期限、生产纲领等重要问题取得共识,1982 年 11 月签订基础协议。

【项目立项】

1981 年 8 月 10 日,上海市人民政府向国务院报送《关于与外商合资改造上海轿车厂的请示》。该请示提出:经过比较分析研究,确定与德国大众合作;经过商谈,放弃原来年产 15 万辆、出口 60%、投资较大、土建较多的方案,重新商谈充分利用老厂改造、规模较小的方案;本着利用老厂、不建新厂、减少投资的精神,初步商定生产纲领为轿车及变型车(旅行轿车)年产 2 万辆,以满足国内需要为主,也可以出口到东南亚等地区;生产产品为德国大众 1982 年新型轿车桑塔纳车型;合作方式为合资经营,双方股份各为 50%。该请示认为中国这样的大国建设一个具有一定水平的轿车厂是必要的,否则也难以限制轿车进口;轿车生产技术要求高、难度大,单靠自己力量需要花费较长时间,与外商合作进行技术改造,可以较快得到先进技术。

上海市政府报告上报后,首先由一机部进行审查。同月 31 日,一机部向国务院报送《同意上海市人民政府〈关于与外商合资改造上海轿车厂的请示〉的报告》。该报告表示一机部完全同意上海市政府的请示;指出这个项目可以加快上海轿车厂技术改造,提高国家轿车质量水平;从年产 15 万辆改为 2 万辆,主要立足于国内销售,所需资金由上海市筹措,符合国家调整精神;德国大众是世界上竞争力比较强的汽车生产厂商,准备生产的是该公司 1982 年新车型桑塔纳,合作对象和产品较好。

1981 年 9 月 26 日,国家外国投资管理委员会经国务院授权向上海市政府和一机部发出《同意与外商合资改造上海轿车厂的复函》。据此,上海市外国投资管理委员会于同年 9 月批准同意上汽和德国大众合资的项目建议书,该项目正式立项。

1982 年 5 月,一份散发面较广的材料反映到中央。该材料称:轿车是高档消费品,搞这样的项目不符合国情,而且这个项目德方稳得利,中方必亏损,应该撤销这个项目。中央领导对此作出批示,要求有关机关仔细研究。饶斌召集上海市计划委员会、上海市机电一局和上海市拖汽公司讨论研究,对中德双方实际收益作详细计算和对比,得出中方收益高于德方的结论。饶斌写信向中央领导作说明和汇报,澄清事实,统一思想,谈判得以继续进行。

【谈判就绪】

1983—1984 年 9 月,中德双方就项目可行性研究报告、合营合同、公司章程、技术转让协议及有关附件进行谈判。1983 年 7 月,上海市政府批转《市机电一局关于轿车合营项目进展情况和今后工作意见的报告》,强调轿车合营项目是上海机械行业重点技术改造项目,已进入实质性谈判阶段,需要有关部门给予大力支持;确定由副市长李肇基分管这项工作,并商请蒋涛继续负责领导这一合营项目的筹建工作。同年,中国银行上海信托咨询公司和中国汽车工业公司(简称中汽公司)先后提出参股合资项目,经协商中国银行上海信托咨询公司和中汽公司投资比例分别为 15% 和 10%,上海市拖汽公司为 25%。中国银行上海分行参股合资项目,开创金融机构向企业直接投资的先河,并消除外方对外汇支付保障的疑虑。至 1984 年上半年,双方就可行性研究、技术转让协议和合营公司章程达成协议,但合营合同中轿车要由中方包销和保证注册资本利润率等问题经多次谈判尚未取得一致。1984 年 8 月,仇克带队赴德国狼堡作最后一次谈判,于 9 月达成协议,1978 年 10 月开始的 6 年谈判终于告成。而后,李肇基和蒋涛到国家对外经济贸易部进行汇报并得到同意。

【项目批准】

1984 年 4 月 19 日,上海市汽拖公司向上海市计委、市经委、市进出口办公室和市机电一局上报《上海大众汽车有限公司轿车合营项目可行性研究预审报告》。5 月 2 日,李肇基主持召开预审会议,各单位对项目表示支持,对预审报告主要内容基本赞成。5 月 5 日,市计委、市经委、市进出口办公室向国家计委、国家经委和经贸部上报《关于轿车合营项目可行性研究报告预审情况汇报》。在此基础上,国家计委向国务院上报《关于上海轿车合营项目可行性研究的审查报告》。

1984 年 9 月 22 日,国务院正式向国家计委、国家经委、机械工业部、经济贸易部、中汽公司和上海市政府下达《关于上海轿车合营项目可行性研究审查报告的批复》,原则同意上海轿车合营项目可行性研究报告。同意上海市拖汽公司等单位与德国大众合资经营上海轿车项目,年生产能力为轿车 3 万辆,第一阶段生产纲领 2 万辆、发动机 10 万台;同意固定资产总投资 3.87 亿元,其中 40% 即 1.6 亿元为注册资本;肯定桑塔纳车型性能先进,但车内后座布置还需结合中国国情进行改进;要求横向协作配套件要认真落实,逐步提高国产化率。国务院批复最后强调指出:上海轿车合营项目是中国机械工业同外商合营大项目,为了更好利用外资,加快技术进步步伐,上海轿车项目可作为"七五"国家重点技术改造项目,有关方面要积极支持,促使早日建成,为中国发展轿车工业作出贡献。

三、签约与成立

【项目签约】

1984 年 10 月 10 日,组建上海大众汽车有限公司(简称上海大众汽车)的《大众汽车公司、上海市汽车拖拉机工业公司(原文如此,下同。其时该公司已改制为上海汽车拖拉机工业联营公司)、中国银行上海信托咨询公司、中国汽车工业公司合营合同》和《上海大众汽车有限公司章程》签字仪式在北京人民大会堂举行。中国国务院总理赵紫阳和联邦德国总理科尔、全国人大常委会副委员长荣毅仁、国务委员兼外经贸部部长陈慕华、国务委员兼外交部部长吴学谦等出席。中国汽车工业公司董事长饶斌、上海汽车拖拉机工业联营公司(简称上海汽拖联营公司)董事长蒋涛、中国银行上海信托咨询公司法人代表周梦熊与联邦德国大众汽车公司的法人代表哈恩和施密特在合营合同和公司章程上签字。

【合资内容】

上海大众汽车合营合同共计 29 条,章程共计 14 章。主要内容包括:合营公司主要业务活动为制造汽车、发动机、零部件,进口为制造、装配、测试、服务、培训以及辅助业务活动所需的各种货物,中国有关法律和法规允许时进口整车,在国内销售合营公司所制造的汽车,在国内销售维修服务配件,出口汽车、零部件、配件、附件和冲压模具,售后服务;合营公司制造的各种车型国产化率最终目标为 100%,合同各方应共同努力,促使桑塔纳轿车国产化率发展计划得以实现;合营公司的注册资本为 1.6 亿元人民币,合同各方在合营公司注册资本中投资比例和认缴额应为:德国大众 8 000 万元占 50%,上海市拖汽公司 4 000 万元占 25%,中国银行上海信托咨询公司 2 400 万元占 15%,中汽公司 1 600 万元占 10%;董事会由 10 名董事组成,其中德国大众 5 名、1 名为第一副董事长,上海市拖汽公司3名、1名为董事长,中国银行上海信托咨询公司1名、为第二副董事长,中汽公司1名;董事会下设执行管理委员会,由1名总经理、1名副总经理和1名或几名执行经理组成;合资期限25年。《上海大众汽车有限公司章程》还规定董事和执行经理任期为4年,可以连任。

【奠基成立】
1984年10月12日,上海大众汽车有限公司在上海市嘉定区安亭镇举行奠基仪式。联邦德国总理科尔和夫人、中国国务院副总理李鹏、教育部部长何东昌、上海市市长汪道涵等出席。科尔和李鹏致辞并为奠基石培土,上海汽拖联营公司董事长蒋涛和德国大众董事长哈恩代表合营双方讲话,上海汽拖联营公司总经理陈祥麟主持仪式,宾主参观桑塔纳轿车车身拼装、油漆和总装生产线。

1984年12月29日,对外经济贸易部(简称外经贸部)正式签发"中华人民共和国对外经济贸易部对中国、德意志联邦共和国合营上海大众汽车有限公司批准证书"。1985年2月16日,国家工商行政管理局向上海大众汽车颁发企业法人营业执照。同年3月20日,上海大众汽车举行第一次董事会。会议由董事长仇克主持,第一副董事长维尔纳·施密特和第二副董事长周梦熊等董事会成员出席;会议任命张昌谋为公司总经理,马丁·波斯特为副总经理兼商务执行经理,费辰荣为人事行政执行经理,汉斯·保尔为技术执行经理;会议通过《上海大众汽车有限公司执行管理委员会工作细则》等规章。次日,上海大众汽车成立大会在上海友谊电影院举行,中汽公司董事长饶斌、中共上海市委副书记黄菊等出席,上海市副市长李肇基致词。上海大众汽车成为继北京吉普汽车有限公司和上海—易初摩托车有限公司之后,中国汽车行业和上海汽车工业第2家中外合资企业。

四、合资续约

1984年10月签订的上海大众汽车合营合同规定合资期限为25年。2001年,德国大众提出延长合营合同的意见。上海汽车工业(集团)总公司(简称上汽集团)认为此举有利于树立改革开放形象、有利于提升合资企业自主创新能力和国际竞争能力,同意德国大众的意见。同年下半年开始,双方就续约合同内容开始谈判,至2002年年初尚有个别问题未达成一致意见。

2002年4月,中国国家主席江泽民出访德国。上汽集团和德国大众以此为契机,加紧谈判进程。经过紧张曲折反复的谈判,4月11日双方终于在中方坚持的自主开发、国产化、全球采购和清算4个关键问题上达成一致。4月12日,在江泽民见证下,上汽集团总裁胡茂元和德国大众总裁毕睿德、董事希霍夫,中国汽车工业总公司(简称中汽总公司)张文涛在德国大众正式签署上海大众汽车合营合同延长20年至2030年的《修改和重述的合营合同》。中国国务院副总理钱其琛、国家计委主任曾培炎、外经贸部部长石广生等出席签约仪式。

《修改和重述的合营合同》共计30条。其中规定:投资总额增至100.287亿元,注册资本增至63亿元。上汽集团和德国大众各出资25.2亿元,各占注册资本40%;中汽总公司和德国大众汽车(中国)投资有限公司各出资6.3亿元,各占注册资本10%。经营年限由25年延至45年。该合同明确规定提升上海大众汽车自主开发能力,提高国产化率,德国大众全球采购时在同等条件下优先考虑中国供应商等。

2002年10月16日,上汽集团向上海市外国投资工作委员会(简称上海市外资委)递交《关于上海大众汽车有限公司增资、延长合营期限、增加经营范围及对合营合同和章程进行修改和重述的请示》。12月27日,外经贸部向上海市外资委下达同意的批复。2003年1月21日,上海市外资委向上汽集团转发外经贸部的批复。

五、股东股比变化

【中汽总公司转股】

2001 年年底,中国汽车工业总公司(简称中汽总公司)经济困难。2002 年 3 月 27 日,中共中央政治局常委、国务院总理朱镕基主持召开国务院第 126 次总理办公会议,决定重组中汽总公司。同年 11 月 12 日,国家经济贸易委员会(简称经贸委)会同财政部、中央企业工作委员会、劳动和社会保障部、中国人民银行 5 个单位形成中汽总公司重组方案并报国务院,其中对中汽总公司持有的上海大众汽车有限公司 10% 股权提出委托 1 家中央企业负责管理或移交财政部管理两个方案。

2001 年 12 月 20 日,上汽集团向国家经贸委呈送报告,提出将中汽总公司持有的上海大众汽车 10% 股权无偿划转给上汽集团,使上汽对上海大众汽车持股比例从 40% 增至 50% 的请求,并承诺对中汽总公司总部资产、债权债务清理和人员安置作出妥善安排。同日,上海市政府向国务院上报《关于请求将中国汽车工业总公司持有的上海大众汽车有限公司 10% 的股权划转给上海汽车工业(集团)总公司有关问题的请示》。国务院办公厅将上海市政府请示批转国家经贸委牵头进行研究。2003 年 1 月,国家 5 部委研究后认为此举可使上汽集团获得与德方相等持股地位有利于中国汽车工业调整,上汽集团具有较强经济实力和企业重组经验,对接收上海大众汽车股权及中汽总公司重组态度比较积极,保证措施比较到位,建议同意上海市政府意见。2 月 28 日,国务院办公厅秘书二局提出审核意见,建议原则同意将中汽总公司持有的 10% 上海大众汽车股权,连同总部资产和债权债务无偿划转上汽集团。同日,国务院副秘书长尤权批示:建议同意秘书二局意见。3 月 3 日,中共中央政治局常委、国务院副总理吴邦国批示:拟同意。

2004 年 3 月 25 日,国务院国有资产监督管理委员会下达《关于中国汽车工业总公司总部资产和所属企业划转上海汽车工业(集团)总公司有关问题的批复》,同意将中汽总公司持有的上海大众汽车 10% 股权连同中汽总公司总部资产无偿划转上汽集团,中汽总公司债权、债务和担保责任转由上汽集团承担。同年 6 月,上汽集团与中汽总公司签署《股权无偿划转协议书》。7 月 16 日,上海市外资委向上汽集团转发商务部《关于同意上海大众汽车有限公司投资者股权变更的批复》。至此,上汽集团开始拥有上海大众汽车 50% 的股权,与德国大众处于股权对等的地位。

【其他股东股比变化】

上海大众汽车合资成立后至 2015 年,公司股东除上汽内部变化外,其他主要变化有:1997 年 1 月,中国银行上海信托咨询公司并入中国银行上海市分行,其在上海大众汽车持有的股份由中国银行上海市分行持有。1999 年 7 月,中国银行上海市分行将该股份转给上海联和投资有限公司。同年 8 月,德国大众将其在上海大众汽车 50% 股权中的 1/5 转给大众汽车(中国)投资有限公司。2002 年 7 月,上海联和投资有限公司将其持有的上海大众汽车股权转让给上汽集团。至此,上汽占上海大众汽车的股份从 25% 增至 40%。2004 年 7 月,上汽集团接收中汽总公司占有的上海大众汽车股权开始拥有上海大众汽车 50% 股权。

2015 年,上汽大众汽车注册资本增至 115 亿元人民币,上海汽车集团股份有限公司占股 50%,德国大众占股 40%、德国大众汽车(中国)投资有限公司占股 10%。

表 7 - 2 - 1　1991—2015 年上汽大众股东股比变化一览表

序号	年　月	股东股比变化情况	变化后股东股比	
			股　东	股比(%)
1	1991 年 10 月	上海汽车拖拉机工业联营公司更名为上海汽车工业总公司，中国汽车工业公司更名为中国汽车工业总公司	德国大众汽车公司	50
			上海汽车工业总公司	25
			中国银行上海信托咨询公司	15
			中国汽车工业总公司	10
2	1997 年 12 月	上海汽车工业总公司股权变更为上海汽车有限公司，上海汽车有限公司股权转给上海汽车工业(集团)总公司，中国银行上海信托咨询公司股权转让给中国银行上海市分行	德国大众汽车公司	50
			上海汽车工业(集团)总公司	25
			中国银行上海市分行	15
			中国汽车工业总公司	10
3	1999 年 8 月	德国大众汽车公司 10％股权转给德国大众汽车(中国)投资有限公司，中国银行上海市分行股权转给上海联合投资有限公司	德国大众汽车公司	40
			上海汽车工业(集团)总公司	25
			德国大众汽车(中国)投资有限公司	10
			上海联合投资有限公司	15
			中国汽车工业总公司	10
4	2002 年 4 月	上海联合投资有限公司股权转给上海汽车工业(集团)总公司	德国大众汽车公司	40
			上海汽车工业(集团)总公司	40
			德国大众汽车(中国)投资有限公司	10
			中国汽车工业总公司	10
5	2004 年 7 月	中国汽车工业总公司股权划转上海汽车工业(集团)总公司	上海汽车工业(集团)总公司	50
			德国大众汽车公司	40
			德国大众汽车(中国)投资有限公司	10
6	2004 年 12 月	上海汽车工业(集团)总公司股权转给上海汽车集团股份有限公司	上海汽车集团股份有限公司	50
			德国大众汽车公司	40
			德国大众汽车(中国)投资有限公司	10
7	2006 年 8 月	上海汽车集团股份有限公司股权转给上海汽车股份有限公司	上海汽车股份有限公司	50
			德国大众汽车公司	40
			德国大众汽车(中国)投资有限公司	10
8	2008 年 4 月	上海汽车股份有限公司更名为上海汽车集团股份有限公司	上海汽车集团股份有限公司	50
			德国大众汽车公司	40
			德国大众汽车(中国)投资有限公司	10

资料来源：上汽大众汽车有限公司

第二节　上汽通用、泛亚技术中心合资

一、由来与立项

【项目争取】

1993年，上海大众汽车有限公司的上海桑塔纳轿车创造中国轿车工业第一个年产10万辆纪录并取得国内同行领先优势后，上海汽车工业总公司（简称上汽总公司）开始物色第2个整车合资伙伴。根据上海市政府确定的新轿车项目要建立中外合资企业双方股比各50%，生产纲领第一期年产10万辆~15万辆中高级轿车，工厂建在浦东并于1998年建成投产，起步国产化率50%，保证外汇总体平衡，同时建立一个合资技术中心首期目标形成车身开发能力等项目指导原则，1994年3—4月，上海市副市长蒋以任带领上汽总公司总裁陆吉安和上海市政府相关部门组团出访韩国、日本、美国、德国、法国、意大利和加拿大7国10多家跨国汽车和汽车零部件公司，就整车合作等事项进行洽谈。上海中高级轿车项目前期准备之时，正是国家严格控制固定资产投资规模之际，国内对上海建设第2个轿车合资企业出现不同意见。为争取项目立项，1994年7月，中共中央政治局委员、上海市委书记黄菊带领蒋以任、陆吉安到北京向中共中央政治局委员、国务院副总理邹家华作专题汇报并获得同意。1994年下半年到1997年上半年的两年多时间，上汽总公司及改制后的上海汽车工业（集团）总公司副总裁胡茂元等在抓紧与外方谈判的同时，在蒋以任带领下，抓时间抢进度，先后50多次到北京向国务院有关部委汇报，求得国家的支持。

【选择通用】

1994年，经过出访与会谈，上汽总公司决定在美国通用汽车公司（简称美国通用汽车）和福特汽车公司中选择合作伙伴。这两家汽车公司当时位居世界汽车行业前2位，综合优势强、产品齐全、对合资建立产品开发中心有具体设想。经过深入洽谈，同年6月两家公司分别就各自产品、规模、投资、股比、技术开发、CKD价格、国产化和外汇平衡等问题提出合作意向，这些意向基本符合中方提出的合资项目建设指导原则。

1995年7月，中共中央政治局委员、国务院副总理邹家华和吴邦国主持召开上汽与美国汽车公司合资建设轿车项目汇报会，肯定上海轿车工业发展取得很大成绩，规模成本和管理在全国处于领先地位，有条件进一步发展新车型，符合汽车产业政策；同意上汽与美国汽车公司合资建设生产中高级轿车项目，填补国内空白；要求抓紧前期工作，继续进行比较，尽早组织审批立项。

会后，上汽总公司对美国两家汽车公司进行反复论证对比和科学分析。鉴于美国通用汽车提供的车型更符合中国市场需求，同时对零部件国产化的支持、技术开发行动方案、CKD进口价格和技术转让条件具有微弱优势，最后选择美国通用汽车为新的整车合资伙伴，并得到上海市政府和国家主管部门的同意。

【合资立项】

1995年9月上汽集团成立后，立即组建浦东轿车项目组，由正在美国参加中共上海市委组织部组织的领导干部海外培训的副总裁胡茂元兼任项目组总经理，明确胡茂元归来前由退出集团领导岗位的陆吉安代理总经理职能。10月30日，上汽集团和美国通用汽车签订《关于车辆项目合资经营基础协议》,确定以后谈判的基本原则框架,蒋以任和机械工业部副部长吕福源参加签约仪式。同月,胡茂元提前结束在美培训回国,项目组组成文本准备、产品工程、采购体系、营销体系、信息系统、工艺技术、人力资源 7 个工作小组,仅用 2 个月时间完成《项目建议书》和《可行性研究报告》。

1995 年 12 月,上汽集团上报《关于中美合资轿车和汽车工业技术中心项目建议书的请示》,并经上海市计委、上海市外资委上报国家计委。1996 年 1 月,机械工业部提出初审意见,肯定上汽集团已经达到《汽车工业产业政策》规定的国家支持向年产规模 30 万辆以上目标发展的条件,认定排量 2.5～3 升的中高级轿车在中国有一定市场,同意该项目建议书。同年 7 月 25 日,国家计委向国务院上报《关于审批上海汽车工业(集团)总公司与美国通用汽车公司合资建设轿车和产品技术开发中心项目建议书的请示》,建议予以批准。同年 9 月 28 日,经国务院批准后,国家计委正式向上海市计委下达《关于审批上海汽车工业(集团)总公司与美国通用汽车公司合资建设轿车和产品技术开发中心项目建议书的请示的通知》,告知该项目建议书已获批准,要求据此开展对外谈判和编制可行性研究报告。

二、报批、签约、成立

【可行性研究报告报批】

1996 年 9 月,上汽集团、美国通用汽车和上海市机电设计研究院、上海中华社科会计师事务所共同编制《上海通用汽车有限公司可行性研究报告》和《中美合资泛亚汽车技术中心可行性研究报告》。同月 10 日,上汽集团上报这两个合资项目的可行性研究报告。同月 12 日,上海市计委、上海市外资委向国家计委报送《关于报审上海汽车工业(集团)总公司与美国通用汽车公司合资建设轿车和汽车工业技术中心项目可行性研究报告的请示》。该报告上报后得到国家主管部门充分肯定,认为是国内汽车合资项目合资条件对中方最有利的一个范本,体现国家汽车产业政策的要求,有利于提高国产轿车技术水平和竞争能力。10 月 21 日,机械工业部对该可行性研究报告进行审查表示同意,并建议国家和上海对该项目予以大力扶持。12 月 23 日,国家计委向国务院报送《关于审批上海汽车工业(集团)总公司与美国通用汽车公司合资建设轿车项目和汽车工业技术中心项目可行性研究报告的请示》。1997 年 1 月 10 日,国务院办公会议正式批准浦东轿车项目可行性研究报告。

【合资签约】

1997 年 3 月,中央同意上海提出的浦东轿车项目提前在美国副总统戈尔访华期间签约的意见。同月 22 日,上海市副市长蒋以任带领胡茂元等项目组成员一天时间与国务院 6 个部委 9 位部长汇报沟通,征求意见取得支持,修改完成合同文本,确保项目提前正式签约。

1997 年 3 月 25 日,总投资 15.7 亿美元的中美最大的合作项目上海通用汽车有限公司和泛亚汽车技术中心有限公司(简称泛亚技术中心)合同签约仪式在北京人民大会堂举行。中国国务院总理李鹏、美国副总统戈尔出席签字仪式,上汽集团总裁、上海汽车有限公司董事长兼总经理陈祥麟,通用汽车董事长兼首席执行官、通用汽车中国公司代表史密斯共同签署《上海汽车工业(集团)总公司和上海汽车有限公司与通用汽车公司和通用汽车中国公司为建立上海通用汽车有限公司的合资经营合同《上海通用汽车有限公司章程》《上海汽车工业(集团)总公司和上海汽车有限公司与通用汽车公司和通用汽车中国公司为建立泛亚汽车技术中心有限公司的合资经营合同》《泛亚汽车技术中心有限公司章程》。同日和次日,李鹏和中国国家主席江泽民先后会见约翰·史密斯,对项目签约表示祝贺,并预祝双方合作进展顺利。

合同章程签字当日,中美合资双方联合举行记者招待会。陈祥麟在讲话中指出,浦东轿车项目作为重大战略项目,将进一步提高上汽集团在中国和世界汽车工业的地位。史密斯在讲话中说,这是美国通用汽车在世界上5个最大的合资项目之一,通用汽车将履行对中国技术转让承诺,为中国汽车工业发展作出贡献。

【上海通用汽车合资内容】

上海通用汽车合资经营合同共计25条,章程共计10章57条。合同、章程规定:公司经营范围是制造汽车、发动机、变速箱及其部件和零件;在国内外市场上销售上述产品及相关的售后服务;投产第5年设计生产能力为2班制年产10万辆整车、10万台变速箱及18万台发动机;投资总额15.21亿美元;注册资本7亿美元,双方各占股50%;起步国产化率40%以上,投产第3年年末达80%以上;董事会由8名董事组成,双方各占4名,董事任期4年,首任董事长由上海汽车有限公司委派的董事中选出,以后该职位由投资双方轮流委派;公司日常经营管理应以公司总经理为首的执行委员会领导,首两届任期总经理由上海汽车有限公司提名并由董事会委任,执行副总经理由通用汽车中国公司提名并由董事会委任,此后董事会可任命其认为合适的总经理和执行副总经理,只要总经理和执行副总经理由不同的投资方提名,总经理和执行副总经理任期为4年;合营期限30年。

【泛亚技术中心合资内容】

泛亚技术中心合资经营合同共计24条,章程共计10章。合同、章程规定:合资公司的宗旨包括签约后4—6年内掌握车身包括车身模具设计开发能力,尽快掌握车身外形及车身工程、车身内饰工程、动力总成调整及底盘匹配等4种核心能力,长期目标将获得整车包括内饰底盘和发动机变速箱等动力总成的设计能力等;公司经营范围是提供整车和车身设计与汽车开发商业性服务,自行开发下一代产品,对国产化提供协助等;投资总额5000万美元;注册资本5000万美元,双方各占50%;董事会由10名董事组成,双方各委派5名,董事任期4年;首任董事长由上海汽车有限公司委派的董事中选出,首任副董事长由通用汽车中国公司委派的董事中选出,以后该等职位双方轮流委派;公司日常经营管理以总经理为首的执行委员会领导,执行委员会由总经理、执行副总经理和副总经理组成,任期4年,执行委员会作出的决定由总经理和执行副总经理联名签字生效;首两届任期总经理和执行副总经理分别由通用汽车中国公司和上海汽车有限公司提名并由董事会委任,此后董事会可任命其认为合适的总经理和执行副总经理,只要总经理和执行副总经理由不同的投资方提名;合营期限30年。

【公司成立】

1997年3月,成立上海通用汽车和泛亚技术中心的合同和章程签署并上报后,4月1日,上海市外资委向外经贸部报送《关于批准设立中美合资经营上海通用汽车有限公司的请示》。4月28日,外经贸部向上海市外资委下达《关于设立中外合资经营企业上海通用汽车有限公司的批复》。5月14日,上海市外资委向上汽集团下发《关于转发对外贸易经济合作部〈关于设立中外合资经营企业上海通用汽车有限公司的批复〉的通知》。5月16日,国家工商行政管理局向泛亚技术中心颁发企业法人营业执照(经营期限自1997年5月16日—2027年5月15日,执照有效期限自1997年5

月16日—1997年11月15日)。同年9月8日,国家工商行政管理局向上海通用汽车颁发企业法人营业执照。

1997年6月10日,上海通用汽车举行首届董事会,董事长施雷斯主持会议,副董事长陈祥麟和董事会成员出席。会议委任胡茂元为公司总经理,墨斐为执行副总经理,陈虹为生产与技术副总经理,潘能禄(外方)为财务与营销副总经理兼财务总管。同日,泛亚技术中心举行首届董事会,董事长陈祥麟主持会议,副董事长施雷斯和董事会成员出席。会议委任马丁为总经理,张振华为执行副总经理,柯珍妮(Jane Coumes)(女)和陶培泉为副总经理。同月12日,上海通用汽车和泛亚技术中心在上海市浦东新区金桥出口加工区厂址举行成立大会暨奠基仪式。中共中央政治局委员、国务院副总理邹家华和吴邦国分别题词。中共中央政治局委员、上海市委书记、上海汽车工业建设领导小组组长黄菊,中共上海市委副书记、市长徐匡迪,机械工业部副部长吕福源,外经贸部部长助理孙广相和美国驻华大使尚慕杰等出席。上海市副市长蒋以任讲话,指出上海通用汽车项目是迄今为止国内最大的中美合资项目,是上海"九五"建设重大项目,对填补中国汽车产品型谱中的空白,对带动汽车零部件工业和其他相关产业发展,对形成中国轿车工业自主开发能力,对促进浦东开发开放都具有重要意义。

三、股东股比变化

上海通用汽车成立后至2015年,公司股东股比除上汽内部变化外,其他主要变化有:1998年12月,通用汽车(中国)公司将2.643%的股份转给通用汽车中国投资有限公司。2009年12月,上海汽车集团股份有限公司全资子公司上海汽车香港投资有限公司收购通用汽车(中国)公司所持上海通用汽车1%股权,至此上汽占有的股份达到51%。2012年6月,上海汽车香港投资有限公司将1%股权转回通用汽车(中国)公司,中美双方股权恢复50%:50%。

2015年,上海通用汽车更名为上汽通用汽车有限公司,注册资本增至10.83亿美元,其中上海汽车集团股份有限公司占50%,通用汽车(中国)公司占47.357%,通用汽车中国投资有限公司占2.643%。

表7-2-2 1998—2015年上汽通用股东股比变化一览表

序号	时 间	股东股比变化情况	变化后股东股比	
			股 东	占股(%)
1	1998年4月	上海汽车有限公司将其持有31%股权转给上海汽车工业(集团)总公司,19%股权转给上海汽车股份有限公司	上海汽车工业(集团)总公司	31
			上海汽车股份有限公司	19
			通用汽车(中国)公司	50
2	1998年12月	通用汽车(中国)公司将2.643%股权转给通用汽车中国投资有限公司	上海汽车工业(集团)总公司	31
			上海汽车股份有限公司	19
			通用汽车(中国)公司	47.357
			通用汽车中国投资有限公司	2.643
3	1999年12月	上海汽车工业(集团)总公司将1%股权转给上海汽车股份有限公司	上海汽车工业(集团)总公司	30
			上海汽车股份有限公司	20

〔续表〕

序号	时　间	股东股比变化情况	变化后股东股比	
			股　东	占股(%)
3	1999年12月	上海汽车工业(集团)总公司将1%股权转给上海汽车股份有限公司	通用汽车(中国)公司	47.357
			通用汽车中国投资有限公司	2.643
4	2004年11月	上海汽车工业(集团)总公司将股权全部转给上海汽车集团股份有限公司	上海汽车集团股份有限公司	30
			上海汽车股份有限公司	20
			通用汽车(中国)公司	47.357
			通用汽车中国投资有限公司	2.643
5	2006年8月	上海汽车集团股份有限公司将股权全部转给上海汽车股份有限公司	上海汽车股份有限公司	50
			通用汽车(中国)公司	47.357
			通用汽车中国投资有限公司	2.643
6	2008年4月	上海汽车股份有限公司更名为上海汽车集团股份有限公司	上海汽车集团股份有限公司	50
			通用汽车(中国)公司	50
7	2009年12月	通用汽车(中国)公司1%股权转给上海汽车香港投资有限公司	上海汽车集团股份有限公司	50
			上海汽车香港投资有限公司	1
			通用汽车(中国)公司	46.357
			通用汽车中国投资有限公司	2.643
8	2012年6月	上海汽车香港投资有限公司将1%股权转给通用汽车(中国)公司	上海汽车集团股份有限公司	50
			通用汽车(中国)公司	47.357
			通用汽车中国投资有限公司	2.643

资料来源：上汽通用汽车有限公司

第三节　其他在沪整车整机企业合资

一、上海申沃客车合资

【谈判立项】

1996年，上海公共交通公司所属上海客车厂、上海电车厂等4家公交客车企业并入上海汽车工业(集团)总公司，组建为上海客车制造公司。同年11月，上汽集团所属上海汽车有限公司与瑞典沃尔沃客车公司(简称瑞典沃尔沃)签署《合资经营基础协议》，与上海市建设委员会和瑞典沃尔沃签署《客车项目理解备忘录》。瑞典首相佩尔松、哥德堡市第一副市长芮德凯，机械工业部部长包叙定、上海市市长徐匡迪出席签字仪式。1998年2月，上汽集团向上海市外资委上报《合资成立客车制造公司项目建议书》，并经该委员会和上海市经委请示国家经贸委。此后，鉴于瑞典沃尔沃与中国西安飞机制造公司已在中国陕西省西安市建有生产高等级旅游车合资企业的状况，上海客车合资项目谈判一度停滞。

1999 年 5 月,经国家计委主任曾培炎协调,上汽集团、中国西安飞机制造公司和瑞典沃尔沃商定,上海合资企业生产中档和高档城市客车和城郊客车,西安合资企业生产高档旅游客车和城市间客车,产品不重复。同月,国务院副总理朱镕基在国家计委报告上批示:按程序办。6 月,上海市副市长蒋以任接国务院批文后批示:该项目视同认可立项,可进行后续可行性、章程和合同谈判工作。据此,上汽集团与瑞典沃尔沃重启谈判,进度加快,对可行性研究报告、合同、章程有关重要事项取得一致意见。

【合资签约】

2000 年 6 月 30 日,上海申沃客车有限公司(简称上海申沃客车)合营合同签字仪式在沪举行,上汽集团董事长陈祥麟与瑞典沃尔沃总裁兼首席执行官艾姆斯奘(Mr. Emgstom)签署《成立上海申沃客车有限公司的合资经营合同》和《上海申沃客车有限公司章程》,蒋以任和瑞典驻上海总领事伦德博格(Mr. Lundberg)出席签约仪式。

上海申沃客车合同共计 26 条,章程共计 14 条。合同、章程规定中包括:合资公司经营范围是开发、组装、制造城市客车和城郊客车及其底盘、车身、零部件和附件,销售其自产产品,从事与上述产品有关的修理和售后服务,提供技术咨询服务;投资总额 9 700 万美元,注册资本 5 422 万美元;注册资本中上汽集团出资 2 711 万美元占 50%,沃尔沃(中国)公司出资 2 439.9 万美元占 45%,瑞典沃尔沃出资 271.1 万美元占 5%;公司董事会由 8 名董事组成,上汽集团和瑞典沃尔沃各占 4 名,董事任期 4 年,董事长和副董事长由双方交替指定,首任董事长由上汽集团指定,首任副董事长由瑞典沃尔沃指定;公司管理委员会由 1 名总经理和 3 名副总经理组成,其中 1 名副总经理由董事会指定为执行副总经理,总经理和执行副总经理由双方交替提名,任期 4 年,首任总经理由瑞典沃尔沃提名,首任执行副总经理由上汽集团提名;合资期限为 30 年。

【报批成立】

上海申沃客车正式报批经过可行性研究报告和合同、章程两次报批程序。1999 年 11 月,上汽集团向上海市计委报送《关于与瑞典沃尔沃客车公司合资建设上海申沃客车有限公司项目可行性研究报告的请示》。12 月,上海市计委、上海市外资委就此请示国家计委。2000 年 1 月,机械工业部对该可行性研究报告进行初审表示同意并报国家计委。同年 5 月,国家计委向上海市计委、外资委下发《关于上海汽车工业(集团)总公司与瑞典沃尔沃客车公司合资建设上海申沃客车有限公司项目可行性研究报告的批复》,同意上汽集团与瑞典沃尔沃合资成立上海申沃客车,生产城市公交和城郊客车。2000 年 6 月,上汽集团向上海市外资委报送《关于与瑞典沃尔沃客车公司合资建设上海申沃客车有限公司合同章程的请示》并经市外资委上报国家外贸部。7 月,上海市外经贸委向上汽集团转发国家外贸部《关于同意设立中外合资上海申沃客车有限公司的批复》。随后,外贸部向上海申沃客车核发外商投资企业批准证书。8 月,上海申沃客车从上海工商行政管理局领取企业法人营业执照。

2000 年 9 月 25 日,上海申沃客车有限公司举行升旗和揭牌仪式。11 月,上海市市长徐匡迪为上海申沃客车题词:精益求精,锐意进取,为城市公共交通作出新贡献。2001 年 1 月,徐匡迪观看试坐上海申沃客车研制的两辆新概念公交客车,并为新客车取名为"申豪"。

至 2015 年,上海申沃客车注册资本仍为 5 422 万美元;公司中方股东由上汽集团变为上海汽车集团股份有限公司,瑞方股东不变,中瑞双方股比不变。

二、上海—易初摩托车合资与终止

【合资立项】

1979年,上海摩托车厂开始与泰国正大卜蜂集团建立贸易关系。1980年5—6月,日本山叶摩托车公司来沪访问并参观上海摩托车厂,上海市拖拉机汽车工业公司经理仇克、副经理费辰荣与日方就技术合作改造上海摩托车厂进行会谈。此后,上海市拖汽公司组团赴日考察,回国后建议将技术引进改为合资项目,解决项目资金短缺问题,该意见得到上海市政府同意。1983年,泰国正大卜蜂集团(简称泰国正大)总裁谢国民向上海市拖汽公司提出合资经营摩托车的建议,上海市拖汽公司积极响应。同年9月,上海摩托车厂成立引进工作组。11月,上海市拖汽公司、泰国正大和日本本田技研工业株式会社就上海市拖汽公司与泰国正大合资经营摩托车、从日本本田引进技术签署备忘录。同月,上海市拖汽公司向上海市机电一局上报筹建中外合资企业上海—正大摩托车股份有限公司的《项目建议书》。12月,上海市计委和上海进出口办公室就此报告上海市政府。12月16日,上海市政府办公厅下达《关于市人民政府同意市拖拉机汽车公司与泰国正大卜蜂集团合资经营摩托车项目建议书的通知》,该项目获批立项。合资筹建工作进入实质性阶段。

【签约成立】

1983年12月开始,上海汽车拖拉机工业联营公司和泰国正大子公司易初投资有限公司(简称泰国正大易初)进行10余次友好诚挚会谈和密切磋商,并共同拟写可行性研究报告。1984年6月,上海汽拖联营公司、泰国正大易初、上海市机电设计研究院、上海会计师事务所完成《上海—易初摩托车有限公司可行性研究报告》编制。1984年6月,上海汽拖联营公司向上海市机电一局上报《组建上海—易初摩托车有限公司可行性研究报告》。7月,上海市机电一局主持召开该可行性研究报告的审查会议,同意上报。8月15日,上海市外经贸委下达《关于摩托车合资项目可行性研究报告的批复》,同意该可行性研究报告。9月20日,上海市计委批准《摩托车项目建设任务书》。同年9月25日,上海汽拖联营公司与泰国正大易初合资成立上海—易初摩托车有限公司合同和章程签约仪式在上海宾馆举行,上海汽拖联营公司副总工程师刘镇亚、泰国正大副总裁李绍祝分别代表中泰双方在合资合同和章程上签字,至此合资企业全部文件签署完毕,报请市外经委申请正式颁发批准证书。

上海—易初摩托车有限公司(简称上海易初摩托车)合同共计19条,章程共计11条。合同和章程规定:合资公司经营范围是生产摩托车整车(包括发动机)、零部件及以摩托车发动机为动力的其他机械产品,销售及经营公司生产的产品,并提供售后服务;合资公司初期引进日本本田的CG系列摩托车,并先生产CG-125型摩托车,同时对XF250产品加以改良生产;投资总额5000万元人民币,注册资本1400万美元,双方各占50%计700万美元;董事会人数12名,双方各6名,董事长由上海汽拖联营公司委派,副董事长由泰国正大易初委派,董事任期4年可以连任;公司设总经理设1名,副总经理人数由董事会按公司规模及实际需要而定;公司成立后首4年内,总经理由泰国正大易初担任;合资期限25年。

该合同章程经上报后,上海市外经贸委于同年10月22日下达《关于上海—易初摩托车有限公司合同章程的批复》,予以原则同意。11月16日,对外贸易经济合作部向上海易初摩托车颁发中外合资经营企业批准证书。同日,国家工商行政管理局向上海易初摩托车颁发企业法人营业执照。

11月29日,中外双方召开中外双方股东会议,介绍双方公司董事会的董事,汇报公司筹建工作。11月30日,举行上海易初摩托车首届一次董事会。12月5日,在上海衡山饭店举行该公司成立大会,泰国驻华大使欧拉、上海市副市长刘振元和李肇基及上海市政府有关委办、金融、财贸、工商、科技、基建、新闻等各界人士出席。同年12月7日,上海易初摩托车与日本本田技研工业株式会社在上海宾馆签订《摩托车制造技术许可合同》。同月,上海市外经贸委下达《关于摩托车制造技术许可证合同的批复》,予以批准。

1985年1月1日,上海易初摩托车开业,并成为上汽第一家中外合资企业。

【合资终止】

上海易初摩托车成立后前10多年发展迅速,幸福牌摩托车年产销从1984年的2.6万辆增至1996年的49.94万辆,1987—1995年连续8年获全国十佳合资企业称号。1997年起,全国摩托车市场严重供过于求,上海易初摩托车经营滑坡陷入困境。同时,泰国正大受东南亚金融危机影响,向中方提出转让其在上海易初摩托车股份的建议。

1998年4月29日和7月20日,上海汽车有限公司和泰国正大易初先后签署《关于上海—易初摩托车有限公司股权转让合同》和《补充协议》。8月,上汽集团向上海市外资委报送《关于上海易初摩托车有限公司外方股权转让的请示》。该请示提出:鉴于泰国正大集团对上海利用外资作出特殊贡献以及双方良好合作关系,在外方遇到困难时,我方宜慎重对待外方建议。上汽经研究决定受让外方在上海—易初摩托车有限公司50%股权,公司性质将由合资企业转为国有企业。同月30日,上海市外资委下达《关于上海—易初摩托车有限公司外方股权转让及企业改制的批复》,同意泰国正大易初在上海易初摩托车50%股权转让给上海汽车有限公司,同意股权转让后上海易初摩托车合资合同章程终止,合资公司改制为内资企业。

1999年4月21日,上海汽车工业有限公司向上汽集团上报《关于办理上海幸福摩托车总厂注册事宜的请示》,提出将上海易初摩托车变更登记为上海幸福摩托车总厂;经营范围是摩托车整车及零部件,以摩托车发动机为动力的其他机械产品,汽车零部件,转让技术和对国内外进行投资。次日,上汽集团作出批复,同意上海易初摩托车转为中资企业并定名为上海幸福摩托车总厂,为具有法人资格的国有企业,同意该厂企业章程及其经营范围。4月23日,上海汽车工业有限公司向上海市工商行政管理局提出办理上海幸福摩托车总厂注册登记申请。同月30日,经上海市工商行政管理局批准,上海—易初摩托车有限公司完成转制并更名为上海幸福摩托车总厂,成为上汽集团全资子公司和国有企业。

三、上海汇众合资与终止

【立项签约】

1992年1月,上海重型汽车厂、上海汽车底盘厂和上海第二汽车底盘厂合并组建上海汇众汽车制造公司(简称上海汇众),生产销售重型汽车和汽车底盘。1996年10月,上海汽车有限公司与注册在英属维尔京群岛的上实汽车发展有限公司议定将上海汇众组建为合资企业。同月,上海汽车有限公司上报《中外合资上海汇众汽车制造有限公司项目建议书》。同月15日,上海市外资委下达《关于设立中外合资上海汇众汽车制造有限公司项目建议书的批复》,予以同意,上海汇众合资项目立项。次日,上海汽车有限公司授权代表张玉丽、上实汽车发展有限公司授权代表厉伟达在上海签订《上海汽车有限公司与上实汽车发展有限公司合资经营上海汇众汽车制造有限公司的合同》《合资经营上海汇众汽车制造有限公司的章程》。

上海汇众合资合同共计 24 条,章程共计 18 条。合同与章程规定:合营公司投资总额为 2 988 万美元,注册资本 1 195.2 万美元,双方股比各 50%;经营范围为从事开发、生产、销售载重汽车及汽车、拖拉机底盘、减震器等零部件;公司董事会由 7 名董事组成,其中上实汽车发展有限公司委派 4 名董事包括 1 名董事长,上海汽车有限公司委派 3 名董事包括 1 名副董事长;从第 2 任起董事长和副董事长由双方轮流委派;经营管理机构由 5 名成员组成,设 1 名总经理、4 名副总经理;总经理由上海汽车有限公司提名、董事会聘任,副总经理由总经理提名、董事会聘任;经营管理机构成员任期为 4 年,可以连聘连任;合营期限为 30 年。

【报批成立】

1996 年 10 月,上海汽车有限公司向上海市外资委报送《关于中外合资上海汇众汽车制造有限公司可行性研究报告、合同、章程的请示》。11 月,上海市外资委下达批复,同意上海汽车有限公司与上实汽车发展有限公司设立中外合资经营上海汇众汽车制造有限公司,同意双方共同编制的可行性研究报告和合同、章程。同月,上海汇众先后从上海市工商行政管理局领取《外国企业、外商投资企业名称登记开业核准通知书》,从国家工商行政管理局领取企业法人营业执照。

1997 年 1 月 17 日,上海汇众举行成立大会,上实控股(集团)公司副总裁、上海汇众董事长陈伟恕和上汽集团副总裁、上海汇众副董事长叶平分别讲话。

【合资终止】

1996 年 11 月上海汇众合资后,公司股东变化均在上汽内部发生。至 2007 年,上汽股东为上海汽车股份有限公司,股东双方股比仍为 50%:50%。

2007 年 6 月 12 日,鉴于上汽商用车战略的实施和上实控股(集团)公司投资经营战略的调整,上海汽车股份有限公司和上实汽车发展有限公司经友好协商,签订《关于上海汇众汽车制造有限公司之股权转让协议书》,约定上实汽车发展有限公司将其在上海汇众的股权全部转让给上海汽车股份有限公司。次日,上海汽车股份有限公司向上海市外资委报送《关于上海汇众汽车制造有限公司投资外方转让股权的请示》。同月,上海市外资委批复予以同意。至此,上海汇众原合同章程终止执行,上海汇众成为上海汽车股份有限公司全资子公司和国有企业。

四、上海纽荷兰拖拉机合资与解散

【合资立项】

20 世纪 80 年代,上海汽车拖拉机工业联营公司与意大利菲亚特汽车公司建立引进拖拉机制造技术的合作关系。1998 年 3 月,意大利菲亚特集团所属凯斯纽荷兰环球有限公司(英文名称缩写 CNH,简称意大利纽荷兰)访问上海拖拉机内燃机公司(简称上海拖内),达成合资经营意愿。同年 6 月和 8 月,上海拖内和意大利纽荷兰先后签订合资项目的基础协议,编制项目建议书,并向上海市外资委提出立项申请。9 月,上海市外资委下发批复,同意项目立项。1999 年 6 月,双方签订《合资成立上海纽荷兰拖拉机有限公司、上海纽荷兰内燃机有限公司、上海纽荷兰农业机械有限公司基础协议》。

2000年12月,上汽集团向上海市外资委上报《关于中外合资上海纽荷兰内燃机有限公司、上海纽荷兰拖拉机有限公司以及纽荷兰农业机械有限公司项目重新立项的请示》。2001年1月,上海市外资委下达批复同意再次立项,原立项批文作废。

【签约成立】

2001年1月,上海拖内和上海市机电设计研究院编制完成《中外合资上海纽荷兰农业机械有限公司可行性研究报告》。同年4月9日,《上海拖拉机内燃机公司与CNH环球有限公司合营合同》和《上海纽荷兰农业机械有限公司章程》在上海签署。上海拖内总经理李积荣,意大利纽荷兰副总裁、农业商务发展总经理劳德·盖切代表双方签字。

上海纽荷兰农业机械有限公司(简称上海纽荷兰)合营合同共计43条,章程共计42条。主要内容包括:合资公司股东为上海拖拉机内燃机公司和纽荷兰比利时有限公司,股比为40%:60%;合资企业产品为上海牌拖拉机、纽荷兰拖拉机、上海牌柴油机,以及根据市场发展适时生产的联合收割机和农机具;投资总额7580万美元;董事会由8名董事组成,其中3名由中方委派,5名由外方委派,任期4年,首任董事长由中方委派,副董事长由外方委派;管理机构设总经理1名,由外方提名,执行副总经理1名,由中方提名,总经理和执行副总经理任期4年;合资期限30年,经合资双方同意可以延长。

2001年4月,上汽集团向上海市外资委上报《关于中外合资上海纽荷兰农业机械有限公司可行性研究报告、合营合同和章程的请示》。5月,上海市外资委下发批复予以批准。同年11月,上海纽荷兰从上海市工商行政管理局领取企业法人营业执照,该公司是当时中国最大的农业机械中外合资项目。2002年1月1日,上海纽荷兰农业机械有限公司正式运行。

【公司解散】

2002年,上海纽荷兰销售拖拉机1.02万台,国内市场占有率18.7%,营业收入4.56亿元,营业利润6200万元。2005年,销售拖拉机1.4万台,为销量最高年份。自2009年起,拖拉机销量不断下降,经营亏损且难以走出困境。2013年,销售拖拉机4767辆,营业收入4.2亿元,分别比2002年下降53.3%和7.9%,营业亏损4580万元,国内市场占有率降至1.5%。2014年6月,上海纽荷兰董事会决定提前终止合营合同。同年11月25日,上海纽荷兰农业机械有限公司解散。

第三章　其他在沪直属企业合资

1988年，中国第一家汽车零部件合资企业上海纳铁福传动轴有限公司成立。至2015年，上汽零部件合资企业75家，其中在沪直属汽车零部件合资企业21家。

2000年，中国第一家汽车销售合资企业上海上汽大众汽车销售有限公司成立。至2015年，上汽汽车服务贸易合资企业12家，其中直属汽车服务贸易合资企业3家。

第一节　上海汽拖联营公司时期直属
零部件企业合资

一、上海纳铁福合资

20世纪80年代初，一些国外汽车零部件公司开始关注中国汽车市场。1984年4月和7月，联邦德国GKN公司两次造访上海汽车传动轴厂，商谈有关十字万向节生产出口事宜。1985年4月，GKN公司第三次到上海汽车传动轴厂，双方进一步达成合资意向。

上海汽车传动轴厂向上海汽车拖拉机工业联营公司（简称上海汽拖联营公司）汇报合作意向取得支持后，着手编制项目建议书并逐级上报上级公司和政府主管部门。1986年4月17日，上海市对外经济贸易委员会（简称上海市外经贸委）批复同意。

1985年4月—1988年3月，该合资项目经历34个月19次谈判。在第17次谈判中，双方进一步商定合资公司的名称和商标、合资公司期限、技术转让、外汇平衡、财产评价估价等问题。对合资公司人员问题，GKN公司要求原有1 004人裁减1/3以上，上海汽车传动轴厂表示人员问题应谨慎处理。经过谈判，双方同意合资后保持原有人数，但以后一般不再增加人员，待员工退休留出名额才可招工。第18次谈判主要议题是新产品等速节传动轴专利费问题，经过讨论双方同意降低专利费数额。

1988年3月25日，《上海纳铁福传动轴有限公司合营合同》和《上海纳铁福传动轴有限公司章程》在上海龙柏饭店签约，上海市副市长李肇基、英国和联邦德国驻沪领事等出席。

上海纳铁福传动轴有限公司（简称上海纳铁福）合营合同共计29章，章程共计17章。合营合同规定中包括：生产经营范围是生产各种轿车、轻型和中型商用车辆用的等速万向节和等速传动轴；生产各种轿车、客货两用车、卡车、拖拉机、公共汽车和其他越野车、非越野车用传动轴、万向节总成和传动轴零部件，以及其他场合应用的传动轴及其零部件；生产上述产品的锻件和其他零部件等。投资总额4 250万马克；注册资本2 000万马克，其中上海汽拖联营公司出资相当于900万马克的人民币、占45%，交通银行上海分行出资相当于100万马克的人民币、占5%，联邦德国GKN公司和德意志投资开发公司分别出资500万马、各占比25%。董事会成员7名，其中外方3名，中方4名；中方委派董事长，GKN公司委派副董事长，董事任期4年；第一任总经理由GKN公司推荐，以后先由上海汽拖联营公司，然后由GKN公司轮流推荐。合营公司期限25年。

1988年7月14日，上海纳铁福举行挂牌仪式。9月1日，举行开业仪式。该公司成为中国汽车行业第一家汽车零部件中外合资企业。

上海纳铁福成立后至 2015 年,除上汽因公司名称变化外,其他股东股比共发生 7 次变化。2015 年,公司注册资本增至 12 600 万欧元,中方股东华域系统股份有限公司(简称华域汽车)和交通银行股份有限公司上海分行分别占 45% 和 5%,外方股东 GKN 传动系统有限责任公司和吉凯恩(中国)投资有限公司分别占 35.42% 和 14.58%,中外双方股比相等。

表 7-3-1 1990—2015 年上海纳铁福股东股比变化一览表

时 间	股东股比变化情况	变化后股东股比	
		股 东	占股(%)
1990 年 2 月	上海汽车工业总公司 10% 股份转让给国家机电轻纺投资公司	上海汽车工业总公司	35
		国家机电轻纺投资公司	10
		交通银行股份有限公司上海市分行	5
		联邦德国 GKN 公司	25
		德意志投资开发有限公司	25
1996 年 8—11 月	8 月,国家机电轻纺投资公司更名为国家开发投资公司。11 月,德意志投资开发有限公司将 15% 股份转让给 GKN 公司	上海汽车工业(集团)总公司	35
		国家开发投资公司	10
		交通银行股份有限公司上海市分行	5
		联邦德国 GKN 公司	40
		德意志投资开发有限公司	10
1998 年 6 月	国家开发投资公司 10% 股份转让给国投高科技投资有限公司	上海汽车工业(集团)总公司	35
		国投高科技投资有限公司	10
		交通银行上海分行	5
		联邦德国 GKN 公司	40
		德意志投资开发有限公司	10
2004 年 3 月	德意志投资开发公司将 10% 的全部股份转让给 GKN 公司	上海汽车工业(集团)总公司	35
		国投高科技投资有限公司	10
		交通银行股份有限公司上海市分行	5
		联邦德国 GKN 公司	50
2010 年 12 月	上海汽车工业(集团)总公司股份转至华域汽车系统股份有限公司	华域汽车系统股份有限公司	35
		国投高科技投资有限公司	10
		交通银行股份有限公司上海市分行	5
		GKN 传动系统国际有限责任公司	50
2013 年 9 月	公司更名为上海纳铁福传动系统有限公司。国投高科 10% 股份转至华域汽车,GKN 公司将 14.58% 股权转给新股东吉凯恩(中国)投资有限公司	华域汽车系统股份有限公司	45
		交通银行股份有限公司上海市分行	5
		GKN 传动系统国际有限责任公司	35.42
		吉凯恩(中国)投资有限公司	14.58

资料来源:上海纳铁福传动系统有限公司

二、上实交通合资

1987年春,上海市副市长李肇基要求上海实业有限公司(香港)(简称上实香港)为桑塔纳轿车国产化作贡献。1987年9月7—11日,上实香港副总经理梁仁圻、张昌谋访问上海汽车拖拉机工业联营公司,双方就上海交通电器厂合资经营可能性进行洽谈。

上海交通电器厂是生产各种汽车电器的专业工厂,其中电喇叭是桑塔纳轿车配套产品,当时样品已得到上海大众汽车有限公司认可,并开始小批量试生产。但要形成批量生产能力需要进行技术改造,进口关键设备,通过合资可获得资金支持。双方经过友好商谈,编制对上海交通电器厂的合资意向书。上海汽拖联营公司副总经理叶平、上实香港副总经理梁仁圻、上海交通电器厂厂长周佩兰分别在合资意向书上签字。此后,上海交通电器厂以较快速度编制上报项目建议书。1987年10月29日,上海汽拖联营公司就上海交通电器厂以及上海内燃机油泵厂、上海汽车电机二厂等三家企业合资及其项目建议书,发文请示上海市外经贸委。同年11月14日,上海汽拖联营公司再次就上海交通电器厂合资问题报告上海市计划委员会(简称上海市计委)和市外经贸委。1988年1月15日,上海市计委发文给市外经贸委,同意该合资项目立项。1月28日,上海市外经贸批复原则同意。

1988年2—6月,上海交通电器厂合资项目先后进行10次谈判,对合同和章程文本编制计划和主要内容取得一致意见。上海汽拖联营公司董事长蒋涛、副总经理叶平等,上实香港董事长徐庆熊,副总经理梁仁圻、张昌谋,上海交通电器厂领导以及上海社会科学院、上海市机电设计研究院负责人或有关人员参加谈判。与此同时,双方委托上海社会科学院经济、法律、社会咨询中心承编合资可行性研究报告,1988年3月编制完成。

1988年7月28日,上海汽拖联营公司(甲方)副总经理叶平和上实香港(乙方)副总经理梁仁圻代表合资双方在上海签署《上海实业交通电器有限公司合资合同》和《上海实业交通电器有限公司章程》。

合营合同共计20章,章程共计13章。主要规定有:投资总额5 200万元;注册资本3 750万元,其中上海汽拖联营公司占股70%,上实香港占股30%;生产经营范围为生产各种喇叭、调节器、继电器、闪光器和刮水器以及其他交通电器产品和零部件并组织和提供售后服务,研究和开发交通电器新技术、新产品、新品种;公司董事会由5名董事组成,其中甲方委派3名董事并委派董事长,乙方委派2名董事并委派副董事长,董事、董事长和副董事长任期均为4年;公司设总经理1人,副总经理2人,总工程师1人,总会计师1人,任期4年;首任总经理由甲方推荐,副总经理合资双方各推荐1人,总工程师由甲方推荐,总会计师由乙方推荐;合营公司期限20年。

1988年6月27日,上海汽拖联营公司向上海市外资委呈报《关于上海实业交通电器有限公司合资可行性研究报告、合同和章程的请示》。同年8月9日,上海市外资委发文批复同意。8月,上海实业交通电器有限公司(简称上实交通)领取中外合资经营企业批准证书、企业法人营业执照。

1988年11月1日,上实交通在上海云峰剧院召开成立大会。上海汽拖联营公司董事长蒋涛、上实香港董事长徐庆熊为合资公司揭牌。徐庆熊和上海汽拖联营公司总经理陆吉安、副总经理兼上实交通董事长叶平、上实交通总经理周佩兰分别讲话,上实香港副总经理兼上实交通副董事长梁仁圻宣布公司高级管理人员聘任名单。

1995年8月,上海市外资委批准上实交通合营年限由原定的20年延长为60年,即从1988年8月30日—2048年8月29日。至2015年,上实交通股东股比变化除上汽方更名或内部转让外,港方股东上海实业(集团)有限公司于1995年5月将其所占的股份转至港企上海实业投资有限公司,2007年6月上海实业投资有限公司将该股份转至上海汽车工业(集团)总公司(简称上汽集团)所属上海汽车工业香港有限公司。至此,上实交通虽仍为沪港合资企业,但股东为上汽集团及所属企业。2015年,上实交通注册资本增至13 030万元,股东股比为华域汽车系统股份有限公司占股70%、上海汽车工业香港有限公司占股30%。

三、上海小糸车灯合资

20世纪70年代末,在上海轿车引进和合资项目实施期间,轿车车灯技术引进和合资合作也列入国家有关部门议事日程。1978和1979年,第一机械部两度组织编写《汽车灯具引进技术任务书》,邀请日本株式会社小糸制作所(简称日本小糸)、英国卢卡斯公司、法国西皮公司来华磋商,并最终确定由上海新成汽车配件厂和湖北汽车灯具厂引进日本小糸车灯技术。1981年11月2日,中日双方在东京签订《汽车灯具技术许可证协议书》。1984年3月21日,上海新成汽车配件厂更名为上海车灯厂。同年7月,中国汽车工业总公司在沪召开汽车零部件新产品工作会议,明确上海车灯厂为桑塔纳轿车灯具配套厂。

为了进一步提高产品水平和质量,密切双方合作,上海车灯厂与日本小糸决定确立合资关系,并于1986年4月编制完成《中外合资企业项目建议书》。该项目建议书经上报上海汽拖联营公司和上海市机电工业管理局同意后,报送上海市政府主管部门。1987年3月6日,上海市计委发出《关于对中外合资经营汽车灯具厂项目建议书的审定意见》,表示同意。同月25日,上海市外经贸委对《关于上报上海车灯厂与日本小糸制作所合资经营汽车灯具厂的项目建议书的请示》作出同意的批复。

1987年9月—1988年11月,汽车车灯合资项目经过8轮实质性谈判,对合资合同和章程所要确定的各个事项基本达成一致意见,同时委托上海市机电设计研究院、上海市社会科学院、经济法律社会咨询中心编制《上海小糸车灯有限公司可行性研究报告》。

1988年12月21日,上海汽拖联营公司(甲方)叶平、日本小糸(乙方)松浦高雄、日本丰田通商株式会社(丙方)野上啓二共同签署《上海汽车拖拉机工业联营公司、日本株式会社小糸制作所、日本丰田通商株式会社合资经营企业合同》和《上海小糸车灯有限公司章程》。该项目成为当时日本在上海投资最大的工业项目。

合资经营合同共24章,章程共13章。合同规定:合资公司生产经营范围是生产各种汽车、拖拉机、摩托车、工程车辆和道路运输车辆用灯具以及汽车灯具的应用产品和零部件;投资总额为16.8亿日元,注册资本为10亿日元,上海汽拖联营公司、日本小糸、日本丰田通商株式会社出资分别占总额的50%、45%和5%;公司董事会由6名董事组成,甲方和乙方各委派3名,任期4年;董事长由甲方委派,副董事长由乙方委派;经营管理机构设总经理1人,副总经理2人,任期4年;首任总经理由甲方推荐,首任副总经理由双方各推荐1名,以后总经理、副总经理人选由董事会决定;公司合营期限为25年。

1988年12月22日,上海汽拖联营公司向上海市外资委送交该合资项目的可行性研究报告(代设计任务书)、合同和章程。1989 年 2 月 13 日,上海市外资委对报告作出批复,原则同意。同月,上海小糸车灯有限公司(简称上海小糸)领取企业法人营业执照、中外合资企业批准证书。1989 年 4月 1 日,上海小糸开业。

上海小糸合资后至 2015 年,股东股比变化均为中方股东上汽更名或上汽内部转让。至 2015年,该公司注册资本仍为 10 亿日元,股东及股比为华域汽车 50%,日本小糸 45%,日本丰田通商株式会社 5%。

第二节　上汽总公司时期直属零部件企业合资

一、上海三电贝洱合资

【企业合资】

20 世纪 80 年代,上海内燃机油泵厂是国内唯一批量生产汽车空调压缩机的专业生产厂家。1987 年 7 月,上海市经委立项批准该厂生产为上海桑塔纳轿车配套的汽车空调压缩机和储液罐。1988 年 12 月,该厂同日本三电电气株式会社签订《汽车空调压缩机制造技术转让合同》,这是上海大众汽车桑塔纳轿车零部件横向国产化较大的引进项目之一,占桑塔纳轿车国产化率的 2.6%。该引进项目需要投入 6 900 万元人民币。为了解决资金问题,上海汽拖联营公司、上海县龙华乡工业公司(简称龙华工业)与泰国正大集团易初投资有限公司(简称泰国正大易初)进行多次洽谈,形成三方合资经营的意向。

1990 年 3 月 7 日,上海汽车工业总公司(简称上汽总公司)副总经理叶平与龙华工业总经理李欢弟、泰国正大易初总经理李绍祝在上海签署合资经营上海易初通用机器有限公司的合营合同和章程。

合营合同共计 25 章,章程共计 15 章。合营合同规定的主要事项包括:合营公司经营范围是设计、制造高质量、高效率的各种车用空调装置和摩托车零配件,以及其他各种汽车、摩托车、内燃机的部件;供应中国国内摩托车配件和车用空调装置的市场;同时开拓国际市场;研究有关设计、制造上述产品的新技术,开发新产品。投资总额 2 960 万美元。合营三方共出资 1 184 万美元作为注册资本,其中上汽总公司出资 473.6 万美元、占 40%,龙华工业出资 118.4 万美元、占 10%,泰国正大易初出资 592 万美元、占 50%。原上海内燃机油泵厂的生产技术(专有技术)、商标、信誉、销售市场等均转让给合营公司,该项转让报酬为 40 万美元。合营公司产品可用原上海内燃机油泵厂的商标,或由合营三方另行商定商标。董事会由 8 名董事组成,任期 4 年,其中上汽总公司 3 名,含董事长;龙华工业 1 名,泰国正大易初 4 名,含副董事长。设总经理 1 人,副总经理 3 人,总经理和 1 名副总经理由上汽总公司提名,财务副总经理和销售副总经理由泰国正大易初提名,任期 2 年。合营期限 25 年。

1990 年 7 月 7 日,上海易初通用机器有限公司(简称上海易通)揭牌开业。该公司是泰国正大集团继 1985 年与上汽合资经营上海—易初摩托车有限公司后,与上汽的第二次合作,同时也是当年上海规模最大的工业性投资项目。

【转股更名】

2004 年 1 月 18 日,上海易通股东泰国正大集团易初将其在合资公司 32.5% 股权转让给日本三电株式会社(简称日本三电),17.5%股权转让给德国贝洱有限公司(简称德国贝洱);股东上海汽车股份有限公司和上海龙华工业有限公司分别将其在合资公司1.5%和1%股权转让给日本三电。同月30日,上海汽车工业(集团)总公司(简称上汽集团)就此请示上海市外资委,2月23日,上海市外资委下达批复,同意转股,其中上海汽车股份有限公司占38.5%,日本三电占35%,德国贝洱占17.5%,龙华工业占9%;同意合资公司更名为上海三电贝洱汽车空调有限公司(简称上海三电贝洱);同意合资公司经营范围变更为开发、生产汽车空调系统、发动机冷却系统及零部件,销售自产产品,并提供维修服务;同意经营期限自本变更登记日起延长50年。

2004年2月上海易通更名为上海三电贝洱后,除上汽持有的股份在公司内部转移外,股东股比主要变化是:2015年3月德国马勒贝洱公司退出,将其所持有的9.5%股权转让给华域汽车系统股份有限公司,其所持有的8%股权转让给日本三电控股株式会社。2015年,企业注册资本为1184万美元,华域汽车、日本三电、龙华工业分别占股48%、43%、9%。

二、上海乾通合资

20世纪80年代后期,上海第一汽车附件厂(简称上海一附件)计划利用合资政策从第三方引进化油器设计和制造技术,实现上海桑塔纳轿车和幸福摩托车化油器国产化。上汽总公司整体编制包括上海一附件合资在内的与泰国正大集团合资的项目建议书上报上海市外资委。1989年2月2日,市外资委批复,其中关于上海一附件合资项目要求上汽总公司作为中方投资单位参与筹建合资项目,并制订可行性方案。1991年7月,上汽总公司党委书记孟庆令、副总经理高明福,上海一附件总经理尤石梁等赴海南与港澳国际投资有限公司就项目合资进行会谈,并签订意向书。1992年1月8日,上海乾通汽车附件有限公司(简称上海乾通)获工商名称登记。同月,上海乾通完成可行性报告、合营合同和公司章程。

1992年1月30日,上汽总公司总经理陆吉安代表甲方、海南国际(海外)投资有限公司(简称海国投)董事长李耀祺代表乙方,在上海签署《上海汽车工业总公司与海南国际(海外)投资有限公司合资经营上海乾通汽车附件有限公司合同》和《上海乾通汽车附件有限公司章程》。

合营合同共25章,章程共15章。双方约定内容有:上海乾通经营范围为开发电控汽油喷射装置,生产并销售汽车、摩托车、小型汽油机供油系产品、发动机活塞销、有色金属压铸件等;投资总额2990万美元;注册资本1300万美元,其中甲方占股60%,乙方占股40%;甲方所属原上海一附件的生产技术、商标、销售市场等以30万美元转让给合营公司;公司董事会由7名董事组成,其中甲方4名,副董事长由甲方委派;乙方3名,董事长由乙方委派,任期4年;经营管理层设总经理1名,副总经理3名,由董事会聘用,聘期为2年;合营期限为25年。

1992年2月,上汽总公司向上海市外资委上报合资成立上海乾通的可行性报告、合营合同和公司章程。同月27日,市外资委发文批复同意。同年6月4日,上海乾通领取企业法人营业执照。同年7月1日,合资公司开业。

1992年7月—2015年,上海乾通除上汽股东内部变化外,其他股东股权变化有:1998年1月,上汽集团和海国投股比调整68.5%和31.5%。2000年4月,海国投将全部股份转让给在英属维尔京群岛注册的BARDSEY GROUP LIMITED。至2015年,上海乾通注册资本增至2500万美元,华域汽车占股68.5%,BARDSEY GROUP LIMITED占股31.5%,保持不变。

三、上汽制动系统合资

1992 年,上汽总公司决定通过中外合资引进汽车制动系统这一保证汽车安全行驶重要部件的先进制造技术。同年 5 月,公司委托上海汽车研究所编制完成《中外合资经营上海汽车制动装置有限公司(暂定名)项目建议书》,提出在德国 TEVES 公司和英国 LUCAS 公司中选择一家为合作对象。5 月 18 日,该项目建议书报送上海市外资委。5 月 27 日,上海市外资委主持召开中外合资经营上海汽车制动装置有限公司项目建议书审批会,会议支持汽车制动装置合资项目,认为该项目将填补中国高质量汽车制动系统领域的空白;要求慎重选择合资伙伴,保证引进技术先进性和可靠性。6 月 7 日,上海市外资委向上汽总公司下达《关于中外合资建立上海汽车制动装置有限公司项目建议书的批复》,原则同意该项目建议书。

上汽总公司经与德国 TEVES 公司、英国 LUCAS 公司多次洽谈后,确定德国 TEVES 公司母公司美国埃梯梯(ITT)公司为合资对象,并根据情况变化,对该项目的合资对象、注册资本、投资比例、公司名称、公司地址、经营范围等内容做了变更。1993 年 10 月 15 日,上汽总公司向市外资委递交《关于中外合资上海汽车制动钳项目建议书有关内容变更的报告》。同年 11 月 1 日,市外资委对改选美国埃梯梯公司为合资对象等变更内容予以同意。1994 年 1 月,上汽总公司、美国埃梯梯公司和上海市机电设计研究院共同编制《中外合资上海汽车制动系统有限公司可行性研究报告》。

1994 年 3 月 24 日,上汽总公司总裁陆吉安和美国埃梯梯公司副总裁 Dr. Klaus Lederer 代表合资双方在上海签署《成立上海汽车制动系统有限公司合营合同及附件》和《上海汽车制动系统有限公司章程》。合营合同共计 23 章,章程共计 20 章,其中规定:合资企业投资总额 2 500 万美元;注册资本 1 000 万美元,其中上汽总公司占股 60%,美国埃梯梯公司占股 40%;公司经营范围为生产销售制动钳、后分泵、总泵等汽车制动系统元器件;公司董事会由 5 名董事组成,其中上汽总公司委派 3 名董事并董事长,美国埃梯梯公司委派 2 名董事和副董事长;董事、董事长和副董事长任期均为 4 年;公司设总经理 1 名、副总经理 1 名,总经理由上汽总公司推荐,副总经理由埃梯梯公司推荐,任期均为 5 年,可以连任;合营公司期限 50 年。

1994 年 4 月 5 日,上汽总公司向上海市外资委上报《关于上海汽车制动系统有限公司可行性研究报告、合同、章程的请示》。4 月 20 日,市外资委发文批复同意。1994 年 7 月 1 日,上海汽车制动系统有限公司(简称上汽制动系统)领取中外合资经营企业批准证书、企业法人营业执照并建成投产。

1994 年 7 月上汽制动系统成立后,其中方股权除了在上汽内部转让外,美国埃梯梯公司(ITT)于 1995 年 12 月并入 ITT Indiana,Inc.,更名为 ITTI 公司(ITT Industries,Inc.);同月,中外双方决定股比从中外方 60%∶40% 调整为各占 50%;1996 年 4 月 ITTI 公司将其股份转让给 ISEC 公司,ISEC 公司又将该股权转给 ITTC 公司;1998 年 9 月 ITTC 公司将该股权转让给德国大陆股份公司。2010 年 4 月,德国大陆股份公司将 1% 股权转让给华域汽车。2015 年,上海汽车制动系统注册资本增至 5 664 万美元,华域汽车占 51%,德国大陆占 49%。

四、延锋伟世通合资与转为中资企业

【公司合资】
上海延锋汽车内饰件厂是国内最早生产聚氨酯塑料汽车内饰件产品的企业,1982 年,该厂

曾引进消化德国巴斯夫公司方向盘等产品的关键设备和制造技术,在国内同行处于领先地位,但与国际水平相比存在明显差距。为进一步提高汽车内饰件的技术水平,1992年6月,上汽总公司开始与美国福特汽车公司(简称美国福特)汽车零部件集团塑料与装饰产品部就引进技术以及将上海延锋汽车内饰件厂改制为合资企业进行洽谈。该年12月10日,双方取得共识签订合资意向书。1993年2月2日,上汽总公司编制完成《中美合资经营汽车塑料及装饰件项目建议书》并上报上海市外资委。2月26日,该项目建议书通过上海市外资委主持召开的审查会审查。4月27日,上海市外资委下达批复,原则同意合资项目。6月,上汽总公司考察团前往美国福特,参观考察仪表板、门内板、保险杠、座椅和骨架等10余家工厂并会谈,加快汽车内饰件合资速度。

1994年6月27日,上汽总公司副总工程师徐钧康、美国福特中国业务总裁詹姆斯签署《合资经营上海延锋汽车饰件有限公司合同》和《上海延锋汽车饰件有限公司章程》。同时,双方编制完成《上海延锋汽车饰件有限公司可行性研究报告》。

合营合同和章程各为30章和16章,规定:上海延锋汽车饰件有限公司(简称上海延锋)生产经营范围是设计、开发、工程设计、测试、制造、装配、包装、发运、销售和推销用于汽车、卡车和摩托车的严塑料和装潢产品,以及模具、冲压件、标准紧固件(自锁和法兰螺母)和其他有关产品,并为这些产品提供服务。公司注册资本2766万美元,上汽总公司出资1355万美元、占注册资本49%,美国福特出资1411万美元、占注册资本51%。上汽总公司向合资公司转让其拥有的延锋商标并收取1000万元人民币。公司董事会由8名董事组成,双方各提名4名,董事任期3年;在首届3年任期内,董事长由上汽总公司任命,副董事长由美国福特任命;在后续每3年任期中,双方交替选任董事长和副董事长。经理班子设总经理1名、常务副总经理1名和2名副总经理,总经理和常务副总经理任期一届3年;在首届3年任期内,总经理由美国福特提名,常务副总经理由上汽总公司提名;在后续3年任期内,双方交替提名总经理和常务副总经理的人选。合资公司合资期限至少10年,此后为不定期。

1994年7月8日,上汽总公司向上海市外资委报送《关于中美合资上海延锋汽车饰件有限公司可行性研究报告、合同、章程的请示》。7月12日,向上海市外资委连续报送两份《关于上海延锋汽车饰件有限公司合资双方追加投资的请示》。第一份追加投资请示提出由于合资企业生产发展需要,申请注册资本在原有基础上增资1128万美元,用于第二期制造汽车装饰件产品项目,双方出资比例不变。第二份追加投资请示提出由于合资企业生产发展需要,申请在原有注册资本基础上增资446万美元,用于第三期制造汽车装饰件产品项目。第一期、第二期注册资本共增加1574万美元,投资总额增加4320万美元增至7300万美元。

1994年8月24日、25日和26日,上海市外资委先后下达三份批复,分别同意上汽总公司所报的可行性研究报告、合同及章程和7月12日的两份请示。9月,上海延锋先后领取外商投资企业批准证书、企业法人营业执照。

1994年11月8日,上海延锋开业。上海市副市长蒋以任、上汽集团党委书记林树楠、美国福特副总裁麦克等出席开业庆典仪式。出任上海延锋首任董事长的林树楠在开业庆典上讲话,指出上海延锋的成立揭开上汽和美国福特合作的新篇章,具有重要意义。

1995年11月3日,上海延锋投资方签订合同修改协议和章程修改协议,投资方和股比改为:上海汽车有限公司占股50%,美国福特占股28%,福特汽车(中国)有限公司占股22%。

【公司转股更名】

1999 年 12 月 30 日,美国福特和福特中国决定将其在上海延锋中所占的全部股权转让给美国伟世通国际控股有限公司(简称美国伟世通),三方签署股权转让协议。2000 年 4 月 28 日,上海延锋就此请示上汽集团。经逐级上报后,同年 7 月 3 日,外贸部向上海市外资委下达《关于上海延锋汽车饰件有限公司增资及股权转让的批复》。同意上海延锋增资、外方投资者转股及公司合同章程修订;明确公司增资转股后,投资总额增加到 22 297.32 万美元,注册资本由 5 679.32 万美元增加到 7 923.32 万美元,股东双方各出资 3 961.66 万美元,各占注册资本 50%。8 月 28 日,上海市外资委向上海延锋转发外贸部的批复。

2001 年 10 月 22 日,上海延锋就外方投资者转股后申请变更企业名称请示上汽集团,提出将公司名称变更为延锋伟世通汽车饰件系统有限公司(简称延锋伟世通),投资双方把延锋伟世通建成战略发展平台。11 月 13 日,外贸部批复上海市外资委,予以批准。11 月 28 日,上海市外资委向上汽集团转发外贸部的批复,上海延锋更名为延锋伟世通。

至 2009 年,该公司中方股东上汽内部几经转股。至 2010 年,延锋伟世通注册资本为 13 923.32 万美元,华域汽车和美国伟世通各占股 50%。

【转为中资企业】

2013 年 8 月,美国伟世通将其所持延锋伟世通全部股份转让给华域汽车,股权转让后华域汽车股权占 100%,企业改制为中资企业并更名为延锋汽车饰件系统有限公司。

五、上海法雷奥电器合资

20 世纪 90 年代初,上海汽车电器总厂生产的发电机、起动马达虽在国内居领先地位,但多数为 60—70 年代的产品,同世界先进水平相比差距很大。上汽总公司为提高汽车起动机、发电机技术水平,决定与法国法雷奥国际控股有限公司(简称法国法雷奥)合资。1994 年 8 月,上汽总公司所属上海汽车电器总厂在与法国法雷奥谈判达成共识基础上,编制完成项目建议书。同月 24 日,上汽总公司向上海市浦东新区经济贸易局报送《关于中法合资生产、销售汽车起动机、发电机项目建议书的请示》。9 月 8 日,上海市浦东新区经济贸易局下达批复原则同意。

1994 年 12 月 14 日,上汽总公司与法国法雷奥合资组建上海法雷奥汽车电器系统有限公司合营合同签字仪式在上海举行。该项目是上海汽车工业与法国汽车企业首次合作项目。上汽总公司总裁陆吉安、副总工程师熊佩禄,与法国法雷奥董事长兼首席执行官 Noel GOUTARD 及国际业务发展总监 Thierry DREUX 共同签署《上海汽车工业总公司与法国法雷奥国际控股有限公司合资经营合同》和《上海法雷奥汽车电器系统有限公司章程》。

合营合同和公司章程各为 30 章和 19 章。其中规定:合资公司经营范围包括在中国境内外开发、生产、制造、包装、分销、销售(批发和零售)并维修汽车交流发电机、起动电机和其他本合同双方同意的产品等;投资总额 2 990 万美元;注册资本约 1 400 万美元,其中上汽总公司出资金额 560 万美元、占注册资本 40%,法国法雷奥出资金额 840 美元、占注册资本 60%;董事会由 7 名成员组成,任期 4 年;上汽总公司委派 3 名董事并委派副董事长,法国法雷奥委派 4 名董事并委派董事长;经营管理设 1 名总经理和 1 名副总经理,总经理由法国法雷奥委派,副总经理由上汽总公司委派,任期 4 年;合营公司期限 50 年。

1994年12月20日,上汽总公司向上海市浦东新区经济贸易局上报《关于中外合资上海法雷奥汽车电器系统有限公司可行性研究报告、合同及章程的请示》。12月31日,浦东新区经济贸易局向上汽总公司下达批复原则同意。1995年1月和2月,上海法雷奥电器系统有限公司(简称上海法雷奥电器)先后领取外商投资企业批准证书、企业法人营业执照,公司开业。

1996年9月,中方股东上海汽车有限公司在合资公司的股份由40%增至70%,法国法雷奥股份由60%减至30%;同时上海汽车有限公司将股份转给全资子公司上海汽车电器总厂。2003年12月,上海汽车电器总厂将其50%的股份转让给上海汽车工业有限公司,其余20%股份转让给法国法雷奥。此次转让后,中外双方在上海法雷奥电器的股比各为50%。至2015年,上海法雷奥电器股份均在上汽内部转让。2015年,其注册资本增至2 200万美元,华域汽车与法国法雷奥各占股50%。

六、上海采埃孚转向机合资

【合资立项】

1990年开始,德国采埃孚齿轮集团(简称德国采埃孚)数次派员与中国第一汽车厂和上海第八车辆配件厂接触,探讨建立合资企业的可能性。上海市外资委和上海市经委希望德国采埃孚把该项目放在上海,同时决定把专业生产汽车转向器系统的上海汇众汽车制造公司汽车底盘厂和生产转向拉杆的上海第八车辆配件厂作为一方,由上汽总公司牵头与外方谈判。

1991年12月开始,德国采埃孚来沪与上汽总公司多次协商。1992年3月,德国采埃孚和上汽总公司、上海机动车辆配件公司签订合资意向书。在此基础上,上汽总公司组织编制《关于上海汇众汽车制造公司和上海第八车辆配件厂与德国ZF公司合资经营汽车转向器、转向拉杆和球铰链等系列产品项目建议书》,报告上海市外资委。同年5月4日,上海市外资委作出同意的批复,明确由上汽总公司牵头,实行"一个口子对外"。1993年3月,市外资委批准上海第八车辆配件厂单独与外商设立合资公司。

【合同签约】

1994年8月26日,上汽总公司副总裁叶平,德国采埃孚执行副总裁、转向机厂厂长沃尔夫·华立兹和执行副总裁阿诺德在上海签署上海汽车工业总公司和德国采埃孚齿轮集团合资经营上海采埃孚转向机有限公司的合同和章程。

合同共计30章,章程共计10章。主要规定包括:生产经营范围为开发生产和销售汽车转向机及相关产品,研究开发合营公司新产品,进行售后服务,出口中国政府允许出口的、在中国购买的其他产品。总投资额4 000万美元,注册资本2 300万美元,其中上汽总公司出资1 127万美元、占49%,德国采埃孚出资1 173万美元、占51%。董事会由6名董事组成,双方各委派3名。董事任期4年;第一任董事长由上汽总公司委派,副董事长由德国采埃孚委派。此后轮流担任董事长和副董事长。经营管理机构设商务总经理1人,由上汽总公司推荐,经营总经理1人,由德国采埃孚推荐;总经理任期4年。合营公司合营期为无限期(至少30年)。

【报批开业】

1994年8月,中德双方编制完成《组建中德合资上海ZF转向机有限公司可行性研究报告》。9

月20日,上汽总公司向上海市外资委报送《中德合资上海采埃孚转向机有限公司可行性研究报告、合同和章程的请示》。同年10月8日,上海市外资委批复同意。同月,上海采埃孚转向机有限公司(简称上海采埃孚)领取外商投资企业批准证书、企业法人营业执照,1995年2月11日开始营业。

1997—2015年,上海采埃孚股东均为双方股东更名或公司内部股权转让,中外双方股比未有变化。2015年,上海采埃孚注册资本增至6 952万美元,德国采埃孚和华域汽车各占股51%和49%。

第三节 上汽集团(含华域汽车)时期 直属零部件企业合资

一、申雅密封件合资

1992年以后,上汽总公司与意大利塞雅股份有限公司(简称意大利塞雅)多次会谈,就汽车密封条项目达成合资意向。1993年12月21日,双方签订合营意向书。1994年8月,双方签订技术引进合同并同意在此基础上进一步洽谈合资问题。同年12月22日,上汽总公司向上海市外资委上报上汽总公司、上海东展公司、上海青浦县大盈工业总公司和意大利塞雅共同在上海青浦大盈工业开发区设立合资公司,生产和销售汽车密封件产品的项目建议书。1995年3月9日,市外资委批复原则同意。1995年7月,上汽总公司向市外资委汇报合营合同等文件编制进度,以及中方投资者变为上汽总公司、上海青浦县永盈实业公司的情况。

1995年7月8日,《上海汽车工业总公司、上海永盈实业公司、塞雅股份有限公司合资经营上海申雅密封件有限公司合同》和《上海申雅密封件有限公司章程》签字仪式举行。上汽总公司总裁陆吉安代表甲方、上海青浦县永盈实业公司总经理陆建铭代表乙方、意大利塞雅公司总裁瓦雷多代表丙方在两个文件上签字。

合营合同共29章,章程共13章。主要内容包括:合资公司经营范围为开发、生产和销售汽车密封件及其他密封件产品;总投资3 600万美元;注册资本1 440万美元,其中甲方占股65%,乙方占股5%,丙方占股30%;合资公司董事会由6名董事组成,其中甲方委派4名,丙方委派2名;董事长由甲方委派,副董事长由丙方委派,任期4年;经营管理层由甲方推荐总经理和1名副总经理,丙方推荐1名副总经理,任期4年;合营期限30年。

1995年7月,上汽总公司向市外资委上报该合资项目的可行性报告、合营合同和章程。同年8月24日,市外资委批复同意。同年9月,上海申雅密封件有限公司(简称申雅密封件)领取外商投资企业批准证书、企业法人营业执照。

1995年11月10日,申雅密封件在上海影城召开成立大会,上海市政府有关委办领导、上汽总公司副总裁叶平、青浦县副县长吴学峰、意大利塞雅总经理福嘎沙等出席,上汽总公司党委书记林树楠和意大利驻沪总领事西柞为合资公司揭牌。2003年6月16日,上海申雅密封件有限公司改名为申雅密封件有限公司。

1997—2014年,申雅密封件除上汽内部股份转让外,其股东股比变化有:1997年10月,意大利塞雅将股份转至其全资子公司塞雅工业股份有限公司;1999年1月,上海永盈实业公司将股份转至上海青浦大盈集体资产经营投资公司,塞雅工业股份有限公司将股份转至BTR塞雅密封系统股份有限公司;2001年10月,上海青浦大盈集体资产变更为上海青浦赵屯集体资产经营公司,BTR

塞雅变更为 METZELER 汽车密封系统意大利股份有限公司;2002 年 3 月,上汽将所持 17.5％股权转给 METZELER 汽车密封系统意大利股份,转股后上汽占股 47.5％,上海青浦赵屯集体资产占股 5％,METZELER 汽车密封系统意大利股份占股 47.5％;2010 年 9 月,METZELER 汽车密封系统意大利股份更名为库博标准汽车意大利有限公司。至 2010 年,申雅密封件股东为华域汽车、上海青浦赵屯集体资产、库博标准汽车意大利有限公司,三方各占股 47.5％、5％和 47.5％。

2014 年 9 月,华域汽车将持有的申雅密封件 47.5％股权以 6 000 万美元出售给美国库博标准汽车集团,不再为申雅密封件股东。

二、联合电子合资

【成立中联电子】

汽油发动机管理系统(EMS)是 20 世纪 70 年代末 80 年代初发展起来的有效减少汽车尾气排放污染、提高发动机动力性的高新技术产品。鉴于其技术难度高、投资大、涉及面广,必须集中力量和资金,建设适应中国主要车型的 EMS 产品开发制造基地。为此,1992 年中国汽车工业总公司(简称中汽总公司)成立专项工作小组开展工作,并于 1993 年 4 月制定《汽车用汽油机电子控制系统技术改造项目总体方案》报国家经贸委。同年 8 月国家经贸委函复同意项目方案。10 月,中汽总公司召开项目组协调会,提出项目建设总体思路:全国统一规划,在技术上高起点引进生产、开发和匹配技术,在组织方式上联合起来,打破部门、地区界限,成立股份制公司,对外谈判货比几家,争取最佳技术、商务条件。关于股份公司注册地点出现设在上海或北京的两种意见。1993 年年底,国家经贸委副主任杨昌基来上海,传达朱镕基副总理的意见,认为上海浦东正在开发开放,地理位置较好,上汽总公司零部件国产化搞得比较好,资金实力比较雄厚,可作为牵头单位,股份公司总部设在上海比较合适。1994 年 1 月 5 日,EMS 第二次筹备领导小组一致决定,注册地点为上海市,并由上汽总公司牵头筹建。

1994 年 2 月 2 日,机械工业部在北京人民大会堂召开汽车用汽油机电子控制系统有限责任公司筹委会成立大会暨合作总协议签字仪式,国家经贸委副主任徐航鹏,机械工业部部长何光远、副部长吕福源,电子工业部部长胡启立,上海市副市长蒋以任,上汽总公司总裁陆吉安等主要汽车企业领导等 300 多人参加,上汽总公司副总裁陈庭越被推选为筹委会主任。上汽、无锡威孚、兵器总公司西安昆仑机械厂、一汽、二汽、北汽等十五家股东单位签署合作总协议,标志着以产品为龙头、以资产为纽带,国内汽车行业第一家跨部门、跨地区、跨行业的汽车零部件企业资产大合作实质性启动。会议召开引起中央领导高度重视,朱镕基、邹家华、李岚清三位国务院副总理认为方向对头。

1994 年 7 月 22 日,合作总协议 15 家签署单位在上海召开第一次股东大会,会议确定股份公司名称为中联汽车电子有限公司(简称中联电子),审议通过筹委会工作报告、公司合同与章程,选举产生公司董事会董事、监事。7 月 23 日,召开中联汽车电子有限公司董事会第一届第一次会议,选举董事长、副董事长,聘任总经理,陈庭越被推选为董事长。1995 年 6 月 16 日,中联电子正式成立。

【成立联合电子】

中联电子筹备期间,选择合作外方的工作同步进行。1994 年 4—5 月,EMS 项目考察组赴美国和德国,分别对福特、博世、西门子三家公司进行考察和会谈,到同年 12 月,先后与三家公司进行四轮谈判。

在三家外国公司中,德国罗伯特·博世有限公司(简称德国博世)能提供 EMS 所有 20 种零部件的制造、匹配及开发技术,已拥有中国生产的大部分轿车 EMS 技术,商务条件亦较优越,中联电子决定选择德国博世作为合作对象,双方签署《中联汽车电子有限公司与德国 BOSCH 公司关于汽油发动机管理系统合营项目的原则协议》,就技术转让、合营期限、股比、注册资本、董事会和执行管理委员会、EMS 国产进度、技术中心等问题达成一致。谈判期间,由于中央和上海市对这个项目十分重视和支持,反复向外方表明电喷项目中国政府只支持一个公司,中方合作单位步调保持一致,因而中方在谈判中始终处于主动地位,在技术、价格、出口等方面,德国博世改变最初欲占大股的态度,同意 50%对 50%的股比,合资公司董事长与总经理均由中方担任。

1995 年 7 月 13 日,《中联汽车电子有限公司与德国罗伯特·博世有限公司合营合同》和《联合汽车电子有限公司章程》在德国外交部签署。中国国务院副总理兼外交部部长钱其琛、外经贸部部长吴仪、机械工业部副部长吕福源、德国副总理兼外交部部长金克尔等出席签字仪式。上汽总公司副总裁兼总工程师、中联汽车电子董事长陈庭越,中联电子总经理尤逸尘和德国博世副总裁汉斯约克·曼格尔分别代表中外方在文件上签字。

合资合同计 20 章,章程计 13 章。主要规定包括:在上海建立合资公司联合汽车电子有限公司(简称联合电子),并在上海、无锡和西安设生产场所。经营范围为发动机管理系统或其部件或零配件开发、匹配和生产,在中国国内市场的销售和售后服务,以及发动机管理系统或其部件或零配件在国际市场上销售等。总投资 26.68 亿元人民币,注册资本 12 亿元人民币,中联电子和德国博世各出资 50%。董事会由 10 名董事组成,包括一名董事长和一名副董事长;各方均委派 5 名董事,任期 4 年;董事长由中联电子委派,副董事长由德国博世委派。合资公司设立管理委员会,由总经理、第一副总经理以及另外两名副总经理组成;总经理由中联电子推荐,第一副总经理由德国博世推荐。合资公司期限为 50 年。

1995 年 12 月 25 日,联合电子领取企业法人营业执照。1996 年 5 月 11 日,联合电子在浦东新区浦发金桥工业城举行开业和奠基庆典。中共中央政治局委员、国务院副总理吴邦国和中共中央政治局委员、上海市委书记黄菊分别发电。吴邦国贺电说:"祝贺电喷项目的开工,希望国内各股东单位齐心协力将电喷项目建设好,不仅提供合格产品,满足汽车工业发展需要,而且创造以资产为纽带,跨地区、跨部门建设股份公司的经验。这对于避免重复建设、提高投资效益、建立现代企业制度都是有意义的。"国家有关部委领导、上海市委市政府领导、德国博世及联合电子股东单位,国内外重要用户单位代表等参加庆典。上汽集团总裁、联合电子董事长陈祥麟发表讲话,德国博世总裁 Dr. Scholl 发来贺词。

作为 1996 年和 1997 年上海市重点工程,联合电子建设受到中央有关部门和市委市政府的高度重视和热情关心。1996 年 6—7 月,黄菊和国家计委副主任曾培炎、机械工业部常务副部长邵奇惠和副部长吕福源、上海市副市长蒋以任等先后视察建设工地,勉励企业抓紧时间,尽快把项目建设好,拿出一流的产品满足用户需求。

联合电子合资以后,公司股东经过 3 次转股,包括 1999 年 10 月和 2002 年 8 月德国博世先后两次将合计 10%股权转让给博世(中国)投资有限公司,2008 年 2 月中联电子将 1%股权转让给德国博世。2008 年 2 月转股后,中外双方股比从 50%∶50%变为 49%∶51%。至 2015 年,公司注册资本仍为 12 亿元人民币,中联电子、德国博世、博世(中国)投资有限公司分别持有 49%、41%和10%的股份。

三、上海天合合资

1993年,上海离合器总厂与美国TRW股份有限公司通过引进汽车安全带许可证技术建立业务关系,并在此基础上产生成立合资企业的意向。1995年4月起,双方就此事宜进行多次洽谈,商定建立中外合资上海天合安全带有限公司。同年10月4日,上海汽车有限公司向上海市外资委上报该合资项目的项目建议书。同年11月8日,市外资委批复原则同意。

1997年1月16日,《组建和经营上海天合汽车安全系统有限公司之合资经营合同》和《上海天合汽车安全系统有限公司章程》签字仪式在上海太平洋大酒店举行。上汽集团副总裁叶平、美国TRW有限公司执行副总裁何尔曼出席签字仪式,上海离合器总厂(甲方)厂长李积荣和TRW有限公司(乙方)助理总法律顾问共同签署合营合同和章程。

合营合同共27章,章程共16章。主要内容包括:合资公司经营范围为生产并销售汽车座椅安全带系统及其零配件;合资公司总投资额1500万美元;注册资本878万美元,双方各占股50%;公司董事会由6名董事组成,其中甲方委派3名,乙方委派3名,董事任期4年;首个任期甲方委派副董事长,乙方委派董事长,以后可轮流委派;经营层首个任期甲方推荐总经理,乙方推荐副总经理,其后可轮换,任期4年;公司合资经营期限为40年。

1997年1月23日,上海汽车有限公司向上海市外资委上报可行性报告、合营合同和公司章程。同年2月24日,市外资委批复同意。同年4月,上海天合汽车安全系统有限公司(简称上海天合)领取企业法人营业执照。8月11日,上海天合在上海虹桥宾馆举行开业庆典,上汽集团副总裁胡茂元、合资公司董事长雷米克、副董事长周宝林出席。

2002年1月,上海天合中方股东由上海离合器总厂变更为上海汽车工业(集团)总公司,此后其中方股东变更均在上汽内部进行。2003年1月,企业经营范围从生产经营汽车安全带增加到生产经营汽车安全气囊,合资公司投资总额由1500万美元增加到2980万美元。2015年,上海天合注册资本增至1198万美元,双方股东华域汽车和美国TRW股份有限公司各占股50%,股比保持不变。

四、上海科尔本施密特合资

1987年,上海活塞厂与德国科尔本施密特有限公司(简称德国KS)签订桑塔纳轿车活塞许可证技术转让合同,同时签订合资意向协定书。以后经过洽谈,双方于1992年7月13日签订合资意向书。同年9月22日,上海市外资委批准上汽总公司上报的合资生产轿车活塞的项目建议书,后因市场等因素项目进展延缓。1995年9月,中德双方在上海再次签署合资意向书并经市外资委批准。1997年2月,上海汽车有限公司根据新情况重新编制中德合资生产轿车活塞的项目建议书,并于同年3月31日上报市外资委。同年4月14日市外资委批复原则同意。

1997年7月,合资成立上海科尔本施密特活塞有限公司(简称上海科尔本施密特)的可行性报告、合营合同和公司章程编制完成。同年7月22日,《上海汽车有限公司和科尔本施密特有限公司和德国投资开发有限公司为成立上海科尔本施密特活塞有限公司的合资经营合同》和《上海科尔本施密特活塞有限公司章程》签字仪式在上海汽车工业培训中心举行,上海汽车有限公司(甲方)董事长陈祥麟、德国KS(乙方)监事会主席Heinrich Binder和管理委员会主席Mathias Rosenbaurn、德国投资开发有限公司(丙方)高级投资经理 Karl Waldkirch 签署合营合同和章程。

合营合同共计 23 条,章程共计 13 条。双方约定:合资公司经营范围为开发、设计、制造、销售活塞和整套活塞组件,提供售后和技术服务;投资总额 2 980 万美元,注册资本 2 200 万美元,其中甲方占股 50%,乙方占股 35%,丙方占股 15%;公司董事会由 6 名董事组成,其中甲方委派 3 名,乙方委派 2 名,丙方委派 1 名,董事任期 4 年;首个任期甲方委派董事长,乙方委派副董事长,其后可轮流委派;经营层首个任期乙方推荐总经理,甲方推荐副总经理,其后可轮换,任期 4 年;合资期限 30 年。

1997 年 7 月 23 日,上海汽车有限公司向上海市外资委上报合资公司的可行性报告、合资合同和公司章程。同月 25 日,市外资委批复同意。同月和 8 月,上海科尔本施密特获外商投资企业批准证书和企业法人营业执照。9 月 16 日,上海科尔本施密特举行首次升旗仪式暨试营业揭牌仪式,公司中外方总经理、副总经理为试营业揭牌。同年 11 月 8 日,公司举办开业庆典。

1997—2015 年,上海科尔本施密特除上汽内部股权转让外,2003 年 12 月德国 KS 购买德国投资开发有限公司在合资公司的 15% 股权,转股后德国股东从 2 家减为 1 家,上汽和德国 KS 各占 50% 股比。至 2015 年,上海科尔本施密特注册资本仍为 2 200 万美元,双方股东华域汽车和德国 KS 各占股 50%。

五、上海菲特尔莫古轴瓦合资

【第一次合资及终止】

1995 年 1 月,上汽总公司和美国菲特尔莫古(全球)公司(简称美国菲特尔莫古)经过洽谈,同意将上海轴瓦厂组建为中外合资企业,生产轴瓦及铝锡轴瓦材料,为轿车、内燃机和摩托车配套,并签订合资意向书。同年 9 月 27 日,上海汽车有限公司向上海市外资委上报上海合众汽车零部件公司(简称上海合众)与美国菲特尔莫古合资经营的项目建议书。同年 11 月 8 日,市外资委批复原则同意。此后合资双方编制并报批合资项目的可行性研究报告、合营合同和公司章程。同年 12 月 20 日,上海菲特尔莫古轴瓦有限公司(简称上海菲特尔莫古轴瓦)领取法人营业执照。

此后,由于美国菲特尔莫古高层变动、投资双方在合资企业投资发展方面产生分歧、外方资金不能按时到位等原因,导致投资双方在合营合同规定期限内均未按出资比例将资金投入合资公司,合资公司无法正式经营。1997 年 9 月 5 日,上海市工商行政管理局吊销上海菲特尔莫古轴瓦营业执照,合资终止。

【第二次合资】

1998 年 5 月,上海合众与美国菲特尔莫古再启合资谈判,并于同年 8 月 18 日签署合资意向书。同年 9 月,上海合众编制该合资项目的项目建议书。10 月 15 日,上汽集团向上海市外资委上报合资建立上海菲特尔莫古轴瓦有限公司的项目建议书。同年 10 月 27 日,市外资委批复原则同意。1999 年 2 月 13 日,上海工商行政管理局核准上海菲特尔莫古轴瓦名称登记。

1999 年 11 月,合资双方完成该合作项目的可行性报告、合营合同和公司章程编制。同年 12 月 2 日,《上海合众汽车零部件有限公司与美国菲特尔莫古(全球)公司组建上海菲特尔莫古轴瓦有限公司合营合同》和《上海菲特尔莫古轴瓦有限公司章程》签约,上汽集团副总裁唐登杰等出席签约仪式,上海合众(甲方)总经理马军、美国菲特尔莫古(乙方)代表布莱恩·拉迪签约。合营合同共 27

章,公司章程共 13 章,主要内容包括:合资公司经营范围开发生产轴瓦、衬套、止推片等轴瓦类产品,轴瓦工装及材料,销售自产产品;投资总额 1 105 万美元;注册资金 1 105 万美元,其中甲方占股40%,乙方占股 60%;公司董事会由 5 名董事组成,其中甲方 2 名,乙方 3 名;乙方委派董事长,甲方委派副董事长,任期 5 年,其后双方可轮换;公司经营管理层由董事会任命;合资年限为 50 年。

1999 年 12 月 9 日,上汽集团向上海市外资委上报合资组建上海菲特尔莫古轴瓦的可行性报告、合营合同和公司章程。同年 12 月 21 日,市外资委批复予以批准。同月,合资公司获外商投资企业批准书、企业法人营业执照。2000 年 2 月 15 日,上海菲特尔莫古轴瓦开业。

2003 年 7 月,上海合众所持合资公司 40% 股份转让给上海汽车股份有限公司。此后上海菲特尔莫古轴瓦中方股权均在上汽内部变更。至 2015 年,该公司中方股东为华域汽车,美方股东变更为美国辉门股份(亚洲)有限公司,股比保持不变,继续为 40% 和 60%,注册资本增至 1 178.5 万美元。

六、上海圣德曼合资与转为中资企业

1998 年 3 月,上海汽车铸造总厂参加由上海市外资委组织的出国招商活动后,加快中外合资合作的洽谈。同年 12 月 2 日,上海汽车工业有限公司(简称上汽工业有限)和德国哈克森莱佛有限公司、德国布吕尔有限公司(两公司合称德国 EB/HS 公司)在上海签署关于在上海建立一家生产和销售汽车零部件及其他铸铁件的合资公司意向书。1999 年 1 月 29 日,上海市外资委主持通过中德合资上海汽车铸造有限公司项目建议书的审查,并由上汽工业有限向市外资委上报项目建议书。同年 3 月 3 日,市外资委批复原则同意。

1999 年 4 月,上汽工业有限组团对德国 EB/HS 公司进行考察。2000 年 7 月,中外双方编制完成合资项目的可行性报告。同年 9 月 12 日,《上海汽车工业有限公司与德国德国哈克森莱佛有限公司、德国布吕尔有限公司、德国投资与开发有限公司合资经营上海圣德曼铸造有限公司合同》和《上海圣德曼铸造有限公司章程》签约仪式在上海举行,上海市经委副主任俞国生,上汽集团董事长陈祥麟、副总裁蒋志伟、党委副书记陈忠德以及德国驻沪总领事等出席。上汽集团总裁、上汽工业有限(甲方)董事长胡茂元,德国 EB/HS 公司(乙方/丙方)执行董事 Wolfgang Remhges 博士和Niels Freiesleben,德国投资与开发有限公司(丁方)执行董事 Stephan Kinnemann 博士共同签署合营合同和章程。

合营合同共 22 条,章程共 16 条。主要约定包括:合资公司经营范围为开发和生产汽车工业及其他工业的铁铸件、零部件和模具,销售自产产品;公司投资总额 3.49 亿元;注册资本 1.66 亿元,其中甲方占股 50%,乙方与丙方各占股 12.5%,丁方占股 25%;公司董事会由 8 名董事组成,甲方委派 4 名,乙方和丙方共委派 2 名,丁方委派 2 名;董事长和副董事长由甲方和乙方、丙方、丁方轮流委派,任期 4 年,首个任期董事长由乙方、丙方和丁方委派,副董事长由甲方委派;公司执管会总经理由指定副董事长的一方提名,副总经理由指定董事长的一方提名,任期 4 年;合资期限为25 年。

2000 年 9 月 15 日,上汽集团向市外资委上报该合资项目可行性报告、合营合同、章程和外商投资企业批准证书。同月,市外资委批复同意。同月和 10 月,上海圣德曼铸造有限公司(简称上海圣德曼)先后领取外商投资企业批准证书和企业法人营业执照。2001 年 3 月 13 日,合资公司举办开业揭牌仪式。上汽集团总裁胡茂元、合资公司董事长 Niels Freiesleben、上汽集团副总裁兼合资公司副董事长蒋志伟、副总裁洪积明、党委副书记陈忠德、德国驻上海领事馆副领事 Wolfgang Rudischhauser 等出席揭牌仪式。

2008 年 12 月,上海市商务委批复上汽集团,同意上海圣德曼外方投资者将其在合资公司持有的全部股权转让给上汽集团,合资公司合营合同、公司章程终止并改制为中资企业。2011 年 1 月,上海圣德曼归属华域汽车为全资子公司。

七、上海皮尔博格合资

1999 年 5 月 24 日,上汽工业有限与德国 PIERBURGAG 公司(简称德国 PG 公司)经过多次会谈后签署双方共同投资建立有色铸造零部件合资企业的合资意向书。同年 7 月 16 日,上汽集团向上海市外资委上报合资建立上海皮尔博格有色零部件有限公司(简称上海皮尔博格)的项目建议书。同年 8 月 5 日,市外资委下达批复原则同意,该项目立项。此后上汽集团按照市外资委要求,抓紧完成该项目的可行性报告、合营合同和公司章程的编制和制定。

2000 年 12 月 22 日,《上海汽车工业有限公司与德国 PIERBURGAG 公司为建立上海皮尔博格有色零部件有限公司的合资经营合同》和《上海皮尔博格有色零部件有限公司章程》签署。上海市经委副主任俞国生、普陀区常务副区长张克明、上汽集团董事长陈祥麟、德国 PG 公司总经理 Dr. Wilfried Lehr 等出席签约仪式。上汽集团总裁、上汽工业有限董事长胡茂元代表甲方、德国 PIERBURG AG 公司首席执行官 Dr. Dieter Seipler 代表乙方签署合营合同和章程。

合营合同共 23 条,章程共 15 条。主要内容包括:合资公司经营范围为开发、生产和组装用于汽车和其他行业的有色铸造零部件、模块、模具和工具(包括汽缸盖、进气模块、排气再循环系统、机油泵、水泵及真空泵),销售自产产品并提供售后和技术服务;投资总额 5 111 万美元;注册资本 1 936 万美元,双方各占股 50%;合营公司生产规模至 2005 年达纲,年产各类金属型铸件及零部件 11 750 吨;公司成立董事会,由 6 名董事组成,双方各委派 3 名,董事任期 4 年;首个任期由甲方委派董事长,乙方委派副董事长,其后可轮流委派;经营层首个任期乙方推荐总经理,甲方推荐副总经理,其后可轮换,任期 4 年;合营期限 30 年。

2000 年 12 月 26 日,上汽集团向市外资委上报可行性报告、合营合同和公司章程。

2001 年 1 月,市外资委批复同意。同月和 2 月,上海皮尔博格有色零部件有限公司(简称上海皮尔博格)先后领取外商投资企业批准证书和企业法人营业执照。同年 4 月 12 日,上海皮尔博格挂牌,经过 6 个月试营业,于 10 月 12 日开业,上汽集团副总裁蒋志伟、陈因达和德国莱茵公司董事长 Mr. Klaus Eberhardt 等出席开业典礼。

上海皮尔博格合资成立后,股权除上汽内部多次转让外,2010 年年底德国 PIERBURG AG 公司将股权转让给德国 KS ATAG Beteiligungsgesellschaft m. b. H。2015 年,上海皮尔博格注册资本 1 936 万美元,中德双方股东股比不变,中方股东为华域汽车。

八、上海萨克斯动力合资

1987 年和 1993 年,上海离合器厂和上海离合器总厂为桑塔纳轿车国产化配套,先后从德国曼内斯曼萨克斯股份有限公司(简称德国萨克斯)引进膜片弹簧离合器技术,双方建立长期合作关系。1995 年和 1999 年,上海离合器总厂与德国萨克斯为合资事宜先后两次进行商谈。2000 年 9 月 6

日,签署共同投资建立合资企业的意向书。同年 11 月 28 日,上汽集团向上海市外资委上报关于建立中外合资企业的项目建议书。同年 12 月 5 日,市外资委批复原则同意。

2001 年 6 月 28 日,上汽工业有限(甲方)副总裁蒋志伟和德国萨克斯(乙方)代表喜格乐、罗斯曼共同签订《上海汽车工业有限公司和德国曼内斯曼萨克斯股份有限公司成立上海萨克斯动力总成部件系统有限公司(简称上海萨克斯)的合营合同》和《上海萨克斯动力总成部件系统有限公司章程》。

合营合同共 26 章,公司章程共 17 章。主要内容有:合资公司经营范围为设计制造并销售汽车液力变矩器、离合器、主缸和分缸、双质量飞轮等产品;投资总额 2 980 万美元;注册资本 1 400 万美元,双方各占 50%;公司董事会由 6 名董事组成,甲方和乙方各委派 3 名董事,任期 4 年;首个任期甲方委派董事长,乙方委派副董事长,其后可轮流委派;经营层首个任期乙方推荐总经理,甲方推荐副总经理,其后可轮换,任期 4 年;合资年限 50 年。

【报批成立】

2001 年 7 月 11 日,上汽集团向上海市外资委上报合资成立上海萨克斯的可行性报告、合营合同和公司章程。同年 11 月 9 日,市外资委批复同意。同年 12 月 7 日,合资公司获企业法人营业执照。2002 年 1 月 6 日,上海萨克斯举行开业仪式。同年 11 月 26 日举行揭牌仪式,上汽集团副总裁、上海萨克斯董事长陈因达和公司副董事长罗斯曼为公司揭牌。

2002—2015 年,上海萨克斯除上汽内部股权转让外,其他股东股权变化有:2002 年 4 月德国萨克斯更名为采埃孚萨克斯股份有限公司。2007 年 12 月外方股权转让给采埃孚(中国)投资有限公司。至 2015 年,上海萨克斯注册资本仍为 1 400 万美元,双方股东华域汽车和采埃孚(中国)投资有限公司,股比各为 50% 保持不变。

九、大众变速器(上海)合资

2000 年,上海汽车股份有限公司(简称上海汽车)经与一汽轿车股份有限公司和大众汽车(中国)投资有限公司洽谈,议定三方共同出资设立专为上海大众汽车和一汽大众配套生产轿车变速器的中外合资企业。同年 12 月,上海汽车和一汽轿车股份有限公司委托上海市机电设计研究院编制完成项目建议书。2001 年 1 月 3 日,上汽集团向上海市外资委上报该项目建议书。同月 12 日,市外资委批复原则同意。

2001 年 4 月 26 日,大众(中国)公司(甲方)董事长 Buechelhofer、上海汽车(乙方)董事长陈祥麟、一汽轿车股份有限公司(丙方)董事长竺延风共同签署《大众汽车变速器(上海)有限公司(简称大众变速器上海)合营合同》。

合营合同共计 30 条,主要内容包括:合资企业设在上海嘉定;经营范围为装配、制造并销售合资企业生产的汽车变速器及其零部件;投资总额为 9 600 万美元;注册资本 3 200 万美元,其中甲方占股 60%,乙方和丙方各占股 20%;公司董事会由 5 名董事组成,其中甲方委派包括董事长在内的 3 名董事,乙方和丙方分别委派 1 名董事,副董事长的职务应在 4 年任期后由一汽轿车和上汽股份委派的董事间更替,第一任副董事长应由一汽轿车委派,董事任期为 4 年;公司管委会由 1 名总经理和 1 名副总经理组成,总经理由甲方提名,副总经理由乙方或丙方提名;任期由董事会决定;公司合资期限 25 年。

2001年7月12日，上汽集团向上海市外资委上报该合作项目的可行性报告、合营合同和公司章程。2001年8月9日，上海市外资委批复同意。同年10月，大众变速器上海领取外商投资企业批准证书、企业法人营业执照。

2003年1月28日，大众变速器上海举行开业庆典暨产品交接仪式。上海市经委主任唐登杰，中国第一汽车集团公司总经理竺延风，上汽集团董事长、党委书记陈祥麟、总裁胡茂元、副总裁陈因达、副总裁兼上海大众汽车总经理陈志鑫和德国大众董事魏斯格贝尔等出席。

2003年8月，大众变速器上海注册资本增至4700万美元。至2015年，注册资本不变，股东股比不变。

十、上海赛科利合资

【第一次沪港合资】

进入21世纪，上汽集团决定加快形成汽车模具开发和制造能力。2003年11月28日，上海汽车工业有限公司（甲方）、上海东绿投资发展有限公司（乙方）、上海汽车工业香港有限公司（丙方，简称上汽香港）三方签订意向书，共同出资建立开发生产和销售汽车模具的上汽汽车模具技术应用有限公司，初期主要为上海通用汽车有限公司开发车身部件冲压和焊接总成模具、夹具及检具。2004年4月，合资各方共同完成可行性报告、合营合同和公司章程，并签署合营合同。该合营合同规定：公司经营范围为设计、制造和生产汽车用模具及其应用产品；投资总额2980万美元；注册资本1200万美元，其中甲方占股37%，乙方占股38%，丙方占股25%；公司董事会由5名董事组成，其中甲方和乙方各委派2名，丙方委派1名，任期4年，董事长由甲方董事担任；经营管理层设总经理和副总经理各1名，均由董事会聘用，任期4年；合营年限30年。

2004年5月，上海市浦东新区人民政府批准该合资项目。同月，上汽汽车模具技术应用有限公司获台港澳侨投资企业批准证书。同年6月3日，获企业法人营业执照，同日公司开业。

2004年8月，上海东绿投资发展有限公司将所持合资公司38%股权转让给上汽工业有限。合资公司股东变为上汽工业有限和上汽香港两家，占股为75%和25%。2005年2月，上汽工业有限将所持股权转让给上汽集团，上汽集团将股权转让给上海汽车集团股份有限公司（简称上汽股份）。同年3月，合资公司注册资本增至2250万美元，双方股比不变。

【中美合资】

2005年12月，公司注册资本从2250万美元减少到1987.5万美元。同时，上汽香港将其在上汽汽车模具技术应用有限公司持有的15.09%股权转让给美国赛科利工业有限公司（简称美国赛科利），将9.91%的股权转让给上汽股份；上汽股份将其在合资公司持有的34.9%股权转让给美国赛科利。此次股权转让后，合资公司更名为中美合资的上海赛科利汽车模具技术应用有限公司（简称上海赛科利），上汽股份占股50.01%，美国赛科利占股49.99%。

2006年4月，上海赛科利增资1200万美元，注册资本从1987.5万美元增至3187.5万美元，股东双方出资比例不变。同年12月，上汽香港再次成为合资公司股东，三方股比调整为甲方上汽股份占股69.909%，乙方美国赛科利占股14.997%，丙方上汽香港占股15.094%。2007年1月，上汽股份将其在合资公司所持股份转让给上汽集团。同年10月，合资公司增资500万美元，注册资本从3187.5万元增加至3687.5万美元，各投资方出资比例不变。

【第二次沪港合资】

2009 年 4 月,美国赛科利将其在合资公司持有的 14.997% 股权转让给上汽香港,上海赛科利再次转变为沪港合资企业,另一股东为华域汽车。2011 年,华域汽车和上汽香港股权调整为 75% 和 25%,分别占股为 69.909% 和 30.091%。2015 年,上海赛科利注册资本增至 13 600 万美元,股东股比维持不变。

十一、大众动力总成合资

21 世纪初,上汽集团和德国大众决定共同投资建设发动机项目。2003 年 9 月 30 日,双方举行上汽—大众发动机项目奠基仪式。上海市副市长周禹鹏、唐登杰,上海市政府有关部门和嘉定区领导,上汽集团董事长兼党委书记陈祥麟、总裁胡茂元、党委副书记陈忠德、副总裁兼上海大众汽车总经理陈志鑫,德国大众董事、上海大众汽车副董事长 Prof. Dr. F. Weissgerber 等出席奠基仪式。2004 年 9 月,大众汽车(中国)投资有限公司(简称大众中国)、上汽集团委托上海市机电设计研究院完成该项目的可行性研究报告。同年 11 月 30 日,国家发展和改革委员会对上汽集团与德国大众合资建设发动机项目建议书的请示作出批复予以批准。

2004 年 12 月 5 日,大众中国 Dr. Folker Weissgerber 和 Dr. Bernd Leissner,上汽股份董事长胡茂元、副总裁陈志鑫代表双方签订建立合资公司的《上海大众动力总成有限公司(简称上海大众动力总成)合营合同》,2005 年 1 月 27 日,双方签订《上海大众动力总成有限公司章程》。

合营合同共计 30 章,主要内容包括:合资公司经营范围为研发、装配、制造、销售合资公司生产的汽车发动机总成及其零部件,并向主机厂提供售后服务;投资总额 230 936 万元;注册资本9.049 亿元,其中大众中国占股 60%,上汽股份占股 40%;公司董事会由 5 名董事组成,大众中国委派包括董事长在内的 3 名董事,上汽股份委派包括副董事长在内的 2 名董事,任期 4 年;经营管理层由 1 名总经理和 1 名副总经理组成,总经理由上汽股份提名,副总经理由大众中国提名,任期由董事会决定;公司合资期限 25 年。

2005 年 2 月 20 日,上汽股份向上海市嘉定区外经委上报《关于成立上海大众动力总成有限公司合资合同及章程的请示》。同年 4 月 18 日,上海市发改委转发国家发改委核准批复。同月 22 日,国家商务部批复同意。同月,上海大众动力总成领取外商投资企业批准证书、企业法人营业执照。

至 2015 年,上海大众动力总成注册资本和股东股比未有变化。

十二、上海捷新动力电池合资

2009 年 12 月 16 日,上海汽车集团股份有限公司(简称上海汽车,甲方)与美国 A123 系统公司(简称美国 A123,乙方)签署合资组建上海捷新动力电池系统有限公司的合资经营合同和章程。

合资经营合同共 31 条,章程共 19 条。主要内容:合营公司经营范围为研发、组装、制造混合动力和纯电动汽车用车辆牵引蓄电池系统和模块,销售自产产品并提供技术服务和其他服务;投资总额 2 375 万美元,注册资本 950 万美元,甲方以现金出资 484.5 万美元、占 51%,乙方以现金出资465.5 万美元、占 49%;董事会由 6 名董事组成,任期 3 年,甲方 3 名董事其中 1 名任首届董事长,乙方 3 名董事其中 1 名任副董事长,首届届满后每 3 年轮换一次;设监事 2 名,双方各委派 1 名,任期不超过 3 年;甲方提名总经理、首席财务官和采购负责人,乙方提名副总经理、首席技术官和制造部门负责人；合营期限 20 年。

2010 年 1 月，合资双方委托上海市机电设计研究院有限公司编制该项目可行性研究报告。同年 3 月 17 日，上海汽车向上海市嘉定区商务委员会报送《关于上海捷新动力电池系统有限公司项目申请书》。同年 4 月 13 日，上海市嘉定区商务委批复同意。

2014 年 10 月，上海捷新动力电池系统有限公司注册资本 10 300 万元，股东变更为上海汽车集团股份有限公司和万向集团公司，股比为 51% 和 49%。

十三、延锋伟世通汽车模具合资

2006 年 9 月 7 日，延锋伟世通汽车饰件有限公司(简称延锋伟世通)、上汽集团和美国伟世通国际控股有限公司(简称美国伟世通)签订《延锋伟世通汽车模具有限公司(简称延锋伟世通模具)项目合资意向书》。同年 10 月，项目团队委托上海市机电设计研究院编制《延锋伟世通汽车模具有限公司合资项目可行性研究报告》。同月 16 日，3 方签署《延锋伟世通汽车模具有限公司合资经营合同》和《延锋伟世通汽车模具有限公司章程》。

合同和章程各为 30 章和 25 章，主要规定：合资企业经营范围是设计、开发、测试和生产汽车饰件和其他非金属零部件的模具(含原型模、检具、胎具、夹具)，销售自产产品，提供相关的技术咨询和售后服务；公司总投资额 2 500 万美元，注册资本 1 200 万美元，其中延锋伟世通出资 600 万美元的等值实物资产(机器设备)，占注册资本 50%，上汽集团出资 300 万美元的等值人民币现金，占注册资本 25%，美国伟世通出资 300 万美元的等值人民币现金，占公司注册资本 25%；公司董事会由 6 名董事组成，延锋伟世通委派 4 名董事，上汽集团和美国伟世通各委派 1 名董事，董事长由延锋伟世通任命，董事和董事长任期 3 年；成立负责公司日常经营管理的部门，经营管理部门设总经理 1 名，任期 1 届 3 年；合资期限 25 年。

2016 年 12 月 7 日，该合资项目获上海市浦东新区金桥出口加工区管理委员会批复同意。2007 年 2 月 8 日，延锋伟世通模具挂牌成立。

2015 年，延锋伟世通汽车模具股东股权变更为华域汽车 25%、美国伟世通 25%、延锋汽车内饰系统有限公司 50%。

十四、上海大陆制动系统销售合资

上汽集团和德国大陆股份公司(简称德国大陆)于 1994 年合资成立上海汽车制动系统有限公司，德国大陆于 2007 年独资在江苏常熟成立大陆汽车系统(常熟)有限公司。为整合资源，实现共赢，双方探索成立从事制动系统产品销售和技术服务业务合资企业的可能性。2008 年年初—2010 年 4 月，双方开展可行性研究，完成合资合同、服务框架协议、供货框架协议、销售咨询协议 5 份合资相关协议的编制。

2010 年 4 月 26 日，华域汽车与德国大陆签署合同，决定设立注册上海大陆汽车制动系统销售有限公司；投资总额 4 000 万元人民币，注册资本 2 000 万元人民币，其中德国大陆认缴等值 1 020 万人民币的欧元，占注册资本 51%、华域汽车认缴 980 万元人民币，占注册资本 49%；董事会由 5 名董事组成，其中德国大陆委派 3 名，华域汽车委派 2 名；德国大陆选择 1 名董事任董事长，华域汽车选择 1 名董事任副董事长；公司设总经理 1 人，副总经理 1 人和其他高级管理人员数名，总经理由德国大陆提名,副总经理由华域汽车提名,均由董事会任命。同年8月25日,该项目获上海市商务委员会批复同意。2010年10月9日上海大陆汽车制动系统销售有限公司成立。2015年9月,德国大陆将其持有的51％股权转让给大陆汽车投资(上海)有限公司。

第四节　汽车服务贸易企业合资

一、上海上汽大众销售合资

1985年10月中德签订的上海大众汽车有限公司合营合同确定:合资后前10年上海大众汽车产销分开,上海汽车拖拉机工业联营公司负责产品销售,并于1988年组建上海汽车拖拉机销售服务公司,承担桑塔纳轿车总经销。1995年上海大众汽车产销分离协议期满。为更好应对市场挑战,提高市场反应速度和能力,上汽集团和德国大众决定联合建立销售合资企业。1998年7月,上汽集团成立合资项目工作小组。7月下旬开始与德国大众进行谈判。1999年9月1日,上汽集团、上海大众汽车和大众汽车(中国)投资有限公司三方签订《关于建立销售合资公司的意向书》。

1999年12月2日,上汽集团董事长陈祥麟、总裁胡茂元,德国大众比谢霍夫尔和阿德尔特、上汽集团副总裁兼上海大众汽车总经理洪积明、上海大众汽车副总经理兼商务执行经理海因彻代表三方在上海签署建立上海上汽大众汽车销售有限公司(简称上汽大众销售)的合营合同和章程。合营合同共计22条,章程共计9章,主要规定有:上汽大众销售投资总额2 998万美元;注册资本为2 998万美元,其中上汽集团占股50％,上海大众汽车占股20％,大众中国占股30％;经营范围为销售上海大众生产的汽车及相关零部件和配件,提供售后服务;公司董事会由6名董事组成,其中上汽集团委派包括董事长在内的3名董事,上海大众汽车委派1名董事,大众中国委派包括副董事长在内的2名董事,董事长、副董事长和其他董事任期均为4年;董事会下设执行管理委员会(执管会),由总经理、副总经理、3名执行经理共5人组成,总经理由上汽集团或上海大众汽车提名,副总经理由大众中国提名,3名执行经理中的财务和组织执行经理由大众中国提名,其余2名由上汽集团或上海大众汽车提名;合营公司期限10年。

2000年3月,上汽集团、上海汽车工业销售总公司、上海众华会计师事务所编制完成《上海上汽大众汽车销售有限公司项目建议书》。5月1日,上汽集团将该项目建议书上报上海市外资委。5月24日,市外资委批复原则同意。随后,上汽集团向上海市外资委上报《关于设立中外合资经营上海上汽大众汽车销售有限公司可行性研究报告、合同和章程的请示》。6月28日,市外资委批复同意。同月,上汽大众销售获中外合资经营企业批准证书、企业法人营业执照,8月1日挂牌成立。

至2015年,上汽大众销售股东股比没有变化。

二、上汽通用销售合资

2011年10月25日,上海汽车集团股份有限公司(简称上海汽车)董事长胡茂元、美国通用汽车(中国)公司(简称通用中国)甘文维代表双方在上海签署建立上汽通用汽车销售有限公司(简称上汽通用销售)合营合同和章程。

合营合同共24条,章程共11章。主要内容包括:上汽通用销售投资总额4 900万美元;注册资本4 900万美元,其中上海汽车占股51％,通用中国占股49％;经营范围为凯迪拉克、别克、雪佛兰 3 大品牌进口和国内生产汽车的总经销,从事售后服务,整车出口,发动机、变速箱、零部件进出口,境内二手车经销;公司董事会由 11 名董事组成,其中上海汽车委派 6 名董事,通用中国委派 5 名董事,上海汽车胡茂元任董事长,通用中国 Tim Lee 任副董事长,董事长、副董事长和其他董事任期均为 3 年;董事会下设执行管理委员会,首届总经理由上海汽车提名,执行副总经理由通用中国提名;合营公司合资期限 16 年。

2011 年 10 月,上海汽车、通用中国编制完成《设立上汽通用汽车销售有限公司项目申请报告》。10 月 28 日,上海汽车向上海市商委上报《关于设立上汽通用汽车销售有限公司及批准合资经营合同、章程的请示》。11 月 23 日,上海市商委批复同意。同月 25 日,上汽通用销售获外商投资企业批准证书、企业法人营业执照。

至 2015 年,上汽通用销售股东股比没有变化。

三、非集团直接投资主要汽车服务贸易企业合资

2000 年以后,上汽集团加快汽车服务贸易中外合资的力度和速度,并创造多项中国汽车服务贸易对外合作的"第一"。

【安吉天地物流合资】

2001 年 9 月,上汽集团副总裁陈志鑫、上海汽车工业销售总公司(简称上汽销售)总经理叶永明分别与荷兰天地物流公司 Roberto Rossi 签署《安吉天地汽车物流有限公司合营合同》和《安吉天地汽车物流有限公司章程》。安吉天地物流投资总额 4 951 万美元;注册资本 3 000 万美元,其中上汽销售和荷兰天地物流公司各出资 1 500 万美元,各占注册资本 50%;经营范围为与汽车有关的仓储、运输、货运代理、管理服务、咨询和培训。2002 年 6 月,国内汽车物流业首家经国家批准的注册资本最大的汽车物流合资公司安吉天地汽车物流有限公司(简称安吉天地物流)成立,上海市常务副市长蒋以任、上海市经委主任唐登杰等出席。安吉天地汽车物流隶属上汽销售。

2006 年 12 月,荷兰天地物流公司被总部位于美国纽约的 APPOLO 投资管理公司收购并更名为 CEVA 物流(基华物流)公司,CEVA 物流公司成为安吉天地物流的外资股东方。2008 年,上汽集团成立新的安吉汽车物流有限公司(简称安吉物流),同时将包括安吉天地物流在内的上汽销售物流板块业务统一纳入安吉物流。2009 年 1 月,上汽销售将其持有的安吉天地物流 50% 股权无偿划转至安吉物流。2011 年 4 月 1 日,安吉天地物流更名为上海安吉汽车零部件物流有限公司。

至 2015 年,该公司股东股比未有变化。

【上汽通用金融合资】

2003 年 11 月,上汽集团财务总监兼上海汽车集团财务有限责任公司(简称上汽财务)董事长朱根林和美国通用汽车金融服务公司(简称通用金融)亚太区副总裁 Carlos Ribeiro 代表合资双方签署上汽通用汽车金融有限责任公司(简称上汽通用金融)合营合同和章程。上汽通用金融注册资本人民币 5 亿元,其中上汽财务出资占 40%,通用金融占 60%;业务范围包括接受境内股东单位 3 个月(含)以上定期存款,提供购车贷款业务,办理汽车经销商采购车辆贷款和营运设备贷款,转让和出售汽车贷款应收款业务,向金融机构借款,为贷款购车提供担保,与购车融资活动相关的代理业务等。2004 年 8 月,上汽通用汽车金融有限责任公司开业,成为中国第一家汽车金融公司和当时汽车金融公司中唯一

的合资企业,上海市副市长冯国勤等为该公司开业揭牌。上汽通用金融隶属上汽财务。

2007年10月,上汽通用金融注册资本增加到15亿元人民币。2015年1月,上汽通用金融股东股比调整为上汽财务占45%、美国通用汽车金融服务(英国)有限公司占35%,上汽通用汽车有限公司占20%。

【海通汽车码头合资】

2003年11月,上海国际港务(集团)有限公司授权代表黄新、上海汽车工业销售总公司(简称上汽销售)授权代表叶永明、日本邮船株式会社授权代表菊池晋、上港集箱(澳门)有限公司授权代表陈宝钦、上海汽车工业香港有限公司授权代表陈伟兴、上海高东投资管理中心授权代表黄晓峰,代表合资各方签署上海海通国际汽车码头有限公司(简称海通码头)合资经营合同和章程。海通码头投资总额1200万美元;注册资本800万美元,投资各方依次占股18%、19%、5%、9%、11%和38%,公司经营范围是码头装卸(含汽车滚装)和仓储。同年12月,中国第一个专业从事汽车内外贸滚装装卸业务的公共码头企业上海海通国际汽车码头有限公司开业。该公司隶属上汽销售。

2004年3月和2008年12月,海通码头股东上汽销售占股先后达到40%和35%。2009年1月,上汽销售将其持有的35%股权划转给安吉汽车物流有限公司(简称安吉物流),海通码头成为安吉物流子公司。同时,股东股比变更为:上海国际港务(集团)有限公司40%、安吉物流35%、上汽香港5%、NYK Holding(Europe)B.V10%、日本邮船株式会社5%、华伦威尔森(中国)物流有限公司5%。

至2015年,海通码头股东股比未有新变化。

【上海安吉星合资】

2008年10月和2009年2月,上汽销售授权代表陈虹、上海通用汽车授权代表丁磊、美国ONSTAR公司授权代表Kevin Wale先后签署上海安吉星信息服务有限公司(简称上海安吉星)合资合营合同和章程。上海安吉星经营范围为在中国提供车载信息通讯服务业务,主要有导航类业务、远程诊断、安防类业务、通讯类业务、娱乐类业务、便利类业务等信息服务并从事相关研究和开发活动;投资总额31493万元人民币,注册资本12000万元,其中美国ONSTAR公司和上汽销售各占股40%,上海通用汽车占股20%。2009年10月,北美市场之外首家Onstar信息服务企业上海安吉星开业。该公司隶属上汽销售。

至2015年,上海安吉星股东股比未有变化。

【安悦先锋合资】

2009年7月28日,上汽集团副总裁叶永明代表上海汽车信息产业投资有限公司(简称上汽信息),与日本先锋电子(中国)投资有限公司(简称先锋中国)总经理签署合资成立安悦先锋汽车信息技术有限公司(简称安悦先锋)的合营合同和章程。安悦先锋经营范围是开发、生产并销售与智能交通信息ITS相关的软件及硬件,包括多媒体、导航、汽车信息等系统的生产、销售、服务以及与之相关的技术研究和开发,研究开发成果的技术转让,技术咨询提供技术服务等;投资总额为人民币14200万元,注册资本为人民币9000万元;上汽信息占股51%,先锋中国占股49%。同年12月8日,安悦先锋开业。

2014年9月25日,上汽信息将持有的安悦先锋全部股权转让给延锋伟世通投资有限公司,延锋伟世通投资有限公司和先锋中国分别持有安悦先锋51%和49%股权。

第四章 跨地合资合作

进入 21 世纪,上汽开始实施跨地经营战略,参与中国汽车工业战略重组。至 2015 年,重要的跨地合作有:1999—2002 年合资组建上汽通用五菱汽车股份有限公司;2004 年重组中国汽车工业总公司;2007 年合资组建上汽依维柯红岩商用车有限公司;2007 年与跃进汽车集团公司全面合作。与此同时,上汽通用汽车有限公司、上汽大众汽车有限公司,延锋汽车饰件系统有限公司等零部件企业也通过跨地合作建立沪外基地。

第一节 上汽通用五菱合资

一、项目由来

"九五"期末,随着中国加入 WTO 进程加快,中国汽车行业开始新一轮产业重组。其时,广西壮族自治区人民政府作出依靠国内大集团支持和世界著名汽车公司技术支撑,对广西柳州五菱汽车股份有限公司(简称柳州五菱股份)进行重组的战略决策。与此同时,上海汽车工业(集团)总公司(简称上汽集团)从走出上海、完善乘用车产品系列及扩大市场份额的角度,开始研究进入微型车制造领域的战略布局。美国通用汽车(中国)公司(简称通用中国)则为扩大中国市场份额,寻找新的合作伙伴和合作领域。

1999 年 5 月上海国际汽车展期间,通用中国与柳州五菱汽车有限责任公司(简称柳州五菱责任)就合作事宜进行接触。同年 7 月,上汽集团前往柳州考察汽车工业。8 月,柳州五菱责任与通用中国通过协商达成合作谅解备忘录。通用中国随即向美国通用汽车公司亚太战略委员会上报项目申请。同年 12 月 6 日,广西壮族自治区政府提出希望柳州五菱责任在与通用汽车合作的同时解决进入国内汽车大集团的意见。12 月 8 日,通用汽车亚太战略委员会对该项目进行审查提出"进一步明确通用汽车与上汽集团在此项目中进行合作"的意见。鉴于广西政府和通用汽车总部意见,通用中国与柳州五菱责任邀请上汽集团加入形成 3 方合作联盟。2000 年 2 月 3 日,3 方签署合作备忘录,随后通用中国再次上报项目。2 月 22 日,通用汽车全球战略委员会审批通过通用中国与上汽集团联合兼并重组柳州五菱股份的项目。据此,三方开始分两个步骤进行合资合作,即第一步中中合作、第二步中中外合作。

二、第一步中中合资

2000 年 2 月,上汽集团总裁胡茂元访问柳州,与广西壮族自治区党委副书记杨基常、自治区政府常务副主席王汉民会谈,广西明确表示支持此项目。3 月 1 日,上汽集团就与通用中国联合兼并柳州五菱股份事宜报告中共上海市委常委、上海市常务副市长蒋以任。3 月 2 日,蒋以任在汇报材料上阅批:报请黄菊书记、匡迪市长阅示,上汽集团与通用中国联合兼并五菱汽车公司一事已酝酿一段时间,趋于成熟,作为落实市委提出的服务全国、参与西部开发的一个行动,拟应积极推进。同日及次日,中共上海市委副书记、上海市市长徐匡迪和中共中央政治局委员、上海市委书记、上海汽车工业建设领导小组组长黄菊先后圈阅同意。同年4月12日,王汉民带领广西经济贸易委员会和柳州市负责人以及柳州五菱责任董事长何世纪、总经理沈阳等,在上海与蒋以任、上海市经济委员会(简称上海市经委)主任黄奇帆、上汽集团董事长陈祥麟和总裁胡茂元就上汽集团与柳州五菱责任合作事宜举行会谈达成一致意见。两地政府在会谈中指出此举是两大企业积极参与西部开发、加强东西部经济合作的具体举措,对促进汽车工业产业结构调整和两地经济发展具有极其重要的意义。

2000年7月19日,上汽集团和柳州五菱责任合作协议签约仪式在广西南宁举行,王汉民和上海市国有资产管理办公室主任陈步林在签约仪式上讲话。陈祥麟、何世纪、沈阳代表合作方签字,胡茂元介绍双方合作情况。该协议规定上汽集团通过国有资产划转方式,受让柳州五菱股份75.9%股权,与柳州五菱责任等股东将柳州五菱股份改组为上汽集团五菱汽车股份有限公司,五菱产品和发展纳入上汽集团统一发展战略和规划。7月31日,上汽集团五菱汽车股份有限公司召开股东会通过公司章程,该章程规定:公司注册资本38 192万元,总股本38 192万股,其中上汽集团28 990万股占总股本75.905%,柳州微型汽车厂9 150万股占总股本23.955%,柳州五菱责任和柳州长虹机器制造公司、柳州联运总公司、柳州车架厂各持有13万股各占总股本0.034%。《合作协议》签订和上汽五菱股份《章程》通过,标志着3方合作基本完成第一步。

三、中中外合资

2001年8月,3方开始实施合作第2个步骤。10月24日,上汽集团向上海市经委上报与上汽五菱责任和上海市机电设计研究院共同编制的《上汽五菱汽车股份有限公司与美国通用汽车公司合资生产汽车项目建议书》,提出为推动和加快上汽五菱产品结构调整和管理水平提升,上汽集团与美国通用汽车将通过已经合资的上海通用汽车有限公司和泛亚汽车技术中心有限公司,向上汽五菱汽车股份有限公司提供全面技术支持和人员培训,提升其在微型车和多用途车方面的竞争能力。10月29日,上海市经委就此上报国家经济贸易委员会(简称国家经贸委)。12月7日,国家经贸委批复上海市经委,同意上汽五菱与美国通用汽车合资生产汽车的项目建议书。12月14日,上海市经委向上汽集团转发国家经贸委批复,明确该项目已批准立项。

该项目立项当日,上汽集团即向上海市经委上报上汽五菱与通用中国、通用汽车(中国)投资有限公司以及上海市机电设计研究院共同编制的可行性研究报告。12月17日,上海市经委将该可行性研究报告上报国家经贸委。2002年3月18日,国家经贸委向上海市经委下达《关于上汽五菱汽车股份有限公司与美国通用汽车公司合资生产汽车项目可行性研究报告的批复》,同意该合资项目可行性研究报告。3月25日,上海市经委向上汽集团转发国家经贸委批复。

2002年4月30日,柳州五菱责任董事长何世纪、柳州微型汽车厂厂长沈阳、上汽集团董事长陈祥麟、通用中国董事长兼首席执行官和通用汽车(中国)投资有限公司(简称通用中国投资)董事长墨菲在上海签订股东合同。柳州长虹机器制造公司、柳州市联运总公司和柳州市车架厂对该合同同意确认。股东合同规定:该合资项目合作3方为甲方柳州五菱汽车责任有限公司和柳州微型汽车厂,乙方为上汽集团,丙方为通用中国和通用中国投资;合资公司经营范围为研究、开发、生产汽车,生产加工各类汽车零部件,销售上述产品并提供售后服务,并向其他企业提供相关的技术咨询及技术服务。公司注册资本57 899.666 7万元。股本结构为上汽集团28 990万股,持股比例

50.098%;通用中国13 880万股,持股比例24%;通用中国投资5 786.666 7万股,持股比例10%;柳州微型汽车厂9 150万股,持股比例15.812%;柳州五菱责任、柳州市车架厂、柳州市联运总公司、柳州长虹机器制造公司各持股13万股,各持股比例0.022%。董事会9人组成,其中甲方2人、乙方4人、丙方3人,乙方有权提名董事长,甲方、丙方各有权提名1名副董事长。监事会3人组成,三方各1名,乙方推荐的监事担任监事会召集人。执管会由总经理及3名副总经理组成,其中1名由甲方提名,2名包括总经理由乙方提名,1名由丙方提名。同年6月4日,上汽集团、通用中国、柳州五菱责任合作项目在广西南宁正式签约,三方决心联手打造中国最大、世界领先的微型汽车生产基地。中共上海市委常委、常务副市长蒋以任和广西壮族自治区党委副书记马庆生,区党委副书记,区政府常务副主席王万宾,区政府副主席王汉民,上海市经委主任唐登杰,合作三方负责人陈祥麟、胡茂元、墨斐、何世纪、沈阳以及中外嘉宾200多人出席签约仪式。

三方合作项目签约后,广西壮族自治区外商投资管理办公室向对外经济贸易部(简称外经贸部)上报《关于设立中外合资上汽通用五菱汽车股份有限公司的请示》。同年7月26日,外经贸部下达批复,同意上汽五菱汽车股份有限公司转制为外商投资股份有限公司,更名为上汽通用五菱汽车股份有限公司(简称上汽通用五菱);同意2002年4月30日各方股东签署的《股东合同》规定的股东及股权结构、经营范围等事项。同日,上汽通用五菱获外经贸部颁发的外商投资企业批准证书,同年9月9日,领取企业法人营业执照。11月18日,上汽通用五菱挂牌,该项目在中国汽车工业开创中中外合作的先例。

四、股东股比变化

上汽通用五菱合资成立至2015年,股东股比变化除上汽内部变化外,其他重要变化有:2006年8月,柳州市联运总公司更名为柳州市国联运输有限责任公司,柳州市车架厂更名为柳州市一利机械有限责任公司;2010年9月,柳州微型汽车厂及柳州五菱汽车有限责任公司转让给通用中国其所持有的合资公司10%股份;2015年8月,柳州市国联运输有限责任公司更名为柳州市国联运输集团有限责任公司,柳州五菱汽车有限责任公司更名为广西汽车集团有限公司。同年,上汽通用五菱总股本增至1 668 076 667股,其中上汽集团占50.098%,通用中国占34%,通用中国投资占10%,柳州微型汽车厂占5.812%,广西汽车集团有限公司、柳州市一利机械有限责任公司、柳州市国联运输有限责任公司、柳州长虹机器制造公司各占0.022%。

表7-4-1　2006—2015年上汽通用五菱股东股比变化一览表

时　间	股东股比变化情况	变化后股东股比	
		股　东	占股(%)
2006年3月	上海汽车工业(集团)总公司变更为上海汽车集团股份有限公司	上海汽车集团股份有限公司	50.098
		通用汽车(中国)公司	24
		通用汽车(中国)投资有限公司	10
		柳州微型汽车厂	15.812
		柳州五菱汽车有限责任公司	0.022
		柳州市车架厂	0.022

〔续表〕

时　间	股东股比变化情况	变化后股东股比	
		股　东	占股(%)
2006年3月	上海汽车工业(集团)总公司变更为上海汽车集团股份有限公司	柳州市联运总公司	0.022
		柳州长虹机器制造公司	0.022
2006年8月	柳州市联运总公司更名为柳州市国联运输有限责任公司,柳州市车架厂更名为柳州市一利机械有限责任公司	上海汽车集团股份有限公司	50.098
		通用汽车(中国)公司	24
		通用汽车(中国)投资有限公司	10
		柳州微型汽车厂	15.812
		柳州五菱汽车有限责任公司	0.022
		柳州市一利机械有限公司	0.022
		柳州市国联运输有限公司	0.022
		柳州长虹机器制造公司	0.022
2010年9月	柳州微型汽车厂及柳州五菱汽车有限责任公司转让给通用汽车(中国)公司所持有的公司10%股份	上海汽车集团股份有限公司	50.098
		通用汽车(中国)公司	34
		通用汽车(中国)投资有限公司	10
		柳州微型汽车厂	5.812
		柳州五菱汽车有限责任公司	0.022
		柳州市一利机械有限公司	0.022
		柳州市国联运输有限公司	0.022
		柳州长虹机器制造公司	0.022
2015年8月	柳州市国联运输有限责任公司更名为柳州市国联运输集团有限责任公司,柳州五菱汽车有限责任公司更名为广西汽车集团有限公司	上海汽车集团股份有限公司	50.098
		通用汽车(中国)公司	34
		通用汽车(中国)投资有限公司	10
		柳州微型汽车厂	5.812
		广西汽车集团有限公司	0.022
		柳州市一利机械有限公司	0.022
		柳州市国联运输集团有限责任公司	0.022
		柳州长虹机器制造公司	0.022

资料来源:上汽通用五菱汽车股份有限公司

第二节　中汽总公司重组

一、项目由来

2002年3月27日,中共中央政治局常委、国务院总理朱镕基主持召开总理办公会议,听取经济贸易委员会(简称经贸委)关于中国汽车工业总公司(简称中汽总公司)体制调整和资产重组的汇报。会议认为,中汽总公司存在管理体制不顺、债务负担沉重、部分企业经营困难等问题,已严重影响正常生产经营。会议决定对中汽总公司进行重组,由经贸委会同中央企业工作委员会、财政部、劳动保障部和中国人民银行,议定重组意见。随后,5部委形成《关于中国汽车工业总公司及所属18户企业重组有关问题的请示》上报国务院。

2002年10月,上汽集团总裁胡茂元在参加墨西哥APEC会议时获悉此信息后,即与集团领导班子商议由上汽重组中汽,以解决上汽在上海大众汽车有限公司(简称上海大众汽车)股权低于50％,影响发言权的问题。上汽集团向上海市领导汇报得到支持。同年12月20日,上汽集团向经贸委上报《关于请求将中国汽车工业总公司持有的上海大众汽车有限公司10％股权划转给上海汽车工业(集团)总公司有关问题的请示》,提出为加快上海汽车工业发展,更好维护中方在上海大众汽车合法权益,请求将中汽总公司持有的上海大众汽车10％股权无偿划转给上汽集团,并作出支付中汽总公司总部离退休人员费用、妥善安置中汽总公司总部在职职工、承接中汽总公司总部现有资产和债权债务、接受拟破产的中汽总公司下属2家企业、接受中汽总公司所属18户企业中因故未能实现重组企业等承诺。同日,上海市人民政府向国务院上报《关于请求将中国汽车工业总公司持有的上海大众汽车有限公司10％的股权划转给上海汽车工业(集团)总公司有关问题的请示》。

经贸委等5部委接到上海市政府和上汽集团请示后表示同意,认为此举有利于上海大众汽车中方行使管理权,有利于中国汽车工业调整,有利于中汽总公司重组。5部委据此上报《关于中国汽车工业总公司及所属18户企业重组有关问题的补充请示》。2003年2月28日,国务院办公厅对5部委两份报告提出审核意见,认为总体符合国务院总理办公会议精神,建议原则同意将中汽总公司所持10％上海大众汽车股权连同总部资产和债权债务无偿划转上汽集团,原则同意中汽总公司所属18户非工业企业调整重组方案。2003年3月3日,中共中央政治局常委、国务院副总理吴邦国对该审核意见作出"拟同意"的批示。

二、项目实施

2003年4月2日,国务院国有资产监督管理委员会(简称国务院国资委)将国务院同意上海市政府请示的批示通知上汽集团。同月8日,国务院国资委到中汽总公司宣布中汽总公司重组方案,经贸委企改司司长刘东升传达国务院批示意见,要求中汽总公司统一思想顾全大局,以实际行动贯彻落实国务院决定;宣布由上汽集团牵头、中汽总公司参与,组成重组工作小组,上汽集团总裁胡茂元为组长,集团副总裁沈建华、党委副书记陈忠德和财务总监朱根林等为副组长;胡茂元不在京期间,由沈建华主持工作。中央企业工作委员会组织部领导宋亚晨对中汽总公司重组提出具体要求。胡茂元在会上表示要认真贯彻国务院批示精神,在国家有关部委和上海市政府领导支持下,按照重组工作总体部署要求,与中汽总公司一起精心组织、稳步操作。中汽总公司总经理陈须林代表领导班子对国务院决定表示支持,表示将全力支持做好重组工作。

2003年4月8日,上汽集团工作小组进入中汽总公司。其后,总部资产负债、总部人员和18家企业等业务小组在非典暴发的艰苦条件下坚持工作。同年10月,重组工作取得明显进展,中汽总公司本部资产负债逐步清理,18家企业处置有序推进,在充分听取意见基础上形成《中国汽车工业总公司总部职工安置意见》,离退休机构编制核定并报中央机构编制委员会批复。同月22日,沈建华代表工作组向国务院国资委主任李荣融作专题汇报并得到充分肯定。至2003年年底,中汽总公司总部债务和对外担保基本清理完毕,其余资产负债逐步着手清理;所属18家企业中10家已经移交;总部离退休人员及管理机构移交和总部职工安置方案已经制定;重组后新公司组建方案初步形成。中汽总公司第一阶段重组工作接近尾声。

三、项目报批

2003年12月11日,上汽集团向国务院国资委上报《关于接收中国汽车工业总公司总部资产和部分所属企业有关问题的请示》,提出中汽总公司总部资产、债权债务清理、中汽总公司所属18户企业移交及职工安置方案制定工作等已经基本完成,保证总部离退休人员及管理机构移交工作将按照移交问题协调会精神办理,请求批准将中汽总公司持有上海大众汽车10%股权连同总部其他资产、债权债务和担保责任无偿划转上汽集团,请求批准中汽总公司所属18户企业中因故未能实现移交的8户非工业企业由上汽集团兜底接收。

2004年3月25日,国务院国资委向上汽集团下达《关于中国汽车工业总公司总部资产和所属企业划转上海汽车工业(集团)总公司有关问题的批复》,同意将中汽总公司持有的上海大众汽车10%股权连同中汽总公司总部资产无偿划转上汽集团,中汽总公司债权债务和担保责任转由上汽集团承担;同意将中国汽车工业投资开发公司等8家中汽总公司全资子公司国有股权无偿划归上汽集团;要求上汽集团每年按时足额支付中汽总公司总部离退休人员所需费用,保证离退休老干部待遇不降低;明确中汽总公司离退休管理机构所需费用由国务院国资委和财政部研究后批复。同年4月29日,上汽集团向上海市国资委提交《关于办理中国汽车工业总公司总部资产和所属企业划转上海汽车工业(集团)总公司手续的请示》,请求以2002年12月31日为划转基期,划转中汽总公司包括上海大众汽车10%股权连同总部其他资产负债,以及所属中汽投资开发公司等8家子公司国有股权。上海市国资委接文后即上报国务院国资委。5月25日,国务院国资委向上海市国资委下达《关于中国汽车工业总公司总部和所属企业资产划转问题的批复》,同意中汽总公司总部及所属部分企业的国有资产划归上汽集团。6月10日,上海市国资委向上汽集团下达《关于同意接受中国汽车工业总公司总部及所属部分企业国有资产的批复》,同意由上汽集团接受中汽总公司总部及所属部分企业国有资产,资产划转基准日为2002年12月31日,划转所有者权益为193 952.77万元,同时调整上汽集团所有者权益。6月30日,完成中汽总公司持有的上海大众汽车10%股权转到上汽集团的工商登记股权变更手续。

四、上汽北京成立

2004年4月2日,上汽集团党政班子研究中汽总公司重组后成立上海汽车集团(北京)有限公司(简称上汽北京)组建方案,确定上汽北京主要功能是拓展北方业务的基地、展示在京形象的窗口、整合重组资产的平台、安置留岗职工的载体;决定该公司由上汽集团和上海汽车工业有限公司共同出资成立,注册资本2亿元,双方投资比率9∶1;明确上汽北京实行董事会领导下的总经理负责制。同月5日,上汽集团发出《关于筹建上海汽车工业集团(北京)有限公司的通知》。

2004年6月8日,上海汽车集团(北京)有限公司在北京钓鱼台国宾馆揭牌开业。国务院国资委副主任邵宁出席并致辞,上汽集团董事长陈祥麟、总裁胡茂元,以及国务院国资委、上海市国资委、北京市有关委办、上汽集团及所属企业负责人出席。上汽集团副总裁、上汽北京董事长沈建华主持仪式,上汽集团财务总监、上汽北京总经理朱根林介绍公司筹建情况。

第三节　上汽跃进全面合作

一、项目由来

进入"十一五",上海汽车工业(集团)总公司确立建设自主品牌的重大战略,并把集成世界资源、收购国外企业作为发展自主品牌4条道路中的1条重要道路。2004年8月和12月,上汽集团先后与英国凤凰公司签署收购罗孚汽车公司(简称罗孚汽车)MG(Rover)75和25型轿车和发动机知识产权及商标的协议。与此同时,南京汽车集团有限公司(简称南汽集团)也加快自主品牌建设,并于2005年7月收购罗孚汽车的MG品牌及生产设备,在此基础上发展名爵自主品牌。

2006年8月,上汽集团承担自主品牌建设的上汽汽车制造有限公司向国家专利局申请其自主品牌车型的前保险杠、车门内饰板、前照灯、仪表板等14项专利。同年10月,该品牌车型定名为荣威750轿车。2007年3月,南汽集团向南京市中级人民法院提交诉状,要求证明其生产的MG名爵外观不对上汽荣威构成侵权。

为了避免由此产生自主品牌建设的纠纷,经上汽集团提议,2007年4月20日,上汽集团董事长胡茂元与南汽集团董事长王浩良在上海国际汽车展期间进行坦诚友好交谈,就不诉诸法律友好协商解决争端并促成双方合作达成一致意见,会谈决定各自派出高层人员组成工作小组,尽快商定解决方案。

二、政府推动

2007年5月,中共中央政治局常委、国务院总理温家宝在上海主持召开长江三角洲地区经济社会发展座谈会,提出长江三角洲实现率先发展和科学发展的要求。在此背景下,上汽集团和南汽集团的合作得到国家发展和改革委员会(简称发改委)等中央部委和上海江苏两地党和政府的高度关注和大力支持。同年6月28日,国家发改委副主任张国宝视察南汽集团MG名爵制造基地,力促上汽南汽全面联合。次日,中共上海市委书记习近平对上南合作作出批示:可相对应成立领导小组和工作小组,推进全面合作加快发展。同年10月4日,中共江苏省委书记李源潮对上南合作作出批示:上汽和南汽贯彻5月15日国务院上海座谈会精神,实行强强联合、资产重组、股权置换、全面合作,共同打造中国最大、世界一流的国际汽车企业集团。同月中下旬,习近平、李源潮在参加中共第十七次全国代表大会期间,召集上汽南汽最终商定具体交易价格,加快合作谈判进程。同月22日,江苏省副省长李全林就上南合作报告李源潮,对南汽请求省政府帮助协调的关于未来新南汽与跃进股份法人治理结构和运作模式,关于以跃进股份为平台形成统一投资主体与上汽集团通过股权置换实现相互持股,关于协调确定跃进集团在上汽股份中的股比,关于减免资产重组中有关税费和继续享受省政府2003年和2005年支持南汽和MG项目各项政策,并出台支持南汽发展新政策等5个问题提出"拟同意"的意见。同月25日,李源潮批示:赞成全林同志意见,全力推进南汽与上汽合并重组成世界级的汽车集团,关于股比已与习近平、韩正同志商量可适当提高,上汽同意再提高0.5个百分点。

三、合作洽谈

从 2007 年 4 月开始,上南合作进入实质性洽谈阶段。两大集团和上海、江苏两地政府不断加快上南全面合作的互访会谈进程。

2007 年 4 月 27 日,上汽南汽在南京举行第 1 次正式会谈。5 月 22 日,上汽集团向上海市政府领导进行汇报。6 月 5—6 日,上海市副市长胡延照带领上海市经委主任王坚、市国资委主任杨国雄、上汽集团董事长胡茂元和上海汽车集团股份有限公司(简称上汽股份,2007 年 9 月简称上海汽车)总裁陈虹等专赴南京,与江苏省副省长李全林、南京市市长蒋宏坤、南京市委副书记陈家宝、南汽集团负责人王浩良和俞建伟等进行会谈。6 月 14 日,上汽集团向中共上海市委副书记、市长韩正和副市长胡延照作专题汇报。同月,双方成立联合工作指导委员会,胡茂元和王浩良任组长,上汽集团副董事长陈虹和总裁沈建华、南汽集团总经理俞建伟任副组长,上汽同时成立谈判综合、自主品牌业务、南京依维柯业务、南京菲亚特业务、英国业务和零部件及其他业务等 6 个工作小组。7 月 3 日,中共南京市委书记罗志军访问上海。7 月 10 日,胡茂元访问南汽,就上南合作框架、下一步工作内容进度达成一致,并签署会议纪要。同月 27 日,上南签署合作意向书。8 月 1 日,双方在南汽召开联合会议启动尽职调查。同月 4 日,李源潮、罗志军、蒋宏坤、陈家宝等视察南京依维柯汽车有限公司,听取上南合作汇报。10 月 7 日,上汽集团、南京市国资委、南汽集团在上海会晤,就南汽资产处理、未来合作对价原则、南京基地初步规划、资本投入及南汽集团启动债转股股东谈判等事项取得一致意见并签署会议纪要。同月 9 日,胡茂元、陈虹等赴南京,与罗志军、陈家宝及南京市有关部门负责人会谈,南京市领导对上汽规划感到满意并初步确定上南合作交易定价原则。同月 12 日和 11 月 15 日,双方先后委托上海立信会计师事务所和中发国际资产评估有限公司对南汽集团资产进行审计和评估。12 月 23 日,南汽与意大利菲亚特汽车公司签署菲亚特将其拥有的南京菲亚特汽车有限公司股权出售给南汽的股权转让协议,双方终止合作。同月,完成资产联合审计和资产评估。与此同时,双方就合作后南汽集团业务发展规划展开深入研究和论证,形成基本发展计划,并制定《合作后南汽集团未来业务发展规划》。

四、合同签约

2007 年 11 月—12 月 21 日,上汽集团和南汽集团分别将双方洽谈商定的有关合作事项报告两地政府并获得同意,12 月 5 日,上汽集团将上南合作项目方案报国家发改委备案。

2007 年 12 月 26 日,国家发改委、上海市政府、江苏省政府在北京人民大会堂举行上汽集团与跃进汽车集团公司(简称跃进集团)全面合作签约仪式。中共中央政治局常委、全国人大常委会委员长吴邦国发来贺信,国务院副总理曾培炎出席签约仪式。张国宝、韩正、李全林、蒋宏坤讲话,胡茂元、王浩良致辞并签约。国家有关部门和上海市、江苏省、南京市领导,中国汽车工业老同志和全国各大汽车公司领导 240 多人出席,共同见证中国汽车工业发展进程中的重要历史时刻。

张国宝讲话指出:上南合作签约,标志着上汽集团和跃进集团两家国内知名汽车企业集团正式启动全面合作,这是中国汽车行业具有里程碑意义的重要合作。韩正讲话指出:上南合作是上海、江苏贯彻国家区域发展主体战略重大举措,希望两家企业以全面合作为新契机,加快资源整合和自主创新,为促进中国汽车产业发展,推动长三角地区联动发展作出应有贡献。李全林讲话指出：上南全面合作对江苏汽车工业和长三角区域经济社会又好又快发展具有重大现实意义。胡茂元和王浩良致辞表示：要通过全面战略合作将上汽集团建成中国最大、世界一流的汽车企业，把南汽集团建成中国重要的汽车制造基地。胡茂元和王浩良签署的协议有：《上海汽车工业(集团)总公司与南京跃进汽车有限公司与跃进汽车集团公司之合作协议》《上汽集团与跃进汽车有限公司关于划转东华汽车实业有限公司75％股权及部分现金资产之股权及资产划转协议》《上汽集团与跃进汽车有限公司关于〈股权及资产划转协议〉之补充协议》《上汽集团与跃进汽车集团关于划转上海汽车集团股份有限公司 320 000 000 股国有股之股份划转协议》。上述协议主要约定包括：规定合作应遵循南汽集团包括含东华汽车实业有限公司法人地位不变，注册地不变，税收渠道不变，上汽集团在上海和南京两地同步发展等原则；规定整车业务重组中跃进汽车有限公司向上海汽车转让南汽集团 100％股权，非整车业务重组中跃进有限向上汽集团划转东华公司 75％股权及部分现金资产，上汽集团将所持有的约定的上海汽车非限售流通股划转予跃进集团等。

签约仪式后，上汽集团和跃进集团举行"全面合作、融为一家"媒体见面会，上汽集团胡茂元、陈虹、沈建华和南汽集团王浩良、俞建伟参加见面会，胡茂元和王浩良分别介绍上南合作情况并回答记者提出的问题。

五、项目报批

签约仪式后，上南合作项目正式进入报批程序。2008 年 1 月 22 日，上汽集团和跃进集团就重组方案联合请示上海、江苏两地发改委。该方案提出上南合作后，通过资产整合重组、充实调整产品、扩大生产能力等措施，预计至 2010 年南汽整车销量和销售收入将是合作前的 3 倍多，至 2012 年年底上汽将在南京地区累计新增投入 85 亿元，形成 48.7 万辆整车、47.5 万台发动机总成年产能力，5 年产销整车累计约 156.9 万辆，实现销售收入累计约 1 383.26 亿元，上交税收累计约 86.78 亿元。主要内容包括：名爵浦口基地发展定位为上汽自主品牌总体产能布局重要组成部分，与上汽自主品牌形成统一规划、统一开发、统一采购、统一生产、统一营销；南京依维柯汽车有限公司将结合上汽商用车整体业务规划和原有在轻型商用车领域优势地位，发展成为轻中型客车和轻型卡车制造基地；南京菲亚特汽车有限公司由上海大众汽车通过收购该公司有效资产方式设立分公司，快速导入一款成熟的中级轿车车型；南汽英国公司定位为上汽英国制造的海外制造基地；东华汽车实业有限公司(简称东华实业)所属零部件企业产品纳入上汽零部件采购体系。

上海、江苏两地发改委收到请示报告后，分别发文请示国家发改委。2008 年 3 月 5 日，国家发改委向两地发改委下达《关于上海汽车工业(集团)总公司与跃进汽车集团公司联合重组的批复》。批示同意上汽集团与跃进集团实施联合重组，同意合并重组框架方案和所涉及的企业法人股东变更；同意上海汽车集团股份有限公司(简称上海汽车)支付跃进汽车有限公司(简称跃进有限)20.95 亿元，跃进有限将持有的南汽集团全部股权转让给上海汽车。同时，跃进有限将持有的东华实业 75％股权转给上汽集团，上汽集团将持有的上海汽车 3.2 亿股股权划转给跃进集团。南汽集团和东华实业独立法人地位、注册地址、纳税渠道不变。同意南汽集团和意大利菲亚特汽车公司签署的南汽集团收购菲亚特在南京菲亚特汽车有限公司全部股权的股权转让协议，并报相关部门办理外资股东退出和变更手续。支持上海大众汽车收购南京菲亚特汽车有限公司相关资产设立分公司的设想，具体步骤按照《汽车产业发展政策》要求实施。同意上报的发展规划方案和今后 5 年(至 2012 年年底)在南汽集团生产同类产品的投资计划。同月 27 日，商务部对江苏省对外贸易经济合作厅《关于南京菲亚特汽车有限公司股权转让的请示》下达《关于同意南京菲亚特汽车有限公司股权转让变更为内资企业的批复》,同意菲亚特汽车股份公司将所持有的南京菲亚特 50％股权以 1 欧元价格全部转让给南汽集团,菲亚特退出合资公司,公司变更为内资企业。

六、后续发展

2007 年 12 月 27 日,上汽召开新南汽和东华实业工商变更完成前过渡时期管控会议,上汽集团副总裁蒋志伟主持会议,会议要求实施新南汽集团和东华公司的百日整合计划。同月 28 日,上汽和跃进成立联合交割工作组并于 2008 年 1 月 2 日召开专题会议,启动资产交割工作。同月 8 日,新南汽和东华实业召开首次联合办公会议,启动百日整合计划。4 月 1 日,上海汽车完成南汽集团 100％股权收购程序,南汽集团成为上海汽车全资子公司。同月 15 日,东华实业 75％股权划转至上汽集团,东华实业成为上汽集团控股子公司。5 月 27 日,跃进集团将收到的上海汽车支付购买南汽集团 100％股权款项划转至上汽集团,完成相关划转手续。6 月 10 日,上海、江苏两地国资委联合上报国家国资委,启动 3.2 亿股上海汽车划转程序。

与此同时,上南合作各主要业务板块整合发展快速推进。自主品牌业务板块:按照"五个统一"总体要求,新南汽和上海汽车集团股份有限公司乘用车分公司实现一体化运作。同年 6 月 23 日,MG 名爵 3SW 上市,以后 TF 跑车和 MG 名爵 7 运动版相继上市;10 月 27 日,上汽在南汽名爵基地举行自主品牌南京基地发动机及全球性 A 级车平台启动仪式。南京菲亚特改造板块:4 月 18 日,3 个月快速改造后组建的上海大众汽车南京分公司开业;该分公司于 5 月 5 日第一辆桑塔纳志俊下线;于 9 月 5 日累计第 1 万辆桑塔纳志俊下线;于 10 月份月产超过 1 万并创造江苏汽车制造史上首个月产万辆纪录;于 2008 年实现当年改造当年投产当年盈利。南京依维柯板块:全面融入上汽商用车发展规划,推出新型卡车跃进欧卡,2008 年业绩提升 10％。东华实业板块:2 月 28 日,上汽集团、宝山钢铁集团有限公司与东华实业签署合作协议,增资重组南京南汽模具装备有限公司;7 月 8 日,东华实业开业;2008 年上汽在东华实业安排 10 多个项目,推动上海优势企业和东华实业零部件企业合作。

2008 年 12 月 22 日,为纪念上南全面合作一周年,胡茂元和王浩良等接受新华社、《人民日报》等媒体专访,共同回顾上南全面合作一年来所做的工作和取得的阶段性成果,指出上南合作一年初见成效,出现"南亚资产活了、自主品牌顺了、南维柯发展快了、东华业务广了"4 个变化。

2008—2010 年,在国际金融危机冲击下,上汽信守承诺,坚决实行对南京基地的资产分割、规划、投资和分配 4 个倾斜,持续加大对南京基地的投入,投资累计超过 60 亿元,完成自主品牌浦口基地和上海大众汽车南京分公司二期工程建设。至 2010 年,"全面合作、融为一家"取得显著成效。3 月 17 日,上海汽车自主品牌南京浦口基地二期改建工程落成投产,荣威 350 下线,标志着上汽自主品牌平台化战略布局基本完成,南京浦口基地与临港基地、仪征基地一起,成为上汽自主品牌国内三大生产基地,并与上海汽车技术中心安亭基地、南京分院和海外研发中心一起形成上汽完整的自主品牌制造与研发体系。该基地总投资 25.66 亿元,形成年产 20 万辆整车和 25 万台发动机生产能力。同年 12 月 24 日,上汽集团在南京浦口基地举行《上汽集团南京基地发展合作备忘录》签约暨第 5 万辆荣威 350 轿车下线仪式。2010 年,上汽南京基地生产汽车近 30 万辆,是合作前的 3 倍;东华实业整体盈利超过 4500 万元,实现 3 年全面扭亏挑战性目标;3 年来上汽南京基地员工工资平均每年增长 10％,没有一个员工下岗,没有一个员工上访。

第四节　上汽依维柯红岩合资

一、合资谈判

为落实上汽发展商用车业务的"十一五"规划,2004年7月开始上海汽车工业(集团)总公司与意大利菲亚特汽车公司所属依维柯股份有限公司(简称意大利依维柯)就合资合作事宜进行多轮谈判,取得一致意见。与此同时,上汽集团、意大利依维柯与重庆市经委和经济开发区管理委员会、重庆重型汽车集团有限责任公司(简称重庆重汽)就合资事项进行多轮洽谈达成共识,重庆市政府表示支持该合资项目并在土地、税收、城市建设配套费、公配设施、贷款等事项上给予优惠政策。同年9月7日,在上海市政府副秘书长兼市经委主任徐建国、重庆市经委主任吴冰见证下,上汽集团和重庆重汽在重庆签署合作框架协议。同年10月13日,上汽集团、意大利依维柯、重庆重型在重庆签署谅解备忘录。

2005年11月,上海汽车集团股份有限公司和意大利依维柯签署合资合同,决定合资成立上汽依维柯商用车投资有限公司(简称上汽依维柯),寻求重型车领域合作伙伴,共同参与中国重型车市场竞争。2005年12月16日,上汽股份、意大利依维柯、重庆重汽在重庆签署框架协议,中共重庆市委书记黄镇东、市长王鸿举、副市长黄奇帆和上海市副市长胡延照,以及两地市政府相关委办领导、合作3方代表等出席签约仪式。此后,合资各方就合资公司合同章程等事项继续深入谈判并取得一致。

二、合同签约

2006年10月15日,上汽股份副总裁兼上汽依维柯董事长肖国普、重庆重型董事长任勇、重庆红岩汽车有限责任公司(简称重庆红岩)董事长何勇代表合资三方在重庆签署上汽依维柯红岩商用车有限公司(简称上汽依维柯红岩)合营合同和章程。合营合同共计21条,章程共计12章。

合营合同和章程主要规定有:合资公司总投资29.75亿元,注册资本13亿元,其中上汽依维柯出资8.71亿元、占注册资本67%;重庆重汽出资4.29亿元、占注册资本33%。合资公司经营范围为开发、制造、销售汽车(不含小轿车)及零部件,汽车组装、改装。公司董事会由6名董事组成,其中重庆重汽2名,上汽依维柯4名;董事长由上汽依维柯指定的董事担任,副董事长由重庆重汽指定的董事担任;董事长、副董事长和董事任期4年。监事会由5名监事组成,其中重庆重汽1名,上汽依维柯2名,职工选举2名,任期3年。公司总经理由上汽依维柯提名;副总经理3名,由重庆重汽提名2名,上汽依维柯提名1名;财务总监1名,由上汽依维柯提名。合资经营期限30年。

三、报批成立

2007年1月18日,上汽依维柯、重庆重汽联合向重庆市发改委报送《关于重组重庆红岩汽车有限责任公司并设立上汽依维柯红岩商用车有限公司的请示》。同月25日,重庆市发改委就此事项请示国家发改委。4月9日,国家发改委向重庆市发改委下达《关于上汽依维柯商用车投资有限公司和重庆重型汽车集团有限责任公司重组重庆红岩汽车有限责任公司项目核准的批复》,同意合资成立上汽依维柯红岩商用车有限公司,开发生产商用载货车。5月8日,重庆市发改委向重庆机电控股(集团)公司转发国家发改委批复。同月17日,重庆市外经委向重庆机电控股(集团)公司下发《关于上汽依维柯红岩商用车有限公司合资合同、公司章程的批复》,同意合资经营上汽依维柯红岩,批准合资经营该企业的合营合同、章程及合同其他附件,同意合资公司经营范围、总投资、注册资本及各投资方股比和合资经营期限等上报事项。6月13日,上汽依维柯红岩领取重庆市人民政府颁发的中外合资经营企业批准证书。

2007年6月15日,上汽依维柯红岩与上汽菲亚特红岩动力总成有限公司一起,在重庆市举行成立揭牌奠基仪式,上海市副市长胡延照、重庆市常务副市长黄奇帆、上汽集团和上海汽车董事长胡茂元、上汽集团副董事长兼上汽股份总裁陈虹、上汽股份副总裁肖国普等出席。7月3日,上汽依维柯红岩取得重庆市工商行政管理局颁发的企业法人营业执照。

第五节　公司其他跨地合资合作项目

一、合资组建扬州汽车塑料

1993年2月19日,上海汽车工业总公司(简称上汽总公司)总裁(扩大)会议明确上海桑塔纳轿车要打"中华牌",汽车塑料油箱和空调暖冷风管道生产不在上海布点,参股位于江苏省扬州市的扬州汽车塑料件制造公司(简称扬州汽车塑料),参股比例25%。扬州汽车塑料是为上海大众汽车有限公司和广州标致汽车有限公司等整车企业配套的塑料燃油箱专业生产企业。

1993年7月4日,上汽总公司与国家机电轻纺投资公司、扬州城镇集体工业联营公司三方签署合资经营扬州汽车塑料制造公司的协议。根据协议,上汽总公司投资1492万元,持有扬州汽车塑料25%股份,并参与该公司的经营管理。上汽总公司总裁陆吉安和国家机电轻纺投资公司董事长张宁、扬州市副市长管德平等出席签约仪式。扬州汽车塑料成为上汽首次在沪外投资的生产型企业。

2002年4月,扬州汽车塑料更名为扬州亚普汽车塑料件有限公司。2006年3月,再次更名为亚普汽车部件有限公司。2015年,该公司股东股比为:国投高科技投资有限公司56.10%、华域汽车系统股份有限公司33.90%、国投创新(北京)投资基金有限公司5%、北京国投协力股权投资基金5%。

二、重组组建上汽仪征

【项目启动】

江苏仪征汽车厂是一家创建于20世纪70年代的轻型客车生产企业,至1993年形成单班3万辆整车年产能力,以后受产品老化等因素影响效益逐渐滑坡。为解决仪征汽车厂困难,江苏省和仪征市于1997年4月向机械工业部提出由上海汽车工业(集团)总公司对该厂进行重组的意向,而上汽集团也有意利用江苏仪征低成本优势快速建设公司第3个轿车制造基地。

1997年8月,上汽集团党委书记林树楠和副总裁叶平考察仪征汽车厂,就仪征汽车厂重组内容、方式和步骤与扬州市、仪征市及仪征汽车厂达成共识。1998年1月,上汽集团副总裁陈因达带队赴仪征汽车厂,与扬州市和仪征市就仪征汽车厂资产评估、新公司名称、经营范围、股本结构、治理结构和发展规划及国有资产划拨等问题达成一致。同月8日,上汽集团和仪征市政府、仪征市汽车工业公司(简称仪征汽车公司)、江苏仪征汽车制造厂共同制订《兼并重组仪征汽车厂方案》。

【项目签约】

1999年1月20日,《上海汽车工业(集团)总公司与仪征市汽车工业公司关于仪汽资产重组的合同》签约仪式在江苏扬州举行,中共仪征市委书记陈明主持签约仪式,上汽集团胡安生和仪征汽车公司李新观代表双方签字。该合同共计19条。双方约定:在对仪征汽车厂资产依法进行产权界定后实施资产重组,并将仪征汽车厂部分国有资产通过无偿划转方式给予上汽集团,然后由双方将仪征汽车厂改组为有限责任公司和上汽集团控股企业;新公司注册资本5亿元,其中上汽集团占67%,仪征汽车公司占33%;董事会7名董事,其中上汽集团4名董事包括1名董事长,仪征汽车公司2名董事,职工民主选举1名董事,董事会任期3年;监事会3名监事,上汽集团、仪征汽车公司和职工代表各1名,监事长由上汽集团推荐的监事担任,监事任期3年;总经理和财务副总经理由上汽集团推荐,其他副总经理由总经理提名,总经理和副总经理任期3年。同日,双方还签署《仪汽资产重组合同补充协议书》。

【项目报批】

仪征汽车厂资产重组项目签约后,仪征汽车公司将仪征汽车厂部分国有资产划转和企业改制分别进行报批。仪征汽车厂部分国有资产划转事宜经仪征市国有资产监督管理办公室(简称仪征国资办)和江苏省国有资产监督管理局(简称江苏省国资局)分级上报后,1999年2月14日,江苏省政府下达《关于同意仪征汽车制造厂部分国有资产无偿划转上海汽车工业(集团)总公司的批复》,同意将仪征汽车制造厂经资产剥离后净资产55 155.99万元中的36 954.51万元无偿划转给上汽集团,上汽集团以上述资产为出资,与仪征汽车公司共同组建上汽集团仪征汽车有限公司(简称上汽仪征),其中上汽集团占67%股权。3月22日,江苏省国资局向仪征市国资办下达《关于办理仪征汽车制造厂部分国有资产无偿划转上海汽车工业(集团)总公司有关手续的通知》。同月25日,仪征市国资办向仪征汽车公司下达《关于同意办理仪征汽车制造厂部分国有资产无偿划转上海汽车(集团)总公司的批复》。仪征汽车厂改制事宜经上报后,1999年3月18日,仪征市体制改革委员会向仪征汽车公司下达《关于同意江苏仪征汽车制造厂改制为上汽集团仪征汽车有限公司的批复》。

1999年3月11日,上汽集团向上海市国资办上报《关于接受仪征市汽车工业公司无偿划转江苏仪征汽车制造厂部分资产的请示》,请求接受无偿划转的仪征汽车厂部分资产,并授权上汽集团经营管理。同月18日,上海市国资办下达《关于同意受理仪征汽车制造厂部分资产的批复》,明确该部分资产由江苏省划归上海后,由上海市国资办授权上汽集团统一经营,并相应调整上汽集团统一经营的国有资产授权数。

1999年3月31日,上汽集团仪征汽车有限公司举行开业典礼,国家机械局、上海市经委、江苏省计委和经委、中共扬州市委和上汽集团等负责人出席开业仪式。4月1日,上汽仪征领取仪征市工商行政管理局颁发的企业法人营业执照。该公司成为上汽集团首个沪外整车制造基地。

【后续变化】

2000年11月,为进一步把上汽仪征建成上汽集团全资整车生产基地,胡茂元、陈因达和扬州市委副书记李体明、仪征市市长卜宇等进行会谈,就仪征汽车公司在上汽仪征中所持33%股权无偿转划给上汽集团达成一致。12月15日,双方签订无偿划转合同,上汽仪征成为上汽集团全资子公司。

2002年10月,上汽集团自主品牌赛宝多用途轻型客车在上汽仪征批量生产。2003年,上海汽车股份有限公司成为集团自主品牌整车经营主体后,于同年4月收购上汽仪征99%股份,上汽仪征更名为上海汽车股份有限公司仪征分公司。

2010年,上汽仪征被上海大众汽车有限公司收购。同年7月15日,上海大众汽车江苏仪征项目签订仪式在南京举行,中共江苏省委书记梁保华、江苏省省长罗志军、中共扬州市委书记王燕文、扬州市市长谢正义和上汽集团董事长胡茂元,上海汽车总裁陈虹,德国大众汽车副总裁海兹曼,大众汽车执行副总裁、大众汽车(中国)总裁兼CEO范安德,以及上海大众汽车总经理刘坚、副总经理何思渊等出席签约仪式。上海大众汽车江苏仪征项目成为该公司继南京分公司之后第2个沪外生产基地。

三、合资组建华东泰克西

【项目由来】

1998年年初,为缓解中国汽车发动机汽缸体铸件紧缺状况,用国产件替代进口铸件,节约外汇支出,防止重复建设,在国家计委、江苏省和镇江市政府支持下,上汽集团、跃进集团和意大利泰克西有限公司(简称意大利泰克西)经过谈判,委托上海市机电设计研究院、中国汽车工业总公司南京设计院编制完成《华东泰克西合资项目可行性研究报告》。3月6日,合资三方在江苏省镇江市签署该项目可行性研究报告。3月到6月,三方完成合资公司合同和章程的谈判。

【合同签约】

1998年6月19日,华东泰克西汽车铸造有限公司(简称华东泰克西)合营合同和章程在北京市钓鱼台国宾馆签署,标志着中国汽车铸造业开始跨地区跨国界联合。国家计划委员会(简称计委)主任曾培炎出席签约仪式,上汽集团总裁陈祥麟、跃进集团总经理黄小平、意大利泰克西总裁兼首席执行官保罗·费洛曼尼分别在合营合同和章程上签字。合同共计28条,章程共计17条。

合同和章程规定:合资企业经营范围是生产汽缸体铸铁件,在中国境内外销售自产产品提供相关售后服务,开发新型汽缸体铸铁件;投资总额8 088万美元,注册资本3 700万美元,其中上汽集团和跃进集团各出资925万美元、各占25%,意大利泰克西出资1 850万美元、占50%;董事会8名董事,其中意大利泰克西委派4名,上汽集团和跃进集团各委派2名,董事任期3年;董事长从各中方委派的董事中轮流产生,副董事长由意大利泰克西委派的董事中产生,没有委派董事长的中方委派1名董事作为增加的副董事长;总经理由意大利泰克西指定,任期3年,可连任3年,6年任期届满后意大利泰克西可在合资公司人员中指定新任总经理并提请董事会任命,新任总经理应为中国公民;每一中方各自指定1名副总经理,在首任和第二任共6年期满后,意大利泰克西有权向董事会推荐由其任命的1名部门经理作为副总经理,作为1位增加的副总经理;合资期限30年。

【报批成立】

1998年3月2日,上汽集团和跃进集团向镇江市计委和镇江市经济开发区管理委员会报送《关于中意合资华东泰克西可行性研究报告的请示》。同月9日,江苏省计委就此请示国家发展计划委员会、机械工业部和对外经济贸易部(简称外经贸部)。同月17日,机械工业部致函国家发展计划委员会,原则同意该可行性研究报告。5月20日,国家发展计划委员会下发《关于中意合资建设华东汽车发动机缸体铸件项目可行性研究报告的批复》,批准该可行性研究报告。6月29日,上汽集团和跃进集团向镇江市外经贸委上报《关于上报中意合资华东泰克西汽车铸造有限公司合营合同和公司章程的请示》。该请示经上报后,外经贸部于8月13日下达《关于设立中外合资经营企业华东泰克西汽车铸造有限公司的批复》,予以同意。同月21日,外经贸部向华东泰克西颁发外商投资企业批准证书。9月9日,华东泰克西从国家工商行政管理局领取企业法人营业执照。同年12月12日,华东泰克西汽车铸造有限公司开业奠基,该公司成为中国汽车行业规模最大的铸造合资企业。

2015年,华东泰克西股东股比变更为:东华汽车实业有限公司和华域汽车系统股份有限公司各25%,意大利泰克西股份有限公司50%。公司注册资本保持3 700万美元。

四、参股退股奇瑞汽车

【参股】

1999年12月,安徽汽车零部件有限公司(简称安汽零部件)未经国家审批无法在全国销售的奇瑞轿车下线。为解决这一问题,经安徽、上海两地政府协商和国家经贸委协调,上汽集团同意安徽省关于接受安汽零部件20%股权划转的要求。

2000年12月24日,上汽集团与芜湖市建设投资有限公司、芜湖经济技术开发区建设总公司在上海签订国有资产转让协议。2001年1月3日,上汽集团董事长陈祥麟和安汽零部件股东安徽省创新投资有限公司董事长钱正、安徽省投资集团有限责任公司董事长吴越、安徽省国际信托投资公司总经理凤良志、芜湖市建设投资有限公司董事长朱德祥、芜湖经济技术开发区建设总公司董事长李铿合计六方在安徽芜湖签订《安徽汽车零部件有限公司重组合同》。该合同规定:芜湖市建设投资有限公司、芜湖经济技术开发区建设总公司各自将其持有的安汽零部件13.58%和6.42%合计20%股权无偿转让给上汽集团,划转额为35 040万元;安汽零部件进入上汽集团,其整车产品以上汽集团名义申请国家产品目录,其产品及发展纳入上汽集团统一规划;安汽零部件更名为上汽集团奇瑞汽车有限公司(简称上汽奇瑞),上汽奇瑞董事会由11名董事组成,其中上汽集团2名,董事任期3年,可以连选连任;董事长由芜湖市建设投资有限公司选派,副董事长由上汽集团选派;通过合法程序使上汽集团在其认为合适时机有受让上汽奇瑞50%以上股权的第一优先权,上汽集团获得控股权后享有上汽奇瑞经营管理控制权,并对上汽奇瑞与股东之外第3方合作或上汽奇瑞股权转让有第1优先选择权和受让权;上汽奇瑞产品及发展由上汽集团统一规划,上汽奇瑞和现有股东不限制上汽集团今后产品发展。同日,六方法定代理人还签署《上汽集团奇瑞汽车有限公司章程》。

【揭牌】

安汽零部件《国有资产转让协议》签订后,芜湖市建设投资有限公司、芜湖经济技术开发区建设总公司和芜湖市财政局分别请示芜湖市政府和安徽省财政厅。2000年12月26日、27日和28日,芜湖市政府和安徽省财政厅分别下发同意安汽零部件国有股权无偿划转给上汽集团批复。同月28日,上汽集团向上海市国资办上报《关于接受安徽芜湖市建设投资有限公司、安徽芜湖经济技术开发区建设总公司无偿划转安汽公司部分资产的请示》。

2001年1月3日,安徽奇瑞汽车有限公司正式加盟上汽集团,新组建的上汽集团奇瑞汽车有限公司在芜湖市举行揭牌仪式,中共安徽省委书记王太华、省长许仲林、国家机械局副局长张小虞,上海市副市长蒋以任,中共芜湖市委书记詹夏来、代市长宣林,上汽集团董事长、党委书记陈祥麟,上汽集团总裁胡茂元等出席。同年9月27日,上海市国资委下达批复,同意接受安汽零部件20%股权,并将这部分股权授权上汽集团统一经营。

上汽集团参股后上汽奇瑞产品获得全国销售资格。至2002年年末,上汽奇瑞累计销售8万辆轿车,实现销售收入70亿元,实现利润9亿元。2003年1—5月,上汽奇瑞销售27 291辆,月平均销售近5 500辆。

【退股】

2001年,德国大众汽车公司(简称德国大众)致函中国外经贸部,指出上汽奇瑞生产的SQR7160车型仿冒德国大众托雷多车型,使用的部分零部件违反上海大众汽车和一汽大众供货协议。由于上汽集团拥有上汽奇瑞20%股份,德国大众认为上汽集团有责任处理上汽奇瑞的侵权行为。2002年年初,德国大众向上汽集团表示已经收集上汽奇瑞侵犯知识产权相关证据,将寻求法律手段解决问题,要求上汽奇瑞给予赔偿,在问题解决之前将全面停止和中方就上海大众汽车、一汽大众产品规划和发展问题所进行的一切谈判。上汽集团在综合各方面因素权衡利弊后,决定采取积极态度化解矛盾妥善处理。经努力,德国大众接受降低赔偿金额一揽子解决上汽奇瑞车型知识产权问题。

2002年4—12月,上汽集团、上汽奇瑞近10次在安徽和上海等地,与中共芜湖市委和安徽省政府负责人进行会谈交涉。安徽方面一方面感谢上海市和上汽集团对安徽特别是上汽奇瑞的一贯支持,同时希望维持上汽奇瑞现有股比不变,并表明安徽省希望自己发展汽车工业的意愿。

2003年年初,安徽省向上汽集团提出收回20%股权的要求。为支持安徽省独立发展汽车工业,上汽集团表示同意。2月27日,上汽集团与上汽奇瑞就归还20%股份和赔偿上汽集团损失达成框架协议。同年6月13日,上汽集团向上海市国资办上报《关于上汽集团退股奇瑞汽车的请示》。同月18日,上汽集团与芜湖市建设投资有限公司签订股权转让协议书,无对价将20%股权划转给安徽;上汽集团与上汽奇瑞签订许可协议,同意2005年6月30日前按照协议约定的条件、期间和范围继续使用上汽奇瑞名称,并同意将"上汽"简称使用于其产品SQR7160L型轿车、SQR7160型轿车或服务上;上汽集团、上汽奇瑞和中国工商银行上海市闸北支行签订付款协议,上汽奇瑞向上汽集团支付2亿元作为补偿。同日,上汽集团就此事分别报告国家发改委、国家工商行政管理总局和上海市政府。7月2日,上海市国资办向上汽集团下达《关于同意无偿划转上汽集团持有上汽奇瑞20%国有资产的批复》。8月4日,中国工商银行上海市闸北支行经上汽奇瑞确认,从该公司监管账户中向上汽集团划付人民币2亿元。

2004年11月1日,奇瑞汽车有限公司发函上汽集团,告知当日起上汽集团奇瑞汽车有限公司更名为奇瑞汽车有限公司。

五、合资组建上汽菲亚特红岩

【合资谈判】

2004年7月,上汽集团与意大利菲亚特集团经过多轮谈判,决定在重型车整车和动力总成领域加强合作。2005年12月16日,上海汽车集团股份有限公司在签署商用车整车合资项目的同时,与意大利菲亚特动力科技有限公司(简称菲亚特动力科技)和重庆重型汽车集团有限公司签署组建动力总成合资企业的框架协议。2006年1月24日,上汽股份、意大利依维柯、菲亚特动力科技和重庆重汽签署组建该项目的合资意向书。

【合同签约】

2006年12月1日,上汽股份副总裁兼上汽依维柯董事长肖国普、菲亚特动力科技中国区总裁沈晖、重庆重汽董事长任勇在重庆签署组建上汽菲亚特红岩动力总成有限公司(简称上汽菲亚特红岩或上菲红)的合资合同和公司章程。合资合同共22条,公司章程共19条。

合资合同和公司章程主要规定有:三方投资总额为人民币172 780万元;合资公司注册地为重庆市北部新区黄茅坪,注册资本为人民币58 000万元,其中上汽依维柯34 800万元占注册资本60%,菲亚特动力科技17 400万元占注册资本30%,重庆重汽5 800万元占注册资本10%;公司经营范围为柴油发动机及其零部件的设计、开发、生产、装配和销售,提供相关服务和技术咨询服务;公司董事会由7名董事组成,其中上汽依维柯委派4名,菲亚特动力科技委派2名,重庆重汽委派1名;董事长由上汽依维柯委派的董事担任,副董事长由菲亚特动力科技委派的董事担任,董事长、副董事长和董事的任期为4年;监事会由3名监事组成,其中1名由上汽依维柯根据上汽股份的推荐委派,1名由菲亚特动力科技委派,1名由重庆重汽提名的职工代表担任;公司采用由董事会领导总经理负责日常管理的制度,总经理由菲亚特动力科技提名并由董事会任命,上汽依维柯商用车根据上汽股份的推荐提名1名副总经理并由董事会任命,总经理和副总经理任期为4年;公司经营期限为30年。

【报批成立】

2006年上半年,该项目拟定合资合同和公司章程,并经重庆市外经贸委上报。同年6月14日,商务部下达审核批复,同意该项目合资经营合同及其附件(包括技术许可使用合同)、章程。2007年4月28日,国家发改委同意重庆市发改委上报的《关于上汽菲亚特红岩动力总成有限公司发动机项目核准的请示》和《关于上汽依维柯红岩商用车有限公司重型汽车整车和上汽菲亚特红岩动力总成有限公司发动机项目有关问题的补充报告》。同年6月7日,重庆市政府就该市国资委关于该项目有关问题的报告作出批复,同意《上汽菲亚特红岩动力总成有限公司合资经营合同》和《上汽菲亚特红岩动力总成有限公司章程》。同月13日,重庆市政府下发关于该项目的《中华人民共和国外商投资企业批准证书》。同月14日,上汽菲亚特红岩取得企业法人营业执照。

2009年5月22日,上汽菲亚特红岩开业,重庆市副市长童小平,重庆市政协副主席吴家农,上海汽车副总裁肖国普、周郎辉,意大利菲亚特中国董事长孟斐璇,菲亚特动力科技中国区总裁沈晖,重庆重型党委书记、董事长任勇等出席开业庆典。

2014年3月12日,上汽菲亚特红岩注册地址变更为重庆市北部新区黄环南路1号。

【股东股比变化】

2009年12月15日,上汽菲亚特红岩股东重庆重汽将其所持有的合资公司10%的国有股权,无偿划转给重庆机电控股(集团)公司(简称重庆机电)。此后至2015年,该合资公司股东股比无变化,为上汽依维柯商用车60%,菲亚特动力科技30%,重庆机电10%。

六、合资组建上汽万向新能源客车

2015 年 8 月，上海汽车集团投资管理有限公司（简称上汽投资）总经理谷峰与浙江万向集团公司法定代表人鲁伟鼎签署合资设立上汽万向新能源客车有限公司的股东协议和《上海万象新能源客车有限公司章程》。股东协议共计 32 条，公司章程共计 11 章 64 条，双方约定的主要内容有：合资公司经营范围是研究开发、生产和销售新能源客车及客车零部件并提供售后服务；生产规模为年产新能源客车 5 000 辆；注册资本 2 亿元，万象集团出资 1.02 亿元，占股 51%，上汽投资出资 0.98 亿元，占股 49%；董事会由 6 名董事组成，万象集团推荐 3 名董事其中 1 名出任董事长，上汽投资推荐 3 名董事其中 1 名出任副董事长，董事任期 3 年；合资公司经营管理采取董事会领导下的总经理和副总经理共同负责制，万向集团提名总经理 1 名，上汽投资提名副总经理 1 名，任期 3 年；营业期限 20 年。

2015 年 6 月 29 日，浙江省杭州市萧山区市场监督管理局向上汽万象新能源客车有限公司颁发企业法人营业执照。

第六节　上汽通用、华域汽车跨地合资合作

一、上汽通用东岳项目

2000 年 6 月，韩国大宇汽车公司（简称韩国大宇）受金融危机冲击破产，导致其位于中国山东烟台的山东大宇汽车发动机有限公司和山东大宇汽车零部件有限公司 2 家合资公司停产。2001 年，烟台车身有限公司成立。同年 10 月，山东省政府邀请上汽集团和美国通用汽车中国公司（简称通用中国）对烟台车身有限公司和韩国大宇汽车的 2 家合资公司实行资产重组。

图 7-4-1　上汽通用东岳基地

2002 年 8 月，上海通用汽车有限公司（简称上海通用汽车）参与烟台车身资产重组，合作各方签订谅解备忘录，约定被重组的公司纳入上海通用汽车规划管理。9 月，上汽集团就此上报上海市经委。10 月，上汽集团再次向上海市经委上报《关于重组烟台车身有限公司、山东大宇汽车发动机有限公司及山东大宇汽车零部件有限公司整体框架方案的请示》。其总体思路是：实行包括烟台车身公司、发动机公司、零部件公司在内的大重组方案，并"总体重组、分步实施"；首先由上汽集团、通用中国和上海通用汽车对烟台车身公司兼并重组，由上海通用汽车派出管理人员启动整车项目；而后通用中国收购韩国大宇在发动机公司所持股权，上汽集团、通用中国及上海通用汽车对发动机公司实行兼并重组，并由上汽集团和山东方对零部件公司进行重组。

2002 年 8 月，上海市经委将此方案上报国家经贸委。12 月，国家经贸委约请国家发展计划委员会和外贸部进行研究，两部委认为该项目符合汽车工业集团化发展政策取向，有利于解决山东省汽车合资项目遗留问题，应予支持。同月，国家经贸委下达批复原则同意该总体框架方案，上汽集

团向上海市外资委报送《关于上海通用汽车有限公司境内投资设立上海通用东岳汽车有限公司的请示》。2003年1月8日,各投资方签署该合资项目合同章程。2月9日,外经贸部下达《关于同意烟台车身有限公司变更为中外合资企业上海通用东岳汽车有限公司的批复》,上海通用汽车、上汽集团、通用中国和通用汽车(中国)投资有限公司分别占股50%、25%、15%和10%,经营期限25年。

2003年4月,沪产最后一辆赛欧轿车在上海通用汽车金桥基地下线后转至烟台,上海通用东岳汽车有限公司开始批量生产,成为上海通用汽车第2个生产基地和沪外第1个生产基地。2005年6月3日,上海通用东岳动力总成有限公司完成对原有生产线的改造,开始批量投产。

二、上汽通用北盛项目

1991年12月,金杯汽车股份有限公司与美国通用汽车在辽宁省沈阳市合资成立金杯通用汽车有限公司(简称金杯通用)。2004年2月26日,为响应中央振兴东北老工业基地号召,进一步加快辽宁省汽车工业发展步伐,同时解决金杯通用的经营困难,金杯汽车股份有限公司和通用中国、金杯通用、上海通用汽车、上汽集团签订金杯通用资产重组和股权转让的谅解备忘录,以及项目过渡期内授权上海通用汽车管理金杯通用日常运行的委托管理协议。

图7-4-2　上汽通用北盛基地

2004年3月7日,金杯汽车股份有限公司、辽宁发展集团有限责任公司、辽宁能源总公司、沈阳市汽车工业资产经营有限公司、通用中国向上汽集团、上海通用汽车转让股权的《沈阳金杯通用汽车有限公司股权转让协议》在北京钓鱼台国宾馆签署。随后,辽宁省发改委向国家发改委上报《关于呈报金杯通用汽车有限公司技术改造项目可行性研究报告(代项目建议书)的请示》。2004年6月29日,国家发改委向辽宁省发改委下达《关于金杯通用汽车有限公司更换法人股东及调整产品项目可行性研究报告的批复》,同意由上海通用汽车为主体对金杯通用进行兼并重组,将部分产品转移至沈阳生产,并实施扩建项目;同意转股后,上海通用汽车、上汽集团、通用中国和通用汽车(中国)投资有限公司分别拥有50%、25%、15%和10%的股权;同意合资期限30年。

2004年8月2日,上海通用(沈阳)北盛汽车有限公司成立,成为上海通用汽车第3个生产基地和在沪外的第2个生产基地。9月底,别克GL8商务车从上海移至沈阳由上海通用(沈阳)北盛汽车有限公司批量生产。

三、上汽通用武汉项目

2012年2月,上海通用汽车提交关于建设上海通用汽车武汉分公司乘用车项目核准的请示。同月获湖北省发展与改革委员会批复同意。3月,武汉市人民政府和上海通用汽车在武汉签署关于建设上海通用汽车(武汉)乘用车生产基地合作协议。4月,上海通用汽车(武汉)分公司完成注

图 7-4-3 上汽通用武汉基地

册。同年 6 月 6 日,上海通用汽车(武汉)分公司举行奠基仪式。2015 年 1 月 28 日,上海通用汽车(武汉)乘用车一期工程建成投产,第一款车别克全新英朗下线。武汉分公司成为上汽通用汽车第 4 个乘用车生产基地。

2014 年 3 月,上海通用汽车上报关于上海通用汽车(武汉)乘用车二期项目的可行性研究报告。6 月,湖北省发改委下达同意的批复。2015 年 1 月,在该公司武汉一期竣工投产的同时,二期项目开工建设。至同年年底,该项目尚在建设之中。

2012—2015 年,上海通用汽车还陆续实施小型发动机项目、FAM BC 小型发动机项目、SGE 配套发动机项目、配套发动机二期项目、下一代 C 系列发动机项目等 5 个发动机项目,并相继取得湖北省发改委立项核准批复。

四、华域汽车跨地合资合作

1995 年,联合汽车电子有限公司筹建之际,在江苏无锡和陕西西安同步建设生产基地,上汽集团零部件企业开始走出上海。2000 年以后,以延锋伟世通汽车饰件系统有限公司为代表的零部件企业开始全国布局。2009 年,华域汽车系统股份有限公司(简称华域汽车)成立后,所属零部件企业跨地合资合作步伐进一步加快。至 2015 年,上汽集团直属跨地零部件企业从 10 家增至 21 家,其中华域汽车 18 家;在 25 个省市自治区建有的零部件生产基地从 63 个增至 127 个,其中华域汽车 116 个;拥有 3 个以上沪外生产基地的零部件企业从 5 家增至 11 家,其中华域汽车 9 家。21 家跨地零部件企业中,延锋汽车饰件系统有限公司沪外生产基地 69 个,位居第 1;上海汇众汽车制造有限公司 10 个,位居第 2;亚普汽车部件股份有限公司、上海汽车变速器有限公司和联合汽车电子分别为 5—6 家。

在建有上汽集团沪外零部件生产基地的 21 个省市自治区中,江苏、湖北、浙江、辽宁和重庆均有 10 个以上,位居前 5 位;其中江苏和湖北分别达到 25 个和 17 个,位居第 1 第 2。

第七节 上汽大众跨地合作

一、上汽大众南京项目

上汽大众汽车有限公司南京基地前身为南京汽车集团公司和意大利菲亚特集团合资成立的南京菲亚特汽车有限公司,该公司长年处于亏损状态。2007 年 12 月,南汽集团与意大利菲亚特签署收购南京菲亚特全部股份的协议。同月,上汽集团和跃进集团签署上南全面合作协议。

借上南全面合作契机,上海大众汽车有限公司(简称上海大众汽车)拟收购南京菲亚特成立南京分公司,扩大生产规模。2008 年 2 月,上海大众汽车与南京市江宁开发区签订上海大众汽车在江宁开发区设立分公司的《会谈纪要》。3 月 5 日,国家发改委在下达的《关于上海汽车工业(集团)总公司与跃进汽车集团公司联合重组的批复》中,原则支持上海大众汽车收购南京菲亚特设立分公司的设想。同月28日,上海大众汽车与南汽集团、南京菲亚特分别签署关于收购南京菲亚特的《资产转让协议》。

4月18日,上海大众汽车南京分公司开业,该分公司是上海大众汽车第一个沪外制造基地。项目当年改造、当年投产、当年产生经济效益,成为上南合作后南京汽车工业率先产生效益的项目。

图7-4-4　上汽大众南京基地

同年5月5日,上海、江苏两地发改委就此收购事宜分别上报国家发改委。6月20日,江苏省发改委下达《关于核准上海大众汽车有限公司南京分公司轿车项目的通知》。

二、上汽大众仪征项目

2009年,上汽决定整合内部生产基地,将乘用车仪征生产基地建设为上海大众汽车仪征分公司。

2010年7月15日,上海大众汽车与扬州市政府、仪征市政府签订在仪征设立整车分公司的《投资协议》。仪征分公司是上海大众汽车的第五工厂。2011年4月,江苏省发改委下达《核准上海大众汽车有限公司仪征分公司年产30万辆乘用车项目的通知》,并在同日向国家发改委备案。5月11日,国家发改委签发《汽车生产企业投资项目于备案通知书》,同意上海大众汽车设立仪征分公司。

图7-4-5　上汽大众仪征基地

2012年7月26日,上海大众汽车仪征分公司举行建成投产仪式。该分公司是上汽大众首家标准化工厂,也是德国大众在中国的首家标准化工厂。

三、上汽大众宁波项目

2011年,上海大众汽车决定在浙江建设新生产基地。同年2月24日,上海大众汽车与浙江省宁波市杭州湾新区开发建设管理委员会签订在宁波杭州湾新区设立分公司的《投资协议》。同年5月15日,宁波市发改委下发《关于上海大众汽车有限公司宁波分公司年产30万辆乘用车项目核准的批复》,并于6月向国家发改委审核备案,备案内容包

图7-4-6　上汽大众宁波基地

括上海大众汽车兼并重组宁波神马汽车制造有限公司,上海大众汽车宁波分公司设立时取消其汽车生产资质。同年 11 月 25 日,国家发改委下达《汽车生产企业投资项目备案通知书》,同意项目备案。

2012 年 1 月 6 日,上海大众汽车浙江(宁波)项目签约仪式在杭州举行。7 日,项目开工。2013月 18 日,分公司成立。同年 10 月 24 日,上海大众汽车宁波分公司举行建成暨首辆轿车下线仪式。

2014 年 5 月 26 日,上海大众汽车与宁波市政府签署《扩大投资、深化合作的战略协议》。同年5 月 27 日,宁波基地扩建项目开工。

四、上汽大众新疆项目

为实施国家西部大开发和建设新疆战略,上海大众汽车决定成立新疆公司,建设新疆生产基地。

图 7-4-7 上汽大众新疆基地

2011 年 11 月 9 日,上海大众汽车与新疆乌鲁木齐市经济技术开发区管理委员会、乌鲁木齐市头屯河区政府签署《投资协议》,投资建设上海大众汽车新疆生产基地。同月 11 日,新疆维吾尔自治区发改委下发《关于上海大众汽车有限公司新疆生产基地乘用车项目核准的批复》。同月 15 日,向国家发改委申请备案。2012 年 2 月 1 日,国家发改委出具《汽车生产企业投资项目备案通知》,同意项目备案。同年 4 月 23 日,在国务院总理温家宝与德国总理默克尔共同见证下,上海汽车集团股份有限公司与德国大众在德国狼堡签署《关于设立上海大众汽车(新疆)有限公司的联合声明》。5 月 8 日,上海大众汽车(新疆)有限公司注册成立。同月 28 日,该项目举行签约和奠基仪式。

2012 年 5 月 31 日,新疆维吾尔自治区商务厅下达《关于上海大众汽车(新疆)有限公司享受外商投资企业待遇的批复》,批准该公司享受外商投资企业待遇。同年 9 月 1 日,新疆维吾尔自治区政府向该公司颁发中华人民共和国外商投资企业批准证书。

2013 年 8 月 29 日,上海大众汽车(新疆)有限公司在乌鲁木齐市经济技术开发区(头屯河区)举行开业仪式。2014 年 5 月 15 日,上海大众汽车乌鲁木齐工厂首辆新桑塔纳白车身下线。

图 7-4-8 上汽大众长沙基地

五、上汽大众长沙项目

2012 年 10 月 10 日,上海大众汽车与湖南省长沙市经济技术开发区管理委员会签订在长沙设立整车制造基地的《投资协议》。同月 29 日,湖南省发改委下发《关于上海大众汽车有限公司长沙分公司年产 30 万辆乘用车项目核准的批复》,并于 12 月 31 日向国家发改委申请备案。

2013年5月15日,上海大众汽车湖南(长沙)项目在湖南长沙签约。次日,该项目开工。同月26日,中国国务院总理李克强和德国总理默克尔在德国柏林共同见证上海汽车集团股份有限公司总裁陈虹与大众中国总裁兼CEO海兹曼签署在长沙投资设厂,进一步发展中南部区域市场的协议。

2013年10月10日,上海大众汽车长沙分公司成立。2015年5月24日,举行项目建成暨首辆轿车下线仪式,该分公司成为上汽大众第5个沪外制造基地。

第八节　零部件企业跨地合资合作

一、延锋汽车饰件沪外企业

2001年11月—2015年,延锋伟世通汽车饰件系统有限公司(简称延锋伟世通)及其更名后的延锋汽车饰件系统有限公司(简称延锋饰件系统)先后在重庆、北京、武汉、徐州、长春、广州、十堰、芜湖、合肥、台州、南京、南通、成都、保定、绍兴、大连、宁波、郑州、仪征、柳州、沈阳、盐城、襄阳、大庆、杭州、南昌、廊坊和长沙等30个城市设立60家沪外企业。2015年,沪外从业人员34 650人,占公司从业人员总数78%;沪外企业销售收入合计469.7亿元,占公司销售收入总数51.6%。公司沪外企业数量及销售收入均居中国汽车零部件企业之首。

【成渝沪外企业】
2001年11月,位于重庆的延锋伟世通(重庆)汽车饰件系统有限公司成为延锋伟世通第1家沪外企业。以后延锋伟世通和延锋饰件系统于2003年1月、2004年12月、2010年5月和2015年10月,先后在重庆设立5家沪外企业,即重庆延锋江森汽车部件系统有限公司、重庆徐港电子有限公司、重庆延锋彼欧富维汽车外饰有限公司和重庆延锋安道拓锋奥汽车部件系统有限公司,投资分别为1.41亿元、6 225万元、1 000万元、1.48亿元和4.40亿元。此外,于2009年11月在成都设立一汽富维延锋彼欧汽车外饰有限公司,投资总额1.93亿元。

【北方沪外企业】
2002年12月、2004年12月、2010年2月和12月,延锋伟世通先后在北京设立延锋伟世通(北京)汽车饰件系统有限公司,在长春设立长春一汽延锋伟世通电子有限公司,在保定设立保定延锋江森汽车座椅有限公司,在大连设立大连延锋江森汽车零部件有限公司,投资分别为1.28亿元、1 802万元、4 000万元和1.87亿元。2011年5月、2012年6月、2013年5月和12月、2014年3月和9月,先后在郑州设立东风伟世通(郑州)汽车饰件系统有限公司、在沈阳设立延锋伟世通(沈阳)汽车饰件系统有限公司和延锋彼欧(沈阳铁西)汽车外饰系统有限公司、在大庆设立大庆延锋安道拓汽车部件系统有限公司、在廊坊设立廊坊延锋江森汽车零部件有限公司、在大连设立东风河西(大连)汽车饰件系统有限公司,投资分别为6 169万元、2.58亿元、1.46亿元、3 695万元、8 131万元和1.67亿元。至此,延锋汽车饰件在北方地区的北京、长春、保定、大连、郑州、沈阳、大庆、廊坊10座城市设有10家沪外企业,其中大连和沈阳各有2家。

【湖北沪外企业】

2003年12月、2005年12月和2009年8月,延锋伟世通先后在武汉设立东风伟世通汽车饰件系统有限公司,在十堰设立东风伟世通(十堰)汽车饰件系统有限公司,在武汉设立武汉泰极江森汽车座椅有限公司,分别投资1.82亿元、1.20亿元和1260万美元。2011年11月和12月、2013年6月和11月和2015年1月,先后设立东风彼欧汽车外饰系统有限公司、东风江森汽车座椅有限公司、武汉延锋江森座椅有限公司、延锋彼欧武汉汽车外饰系统有限公司、延锋伟世通武汉汽车饰件系统有限公司、东风河西(襄阳)汽车饰件系统有限公司、东风安通林(武汉)顶饰系统有限公司和东风安通林(武汉)汽车饰件有限公司,分别投资1.39亿元、1.91亿元、2.13亿元、2.19亿元、2.36亿元、2.29亿元、4153万元和4307万元。

【江苏沪外企业】

2004年12月、2009年9月和11月、2010年2月和7月,延锋伟世通先后在徐州设立江苏天宝汽车电子有限公司,在南京设立南京延锋江森座椅有限公司,在南通设立南通延锋江森座椅面套有限公司,在南京设立延锋伟世通南京汽车饰件系统有限公司、南京东华延锋伟世通汽车部件系统有限公司和南京延锋江森座椅零部件有限公司,投资分别为1亿元、7880万元、6471万元、1.32亿元、1000万元和5310万元。2011年6月、2012年6月和7月、2014年5月和7月及11月,先后在仪征设立延锋伟世通仪征汽车饰件系统有限公司、仪征延锋江森座椅有限公司和延锋彼欧仪征汽车系统有限公司,在盐城设立盐城延锋江森座椅有限公司,在南通设立南通延锋江森座椅零部件有限公司,在南京设立延锋伟世通电子科技(南京)有限公司,在盐城设立东风伟世通盐城汽车饰件系统有限公司,投资分别为2.16亿元、1.93亿元、1.25亿元、8895万元、5000万元、4026万元和5608万元。至此,在江苏设有沪外企业的城市有5个,其中南京5家、仪征3家。

【浙皖沪外企业】

2008年1月和2010年12月,延锋伟世通先后投资750万元、300万元和8850万元,在台州设立浙江江森鹤达汽车座椅有限公司,在绍兴设立浙江绍鸿仪表有限公司和延锋伟世通仪东汽车仪表有限公司。2011年5月、2012年12月、2013年2月和6月、2014年2月,先后投资7480万元、1.10亿元、1.39亿元、1.57亿元和1000万元,在宁波设立延锋伟世通润达汽车饰件有限公司、延锋伟世通宁波汽车饰件系统有限公司、宁波延锋江森座椅有限公司和延锋彼欧宁波汽车外饰系统有限公司,在杭州设立杭州延锋安道拓汽车部件系统有限公司。至此,在浙江4个城市设有8家沪外企业,其中宁波4家。

2006年12月、2007年3月和12月,延锋伟世通投资9204万元、1688万元和15250万元,先后在芜湖设立芜湖江森云鹤汽车座椅有限公司,在合肥设立合肥云鹤江森汽车座椅有限公司和延锋伟世通(合肥)汽车饰件系统有限公司。

【南方沪外企业】

2005年1月、2010年1月和2011年12月,延锋伟世通投资3375万元、3200万元和6300万元,先后在广州设立广州东风江森座椅有限公司、广州中新延锋彼欧汽车外饰件有限公司和广州延锋江森座椅零部件有限公司。

表 7‑4‑2　2015 年延锋汽车饰件沪外直属企业一览表

企 业 名 称	所在地	成立时间	公司占股(%)	主 要 产 品	投资总额(万元)	产品销量(万套)	销售收入(万元)
延锋(重庆)	重庆	2001 年 11 月	99	仪表板、门板等	14 140	27/36	66 324
延锋(北京)	北京	2002 年 12 月	75	仪表板、门板	12 750	15.8/11.5	42 418
重庆延锋江森	重庆	2003 年 1 月	50	座椅总成	6 225	51	117 486
东风伟世通	武汉	2003 年 12 月	50	仪表板、门板	18 195	47.3	103 696
重庆徐港电子	重庆	2004 年 12 月	70	收放机	1 000	58	48 901
江苏天宝电子	徐州	2004 年 12 月	38.5	收放机、控制器	10 000	1 491/37	85 039
长春一汽延锋	长春	2004 年 12 月	65	收放机	1 802	25.8	6 249
广州东风江森	广州	2005 年 1 月	50	座椅总成	3 375	18	87 025
东风伟世通十堰	十堰	2005 年 12 月	50	仪表板、遮阳板等	11 978	—	120 902
芜湖江森云鹤	合肥	2006 年 12 月	45	座椅总成、发泡	9 204	32.6	55 719
合肥云鹤江森	合肥	2007 年 3 月	33	座椅总成	1 688	17.8	40 854
延锋伟世通合肥	合肥	2007 年 12 月	65	仪表板、门板等	15 250	8.4/8.4	33 788
浙江江森鹤达	台州	2008 年 1 月	42	座椅总成	750	6.6	8 821
武汉泰极江森	武汉	2009 年 8 月	20	座椅总成	1 260 万美元	2	22 834
南京延锋江森	南京	2009 年 9 月	60	座椅总成	7 880	22.5	64 503
南通延锋江森	南通	2009 年 11 月	75	座椅面套	6 471	99.3	43 001
一汽富维延锋	成都	2009 年 11 月	49	汽车保险杠	19 252	—	
广州中新延锋	广州	2010 年 1 月	51	汽车保险杠	3 200	—	600
延锋伟世通南京	南京	2010 年 2 月	80	仪表板、门板等	13 240	12/4	29 421
南京东华延锋	南京	2010 年 2 月	51	汽车前围	1 000		
保定延锋江森	保定	2010 年 2 月	50	座椅总成、发泡	4 000	17	27 870
重庆延锋彼欧	重庆	2010 年 5 月	51	汽车保险杠	14 830	11.77	10 854
南京延锋江森	南京	2010 年 7 月	70	汽车前围	5 310	—	—
浙江绍鸿仪表	绍兴	2010 年 12 月	81	收放杨、仪表	300	7.75/1.93	8 895
延锋伟世通仪东	绍兴	2010 年 12 月	81	仪表	8 850	105.61	30 111
大连延锋江森	大连	2010 年 12 月	50	座椅总成、发泡等	18 690	—	—
延锋伟世通润达	宁波	2011 年 5 月	60	仪表板、门板、副仪表板等汽车饰件	7 480	16.2	21 095
东风伟世通郑州	郑州	2011 年 5 月	100	内饰件(仪表板和座舱模块)	6 159	25	17 426
延锋伟世通仪征	仪征	2011 年 6 月	100	内饰件(含仪表板门板、立柱)	21 578	81	21 155

〔续表〕

企 业 名 称	所在地	成立时间	公司占股(%)	主要产品	投资总额（万元）	产品销量（万套）	销售收入（万元）
仪征延锋江森	仪征	2011年6月	100	座椅	19 330	38	78 893
延锋伟世通柳州	柳州	2011年8月	100	内饰件	3 991	11.5	8 798
柳州延锋江森	柳州	2011年9月	100	座椅总成	3 220	11.5	15 924
东风彼欧	武汉	2011年11月	50	汽车外饰件	13 900	40.5	36 749
延锋伟世通印度	印度	2011年11月	100	内饰件	4 305	12.12	11 975
广州延锋江森零部件	广州	2011年12月	100	座椅发泡件	6 300	29	12 179
东风江森	武汉	2011年12月	50	座椅总成、座椅发泡、座椅骨架	19 110	38.9	101 789
延锋伟世通沈阳	沈阳	2012年6月	100	门板、仪表板、cockpit 内饰件	25 818	30.9	56 441
延锋彼欧仪征	仪征	2012年6月	100	保险杠	12 514	33	20 077
盐城延锋江森	盐城	2012年7月	65	座椅	8 895	31.6	80 626
延锋伟世通宁波	宁波	2012年12月	100	门板及仪表板	11 027	25	25 133
宁波延锋江森	宁波	2013年2月	100	座椅总装/发泡	13 898	29.5	201 744
延锋彼欧沈阳	沈阳	2013年5月	100	保险杠等外饰件	14 560	17.5	33 312
延锋彼欧宁波	宁波	2013年6月	100	保险杠、门槛塑料尾门	15 653	50.54	53 521
武汉延锋江森	武汉	2013年6月	100	座椅	21 256	30	105 519
延锋彼欧武汉	武汉	2013年6月	100	保险杠、门槛等外饰配套件	21 938	30	31 335
延锋伟世通武汉	武汉	2013年6月	100	仪表板、副表板门内板和Cockpit	23 584	30	44 756
延锋泰国	泰国	2013年11月	100	座椅头枕	20 821	280	8 558
东风河西襄阳	襄阳	2013年11月	65	内饰件	22 900	25	48 355
大庆延锋江森	大庆	2013年12月	100	座椅总成	3 695	0.35	9 210
杭州延锋江森	杭州	2014年2月	100	座椅骨架	1 000	48	18 799
南昌延锋江森	南昌	2014年2月	100	座椅总成	9 954	2.5	56 284
廊坊延锋江森	廊坊	2014年3月	100	汽车座椅骨架	8 131	24	30 301
南通延锋江森零部件	南通	2014年5月	100	汽车面套	5 000	36.9	27 057
延锋伟世通长沙	长沙	2014年6月	100	仪表板和门板、副仪表板等	13 841	30	30 683
延锋伟世通电子南京	南京	2014年7月	100	—	4 026	—	10 037
东风河西大连	大连	2014年9月	50	内饰件	16 723	23	41 772

〔续表〕

企业名称	所在地	成立时间	公司占股(%)	主要产品	投资总额(万元)	产品销量(万套)	销售收入(万元)
东风伟世通盐城	盐城	2014年11月	100	内饰件	5 608	36.5	19 824
东风安通林武汉顶饰	武汉	2015年1月	49	顶饰件	4 153	51.5	9 250
东风安通林武汉饰件	武汉	2015年1月	51	内饰件	4 307	37	20 011
重庆延锋安道拓锋奥	重庆	2015年10月	100	整椅装配,座椅骨架	43 993	44.1	176 412

资料来源:延锋伟世通汽车饰件系统有限公司

二、上海汇众沪外企业

2006年,上海汇众汽车制造有限公司(简称上海汇众)在内蒙古自治区包头市独资成立沪外企业,开始实施跨地经营战略。至2015年,上海汇众在包头、南京、仪征、宁波、烟台、沈阳、武汉、长沙、合肥设立10家沪外企业,其中7家为全资子公司;沪外企业总投资20.51亿元;从业人员共计7 146人;销售收入合计74.27亿元,占企业销售总额53.16%。

表7-4-3　2015年上海汇众沪外企业一览表

序号	企业名称	所在地	成立时间	公司占股(%)	投资总额(万元)	主要产品	产品销量(万台套)	销售收入(万元)
1	包头汇众铝合金锻造有限公司	包头	2006年6月	100	20 632	乘用车底盘转向节类	7	1 700
2	烟台汇众汽车底盘系统有限公司	烟台	2010年6月	100	29 890	乘用车底盘模块装配、结构件	59.1	56 359
3	南京汇众汽车底盘系统有限公司	南京	2010年8月	100	43 680	乘用车底盘模块装配、结构件	158.6	233 583
4	合肥纳发车桥有限公司	合肥	2010年12月	100	200	商用车车桥模块装配	8.6	22 160
5	仪征汇众汽车底盘系统有限公司	仪征	2011年9月	100	6 800	乘用车底盘模块装配	35.18	123 870
6	沈阳汇众汽车底盘系统有限公司	沈阳	2012年6月	100	36 686	乘用车底盘模块装配、结构件	40.25	21 168
7	宁波汇众汽车车桥制造有限公司	宁波	2012年9月	55	28 409	商用车车桥乘用车底盘结构件	118	111 848
8	宁波杭州湾汇众汽车底盘系统有限公司	宁波	2013年1月	100	10 350	乘用车底盘模块装配	22.6	149 448
9	武汉汇众汽车底盘系统有限公司	武汉	2013年3月	100	9 800	乘用车底盘模块装配、结构件	24.5	10 827
10	湖南汇众汽车底盘系统有限公司	长沙	2014年6月	100	18 620	乘用车底盘模块装配、结构件	3.5	11 716

资料来源:上海汇众汽车有限公司

三、联合电子沪外企业

1995年,中联汽车电子有限公司与德国罗伯特·博世公司在上海筹建联合汽车电子有限公司(简称联合电子)之际,决定由联合电子全资在江苏无锡和陕西西安设立工厂,此举成为上汽零部件企业走出上海布局沪外的先例。至2015年,联合电子在沪外拥有5个生产基地。

无锡工厂位于无锡市新区长江路,1997年11月建成投入使用,投资额4.43亿元,主要产品有喷油器、燃油分配管总成、调压阀等。1997年生产2.5万件,其中喷油器500件,燃油分配管总成2.4万件,调压阀780件。2015年员工1200余人,总产量5210万件,其中EV6喷油器2753万件,EV14喷油器50万件,燃油分配管总成620万件,调压阀464万件,液压模块289万件,电磁阀151万件,高压油泵164万件,高压喷油器681万件,高压燃油分配管总成38万件,销售收入31.6亿元。

西安工厂位于西安市高新技术产业开发区,1996年7月11日建成投入使用,投资额1.39亿元,公司主要产品有油泵、油泵支架总成、电子油门踏板、电子节气门体和碳罐控制阀等。1998年总产量8.3万件,其中油泵3.1万件,油泵支架2.3万件,碳罐控制阀2.9万件。2015年员工1540余人,总产量2529万件,其中油泵546.9万件,油泵支架648.7万件,碳罐控制阀产量494.9万件。1998—2015年,产量年均增长70.1%,销售收入25.36亿元。

重庆分公司位于重庆市渝北区空港工业园区,为技术中心,2005年1月成立,2006年6月投入运营,投资额7700万元,2015年员工70余人。

芜湖工厂位于芜湖市鸠江经济技术开发区,2011年1月建成投入使用,投资额1.72亿元,主要产品有氧传感器、压力传感器、点火线圈等。2011年总产量0.85万件,其中氧传感器0.049万件,压力传感器0.15万件,点火线圈0.65万件。2015年员工1140余人,总产量6628万件,其中氧传感器1952万件,压力传感器1390万件,点火线圈1475万件,销售收入32亿元。

柳州工厂位于柳州市柳东新区,2011年11月建成投入使用,投资额0.06亿元,主要产品有油泵支架总成、燃油分配管总成等。2012年总产量62万件,其中油泵支架总成52万件,燃油分配管总成10万件。2015年员工160余人,总产量250万件,其中油泵支架总成180万件,燃油分配管总成70万件,销售收入4.7亿元。

四、上汽变速器沪外企业

2003—2015年,上海汽车变速器有限公司在辽宁沈阳、山东烟台、广西柳州和江苏昆山设有4家子公司,投资总额26453万元。2015年沪外从业人员1714人,占公司从业人员28%;销售收入39.3亿元,占公司销售收入41.0%。

2003年5月,由上海汽车股份有限公司(简称上海汽车)、沈阳金杯汽车工业有限公司、金杯汽车股份有限公司合资设立沈阳上汽汽车变速器有限公司,投资总额14798万元,注册资本10448万元,三方依次占股51.4%、43.8%和4.8%。2003年12月,沈阳金杯将持有43.8%的股权转让给金杯汽车后,上海汽车和金杯汽车各占股51.4%和48.6%。2011年8月,股东变更为上海汽车变速器有限公司100%持股。企业主要产销JK72系列变速器、SC16系列变速器、阁瑞斯主减速器等产品,2015年从业人员169人,销售收入1.05亿元。

2004年10月,上海汽车和上海汽车创业投资有限公司合资设立山东上汽汽车变速器有限公司,注册资本 1 亿元,双方股比 90%：10%。2005 年 5 月,上海汽车齿轮一厂受让上海汽车创业投资有限公司所持股份。2011 年 5 月,股东变更为上海汽车变速器有限公司 100%持股。2005 年 10 月向上海通用汽车东岳有限公司供货。2015 年从业人员 816 人,变速器销量 60 万台,销售收入 15.3 亿元。

2005 年 12 月,上海汽车与上海汽车齿轮三厂组建柳州上汽汽车变速器有限公司,注册资本 800 万元,双方股比 90%：10%。2011 年 3 月,股东变更为上海汽车变速器有限公司 100%持股。2015 年,从业人员 520 人,产销变速器 160 万台,销售收入 20.53 亿元。

1991 年 12 月,上海汽车齿轮总厂与昆山花桥农工商总公司合资设立上海汽车齿轮厂昆山联营厂,注册资本 250 万元,双方各占 50%。1992 年 6 月更名为上海汽车齿轮总厂四分厂。1998 年 9 月更名为上海汽车齿轮四厂,同时变更股比为 50.64%和 49.36%。2007 年 4 月企业移至昆山花桥并更名为江苏上汽汽车同步器厂。企业主要生产销售桑塔纳、猎豹、D16/20 系列等同步器零件及桑塔纳轿车系列铜牙等产品。2015 年从业人员 209 人,销售收入 1.16 亿元。

五、上海皮尔博格沪外企业

2007—2015 年,上海皮尔博格有色零部件有限公司(简称上海皮尔博格)在沪外建成投产 2 家分公司、筹建 2 家全资子公司。建成投产的 2 家分公司中,第 1 家为 2007 年 8 月在山东烟台设立的上海皮尔博格烟台福山分公司,主要产销汽车汽缸盖等产品。至 2015 年,总投资 1.3 亿元,从业人员 367 人,产销汽缸盖 87.2 万件,实现销售收入 3.67 亿元。第 2 家为 2010 年 7 月在江苏昆山设立的上海皮尔博格昆山分公司,主要产销汽缸盖和进气歧管等产品。至 2015 年,总投资 1.77 亿元,从业人员 487 人,产销汽缸盖和进气歧管 196.75 万件,实现销售收入 8.55 亿元。筹建的 2 家全资子公司中,1 家为 2015 年 7 月在江苏昆山成立的皮尔博格(昆山)有色零部件有限公司,主要生产汽缸盖、进气歧管等有色零部件;另 1 家为 2015 年 12 月收购的乾通(烟台)汽车附件有限公司,主要生产汽车发动机缸体和汽缸盖,汽车变速箱壳体等产品。

至 2015 年,上海皮尔博格沪外企业从业人员合计 851 人,占公司从业人员总数的 27.6%;沪外企业销售收入合计 12.22 亿元,占公司销售收入总数的 31.9%。

六、上海纳铁福沪外企业

2006 年 8 月—2010 年 2 月,上海纳铁福传动轴有限公司(简称上海纳铁福)先后在重庆、湖北武汉和吉林长春设立 1 家子公司和 2 家分公司。至 2015 年,沪外企业总投资 21.6 亿元;从业人员 1 764 人,占企业总人数 34.9%;销售收入 24 亿元,占企业销售总额 40%;等速传动轴总产量 460 万车套,占企业总产量的 50%。

2006 年 8 月,上海纳铁福与中国南方工业汽车股份有限公司和英国 GKN 公司在重庆合资成立纳铁福传动轴(重庆)有限公司,投资 9 900 万元,注册资本 5 000 万元,3 方分别占股 51%、40%和 9%。企业主要产销 1.6 升及以下排量轿车用传动轴,为长安汽车、长安福特马自达、长安铃木、重庆力帆等中西部汽车整车厂配套。2015 年从业人员 307 人,传动轴产量 60 万车套,销售收入 5 亿元。

2007 年 11 月,在武汉成立全资武汉分公司,总投资 3.2 亿元,2010 年建成投产,主要为东风神龙、东风日产、东风本田、郑州日产、上海通用汽车（武汉）、上海大众汽车（宁波）、一汽大众（佛山）、江淮汽车、江铃汽车、上汽通用五菱、长城汽车、吉利汽车、奇瑞汽车等企业配套。2015年从业人员967人，传动轴产量175万车套，销售收入14亿元，主要客户增加神龙汽车。

2010年2月，在长春成立全资长春分公司，投资7.5亿元，主要生产车用等速万向节、等速传动轴，主要客户为一汽轿车与一汽大众。2015年，从业人员490人，年产100万车套等速传动轴，销售收入5亿元。

七、中国弹簧沪外企业

2001年，上海中国弹簧制造有限公司（简称中国弹簧）生产布局开始走出上海。至2015年，先后在重庆、天津和安徽芜湖建立3家沪外企业；沪外企业总投资1.77亿元；沪外从业人员合计439人，占公司从业人员总数31.4%；销售收入合计4.10亿元，占公司销售收入总数25.5%。

2001年7月，中国弹簧在重庆收购重庆长江弹簧厂组建为重庆中庆弹簧厂。2003年9月，该厂由中国弹簧全资子公司上海三环弹簧有限公司与浙江三A弹簧有限公司和台商林炳辉合资重组并更名为重庆中海弹簧有限公司。2013年，股权变更为中国弹簧和台商林炳辉股比51%和49%。公司主要产品为悬架弹簧和气门弹簧。2015年，累计投资2500万元，从业人员155人，产销悬架弹簧242.8万件、气门弹簧4383.4万件，销售收入8857万元。

2005年5月，中国弹簧合资子公司上海中星汽车悬架件有限公司在天津与日本中央发条株式会社合资组建天津中星汽车零部件有限公司，股比各为50%，主要产销稳定杆和行李箱扭杆。2015年，累计投资7394万元，从业人员87人，产销163.5万件，销售收入7198.7万元。

2006年9月，上海三环弹簧有限公司与芜湖奇瑞科技有限公司在安徽芜湖组建芜湖中瑞弹簧有限公司，2010年成为中国弹簧全资子公司，主要产销悬架弹簧与稳定杆。2015年累计投资7798万元，从业人员197人，悬架弹簧和稳定杆分别产销366.8万件和143万件，销售收入24929.7万元。

八、华域三电沪外企业

2008年9月—2013年2月，上海三电贝洱汽车空调有限公司（简称上海三电贝洱）及其更名后的华域三电汽车空调有限公司先后在苏州、沈阳和成都设立3家子公司。至2015年，沪外企业投资总额3.1亿元，从业人员合计532人，占公司总人数25.4%；销售收入合计5.64亿元，占公司销售收入总数11.5%。

2008年9月，上海三电贝洱与日本三电控股株式会社在江苏苏州合资设立苏州三电精密零件有限公司，日方与中方各占股65%和35%。公司主要产销汽车空调压缩机的PXE、SDV、STR电动系列铸件及PXE系列缸体、STR前盖后盖及电动压缩机壳体中间体等加工件。至2015年，投资总额2750万美元，从业人员273人，产销858万件，实现销售收入2.04亿元。

2012年11月，上海三电贝洱所属上海马勒热系统有限公司在辽宁沈阳成立全资子公司沈阳马勒汽车热系统有限公司，主要产销汽车空调模块、发动机冷却系统及零部件。至2015年，总投资2.5亿元，从业人员137人，产品产销39万套，销售收入1.1亿元。

2013年2月，上海马勒热系统有限公司在四川成都设立全资子公司成都马勒汽车热系统有限公司，主要为一汽大众、沃尔沃、长安福特、长安铃木等企业配套。至2015年，总投资2.1亿元，从业人员 122 名,销售收入 2.5 亿元。

九、上海拖内沪外企业

2008 年,上海拖拉机内燃机有限公司(简称上海拖内)生产布局开始走出上海。至 2015 年,先后在沈阳、烟台和武汉设立 3 个全资子公司,投资总额 6.08 亿元,沪外从业人员 1 520 人,占公司总人数 31.2%;销售收入 24.29 亿元,占公司销售收入总数 56.8%。

2008 年 2 月,上海拖内在辽宁沈阳设立全资子公司沈阳捷众汽车零部件有限公司,主要生产乘用车车身骨架件总成,向上海通用(沈阳)北盛汽车有限公司供货,具有大吨位冲压 250 万次,焊接总成配套 26 万台套的年产能力。至 2015 年,投资总额 1.6 亿元,资产总额 5.3 亿元,从业人员 645 人,产销 41 万套,销售收入 6.89 亿元。

2008 年 7 月,上海拖内在山东烟台设立山东捷众汽车零部件有限公司,主要生产乘用车车身骨架件总成,向上海通用东岳汽车有限公司供货。具有大吨位冲压 373 万冲次,焊接总成配套 15.8 万台套的生产能力。至 2015 年,投资总额 2.19 亿元,资产总额 5.68 亿元,从业人员 473 人,产销 60 万套,销售收入 9.76 亿元。

2013 年 7 月,上海拖内在湖北武汉设立武汉捷众汽车零部件有限公司,主要生产乘用车车身骨架件总成,向上海通用汽车武汉分公司供货。具有大吨位冲压 556 万次,焊接总成配套 23 万台套的生产能力。至 2015 年,投资总额 1.9 亿元,资产总额 6.2 亿元,从业人员 402 人,产销 42 万套,销售收入 7.64 亿元。

十、上海赛科利沪外企业

2013 年,上海赛科利汽车模具技术应用有限公司(简称上海赛科利)生产布局开始走出上海。至 2015 年,先后在烟台、南京和武汉设立 3 个生产基地,投资总额 15 490 万元,沪外从业人员 812 人,占公司总人数 37%;沪外销售收入 7.27 亿元,占公司销售收入总数的 21%。

2013 年 3 月,上海赛科利在山东烟台设立全资子公司赛科利(烟台)公司汽车模具技术应用有限公司,主要产销 S318/S328/9B/G60/D2SB 等白车身四门两盖、前后地板及骨架件总成。2015 年,总投资 7.5 亿元,从业人员 282 人,销售收入 4.33 亿元。

2014 年 8 月,上海赛科利收购位于江苏南京的南京南汽模具装备有限公司 100% 股权,更名为赛科利(南京)公司汽车模具技术应用有限公司,主要设计制造汽车大型外覆盖件冲压模具、汽车车身零件检具及总成检具。2015 年,总投资 2.81 亿元,从业人员 530 人,销售收入 2.94 亿。

2015 年 11 月,上海赛科利在湖北武汉启动赛科利武汉工厂项目建设,一期工程总投资 5.18 亿元,计划于 2016 年 4 月投产,将主要生产 K215/K216/D2UC/228 等热成型零件、前后保险杠及前后地板总成。

十一、其他零部件企业跨地合资合作

【上海小糸车灯沪外企业】

2006 年 5 月,上海小糸车灯有限公司(简称上海小糸车灯)在重庆成立全资子公司重庆小糸车灯有限公司,主要产销为长安汽车、长安铃木、东风神龙等整车企业配套的汽车灯具。2015年,该公司总投资2.1亿元,从业人员385人,产销灯具114万套,销售收入4.47亿元。

2010年4月,上海小糸车灯与中国兵器工业集团东北工业集团在吉林合资组建吉林小糸东光车灯有限公司,股比为51%和49%。该公司专业开发制造乘用车灯具,主要为一汽大众、一汽轿车和北京长安生产的车型配套。2015年,从业人员658人,灯具产销362万件,销售收入5.86亿元。

至此,上海小糸车灯2家沪外企业从业人员合计1027人,占公司从业人员总数的29.5%;灯具产销合计476万件,占公司产销总量的15.67%;销售收入合计10.33亿元,占公司销售收入总数的13.26%。

【上实交通沪外企业】

2009年1月和2015年6月,上海实业交通电器有限公司(简称上实交通)先后在江苏南京和河北保定建立1家合资公司和1家全资子公司。前者为上实交通与东华实业合资组建的南京申华汽车电子有限公司,项目总投资1650万元,注册资本3000万元,上实交通和东华实业分别占股55%和45%。该公司主要产销汽车仪表、传感器、玻璃升降器等产品。至2015年,从业人员175人,产销仪表7万套、传感器15万套、玻璃升降器191万套,实现销售收入1.16亿元。后者为2015年7月上实交通成立的保定上实交通汽车部件有限公司,注册资本5300万元,主要产销为长城汽车股份有限公司配套的车用电动玻璃升降器。

【上海采埃孚沪外企业】

2010年7月—2014年11月,上海采埃孚转向系统有限公司(简称上海采埃孚)在沪外设立2家全资子公司。至2015年,沪外企业总投资21.9亿元,沪外从业人员765人,占公司从业人员总数的35.8%;沪外企业产品总销量681万套转向机,占企业转向机总产量的36%;销售收入合计62.64亿元,占公司销售收入总数的19%。

2010年7月,上海采埃孚在山东烟台设立上海采埃孚转向系统(烟台)有限公司,主要产销双齿轮式电动助力转向系统、管柱式电动助力转向系统、液压助力转向系统、转向管柱、中间轴及节叉、齿条等关键零部件,为位于中国北方的乘用车企业配套。至2015年,总投资14亿元,从业人员577人;产销转向机577万套,其中双齿轮式电动助力转向机105万台、管柱式电动助力转向机44万套、液压助力转向机155万台、机械转向机52万台,产销转向管柱221万台;实现销售收入55.14亿元。

2014年11月,上海采埃孚在湖北武汉成立上海采埃孚转向系统(武汉)有限公司,主要产销管柱式电动助力转向机、转向管柱及液压助力转向机和相关零部件等,为中西部地区的乘用车整车企业配套。至2015年,总投资7.9亿元,从业人员188名;产销转向机104.2万套,其中液压助力转向机21.3万套,管柱式电动助力转向机年48.2万套;实现销售额7.5亿元。

【上柴股份沪外企业】

2011年4月,上海柴油机股份有限公司在江苏海安设立全资子公司上柴动力海安有限公司,投资总额5亿元,主要产销以中等功率柴油机缸体、缸盖为代表的高强度薄壁复杂铸件和大型柴油机缸体缸盖等铸件。2015年,从业人员198人,占公司从业人员总数的10.55%;铸件产销8428吨;实现销售收入1.19亿元,占公司销售收入总额的4.29%。

【上海圣德曼沪外企业】

2014年7月,上海圣德曼铸造有限公司在江苏海安设立全资子公司上海圣德曼铸造海安有限公司,总投资12.6亿元,一期工程计划于2016年6月投产,建成后将主要产销各类汽车铸件。

【上海联谊工贸沪外企业】

2004年7月1日,上海汽车股份有限公司粉末冶金厂与山东力创科技有限公司在山东莱芜合资成立上海汽车股份莱芜粉末冶金有限公司,上海汽车股份有限公司占股51%,主要产销用于轿车、工程机械、健身器材等行业的粉末冶金制品、锻件和楔横轧件等产品。2008年5月,上海汽车股份莱芜粉末冶金有限公司随上海汽车粉末冶金有限公司并入上海联谊汽车拖拉机工贸有限公司。2015年,该公司有从业人员82人,产销粉末冶金制品2 600万件,重4 200吨,实现销售收入4 450万元。

表7-4-4　2015年上汽集团、华域汽车子公司沪外零部件企业一览表

| 直属跨地企业序号 | 直属跨地零部件企业 | 沪外零部件企业 | | 沪外零部件企业 | 上汽/华域占股(%) | 层级 | 所在地 |
		总序号	分序号				
1	延锋汽车饰件系统有限公司	1	1	南京延锋东华汽车饰件系统有限公司	51	3	江苏
		2	2	江苏天宝汽车电子有限公司	49	4	
		3	3	延锋伟世通电子科技(南京)有限公司	100		
		4	4	延锋汽车饰件系统南京有限公司	99		
		5	5	延锋汽车饰件系统仪征有限公司	100		
		6	6	东风伟世通盐城汽车饰件系统有限公司	100		
		7	7	延锋彼欧仪征汽车外饰系统有限公司	100		
		8	8	南通延锋江森座椅面套有限公司	75		
		9	9	南京延锋江森座椅有限公司	60	4	
		10	10	南京延锋江森汽车座椅零部件有限公司	70		
		11	11	仪征延锋江森座椅有限公司	100		
		12	12	江苏悦达延锋江森汽车座椅有限公司	64		
		13	13	南通延锋江森座椅零部件有限公司	100		
		14	14	东风伟世通(十堰)汽车饰件有限公司	50		湖北
		15	15	东风伟世通汽车饰件系统有限公司	50		
		16	16	东风河西(襄阳)汽车饰件系统有限公司	65		
		17	17	东风安通林(武汉)汽车饰件系统有限公司	49		
		18	18	东风安通林(武汉)汽车顶饰系统有限公司	51		

〔续表〕

直属跨地企业序号	直属跨地零部件企业	沪外零部件企业		沪外零部件企业	上汽/华域占股(%)	层级	所在地
		总序号	分序号				
1	延锋汽车饰件系统有限公司	19	19	东风彼欧汽车外饰系统有限公司	50	4	湖北
		20	20	延锋彼欧武汉汽车外饰系统有限公司	100		
		21	21	武汉泰极江森汽车座椅有限公司	20		
		22	22	东风江森汽车座椅有限公司	50		
		23	23	武汉延锋江森座椅有限公司	100		
		24	24	东风友联(十堰)汽车饰件系统有限公司	55	5	
		25	25	延锋汽车饰件系统武汉有限公司	100		
		26	26	延锋伟世通怡东汽车仪表有限公司	82	4	浙江
		27	27	浙江绍鸿仪表有限公司			
		28	28	延锋汽车饰件系统宁波有限公司	100	4	浙江
		29	29	延锋汽车饰件系统浙江有限公司	60		
		30	30	延锋彼欧宁波汽车外饰系统有限公司	100		
		31	31	宁波翼强汽车前围模块系统有限公司	51		
		32	32	浙江江森鹤达汽车座椅有限公司	42		
		33	33	浙江延江三京汽车零部件有限公司	55		
		34	34	宁波延锋江森座椅有限公司			
		35	35	杭州延锋江森汽车部件系统有限公司	100	5	
		36	36	延锋汽车饰件系统(沈阳)有限公司			辽宁
		37	37	东风河西(大连)汽车饰件系统有限公司	50		
		38	38	延锋彼欧(沈阳)汽车外饰系统有限公司	100		
		39	39	沈阳延锋江森座椅有限责任公司			
		40	40	大连延锋江森汽车零部件有限公司	50	4	
		41	41	施而奇汽车系统(沈阳)有限公司			
		42	42	延锋伟世通(重庆)汽车电子有限公司	70		重庆
		43	43	延锋汽车饰件系统重庆有限公司	99		
		44	44	重庆延锋彼欧富维汽车外饰有限公司	51		
		45	45	重庆延锋江森汽车部件系统有限公司	50		
		46	46	重庆延锋江森奥汽车部件系统有限公司	100	5	
		47	47	延锋汽车饰件系统广州有限公司		3	广东
		48	48	广州中新延锋彼欧汽车外饰件有限公司	51	4	

〔续表〕

直属跨地企业序号	直属跨地零部件企业	沪外零部件企业		沪外零部件企业	上汽/华域占股(%)	层级	所在地
		总序号	分序号				
1	延锋汽车饰件系统有限公司	49	49	广州延锋江森座椅零部件有限公司	100	4	广东
		50	50	广州东风江森座椅有限公司	40		
		51	51	延锋汽车饰件系统(合肥)有限公司	65		安徽
		52	52	芜湖江森云鹤汽车座椅有限公司	45		
		53	53	合肥云鹤江森汽车座椅有限公司	33		
		54	54	延锋海纳川汽车饰件系统有限公司	75		北京
		55	55	北京海纳川汽车模块系统有限公司	40		
		56	56	延锋汽车饰件系统株洲有限公司		3	湖南
		57	57	延锋汽车饰件系统(长沙)有限公司		4	
		58	58	烟台延锋江森座椅有限公司	100		山东
		59	59	延锋汽车饰件系统(烟台)有限公司		5	
		60	60	柳州延锋江森座椅有限公司		4	广西
		61	61	延锋汽车饰件柳州系统有限公司		5	
		62	62	延锋彼欧(哈尔滨)汽车外饰系统有限公司		4	黑龙江
		63	63	大庆延锋江森汽车部件系统有限公司		5	
		64	64	保定延锋江森汽车座椅有限公司	50		河北
		65	65	廊坊延锋江森汽车零部件有限公司	100	4	
		66	66	成都一汽富维延锋彼欧汽车外饰有限公司	49		四川
		67	67	南昌延锋江森汽车部件系统有限公司	100	5	江西
		68	68	长春一汽延锋伟世通电子有限公司	65	4	吉林
		69	69	郑州东风伟世通汽车饰件系统有限公司	100		河南
2	上海汇众汽车制造有限公司	70	1	南京汇众汽车底盘系统有限公司		3	江苏
		71	2	仪征汇众汽车底盘系统有限公司	100		
		72	3	宁波杭州湾汇众汽车底盘系统有限公司			浙江
		73	4	宁波汇众汽车车桥制造有限公司	55		
		74	5	烟台汇众汽车底盘系统有限公司			山东
		75	6	沈阳汇众汽车底盘系统有限公司	100		辽宁
		76	7	武汉汇众汽车底盘系统有限公司			湖北
		77	8	湖南汇众汽车底盘系统有限公司			湖南

〔续表〕

直属跨地企业序号	直属跨地零部件企业	沪外零部件企业		沪外零部件企业	上汽/华域占股(%)	层级	所在地
		总序号	分序号				
2	上海汇众汽车制造有限公司	78	9	包头汇众铝合金锻造有限公司	100	4	内蒙
		79	10	合肥纳发车桥有限公司			安徽
3	上海汽车变速器有限公司	80	1	沈阳上汽汽车变速器有限公司	100	3	辽宁
		81	2	山东上汽汽车变速器有限公司			山东
		82	3	上汽汽车变速器有限公司柳州分公司			广西
		83	4	上汽汽车变速器有限公司重庆分公司			重庆
		84	5	南京上汽汽车变速器有限公司			江苏
		85	6	江苏上汽同步器厂	50.64		
4	联合汽车电子有限公司	86	1	联合汽车电子有限公司无锡厂	100	3	江苏
		87	2	联合汽车电子有限公司西安厂			陕西
		88	3	联合汽车电子有限公司重庆分公司			重庆
		89	4	联合汽车电子有限公司芜湖分公司			安徽
		90	5	联合汽车电子有限公司柳州分公司			广西
5	亚普汽车部件股份有限公司(位于江苏)	91	1	芜湖亚奇汽车部件有限公司	55	3	安徽
		92	2	东风亚普汽车部件有限公司	50		湖北
		93	3	亚普燃油系统(宁波杭州湾新区)有限公司	100		浙江
		94	4	亚普汽车部件(开封)有限公司	65		河南
		95	5	亚普汽车部件(佛山)有限公司	100		广东
6	上海赛科利汽车模具技术应用有限公司	96	1	赛科利(烟台)汽车模具技术应用有限公司	100	3	山东
		97	2	赛科利(南京)汽车模具技术应用有限公司			江苏
		98	3	赛科利(武汉)汽车模具技术应用有限公司			湖北
		99	4	南京法塔模具有限公司	30	4	江苏
7	上海中国弹簧制造有限公司	100	1	天津中星汽车零部件有限公司	30	3	天津
		101	2	芜湖中瑞弹簧有限公司	100		安徽
		102	3	重庆中海弹簧有限公司			重庆
8	上海纳铁福传动系统有限公司	103	1	纳铁福传动轴(重庆)有限公司	51	3	重庆
		104	2	上海纳铁福传动轴有限公司武汉厂	100		湖北
		105	3	上海纳铁福传动轴有限公司长春厂			吉林
9	上海拖拉机内燃机有限公司	106	1	沈阳捷众汽车零部件有限公司	100	3	沈阳
		107	2	山东捷众汽车零部件有限公司			山东
		108	3	武汉捷众汽车零部件有限公司			湖北

〔续表〕

直属跨地企业序号	直属跨地零部件企业	沪外零部件企业		沪外零部件企业	上汽/华域占股(%)	层级	所在地
		总序号	分序号				
10	上海实业交通电器有限公司	112	1	南京申华汽车电子有限公司	55	3	江苏
		113	2	保定实业交通电器有限公司	100		河北
11	上海小糸车灯有限公司	114	1	重庆小糸车灯有限公司	100	3	重庆
		115	2	吉林小糸东光车灯有限公司	51		吉林
12	上海采埃孚转向系统有限公司	116	1	上海采埃孚转向系统(烟台)有限公司	100	3	山东
		117	2	上海采埃孚转向系统(武汉)有限公司			湖北
13	上海柴油机股份有限公司	118	1	大连上柴动力有限公司	51	3	辽宁
		119	2	上柴动力海安有限公司	100		江苏
14	上海乾通汽车附件有限公司	120	1	乾通(烟台)汽车附件有限公司	100	3	山东
15	上海皮尔博格有色零部件有限公司	121	1	皮尔博格(昆山)有色零部件有限公司	100	3	江苏
16	上海联谊汽车拖拉机工贸有限公司	123	1	上海汽车粉末冶金(莱芜)有限公司	51	4	山东
17	华域三电汽车空调有限公司	124	1	苏州三电精密零件有限公司	35	3	江苏
		125	2	沈阳贝洱汽车热系统有限公司	50	4	辽宁
		126	3	成都贝洱汽车热系统有限公司	50	4	四川
18	上海科尔本施密特活塞有限公司	127	1	重庆科尔本施密特活塞有限公司	100	3	重庆

资料来源：上海汽车集团股份有限公司、华域汽车系统股份有限公司

第五章 海外合资合作

进入 21 世纪,上汽开始实施海外经营战略。至 2015 年,重要的海外合作有:2002 年参与收购通用大宇汽车项目,2004—2010 年收购控股、管理并退股韩国双龙汽车公司,2004 年和 2009 年先后收购英国罗孚汽车公司和英国 LDV 公司核心资产,2012—2015 年与泰国正大集团在泰国合资组建生产和销售企业等。

第一节 参股通用大宇

一、项目由来

韩国大宇汽车公司(简称大宇汽车)是韩国第 3 大汽车公司,具有年产汽车 200 万辆能力。2000 年 1 月,大宇汽车母公司韩国大宇集团由于经营不善宣布破产,韩国政府和大宇债权人为减少负面影响,决定向外国公司出售大宇汽车等大宇集团子公司。美国通用汽车公司(简称美国通用汽车)根据全球发展战略,决定收购大宇汽车部分资产。2001 年 9 月,美国通用汽车与大宇汽车、韩国发展银行为代表的大宇债权人经过谈判后签署《收购备忘录》。2002 年 4 月,3 方签署《收购主交易协议》。与此同时,美国通用汽车邀请其在亚洲的战略伙伴上海汽车工业(集团)总公司(简称上汽集团)和日本铃木汽车公司共同参与收购。

上汽集团基于走出国门、实施全球经营的长远战略目标,决定参与本次收购。2002 年 4 月 23 日,上汽集团取得中国驻韩国大使馆经商处对此项目的同意函。由于项目特殊,在上海市政府和国家计划委员会(简称国家计委)支持协调下,该项目获准免去项目建议书的审批程序。同年 6 月,上汽集团在美国通用汽车对大宇汽车尽职调查基础上,经过调研分析,编制完成《参与收购韩国大宇汽车公司部分资产组建新公司可行性研究报告》。

二、项目报批

2002 年 6 月 28 日,上汽集团向上海市发展计划委员会上报《关于申报参与收购韩国大宇汽车公司部分资产组建新公司可行性研究报告的请示》。该请示指出:上汽集团近几年国内兼并重组已经累积一定经验,但是对走出国门进行国际资本运作缺乏经验。跟随具有国际资本运作经验的通用汽车公司参与国际收购,将使集团低风险获得迅速学习的机会。参与收购后,对上汽集团实行全球经营,从资本、产品和人力资源等多方面融入国际市场,具有十分重要的战略意义。7 月 23 日,上汽集团向上海市对外经济贸易委员会(简称外经贸委)上报《关于在韩国投资参与收购韩国大宇汽车公司部分资产项目的协议和章程的请示》。

2002 年 7 月和 8 月,上海市发展和计划委员会和上海市外经贸委分别向国家计委和对外经济贸易部(简称外经贸部)上报该项目可行性报告和协议章程。9 月 6 日,国家计委下达《关于上海汽车工业(集团)总公司在韩国投资参于收购大宇汽车公司资产项目可行性研究报告的批复》,原则同意上汽集团在韩国投资参于收购大宇汽车资产项目可行性研究报告。同月 13 日,上海市发展和计划委员会向上汽集团转发国家计委批复。同月 27 日,外经贸部下达《关于同意参与收购韩国大宇汽车公司部分产权的批复》。同意上汽集团等 4 方共同投资组建通用大宇汽车和技术公司,同意各方投资占股比例;要求上汽集团做好项目收购实施工作,认真研究有关法律法规,以获得预期经济效益,责成合资公司成立后上汽集团外派人员向中国驻韩国大使馆经商处报到登记,并接受驻韩使馆的领导。同月 29 日,外经贸部向上汽集团颁发《设立境外企业批准书》。

三、项目签约

根据 2002 年 4 月 30 日美国通用汽车与大宇汽车、韩国发展银行为代表的大宇债权人签署的《主交易协议》,上汽集团参与收购需要签署《大宇汽车公司股份认购协议》《大宇汽车公司四方股东协议》《大宇汽车公司章程》《通用公司内部三方股东协议》等。至同年 7 月,上汽集团对需要签署的协议向世界著名律师事务所进行咨询,并完成与美国通用汽车的谈判。同年 10 月 17 日,上汽集团董事长陈祥麟通过流转方式与其他各方股东代表签署《股份认购协议》,上汽集团授权代表 Gene Oh Kim 在韩国与其他各方股东代表签署《通用大宇汽车和技术公司新公司 A 股份认购协议》和《股东协议》。

这些协议主要内容包括:收购原大宇汽车在韩国境内的昌原汽车厂和群山汽车厂以及富平汽车厂的部分资产,汉城的设计中心及相关资产,以及大宇汽车拥有的部分海外汽车分销公司等资产;收购后组建一个新公司即通用大宇汽车和技术公司(简称通用大宇);收购后通用大宇总资产为 23.7 亿美元,总股本 5.97 亿美元;通用大宇股本结构为:上汽集团投资 5 970 万美元占股 10%,美国通用汽车投资 25 130 万美元占股 42.1%,铃木汽车投资 8 900 万美元占股 14.9%,韩国发展银行为主的 6 家银行和资产管理公司组成的大宇汽车债权人投资 19 700 万美元占股 33%;通用大宇拥有所有原大宇汽车的轿车、多用途车、轻型商用车的造型、设计、生产、分销、销售和提供服务的资产,同时拥有上述车辆整车产品的所有权和使用权。

四、通用大宇成立

2002 年 10 月 13 日,上汽集团总裁胡茂元与通用汽车(中国)公司董事长兼首席执行官墨斐共同宣布:上汽集团参与收购通用大宇项目,并将派代表进入通用大宇董事会。胡茂元指出,参股通用大宇项目,是上汽集团实施“出海跨洋”全球经营战略的重要举措,是中国大型汽车集团资本运作首次走出国门参与全球汽车工业兼并重组。墨斐表示:上汽集团是通用汽车在中国及亚太地区重要的战略合作伙伴,此次上汽参股通用大宇项目表明,美国通用汽车与上汽的战略合作伙伴关系已经跨出中国国界、走向世界。

2002 年 10 月 28 日,通用大宇汽车科技公司在韩国汉城宣布成立。新闻发布会宣布通用大宇董事会组成人员名单,其中通用汽车 4 名董事,韩国发展银行 3 名董事,铃木汽车和上汽集团各 1 名董事;董事会主席由美国通用汽车副总裁兼通用汽车亚太业务部总裁韩德胜担任,上汽集团副总裁蒋志伟代表上汽集团出任通用大宇董事。2010 年 7 月以后,由上海汽车集团股份有限公司总工程师程惊雷出任董事。

第二节 控股退股韩国双龙

一、项目由来

双龙汽车股份有限公司(简称双龙汽车)是韩国第四大汽车制造商。亚洲金融危机后于1999年进行债务重组,以韩国朝兴银行为首的债权人团持有双龙汽车55.4%股权。根据双龙汽车债务重组时有关协议规定,2003年年底后债权人团有权自由出售其所持有的双龙汽车股权。2003年10月,债权人团正式启动拍卖程序,以公开邀请招标方式出售其所持有的双龙汽车51%的股权。

20世纪90年代末,上汽集团与双龙汽车开始建立合作关系。1997年,亚洲金融危机使双龙汽车资金链发生断裂,为偿还债务,双龙汽车大量出售资产。上海汇众汽车制造有限公司收购双龙汽车生产线,在双龙汽车和德国奔驰汽车联合开发的MB100(ISTANA)基础上,生产伊思坦纳轻型客车。此次该公司债权人出售股权,双龙汽车希望与上汽集团进一步合作,上汽集团则希望通过与双龙汽车合作,加速形成自主开发能力,推进全球经营战略,同时利用双龙汽车主导产品SUV与上汽集团产品体系的互补性扩展产品系列。有鉴于此,上汽集团决定参与竞标收购双龙汽车股权并取得控制地位。

二、参与竞标

2003年9月28日,上汽集团决定正式参与收购双龙汽车竞标。10月24日,上汽集团收到韩国债权人委托其财务顾问普华永道会计事务所在韩国的机构三逸事务所发来的竞标邀请函,同时参与竞标的还有中国蓝星集团总公司(简称蓝星集团)以及4家外国汽车公司。同年12月1日,上汽集团在对竞标的技术资料、政策法律、市场条件、财务数据、信息来源等全面分析得出出价范围并形成初步可行性研究报告之后,向上海市发展和改革委员会(简称发改委)递交参与竞标收购的请示报告,该报告表示此次收购有利于控制双龙汽车开发资源,完善上汽集团自主品牌产品系列,快速增强集团核心竞争能力;有利于实施"走出去"战略,符合国家鼓励企业海外投资拓展海外市场战略思想;收购双龙汽车是国内汽车行业第1次以控股方身份兼并国外汽车公司,有利于提升上汽集团国际地位。同月21日,上汽集团获得国家发改委批复同意后立即将标书递交双龙汽车债权人。次日,韩国双龙汽车竞标项目开标,蓝星集团以远高于上汽集团的出价胜出成为优先竞标者。

2004年2月18日,中国外交部、国家发改委、商务部、国务院国有资产监督管理委员会和国家外汇管理局等部委召集上汽集团和蓝星集团进行协调。3月7日,蓝星集团与上汽集团就蓝星集团撤出收购达成协议。同月12日,蓝星集团宣布因未能与双龙债权人在谈判中达成一致终止交易。同月25日,韩国双龙汽车债权人宣布暂停双龙股权出售。4月8日,国家发改委政策研究室新闻办公室照会韩国经济新闻社,确认国家发改委已于2003年12月21日正式批准上汽集团参与收购韩国双龙汽车项目,该项目许可只授予上汽集团一家。此后,上汽集团副总裁蒋志伟率队多次与中国驻韩使馆、双龙汽车管理层和债权人等沟通会谈。同年6月,双龙汽车重启股权出售,上汽集团与普华永道就双龙汽车出售价格等问题进行谈判。同月28日,上汽集团报出有约束力的竞标价格。同月30日,双龙汽车债权人接受上汽集团报价。

三、收购控股

2004 年 7 月,上汽集团与双龙汽车债权人开始收购备忘录的谈判并达成一致。同月 27 日,上汽集团总裁胡茂元与双龙汽车债权人银行委员会代表朝兴银行董事长兼首席执行官 Dong Soo Choi 签署《谅解备忘录》。同年 10 月 25 日,国家发改委下发《关于上海汽车工业集团总公司在韩国投资收购双龙汽车股份有限公司部分股权项目核准的批复》,经报国务院批准,原则同意上汽集团独资收购双龙汽车部分股权。同月 28 日,上汽集团董事长陈祥麟作为受让方,韩国朝兴银行总裁及首席执行官 Dong Soo Choi 作为转让方,签署《双龙汽车公司债权人金融机构委员会部分成员与上海汽车工业(集团)总公司股份买卖协议》,上海市政协主席蒋以任,中国驻韩国大使、上海市发改委和对外经济贸易委员会(简称外经贸委)领导,上汽集团总裁胡茂元等出席签约仪式。该协议约定:转让方在交割日向受让方转让双龙汽车 48.92% 的股份,转让价每股 10 000 韩元,总计59 094 098 股,总交易价 5 909.4 亿韩元,约合 5.9 亿美元。

11 月 1 日,上汽集团向上海市外经贸委上报《关于申请收购韩国双龙汽车股份有限公司部分股权的请示》。同日,上海市外经贸委下达《关于上海汽车工业(集团)总公司在韩国投资收购双龙汽车股份有限公司的批复》,同意上汽集团投资收购韩国双龙汽车的《股份买卖协议》。同月 26 日,商业部下发批准证书,同意上汽集团在韩国设立带料加工装配企业双龙汽车股份有限公司。同月 30 日,上海汽车集团股份有限公司(简称上汽股份)成立,经上汽集团请示并经上海市外经贸委批准,双龙汽车股东由上汽集团变更为上汽股份。2005 年 1 月 27 日,双龙汽车召开股东大会通过股权转让事项。当天上汽股份接受双龙汽车 48.92% 股票并成为双龙汽车第一大股东。

2005 年 3 月 22 日,上汽股份向上海市发改委上报《关于申请增持韩国双龙汽车有限公司股权的请示》,提出为充分利用双龙汽车开发资源和成熟经验,提高自主开发能力,完善自主品牌产品系列,拟增持双龙汽车股权至总股本 50% 以上及 51% 之间。上海市发改委就此报告国家发改委并得到批准。4 月 21 日,上海市发改委下达《根据发改委关于上海汽车集团股份有限公司增持韩国双龙汽车股份有限公司股权项目核准的批复的通知》,原则同意上汽股份增持双龙汽车股份 2 516 258股,占双龙汽车股份总数 2.08%。5 月下旬,上汽股份增持双龙股份至 50.9% 成为控股股东。

四、管理双龙

收购完成后,上汽股份开始实施对双龙汽车的经营管理权。2005 年 2 月,向双龙汽车派出管理人员,逐步融入双龙汽车管理团队,维持公司正常经营。3 月 25 日,双龙汽车董事会选举上汽股份总裁陈虹为董事长,蒋志伟任代表理事(法人代表)和联席 CEO。5 月下旬,启动实施包括文化融合、机构调整、运营改善、风险管理和共同制订业务计划在内的"百日整合计划",邀请数批双龙汽车工会代表访问上海并考察上汽整车研发生产基地,胡茂元会见双龙汽车代表团。11 月 5 日,双龙汽车董事会全票通过罢免社长苏镇瑄和同意上汽股份推荐的双龙汽车研发中心常务崔馨铎代理社长议案。2005 年,双龙汽车销售汽车 14.1 万余辆,同比增长 4.2%;出口韩国以外市场 6.78 万辆,同比增长 80.5%,创双龙汽车历史新高。

2006 年 3 月 3 日,双龙汽车董事会决定崔馨铎代社长和张海涛首席副社长为共同代表理事(即法人代表)。同年 7 月初,双龙汽车工会发动罢工,企业生产经营陷入困境,上汽股份与双龙管理层紧密合作,积极诚恳与工会沟通,最终获得工会支持理解。8月30日,双龙汽车劳资双方经过谈判对工资福利、人力资源配置和结构调整等争议问题达成协议,当天工会投票表决中该协议获得通过,双龙工即宣布结束罢工和封闭工厂的行为。9月4日,双龙汽车全面恢复生产。2006年,双龙汽车在华销售500多辆。2007年,在华销售增至4000多辆。

五、回生退股

2006年年中,韩国民主劳动工会等向韩国检察院起诉,要求调查双龙汽车代表理事指使操作双龙汽车技术流向中国。检察院随即进行6个月调查,调查结果为双龙汽车无技术流出的嫌疑。持续半年的司法调查,严重影响双龙汽车正常经营活动。

2008年开始,由于全球金融危机影响,双龙汽车面临海内外市场销量骤降和韩国政府扶持政策取消的严峻形势,同时韩国工会罢工风波不断、韩国媒体对中国投资公司持否定态度,公司经营继续恶化。2008全年销售9.1万辆,同比下降31%,并出现10亿元人民币的亏损。面对困境,双龙汽车采取变卖部分资产、产品打折、大用户促销、加强售后服务等诸多自救措施。但鉴于资金缺口巨大、销售短期难以好转,加之经营环境恶劣、结构成本高企、工会罢工不断等诸多不利因素长期存在,若继续向双龙汽车提供资金支持,将会面临更大的经营风险。此时,上汽股份已工商注销,由上海汽车股份有限公司更名的上海汽车集团股份有限公司(简称上海汽车)为双龙汽车控股股东,经过认真分析权衡利弊后,上海汽车制定细致周详的退出方案。

2009年1月9日,双龙汽车向韩国首尔中央破产法院递交回生申请并获准受理。同月11日,韩国首尔中央破产法院宣布双龙汽车资产置于法院管理之下。同月20日,应韩国方面要求,上海汽车赴韩与首尔中央破产法院首席破产主审官、双龙汽车所在地京畿道知事和平泽市市长交流沟通,表明在不进一步提供资金支持的前提下,愿意参与回生阶段管理,与各利益相关方共同努力,使双龙汽车摆脱困境,同时最大限度维护上海汽车合法权益,并提出由韩籍人员主导企业实施回生计划。3月20日起,普华永道作为韩国法院指定的第三方审计机构,开始对双龙汽车进行全面调查。5月22日,第1次关系人会议召开,听取双龙汽车共同管理人工作报告及普华永道调查报告。该调查报告认为:根据核定后的双龙汽车资产负债表核算,走回生流程更为有利;未发现双龙汽车大股东和经营层在管理过程中存在过错;双龙汽车能否继续回生流程直至回生成功,取决于高强度人员结构调整和争取融资解决资金紧缺。双龙汽车据此开展涉及2646人的高强度结构调整。截至6月19日,共有1672人申请自愿离职,其余974人收到解雇通知书。双龙汽车工会则以罢工占领工厂及办公场所等激烈行为抵制回生。8月6日,劳资双方达成最终协议,被裁974名人员中48%停薪留职,52%主动辞职或安排至其他公司。至此,为期76天的罢工结束,8月13日公司逐步恢复生产。

9月15日,双龙汽车向韩国法院正式递交回生计划,内容包括缩减股东股份、部分实施债转股和引入新投资者等措施。缩减股东股份拟按15:1和9:1的比例分别对上海汽车和小股东进行缩股,其中上海汽车股份由6200万股减至413万股,持股比例从51.3%降到11.4%,双龙汽车总股本由1.21亿减至3612万股。11月6日,韩国法院召开第2次关系人会议进行审议。上海汽车在会上表达经营双龙汽车做了大量工作,付出巨大,普华永道报告也认为并非大股东及高层管理者过错导致公司进入回生,因此上海汽车不应承担过多损失的意见,法官和其他关系人对此未有异议。经表决,担保债权人组和股东组分别以99.75%和100%赞成票同意该回生计划,一般债权人组中有58%反对部分条款。经双龙汽车管理人与一般债权人进一步沟通后,首尔中央地方法院于

12月17日正式批准回生计划。

双龙汽车进入回生程序以后,日常经营由韩国法院任命的共同管理人负责,上海汽车不再参与公司经营管理。2010年4月26日—8月5日,上海汽车分36次售出所持有的413万股双龙汽车股票,总计回笼资金561.75亿韩元,折合计4 688万美元。至此,上海汽车不再持有双龙汽车股票。

第三节 收购英国罗孚汽车

一、项目由来

英国罗孚汽车公司(简称罗孚汽车)是诞生于1904年的世界知名汽车公司,该公司生产的MG和Rover(罗孚)两个品牌是世界知名汽车品牌。1994年,罗孚汽车由德国宝马汽车公司购买。2000年,宝马汽车公司将其分拆成轿车和越野车两部分出售,轿车部分售予英国凤凰投资控股有限公司(PVH公司,简称英国凤凰),越野车部分售予美国福特汽车公司,而罗孚品牌仍属宝马汽车公司所有。2003年起,由于罗孚汽车经营困难,英国凤凰开始在中国寻求合作伙伴,与华晨汽车集团控股有限公司、南京汽车集团公司等中国汽车企业进行接触。

2004年4月,英国凤凰访问上海汽车股份有限公司(简称上海汽车)。其时上汽集团已经制定包括"生产自主品牌汽车5万辆"在内的三大战略目标,并确定上海汽车为发展自主品牌的主要基地和载体,拟通过并购重组国际知名汽车公司等方式,加速建设自主品牌,提升自主开发能力和国际经营能力。上海汽车和英国凤凰经过磋商就控股并购重组罗孚汽车达成初步共识。5月18日,上汽集团分别向上海市国资委、上海市发改委上报《关于拟控股并购重组英国的MGROVER公司的情况报告》。

二、购买知识产权

2004年4月,上汽集团副总经济师、上海汽车总经理赵凤高为主的项目组与英国凤凰展开谈判。其间,上汽集团发现罗孚汽车面临严重经营困难,为规避风险,决定先期购买罗孚汽车核心技术。同年8月5日,上汽集团代表、副总裁蒋志伟和副总经济师赵凤高,上海汽车进出口公司代表总经理李振民,以及MG ROVER集团有限公司、英国凤凰代表共同签署《就Rover25、Streetwise及Rover Commerce之知识产权转让契据》和《Rover25、Streetwise及Rover Commerce知识产权技术转让协议和Rover商标使用许可协议》。同年12月24日,蒋志伟、赵凤高、李振民,以及MG ROVER集团有限公司、POWERTRAIN有限公司、英国凤凰代表共同签署《就Rover75及POWERTRAIN产品和"L"系列发动机之知识产权转让契据》和《Rover75、发动机知识产权技术转让协议和Rover商标使用许可协议》。至此,上汽集团拥有Rover(罗孚)25和75车型及其衍生产品的车型知识产权、部件知识产权和工装知识产权等核心技术,以及Rover(罗孚)商标的使用许可权。

三、合资谈判及终止

【合资谈判】

2004年6月,上汽集团与英国凤凰投经过多次谈判,签署《合作意向书》,双方同意成立一家由上海汽车控股的投资性公司,然后由该投资公司和上海汽车、英国凤凰在中国成立1家合资公司,注册地在上海,合资公司在其产品上使用 Rover 和 MG 的商标和商标。同年8月,上海市发改委就上海汽车控股并购重组英国罗孚汽车公司事宜报告国家发改委。国家发改委表示,因南京汽车集团公司(简称南汽集团)较早与英国凤凰洽谈,为妥善解决各方利益,要求上汽与南汽集团共同参与罗孚汽车收购重组。

2005年2月,南汽集团派工作组开始参与收购罗孚汽车项目,上汽集团与南汽集团就产品分工、生产布局和南汽资金来源等问题进行讨论。同月17日,上汽集团向上海市发改委报告。次日,上海市发改委向上海市副市长周禹鹏报送《关于上汽集团收购英国罗孚公司有关情况的报告》。同月24日,周禹鹏批请中共上海市委和市政府主要领导批示,市委主要领导作了"自主品牌的生产要从上海起步"的批示。同月28日,上海汽车集团股份有限公司(简称上汽股份)向上海市发改委报送《关于申请核准中英合资罗孚汽车有限公司项目的请示》,该请示包括合资内容、产品及生产纲领、建设地址和产品制造布局、主要建设内容、投资总额等事项;提出与南汽集团共同成立由上汽股份控股的投资公司,由该投资公司与英国凤凰在华成立合资公司,该合资公司将拥有罗孚公司所有平台整车的所有产品以及动力总成公司所有发动机和变速器产品、知识产权和商标。3月1日,上汽集团、南汽集团和英国凤凰3方就最新合作框架,签署新的合作意向书。同月3日,上汽股份向上海市发改委递交《关于对申请核准中英合资罗孚汽车有限公司项目请示的补充报告》。同月10日,该合资公司可行性报告正式上报国家发改委。

【合资谈判终止】

2005年年初,为免于罗孚汽车因资金断裂而破产,英国凤凰投紧急寻求英国政府提供1.5亿英镑的过桥贷款。同年3月23日,上汽股份收到英国贸易工业部来函,要求给予英国政府书面确认,同意英国政府提出的过桥贷款先决条件,即上汽保证完成和凤凰投资控股的拟以交易,并且同意在拟以交易完成后立即归还英国政府给予的1.5亿英镑过桥贷款连同此笔贷款引起的利息和费用。同月29日,上汽股份就该项目风险问题专项报告中国政府。4月4日,上汽集团收到其聘请的项目财务顾问安永会计师事务提供的报告,该报告称罗孚汽车存在"现金流短缺、养老金短缺、无力支付裁员费用、无足够资金进行合资合作"四大问题,极有可能短时间内破产。上汽股份总裁陈虹致函英国贸工部,指出英国凤凰投在完成交易后财务状况将非常脆弱,这一风险转移到合资公司是不能接受的,上汽不会成立一家事前就认为很有可能因为罗孚汽车破产而不能够存续的合资企业。

2005年4月7日,罗孚汽车宣布破产。上汽集团接到英国工贸大臣来信,要求上汽集团继续考虑罗孚汽车相关业务任何商业机会的可能性。上汽明确答复不可能全部或者部分收购罗孚汽车业务,也不可能在英国建立合资企业。次日,英国首相布莱尔就此事致信中国总理温家宝,表达希望通过中国政府向上汽集团转达英国政府对其继续该项合作的愿望。同月14日,外交部领导成员乔宗淮主持召开国务院和上海市有关部委参加的协调会,听取上汽集团情况汇报,会议对上汽终止合资项目谈判表示理解,同时要求妥善处理。会后,上汽集团整理专项材料上报外交部。同月26日,国务院就外交部请示作了批复,指出温总理非常重视布莱尔首相对上汽与罗孚谈判的关注,从中英良好关系出发,中方主管部门做了积极推动,但合资谈判是商业行为,只能由企业从商业利益等角度出发自主作出决定。表示中方对双方企业未能达成协议感到遗憾,将继续关注有关进展,并提供必要的协助。中国政府通过外交部、发改委、商务部等部门将国务院意见用适当方式通报英方。

四、购买品牌资产

2005 年 4 月,普华永道会计师事务所(简称普华永道)作为罗孚汽车宣告破产后的托管人,负责处置罗孚汽车和动力总成公司的资产。上汽股份启动单独收购动力总成公司资产的投标程序,于 6 月 21 日提交标书,同时立即与普华永道展开谈判,并签署包含价格和交易内容的会议纪要。此后,普华永道按照同时参与竞标的南汽集团的整体收购模式,提出以整体收购罗孚汽车和动力总成公司资产、在英国长桥保留业务为标的进行竞标。上汽股份即按此要求拟定标书投标合同,7 月 18 日递交普华永道。7 月 23 日,普华永道为尽快结束托管,选择不带条件的投标方案,宣布罗孚汽车全部资产出售给南汽集团的竞标结果,其发表声明表示:"南汽的标书是确定的、无条件的、价格最高的。"揭标后,上汽股份立即书面通知普华永道,要求其执行上汽收购知识产权协议,限期收回全部技术资料和图纸等,以维护上汽拥有罗孚汽车知识产权的合法权益。

2005 年 9 月起,上汽股份就罗孚汽车商标权利出售及购买事宜与德国宝马汽车公司磋商并达成一致。鉴于 2000 年美国福特汽车公司收购路虎品牌时获得收购罗孚汽车品牌优先权,宝马汽车公司将与上汽达成的罗孚汽车商标权利出售及购买协议及相关附件送达福特汽车公司,由其在 90 天内决定是否行使优先购买权。2006 年 9 月 18 日,福特汽车公司宣布行使优先权,从宝马汽车公司购买罗孚汽车商标。次日,已经拥有罗孚 25 和 75 两款车型知识产权的上汽股份发表声明,表示未能如愿收购罗孚汽车商标不会影响自主品牌业务,将依照既定的品牌战略,针对公司目标消费群体打造一个全新的中高端品牌,按照计划 10 月初将正式公布自主品牌项目的第 1 个国际化品牌名称,并在此后不久发布第 1 款自主品牌产品。

五、建设基地推出自主品牌

重组罗孚汽车、参与竞标和购买罗孚品牌未果后,上汽立即启动第 2 方案,利用购买的罗孚 75 和 25 车型和发动机核心技术,加速建设自主品牌制造基地和研发基地,推出自主品牌和首款产品。

2005 年 6 月 28 日,上汽股份就建立自主品牌生产基地上汽陆威汽车有限公司请示上海市发改委。同年 11 月 4 日,上汽股份决定该公司更名为上汽汽车制造有限公司并再次请示上海市发改委。12 月 30 日,总投资 18 亿元的上汽股份汽车工程研究院新址扩建工程在安亭汽车城奠基。2006 年 2 月 16 日,国家发改委就上海市发改委关于上汽汽车制造有限公司项目的请示作出批复,指出上汽通过收购英国罗孚汽车公司汽车和发动机设计生产软件技术,开发生产具有自主知识产权的轿车和发动机,符合国家汽车产业发展政策,同意该项目进行建设。同月 22 日,上海市发改委向上汽股份转发国家发改委批复,并要求尽快开工建设,按照市委市政府总体要求,加快推进自主品牌和新能源汽车发展。次日,上汽股份召开建设自主品牌的全面创新誓师大会,上汽汽车制造有限公司正式揭牌。同年 10 月 12 日和 24 日,上汽股份自主品牌荣威和首款产品荣威 750 轿车先后发布。2007 年 1 月 31 日,上汽汽车制造有限公司更名为上海汽车股份有限公司乘用车分公司。

第四节 收购英国 LDV

一、项目由来

LDV 公司是成立于 1993 年的英国轻型商用车制造商,后隶属俄罗斯汽车制造商 GAZ 集团,该公司产销宽体轻型客车的知名名牌 MAXUS 品牌。2008 年世界金融危机爆发后,LDV 公司受其影响经营陷于困境,并于 2009 年 4 月申请破产保护。其时,上海汇众汽车制造有限公司(简称上海汇众)为落实上海汽车集团股份有限公司(简称上海汽车)发展商用车特别是轻型客车的战略,决定收购 LDV 公司知识产权和核心资产,在继续生产伊思坦纳窄体轻型客车的同时,加快发展中国市场容量更大的宽体轻型客车业务。

2009 年 10 月,上海汇众经过对 LDV 公司的尽职调查和商务谈判,双方确定收购和转让意向。同月,上海汽车召开总裁专题会议,审议批准 LDV 项目组织机构和工作计划。会议指出:LDV 项目对上汽商用车业务发展意义重大,必须确保项目获得成功。首先要把 LDV 产品模具、工装设备顺利搬迁到中国,重点要确保产品开发,起步国产化率要达到 60% 以上。

二、收购签约

为规避境外投资风险,上汽收购 LDV 资产项目分两步进行,先由上海汽车委托英国 ECO Concept Limited 公司(简称 ECO 公司)出面向 LDV 监管人收购 LDV 公司全部资产,随后由上海汇众从 ECO 公司收购原 LDV 公司全部无形资产和关键生产性资产等核心资产。

在 ECO 公司完成 LDV 公司收购后,2009 年 10 月 13 日,上海汽车副总裁肖国普代表买方上海汇众、李曲代表卖方 ECO Concept Limited 和 China Ventures Limited 两家公司签署《资产买卖协议》。该协议约定卖方向买方出售包括 MAXUS 品牌在内的知识产权、机器设备、工装模具、IT 设备、技术信息、样件和样车在内的所有资产。同月 29 日,上汽集团向上海市国资委上报《关于上海汇众汽车制造有限公司收购英国 LDV 资产项目的备案报告》。同日,上海汽车向上海市发改委上报《关于上海汇众汽车制造有限公司收购英国 LDV 资产项目申请报告的请示》。

11 月 23 日,上海汇众总经理陈德美代表上海汇众作为转入方、上海汽车副总裁叶永明代表上海汽车进出口有限公司作为代理人、李曲代表 ECO Concept Limited 和 China Ventures Limited 两家公司作为转让方,签署《LDV 轻型汽车知识产权转让合同》。该合同约定转让方向转入方转让其拥有的 LDV 公司 MAXUS 品牌在内的汽车技术及商标的产权和权益;转让方毫无保留地向转入方提供该项目涉及的产品设计、技术标准、开发样车、实验数据、判定结果及与制造技术相关的一切数据、图纸、资料等书面或电子信息组成的该产品所有知识产权。次日,上海市发改委向上海汽车下达《关于上海汇众汽车制造有限公司收购英国 LDV 公司资产项目核准的批复》,同意上海汇众投资收购英国 LDV 公司资产项目。

三、建设基地推出自主品牌

在收购 LDV 资产的同时,上海汽车决定收购南汽集团与意大利菲亚特汽车公司终止合资关系后,由合资企业南汽新雅途汽车公司改制的无锡汽车车身有限公司(简称"无锡车身"),将其转变为轻型客车制造基地。

2009年10月,上海汽车总裁办公会议决定由商用车事业部和上海汇众组成收购无锡车身项目组。同年11月27日,无锡车身举行股东会议,南京汽车集团有限公司、无锡惠山开发建设有限公司、江苏金南集团有限公司等全体股东一致同意对外转让全部股权。12月1日,上海汽车向江苏省无锡市惠山区发改局报送《关于上报上海汇众无锡分公司(筹)商用车项目申请报告》,提出上海汇众拟收购无锡车身全部股权,并改造为上海汇众无锡分公司,收购后的LDV资产将安置在该分公司。12月28日,上海汇众与无锡车身各股东签署《转让无锡汽车车身有限公司100％股权之股权转让协议》和《无锡汽车车身有限公司章程》,转让双方确认转让价为1元,无锡车身成为上海汇众分公司,上海汇众对其进行适应性改造,形成2班3.5万辆宽体轻型客车年产能力。

2010年6月24日,江苏省无锡市惠山区发改局向上海汽车转发《江苏省发改委关于核准上海汇众汽车制造有限公司无锡分公司商用车项目的通知》。8月5日,江苏省无锡市惠山区工商行政管理局发给上海汇众无锡分公司《企业法人营业执照》。此后,经报工业和信息化部批准,上海汇众无锡分公司获得商用车整车生产资质。同年12月14日,上海汽车总裁办公会议经审议原则批准上海汇众整车和零部件业务进行,整车业务组建为上海汽车商用车有限公司,并承接上海汇众整车产品生产资质。

2015年11月20日,上海汽车商用车有限公司更名为上汽大通汽车有限公司。

第五节　其他海外合资合作

一、合资成立上汽正大、MG销售(泰国)

【合资成立上汽正大】

进入"十二五",鉴于上汽开拓印度市场暂时遇阻,上海汽车集团股份有限公司(简称上汽集团)董事长胡茂元提出坚持"走出去"战略,以泰国市场为重点,进一步向东南亚发展,这一设想得到泰国正大集团董事长谢国民积极响应。2012年12月4日,上汽集团总裁兼上海汽车香港投资有限公司(简称上汽香港投资)董事长陈虹、上汽集团副总裁兼MG汽车英国有限公司(简称MG英国)董事长陈志鑫、正大汽车控股有限公司(简称正大汽车)董事长李绍祝和副董事长谢傑人在上海签订《上海汽车香港投资有限公司、MG汽车英国有限公司、正大汽车控股有限公司成立上汽正大汽车有限公司合资协议》。该协议共计35条,其中约定:合资成立1家名为上汽正大汽车有限公司的制造公司(简称上汽正大)、1家名为MG销售(泰国)有限公司(简称MG销售泰国)的销售公司,注册地泰国曼谷;上汽正大主要产销上汽集团自主品牌MG系列乘用车,注册资本24.94亿泰铢,其中12 719 397股股份(占总股份51％-3股)向上汽香港投资发行,2股股份向上汽香港投资和MG英国任命作为其代表的人员发行,1股股份向MG英国发行,1股股份向正大汽车发行,12 220 599股股份(占总股份49％-1股)向正大汽车发行;上汽正大董事会由11名董事组成,6名由上汽集团提名,5名由正大汽车提名,正大汽车1名董事任董事长,上汽集团1名董事任副董事长;上汽集团向上汽正大派遣4名高级管理员工,含1名总经理、2名副总经理、1名副财务总监,正大汽车向上汽正大派遣4名高级管理员工,含1名执行副总经理、1名副总经理、1名财务总监、销售公司1名副总经理;合资年限50年(可延续)。

2013 年 2 月,上汽正大完成注册。2014 年 6 月 4 日,上汽正大在泰国春武里府的工厂投入使用,首辆 MG6 轿车下线。2015 年 8 月,上汽正大股东方按各自股比共同向合资公司增资 20.06 亿泰铢,该公司注册资本增至 45 亿泰铢。

2014 年上汽正大实现整车批售 202 台,2015 年整车批售 4 908 台。

【合资成立 MG 销售(泰国)】

2012 年月 12 月 4 日,上汽香港投资董事长陈虹、MG 英国董事长陈志鑫、正大汽车董事长李绍祝和副董事长谢傑人在上海签订《上海汽车香港投资有限公司、上汽正大有限公司、正大汽车控股有限公司成立 MG 销售(泰国)有限公司合资协议》。该协议共计 35 条,其中约定:合资公司注册资本 20 300 万泰铢,上汽正大占股 90%,上汽香港投资占股 5.1%,正大汽车占股 4.9%;业务范围为从事整车销售并提供相关服务;董事会由 11 名董事组成,6 名由上汽集团提名,5 名由正大汽车提名,正大汽车 1 名董事任董事长,上汽集团 1 名董事任副董事长;上汽集团派遣 1 名高级管理员工为总经理,正大汽车派遣 1 名高级管理员工为副总经理;合资企业注册地址为泰国曼谷 191 25th Floor Silom Complex Building,Silom Road,Silom Sub-District,Bangrak District;合资年限为 50 年(可延续)。

二、合资成立大通泰国

2013 年 10 月,泰国易初工业集团有限公司(简称"泰国易初")在泰国投资成立大通汽车(泰国)有限公司(简称大通泰国),主要销售上汽大通汽车有限公司的 MAXUS 品牌宽体客车系列。

2014 年 1 月 23 日,上汽香港投资、泰国易初和谢傑人签署转股协议。转股后大通泰国注册资本 2.03 亿泰铢,三方股权比例分别为 50.99%、49% 和 0.01%;注册地址为泰国 313 C. P. Tower Building,Silom Road,Kwaeng Silom,Bangrak,Bangkok 10 500;合资公司董事会由 8 名董事组成,泰国易初和上汽香港投资各提名 4 名董事。2014 年 4 月 8 日,大通汽车(泰国)有限公司完成相关变更登记,独资公司转变为合资公司。

2015 年 1 月 1 日,公司注册地址变更为 140/99Floor,ITF Tower,Silom Road,Suriyawong,Bangrak,Bangkok 10500。同年,大通泰国销售收入 1 430.92 万元,资产总额 3 663.17 万元,从业人员 31 人,其中泰方 29 人,中方外派 2 人。

三、合资成立华域正大

2013 年 5 月 16 日,华域汽车系统股份有限公司(简称华域汽车)与泰国易初工业集团有限公司、易初工业集团副董事长谢傑人共同签署在泰国合资设立华域正大有限公司(简称华域正大)的《合资协议》和《公司章程》。

《合资协议》共计 35 条。《公司章程》共计 6 条。协议和章程规定:合资企业主营业务为汽车仪表板总成、中控台总成、座椅总成、方向盘总成、保险杠总成、摇窗机总成、发动机和门总成等的装配和销售;投资总额 4.98 亿泰铢(折合 1 913.11 万美元或 11 670 万元人民币);注册地址泰国 No. 313,C. P. Tower Bldg.,Silom Road,Kwaeng Silom,Khet Bangrak Bangkok,注册资本 2 亿泰铢,华域汽车出资 1.02 亿泰铢(折合 392.31 万美元)、占股 51%,泰国易初和谢傑人出资 0.98 亿泰铢(折合 376.92 万美元)、占股 49％,其中谢傑人持有 1 股;董事会设 7 名董事,其中华域汽车提名 4 名董事,泰国易初提名 3 名董事;董事会任命泰国易初提名的 1 名董事担任董事长,任命华域汽车提名的 1 名董事担任副董事长;执行委员会设 2 名成员,1 名总经理由华域汽车提名并负责合资公司日常管理,1 名副总经理由泰国易初提名并负责合资公司财务工作。

2013 年 5 月 17 日,上海汽车集团股份有限公司向上海市商务委员会上报《关于华域汽车系统股份有限公司在境外投资设立华域正大有限公司的请示》。同月 24 日,商务部向华域汽车颁发《企业境外投资证书》。6 月 11 日,华域正大在泰国注册成立。

四、华域汽车收购德国 KSPG 子公司股权

德国 KSPG 集团是华域汽车系统股份有限公司重要战略合作伙伴。2013 年 7 月,KSPG 集团启动铸铝业务子公司 KS ATAG 股权出售招标流程,邀请华域汽车参与收购。

9 月 5 日,华域汽车总经理专题会议批准该收购项目立项。同月 16 日,华域汽车发出非约束性报价。11 月 22 日,第一轮尽职调查(数据库＋现场)完成。12 月 4 日,华域汽车发出约束性报价,KSPG 集团接受后启动第二轮尽职调查。2014 年 1 月 13 日,启动合资谈判,至同年 5 月 12 日,基本完成谈判,锁定协议文本。

经双方谈判确认:该项目股权总价为 3 369 万欧元,华域汽车通过在上海自贸区新设立的华域汽车系统(上海)有限公司收购 KS AluTech 50％股权,出让价格为 1 650 万欧元。同年 7 月 17 日和 18 日,各方签署《股权购买及转让协议》《合资合同》《公司章程》《租赁协议》《公用服务协议》《商标许可协议》等文件。

8 月 1 日,华域汽车系统(上海)有限公司向中国(上海)自由贸易试验区管理委员会递交《收购德国 Alutech 公司 50％股权可行性研究报告的请示》。同年 10 月 23 日,中国(上海)自由贸易试验区管理委员会颁发企业境外投资证书。

2015 年 1 月 14 日,经德国巴登符腾堡政府公证机构登记,华域汽车系统(上海)有限公司正式成为德国 Alutech 公司股东。同月 28 日,德国 Alutech 公司更名为"KS HUAYU AluTech GmbH"。根据德国法律规定,该公司监事会由 9 名监事组成,其中华域汽车和 KSPG 集团各委派 3 名监事,另有 3 名为职工监事。经监事会一致通过,监事会主席由华域汽车总经理张海涛担任。

五、延锋江森合资组建延锋汽车内饰

2014 年 7 月 28 日,延锋汽车饰件系统有限公司和美国江森自控有限公司根据 70％和 30％股比,注册组建延锋汽车内饰系统有限公司(简称延锋内饰),主要从事仪表板、座舱系统、副仪表板、门板、顶置操控台等汽车内饰产品的开发、制造和销售。

2015 年 7 月 2 日,延锋内饰开始独立运作。至同年年底,全球营业收入 269 亿元人民币,全球市场份额门板占 13％、仪表板占 10％、副仪表板占 7％、座舱系统占 5％,企业成为全球最大的汽车内饰供应商。延锋内饰在全球 17 个国家拥有 90 多个工厂和 8 个技术中心,全球员工总数超过 2.8 万人,包括工程人员 2 000 多名。该企业全球经营体系中:

亚太区 63 个基地,覆盖中国、印度、马来西亚、印尼、日本等国家,员工 1.15 万人,主要客户为上汽大众、上汽通用、宝马、奔驰、上汽乘用车分公司、江淮汽车、长安福特、广汽、北汽等,2015 年营

业收入 128 亿元人民币。

北美区 24 个基地,1 万名员工,覆盖美国、墨西哥等国家,主要客户为 FCA、福特、宝马、丰田、通用、奔驰、特斯拉等,2015 年营业收入 81 亿元人民币。

欧洲与南非区 13 个基地,6 500 名员工,覆盖德国、意大利、西班牙、匈牙利、捷克、斯洛伐克、南非等国家,主要客户为奔驰、宝马、FCA、福特、大众等,2015 年营业收入 42 亿元人民币。

六、亚普汽车部件海外经营合作

亚普汽车部件股份有限公司(简称亚普汽车部件)于 2008 年 4 月成立亚普印度,主要客户包括大众、福特、通用等,2015 年净利润为 217.73 万元;于 2009 年 7 月成立亚普俄罗斯,主要客户包括大众、GAZ 及标致雪铁龙,2015 年净利润为 192.69 万元;于 2009 年 12 月成立亚普澳大利亚,主要客户为通用-霍顿和福特,2015 年净利润为 28.18 万元。于 2010 年 9 月成立亚普捷克,主要客户为斯柯达,2015 年净利润为 813.15 万元;于 2014 年 7 月成立亚普德国,并以此为主体筹建亚普欧洲研发中心,2015 年净利润为 64.04 万元。

2015 年下半年,亚普汽车部件获得德国大众墨西哥工厂的 MQB 全球平台项目和高尔夫油箱配套权,企业计划于 2016 年设立亚普墨西哥,为德国大众墨西哥工厂配套。至 2015 年 12 月,亚普汽车部件境外子公司达到 5 家,其中 4 家公司为生产工厂、1 家公司为技术中心。

七、合资成立安吉日邮泰国

2013 年,为承担上汽集团及华域汽车在泰国整车和零部件生产销售的物流业务,安吉汽车物流有限公司(简称安吉物流)开始在泰国设立物流合资企业。同年 9 月 1 日,安吉物流与日邮滚装码头(泰国)有限公司(简称日邮滚装泰国)、日邮物流(泰国)有限公司(简称日邮物流泰国)委托上海众华沪银会计师事务所有限公司编制完成合资组建安吉日邮物流(泰国)有限公司(简称安吉物流泰国)的可行性研究报告(含项目建议书)。同月 16 日,安吉物流总经理余德和日邮滚装泰国总经理关光太郎、日邮物流泰国总经理山内义浩共同签署合资组建安吉日邮泰国的《合资协议》《公司章程》,《合作协议》共 34 条,《公司章程》共 6 章 41 条。3 方约定:合资公司主营业务为汽车整车物流、入厂零部件物流和售后零部件物流;投资总额 1.6 亿泰铢(折合 561 万美元或 3 366 万元人民币);地址位于泰国曼谷的 2525 One FYIC enter, 7th Floor, Rama 4 Road, Klongtoey, Bangkok 10110;注册资本 8 000 万泰铢(折合 280 万美元或 1 680 万元人民币);其中安吉物流占股 49%,日邮滚装泰国占股 25%,日邮物流泰国占股 26%;董事会由 7 名董事组成,其中安吉物流提名 4 名董事含 1 名董事长,日邮码头泰国及日邮物流泰国提名 3 名董事含含 1 名副董事长;经营管理层由总经理 1 名、副总经理 1 名、财务经理 1 名,财务副经理 1 名组成,其中安吉物流提名总经理和财务副经理,日邮滚装泰国及日邮物流泰国提名副总经理和财务经理;公司实行总经理负责制;经营年限 40 年。

2013 年 9 月 16 日,上海汽车集团股份有限公司向上海市商务委员会上报《关于安吉汽车物流有限公司境外投资设立安吉日邮物流(泰国)有限公司的请示》。10 月 9 日,商务部向安吉物流颁发企业境外投资证书。2013 年 10 月 25 日,安吉日邮物流(泰国)有限公司成立。

第六章　其他主要合作

20世纪90年代后,上汽与上海和中国其他地区的企业界建立多种合作关系,主要包括:1992年上海市信托投资公司参股上汽,1997—2009年参股上海广电(集团)有限公司,2004年和2007年先后参与发起设立安邦保险集团股份有限公司和长江养老保险股份有限公司。同时,上汽包括华域汽车系统股份有限公司与第一汽车集团公司、东风汽车公司以及江淮汽车集团股份有限公司、长城汽车股份有限公司等汽车企业进行合作和交流。

第一节　重要参股项目

一、上海信托投资参股上汽

为探索产业资本与金融资本融合,支撑上海汽车工业发展,1991年11月24日,上海市政府副秘书长陈祥麟、余永梁,上海市经济委员会(简称上海市经委)主任蒋以任,上海市计划委员会(简称上海市计委)主任徐匡迪、上海市对外经济贸易委员会(简称上海市外经贸委)主任沙麟,与上海汽车工业总公司(简称上汽总公司)总经理陆吉安,上海市信托投资公司(简称上海信托投资)董事长李肇基、总经理鲍友德等,就上汽总公司和上海信托投资全面合作问题进行深入讨论,取得一致意见。

1991年11月25日,上汽总公司和上海信托投资联合向上海市政府上报《关于开展全面合作的请示》。该请示提出:汽车工业发展需要解决资金调度、外汇平衡和改善经营机制等问题,上海信托投资是国家批准的对外筹措资金的十大窗口之一,两家公司都是上海市政府领导下的国有大型企业,有各自比较明显的优势,把两者优势结合起来,对上海经济振兴将发挥重要作用;双方加强全面合作的模式主要由上海信托投资向上汽总公司投资参股,参与上汽总公司经营决策,参股比例25%～30%。

1991年12月20日,余永梁在对该请示提出处理意见:鲍友德、陆吉安同志经过多次协商共同提出上海信托投资以30%左右投资参股上汽总公司,实行金融资本与工业资本合资,而且是大企业之间合资,这是一种改革探索,建议由上海市经委牵头组织实施。同月24日,上海市副市长顾传训在处理意见上批示:可请市经委研究方案。1992年1月18日,顾传训再次批示:地方投资公司向大型国有企业参股,既有利于工业和金融业的合作,而且有利于明确地方的产权。由于此方案涉及面广,拟请陈祥麟、蒋以任召集一次由合资双方以及计委、财政、劳动局参加的会议讨论。2月18日,根据顾传训批示,余永梁召集上海市经委、劳动局、财政局、体制改革委员会办公室等部门负责人,以及鲍友德和陆吉安等,召开上汽总公司和上海信托投资全面合作和转换经营机制会议,确定相关要求和措施。

1992年4月30日,《上海汽车工业总公司、上海市信托投资公司合资合同》签约仪式在上海银河宾馆举行。上海市政府副秘书长陈正兴、上海市工业党委书记郁品芳、上海市经委主任蒋以任、上海市计委主任裴静之出席,陆吉安和鲍友德代表双方签署合资合同。该合同规定:上海信托投资以相当于7亿元人民币的美元投入上汽总公司,参股比例25％,上汽总公司注册资本从21亿元增至28亿元人民币;1995年12月31日前双方分得的利润全部用于继续投资和扩大再生产;上海信托投资参股后,上汽总公司将实行董事会领导下的总经理负责制。同月,上汽总公司建立董事会,陆吉安和鲍友德分任董事长和副董事长,孟庆令、顾青、叶平、陈庭越、高明福任董事,陆吉安兼任总经理。

二、控股上海广电集团

1997年3月,上海市国有资产监督管理委员会(简称上海市国资委)下达《关于上海广电(集团)有限公司(简称上海广电集团)国有资产重组的批复》,同意上海广电集团进行重组。4月3日,上海市经委主任徐建国主持上海广电集团重组专题会议。

1997年4月,上海汽车工业(集团)总公司(简称上汽集团)郁子冲(甲方)、上海广播电影电视发展总公司(乙方,简称上海广播电影电视)、上海仪电控股(集团)公司(丙方,简称上海仪电)、上海上实(集团)有限公司(丁方,简称上实集团)签署《关于投资上海广电集团的协议》。该协议确定由上海国资委将上海广电集团12.61亿元国有净资产划转并授权给上汽集团、上海广播电影电视、上海仪电、上实集团持有,其中上汽集团5.16亿元,上海广播电影电视2.06亿元,上海仪电4.06亿元,上实集团1.33亿元;确定上汽集团现金出资5亿元,上海广播电影电视现金出资2亿元,上实集团现金出资1.29亿元;上海广电集团总股本20.9亿元,其中甲方持有10.16亿元占48.61％;乙方出资4.06亿元占19.43％,丙方出资4.06亿元占19.43％,丁方出资2.62亿元占12,53％;投资各方向上海广电集团委派董事;向投资各方以外的人转让其出资时,必须经投资各方过半数同意。上汽集团成为上海广电集团第一大股东。

2004年11月,上汽集团上报上海市国资委《关于划转上海仪电控股(集团)公司持有的上海广电(集团)有限公司股权的请示》。12月,上海市国资委批复上汽集团:将上海仪电持有的上海广电19.43％股权划转上汽集团,上汽集团共持有上海广电68.04％股权。

2007年3月,上汽集团上报上海市国资委《关于退出对上海广电(集团)有限公司投资的请示》。提出:上汽集团对上海广电集团投资总计29.3亿元,持有上海广电集团60.91％股份;由于上海广电集团经营连年亏损等问题,对上汽集团造成严重负面影响;请求将上汽集团持有全部股权划回市国资委。同月12日,上海市国资委副主任陈晓宏召开专题会议,研究解决上汽集团、上海国际集团有限公司等股东单位为上海广电集团TFT项目贷款提供担保的问题。

2009年6月3日,上海市国资委向上汽集团等6家单位下达《关于对上海广电(集团)有限公司实施重组的通知》:根据国资国企改革总体部署,经上海市政府同意,决定对上海广电集团实施重组,由上海仪电收购广电集团所持广电电子、广电信息股权以及其他资产;由上海广电集团担保单位、上海仪电和上海市国资委筹集资金,对上海广电集团本部及广电NEC的债务按一定比例进行清偿,并解除担保责任。

三、发起设立并参股长江养老保险

根据国家劳动和社会保障部关于企业年金必须于2007年年底前交由专业金融机构管理和运营的规定,上海决定组织部分企业发起成立专业金融机构长江养老保险股份有限公司。2007年1

月 18 日,上汽集团第一次临时董事会以通讯方式审议《关于参与发起设立长江养老保险股份有限公司的议案》,同意上汽集团作为发起人之一,向长江养老保险以每股 1 元入股 7 500 万股,占股 15%。

2007 年 2 月 2 日,上海国际集团有限公司、上汽集团等 7 家单位发起设立长江养老保险公司,整体接收上海市企业年金中心经营的年金业务和资产,公司注册资本 5 亿元,注册地上海市。2 月 16 日,上海市金融服务办公室、上海市国资委召开专题会议,研究有关企业入股长江养老保险公司事宜,上汽集团等单位参加会议。会议确定,为实现长江养老保险股权结构适当多元化,确保该公司信誉度和年金业务及资产的稳定,拟将长江养老保险股东从 7 家扩充为 14 家,原发起单位占股适当减少,其中上汽集团占股从 15% 减至 5%。同月 28 日,上汽集团第 2 次临时董事会以通讯方式举行,同意集团入股股数减至 2 500 万股,占股 5%。长江养老保险股份有限公司董事会有董事 12 名,上汽集团财务总监朱根林为董事。

四、发起设立并参股安邦保险

安邦保险集团股份有限公司(简称安邦保险)于 2004 年 6 月 9 日获得中国保监会批准筹建,注册地在浙江省宁波市。上海汽车工业(集团)总公司参股比例超过 20%,上汽集团总裁胡茂元担任安邦保险首任董事长,2008 年上汽集团占股比例减至 14.86%,2013 年 11 月胡茂元卸任安邦保险董事长,2014 年上汽集团股份继续减至 1.22%。

五、参股上海磁悬浮

2000 年 8 月 25 日,上海为加快城市交通建设成立上海磁悬浮交通发展有限公司(简称上海磁悬浮),根据上海市政府关于国有企业集团支持参股的要求,上汽集团出资 2 亿元,占上海磁悬浮注册资本 45 亿元的 4.44%。

2011 年 12 月 9 日,上海市国资委、上海市发展和改革委员会召开专题会议,研究上海磁悬浮交通发展有限公司股权调整事宜,上海申通地铁集团有限公司以及上汽集团、上海电气集团有限公司、上海国际集团有限公司、申能(集团)有限公司等参股单位参加。会议明确:各参股单位将所持有的上海磁悬浮股权以 2011 年 12 月 31 日经审计的净资产为依据,按协议转让方式转让给上海申通集团有限公司(简称上海申通集团)。2012 年 2 月 13 日,上汽集团与上海申通集团签订《产权交易合同》,将拥有的 4.44% 股权转让给上海申通集团。

六、参股新源动力

新源动力股份用有限公司(简称新源动力)成立于 2001 年 4 月,由中国科学院大连化学物理研究所(简称中科院大化所)、兰州长城电工股份有限公司等单位发起设立,是中国第一家致力于燃料电池产业化的股份制企业。2006 年 12 月,国家发展和改革委员会办公厅批复新源动力承建燃料电池国家工程研究中心。

2006 年 10 月,上海汽车集团股份有限公司(简称上汽股份)与中科院大化所签订入股新源动力的谅解备忘录。2007 年 4 月,双方就所有条款达成一致,上汽股份投资 5 800 万元,入股 4 000 万股,占股 34.19%;公司董事会由 11 人组成,其中上汽股份推荐 4 名董事包括 1 名董事长,中科院大化所推荐 2 名董事包括 1 名副董事长;上汽股份入股后新源动力优先以合理价格向上汽销售产品。同月,上汽股份总裁联席专题会议审议入股新源动力事宜。会议认为,该项目战略意义远大于短期经济效益,是贯彻落实国家能源战略的具体体现,也是上汽自主发展新能源汽车的关键一步,会议原则同意该报告。同月,上汽股份首届董事会第 28 次会议批准参股新源动力。

第二节　在沪兼并重组项目

一、兼并上海客车及所属 4 厂

1996 年 1 月,上海开始实施公共交通体制改革,上汽集团承担兼并上海公共交通总公司所属上海客车制造公司及其所属的上海客车厂、上海电车厂、上海公交附件厂和上海客车附件二厂 4 个工厂的任务。上汽集团成立副总裁叶平任组长的领导小组和副总工程师张士元任组长的工作小组,拟定组建上海客车制造公司的实施方案。同年 5 月 23 日,上汽集团总裁办公会议原则同意兼并方案。

1996 年 7 月 1 日,上海市市长徐匡迪主持召开市政府第 50 次常务会议,研究上海公交改革事项,上汽集团列席会议。会议指出上海公交体制改革实施已取得阶段性成果,但还存在营业收入和成本开支不平衡、企业周转资金困难等问题;明确深化和完善上海公交体制改革的政策措施,包括上汽集团兼并上海客车制造公司的政策措施。次日,上汽集团副总裁叶平率总部部室人员到上海客车厂,与公交系统和客车企业共商兼并重组事宜。

1996 年 7 月,上海市政府关于上汽集团兼并上海客车制造公司的文件下达。8 月 13 日,上海市建设委员会(简称上海市建委)和上海市经委向上海市政府上报《关于上海汽车工业(集团)总公司兼并上海客车制造公司及所属四厂的请示》,提出此项兼并时机已经成熟,各项准备工作基本就绪,拟于同年第 3 季度正式实施兼并的建议。同月 26 日,上海市政府办公厅秘书处回复:拟同意市建委、市经委关于同年第 3 季度上汽集团正式实施兼并上海客车制造公司及所属四厂的意见,请市建委、市经委会同市计委、市国资办、市财政局、市劳动局、市社保局等有关部门,按市政府第 50 次常务会议精神,抓紧做好有关落实工作。此件先后经上海市政府秘书长冯国勤、副市长蒋以任、副市长夏克强圈阅或同意后,上海市市长徐匡迪于同月 26 日批示同意。9 月,上汽集团总裁办公会议要求有关部室按照市政府常务会议和市政府文件精神,积极配合做好兼并工作,抓紧落实各项具体政策。

经过 3 个多月紧张工作,该项兼并的人员分流、资产清理、市场调研、机构设置、发展规划等事项均告完成。10 月 18 日,上海客车制造公司成立。1997 年 3 月,上汽集团发出《关于组建上海客车制造公司决定的通知》,明确新组建的上海客车制造公司以原上海客车厂为主体,与原上海电车厂、上海公交附件厂、上海客车附件二厂等 4 厂组成;公司实行独立核算、自负盈亏,一头对财政结算;原上海客车厂、上海电车厂取消法人资格;希望抓紧做好新老交替,及时与各有关单位衔接,使新组建的上海客车制造公司顺利开展工作,为客车事业发展再作努力。

1999 年 1 月 12 日,上海客车制造公司与上海飞翼汽车制造有限公司合并组建上海客车制造有限公司。新组建的客车公司注册资本 1.8 亿元,其中上汽集团占 80%,上海汽车工业有限公司占 15.2%,上海飞机制造厂占 4.8%。

二、上内所进入上汽

1999年,根据科学技术部、经济和贸易委员会等12个部门联合文件精神,上海启动实施12家国家局属科研机构转为科技型企业并属地化管理的工作。

1999年6月,机械工业部上海内燃机研究所(简称上内所)向上海市经委递交《关于要求进入上海汽车工业(集团)总公司的报告》。该报告提出整体进入上汽集团,成为其下属的汽车发动机技术开发基地,为上海汽车工业服务。7月13日,中共上海市工业工作委员会办公室和上海市经委办公室通知机关各处室,包括机械工业部上海内燃机研究所在内的在沪12家国家局属科研机构从1999年7月1日起全部转制为科技型企业,并实行属地化管理。

8月20日,上海市副市长蒋以任在上汽集团召开现场办公会议,专题研究上内所进入上汽集团事项,要求将该所进入上汽集团作为国家局属科研机构属地化的典型,根据"整体进入、逐步理顺、一次规划、分步实施"的原则,抓紧做好工作。会议明确:由市经委尽快起草相关请示,报市政府批准;上内所进入上汽集团后,为具有独立法人资格、独立核算、自主经营、自负盈亏的科技型企业;上内所已有的国家级和市级质量监督、检验、认证及行业标准制定和审定的职能,继续保留;上内所全部国有资产无偿划拨至上汽集团,党政关系同时划转至上汽集团,上内所原级别待遇和领导班子不变,今后按上海市有关部门规定办理。会后,上海市经委就此事项即报上海市政府。8月25日,上海市政府下达批复,同意上内所转制整体进入上汽集团,要求妥善做好交接工作并按规定办理有关手续。

8月28日,上海内燃机研究所转制进入上汽集团揭牌仪式举行,并成为上海第1家实行属地化管理的国家局属在沪科研机构。上海市市长徐匡迪出席并发表讲话,上海市副市长蒋以任宣读上海市政府关于上内所转制进入上汽集团的批复,上海市工业党委书记吴明宣读上海市工业党委关于上内所领导班子隶属关系变更通知,上海市政府秘书长黄跃金、上海市政府副秘书长兼上海市经委主任黄奇帆、上海市科委主任华裕达、中共上海市委组织部副部长周鹤龄、上汽集团董事长陈祥麟和总裁胡茂元、上内所所长翁祖亮等200余人出席。徐匡迪讲话指出:促进科研机构企业化转制,是国家科研机构管理体制改革的一项重要内容,也是全面提高企业技术创新能力的一个重要举措。上内所转制整体进入上汽集团,标志着国家局属12个在沪科研机构实行属地化管理进入实质性启动阶段。他要求上汽集团在上内所进入后,特别要在加大科研投资力度、改善科研环境等方面给予大力支持。上内所进入上汽后,要面向市场、面向社会、增强企业引进技术消化吸收的能力,努力开发拥有自主知识产权、具有较强国际国内竞争力的高科技产品技术。

10月9日,上汽集团总裁胡茂元在上内所召开现场办公会议,专题研究上内所进入集团后发展定位等问题。会议决定:1999年年底以前为试运转阶段,2000年1月1日起,上内所各类报表按规定报集团;上内所保持扩展现有行业功能,继续保持与国家机械局密切联系;同意和支持上内所保留的6项行业工作;上内所增强经营理念,真正成为自主经营自负盈亏的科技型企业;上内所是集团技术开发体系的组成部分,上内所发展纳入集团技术开发体系建设的整体规划。

10月26日,上海市经委向上汽集团等单位下达通知,为加快已划归上海工业系统的12个科研院所完成产权登记和工商登记,同意成立12个科技型企业,其中包括上海内燃机研究所(原机械工业部上海内燃机研究所)。

三、彭浦机器进入上汽

2003年9月18日,上海汽车工业(集团)总公司、上海电气(集团)总公司(简称上海电气)签订《关于对彭浦机器厂改制重组的框架协议》。双方同意将彭浦机器厂改制为有限公司,由上汽集团与上海电气分别持有80%与20%的权益,改制后的彭浦机器厂的行政隶属关系及资产、经营、统计等均由上汽集团管理。2004年1月8日,上海彭浦机器厂有限公司(简称彭浦机器)揭牌,上海市副市长唐登杰、上海市政府副秘书长、上海市经委主任徐建国,上汽集团董事长陈祥麟、总裁胡茂元和上海电气负责人出席。同年6月30日,上海市国资委下发《关于无偿划转彭浦机器厂国有权益的批复》,同意上海电气将持有的彭浦机器80%国有权益无偿划转给上汽集团。同年9月6日,上汽集团和上海电气签署《组建上海彭浦机器厂有限公司合同》。该合同主要规定有:公司总注册资本4 206万元,其中上汽集团出资3 364.8万元占80%,上海电气出资841.2万元占20%;经营范围为开发制造和销售工程机械及零部件、轨道车辆零部件、汽车零部件、汽车改装车整车及零部件,其他机械设备的生产销售及售后服务,产品修理、租赁业务、技术咨询服务、进出口业务;董事会由7名董事组成,董事长由上汽集团委派,副董事长由上海电气委派;首届董事会上汽集团委派4人,上海电气委派3人;第二届董事会开始,上汽集团委派5人,上海电气委派2人;总经理由上汽集团推荐,董事会聘任或者解聘。同日,上海市国资委下发《关于无偿划转彭浦机器厂国有权益的批复》,同意上海电气将持有的彭浦机器厂80%的国有权益无偿划转给上汽集团。同月30日,上海彭浦机器厂有限公司从上海市工商行政管理局领取企业法人营业执照。

2007年12月29日,上汽集团法定代表人胡茂元和上海电气法定代表人徐建国签订《资产划拨协议》,上海电气向上汽集团划拨其所持有的彭浦机器20%股权。2009年3月18日,上海市国资委下达《关于上海汽车工业(集团)总公司无偿划入上海电气(集团)总公司所属部分资产有关问题的批复》,同意上海汽车工业有限公司无偿划入上海电气所持彭浦机器20%股权和6幅土地使用权。至此,上海彭浦机器厂有限公司成为上海汽车工业有限公司全资子公司。

四、上柴股份进入上汽

2007年9月26日,上海汽车工业集团总公司与上海电气股份有限公司签订关于上海电气向上汽集团转让其持有的上海柴油机股份有限公司(简称上柴股份)股份的《股份转让意向书》。同年12月29日,上海汽车集团股份有限公司(简称上海汽车)董事长胡茂元、上海电气股份有限公司董事长徐建国签署上海电气向上海汽车转让其持有的上海柴油机股份有限公司股份的《股份转让协议》,转让股份241 709 280份,占上柴股份总股份的50.32%,转让价9.234 2亿元。2008年1月7日,上海电气向上海汽车移交上柴股份管理工作,上柴股份成为上海汽车子公司。上海市政协主席蒋以任向移交仪式发贺信,上海市副市长胡延照发表讲话,上汽集团党委书记、董事长胡茂元致欢迎词,上海市国资委主任杨国雄,上汽集团副董事长兼上海汽车总裁陈虹、副总裁肖国普,上海电气党委书记兼董事长徐建国、监事长陈作民、总裁黄迪南、党委副书记兼副董事长陈龙兴等出席。

2008年4月1日和6月3日,上柴股份50.32%的国有股权从上海电气转至上汽集团的股权转让协议先后获国务院国资委和商务部批准。同年9月1日,中国证券监督管理委员会同意上海汽车收购该项股份并豁免其要约收购义务。同年12月29日,占上柴股份总股本的50.32%的

241 709 280 股股份过户到上海汽车名下,上汽集团开始拥有上海汽车、华域汽车和上柴股份3家上市公司。2009年1月16日,上柴股份年度第一次临时股东大会选举肖国普和周郎辉分别为董事长和监事长。

第三节 与国内汽车公司合作交流

一、与一汽集团合作交流

【支援第一汽车厂建设】

1953年,位于吉林长春的中国第一汽车厂成立。为支援中国一汽建设,1954年6月,国家第一机械工业部华东销售分局抽调原在上海汽车配件组工作的30余名高级工程技术人员前往支援。1954—1955年,上海市劳动局从上海540多家工厂中抽调技术工人767名,支援第一汽车制造厂建设,成为该厂第一代技术骨干。

【高层互访】

1992年9月8日,上海汽车工业总公司(简称上汽总公司)总经理陆吉安会见来访的中国第一汽车集团公司(简称一汽集团)总经理耿昭杰。陆吉安表示:上汽将敞开大门欢迎合作,上海零部件企业将为全国汽车配套,形成新的"中华牌"格局。2001年4月1日,一汽集团总经理竺延风一行来沪交流学习,上汽集团总裁胡茂元、副总裁陈志鑫等会见或陪同参观上海大众汽车有限公司等企业。2008年5月27—29日,作为上汽集团开展的先进对标活动重要内容,上汽集团总裁沈建华、副总裁叶永明带领由总部和企业负责人20余人组成的第2批学习考察团,前往一汽集团总部学习考察,双方进行友好交流。上汽集团学习考察团随后前往同样位于长春的四川一汽丰田长春丰越公司和一汽丰田(长春)发动机公司学习考察。

二、与东风汽车合作交流

【支援第二汽车厂建设】

1967年8月,位于湖北省十堰市的第二汽车制造厂(简称二汽)被列为国家重点建设项目启动建设。国家并向上海汽车工业系统下达包建任务:以上海汽车配件厂为主,上海制动器厂配合,包建二汽水箱厂;以上海汽车底盘厂为主,上海汽车传动轴厂配合,包建二汽传动轴厂;上海汽车钢板弹簧厂包建二汽钢板弹簧厂;中国软轴软管厂配合黄河仪表厂包建二汽仪表厂软轴软管生产部分。此外,还有上海汽车制造厂、上海汽车发动机厂、上海合金轴瓦厂、上海粉末冶金厂、上海工农动力机厂等工厂也抽调部分职工支援二汽建设。至1971年,援建工作基本结束,涉及上海120余家单位,支援管理干部、技术人员和技术工人共1 363人。

【高层互访】

1994年12月5日,东风汽车公司(简称东风汽车)党委副书记高明祥一行到上海汽车工业总公司学习考察,上汽总公司党委副书记刘雅琴陪同代表团参观上海大众汽车有限公司,听取合资企业党建工作介绍;参观上海汽车工业零部件精品总汇,听取上海桑塔纳轿车销售市场和营销体制的介绍。2001年7月14—18日,上汽集团董事长陈祥麟、总裁胡茂元率领总部和企业9名负责人组成的代表团,赴东风汽车考察访问。代表团分别参观该公司位于湖北十堰、襄樊和武汉的三大基地。在十堰基地,双方就中国加入WTO后汽车工业如何应对、如何发挥大集团作用、如何加强双方合作等问题,进行深入交流和探讨。双方商定将积极开展加入WTO后中国汽车工业消费政策及其他政策的专项合作研究,由上汽集团副总裁沈建华、东风汽车副总经理周文杰分别负责;双方同意加大在汽车零部件开发生产等方面的合作力度,由东风汽车副总经理欧阳洁、上汽集团副总裁蒋志伟分别负责;双方同意就如何搞好大集团管理接口问题进一步接触和磋商,由上汽集团副总裁沈建华、东风汽车副总经理李绍烛分别负责。

三、三大汽车公司联席会议

为实现优势互补和资源共享,经上汽集团倡议,一汽集团、东风汽车和上汽集团于2001年9月开始建立三大汽车集团领导的联席会议制度。同月28—29日,三大汽车集团在上海召开第一次联席会议,会议主题为:中国汽车工业的发展与责任、竞争与联合。

一汽集团总经理竺延风和战略研究部部长胡咏等,东风汽车总经理苗圩和规划发展部副部长刘国元等,上汽集团总裁胡茂元、董事会办公室主任薛建、总裁办公室主任华杏生、董事会专务张明、规划发展部经理王庆云等参加第一次联席会议活动。9月28日下午,与会者参加上海国际汽车城全面启动及中国汽车工业协会入驻仪式,参加上海汽车工业质量检测中心扩建技改工程开工仪式。9月29日上午,与会者参观上汽集团总部即上海汽车工业大厦,然后举行会谈,就联席会议有关事项、对发展中国汽车工业发展的见解、近期应重点研究的问题进行探讨并形成共识,包括中国加入WTO挑战大于机遇,三大汽车集团将在竞争的前提下加强合作与联合,共同肩负振兴中国汽车工业的历史责任;三大汽车集团要为建立规范的、健康的中国汽车市场秩序发挥应有作用;要按照"资源整合""有所为、有所不为"及"先易后难"的原则,建立三大汽车集团互相参与共同发展的零部件平台;三方迫切需要加强宏观政策方面的研究,为中央政府提供积极合理的建议,配合政府工作。会后,竺延风、苗圩和胡茂元签署《三大汽车集团领导联席会议第一次会议(上海)会议纪要》。

10月,三大汽车集团组成的专题小组就WTO后中国汽车零部件进口配额、进口汽车销售渠道以及国产化等问题进行研究达成共识,并以文件形式向国务院有关部委提出建议方案,得到国务院领导的重视。

四、华域汽车与江淮汽车、长城汽车合作

【与江淮汽车合作】

2010年3月下旬,华域汽车系统股份有限公司(简称华域汽车)总经理张海涛、副总经理苟逸中率18家直属汽车零部件企业总经理赴安徽省合肥市,与安徽江淮汽车集团股份有限公司(简称江淮汽车)董事长左延安、总经理安进等进行会谈,迈出华域汽车与国内外主要整车企业建立战略合作关系的重要一步。张海涛向江淮汽车全面介绍华域汽车六大零部件业务板块情况及"中性化、零级化、国际化"的发展战略,阐述华域汽车推进与江淮汽车战略合作的设想和重点,表达希望通过双方战略合作参与江淮汽车同步开发和产品配套,提升江淮汽车自主品牌核心竞争力的意愿。左延安对华域汽车来访表示欢迎,并希望建立战略合作关系。

2010年3月22日,《华域汽车系统股份有限公司与安徽江淮汽车集团股份有限公司战略合作框架协议》签署仪式在江淮汽车总部举行,张海涛、荀逸中、左延安、安进,江淮股份有限公司副总经理戴茂方、严刚,华域汽车所属零部件企业总经理,江淮汽车总部有关部门负责人出席。

【与长城汽车合作】

2010年8月5日,《华域汽车系统股份有限公司与长城汽车股份有限公司战略合作框架协议》签署仪式在河北保定长城汽车股份有限公司(简称长城汽车)总部举行,华域汽车总经理张海涛,长城汽车董事长魏建军,长城汽车副总裁黄勇、赵国庆,华域汽车20家直属汽车零部件企业总经理、长城汽车总部相关部室负责人出席。

该协议约定：双方合作开发国内外创新领先、具有显著社会意义和商业价值的汽车产品。华域汽车将长城汽车视为长期战略客户和合作伙伴,在基于有竞争力的质量、服务、技术和价格的基础上,为长城汽车提供优质的产品和服务。长城汽车将华域汽车视为长期战略客户和和合作伙伴,同等条件下优先采用华域汽车所属企业的产品和服务。

在双方合作交流会上,张海涛全面介绍华域汽车"中性化、零级化、国际化"发展战略和六大汽车零部件业务板块情况,阐述双方战略合作的设想和重点。魏建军对张海涛带队来长城汽车交流探讨如何加强战略合作表示欢迎,希望双方建立长期、稳定、健康的战略合作关系,共同做大做强。